Cornelia Heintze
Auf der Straße des Erfolgs

Cornelia Heintze

# Auf der Straße des Erfolgs

Rahmenbedingungen, Umfang und
Finanzierung kommunaler Dienste
im deutsch-skandinavischen Vergleich

Metropolis-Verlag
Marburg 2013

**Bibliografische Information der Deutschen Bibliothek**

Die Deutsche Bibliothek verzeichnet diese Publikation in der Deutschen Nationalbibliografie; detaillierte bibliografische Daten sind im Internet über <http://dnb.ddb.de> abrufbar.

Metropolis-Verlag für Ökonomie, Gesellschaft und Politik GmbH
http://www.metropolis-verlag.de
Copyright: Metropolis-Verlag, Marburg 2013
Alle Rechte vorbehalten
ISBN 978-3-89518-930-2

# Vorwort

Dieses Buch stellt die soziale Frage. Es stellt sie durch die Brille wohlfahrtsstaatlicher Entwicklungen in den fünf nordisch-skandinavischen Ländern Dänemark, Finnland, Island, Norwegen und Schweden. Dort sind es vor allem die Kommunen, in deren Regie die öffentlichen Dienste erbracht werden, die die Stärke des nordischen Wohlfahrtsmodells ausmachen. Dass Dienstleistungen gute Arbeit beinhalten, während der Dienstleistungssektor in Deutschland zum Experimentierfeld für niedrig entlohnte und prekäre Beschäftigung gemacht wurde, hängt nicht zuletzt an dem in den skandinavischen Ländern mehrfach höheren Niveau an öffentlicher Leistungserbringung hinsichtlich Reichweite, Intensität und Professionalität. Es resultiert ein Dienstleistungsprofil, das überwiegend auf der Highroad angesiedelt ist. Städte, Gemeinden und Landkreise, kurz: Kommunen sind dabei zentrale Akteure nicht nur bei der Steuerung, sondern auch bei der Leistungserbringung selbst.

Warum soziale Frage? Weil Deutschland beim Tempo der Zunahme von sozialer Ungleichheit, von polarisierten Beschäftigungsbedingungen und von Auseinanderentwicklungen bei Bildung und Gesundheit international einen bedenklichen Spitzenplatz einnimmt. Die Verwerfungen, die über Rückkoppelungsschleifen kumulativ zunehmen, werden sukzessive dort ein Gesicht erhalten, wo sich das Leben der Menschen primär abspielt: in den Städten und Gemeinden. In US-amerikanischen Krisenstädten haben sich teilweise bereits Zustände ausgebreitet, die für Drittweltländer typisch sind. In Deutschland stehen vergleichbare Entwicklungen bevor, wenn die Politik keinen tiefgreifenden Paradigmenwechsel vollzieht. Den Kommunen kommt dabei eine Schlüsselrolle zu. Diese können sie wahrnehmen, wenn ihre lokale Gestaltungsfunktion und ihre finanzielle Ressourcenausstattung entsprechend gestärkt wird.

Skandinavische Länder halten uns den Spiegel vor, was möglich ist. Ungleichheitszunahme gab es auch dort. Aber sie ist weniger durchgängig, da es immer wieder gelingt, Fehlentwicklungen zu korrigieren und soziales Vertrauen lokal neu zu generieren. Das Buch behandelt Rahmenbedingungen, Umfang und Finanzierung kommunaler Dienste im deutsch-skandinavischen Vergleich. Dies aus der Vogelperspektive und im Nahblick über die Behandlung ausgewählter Politikfelder (Kinder und Jugend, Senioren, Kultur, wirtschaftliche Tätigkeit). Es werden Alternativen deutlich, die sich praktisch bewährt haben, die aber nicht voraussetzungslos sind. Das Buch soll zu einem vertieften Verständnis deutscher Fehlentwicklungen beitragen und Anregungen offerieren, wo und wie umgedacht werden könnte und sollte.

# Inhalt

1. Einleitung .................................................................... 13
1.1 Ungleichheitsentwicklungen bei Einkommen und Beschäftigung:
    Wechselseitige Verstärkung in Deutschland contra Zähmung in
    den nordisch-skandinavischen Ländern ............................... 17
   1.1.1 Expansion und Verfestigung von Niedriglohn-
         beschäftigung .................................................... 17
   1.1.2 Prekarisierung der Beschäftigung ............................ 19
   1.1.3 Zunahme der Einkommensungleichheit ..................... 21
   1.1.4 Zunahme von Armut ........................................... 26
   1.1.5 Schrumpfende Mittelschicht .................................. 28
   1.1.6 Wahrnehmung des Verarmungsrisikos ....................... 29
1.2 Der Pfad in die Dienstleistungsgesellschaft macht den
    Unterschied ............................................................. 31
1.3 Dienste im allgemeinen Interesse zwischen Highroad und
    Lowroad und die Rolle der Kommunen: Die Buchkonzeption ........... 43

## Teil A
**Kommunaler Wohlfahrtsstaat aus der Vogelperspektive**

2. Kommunale Selbstverwaltung, lokale Demokratie und
   die wohlfahrtsstaatliche Grundausrichtung ......................... 63
2.1 Grundlinien sozial- und wohlfahrtsstaatlicher Tätigkeit zwischen
    Leistung und Gewährleistung ........................................ 64
   2.1.1 Sozialstaat oder Wohlfahrtsstaat? ............................ 64
   2.1.2 Modellwelten und ihre Realausprägungen .................. 66
   2.1.3 Finnland und Island als skandinavische Sonderfälle ........ 69
   2.1.4 Skandinavische Gemeinsamkeiten und die Frage nach
         der Zukunft ...................................................... 74
   2.1.5 Politische Gestaltung: Wie Eigenleistung und
         Gewährleistung zusammenhängen ............................ 77

2.2 Rechtliche Stellung, Kommunalverfassungen und die Folgen
    neuer Steuerungsmodelle ............................................................. 83
    2.2.1 Kommunalverfassungen: Ein grober Überblick ............... 83
        2.2.1.1 Deutschland ......................................................... 87
        2.2.1.2 Skandinavien ....................................................... 89
    2.2.2 Unterschiedliche Funktionalität neuer Steuerungsmodelle ........ 96
    2.2.3 Das Wesentliche ............................................................... 99
2.3 Politische Mehrheiten als Erklärungsfaktor für unterschiedliche
    Niveaus kommunaler Dienstleistungen ...................................... 104
    2.3.1 Skandinavische Entwicklungslinien zwischen
          Lagerbildung und Regenbogenvielfalt ............................. 108
    2.3.2 Deutsche Entwicklungslinien: Von der christ-konservativen
          Dominanz zum „fluiden" Fünfparteiensystem ................. 120
    2.3.3 Der Faktor Geschlecht als wesentliche Größe ................ 134
    2.3.4 Das Wesentliche ............................................................. 144

3. **Aufgaben, Ausgaben und die Finanzen des Kommunalsektors .... 147**
3.1 Kommunale Aufgabenstruktur im Vergleich ............................. 147
    3.1.1 Gemeinsamkeiten ........................................................... 151
    3.1.2 Unterschiede .................................................................. 156
3.2 Aufgaben und Ausgaben nach der internationalen Klassifikation
    von Staatsaufgaben (COFOG) – Kommunen im gesamtstaatlichen
    Kontext ...................................................................................... 160
3.3 Höhe und Struktur der Ausgaben im Vergleich: Länderprofile .......... 175
    3.3.1 Ausgabenprofile der skandinavischen Vergleichsländer ......... 175
        3.3.1.1 Dänemark ........................................................... 175
        3.3.1.2 Finnland ............................................................. 177
        3.3.1.3 Island ................................................................. 179
        3.3.1.4 Norwegen ........................................................... 182
        3.3.1.5 Schweden ........................................................... 185
    3.3.2 Ausgabenprofil von Deutschland .................................... 188
    3.3.3 Das Wesentliche ............................................................. 191
3.4 Finanzierung der kommunalen Leistungserbringung .................. 195
    3.4.1 Kommunale Finanzausstattung und Finanzierungs-
          strukturen im Überblick ................................................. 196
        3.4.1.1 Skandinavien: Kommunalsteuer als Rückgrat der
                Gemeindefinanzierung ........................................ 196
        3.4.1.2 Deutschland: Strukturell unterfinanziert ............ 216
    3.4.2 Finanzausstattung und kommunale Selbstverwaltung im
          deutsch-skandinavischen Vergleich ................................ 230

## 4. Kommunen als Arbeitgeber ... **237**
4.1 Konträre Entwicklungslinien ... 237
4.2 Prekarisierung und Staatsschrumpfung in Deutschland contra Staat als Modellarbeitgeber ... 246
    4.2.1 Befunde zu Arbeitsbedingungen und Arbeitszufriedenheit ... 247
    4.2.2 Fallbeispiel Pflegebranche ... 255
        4.2.2.1 Kommunales Quasi-Monopol in Skandinavien contra weitgehende Kommerzialisierung in Deutschland ... 255
        4.2.2.2 Auswirkungen auf Löhne und Arbeitsbedingungen ... 257
4.3 Das Wesentliche ... 265

## Teil B
**Kommunaler Wohlfahrtsstaat aus der Nahperspektive.**
**Ausgewählte Dienstleistungsbereiche im Vergleich**

Vorbemerkung ... **271**

## 5. Fürsorge, Erziehung und frühe Bildung: Kommunal organisierte Leistungen für Kinder und Jugendliche ... **273**
5.1 Grundsätzliches zur Einführung ... 273
5.2 Öffentliche Kinder- und Jugendhilfe (ohne Kitas) ... 277
    5.2.1 Skandinavien – ressourcen- und lebenslauforientiert ... 277
        5.2.1.1 Dänemark: Kinder- und Jugendschutz mit vielschichtigem Panorama ... 279
        5.2.1.2 Finnland: Verdoppelung der Herausnahme von Kindern und Jugendlichen aus ihren Familien seit 1991 ... 283
        5.2.1.3 Norwegen: Mehr Hilfeempfänger bei verbessertem Personalschlüssel ... 284
    5.2.2 Deutschland – zersplitterte Strukturen ... 287
        5.2.2.1 „Kinderland Deutschland" – Schwache öffentliche Institutionen als Kernproblem ... 289
        5.2.2.2 Kinder- und Jugendhilfe – Leistungsumfang nach Bereichen ... 299
    5.2.3 Vergleich von Deutschland mit Dänemark anhand der Jugendhilfeausgaben ... 302

5.3 Kindertageseinrichtungen .................................................................. 309
    5.3.1 Skandinavischer Geleitzug ...................................................... 311
        5.3.1.1 Dänemark ................................................................... 314
        5.3.1.2 Finnland ...................................................................... 323
        5.3.1.3 Island .......................................................................... 325
        5.3.1.4 Norwegen ................................................................... 329
        5.3.1.5 Schweden ................................................................... 334
    5.3.2 Deutschland: Ost-West-Spaltung und qualitative Defizite ...... 339
        5.3.2.1 Nachzügler Westdeutschland .................................... 340
        5.3.2.2 Ausbau der frühkindlichen Betreuung: Die Realisierung des Rechtsanspruchs ab 2013 erscheint fraglich ........... 344
        5.3.2.3 Großes regionales Gefälle ......................................... 349
    5.3.3 Gemeinsamkeiten und Unterschiede: Deutschland und Skandinavien im Vergleich ...................................................... 361

**6. Dienstleistungen für Senioren** ......................................................... **373**
6.1 Kommunale Seniorendienste in Skandinavien im Vergleich zu Deutschland: Ein Überblick ............................................................. 376
    6.1.1 Unterschiedliche Grundausrichtungen: Familien- contra servicebasiert .............................................................................. 376
    6.1.2 Pflege, Betreuung und Alltagsunterstützung in den skandinavischen Ländern: Kurzporträts ................................... 382
        6.1.2.1 Dänemark ................................................................... 382
        6.1.2.2 Finnland ...................................................................... 387
        6.1.2.3 Island .......................................................................... 390
        6.1.2.4 Norwegen ................................................................... 392
        6.1.2.5 Schweden ................................................................... 394
6.2 Quo vadis? Anregungen für eine kommunale Seniorenpolitik in Deutschland ........................................................................................ 398

**7. Deutsche Kulturnation vor dem Kulturinfarkt?**
**Infrastrukturen von Kunst und Kultur im Überblick** ................. **407**
7.1 Öffentliche Kulturausgaben ............................................................. 409
7.2 Musikschulen, Bibliotheken, Museen und Theater im vergleichenden Überblick ................................................................. 418
    7.2.1 Musikschulen ............................................................................. 418
    7.2.2 Öffentliche Bibliotheken zwischen qualitativer Bedarfssteuerung und dem Wildwuchs der Freiwilligkeit ........ 425
        7.2.2.1 Rechtliche Rahmenbedingungen ............................. 425
        7.2.2.2 Ausbaustand und Ressourceneinsatz im Vergleich ................. 429

7.2.3 Museen und Theater – unverzichtbare Elemente städtischer
Urbanität ................................................................................... 439
7.2.3.1 Museen als Kulturstätten wachsender Beliebtheit ................ 439
7.2.3.2 Theater und ihr Bezug zur Stadt ............................................ 447
7.3 Das Wesentliche ................................................................................... 460

8. **Kommunalwirtschaft: Ein grober Blick** ........................................ **467**
8.1 Exkurs: Bei der Privatisierung öffentlicher Krankenhäuser ist
Deutschland Europameister ................................................................ 472
8.2 Kommunalwirtschaftliche Entwicklungen – Befunde zu
Norwegen und Schweden im Überblick ............................................. 482
8.3 Energieversorgung und die möglicher Rolle von Stadtwerken bei
der Energiewende ................................................................................ 491
8.4 Öffentlicher Personennahverkehr als Rückgrat eines
umweltgerechten Stadtverkehrs ........................................................... 506
8.5 Kommunale Wohnungsunternehmen sind strategische
Instrumente der Stadtpolitik ................................................................ 521

9. **Eine Schlussbetrachtung** ................................................................. **539**

**Literatur** ........................................................................................................ **551**

**Nationale Primärquellen** ............................................................................. **569**

**Anhang** ........................................................................................................... **581**
A1. Verzeichnis der Tabellen und Abbildungen ............................................ 581
A2. Abkürzungen ............................................................................................. 586
A3. Übersichtstabelle zu wiederkehrenden und komplexen
Datenquellen ............................................................................................. 591
A4. Ausgewählte Internetadressen ................................................................. 594

# 1. Einleitung

## Anliegen, theoretische Bezüge, Aufbau

Betrachten wir die Herausforderungen, vor denen Kommunen[1] im zweiten Jahrzehnt des 21. Jahrhunderts stehen, so gibt es eine Reihe von Themenfeldern, die für hochentwickelte Industrieländer gleichermaßen von Bedeutung sind:

- **Themenfeld Demografie:** Demografische Veränderungen führen zu einem stark wachsenden Anteil älterer und alter Menschen, die unterstützungsbedürftig, teilweise pflegebedürftig sind. Dies gilt für die meisten europäischen Länder. In Deutschland sinkt aufgrund langjährig niedriger Geburtenraten dabei sowohl die Bevölkerung wie das Erwerbspersonenpotential.

- **Themenfeld Ungleichheit und soziale Spaltung:** Die in den meisten OECD-Ländern gewachsene Ungleichheit von Einkommen und Vermögen, von Bildungs- wie Gesundheitschancen wird in den Städten als soziale Spaltung sozialräumlich greifbar. Die Lebenswelten triften auseinander. Auf der Verliererstraße findet sich, wer unter Bedingungen verfestigter Armut und stark verminderter Chancen auf gute Bildung, auf Gesundheit und politische Teilhabe aufwachsen musste.

- **Themenfeld Migration:** Die Integration von BürgerInnen mit Migrationshintergrund ist bislang wenig gelungen und dürfte in Zukunft noch an Bedeutung gewinnen. Dies, sofern europäische Länder sich nicht in der Art von Festungen gegen Migrantenströme aus anderen Kulturkreisen abschotten wollen. Die größten Integrationsprobleme bestehen dort, wo Unterschiede in der Kultur und soziale Probleme zusammenkommen.

---

[1] Nachfolgend werden die Begriffe Kommunen, lokale Staatsebene und Gemeinden synonym gebraucht. Auf Deutschland bezogen sind Städte, Gemeinden, Landkreise und die von ihnen gegründeten Unternehmen und Zweckverbände angesprochen. Auf die nordisch-skandinavischen Länder bezogen bilden Gemeinden und Counties (Landkreise) den Kommunalsektor resp. die Lokalregierungsebene.

- **Themenfeld Erhalt einer hochwertigen kulturellen Infrastruktur:** Der Erhalt wie Ausbau einer vielfältigen kulturellen Infrastruktur ist kein Luxusthema, sondern essentiell für eine entwicklungsoffene Gesellschaft. Die in den letzten Jahrzehnten weit vorangetriebene Durchökonomisierung des gesellschaftlichen und kulturellen Lebens mindert aber just die Potentiale, aus denen sich die Reflektionsfähigkeit einer Gesellschaft und ihre Offenheit für alternative Lösungsansätze speist.

- **Themenfeld Klimaschutz und ökologische Nachhaltigkeit:** Die Anforderungen des Klimaschutzes (incl. Anpassung an die Folgen der Erderwärmung) fordert den Kommunen eine Vorreiterrolle bei der Umstellung der Energieversorgung ebenso ab wie die Realisierung klimafreundlicher Mobilitätskonzepte.

- **Themenfeld Erhalt und Erneuerung der baulichen und technischen öffentlichen Infrastruktur:** Die demografischen, sozialen und kulturellen Herausforderungen verlangen nach Antworten auch auf dem Felde der öffentlichen Infrastruktur. Um die öffentliche Infrastruktur ist es jedoch vielfach schon bezogen auf die Aufgabenstellungen der klassischen Daseinsvorsorge nicht zum Besten bestellt. Teilweise wurde und wird die technische Infrastruktur auf Verschleiß gefahren. Ein erheblicher Investitionsrückstau ist die Folge.

Die mit den angesprochenen Themenfeldern verbundenen Herausforderungen sind hochkomplex verwoben. Sie zu stemmen erweist sich für jedes demokratisch verfasste Gemeinwesen als eine Herkulesaufgabe. Das vorliegende Buch verknüpft die Frage nach Wegen der erfolgreichen Bewältigung der genannten Herausforderungen mit der Frage nach der Zukunft des deutschen Beschäftigungsmodells.[2] Die Beleuchtung des Outcome wird also verknüpft mit der Analyse von benötigten und tatsächlich verfügbaren ökonomischen

---

[2] Der Begriff „Modell" hat eine doppelte Bedeutung. Umgangssprachlich sowie im übertragenen Sinn wird von Modell meist dort geredet, wo etwas Beispielgebendes, das als Vorbild taugt, vorliegt. Damit kommt eine Bewertung ins Spiel. Wird der Begriff dagegen bewertungsfrei gebraucht, bezeichnet „Modell" eine bestimmte Systemkonfiguration und die Art seiner Steuerung. In dieser Arbeit wird der Begriff überwiegend wertfrei benutzt. „Modell" steht dann synonym für das nationalspezifische Zusammenspiel der Institutionen, über die in einem Land Beschäftigung, Wohlfahrt etc. organisiert sind. Dort, wo vom skandinavischen Modell die Rede ist, sind analog all die Institutionen incl. ihres Zusammenspiels angesprochen, die die nordisch-skandinavischen Länder in ähnlicher Weise ausgeprägt haben und über die die Produktion gesellschaftlicher Wohlfahrt erfolgt. Dahinter steht die These, dass die fünf nordisch-skandinavischen Länder wohlfahrtsstaatlich mehr Gemeinsamkeiten als Unterschiede aufweisen.

Ressourcen. Die *These* geht dahin, dass ohne eine Stärkung kommunaler Gestaltungsmacht die Bewältigung der genannten Herausforderungen nicht gelingen kann. Diese Stärkung müsste sowohl kompetenzrechtlich als auch mit Blick auf die Finanzausstattung der Gemeinden erfolgen. Beides wäre zugleich ein Hebel, um Fehlentwicklungen des deutschen Beschäftigungsmodells und die daraus resultierende Dynamik wachsender Ungleichheit zumindest partiell zu korrigieren. Bei der Entwicklung dieses Gedankens dienen die nordisch-skandinavischen[3] Länder als Referenzmodell. Dies findet mehrere Begründungen. *Erstens* gibt es international keine Ländergruppe, die ganzheitlich auf unterschiedlichsten Politikfeldern so gut dasteht. Dies über die Jahre betrachtet relativ stabil und damit nachhaltig. Offensichtlich gelingt die Bewältigung gesellschaftlicher Herausforderungen dort besser als in Deutschland. *Zweitens* haben die Kommunen erheblichen Anteil an diesen Ergebnissen wie auch an der Realisierung eines Beschäftigungsmodells, bei dem gute Arbeit im Verarbeitenden Gewerbe wie in der Dienstleistungsökonomie gleichermaßen die Regel ist, während die Highroad guter Arbeit in Deutschland nur das Verarbeitende Gewerbe mit den Exportindustrien im Zentrum zumindest der Tendenz nach prägt. Im Dienstleistungsbereich dagegen, insbesondere bei gesellschaftlich relevanten Dienstleistungen der Pflege, Fürsorge und Betreuung, sorgt der konservative deutsche Sozialstaat für Billigstlösungen bei gleichzeitiger Öffnung dieser Branchen für privatkapitalistische Landnahme. Soziale Polarisierungen und niedrige Arbeitsstandards werden so nicht eingedämmt, sondern verschärft. *Drittens* geht die verfassungsrechtliche Garantie kommunaler Selbstverwaltung und Finanz-

---

[3] Die Begriffe nordisch und skandinavisch werden synonym gebraucht. Skandinavien umfasst nach dieser Begriffsfassung neben Dänemark, Schweden und Norwegen auch Island und Finnland. Diese weite Begriffsfassung findet verschiedene Rechtfertigungen. Schon die Nationalflaggen weisen in eine gemeinsame Richtung, denn sie enthalten alle das skandinavische Kreuz. In der Philologie wiederum ist Skandinavistik die Lehre von den skandinavischen Sprachen und der skandinavischen Literatur, was die isländische und die finnische Literatur einschließt. Nordistik ist ein synonymer Begriff. Die Historie kommt hinzu. So gehörte Finnland seit der Eroberung durch König Erik IX. 1154 bis zum Übergang an Russland mit dem Vertrag von Fredrikshamn (1809) über 600 Jahre lang zu Schweden und Island erlangte erst 1944 seine staatliche Unabhängigkeit. Aus dem Bemühen heraus, eine eigene nationale Identität zu entwickeln, lehnten Finnland und Island die Bezeichnung „skandinavisch" lange für sich ab. Man schloss sich im Nordischen Rat zusammen, legte aber Wert darauf, dass es dort zwei Gruppen von Ländern gibt, nämlich die skandinavischen Königreiche Dänemark, Schweden und Norwegen sowie die nordischen Republiken Island und Finnland. Diese Empfindlichkeiten sind während der letzten 20 Jahre zunehmend einem gemeinsamen Verständnis von übergreifenden Werten, Traditionen und politischen Herangehensweisen gewichen.

hoheit ins Leere, wenn in der Verfassungswirklichkeit nicht dafür gesorgt wird, dass landesweit Kommunen finanziell so ausgestattet sind, dass sie neben der guten Wahrnehmung ihrer Pflichtaufgaben noch genügend Spielraum haben, um sich neuen Herausforderungen und freiwilligen Aufgaben zu widmen. Dies dann nicht in der Art von kurzatmigen Projekten, sondern nachhaltig.

Wie hohl und einseitig interessengeleitet das Argument der knappen oder *„leeren Kassen"* ist, die in Deutschland die Debatte bestimmen, lehrt Skandinavien. Kommunen haben dort hinsichtlich der Reichweite ihrer Aufgabenstellungen und der Art der Aufgabenwahrnehmung eine weit stärkere Stellung als Kommunen in Deutschland. Dies verbindet sich mit einer Finanz- und Personalausstattung, die die der deutschen Kommunen um ein Mehrfaches übertrifft. Kommunen und Bundesländer zusammen haben in Deutschland nicht das an Personal im Einsatz, was in Skandinavien allein auf die unterste Ebene der Primarkommunen entfällt. Zwar gibt es auch in den nordischen Ländern finanzielle Engpässe, die Qualitätseinbußen bedingen. Aktuell trifft dies vor allem für das durch den Kollaps seines Bankensystems schwer gebeutelte Island zu. Trotzdem gelingt in Island, was in den anderen von der Finanzkrise schwer getroffenen Ländern nicht gelingt, nämlich die Verbindung von Haushaltskonsolidierung mit der Sicherung eines hohen Niveaus öffentlicher Dienstleistungen. Für Ökonomie und Beschäftigung erweisen sich die in kommunaler Eigenregie erbrachten Dienste gerade nicht als Last, sondern als Vorteil.

An dieser Stelle kommt ein weiterer Aspekt ins Spiel: Die gegenwärtige Weltfinanzkrise, die nach dem Fast-Kollaps des Bankensystems nun als Staatsschuldenkrise erscheint, wirft nicht nur die Frage nach einer wirksamen Regulierung der Finanzmärkte auf, sondern ganz grundsätzlich der Frage nach der Rückgewinnung des Primats der Politik über die ökonomische und gesellschaftliche Entwicklung. Auch in diesem Kontext liefert die Veränderung der Perspektive neue Einsichten. Mit ihrer besser ausgeprägten Gestaltungsmacht sind die skandinavischen Kommunen auch deshalb für die Bewältigung der oben aufgelisteten Herausforderungen gegenüber den deutschen Kommunen im Vorteil, weil sie Alternativen zur deutschen Sparpolitik aufzeigen. Es gilt zu fragen, an welchen Stellen skandinavische Befunde für die Entwicklung tragfähiger Entwicklungskonzepte in Deutschland richtungsweisend sein könnten.

Einleitung

*1.1 Ungleichheitsentwicklungen bei Einkommen und Beschäftigung: Wechselseitige Verstärkung in Deutschland contra Zähmung in den nordisch-skandinavischen Ländern*

Schauen wir zurück auf die Entwicklung während der letzten 20 Jahre, so zeigen sich bei der Struktur der Beschäftigungsverhältnisse, bei der Einkommens- und Vermögensverteilung sowie der Armutsentwicklung tektonische Verschiebungen.

*1.1.1 Expansion und Verfestigung von Niedriglohnbeschäftigung*

Von Mitte der 90er Jahre bis 2006 kam es in Deutschland zu einer starken Ausweitung von Niedriglohnbeschäftigung. Nach den Untersuchungen des Instituts Arbeit und Qualifikation (IAQ) der Universität Duisburg-Essen betrug die Steigerung gut 43 Prozent. Mehr als ein Fünftel (22%) der abhängig Beschäftigten arbeitete 2006 zu finanziell schlechten Konditionen verglichen mit nur 8,5 Prozent in Dänemark (Kalina/Weinkopf 2008: 9). Während in Dänemark gering bezahlte Jobs häufig ein Sprungbrett sind für eine besser bezahlte Beschäftigung, hat sich Niedriglohnbeschäftigung in Deutschland verfestigt. Als niedriglohnbeschäftigt gilt dabei, wer als sozialversicherungspflichtig Vollbeschäftigter weniger als zwei Drittel des Medianentgelts aller sozialversicherungspflichtig Vollbeschäftigten erzielt. Die bundeseinheitliche Niedriglohnschwelle lag nach dieser Definition 2005 bei 1.706 € und 2009 bei 1.784 € Bruttomonatsentgelt. Jeweils zum Stichtag am 31.12. arbeiteten 2005 4,1 Mio. resp. 21,2 Prozent und 2009 4,5 Mio. resp. 22,3 Prozent der sozialversicherungspflichtig Vollbeschäftigten unterhalb dieser Schwelle. Betroffen sind vorrangig Frauen; Ende 2009 lag die Quote bei den Frauen mit 34,3 Prozent mehr als doppelt so hoch wie bei den Männern (BT-Drs. 17/4137 v. 08.12.2010: 13, Tab. 11).

Bei der Ausweitung des Niedriglohnsektors wurde mit den Geringqualifizierten argumentiert, deren Beschäftigungschancen sich so angeblich verbessern. Tatsächlich jedoch diente diese Gruppe nur als Joker, um eine US-Amerikanisierung des deutschen Arbeitsmarktes zu betreiben. Konsequenterweise hat sich die Arbeitsmarktlage der Geringqualifizierten mit der Ausweitung des Niedriglohnsektors gar nicht verbessert, sondern sogar noch verschlechtert. 1999 lag die Arbeitslosenquote der Geringqualifizierten um 7,1 Prozentpunkte über der Gesamtarbeitslosenquote; eine Dekade später (2008 wie 2009) um 8,9 Prozentpunkte. Die Skandinaviengruppe präsentiert sich gänzlich anders. Eine Niedriglohnpolitik wurde und wird dort nicht betrieben[4] und gleichwohl resp. gerade deswegen unterscheidet sich die Arbeitslosigkeit Geringqualifizierter vergleichsweise wenig von der allgemeinen Arbeitslosigkeit. Gegenläufig zu Deutschland gelang eine Reduktion der durchschnittlichen Quotendifferenz von 2,8 Prozentpunkten (1999) auf 1,6 Prozentpunkte (2009). Auch bezogen auf die Qualifikationsstruktur derjenigen, die im Niedriglohnsektor beschäftigt sind, besteht die neoliberale Ideologie den Empirietest nicht. Gemäß neoliberaler Ideologie ist für Geringqualifizierte wegen ihrer geringen Produktivität nur eine Niedrigentlohnung möglich. Würde die Annahme zutreffen und wären damit „die Chancen am Arbeitsmarkt zu partizipieren," so wie von der Bundesregierung behauptet (BT-Drs. 17/4137: 13), tatsächlich gestiegen, müssten die Beschäftigten des Niedriglohnsektors überwiegend Geringqualifizierte sein. Es sind jedoch überwiegend mittel bis gut Qualifizierte. Drei von vier Niedriglöhnern hatten 2006 eine abgeschlossene Berufsausbildung oder gar einen akademischen Abschluss. Trotzdem gelang nur jedem Achten in den Folgejahren der Sprung über die Niedriglohnschwelle.[5]

Lohnausfransungen nach unten bis in den Bereich von Armutslöhnen hinein kommen hinzu (vgl. Kalina/Weinkopf 2010). Diese deutsche Besonderheit ist dem Umstand geschuldet, dass die Tarifparteien in einigen Wirtschaftszweigen zu schwach sind, um Lohndumping in West- wie Ostdeutschland wirksam zu verhindern und für gute Arbeitsbedingungen zu sorgen. Während dieser Funktionsverlust in anderen europäischen Ländern zur Einführung gesetzlicher Mindestlöhne führte, stemmen sich in Deutschland CDU/CSU und FDP gegen einen allgemeinen gesetzlichen Mindestlohn. Es muss als Ausweis einer deformierten Sozialstaatsentwicklung gewertet werden, wenn der deutsche Staat das Lohndumping quasi noch subventioniert, indem Arbeitnehmer

---

[4] Anders als in Deutschland setzt der Staat keine Anreize für Niedriglohnbeschäftigung und den Gewerkschaften gelingt es angesichts eines immer noch sehr hohen gewerkschaftlichen Organisationsgrades Lohnuntergrenzen durchzusetzen, die gemessen an den in Europa anzutreffenden gesetzlichen Mindestlöhnen hoch sind. 2009 bewegten sich die gesetzlichen Mindestlöhne in Europa zwischen 9,73 € (Luxemburg) und 0,71 € (Bulgarien). In Dänemark haben sich die Sozialpartner auf eine deutlich höhere Untergrenze („Mindstelon") von 13,80 € geeinigt und in Schweden galten 2007 branchenspezifisch Untergrenzen zwischen 8,62 € und 11,08 € (Bosch et al. 2009: 20, 23ff.).

[5] Quelle: IAB (http://doku.iab.de/kurzber/2008/kb0808.pdf; letzter Zugriff: 11.08.2012). Vor 20 Jahren hatten Niedrigverdiener noch weit bessere Aufstiegsmöglichkeiten. Ende der 80er Jahre gelang es in Westdeutschland fast jedem fünften vollzeitbeschäftigten Niedriglohnbezieher, bereits im Folgejahr einen besser bezahlten Job zu finden. „Einmal Niedriglohn, immer Niedriglohn", PM des IAQ vom 04.03.2008 (http://www.iaq.uni-due.de/archiv/presse/2008/080304.shtml; Zugriff: 14.11.2008).

mit Entgelten unterhalb des Grundsicherungsniveaus als sogenannte Aufstocker Anspruch auf Arbeitslosengeld II haben. Im Jahr 2007 gab es 1,3 Mio. derartiger Aufstocker[6] gegenüber 880 Tsd. zwei Jahre zuvor (Bruckmeier et al. 2007).

### 1.1.2 Prekarisierung der Beschäftigung

In den skandinavischen Ländern wurde die Beschäftigung nicht nur nach Köpfen, sondern auch bei Betrachtung der rechnerischen Vollzeitkräfte (VZÄ) ausgeweitet (Heintze 2010c: 56, Tab. 2). Demgegenüber organisierte Deutschland Jobwachstum durch die Umwandlung regulärer Vollzeitarbeitsplätze in verschiedene Varianten von atypischer bis prekärer Beschäftigung, prekäre Solo-Selbständigkeit eingeschlossen. Von dem angeblichen Jobwunder, mit dem international Eindruck gemacht wird, bleibt bei genauerer Analyse wenig übrig. Auf Basis rechnerischer Vollzeitkräfte sank die Erwerbstätigkeit von 34.431 Tsd. (3. Quartal 1991) auf 32.820 Tsd. (3. Quartal 2010). Die Differenz zwischen der Absolutzahl von Erwerbstätigen und den VZÄ-Erwerbstätigen hat sich im genannten Zeitraum mehr als verdoppelt (von 3,62 Mio. auf 7,83 Mio.) und stieg auch von 2008 auf 2010 nochmals an (BT-Drs. 17/4137: 12, Tab. 10).

Statt das Beschäftigungsproblem über die Schaffung guter Arbeit in gesellschaftlichen Bedarfsfeldern nachhaltig zu lösen, entschied sich die deutsche Politik für die Deregulierung des Arbeitsmarktes, um so eine Dynamik der Prekarisierung von Beschäftigungsverhältnissen in Rollen zu bringen. Dies gelang. Während reguläre, gut bezahlte Dauerbeschäftigungsverhältnisse im Niedergang begriffen sind, boomen atypische Beschäftigungsverhältnisse von Leih- und Zeitarbeit über Minijobs und kurzer Teilzeit bis zu nur befristet abgeschlossenen Arbeitsverträgen (vgl. u.a. Keller/Seifert 2006 und Keller/Seifert 2011). Nach Angaben des DGB (2012: 7) stieg die Zahl der atypisch Beschäftigten von 1991 bis 2010 um 3,5 Mio. auf 7,8 Mio., während Normalarbeitsverhältnisse um 3,8 Mio. abgebaut wurden. Die Brisanz der Entwicklung liegt nicht darin, dass die Bedeutung traditioneller Normalarbeit sinkt, sondern dass mit dem politisch gewollten Wachstum atypischer Beschäftigungsverhältnisse ein erhöhtes Prekarisierungsrisiko einhergeht (vgl. Keller/Seifert 2011: 140f.). In Dänemark gilt der Grundsatz: Diejenigen, die die höchsten Risiken tragen, erhalten den besten Sozialschutz. In Deutschland gilt

---

[6] Ein Abbau ist seither nicht erfolgt, was für Einrasteffekte spricht. So wies die Bundesagentur für Arbeit für September 2010 1,25 Mio. Aufstocker aus. Zitiert nach Böcklerimpuls 4/2011 v. 02.03.2011, S. 8.

das Gegenteil. Der Sozialschutz fällt bei atypisch Beschäftigten und prekär Solo-Selbständigen besonders niedrig aus mit weitreichenden Folgen; sie reichen über die Erwerbsphase hinaus. Wohin die Entwicklung gehen könnte, zeigt sich bei jungen Erwachsenen. 1997 bewegten sich die Quoten der atypisch Beschäftigten sowohl bei den 15- bis 24-Jährigen als auch bei älteren Alterskohorten jeweils im Bereich zwischen knapp 15,9 und 19,5 Prozent. Dieser damals noch geringe Unterschied hat sich binnen einer Dekade stark geweitet. Bei jungen Erwachsenen sind atypische Beschäftigungsverhältnisse dabei, zur Regel zu werden. 2007 waren über 39 Prozent der 15- bis 24-Jährigen atypisch beschäftigt, Dies bedeutet eine Verdoppelung gegenüber 1997; bei älteren Jahrgängen fiel der Zuwachs nicht halb so stark aus (vgl. Langhoff/Krietsch/ Starke 2010).

Die das deutsche Jobwachstum tragenden Bereiche haben gemeinsam, dass sie mit eher schlechten Beschäftigungsperspektiven verbunden sind und zudem eine nur fragile soziale Absicherung bieten (Schulze-Buschoff/Protsch 2007, Heintze 2008). Die Hoffnungen auf ein Mehr an Durchlässigkeit am Arbeitsmarkt und die Bildung von Brücken in reguläre Beschäftigung haben sich nicht erfüllt. Betrachten wir zum Exempel die Liberalisierung der Leiharbeit. Sie ist im Rahmen der Agenda10-Politik von Rot-Grün eine der Maßnahmen, mit der die Deregulierung des Arbeitsmarktes betrieben wurde. Kalkül war: Arbeitgeber sollen gemäß angelsächsischer Hire-and-fire-Politik Arbeitskräfte bei guter Auftragslage schnell anheuern und bei schlechter Auftragslage ebenso schnell wieder loswerden können. Darüber werde sich die Langzeitarbeitslosigkeit vermindern und ein Klebeeffekt[7] einstellen, hoffte man und sah von wirksamer Re-Regulierung ab. Ergebnis: Mit Leih- und Zeitarbeit werden in Deutschland nicht nur, was sinnvoll ist, Auftragsspitzen abgedeckt, sondern ihr Einsatz erfolgt auch, um Stammbelegschaften auszudünnen und unter Druck zu setzen. Dies dann nicht selten zu einem geringeren Entgelt bei gleicher Tätigkeit, damit unter Verletzung des Equal-Pay-Prinzips. 1994 gab es nur rd. 100.000 Leiharbeitskräfte; 10 Jahre später waren es 400 Tsd. und 2010 923 Tsd.[8] Auch in skandinavischen Ländern nahm die Leiharbeit zu. Gleichwohl ist die Situation anders als in Deutschland. Die Leiharbeitsmärkte sind tarifvertraglich gezähmt. Während die Beschäftigungsverhältnisse von Leiharbeitern in Deutschland zu rd. 50 Prozent weniger als 3 Monate dauern, sind in Schweden und Dänemark unbefris-

---

[7] Übernahme in ein festes Anstellungsverhältnis.

[8] Angaben nach Böcklerimpuls: http://www.boeckler.de/pdf/impuls_2008_08_1.pdf (letzter Zugriff: 11.08.2012) und DGB-Bundesvorstand, Klartext Nr. 01/2011 v. 06.01.2011.

tete Vollzeitstellen, für die das Equal-Pay-Prinzip gilt, die Regel (vgl. Vanselow/Weinkopf 2009).

Eine besonders unrühmliche Rolle spielen bei der Prekarisierung von Beschäftigungsverhältnissen die sogenannten Ein-Euro-Jobs. Im arbeitsrechtlichen Sinne liegen hier nur Arbeitsgelegenheiten, auf die das Arbeitsrecht keine Anwendung findet, vor. Statistisch werden diejenigen, die solchen Arbeitsgelegenheiten nachgehen, gleichwohl zu den Erwerbstätigen gezählt. Das Versprechen, durch solche Arbeitsgelegenheiten entstünde für Arbeitslose eine Brücke in reguläre Beschäftigung, hat sich nicht erfüllt. Von Ausnahmen abgesehen, trat der gegenteilige Effekt einer Verdrängung regulärer Beschäftigung ein (vgl. Kettner/Rebien 2007).

### 1.1.3 Zunahme der Einkommensungleichheit

Seit Anfang der 90er Jahre hat die strukturbereinigte Bruttolohnquote zugunsten der Gewinnquote Anteile verloren (Bontrup 2010; Schäfer 2009: 683, Tab. 1), ohne dass die stark gestiegenen Gewinne für reale Investitionen genutzt worden wären. Wurden in der ersten Hälfte der 90er Jahre noch mehr als 20 Prozent der Unternehmensgewinne für Nettoinvestitionen verwandt, sank die Quote nach dem Jahr 2000 auf unter 5 Prozent (Priewe/Rietzler 2010: 37, Abb. 15). Die Hoffnung von Rot-Grün auf gewinninduzierte Investitionen erfüllte sich nicht. Sie konnte sich auch nicht erfüllen, denn Bedarf an realwirtschaftlichen Investitionen besteht nicht zuletzt in öffentlichen Bedarfsfeldern. Der deutsche Staat hat seine Finanzkraft durch die den Unternehmen und oberen Einkommensschichten gewährten Steuersenkungen jedoch so nachhaltig geschwächt, dass die gesellschaftlich notwendigen Investitionen jetzt noch weniger als zuvor finanzierbar sind.[9] Im Ergebnis wurden die öffentlichen Investitionen, zumal die der Kommunen, so stark heruntergefahren, dass damit nicht einmal der Ersatzbedarf gedeckt wird. In Gang kam ein Prozess des Substanzverzehrs (vgl. Priewe/Rietzler 2010). Auf der anderen Seite der Bilanz steht, dass die aufgrund des Doppeleffektes aus zurückbleibender Lohnentwicklung und vermindertem Fiskuszugriff stark gestiegenen Zuwächse sowohl bei den Unternehmensgewinnen als auch bei den Einkommen der oberen 10 Prozent der Einkommenspyramide zunehmend auf Finanzmärkten angelegt wurden. Dort lockten hohe Renditen. Diese hatten aber nur eine schmale realwirtschaftliche Basis. Genährt wurden die Blasen-

---

[9] Nach Truger und Eicker-Wolf (2010: 15) belaufen sich die Steuerausfälle, die der Steuerpolitik seit Antritt der Schröder-Regierung (1998) geschuldet sind, auf jährlich rd. 50 Mrd. €.

bildungen, deren Entladung ab 2008 in der weltweiten Finanzkrise erfolgte. Es liegt also ein doppelter Umverteilungsprozess vor (vgl. Bontrup 2010). Die oberen Einkommensschichten profitieren dabei sowohl von der Umverteilung von unten nach oben als auch von der Schwächung der Finanz- und Vermögenslage des Staates. In dieser doppelten Umverteilung von unten nach oben und vom Staatssektor in den Privatsektor liegt das Epizentrum der weltweiten Finanzkrise, nicht in der Banken- und Staatsschuldenkrise, als die sie sich äußert. Eine Politik, die aus Rücksicht auf mächtige Interessengruppen hier nicht ansetzt, sondern im Gegenteil mit Ausgabenkürzungen die Verarmung des öffentlichen Gemeinwesens weiter vorantreibt, wird nicht nur ökonomisch und sozial scheitern. Sie legt auch den Grundstock für in ihren Folgen kaum kalkulierbare demokratische Verwerfungen.

Großbritannien und die USA waren ab den 70er Jahren Vorreiter bei der Ungleichheitszunahme (Gottschalk/Smeeding 2000). In Deutschland dauerte die neoliberale „Inkubationszeit" vom Bruch der sozialliberalen Koalition Anfang der 80er Jahre bis Mitte der 90er Jahre. In diesem Zeitraum erhöhte sich die Einkommensungleichheit nur wenig. Gemessen am Ungleichheitsmaß des GINI-Koeffizienten[10] gehörte Deutschland zu der Ländergruppe mit besonders geringer Einkommensungleichheit. In der darauffolgenden Phase von Mitte der 90er Jahre bis Mitte der Nuller-Jahre, also um 2005 herum, wechselte Deutschland in die Gruppe mit signifikanter Ungleichheitszunahme. Seitens der skandinavischen Länder gesellte sich dazu auch Finnland, während die anderen skandinavischen Länder nur einen geringen Anstieg verzeichneten (OECD 2008, Tab. 11.1). Nach 2005 legte Deutschland bei der Ungleichheit der Einkommensverteilung noch einen Zahn zu, während die skandinavische Entwicklung teils auf mehr Gleichheit, teils auf mehr Ungleichheit gerichtet war.[11] Ergebnis: In keinem anderen OECD-Land stieg die Ungleichheit in den letzten Jahren so stark wie in Deutschland (vgl. OECD

---

[10] Der GINI-Koeffizient basiert auf der Lorenzkurve. Bei totaler Ungleichheit (obere Gruppe verfügt über das gesamte Einkommen) erreicht er den Wert 1 resp. 100; bei totaler Gleichheit den Wert 0. Wie bei jedem Ungleichheitsmaß gibt es Grenzen der Aussagekraft. Der GINI reagiert sensibel auf Veränderungen im mittleren Einkommensbereich, zeigt also Zunahmen resp. Abnahmen im Polarisierungsgrad gut an. Liegt dort nicht das Hauptinteresse, weil vor allem die Veränderungen zwischen den unteren und den oberen Stockwerken der Einkommenspyramide interessieren, sind andere Relationsmaße heranzuziehen.

[11] Der GINI verbesserte sich in Island (2005: 25,1; 2011: 23,6) und Norwegen (2005: 28,2; 2011: 22,9), blieb in Finnland (2005: 26; 2011: 25,8) in etwa konstant und erhöhte sich in Dänemark (2005: 23,9; 2011: 27,8) wie auch in Schweden (2005: 23,4; 2011: 24,4). Im Durchschnitt ergibt sich ein GINI von im Jahr 2011 24,9 gegenüber 25,3 im Jahr 2005. Quelle: Eurostat, GINI-Koeffizient [ilc_di12]; Update vom 30.11.2012.

2008).[12] Zwar bewegt sich Deutschland mit einem Wert von etwas unter 30 noch im Mittelfeld (2011 Rang 16 im europäischen Vergleich) und ist damit von dem Ausmaß an Einkommensungleichheit, das die USA und in Europa Länder wie Spanien, Portugal, Griechenland, Irland oder Großbritannien prägt, ein gutes Stück entfernt.[13] Bei anhaltendem Trend kann die mittlere Position aber leicht kippen. Immerhin ist das Lohngefälle bereits ähnlich steil wie in den USA (Dustmann et al. 2007; Horn 2011) und der Zuwachs an Working-poor-Beschäftigten der höchste in Europa.[14] Rasant wird damit soziales Vertrauen vernichtet. Es gibt Wohlstandszuwächse, aber bei der breiten Masse der Bevölkerung kommt davon wenig bis nichts an. Die öffentlichen Leistungen werden zurückgefahren und die Reallöhne stagnieren. Von 2000 bis 2009 stiegen die Reallöhne mit gut 29 Prozent in Norwegen am stärksten. Finnland und Dänemark erreichen mit je rd. 18 Prozent mehr als das doppelte des EU27-Durchschnitts (7,9%) und Schweden mit 13,7 Prozent noch annähernd das Doppelte. Deutschland ist mit ganzen 1,1 Prozent Schlusslicht.[15] Auch im weltweiten Vergleich präsentiert sich die Entwicklung ungünstig. Der Global Wage Report der Weltarbeitsorganisation (ILO 2010) weist aus, dass die Reallohnentwicklung weit hinter der anderer Länder zurückblieb. Bezogen auf den Zusammenhang von Niedriglohnbeschäftigung und Armut rückt die ILO Deutschland in einen Länder-Kontext, der abseits traditioneller Platzierungen liegt. Gelobt wird die staatlich subventionierte Kurzarbeit während der Krise, was am langfristig ungünstigen Trend aber wenig ändere denn: *„These short-term impacts of the crisis should be looked at within the*

---

[12] In der Anmerkung, die die OECD zur deutschen Entwicklung abgab (Country Note Germany) heißt es dazu: *„Seit dem Jahr 2000 haben in Deutschland Einkommensungleichheit und Armut stärker zugenommen als in jedem anderen OECD Land. Der Anstieg zwischen 2000 und 2005 übertraf jenen in den gesamten vorherigen 15 Jahren (1985-2000)."* Von 2005 bis 2010 erhöhte sich der GINI weiter (2005: 26,1; 2010: 29,3). Unter 31 europäischen Ländern verschlechterte sich Deutschland damit um 8 Rangplätze. Quelle: Eurostat, Gini coefficient [ilc_di12]; Update vom 23.03.2012 (Source: SILC).

[13] Die höchste Einkommensungleichheit mit Werten von über 35 weisen Lettland und Bulgarien auf, gefolgt von südeuropäischen Ländern (Portugal, Griechenland, Spanien) sowie Rumänien, Irland und Großbritannien mit Werten um die 33 herum. Die geringste Einkommensungleichheit besteht in Island und Norwegen, gefolgt von Slowenien und Schweden. Eurostat, Gini coefficient, a.a.O.

[14] Von 2005 bis 2011 stieg der Anteil bei den Männern von 4,3 auf 7,2 und bei den Frauen von 5,5 auf 8,2 Prozent. In den skandinavischen Ländern gab es nur in Dänemark und Schweden relevante Zunahmen. Eurostat, „Arbeits-Armutsgefährdungsquote auf Basis des Alters und des Geschlechts" [ilc_iw01] mit Update vom 30.11.2012 (Quelle: SILC).

[15] Ver.di Bundesvorstand, Bereich Wirtschaftspolitik, zitiert nach GEW Hessen, Tarifinformation vom Januar 2011.

*context of a long-term decline in the share of wages in GDP, a growing disconnection between long-term wage-growth and productivity growth, as well as widespread and growing inequality. In particular, our report shows, that since the mid-1990s, the proportion of people on low pay (...) has increased in two-third of the countries for which data are available. This includes countries such as Argentina, China, Germany, Indonesia, Ireland, the Republic of Korea, Poland and Spain."* In den genannten Ländern bestehe die Gefahr, *„that a large number of people will feel left behind."* (ILO 2010: 79f.)

Auch die Vermögensungleichheit hat zugenommen. Der GINI bezogen auf das Vermögen muss jedoch im Kontext der gesamtwirtschaftlichen Vermögensverteilung mit Blick auf die Frage gesehen werden, ob Vorsorgebedarfe primär über den öffentlichen oder primär über den privaten Sektor finanziert werden. Da der Vermögens-GINI nur Auskunft zu der Frage gibt, wie ungleich das Privatvermögen verteilt ist, kann es zu dem Befund kommen, dass das Privatvermögen in einem Land mit hohem Zwang zur Privatvorsorge weit weniger ungleich verteilt ist als in einem Land mit solidarischer Finanzierung über den öffentlichen Sektor. Im ersten Fall, mithin bei einem geringen Niveau an öffentlicher Vorsorge, sind die Individuen nämlich gezwungen, privates Vorsorgevermögen aufzubauen. In den angelsächsischen Ländern etwa müssen für die Studiengebühren der Kinder hohe Summen aufgebracht werden und die eigene Alterssicherung ist im Kapitaldeckungsverfahren über private Pensionsfonds organisiert. Es gehört zur Logik privater Vorsorge, dass dazu viele nicht oder nicht ausreichend in der Lage sind. In den USA etwa ist gleichermaßen der Einkommens- wie der Vermögens-GINI sehr hoch. Der Einkommens-GINI liegt bei über 35 (2005: 38) und der Vermögens-GINI bei über 80. Dies signalisiert, dass große Bevölkerungsteile gar nicht in der Lage sind, in dem eigentlich erforderlichen Umfang Privatvorsorge zu betreiben. Umgekehrt die skandinavischen Länder. Dort brauchen sie dies nicht oder in geringerem Maße, da an die Stelle privater Vorsorge der Staat tritt. Für Zwecke der Finanzierung des Studiums oder für den Fall, dass im Alter Hilfe- und Pflegeleistungen benötigt werden, muss kein Privatvermögen aufgebaut werden, das bei Eintritt des entsprechenden Bedarfs dann verzehrt wird. Der Staat erbringt diese Leistungen. Dafür jedoch müssen im skandinavischen Modell höhere Steuern und Abgaben an den Staat abgeführt werden als in den meisten anderen Ländern.

Hohe öffentliche Leistungen setzen einen finanz- und auch vermögensstarken Staat voraus. Trotz Finanzkrise gibt es diesen in vier der fünf skandinavischen Länder. Island dagegen hat dieses Pfund mit dem Kollaps seines aus dem Ruder gelaufenen Bankensystems erst einmal verspielt. Und Deutsch-

Einleitung 25

land? Deutschland kommt bislang gut durch die Finanzkrise, zählt aber zu den Ländern, die aus dem angesprochenen Mechanismus einer doppelten Umverteilung heraus privaten Reichtum mit öffentlicher Armut kombinieren.[16] Die Diagnose von Galbraith (1958), der Ungleichgewichte zwischen privatem Überfluss und öffentlicher Armut als Fehlallokation von Ressourcen analysiert und als Problemlösung eine Umlenkung von Ressourcen in den öffentlichen Sektor angeregt hatte, ist brandaktuell. Die Forderung „Mehr Netto vom Brutto" zielt genau in die gegenteilige Richtung. Verdeckt beinhaltet sie die Botschaft, statt mit Steuern und Abgaben solidarische Vorsorgesysteme zu finanzieren, die Abgabenersparnisse, die sich aus Steuersenkungen ergeben, für die Teilprivatisierung sozialer Sicherung zu nutzen. Dies aber ist ein Projekt der weiteren Steigerung sozialer Ungleichheit. Während die individuellen Nutzenströme bei solidarischer Finanzierung eine egalitäre Note beinhalten, etwa das Moment der Bedarfsorientierung unabhängig vom Einkommen, wird die egalitäre Komponente in dem Maße aufgegeben, wie Finanzierung und Leistungserbringung den Marktmechanismen unterworfen werden. Es kommt zur Reproduktion der Ungleichheit bei den Ausgangsbedingungen. Der Vermögens-GINI freilich spiegelt dies kaum wider. Er ist anfällig für Fehldeutungen. Teilweise signalisiert er sinkende Ungleichheit, wenn solidarische Finanzierungssysteme rückentwickelt werden zu Systemen der privaten Vorsorge und steigende Ungleichheit, wenn Abgaben erhöht werden mit dem Ziel, die Finanzierungsbedingungen der Kollektivvorsorge zu verbessern.[17] Nutzlos wird er deshalb nicht, aber er ist mit Vorsicht zu interpretieren.[18]

---

[16] Vgl. dazu Bach 2010. Vor 20 Jahren hatte der deutsche Staat ein Nettovermögen von 52 Prozent des BIP. Dieses „Eigenkapital" ist bis 2009 auf 6 Prozent des BIP gesunken und steht damit den nachfolgenden Generationen nicht mehr zur Verfügung. Gleichzeitig verdoppelte sich das Privatvermögen auf 307 Prozent des BIP (Bach 2010: 7). Wie einseitig in Deutschland die Debatte um die Staatsverschuldung geführt wird, zeigt sich daran, dass völlig ausgeblendet wird, was es für die nachwachsenden Generationen bedeutet, wenn das Eigenkapital praktisch aufgebraucht ist. Betrachtet man nur das Nettofinanzvermögen, also die Bilanz aus geldlichen Schulden und geldlichem Vermögen, so lagen 2010 – mit Ausnahme von Island – alle nordisch-skandinavischen Länder im positiven Bereich mit einem öffentlichen Finanzpolster von 164,1 Prozent des BIP bei Norwegen, 65,5 Prozent bei Finnland, 23,7 Prozent bei Schweden und noch 1,7 Prozent bei Dänemark. Deutschland hatte stattdessen ein negatives öffentliches Finanzvermögen von 50,0 Prozent des BIP (Quelle: Eurostat, Finanzielle Vermögensbilanz [nasa_f_bs], konsolidiert; Update vom 30.10.2012).

[17] Ceteris paribus, d.h. bei sonst konstanten Gegebenheiten, führen Teilprivatisierungen des individuellen Vorsorgebedarfs zu einem Sinken des Vermögens-GINIs und die Ersetzung von privater Vorsorge durch ein Mehr an solidarischer Finanzierung bedingt

### 1.1.4 Zunahme von Armut

Die soziale Auseinanderentwicklung hinsichtlich Einkommen, Vermögen, der Qualität wie Sicherheit von Beschäftigungsverhältnissen und dem Zugang zum regulären Erwerbssystem hat binnen weniger Jahre die Quote derjenigen, die arm oder armutsgefährdet sind, stark ansteigen lassen. Auf welchem Niveau sich dieser Prozess abspielt, ist abhängig davon, wie Armut definiert wird, welche Einkommensarten erfasst werden und ob der Median oder das arithmetische Mittel herangezogen wird. Bislang fehlen internationale Standards, so dass sich unterschiedliche Quoten je nach Datenbasis und Konzept ergeben. Wird die Armutsschwelle mit 50 Prozent des Medianeinkommens vergleichsweise niedrig angelegt, ergeben sich logischerweise niedrigere Armutsgefährdungsquoten, als wenn als Schwellenwert das 60-Prozent-Kriterium gewählt wird. In der Öffentlichkeit führt dies rasch zu Verwirrung. So im Frühjahr 2011, als die OECD mit einer gegenüber früheren Studien drastisch reduzierten Kinderarmutsquote aufwartete. In „Doing better for Children" (2009) gab sie die deutsche Kinderarmutsquote mit 16,3 Prozent

---

umgekehrt einen Anstieg des Vermögens-GINIs. Dies aber nur, wenn die Privatvorsorge obligatorisch ist und durch geeignete Fördermaßnahmen auch untere Einkommensschichten voll einbindet. Dies gilt für die Riester-Rente in Deutschland nicht. Einerseits tritt an die Stelle des Aufbaus von Anwartschaften beim Staat (Gesetzliche Rentenversicherung) der Aufbau eines privaten Kapitalstocks; andererseits jedoch partizipieren untere Einkommensbezieher kaum am privaten Vermögensaufbau. Es überrascht insoweit nicht, dass der Vermögens-GINI nach DIW-Berechnung von 0,777 (2002) auf 0,799 (2007) anstieg (DIW-WB Nr. 4/2009: 57).

[18] Interessant ist dabei, dass skandinavische Länder, die ein geringes Niveau an Privatvorsorgebedarf gemeinsam haben, beim Vermögens-GINI völlig unterschiedlich platziert sind. Nach den Untersuchungen des Credit Suisse Research Institute, die für 2010 165 Länder umfassen. liegen Schweden und Dänemark im vorderen, Deutschland im mittleren und Finnland, Island und Norwegen im unteren bis mittleren Bereich (zit. nach Mäder et al. 2010: 58; siehe auch unter: http://www.reichtum-in-der-schweiz.ch/de > Fakten; letzter Zugriff: 11.08.2012). Die hohe Vermögensungleichheit von Schweden und Dänemark und die geringe von Finnland und Norwegen verweist auf die Geschichte dieser Länder. Die Königreiche von Schweden und Dänemark hatten einst Großmachtstatus. Finnland und Norwegen lagen in ihrem Einflussbereich. Während sich in Schweden und Dänemark eine wohlhabende Oberschicht herausbildete, blieb diese in Finnland klein. Auch nach Erlangung der Unabhängigkeit (06.12.1917) blieb Finnland noch bis in die 60er Jahre eine im Kern bäuerliche Gesellschaft. Diese bäuerliche Gesellschaft wurde durch die dann einsetzenden Bildungsreformen in eine Bildungsgesellschaft und nicht in eine Gesellschaft mit einem nach möglichst hohem persönlichen Reichtum strebendem Bildungsstand transformiert.

# Einleitung

an;[19] in *„Doing better for Families"* (April 2011) dann nur noch mit 8,3 Prozent. Dahinter stehen unterschiedliche Schwellenwerte. Die neueste Publikation von UNICEF weist die Kinderarmutsrate für das Jahr 2009 mit 14,9 Prozent aus, wenn die 60-Prozent-Linie als Schwellenwert herangezogen wird, und mit 8,5 Prozent, wenn die 50-Prozent-Linie herangezogen wird (UNICEF 2012: 12, Fig. 5). Datenquelle ist bei den europäischen Ländern SILC (Eurostat). Nach dieser Datenquelle gab es 2010 in den skandinavischen Ländern die geringsten Armutsgefährdungsquoten von Kindern und Jugendlichen. Bei Kindern unter 16 Jahren erreichte die Armutsgefährdungsquote (60-Prozent-Kriterium) in Dänemark 10,7, in Norwegen 11 und in Finnland als drittplatziertem Land 11,2 Prozent. Deutschland nimmt mit 17,2 Prozent eine mittlere Position ein.[20] Wählt man das 50-Prozent-Kriterium, so ändert sich die Rangfolge der Länder. An den ersten Platz rückt nun Finnland mit einer Armutsgefährdungsquote von nur 3,2 Prozent; Deutschland verbleibt mit 9 Prozent im Mittelfeld. Die höchsten Armutsgefährdungsquoten finden sich in süd- und Teilen der osteuropäischen Länder. Auf Basis der Daten des Sozioökonomischen Panels (SOEP) führen nationale Erhebungen zu in der Tendenz gleichen Befunden. Am 12. Mai 2011 legte das DIW darauf basierende Daten vor. Bei Zugrundelegung einer Armutsschwelle von 60 Prozent des Medians der verfügbaren Haushaltseinkommen der Gesamtbevölkerung waren *„Kinder und junge Erwachsene nach wie vor die am stärksten von Armut betroffene Gruppe." „16,4 Prozent aller Kinder und 24,4 Prozent aller jungen Erwachsenen in Deutschland"* waren im Jahr 2009 arm.[21] Die regionale Streuung ist dabei erheblich (vgl. Bertelsmann Stiftung 2011b).

Es bleibt bei dem Befund: Armut hat in Deutschland stark zugenommen. Die Quote der Einkommensarmen (SOEP-Daten) stieg von 1999 bis 2005 um beinahe die Hälfte von 12 Prozent auf 17,4 Prozent (Groh-Samberg 2007: 177) und lag 2008 um ein gutes Drittel höher als 1999 (Grabka et al. 2010: 4).

---

[19] Deutschland gebe, so die Kritik, *„für Kinder je nach Altersgruppe kaufkraftbereinigt zehn bis 20 Prozent mehr Geld für Bildung, Dienstleistungen und direkte Finanztransfers aus als die OECD-Länder im Schnitt. Dennoch lebt fast jedes sechste Kind in Deutschland in relativer Armut (...), im OECD-Schnitt ist es nur jedes achte Kind. In Dänemark, dem Land mit der geringsten Kinderarmut in der OECD, ist es nur jedes 43. Kind."* Zitiert nach OECD, Pressemitteilung „OECD-Kinderbericht: Doing better for children: Deutschland gibt viel Geld für Kinder aus, erzielt in vielen Bereichen aber nur unterdurchschnittliche Ergebnisse", Berlin/Paris am 1. September 2009.

[20] Eurostat, Quote der von Armut bedrohten Personen nach Armutsgefährdungsgrenze, Alter und Geschlecht [ilc_li02]; Update vom 16.07.2012 (Quelle: SILC).

[21] Link zur Pressemitteilung: http://www.diw.de/de/diw_01.c.100319.de/presse/pressemitteilungen/pressemitteilungen.html?id=diw_01.c.372595.de (Zugriff: 08.06.2011).

14 Prozent der Bevölkerung resp. 11,5 Mio. Menschen lebten danach 2008 in Haushalten mit einem Einkommen unterhalb der Armutsrisikoschwelle (West: 12,9%; Ost: 19,5%). Die Eurostat-Daten decken sich damit: 15,6 Prozent der Bevölkerung waren im Jahr 2010 armutsgefährdet gegenüber 10 Prozent im Jahr 2000 (60-Prozent-Kriterium). Auch in den skandinavischen Ländern gab es Zunahmen. Aber nicht durchgängig. In Island zum Beispiel bewirkte die Krise keinen Anstieg der Armutsbetroffenheit; weniger als 10 Prozent der Bevölkerung sind betroffen (60-Prozent-Kriterium). Weit günstiger als in Deutschland ist nicht zuletzt die Situation von Geringqualifizierten. In Deutschland stieg die Armutsrisikoquote bei der Gruppe der Geringqualifizierten überproportional von 9 Prozent (2005) auf 13,5 Prozent (2009). In den skandinavischen Ländern gab es Entwicklungen zwischen Rückgang (Dänemark), Stabilität (Finnland und Island) und Zunahme (Norwegen und Schweden). Innerhalb Europas erreichte 2009 Finnland mit 5,5 Prozent vor Dänemark mit 6,4 Prozent die geringste Armutsrisikoquote. Die anderen Länder liegen zwischen 9,4 (Island) und 11,2 Prozent (Norwegen).[22] Auch die Entwicklung bei der Altersarmut präsentiert sich unterschiedlich. In Deutschland sind Ältere bislang kaum stärker von Armut betroffen als die Bevölkerung im Durchschnitt. Dies ist in Norwegen ähnlich, während sich die Altersarmut in Island von 2003 bis 2010 mehr als halbiert hat (2003: 10,3%; 2010: 4,9%). Finnland ist mit 18,3 Prozent Altersarmut (2010) am stärksten betroffen.[23]

### *1.1.5 Schrumpfende Mittelschicht*

Es war eine Stärke von Deutschland, über eine breite Mittelschicht zu verfügen. *„Wohlstand für alle"* (Erhard 1957) war das Versprechen. Die Ungleichheitspolitik der letzten 20 Jahre hat den Bevölkerungsanteil, der sich stabilen Wohlstands erfreuen kann, deutlich zum Schrumpfen gebracht und schuf eine Bevölkerungsmehrheit, die an gesichertem Wohlstand nicht mehr partizipiert. Nach DIW-Berechnungen aus dem Jahr 2007 leben in Deutschland noch knapp 46 Prozent in stabilem Wohlstand, weitere 26 Prozent müssen darum kämpfen, während die darunter liegenden Gruppen in unterschiedlich starkem Maße Armutserfahrungen machen (Groh-Samberg 2007: 179). Fast 30 Prozent der Erwerbsbevölkerung sind von der Wohlstandsentwick-

---

[22] Eurostat, Armutsgefährdungsquote aufgrund eines niedrigen Bildungsabschlusses [ilc_iw04]; Update vom 31.01.2011.

[23] Eurostat, „Armutsgefährdungsquote älterer Personen nach Geschlecht und nach ausgewählten Altersgruppen" [ilc_pnp1]; Update vom 17.07.2012 (Quelle: SILC).

lung ausgeschlossen. Ihre Arbeits- und Lebensverhältnisse sind temporär bis dauerhaft prekär (vgl. Dörre 2005 und 2006). In Köpfen ausgedrückt ist die Mittelschicht[24] in der Dekade von 1997 bis 2010 um 5,5 Mio. Personen geschrumpft. Besserungen sind nicht in Sicht.

Über den Gesamtzeitraum von 1992 bis 2009 betrachtet, ergibt sich das Bild einer in Stufen verlaufenden Polarisierung. Die Periode von 1993 bis 1999 wird vom DIW als *„Periode relativer Polarisierung"* bewertet (DIW-WB 24/2010 resp. Goebel et al. 2010: 7). In dieser Phase nahm zwar die Ungleichheit bei den Einkommenszuwächsen zu; alle Gruppen konnten jedoch zumindest leichte Zuwächse realisieren. In der Phase von 2000 bis 2009 war dies nicht mehr der Fall. Die untere Gruppe wurde nicht nur abgeschnitten von Realeinkommenszuwächsen, sondern erlitt absolute Verluste, während die obere Gruppe ihr Realeinkommen weiter steigerte. Diese Verschärfung beschleunigte das Schrumpfen der Mittelschicht. 1999 (1997) gehörten der Mittelschicht noch gut 64 Prozent (65%) der Haushalte an, 2010 aber nur noch 58 Prozent. Dies bleibt nicht ohne Folgen auf das Verhalten des Teils der Mittelschicht, der sich selbst als abstiegsgefährdet wahrnimmt. Hier breiten sich Ängste aus, die den Nährboden bilden für das Hochspülen menschenfeindlicher Einstellungen bei gleichzeitig schwindender Bereitschaft zu solidarischem Verhalten (Heitmeyer 2009).

### 1.1.6 Wahrnehmung des Verarmungsrisikos

Wichtig für die politisch-gesellschaftlichen Folgen wachsender Armut und Ungleichheit sind gleichermaßen die dargelegten objektiven Befunde wie ihre subjektive Wahrnehmung und Verarbeitung. Im Special Eurobarometer 279 *„Poverty and Exclusion"* von 2007, damit vor dem Ausbruch der weltweiten Finanz- und Wirtschaftskrise, schnitt Deutschland überdurchschnittlich schlecht ab, schlechter sogar als Großbritannien. Während in Großbritannien ein knappes Drittel (32%) für sich ein Armutsrisiko bejahte, waren es in Deutschland 37 Prozent. Nur in drei Ländern der EU27 sah eine Mehrheit der Bevölkerung keinerlei Armutsrisiko. Es sind dies die zwei skandinavischen Länder Dänemark und Schweden sowie Malta. 64 Prozent der Dänen und 52 Prozent der Schweden sahen keinerlei Verarmungsrisiko (a.a.O.: 23). In der Eurobarometer-Studie 2009 zu Armut und Ausgrenzung, damit nach dem

---

[24] So das Ergebnis einer gemeinsamen Untersuchung von DIW, Bertelsmann Stiftung und Universität Bremen (zit nach PM der Bertelsmann Stiftung vom 13.12.2012). Zur Mittelschicht gerechnet werden die Haushalte, die auf ein verfügbares Einkommen zwischen 70 und 150 Prozent des mittleren Einkommens zurückgreifen können.

Ausbruch der Finanzkrise (die Befragungen fanden vom 28. August bis 7. September 2009 statt) hat sich an der günstigen Position von Dänemark und Schweden nichts geändert: Während EU-weit 73 Prozent der Befragten und in Deutschland 72 Prozent angaben, in ihrem Land sei Armut weit verbreitet, waren dies in Dänemark nur 31 und in Schweden nur 37 Prozent. Dänemark erreichte damit den besten und Schweden den drittbesten Platz, während Finnland mit 54 Prozent Platz 6 belegte (EU-Kommission 2009: 2).[25] In der deutschen Bevölkerung gibt es also eine ausgeprägte Sensibilität für die entstandene und sich weiter ausbreitende soziale Kluft. Dabei ist zu beachten: Wie Armut und Ungleichheit in einer Gesellschaft tatsächlich ausgeprägt sind und wie sie wahrgenommen werden, kann stark differieren. Wahrnehmungen sind nicht unabhängig von normativen Vorstellungen und Erwartungen. Wo es egalitäre Erwartungen gibt, herrscht eine höhere Sensibilität gegenüber Verarmungsprozessen als dort, wo Ungleichheit als natürlich angesehen wird. Zudem, es sind vor allem die relativen Veränderungen, die die Wahrnehmung prägen. Da es in Deutschland anders als in Skandinavien nicht die Norm einer egalitären Gesellschaft gibt, wohl aber die Erwartung, dass sich Leistung lohnen soll und den Leistungsschwachen Schutz gebührt, differieren die für Wahrnehmungsverschiebungen relevanten Bezugspunkte. Offensichtlich haben in Deutschland immer größere Teile der Bevölkerung das Gefühl, dass das, was sie leisten könnten nicht gefragt ist resp. dass das, was sie leisten, nicht angemessen gewürdigt wird.

---

[25] Wird nach der allgemeinen Beschäftigungslage und der eigenen Situation bezogen auf Beschäftigung, Einkommen etc. gefragt, äußern sich gleichfalls Dänen am positivsten. Im Sozialreport 2009 der EU-Kommission ergab sich bei der Beurteilung der allgemeinen Beschäftigungslage im EU-Mittel der Wert von minus 4,4. Nur Dänemark und die Niederlande erreichten hier positive Werte. Dass Menschen ihre eigene Situation besser beurteilen als die allgemeine Situation, ist nichts Ungewöhnliches. Im EU-Durchschnitt lag der Job-Zufriedenheitswert bei minus 1,4. Deutschland findet sich mit plus 2,4 auf Platz 9, während die drei skandinavischen EU-Mitglieder mit Zufriedenheitswerten von 4,7 (Schweden), 5,0 (Finnland) und 5,1 (Dänemark) die Rangplätze 1 bis 3 belegen. Nur Dänen und Schweden waren darüber hinaus mehrheitlich der Auffassung, ihre eigene Job-Situation habe sich während der zurückliegenden 5 Jahre verbessert (European Commission 2010: 10 u. 46).

## 1.2 Der Pfad in die Dienstleistungsgesellschaft macht den Unterschied

Ungleichheit wächst in Deutschland also über Rückkoppelungsschleifen auf unterschiedlichen Dimensionen. Es fällt schwer, auch nur einen Indikator zu finden, der nicht wachsende Ungleichheit anzeigt. Dies ist in den skandinavischen Ländern anders. Ungleichheit hat ebenfalls zugenommen, bewegt sich aber auf einem deutlich geringeren Level. Gegenläufig zu Deutschland – und dies ist der entscheidende Punkt – existiert kein durchgängiges Muster der Zunahme von Ungleichheit. Je nach Wahl des Indikators und der Eingrenzung der Beobachtungsperiode bietet sich ein anderes Bild: mal Zunahme, mal Abnahme, mal Konstanz. Dies ist als Hinweis darauf zu verstehen, dass es neben Institutionen und Prozessen, die bestehende Ungleichheiten verstärken oder aufrechterhalten auch solche gibt, die auf die Schaffung von mehr Gleichheit und die Korrektur eingetretener Ungleichheiten gerichtet sind. Anders als in Deutschland sind Einrasteffekte bislang kaum zu beobachten.

Was erklärt das Spezifische der deutschen Entwicklung? Beim Blick auf den innerdeutschen Diskurs fällt zweierlei auf. Auf der einen Seite sind die geistigen Väter der Ungleichheitspolitik wie auch diejenigen, die für ihre Umsetzung politisch Verantwortung tragen, weiterhin bemüht, die sozialen Spaltungsbefunde nach Kräften schönzureden. Verwiesen wird auf die hohen Erwerbstätigenzahlen, die Deutschland vorweisen kann nach dem Motto: Die Job-Quantität zählt, die Ungleichheitszunahme und die schlechte Qualität vieler Jobs nicht. Unterstellt ist dabei, dass die Steigerung der Erwerbstätigenzahlen nur um den Preis stark gestiegener Ungleichheit und Armut zu haben war. Dies genau ist jedoch empirisch falsch (vgl. Heintze 2008, Heintze 2010c). Auf der anderen Seite krankt die kritische Beschäftigung mit den Ursachen der Ungleichheitsentwicklung an einer Verengung des Blicks. Der Fokus geht primär bis annähernd ausschließlich in Richtung von Arbeitsmarkt- und Sozialpolitik. Hier werden die Hauptursachen und in der Folge auch die wesentlichen Lösungsansätze gesehen. Zu jedem der oben angesprochenen Einzelaspekte gibt es eine Flut von Veröffentlichungen. Sie bestätigen und erhärten die dargelegten Befunde. Bei der Einordnung freilich wird entweder umgehend die Kapitalismuskarte gezogen, womit ausgeblendet bleibt, warum das skandinavische Kapitalismusmodell die beklagten Zustände in weit geringerem Maße produziert als dies in Deutschland der Fall ist. Oder die Einordnung in größere Zusammenhänge bleibt dort stehen, wo die Folgen von Ungleichheitszunahme sichtbar werden.[26] Dingeldey (2010) etwa konstatiert eine Dualisierung der Arbeitsmarktpolitik als Ergebnis der Arbeitsmarktreformen der Agenda-10-Politik. Für eine Minderheit der Arbeitslosen gelte die alte Ausrichtung mit ihrem Status-Sicherungsanspruch fort, die Mehrheit der Arbeitslosen lande jedoch in einem Kreislauf zwischen prekärer bzw. instabiler Beschäftigung und SGB-II-Bezug. Folge sei eine Dualisierung sozialer Rechte. Dingeldey vergleicht Deutschland mit Großbritannien sowie Dänemark. Ihr Fazit lautet: *„Die deutsche Entwicklung kontrastiert negativ zu beiden Ländern, da der hier bis 2005 dokumentierte Entwicklungstrend einen massiven Anstieg der Einkommensungleichheit und der Armut zeigt, der sich infolge der Agenda-2010-Politik weiter fortsetzt. (...) Weder gab es wie in Dänemark eine Umverteilung von Arbeit, die auf eine universelle Arbeitsmarktteilhabe zielt und auf der Basis vergleichsweise kurzer Vollzeit- oder langer Teilzeitarbeit unter anderem auch Mütter nachhaltig integriert, noch hat wie in Großbritannien eine Einkommensumverteilung zur Stützung von Geringverdienern eingesetzt,"* welche die peripheren Gruppen über einen allgemeinen Mindestlohn stützt (Dingeldey 2010: 25). Dieser Analyse ist einerseits beizupflichten. Andererseits freilich kann sie die zwischen Deutschland, Dänemark und Großbritannien konstatierten Unterschiede nicht zureichend erklären, weil die Rolle des Staates bei der direkten Schaffung von Arbeitsplätzen im Dienstleistungsbereich ausblendet bleibt. In Dänemark, das von Dingeldey am besten bewertet wird, dominiert der Staat als Arbeitgeber große Teile des Dienstleistungssektors (vgl. Heintze 2007a, 2007b, 2007d, 2009, 2010c, 2012). Dies ist die Basis für die Dienstleistungs-

---

[26] Beide Vorgehensweisen treffen sich darin, dass diejenigen, die den anti-kapitalistischen Diskurs führen, in ihren Lösungsvorschlägen gleichfalls kaum über die Arbeitsmarktpolitik hinaus kommen. Gefordert werden Mindestlöhne, gleiche Löhne für Leiharbeiter ab dem ersten Tag und Ähnliches, also eine bessere Regulierung des Arbeitsmarktes. Dies beim sogenannten Reformflügel der Partei Die Linke kombiniert mit der Forderung nach Ausweitung resp. Schaffung eines öffentlich geförderten Beschäftigungssektors (vgl. u.a. Linkspartei.PDS, Landesverband Sachsen-Anhalt 2006: In Sachsen-Anhalt leben und Zukunft gestalten, Wahlprogramm für die Landtagswahl 2006; Fraktion im sächsischen Landtag: Antrag vom 20.02.2007, LTSN-Drs. 4/8043 v. 22.02.2007). Nun gibt es dergleichen längst. Nachweisbar haben sich die existierenden Formen von öffentlich geförderter Beschäftigung (Kombi-Lohnmodelle, Ein-Euro-Jobs, Bürgerarbeit) jedoch als Motor der Ausweitung von Niedriglohnbeschäftigung bei gleichzeitiger Verdrängung regulärer Beschäftigung erwiesen. Ein öffentlich geförderter Beschäftigungssektor entpuppt sich, wenn er sozialversicherungspflichtige Arbeitsplätze vorsieht, lediglich als linke Spielart etablierter Politik, nicht aber als grundlegende Alternative.

Highroad[27], auf der sich Dänemark bewegt. In den skandinavischen Ländern sind die hohen Aufwendungen für soziale Dienstleistungen und die damit korrespondierenden hohen Beschäftigungsquoten von Frauen verknüpft mit vergleichsweise stark regulierten Arbeits- und Produktmärkten. In Großbritannien, das bei Dingeldey immer noch besser als Deutschland abschneidet und auf das sich auch die Gleichstellungs-Sachverständigenkommission in ihrem Gutachten vom Januar 2011 stützt (Gleichstellungsgutachten 2011: 138), gab es unter New Labour eben nicht nur eine Politik der Stützung von Geringverdienern, sondern gleichzeitig eine Politik der Ausweitung staatlicher Tätigkeit. In Deutschland wurden in der Phase von 1997 bis zum Ende von Rot-Grün (2005) bundesweit rd. 770 Tsd. öffentliche Arbeitsplätze abgebaut,[28] in Großbritannien im gleichen Zeitraum rd. 650 Tsd. Arbeitsplätze neu geschaffen (Hicks 2005; Hicks/Lindsay 2005; Nationale Statistik Labour Force Survey 2009). Diese Stärkung des staatlichen Dienstleistungsangebots verband New Labour mit einer Markt-Staat-Strategie, die Arbeitsplätze im Bereich gesellschaftsnaher Dienstleistungen öffentlich finanziert und im Wege von Ausschreibungen an Akteure des Privatsektors (gemeinnützige wie gewerbliche) vergibt. Damit schuf resp. erweiterte sie einen öffentlich geförderten Beschäftigungssektor, der im Lowroad-Bereich angesiedelt ist.[29] Zwar, so Lehndorff 2009, investiere der Staat dabei wesentlich mehr in soziale Dienstleistungen als der konservative deutsche Wohlfahrtsstaat, ohne aber Prozesse der sozialen Polarisierung wirksam verhindern zu können. Selbst wenn die Ausschreibungs-

---

[27] In Anlehnung an Bosch/Lehndorff 2005 wird mit dem Begriff „Highroad" in dieser Arbeit eine Konfiguration bezeichnet, bei der ein durch hohe Produkt- resp. Dienstleistungsqualitäten geprägter Output auf einem Arbeitsregime basiert, das durch hohe Qualifikationsanforderungen bei gleichzeitig hohen Arbeitsstandards und guter Entlohnung geprägt ist. Die Lowroad bezeichnet die gegenteilige Konfiguration mit stark schwankenden Dienstleistungsqualitäten auf der Basis eines Arbeitsregimes, dass für die meisten Beschäftigten wenig attraktive Bedingungen bietet (hoher Leistungsdruck, schlechte Entlohnung, wenig Weiterbildungsmöglichkeiten).

[28] Von den abgebauten Arbeitsplätzen entfielen knapp 96 Tsd. auf den Bund, rd. 327 Tsd. auf die Länder und 340,5 Tsd. auf die Kommunen. Quelle: Destatis, Personalstandstatistik des öffentlichen Dienstes (fortlaufend; eigene Berechnung).

[29] Das von der Partei Die Linke in Deutschland verfolgte Konzept eines öffentlich geförderten Beschäftigungssektors (ÖBS) würde noch nicht einmal das erreichen, weil hier der Anker einer Ausweitung von Beschäftigung im öffentlichen Dienst fehlt. Dort, wo die Linke mit in Regierungsverantwortung war oder ist (Mecklenburg-Vorpommern, Berlin, Brandenburg) schritt der Abbau von Arbeitsplätzen im öffentlichen Dienst ungebremst voran resp. erfolgte sogar beschleunigt, weil öffentlich geförderte Arbeitsplätze für den öffentlichen Dienst als eine Art Leiharbeitsmarkt fungieren, was den Abbau regulärer Beschäftigung erleichtert.

richtlinien nicht nur auf den niedrigsten Preis, sondern auch auf den „best value" abzielen, könne dies die im privaten Dienstleistungsbereich bestehende Schwäche kollektivvertraglicher Beziehungen nicht kompensieren. Folge: Der Markt-Staat trägt mit dazu bei *„dass die Ausweitung sozialer Dienstleistungen mit niedrigen Arbeitsstandards und sozialer Ungleichheit vor allem unter Frauen einhergeht"* (Lehndorff 2009: 225). Demgegenüber sind in den skandinavischen Ländern die hohen Aufwendungen für soziale Dienstleistungen und die damit korrespondierenden hohen Frauen-Beschäftigungsquoten verknüpft mit vergleichsweise stark regulierten Arbeits- und Produktmärkten.

Die deutsche Arbeitsmarktpolitik der zurückliegenden Dekade und in diesem Zusammenhang die Agenda-10-Politik muss gesehen werden als funktionales Äquivalent der Entscheidung für eine marktförmige Lowroad in die Dienstleistungsgesellschaft bezogen auf den gesamten Bereich der sozialen und gesellschaftsnahen resp. öffentlichen Dienstleistungen. Wenn diese These richtig ist, liegt der Lösungsansatz primär im Beschäftigungssystem bei den Branchen, die sich als Motor der Ausweitung von gering entlohnten und prekären Beschäftigungsverhältnissen erweisen und nur sekundär, d.h. flankierend bei der Arbeitsmarkt- und Sozialpolitik. Die Daten der Bundesagentur für Arbeit zeigen, dass der Anteil von Niedriglohnbeschäftigten im Verarbeitenden Gewerbe wie auch im unternehmensnahen Dienstleistungsbereich weit geringer ist als in anderen Dienstleistungsbereichen.[30] Dies ist nicht der Natur von Dienstleistungen zuzuschreiben, sondern Ergebnis der Entscheidung für einen Pfad, bei dem wesentliche Dienstleistungsbereiche den Marktkräften überlassen werden. Leider liegen keine Eurostat-Daten zu den Arbeitskosten im Dienstleistungssektor insgesamt und differenziert nach öffentlichem und privatem Sektor vor. Der Vergleich zwischen Verarbeitendem Gewerbe und privaten Dienstleistungen offenbart jedoch bereits das Problem. 2009 kostete in Deutschland eine Arbeitsstunde im Verarbeitenden Gewerbe mit 33,10 € ein Viertel mehr als eine Arbeitsstunde im privaten Dienstleistungsbereich. In Dänemark kostete umgekehrt eine Arbeitsstunde im privaten Dienstleistungssektor mit 37,20 € 5 Prozent mehr als im Verarbei-

---

[30] Sogar im Einzelhandel liegt er nur halb so hoch wie bei der Sammelkategorie der Sonstigen Dienstleistungen und dem Bereich haushaltsbezogener Dienstleistungen (Sonstige Dienstleistungen: über 75%; Einzelhandel und unternehmensnahe Dienstleistungen: rd. 33%). Zitiert nach „Arm trotz Arbeit?" (hg. von Ver.di und der Gewerkschaft Nahrung-Genuss-Gaststätten, Auflage 2007, S. 6). Die starke Ausweitung, die privathaushaltsbezogene Dienstleistungen in der zurückliegenden Dekade erfahren haben, steht dabei für einen Trend zur Neo-Feudalisierung. In den skandinavischen Länder werden viele dieser Leistungen eher von öffentliche Einrichtungen erbracht (z.B. Essensdienste für ältere Leute).

tenden Gewerbe (35,40 €).[31] Schon dieser konträre Befund verweist darauf, dass nicht die Dienstleistungen per se, sondern die Strukturen, über die Dienstleistungen erbracht werden, das Problem sind. Im Ergebnis segelt keineswegs überall in Europa, wohl aber in Deutschland ein Großteil der Dienstleistungen im Niedriglohnsektor und die Frauen vor allem sind die Verliererinnen. Anders als in den skandinavischen Ländern erfolgte die Erhöhung der Frauen-Beschäftigungsquote in Deutschland nämlich über die Ausweitung von Teilzeit- und Minijobs zulasten regulärer Vollzeitbeschäftigung. In kaum einer anderen vergleichbaren Wirtschaftsnation ist Frauen-Teilzeitarbeit dabei mit einem so geringen Wochenstundenumfang verbunden wie in Deutschland. 18,5 Wochenstunden stehen 20,2 Wochenstunden im EU-27-Durchschnitt und 25,0 Wochenstunden in Schweden gegenüber. Aber auch von den 7,3 Mio. Frauen, die 2009 einer Vollzeitbeschäftigung nachgingen, sind ein Drittel Geringverdiener gegenüber nur 13 Prozent bei den Männern. Fast alle niedrig entlohnten Teilzeitjobs finden sich in Dienstleistungsbranchen. Gastronomie, wirtschaftliche Dienstleistungen, Gesundheits- und Sozialwesen sowie private Dienstleistungen sind zu nennen. In diesen vier Branchen sind in den letzten Jahren sieben von zehn neuen Teilzeitstellen entstanden. 70 bis 90 Prozent dieser Stellen werden von Frauen besetzt; Niedriglohnbeschäftigung ist die Regel.[32]

Das niedriglohnzentrierte deutsche Dienstleistungsprofil beinhaltet also eine massive Verletzung des grundgesetzlichen Gleichstellungsgebotes. Gerne wird der Befund individualisiert. Die Frauen würden eben Teilzeitarbeit favorisieren und in typische Frauenberufe drängen. *Erstens* wird dabei verkannt, dass sich parallel zur Ausweitung der Frauenbeschäftigungsquote der Anteil unfreiwilliger Teilzeitarbeit gegenläufig zu Skandinavien vervielfacht hat (vgl. Heintze 2010c: 52f.). *Zweitens* existiert auch in den skandinavischen Ländern eine Arbeitsmarkt-Segmentierung, bei der sich Frauenerwerbstätigkeit im Dienstleistungssektor konzentriert. Dies aber ohne die negativen Folgen des marktorientierten deutschen Dienstleistungsprofils. Als Stabilitätsanker mit Leitfunktion für die über den Privatsektor erbrachten Dienstleistungen erweist sich hier der öffentliche Sektor. In den Branchen Gesundheit, Pflege, Bildung, Kultur und Freizeit sowie bei sonstigen sozialen Dienstleistungen dominieren öffentliche Arbeitgeber und setzen die Arbeits- wie Qualitätsstandards. Überwiegend gefordert sind bei diesen öffentlichen Dienstleis-

---

[31] Zitiert nach Böcklerimpuls 4/2011, S. 3.

[32] Quelle: Antwort der Bundesregierung vom 24.02.2011 auf die Kleine Anfrage der Abgeordneten Sabine Zimmermann, Jutta Krellmann u.a. und der Fraktion Die Linke „Gleichstellung der Frauen im Erwerbsleben", BT-Drs. 17/4743 v. 10.02.2011.

tungen gerade hohe und nicht etwa niedrige Qualifikationen. Auf die älter werdende Gesellschaft ist Skandinavien so besser eingestellt, denn es entsteht ein wachsender Bedarf an integrierten, individuell passgenauen Leistungen der Gesundheitsprävention und Sicherung sozialer Teilhabe. Dem zu entsprechen ist eine anspruchsvolle Aufgabenstellung. Wird über professionelle Dienste Prävention so gestärkt, dass Menschen in guter Gesundheit alt werden, entsteht ein Mehr an Lebensqualität und die Systeme, die Krankheitsbehandlung und passive Pflege leisten, werden entlastet. Ist Prävention dagegen schwach ausgeprägt, muss mit einem vermeidbar hohen und stark steigenden Anteil dementer und multimorbider älterer Menschen gerechnet werden. Höherqualifizierung wird zum Gebot. In 22 von 27 EU-Ländern findet konsequenterweise die Pflegeausbildung an Universitäten und Fachhochschulen statt. In drei weiteren Ländern (Österreich, Belgien und den Niederlanden) findet die Ausbildung an Hochschulen sowie an Fachschulen statt. Nur in Deutschland und Luxemburg wird ein mittleres Qualifikationsniveau für ausreichend erachtet. Wer aber negiert, dass soziale und pflegerische Berufe nicht weniger anspruchsvoll sind als technische und ingenieurwissenschaftliche Berufe, lässt das Diktum von der Wissensgesellschaft zur hohlen Phrase verkommen. Die in Skandinavien bereits in den 70er Jahren eingeleitete Professionalisierung und Akademisierung pflegerischer Berufe trägt dem hohen Qualitätsanspruch und der Wissenschaftsorientierung Rechnung (vgl. Heintze 2007c: 278ff.). Demgegenüber steht der auf familiarisierte Leistungserbringungen und Marktlösungen setzende deutsche Pfad einer konsequenten Professionalisierung von Pflege- und Sorgeleistungen entgegen. Pflegeleistungen sollen nicht vor allem gut, sondern vor allem billig sein. Entsprechend niedrig sind die Standards. Statt sie anzuheben, werden sie gering gehalten; teilweise sogar abgesenkt.[33] Indem Deutschland Pflegedienstleistungen nicht als wissensbasierte Dienstleistungen begreift mit den entsprechenden Konsequenzen für Ausbildung und Bezahlung, konserviert es ein System, das einer älter werdenden Gesellschaft nicht gerecht wird. Nötig wäre ein Fundament für die Kooperation medizinischer, pflegerischer und therapeutischer Berufe.

---

[33] War für die Aufnahme einer Altenpflegeausbildung bis 2008 ein mittlerer Schulabschluss erforderlich, reicht seit 2009 ein Hauptschulabschluss. Auch die Standards bezüglich Personalqualifikation und Personalschlüssel entsprechen, sofern Standards überhaupt festgelegt und nicht nur empfohlen sind, nicht den Anforderungen guter fachlicher Praxis. Beispiel Hessen. Die dortige CDU-FDP-Regierung legte im Februar 2011 den Entwurf eines Pflege- und Betreuungsgesetzes vor, ohne Mindeststandards für die Personalausstattung vorzusehen. Mindeststandards seien angesichts des Pflegemangels und der beschränkten Mittel der Träger unrealistisch, lautete die Begründung. Zitiert nach Frankfurter Rundschau Nr. 50 v. 01.03.2011, S. D6.

Der deutsche Weg sorgt gegenteilig dafür, dass Kooperation keine Chance hat. Pflege, Medizin und Therapie begegnen sich nicht auf Augenhöhe, sondern stehen zueinander in hierarchischen Über- und Unterordnungsverhältnissen. Die Abdrängung der Pflegebranche in den Niedriglohnsektor korrespondiert damit. Als Fehlen staatlicher Regulierung darf dies nicht missverstanden werden. Die Leistungen, für die Gelder aus der Pflegeversicherung zur Verfügung stehen, sind eng abgegrenzt. Nicht der Bedarf älterer Menschen steht im Mittelpunkt der kleinteiligen Regulierung, sondern das Kostendämpfungsziel. Kümmerling (2009: 160) resümiert: *"Die Kombination aus strikter Regulierung der Pflegetätigkeit selbst, Wettbewerb und Kostendruck führt in der Konsequenz zu Arbeitsbedingungen, die von Zeitdruck sowie hohen psychischen und physischen Anforderungen bei mangelnder Entlohnung geprägt sind. Dies führt wiederum zu hoher Fluktuation bzw. zum Verlassen des Pflegeberufs."* Eine Negativspirale also, die für die Bewältigung der demografischen Herausforderung kein geeignetes Fundament ist.

Auffällig bei der in Deutschland seit den 90er Jahren um die Zukunft der Dienstleistungen geführten Debatte ist also zunächst einmal, dass ignoriert oder bewusst zur Seite gewischt wurde und wird, dass für fachlich gute Arbeit im Bereich sozialer Dienstleistungen ein hohes und kein niedriges Qualifikationsniveau erforderlich ist.[34] Die Verbindung von „Made in Germany" mit „Qualitätsarbeit" gilt für das Verarbeitende Gewerbe, nicht aber für das Gros der Dienstleistungen. Auf die Gesamtökonomie bezogen liegt ein Mythos vor, wenn der deutschen Volkswirtschaft insgesamt ein hohes Qualitätsniveau zugeschrieben wird. Um den Mythos gegen die Realität abzuschirmen, wurde und wird das Verarbeitende Gewerbe pars pro toto gesetzt.[35] Dies liefert geschönte Bilder, denn das Verarbeitende Gewerbe ist längst nicht mehr die Leitbranche, an der sich alle anderen orientieren und beschäftigt selbst nur noch jeden vierte Arbeitnehmer. Auffällig ist des Weiteren die einseitige Ausrichtung an neoliberalen Konzepten unter Bezugnahme auf das vermeint-

---

[34] Die Kommission für Zukunftsfragen der Freistaaten Bayern u. Sachsen (1997, 1998) lehnte z.B. den schwedischen Weg der Ausweitung von Dienstleistungsbeschäftigung ab mit der Begründung, in Schweden handele es sich überwiegend um qualifizierte Beschäftigung, während man in Deutschland gering qualifizierte Beschäftigung ausweiten wolle. Hier wird erneut deutlich, dass die Bewältigung von Zukunftsfragen und die Schaffung guter Arbeitsbedingungen dem Oberziel der Öffnung gesellschaftsnaher Dienstleistungsbereiche für privatkapitalistische Geschäftsmodelle untergeordnet werden.

[35] Dies ging so weit, dass sich wissenschaftliche Studien zum deutschen Modell lange primär am Verarbeitenden Gewerbe, damit der Industrie abarbeiteten, um die Befunde dann mit der „Wirtschaft" gleichzusetzen (Lehndorff et al. 2009: 23).

lich überlegene US-amerikanische Modell bei gleichzeitiger Ausblendung der skandinavischen Alternative. Von Vertretern neoklassischer Modellökonomie mit ihrem festen Glauben an die Überlegenheit von Marktlösungen war kaum anderes zu erwarten.[36] Die Niedriglohnstrategie fand Unterstützung aber nicht nur von Seiten konservativer und marktliberaler Wissenschaftler. Auch Ökonomen und Sozialwissenschaftler mit Nähe zu SPD, Grünen und Gewerkschaften vertraten die These, nur die Ausweitung von (subventionierter) Niedriglohnbeschäftigung könne zu einem nachhaltigen Beschäftigungsschub führen (vgl. etwa Fels et al. 1999; Streek 1997, 2000 und 2004/05; Heinze 2003).[37] Der neoliberale Ansatz, wonach der Dienstleistungssektor primär über einfache und niedrig bezahlte Arbeit, gegebenenfalls staatlich gefördert über Kombilöhne oder einen öffentlich geförderten Beschäftigungssektor zu entwickeln sei, konnte sich so als Allgemeingut durchsetzen. Als Vorbild fungierten die USA, während der nähere Blick auf die skandinavischen Länder abgewehrt wurde. Deutschland suche nach Beschäftigungsmöglichkeiten für gering Qualifizierte, in Skandinavien sei Dienstleistungsarbeit aber primär qualifizierte Arbeit, hieß es (Kommission für Zukunftsfragen 1997, Teil 3: 128). Warum Skandinavien höhere Beschäftigungsquoten realisiert als die USA (vgl. Heintze 2010c) und zugleich den Geringqualifizierten weit bessere Beschäftigungschancen bietet, interessierte nicht. Mit der Verbesserung der Beschäftigungschancen Geringqualifizierter wurde argumentiert; tatsächlich ging es jedoch um die Durchsetzung der aus anderen

---

[36] Die Literatur diesbezüglich ist Legion. Beispielhaft verwiesen sei auf die Studien des Münchner Ifo-Institutes unter ihrem Präsidenten Hans-Werner Sinn. Speziell für Ostdeutschland weist Deutsche Bank Research 2004 in die gleiche Richtung. Empfohlen wird die politische Stützung eines weiteren Ausbaus privater Dienstleistungen bei Rückbau öffentlicher Dienstleistungen (Deutsche Bank Research 2004: 5, 19, 28f.). Hohes Potential wird hier gesehen bei Iuk-bezogenen Dienstleistungen, bei Call-Centern, unternehmensnahen Dienstleistungen und der Förderung von Privatkliniken. Dort, wo der Aufbau von Sozialkapital resp. von sozialen Dienstleistungen angesprochen ist, geht es den Autoren um die Herstellung von Marktfähigkeit (S. 61). Da dem Grenzen gesetzt sind, wird als Instrument der Kosteneindämmung ein verstärkter Rückgriff auf das Ehrenamt ins Spiel gebracht mit Finanzierung über Vereine, die Mitgliedsbeiträge erheben (S. 62).

[37] So pries Wolfgang Streek 2004/05 den US-amerikanischen Arbeitsmarkt als Vorbild. Deutschland zahle für das Festhalten an einem hohen Gleichheitsniveau mit einem hohen Niveau an Arbeitslosigkeit, war seine These. *„Bei uns wurde in den letzten zwei Jahrzehnten die relative Gleichheit unter den Beschäftigten mit schrumpfender Beschäftigung in der Industrie und einer stagnierenden Entwicklung des Dienstleistungssektor erkauft, also im Ergebnis mit einer Ausgrenzung von Arbeitsplätzen und damit von Menschen aus dem Erwerbssystem, deren niedrige Produktivität und entsprechend niedrige Entlohnung die gemessene Ungleichheit vergrößert hätte"* (a.a.O.).

Gründen bereits getroffenen Entscheidung für eine Ausweitung von Niedriglohnbeschäftigung und prekärer Arbeit.[38]

Die Notwendigkeit der Geringhaltung von Löhnen wurde teils mit der Kostenkrankheit bei arbeitsintensiven, personenbezogenen Dienstleistungen begründet, teils mit einer verschärften Lohnkonkurrenz aufgrund der Globalisierung. Auf beide Argumente sei kurz eingegangen. Das Kostenkrankheitsargument beinhaltet, dass Dienstleistungen, die nur begrenzt rationalisierbar sind, unter einer chronischen „Kostenkrankheit" (Baumol 1967) leiden, da sie im Kampf um die Verteilung gesellschaftlicher Ressourcen stets mit weniger personalintensiv erzeugbaren Gütern konkurrieren müssen, womit ihr relativer Preis gegenüber diesen Gütern steigt. Die für derartige Dienstleistungen zur Verfügung gestellten Ressourcen stehen daher unter kontinuierlich wachsendem Druck. Baumol, auf den das Argument zurückgeht, stützte seine Überlegungen auf die Situation in den USA der 1960er Jahre und zwar konkret auf die in kommunaler Regie angebotenen Dienstleistungen. Als Lösung zur Überwindung der Kostenkrankheit empfahl er eine stärkere finanzielle Unterstützung der Kommunen durch die Bundesregierung. Diese Empfehlung ist mit Blick auf die Unterfinanzierung der meisten deutschen Kommunen unverändert aktuell. Bei der deutschen Rezeption des Kostenkrankheitsarguments wurde diese Schlussfolgerung jedoch genau nicht gezogen. Das Argument wurde vielmehr (vgl. u.a. Streek 2000: 13; Heinze/Streek 2003: 28ff.) aufgeboten, um die Ausweitung von Niedriglohnbeschäftigung als alternativlos darzustellen. Der theoretische Referenzrahmen, der dabei zur Anwendung kam, besteht aus den Koordinaten: „Markt kommt vor Staat" und „privat kommt vor öffentlich" bei gleichzeitiger Unterlegung durch das Modell der neoklassischen Arbeitsmarkttheorie. Die neoklassische Arbeitsmarkttheorie definiert das Beschäftigungsniveau ausschließlich über die Lohnhöhe. Wer sich bei der Diskussion von Beschäftigungsstrategien eines solchen Referenzrahmens bedient, unterwirft die Entwicklung gesellschaftsnaher Dienstleistungen der Marktrationalität. Das Gegenmodell staatlicher Bereitstellung sozialer und gesellschaftsnaher Dienstleistungen, bei dem an die Stelle des Marktes die demokratische Entscheidung der Bevölkerung tritt, ist in dem marktzentrierten Referenzrahmen ex ante ausgeschlossen. Nur nachträglich

---

[38] Pars pro toto steht hierfür ein Gutachten des Bundesarbeitsministeriums zu Arbeitsanreizen für gering Qualifizierte. *„Als Repräsentant des skandinavischen Wohlfahrtsstaatsmodells wurde Schweden (...). berücksichtigt. Dieses Land steht sowohl mit der Arbeitslosen- als auch der Beschäftigungsquote von gering Qualifizierten im internationalen Vergleich bestens da. Das skandinavische Modell wird aber nicht weiter untersucht, weil hier der Fokus auf Anreizsysteme für den Niedriglohnbereich gerichtet wird und die skandinavischen Länder (...) keine entsprechenden Politiken verfolgen"* (Düll 2006: 4ff.).

kommt hier der Staat im Sinne einer Reparaturwerkstatt ins Spiel. Für die Diskussion offen ist dann die Frage, ob und über welche Instrumente er Armutslöhne auf ein existenzsicherndes Niveau aufstockt und welche Interventionen er gegebenenfalls vornimmt, um monopsonistischen[39] Entwicklungen entgegenzuwirken, bei denen die Arbeitgeber eine so starke Marktstellung haben, dass sie Löhne einseitig drücken können. Dies alles sind wichtige Diskussionen. Sie setzen jedoch nicht am Grundproblem an und führen zu Ergebnissen, die weder bezogen auf die Qualität und allgemeine Verfügbarkeit gesellschaftsnaher Dienstleistungen noch bezogen auf die dort bestehenden Arbeitsstandards gute Lösungen erbringen. Die letzten 150 Jahre Kapitalismusentwicklung haben immer wieder bestätigt: Bei Gütern und Diensten, die allen BürgerInnen in gleicher Weise so zur Verfügung stehen sollten, dass niemand von der Nutzung ausgeschlossen ist, liefern Konzepte, die die Bedarfserfüllung an privat-gewinnorientierte „Landnahme" koppeln, schlechte Ergebnisse. Deshalb auch wurden nachhaltig für die Gesellschaft zu finanzierende und zu erbringende Aufgaben im Zusammenhang mit der Entwicklung von Wohlfahrtsstaatlichkeit nach und nach in staatliche resp. öffentliche Verantwortung überführt und man kann an Ländern, wo dies nicht oder nur rudimentär gelang, den hohen Preis, den die Gesellschaft dafür bezahlt, studieren.[40]

---

[39] Ein Monopson liegt vor, wenn einzelne Arbeitgeber einen so beherrschenden Einfluss auf die Lohnhöhe haben, dass sie diese unter das produktivitätsgerechte Niveau drücken können. Das Monopson-Argument hat für Anhänger neoklassischer Arbeitsmarkttheorie in der jüngsten Zeit neue Relevanz gewonnen. Modelltheoretisch erwarten sie, dass die Einführung gesetzlicher Mindestlöhne resp. deutliche Erhöhungen derselben zum Verlust von Arbeitsplätzen führen. Dies ist empirisch aber überwiegend gar nicht der Fall. Um den für die Neoklassik überraschenden Befund zu erklären, wird im Rückschluss angenommen, dass die vorher gezahlten Löhne aufgrund der Existenz eines Monopsons unter dem Gleichgewichtslohn lagen, so dass bei Einführung gesetzlicher Mindestlöhne Arbeitsplatzverluste ausbleiben.

[40] Ein Lehrstück bietet das marktorientierte US-Gesundheitssystem. Es koppelt den Gesundheitsschutz an das Beschäftigungsverhältnis. Je nach Branche und Arbeitgeber fällt die Absicherung von Krankheitsrisiken dabei unterschiedlich gut aus. Wer seinen Arbeitsplatz verliert, verliert seinen privaten Krankheitsschutz. Eine staatliche Versicherung als Alternative existiert nicht, woran auch die Gesundheitsreform der Obama-Administration nichts ändern konnte; zu groß ist die Machtstellung der privaten Gesundheitswirtschaft. Die Rolle des Staates ist beschränkt auf ergänzende Leistungen und den Versuch, das Marktsystem zu regulieren. Dieses System ist weltweit das teuerste Gesundheitssystem. Es verschlingt über 16 Prozent der Wirtschaftsleistung, während die staatlichen skandinavischen und das staatliche britische Gesundheitssystem mit weniger als 10 Prozent der Wirtschaftsleistung weit bessere Ergebnisse erreichen (vgl. OECD Health Data 2011). In dem Bericht „US Health in International Perspective: Shorter Lives, Poorer Health" kommt das National Institute of Health zu dem Befund, dass das eigene Land unter

In Deutschland ordnet sich der Pflegebereich hier ein. Es ist als Alarmsignal zu werten, wenn in europaweiten Befragungen 55 Prozent der Deutschen gegenüber nur 4 Prozent der Dänen angeben, sie und ihre Angehörigen könnten sich ambulante Pflegedienste finanziell nicht leisten; bei stationärer Pflege sind es sogar 75 Prozent der Deutschen gegenüber 13 Prozent der Dänen.[41] Während also die überwältigende Mehrheit der Dänen darauf vertraut, dass die in Regie der Kommunen angebotenen Dienste für sie finanziell erschwinglich sind, verneint dies die Mehrheit der Deutschen. Dabei sind es gerade diejenigen, die auf öffentliche Dienstleistungen besonders angewiesen sind, deren Bedarf auf der Strecke bleibt. Eine im Rahmen des Forschungsprojektes „Workers under pressure and social care" am Wissenschaftszentrum Berlin durchgeführte Studie zeigt, dass das deutsche Modell zu je nach Einkommenssituation der Familie unterschiedlichen Pflegearrangements führt. Wer über ein ausreichendes Einkommen verfügt, wählt Pflegesachleistungen und ergänzt die von der gesetzlichen Pflegeversicherung gewährten Leistungen durch privat finanzierten Zukauf. Wer über kein ausreichendes Einkommen verfügt, hat diese Handlungsoption gar nicht und trägt in der Folge ein besonders hohes Risiko, wegen des familiären Pflegebedarfs die Arbeitszeit reduzieren oder den Beruf ganz aufgeben zu müssen. Die hohen Kosten für zusätzliche professionelle Pflege und Betreuung können sich einkommensschwache Familien nämlich nicht leisten (Keck/Saraceno 2010). Anzunehmen, die deutsche Politik verfolge bewusst das Ziel, den Pflegebereich so zu gestalten, dass die individuelle Einkommenssituation darüber entscheidet, ob professionelle Pflegeleistungen im benötigten Umfang in Anspruch genommen werden können oder nicht, ginge fehl. Sie arbeitet dem aber auch nicht, zumindest nicht wirksam entgegen. Sortiert man die Eurobarometer-Ergebnisse zur Erschwinglichkeit von Pflege nach den Dienstleistungsprofilen der Länder, ist das Bild relativ eindeutig. In den Ländern, wo Pflegeleistungen primär als öffentliche Aufgabe betrachtet werden, sind es Minderheiten, die professionelle Pflegeleistungen für nicht erschwinglich halten. Am geringsten sind diese Bevölkerungsanteile in Dänemark, den Niederlanden und Schweden sowie in Luxemburg und Belgien; bei Letzteren allerdings nur bezogen auf die ambulante Pflege. In den Ländern dagegen, wo Pflegeleistungen primär als von Familien zu erbringende Aufgabe betrachtet werden, sind klare Mehr-

---

17 Vergleichsländern die rote Laterne trägt. Selbst gut verdienende Angehörige aus der Mittelschicht mit Krankenversicherung gehören zu den Verlierern, bei anderen bewegt sich die Versorgung eher auf Dritt-Welt-Niveau. Gut versorgt ist nur die ältere Generation. Für Ältere und Behinderte existiert mit Medicare eine staatliche Krankenversicherung. Zitiert nach Gardian.co.uk, Thursday 10 January 2013.

[41] Quelle: Eurobarometer vom Herbst 2007, zitiert nach: Dittmann 2008 (ISI 40): 3f.

heiten der Auffassung, Pflege im Alter sei für sie finanziell „nicht erschwinglich". Schlusslichter sind Griechenland, Bulgarien, Deutschland, Portugal und Rumänien (zit. nach Dittmann 2008: 3, Abb. 3). Damit aber finden wir Deutschland bei einer wichtigen Dimension der Performanz des Pflegesystems bei den europäischen Ländern, die über einen nur residualen Sozialstaat verfügen. Als Fazit zeigt sich, dass ein Pflege-Dienstleistungsprofil des doppelten Privatvorrangs, wie es Deutschland und die mediterranen Länder prägt, erkauft wird mit guter und erschwinglicher Pflege für wenige, während sich die breite Masse gute, professionelle Pflege nicht oder nur eingeschränkt leisten kann. Es ist nicht zuletzt die Wahrnehmung der Versorgungssituation, die bestimmt, welches Pflegearrangement präferiert wird. Damit schließt sich der Kreis. Mit dem Festhalten an der Unterfinanzierung des Pflegesystems bei gleichzeitiger Geringhaltung von Qualitäts- wie Arbeitsstandards sorgt die Politik für die Stabilisierung der individuellen Präferenzen, mit denen sie das Festhalten an der Familiarisierung begründet. Gäbe es ein qualitativ gutes und für alle finanziell erschwingliches Angebot, würden professionelle Leistungen weit stärker in Anspruch genommen als es heute der Fall resp. für die Betroffenen realisierbar ist.[42]

Auch das *Globalisierungsargument* erweist sich als nicht stichhaltig. Es besagt, dass Unternehmen in Zeiten der Globalisierung ihre Produktionsstätten leicht dorthin verlagern können, wo Arbeitskräfte weniger teuer sind als in Deutschland. Um dem zu begegnen, sei eine Politik der Lohnzurückhaltung sowie die Schaffung eines Niedriglohnsektors unabdingbar. Schon bezogen auf den industriellen Bereich hat das Argument nur eine beschränkte Erklärungskraft. Es greift bei bestimmten Konsumgütern, wenig jedoch bei hochwertigen Spezialprodukten und Ausrüstungsgütern. Für das Gros der Dienstleistungen greift es gar nicht. Personenbezogene Dienstleistungen müssen dort erbracht werden, wo sie nachgefragt werden. Ergo beinhalten sie konträr zum vorgetragenen Argument ein Potential, um den Globalisierungsdruck für die Gesamtwirtschaft zu mindern.[43] Wächst der Globalisierungsdruck für die im Produzierenden Gewerbe erstellten Güter, kann das Durchschlagen auf die Gesamtökonomie wesentlich abgefedert werden, wenn parallel das ökonomi-

---

[42] Schon heute hinkt das Angebot der Nachfrage hinterher. Dafür spricht, dass sich 36 Prozent der Deutschen professionelle häusliche Pflege wünschen, aber nur 22 Prozent aller als pflegebedürftig gemeldeten Personen von ambulanten Diensten erreicht werden (Destatis, zit. nach Dittmann 2008: 3).

[43] Dies ist eine von Globalisierungskritikern meist übersehene Handlungsoption. So auch bei Rodrik (2011), der dafür plädiert, etwas Sand ins Globalisierungsgetriebe zu steuern, dabei aber nur Welthandel und Finanzströme im Blick hat.

sche Gewicht von sozialen und gesellschaftsnahen Dienstleistungen wächst und diese auf gesicherter Finanzierungsbasis in öffentlicher Regie angeboten werden. Wer den Globalisierungsdruck ungebremst zur Entfaltung bringen möchte, muss nicht-handelbare öffentliche Güter in handelbare Marktgüter umwandeln. Der marktförmige Weg erfüllt diese Funktion. Er zielt auf die Umwandlung nicht-handelbarer öffentlicher Dienste in handelbare Marktprodukte. Damit aber produziert er überhaupt erst die Effekte, mit denen die Entscheidung für einen marktförmigen Weg geringstmöglicher Kosten für die Allgemeinheit begründet wird. Auch bei personenbezogenen Dienstleistungen kann sich so die Globalisierung durch die Hintertür auswirken. Die Hebel sind das Zulassen oder bewusste Organisieren chronischer Unterfinanzierung gesellschaftlicher Bedarfsbereiche mit gleichzeitiger Öffnung für gewinnorientierte Geschäftsmodelle. Die Kostenfalle, die beim staatsförmigen skandinavischen Pfad kaum zum Tragen kommt, wirkt sich dann voll aus. In Gang kommt eine Negativspirale, bei der trotz permanenten Drucks auf Löhne und Arbeitsstandards nach Ventilen für weitere Kostensenkungen gesucht wird. Dies begünstigt das Entstehen und die Ausbreitung grauer Märkte. Graue Pflegemärkte, wo aus Osteuropa und Drittweltländern Pflegekräfte illegal oder getarnt als Hauswirtschaftlerinnen im Einsatz sind, werden gegenwärtig noch vorrangig in den südeuropäischen Ländern beobachtet. Pflege ist dort noch weniger als öffentliches Gut ausgeprägt als in Deutschland. Für Deutschland deuten Schätzungen jedoch auf eine rasante Zunahme als Folge der Mängel bei der Pflegeversicherung hin (vgl. bei Kümmerling 2009: 157f. die dort zitierte Literatur)

*1.3 Dienste im allgemeinen Interesse zwischen Highroad und Lowroad und die Rolle der Kommunen: Die Buchkonzeption*

„Nie standen in der Geschichte der Bundesrepublik die Kommunen vor derartigen Finanzproblemen. Die Handlungsspielräume sind dramatisch eingeschränkt. Die kommunale Selbstverwaltung ist in Gefahr. Die Städte und Gemeinden werden gezwungen, die Leistungen für die Bürger weiter einzuschränken, die Investitionen zurückzufahren und die Verschuldung zu erhöhen." *(Deutscher Städte- und Gemeindebund, 1-2010)*

In der wohlfahrtsstaatlichen wie auch der kommunalwissenschaftlichen Literatur wird der Zusammenhang zwischen der Prekarisierung von Beschäftigungsverhältnissen sowie der starken Zunahme von Ungleichheit auf der einen Seite und dem Rückzug des Staates aus der Bereitstellung öffentlicher

Güter und Dienstleistungen kaum oder nur am Rande thematisiert.[44] Konservative wie marktliberale Wissenschaftler und Politikberater treten sogar für eine noch weitergehende Entstaatlichung ein. Unverdrossen wird dabei das Bild vom angeblich *„weitgreifenden öffentlichen Sektor"*[45] bemüht.

Der Blick zurück lehrt: Vor der eigentumsrechtlichen Privatisierung[46] im Bereich der traditionellen öffentlichen Daseinsvorsorge (Post, ÖPNV, Woh-

---

[44] Lehndorff (2006, 2009) ist eine der Ausnahmen. Der Einschätzung, dass der öffentliche Dienst von einem *„Hort stabiler Arbeitgeber-Arbeitnehmer-Beziehungen"* (...) *„unter den Vorzeichen von Haushaltssanierung und Privatisierung zu einem Faktor der Destabilisierung"* wurde, ist beizupflichten. Bosch/Wagner (2002) immerhin erteilten – dies unter Bezugnahme auf international-vergleichende Fallstudien – dem Einschwenken auf eine US-amerikanisch geprägte Dienstleistungspolitik eine Absage. Nötig sei *„eine Verständigung über die öffentliche Verantwortung für die Bereitstellung oder Finanzierung von Dienstleistungen"* (S. 509), wobei die Autoren freilich offen lassen, durch welche Maßnahmen der Staat den geforderten Zugang für alle sicherstellen soll.

[45] So u.a. Paul Nolte, dessen Publikationen seit Jahren ein breites Medienecho finden. Um zu begründen, warum der Staat sich noch weiter zurückziehen sollte, ignoriert und verdreht er die empirischen Fakten. Die Daten nationaler Statistikämter sowie von Eurostat, ILO und OECD ergeben übereinstimmend, dass es nur wenige hochentwickelte Länder gibt, die über einen ähnlich kleinen öffentlichen Sektor verfügen wie Deutschland. Dagegen Nolte: *„Durch einen sehr weitgreifenden öffentlichen Sektor haben wir weite Bereiche des Marktes (...) abgeschottet."* Zitiert nach Interview der Zeitschrift „Das Parlament" mit Paul Nolte anlässlich der Veröffentlichung seines Buches „Riskante Moderne. Die Deutschen und der Kapitalismus" (2006), in: Das Parlament, Nr. 11 v. 13.03.2006, S. 3.

[46] Privatisierung hat verschiedene Facetten und vollzieht sich in Stufen. Die unterste Stufe betrifft die Rechtsform, indem kommunale Eigenbetriebe, Anstalten des öffentlichen Rechts oder öffentlich-rechtliche Stiftungen in GmbHs, Aktiengesellschaften oder Stiftungen des Privatrechts umgewandelt werden. Die rechtliche Privatisierung ist meist der erste Schritt zu weitergehenden Privatisierungen. Bei diesen weitergehenden Privatisierungen werden öffentliche Aufgaben nicht mehr durch öffentlich-rechtliche Einrichtungen erbracht, sondern ausgelagert. Die Leistungserbringung erfolgt dann durch Auftragsvergabe an Private. Beispiel: Integrationskurse für Migranten. Hier werden mit den privaten Kursträgern Kostensätze abgerechnet, die für bundesweit rd. 17.000 Dozenten zu Gehältern führen, die nur etwa bei der Hälfte dessen liegen, was sie bei einer Festanstellung verdienen würden; und all dies dann auch noch ohne soziale Absicherung (vgl. Scheinselbständig im Auftrag der Bundesregierung, Frankfurter Rundschau Nr. 58 v. 10.03.2011, S. 23). Kostensenkung durch Prekarisierung ist das primäre Ziel dieser Art von Outsourcing. Die nächste Stufe der Privatisierung besteht im Rückzug aus der Aufgabenwahrnehmung. Dort, wo die Aufgabe bislang durch rechtlich eigenständige Unternehmen wahrgenommen wurde, werden diese veräußert und dort, wo die Aufgabenwahrnehmung in der Kernverwaltung angesiedelt ist, werden die entsprechenden Ämter personell so ausgedünnt, dass sie ihre Aufgaben nicht mehr ordnungsgemäß wahrnehmen können. In dieser Arbeit wird von Privatisierung erst dort gesprochen, wo

nungswesen, Energieversorgung, Kliniken, Schwimmbäder) und dem Outsourcing der Aufgabenwahrnehmung bei zahlreichen weiteren Dienstleistungen, die von allgemeinem Interesse sind[47] (soziale und kulturelle Dienstleistungen, Informationsdienstleistungen, ökologische Dienstleistungen), waren die Unterschiede zwischen dem Verarbeitenden Gewerbe und den öffentlichen Dienstleistungen gradueller Natur. Zum einen war dies den öffentlichen Unternehmen geschuldet, die auf der Ebene von Bund, Ländern und Gemeinden für die Produktion öffentlicher Güter und Dienstleistungen eine zentrale Rolle spielten. Sie sorgten für eine hohe Tarifbindung und eine unternehmerische Ausrichtung, bei der die Renditeerzielung nicht im Vordergrund stand. Mit der Privatisierung bei den Universaldiensten (Postdienste, vor allem), in wichtigen Versorgungsbereichen (Energie, Wasser und Abwasser, ÖPNV) sowie zunehmend auch im Krankenhausbereich, bei Wohnungsunternehmen und darüber hinaus ging dies verloren. Zugleich wurden soziale Dienstleistungen nicht auf die für das Verarbeitende Gewerbe prägende Highroad angehoben. Die im Bereich sozialer Dienstleistungen traditionell gemischte Trägerstruktur (kirchliche und freigemeinnützige neben öffentlichen Trägern) wurde destabilisiert durch den Abbau öffentlicher Trägerschaft bei gleichzeitiger Landnahme durch renditeorientierte private Träger. Die Marginalisierung der öffentlichen Trägerschaft hat die Leistungserbringung wie die Tarifbindung so fragmentiert, dass diese Bereiche nun noch weiter von der

eine organisatorische und/oder eigentumsrechtliche, damit materielle Privatisierung vorliegt.

[47] Innerhalb der europäischen Gemeinschaft gibt es die Begriffe „Services of general interest" (deutsch: „Dienstleistungen von allgemeinem Interesse" – DAI), „Services of general economic interest", „Non economic services of general interest", „Universal service". Damit soll an die Stelle der Zuordnung einer Aufgabenwahrnehmung zum privaten oder öffentlichen Sektor die Bezeichnung des Zwecks treten. Allerdings differiert auch das, was unter Diensten von allgemeinem oder allgemeinem wirtschaftlichen Interesse verstanden wird, von Land zu Land. Ein einheitliches Verständnis gibt es nicht und kann es nicht geben. In einem demokratischen Gemeinwesen sind es nämlich die BürgerInnen, die über Wahlakte darüber befinden, welche Aufgaben öffentlich wahrzunehmen sind und welche nicht. Dass diese Entscheidungen je nach Tradition, Kultur und politischen Mehrheiten differieren, ist logisch. Bislang werden Dienstleistungen von allgemeinem Interesse auf europäischer Ebene statistisch ebenso wenig erfasst wie die öffentlich erbrachten Dienstleistungen. Das vom Zentralverband der öffentlichen Wirtschaft CEEP mit Unterstützung der Kommission durchgeführte Projekt „Mapping of the Public Services" (Bauby/Similie 2010) hat nun erstmals so etwas wie eine Kartografie der öffentlichen Dienstleistungen erstellt. Die Begriffe „Dienste von allgemeinem Interesse" und „öffentliche Dienste" werden dabei synonym gebraucht. So soll das Problem der national unterschiedlichen Pfade umgangen werden. In dieser Arbeit dagegen geht es gerade um die Erhellung dieser Unterschiede.

Highroad entfernt sind als in der Vergangenheit. Anders als verheißen,[48] praktizieren die privaten Anbieter überwiegend gerade kein Wettbewerbsmodell, das Qualität und Innovation in den Mittelpunkt rückt, sondern ein Modell, bei dem primär auf Wettbewerbsvorteile über Lohnsenkungen, Arbeitsverdichtungen und die Spaltung der Belegschaft in unterschiedlich gut integrierte Gruppen gesetzt wird. In welchem Umfang derartige Strategien gelingen, hängt sowohl am staatlichen Re-Regulierungsniveau als auch an der Stärke gewerkschaftlicher Gegenmacht. Wo beides schwach ausgeprägt ist, kommt eine Abwärtsspirale in Gang mit Zunahme der Lohnspreizung, breiter Verunsicherung der Beschäftigten und einer Fragmentierung der Tarifstrukturen.[49] Der auf wachsende Ungleichheit gerichtete Prozess zerstört soziales Kapital und begünstigt auf der individuellen Ebene die Anfälligkeit für nicht zuletzt psychische Erkrankungen. Nicht jede Privatisierung führte zu Verschlechterungen. Im Ganzen gesehen wurden die Effekte, mit denen die Privatisierungsbefürworter geworben hatten, aber nicht nur nicht erreicht, sondern vielfach in ihr Gegenteil verkehrt. Insbesondere ging vom Rückzug des Staates, anders als behauptet,[50] kein positiver Wachstums- und Beschäfti-

---

[48] Geworben wurde mit mehr Effizienz, geringeren Kosten, besseren Leistungen und positiven Arbeitsplatzeffekten. Ein Beispiel bezogen auf die Privatisierung kommunaler Kläranlagen: *„Wenn Private nicht nur die Kläranlagen bauen, sondern sie auch selbst als Bauherr finanzieren und betreiben, profitieren davon Bürger und Gemeinden – die Bürger durch niedrigere Abwasserbeseitigungsgebühren, die Gemeinden durch Einsparung von Steuermitteln für Investitionen."* (Niedersächsischer Wirtschaftsminister Hirche 1987, Pressemitteilung Nr. 21/1987).

[49] Siehe dazu die Publikationen von Brandt/Schulten im Rahmen des Projektes „Privatisation of Public Services and the Impact on Quality, Employment and Productivity" (PIQUE). Beim PIQUE-Projekt (Laufzeit Juni 2006 bis Mai 2009) handelte es sich um ein EU-Forschungsprojekt, das anhand von 6 Ländern (Deutschland, Großbritannien, Schweden, Belgien, Österreich und Polen) und 4 Branchen (Stromversorgung, öffentlicher Nahverkehr, Krankenhäuser, Postdienstleistungen) die Auswirkungen der Liberalisierung und Privatisierung öffentlicher Dienstleistungen auf Umfang und Qualität von Beschäftigung, Produktivität und Qualität von Dienstleistungen sowie auf die Struktur von Arbeitsbeziehungen untersuchte. Innerhalb des Forschungsverbundes lag die Analyse sektorspezifischer Veränderungen von Beschäftigungsverhältnissen, industriellen Beziehungen und tariflicher Rahmenbedingungen in den genannten Ländern bei Brandt/ Schulten vom WSI.

[50] Die Niedersächsische Ministerin der Finanzen und spätere Chefin der Treuhand AG Birgit Breuel etwa pries 1987 auf einem vom Bundesverband der Freien Berufe zusammen mit der CDU-Mittelstandsvereinigung in Hannover veranstalteten Privatisierungskongress die Veräußerung öffentlicher Vermögensbestände und den Rückzug der öffentlichen Hand aus wirtschaftlicher Tätigkeit als einen Weg an, der Wachstumskräfte freisetzt und dadurch Arbeitsplätze schafft. Es sei *„allgemein sichtbar geworden, welche*

gungseffekt aus. Die in Deutschland realisierte Privatisierung ergab einen Nettoverlust von Arbeitsplätzen (vgl. Brandt/Schulten 2008: 74, Tab. 2)[51] bei gleichzeitiger qualitativer Verschlechterung der in den privaten Unternehmen neu entstandenen Arbeitsplätze. Wenigstens zu Teilen hätte dies vermieden werden können, wenn, wie in den skandinavischen Ländern praktiziert, der öffentliche Sektor die primäre Leistungsverantwortung behalten hätte und wenn der privatisierungsbedingte Verlust öffentlicher Arbeitsplätze im Bereich der traditionellen Daseinsvorsorge durch den Zubau von öffentlichen Arbeitsplätzen in sozialen und kulturellen Bedarfsfeldern kompensiert worden wäre (vgl. Heintze 2009, 2010b, 2010c). Abgesehen von Teilbereichen wie dem öffentlichen Verkehr (siehe Kapitel 8) hat der deutsche Staat jedoch die primäre Leistungsverantwortung in weiten Teilen der klassischen öffentlichen Dienste abgegeben und es gab auch keinen kompensatorischen Zubau bei neuen Bedarfen. Über eine Politik der systematischen Schwächung der Einnahmebasis des Staates wurde und wird parallel zur Privatisierung vormals öffentlicher Unternehmen – von Bundes-, Landes- wie Kommunalunternehmen – für „knappe öffentliche Kassen" gesorgt, um so eine Politik des massiven Personalabbaus in annähernd allen öffentlichen Bedarfsfeldern als zwingend erscheinen zu lassen. Besonders drastisch (minus 22 Prozent) waren Personalabbau und Privatisierungen im Kommunalsektor.

Im deutschen Diskurs – dies gilt für linke Kritiker nicht weniger wie für den marktliberalen Mainstream – wird überschätzt, welchen Anteil daran die EU-Liberalisierungspolitik hatte. Die EU-Liberalisierungspolitik spielte den Privatisierungsbefürwortern in die Hände; Privatisierungen hat sie nicht erzwungen. Dementsprechend unterschiedlich fällt die Privatisierungsbilanz aus. In Großbritannien wurde abgesehen vom staatlichen Gesundheitsdienst radikal privatisiert. Deutschland kommt dem recht nahe, sofern die Privatisierung des DDR-Volksvermögens durch die Treuhand-AG mitberücksichtigt wird. Schon in Frankreich dagegen war der Widerstand zu groß, um ehr-

*schädlichen und gefährlichen Wirkungen die Entwicklung ausufernder öffentlicher Haushalte für Wirtschaft und Gesellschaft hat. (...) Eine immer höhere Abgabenbelastung oder eine wachsende öffentliche Verschuldung führt im Ergebnis zu einer anhaltenden Schwächung der Wachstumskräfte, zu einer Beeinträchtigung der Anpassungs- und Wettbewerbsfähigkeit der Volkswirtschaft und geht zu Lasten von mehr Beschäftigung."*
(Zitiert aus der Rede „Weniger Staat – Mehr Markt", Quelle: Tagungsmappe).

[51] Den Nettoverlust von Arbeitsplätzen beziffern Brandt/Schulten (2008) bei der Energie- und Wasserwirtschaft auf 127 Tsd. Stellen, bei der Post auf 139,5 Tsd. Stellen und bei der Bahn auf 274,4 Tsd. Stellen. Die Zeiträume, auf die sich die Angaben beziehen, differieren dabei. Bei der Post ist es der Zeitraum von 1989 bis 1998, bei der Energie- und Wasserwirtschaft der Zeitraum von 1991 bis 2005.

geizige Privatisierungsziele in gewünschter Weise durchsetzen zu können. Allerdings wurden die verbliebenen Staatsunternehmen auch nicht durchweg so modernisiert und auf Effizienz getrimmt, dass sie sich unter Wettbewerbsbedingungen behaupten können. Verschärft gilt dies für die Staatsunternehmen in den südeuropäischen Ländern, während in Skandinavien Staatsunternehmen hinsichtlich Effizienz und Profitabilität privaten Unternehmen nicht nachstehen.[52] Die in Skandinavien praktizierte Privatisierungspolitik kann als moderat angesehen werden. In Teilen allerdings kamen auch hier weitgreifende Privatisierungen zur Umsetzung. Island etwa privatisierte ab Ende der 90er Jahre vorher staatliche Banken,[53] ohne für eine zureichende Regulierung der nun privaten Banken zu sorgen. Mit dem Bankenkollaps im Zuge der Finanzkrise und nachfolgender Verstaatlichung ist diese Politik grandios gescheitert. Der Einsatz staatlicher Unternehmen als Instrumente der Industriepolitik ist in Norwegen am stärksten und in Dänemark am schwächsten ausgeprägt. Allerdings hält der dänische Staat in den liberalisierten Märkten an den ehemaligen Staatsmonopolisten noch bedeutsame Anteile, was für Deutschland nicht zutrifft.[54] Dort, wo strategische Ziele geortet werden, zeigt

---

[52] Dementsprechend gilt für die skandinavische Privatisierungspolitik: „*Efficiency as such was not an issue*" (Dänemark-Portrait in Bauby/Similie 2010: 163). In Deutschland umgekehrt spielte das Effizienzthema eine große Rolle. Angeblich, so die Behauptung, sind Privatunternehmen per se effizienter.

[53] Seit Anfang der 90er Jahre wurden in Island zahlreiche vormals staatliche Unternehmen ganz oder teilweise privatisiert. Ende der 90er Jahre konzentrierte sich die Privatisierungspolitik dann auf den Bankensektor. Zunächst (1998) wurden 49 Prozent und 1999 die restlichen 51 Prozent an der Investmentbank „Fjárfestingarbanki atvinnulífsins hf" veräußert. Es folgte ab 1999 die Privatisierung der Geschäftsbanken Búnaðarbanki und Landsbanki. Quelle: Isländische Regierung, Iceland's Privatisation Programme 1991-2000, PM 10/30/01.

[54] Dänemark und Deutschland haben gemeinsam, dass es nach 1945 keine Unternehmensverstaatlichungen gab. Diesbezüglich ist Dänemark stärker marktliberal geprägt als die anderen skandinavischen Länder. Bei Märkten mit vor der Liberalisierung staatlichen Monopolen sind freilich deutlich größere Anteile noch in staatlichem Eigentum als in Deutschland. Die Dänische Eisenbahn ist noch ein Staatsunternehmen, an Post Danmark hält der Staat einen Anteil von 75 Prozent gegenüber 30,6 Prozent, die in Deutschland über die Staatsbank KfW gehalten werden (Angaben für Ende 2009 nach Bauby/Similie 2010: 164). Auch beim größten dänischen Energieunternehmen DONG (Dansk Olie og Naturgas) ist der Staat zum 31.12.2010 mit noch 76,49 Prozent beteiligt (DONG Energy 2011: Annual Report 2010; http://www.dongenergy.com/SiteCollectionDocuments/investor/annual_report/2010/DONG_Energy_Annual_Report_EN.pdf; letzter Zugriff: 11.08.2011). Die Skandinavische Fluggesellschaft SAS wiederum ist ein halbstaatliches Unternehmen. Am 30.09.2010 hielten daran die Regierungen von Norwegen und Dänemark je 14,3 Prozent, die schwedische Regierung 21,4 Prozent und die Dänische

sich die Politik in den skandinavischen EU-Mitgliedsländern bereit, bestehende Spielräume für das Festhalten an öffentlichem Eigentum und öffentlicher Organisationsgewalt zu nutzen. Der Postmarkt liefert ein gutes Beispiel für die Wirkungen unterschiedlicher Regulierungsniveaus in einem liberalisierten Markt. In Deutschland folgte auf Liberalisierung und Privatisierung ein massiver Arbeitsplatzabbau mit Lohndumping und wachsender Prekarisierung[55] bei gleichzeitiger Ausdünnung der Versorgung mit Postämtern.[56] Dass diese Entwicklung nicht zwangsläufig ist, zeigen die skandinavischen EU-Länder auf je eigene Weise. Der dänische Postmarkt wird weiterhin von der zu 75 Prozent staatlichen dänischen Post dominiert; die Tarifbindung erreicht um die 90 Prozent. In Finnland wurde der Postmarkt schon 1994 vollständig liberalisiert, gleichzeitig jedoch eine Lenkungsabgabe eingeführt. Ein Unternehmen, das keine umfassende Versorgung vorsieht, muss eine Abgabe von bis zu 20 Prozent des Umsatzes zahlen. Ergebnis: Das staatliche Monopol existiert fort und es ist weder ein massiver Beschäftigungsabbau noch Lohndumping zu verzeichnen. Zwar wurde im Zuge von Rationalisierungsmaßnahmen bei den Postdiensten Personal abgebaut, in den Sparten Information und Logistik gegenläufig dazu jedoch Personal aufgebaut.[57] Die Qualität der Beschäftigungsverhältnisse ist hoch. Während in Deutschland 2005 47,9 Pro-

Nationalbank 1,4 Prozent. Quelle: http://www.sasgroup.net/SASGroup/default.asp (Zugriff: 16.03.2011).

[55] Im Zeitraum von 1995 bis 2006 nahm die Beschäftigtenzahl bei der Post AG um 42,5 Prozent ab (1995: 314.905; 2006: 181.070). Zwar entstanden Arbeitsplätze bei den Wettbewerbern. Dies aber in geringerer Zahl und mit schlechterer Qualität. Die schlechtere Qualität zeigt sich u.a. darin, dass 1999 bei der Post AG der Anteil von Minijobbern bei nur 0,19 Prozent lag gegenüber 59,4 Prozent (absolut: 11.190) bei den Wettbewerbern. Erkennbar setzten die Wettbewerber auf Kostenvorteile durch die Prekarisierung der Beschäftigung. Dies aber brachte die Arbeitsplätze bei der Post AG hinsichtlich Quantität und Qualität weiter unter Druck. Geringfügige Beschäftigungsverhältnisse breiteten sich in der Folge auch bei der Post AG aus. Zwar liegt ihr Anteil mit 4,1 Prozent (2005) immer noch weit unter dem der Wettbewerber; absolut hat sich ihre Zahl aber verzehnfacht. Daten nach BT-Drs. 16/5067 v. 23.04.2007 (Tab. S. 1 und 2).

[56] 1991 gab es 25.895, im Jahr 2000 noch 13.500 und 2008 nur noch 4.993 eigenständige Postfilialen. Etabliert hat sich eine Nebenbeiversorgung in Friseurläden, Schreibwarengeschäften und als letzte Möglichkeit auch in Rathäusern. Vgl. u.a. Johannes Gernert: Das Ende des Postamts. Auf einmal ist die Filiale beim Frisör, in: TAZ 16.12.2010: http://www.taz.de/ >Archiv>Suchbegriff „Das Ende des Postamts" (Zugriff: 11.08.2012).

[57] Die Itella-Gruppe hat um die 29.000 Beschäftigte (2011: 28.493; davon 21.123 in Finnland). Das Beschäftigungsgewicht verschob sich zunehmend in Richtung Logistik. 2006 waren bei Itella Logistics 3.547 Mitarbeiter beschäftigt, 2008 waren es 10.621. Quelle: Annual Reports fortlaufend bis 2011 (33). Download: http://www.itella.fi/english/ > About Itella > Publication and Images > Annual Report (Zugriff zuletzt: 11.08.2012).

zent der in der Postbranche Beschäftigten nur über einen Teilzeit- oder Minijob verfügten (Deutsche Post AG: 37,4%; Wettbewerber: 81,7%), lag die Teilzeitquote beim finnischen Konzern Itella bis 2008 bei unter 10 Prozent, stieg bis 2011 jedoch auf 27 Prozent.[58] Außerdem, das finnische Staatsunternehmen engagiert sich in besonderer Weise sozial wie ökologisch. Sozial für die Gesundheitsförderung der MitarbeiterInnen über seine Foundation for Wellbeing[59] und ökologisch für Energieeinsparung wie Klimaschutz.[60] All diese Aspekte zusammen verdeutlichen den Unterschied zwischen der finnischen Highroad und der deutschen Lowroad bei den Universaldiensten. In Schweden wurde 1993 die Abschaffung des Postmonopols beschlossen. Anders als in Finnland ging diese Marktöffnung einher mit einem nur mittleren Regulierungsniveau. Beim überwiegend staatlichen Postunternehmen Posten AB, das heute mit Posten Danmark das Gemeinschaftsunternehmen Posten Norden bildet, wurde seither fast jeder zweite Arbeitsplatz abgebaut. Etwa im Umfang von Deutschland übernahmen neue Anbieter Marktanteile. Die Tarifverträge der Wettbewerber liegen jedoch auf dem gleichen Niveau wie die der Schwedischen Post. Wohl gab es also deutliche Beschäftigungsverluste, Lohn- und Sozialdumping fand anders als in Deutschland aber nicht statt. Verantwortlich sind dafür die gleichen Faktoren, die auch in Dänemark wirksam sind. Es gelingt die tarifpolitische Einhegung, weil erstens die wichtigste Unternehmensgruppe (Post Norden) ein überwiegend staatliches Unternehmen ist, weil zweitens starke Gewerkschaften um diesen Anker herum flächendeckend einheitliche Tarife durchsetzen und weil drittens auch die gesetzliche Regulierung höher ist.[61] Somit steht Deutschland für einen Weg, bei

---

[58] Angaben zu Finnland: siehe Fußnote 57; Angaben zu Deutschland: BT-Drs. 16/5067.

[59] Die Foundation for Wellbeing nahm im Oktober 2006 mit einem Startkapital von 12,6 Mio. € ihre Arbeit auf. Die Arbeit liegt vorrangig in der betrieblichen Gesundheitsförderung. Unter anderem erhalten die Mitarbeiter Vergünstigungen für Fitnessanbieter und es gibt spezielle Urlaubsprogramme. Ausgaben 2011: 9,6 Mio. € (Annual Report 2011: 35).

[60] Seit einigen Jahren wird die Fahrzeugflotte auf Naturgasbetrieb umgestellt und der Anteil erneuerbarer Energien beim Stromverbrauch systematisch erhöht. 2007 lag er bei 34 Prozent, 2011 aber schon (inländischer Unternehmensteil) bei über 80 Prozent. Die Itella-Gruppe – sie ist in 15 Ländern aktiv – erreichte 2010 einen Anteil von 57 Prozent gegenüber 40 Prozent im Jahr 2009. Quelle: http://www.itella.fi/english/ > About Itella > Responsibility > Posti Green und environmental program (letzter Zugriff: 11.08.2012).

[61] Zur tarifpolitischen Einhegung vgl. die Ergebnisse des PIQUE-Projektes. In Ländern mit flächendeckend starken Gewerkschaften (Belgien und Schweden) und/oder starker staatlicher Regulierung bleibt der Druck auf Löhne und Arbeitsbedingungen als Folge der Privatisierung gering (Belgien und Schweden) oder bewegt sich (Polen und Großbritannien) auf einem mittleren Niveau. Deutschland schneidet am schlechtesten ab. Eine frag-

dem der öffentliche Sektor so klein gemacht wurde, dass er als Gegengewicht und Stabilitätsanker ausfällt, während gleichzeitig – dies bei Bildung, Gesundheit, Kultur und sozialen Diensten – öffentlich finanzierte, aber nicht selbst erbrachte Dienstleistungen einer auf Kostenminimierung gerichteten Steuerung unterliegen. Bei den Unternehmen wiederum, die in Märkten mit vormals staatlichem Monopol nun Aufgaben der Daseinsvorsorge wahrnehmen, zeichnet sich der deutsche Weg durch eine niedrige staatliche Regulierung bezogen auf Qualität und Arbeitsstandards aus. Ein Weiteres kommt hinzu: Ungleichheit betrifft nicht nur Einkommen, Arbeitsbedingungen und die Qualität der erstellten Dienstleistungen. Öffentliche Dienstleistungen haben auch die Funktion, für Einheitlichkeit in den Lebensverhältnissen zu sorgen. Mit dem Rückzug des Staates aus der Eigenerstellung von im öffentlichen Interesse liegender Dienstleistungen, wächst die regionale Spaltung.[62] All das macht deutlich, dass der Staat öffentliche Dienste nur insoweit garantieren kann, als er ihre Erstellung zu einem wesentlichen Anteil in den eigenen Händen hält.

Das Deutschland-Szenario erweist sich als Maschinerie entfesselter Ungleichheitszunahme. Es reicht nicht, diese Entwicklung nur zu beschreiben und zu kritisieren. Es geht vielmehr darum, Vorstellungen zu einem Wohlfahrtstaat zu entwickeln, der einerseits an die in den 80er Jahren abgerissene Entwicklung anknüpft und andererseits die Herausforderungen von Ökologie und demografischem Wandel, der Geschlechtergleichstellung und des Abbaus von sozialen Spaltungsprozessen bei Bildung, Gesundheit, Pflege und kultureller Teilhabe aktiv annimmt. Die deutsche Debatte um Alternativen leistet dies nach Auffassung der Autorin nicht.

Grundlegende Alternativen wurden in der Vergangenheit am ehesten von Bündnis90/Die Grünen vorgetragen. Dies gemäß grüner Kernkompetenz vorrangig für den ökologischen Umbau der Industriegesellschaft. *„Investitionen in den ökologischen Umbau haben für mich absolute Priorität, weil sie reale Werte schaffen und dadurch Wertschöpfung und Einnahmen kreieren"*, erklärte Jürgen Trittin, Vorsitzender der Bundestagsfraktion, im März 2011.[63]

---

mentierte Tariflandschaft und ein geringes Niveau an staatlicher Regulierung treffen hier zusammen. Vgl. Brandt/Schulten (2007) und Büttner (2007: Folien Nr. 39, Nr. 55).

[62] So das Resümee von Peter Simon (MdEP und Vizepräsident der Intergruppe Öffentliche Dienstleistungen) bei einer Erörterung der Intergruppe Öffentliche Dienstleistungen am 16. September 2010 (http://www.vku.de/service-navigation/bruessel/europaeisches-parlament-diskutiert-zukunft-der-oeffentlichen-dienstleistungen.html; letzter Zugriff: 11.08.2012).

[63] Zitiert nach SPIEGEL-Interview, in: DER SPIEGEL Nr. 11 v. 14.03.2011, S. 25-29 (hier: 28).

Eine Debatte um die realen Werte, die aus sozialen Dienstleistungen erwachsen, ist demgegenüber nicht auszumachen. In Einzelbereichen (Ausbau der erneuerbaren Energien, vor allem) kann grüne Politik Erfolge verzeichnen. Auf der anderen Seite jedoch unterminiert die von den Grünen mit zu verantwortende Schwächung der Einnahmebasis des Staates den angeblich prioritären ökologischen Umbau. Beispiel „Grüne Verkehrswende". Auf regionaler und kommunaler Ebene fallen darunter Stichworte wie die Realisierung autoarmer Siedlungskonzepte, der Ausbau von Radwegen und die massive Stärkung des Öffentlichen Personennahverkehrs (ÖPNV). Investitionen in diesen Bereichen geraten jedoch unter die Räder der von klammen öffentlichen Haushalten diktierten Sparpolitik. Statt eines massiven ÖPNV-Ausbaus, um so den Umstieg vom Auto auf öffentliche Verkehrsträger zu erleichtern, unterbleiben notwendige Investitionen und es kommt sogar zur Abbestellung resp. Einstellung von Linien, weil die Länder ihre Mittel zurückfahren und die kommunalen Verkehrsunternehmen dies nicht ausgleichen können.[64] Während so bei Ökologie anspruchsvolle Umbauziele zwar formuliert sind, aber mit einer Finanzpolitik kollidieren, die die Zielerreichung nicht stützt, lassen im sozialen Bereich schon die Ziele eine tragfähige Gesamtkonzeption vermissen. Die Forderungen, die von Grünen, SPD, Linkspartei, Gewerkschaften und den ihnen nahestehenden Forschungsinstituten vorgetragen werden, zielen auf Einzelpunkte und Teilkonzepte (gleicher Lohn bei Leiharbeit, Mindestlöhne, Abschaffung von Minijobs, Arbeitszeitverkürzung, Anhebung der Hartz-IV-Sätze, Verbreiterung der Einnahmebasis sozialer Sicherungen usw.). Eine in sich stimmige Gesamtkonzeption, die leistungsseitige und finanzierungsseitige Aspekte verknüpft und das Potential beinhaltet, den Prekarisierungstrend bei der Dienstleistungsbeschäftigung branchenübergreifend umzukehren, ist nicht in Sicht. Gerade dort, wo es um das Verhältnis von Markt und Staat geht, bleiben die Änderungsvorstellungen eher im Denkrahmen des

---

[64] Aktuelle Beispiele aus Sachsen: Ende April 2011 wurde in Leipzig eine S-Bahn-Linie (S1) eingestellt und die RE-Linie 16 zwischen Leipzig und Altenburg abbestellt, obwohl sie gut nachgefragt wurde. Die Linie „Göttingen – Erfurt – Jena – Glauchau – Chemnitz" wiederum wurde ausgedünnt. In den Regionen begründen die Aufgabenträger (Zweckverband Nahverkehrsraum Leipzig u.a.) die Angebotsverschlechterung mit gekürzten Finanzzuweisungen des Freistaates Sachsen. Vgl. die laufende Berichterstattung in der Leipziger Volkszeitung (u.a. vom 19./20.2011). Zur Kritik an den Plänen vgl. „Sachsens Sparwut zeitigt Folgen: Thüringer Landesregierung protestiert gegen Kappung der Schienenanbindung" von Ralf Julke (17.03.2011): http://www.l-iz.de/Wirtschaft/Mobilit%C3%A4t/2011/03/Th%C3%BCringer-Landesregierung-protestiert-gegen-Kappung-der-Schienenanbindung.html (Zugriff: 17.03.2011).

konservativen deutschen Sozialstaates stecken, als dass neue Ufer angepeilt werden.

Das vorliegende Buch setzt hier an. Es konfrontiert das Deutschland-Szenario mit einem Skandinavien-Szenario, um so ein Fundament zu legen für eine Diskussion, die mögliche Alternativen breiter sieht als es im eingeengten deutschen Diskurs der Fall ist. Herausgepickt werden nicht einzelne Themen. Statt selektiv vorzugehen, wird eine Gesamtschau angestrebt. Nur so kann eine Basis gelegt werden für die integrierte Behandlung nicht aller, aber doch zahlreicher öffentlicher Bedarfsfelder. Die Schwerpunktsetzung wird bei sozialen und kulturellen Dienstleistungen vorgenommen, weil hier die Prekarisierung von Beschäftigung besonders ausgeprägt ist und die Lowroad-Strategie nicht nur schlechte Bezahlung und niedrige Arbeitsstandards beinhaltet, sondern auch ein Nichtausschöpfen von Beschäftigungspotentialen in Verbindung mit polarisierten, nicht nachhaltigen Dienstleistungsqualitäten. Dass das Skandinavien-Szenario mit einem höheren Niveau an gesellschaftlicher Wohlfahrt bei weniger Ungleichheit und besseren Arbeitsbedingungen verknüpft ist, wurde oben dargelegt. Zahlreiche Studien stützen dies aus makroökonomischer Sicht (vgl. etwa Hein/Menz/Truger 2006) und aufgrund der Analyse einzelner Politikfelder (Arbeitsmarktpolitik, Familienpolitik, Gleichstellungspolitik, Pflegepolitik usw.)[65]. Die vorliegende Abhandlung wählt die Akteursebene der Lokalregierungen mit Blick auf die von Kommunen verantworteten Dienstleistungen.

Die Wahl der kommunalen Brille findet eine Reihe von Begründungen. Es sind vor allem die Kommunen, die die von den BürgerInnen direkt erfahrenden öffentlichen Dienstleistungen erbringen. Dies ist in Deutschland nicht anders als in Skandinavien. Ökonomisch ist bei öffentlichen Dienstleistungen nämlich zu unterscheiden zwischen Dienstleistungen, die in den Kollektivkonsum und solchen, die in den Individualkonsum eingehen. Staatliche Basisfunktionen (Verteidigung, öffentliche Sicherheit, Rechtsstaat, übergeordnete Verkehrsinfrastruktur usw.) sind Leistungen für den Kollektivgebrauch. Schwerpunktmäßig sind diese Leistungen in Zentralstaaten bei der Zentralregierung und in föderalen Staaten beim Bund und den Gliedstaaten angesiedelt. Die Entwicklung von öffentlichen Diensten, die in den Individualkonsum der Menschen eingehen, ist eng mit der wohlfahrtsstaatlichen Entwicklung verbunden. Der Wohlfahrtsstaat verteilt nicht nur Geld um, sondern erbringt Sachleistungen, die in den individuellen Konsum eingehen und Privatkonsum ersetzen. Solche Sachleistungen aber sind mit Blick auf den örtlichen Bedarf zu planen und zu erbringen. Dementsprechend groß ist in den skandinavi-

---

[65] Vgl. dazu die Publikationen von Heintze und die dort angegebene Literatur.

schen Ländern auf der lokalen Regierungsebene der Anteil von Leistungen für den Individualkonsum. In Schweden entfielen 2008 bei Gemeinden 85 Prozent und bei Landkreisen 98 Prozent des Staatskonsums auf den Individualkonsum, während es bei der Zentralregierung nur 28 Prozent waren.[66] Das Vor-Ort-Prinzip bedeutet dabei nicht, dass Kommunen als territoriale Einheiten die Bedingungen, unter denen sie vor Ort eine Aufgabe wahrnehmen, vollständig kontrollieren könnten. Sie sind eingebunden in eine innerstaatliche Aufgabenteilung, die ihnen Aufgaben pflichtig oder zur Ausführung überträgt, die einen Rechtsrahmen vorgibt sowie Grenzen setzt bezogen auf die Ressourcen, die sie mobilisieren können. Zwar unterhält ein föderaler Staat wie Deutschland eine kompliziertere Aufgabenverteilung als ein unitarischer Staat, denn in einem förderalen Staat besitzen die Länder eigene Staatsqualität. Allerdings sind die skandinavischen Länder anders als Frankreich oder Großbritannien keine zentralistischen Staaten. Es gibt zwar eine Zentralregierung, aber die Lokalregierungsebene hat ein eigenständiges Gewicht. Hier kommt als weitere Begründung das *Prinzip der kommunalen Selbstverwaltung* zum Tragen. Es proklamiert eine Allzuständigkeit der Gemeinden für die örtlichen Angelegenheiten. Im Rahmen der Gesetze können sie sich frei für bestimmte Anliegen engagieren.[67] In der Vergangenheit erwies sich kommunale Selbstverwaltung immer wieder als eine Art Jungbrunnen, weil einzelne Gemeinden Neues gewagt und erprobt haben, was dann beispielgebend wurde für andere Gemeinden. Eine dritte Begründung erwächst aus der aktuellen Krise der Europäischen Gemeinschaft. Nicht die Politik führt bei dem, was an Rettungspaketen geschnürt wird, Regie, sondern Finanzmarktakteure. Ihr Vertrauen wieder herzustellen, ist für die herrschende Politik oberstes Ziel. Grundlegende demokratische Spielregeln kommen dabei zu Schaden. Die hasenfüßige Unterwürfigkeit der gewählten Repräsentanten unter die vom Finanzkapital gesetzten Spielregeln vermittelt sich auch den BürgerInnen. Die Legitimationskrise, die daraus erwächst, kann für die Demokratie zu einer ernsthaften Bedrohung werden, wenn nicht an anderer Stelle Raum geschaffen wird für den demokratischen Streit um beste politische Gestaltungskonzepte. Hier kommt die Stadtpolitik, kommen Kommunen ins Spiel. Gegen den schleichenden Verfall demokratischer Institutionen kann von der lokalen Ebene aus Widerständigkeit erwachsen, wenn gegen einseitige Sparpolitik

---

[66] Sweden Statistics, National Accounts 2002 bis 1. Quartal 2009 (Daten mit Aktualität vom August 2009, eigene Auswertung).

[67] Bei internationalen Vergleichen werden Deutschland und die skandinavischen Länder daher der Ländergruppe mit starker Lokalregierungsebene zugeordnet. Vgl. etwa Wollmann (2003: 119).

lokale Politikgestaltung wieder eine Chance erhält. Im Umkehrfalle freilich ist auch denkbar, dass die Demokratie auf der lokalen Ebene noch schneller dahinschwindet als auf übergeordneten Ebenen.

Die Realität kommunaler Selbstverwaltung soll im Überblick mit Vertiefungen bei den Leistungen, die in den Individualkonsum der BürgerInnen eingehen, eingefangen werden. Leistungen für den Kollektivkonsum wie z.b. die Anlage und Unterhaltung öffentlicher Parks und Spielplätze, Straßenbau und Straßenunterhaltung, aber auch die kommunale Umweltpolitik und der Gesamtbereich der Stadtplanung können nur gestreift werden. Ihre Behandlung würde den Rahmen dieser Arbeit sprengen.

Es gibt unter den kommunalen Dienstleistungen Bereiche mit ähnlich gelagerten wie auch mit konträren Traditionslinien. Bei Museen und der kulturellen Infrastruktur existiert – dies in Abgrenzung zu den angelsächsischen Ländern – ein gemeinsam geteiltes Verständnis von Kultur als einer öffentlichen Aufgabe. Hier wie dort auch besteht eine starke kommunalwirtschaftliche Tradition. Sie ist in Deutschland seit Ende der 80er Jahre zwar erheblich unter Druck geraten. Trotzdem konnten sich Stadtwerke stärker behaupten, als prognostiziert worden war und die vielfach nicht eingetretenen Privatisierungsversprechen haben eine gewisse Renaissance der Kommunalwirtschaft eingeleitet. In welchem Umfang es dabei zu Rekommunalisierungen kommt, wird sich in den kommenden Jahren entscheiden.

Den Bereichen mit ähnlichen Traditionen steht das große Spektrum der sozialen Dienstleistungen wie auch der Bildungsdienstleistungen gegenüber. Hier haben die Kommunen in Skandinavien ein viel breiteres Aufgabenspektrum. Im Bildungsbereich etwa ist das Schulwesen bis zur Sekundarstufe I weitgehend kommunalisiert, während es in Deutschland gespaltene Schulträgerschaften (Gemeinde und Land) gibt. Diese Differenz nimmt sich jedoch klein aus verglichen mit den gravierenden Unterschieden, die bei sozialen Dienstleistungen zu registrieren sind. Wer nur auf die Sozialleistungsquote sieht, wähnt Deutschland und skandinavische Länder auf einer Höhe; im OECD-Kontext liegen sie bei der Sozialleistungsquote (Anteil der öffentlichen Sozialausgaben bezogen auf das BIP) gemeinsam im Spitzenfeld.[68] Dies sagt aber nur die halbe Wahrheit. Die differenzierte Betrachtung nach Geld- und nach Dienstleistungen führt zu anderen Befunden. In Deutschland dominieren geldliche Transferleistungen, in den skandinavischen Ländern umgekehrt Sachleistungen. Bleiben bei den sozialen Dienstleistungen Ausgaben

---

[68] OECD: Social Expenditure Database; Update vom 29.04.2009 (Base de données des dépenses sociales, 1980-2005: www.oecd.org/els/social/depenses; letzter Zugriff: 11.08.2012); Indikatoren EQ5.1 und EQ5.2.

für Gesundheit außen vor, rutscht Deutschland unter den OECD-30-Durchschnitt, während die fünf skandinavischen Länder die Spitzenplätze einnehmen.[69] Vergleichbar hohe soziale Ausgaben werden also in unterschiedlichem Umfang für die Finanzierung sozialer Infrastruktur eingesetzt. Auch die Steuerung ist unterschiedlich. In den skandinavischen Ländern gibt es, wenn man das Rentensystem außen vor lässt, Steuerung weitgehend aus einer Hand. Die Kommunen planen in der Orientierung am Lebenslauf der Individuen den Einsatz sozialer Dienste. In Deutschland stehen sich dagegen Systeme gegenüber, die nach unterschiedlichen Logiken arbeiten.[70] Integrierte Leistungserbringung mit nachhaltiger Orientierung am Lebenslauf von Individuen sind in diesem Systemkontext mit seiner fragmentierten Dienstleisterstruktur kaum umzusetzen. Um bei sozialen Dienstleistungen überhaupt einen Vergleich möglich zu machen, ist es notwendig, den Umfang an Leistungen, die in Deutschland über die Sozialversicherungssysteme und nichtkommunale Träger erbracht werden, mit ins Bild zu holen.

Folgende Leitfragen sollen behandelt werden:

- Trägt die Einschätzung, dass Deutschland und die skandinavischen Länder gleichermaßen über eine starke kommunale Selbstverwaltung verfügen, oder muss die These zurückgewiesen werden?

- Wie ist das Verhältnis von übergeordnet-staatlicher zu kommunaler Leistungserbringung und wie das Verhältnis von eigener Leistungserbringung zur Leistungserbringung über private Träger? Welche Tendenzen zeichnen sich ab?

---

[69] Bei Island ist dieser Befund besonders interessant, denn Island bildet mit den anderen skandinavischen Ländern nur bezogen auf soziale Dienstleistungen eine gemeinsame Gruppe, nicht aber bezogen auf geldliche Transferleistungen. Dafür gibt der isländische Staat vergleichsweise wenig aus.

[70] Der deutsche Sozialstaat ist als Sozialversicherungsstaat ausgeprägt, wobei die Versicherungen nach unterschiedlichen Prinzipien arbeiten. Bei Gesundheit und Pflege arbeiten die gesetzlichen Krankenkassen nach dem Solidarprinzip, die privaten Krankenkassen nach dem Risikoprinzip und die gesetzlichen und privaten Pflegekassen sind überhaupt nur als Teilkaskoversicherung ausgeprägt. Nur die Finanzierungsseite ist dominant öffentlich, die Leistungsseite dagegen überwiegend privat mit Doppelstrukturen, künstlichen Abtrennungen und Versorgungslücken an den Schnittstellen. Öffentliche Träger sind vom Klinikbereich abgesehen bei Gesundheit und Pflege nur in einer ergänzenden Rolle. Bei den sonstigen sozialen Dienstleistungen ist dies anders. Hier liegen kommunale Pflichtaufgaben vor, die jedoch massiv unterfinanziert sind. Leistungsträger sind nur zum Teil die Kommunen selbst. Eine wichtige Rolle spielen private Träger (kirchliche, freigemeinnützige, zunehmend auch gewerbliche).

Einleitung                                                                                                       57

- Wie gestalten sich Struktur und Entwicklung der Kommunalfinanzen? Gibt es in den skandinavischen Kommunen anders als in Deutschland ein Finanzierungssystem, das in nachhaltiger Weise die Finanzierung und Weiterentwicklung des erreichten Leistungsniveaus gewährleistet? Welche Schlüsse sind daraus für Deutschland zu ziehen?

- Welche Entwicklung hat in der zurückliegenden Dekade die Kommunalbeschäftigung genommen? Kommt den Kommunen als Arbeitgebern eine Vorbildfunktion zu für private Arbeitgeber?

- Wie wirkt sich im Lichte der aktuellen Finanz- und Wirtschaftskrise dort, wo ein hoher Verschuldungsgrad existiert, der Spardruck aus. Die Frage ist mit Blick auf den Beinahe-Staatsbankrott von Island von besonderem Interesse. Kommt es dort in der Folge zu ähnlichen Leistungskürzungen wie in überschuldeten deutschen Kommunen?

- Welche Befunde gibt es bei einzelnen Aufgabenbereichen? Weisen skandinavische Kommunen durchgängig einen höheren Leistungsumfang auf oder gibt es auch Bereiche, wo der deutsche Kommunalsektor vorne liegt?

- Welche Tendenzen prägen die Kommunalwirtschaft allgemein und in wichtigen Feldern? Wo besteht noch kommunaler Gestaltungsraum und wie wird er genutzt?

- In welchem Umfang sorgt die Politik in wichtigen Dienstleistungsbereichen (z.B. Kinderbetreuungsinfrastruktur) dafür, dass BürgerInnen landesweit quantitativ wie qualitativ annähernd gleiche Versorgungsstrukturen vorfinden?

- Steht die kommunale Serviceorientierung in einem eindeutigen Zusammenhang mit den politischen Mehrheitsverhältnissen?

Es wird keine abschließende Klärung der aufgeworfenen Fragen möglich sein. Wohl aber wird eine Teilklärung versucht. Auf dieser Basis lassen sich Bereiche identifizieren, wo Deutschland von skandinavischen Erfahrungen lernen könnte resp. wo es zumindest Anregungen gibt, die für die deutsche Debatte nutzbar gemacht werden können. Prämisse ist dabei, dass nach der Pfadverschiebung, die Deutschland bei der Arbeitsmarktpolitik in Verbindung mit der Steuer- und Finanzpolitik in Richtung des US-amerikanischen Modells genommen hat, nicht länger damit argumentiert werden kann, dass Übertragungen aus anderen Systemkontexten nicht möglich sind, weil die eigene Entwicklung strikt pfadabhängig verlaufe. Die realisierte Pfadverschiebung in Richtung des angelsächsischen Modells hat diese Einrede obsolet werden lassen. Sie kaschiert einen Abwehrreflex des Nicht-Lernen-Wollens. Die Pfadverschiebung in Richtung USA hat Ungleichheit und Armut binnen weniger Jahre auf ein bedenkliches Niveau gehievt. Profitiert hat eine kleine Gruppe zulasten der Zukunftsentwicklung für die breite Mehrheit und die Gesellschaft insgesamt. Völlig unstreitig ist dabei Folgendes: Es geht nicht um 1:1-Übertragungen. Sie stellen einen Grenzfall da. Wohl aber kann im Lichte erfolgreicher Alternativen der Horizont geweitet werden für das, was auch im eigenen Land möglich wäre. Dies kann in Konzepte einfließen, für die um politische Mehrheiten geworben wird. Die Augen zu öffnen für tragfähige Alternativen und auch für Faktoren, die den bisherigen Erfolg gefährden, ist die Hauptfunktion des Buches.

Die aufgeworfenen Fragestellungen werden in insgesamt 8 Kapiteln behandelt. Sie sind in einen Teil A und einen Teil B untergliedert. *Teil A* nimmt die Vogelperspektive ein, d.h. hier werden nicht einzelne Dienstleistungsbereiche untersucht, sondern der Kontext ausgeleuchtet und ein Gesamtüberblick geliefert. Kapitel 2 skizziert den wohlfahrtsstaatlichen, politischen und rechtlichen Kontext. Aufgeworfen ist zum einen die Frage nach der Bedeutung kommunaler Selbstverwaltung und der Rolle des Staates für die Wohlfahrtsproduktion sowie die Bewältigung gesellschaftlicher Herausforderungen. Zum anderen werden die politischen und ökonomischen Basisdaten geliefert, ohne die die Einordnung der Dienstleistungsbefunde kaum gelingt. Kapitel 3 und 4 stellen Aufgaben, Ausgaben und die dabei eingesetzten finanziellen und personellen Ressourcen im Überblick dar. Die Struktur wird beleuchtet sowie die Entwicklung in der mittleren bis längeren Frist. Nur wenn die Analyse nicht auf ein kleines Zeitfenster beschränkt ist, sondern den Zeitraum von mindestens einer Dekade und mehr in den Blick nimmt, sind Rückschlüsse auf Entwicklungsmuster möglich. Besonderes Gewicht wird der Analyse kommunaler Finanzen und kommunaler Beschäftigung beigemessen. Beides ist essentiell, da ohne angemessene Finanz- und Personalausstattung ein gutes Angebot kommunaler Dienste nicht möglich ist. Die Frage nach den Arbeits- und Entlohnungsbedingungen wird über einen Sektorenvergleich und die nähere Beleuchtung der Pflegebranche behandelt. Pflege ist in Skandinavien eines der wichtigsten kommunalen Aufgabenfelder. Zu über 80 Prozent werden die Leistungen von kommunalen Einrichtungen erbracht, während die Leistungserbringung in Deutschland genau umgekehrt zu über 90 Prozent privat erfolgt. Ein Vergleich der Konsequenzen für die Beschäftigten bietet sich an und erscheint auch aussagekräftig. Im *Teil B* des Buches wird die Vogelperspektive gegen die Nahperspektive ausgewechselt. Es geht in den zu diesem Teil des Buches gehörenden Kapiteln darum, die Reichweite,

Qualität und Verlässlichkeit öffentlicher Dienstleistungserbringung in den Blick zu nehmen. Kapitel 5 bis 7 behandeln soziale und kulturelle Dienstleistungen. Bei den sozialen Dienstleistungen setze ich den Schwerpunkt bei der kommunalen Betreuungsinfrastruktur von Kindern und Jugendlichen, gehe aber auch (Kapitel 6) auf die Unterstützung, die Ältere erfahren, ein. Die Systemunterschiede – Sozialversicherungssystem contra kommunale Dienste – bedingen bei Gesundheit und Pflege freilich eine unterschiedliche Rolle der Kommunen. In den skandinavischen Ländern bilden Gesundheits- und Seniorendienste einen Schwerpunkt kommunaler Tätigkeit, in Deutschland kommt den Kommunen in diesen Bereichen nur eine bescheidene und in den letzten Jahren aufgrund von Privatisierung und Kommerzialisierung gesunkene Bedeutung zu. Da das Buch den Versuch unternimmt, von Skandinavien aus auf Deutschland zu schauen, wird der Gesundheits- und Pflegebereich nicht ausgespart. Allerdings müssen Schwerpunkte gesetzt werden. Behandelt wird deshalb nur der Bereich „Pflege, Betreuung und Alltagsunterstützung älterer Menschen". Hier findet eine Überlappung von Gesundheitsdiensten mit sozialen Diensten statt. Mit welchen Antworten die skandinavischen Länder der älter werdenden Gesellschaft begegnen, könnte für die deutsche Debatte wichtige Anstöße liefern.

Oben ist angesprochen worden, dass die Kommunalwirtschaft traditionell in Skandinavien wie in Deutschland ein starkes Gewicht hat. Kapitel 8 gibt für Deutschland, Schweden und Norwegen einen knappen Überblick. Dänemark und Finnland werden selektiv mitberücksichtigt.

*Daseinsvorsorge, Dienste im allgemeinen Interesse und öffentliche Dienstleistungen: Begriffserläuterung*

Dort, wo öffentliche Zwecke im Sinne des Allgemeinwohls verfolgt werden, wird in Deutschland traditionell mit dem Begriff der Daseinsvorsorge operiert. Der Begriff wurde 1938 vom konservativen Staatsrechtler Forsthoff geprägt und dient als Begründung dafür, dass bestimmte Aufgaben öffentlich wahrgenommen werden. Der Bereich der Daseinsvorsorge ist der Bereich, wo ein vom Sozialstaatsprinzip und den weiteren Staatszielbestimmungen des Grundgesetzes (Wahrung der Natur, Geschlechtergleichstellung…) resp. der Landesverfassungen abgesicherter Bereich öffentlicher Aufgaben vorliegt. Für die Erfüllung dieser Aufgaben ist jede Ebene der öffentlichen Gewalt verantwortlich. Auf der kommunalen Ebene sind ergo Städte, Gemeinden und Landkreise dafür verantwortlich, dass die Aufgaben der kommunalen Daseinsvorsorge entweder in eigener Regie oder dadurch erbracht werden, dass die dauerhafte Leistungserbringung durch Private öffentlich gewährleistet ist.

„Daseinsvorsorge" ist ein juristischer, in der Bevölkerung wenig verankerter Begriff. Auf europäischer Ebene ist er ohne Entsprechung. Inhaltlich kommt er dem nahe, was mit „Dienstleistungen im allgemeinen Interesse" gemeint ist. In den meisten europäischen Ländern wird bei öffentlich wahrgenommen Aufgaben von öffentlichen Serviceleistungen oder öffentlichen Dienstleistungen gesprochen. Anders als beim Begriff der „Daseinsvorsorge" bringen diese Begriffe zum Ausdruck, worum es geht: Es geht um einen Dienst im öffentlichen Interesse und dabei werden ökonomisch greifbare Leistungen erbracht. Die Begriffe „Daseinsvorsorge" und „Dienstleistungen im allgemeinen Interesse" werden in dieser Arbeit synonym gebraucht.

Was genau unter Daseinsvorsorge fällt, welche Leistungen also öffentlich erbracht, zumindest aber gewährleistet werden, entzieht sich abstrakter Klärung. Ich fasse darunter die physischen, sozialen und kulturellen Infrastrukturleistungen unserer Wirtschaft wie Gesellschaft. Neben den netzgebundenen Diensten (Energieversorgung, Wasserver- und Abwasserentsorgung, Abfallbeseitigung, Verkehrsinfrastruktur) zählen dazu die sozialen Infrastrukturleistungen in den Bereichen Gesundheit, Pflege, sozialer Wohnungsbau und Sozialfürsorge, die Bildungsinfrastruktur und die kulturelle Infrastruktur aus Bibliotheken, Museen, Theatern. Die im allgemeinen Interesse liegenden Dienste können öffentlich, halböffentlich und privat erbracht werden, wobei in dieser Arbeit der Begriff „öffentliche Dienstleistung" für den Fall der öffentlichen Leistungserbringung reserviert ist. Kommunale Dienstleistungen sind Teil davon. Die Reichweite, Intensität und genaue Ausgestaltung der Leistungserbringung obliegt der politischen Entscheidungsfindung.

Während bei privaten Leistungen ein gesellschaftlicher Mehrwert eher zufällig entsteht, geht es bei öffentlichen Dienstleistungen gerade um die Erzeugung eines gesellschaftlichen Mehrwerts. Er stellt sich dort ein, wo einem gesellschaftlichen Bedarf entsprochen, ein Problem gemindert oder eine Zukunftsaufgabe erfolgreich angegangen wird.

# Teil A

# Kommunaler Wohlfahrtsstaat aus der Vogelperspektive

# 2. Kommunale Selbstverwaltung, lokale Demokratie und die wohlfahrtsstaatliche Grundausrichtung

Jeder von uns lebt in einer Kommune und nimmt ihre Dienstleistungen in Anspruch. Die Kommune kann ein Dorf mit wenigen hundert Einwohnern oder eine Megacity mit einigen Millionen Einwohnern sein. Kommunen stellen die Eingangspforte in das Staatswesen resp. die unterste staatliche Ebene dar. Im politischen Diskurs spiegelt sich dies nur bedingt wider. Wenn von „Staat" die Rede ist, ist die kommunale Ebene mal eingeschlossen, mal ausgeschlossen. Häufig wird „Staat" mit „Zentralstaat" resp. mit den Ländern und dem Bund im Falle von Deutschland identifiziert. Dies lässt außen vor, dass das, was Staat im engeren Sinne umschließt, innerhalb von OECD und EU über das Konzept von General Government klar definiert ist. Staat im Sinne von General Government umfasst Gebietskörperschaften und Sozialversicherungen. Außen vor sind die Staatsunternehmen, die am Marktwettbewerb teilnehmen. Sie werden in der Volkswirtschaftlichen Gesamtrechnung zur Privatwirtschaft gezählt, gehören bei weiter Abgrenzung des Staatssektors aber ebenfalls zum Staat resp. zum öffentlichen Sektor. Die Existenz von kommunaler Selbstverwaltung ändert nichts an der Zugehörigkeit von Gemeinden und Landkreisen, damit der lokalen Regierungsebene, zum Staatsgebilde. Sie bedeutet lediglich, dass die kommunalen Entscheidungsträger nicht nur Ausführungsorgane der zentralstaatlichen Politik sind, sondern über eine gewisse Autonomie bei der Regelung der örtlichen Angelegenheiten verfügen. Um Missverständnisse auszuschließen spreche ich dort, wo die den Kommunen übergeordnete Ebene angesprochen ist, von Zentralstaat oder zentralstaatlicher Ebene. Dies entspricht den internationalen Gepflogenheiten, trifft die Situation in einem föderalen Staatswesen wie Deutschland aber nicht wirklich. Wenn nur von Deutschland die Rede ist, wird daher nicht von Zentralstaat, sondern von Bund und Ländern gesprochen.

## 2.1 Grundlinien sozial- und wohlfahrtsstaatlicher Tätigkeit zwischen Leistung und Gewährleistung

### 2.1.1 Sozialstaat oder Wohlfahrtsstaat?

„Die nordeuropäischen Staaten sind eine Klasse für sich. Island, Schweden, Dänemark, Norwegen und Finnland führen im Gerechtigkeitsindex mit deutlichem Abstand. Diese Länder erreichen insbesondere sehr gute Werte in den zentralen Gerechtigkeitsdimensionen ‚Armutsvermeidung' und ‚Bildungszugang'." *(Bertelsmann Stiftung 2010: 7)*

Staatliche Tätigkeit wird in Deutschland gerne über die rechtlich-normative Trinität von Rechtsstaat, Sozialstaat und Demokratie gefasst. „Welfare State" als der international gebräuchlichere Begriff gilt als Synonym. Dies ist insoweit berechtigt, als es in Deutschland über den Sozialversicherungs- und Sozialhilfestaat hinaus Ansätze für eine staatliche Wohlfahrtspolitik gibt, die einen breiteren gesellschafts- und wirtschaftspolitischen Ansatz vertritt als sie der Sozialstaat vorsieht. Diese Entwicklung ist jedoch schon in den 80er Jahren ins Stocken geraten. Die seither erfolgte Entstaatlichung ist im Saldo mehr Regression als Vorwärtsentwicklung.[71] Die in Kapitel 1 geschilderte Zunahme sozialer Ungleichheit und die in den Städten sichtbare Ersetzung institutioneller Fürsorgeleistungen durch privat-karitative Leistungen in Form von privat betriebenen Essensausgabestellen (Tafeln), Sozialkaufhäusern für Bedürftige usw. sind Ausweis dieser Regression. Statt dass sich der Sozialstaat zum Wohlfahrtsstaat weiterentwickelt, fällt er zurück auf die Formen der Armenpolitik, deren Scheitern überhaupt erst den Anstoß gab für eine öffentlich finanzierte soziale Infrastruktur mit professioneller Leistungserbringung. Nach der hier vertretenen Auffassung ist jeder Wohlfahrtsstaat auch ein Sozialstaat, wenn auch vielleicht nur ein rudimentärer, aber nicht umgekehrt. Es ist wie mit dem Verhältnis von Einfamilienhaus zu Villa. Damit ein Einfamilienhaus als Villa bezeichnet werden kann, müssen Extras vorhanden sein, die die besondere Qualifizierung rechtfertigen. Hätte sich

---

[71] Gleichwohl operieren Neoliberale und Neokonservative wie Friedrich Merz (2004) oder Paul Nolte (2006) unverdrossen mit dem Zerrbild des allumsorgenden Versorgungsstaates, der als Kostgänger der Wirtschaft den Leistungsträgern der Gesellschaft gefräßig in die Tasche greift, um reichlich Bürokratie und ausufernde soziale Leistungen für diejenigen vorzuhalten, die es sich auf Kosten der anderen in der sozialen Hängematte bequem machen. Seit über zwei Dekaden bildet die schleichende Krise des deutschen Sozialstaates einen offensichtlich guten Nährboden, um mittels derartiger Zerrbilder anti-etatistische Ressentiments zu schüren. Dies in der Absicht, das schon in der Vergangenheit zersplitterte sozialstaatliche Angebot so weiter abzuschmelzen, dass nur noch ein kaum handlungsfähiger Rumpfsozialstaat verbleibt.

Deutschland zu einer Bildungsrepublik fortentwickelt mit Institutionen, die geeignet sind, ein Mehr an Chancengerechtigkeit zu realisieren oder wären Institutionen des gleichen Zugangs älterer Menschen zu öffentlichen Hilfe- und Pflegeleistungen entwickelt worden, könnte argumentiert werden, dass sich Deutschland zu einem Wohlfahrtsstaat fortentwickelt hat. Die „Bildungsrepublik"[72] freilich ist Ankündigung geblieben, die Altenservicerepublik wurde noch nicht einmal angekündigt.

Die Gleichsetzung von Sozialstaat und Wohlfahrtsstaat[73] verdeckt die in die Begriffssemantik eingewobenen Bedeutungsunterschiede. Wohlfahrtsstaat zielt auf das Wohlleben aller seiner Mitglieder und verknüpft dabei gesellschaftspolitische mit ökonomischen Fragen. Dies ist die Basis, auf der sich die nordeuropäischen Staaten zu der „*Klasse für sich*" entwickeln konnten, von der im obigen Zitat die Rede ist. Sozialstaat hat nach dem in Westdeutschland entwickelten Rechtsverständnis eine andere Bedeutung. Gemeint ist, dass der Staat seine Sozialpolitik auf freiheitlich-demokratischer Basis an dem Ziel ausrichtet, einerseits Schutz vor den großen Lebensrisiken zu bieten und andererseits die schwächere Marktseite (Arbeitnehmer, Mieter) vor den sozial schädlichen Auswirkungen schrankenloser Wirtschaftsfreiheit wie unwürdigen Arbeitsverhältnissen, ungerechtfertigten Kündigungen usw. zu schützen (BVerfGE 5, 85, 205f.; BVerfGE 8, 274, 329). Begriffsgeschichtlich besteht eine enge Verbindung zum Konzept der „*sozialen Marktwirtschaft*", wie es nach 1945 in Westdeutschland ausgeprägt wurde.[74] Das große Versprechen lautete: „*Wohlstand für alle*", nicht „*Wohlfahrt für alle*". Der Unterschied ist keineswegs banal, denn Wohlfahrt erschöpft sich nicht in materiellen Gütern, sondern zielt auch auf die nicht-materiellen Dimensionen von Lebensqualität, damit auf Gesellschaftspolitik.

Sich der unterschiedlichen Konnotationen bewusst zu sein ist wichtig, denn sie verweisen auf die unterschiedlichen Grundideen. Der Wohlfahrts-

---

[72] Es gehe darum, Deutschland zu einer „*Bildungsrepublik*" zu machen, ließ Bundeskanzlerin Merkel im Vorfeld des Bildungsgipfels vom Oktober 2008 erklären (Leipziger Volkszeitung v. 28.06.2008, S. 2). „Bildungsrepublik Deutschland" ist auch das entsprechende Kapitel im Koalitionsvertrag der amtierenden Mitte-Rechts-Regierung aus CDU/CSU und FDP überschrieben. „*Wir wollen Deutschland zur Bildungsrepublik machen, mit den besten Kindertagesstätten, den besten Schulen und Berufsschulen sowie den besten Hochschulen und Forschungseinrichtungen*", heißt es. Quelle: Koalitionsverfvertrag „Wachstum, Bildung, Zusammenhalt" v. 24.10.2009, S. 51.

[73] In der Debatte um das europäische Sozialmodell werden die Unterschiede gerne verwischt. So übersetzt Zöpel (2005: 152) Sozialstaat mit Welfare State, um dann zu schreiben (a.a.O.: 154): „*Es steht fest, was der europäische Sozialstaat ist. Es muss nur benannt werden.*"

[74] Zum Konzept der Sozialen Marktwirtschaft vgl. Lampert/Bossert (2001: 366ff.).

staat ist „institutioneller Ausdruck" dafür, dass die Gesellschaft für das Wohlergehen aller ihrer Mitglieder Verantwortung übernimmt (so die Definition bei Girvetz 1968: 512). Dieser universelle Anspruch stellt ein strukturbildendes Prinzip dar, das handlungsleitend ist. In Deutschland gibt es universalistische Ansätze, aber sie sind nicht strukturbildend. In der Sozialpolitik sind sie die Ausnahme und die Familien- wie auch die Bildungspolitik ist eine höchst widersprüchliche Veranstaltung mit gegenläufigen Anreizsystemen.[75] Die Hauptorientierung und sozialstaatliche Auffanglinie besteht darin, *„Sozialschutz für die, die es benötigen"* zu gewährleisten. Ein so gedachter Sozialstaat agiert kompensatorisch und weniger auf Basis sozialer Rechte.

### 2.1.2 Modellwelten und ihre Realausprägungen

Die Wohlfahrtstypologie von Esping-Andersen (1990, 1999) unterscheidet bei den in Europa ausgeprägten Sozialstaaten verschiedene Typen. Die skandinavischen Länder sind durch ein umfassendes wohlfahrtsstaatliches Dienstleistungsangebot geprägt. Es ist auf Egalität ausgerichtet und bietet eine Basis für die annähernd gleiche Erwerbsbeteiligung von Männern und Frauen. Deutschland gehört nach dieser Typologie zusammen mit den anderen mitteleuropäischen Ländern (Österreich, Schweiz, Frankreich, Belgien, Niederlande) zu den konservativen Sozialstaaten. Konservativ sind diese Sozialstaaten in mehrfacher Hinsicht. *Erstens* haben sie in Form stark ausgeprägter Statusorientierungen ständestaatliche Muster konserviert. Das nur in den deutschsprachigen Ländern anzutreffende gegliederte Schulsystem mit seiner frühen Selektion dient dieser Statuskonservierung. *Zweitens* sind sie Familienernährer-Modelle. Statt über eigenständige Rechte, verfügt der zuverdienende Partner – in der Regel die Frau – nur über abgeleitete Rechte. *Drittens* bindet der konservative Sozialstaat das Gros der sozialen Leistungen an Sozialversicherungssysteme. Öffentliche Finanzierung geht dabei Hand in Hand mit einer Mischstruktur aus teils öffentlicher, teils privater Leistungserbringung. Hinsichtlich der genauen Ausprägung unterscheiden sich konservative Sozialstaaten deutlich. Aufgaben der Sorge, Fürsorge und Pflege sind in Frankreich und den Benelux-Ländern stärker professionell ausgeprägt als in den anderen kontinentaleuropäischen Ländern. Die deutschsprachigen Länder teilen hier mit den südeuropäischen Ländern ein hohes Maß an Familiarisierung und informeller Leistungserbringung. Auch beim Gesundheitssystem sind bedeutsame Unterschiede auszumachen. Das deutsche Doppelsystem aus gesetz-

---

[75] Zu den widersprüchlichen Anreizsystemen in der Familienpolitik und Gleichstellungspolitik vgl. das Gleichstellungsgutachten 2011.

lichen und privaten Vollversicherungen markiert einen Sonderweg und auch die Bedeutung gewinnorientierter Krankenhausträger ist in Deutschland höher als in den anderen konservativen Sozialstaaten.

Als modellbildend für die Ausprägung des skandinavischen Wohlfahrtsstaates gilt Schweden. Schweden sieht sich quasi als Erfinder des Wohlfahrtsstaates. Die tatsächliche Geschichte ist allerdings weit komplizierter, als die große Erzählung glauben machen will. Es gab sowohl ineinander verwobene als auch parallele Prozesse, bei denen auf unterschiedlichen Feldern je andere nordisch-skandinavische Länder Beispielgebendes entwickelt haben.[76] Wer bereit ist, weniger auf die Außenkommunikation und theoretische Untermauerung des Modells als auf die nüchternen Fakten zu achten, wird feststellen, dass Dänemark und Norwegen wesentliche sozialpolitische Fortschritte noch vor Schweden realisiert haben. Dies betrifft die Grundschulbildung, die Gesundheitsversorgung, die Sozialhilfe und die Verbesserung der Wohnverhältnisse (vgl. Nilsson 2009). In Dänemark hat dies viel mit der Kommunalpolitik zu tun. Nilsson spricht von einer Art *„municipal socialism".* Der dänische Wohlfahrtsstaat nahm seinen Ausgang von der kommunalen Ebene, ehe er nach 1945 für die Zentralregierung zu einer Gestaltungsaufgabe wurde. Bei den im nationalen Rahmen erreichten sozialreformerischen Basisinnovationen hatte gleichfalls Dänemark die Nase in mancherlei Hinsicht vorn. Schon 1891 wurde hier eine steuerfinanzierte, aber noch bedürftigkeitsgeprüfte Volksrente eingeführt; in Schweden kam ein ähnliches Modell erst 1913 zur Einführung (vgl. die Darstellung bei Wiesenthal 2003). Nach 1945 dann allerdings waren es vorrangig die schwedischen Sozialdemokraten, die die Weiterentwicklung des Sozialstaates zum universalistischen Wohlfahrtsstaat vorantrieben.[77] Egalität und Universalismus, später dann auch Qualitätsorientierung, Geschlechterbalance und ein hohes Maß an Nutzereinbindung, wurden zu tragenden Prinzipien. Niemand soll von staatlichen Leistungen ausgeschlossen sein und alle, von den Kindern an, sollen mitreden können. Gleichheit bezieht sich hier anders als im minimalistischen angelsächsischen

---

[76] Die neuere historische Forschung führt in der Konsequenz zu einer Aufwertung des Anteils nicht-sozialdemokratischer Parteien an der Modellentwicklung (vgl. die Beiträge in: Christiansen et al. 2006) und weist das Attribut „sozialdemokratisch" zurück (a.a.O.: 352).

[77] Die Sozialdemokraten in Norwegen und Dänemark trieben in ihren Ländern ähnliche Entwicklungen voran, denn nicht nur in Schweden, sondern auch in Dänemark und Norwegen gewannen sozialistische Parteien seit den 20 Jahren starken Einfluss auf die Politik. In Norwegen etwa stellte die sozialistische Arbeiterpartei (Det norske Arbeiderparti) seit 1935 über gut 50 Jahre die Regierung. Nach der deutschen Besatzung trieb sie mit ihrem Vorsitzenden *Einar Gerhardsen* (Ministerpräsident von 1955-1965) den Aufbau des Wohlfahrtsstaates voran.

Wohlfahrtsstaat nicht nur auf Chancengleichheit, sondern auch darauf, dass die Ungleichheit bei den Ergebnissen nicht zu groß werden darf. Bei der Konfrontation des Modells mit der heutigen Realität ist festzustellen, dass weder der Egalitätsanspruch noch der universalistische Anspruch durchgängig realisiert ist. In Einzelbereichen gab es in der zurückliegenden Dekade Aufweichungstendenzen. Dies im Gesundheitssystem durch die Verstärkung privater Zuzahlungen und im Alterssicherungssystem durch das Abrücken vom Volksrentensystem. Insbesondere die schwedische Rentenreform von 1999 hat Ungleichheiten so verschärft, dass schwedische Geringverdiener innerskandinavisch heute am schlechtesten dastehen.[78] Island wiederum hat im Gefolge der Finanzkrise seine universalistische Ausrichtung, die schon vorher hinter den anderen skandinavischen Länder zurückstand, weiter reduziert. Dies allerdings, um finanziellen Spielraum für die Konzentration der öffentlichen Ausgaben auf sozial Schwache zu erhalten.[79]

---

[78] Es gibt nun ein Mehrsäulensystem aus steuerfinanzierter Garantierente, einem einkommensabhängigen Zuschlagssystem und obligatorischer Privatvorsorge. Dieses neue System führt zu einer verschärften sozialen Spreizung. Vgl. die Länderporträts in OECD 2007a. Geringverdiener (Männer mit halbem Medianeinkommen) erzielen nach den neuesten OECD-Daten (Update vom November 2011) nur eine Nettolohnersatzrate von 71,1 Prozent gegenüber 72 Prozent in Finnland, 81,7 Prozent in Norwegen und jeweils über 130 Prozent in Dänemark sowie Island. Zwar liegt die Nettolohnersatzrate in Deutschland mit 55,6 Prozent noch niedriger, aber das öffentlich gesicherte Niveau erreicht in Schweden nur 49 Prozent gegenüber 54,8 Prozent in Deutschland und über 60 Prozent in den anderen nordischen Ländern (OECD 2011a: Statistischer Anhang).

[79] Der Fastkollaps mit nachfolgender Verschiebung der politischen Kräfteverhältnisse nach links führte zu einer Rückbesinnung auf das alte Wohlfahrtsstaatsdenken. Um Mittel zu sparen, wurden einige Leistungen einkommensabhängig gekappt. Beim Elterngeld etwa haben nur noch diejenigen, die maximal über ein Einkommen bis 2.900 € verfügen, einen Elterngeldanspruch von 80 Prozent (Heise/Liese 2011: 21ff.). Diese Art von Ausgabenkürzung führt einerseits zu einer weiteren Durchbrechung des universalistischen Prinzips, sichert aber den Fortbestand einer staatlichen Leistung für alle. Die isländische Links-Regierung favorisiert Sparmaßnahmen mit progressiver Wirkung, während die Sparpolitiken der sozialistischen Regierungen von Griechenland, Spanien und Portugal regressiv ausgerichtet waren, sich hinsichtlich der Grundausrichtung von den Politiken der rechtsgerichteten Nachfolgeregierungen also gar nicht unterschieden. Heise/Liese ziehen folgendes Fazit: *„Während das isländische Sparpaket eine Abkehr von universellen Leistungsansprüchen für alle Bevölkerungsgruppen darstellt, hat es eine progressive Ausrichtung und unterstützt somit die schon jetzt niedrige Einkommensungleichheit. Die Reaktion der Bevölkerung (...) brachte das Land auf einen sozialstaatlichen Pfad, der sich entscheidend von anderen Ländern abzugrenzen scheint"* (Heise/Lierse 2011: 23). Den Erfolg dieser Politik kann die Regierung mittlerweile (Stand: Oktober 2012) einfahren. Wirtschaft und Reallöhne wachsen wieder, das Budgetdefizit liegt bei unter 3 Prozent.

Ebenso wie bei den kontinentaleuropäischen Sozialstaaten gibt es nicht ein Modell des skandinavischen Wohlfahrtsstaates, sondern einen theoretischen Grundtyp, der in fünf Real-Varianten ausgeprägt ist. Deutliche Unterschiede bestehen beim Umfang der Kommunalisierung staatlicher Aufgaben. In Dänemark, Finnland und Schweden ist die Erstellung öffentlicher Dienstleistungen soweit kommunalisiert, dass von kommunalistischen Wohlfahrtstaaten gesprochen werden kann. In Island und Norwegen ist der Kommunalisierungsgrad geringer. Norwegen hat 2002 sogar eine Rezentralisierung vollzogen; die Zentralregierung erwarb die vorher regionalen Kliniken und führt sie nun über ein dezentralisiertes Management im eigenen Zuständigkeitsbereich (vgl. Heintze 2007c: 94). Auch im Rentensystem sind die Unterschiede größer als die Gemeinsamkeiten. Gemeinsam ist den skandinavischen Ländern hier, dass der Staat eine starke Rolle spielt. Wo, wie in Island, das öffentlich finanzierte Rentensystem schwach ausgeprägt ist, existiert eine starke gesetzliche Regulierung der privat finanzierten Säulen. Beim obligatorischen Betriebsrentensystem weist Island Parallelen zur Schweiz auf. Das System ist gesetzlich so stark reguliert, dass die Ergebnisse wenig von dem abweichen, was bei öffentlicher Finanzierung erreichbar wäre. Der Beitragssatz ist gesetzlich festgelegt, der Mindestzinssatz ebenso und auch der Mindestumwandlungssatz, der vorgibt, welcher Anteil des angesparten Kapitals für die Finanzierung regelmäßiger Rentenzahlungen einzusetzen ist (OECD 2007a: 25, 82).

### 2.1.3 Finnland und Island als skandinavische Sonderfälle

In der älteren wohlfahrtsstaatlichen Literatur werden nur Dänemark, Norwegen und Schweden unter „Skandinavisches resp. nordisches Modell" subsumiert. Dies muss als überholt betrachtet werden. Mit gewissen Abstrichen sind auch Finnland und Island (vgl. Jonsson 2001; Einhorn/Logue 2003) dem Modell zuzuordnen. Die wohlfahrtsstaatliche Entwicklung setzte dort allerdings später ein als in den drei skandinavischen Kernländern und verlief in anderen Bahnen. Im Besonderen gilt dies für Island.[80] Zu Beginn des 20. Jahrhunderts war Island in Europa und darüber hinaus eines der ärmsten Länder.

---

[80] Dies hat mit den politischen Verhältnissen zu tun. Während in den anderen nordischskandinavischen Ländern die Sozialdemokratie über Jahrzehnte eine dominante Rolle spielte, waren in Island seit der Parteigründung im Jahr 1929 die Konservativen tonangebend. Ohne die Konservativen, die jeweils fast 40 Prozent der Stimmen erreichten, war Regierungsbildung seit den 30er Jahren nicht möglich. Die Wahlen vom April 2009 bedeuten hier eine Zäsur. Erstmals gibt es unter Führung der Sozialdemokraten eine links der Mitte angesiedelte Regierung.

Industrialisierung und Urbanisierung hatten noch nicht Tritt gefasst (Kristinsson 2000). Auch nach der Gründung der Republik am 17. Juni 1944 dauerte es, bis Prozesse in Gang kamen, die zur Umkehrung der Verhältnisse führten. Heute ist Island eines der weltweit am höchsten entwickelten Länder. Auf dem Weltentwicklungsindex HDI wurde es 2007 (HDI 2007/2008) noch vor Norwegen auf Platz 1[81] und beim HDI 2009 immer noch (nach Norwegen und Australien) auf Platz 3 gesehen. Ebenso gehört es auf dem vom „The Fund for Peace" herausgegebenen „Failed States Index" zusammen mit den anderen skandinavischen Ländern regelmäßig zu den von Skandinavien angeführten weltweit nur rd. 13 Ländern, denen eine nachhaltige Staatsentwicklung attestiert wird (http://www.fundforpeace.org/). Das Niveau der wohlfahrtsstaatlichen Leistungen reicht freilich nicht an das der anderen nordischen Länder heran. Deutlich wird die Differenz bei den öffentlich finanzierten Sozialausgaben. Sie liegen erheblich unter dem OECD-Durchschnitt (2007 nur bei 14,6% des BIP gegenüber 19,3% im OECD-Durchschnitt), während die anderen skandinavischen Länder wie auch die kontinentaleuropäischen Länder überdurchschnittliche Quoten aufweisen. Der private Finanzierungsanteil ist dabei mit 5,1 Prozent des BIP ähnlich hoch wie in Kanada (5,3%); im Durchschnitt der anderen vier nordischen Länder lag er 2007 nur bei 2,1 Prozent und in Deutschland bei 2,9 Prozent.[82] Diese Daten weisen Island als schwachen Sozialstaat aus. Die nähere Prüfung liefert freilich einen anderen Befund, denn tatsächlich steht die soziale Absicherung im Falle von Arbeitslosigkeit, Behinderung, Krankheit, Alter der von Deutschland nicht nach. Die Leistungen im Falle von Arbeitslosigkeit sind vergleichbar; das Elterngeld ist höher, wird aber kürzer gezahlt usw.[83] Bei den Lohnersatzraten im Alter bietet

---

[81] „Iceland has narrowly passed Norway to take the top spot on the Human Development Index (HDI), according to the 2007/2008 Human Development Report (HDR) released by the United Nations Development Programme (UNDP) today. Norway has held the number one ranking for the previous six years" Quelle: Pressemitteilung der UN vom 27.11.2007 anlässlich der Veröffentlichung des Berichts (Brasilia).

[82] Daten aus der Social Expenditure Database der OECD (SOCX): www.oecd.org/els/social/expenditure (Zugriff: 24.03.2011).

[83] Mit Stand von 2008/2009 bekam der Urlaub nehmende Elternteil vier Fünftel seines Bruttoentgelts als Elterngeld (höchstens rund 5.560 € im Monat) gegenüber 67 Prozent des letzten Nettoeinkommen höchstens aber 1.800 € in Deutschland. Wer vor der Geburt auf weniger als ein Viertel der normalen Arbeitszeit kam, erhielt 2009 monatlich etwa 360 €; Vollzeitstudierende rund 805 € (Mindestbetrag in Deutschland: 300 €). Das Arbeitslosengeld beläuft sich in den ersten drei Monaten auf 70 Prozent des letzten Verdienstes und danach auf umgerechnet 1.220 € plus Kinderzulagen. Auch hier ist die Absicherung in Deutschland tendenziell geringer. Quellen: Island: http://www.ahgzjobs.de/main/ratgeber/ausland/island.html; Zugriff: 03.11.2009 und http://www.rsk.is/internatio

das isländische System für männliche Geringverdiener mit während der Erwerbsphase halbem Durchschnittseinkommen die innerhalb der OECD höchste Absicherung (OECD 2011a). Sie erreicht netto (nach Steuern und Sozialabgaben) 139 Prozent gegenüber 55,6 Prozent in Deutschland; die anderen skandinavischen Länder bewegen sich zwischen 131,9 Prozent (Dänemark) und 71,1 Prozent (Schweden). Die gleichwohl geringe Sozialleistungsquote erklärt sich über *drei Besonderheiten*. Erstens hatte Island vor der Krise Vollbeschäftigung und gleichzeitig die weltweit höchsten Beschäftigungsquoten von Männern und Frauen bei spätem Renteneintritt.[84] Arbeitslosigkeit und die damit verbundenen Leistungen waren kaum ein Thema. In der Krise hat sich dies geändert; die Arbeitslosigkeit stieg bis auf 9,1 Prozent im 2. Quartal 2009, blieb 2010 hoch, sank dann aber wieder auf unter 7 Prozent (2011). In der Folge stieg auch die Sozialleistungsquote stark an.[85] Zweitens hat Island eine besondere Variante des Gent-Systems, das staatliche Zuschüsse für gewerkschaftliche Arbeitslosenkassen vorsieht,[86] ausgeprägt. Zum isländischen Sonderweg gehört, dass alle ArbeitnehmerInnen gesetzlich zur Mitgliedschaft in einer Gewerkschaft gezwungen sind. Die Arbeitgeber führen die Beiträge zur Arbeitslosenversicherung an die Gewerkschaften ab. Diese verwalten die Arbeitslosenkassen und zahlen das Arbeitslosengeld aus, was ihnen eine starke Stellung verleiht. Der Staat leistet Zuschüsse und übernimmt die Aufgabe der aktiven Arbeitsmarktpolitik. Drittens gibt es im isländischen Wohlfahrtsstaat eine Art Zweiteilung: Dienstleistungen haben eine universalistische Ausrichtung, Geldleistungen werden auf die sozial Schwachen konzentriert. Dieses Prinzip ist bei der Alterssicherung besonders ausgeprägt. Nur bei denjenigen, die in ihrer Erwerbsphase ein unterdurch-

---

nal/de/intern_de_broc.is.html#assessment; Zugriff: 22.03.2011. Deutschland: Bundesministerium für Familie, Senioren, Frauen und Jugend: Elterngeld und Elternzeit, Stand vom März 2010.

[84] Das gesetzliche Renteneintrittsalter liegt wie in Norwegen bei 67 Jahren und das tatsächliche wenig darunter.

[85] Die Ausgaben für Arbeitslosenunterstützung erhöhten sich von 5,4 Mrd. ISK in 2008 auf 25,7 Mrd. ISK in 2009. Von 22 Prozent des BIP (2008) stieg die Sozialleistungsquote binnen eines Jahres auf 25,3 Prozent des BIP. Quelle: Iceland Statistics, Pressemitteilung Nr. 8/2010 (Social protection expenditure 2009) und Pressemitteilung. Nr. 138/2010 ( Labour market statistics, 2nd quarter 2010).

[86] Das Gent-System wurde im Zeitraum von 1905 bis 1908 zuerst in Frankreich, (1905), dann in Belgien (1907) und darauf folgend in Norwegen (1906) und Dänemark (1908) eingeführt. Es betraut die Gewerkschaften auf Basis freiwilliger Mitgliedschaft mit der Organisierung der Arbeitslosenversicherung, zu der der Staat Zuschüsse leistet. Das Gent-System besteht heute noch in Belgien, Dänemark, Island, Finnland und Schweden. Zu den Entstehungsgründen vgl. Wiesenthal (2003: 49ff.).

schnittliches Einkommen bezogen haben, trägt der Staat einen wesentlichen Teil der Alterssicherung; die öffentlich finanzierte Nettolohnersatzrate beträgt gut 60 Prozent gegenüber knapp 55 Prozent in Deutschland. Bei denjenigen, die überdurchschnittlich gut verdient haben, sinkt sie auf unter 10 Prozent. Hier greift das obligatorische Betriebsrentensystem.

Finnland hat sich gleichfalls spät, nämlich erst seit den 60er Jahre, zum Sozial- und Wohlfahrtsstaat entwickelt. Die Ausprägung einer Bildungsgesellschaft, die Finnland zum „Bildungsweltmeister" aufsteigen ließ, ging damit Hand in Hand. Noch Anfang der 60er Jahren wurden z.b. gut 40 Prozent der Gesundheitsleistungen privat finanziert. Bis 1980 sank dieser Anteil auf rd. 20 Prozent und stieg Anfang der 90er Jahre wieder etwas an, um nach 2000 erneut auf das Niveau der 80er Jahre zurückzugehen (Heintze 2007c: 249, Abb. 33). Die finnische Spätentwicklung bedingte, dass konträr zu vielen hochentwickelten Industrieländern in den 80er Jahren kein Staatsrückzug, sondern eine Staatsausweitung erfolgte. Die Staatsausgaben wuchsen mit einer Jahresrate von annähernd 4 Prozent und die öffentliche Beschäftigung mit einer Rate von 2,5 Prozent (Bauby/Similie 2010: 192). Das Niveau sozialer Absicherung liegt insgesamt gesehen über dem von Deutschland. Bei Arbeitslosigkeit betrifft dies die Anspruchsvoraussetzungen, die Leistungshöhe und die Bezugsdauer.[87]

---

[87] Leistungsberechtigt ist, wer vorher mindestens 34 Wochen mit einem zeitlichen Mindestumfang von 18 Wochenstunden beschäftigt war. Die Leistungen bestehen aus einem Basis-Tagessatz und Zuschlägen für Kinder und Eingliederungsprogramme. Seit 01.01.2011 erhält ein Arbeitssuchender ohne Kinder, der vorher mtl. 1.400 € verdient hat, als Basissatz täglich 42,38 €; incl. des Eingliederungsprogramms 49,78 €. Sind bei gleichem Einkommen 2 Kinder da, erhöht sich der Satz auf täglich maximal 56,94 €. Daraus ergibt sich ein mtl. Höchstbetrag von 1.224,21 €. Bei einem Gutverdiener mit einem Einkommen von vor der Arbeitslosigkeit 5.000 € sinkt dieser Höchstbetrag relativ zum früheren Einkommen. Er beträgt bei ebenfalls 2 Kindern mtl. 2.997,12 €. Das Arbeitslosengeld wird für 500 Tage gezahlt. Danach gibt es wie in Deutschland eine Grundsicherung. Quelle: The Federation of Unemployment Insurance Funds, Kalkulator: http://www.tyj.fi/default.asp?id=111&docid=61 (Zugriff: 26.03.2011; letzter Zugriff: 11.08.2012). In Deutschland setzt der Bezug von Arbeitslosengeld I eine verglichen mit Finnland längere Beschäftigungszeit von insgesamt 12 Monaten voraus; die Leistungshöhe ist geringer und die Bezugsdauer kürzer. Die Leistungshöhe beträgt 60 Prozent des letzten Nettogehalts. Geringverdiener erhalten keine Aufstockung und bei Gutverdienern gibt es umgekehrt auch keine Absenkung. Ein Alleinstehender ohne Kinder mit einem Bruttoeinkommen von vor der Arbeitslosigkeit mtl. 1.400 erhält mtl. lediglich 608 €; ein Gutverdiener mit vorher 5.000 € Bruttomonatseinkommen erhält 1.623,60 €. Quelle: Bundesagentur für Arbeit, Selbstrechner: http://www.pub.arbeitsagentur.de/selbst.php?jahr=2011 (Zugriff: 26.03.2011).

Die gängige Betrachtung von Schweden als Paradebeispiel eines skandinavischen Wohlfahrtsstaates lässt erwarten, dass dort der Wohlfahrtsstaat auch verfassungsrechtlich verankert ist. Dies ist nicht der Fall. Es gibt in der Schwedischen Verfassung lediglich einen sehr allgemeinen Hinweis auf die staatliche Verantwortung für das Wohlergehen seiner Bürger. Nur in Finnland ist der Wohlfahrtsstaat verfassungsrechtlich verankert. In der Finnischen Verfassung von 1999 legen folgende Rechte das Staatshandeln auf die Sicherung der Wohlfahrt seiner jungen wie alten BürgerInnen fest:[88]

- Kinderrechte (§ 6): *„Kinder sind gleichberechtigt als Individuen zu behandeln und sie sollen auf die Angelegenheiten, (...), entsprechend ihrer Entwicklung einwirken dürfen."*

- Beteiligungsrechte (§ 14): Es ist die Aufgabe des Staates, *„die Möglichkeiten des Einzelnen zu fördern, sich an gesellschaftlicher Tätigkeit zu beteiligen (...)."*

- Kulturelle Rechte (§ 16): Der Staat hat für jeden *„eine gleiche Möglichkeit sicherzustellen, entsprechend seinen Fähigkeiten und besonderen Bedürfnissen auch anderen Unterricht als den Grundunterricht zu erhalten und sich weiterzuentwickeln, ohne daran durch Mittellosigkeit gehindert zu werden."*

- Recht auf Arbeit (§ 18): Der Staat hat *„für den Schutz der Arbeitskraft Sorge zu tragen. (...) die Beschäftigung zu fördern und soll danach streben, für jeden das Recht auf Arbeit zu sichern. (...). Niemand darf ohne gesetzliche Grundlage aus seiner Arbeit entlassen werden."*

- Recht auf soziale Sicherheit (§ 19 I): *„Jeder, der nicht in der Lage ist, sich den für ein menschenwürdiges Leben erforderlichen Unterhalt zu verdienen, hat das Recht auf notwendiges Auskommen und notwendige Fürsorge. Durch Gesetz wird jedem das Recht auf ein gesichertes Grundeinkommen im Falle von Arbeitslosigkeit, Krankheit, Arbeitsunfähigkeit und im Alter sowie bei der Geburt eines Kindes (...) zugesichert."*

- Sozial- und Gesundheitsdienste (§ 19 II): Der Staat hat für jeden *„ausreichende Sozial- und Gesundheitsdienste sicherzustellen und die Gesundheit der Bevölkerung zu fördern (...)."*

---

[88] Die Verfassung ist seit dem 1. März 2000 in Kraft. Die nachfolgenden Zitate stammen aus der Übersetzung des Justizministeriums.

- Kinderfürsorge (§ 19 III): Der Staat hat Familien bei der Fürsorge der Kinder zu unterstützen und das „*Wohlbefinden (...) der Kinder sicherzustellen.*"

- Recht auf eigene Wohnung (§ 19 IV): Es ist die Aufgabe des Staates, „*das Recht eines jeden auf eine Wohnung zu fördern und selbständiges Verwirklichen des Wohnens zu unterstützen.*"

### 2.1.4 Skandinavische Gemeinsamkeiten und die Frage nach der Zukunft

Die Entgrenzung des skandinavischen Modells durch Einbezug von Finnland und Island findet somit Gründe, die weit über den Verweis auf lange Phasen gemeinsamer Geschichte hinaus gehen. Wesentlich sind die Gemeinsamkeiten bei tragenden Prinzipien, der strukturellen Ausprägung dieser Prinzipien und dem Outcome. Deutliche Unterschiede bestehen dort, wo es um Sozialstaat im engeren Sinne, also die soziale Sicherung bei Arbeitslosigkeit, Behinderung, Krankheit, Alter geht. Island fällt hier etwas aus dem Rahmen. Seine staatlichen Sozialausgaben sind vergleichsweise gering, nicht aber die sozialen Rechte. Die relativ schwache Finanzierungsfunktion des Staates wird dadurch ausgeglichen, dass der Staat für eine starke Arbeitsmarktstellung der Gewerkschaften sorgt. Abhängig Beschäftigte müssen sich einer Gewerkschaft anschließen und Arbeitgeber die Arbeitslosenbeiträge an die Gewerkschaftsfonds überweisen.

Wenn zwischen dem Idealtyp eines Modells und den real existierenden Phänotypen deutliche Unterschiede existieren, ist die Frage: Was überwiegt? Die Unterschiede oder die Gemeinsamkeiten? Würden die Unterschiede überwiegen, wäre die Subsummierung unter ein Grundmodell obsolet. Davon ist aber beim skandinavischen Modell weit weniger auszugehen als beim kontinentaleuropäischen Modell. Nicht zuletzt aus der kommunalen Perspektive gibt es einen breiten Fundus an Gemeinsamkeiten. Grundlegend sind dabei:

- **Ein egalitäres Wertesystem:** Die egalitäre Ausrichtung bezieht sich nicht nur auf die Geringhaltung von Einkommensunterschieden und eine starke Ausrichtung auf die Gewährung gleicher Chancen. Sie bezieht Fragen von Bildung und Gesundheit mit ein und hat auch eine raumstrukturelle Komponente. So gibt es einen weitgreifenden politischen Konsens, dass öffentliche Dienstleistungen landesweit in gleicher Weise und mit gleich hohen Qualitätsstandards offeriert werden sollen.

- **Eine nachhaltig-solide Finanzierung öffentlicher Aufgaben:** Die Bereitschaft, dafür eine hohe Steuerlast zu akzeptieren, hängt an der Erwartung, dass die öffentlichen Körperschaften die Mittel nutzen, um für den Individual- wie Kollektivkonsum qualitativ hochstehende Leistungen effizient und nachhaltig zu erbringen. Dies so, dass sich die BürgerInnen bei ihrer persönlichen Lebensplanung auf ein Niveau an öffentlichen Leistungen, das höheren Anforderungen als bloß einer Basisversorgung genügt, verlassen können; und zwar unabhängig von ihrem Wohnsitz.

- **Die Rolle der Kommunen als zentrale öffentliche Dienstleister:** Mit einer gewissen Ausnahme bei Island, teilen die nordisch-skandinavischen Länder die Gemeinsamkeit, dass jeweils um die 20 Prozent des BIP vom Kommunalsektor verausgabt wird; in Island liegt der Anteil bei geringeren 13 Prozent. Dies korrespondiert mit ähnlichen Quoten bezogen auf das Beschäftigungsgewicht des Kommunalsektors. Hier vor allem besteht die größte Differenz zu Deutschland, wo der Beschäftigungsanteil des Kommunalsektors bei unter 5 Prozent liegt. Zu Recht wird das skandinavische Modell in der Literatur als lokaler Wohlfahrtsstaat (Rose/Stahlberg 2005) beschrieben.

Es gab die Erwartung einer Annäherung von Wohlfahrtsstaaten als Folge von Modernisierungsprozessen. Sie wurde enttäuscht und wich der These, dass die Entwicklung pfadabhängig verläuft. Die tatsächliche Entwicklung widerlegt beide Thesen. Die Konvergenzthese wie die der Pfadabhängigkeit sind zu einfach gestrickt, um der Vielfalt realer Entwicklungen gerecht zu werden. Es gibt Phasen, wo etablierte Systeme pfadabhängig weiterentwickelt werden. Dies ist quasi der Normalfall. Dort freilich, wo die etablierten Systeme massiv unter Druck geraten, öffnet sich ein Fenster, das grundlegende Veränderungen erlaubt. Sie können zu einem Rückfall in frühere Entwicklungsphasen, zu Pfadverschiebungen in Richtung anderer wohlfahrtsstaatlicher Grundmodelle oder auch zu völlig neuen Ansätzen führen. Betrachtet man die Historie kapitalistischer Entwicklung seit dem Ende des 19. Jahrhunderts, brachen sich grundlegende Änderungen auch jenseits der revolutionären Ereignisse und katastrophalen Einbrüche rund um die beiden Weltkriege Bahn. Analysen erfolgreicher Sozialinnovationen zeigen, dass die Pfadabhängigkeit durchbrochen werden kann, wenn es gelingt, den Deutungsrahmen, in dem sich politische Diskurse abspielen, zu verändern und darauf Reformkonzepte zu gründen, die die Interessenlagen verschiedener gesellschaftlicher Gruppen so miteinander verbinden, dass die Errungung von Mehrheiten möglich wird. Wiesenthal, der dies für die sozialpolitischen Basisinnovationen der Jahre 1883 bis 1913 in Dänemark, Deutschland, Frankreich, Großbritannien und

Schweden zeigt, kommt zu dem Schluss, dass die Systemfrage überschätzt wird. Die empirische Handlungswelt unterliege nicht gleich hohen Konsistenzanforderungen „*wie die nach logischen Maßstäben zum Zwecke der Sinnstiftung komponierten Weltbilder*" (Wiesenthal 2003: 65). Im Einleitungsteil wurde angesprochen, dass die unter Rot-Grün vorgenommenen Arbeitsmarktreformen eine Pfadverschiebung in Richtung des US-amerikanischen Kapitalismusmodells intendiert und realisiert haben. Genauso gut hätte es eine Pfadverschiebung in Richtung des skandinavischen Kapitalismusmodells geben können. Dafür aber fehlten die Akteure. Auch bei den Verwaltungsreformen hat sich Deutschland nicht an möglichen skandinavischen, sondern erneut an angelsächsischen Vorbildern orientiert. Die ganzheitlich orientierten Verwaltungsreformen im nahen Dänemark blieben unbeachtet, das ferne und einwohnermäßig kleinere Neuseeland[89] wurde als leuchtendes Vorbild präsentiert. Von Neuseeland sei zu lernen, wie „*man aus alten, ineffizienten Strukturen*" eine moderne Verwaltung aufbaut, erklärte etwa Ex-Bundespräsident Roman Herzog in seiner Berliner Rede „Aufbruch ins 21. Jahrhundert" am 26. April 1997. Die Debatte lief zwischen denjenigen, die im Kern das bürokratisch-inputorientierte Steuerungsmodell verteidigten und denjenigen, die Sparziele mit Entstaatlichung und der Einführung einer ökonomistischen Marktlogik verbanden. Was Medien, Wissenschaft und politische Entscheidungsträger an Neuseeland begeisterte, war die dort radikal vollzogene Entstaatlichungspolitik. Binnen 5 Jahren (1991-1996) wurde die Staatsquote von 50,3 auf 41 Prozent abgesenkt, während sie in Dänemark auf 59 Prozent anstieg.[90]

Aus dem engen Entstehungszusammenhang zwischen Neoliberalismus und New Public Management sowie einer vordergründig hohen Gemeinsamkeit bei den Reformansätzen wurde beim Anlaufen des Reformprozesses in Deutschland seitens der Wissenschaft (Naschold 1993; Budäus 1994) auf eine weltweite Konvergenz der Entwicklungen gesetzt. Tatsächlich sind die Entwicklungen unterschiedlich verlaufen. Die skandinavischen Länder haben sich darauf konzentriert, den Dienstleistungsoutput des öffentlichen Sektors effizienter zu gestalten, Deutschland dagegen bleibt in der bürokratischen Falle. Es hat sich aus der schon vorher vergleichsweise geringen staatlichen Eigenleistung weiter zurückgezogen und versucht nun, über Recht und Bürokratie zu gewährleisten, dass private Dienstleister die politischen Vorgaben erfüllen. Grob gesagt: Der skandinavische Weg greift die neoliberale Herausforderung aktiv auf, der deutsche unterwirft sich ihr. Der andere Umgang mit

---

[89] 1991 hatte Dänemark 5,2 Mio. Einwohner, Neuseeland aber nur 3,5 Mio. Einwohner.
[90] Quelle: OECD Economic Outlook 84 Database, Annex, Table 25.

dem neoliberalen Gedankengut erweist sich als wesentlich. Der Einschätzung von Pontusson (2006), dass das skandinavische Modell die *„besser funktionierende Alternative zum Neoliberalismus ist"* (532), ist insoweit zuzustimmen. Zurückzuweisen sind damit Behauptungen, wonach die in den letzten Jahrzehnten erreichte neoliberale Hegemonie Ökonomie und Gesellschaft soweit durchdrungen habe, dass es zu einer Konvergenz der historisch gewachsenen Kapitalismusmodelle kommen müsse. Coates etwa (2000: 250) geht davon aus, dass zwar die Institutionen ihre nationale Gestalt beibehalten, sich aber nicht mehr in gewohnter Weise auf die Lebensbedingungen der abhängig Beschäftigten auswirken. Wäre die These richtig, so wären die Wohlfahrtsstaatsmodelle nur noch leere Hüllen. Eingangs hatten wir jedoch schon gesehen, dass Ungleichheit und Prekarisierung nicht durchgängig zugenommen haben. Das nordische Modell mag Schrammen haben, aber es funktioniert. Kritisch dürfte es werden, wenn die Finanzierungsbasis schwindet. Wegen der hohen öffentlichen Geldvermögensbestände, die vor dem Ausbruch der Finanzkrise aufgebaut wurden, scheint die Gefahr gering. Selbst Island gibt Grund zu Optimismus. Die Umwandlung privater in öffentliche Schulden wurde mit Kapitalkontrollen und der Entscheidung für Bankneugründungen – aus den alten Banken wurden nur die inländischen Verbindlichkeiten und Vermögenswerte eingebracht –, wirksam begrenzt. Die Regierung verfolgt eine auf die Binnennachfrage gestützte Wirtschaftspolitik. Scharfe Einschnitte in die öffentlichen Leistungen wurden vermeiden (vgl. ab Kapitel 3). Diese Strategie scheint aufzugehen: Die Wirtschaft hat wieder Tritt gefasst; die Konsolidierungserfolge sind so beachtlich, dass 2017 fällige IWF-Kredite 2012 vorzeitig zurückgezahlt werden konnten (The Central Bank of Iceland 2012: 55).

### 2.1.5 Politische Gestaltung:
### Wie Eigenleistung und Gewährleistung zusammenhängen

Der Einfluss des Denkrahmens, in dem sich politische Diskurse bewegen, auf die dann praktizierte Politik, zeigt sich in Deutschland anhand der Debatten, die dem Siegeszug des Leitbildes vom Staat, der nur noch gewährleistet und private Akteure leisten lässt, vorausgingen. Staatsrückbau und die Umwandlung des öffentlichen Dienstes von einem arbeitsmarktpolitischen Stabilitätsfaktor zu einem Faktor der Destabilisierung stehen nämlich nicht nur in engem Zusammenhang mit dem Siegeszug des Neoliberalismus, sondern basieren auch auf einer pessimistischen Einschätzung dessen, was Politik und Staat leisten können. Mitte der 70er Jahre, damit zu einem Zeitpunkt, wo der Neoliberalismus in Westdeutschland noch weit davon entfernt war, eine hegemoniale Stellung zu erringen, wurde die angelsächsische und westdeutsche Politikwissenschaft beherrscht von der Auseinandersetzung um die Frage, ob moderne westliche Gesellschaften überhaupt noch regierbar sind. Verschiedene Autoren (Hennis u.a. 1977; Kielmansegg 1978) vertraten die These, westliche Demokratien seien unregierbar geworden. Ausgangspunkt der Unregierbarkeitsthese war die Behauptung, der Staat sei durch die gewachsenen und weiter wachsenden Ansprüche seiner Bürger überfordert und habe sich den Gewerkschaften, die zu einer Art „Gegenregierung" (Kielmansegg 1978) aufgestiegen seien, ausgeliefert. Im Ringen um Wählerstimmen versuche die Politik, den Ansprüchen nachzukommen, was zu einer Staatsausweitung zulasten des freien Spiels der Marktkräfte führe und in der Unregierbarkeit münde. Als Symptome dieser Unregierbarkeit wurde die Zunahme von politischem Protestverhalten, eine wachsende Parteienverdrossenheit bei gleichzeitiger Machtusurpation durch Gewerkschaften sowie die begrenzte Möglichkeit von Politik, verbindliche Entscheidungen durchzusetzen, angeführt. Von „links" widersprach u.a. Offe (1979); von „rechts" (Olson 1991; Held 2006) wurde die These fortgeführt.

Eine Vertiefung durch Anreicherung mit zusätzlichen Dimensionen erfuhr die Debatte in den 80er Jahren. Zum einen wurde vorgetragen, dass der Nationalstaat im Zuge von Globalisierung und europäischer Vereinigung erheblich an Macht und Wirkungsmöglichkeiten eingebüßt habe und weiter einbüßen werde. Zum anderen trug *Luhmann* aus systemtheoretischer Perspektive die These vor, Politik sei prinzipiell nicht in der Lage, gesellschaftliche Prozesse zielgerichtet zu steuern, da jedes gesellschaftliche Teilsystem seiner eigenen Logik folge. Dieser These liegt eine Theorie zugrunde, die moderne Gesellschaften als in Teilsysteme ausdifferenziert betrachtet. Diese Teilsysteme (Recht, Politik, Wirtschaft, Wissenschaft, Erziehung, Gesundheit) erfüllen nach Luhmann unterschiedliche Funktionen, einmal für die Gesamtgesellschaft, dann aber auch für andere Teilsysteme. Entscheidend sei, dass sich in den Teilsystemen je unterschiedliche professionalisierte Rollen, spezialisierte Organisationen und spezielle Fachsprachen herausbilden. Jedes Teilsystem schotte sich ab. In der Sprache von Luhmann handeln die gesellschaftlichen Teilsysteme „selbstreferentiell" resp. „autopoietisch".[91] Bei der in den 80er

---

[91] Aufgabe des politischen Systems ist es dabei, bindende Entscheidungen zu erzeugen. Dies geschieht mit Hilfe professionalisierter Rollen (MinisterInnen, PolitikerInnen etc.), spezialisierter Organisationen (Parlamente, Ministerien) und mittels eines Codes, der um Macht kreist. Die Regierung versucht, die Macht zu halten; die Opposition versucht, an die Macht zu kommen. Dies entlang von inhaltlichen und personalen Angeboten. Politik kann nach Luhmann Recht setzen und Geld ausgeben. Beides unter der Restriktion der Verfügbarkeit. Der Staat ist Teil des politischen Systems, weshalb auch vom politisch-

Jahren geführten Steuerungsdebatte waren der Politikwissenschaftler Scharpf und der Soziologe Luhmann die Hauptexponenten (Luhmann/Scharpf 1989). Luhmann steht für einen prinzipiellen Steuerungspessimismus, Scharpf für einen moderaten Steuerungsoptimismus. Während bei Scharpf (vgl. auch Ders. 1975, 1985, 1988) politische Steuerung möglich ist, ist für Luhmann nur *„Hilfe zur Selbststeuerung"* denkbar. Staat und Politik, aber auch die Wissenschaft können versuchen, die AdressatInnen ihrer politischen Programme resp. ihrer wissenschaftlichen Botschaften in deren Bemühen um die Organisation eines eigenen Lernprozesses zu unterstützen. Auch durch „Irritationen" können Lernprozesse angeregt werden, wenn die gesellschaftlichen Teilsysteme von außen erheblichen Irritationen durch schlechte Presse, Demonstrationen, hohe Schadensersatzzahlungen, verlorene Gerichtsverfahren usw. ausgesetzt sind (vgl. Luhmann 1981, 1990, 2000).

Die Unregierbarkeitsthese hat sich in den OECD-Ländern nicht bestätigt.[92] Es gelang in den zurückliegenden Jahrzehnten nach gewonnenen Wahlen sowohl „rechten" wie „linken" Akteuren ein bezogen auf die prioritär verfolgten Ziele halbwegs taugliches Regierungsprogramm nicht nur zu erstellen, sondern auch umzusetzen. Dies im Kontext von unterschiedlichen Regierungs- und Wahlsystemen wie auch vor dem Hintergrund unterschiedlicher wohlfahrtsstaatlicher Traditionen. Für die politische Rechte liefert die Regierungszeit von Margaret Thatcher ein gutes Beispiel. Im engen Schulterschluss mit dem US-amerikanischen Präsidenten Ronald Reagan (1981-1989) kam ein stramm neolibereales Programm (Entmachtung von Gewerkschaften, radikale Steuersenkungen zugunsten oberer Einkommensschichten, weitgreifende Privatisierung von Staatsunternehmen) zur Umsetzung. Für die politische Linke liefern umgekehrt die skandinavischen Länder ein Lehrstück für erfolgreiche Regierungsarbeit. Es gelingt hier, ökonomische Prosperität und ein hohes Beschäftigungsniveau unter Aufrechterhaltung einer vergleichsweise egalitären Gesellschaft mit einem hohem Niveau an öffentlichem Service bei gleichfalls relativ guten ökologischen Ergebnissen zu kombinieren (vgl. Heintze 2005a, 2005b, 2006a und 2007d; Brödner et al. 2009; Oppacher 2010; Heise/Lierse 2011). Trotz ihrer empirischen Haltlosigkeit hat die Unregierbarkeitsthese resp.

---

administrativen System gesprochen wird. Eine Sonderrolle innerhalb der Gesellschaft spielt das politisch-administrative Teilsystem nicht, sondern es ist nur ein Funktionssystem neben anderen.

[92] Dies gilt für die Länder, die der OECD schon länger angehören. Mittlerweile gehören der OECD mit u.a. Mexiko jedoch auch Länder an, die zumindest partiell als gescheiterte Staaten anzusehen sind. In Mexiko haben Drogenkartelle Teile des Staates usurpiert. Es liegt Unregierbarkeit vor, jedoch aus ganz anderen Gründen, als sie bei der hier rezipierten Unregierbarkeitsthese unterstellt sind.

die These von der Anspruchsinflation und ausufernder Gewerkschaftsmacht die ihr zugedachte Funktion erfüllt. Sie lieferte den argumentativen Unterbau für die Zurückdrängung des Staates als Leistungsstaat.

Anders als die Thesen von Unregierbarkeit, Anspruchsinflation und drohendem Gewerkschaftsstaat besitzt der Steuerungspessimismus von Luhmann eine gewisse Berechtigung. Es lassen sich eine Fülle von Beispielen finden, wo die Politik mit den Medien Geld und Recht nicht die intendierten Wirkungen erzielt, weil die Adressaten ihrer Programme anders reagieren als erhofft. Umgekehrt jedoch lassen sich auch Beispiele anführen, wo die Politik selbst ambitionierte Ziele erreichen konnte. Notwendig erscheint deshalb eine Verlagerung der Fragestellung hin zu den Bedingungen, unter denen politische Steuerung erfolgreich sein kann. Der Vergleich zwischen Deutschland und skandinavischen Ländern ist diesbezüglich lehrreich. Bezogen etwa auf Beschäftigung haben die nordischen Länder in einem überschaubaren Zeitraum immer wieder ambitionierte Ziele erreicht. Finnland etwa erreichte binnen einer Dekade nicht nur eine Steigerung der Erwerbstätigkeit von Älteren um weit mehr als die Hälfte, sondern zugleich die Eliminierung von Geschlechterdifferenzen.[93] In Dänemark wiederum gelingt die Bewältigung des demografischen Wandels weit besser als in Deutschland. Einerseits konnte die Geburtenrate in beachtlicher Weise gesteigert werden[94] und andererseits wurde die Erwerbsbeteiligung auf ein Niveau gebracht, das sicherstellt, dass auch zukünftig genügend Menschen direkt und indirekt zur Finanzierung des Wohlfahrtsstaates beitragen. Diese Erfolge basieren nicht auf der Selbstregulierung staatsfreier gesellschaftlicher Subsysteme, sondern auf gezielten politischen Anstrengungen in einem Systemkontext, bei dem staatliches Handeln

---

[93] 1998 waren von den älteren Frauen (55 bis 64 Jahre) nur ein gutes Drittel (34,1%) und 38,4 Prozent der älteren Männer erwerbstätig. Die Beschäftigungsquoten wurden so gesteigert, dass 2009 ältere Frauen eine höhere Beschäftigungsquote hatten als ältere Männer (Frauen: 56,3%; Männer: 54,6%). Da in Finnland Teilzeitarbeit bei Frauen annähernd eine gleich geringe Rolle spielt wie bei Männern, waren 2009 ältere Männer und Frauen ungefähr gleich stark in den Arbeitsmarkt integriert. Datenquelle: Eurostat, Tabelle [tsiem020]; Update vom 25.06.2010.

[94] 1970 lag die Geburtenrate in Deutschland über der von Dänemark (DE: 2,03; DK: 1,95). Während die dänische Politik in den darauffolgenden Dekaden die Vereinbarkeit von Familie und Beruf aktiv förderte, geschah dies in Deutschland nicht. Die deutsche Politik verweigert bis heute die Schaffung der nötigen Voraussetzungen für eine gleichberechtigte Erwerbsbeteiligung von Frauen (siehe dazu das Gleichstellungsgutachten 2011) und erntet eine konstant niedrige Geburtenrate; binnen der letzten Dekade schwankte die Fertilitätsrate zwischen 1,34 und 1,38. In Dänemark dagegen gelang eine neuerliche Steigerung der Geburtenrate (1995: 1,67; 2008: 1,89). Allen 5 nordisch-skandinavischen Ländern gelang dies. Näheres siehe bei Heintze 2012.

nicht nur von außen auf Subsysteme einwirkt, sondern in den Subsystemen selbst zur Entfaltung kommt. *„Die höhere dänische Erwerbsbeteiligung ist nicht vom Himmel gefallen (...), sondern Resultat eines etwa zehn Jahre langen Arbeitsmarktreformprozesses in den 1990er Jahren"*, schreibt auch Axel Börsch-Supan (2011: 21) und fragt, warum für Deutsche etwas *„unmöglich ist, wenn es unsere Nachbarn, die Dänen, die viel Freizeit und ein enges soziales Netz haben, bereits geschafft haben"* (a.a.O.: 22). Dass Politik in Norwegen eine 40-prozentige Frauenquote im Management („board of directors") börsennotierter Unternehmen durchgesetzt hat, obwohl die betroffenen Unternehmen heftig opponiert haben, zeigt gleichfalls, dass Politik Ziele erreichen kann, wenn sie bereit ist, die dafür nötigen Instrumente einzusetzen.[95] Auch Schweden liefert erfolgreiche Beispiele. So ist in den letzten Jahren ins Bewusstsein geraten, dass die Arm-Reich-Schere nicht nur bei Einkommen und Vermögen immer weiter auseinandergeht. Arme haben auch eine kürzere Lebenserwartung, geringere Bildungschancen, schlechteren Zugang zu kulturellen Gütern usw. Bezogen auf den Gesundheits-Gap wird für Deutschland zwischen unterstem und oberstem Einkommensquintil bei Männern eine Differenz von 10 und bei Frauen von 9 Jahren angegeben (Lampert et al. 2007: 14). In Schweden ist der Gap einerseits geringer, andererseits gegenüber den 70er und 80er Jahren aber deutlich gestiegen. Dies uneinheitlich. Es gibt Orte der Gesundheitsgleichheit. Växjö in Südschweden (rd. 80.000 Einwohnen) wurde als ein solcher Ort identifiziert. Das Geheimnis des Erfolges von Växjo besteht in einer besonders effektiven Umsetzung der universalistischen skandinavischen Philosophie. Als maßgebend wurde herausgearbeitet: Gesundheit und das Gesundheitsverhalten der Bevölkerung ist durchgängig besser als im Landesdurchschnitt, ebenso der soziale Zusammenhalt und die politische Teilhabe der Bevölkerung; die Gemeindeverwaltung wiederum arbeitet effizient und bürgerorientiert, was zu hohen Zufriedenheitswerten in der Bevölkerung führt.[96]

---

[95] Das Norwegische Parlament nahm im Dezember 2003 den Gesetzesvorschlag des Odelstings Nr. 97 (2202-2003) an, wonach für die über 500 Aktiengesellschaften mit privaten Eigentümern Vorschriften für eine 40-Prozent-Frauenquote unter ihren „Board of directors" erlassen werden sollen. Das Gesetz mit den Vorschriften trat am 1. Januar 2006 in Kraft und sah als Sanktion die Zwangsauflösung vor (http://www.norwegen.no/ policy/gender/gender3.htm; Zugriff zuletzt: 23.07.2012). Bis 2008 war die Quote zu erfüllen, was gelang. Demgegenüber sind Frauen in Deutschland im TOP-Management weiterhin massiv unterrepräsentiert (siehe Holst/Wiemer 2010).

[96] Diskussion bei einer Konferenz in Stockholm im Februar 2007. Vgl. Heintze (2007c: 163ff.).

Im Lichte skandinavischer Erfolge kristallisieren sich also eine *Reihe von Bedingungen* als wesentlich heraus, damit Politik zielorientiert gestalten kann. Erstens sind Ziele dort, wo Leistungen in eigener Regie erbracht werden, viel leichter durchzusetzen als dort, wo die Kooperationsbereitschaft privater Akteure erforderlich ist. Von einem Minimum an Kooperationsbereitschaft kann dort ausgegangen werden, wo staatliche Akteure in relevantem Umfang Mitspieler sind. Hier nämlich kann der Staat seine Eigenproduktion bei Bedarf schnell ausweiten, weil er über das nötige Know-how verfügt. Dort dagegen, wo er sich völlig zurückgezogen hat, ist auch seine Regulierungsfähigkeit begrenzt, weil er die dafür nötigen Informationen nicht selbst generieren kann, sondern vom Know-how derjenigen abhängig ist, die er regulieren will. In Norwegen wurde die 40-Prozent-Frauenquote zunächst bei öffentlichen Unternehmen, wozu auch Konzerne der Energiebranche zählen, realisiert. Wenn es bei staatlichen Energiekonzernen gut funktioniert hat, können private Energiekonzerne schlecht argumentieren, bei ihnen gehe es prinzipiell nicht, weil Frauen nicht in genügendem Maße über Kompetenz in technischen Fragen verfügen. Um erwünschte Ziele bei privaten Akteuren durchzusetzen, muss der öffentliche Sektor zweitens als Rollenmodell fungieren (können). Hat er im eigenen Bereich nachgewiesen, dass ein Ziel sinnvoll und erreichbar ist, kann er es auch bei privaten Akteuren durchsetzen. Dies aber nur, wenn die Gesetzgebung drittens so scharfe Sanktionen vorsieht, dass den Adressaten kein Raum für ausweichendes Verhalten bleibt. Bei der Durchsetzung der Frauenquote ist die norwegische Regierung entsprechend vorgegangen, weil sie Zutrauen in die Richtigkeit und Wirksamkeit ihres Tuns hatte. Dies war erfolgreich.

Dort, wo sich der Staat bei Gütern und Dienstleistungen, die im öffentlichen Interesse liegen, weitgehend auf privat-wirtschaftliche oder familiale Leistungserbringung verlässt, bleiben ihm als Eingriffsmedien nur geldliche Anreize und Recht. Dies aber sind vergleichsweise schwache Eingriffsmedien, weil sie nur indirekt wirken. Statt zu den erwarteten Reaktionen kommt es häufig zu unerwünschten Ausweichreaktionen. In Deutschland gibt es eine starke Orientierung auf Gewährleistung über rechtliche Rahmensetzung. Dies kann sich als höchst illusionär erweisen. Ein aktuelles Beispiel aus dem kommunalen Raum liefert der 2006 in Dresden vorgenommene Komplettverkauf der städtischen Wohnungsbaugesellschaft WOBA mit rd. 48.000 Wohnungen an den US-Investor Fortress. Mit dem Erlös von 1,7 Mrd. € konnte sich die Stadt schuldenfrei stellen; gleichzeitig sank aber auch das städtische Sachvermögen. Die Privatisierungsgegner verwiesen auf die Risiken, wenn die Stadt ein Stück Bürgereigentum aus der Hand gibt und damit ihren Einfluss auf die Wohnungspolitik verliert. Dresdens damaliger Oberbürgermeister Roßberg konterte mit dem Verweis auf die Sozialcharta, die die Stadt mit dem Investor ausgehandelt hatte. Dies gewährleiste Bestandschutz für 41.400 Wohnungen und sichere den Mietern Schutzrechte, die über denen des deutschen Mietrechts lägen. Sechs Jahre später ist klar: Es hat nicht funktioniert. Die WOBA-Wohnungen sind aufgrund unterlassener Instandhaltung in einem zunehmend maroden Zustand und gegen die Sozialcharta wurde wiederholt verstoßen. Die Stadt machte eine Vertragsstrafe geltend und einigte sich dann im Vergleichswege. Der Stadt mag dies fürs erste helfen, nicht aber den Mietern, die zum Spielball spekulativer Geschäfte gemacht wurden.[97] Das Beispiel zeigt: Gewährleistung durch vertragliche Vereinbarungen hält bei gewinnorientierten Unternehmen nur so lange, wie vertragliche Zusagen und Renditeinteressen nicht in Widerspruch geraten. Im Konfliktfall wird es ein Unternehmen darauf ankommen lassen. Schließlich bleibt der Staat dort, wo er gewährleistet, in der Letztverantwortung.

## 2.2 Rechtliche Stellung, Kommunalverfassungen und die Folgen neuer Steuerungsmodelle

### 2.2.1 Kommunalverfassungen: Ein grober Überblick

In Deutschland gibt es analog den nordischen Ländern eine lange Tradition kommunaler Selbstverwaltung. Ihre Anfänge reichen bis ins 13./14. Jahrhundert zurück. Es waren Kaufmannsgilden und Handwerkszünfte, die nach und nach ihre Beteiligung an der Stadtregierung durchsetzten. Als eigentliche Geburtsstunde der kommunalen Selbstverwaltung gilt dann aber die preußische Städteordnung von 1808. Sie sicherte dem männlichen Bourgeois Mitwirkungsrechte zu. Die Mehrzahl der Einwohner, so Frauen und alle Einwohner, die weder über Grundbesitz verfügten noch selbständig ein Gewerbe ausübten, blieben ausgegrenzt. Ihnen stand für die städtischen Selbstverwaltungsorgane kein Wahlrecht zu. Durch die Gemeindeordnung von 1923 kam es zu einer Vereinheitlichung des Kommunalrechts mit Garantie der kommunalen Selbstverwaltung. Bei den Selbstverwaltungsaufgaben unterliegen die Gemeinden lediglich einer Rechtsaufsicht. Daneben sind sie jedoch auch zuständig für die Ausführung weisungsgebundener staatlicher Aufgaben. Diese Zweiteilung wurde nach 1945 fortgesetzt. Das Grundgesetz sichert die kommunale Selbstverwaltung in Art. 28 II GG über eine Mindestgarantie, die die Finanzhoheit

---

[97] Zum Stand und zur Historie siehe in Kapitel 8.5.

einschließt.[98] Sie lässt Raum für weitergehende landesrechtliche Garantien, wobei der Bund (Art 28 III GG) als Gewährsträger der Mindestgarantie fungiert.

Die Situation in den skandinavischen Ländern ist durch eine umfassende kommunale Selbstverwaltung geprägt. Zu Teilen jedoch ist sie anders konfiguriert als in Deutschland. Eine Gemeinsamkeit besteht darin, dass bei Wahlen zu den Vertretungskörperschaften das Verhältniswahlrecht gilt, was sich dann fortsetzt in der Zusammensetzung der Ausschüsse. Der Kanon kommunaler Aufgaben weist trotz einiger gravierender Differenzen gleichfalls ein hohes Maß an Übereinstimmung auf; im Kapitel 3 wird darauf eingegangen. Hinsichtlich des Freiheitsgrades bei der Ausgestaltung kommunalpolitischer Themenfehler sind die Befunde unterschiedlich. Skandinavische Kommunen bewegen sich in einem engen Korsett von gesetzlich fixierten sozialen und anderen Dienstleistungen, wobei die Kommunalverfassungen[99] nicht zwischen übertragenem und eigenem Wirkungskreis, wie in Deutschland gebräuchlich, unterscheiden. Größere Freiräume als in Deutschland haben skandinavische Kommunen im Bereich der wirtschaftlichen Betätigung und bei organisatorischen Ausgestaltungen. Auch die finanzielle Ausstattung bietet Spielräume, die den vielfach unterfinanzierten deutschen Kommunen fehlen. So besitzen Gemeinden und Kreise in Schweden schon seit 1862 („Local Government Ordinances") das Recht auf eigene Steuererhebung. Nach der Europäischen Charta der kommunalen Selbstverwaltung[100] sollte der Grundsatz der kom-

---

[98] Artikel 28 GG Absatz 1 regelt die demokratische Verfasstheit und Absatz 2 sichert das Prinzip der Allzuständigkeit und die Finanzautonomie. In Absatz 2 heißt es: *„Den Gemeinden muß das Recht gewährleistet sein, alle Angelegenheiten der örtlichen Gemeinschaft im Rahmen der Gesetze in eigener Verantwortung zu regeln. Auch die Gemeindeverbände haben im Rahmen ihres gesetzlichen Aufgabenbereiches nach Maßgabe der Gesetze das Recht der Selbstverwaltung. Die Gewährleistung der Selbstverwaltung umfaßt auch die Grundlagen der finanziellen Eigenverantwortung; zu diesen Grundlagen gehört eine den Gemeinden mit Hebesatzrecht zustehende wirtschaftskraftbezogene Steuerquelle."*

[99] Der Begriff „Kommunalverfassung" schließt alle Gesetze ein, die die Ordnung in Gemeinden, Städten und Landkreisen regeln. Einschlägig sind in Deutschland die Gemeinde- und Landkreisordnungen, in den skandinavischen Ländern die Lokalregierungsgesetze („Local Government Act").

[100] Vorläufer war die Europäische Charta der Gemeindefreiheiten, die am 17. und 18. Oktober 1953 in Versailles von den dort versammelten Gemeinden als eines der Fundamente der Menschenfreiheit beschlossen wurde. Um die Charta in eine verbindliche Rechtsnorm für alle Staaten Europas zu überführen, war ein langer Prozess nötig. Ab dem 15. Oktober 1985 wurde die Charta von den Mitgliedsstaaten des Europarates unterzeichnet; am 1. September 1988 trat sie in Kraft. Mittlerweile haben fast alle 49 Mit-

munalen Selbstverwaltung möglichst in der Verfassung anerkannt werden (Artikel 2 der Charta). Abgesehen von Norwegen ist dies im skandinavischen Raum erfolgt. In Schweden und Finnland ist die Selbstverwaltung der Kommunen eine zentrale Säule der demokratischen Staatsorganisation.[101] Dänemark nimmt eine mittlere Position ein. Das Recht zur lokalen Selbstregierung wurde in Dänemark erstmals in der lange unveränderten Verfassung von 1849 (LGDK 2009: 9) und dann in der Verfassung von 1953 garantiert, die finnische Verfassung von 1999 garantiert es in § 121.[102]

Analog zu Deutschland existieren in Dänemark, Norwegen und Schweden Gemeinden und Landkreise mit je eigenen, direkt gewählten Vertretungskörperschaften. In Finnland und Island basiert die kommunale Selbstverwaltung dagegen nur auf den Gemeinden und den aus ihnen gebildeten Regionen. Gemeinden können in Kooperation miteinander oder auch gemeinsam mit privaten Investoren resp. Kooperativen von Nutzern Aufgaben wahrnehmen sowie kommunale Unternehmen gründen und betreiben. In Deutschland wie in den skandinavischen Ländern geht die Entwicklung einerseits in Richtung der Straffung der Gemeindeorganisation durch Bildung größerer Einheiten[103]

gliedsstaaten des Europarates die Charta ratifiziert. Vorreiter (1987) waren Österreich und Luxemburg. Deutschland, Dänemark, Schweden und Norwegen nahmen die Ratifizierung 1988/1989 vor, Finnland und Island erst 1991 (Treaty Office: http://conventions.coe.int; Zugriff: 15.05.2011). Der Charta-Text findet sich in deutscher Sprache auf der Webseite des Deutschen Städte- und Gemeindebundes (http://www.dstgb.de/dstgb/Home page/ > Suchbegriff „Charta"; Zugriff: 26.09.2010; zuletzt: 13.08.2012).

[101] Art. 1 der Schwedischen Verfassung bringt dies klar zum Ausdruck: „*Swedish democracy is founded on the free formation of opinion and on universal and equal suffrage. It shall be realised through a representative and parliamentary polity and through local self-government.*"

[102] Dänemark: „*Das Recht der Gemeinden, unter Aufsicht des Staates ihre Angelegenheiten selbständig zu ordnen, wird durch Gesetz geregelt.*" (§ 82); Finnland: „*Finnland ist in Gemeinden unterteilt, deren Verwaltung auf der Selbstverwaltung durch ihre Einwohner zu beruhen hat. Die allgemeinen Grundlagen der Gemeindeverwaltung und die den Gemeinden zu übertragenden Aufgaben werden durch Gesetz geregelt. Die Gemeinden haben das Besteuerungsrecht.*" (§ 121: Kommunale und sonstige regionale Selbstverwaltung).

[103] Die Reduktion der Anzahl von Gemeinden ist ein altes Thema. In einigen deutschen Bundesländern (z.B. BY, RP, SH) existieren bis heute Klein- und Kleinstgemeinden mit weniger als 1.000 Einwohnern. In Schleswig-Holstein gibt es sogar Gemeinden mit weniger als 100 Einwohnern (vgl. Destatis 2009: Gemeindeverzeichnis). Die Staatsregierungen sind seit Jahrzehnten bemüht, über Eingemeindungen und die Zusammenlegung von Gemeinden die Effizienz der gemeindlichen Verwaltungsorganisation zu erhöhen. In der Praxis erweist sich dies jedoch als ein schwieriger Prozess. Beispiel Bayern. Nach 1945 verfügte hier die amerikanische Besatzungsmacht in Abstimmung mit den zuständigen

und andererseits der Schaffung einer übergeordneten regionalen Verwaltungsebene.[104] Recht weit ging dieser Doppelprozess in Dänemark. Die Kommunalreform von 2007 reduzierte die Anzahl der Gemeinden drastisch auf nur noch 98 und schuf fünf Regionen mit Zuständigkeit für übergeordnete Aufgaben. Die Regionen fungieren auf einer kommunalen Basis als intermediäre Ebene zwischen Zentralstaat und Gemeinden. In Norwegen wird im Rahmen von sektoraler zentralstaatlicher Politik Ähnliches erreicht. Nach der Übernahme des Kliniksektors durch die Zentralregierung wurden fünf Gesundheitsregionen geschaffen. Die Magneten in diesen Gesundheitsregionen sind die staatlichen Kliniken. Um sie herum gibt es weitere öffentliche wie private Leistungsanbieter, die aber relativ strikt in die zentralstaatliche Steuerung eingebunden sind.

Verwaltungsrechtlich wird in den skandinavischen Ländern überwiegend nicht mehr zwischen verschiedenen Typen von Gemeinden unterschieden. Die Zuordnungen erfolgen im Lichte der urbanen Gegebenheiten. In Finnland z.B. ist es die Gemeinde selbst, die entscheidet, ob sie sich als Gemeinde oder als Stadt begreift. Demgegenüber sind in Deutschland rechtlich unterschiedliche Gemeindetypen definiert. Es gibt kreisfreie Städte, die auch Kreisaufgaben mit erledigen und kreisangehörige Gemeinden, die keine Kreisaufgaben wahrnehmen, sich an der Finanzierung aber über die Entrichtung einer vom Kreis festgelegten Umlage beteiligen. Zwischen beidem existieren Mischformen wie etwa die Große Kreisstadt in Baden-Württemberg, Bayern und Sachsen oder die Große Selbständige Stadt in Niedersachsen, die neben den gemeindlichen Aufgaben auch einzelne Kreisaufgaben wahrnehmen. In Norddeutschland (Schleswig-Holstein, Brandenburg, Mecklenburg-Vorpommern)

---

deutschen Stellen die Auflösung vieler kleiner Gemeinden zum 1. Januar 1946. Dies stieß auf erheblichen Widerstand, so dass viele Gemeinden über Volksabstimmungen ihre Selbständigkeit zurückerlangten. Es folgte der Versuch, größere Einheiten über freiwillige Zusammenschlüsse zu erreichen. Als auch dies scheiterte, ging man in den 70er Jahren – in anderen Bundesländern gab es ähnliche Prozesse – zur Gebietsreform von Amts wegen über. Sukzessive sank so die Zahl der Gemeinden von über 7.000 auf noch knapp über 2.000 (Stand: 1. September 2010. Angaben aus Wikipedia mit Zugriff im März 2011; vgl. die dort angegebenen Quellen).

[104] Regionen mit eigenen Vertretungskörperschaften kamen in Deutschland seit den 90er Jahren zustande; beispielsweise in Aachen (Städteregion Aachen), Hannover und Stuttgart. Die ersten Wahlen zur Regionalversammlung von Hannover fanden 2001 statt. Für Föderalstaaten wie Deutschland wirft die Schaffung von kommunalen Regionalkörperschaften Zuordnungsprobleme auf, denn im Europarat vertreten bislang die Bundesländer die Regionen. Im Ergebnis kommt es dort bei den Regionalvertretern zu einer Vermischung von (zentral-)staatlicher und kommunaler Ebene.

können kreisangehörige Gemeinden auch einem Amt angehören, das als Verwaltungsgemeinschaft fungiert. Das Amt erledigt für die Gemeinden Aufgaben gemeinschaftlich. Unterschieden wird hier dann zwischen amtsangehörigen und nicht amtsangehörenden Gemeinden. Die Unterscheidung verschiedener Gemeindetypen folgt in Deutschland einer langen Tradition, an die sich auch Statusfragen knüpfen. Der Status einer kreisfreien Stadt verleiht eine besondere Aura. Dies nicht zuletzt dort, wo es sich einwohnermäßig nur um eine Mittelstadt mit weniger als 100.000 Einwohnern handelt. Ungeachtet der Typenunterschiede sind Gemeinden wie Landkreise juristische Personen des öffentlichen Rechts in territorialer Abgrenzung. Aus diesem Status ergibt sich:

- die Rechtsfähigkeit,

- die Parteifähigkeit (kann in einem Zivilrechtsstreit Partei sein),

- die Beteiligungsfähigkeit (im Verwaltungsverfahren),

- die Handlungs- und Geschäftsfähigkeit (Befugnis, rechtserhebliche Handlungen vorzunehmen und die Kompetenz, Verträge abzuschließen und sich dabei aller Handlungsformen bedienen zu können).

Staatsrechtlich sind Kommunen (Gemeinden und Landkreise) je nach Regierungsform und Staatsaufbau unterschiedlich zugeordnet. Alle sechs hier betrachteten Länder haben eine parlamentarische Demokratie. Dies in Dänemark, Schweden und Norwegen verbunden mit einer konstitutionellen Monarchie. Bei den anderen drei Ländern handelt es sich um Republiken. Nur Deutschland hat eine föderale Staatsorganisation; die skandinavischen Länder repräsentieren den Typ Einheitsstaat. Wie der Kommunalsektor in den sechs Vergleichsländern staatsrechtlich zugeordnet und aufgebaut ist, sei nachfolgend grob umrissen.

### 2.2.1.1 Deutschland

Im föderalen System der Bundesrepublik Deutschland bilden die Kommunen die unterste Ebene eines dreistufigen Verwaltungsaufbaus. Politisch repräsentieren sie eine eigenständige Ebene, staatsrechtlich jedoch gehören sie zur Ebene der Bundesländer, denen je eigene Staatsqualität zukommt. Bei den drei Stadtstaaten (Berlin, Bremen, Hamburg) geht beides ineinander über. Die Rahmenbedingungen, innerhalb derer Kommunen tätig werden, sind doppelt bestimmt. Die Landtage erlassen die Kommunalverfassungen, regeln die Gemeindegrenzen und bestimmen, welche Freiheiten Kommunen bei ihrer wirtschaftlichen Tätigkeit, bei der Gestaltung örtlicher Steuern, Gebühren und Entgelte, bei der Abhaltung von Wahlen und auch bei der Rekrutierung von

Personal haben. Dies unter Beachtung der im Grundgesetz verankerten kommunalen Selbstverwaltung. Bund und Länder weisen den Kommunen Aufgaben zu und entscheiden, welche Finanzmittel ihnen zustehen, um neben den Weisungs- und Pflichtaufgaben auch noch freiwillige Aufgaben wahrnehmen zu können. Die Aufsicht über die Gemeindeverwaltungen liegt bei den Landesregierungen. Obwohl Bundesgesetze den Rahmen für eine Vielzahl kommunaler Aufgaben abstecken, gewährt das Grundgesetz den Kommunen auf Bundesebene keine institutionellen Mitwirkungsrechte. Vertretungsrechte mit weitreichenden verfassungsrechtlichen Mitwirkungsbefugnissen haben nur die Länder über den Bundesrat. Die Kommunen können dort, wo sie direkt betroffen sind, nur mittelbar über die Länder oder im Wege von kommunaler Lobbyarbeit über einerseits ihre Verbände und andererseits die Parteischiene Einfluss nehmen.

Das Kommunalrecht gehört zu den wenigen Rechtsmaterien, in denen die Bundesländer die volle Gesetzgebungshoheit haben (Art. 70ff. GG). Nach 1945 führte dies in Westdeutschland zur Ausprägung von vier verschiedenen Kommunalverfassungstypen im Bereich der Flächenländer und drei je eigenen Ausprägungen im Bereich der Stadtstaaten. Bis in die 80er Jahre hinein konnte (Flächenländer) zwischen Süddeutscher Ratsverfassung (Baden-Württemberg, Bayern), Bürgermeisterverfassung (Rheinland-Pfalz, Saarland), Magistratsverfassung (Hessen, Schleswig-Holstein) und Direktoralverfassung (Nordrhein-Westfalen, Niedersachsen) unterschieden werden (Püttner 1982, Beiträge von Kapitel 6: 197-263). Im Rahmen von Vereinheitlichungsprozessen hat sich die Süddeutsche Ratsverfassung in den 90er Jahren als dominierendes Modell durchgesetzt. Die größte Differenz bestand davor zwischen der Süddeutschen Ratsverfassung und der Norddeutschen Direktoralverfassung; Letztere wird häufig auch als Norddeutsche Ratsverfassung bezeichnet.[105] Im Gebiet der Norddeutschen Ratsverfassung (Nordrhein-Westfalen und Niedersachsen) gab es eine zweigleisige Kommunalspitze aus ehrenamtlichem (Ober-)Bürgermeister und hauptamtlichem (Ober-)Stadtdirektor. Während der Bürgermeister als Mitglied und Vorsitzender des Rates primär repräsentative Aufgaben wahrnahm, leitete der Stadtdirektor die Verwaltung, ohne jedoch selbst Mitglied des Rates zu sein. In der Süddeutschen Ratsverfassung sind die beiden Funktionen in der Person des von der Bevölkerung direkt gewählten Bürgermeisters zusammengeführt (eingleisige Spitze). Dies ver-

---

[105] Ich war in dieser Zeit Stadtkämmerin in Delmenhorst (kreisfreie Stadt in Niedersachsen). Debatte und Entscheidungen zum Übergang von der Zweigleisigkeit mit Doppelspitze zur Eingleisigkeit habe ich intensiv mitbekommen. Die Darstellung basiert darauf.

schafft dem Bürgermeister eine starke Stellung. Mit der Einführung der Direktwahl in Rheinland-Pfalz und im Saarland erreichten auch die dortigen Bürgermeister eine ähnliche Stellung. Die im süddeutschen Raum bestandenen Unterschiede wurden dadurch eingeebnet. Da die ostdeutschen Bundesländer mit einigen Modifikationen den Typ der Süddeutschen Ratsverfassung übernahmen, existiert heute als zweiter Verfassungstyp nur noch die Magistratsverfassung. Ihre Besonderheit besteht im Kollegialprinzip. Der in Hessen von der Bevölkerung direkt gewählte Bürgermeister besitzt nicht die weitreichenden organisatorischen Befugnisse eines Bürgermeisters in Baden-Württemberg oder Sachsen, sondern leitet die Verwaltung als „Erster unter Gleichen" gemeinsam mit den von der Stadtverordnetenversammlung[106] gewählten hauptamtlichen Beigeordneten. Das Gleiche gilt auf Landkreisebene bezogen auf den Landrat. In den meisten Bundesländern gilt hier die Direktwahl; teilweise aber auch die Wahl durch den Kreistag.

### *2.2.1.2 Skandinavien*

Abgesehen von Finnland und Island unterscheiden die skandinavischen Länder zwischen einer primären und einer sekundären kommunalen Selbstverwaltungsebene. In Deutschland spiegelt sich Vergleichbares in der Unterscheidung zwischen Gemeinden und Landkreisen. Weniger stark als in Deutschland sind skandinavische Gemeinden dabei in eine hierarchische Ordnung eingebunden. Die verwaltungsrechtliche Unterscheidung verschiedener Gemeindetypen ist Historie.[107] Großstädte, ja selbst die Hauptstädte mit ihren mehreren hunderttausend Einwohnern sind genauso Gemeinden (Schwedisch: kommun; Norwegisch: kommune) wie kleine Gemeinden mit nur wenigen Tausend Einwohnern. Auch die in den skandinavischen Ländern ausgeprägten Kommunalverfassungen folgen weniger streng als in Deutschland klar umrissenen Typen. Sucht man in Deutschland nach Anknüpfungspunkten bietet sich sowohl die Magistratsverfassung (Kollegialprinzip) wie auch die Norddeutsche Rats- resp. Direktoralverfassung (Organ des Stadtdirektors) an. In Finnland, wo analog zur Direktoralverfassung Doppelgleisigkeit existiert, ist diese jedoch nicht verbindlich vorgeschrieben, sondern optional. Optional

---

[106] Die kommunalen Organe tragen in Hessen andere Bezeichnungen. Was in der Süddeutschen Ratsverfassung Stadträte sind, trägt in Hessen die Bezeichnung Stadtverordnete.

[107] Konserviert findet sie sich in so manch einem Stadtnamen. Dies besonders in Schweden. Beispielsweise basieren die Namen sowohl einer Reihe von kleineren Gemeinden wie auch von größeren Städten auf dem Wortstamm „köping" (Enköping, Nyköping, Linköping, Nörrköping, Jönköping, Söderköping). „Köping" bedeutet Marktgemeinde.

ist in Norwegen (Kapitel 3 des Local Government Act) auch die Entscheidung für ein parlamentarisches Modell mit Stadtregierung und Regierendem Bürgermeister. Dieses Modell hat Gemeinsamkeiten mit den Verfassungen der deutschen Stadtstaaten (Berlin, Hamburg, Bremen).

Während sich in Deutschland die Direktwahl des Oberbürgermeisters durchgesetzt hat und Landräte teilweise auch direkt gewählt werden, ist die Direktwahl von Bürgermeistern in Skandinavien die Ausnahme. Im Regelfall werden Bürgermeisterpositionen jeweils nach einer Kommunalwahl gemäß dem Parteienproporz vergeben. Die Partei mit den meisten Stimmen hat Anspruch auf den Posten des Ersten Bürgermeisters. Die anderen Parteien besetzen gemäß ihrem Stärkeverhältnis weitere Bürgermeister- resp. Dezernentenpositionen. Diesen obliegt die politische Steuerung von Aufgabenbereichen, wobei Politik und Verwaltung stark miteinander verwoben sind. Die Verwebung kommt in Dänemark dadurch zum Ausdruck, dass in der Organisationsstruktur unterhalb des Fachbürgermeisters (Deputy Mayor) der für den jeweiligen Fachbereich zuständige CEO (Chief Executive Officer) angesiedelt ist. Er oder sie fungiert als Manager für die dem Fachbereich zugehörenden kommunalen Dienstleistungseinrichtungen. In Island, konkret in Reykjavik mit seinen gut 118 Tsd. Einwohnern,[108] ist der vom Rat für vier Jahre gewählte Bürgermeister zugleich der Stadtmanager. Ebenfalls aus dem Kreis der Stadträte wird für jeweils ein Jahr ein siebenköpfiges Exekutivkommitee bestellt, das Steuerungsaufgaben bezogen auf allgemeine Dienste, Finanzen und Personal wahrnimmt. Dadurch dass im skandinavischen Regelfall alle größeren Parteien Anspruch darauf haben, bei der Besetzung von Bürgermeisterpositionen berücksichtigt zu werden, liegen konkordanzdemokratische Modelle vor, die Machtmonopolisierungen durch eine Partei gering halten. In Deutschland gibt es hier unterschiedliche Gegebenheiten. Ebenso in Norwegen dort, wo Gemeinden sich für das parlamentarische Modell entscheiden.

Die nachfolgenden Kurzporträts umfassen Dänemark, Finnland und Norwegen. In diesen Ländern gibt es Besonderheiten resp. (Dänemark) neue Entwicklungen von erheblicher Tragweite. Die Darstellung konzentriert sich auf die Unterschiede und skizziert aktuelle Entwicklungslinien. Primäre Quelle sind die von den Kommunalverbänden herausgegebenen Publikationen und Selbstdarstellungen. Die einschlägigen Gesetze werden nur insoweit berücksichtigt, als sie in Englisch zugänglich sind.

---

[108] Die nächstgroßen Städte haben 30 Tsd. (Kópavogur) und 26 Tsd. (Hafnarfjörður) Einwohner. Es folgenden 3 Städte mit 10.000 bis unter 20.000 Einwohnern und noch 10 Städte mit über 3.000 bis unter 9.000 Einwohnern.

## Dänemark

In Dänemark trat 2007 eine große Kommunalreform in Kraft. Sie reduzierte die Gemeindezahl drastisch von 271 auf 98. Im Vordergrund standen Kriterien effizienter Verwaltungsführung; gewachsene lokale Identitäten wurden für weniger wichtig befunden. Die durchschnittliche Einwohnerzahl pro Gemeinde liegt nun bei über 55.000. Nicht nur gemessen an Deutschland, sondern auch im breiten internationalen Vergleich ist dies als hoch zu werten, zumal eine Metropole mit mehr als einer Million Einwohnern gar nicht existiert. Ebenso wie in Finnland und Schweden hat nur die Hauptstadtgemeinde mehr als 500.000 Einwohner. In der nächsten Größenklasse (100.000-499.999) finden sich nur drei und in der darunterliegenden Klasse vier Städte. 90 Städte gehören dem Bereich der Kleinstädte mit weniger als 50.000 Einwohnern an (Angaben nach Hagen/Heinz 2009: 16, Tab. 5).

Deutliche Effizienzgewinne soll auch die Bildung von fünf Regionen mit übergeordneten Planungszuständigkeiten für das Krankenhauswesen, die Regionalentwicklung, die Umwelt und den öffentlichen Verkehr bringen. Sie ersetzen perspektivisch die Landkreise (Counties). Die Regionen haben anders als die Gemeinden kein eigenes Steuererhebungsrecht. Sie finanzieren sich über Gemeindeumlagen und Zuwendungen des Zentralstaates.[109] Geführt werden die Regionen von einem Regionalrat aus 41 Mitgliedern. Auf der nationalen Ebene existiert zudem ein siebenköpfiges Exekutivkomitee der Lokalregierungsebene.

Die Kommunalreform war eines der großen politischen Projekte der von 2001 bis 2011 amtierenden Mitte-Rechts-Regierung. Zum einen ging es um die Stärkung der kommunalen Zuständigkeit bei der Wahrnehmung öffentlicher Aufgaben; zum anderen wurden den Kommunen dabei Fesseln angelegt, indem ihre Finanzautonomie beschnitten und nun Vorgaben zum Wie der Aufgabenerledigung gemacht werden. Die dänische Kommunalvertretung resümiert diese Ambivalenz wie folgt:

> „Denmark has been in a constant ‚reform mode' during the last 5 years, leading to a reshuffle of the division of public sector tasks, revision of the administrative-territorial boundaries, changes in the financing for local government, and enhancing the overall role of municipalities (…) by making municipalities the one entry to services in the whole public sector.
> At the same time, the central government has also been trying to curb the overall independence of municipalities through introduction of ‚tax freezes' and relatively tight limits to the overall expenditure level of munici-

---

[109] Für nähere Informationen zur Local Government Reform siehe unter: http://www.kl.dk/ English/Local-Government-Reform/; Zugriff: 03.10.2010 und 11.08.2012.

palities. In spite of this, Local Government Denmark (LGDK) and the Ministry of Finance have all the Years concluded annual agreements on the overall finances for municipalities next year." *(Local Government Denmark 2009: 3)*

Die Quittung kam mit der Kommunalwahl vom 17. November 2009. Sie brachte einen Linksruck. Im landesweiten Exekutivkomitee der Lokalregierungsebene errang das Mitte-Links-Lager die Mehrheit.[110] Die Konflikte zwischen zentraler und lokaler Regierungsebene haben sich in der Folge verschärft.

*Finnland*

Finnland hat wie Dänemark etwas über 5 Mio. Einwohner, dabei jedoch eine größere Anzahl von Groß- und Mittelstädten. Es gibt 7 Städte mit 100.000 bis unter 500.000 Einwohnern und 17 Mittelstädte (40.000 bis 99.999 EW). Schon die Geografie mit einer insgesamt geringen und von Süden nach Norden noch einmal stark abnehmenden Besiedelungsdichte[111] bedingt, dass ähnlich wie im vergleichbar strukturierten Norwegen die Zahl der Gemeinden nicht so reduziert werden kann, wie dies in Dänemark erfolgt ist. Gleichwohl zielt auch die finnische Politik auf eine möglichst effiziente Verwaltungsorganisation durch die Bildung größerer Einheiten. Über Jahrzehnte sank die Gemeindezahl nur geringfügig (1980: 464; 1999: 452). Dies änderte sich nach 2007. Von 415 Gemeinden (2007) blieben binnen 2 Jahren (2009) nur noch 348 übrig. Aktuell (01.01.2011) gibt es 342 Gemeinden. 40 Prozent dieser Gemeinden (182) hatten zum 31.12.2007 eine Einwohnerzahl von weniger als 6.000.

Die Republik Finnland ist ein Einheitsstaat mit früher drei, heute aber – dies deckt sich mit Dänemark und Schweden – nur noch zwei Verwaltungs-

---

[110] Sozialdemokraten und Sozialisten halten 9 Sitze, Konservative und Liberale 7 Sitze und die Dänische Volkspartei einen Sitz. Quelle: Danish Institute of Governmental Research (AFK): http://www.akf.dk/om_akf_en/ > Archiv.

[111] Die Hauptstadt Helsinki weist mit 2.730 Einwohnern pro qkm die höchste Besiedelungsdichte auf. Am anderen Ende steht die Gemeinde Savukoski mit nur 0.2 Einwohnern. Bei der flächenmäßigen Ausdehnung ist die Spannweite ebenfalls beachtlich. Kauniainen ist flächenmäßig die kleinste Gemeinde (6,0 qkm), Inari (Gemeinde nördlich des Polarkreises) mit 17.334 qkm die größte. Zum Vergleich: Der Freistaat Thüringen ist mit 16.172 qkm flächenmäßig kleiner, hat dabei aber über 2 Mio. Einwohner gegenüber nur knapp 7 Tsd. Einwohnern in der Gemeinde Inari.

ebenen.[112] Territorial setzt sich der Staat zusammen aus Gemeinden (kunta) und Regionen (maakunnan liitto). Die Regionen arbeiten auf einer eigenen gesetzlichen Grundlage. Zum 01.01.2011 gibt es 18 Regionen plus das teilautonome Åland. Die Regionalvertretungen sind im Wesentlichen für Regionalplanung und regionale Entwicklungspolitik zuständig. Ihre Mittel bekommen sie von den Mitgliedsgemeinden. Die Provinzen als staatliche Zwischenebene wurden abgeschafft. An ihre Stelle traten regionale staatliche Agenturen (aluehallintovirasto) mit einem lokalen Unterbau.[113] Wie aus *Abbildung 1* ersichtlich, besteht die kommunale Ebene damit aus lokalen und den aus ihnen heraus gebildeten regionalen Körperschaften.

Verglichen mit Dänemark, aber auch Schweden und Norwegen existieren einige Besonderheiten:

- Es gibt keine Landkreise (Counties) mit direkt gewählten Vertretungskörpern. Vielmehr gilt das Entsendeprinzip. Die Mitglieder in den Regionalräten und in den Vertretungskörperschaften der kommunalen Zweckverbände werden von den Gemeinderäten entsandt.

- Das Verhältnis von Politik und Verwaltung ist durch eine stärkere Trennung geprägt, als sie etwa in Dänemark besteht. Der für vier Jahre gewählte Gemeinderat bestellt einen Verwaltungsvorstand (kunnanhallitus) und einen Bürgermeister aus den eigenen Reihen. Alternativ zum Bürgermeister kann auf Zeit oder für eine unbestimmte Zeit ein nicht dem Rat angehörender Gemeinde- oder Stadtdirektor durch Wahl bestellt werden. Verwaltungsvorstand und Bürgermeister/Stadtdirektor nehmen die exekutiven Aufgaben war, wobei sie von Ausschüssen unterstützt werden.

Inwieweit das System so Bestand hat, ist offen. Reformüberlegungen gehen in Richtung Eingleisigkeit mit direkt gewähltem Bürgermeister.

Wie auch in den andern skandinavischen Ländern haben die Gemeinden große Freiheiten bei der Wahrnehmung ihrer Serviceaufgaben. Sie können mit anderen Gemeinden Zweckverbände gründen, Leistungen von anderen Gemeinden oder privaten Anbietern einkaufen, mit anderen Gemeinden zu-

---

[112] Hagen/Heinz (2009: 14) unterscheiden bei Finnland drei gegenüber nur zwei Verwaltungsebenen bei Dänemark und Schweden. Nachdem an die Stelle der Provinzen als staatlicher Zwischenebene jedoch Agenturen getreten sind, die der Regionalgliederung folgen, kann von zwei Ebenen gesprochen werden, zumal es sich bei den finnischen Regionen rechtlich gesehen um Kommunalverbände handelt.

[113] Vor 1997 gab es 11 Provinzen, dann fünf. Heute bestehen in den Regionen parallel zu den regionalen Vertretungskörpern staatliche Regionalagenturen mit lokalen Stützpunkten. Sie unterliegen ebenso wie die alte Provinzialverwaltung dem Direktionsrecht der Zentralregierung.

sammen gemeinsame Einrichtungen betreiben usw. Auch bei der Ausübung von Delegationen besteht ein großer Freiheitsgrad. Nach der Gemeindeordnung (Abschnitt 14) kann der Gemeinderat seine Entscheidungsbefugnisse an andere kommunale Organe delegieren oder auch an „elected officials and office-holders". Ausgenommen sind die Themen, wo die Gemeindeordnung dem Rat die Entscheidung explizit zuweist sowie Entscheidungen von erheblicher Tragweite.

*Abbildung 1: Regionale Gliederung und Staatsaufbau in Finnland*

| | **Staatsaufbau in Finnland** |
|---|---|
| | Präsident (Direktwahl) <br> Parlament (Direktwahl) <br> ↓ <br> Regierung |
| Zentral-Regierung | Ministerien <br> Zentrale Behörden |
| Regionen | Regionale staatliche Agenturen <br> Regionale Büros <br> **Regionsräte** <br> ⇩ <br> Regionale Zweckverbände (z.B. Kliniken) |
| Lokal-Regierung | 184 <br> **Zweckverbände: sektoral gemeinsame Aufgabenerfüllung** <br> ⇧ <br> **Lokale Körperschaften (342) mit direkt gewähltem Rat** |
| 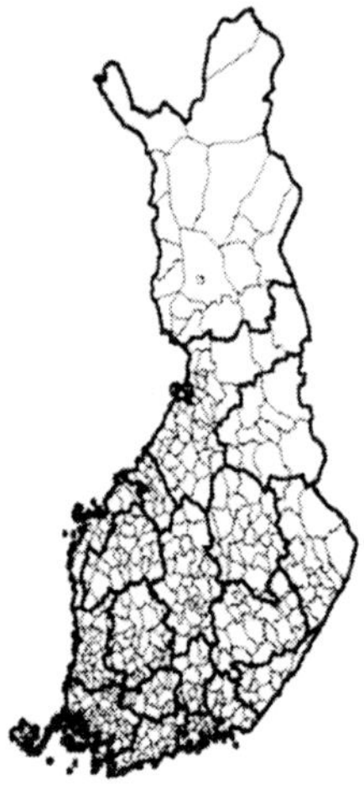 18 Regionen und Åland; 342 Gemeinden |  |
| Stand: 01.01.2011 | Eigene Darstellung |

**Quelle:** Association of Finnish Local and Regional Authorities (2011: Folien 3, 14)

*Norwegen*

Norwegen ist flächenmäßig mit Finnland vergleichbar, hat aber 10 Prozent weniger Einwohner und damit eine noch geringere Siedlungsdichte (vgl. Tab. 1). Die norwegische Monarchie ist ein Einheitsstaat, der sich aus 430 Gemeinden (kommune) und 19 Counties (fylkeskommune) zusammensetzt. Abweichend von den anderen skandinavischen Ländern kann der Bürgermeister oder die Bürgermeisterin entweder vom Gemeinderat für die jeweilige Wahlperiode (4 Jahre) oder von den Bürgern direkt (ebenfalls für 4 Jahre) gewählt werden. Er oder sie ist jedoch nicht Chef der Verwaltung, sondern sitzt dem Rat vor und hat ansonsten repräsentative Funktionen. Die meisten Gemeinden haben – auch dies deckt sich mit den anderen skandinavischen Ländern – einen Exekutivausschuss, der wichtige und dringende Fragen entscheidet. Gebildet wird er nach Parteiproporz. Wie oben angesprochen, haben Gemeinden wie auch die Counties die Möglichkeit, sich für ein parlamentarisches System zu entscheiden, können dann aber auch wieder zum traditionellen System zurückkehren. Realisiert ist das parlamentarische System in einigen Counties sowie den beiden größten Städten des Landes (Oslo und Bergen). Aus dem Stadtrat heraus wird dort von den Fraktionen, die sich zu einer Mehrheit zusammengefunden haben, die Stadtregierung bestellt. Sie stützt sich in der Folge auf diese Mehrheit; die anderen Fraktionen sind in der Opposition.

*Abbildung 2* stellt anhand von Norwegen dar, wie sich die Lokalregierungsebene in den öffentlichen Sektor einfügt. Ersichtlich wird die Zweiteilung aus behördlichem Teil (General Government) und unternehmerischem Teil (State Enterprises). Zur zentralstaatlichen wie auch der lokalen Regierungsebene gehören wirtschaftlich tätige Unternehmen, die sich im Eigentum von Gebietskörperschaften befinden. Unter den skandinavischen Ländern hat Norwegen den größten und Dänemark den kleinsten öffentlichen Unternehmenssektor. Island bietet aufgrund der Finanz- und Wirtschaftskrise, die 2008 dem Kollaps des Bankensystems folgte, eine Sondersituation. Anfang Oktober 2008 hatten sich die drei privaten Geldinstitute Kaupthing, Glitnir und Landsbanki/Icesave für zahlungsunfähig erklärt und dem Land einen Beinahebankrott beschert.[114] Auf Basis eines Sondergesetzes (Gesetz Nr. 125/2008 vom 6.10.2008) übernahm der Staat am 7. Oktober 2008 die volle Kontrolle. In der Folge kam es zu einer erheblichen Ausweitung des öffentlichen Sektors. 2006 erreichten die laufenden Ausgaben öffentlicher Unternehmen 15,3 Pro-

---

[114] Ausgangspunkt des Desasters war die 1998 unter der Regierung Oddsson erfolgte Liberalisierung der Devisenwirtschaft. In den folgenden fünf Jahren wurden die öffentlichen Banken privatisiert und es Investmentbanken erlaubt, mit Geschäftsbanken zu fusionieren. Eine strenge Regulierung der Geschäfte des nun international expandierenden Finanzsektors unterblieb. Die Politik ordnete sich den Zielen der privaten Institute unter. Die „Reykjavik-Gang", die in ihnen das Sagen hatte, baute den Finanzsektor zu einem Selbstbedienungsladen um. Von dem ehemaligen Ministerpräsidenten Oddsson, der 2004 als Chef an die Zentralbank wechselte, hatten sie nichts zu befürchten. Er und seine Freunde waren ja die Urheber des Aneignungsspiels, das die isländische Ökonomie schließlich in den Abgrund riss (Näheres siehe bei Wade/Sigurgeiersdóttir 2011).Vor der Privatisierung entsprach die Bilanzsumme der isländischen Finanzinstitute etwa der Größe des BIP, denn ihre Aktivitäten waren ausschließlich auf den Binnenmarkt gerichtet; 2008 erreichte die Bilanzsumme fast das Zehnfache des BIP.

zent des BIP, womit es der gesamte öffentliche Sektor auf rd. 55 Prozent des BIP brachte. Zum Höhepunkt der Finanzkrise (2008) wurden dann jedoch 79,3 Prozent des BIP für den Bereich von General Government (55,1%) und die öffentlichen Unternehmen (24,2%) benötigt. Dies bei einer Nettokreditaufnahme von 19,7 Prozent des BIP (2011: 3,9%).[115]

*Abbildung 2: Der Kommunalsektor als Teil des öffentlichen Sektors in skandinavischen Ländern am Beispiel von Norwegen*

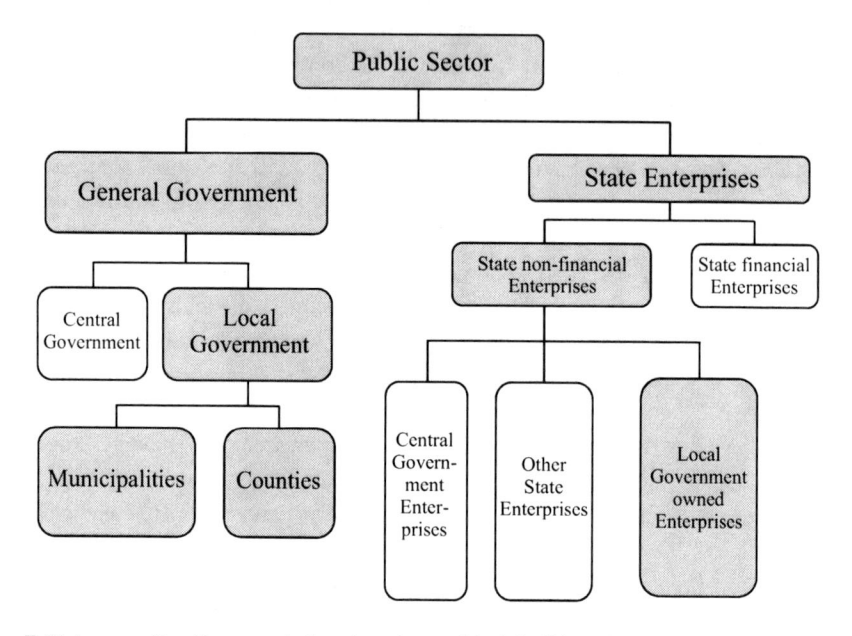

```
                          Public Sector
                 ┌──────────────┴──────────────┐
           General Government            State Enterprises
         ┌─────────┴─────────┐         ┌──────────┴──────────┐
                                  State non-financial   State financial
                                       Enterprises        Enterprises
      Central          Local
    Government       Government
                         │
    ┌────────┬──────────┤         ┌───────────┬──────────┐
Municipalities  Counties       Central        Other       Local
                               Govern-        State     Government
                                ment       Enterprises    owned
                               Enter-                   Enterprises
                               prises
```

**Erläuterung:** Der Kommunalsektor besteht aus Municipalities (Gemeinden) und Counties (Landkreise) sowie den Kommunalunternehmen, die sich im Besitz von Gemeinden oder Landkreisen befinden (Local Government owned Enterprises).
**Quelle:** Norwegisches Finanzministerium; eigene Darstellung (Weglassung der Verzweigungen unter Central Government und State financial Enterprises)

### 2.2.2 Unterschiedliche Funktionalität neuer Steuerungsmodelle

Reformprozesse, die mit gleichen Überschriften operieren, können einer höchst unterschiedlichen Logik folgen. Bei der Einführung neuer Steuerungsmodelle des Verwaltungshandelns resultiert dies aus anderen Schwerpunkt-

---

[115] Quelle: Iceland Statistics, Tabelle „Public Sector Accounts 2000-2011" (Code THJO59) mit Update vom 10.09.2012.

setzungen sowie aus anderer Einbettung. Die New Public Management Bewegung, die sich seit den 80er Jahren eine grundlegende Modernisierung des Staates auf die Fahnen geschrieben hatte, war inspiriert von Management-Leitbildern der Privatwirtschaft. Vorreiter waren angelsächsische Länder (USA, Großbritannien, Neuseeland), Skandinavien und die Niederlande. Die Bewegung setzte an tatsächlich existierenden Defiziten der Steuerung öffentlicher Dienstleistungsproduktion an. Propagiert wurde ein fundamentaler Paradigmenwechsel von der regel-, binnen- und inputorientierten Kommunalverwaltung zum outputorientierten Dienstleistungsunternehmen. Dabei war der Prozess nicht einseitig neoliberal determiniert, sondern offen für konträre strategische Ziele. Während die angelsächsisch-neoliberale Variante die Defizite zum Anlass nahm, die Entstaatlichung über Prozesse des Outsourcings und der Aufgabenprivatisierung voranzutreiben, dominierte in den skandinavischen Ländern ein Reformprozess, der auf Effizienzsteigerung und eine größere Bürgernähe der kommunalen Dienststellen zielte. In Deutschland kam die New Public Management Bewegung erstens spät an, wurde zweitens sehr einseitig rezipiert und drittens weniger als ganzheitlich angelegter Reformprozess denn als Instrument von Sparpolitik begriffen. Zum Vorbild geriet die im niederländisch-angelsächsischen Raum realisierte Variante, bei der Entstaatlichung und neue Steuerungsmodelle eine Verbindung eingingen; skandinavische Erfahrungen blieben ausgeblendet.[116] Im Ergebnis war nicht die Stärkung der kommunalen Leistungsfähigkeit hinsichtlich der Qualität und Bürgernähe ihrer Leistungserbringung, sondern die betriebswirtschaftliche Rationalisierung der Leistungserbringung über Kosten-Leistungsrechnungen, Prozesse des Outsourcings von Leistungen und die Privatisierung von Aufgabenwahrnehmungen das übergeordnete strategische Ziel. Die politisch organisierte Ebbe in den öffentlichen Kassen bei gleichzeitiger Übertragung staatlicher Aufgaben auf die Kommunen schuf dafür gleichermaßen die Motivationsbasis wie den notwendigen Druck. Zahlreiche Kommunen sind in der Folge den Weg der partiellen bis vollständigen Beleihung privater Träger mit der öffentlichen Aufgabenwahrnehmung gegangen. In den skandinavischen Ländern wurden im Rahmen neuer Steuerungsmodelle umgekehrt ganzheitliche Ansätze der Effektivierung kommunaler Leistungserbringung umgesetzt. Sie verliefen weniger technokratisch und marktorientiert als

---

[116] Als sich die Kommunale Gemeinschaftsstelle (KGSt) unter ihrem Leiter Prof. Gerhard Banner Anfang der 90er Jahre daran machte, von den internationalen Erfahrungen zu lernen, tauchte Skandinavien höchstens als Fußnote auf. Zwar beschäftigte sich die Politische Wissenschaft auch mit Skandinavien, dies blieb politisch aber ohne Resonanz. Zum großen Vorbild avancierte das Konzept vom „Konzern Stadt" der niederländischen Stadt Tilburg (KGSt 1991, KGSt 1992, Banner 1993).

holistisch und wertegesteuert. Instrumente der Ökonomisierung des Verwaltungshandelns kamen auch zum Einsatz. Sie entfalteten aufgrund der anderen makropolitischen und makroökonomischen Einbettung bei gleichzeitiger Verknüpfung mit neuen Formen der ständigen Einbindung von BürgerInnen in kommunale Entscheidungsprozesse (vgl. Oppen 1999 für die finnische Stadt Hämeenlinna) jedoch andere Wirkungen. Der Kommunalsektor blieb groß, wurde aufs Ganze gesehen aber effizienter, effektiver und bürgernäher. Dazu trug bei, dass die zentralstaatliche Ebene es den Gemeinden ermöglichte, in einem ganzheitlichen Sinne neue Wege auszuprobieren. Große Bedeutung hatten die *„Free Commune Experiments"* (Boldersheim 1993). Auf Antrag wurden ganze Gesetze und Vorschriften außer Kraft gesetzt. Kommunen konnten so in einem freien Lernraum neue Lösungen erproben, was eine enorme Innovationsdynamik in Gang setzte. Auch in Deutschland gab es später sogenannte „Experimentierklauseln". Auf äußerst restriktiver Basis erlaubten sie jedoch kaum mehr als ein beschränktes Abweichen von einzelnen rechtlichen Vorgaben. Auch mikropolitisch gab es große Unterschiede. Was im deutschen Reformprozess, von einigen Ausnahmekommunen abgesehen, reine Dekoration war, nämlich die Grundlegung durch eine übergeordnete Ethik des kommunalen Dienstleistungshandelns nach außen und innen, bildete nicht durchgängig, aber doch häufig Fundament und Rahmen des Reformprozesses. Wie in einem Amt mit rd. 21.000 MitarbeiterInnen ein ganzheitlich angelegter Reformprozess über *gelebte Werte* (wechselseitige Wertschätzung, Vertrauen, Offenheit, Transparenz, Lernbereitschaft usw.) statt über bürokratische Regeln, ordnungspolitische Prinzipien (Wettbewerb, Subsidiarität) oder betriebswirtschaftliche Kennzahlen erfolgreich gemanagt werden kann, zeigt die dänische Kreisverwaltung Århus Amt. Für ihre ethikbasierte Steuerungsphilosophie (*„Werte sind wichtiger als Regeln"*)[117] wurde sie 2004 mit einem Preis der Bertelsmann Stiftung (Bertelsmann Stiftung 2004) bedacht. Zum Zeitpunkt dieser Preisverleihung freilich war der deutsche Reformzug längst ganz anders unterwegs. Dies mit vielfältigen Konsequenzen. So ist die verglichen mit Deutschland andere Ausrichtung von New Public Management z.B. ein Grund, warum Gemeinden auch im investiven Bereich lieber selbst Herr des Verfahrens bleiben, als sich über Öffentlich-Private-Partnerschaftsprojekte in die Abhängigkeit von der Privatwirtschaft zu begeben. Mit einer gewissen Ausnahme bei Schweden sind derartige Pro-

---

[117] Missionen, Visionen, Strategien und Werte als Steuerungsebenen. Die Abgabe von „Commitments" hinsichtlich der Bindung des eigenen Verhaltens an die für alle verpflichtenden Werte ist dabei zentral. Dies mit Folgen: Das Nicht-Leben von Werten führt zur Trennung von MitarbeiterInnen, nicht die Verletzung von Regeln.

jekte bislang weit weniger zur Realisierung gekommen als in anderen europäischen Ländern.[118]

### 2.2.3 Das Wesentliche

Der Blick auf die rechtliche Verfasstheit und die Steuerungsmodi offenbart Gemeinsamkeiten wie Unterschiede. Gemeinsam hat Deutschland mit den skandinavischen Ländern, dass eine lange Tradition kommunaler Selbstverwaltung vorliegt. In Skandinavien realisiert sie sich im Kontext von Einheitsstaaten, während Deutschland ein Bundesstaat mit Eigenstaatlichkeit der 16 Bundesländer ist. Der Kommunalsektor ist in den skandinavischen Ländern unterschiedlich strukturiert. In Finnland und Island setzt er sich nur aus Gemeinden zusammen; sie sind ihrerseits Mitglied in regionalen Körperschaften. In Dänemark, Norwegen und Schweden existieren zwei Ebenen: Die primäre Ebene besteht aus Gemeinden, die sekundäre Ebene aus Counties (Landkreisen). Gemeinden wie Landkreise verfügen über politische Vertretungskörper, die aus allgemeinen und direkten Wahlen hervorgehen. Ihre Arbeit organisieren sie über Ausschüsse, die nach politischem Proporz besetzt werden. Die deutsche Struktur weist ein ähnliches Grundmuster auf. Die primäre Ebene ist aus kreisangehörenden Städten und Gemeinden, die sekundäre Ebene aus Landkreisen zusammengesetzt. Daneben gibt es noch die kreisfreien Städte, bei denen die beiden Ebenen zusammenfallen.

Die Organisation und Steuerung der Kommunen unterliegt einem Prozess fortwährender Veränderung. Die zurückliegenden beiden Dekaden können dabei als Phase grundlegender Veränderung gewertet werden, wobei es zwischen Deutschland und den skandinavischen Ländern bei wesentlichen Reformimpulsen ein hohes Maß an Übereinstimmung gibt:

- Ein Reformprozess zielt auf die Schaffung größerer Einheiten. Ziel ist sowohl die Steigerung der Effizienz kommunalpolitischen Handelns wie auch die Einsparung von Kosten der politischen Führung. Im Ergebnis erfolgte teilweise eine dramatische Schrumpfung der Zahl rechtlich selbständiger Gebietskörperschaften (so in Dänemark seit 2007), während dort, wo Gemeindefusionen nicht durch Gebietsreformen rechtlich erzwungen wur-

---

[118] In der Studie „*Mapping of the Public Services. Public Services in the European Union and in the 27 Member States*" wird dies für Dänemark ausdrücklich hervorgehoben: „*Denmark has been more reluctant to implement the marketisation of NPM; it tries out new management ideas but not primarily those concerned with markets and contracting. That explains the less developed PPP policy and the relatively few PPP projects*" (Bauby/Similie 2010: 164).

den, die Gemeindezahl nur geringfügig zurückging (so in Norwegen). Obwohl die Zahl von Städten und Gemeinden auch in Deutschland deutlich abnahm, liegt die durchschnittliche Einwohnerzahl pro Gemeinde/Stadt immer noch unter den Niveaus der skandinavischen Länder (ohne Island).

- Ein zweiter Reformprozess zielt auf die Bildung von Regionen mit eigenen Vertretungskörperschaften. Über Zweckverbände organisieren Gemeinden zwar schon lange Aufgaben, die die Möglichkeiten einer Gemeinde übersteigen, gemeinsam. Regionale Körperschaften gehen einen Schritt weiter. Definiert im Gesetzeswege ist hier das Territorium, die wahrzunehmenden Aufgaben und die Frage eventueller Direktwahl. Finnland, ebenso Dänemark, hat regionale Vertretungsorgane. Rechtlich handelt es sich um Kommunalverbände auf der Basis von Gemeinden (Finnland) oder Counties (Dänemark). Es gibt keine Direktwahl durch die Bevölkerung, sondern die Mitgliedskommunen entsenden ihre VertreterInnen. In Deutschland existieren erst wenige Regionen als eigenständige Körperschaften; ihre Mitglieder werden direkt gewählt.

- Ein dritter Reformprozess – er setzte in Skandinavien schon in den 80er Jahren, in Deutschland dagegen erst in den 90er Jahren ein – betrifft die Änderung der Gesamtsteuerung weg von der Input-Steuerung und hin zur Steuerung von kommunalem Output und Outcome. Der Veränderungsprozess umfasst von der Aufbauorganisation über das Rechnungswesen und die Steuerung der Ablaufprozesse bis zum Verhältnis von Politik und Verwaltung zahlreiche Einzelaspekte. Platz gegriffen hat eine Ökonomisierung des Verwaltungshandelns mit Bildung von Quasi-Märkten dort, wo früher Mittel zugeteilt wurden. Diese Ökonomisierung hat jedoch unterschiedliche Folgen. In Deutschland, nicht dagegen in den skandinavischen Ländern, hat sie einen dramatischen Personalabbau begünstigt. Die unterschiedliche Funktionalität resultiert nicht zuletzt aus der in den skandinavischen Ländern stärker wertebasierten und ganzheitlich angelegten Reformphilosophie. In Deutschland sind ganzheitliche Reformprozesse die Ausnahme.

Während die Gemeinsamkeiten schon bei grober Prüfung zutage treten, erschließen sich die Unterschiede teilweise erst auf den zweiten Blick. Skandinavische Länder präferieren innerhalb von EU und OECD am stärksten egalitäre Beziehungen. Dies findet auch in den Kommunalverfassungen seinen Niederschlag. In Deutschland ist die kommunale Landschaft durch unterschiedliche Gemeindetypen geprägt. Diese Gemeinde- und Stadttypen sind mit Statuszuordnungen aufgeladen. Eine Kleinstadt mit dem Status einer kreisfreien Stadt verfügt so über eine höhere Stellung als eine einwohnermäßig viel größere Stadt, die aber nicht kreisfrei ist.[119] In Skandinavien gilt das Gleichheitsprinzip. Ob eine Gemeinde 2.000 oder 200.000 Einwohner hat, macht rechtlich keinen Unterschied. Auch die Bezeichnung „Stadt" ist nicht an strikte Kriterien gebunden, sondern teilweise (Finnland) frei wählbar. Davon unbenommen ist, dass auch im skandinavischen Raum große Gemeinden ganz andere Handlungsmöglichkeiten besitzen als kleine Gemeinden. Ein zweiter wichtiger Unterschied betrifft das Rechtskorsett, das Städte, Gemeinden und Landkreise bei der Ausgestaltung ihrer Arbeitsformen zu beachten haben. Es ist in Deutschland deutlich enger geflochten[120] und bietet in geringerem Umfang Alternativwege an. In Norwegen etwa sind zwei Kommunalverfassungstypen gesetzlich erlaubt. Gemeinden und Counties können sich für die traditionelle Ordnung oder für eine parlamentarische Ordnung entscheiden. Mit der Möglichkeit des Übergangs zu einer parlamentarischen lokalen Demokratie entfällt aber ein zentrales Unterscheidungsmerkmal von Demokratieausprägung zwischen der zentralstaatlichen und der lokalen Ebene. Auf Deutschland bezogen: Während wir es auf Bundes- und Landesebene mit einer parlamentarischen Konkurrenzdemokratie zu tun haben, bei der sich Regierung (incl. der Regierungsfraktionen) und Opposition gegenüberstehen, finden wir auf der kommunalen Ebene sowohl das Modell der Konkordanzdemokratie wie das der Konkurrenzdemokratie; auch Mischformen existieren. Beim Konkordanzmodell gibt es eine Allparteienzusammenarbeit gemäß der jeweiligen Parteistärke. Auf nationaler Ebene findet sich dieses Modell nur in wenigen Ländern wie etwa der Schweiz, wo sich die Bundesregierung aus Vertretern aller größeren Parteien zusammensetzt. Dies begrenzt den Einfluss der Parteien und korrespondiert mit der Entscheidung politisch strittiger Fragen im Wege der Volksabstimmung. In Finnland gibt es auf nationaler Ebene zwar politisch breit angelegte Koalitionsbildungen. Sie funktionieren aber unter der Führerschaft der Partei, die den Ministerpräsidenten stellt und integrieren Parteien unter dem Gesichtspunkt der Mehrheitsbeschaffung und der politischen Balance. Wo kleinere Regierungsparteien in für sie wichtigen Fragen die Regierungslinie nicht mittragen wollen, wird es im finnischen

---

[119] In Rheinland-Pfalz finden wir mit Zweibrücken eine kreisfreie Stadt, die nur rd. 37 Tsd. Einwohner zählt. Hinter dem Status steht, dass der Stadt Zweibrücken bereit 1352 die Stadtrechte verliehen wurden und es zum 01.03.1920 dann auch kreisfrei wurde.

[120] Dies zeigt sich bereits beim Umfang der einschlägigen Gesetze. Das Lokalregierungsgesetz von Norwegen hat 82 Paragraphen, das Lokalregierungsgesetz von Finnland 105 sogenannte Sektionen. Demgegenüber umfasst das Kommunalverfassungsgesetz von Niedersachsen 180 Paragraphen. Siehe „Gesetz zur Zusammenfassung und Modernisierung des niedersächsischen Kommunalverfassungsrechts vom 17. Dezember 2010" (Nds. GVBl. Nr. 31/2010).

Mischsystem üblicherweise toleriert, wenn sie punktuell ausscheren, also z.B. eine Regierungsvorlage im Parlament durch Enthaltung oder Ablehnung nicht mittragen.

Die kommunale Ebene zeichnet sich gegenüber der parlamentarischen Konkurrenzdemokratie in Bund und Land durch institutionelle Besonderheiten aus. Bis in die 90er Jahren bestand in Deutschland eine Zweiteilung. Während in Süddeutschland in den Städten und Gemeinden der Oberbürgermeister und in den Landkreisen der Landrat direkt gewählt wurde, gab es in norddeutschen Bundesländern wie Nordrhein-Westfalen und Niedersachsen eine vom Stadtrat gewählte Doppelspitze aus ehrenamtlichem Oberbürgermeister und hauptamtlichem Oberstadtdirektor. Diese Doppelspitze wurde zugunsten einer eingleisigen Spitze aufgegeben. In allen Bundesländern werden Bürgermeister wie Landrat nun direkt gewählt und sind gleichermaßen Vorsitzender im Kommunalparlament wie Chef oder Chefin der Verwaltung. Gegenüber Land und Bund verfügt die kommunale Ebene nun quasi über ein präsidiales Wahlsystem, das der Figur des meist männlichen Bürgermeisters oder Landrates eine erhebliche Machtstellung einräumt. Dies umso mehr, als die Wahlperiode von Bürgermeistern oder Landräten die der Gemeinde- und Kreisräte übersteigt. Der Parteieneinfluss kann durch die Figur des Bürgermeisters resp. Landrates begrenzt werden. Dort, wo sich der Bürgermeister weniger als unabhängige Persönlichkeit denn als Repräsentant einer Partei versteht, kann genau gegenläufig jedoch auch Ämterpatronage zugunsten der Partei des Bürgermeisters die Folge sein. In jedem Fall kommt es zu einer Personalisierung, die in Nordeuropa schwächer ausgeprägt ist. Einerseits besitzt die Figur des Ersten Bürgermeistes dort nicht die demokratische Legitimation einer Direktwahl durch die Bürger wie in Deutschland, sondern stützt sich auf Mehrheiten im Rat. Andererseits liegt die Wahlbeteiligung in Deutschland weit unter skandinavischen Niveaus. Wenn jedoch, was nicht selten ist, nur 30 bis 40 Prozent der Wahlberechtigten von ihrem Wahlrecht Gebrauch machen, schmälert dies die demokratische Legitimation.

Abschließend stellt *Tabelle 1* wesentliche Informationen zu Bevölkerung und Wirtschaft, Staatsform und Verwaltung zusammen. Relevant für das Verständnis der Unterschiede in der kommunalen Dienstleistungsproduktion ist weniger die Regierungs- als die Staatsform. Drei der fünf nordisch-skandinavischen Länder sind parlamentarische Monarchien; Finnland und Island[121]

---

[121] Island ist erst seit 1944 selbständige Republik. Davor (seit 1874) besaß es eine relative Autonomie, gehörte über das Bundesgesetz vom 1. Dezember 1918 aber als Königreich Island staatsrechtlich zu Dänemark. Am 24. Mai 1944 stimmten die Isländer in einem Referendum für die Aufhebung des Bundesgesetzes und für die Annahme einer Verfassung für die zukünftige Republik Island. Sie wurde am 17. Juni 1944 formal ausgerufen.

Kommunale Selbstverwaltung 103

*Tabelle 1: Deutschland und Skandinavien: Basisdaten*

| | DE | DK | FI | IS | NO | SE |
|---|---|---|---|---|---|---|
| Einwohner (1.000): 01.01.2012 | 81.843,8 | 5.580,5 | 5.401,3 | 319,6 | 4.985,9 | 9.482,9 |
| Bevölkerungsanteil mit Migrationshintergrund[1] | 12,5 | 6,6 | 3,6 | 6,8 | 8,7 | 12,9 |
| Fläche (qkm) | 357.022 | 43.096 | 338.144 | 103.000 | 323.759 | 449.964 |
| Einwohner je qkm | 229,1 | 128,4 | 17,6 | 3,1 | 14,3 | 20,8 |
| **Wirtschaft und Soziales** | | | | | | |
| BIP-Wachstum 1998 bis 2011 (DS) | 1,4 | 1,1 | 2,6 | 2,9 | 1,8 | 2,7 |
| BIP (real): € pro EW 2011 | 29.800 | 37.300 | 31.300 | 42.600 | 52.200 | 35.500 |
| Beschäftigungsquote Frau/Mann: DS 2009/2011 | 66,3/76,2 | 71,4/76,5 | 67,4/69,8 | 76,4/80,1 | 73,7/77,6 | 70,8/75,2 |
| Arbeitslosenquote Frau/Mann: DS 2009/2011 | 6,5/7,3 | 6,4/7,6 | 7,4/8,8 | 6,2/8,2 | 2,9/3,7 | 7,9/8,2 |
| Armutsgefährdungsquote DS 2009/2010 (< 16 Jahre) | 15,9 | 10,7 | 11,6 | 11,5 | 11,1 | 12,6 |
| **Staatsform und Verwaltungsorganisation[2]** | | | | | | |
| Staatsform | Bundesstaat | Einheitsstaat | Einheitsstaat | Einheitsstaat | Einheitsstaat | Einheitsstaat |
| Gemeinden (Anzahl) | 13.039 | 98 | 336 | 77 | 430 | 290 |
| Kreise/Counties | ABL: 325; NBL: 86 | 14 | entfällt | entfällt | 18+1 | 20 (18+2) |
| Länder (L)/ Regionen (R) | 16 L | 5 R | R: 18+1 Unter-R | | | (2) |

1) Bei DE, DK, FI, NO und SE ist für das Jahr 2006 angegeben, welcher Bevölkerungsanteil im Ausland geboren wurde (Quelle: OECD 2009, Social Indicators GE3.1). Bei Island ist zum Stand 1.1.2010 der Bevölkerungsanteil mit ausländischer Nationalität erfasst (Quelle: Statistic Iceland, Tabelle mit Code MAN04103)
2) **DE:** Die Daten zu Gemeinden und Kreisen beziehen sich auf 2009. Zum 1. September 2010 gab es nach den Angaben bei Wikipedia (Zugriff im März 2011) 11.448 Gemeinden (dar. 2.068 Städte). Als Quellen werden die Verzeichnisse der Gemeinden und Städte der einzelnen Bundesländer angegeben. **FI:** Die Daten zur Verwaltungsorganisation beziehen sich auf 2011 (Quelle: Association of Finnish Local and Regional Authorities); **NO:** Die Hauptstadt Oslo wird zugleich als Gemeinde und als County gezählt. **SE:** Daten von http://www.skl.se/
**Quellen:** Siehe Fußnoten und Tabelle A3 im Anhang

wie Deutschland Republiken. Die Monarchie taugt somit kaum als zentrales Unterscheidungsmerkmal. Anders ist es mit der Staatsform bestellt. Deutschland ist ein Bundesstaat, alle skandinavischen Länder sind Zentralstaaten. Sie haben folglich keine föderale, sondern eine unitarische Staatsform. Politische Veränderungsprozesse sind unter den Bedingungen eines unitarischen Staates leichter zu bewerkstelligen (Green-Pedersen 1999). Allerdings fällt dabei auch ins Gewicht, dass die skandinavischen Länder politisch fragmentierter sind als Deutschland. Es liegen Siebenparteiensysteme vor, während Deutschland gerade erst dabei ist, sich auf ein Fünf- bis Sechsparteiensystem einzustellen. Die politischen Mehrheitsverhältnisse und ihre Relevanz für die Erklärung der unterschiedlichen Niveaus und Profile kommunaler Wohlfahrtsproduktion sind Thema des nächsten Unterkapitels.

## 2.3 Politische Mehrheiten als Erklärungsfaktor für unterschiedliche Niveaus kommunaler Dienstleistungen

Die politischen Mehrheitsverhältnisse eines Landes prägen Ausmaß, Struktur und Qualität des öffentlichen Dienstleistungsangebotes. Dort, wo konservative und liberale Parteien dominieren, wird eher auf den Markt gesetzt und das öffentliche Dienstleistungsangebot gering gehalten. Dort, wo sozialdemokratische, sozialistische und linksgrüne Parteien die Mehrheit stellen, wird dem Öffentlichen eine größere Bedeutung eingeräumt.[122] In den frühen 90er Jahren gab es nicht wenige Stimmen, die die daran festgemachte Differenzierung zwischen „rechts" und „links" in der Politik als überholt ansahen, als ein Relikt aus vergangener Zeit.[123] Dies entsprach dem Zeitgeist nach der Implosion des Sowjet-Imperiums. Eine in Teilen stark verunsicherte Linke passte sich opportunistisch an durch die Übernahme marktliberaler Konzepte. Sie sahen es als Ausweis von Modernität und Realitätsbezug, wenn sie den Rückbau des Sozialstaates und die Privatisierung öffentlicher Güter betrieben. Faktisch bewirkte diese Art von Realpolitik, dass die alten Konflikt-

---

[122] Vgl. dazu Schmidt (2001: 536ff.) und die dort angegebene Literatur. Schmidt 2001 zitiert eine Reihe von Studien, die im internationalen Vergleich zeigen, dass die Staatstätigkeit, d.h. die Höhe der Staatsausgaben und die Art ihrer Verwendung stark davon geprägt ist, ob in den Regierungen linke, rechte oder zentristische Parteien dominieren. Als weitere Einflussfaktoren kristallisieren sich politisch-institutionell Begrenzungen und die Bedeutung von Vetospielern heraus. Das stärkste Gewicht entfaltet der Faktor Partei bei der Wirtschafts- und Sozialpolitik; bei anderen Politikfeldern sind die Zusammenhänge komplexer.

[123] So Anthony Giddens in „Jenseits von rechts und links" (1997: 83).

linien zwischen Markt und Staat, zwischen Arm und Reich, zwischen öffentlicher Armut und privatem Reichtum neue Virulenz erhielten. Es gilt, was der Politikwissenschaftler Mair 1997 (Mair 1997: 27) wie folgt ausdrückte: *„For all the changes experienced in recent years, it is clear that left and right remain the major organizing principle in modern West European politics, but also help to create a uniform foundation for contemporary patterns of policy competition."*

Die Markt-Staats-Achse ist zentral für die Verortung nicht nur einer einzelnen Partei, sondern für das Parteiensystem insgesamt. Auf dieser Ebene entscheidet sich nämlich, ob Parteien den aktiven Versuch unternehmen, der kapitalistischen Ungleichheitsproduktion Institutionen und Kräfte entgegenzusetzen, die materielle Chancengleichheit gewährleisten und die Ergebnisungleichheit auf ein akzeptables Maß begrenzen. Dies auch in einer erweiterten Betrachtung von Gleichheitsfragen bezogen auf Bildung, Gesundheit und die Gleichstellung der Geschlechter.

In dem Maße, wie es neoliberalem Gedankengut während der zurückliegenden 30 Jahre gelang, die kulturelle Hegemonie zu erringen und die politisch-praktische Agenda zu bestimmen, fand eine Rechtsverschiebung der Parteienlandschaft statt. Eine Schlüsselstellung gebührt dabei in Deutschland der Sozialdemokratie. Unter der Kanzlerschaft von Gerhard Schröder (1998-2005) hat sie gemeinsam mit dem grünen Koalitionspartner eine Wirtschafts-, Finanz- und Steuerpolitik betrieben, die die Schwächung gleichermaßen des Steuerstaates wie der Arbeitnehmerschaft betrieb. Die gesamtdeutsche Etablierung der Partei Die Linke setzt hier ein Korrektiv. Angekommen ist Deutschland damit in einem Fünfparteiensystem, wie es in den skandinavischen Ländern schon weit länger existiert (Jahn/Kuitto/Oberst o.J.: 141).[124]

Obwohl die Markt-Staats-Achse für die Verortung von Parteien zentral ist und bleibt, ist sie nicht alleine ausschlaggebend. Parteien unterschieden sich auch mit Blick auf die Gleichstellung der Geschlechter, mit Blick auf ökologische Fragen und landesspezifische Konfliktlagen sowie durch ihre Liberalität und Offenheit. Ergebnis ist eine komplexe Gemengelage, bei der aller-

---

[124] Die neuere Entwicklung geht sogar in Richtung eines 6- bis 7-Parteien-Systems, bei dem die traditionellen Parteien von Liberalen, Konservativen und Sozialisten sich jeweils aufteilen in eine kleinere und eine größere Partei mit je unterschiedlicher Orientierung. Im Schwedischen Reichstag etwa sind bereits seit 1986 regelmäßig 6 bis 7 Parteien vertreten. Neben den Sozialdemokraten, der Linkspartei und seit 1988 auch den 1981 gegründeten Grünen auf der linken Seite sind dies auf der rechten Seite die moderate Sammlungspartei (Sammelbecken säkular-konservativer Strömungen), die Christdemokraten, die Zentrumspartei und die Liberalen. Bei der Parlamentswahl vom September 2010 schafften es rechtsaußen noch die Schwedendemokraten in den Reichstag.

dings immer wieder die Markt-Staat-Achse ins Spiel kommt. Eine Partei etwa, die auf der Markt-Staats-Achse rechts steht, wird sich mit scharfen ökologischen Rahmensetzungen für unternehmerisches Handeln schwer tun. Sie wird an die Eigenverantwortung von Unternehmen appellieren und auf Selbstverpflichtungen bauen. Auch die Übernahme einer ökologischen Vorreiterfunktion des öffentlichen Sektors ist von rechter Seite eher nicht zu erwarten. Eine solche Vorreiterfunktion erfordert das Festhalten an einem Grundbestand von öffentlichem Vermögen, das man dafür einsetzen kann und die Mobilisierung von finanziellen Ressourcen für den öffentlichen Sektor. Dies genau widerspricht aber marktliberalen Zielsetzungen. Zwischen ökologischen Positionen und der Befürwortung eines Staates, der vor Markteingriffen nicht zurückschreckt, gibt es deutliche Affinitäten. Es ist daher kein Zufall, dass grüne Parteien von Finnland bis Deutschland im politischen Spektrum eher links zu verorten sind. Komplizierter liegen die Dinge mit der Achse, die häufig als „libertär contra autoritär" bezeichnet wird. Menschen mit unterschiedlichen bis konträren Einstellungen zu Fragen der inneren Sicherheit, zum Maß an Liberalität in der Ausländerpolitik, zur Geschlechtergleichstellung und zur individuellen Selbstbestimmung in allen ihren Facetten befürworten ein hohes staatliches Umverteilungsniveau auf der Markt-Staat-Achse. Die rechtspopulistische Dänische Volkspartei etwa vertritt in der Wirtschaftspolitik eher linke und in der Innen- und Ausländerpolitik rechte Positionen. Angesprochen werden durch diese Mischung vorrangig männliche Wähler mit geringem Bildungsstand, die Angst vor sozialem Abstieg haben. Ihre Ressentiments werden bedient und zugleich wird der Staat als Schutzmacht vor drohenden Gefahren aufgeboten. Sucht man nach einem G-Faktor, der hinter den verschiedenen Achsen wirksam ist, bietet das 5-Dimensionen-Werteorientierungs-Modell von Hofstede (2001) ein brauchbares analytisches Konzept. Werteorientierungen bezeichnen dabei die kulturspezifisch unterschiedlich ausgeprägte, dem Einzelnen meist unbewusste Neigung, bestimmte gesellschaftliche Umstände resp. Strukturausprägungen anderen Umständen vorzuziehen. Dies bezieht sich auf die Rollen der Geschlechter, die Haltung gegenüber Autoritäten, den Modus der Konfliktregulierung, der Präferierung einer eher egalitären oder eher nicht egalitären Gesellschaft, die Dominanz kurzfristiger oder langfristiger Orientierungen usw. Letztlich sind es diese Werteorientierungen, die die kulturell sehr unterschiedlichen Konzepte von Freiheit, Gleichheit, Solidarität und damit die grundlegenden Einstellungen zur Rolle des Staates im Verhältnis gleichermaßen zum Markt wie zur Zivilgesellschaft prägen.

Bei internationalen Vergleichen kommt erschwerend hinzu, dass jedes Land sein eigenes Gravitationsfeld hat. Was genau „rechts" und „links" ist, kann nur anhand des nationalen politischen Gravitationsfeldes entschieden werden. Wer mit seinen Positionen in einem Land „links" verortet wird, kann mit den gleichen Positionen in einem anderen Land im rechten Feld landen. Oder es kann temporär zu Verschiebungen kommen, die durch eine Gegenbewegung wieder korrigiert werden. Für Island liegen dazu Wähleranalysen vor (vgl. Rubart 2004: 37ff.). Danach wurde die sozialdemokratische Partei Mitte der 90er Jahre von den Wählern auf einer Skala von 0 (ganz links) bis 10 (ganz rechts) bei einem Wert von 5,2, also etwas rechts der Mittellinie gesehen. Die Partei hatte versucht, ihre gegenüber der konservativen Unabhängigkeitspartei schwache Position durch eine Rechtsverschiebung zu verbessern. Dies blieb nicht ohne Konsequenzen seitens des linken Parteiflügels. Die Ex-Sozialministerin und heutige Premierministerin Johanna Sigurdardottir gründete 1995 die Volkserweckungsbewegung, die von den Wählern bei einem Wert von 3,3 gesehen wurde. Ähnlich weit links (3,5) verorteten die Wähler die schon früher aus dem sozialdemokratischen Bereich hervorgegangene Frauenliste. Bei den Parlamentswahlen von 1995 rückten diese links der sozialdemokratischen Partei angesiedelten Gruppierungen mit einem höheren Stimmenanteil als die Sozialdemokratische Partei in den Althing (isländisches Parlament) ein (12,1% zu 11,4%).[125] Bei der Wahl von 1999 kam dann ein gemeinsames Wahlbündnis und später eine Neuformierung des linken Parteienspektrums zustande. Die Volkserweckungsbewegung und die Frauenliste kehrten zur Sozialdemokratie zurück, die nun als Sozialdemokratische Allianz deutlich linker ausgerichtet war. Von den Wählern erhielt sie den Skalenwert 3,7 zugesprochen. Bei den Wahlen von 2003 rückte sie mit 31 Prozent nahe an die Unabhängigkeitspartei heran, die es auf 33,7 Prozent brachte. Links der Sozialdemokratischen Allianz formierten sich die Links-Grünen als quasi Nachfolgeorganisation der sozialistischen People's Alliance. Als die Sozialdemokraten in der Finanzkrise die zwischenzeitlich mit den Konservativen eingegangene große Koalition aufkündigten und das Volk Neuwahlen erzwang, kam 2009 erstmals eine linke Mehrheit zustande; Sozialdemokratische Allianz (29,8%) und Linksgrüne (21,7%) errangen zusammen 34 der 63 Parlamentssitze.

Hier interessiert die Frage, welche Relevanz dem Faktor „Partei" auf kommunaler Ebene zukommt. Traditionell gab es die Vorstellung von kommunalen Selbstverwaltungsaufgaben, über die nach reinen Sach- und nicht nach politischen Kriterien entschieden wird. In den vorrangig in Süddeutschland

---

[125] Daten zu den Wahlergebnissen von Iceland Statistics: „Results of general elections to the Althingi 1963-2009; Candidates and elected members to the Althingi by sex 1959-2009"; „Elected members to the Althingi by sex, age and political organisations 2003-2009"; eigene Auswertung.

sehr starken Wählervereinigungen hält sich diese Vorstellung. Tatsächlich jedoch kommen auch bei Sachentscheidungen politisch unterschiedliche Wertungen und Präferenzen zum Tragen. Die Politisierung der kommunalen Agenden mag geringer ausgeprägt sein als auf zentralstaatlicher Ebene, ist jedoch vorhanden. Ob der Partei-Faktor in den skandinavischen Ländern stärker ausgeprägt ist als in Deutschland, bleibt offen. Da die kommunale Ebene dort über ein höheres Maß an Finanzautonomie verfügt (vgl. dazu Kapitel 3), liegt die Vermutung nahe. Komparative Studien sind der Verfasserin zu der Thematik aber nicht bekannt. Bezogen auf die alte Bundesrepublik sehen ältere Studien keine bis graduelle Zusammenhänge, während neuere Studien zumindest bei kreisfreien Städten ein deutlich unterschiedliches Ausgabeverhalten je nach parteipolitischer Dominanz feststellen konnten (vgl. Holtmann 2001: 422f.). Untersuchungen zu den Einstellungen von Kommunalpolitikern zeigen wiederum, dass eine Parteipolitisierung im Sinne von „Abbildung der großen Politik" und „Monopolisierung der Machtverteilung" vorliegt, ohne dass sich dies jedoch mit alternativen Gestaltungsentwürfen verbindet (Zeuner/Wischermann 1995).

### 2.3.1 Skandinavische Entwicklungslinien zwischen Lagerbildung und Regenbogenvielfalt

Lagerbildungen von Mitte-Rechts und Mitte-Links gibt es mehr oder weniger ausgeprägt in Deutschland, Dänemark, Schweden und Norwegen, nicht jedoch in Finnland und Island. Bei den nachfolgenden Übersichten zu den finnischen Kommunalwahlergebnissen wird deshalb von der Zusammenführung der auf nationaler wie kommunaler Ebene wichtigen Parteien zu Lagern abgesehen. *Finnland* hat traditionell ein gleichermaßen polarisiertes wie fragmentiertes Parteiensystem. Die Polarisierung drückt sich darin aus, dass die in den Parlamenten vertretenen Parteien eine große inhaltliche Spannweite ausdrücken. In den 70er und 80er Jahren reichte sie von den Kommunisten bis zu den rechtsextremen „Wahren Finnen." Die Kommunisten sind heute nur noch eine Splitterpartei. Nachfolgeorganisationen sind das Linksbündnis VAR und in gewisser Hinsicht auch die Grünen. Zusammen erreichen sie die Stärke, die in den 70er Jahren die Kommunisten hatten. Die „Wahren Finnen" (PS)[126] gehören heute zum Typ der rechtspopulistischen Parteien. Bei Be-

---

[126] Perussuomalaiset (PS) bedeutet wörtlich übersetzt „Gewöhnliche Finnen". Die Partei (Vorsitzender: Timo Soini) bedient Anti-EU-Ressentiments und spricht bevorzugt materialistisch eingestellte Männer an, die soziologisch dem Kleinbürgertums zugerechnet

trachtung der Parteifamilien gibt es also (vgl. Tab. 2) eine beachtliche Stabilität. Keine Parteifamilie ist in Finnland so stark, dass sie zur eigenständigen Regierungsbildung in der Lage wäre. Sowohl auf nationaler wie auch auf lokaler Ebene finden wir daher häufig Regenbogenkoalitionen, die linke wie rechte Parteien integrieren.[127] Von 1995 bis 2003 etwa führte auf nationaler Ebene der Sozialdemokrat Paavo Lipponen eine solche Koalition. Eingebunden waren Linke Allianz und Grüne ebenso wie Konservative und die Schwedische Volkspartei.[128] Die Achse dieser Koalition lag links der Mitte. Ihr ist die Verfassung von 1999, die staatliches Handeln auf die Sicherung sozialer Rechte festlegt, zu danken. Nach einer Phase, bei der die Zentrumspartei tonangebend war, mündete die Parlamentswahl vom 17. März 2011[129] in eine Sechs-Parteien-Koalition, genannt „Sixpack", aus Konservativen, Christdemokraten, Sozialdemokraten, Grünen, Schwedischer Volkspartei und der Linkspartei. Sie steht unter der Führung des bisherigen Finanzministers Jyrki Katainen von der konservativen Nationalen Sammlungspartei. Gleichzeitig gibt es seit Februar 2012 auch einen von den Konservativen gestellten Präsidenten. Sauli Niinistö setzte sich in der Stichwahl gegen den Grünen Pekka Haaristo durch; er löste damit die Sozialdemokratin Tarja Halonen ab, die seit dem Jahr 2000 im Amt war und nicht erneut kandidieren konnte. Vor dem Hintergrund der breiten ideologischen Basis finnischer Koalitionsbildungen auf nationaler wie kommunaler Ebene weist der politische Outcome eine erstaunliche Tragfähigkeit wie auch Stabilität auf.

---

werden können. Bei den Parlamentswahlen am 17. April 2011 konnte die Partei mit einem Anti-EU- und Anti-Euro-Kurs ihren Stimmenanteil vervielfachen.

[127] In den Regionen stellt sich dies teilweise anders dar. In der Hauptstadt Helsinki etwa dominiert das linke politische Lager. Dies aktuell (2010) mit 45 Sitzen gegenüber 40 Sitzen für die politische Rechte. Unter den eher rechts zuzuordnenden Parteien geben die Konservativen (Nationale Partei) mit 26 Sitzen den Ton an und stellen aufgrund ihrer Stärke auch den 1. Bürgermeister; im linken Lager sind es seit der letzten Wahl die Grünen mit 21 Sitzen, während es die Sozialdemokraten nur auf 16 Sitze bringen. 9 Parteien sind im Stadtrat vertreten (Stat JB von 2010: 21). In der Wahlperiode ab 2000 spielten noch die Sozialdemokraten den wichtigsten Part und stellten die 1. Bürgermeisterin.

[128] Die Schwedische Volkspartei versteht sich primär als Interessenwalterin der schwedischstämmigen Minderheit. Politisch fungiert sie als Mehrheitsbeschafferin für gleichermaßen eher rechts wie eher links ausgerichtete Regierungen.

[129] Die Zentrumspartei der bisherigen Ministerpräsidentin Mari Kiviniemi war die große Wahlverliererin und die rechtspopulistischen Wahren Finnen konnten mit einer Anti-EU-Kampagne einen sensationellen Wahlerfolg verbuchten; hinter Konservativen und Sozialdemokraten landeten sie auf Platz 3.

*Tabelle 2: Finnische Kommunalwahlergebnisse 1968-2008:
Stimmenanteile der drei Hauptparteien und der Zweiten-Liga-Parteien*

| | 1968 | 1972 | 1976 | 1980 | 1984 | 1988 | 1992 | 1996 | 2000 | 2004 | 2008 |
|---|---|---|---|---|---|---|---|---|---|---|---|
| KESK | 18,9 | 18 | 18,4 | 18,7 | 20,2 | 21,1 | 19,2 | 21,8 | 23,8 | 22,8 | 20,1 |
| KOK + LKP[1] | 21,6 | 23,3 | 25,7 | 26,1 | 23,0 | 24,0 | 20,1 | 22,0 | 20,8 | 21,8 | 23,4 |
| SDP | 23,9 | 27,1 | 24,8 | 25,5 | 24,7 | 25,2 | 27,1 | 24,5 | 23,0 | 24,1 | 21,2 |
| VAS | 16,9 | 17,5 | 18,5 | 16,6 | 13,1 | 12,6 | 11,7 | 10,4 | 9,9 | 9,6 | 8,8 |
| Grüne Union | - | - | - | - | 2,8 | 2,3 | 6,9 | 6,3 | 7,7 | 7,4 | 8,9 |
| RKP | 5,6 | 5,2 | 4,7 | 4,7 | 5,1 | 5,3 | 5,0 | 5,4 | 5,1 | 5,2 | 4,7 |
| SKL | | 2,0 | 3,2 | 3,7 | 3,0 | 2,7 | 3,2 | 3,2 | 4,3 | 4,0 | 4,2 |
| Wahre Finnen | 7,3 | 5,0 | 2,1 | 3,0 | 5,3 | 3,6 | 2,4 | 0,9 | 0,7 | 0,9 | 5,4 |

1) Die Liberale Partei (LKP) existierte bis 1996 und ging häufig eine Verbindung mit der Zentrumspartei ein.
**Abkürzungen**: KESK = Zentrumspartei; KOK = Nationale Sammlungspartei (säkular-konservativ); LKP = Liberale Volkspartei; RKP = Schwedische Volkspartei; SDP = Sozialdemokraten; SKL = Christliche Union; VAS = Linksbündnis
**Quelle**: Statistics Finland: Number and percentage of votes cast for the parties in the Municipal elections in 1968-2008 mit Update vom 30.07.2010: http://www.stat.fi/til/kvaa/2008/kvaa_2008_2010-07-30_tau_002_en.html (Zugriff: 26.03.2011); eigene Auswertung

Die *isländischen Kommunalwahlergebnisse* lassen sich ebenfalls in kein Rechts-Links-Schema pressen. Auf nationaler Ebene gibt es traditionell nur ein politisches Gravitationszentrum, nämlich die säkular-konservative Unabhängigkeitspartei (Sjálfstæðisflokkur). Ohne sie lief in den letzten Jahrzehnten keine Regierungsbildung. Politisch ist sie weit rechts verortet mit einem Skalenwert von 8,4 im Jahr 1999 (Rugart 2004: 37). Ihre starke Stellung fußt aber nur mittelbar auf ihrer politisch rechten Ausrichtung. Entscheidend sind zwei Momente. Zum einen fungiert die Unabhängigkeitspartei für ein gutes Duzend traditionell tonangebender Familien, genannt „der Oktopus", als Instrument der Verteilung und Absicherung ökonomischer wie politischer Macht (Wade/Sigurgeirsdóttir 2011). Zum anderen resultierte daraus nicht ein Fortleben alter Stammesführerstrukturen. Die Unabhängigkeitspartei hatte auch eine große Bedeutung für die Ausbildung einer nationalen isländischen Identität. Später verstand sie es erfolgreich, sich beim Wahlvolk immer wieder als Garant nationaler Identität und Unabhängigkeit zu inszenieren. Die strukturelle Schwäche der Sozialdemokratie andererseits gründet nicht nur im weitgehenden Fehlen typischer Arbeitermilieus, sondern auch in der engen

Verbindung zur dänischen Sozialdemokratie. Von 1942 bis 1987 erreichten Kommunisten und Sozialisten bessere Wahlergebnisse als die Sozialdemokraten (Rubart 2004: 16). Es hängt mit diesen Spezifikas zusammen, dass Island trotz der konservativen Dominanz einen Wohlfahrtsstaat ausbildete, dem gemeinhin das Etikett „sozialdemokratisch" verpasst wird. Die Unabhängigkeitspartei nämlich versuchte sich früh als Interessenvertretung aller sozialen Schichten zu profilieren und befürwortete wohlfahrtsstaatliche Maßnahmen, die von den säkularkonservativen Schwestern-Parteien in den anderen nordischen Ländern abgelehnt wurden. Mit einer Mischung aus Nationalismus, Wirtschaftsliberalismus und Wohlfahrtspolitik hatte sie in einem parteipolitischen Umfeld, das links durch eine starke Zersplitterung und häufige Neuformierung geprägt ist, lange Erfolg. Auf kommunaler Ebene erreichte die Unabhängigkeitspartei in den letzten Jahrzehnten stets um die 30 Prozent. Zum politischen Erdbeben geriet für sie dann jedoch die Finanzkrise, denn die kollabierten Banken hatten, als sie Ende der 90er Jahre noch im staatlichen Besitz waren, eine seriöse Geschäftspolitik betrieben. Erst mit der primär von den Konservativen betriebenen Privatisierung bei fehlender Regulierung liefen die Dinge aus dem Ruder. Da die Finanzkrise ihrem Versagen in der Wirtschafts- und Finanzpolitik angekreidet wird, wurde die Unabhängigkeitspartei 2009 auf nationaler Ebene abgewählt, errang bei den Kommunalwahlen 2010 jedoch bereits wieder 117 resp. 28 Prozent der Mandate; ein Verlust von 13 Mandaten gegenüber 2006. Sozialdemokraten und Linksgrüne gingen aus der Kommunalwahl verglichen mit früheren Kommunalwahlen zwar gestärkt hervor, errangen zusammen aber nur knapp 14 Prozent der Mandate (57 gegenüber 32 in 2002 und 49 in 2006). Die agrarische Fortschrittspartei (Framsóknarflokkur)[130] brachte es auf 51 Sitze.[131] Annähernd die Hälfte der Mandate (192 von 418) ging an lokale Listen. Dies allerdings ist kein Novum. Seit 1974 errangen lokale Listen jeweils zwischen 40 Prozent (1978) und annähernd 60 Prozent (1998) der Mandate. Vordergründig besteht eine Parallele zu den Freien Wählervereinigungen in Deutschland, die

---

[130] Die Fortschrittspartei steht politisch zwischen Unabhängigkeitspartei und Sozialdemokratie. In der Hauptstadt ging sie lange Verbindungen mit der linken Seite des politischen Spektrums ein (vgl. Rubart 2004: 42ff.). Diese Mittlerrolle prägt auch den Staatspräsidenten Olafur Ragnar Grimsson. Bevor er 1996 ins Amt des Staatspräsidenten gewählt wurde, war er zunächst bei der Fortschrittspartei engagiert, wechselte dann aber zu den Linkssozialisten, die unter seinem Einfluss einen moderateren Kurs einschlugen. Heute versucht er die Regierungspläne für einen EU-Beitritt nach Kräften zu durchkreuzen und gilt daher vielen als Symbol des nationalen Selbstbehauptungswillens. Ende Juni 2012 wurde er für eine fünfte Amtsperiode wiedergewählt.

[131] Quelle: Iceland Statistics, Kommunalwahlergebnisse 1974 bis 2019, Datensatz mit Code KOS03.

es in den Gemeinderäten etwa von Bayern auf eine ähnliche Stärke bringen. Politisch jedoch hinkt der Vergleich. In Deutschland sind die Freien Wähler im rechten politischen Spektrum zu verorten; sie vertreten Selbständige und Kleinbürger. In Island sind die lokalen Wahl-Gruppierungen bunt gemischt mit häufig geringer Halbwertszeit. Neuerdings gibt es unter ihnen eine starke Präsens von Kulturschaffenden mit linksliberaler Orientierung. Sie spielten beim Volksaufstand 2008/2009 gegen das alte Politikestablishment eine wichtige Rolle und versuchen nun, dies parlamentarisch wie außerparlamentarisch fortzusetzen.[132]

Anders als in Finnland und Island gibt es in den skandinavischen Kernländern eine Links-Rechts-Lagerbildung. Dies ist allerdings eine noch junge Entwicklung. In den Zeiten klarer sozialdemokratischer Dominanz[133] wählten die Arbeiterparteien für die Regierungsbildung je unterschiedliche Partner. Angesichts der Uneinigkeit im bürgerlich-rechten Lager erwiesen sich dabei auch sozialdemokratische Minderheitsregierungen als recht stabil. Mittlerweile haben sich die parlamentarischen Spielregeln geändert. In *Schweden* gelang Frederik Reinfeldt von den Moderaten die Schmiedung einer festen Allianz aus Moderaten, Konservativen, Zentrumspartei und Christdemokraten. Die Sozialdemokraten eiferten dem nach, indem sie bei den Wahlen von 2010 ihrerseits mit einer Allianz aus Arbeiterpartei, Grünen und Linkspartei

---

[132] Bei der Kommunalwahl 2010 siegte in Reykjavik die Gruppierung „Beste Partei" (Besti Flokkurinn) des Komikers Jon Gunnar Kristinsson. „Die beste Partei" trat weniger mit einem Programm als mit Programmparodien der Art: *„Wenn schon Korruption, dann bitte transparent"* oder *„kostenlose Handtücher in allen Schwimmbädern"* an. Sie holte aus dem Stand 34,7 Prozent und überflügelte damit die Unabhängigkeitspartei, die seit 1944 in der Landeshauptstadt immer den Oberbürgermeister resp. die Oberbürgermeisterin (zuletzt: Hanna Birna Kristjansdottir) gestellt hatte. Die aus der isländischen Punk-Bewegung erwachsene Gruppierung ging nach der Wahl eine Koalition mit den Sozialdemokraten ein; Komiker „Jón Gnarr" wurde Oberbürgermeister. Auch in anderen Städten gab es größere Umwälzungen. In Akureyri, der viertgrößten Stadt des Landes, bekam eine „Liste des Volkes" auf Anhieb 45 Prozent der Stimmen und errang damit die absolute Mehrheit im Stadtrat (6 von 11 Sitzen). Quellen: YouTube: Werbevideo der „Best Party" zur Melodie von Tina Turners „Simply the Best"; Henryk M. Broder für SPIEGEL-Online am 30.05.2010 (http://www.spiegel.de/politik/ausland/0,1518,697585, 00.html), der Österreichische Standard vom 30.05.2010: http://derstandard.at/127137768 0600/Gemeinderatswahlen-in-Reykjavik-Komiker-Gnarr-gewinnt-Kommunalwahl sowie die Webseite von Reykjavik.
[133] In Schweden erreichte die Arbeiterpartei bei Parlamentswahlen von 1932 bis 1988 durchgängig zwischen im Minimum 41 Prozent (1932) und im Maximum 53,8 Prozent (1940).

antraten. Lange lagen sie bei Umfragen vorn. Die Finanzkrise kam aber der Mitte-Rechts-Allianz zugute. Diese hatte der Versuchung widerstanden, den Spitzensteuersatz für die oberen Einkommensbezieher zu senken, was sich in der Krise auszahlte. Während in anderen Ländern die Staatsverschuldung nach oben ging, hielt Schweden die EU-Stabilitätskriterien weiter ein und erzielte im Jahr 2011 bereits wieder einen kleinen Haushaltsüberschuss (0,3% des BIP). Das gute Management der Finanzkrise überzeugte viele Wähler. Gleichwohl verfehlte die Allianz die absolute Mehrheit der Sitze; sie blieb als Minderheitsregierung im Amt. In die Quere kam der Allianz der Einzug der Schwedendemokraten in den Reichstag. Die Schwedendemokraten sind die Rechtsaußenspieler der schwedischen Politik. Neuerdings versuchen sie sich einen seriösen Anstrich zu geben. Pate steht dabei die dänische Volkspartei,[134] an der sie sich strategisch und programmatisch orientieren. Mit dieser Strategie schafften sie den Sprung über die Vier-Prozent-Hürde. Im Reichstag sind sie einerseits rechte Außenseiter; andererseits unterstützen sie teils Regierungsvorlagen, teils schließen sie sich der linken Opposition an.[135]

Anders als in Deutschland und den anderen skandinavischen Ländern finden in Schweden die Wahlen zum Reichstag und zu den Kommunalvertretungen zeitgleich statt. Im Ergebnis gibt es eine weitgehende Gleichgerichtetheit. *Tabelle 3* stellt für die längere Frist dar, wie sich die politischen Gewichte auf der kommunalen Ebene verschoben haben. Ersichtlich wird, dass das Mitte-Rechts-Lager nummerisch heute nicht stärker ist als in den 80er Jahren. Es gab Spitzen 1991 und 2006, die aber nie über die 50-Prozent-Marke hinausführten. Der qualitative Unterschied ist: Heute gibt es eine feste Formation; die gab es vor 2006 nicht. Deutlich an Terrain eingebüßt hat jedoch das linke Lager. In den 80er Jahren war es sowohl in den Gemeinden wie den Counties in einer stabilen Mehrheitsposition. In den 90er Jahren gelang dies noch bei 2 von 3 Wahlen und in der darauffolgenden Dekade nur noch im Jahr 2002. 2010 ist das linke Lager zwar in den Gemeinden leicht und in den Landkreisen deutlich stärker als die rechte Allianz, kommt aber nur in den Counties nahe

---

[134] Während die Schwedendemokraten noch in der Rolle von Außenseitern sind, fungierte die dänische Schwesterpartei 10 Jahre lang als Mehrheitsbeschafferin und prägte darüber die dänische Politik in nicht geringem Maße mit.

[135] Ähnlich der dänischen Volkspartei nehmen die Schwedendemokraten auf der Markt-Staats-Achse eher linke Positionen ein. Die Privatisierungspläne der Mitte-Rechts-Allianz – unter anderem sollten Anteile am Energiekonzern Vattenfall veräußert werden – wurden in der Folge im Frühjahr 2011 von Sozialdemokraten, Grünen, Linkspartei und Schwedendemokraten gemeinsam abgelehnt.

Tabelle 3: *Schwedische Kommunalwahlergebnisse 1982-2010: Sitze nach politischer Zuordnung in Gemeinden und Counties*

| | 1982 | 1985 | 1988 | 1991 | 1994 | 1998 | 2002 | 2006 | 2010 |
|---|---|---|---|---|---|---|---|---|---|
| **Gemeinden (% der Sitze)** | | | | | | | | | |
| **Linkes Lager** | 52,0 | 50,5 | 53,0 | 45,5 | 55,4 | 51,1 | 50,1 | 46,3 | 46,1 |
| Frauenanteil | 31,8 | 32,4 | 36,4 | 37,3 | 46,8 | 46,9 | 47,2 | 47,9 | 48,6 |
| **Mitte-Rechts-Allianz** | 46,5 | 47,9 | 45,2 | 49,7 | 40,8 | 44,3 | 45,3 | 47,1 | 45,3 |
| Frauenanteil | 26,6 | 28,4 | 31,1 | 32,1 | 35,5 | 36,9 | 38,5 | 38,6 | 40,6 |
| Sonstige | 1,5 | 1,6 | 1,8 | 4,7 | 3,7 | 4,6 | 4,6 | 6,7 | 8,6 |
| Frauenanteil | k.A. | k.A. | k.A. | 22,8 | 24,7 | 28,7 | 28,6 | 29,2 | 26,3 |
| **Frauenanteil** | 29,2 | 30,3 | 33,8 | 34,1 | 41,3 | 41,6 | 42,4 | 42,3 | 43,0 |
| **Counties (% der Sitze)** | | | | | | | | | |
| **Linkes Lager** | 53,9 | 52,0 | 55,5 | 47,3 | 58,0 | 54,1 | 53,3 | 48,7 | 48,7 |
| Frauenanteil | k.A. | k.A. | k.A. | 42,6 | 48,9 | 50,8 | 50,6 | 50,5 | 51,0 |
| **Mitte-Rechts-Allianz** | 46,1 | 47,9 | 44,5 | 52,7 | 40,5 | 43,9 | 43,5 | 46,9 | 44,4 |
| Frauenanteil | k.A. | k.A. | k.A. | 42,8 | 45,8 | 45,6 | 43,5 | 45,8 | 46,7 |
| Sonstige | | | | 0,0 | 1,5 | 2,1 | 3,3 | 4,4 | 6,9 |
| **Frauenanteil** | k.A. | k.A. | k.A. | 42,7 | 47,6 | 48,2 | 47,3 | 47,6 | 47,3 |

**Erläuterung**: Unter Mitte-Rechts-Allianz wurden erfasst: Moderate Sammlungspartei (Moderata samlingspartiet), Zentrumspartei (Centerpartiet), Liberale (Folkpartiet liberalerna) und Christ-Demokraten (Kristdemokraterna). Unter Linkes Lager wurden erfasst: Sozialdemokraten (Sveriges socialdemokratiska arbetarepart), Grüne (Miljöpartiet de Gröna) und Linkspartei (Vänsterpartiet). Unter Sonstige fallen u.a. die rechtspopulistischen Schwedendemokraten (Sverigedemokraterna).
**Quelle**: Statistics Sweden: Members in the Municipal Councils by party and period; Members in the County councils by party and period (Update vom März 2011); eigene Auswertung

an eine Mehrheitsposition heran.[136] Stark gestiegen ist die Bedeutung sonstiger Parteien und Wählergruppen, vorrangig der Schwedendemokraten. Auf Gemeindeebene errangen sie 2010 605 Mandate; 2002 waren es nur 49 Mandate. In den Counties konnten sie erstmals 2006 überhaupt ein paar Sitze erringen; 2010 sind sie dort mit 58 Männern und 10 Frauen vertreten. Der Aufstieg der Rechtspopulisten steht in deutlichem Zusammenhang mit der

---

[136] In den Gemeinden hielt die Mitte-Rechts-Allianz 2006 107 Mandate mehr als das linke Lager. Nach den Wahlen von 2010 hat sich dies umgekehrt. Nun hält das linke Lager 110 Mandate mehr. In den Counties war die Linke traditionell immer stärker als in den Gemeinden. 2006 war der Vorsprung gegenüber der Mitte-Rechts-Allianz auf 29 Sitze geschrumpft. Seit der Wahl von 2010 hält das linke Lager 72 Sitze (von insgesamt 1.662 Sitzen) mehr als die Mitte-Rechts-Allianz.

Schwäche der Sozialdemokraten. Es sind gering gebildete Männer aus dem Arbeitermilieu, die sich von den Schwedendemokraten angesprochen fühlen. In der differenzierten Analyse präsentiert sich Schweden heute als ein zweigeteiltes Land. Im Norden und vereinzelt im Süd-Westen (Blekinge, Kalmar), in Södermanland südlich von Stockholm sowie in Mittelschweden (Värmland, Örebro, Västmanland) konnten die Sozialdemokraten ihre alte Stärke tendenziell bewahren. Die Schwedendemokraten andererseits konnten, je weiter man nach Norden kommt, umso weniger Tritt fassen. Im nördlichen Teil von Schweden liegen die Counties Dalarna, Gävleborg, Västernorrland, Jämtland, Västerbotten sowie Norrbotten im äußersten Norden. In diesen sechs Counties errangen die Parteien der linken Allianz 2010 zwischen knapp 51 Prozent der Mandate in Dalarna und Gävleborg und um die 60 Prozent und mehr in Jämtland, Västerbotten und Norrbotten. In Norrbotten vereint die Mitte-Rechts-Allianz weniger als ein Viertel der Mandate auf sich. Umgekehrt präsentieren sich die Verhältnisse in Stockholm, Uppsala und in den meisten Counties von Südschweden (Jönköping, Kronaberg, Skane, Halland). Stockholm und Jönköping sind die Hochburgen der Mitte-Rechts-Allianz. Bei Jönköping ist dies nichts Neues, wohl aber in Stockholm. Im Stockholmer Kreistag halten die Moderaten nun 57 Sitze (38,3%); die Sozialdemokraten bringen es nur auf 39 Sitze (26,2%).

Tendenziell zeigt sich auch in *Dänemark* eine Nord-Süd-Spaltung. Die Befunde sind aber nicht so ausgeprägt. Dänemark hat seit Anfang Oktober 2011 wieder eine linksgeneigte Koalitionsregierung. Aus der Parlamentswahl vom 15. September 2011 ging das entsprechende Bündnis als Sieger hervor. Ministerpräsidentin wurde die sozialdemokratische Parteivorsitzende Helle Thorning-Schmidt. Ihr zur Seite steht rechts Margrethe Vestager von der sozialliberalen Partei Radikale Venstre als Wirtschaftsministerin und links der Vorsitzende der Sozialistischen Volkspartei, Villy Søvndal, als Außenminister. Wie auch bei der rechtsgeneigten Vorgängerregierung, die seit 2001 zehn Jahre lang im Amt war, handelt es sich um eine Minderheitsregierung. Die alte Minderheitsregierung unter zuletzt dem Rechtsliberalen Lars Løkke Rasmussen wurde im Parlament von der Dänischen Volkspartei gestützt; die neue Minderheitsregierung ist zur Mehrheitsbildung auf die Stimmen der rot-grünen Einheitsliste unter Johanne Schmidt-Nielsen angewiesen.

*Tabelle 4* zeigt die Verteilung der Gemeinderats- und Kreistagsmandate auf die Lager im Zeitraum von 1993 bis 2009. Wie ersichtlich, ist der 2001 auf nationaler Ebene vollzogene Machtwechsel kommunal schon ab der zweiten Hälfte der 90er Jahre vorweggenommen worden. 1997 lag Mitte-Rechts in den Gemeinden 5,4 und in den Counties 2,9 Prozentpunkte vor Mitte-Links.

2001 erhöhte sich dieser Vorsprung auf 9,3 Prozentpunkte in den Gemeinden und 8,8 Prozentpunkte in den Counties. Seither ging die Entwicklung wieder in die gegenteilige Richtung. Bei den Kommunalwahlen von 2009 errang das Mitte-Links-Lager die Mehrheit (Vorsprung in den Gemeinden: 2,3 Prozentpunkte; Vorsprung in den Counties: 7,8 Prozentpunkte). Erneut erwies sich dies als verlässlicher Vorboten für den im Herbst 2011 auf nationaler Ebene vollzogenen Regierungswechsel.

*Tabelle 4: Dänische Kommunalwahlergebnisse 1993-2009:*
*Sitze nach politischer Zuordnung in Gemeinden und Counties*

|  | 1993 | 1997 | 2001 | 2005 | 2009 |
|---|---|---|---|---|---|
| **Gemeinden (% der Sitze)** | | | | | |
| **Mitte-Links** | 42,8 | 42,3 | 40,6 | 46,5 | 48,8 |
| dar. Sozialistische Partei und Einheitsliste | 11,6 | 12,5 | 13,1 | 15,9 | 29,4 |
| **Mitte-Rechts** | 48,1 | 47,7 | 49,9 | 47,0 | 46,5 |
| dar. Volkspartei und ihr Vorläufer (Fortschrittspartei) | 5,9 | 7,3 | 7,5 | 10,5 | 16,2 |
| Sonstige | 9,1 | 10,0 | 9,5 | 6,5 | 4,7 |
| Frauenanteil unter den Mandatsträgern | 27,9 | 26,9 | 27,0 | 27,3 | 31,8 |
| **Counties (% der Sitze)** | | | | | |
| **Mitte-Links** | 48,9 | 47,7 | 45,2 | 51,7 | 53,2 |
| dar. Sozialistische Partei und Einheitsliste | 16,9 | 15,1 | 14,8 | 17,0 | 31,2 |
| **Mitte-Rechts** | 50,5 | 50,7 | 54,0 | 45,9 | 45,4 |
| dar. Volkspartei und ihr Vorläufer (Fortschrittspartei) | 7,9 | 12,6 | 11,9 | 14,9 | 20,4 |
| Sonstige | 0,5 | 1,6 | 0,8 | 2,4 | 1,5 |
| Frauenanteil unter den Mandatsträgern | 31,0 | 29,3 | 27,3 | 33,7 | 35,1 |

**Erläuterung:** *Mitte-Rechts:* Liberale (Venstre), Volkspartei (Dansk Folkeparti), Konservative (Det Konservative Folkeparti), Christdemokraten (Kristendemokraterne), Liberale Allianz, Zentrumspartei.
*Mitte-Links:* Sozialdemokraten (Socialdemokratiet), Sozialisten (SF – Socialistisk Folkeparti), Linke Einheitsliste (Enhedslisten – De Rød-Grønne) und Sozialliberale (Radikale Venstre).
*Sonstige:* Einzelbewerber, Schleswig Holstein Partei (Partei der deutschen Minderheit)
**Quelle:** Statistics Denmark, Tabellen mit den Codes AKVA3, AKVA3X, VALGK; eigene Auswertung

Die Betrachtung von Lagern nährt die Schlussfolgerung, die dänische Parteienlandschaft habe sich „lediglich" dahingehend verändert, dass das Mitte-Links-Lager heute nicht mehr überwiegend eine landesweit dominante Position einnimmt, sondern nur noch temporär im Wechsel mit dem Mitte-Rechts-Lager.

Dies wäre aber zu einfach gedacht. Zum einen sind zusätzliche Mitspieler aufgetaucht, so dass wir es heute mit einem Siebenparteiensystem zu tun haben.[137] Weiter ausdifferenziert hat sich der politische Liberalismus. Traditionell gibt es die Zweiteilung zwischen Wirtschaftsliberalen und Sozialliberalen. Die Wirtschaftsliberalen (Venstre = Linke) sind neben den Sozialdemokraten das zweite Gravitationszentrum der dänischen Politik. Bei der Parlamentswahl von 2007 erreichte die Partei von Ministerpräsident Rasmussen 46 von 175 Sitzen und die Sozialdemokraten 45. Die Sozialliberalen (Det Radikale Venstre = Die radikale Linke) gehören zu den kleineren Parteien. In der Übersicht von Tabelle 4 sind sie unter Mitte-Links erfasst, da sie in den zurückliegenden Jahren eher dort zu verorten waren. Dies ist auch der Grund, weshalb sich der rechte Flügel vor einigen Jahren abgespalten und die neue Partei Liberale Allianz (Liberal Alliance) gegründet hat. Zum anderen gibt es in den Lagern deutliche Verschiebungen. Wie aus der Tabelle ersichtlich hat im rechten Lager die Dänische Volkspartei ihr Gewicht vervielfacht. 1993 hatte sie einen Sitzanteil von 6 Prozent (Gemeinden) resp. 8 Prozent (Counties); seit 2009 bringt sie Gewichte von 16 resp. 20 Prozent ein. Von einer kleinen Partei wandelte sie sich zu einer Mittelpartei. Ähnliches gilt im linken Lager der Tendenz nach für die Sozialisten. Die Sozialistische Volkspartei (Socialistisk Folkeparti) verbindet grüne mit linkssozialdemokratischen Positionen. In den letzten Jahren wuchs sie stark, während die Sozialdemokraten leicht abnahmen.[138] Ergebnis: 1993 waren die Sozialdemokraten in den Gemeinden noch 7,5fach und in den Counties 4,5fach so stark wie die Sozialisten, seit 2009 sind sie nur noch rd. 2,5fach so stark.

Während es in Schweden und Dänemark mit den Sozialdemokraten links und den Liberalen (Dänemark) resp. den Moderaten (Schweden) rechts zwei ungefähr gleich große politische Gravitationsfelder aus dem Bereich der traditionellen Parteien gibt, die als Volksparteien angesehen werden können, weil sie unterschiedliche soziale Schichten ansprechen, ist dies in Norwegen bislang anders. Hier ist nach wie vor die Sozialdemokratie das wichtigste Kraftfeld.[139] Sie erlangte in den 90er Jahren knapp ein Drittel der Gemeinderats-

---

[137] Aktuell (2011) sind im Folketing (Parlament) 7 Parteien und die linke Einheitsliste (ein Wahlbündnis verschiedenster Parteien der äußersten Linken) vertreten.

[138] In den Gemeinden stellen sie ein Drittel der Mandatsträger, 1993 waren es noch 36 Prozent.

[139] Weder Konservative noch die Zentrumspartei konnten sich bislang als Volkspartei etablieren. Die Konservativen kommen dem auf nationaler Ebene zwar recht nahe, nicht jedoch regional. Bei den Gemeinderatswahlen von 2007 erreichten sie in mehreren Regionen weniger als 8 Prozent der Sitze (Hedmark; Oppland, Nord-Trøndelag). 2011 profitier-

sitze und hält dieses Niveau seither mit gewissen Schwankungen. Bei der Kommunalwahl von 2007 etwa erzielte sie in den Gemeinden landesweit gut 30 Prozent (Counties: 32,4%). Bei der Wahl von 2011 konnte sie sich leicht verbessern auf knapp 32 Prozent in den Gemeinden und gut 33 Prozent in den Counties. Die Konservativen (Høyre = Rechts) kamen in den 80er Jahren nahe an die Sozialdemokraten heran,[140] haben dann aber stark an Wählerzuspruch eingebüßt. Parallel dazu stieg die rechtspopulistische Fortschrittspartei (Fremskrittspartiet) zur größten Partei im rechten Spektrum auf. 1985 waren die Rechtspopulisten mit einem stramm gegen den Wohlfahrtsstaat gerichteten Kurs noch eine Kleinpartei, die mit 3,7 Prozent gerade zwei Mandate im Storting, dem Norwegischen Parlament, errang, während es die Konservativen auf 30,4 Prozent der Stimmen brachten. Nicht zuletzt die kurze Phase einer konservativ geführten Mitte-Rechts-Minderheitsregierung unter Kjell Magne Bondevik (2001 bis 2005) beflügelte den Aufstieg der Fortschrittspartei, da die Mitte-Rechts-Regierung im Parlament auf die Stimmen der norwegischen Rechtsaußenfraktion angewiesen war. Bei der Parlamentswahl im November 2005 kamen die Konservativen nur noch auf 14,1 Prozent der Stimmen gegenüber 22,1 Prozent für die Fortschrittspartei. Seither nun regieren die Sozialdemokraten in einer mit Linkssozialisten und bäuerlichem Zentrum eingegangenen Allianz.[141]

Ob der Ausgang der Kommunalwahlen vom 12. September 2011 als Vorbote einer neuerlichen Mitte-Rechts-Regierung unter konservativer Führung zu deuten ist, bleibt offen. Die Wahlen standen im Zeichen des Attentates vom 22. Juli 2011 mit 77 Toten. Der Rechtsextremist Anders Breivik hatte zunächst im Parlamentsviertel von Oslo eine Bombe gezündet und dann in einem Feriencamp der sozialdemokratischen Jugendorganisation auf der Insel

---

ten sie zwar von den Einbußen der Fortschrittspartei. Trotzdem errangen sie nur in 7 der 20 Regionen auf Gemeindeebene mehr als ein Viertel der Mandate. Die Zentrumspartei andererseits ist eher klein. Sie vertritt die Interessen der Landbevölkerung. Im Gemeinderat von Oslo ist sie überhaupt nicht vertreten. Ihre Hochburgen liegen in Sogn og Fjordane, Oppland und Nord-Trøndelag, wo sie jeweils rd. ein Viertel der Mandate hält.

[140] 1981: 31,8 Prozent; 1985: 30,4 Prozent der Stimmen bei den Parlamentswahlen.

[141] Anders als in Schweden ist die Zentrumspartei (Senterpartiet) damit in Norwegen in eine Mitte-Links-Allianz eingebunden. Die Linkssozialisten (Sosialistisk Venstreparti = Sozialistische Linkspartei) bilden in dieser Allianz den linken Pol. Sie verstehen sich ähnlich der sozialistischen Volkspartei in Dänemark als linksgrün. Besonders stark waren sie zu Zeiten der Mitte-Rechts-Regierung. 2003 holten sie in den Counties über 13 Prozent und in den Gemeinden 9,5 Prozent der Mandate. Die sozialdemokratisch geführte Mitte-Links-Regierung hat die Sozialdemokraten gestärkt, die Linkssozialisten aber geschwächt. In den Counties verloren sie 2007 die Hälfte ihrer Mandate (2003: 102; 2007: 52).

Utoya 69 Menschen erschossen. Da Breivik einige Jahre lang der rechten Fortschrittspartei angehört hatte, wurde diese von den WählerInnen abgestraft. Sie verlor bei den Gemeinderatswahlen gut 6 Prozentpunkte verglichen mit 2007, während die Konservativen umgekehrt ein Plus von 8,8 Prozentpunkten realisieren konnten. Aktuell geben damit wieder die Konservativen im rechten Lager den Ton an. Die Sozialdemokraten andererseits – sie vor allem wollte Breivik mit seinem Anschlag treffen – konnten zwar zulegen. Der Zuwachs fiel aber deutlich geringer aus als erwartet und speist sich primär aus Verlusten seitens der Koalitionspartner. Die sozialistische Partei hat ungefähr so viele Stimmen eingebüßt wie die Sozialdemokraten dazu gewonnen haben.

*Tabelle 5* gibt einen Überblick zur Entwicklung der Stärke der beiden Lager von 1991 bis 2011. Ersichtlich wird, dass Mitte-Links 2011 in den Gemeinden erheblich unter dem Ergebnis von 1991 liegt, während das rechte politische Lager zulegen konnte. Zwar hat Mitte-Links in Gemeinden wie Counties noch die Nase vorn, der Abstand ist aber geschrumpft.

Der gegen das linke politische Lager gerichtete Trend wurde also auch bei der Kommunalwahl von 2011 nicht gebrochen; es gab lediglich Umschichtungen in den jeweiligen Lagern. Zu berücksichtigen ist, dass die dem rechten Lager zuzuordnenden Liberalen unter „Sonstige Listen" erfasst sind, da die ausgewertete Wahlstatistik sie teilweise nicht gesondert aufführt; in der zurückliegenden Dekade brachten es die Liberalen stimmenmäßig auf 4 bis 6 Prozent.[142] Der Vorsprung des linken gegenüber dem rechten Lager ist daher geringer als in der Tabelle ausgewiesen. Rechnet man einerseits die Liberalen dem rechtsgeneigten Lager und andererseits kleinere linke Parteien, die nur lokal vertreten sind, dem linksgeneigten Lager zu, gibt es aktuell (2012) auf Gemeindeebene einen linken Mandatsvorsprung von 502 Sitzen (von insgesamt 10.785). Dementsprechend haben sich bei den Chairmen-Wahlen auch überwiegend Kandidaten der linken Mitte durchgesetzt. Die Regierungskoalition bringt es hier immerhin auf einen Anteil von 57 Prozent.

Zu Schweden gibt es die Parallele, dass die Hochburgen der Parteien des linken Lagers im Norden liegen, während Süd-Norwegen von politisch rechts stehenden Parteien dominiert wird. 2011 hat sich diese Spaltung bestätigt. Die Sozialdemokraten erreichten die geringsten Stimmenanteile (gut 22%) in den südlichen Regionen Rogaland und Vest-Agder und die höchsten Stimmen-

---

[142] Bei den letzten Parlamentswahlen erreichten die Liberalen zwischen knapp 6 und knapp 4 Prozent (2005: 5,9%; 2009: 3,9%). Bei der Kommunalwahl von 2011 erreichten sie auf Gemeindeebene 5,7 Prozent.

anteile (über 40%) in den nördlichen Regionen (Finnmark, Nord-Trøndelag) sowie in Mittel-Norwegen (Hedmark und Oppland).[143]

*Tabelle 5: Norwegische Kommunalwahlergebnisse 1991-2011: Sitze nach politischer Zuordnung in Gemeinden und Counties*

|  | 1991 | 1995 | 1999 | 2003 | 2007 | 2011 |
|---|---|---|---|---|---|---|
| **Gemeinden (% der Sitze)** | | | | | | |
| Mitte-Links | 59,2 | 56,7 | 51,3 | 53,0 | 49,6 | 47,8 |
| Mitte-Rechts | 29,0 | 29,7 | 34,9 | 34,3 | 36,8 | 38,4 |
| Sonstige Listen | 11,7 | 13,7 | 13,8 | 12,7 | 13,6 | 13,7 |
| Frauenanteil | 28,5 | 32,7 | 34,1 | 35,8 | 37,5 | 38,2 |
| **Counties (% der Sitze)** | | | | | | |
| Mitte-Links | k.A. | k.A. | 48,1 | 51,5 | 48,2 | 47,3 |
| Mitte-Rechts | k.A. | k.A. | 43,3 | 41,2 | 43,2 | 44,8 |
| Sonstige Listen | k.A. | k.A. | 8,5 | 7,4 | 8,6 | 8,0 |
| Frauenanteil | k.A. | 41,2 | 41,9 | 42,7 | 45,0 | 43,5 |

**Erläuterung**: Unter Mitte-Rechts sind erfasst: Konservative (Høyre); Christdemokraten (Kristelig Folkeparti) und Fortschrittspartei (Fremskrittspartiet). Das Mitte-Links-Lager wird gebildet von: Sozialdemokraten (Arbeiderpartiet), Sozialisten (Sosialistisk Venstreparti) und Zentrumspartei (Senterpartiet).
**Quelle**: Norway Statistics, Wahlstatistik (http://www.ssb.no/kommvalgform_en/); eigene Auswertung. Frauenanteile aus: Tab. 33 (Municipal council elections 1991-2011. Representatives and percentage females among representatives, by county) und Tab. 34 (County council elections 1995-2011. Representatives and percentage females among representatives, by county)

### 2.3.2 Deutsche Entwicklungslinien: Von der christ-konservativen Dominanz zum „fluiden" Fünfparteiensystem

Während wir es in den skandinavischen Ländern schon lange mit einem Fünfparteien- und mittlerweile sogar mit einem Sechs- bis Siebenparteiensystem zu tun haben, ist Deutschland gerade dabei, sich auf ein Fünf- bis Sechs-

---

[143] In den Gemeinderäten von Finnmark und Nord-Trøndelag im Norden und Hedmark sowie Oppland in Mittel-Norwegen halten VertreterInnen von Arbeiterpartei, Linkssozialisten und Zentrum zwischen 55 und fast 70 Prozent (Nord-Trøndelag) der Mandate, während sie es im Süd-Westen in Aust-Agder und Rogaland nur auf jeweils ein gutes Drittel bringen. Eigene Auswertung von Tabelle 13 der Wahlstatistik („Members of the local councils, by party/electoral lists and municipality. 2011").

parteiensystem einzustellen.[144] In der alten Bundesrepublik gab es in einem stabilen Dreiparteiensystem aus CDU/CSU, SPD und FDP jahrzehntelang eine strukturelle Dominanz des christlichen Konservatismus. Dieser ist vor allem kulturell deutlich rechts vom säkularen Konservatismus der skandinavischen Länder zu verorten. Der Sozialstaat, den Deutschland beginnend mit den Bismarckschen Sozialreformen ausgeprägt hat, trägt die christ-konservative Handschrift. Hier gibt es eine durchgängige Traditionslinie über den Nationalsozialismus hinweg, an die nach 1945 im Westteil von Deutschland angeknüpft wurde. Zwar gelang es der Sozialdemokratie als zweiter Volkspartei, ihren Stimmenanteil bei Bundestagswahlen von 28,9 Prozent im Jahr 1953 stetig so zu steigern, dass sie 1972 mit 45,8 Prozent knapp vor der Union (44,9%) lag. Sie konnte dieses Ergebnis aber nicht halten. Schon bei der Folgewahl von 1976 lag die Union wieder um 4 Prozentpunkte (Union: 48,6%; SPD: 42,6%) vorn und verteidigte diese Vormachtstellung bis 1998. Einmalig lag 1998 wieder die SPD vorn (SPD: 40,9%; CDU/CSU: 35,1%) und 2002 gleichauf. Danach entfaltete das mittlerweile entstandene Fünfparteiensystem dahingehend seine Wirkung, dass bei den Wahlen von 2005 und 2009 gleichermaßen Union wie SPD deutlich unterhalb der 40-Prozent-Linie landeten. Bei der Bundestagswahl vom September 2009 erreichte die Union noch 33,8 Prozent, während die SPD auf 23 Prozent absackte.[145] Diese Bundesentwicklung ist vor dem Hintergrund von zwei großen Zäsuren zu interpretieren. Einmal dem Wechsel von der CDU-Kanzlerschaft zur SPD-Kanzlerschaft 1969 und 20 Jahre später dem Beitritt Ostdeutschlands zur Bundesrepublik Deutschland nach der Implosion der DDR. Dem Wechsel zur SPD-Kanzlerschaft unter Willy Brandt und Helmut Schmidt war 1966 eine kurzlebige Große Koalition vorausgegangen. Sie legte das verfassungsrechtliche Fundament für eine keynesianische Wirtschafts- und Finanzpolitik[146] und fungierte zugleich

---

[144] Völlig überraschend schaffte bei der Berliner Abgeordnetenhauswahl vom 18.09. 2011 die Piraten-Partei mit 8,9 Prozent den Sprung über die Fünf-Prozent-Hürde, während die FDP mit kaum 2 Prozent außen vor blieb. Inwieweit dies das Aufkommen eines Sechsparteien-Systems mit zwei liberalen Parteien signalisiert, ist offen. Die Piraten konnten ihren Siegeszug bei weiteren Landtagswahlen zwar fortsetzen, büßen seither jedoch an Zuspruch ein. Die Partei steckt in einem Selbstfindungsprozess.

[145] Gegenläufig dazu schnitt die Linke mit 11,9 Prozent stark ab. SPD und Linke brachten es zusammen auf 34,6 Prozent. Quelle für Bundestagswahlergebnisse ab 1949: http://www.bundeswahlleiter.de/de/bundestagswahlen/downloads/bundestagswahlergebnisse/bt w_ab49_ergebnisse.pdf (Zugriff: 10.04.2011).

[146] Die Instrumente keynesianischer Politik wurden freilich anders als in den skandinavischen Ländern nur halbherzig zur Anwendung gebracht und 30 Jahre später mit den Föderalismusreformen I und II verfassungsrechtlich entsorgt. Dies erneut im Rahmen

als Übergang zur folgenden Phase sozialliberaler Bundespolitik. Im Zeichen der 68er Bewegung vollzog die Bundestagswahl am 28. September 1969 den Eintritt in die sozialliberale Ära. Diese Ära brachte politisch ein Aufbrechen konservativer Verkrustungen in der Gesellschaft und eine neue Ostpolitik, nicht aber einen Bruch mit der konservativen Sozialstaatstradition. Bei drei Bundestagswahlen (1972, 1976 und 1980) erreichten SPD und FDP eine Stimmenmehrheit. Die sozialliberale Phase ging 1982 mit dem Wechsel der FDP zur Union zu Ende. Der Bruch wurde über ein Misstrauensvotum vollzogen, das Helmut Kohl ins Bundeskanzleramt brachte, wo er 16 Jahre lang einer Mitte-Rechts-Regierung vorstand.

Der zumindest Tendenz nach kann seit diesem Zeitpunkt, der sich kreuzt mit dem weltweiten Siegeszug des Neoliberalismus, von einem Mitte-Rechts- und einem Mitte-Links-Lager gesprochen werden. Zwei parallele Entwicklungen liefern die Begründung. Zum einen verengte sich die FDP programmatisch auf wirtschaftsliberale Positionen und ein altliberales Verständnis von Bürgerrechten.[147] Für die Radikalisierung der Marktorientierung auf der Markt-Staats-Achse bildete das berühmte Lambsdorff-Papier von 1981 das Fanal. Als dem via Misstrauensvotum der Bruch mit der SPD folgte, wechselte ein Großteil des sozialliberalen Flügels zur SPD; der Rest wurde marginalisiert. Zum anderen gab es links mit dem Aufkommen der Grünen eine erfolgreiche Parteineugründung. Die Grünen wurden 1980 aus verschiedenen Strömungen heraus (Umwelt- und Anti-AKW-Bewegung; Frauenbewegung, soziale Bewegungen, Neue Linke) als Bundespartei gegründet.[148] 1983 zogen sie mit einem Stimmenanteil von 5,6 Prozent erstmals in den Bundestag ein. Während die FDP nach dem Untergang der DDR und dem Anschluss von

---

einer Großen Koalition. Die Föderalismusreform I (2006) brachte eine gewisse Entflechtung der Aufgabenverteilung zwischen Bund und Ländern. Dies in teilweise problematischer Weise. So wurde die Bildungspolitik nicht nur weitgehend Ländersache. Ein Kooperationsverbot steht hier auch diametral den real verstärkten Kooperationsnotwendigkeiten entgegen und erzwingt komplizierte Umgehungspolitiken. Die Föderalismusreform II brachte die Aufnahme einer „Schuldenbremse" ins Grundgesetz. Keynesianische Fiskalpolitik ist nun qua Verfassungsfestlegung weitgehend verboten. Näheres zur Föderalismusreform vgl. Lachmuth/Georgii/Borhanian (2006), Risse (2007) und Höreth (2007).

[147] Der linke FDP-Flügel um die derzeitige Justizministerin Sabine Leutheuser-Schnarrenberger läuft bei Bürgerrechten nur dort zu großer Form auf, wo es um Abwehrrechte gegen den Staat geht. Dort freilich, wo private Wirtschaftsakteure aus dem Internetbereich (z.B. Google) oder dem Versicherungsgewerbe die Privatsphäre der Bürger für ihre privaten Geschäftszwecke auskundschaften, wird das Problem an die BürgerInnen zurückgereicht.

[148] Am 13. Januar 1980 in Karlsruhe.

Ostdeutschland an die alte Bundespublik zur reinen Steuersenkungspartei degenerierte, verbreiterten die Grünen ihr Themenspektrum und wanderten dabei so in die Mitte des deutschen Parteiensystems, dass sie heute die Funktion einer ökoliberalen Partei mit sozialliberalem Einschlag wahrnehmen. Die aktuell (2011/2012) schwere Krise die FDP – bei den Landtagswahlen im Frühjahr 2011 verfehlte die FDP in Sachsen-Anhalt und Rheinland-Pfalz den Wiedereinzug in den Landtag und erreichte in Baden-Württemberg mit halbierter Mandatszahl nur knapp den Wiedereinzug – findet somit sein Spiegelbild im Aufstieg der Grünen. Besonders ausgeprägt gestaltet sich der grüne Höhenflug in Süddeutschland. In Baden-Württemberg als „liberalem Stammland" erreichten sie bei der Landtagswahl am 27. März 2011 mit gut 24 Prozent einen höheren Stimmenanteil als die SPD (23,1%) und stellen mit Winfried Kretschmann den ersten grünen Ministerpräsidenten eines Bundeslandes.[149]

Aufs Ganze gesehen zieht sich die Vormachtstellung der Union vom Bund über die Länder bis zur kommunalen Ebene. In der alten Bundesrepublik war die Sozialdemokratie nur in wenigen Flächenländern tonangebend. So in Nordrhein-Westfalen und im Saarland aufgrund der altindustriellen Prägung mit ihren typischen Arbeitermilieus sowie in Hessen. In den ostdeutschen Bundesländern liegen SPD und Linkspartei (vorher: PDS) nahe beieinander. Dort, wo arithmetische Mehrheiten existieren, entscheidet sich die SPD aber eher für eine Große Koalition als für die Bildung einer Koalition der linken

---

[149] Ein für den momentanen Erfolg wesentlicher Faktor ist die Glaubwürdigkeit der Grünen in Sachen Atomausstieg. Die Havarie eines Atomkraftwerkes in Japan hatte mitten im Wahlkampf vor Augen geführt, wie wenig selbst ein Hochtechnologieland in der Lage ist, das sogenannte „Restrisiko", wenn es denn eintritt, zu beherrschen. In Japan hatte es am 11. März 2011 ein Erdbeben der Stärke 9, das einen Tsunami und den Ausfall sämtlicher Sicherheitssysteme in der Atomanlage Fukushima nach sich zog, gegeben. In der Folge kam es in den havarierten Reaktorblöcken zu Explosionen, einer teilweisen Kernschmelze und dem Austritt größerer Mengen an Radioaktivität. Die Reaktor-Katastrophe rückte die Energiepolitik ins Zentrum der politischen Agenda. Zwar versuchte die Bundesregierung unter Angela Merkel mit einem abrupten Einschwenken auf einen Anti-AKW-Kurs (Verkündung eines Moratoriums und Abschaltung von 8 älteren Meilern zwecks Sicherheitsüberprüfung) den von Japan angefeuerten Stimmungswandel abzufangen. Der plötzliche Schwenk wurde von den Wählern jedoch als nicht glaubwürdig angesehen. Umgekehrt konnten nun die Grünen den Lohn für ihr jahrzehntelanges beharrliches Eintreten für eine Stromversorgung ohne AKW einfahren. Zu den Folgen der Atomkatastrophe für die betroffene japanische Bevölkerung vgl. u.a. Cordula Meyer. Leben mit dem Gau, in: DER SPIEGEL Nr. 15 v. 11.04.2011, S. 80ff.

Mitte.[150] Hierin spiegelt sich wider, dass die Sozialdemokratie in Deutschland zwar theoretisch, praktisch-politisch aber nur sehr eingeschränkt links zu verorten ist. Bestimmend sind in der Partei die Kräfte, die nach Wahlen rechts spielen. Symptomatisch hierfür war das Verhalten einiger Parteirechter nach der Hessenwahl von 2008. Diese Landtagswahl hatte annähernde Stimmengleichheit von SPD und CDU erbracht. Möglich war eine Große Koalition, eine Rot-Rot-Grüne Regierung oder eine Rot-Grüne-Regierung mit Tolerierung durch die erstmals in den Landtag eingezogene Linke. Die SPD-Spitzenkandidatin Andrea Ypsilanti entschied sich, ihr Wahlversprechen „Nicht mit den Linken" zu brechen, um die inhaltlichen SPD-Wahlversprechen in der neuen Konstellation einer von den Linken tolerierten rot-grünen Minderheitsregierung zu realisieren. Die Strategie war auf diversen Parteikonferenzen politisch abgesegnet worden, wurde dann aber in quasi letzter Minute von vier Landtagsabgeordneten der Parteirechten zu Fall gebracht. Ein Verbleiben der Regierung Koch im Amt und ein tiefer Sturz der SPD um 13 Prozentpunkte auf nur noch 23,7 Prozent bei den Neuwahlen des Jahres 2009 waren die Folge.

Festzuhalten bleibt: Das früher starre Parteiengefüge hat sich ab Mitte der 80er Jahre zunächst in ein Vier- und 20 Jahre später in ein Fünfparteiensystem transformiert. Niedermayer (2001: 120; 2007: 130) charakterisiert es als ein fluides Fünfparteien-Wettbewerbssystem, bei dem die drei kleineren Parteien FDP, Grüne und Linkspartei auf der Bundesebene um die Rolle als dritte Kraft wetteifern. In der neueren Entwicklung kommt hinzu, dass die Grünen im Westen und die Linkspartei im Osten versuchen, Regierungsverantwortung nicht nur über die Rolle als Juniorpartner mitzubestimmen. Derzeit spielen die Grünen bei diesem Wettbewerb noch eher auf der linken Seite. Mittelfristig wird es jedoch nach dem gescheiterten Hamburger Experiment[151] neuer-

---

[150] Lediglich in Brandenburg existiert eine SPD-geführte Koalition mit der Linkspartei. In Thüringen und Sachsen-Anhalt wären Koalitionen unter einem Ministerpräsidenten der Linken, in Mecklenburg-Vorpommern unter einem SPD-Ministerpräsidenten möglich gewesen. Zunächst in Thüringen 2009 (CDU: 31,2%; Linke: 27,4%; SPD: 18,5%; Grüne: 6,2%) und nach der Wahl vom März 2011 erneut in Sachsen-Anhalt zog es die SPD jedoch vor, Juniorpartner in einer CDU-geführten Koalition zu sein. In Mecklenburg-Vorpommern blieb (Wahl vom 4. September 2011) die CDU der Juniorpartner.

[151] Nach der Wahl vom 24.02.2008 kam in Hamburg auf Länderebene das erste schwarz-grüne Regierungsbündnis zustande. Wesentlich dafür war, dass die FDP als Wunschpartner der CDU knapp den Einzug in die Bürgerschaft verfehlt hatte, man in den Stadtbezirken Altona und Harburg bereits gute Erfahrungen miteinander gesammelt hatte und die CDU mit ihrem Spitzenmann Ole von Beust ein großstädtisch-liberales, grünen Ideen gegenüber aufgeschlossenes Gesicht aufwies. Auf der persönlichen Ebene waren somit die Voraussetzungen für ein Zusammengehen gegeben und auch inhaltlich gelang

liche Versuche eines Zusammengehens auch mit der CDU geben. Dies abhängig von der je spezifischen Konstellation bezogen auf Personen und politische Schnittmengen.

Auf kommunaler Ebene gibt es einerseits eine größere Vielfalt. Sie gründet in den Unterschieden zwischen Stadt und Land, Klein-, Mittel- und Großstadt, in den lokalen Spezifikas bezogen auf Themen und die Art ihrer Politisierung wie auch in unterschiedlich verfügbaren Personalressourcen für haupt- und ehrenamtliche Mandatswahrnehmung. Andererseits jedoch sind die parteipolitischen Konstellationen auf der kommunalen Ebene von denen in Bund und Land nicht grundlegend verschieden. Eine Regel besagt, dass eine Partei, die über keine zureichende kommunale Verankerung verfügt, auch landes- und bundespolitisch kaum reüssieren kann. Das Spannungsfeld, in dem sich Kommunalpolitik dabei bewegt, ist durch eine von Lehmbruch früh beschriebene *„Janusköpfigkeit"* (Lehmbruch 1975: 7) geprägt. Parteien besitzen in der deutschen Bevölkerung – Stichwort „Parteienverdrossenheit" – ein insgesamt schlechtes Ansehen. Wegen des auf lokaler Ebene direkten Kontaktes zwischen Wahlbürgern und den Gemeinde- oder Kreisräten einer bestimmten Partei, führt dies zu einer Janusköpfigkeit im Verhalten. Die Parteilichkeit wird geleugnet, sobald es um lokale Themen geht. Bei der „großen Politik" wiederum schlüpft man dann in die Rolle des Parteivertreters, der die Bundes- und Landespolitik der eigenen Partei in ein möglichst günstiges Licht zu rücken versucht. Diese Janusköpfigkeit zwischen scheinbar reiner Sachorientierung und Parteistatthaltertum findet sich in Deutschland auch dort, wo es um Fragen der Rechts-Links-Verortung geht. Sieht man von der extremen Rechten (NPD, REP, DVU) und der Partei Die Linke ab, so versuchen sich alle anderen in Landtagen vertretenen Parteien und Wählervereinigungen als Parteien der Mitte zu positionieren. CDU/CSU und FDP stilisieren sich wahlweise als *„bürgerliche Mitte"* oder als *„bürgerliches Lager"*. In den Medien wird dies bis heute weitgehend unreflektiert übernommen. Fortgeführt wer-

---

die Verständigung auf eine Reihe von Reformprojekten. Zwar konnten die Grünen ihre Forderung nach einem Verzicht auf den Neubau eines Steinkohlekraftwerks in Moorburg nicht durchsetzen, dafür kam ihnen die CDU in der Schulpolitik (längeres gemeinsames Lernen) entgegen. Just die Schulreform scheiterte dann aber an der CDU-FDP-Wählerschaft, die das Projekt über einen Volksentscheid zu Fall brachte. Der Volksentscheid erzielte eine hohe Mobilisierungskraft bei Wählern der Mittelschicht, während sich diejenigen, deren Kinder von der Reform am meisten profitiert hätten, kaum beteiligten. Nach der gescheiterten Schulreform und dem vorzeitigen Abtritt Ole von Beusts kündigten die Grünen die Koalition als gescheitert auf. Es kam zu vorgezogenen Neuwahlen, die der SPD Anfang 2011 eine absolute Mehrheit bescherten.

den damit Zuschreibungen, die im 19. Jahrhundert entstanden sind, ihr soziologisches Substrat aber in der Nachkriegszeit sukzessive verloren haben. Die SPD hat schon seit längerem einen Verbürgerlichungsprozess durchlaufen, die Grünen waren vom Start weg eine im Kern bürgerliche Partei und Die Linke kann auch nicht wirklich als anti-bürgerliche Partei begriffen werden. Ihre Wählerschaft speist sich aus verschiedenen Milieus und ihre Mandatsträger kommen in hohem Maße aus Intelligenz und Bildungsbürgertum. Die Kategorie „bürgerlich" ist somit heute nur noch eine Sprachkonvention. Sie taugt nicht als Merkmal zur Unterscheidung von Parteien und Parteilagern.

Auch das Bestreben der Parteien, sich mit dem Etikett Mitte zu schmücken, verweist auf eine Janusköpfigkeit im Denken. Offenbar wird dies dort, wo Parteivertreter in Befragungen aufgefordert sind, sich selbst und die Kollegen und Kolleginnen der anderen Parteien auf einer Links-Rechts-Skala zu verorten. Beispielhaft angeführt sei eine 1992 bei allen Fraktionsvorsitzenden resp. Sprechern von SPD und Grünen in den Gemeinde- und Kreistagen der westdeutschen Bundesländer durchgeführte Erhebung.[152] Die Befragten waren aufgefordert, ihren eigenen politischen Standort sowie den Standort der eigenen Partei und der Konkurrenzparteien bezogen auf die Bundesebene wie auch die lokale Ebene auf einer 7er Skala anzugeben. Ergebnis: Die Befragten verorteten ihre jeweilige Partei und sich selbst mit übergroßer Mehrheit sowohl bezogen auf den Bund wie auch die lokale Ebene im Bereich von gemäßigt links bis Mitte-Links. Als Mitte sahen sich selbst nur 5 Prozent der Grünen und 16 Prozent der SPD-Vertreter. Die Verortung von CDU/CSU, FDP und der lokalen Wählervereinigungen verhält sich dazu spiegelbildlich. Die lokale CDU wurde gleichermaßen von nur je 7 Prozent der Grünen- wie der SPD-Sprecher in der Mitte gesehen; 40 Prozent der Grünen-Sprecher und 41 Prozent der SPD-Sprecher bewerteten ihre lokale CDU als „gemäßigt rechts"; bezogen auf die Bundes-CDU waren es sogar 51 Prozent (SPD) resp. 52 Prozent (Grüne). Auch die örtlichen Wählervereinigungen wurden übereinstimmend dem rechten Spektrum zugeordnet. Größere Differenzen erbrachte die Befragung bei der wechselseitigen Links-Rechts-Zuordnung der Sozialdemokratie. Die SPD-Vertreter schrieben ihrer eigenen Partei lokal zu über 70 Prozent eine gemäßigt linke bis mitte-linke Position zu, während die

---

[152] Die Erhebung wurde im März 1992 in 1.724 kommunalen Vertretungskörperschaften durchgeführt. Die Rücklaufquote betrug 52,5 Prozent. Von den angeschriebenen SPD-Fraktionen antworteten 902 (52,3%), von den Fraktionen der Grünen 908 (52,7%). Am auskunftsfreudigsten waren die großstädtischen Grünen (Rücklauf von fast 70%); am wenigsten auskunftsfreudig die SPD in Rheinland-Pfalz (42%). Angesichts der insgesamt guten Rücklaufquoten können die Ergebnisse als repräsentativ gewertet werden. Näheres siehe Zeuner/Wischermann (1995: 41ff.).

Grünen-Sprecher umgekehrt die örtliche SPD zu annähernd zwei Dritteln im Bereich von Mitte bis Mitte-Rechts verorteten.[153] Zieht man also den Schleier des Politik-Marketings weg, werden Lagerbildungen deutlich, bei denen CDU/ CSU, die heutige FDP sowie die meisten Freien Wählervereinigungen eindeutig dem rechten Spektrum zuzuordnen sind. Grüne und Linkspartei sind von wenigen regionalen und lokalen Ausnahmen abgesehen im linken Spektrum beheimatet. Die SPD wiederum schwankt, was in der zitierten Befragung die Differenz zwischen Selbst- und Fremdwahrnehmung verdeutlicht. Die Unterscheidung von einem Lager, das seinen Schwerpunkt deutlich rechts hat und einem Mitte-Links-Lager macht also analytisch Sinn. Auf einem anderen Blatt steht, dass die Parteien selbst wie auch die Medien gerne das Spiel spielen, altes Lagerdenken wahlweise entweder in polarisierter Form zu reaktivieren oder als überholt zurückzuweisen. Die Funktion dieses Spiels ist eine wahltaktische. Im einen Fall geht es darum, durch klares Lagerdenken Stammwähler zu mobilisieren; im anderen Fall geht es darum, durch die Negation von Lagerdenken Wechselwähler anzusprechen.

Die Lagerunterscheidung ist im Falle von Deutschland deshalb sinnvoll, weil sie die politischen Grundorientierungen hervortreten lässt. Nicht von ungefähr sind Wählerwanderungen innerhalb eines Lagers viel ausgeprägter als zwischen den Lagern.[154] Die konkret vor Ort betriebene Politik fußt gleichwohl nur zu Teilen auf den Rechts-Links-Mehrheitsverhältnissen. Sowohl der Faktor „Geschlecht" wie der Faktor „Persönlichkeit" wie auch der Faktor „institutioneller Rahmen" entfaltet Wirkung. Dass die rechtlichen Rahmenbedingungen auf lokaler Ebene für Parteien mal in Richtung Konkordanzdemokratie und mal in Richtung Konkurrenzdemokratie weisen, wurde bereits angesprochen. Auf den Faktor Geschlecht gehe ich unten gesondert ein, weil er für die Ausprägung des kommunalen Dienstleistungsangebots eine erhebliche Erklärungskraft besitzt.

So wie auf Bundes- und Landesebene besteht in den Regionen und auch lokal eine Vorherrschaft des christlichen Konservatismus. Zur Begründung seiner Politik bemüht er gerne das „christliche Menschenbild". Die in Deutschland nur unvollständig vollzogene Trennung von Staat und Religion mit Ein-

---

[153] Siehe dazu Zeuner/Wischermann (1995: 279, Tab. A-1).

[154] Selbst in Ostdeutschland, wo die Parteibindungen insgesamt schwächer ausgeprägt sind als in Westdeutschland, sind Wanderungsbewegungen innerhalb der Lager stärker ausgeprägt als zwischen den Lagern. So wanderten 2004 bei der sächsischen Landtagswahl 170.300 Stimmen von der CDU zur NPD (84.200) und zur FDP (86.100), aber nur 47.800 Stimmen zu den Mitte-Links-Parteien, davon 22.600 Stimmen zur PDS, die ihrerseits allerdings 17.300 Stimmen an die Grünen abgegeben hat. Angaben nach Dokumentation in: Leipziger Volkszeitung v. 22.09.2004, S. 5.

bindung kirchlicher Organisationen in die staatliche Aufgabenerfüllung findet hierin eine ihre Ursachen. In den skandinavischen Ländern andererseits teilt sich der Konservatismus in einen säkularen und einen christlichen Zweig, wobei der säkulare Zweig dominiert. Es ist vor dem Hintergrund der religiösen Komponente bemerkenswert, dass die CDU in Teilen von Ostdeutschland, insbesondere in Sachsen, eine in den Regionen hegemoniale Position erringen konnte. Hinsichtlich der religiösen Orientierung ist das wiedervereinigte Deutschland nämlich zweigeteilt. In Westdeutschland mit Ausnahme von Hamburg, aber mit Westberlin gehören jeweils deutliche Bevölkerungsmehrheiten einer christlichen Kirche oder einer anderen Religionsgemeinschaft (Muslime, vor allem) an. In Hamburg und allen östlichen Bundesländern stellen dagegen Konfessionslose die Mehrheit; in Sachsen mit fast Zwei-Dritteln, in Sachsen-Anhalt sogar mit über 70 Prozent.[155] Obwohl somit kirchennahe Religiosität in der ostdeutschen Bevölkerung anders als in Westdeutschland nur eine geringe Rolle spielt und Konfessionslosigkeit auch gesamtdeutsch nahe an die 40-Prozent-Marke (2011: 37,6%) herangerückt ist, werden abgesehen von den Linken alle anderen etablierten Parteien von bekennenden Christen dominiert.[156] Diese Diskrepanz hat sich bislang weder nach der einen noch nach der anderen Seite aufgelöst.

Die *Tabellen 6 und 7* stellen für ausgewählte Bundesländer bezogen auf einzelne Wahlen des Zeitraums von 1997 bis 2009 die kommunalen Stärkeverhältnisse der Mitte-Rechts- und Mitte-Links-Parteilager sowie der sonstigen Gruppierungen dar. Zur größeren Vielfalt auf kommunaler Ebene zählt,

---

[155] Angaben nach Forschungsgruppe Weltanschauungen in Deutschland. Siehe für den innerdeutschen Vergleich die ALLBUS Studie 2004 (Zentralarchiv für empirische Sozialforschung Köln). Angaben für 2011 unter: http://fowid.de/ > Religionszugehörigkeiten, 1970-2011 (letzter Zugriff: 11.08.2012).

[156] 2006 gab es im Landtag von Sachsen (Stichtag: 12. Juni 2006) unter den Abgeordneten der CDU 96,4 Prozent bekennende Christen. In der SPD waren es noch 38,5 Prozent und bei den Grünen 50 Prozent gegenüber nur 3,2 Prozent bei den LINKEN. In Sachsen-Anhalt (Stichtag: 28. August 2006) zählte die CDU-Fraktion 85 Prozent bekennende Christen, die FDP-Fraktion 57,1 Prozent und die SPD-Fraktion 45,8 Prozent. Bei den Abgeordneten der Linken lag der Anteil bei Null Prozent. Knapp 58 Prozent bezeichneten sich als „konfessionslos". Quellen: Sächsischer Landtag (2006) und Online-Einzeldokumente zu den Abgeordneten unter folgender Adresse: http://www.landtag.sachsen.de/slt_online/de/infothek/index.asp?page=volksvertretung/abgeordnete/suche/index.asp (Zugriff: Juli 2008); Landtag von Sachsen-Anhalt: http://www.landtag.sachsen-anhalt.de/index.php?id=78&tx_exozetgovernment_deputy[back]=45&tx_exozetgovernment_depu ty[id]=70&tx_exozetgovernment_deputy[char]=B&tx_exozetgovernment_deputy[sorting] =name_desc&tx_exozetgovernment_deputy[page]=1&cHash=054853f354 (Zugriff: 21.07. 2008). Eigene Auswertung.

dass neben den etablierten Parteien Wählervereinigungen auf Ebene der Gemeindevertretungen, weniger dagegen in den Kreistagen teilweise eine große Rolle spielen. Da auf lokaler Ebene anders als bei Bundes- und Landtagswahlen keine Fünf-Prozent-Stimmenhürde existiert, erringen auch Klein- und Kleinstparteien vereinzelt Sitze in Gemeinde- und Stadträten. Dies ist in skandinavischen Ländern nicht anders. Nachfolgend kann es nicht darum gehen, für 16 Bundesländer abzubilden, wie sich in den kommunalen Vertretungsorganen die politischen Mehrheiten darstellen und in der Vergangenheit entwickelt haben. Auch muss ausgespart bleiben, wie die direkt gewählten Bürgermeister und die vergleichsweise wenigen BürgermeisterInnen zuzuordnen sind. Diesbezüglich existieren Einzelangaben, aber keine Statistiken. Grob skizziert seien lediglich die Kräfteverhältnisse in den Flächenländern, wobei ich mich auf den Zeitraum ab 2002/2004 konzentriere.

Oben wurde angesprochen, dass die SPD nur in wenigen westdeutschen Flächenländern (NW, SL, HE) in den Landtagen eine dominante Position erringen konnte, während die Union den süddeutschen Raum und Teile von Norddeutschland (Niedersachsen, vor allem) bis heute dominiert.

Betrachten wir also zunächst den süddeutschen Raum. In Baden-Württemberg bringen es die Parteien und Wählervereinigungen des Mitte-Links-Spektrums in den Kreistagen (2004 und 2009) auf rund 30 Prozent und in den Gemeindevertretungen nur knapp auf 21 Prozent der Sitze. Dies obwohl nicht parteigebundene grüne Listen, Frauenlisten sowie linksorientierte Listen – sie stellten 2009 556 resp. 2,9 Prozent der insgesamt 19.025 Gemeinderatsmitglieder – in der von mir vorgenommenen Auswertung dem Mitte-Links-Lager zugeordnet wurden. Die im rechten Spektrum angesiedelten Parteien, einschließlich der überwiegend rechts angesiedelten freien Wählervereinigungen, konnten 2004 und 2009 annähernd 7 von 10 der insgesamt 2.273 Kreistagssitze erobern; auf Gemeindeebene (vgl. Tab. 6, Sp. 1 und 3) sind sie noch stärker präsent. In Bayern ist die konservative Dominanz vergleichbar stark ausgeprägt. In den Kreistagen und kreisfreien Städten erreichten Vertreter von CSU und FDP seit 1966 zusammen nie weniger als 45 Prozent der Sitze, während SPD und Grüne zusammen lediglich im Zeitraum von 1984 bis 1996 ein knappes Drittel der Sitze einnahmen und dann auf unter 30 Prozent abfielen. *Rheinland-Pfalz* bildet einen Sonderfall. Auf Landesebene gibt es schon länger SPD-geführte Koalitionen. Vor der Landtagswahl im März 2011 sogar eine SPD-Alleinregierung und nun (Juni 2011) eine Koalition aus SPD und Grünen. Die kommunale Ebene ist dagegen deutlich konservativ strukturiert. Bei keiner Wahl zu Kreistagen und kreisfreien Städten im langen Zeitraum von 1949 bis 2009 erreichte die SPD mehr Sitze als die CDU.[157]

---

[157] Statistisches Landesamt Rheinland-Pfalz 2011 (Tab. 12, S. 143).

Tabelle 6: Politische Mehrheiten in den Kommunalvertretungen westdeutscher Bundesländer: Sitzanteile (%)

| Land | BW | | | | BY | | | | RP | | |
|---|---|---|---|---|---|---|---|---|---|---|---|
| Jahr | 2004 | | 2009 | | 2002 | | 2008 | | 2004 | 2009 | |
| Ebene | GW | KW | GW | KW | GW | KW | GW | KW | GW+KW | | KFr |
| Sp-Nr. | 1 | 2 | 3 | 4 | 5 | 6 | 7 | 8 | 9 | 10 | 11 |
| Mitte-Rechts | 34,9 | 48,0 | 32,7 | 45,7 | 30,0 | 48,4 | 28,7 | 45,0 | 26,4 | 24,1 | 45,0 |
| CDU/CSU[1] | 93,9 | 84,9 | 91,1 | 80,2 | 99,1 | 96,9 | 98,1 | 93,2 | 92,8 | 89,3 | 76,5 |
| Mitte-Links | 20,6 | 28,5 | 20,9 | 30,0 | 15,6 | 29,3 | 14,9 | 28,7 | 19,1 | 19,9 | 44,0 |
| SPD[1] | 71,0 | 63,7 | 67,9 | 58,3 | 92,4 | 83,1 | 87,0 | 74,2 | 92,9 | 90,6 | 67,9 |
| WV/Sonstige[2] | 40,5 | 23,4 | 43,0 | 24,3 | 54,4 | 22,3 | 56,4 | 26,3 | 54,5 | 56,0 | 11,1 |
| Land | HE | | | NI | | NW | | | | SH | |
| Jahr | 1997 | 2006 | | 2006 | | 2004 | | 2009 | | 2008 | |
| Ebene | KW | GP | KP | GW | KW | GW | KW | GW | KW | GW | Kfr. |
| Sp-Nr. | 12 | 13 | 14 | 15 | 16 | 17 | 18 | 19 | 20 | 21 | 22 |
| Mitte-Rechts | 37,0 | 40,9 | 46,5 | 46,6 | 48,0 | 52,9 | 50,5 | 50,9 | 47,4 | 28,4 | 35,1 |
| CDU/CSU[1] | 89,2 | 89,0 | 84,8 | 88,8 | 86,0 | 86,7 | 85,5 | 80,9 | 80,6 | 91,6 | 78,9 |
| Mitte-Links | 49,0 | 42,3 | 45,3 | 42,5 | 44,4 | 37,4 | 43,3 | 38,8 | 46,1 | 19,5 | 55,9 |
| SPD[1] | 77,6 | 87,9 | 80,0 | 86,6 | 82,4 | 79,1 | 73,6 | 71,7 | 64,9 | 83,7 | 52,2 |
| WV/Sonstige[2] | 14,1 | 16,9 | 8,2 | 11,0 | 7,6 | 9,6 | 6,2 | 10,2 | 6,5 | 52,1 | 8,9 |

**1)** Anteil unter allen Mandatsträgern des jeweiligen Lagers; Hessen 1997 und Niedersachsen 2006: Stimmenanteil
**2)** Sonstige Parteien und Wählervereinigungen (incl. Listenverbindungen) werden in den Landesstatistiken unterschiedlich abgegrenzt. Daher nur eingeschränkt vergleichbar.
**Erläuterung:** Nur bei BW Zuordnung der Parteivertreter aus Listenverbindungen zu den jeweiligen Parteien und Zuordnung links-orientierter Wählervereinigungen zum Mitte-Links-Lager. Bei den anderen Bundesländern liegen entsprechend differenzierte Daten nicht vor. Bei RP enthält die Rubrik WV/Sonstige auch die direkt gewählten Kandidaten.
**BY:** *Mitte-Rechts:* CSU, FDP, Bayernpartei, Republikaner. **HE:** *Mitte-Rechts:* CDU, FDP; Republikaner; NPD; *Mitte-Links:* SPD, Grüne, WASG, DKP, Linke, Frauen. **SH:** *Mitte-Rechts:* CDU, FDP; *Mitte-Links:* SPD, Grüne, Linke, SSW
**Legende:** GW = Gemeindewahl (kreisangehörige Städte und Gemeinden; teilweise incl. kreisfreier Städte); KW = Kommunalwahl (Landkreise; teilweise incl. kreisfreier Städte); GP = Gemeindeparlament (kreisfreie Städte und kreisangehörige Gemeinden); KP = Kreisparlament; Kfr. = Kreisfreie Städte; WV = Wählervereinigungen
**Quellen:** Vgl. Tabelle A3 im Anhang

Betrachtet man die Sitzverteilung über alle kommunalen Vertretungskörperschaften hinweg, zeigt sich (vgl. Tab. 6, Sp. 9 und 10) auch bei den letzten Wahlen ein deutliches Übergewicht von Mitte-Rechts gegenüber Mittel-Links. Berücksichtigt werden muss dabei freilich, dass die Landesstatistik diejenigen, die Sitze über das Mehrheitswahlrecht einnehmen, anders als in Baden-Württemberg nicht nach Parteien aufschlüsselt, so dass die Angaben von *Tabelle 6* nur eine Näherung darstellen. Die strukturelle konservative Dominanz setzt sich in Rheinland-Pfalz bis auf die Ebene der kreisfreien Städte fort. SPD, Grüne und Linke haben dort zwar ein stärkeres Gewicht als in kreisangehörigen Gemeinden, dominieren aber nur in 4 der 12 kreisfreien Städte (Kaiserslautern, Koblenz, Mainz und Trier).

In *Norddeutschland* findet sich mit dem Stadtstaat Bremen das einzige Bundesland, wo die SPD seit mehr als einem halben Jahrhundert den Regierenden Bürgermeister stellt. Niedersachsen und Schleswig-Holstein sind Bundesländer mit wechselnden, dominant jedoch rechtsgeneigten Mehrheiten. In Niedersachsen dominierte die SPD in den 50er und 60er Jahren. Ab 1973 bis 1991 gab es auf Ebene der Kreistage dann jedoch absolute Mehrheiten von CDU und FDP. 1996 lagen SPD und Grüne leicht vorn, dann aber wieder die sogenannten bürgerlichen Parteien. In der Mitte von Westdeutschland, in Hessen und Nordrhein-Westfalen, wendet sich das Blatt. In *Hessen* war lange die SPD vorherrschend und nach dem Aufkommen der Grünen das rot-grüne Lager. Tabelle 6 (Sp. 12) weist aus, dass Mitte-Rechts 1997 auf Kreisebene nur 37 Prozent der Mandate hielt gegenüber 49 Prozent, die auf Mitte-Links entfielen. Eine knappe Dekade später sehen wir nach den Wahlen von 2006 jedoch in den Gemeindeparlamenten, zu denen hier auch die kreisfreien Städte gerechnet werden, noch einen leichten Vorsprung von Mitte-Links (Mitte-Links: 42,3%; Mitte-Rechts: 40,9%). Auf regionaler Ebene gibt es in den Kreisparlamenten jedoch einen umgekehrten Vorsprung von Mitte-Rechts (Mitte-Links: 45,3; Mitte-Rechts: 46,5). *Nordrhein-Westfalen* als größtes Bundesland war bis Mitte der 90er Jahre SPD-dominiert. In kreisfreien Städten und Kreistagen hielten SPD und Grüne 1994 54,5 Prozent der Mandate gegenüber 44,6 Prozent bei CDU und FDP. 1999 kehrten sich die Verhältnisse um (Mitte-Rechts: 54,7%; Mitte-Links: 42%). Nachfolgend machte Mitte-Links wieder Terrain gut, so dass (vgl. Tab. 6, Sp. 20) 2009 annähernd Gleichstand gegeben ist. Wie unterschiedlich die Bilder je nach Bereich ausfallen können, verdeutlichen in der Tabelle die Daten zu *Schleswig-Holstein*. Auf der Gemeindeebene (kreisangehörige Gemeinden und kreisfreie Städte) wurden 2008 mehr als die Hälfte der insgesamt 13.090 Sitze von Wählervereinigungen eingenommen. Das Mitte-Rechts-Lager aus CDU und FDP brachte es auf 28,4 Prozent der Sitze gegenüber nur 19,5 Prozent, die auf Mitte-Links entfielen. Betrachtet man nur die kreisfreien Städte mit ihren 202 Stadträten, so dominieren hier klar mit 55,9 Prozent die Mitte-Links-Parteien und Wählervereinigungen spielen nur eine geringe Rolle (vgl. Sp. 22 der Tabelle). Bei Dänemark hatten wir gesehen, dass sich die Gewichte innerhalb der Lager von 1993 bis 2009 gravierend verschoben haben. Im Mitte-Rechts-Lager ist das Gewicht der Rechtspopulisten heute zweieinhalbfach so groß wie Anfang der 90er Jahre. Im Mitte-Links-Lager nahm das Gewicht der Sozialisten zulasten der Sozialdemokraten in ähnlicher Weise zu. Auch in Deutschland ist über alle westdeutschen Bundesländer hinweg sowohl bei der CDU wie auch bei der SPD eine abnehmende Bindungskraft zu registrieren. Der Anteil von Mandaten, die die klassischen Volksparteien im jeweiligen Lager auf sich vereinen, ist rückläufig. Dies ausgeprägt bei der SPD. Mit einer gewissen Ausnahme bei Rheinland-Pfalz befindet sie sich auf einem ähnlich niedrigen Bindungsniveau wie ihre Schwesterpartei in Dänemark. Dass die Union das eigene Lager noch sehr stark dominiert, während dies für die SPD weniger zutrifft, mag mit dem Umstand geschuldet sein, dass sich in Deutschland, anders als in den meisten nordischen wie auch mitteleuropäischen Ländern, bislang keine rechtspopulistische Partei etablieren konnte.

In den *östlichen Bundesländern* ist die Situation schon deshalb komplizierter, weil wir es hier nicht mit zwei, sondern mit drei großen Parteien (CDU, Linke und SPD) zu tun haben. Außerdem ist die Volatilität beim Wählerverhalten größer und die Legitimität der Gewählten geringer; Letzteres aufgrund einer insgesamt niedrigeren Wahlbeteiligung als in Westdeutschland. In *Sachsen* als einwohnermäßig größtem Ost-Bundesland gibt es bezogen auf die CDU annähernd bayerische Verhältnisse. Die CDU hält hier (Stand: 2011) alle Landratspositionen. Dies verschafft ihr eine fast hegemoniale Position, weil die Staatskanzlei über diese Schiene in erheblichem Maße parteipolitisch Einfluss nehmen kann auf die lokale Politik. In den anderen ostdeutschen Bundesländern sind die Verhältnisse deutlich verschieden. Ebenso wie auch in Westdeutschland ist die politische Linke in den kreisfreien Städten am stärksten. Wie ausgeprägt die Differenz ist, machen die Kommunalwahlergebnisse von Thüringen deutlich. *Tabelle 7* enthält die Ergebnisse bezogen auf die Stimmenanteile für die Wahlen von 2004 und 2008. Betrachtet man Kreistage und kreisfreie Städte zusammen, gibt es ein Mitte-Rechts-Übergewicht. Betrachtet man nur die kreisfreien Städte, kehrt sich dies um. In den ländlichen Gebieten ist die Linke (bis 2004: PDS) kaum halb so stark wie in den Städten. Auch die Grünen sind eine städtische Partei. Für *Brandenburg und Mecklenburg-Vorpommern* sind die Kreis-Ergebnisse im Zeitraum von 1998 bis 2008 (Brandenburg) und von 1999 bis 2009 (Mecklenburg-Vorpommern) dargestellt. In Brandenburg dominiert Mitte-Links mit allerdings schwankendem Gewicht; in Mecklenburg-Vorpommern gibt es annähernden Gleichstand, wobei 2009 Mitte-Links in Führung lag. Nicht berücksichtigt ist, wie sich die Gruppe der Sonstigen aufschlüsselt. Sowohl in Sachsen als auch in Mecklenburg-Vorpommern konnte sich die extreme Rechte in einigen Regionen so einnisten, dass von regelrechten NPD-Hochburgen gesprochen werden kann. In Mecklenburg-Vorpommern handelt es sich um Gebiete mit einem im sozialen Bereich dürftigen Dienstleistungsangebot. Wo sich der Staat zurückzieht, füllen rechtsextreme Gruppen und nicht die vielfach idealisierte Zivilgesellschaft das Vakuum.

Tabelle 7: *Politische Mehrheiten in den Kommunalvertretungen ausgewählter ostdeutscher Bundesländer im Zeitraum 1998-2008: Stimmenanteile (%)*[1)]

| Land | BB | | | MV | | | TH | | | |
|---|---|---|---|---|---|---|---|---|---|---|
| Jahr | 1998 | 2003 | 2008 | 1999 | 2004 | 2009 | 2004 | | 2008 | |
| Ebene[2)] | KW | GW | KW | KW | KW | KW | KW | Kfr | KW | Kfr |
| Mitte-Rechts | 25,6 | 34,1 | 20,1 | 27,1 | 44,0 | 44,9 | 40,4 | 36,3 | 35,8 | 32,4 | 30,8 |
| dar. CDU[3)] | 83,8 | 81,4 | 77,1 | 73,1 | 90,6 | 86,4 | 78,6 | 89,8 | 88,3 | 85,5 | 77,9 |
| Mitte-Links | 64,7 | 49,0 | 32,5 | 55,1 | 47,7 | 42,4 | 45,9 | 29,0 | 52,5 | 30,6 | 54,3 |
| dar. SPD[3)] | 60,2 | 48,0 | 49,5 | 46,8 | 50,2 | 45,0 | 42,1 | 41,0 | 28,2 | 47,1 | 42,7 |
| dar. PDS/Linke[3)] | 33,4 | 43,5 | 46,3 | 44,8 | 45,9 | 47,7 | 47,0 | 52,4 | 56,4 | 45,4 | 41,6 |
| WV/SO[4)] | 9,7 | 16,8 | 47,4 | 17,8 | 8,3 | 12,7 | 13,7 | 34,7 | 11,7 | 36,9 | 14,9 |

1) Bei der Gemeinderatswahl (GW) von Brandenburg abweichend Mandatsverteilung
2) GW = Gemeindewahl; KW = Kommunalwahl. Erfasst sind kreisfreie Städte und Landkreise; Kfr = Kreisfreie Städte
3) Gewicht im jeweiligen Lager
4) Sonstige Parteien, Wählervereinigungen und Einzelbewerber.
**Erläuterung**: Mitte-Rechts setzt sich hier nur aus CDU und FDP, Mitte-Links aus SPD, Grünen und PDS/Die Linke zusammen
**Quellen**: Vgl. Tabelle A3 im Anhang

### 2.3.3 Der Faktor Geschlecht als wesentliche Größe

Skandinavische Wohlfahrtsstaaten teilen als gemeinsames Merkmal ihre Ausrichtung auf die ökonomische Selbständigkeit der Frau. Gemessen am Arbeitsvolumen resp. den vollzeitäquivalenten Beschäftigungsverhältnissen liegen sie OECD-weit an der Spitze. Wesentlich ist es dabei der Staat selbst, der soziale Tätigkeiten aus der Familie in das Erwerbssystem überführt und die Professionalisierung dieser Berufe vorangetrieben hat. Das skandinavische Wohlfahrtsmodell basiert von daher nicht nur auf einer langjährigen Dominanz linker Parteien, sondern ebenso auf einem starken politischen Engagement von Frauen. Beides stützt sich wechselseitig, denn dort, wo soziale Dienstleistungen staatsförmig angeboten werden, sind die politischen Entscheidungsgremien direkt verantwortlich für Quantität und Qualität des Angebotes. Dies ist eine starke Motivation für Frauen, sich zur Wahl zu stellen. Es ist daher nur logisch, dass Frauen in den Counties, deren Aufgabenschwerpunkte im Bereich sozialer Dienstleistungen liegen, prozentual stärker vertreten sind als auf Ebene der Gemeinden. Siehe dazu in Tabelle 3 die Befunde für Schweden im zeitlichen Verlauf. *Tabelle 8* gibt die Präsenz an, die Frauen auf Gemeinde- und Landkreisebene bei den Wahlen im Zeitraum von 2007 bis 2010 erreicht haben. Wie ersichtlich, liegt der Frauenanteil sowohl insgesamt wie bei fast allen Parteien auf Landkreisebene höher als auf Gemeindeebene. Die Differenz ist bei den norwegischen und schwedischen Konservativen besonders stark ausgeprägt. In Norwegen wurden 2007 bei den Konservativen ein Drittel Frauen in die Gemeinderäte gewählt, während es bei den Counties knapp 45 Prozent waren. Nicht ganz so gravierend ist die Differenz in Schweden. Nach der Wahl von 2010 bestehen die Fraktionen der Konservativen auf Gemeindeebene zu knapp 39 Prozent und auf Countyebene zu 45,4 Prozent aus Frauen. Es fällt auf, dass die interkommunalen Differenzen – in Deutschland gestaltet sich dies deutlich anders – nicht sehr ausgeprägt sind. In Norwegen hatten Frauen nach der Wahl von 2007 35,9 Prozent der Gemeinderatssitze inne. Die Region mit dem geringsten Anteil (Vest-Agder: 33,5%) lag nur wenig unter diesem Durchschnitt, Oslo mit 45,8 Prozent allerdings deutlich höher. Dieses Muster besteht fort. Die Wahl vom Herbst 2011 ergab in den Gemeinden einen leicht gestiegenen und in den Counties einen leicht gesunkenen Frauenanteil (vgl. Tab. 5). Regional existiert erneut keine große Spannweite. Tendenziell allerdings liegt der Frauenanteil in Gemeinden und Counties mit linker Mehrheit höher als dort, wo rechtsgeneigte Parteien dominieren. Dementsprechend weisen Regionen wie Finnmark, Hedmark und Nord-Trøndelag überdurchschnittliche Frauenanteile auf. Die höchsten Frauenanteile (nahe an 50 Prozent und darüber) gibt es im

Norden in den Counties von Nord-Trøndelag und Nordland. Höherer Frauenanteil bedeutet dabei auch höherer Bildungsgrad, denn unter den Frauen verfügen 55 Prozent über eine Hochschulbildung gegenüber nur 41 Prozent bei den Männern.

Tabelle 8: *Gewählte Frauen (2007-2010) in skandinavischen Kommunalvertretungen (Gemeinden und Counties) nach Parteien und politischen Lagern: Frauenanteil (%)*

| | DK | | IS | FI | NO | | SE | |
|---|---|---|---|---|---|---|---|---|
| Wahljahr | 2009 | | 2010 | 2008 | 2007 | | 2010 | |
| Ebene | G | C | K | K | G | C | G | C |
| Frauen insgesamt | 31,8 | 35,1 | 39,8 | 42,0 | 35,9 | 45,1 | 43,0 | 47,3 |
| Konservative (säkular) | 28,6 | 30,0 | 40,2 | 41,1 | 33,6 | 44,9 | 38,8 | 45,4 |
| Konservative (christlich) | | | | 47,3 | 36,0 | 50,0 | 40,1 | 50,0 |
| Zentrum | | | 39,7 | 39,7 | 45,2 | 42,7 | 47,1 | |
| Liberale | 27,2 | | 35,3 | | | | 43,4 | 52,1 |
| Rechtspopulisten | 28,0 | 21,1 | | 23,3 | 28,1 | 36,2 | 18,8 | 14,7 |
| Sozialdemokraten | 32,0 | 41,2 | 47,6 | 44,5 | 42,0 | 50,4 | 49,0 | 50,6 |
| Sozialisten/ Linkspartei | 44,4 | 50,0 | 40,0 | 38,8 | 50,0 | 46,2 | 46,1 | 49,0 |
| Grüne | | | | 62,7 | | | 48,4 | 55,3 |
| **Mitte-Rechts** | 27,6 | 25,8 | | | 31,8 | 46,4 | 40,6 | 46,7 |
| **Mitte-Links** | 36,1 | 44,0 | | | 42,2 | 48,8 | 48,6 | 51,0 |
| Sonstige/Wählervereinigungen | 28,7 | | 41,7 | 39,2 | 35,9 | 39,7 | 35,0 | 47,3 |

**Erläuterungen**: Angegeben sind die Frauenanteile an den Sitzen der jeweiligen Partei oder des politischen Lagers. Folgende Abkürzungen wurden gewählt: G = Gemeinde; C = County; K = Kommunalebene (FI und IS haben keine Counties).
Konservative: Säkulare Konservative und christliche Konservative
Liberale: Bei DK nur die Wirtschaftsliberalen; Sozialliberale (Frauenanteil: 42,9%) sind unter Mitte-Links erfasst. In der norwegischen Statistik sind die Liberalen in der nicht näher aufgeschlüsselten Sammelkategorie der „Sonstige Parteien" erfasst.
Finnland: Ohne die teilautonome Region Åland. Die Schwedische Volkspartei (Ruotsalainen kansanpuolue – RKP) ist unter Sonstige erfasst.
**Quellen**: Vgl. die Tabellen 2 bis 5

In den schwedischen Counties bewegt sich der Frauenanteil nach der Wahl von 2010 ganz überwiegend im Bereich von 45 bis 55 Prozent. Ausreißer nach unten ist Norbotten mit 36,6 Prozent; Ausreißer nach oben ist Västerbotten mit 56,3 Prozent. Beide Ausreißer erklären sich über die Geschlechterverhältnisse im Mitte-Rechts-Lager. Diese sind durch große Schwankungen und eine erhebliche Streubreite geprägt. In Norbotten finden sich bei den rechtsgeneigten Fraktionen nur 18,8 Prozent Frauen, in Västerbotten aber 59,3 Prozent. Demgegenüber realisieren die Parteien der Linken (Sozialdemokraten, Sozialisten, Grüne) auf einer stabilen Basis annähernde Geschlechterparität. Erreicht ist dies bei Sozialdemokraten, Sozialisten und Grünen in Norwegen und Schweden, bei der isländischen sozialdemokratischen Allianz sowie bei den dänischen Sozialisten auf County- nicht jedoch auf Gemeindeebene. In der Konsequenz bringen die Geschlechter im Mitte-Links-Lager fast gleiche nummerische Gewichte ein.

Obwohl Mitte-Rechtsparteien generell eine vergleichsweise schwächere Frauenpräsenz aufweisen, ist zwischen eher links und eher rechts zu verortenden Parteien in Skandinavien ein Prozess der Annäherung erfolgt resp. im Gange. Er führt dazu, dass in Norwegen und Schweden das Mitte-Rechts-Lager auf County-Ebene um weniger als 5 Prozentpunkte hinter Mitte-Links zurückliegt. Auf Gemeindeebene ist die Differenz allerdings ausgeprägter. Finnland liegt bei der Frauenpräsenz in der skandinavischen Mitte. Einige Besonderheiten verdienen Erwähnung. So stehen Christdemokraten traditionell vor allem in kultureller Hinsicht rechts vom säkularen Konservatismus. Gleichwohl realisiert die kleine christdemokratische Partei[158] (vgl. Tab. 8) auf Countyebene mit 50 Prozent Frauen unter den Mandatsträgern in Norwegen (2007) und Schweden (2010) Geschlechterparität; in Finnland (47,3%) kommt sie nahe an dieses Ziel heran. In Finnland sind die links der Sozialdemokratie angesiedelten mittelgroßen Parteien (Grüne und das Linksbündnis VAS mit einem Stimmenanteil von je rd. 9%) auf den Achsen Markt-Staat und der Kultur- und Geschlechterachse unterschiedlich verortet. Auf der Markt-Staat-Achse steht die VAS links von den Grünen, auf der Kultur- und Geschlechterachse stehen die Grünen links von der VAS. Im Ergebnis erreichen die finnischen Grünen eine Frauenüberparität.[159] Nach den Kommunalwahlen von 2008 besetzen Frauen bei ihnen über 60 Prozent der Man-

---

[158] Die skandinavischen Christdemokraten erreichen Stimmenanteile von deutlich unter 10 Prozent. In Schweden nehmen sie auf Gemeindeebene (2010) 591 von 12.969 Mandaten ein (4,6%) und auf Countyebene 82 von 1.662 Mandaten (4,9%). In Finnland liegen sie auf gleicher Höhe (4,2%) und in Norwegen mit 5,6 Prozent (Gemeinden: 653 von 10.785 Mandaten; Counties 46 von 728 Mandaten) etwas höher.

[159] Gleiches gilt seit der Kommunalwahl von 2011 für die norwegischen Linkssozialisten. Sie weisen den höchsten Frauenanteil (gut 51%), den höchsten Bildungsgrad (75% Hochschulabsolventen) und den höchsten Anteil von Mandatsträger mit Migrationshintergrund auf (5%).

date, während der weibliche Mandatsanteil beim Linksbündnis mit etwas unter 40 Prozent geringer ist als bei den Konservativen.

In Deutschland spielen Frauen in den kommunalen Vertretungskörperschaften nicht annähernd die Rolle, die ihnen in den skandinavischen Ländern zukommt. Auf Gemeindeebene (vgl. Tab. 9) sind sie mit Anteilen zwischen 20 und 24 Prozent der Sitze besonders schwach vertreten; auf Kreisebene teilweise schwächer, teilweise stärker. Die Daten von *Tabelle 9* überzeichnen freilich die tatsächliche Differenz, denn die Zuordnung der kreisfreien Städte erfolgt in den Länderstatistiken unterschiedlich. Überwiegend sind Kreistage und kreisfreie Städte zusammengefasst. Da die Frauenpräsenz in den kreisfreien Städten – in der Regel sind dies Großstädte – deutlich besser ist als in Kreistagen oder Kleinstädten, hebt dies die KW-Quote. Den umgekehrten Effekt gibt es dort, wo die kreisfreien Städte mit den kreisangehörenden Städten und Gemeinden zusammengefasst sind. Wie groß die Differenz ausfällt, macht die Tabelle für Rheinland-Pfalz (RP) und Schleswig-Holstein (SH) deutlich. In den Stadträten der kreisfreien Städte von Rheinland-Pfalz finden sich prozentual fast doppelt so viele Frauen wie in den Kreistagen und Gemeinderäten. In Schleswig-Holstein wiederum ist der Anteil in kreisfreien Städten rd. 60 Prozent höher als in den Kreistagen. In beiden Fällen jedoch bringen es Frauen auch in den kreisfreien Städten nur auf rd. ein Drittel der Sitze. Dies stellt sich in anderen Flächenländern nicht anders dar. Genereller Befund: In den kreisfreien Städten ist die Frauenpräsenz mit rd. einem Drittel am besten und in kleinen Gemeinden am schlechtesten.

Nicht nur die Stadt-Land-Unterschiede, sondern auch die Unterschiede zwischen den Parteien sind in Deutschland deutlich stärker ausgeprägt als in den skandinavischen Ländern. Nimmt man eine Lagerbetrachtung vor, beläuft sich die Differenz zwischen Mitte-Rechts und Mitte-Links z.B. in Baden-Württemberg (Gemeinderatswahlen von 2009) auf fast 20 Prozentpunkte. In den skandinavischen Ländern erreicht nur Dänemark auf Countyebene einen ähnlich hohen Differenzwert (2009: 18,2 Prozentpunkte). Vorrangig bei den Parteien des rechten Spektrums besteht ein erhebliches Gefälle zu den skandinavischen Schwesternparteien. Konservative und Liberale weisen im Ergebnis Frauenanteile auf, die noch hinter dem zurückbleiben, was skandinavische Rechtspopulisten realisieren. Es kann die These gewagt werden, dass die Parteien der politischen Rechten sich in den skandinavischen Ländern in dem Maße mit dem einst heftig bekämpften Wohlfahrtsstaat ausgesöhnt haben, wie die Frauenanteile unter ihren politischen Repräsentanten eine kritische Masse erreichen. Von einer kritischen Frauenmasse sind in Deutsch-

Tabelle 9: *Gewählte Frauen (2006-2009) in deutschen Kommunalvertretungen nach Parteien und politischen Lagern (%): Ausgewählte Bundesländer*

| | BB | BW | BY | | HE | | MV | |
|---|---|---|---|---|---|---|---|---|
| Wahljahr | 2008 | 2009 | 2008 | | 2006 | | 2004 | 2009 |
| Ebene | GW | GW | KW | KW | GW | KW | KW | KW |
| Insgesamt | 23,8 | 22,0 | 16,0 | 25,2 | 21,6 | 31,0 | 22,7 | 23,9 |
| CDU/CSU | 16,3 | 16,4 | 10,7 | 22,1 | 19,8 | 27,3 | 16,7 | 15,5 |
| FDP | 17,5 | 15,8 | 11,2 | k.A. | 21,0 | 20,5 | 5,6 | 13,2 |
| NPD/DVU | 30,8 | | | | 22,7 | 19,2 | k.A. | k.A. |
| SPD | 27,3 | 31,7 | 22,4 | 33,7 | 23,3 | 36,0 | 27,7 | 25,1 |
| Linke | 36,1 | 26,3 | 12,5 | k.A. | 23,3 | 36,8 | 38,0 | 37,4 |
| Grüne | 33,3 | 43,6 | 39,7 | 48,7 | 39,5 | 52,1 | 23,1 | 43,9 |
| M-R | 16,7 | 16,4 | 10,7 | k.A. | 20,0 | 26,2 | 15,1 | 15,0 |
| M-L | 31,5 | 36,3 | 27,9 | k.A. | 25,1 | 38,8 | 32,3 | 32,9 |
| WV/EB/ Sonstige | 21,5 | 19,7 | 11,6 | 15,1 | 16,8 | 15,1 | 17,1 | 19,8 |
| | NI | | NW | | RP | | SH | |
| Wahljahr | 2006 | | 2009 | | 2009 | | 2008 | |
| Ebene | GW | KW | GW | KW | GW+KW | Kfr. | KW | Kfr. |
| Insgesamt | 20,9 | 24,4 | 23,4 | 31,1 | 16,8 | 32,7 | 21,7 | 34,2 |
| CDU/CSU | 18,0 | 19,0 | 20,0 | 26,8 | 19,5 | 35,6 | 19,8 | 30,4 |
| FDP | 16,2 | 16,7 | 19,2 | 27,1 | 16,3 | 26,0 | 22,8 | 33,3 |
| NPD/DVU | 16,7 | 0,0 | 5,8 | 12,0 | 9,5 | | | |
| SPD | 25,7 | 32,0 | 26,3 | 30,8 | 23,0 | 33,1 | 27,7 | 23,7 |
| Linke | 24,0 | 20,8 | 28,9 | 43,5 | 16,3 | 16,7 | 29,5 | 38,1 |
| Grüne | 34,1 | 37,2 | 39,6 | 48,1 | 36,1 | 48,4 | 40,9 | 60,9 |
| M-R | 17,9 | 18,5 | 19,9 | 26,3 | 19,1 | 32,5 | 20,0 | 31,0 |
| M-L | 26,5 | 32,6 | 29,5 | 36,6 | 23,9 | 35,5 | 34,7 | 35,4 |
| WV/ Sonstige | 16,0 | 11,0 | 18,5 | 17,2 | 13,4 | 22,7 | 19,9 | 38,9 |

**Erläuterung**: Abkürzungen der Bundesländer siehe Abkürzungsverzeichnis. Die Wahlstatistik erfasst unter Gemeinderatswahlen (GW) meist die kreisangehörigen Gemeinden als unterste Ebene und unter Kommunalwahl (KW) die kreisfreien Städte und Kreistage. Teilweise wird davon abgewichen. So beziehen sich die Angaben zu Nordrhein-Westfalen auf die kreisangehörigen Gemeinden und die kreisfreien Städte (Kfr.). Die Angaben zu Rheinland-Pfalz erfassen die kommunalen Mandate insgesamt, d.h. unter Einschluss der Verbandsorgane. Baden-Württemberg wiederum liefert Daten für Gemeinde-/Stadträte und Landkreise.
**Legende**: M-R = Mitte-Rechts; M-L = Mitte-Links; Zuordnungen wie in den Tabellen 6 u. 7.
**Quellen**: Vgl. Tabelle A3 im Anhang

land gleichermaßen CDU/CSU wie FDP und die kommunal starken Wählervereinigungen noch weit entfernt. Tabelle 9 weist für verschiedene Flächenländer (Wahlen des Zeitraums 2004 bis 2009) aus, dass es in der FDP um die Frauenpräsenz besonders schlecht bestellt ist. Es folgen die Rechtsextremen (REP, NPD und DVU),[160] wo mit Ausnahme von Brandenburg[161] ein Quasi-Männer-Monopol der politischen Repräsentanz besteht. Auch die SPD bleibt deutlich hinter ihren skandinavischen Schwesternparteien zurück. In den SPD-Fraktionen bewegen sich die Anteile weiblicher Mitglieder zwischen rd. einem Fünftel im Gros der Gemeindevertretungen (vgl. in der Tabelle die Bundesländer Brandenburg, Bayern, Hessen, Niedersachsen, Nordrhein-Westfalen und Rheinland-Pfalz) und Werten von wenig mehr als einem Drittel in den Kreisen einiger Bundesländer. Nur Grüne und die Linkspartei realisieren zumindest partiell eine annähernde Geschlechterbalance. Dies aber nicht in allen Bundesländern und bei der Linkspartei unter Berücksichtigung der Vergabe kommunaler Führungspositionen.[162]

Da sich in den ostdeutschen Bundesländern nach der Wiedervereinigung das westdeutsche Beschäftigungsmodell des männlichen Familienernährers gegen das aus der DDR überkommene Modell einer eher egalitären Erwerbsbeteiligung der Geschlechter nicht durchsetzen konnte, könnte man vermuten, dass das Beharren auf der Bewahrung ökonomischer Selbständigkeit von Frauen ihre Präsenz in den Kommunalvertretungen begünstigt. Tatsächlich jedoch ist die Geschlechterordnung in den ostdeutschen Kommunalparla-

---

[160] Zu Entstehungsgeschichte, Organisation und Programmatik der Parteien insgesamt sowie der rechtsextremen Parteien vgl. Decker/Neu (2007). Informationen und weiterführende Literatur finden sich dort zur DVU (Deutsche Volksunion) auf S. 250ff., zur NPD (Nationaldemokratische Partei Deutschland) auf S. 336ff. und zu den Republikanern (REP) auf S. 366ff.

[161] In Brandenburg nehmen Frauen bei der DVU in den Gemeindevertretungen 30,8 Prozent der Sitze ein (siehe Tabelle 9). Dies ist wegen der geringen Fallzahl aber wenig aussagekräftig. Die DVU errang von insgesamt 6.359 Sitzen nur 13 Sitze (0,2%).

[162] Im Zweiten Genderranking (2010: 13) ziehen Holtkamp et al. dazu folgendes Fazit: *„Die Linke ist in unserem Genderranking 2010 eindeutig die Aufsteigerin unter den Parteien. Die Linke kann bei den Frauenanteilen im Rat im Vergleich zu 2008 in Ost- und Westdeutschland deutlich zulegen. Um beinahe 7%-Punkte ist der Frauenanteil bei den Ratsmitgliedern der Linken nach oben geschossen. Bei den Führungspositionen spaltet sich aber deutlich die Partei in Ost und West. In den westdeutschen Kommunen hat die Linke so beispielsweise bei den Fraktionsvorsitzen fast den niedrigsten Frauenanteil von allen Parteien mit 12,5% und wird darin nur noch von der CDU mit 11,8% unterboten. In der kleinen Zahl der ostdeutschen Großstädte agiert die Partei hingegen weitgehend vorbildlich und hat durch nochmalige Steigerung des Frauenanteils in 2010 eindeutig die ‚ostdeutsche Meisterschaft' in unserem Genderranking errungen."*

menten nicht weiblicher geprägt als im Westen. CDU und FDP sind in Ostdeutschland kulturell sogar noch weiter rechts zu verorten als in Westdeutschland. In Sachsen, aber auch in Mecklenburg-Vorpommern, ist dies besonders auffällig, wobei Tabelle 9 aus Gründen der Datenverfügbarkeit nur Angaben für Mecklenburg-Vorpommern enthält.[163] Die Anteile weiblicher Mandatsträger liegen bei CDU und FDP hier weit unter 20 Prozent. Ausgeglichen in der Gesamtbilanz wird dies durch die Linke (vgl. oben). Sie hat in Ostdeutschland den Charakter einer Volkspartei und weist zugleich höhere Frauenanteile auf als die SPD. In Mecklenburg-Vorpommern errang die Linke 2009 190 der insgesamt 863 Sitze in Kreistagen und kreisfreien Städten. 71 der Mandatsträger sind weiblich (37,4%). Demgegenüber gibt es in der CDU, auf die 278 Sitze entfallen, nur 43 weibliche Mitglieder (15,5%). Die SPD bewegt sich mit einem Frauenanteil von 25,1 Prozent (absolut: 42 von 167) dazwischen. In der Geschlechterverteilung der Linkspartei spiegeln sich die nicht unerheblichen kulturellen Differenzen zwischen Ost und West wie auch zwischen verschiedenen westdeutschen Landesverbänden. In Baden-Württemberg und Rheinland-Pfalz ist die Linke strukturkonservativ ausgerichtet mit männlicher Dominanz, in Hessen und Nordrhein-Westfalen spielen Frauen eine größere Rolle.

Die *politische Bedeutung der Befunde* besteht in Folgendem: Geringe Frauenrepräsentanz geht einher mit der Dominanz maskuliner Werte. Dies hat Folgen für die Auswahl von und die Herangehensweise an politische Themen. Nicht jede Frau, wohl aber Frauen in ihrer Mehrheit gewichten Themen rund um Kinder, Bildung, Gesundheitsvorsorge usw. höher als den Bau neuer Sportplätze oder die Effektivierung von Katastrophenschutz und Feuerwehr. Auch ist die Herangehensweise an neue Aufgabenstellungen eine andere. Frauen haben eine komplexere Problemsicht. Wo Männer technische Lösungen, die auf einfachen Kausalmodellen aufbauen, favorisieren, bringen Frauen ganzheitlichere Sichtweisen ein. Auch die Kommunikationsformen ändern sich bei guter Geschlechterdurchmischung. Männliches Imponiergehabe wird zurückgedrängt zugunsten einer stärkeren Sachorientierung. Die

---

[163] Die online zugänglichen Daten zur Sitzverteilung in kommunalen Vertretungsorganen sind nur teilweise (in Bayern etwa erst seit 2004) nach Geschlecht differenziert. Der Versuch, fehlende Daten durch direkte Kontaktaufnahme mit dem jeweiligen Statistischen Landesamt zu erhalten, war überwiegend erfolgreich (vgl. Quellenangaben im Anhang). Die Statistischen Landesämter von Sachsen und Sachsen-Anhalt haben meine Anfrage allerdings nicht beantwortet. Von Thüringen (E-Mail vom 31.05.2011) erhielt ich die Mitteilung, dass das Landesamt für Statistik Daten zur Mandatsverteilung nach Geschlecht nicht erhebt. Die oben vorgenommene Einschätzung zu Sachsen basiert auf dem Wissen um die Gegebenheiten in einzelnen Städten.

Dominanz einer männlichen Matrix bei der Themenauswahl, der Themenbearbeitung wie auch der Kommunikation ist für die Entwicklung einer Gesellschaft sehr negativ. Die Folgen können anhand der Entwicklung in der arabischen Welt wie auch der Mehrzahl afrikanischer Länder studiert werden. Viele dieser Länder sind in einem Zyklus der Gewalt gefangen. Auch wenn monokausalen Erklärungen eine Absage erteilt werden muss, ist doch nicht von der Hand zu weisen, dass die gleichgewichtige Einbringung männlicher wie weiblicher Sichtweisen in den politischen Prozess Ausweis gesellschaftlicher Intelligenz und eine wesentliche Bedingung für die Verbesserung der Lebensbedingungen der Menschen ist. Nicht von ungefähr gibt es positive Entwicklungen vorrangig dort, wo Frauen verstärkt an der Gestaltung von Politik teilhaben. Der Zusammenhang ist in Südamerika ebenso greifbar wie in Europa, wo die griechische Krise auch als Krise einer einseitig von Männern geprägten Gesellschaft mit schwachem Staat gesehen werden kann.

Damit frauenaffine Themen eine realistische Chance auf Bearbeitung haben und bei übergreifenden Themen wie etwa der Stadtplanung nicht nur der männliche, sondern auch der weibliche Blick Beachtung findet, muss die Präsenz von Frauen eine „kritische Masse" von 30 Prozent und mehr[164] erreichen. Dies ist in Skandinavien durchgängig, in Deutschland dagegen nur partiell gegeben. Dabei muss Folgendes gesehen werden: Der tatsächliche Einfluss von Frauen liegt in Deutschland nicht auf der Höhe ihres Anteils an den Mandaten in den Räten und Kreistagen. In den skandinavischen Ländern ist dies teilweise umgekehrt, weil bei der Vergabe von kommunalen Führungspositionen Quoten greifen. In Finnland etwa kommt eine 40-Prozent-Quote zur Anwendung. Sie führt zu annähernd paritätischen Verhältnissen in Ausschüssen und Aufsichtsgremien. Mit der Bedeutung der Position sinkt allerdings auch in Finnland der Frauenanteil. So erreichen Frauen bei den Gemeindedirektoren nur einen Anteil von rd. 20 Prozent.[165] In Norwegen ist die Situation ähnlich. Nach der Kommunalwahl von 2011 stehen nur in 96 Gemeinden (22,4%) Frauen an der Spitze, wobei Konservative und Christdemokraten einen etwas höheren Frauenanteil realisieren als die Sozialdemokraten.[166] In

---

[164] Worin eine kritische Masse besteht, ist nicht eindeutig zu sagen. Als Größenordnung sind 30 Prozent plus X zu nennen. Wie groß das „X" ausfallen muss, hängt an der qualitativen Komponente, also daran, ob Frauen kompetent, mutig und selbstbewusst ihren Part einnehmen oder den Weg des geringsten Widerstandes wählen.

[165] Quelle: Association of Finnish Local and Regional Authorities; http://www.localfin land.fi/en/Pages/default.aspx (Zugriff: 11.05.2011).

[166] Die Sozialdemokraten liegen im Mittel; Konservative (27%) und Christdemokraten (29,4%) einige Prozentpunkte höher. Quelle: Norway Statistics, Wahlstatistik 2011, Tabelle 4 („Female chairmen, by party/electoral list and county. 2011").

Deutschland umgekehrt ist erstens der Anteil weiblicher Mandatsträger vergleichsweise gering und zweitens existieren kaum Mechanismen, die bei der Vergabe von Sitzen in Ausschüssen, Kontrollgremien etc. auf eine angemessene Beteiligung beider Geschlechter hinwirken. So sind Frauen bei herausgehobenen Positionen durchgängig weit weniger präsent als es ihrem Anteil in den kommunalen Vertretungskörperschaften entsprechen würde. Dies selbst in den Großstädten, obwohl sich dort noch am ehesten eine annähernde Geschlechterbalance erwarten ließe. Nach dem Zweiten Geschlechterranking deutscher Großstädte, das im April 2010 von der Heinrich Böll-Stiftung herausgegeben wurde, erreicht nur eine Minderheit der deutschen Großstädte Werte, die dem skandinavischen Regelfall entsprechen. Interkommunal gibt es somit nicht nur zwischen Klein-, Mittel- und Großstädten, sondern auch unter den Großstädten selbst ein erhebliches Gefälle. Spitzenreiter ist die Stadt Frankfurt. Dort sind 40 Prozent der Ratsmitglieder und der Dezernenten weiblich. Zugleich sind 50 Prozent der Ausschussvorsitze mit Frauen besetzt. Petra Roth als bis Sommer 2012 von der CDU gestellte Oberbürgermeisterin besaß besondere Strahlkraft. Schlusslicht im Gendergroßstädteranking ist die Stadt Salzgitter, wo nur 17,0 Prozent der Ratsmitglieder weiblich sind und unter den Fraktionsvorsitzenden, den Dezernenten und wesentlichen Ausschussvorsitzenden keine einzige Frau zu finden ist. Zwischen den Extremen einer ausgewogenen Verteilung in Frankfurt am Main und einem fast reinen Männerbund in Salzgitter findet man Stuttgart, München und Münster nahe an Frankfurt (Plätze 1 bis 4) und am Tabellenende Iserlohn, Duisburg und Bergisch Gladbach sowie Hagen nahe an Salzgitter auf den Plätzen 75 bis 79. Die Städte in Nordrhein-Westfalen, aber auch in Niedersachsen schneiden damit besonders schlecht ab. Dies wiederum korrespondiert mit einem geringen Entwicklungsniveau bei kommunalen Dienstleistungen im Bereich etwa der Kinderbetreuung. Eine Angela Merkel als Bundeskanzlerin ändert für sich alleine wenig daran, dass auf der kommunalen Ebene die Gleichstellung der Geschlechter ins Stocken geraten ist und weiter das Muster gilt: Je gewichtiger die Position, umso schlechter sind die Zugangschancen von Frauen. Zwar waren 2010 in Großstädten knapp ein Drittel der Ratsmitglieder Frauen, aber nur 19,9 Prozent der Dezernenten und gar nur 12,7 Prozent der Oberbürgermeister (Zweites Genderranking: 7). In den Landkreisen ist die Lage noch düsterer. Weibliche Landräte haben Exotenstatus. In Nordrhein-Westfalen findet sich in den 30 Landkreisen aktuell (2011) nur im Landkreis Soest mit Frau Eva Irrgang eine weibliche Landrätin.[167] In Ostdeutschland immerhin

---

[167] Auskunft von Frau Andrea Duifhuis per Email vom 10.05.2011 (Ministerium für Inneres und Kommunales NW; Referat 31).

fällt die Präsenz von Frauen in herausgehobenen Positionen nicht hinter ihre Präsenz in den Stadträten zurück. Am deutlichsten ausgeprägt ist dies bei der Linken, die bei der Vergabe von Führungspositionen dem Paritätsziel am nächsten kommt (Zweites Genderranking: 13). Die SPD andererseits unterscheidet sich bei der Vergabe von Führungsfunktionen nur wenig von den Mitte-Rechts-Parteien. Statt Fortschritt registrieren die Autoren Stagnation, ja teilweise sogar einen Rückschritt. Zurückgegangen ist der Anteil weiblicher Oberbürgermeister (2008: 17,7%; 2010: 12,7%) und auch der Anteil weiblicher Ausschussvorsitzender. Die FDP ist bei den Führungspositionen gar zu einem Club mutiert, wo Männer weitgehend unter sich. Gleichermaßen auf der Markt-Staat-Achse wie auf der Kultur- und Genderachse ist die FPD heute eine weit rechts angesiedelte Partei. Die Autoren des Zweiten Genderrankings dürften Recht haben mit ihrer Einschätzung, dass – wie in Frankreich bereits erfolgreich praktiziert – nur eine gesetzliche Regelung, die die Parteien zu einer paritätischen Frauenbeteiligung zwingt, einen Durchbruch bringen kann (a.a.O.: 8). In den skandinavischen Ländern stellt sich dies aufgrund einer stärker feminin geprägten Kultur, einer stark auf Soziales ausgerichteten kommunalen Infrastruktur und der in Richtung Frauenpräsenz wirkenden informeller Arrangements anders dar.

Es lohnt an dieser Stelle der Blick auf Island. Dass in Island trotz jahrzehntelanger Dominanz der konservativen Unabhängigkeitspartei ein Wohlfahrtsstaat ausgeprägt wurde, der dem skandinavischen Typ zuzuordnen ist, ist ohne Rückgriff auf den Faktor Geschlecht schwer zu erklären. Schon 1908 trat in der Hauptstadt eine Frauenliste an und errang mit einem Stimmenanteil von 22 Prozent 4 von 15 Stadtratssitzen (Rugart 2004: 15). Immer wieder haben Frauen an diese frühen Erfolge angeknüpft, indem sie als selbständige Kraft in Erscheinung traten. 1975 etwa versuchten sie, mittels eines Generalstreiks den Grundsatz *„gleicher Lohn für gleiche Arbeit"* durchzusetzen. 1980 dann wurde – dies als Weltpremiere – mit Vigdis Finnabogadóttir erstmals eine Frau in demokratischer Direktwahl zum Staatsoberhaupt bestimmt. Bis 1996 war sie eine sehr populäre Präsidentin, was den isländischen Frauen enormen Auftrieb gab (Rugart 2004: 52). Nicht von ungefähr haben sich in der Folge Frauen als eigenständige Partei formiert. In den 80er Jahren wurde die Frauenliste (Bündnis der Frauenliste = Samtök um kvennalista) die erfolgreichste Parteineugründung der Nachkriegszeit (Rugart 2004: 28, 51f.). Sie erzielte auf nationaler Ebene zweistellige Ergebnisse und eine ihrer Frontfrauen, Ingibjörg Sólrún Gisladóttir, wechselte 1994 vom Parlament für 9 Jahre auf den Bürgermeisterposten von Reykjavik. Die Finanzkrise von 2008 bescherte den Frauen erneut Auftrieb. Die Ursachen des Bankenzusammenbruchs werden nämlich nicht nur in einer verfehlten Privatisierungspolitik der Konservativen, sondern auch im Fehlen von Geschlechterbalance im Bankmanagement gesehen. Diese Deutung wird unterstützt durch den Befund, dass es sich bei den Verursachern, gegen die juristische Ermittlungen im Gange sind, um ein Männernetzwerk handelt.[168] Die neue rot-grüne Regierung hat daraus die Konsequenzen gezogen. In den Banken, die aus den teilverstaatlichten Pleitebanken hervorgegangen sind, gibt es jetzt einen paritätisch mit Männern und Frauen besetzten Board of Directors.[169]

### 2.3.4 Das Wesentliche

Dass in Westdeutschland nach 1945 sowohl im Bildungs- wie im Sozial- und Gesundheitsbereich konservative Vorkriegstraditionen fortgeführt wurden, findet seine wesentliche Erklärung in der strukturellen Dominanz des christdemokratischen Konservatismus. Vor allem gesellschaftspolitisch, aber auch ökonomisch ist er rechts vom säkularen skandinavischen Konservatismus angesiedelt. Auf dem Felde sozialer Dienstleistungen hätte man der SPD gerne zugetraut, dass sie einiges an Korrekturen setzt und dies in einen Zusammenhang bringt mit der Entwicklung der Dienstleistungsgesellschaft. Chancen boten sich, da das auf den männlichen Normalarbeitnehmer ausgerichtete Sozialversicherungssystem der heutigen Arbeitswelt schon lange nicht mehr gerecht wird und die subsidiär familienbasierte Sozialpolitik weder den Erwartungen auf gute Vereinbarkeit von Familie und Beruf Rechnung trägt noch in der Lage ist, der Entstehung von Armutskarrieren an der Quelle entgegenzuwirken. Tatsächlich jedoch übernahm die SPD die konservativ-familienbasierte Ausrichtung des zunächst westdeutschen und dann gesamtdeutschen Sozialstaates und später auch die Dogmen konservativ-neoliberaler Finanzpolitik. Nur vereinzelt hat sie diesen Denkrahmen verlassen; dem neoliberalen Mainstream konnte sie ergo auch wenig entgegensetzten. Die oben vorgetragenen Befunde zu den politischen Mehrheitsverhältnissen und ihrer Entwicklung legen den Schluss nahe, dass die in der deutschen Sozialdemokratie bis heute fehlende Geschlechterbalance eine wesentliche Erklärung dafür liefert, dass der Anspruch, soziale Gerechtigkeit mit Wirtschaftskompetenz zu verbinden, nicht eingelöst wird.

---

[168] Vgl. dazu den Bericht von Claus Hecking „Islands Rächer der Krisenopfer" über die Arbeit des Chefermittlers Hauksson in der FTD am 2. Oktober 2010 (http://www.ftd.de/finanzen/maerkte/anleihen-devisen/:agenda-islands-raecher-der-krisenopfer/50175771.html).

[169] In der aus der Kaupthing Bank hervorgegangenen Arion Bank etwa steht seit dem 20. Mai 2010 Monika Caneman einem Board auf Directors vor, dem drei Frauen und drei Männer angehören (Arion Bank: Annual Report 2010: 144).

Die Entwicklung des skandinavischen Wohlfahrtsstaates gründet auf der jahrzehntelangen strukturellen Dominanz der politischen Linken. Die konzeptionelle Entwicklung und die politisch-institutionelle Umsetzung des Modells in den skandinavischen Kernländern Dänemark, Norwegen und Schweden ab den 30er Jahren ist der politischen Linken als Verdienst zuzuschreiben. Warum in Island trotz struktureller Dominanz der Konservativen und in Finnland trotz konkordanzpolitischer Gegebenheiten mit Regenbogenkoalitionen, die sich schwer nach politischen Lagern sortieren lassen, einige Jahrzehnte später ein gleich gelagerter Typ von Sozialstaat ausgebildet wurde, verlangt freilich nach differenzierten Erklärungen. Man findet sie in gemeinsam geteilten Werten, die auf eine lange gemeinsame Geschichte verweisen. Dann in einem engen Zusammenspiel von Nähe und Distanz über den Nordischen Rat und last but not least in der Rolle, die Frauen in der Politik einnahmen und einnehmen. Die starke Präsenz und das immer wieder praktizierte Aufbegehren von Frauen stellt sich bei der Suche nach den Akteuren als das einigende Band heraus. Auch in den skandinavischen Ländern wird Politik mehr von Männern als von Frauen gestaltet. Das Gewicht, das Frauen einbringen, ist jedoch vergleichsweise hoch. Deutschland fällt nicht nur graduell ab. In den untersuchten Bundesländern besetzen Frauen in den Vertretungsorganen von Gemeinden, Städten und Kreisen im Schnitt nur rd. eine von fünf Ratspositionen. Sie erreichen damit nicht die kritische Masse, die benötigt wird, um substanziell Einfluss zu nehmen. Dies ist in den skandinavischen Ländern anders. Die Frauenanteile bewegen sich zwischen einem Drittel in Dänemark und an die 40 Prozent und darüber in Norwegen und Schweden. Hier wie dort sind Frauen im linken politischen Bereich stärker vertreten als bei den Mitte-Rechts-Parteien. Die Unterschiede haben sich jedoch in Finnland, Island, Norwegen und Schweden bis auf eine Distanz von wenigen Prozentpunkten eingeebnet.

Die in Skandinavien relativ gute Geschlechterbalance ist ein gegenüber Deutschland wesentlicher Unterschied, denn damit kommen männliche und weibliche Sichtweisen relativ ausgewogen zum Zuge. Dies hat Einfluss auf die Problemwahrnehmung, die Themenwahl, die Bearbeitung der Themen und die gesamte politische Kultur. Die in Skandinavien hohe und in Deutschland geringe Bedeutung sozialer Dienstleistungen dürfte sich nicht zur Gänze, wohl aber zu Teilen daraus erklären. Als bemerkenswert ist festzuhalten, dass Frauen bei der deutschen Sozialdemokratie prozentual schwächer vertreten sind als bei skandinavischen Konservativen wie Liberalen. Deutsche Konservative und Liberale wiederum bewegen sich, was den Frauenanteil unter ihren kommunalen Mandatsträgern angeht, auf dem Niveau der schwedischen Rechtspopulisten und unter den Niveaus der anderen rechtspopulistischen Parteien. In der thematischen Verengung der FDP auf „Markt und Steuersenkung" spiegelt sich, so betrachtet, auch wider, dass das Koordinatensystem dieser Partei einseitig männergeprägt ist.

# 3. Aufgaben, Ausgaben und die Finanzen des Kommunalsektors

Der Stellenwert kommunaler Selbstverwaltung drückt sich gleichermaßen in den Kompetenzen aus, die den Kommunen formal zugewiesen sind wie in den Finanzmitteln, die ihnen für die reale Ausgestaltung ihres Kompetenzrahmens zur Verfügung stehen. Aufgaben, Ausgaben, Finanzausstattung und nutzbare Spielräume für eigenverantwortliche Einnahmengewinnung hängen eng zusammen. Die nachfolgende Darstellung liefert zu dem Gesamtbereich einen Überblick. Sie setzt sich aus systematischen und empirischen Teilen zusammen. Die systematischen Teile betreffen die Struktur der von Kommunen wahrgenommenen Aufgaben sowie die Struktur der Finanzierungsquellen hinsichtlich ihrer Gemeinsamkeiten wie Unterschiede. Beides kann nur grob skizziert werden. Ziel ist es, die Gemeinsamkeiten zu erkennen und Unterschiede nicht nur zu benennen, sondern dem Grunde nach zu verstehen. Die empirischen Teile verorten die kommunale Aufgabenwahrnehmung im gesamtstaatlichen Kontext. Da es in den skandinavischen Ländern einen höheren Grad der Kommunalisierung von Aufgaben gibt, würden Äpfel mit Birnen verglichen, wenn nicht an den Anfang gerückt würde, welche Finanzmittel für die Wahrnehmung einer bestimmten staatlichen Aufgabe insgesamt sowie in der Verteilung nach Kommunen und anderen staatlichen Ebenen eingesetzt werden und was an öffentlicher Beschäftigung damit verbunden ist. Diese Relationen im Übersichtsteil deutlich zu machen, ist umso notwendiger, als sich die Folgekapitel mit einzelnen Dienstleistungsbereichen allein aus der kommunalen Perspektive befassen. Die übergeordnete Ebene rückt dabei in den Hintergrund.

### 3.1 Kommunale Aufgabenstruktur im Vergleich

Länder mit langen Traditionen kommunaler Selbstverwaltung sind bei den Aufgaben, die von der lokalen Regierungsebene wahrgenommen werden, durch einen Fundus an Gemeinsamkeiten geprägt. Es kennzeichnet die kommunale Selbstverwaltung, dass die Aufgaben der Kommunen nicht begrenzt sind auf einen feststehenden Aufgabenkanon. Gemäß dem Prinzip der Allzuständigkeit gehört alles, was die örtliche Gemeinschaft betrifft, zu ihren

Aufgaben. Tauchen neue Probleme oder neue öffentliche Bedürfnisse auf, werden sie zunächst vor Ort als Herausforderung wahrgenommen und erfahren Antworten. Die Antworten können, müssen aber nicht zur Institutionalisierung neuer resp. einer geänderten Aufgabenwahrnehmung führen. Dabei steht die kommunale Ebene selten für sich allein. Wichtig ist die Interaktion mit der überörtlichen Politik. Dies ergibt sich bereits aus den grundlegenden Merkmalen kommunaler Selbstverwaltung. Becker (1989: 184) unterscheidet drei Merkmale: *„(1) Regelung in eigener Verantwortung (2) im Rahmen der Gesetze (3) funktionale Verwaltung, d.h. vollziehende Tätigkeit."* Zielt das politische Wollen auf der lokalen Ebene in einem durch Bundes- und/oder Landesgesetz geregelten Bereich in eine andere Richtung als gesetzlich vorgeben, so sind dem kommunalen Tätigwerden enge Grenzen gesetzt. Nur wenige Kommunen werden in einer solchen Situation den Konflikt wagen in der Hoffnung, Anstöße für die Weiterentwicklung übergeordneter Politik zu setzen.

Die deutsche Rechtswissenschaft hat sich intensiv der Aufgabe gewidmet, die Vielfalt der in Kommunen wahrgenommenen Aufgaben rechtsdogmatisch so zu ordnen, dass die Aufgaben, die unter die grundgesetzlich geschützten Selbstverwaltungsaufgaben fallen, eindeutig von denen geschieden werden können, die dem Schutzraum entzogen sind. Eine Denkrichtung zieht den Kreis sehr eng bereits dort, wo Kommunen Pflichtaufgaben wahrnehmen, die Weisungselemente beinhalten. Nach anderer Auffassung fallen auch die weisungsgebundenen Pflichtaufgaben in den Bereich kommunaler Selbstverwaltung.[170] Die hier eingenommene Position geht dahin, dass rechtsdogmatisch eindeutige Zuordnungen gar nicht möglich sind. Becker (1989) arbeitet dies gut heraus. Er verweist darauf, dass das Zuständigkeitsmerkmal der kommunalen Selbstverwaltung formal gebunden ist an Gemeinde als territoriale Einheit. Im materiellen Sinne sind die Angelegenheiten der örtlichen Gemeinschaft, für die das Allzuständigkeitsprinzip gilt, dann gleichermaßen positiv wie negativ definiert. Positiv gewendet ist die Gemeinde zuständig für alle öffentlichen Angelegenheiten, die örtlich bedingt sind. Negativ gewendet entfällt ihre Regelungszuständigkeit überall dort, wo sich Bund oder Länder Verwaltungsaufgaben zur eigenen Ausführung vorbehalten haben. Aus diesem Spannungsverhältnis von positiver und negativer Begriffsbestimmung erwächst eine *„Zirkelschlusssituation"*. Sie ist *„bis heute nicht aufgelöst"*

---

[170] Zu Vertretern der einen wie der anderen Denkrichtung siehe bei Gern (1994: 137ff.) die dort angegebene Literatur. Gern selbst gehört der ersten Denkrichtung an. Er verneint, dass sich Weisungsabhängigkeit mit der Gewährleistung des Art. 28 II GG verträgt. Der grundgesetzliche Schutz setze Eigenverantwortlichkeit voraus. Mit dem Vorliegen staatlicher Weisungsrechte vertrage sich dies nicht (a.a.O.: 143).

(Becker 1989: 185) und nach der hier vertretenen Auffassung auch gar nicht auflösbar. Entscheidend ist, dass die Gemeinde nicht nur formal-rechtlich, sondern tatsächlich über einen Wirkungskreis verfügt, den sie in eigener Verantwortung gestalten kann. Will eine Stadt etwa das Andenken an eine wichtige Persönlichkeit pflegen, die in der Stadt geboren wurde oder hier länger ihre Wirkungsstätte hatte, so sollte sie tatsächlich in der Lage sein, zwischen verschiedenen Handlungsalternativen (Benennung einer Straße oder eines Platz nach der Person, Abhaltung von Gedenkfeiern, Schaffung einer Gedenkstätte usw.) zu wählen resp. diese zu kombinieren. Die Aufgaben wiederum, die ihr pflichtig durch Gesetz zur Erfüllung auferlegt sind, fallen nicht dort aus dem Bereich der Selbstverwaltung heraus, wo sie Weisungselemente beinhalten. Die Kommunalverwaltung ist Teil der gesamten öffentlichen Verwaltung, wobei die neuere Entwicklung dahin geht, dass auch Mischverwaltungen zwischen Bund und Kommunen verfassungsrechtlich zugelassen sind.[171] Bei der Bereitstellung öffentlicher Güter über die öffentliche Verwaltung müssen sich BürgerInnen darauf verlassen können, dass einerseits bestimmte Standards überall gelten, andererseits aber auch örtlichen Besonderheiten Rechnung getragen wird. Auch hier also existiert ein Spannungsfeld, das nicht abstrakt, sondern nur praktisch-politisch auflösbar ist. Die Entwicklung der Verkehrsinfrastruktur mag als Exempel dienen. Die Verkehrsmittelwahl hängt genauso am Angebot wie an den Determinanten, die

---

[171] Bei der Umsetzung der „Hartz-Reformen" konnte sich die Politik nicht für eine einheitliche Struktur der Betreuung von Langzeitarbeitslosen entscheiden. Vor der Reform waren die Zuständigkeiten dahingehend geteilt, dass die kommunalen Sozialämter für die Betreuung arbeitsloser Sozialhilfeempfänger und die Bundesanstalt für Arbeit für die Langzeitarbeitslosen zuständig war, die Arbeitslosengeld oder Arbeitslosenhilfe erhielten. Mit der Abschaffung der Arbeitslosenhilfe und der gleichzeitigen Abschaffung von Zumutbarkeitskriterien, fallen heute alle Langzeitarbeitslosen unter die Regelungen der Grundsicherung (ALG II) und müssen jede nicht sittenwidrige Arbeit annehmen. Die Frage der Zuständigkeit wurde im Sinne von Regel und Ausnahme entschieden. Im Regelfall sind Jobcenter, in denen die Kompetenzen der Bundesbehörde – sie heißt jetzt Bundesagentur für Arbeit – zusammengeführt sind mit den kommunalen Kompetenzen, zuständig. Alternativ können Kommunen auf Antrag hin als sogenannte Optionskommunen auch alleine zuständig sein. Das Bundesverfassungsgericht wertete die Jobcenter-Organisation als unzulässige Form der Mischverwaltung (Urteil vom 20. Dezember 2007, BVerfGE 119, 331) und gab der Politik vor, bis zum 31. Dezember 2010 einen verfassungskonformen Zustand herzustellen. Dies ist mit Einfügung des Artikel 91e in das Grundgesetz (GG i.d.F. vom 21.07.2010) erfolgt. In Absatz I heißt es: *„Bei der Ausführung von Bundesgesetzen auf dem Gebiet der Grundsicherung für Arbeitsuchende wirken Bund und Länder oder die nach Landesrecht zuständigen Gemeinden und Gemeindeverbände in der Regel in gemeinsamen Einrichtungen zusammen."*

nachfrageseitig wirksam sind. Beides ist nicht unabhängig voneinander. Sehr relevant für die Verkehrsmittelwahl sind Sozialstruktur und Milieuprägungen. Dominieren materialistische Sozialmilieus, so dominiert das Besitzdenken, was Affinitäten Richtung Auto begünstigt. Die damit korrespondierende Stadt- und Verkehrsplanung ist autozentriert. Wachsen nun aber die Milieus, die ihre Verkehrsmittelwahl wertebasiert (Umweltbelastung mindern) oder zweckrational (bequem, schnell, sicher und preisgünstig von A nach B kommen) treffen, so nimmt die Attraktivität des Autos als städtischem Verkehrsmittel ab. Die Stadtpolitik kann dies ignorieren und an einer autozentrierten Politik festhalten. Sie kann andersherum ihre Infrastrukturpolitik aber auch so ändern, dass die Verkehrsmittel des Umweltverbundes (Fuß- und Radverkehr, ÖPNV) so attraktiv werden, dass der Umstieg vom Auto auf umweltfreundlichere Verkehrsmittel erleichtert wird. Kluge Gesetzgebung eröffnet einen ausreichend großen Spielraum für Handlungsalternativen und setzt zugleich Standards. Standards etwa für die Straßenunterhaltung wie auch für die Vorhaltung eines Radwegenetzes, das für Radfahrer ausreichende Sicherheit bietet usw. Manche der Standards können flächendeckend zur Anwendung kommen, andere nicht. Beispielsweise hängt die Nutzbarkeit des Fahrrads auch an der Topografie. Liegt die Stadt an einem Berghang, so fehlen die Voraussetzungen dafür, dass sich das Fahrrad zu einem Massenverkehrsmittel entwickelt. An diesem hier nur angerissenen Beispiel ließe sich im Einzelnen durchdeklinieren, warum bei Pflichtaufgaben allein der Umstand, dass Weisungen vorliegen, noch wenig darüber sagt, ob dies den Gestaltungsspielraum der Kommune einengt. Zeigt das Gesetz aus einem Stand des Wissens heraus, der den einer einzelnen Kommune übersteigt, Handlungsalternativen auf, kann dies den örtlichen Diskurs um die beste Politik sogar beflügeln; es gerät dann ein erweitertes Spektrum an Gestaltungsmöglichkeiten in den Blick.

Die Spielräume, die einer Gemeinde für eigene Gestaltung verbleiben, ordnen sich in einem Kontinuum zwischen den Polen von eigenverantwortlicher Entscheidung über das Ob und Wie und reiner Auftragsausführung. Im Bereich der pflichtigen Selbstverwaltung, wo der Gemeinde ein bestimmter Wirkungskreis zur Selbstverwaltung übertragen wurde, steht das „Ob" nicht mehr zur Disposition. Die Selbstverwaltung beschränkt sich hier auf das „Wie" im Rahmen der Gesetze. Die Gesetze wiederum können das „Wie" voll in die Kompetenz der Gemeinde legen oder Vorgaben machen. Die Vorgaben können sich auf die Ziele beziehen, die erreicht werden sollen, sie können Handlungsalternativen benennen oder die Art der Ausführung vorgeben. Werden die Ziele vorgegeben, eröffnet sich für die Kommune ein Freiraum für die Ausgestaltung des Wie. Sie trägt dann aber auch die Verantwortung für die Zielerreichung. Erteilt das Gesetz konkrete Weisungen zur Gesetzesausführung, so sinkt gleichermaßen der Gestaltungsspielraum der Kommune wie auch die Verantwortung, wenn die im Gesetz vorgegebene Ausführung nicht geeignet ist, die Ziele zu erreichen, die das Gesetz proklamiert. Am Pol der Auftragsangelegenheiten agieren Kommunen als staatliche Vollzugsorgane. Ein Beispiel ist die Durchführung von Bundes-, Landes- und Europawahlen. Damit diese Wahlen allgemein, gleich und frei sind, müssen überall die gleichen Regeln zur Anwendung kommen. Selbstverwaltung liegt gleichwohl auch bei Auftragsangelegenheiten noch vor. Die Gemeinde nämlich entscheidet darüber, wo sie Wahllokale einrichtet. Sie rekrutiert die Wahlhelfer, schafft Möglichkeiten zur vorzeitigen Stimmabgabe über die Briefwahl und gestaltet den Rahmen, in dem dann über die örtlichen Ergebnisse berichtet wird.

Die Spielräume, innerhalb derer eine Gemeinde ihre Aufgabenwahrnehmung ausgestaltet, sind landesrechtlich unterschiedlich geregelt und auch im gleichen Bundesland keine fixe Größe, sondern ändern sich laufend. Zum einen ändern sich die gesetzlichen Grundlagen. Aus einer freiwilligen Selbstverwaltungsaufgabe kann eine Pflichtaufgabe werden; eine bislang vom Land wahrgenommene Aufgabe kann auf die Kommunen übertragen werden. Auch die Steuerungslogik kann sich ändern. Statt Details festzulegen, kann der Gesetzgeber Ziele fixieren und die BürgerInnen mit einklagbaren Rechten ausstatten. All das auf den Begriff zu bringen, ist äußerst schwierig. Vorteilhaft erscheint deshalb die Wahl einer einfachen Klassifikation, die breit angelegt und flexibel in der Handhabung ist.

### 3.1.1 Gemeinsamkeiten

Von kommunaler Selbstverwaltung kann nur dort gesprochen werden, wo eine rechtlich selbständige Gemeinde bei der Aufgabenwahrnehmung über folgende Basiskompetenzen verfügt:

- **Personalhoheit:** Recht, das Personal auszuwählen, anzustellen, zu befördern und zu entlassen.

- **Organisationshoheit**: Recht zur eigenen Gestaltung der Verwaltungsorganisation.

- **Planungshoheit**: Recht, Bauleitpläne (Flächennutzungs- und Bebauungspläne) in eigener Verantwortung aufzustellen, um das Gemeindegebiet zu ordnen und zu gestalten.

- **Rechtsetzungshoheit**: Recht, kommunale Satzungen zu erlassen.

- **Finanzhoheit**: Recht zu eigenverantwortlicher Einnahmen- und Ausgabenwirtschaft.
- **Steuerhoheit**: Recht zur Erhebung von Steuern im Rahmen übergeordneter Gesetze.

Die Basiskompetenzen stellen eine erste Gemeinsamkeit dar, wobei oben bereits angesprochen wurde, dass skandinavische Gemeinden bei den Basiskompetenzen über einen größeren Spielraum verfügen als deutsche Gemeinden.[172]

Für die örtlichen Aufgaben, die eine Gemeinde unter Einsatz ihrer Basiskompetenzen wahrnimmt, gilt: Sie müssen einen öffentlichen Zweck erfüllen, also im engen und weiteren Sinn dem dienen, was in Deutschland traditionell mit dem Begriff der „Daseinsvorsorge" belegt ist. Oben hatten wir die Unterscheidung zwischen eigenem und übertragenem Wirkungskreis thematisiert. Beim übertragenen Wirkungskreis sind die Kommunen mit der Erfüllung pflichtig übertragener Aufgaben befasst. Dies teilweise in der Art, dass sich in einem kommunalen Amt oder Fachbereich verschiedene Funktionen mischen. Das Umweltamt ist dann gleichermaßen für Umweltaufgaben im Rahmen der Gesetze, für freiwillige Umweltschutzaktivitäten und für die Wahrnehmung der Funktion der unteren staatlichen Naturschutzbehörde zuständig. Historisch gesehen hat der Umfang von Pflichtaufgaben und von Auftragsangelegenheiten immer mehr zugenommen. Dies gilt für Deutschland wie für die skandinavischen Länder. Aus dem Blickwinkel einer idealtypischen Konstruktion kommunaler Selbstverwaltung als staatsfreier Zone erscheint dies problematisch. Kommunen sind aber Teil staatlicher Organisation und Verwaltung. Entscheidend ist deshalb, ob mit dem Wachstum der Pflichtaufgaben die kommunalen Ressourcen so mitwachsen, dass sie den erweiterten Aufgaben gerecht werden können. In Deutschland (vgl. unten) ist diese Bedingung nicht gegeben.

Hinter der Zunahme von Pflichtaufgaben steht nicht einfach ein Wachstum kommunaler Aufgaben, sondern beides: die Übertragung neuer Aufgaben und die Übertragung von früher durch Land oder Bund erbrachter Leistungen. In Letzterem zeigt sich ein Trend zur Dezentralisierung staatlicher Aufgabenwahrnehmung. Dieser Trend existiert in Deutschland ebenso wie in den skan-

---

[172] Bei der Personalhoheit etwa existieren Bestimmungen, die die kommunale Flexibilität in einer Weise einengen, die sachlich schwer begründbar ist. Stellenobergrenzenverordnungen sind zu nennen. In der Vergangenheit hatten diese nicht zuletzt die Funktion, Zugangsbarrieren für qualifizierte BewerberInnen mit atypischen Berufswegen zu errichten. Im Ergebnis kam es zu einer Einengung bei der Berufsvielfalt, die in Skandinavien fehlt, da die personellen Rekrutierungsmuster breiter angelegt sind.

dinavischen Ländern. In den skandinavischen Ländern – Schweden ist an erster Stelle zu nennen – waren die 90er Jahren von teilweise weitgreifenden Dezentralisierungen geprägt. Sie waren nicht durchweg segensreich. In bestimmten Bereichen weist die Entwicklung daher zurück in Richtung der Stärkung überörtlicher wie zentraler Kompetenzen. Rechtsdogmatische Bemühungen, bei Pflichtaufgaben trennscharf zwischen verschiedenen Typen zu unterscheiden, habe ich oben zurückgewiesen. Hier ist interessant, dass derartige Typenbildungen dem skandinavischen Denken fremd sind. Aufgaben sind entweder verpflichtend oder freiwillig. Wo eine Verpflichtung vorliegt, sind meist auch die Ziele und die zu erfüllenden Qualitätsnormen definiert. Die Regelungsphilosophie mischt Steuerungsmodi in einer Weise, die in Deutschland selten praktiziert wird, sich in der Praxis jedoch als höchst effizient erweist. Am Beispiel der „Wartezeiten" in kommunalen Kliniken sei der Mechanismus erläutert. Seit dem 1. Juli 2002 gibt es in Dänemark – in Norwegen, Schweden und Finnland bestehen mittlerweile ähnliche Regelungen – eine garantierte Wartezeit von maximal 2 Monaten bei planbaren Operationen (vgl. Heintze 2007c: 72ff.). Damit die Kommunen gezwungen sind, die Wartezeiten bestmöglich einzuhalten, werden erstens Wartezeitenüberschreitungen dokumentiert und publiziert. Dies schafft Transparenz, sichert aber noch keine guten Ergebnisse. Hinzu kommt die Einführung erweiterter Patientenrechte und die Verpflichtung zur Beschäftigung unabhängig agierender Ombudsmänner/-frauen. Diesen obliegt es, die Patienten über ihre Rechte aufzuklären und bei der Wahrnehmung derselben zu unterstützen. Bei überlangen Wartezeiten haben Patienten nun das Recht, sich auf Kosten der Kommune in einer Privatklinik behandeln zu lassen oder auf (öffentliche oder private) Kliniken im europäischen Ausland ausweichen. Da Kommunen in diesen Fällen neben den Behandlungs- auch noch die Reisekosten tragen müssen, ist der Anreiz groß, überlange Wartezeiten auf ein Mindestmaß zu reduzieren und kostengünstige Puffer vorzuhalten.[173]

---

[173] Dazu haben die dänischen Kliniken sukzessive Kooperationsabkommen abgeschlossen. Beispielsweise wurde am 13. Februar 2007 zwischen dem Universitätsklinikum Schleswig-Holstein und den größten dänischen Krankenhäusern ein Kooperationsvertrag zur Behandlung von Krebspatienten abgeschlossen (PM von Dr. Anja Aldenhoff-Zöllner, Stabstelle für Presse- und Öffentlichkeitsarbeit des Universitätsklinikums Schleswig-Holstein vom 12.02.2007: http://idw-online.de/pages/de/news195878; Zugriff: 14.02.2007).

*Tabelle 10: Vergleich der kommunalen Aufgabenstruktur*

| Aufgabe | Pflichtig | | | Freiwillig | |
|---|---|---|---|---|---|
| | DG | T-DG | SKAN | DG | DE |
| Meldewesen, Öffentliche Ordnung, Feuerwehr, Katastrophenschutz | X | | | | |
| Frühe Hilfen für Eltern und Kinder | | | X | | X |
| Kindertagesstätten (ab 1. Lebensjahr) | X | | | | |
| Sonstige Kinder- und Jugendhilfe; Kinderschutz, Jugendheime… | X | | | | |
| Sonstige soziale Dienstleistungen (Hilfen für Erwachsene, Jobcenter…) | | X | | | |
| Primar- und Sekundarschulwesen: Bauliche Infrastruktur, Haustechnik | X | | | | |
| Primar- und Sekundarschulwesen: Lehrbetrieb | | X | | | |
| Bibliotheken, Volkshochschulen, Musikschulen | | | X | | X |
| Öffentliches Gesundheitswesen (Hygiene, Seuchenschutz, Schulgesundheitsdienst; Prävention, Psychologische Beratung, Drogenbehandlung) | | | X | | |
| Gesundheitliche Primärversorgung | | | X | | |
| Häusliche Pflege- und Alltagsunterstützung von Senioren/Strukturplanung | | X | | | X |
| Alten- und Pflegeheime | | | X | | X |
| Kliniken | | X | | | |
| Stadtplanung und Stadtgestaltung (Straßen, Wege, Plätze, Parks, Radwege) | X | | | | |
| Sozialer Wohnungsbau, Wohngeldstelle | | X | | | |
| Ver- und Entsorgung (Wasser, Abwasser, Abfall, Straßenbeleuchtung); ÖPNV… | X | | | | |
| Umwelt- und Naturschutz | X | | | | |
| Sportstätten, Schwimmhallen | | | | X | |
| Theater, Oper, Ballett, Konzertbetrieb | | | | X | |
| Museen, Archive, Sammlungen | | | | X | |

**Legende:** DG = Deckungsgleichheit, T-DG = Teilweise Deckungsgleichheit
**Lesehilfe:** Bei Kindertagesstätten und der sonstigen Kinder- und Jugendhilfe liegt gleichermaßen in Deutschland wie in den skandinavischen Ländern eine kommunale Pflichtaufgabe vor, daher deckungsgleich. Bei Bibliotheken, Volkshochschulen wie auch Musikschulen handelt es sich in Deutschland um freiwillige Selbstverwaltungsaufgaben, in Skandinavien überwiegend um Pflichtaufgaben. Daher wird dieses Feld bei Skandinavien (SKAN) als pflichtig und bei Deutschland (DE) als freiwillig gekennzeichnet.
**Quelle:** Eigene Darstellung

Wie aus *Tabelle 10* ersichtlich, gibt es bei den kommunalen Aufgaben ein hohes Maß an Deckungsgleichheit. Zahlreiche Aufgaben im Bereich von Ordnung, Sicherheit und allgemeiner Verwaltung, im Sozialbereich, im Bildungs- und Gesundheitsbereich sowie bei Umwelt, Stadtentwicklung, Verkehrsinfrastruktur und den technischen Diensten der Ver- und Entsorgung sind gleichermaßen in Skandinavien wie in Deutschland von den Städten, Gemeinden und Kreisen zu erfüllen. Beim großen Feld der sozialen Dienstleistungen bestehen bei den Pflichtaufgaben des Kinder- und Jugendschutzes Gemeinsamkeiten, ebenso bei Kindertagesstätten. Teilweise Deckung gibt es auch bei Aufgaben der Arbeitsförderung. Gesundheitsdienstleistungen dagegen werden über sehr unterschiedliche Systeme erbracht. In Deutschland haben Kommunen Zuständigkeiten nur dort, wo es um kollektive Schutzmaßnahmen gegen z.B. die Ausbreitung von Seuchen geht oder um Maßnahmen der Gruppenprophylaxe (schulzahnärztlicher Dienst) an öffentlichen Bildungseinrichtungen. Für diese Leistungen sind ebenso wie in den skandinavischen Ländern die Gesundheitsämter zuständig. Da das Aufgabenspektrum kommunaler Gesundheitsämter in Deutschland jedoch enger gefasst ist, liegt (vgl. Tab. 10) bei den Gesundheitsämtern nur teilweise Deckungsgleichheit vor.

Welche freiwilligen Aufgaben eine Kommune wahrnimmt, richtet sich nach ihrer (finanziellen) Leistungsfähigkeit und wird vom örtlichen politischen Willen bestimmt. Die eine Kommune mag stark auf Kultur setzen, während die andere Sport und Freizeiteinrichtungen favorisiert. Die Frage, wo Kommunen effektiv den größten Gestaltungsspielraum für freiwillige Selbstverwaltungsaufgaben haben, lässt sich anhand der rechtlichen Gegebenheiten nicht beantworten. Einerseits stehen der Wahrnehmung freiwilliger Aufgaben in den skandinavischen Ländern weniger einengende rechtliche Regelungen entgegen als in Deutschland.[174] Andererseits sind eine Reihe von Aufgaben, die in Deutschland dem Bereich der freiwilligen Aufgaben zuzurechnen sind, in zumindest einigen skandinavischen Ländern pflichtig gestellt. In Dänemark reicht die Liste von der Stadtbücherei über die Smilie-Kennzeichnung von Restaurants bis zu flächendeckenden Vorsorgebesuchen bei jungen Eltern. Der Fundus an Gemeinsamkeiten ist trotzdem groß. Kultur, Sport und

---

[174] Für die Einengung sorgt das deutsche Sparten- und Subsidiaritätsdenken ebenso wie rechtliche Regeln der Privilegierung von Privatinteressen gegenüber öffentlichen Interessen. Beispiel Kommunales Krankenhaus. In Skandinavien ist es selbstverständlich, dass die in der Regel von Landkreisen betriebenen Kliniken über fachärztliche Ambulanzen verfügen. Würde ein deutsches Kreiskrankenhaus auf den Einfall kommen, fachärztliche Ambulanzen anzubieten, wäre der Plan bei derzeitiger Gesetzeslage zum Scheitern verurteilt. Die privat niedergelassenen Fachärzte würden ein solches Tätigwerden nicht zulassen; über die rechtlichen Hebel verfügen sie.

Wirtschaftsförderung sind zu nennen. Viele der hier erbrachten freiwilligen Leistungen liegen im Interesse einer lebenswerten und sich nachhaltig entwickelnden Stadt. Werden die Angebote aus Spargründen zurückgefahren, resultieren Einschränkungen, die keineswegs banal sind. Beispiel Schwimmbad. Schwimmbadschließungen sind in Deutschland als Folge von Sparpolitik an der Tagesordnung, Für die Bevölkerung im Einzugsgebiet resultieren nicht nur Einbußen an Lebensqualität. Wo es keine gegen geringe Eintrittsgelder nutzbaren Schwimmbäder mehr gibt, wächst unter benachteiligten Kindern die Gruppe derjenigen, die die Kulturtechnik des Schwimmens nicht mehr erlernt. Dies ist ein weiterer Baustein im Voranschreiten sozialer Spaltung Auch sinken für breite Bevölkerungskreise die Möglichkeiten, durch regelmäßiges Schwimmen etwas für die eigene Gesundheit zu tun.

*3.1.2 Unterschiede*

„Die nordischen Modelle waren nie marktwirtschaftlich gedacht, sondern als gesellschaftliche Visionen." *(Lindholm 2008: 25)*[175]

In Teilbereichen bestehen bei der Aufgabenstruktur und Aufgabenwahrnehmung gravierende Unterschiede.[176] Sie betreffen den schulischen Bereich, das Gesundheitswesen und den Pflege- wie Altenservicebereich. Im schulischen Bereich gibt es in Skandinavien einheitliche, in Deutschland geteilte operative Zuständigkeiten. Das Schulwesen wurde in Skandinavien soweit kommunalisiert, dass die Entscheidungen über die Sach- wie Personalausstattung heute vor Ort erfolgen. In Deutschland gibt es Schritte in diese Richtung. Der Bildungsföderalismus erweist sich jedoch als Hemmschuh. Traditionell bestehen gemischte operative Zuständigkeiten zwischen Land (Zuteilung von Lehrkräften) und Kommunen (Schulträger). In dem Maße wie in Deutschland die Kommunalisierung von Bildung voranschreitet, wird dieser Unterschied voraussichtlich an Gewicht verlieren. Vergleichbares ist bei der Erbringung von Gesundheitsleistungen, von Pflegeleistungen und sonstigen sozialen Leistungen absehbar nicht zu erwarten. In Skandinavien haben alle Einwohner Anspruch auf Leistungen der Gesundheitsfürsorge sowie der Pflege und Alltagsunterstützung im Alter. Geschlecht, Familienstand und Erwerbsstatus sind irrelevant, der individuelle Bedarf und das öffentliche

---

[175] Mikael R. Lindholm ist gebürtiger Schwede mit Studium der Journalistik in Dänemark. Er arbeitete für verschiedene Zeitungen wie Zeitschriften und war Chefredakteur des Think Tanks Mandag Morgen.

[176] Siehe in Tabelle 10 die Spalte 3 mit der Gegenposition in Spalte 5.

Präventionsinteresse zählen. Diese vom Grundsatz her universalistische Ausrichtung macht die Kommunen zu zentralen Schaltstellen für alle sozialen Dienstleistungen, was die Planung und integrierte Erbringung der Leistungen entlang des Lebenslaufes von Individuen ermöglicht. Systeme mit großen Gemeinsamkeiten bestehen bei der Pflege älterer Menschen, die als kommunale Pflichtaufgabe ausgeprägt ist (vgl. Heintze 2012). Bei den auf die Prävention, Behandlung und Nachbehandlung von Erkrankungen gerichteten Gesundheitsleistungen gibt es Unterschiede. So erfolgt die primäre Gesundheitsversorgung[177] in Finnland, Island und Schweden über kommunale Gesundheitszentren mit ergänzendem Privatsektor. In Dänemark und Norwegen dagegen müssen sich die BürgerInnen zwischen freier Arztwahl mit Kostenerstattung und dem Anschluss an das öffentlich organisierte Hausarztsystem entscheiden. Beim Hausarztsystem – es wird von über 90 Prozent der Bevölkerung genutzt – bestehen Vertragsbeziehungen zwischen Kommune und privaten Hausarztpraxen. Die Zuständigkeit für Kliniken ist auf regionaler Ebene bei den Counties resp. bei kommunalen Zweckverbänden angesiedelt. Davon abweichend gehören die Kliniken in Norwegen seit 2002 zum Geschäftsbereich des Gesundheitsministeriums; dazu wurden Gesundheitsregionen gebildet.[178]

Das deutsche Gesundheits- wie Pflegesystem fußt auf gänzlich anderen Prinzipien. Bei der Pflege, erst recht bei der Alltagsunterstützung wird davon ausgegangen, dass diese weitestgehend über die Familie erfolgt, so dass professionelle Pflege nur in geringem Umfang erforderlich wird. Bei den Gesundheitsdienstleistungen besteht ein Doppelsystem aus Sozialversicherung und privater Vollversicherung. Das Sozialversicherungssystem basiert auf dem Bedarfsprinzip, das private Versicherungssystem ist risikoorientiert. Kassen und Gesundheitsdienstleister organisieren die Gesundheitsversorgung im Wege der Selbstverwaltung. Dabei haben sie in dem vom Gesetzgeber geschaffenen Rechtsrahmen die Gesundheitsversorgung der Bevölkerung – rd. 85 Prozent der Einwohner sind über die gesetzlichen Kassen versichert – flächendeckend

---

[177] Die zentrale Unterscheidung ist nicht die zwischen ambulanter und stationärer Versorgung, sondern die zwischen primärer, sekundärer und tertiärer Versorgung. Entscheidend dafür ist der Schweregrad der Erkrankung. Diese Struktur verweist auf eine verglichen mit Deutschland anders gelagerte Grundphilosophie. Es ist die Philosophie des geringsten effektiven Pflege- und Behandlungsniveaus (NEIN-Prinzip). Nach diesem Prinzip soll dort, wo Pflege prioritär ist, nicht Medizin zum Einsatz kommen und dort, wo Allgemeinmedizin geboten ist, nicht Spezialistenmedizin usw. Auf der primären Ebene findet sich Pflege und Allgemeinmedizin, auf der sekundären kommen Spezialisten dazu.

[178] Zu Detailinformationen siehe Heintze 2007c.

sicherzustellen. Ambulante und stationäre Leistungen sind im deutschen Gesundheitssystem relativ strikt getrennt, wobei Kommunen in den ambulanten Bereich nur am Rande eingebunden sind: einmal über die Notfallambulanzen kommunaler Kliniken und dann über die Erbringung von Beratungsleistungen (Drogenberatung, Psychologische Beratung). Im stationären Bereich spielen kommunale Häuser neben freigemeinnützigen traditionell allerdings eine große Rolle. Sie wurde über Privatisierungsprozesse erheblich geschliffen. Die Verschlechterung der Finanzierungsbedingungen (Rückzug der Länder aus der Investitionsfinanzierung, Fallpauschalen statt Kostendeckung) bei gleichzeitiger Ökonomisierung fungiert als Hebel für die Schaffung von Privatisierungszwängen.

Die konträren Systeme sind Ausfluss der oben angesprochenen unterschiedlichen Sozialstaatsausprägungen. Deutschland (Westdeutschland) entwickelte nach 1945 das konservative, auf männlicher Statussicherung gegründete Modell Bismarckscher Prägung weiter. Dies betrifft das korporatistische Institutionengeflecht genauso wie die Finanzierung der sozialen Absicherung der ArbeitnehmerInnen über paritätische Beiträge von ArbeitnehmerInnen und Arbeitgebern. Zur konservativen Ausgestaltung gehört, dass Sorge- und Fürsorgetätigkeiten nicht als partnerschaftlich zwischen Familienangehörigen und dem öffentlichen Gemeinwesen zu erbringende Leistungen betrachtet werden. Angestrebt ist ein hoher Familiarisierungsgrad, wobei unterstellt ist, dass es sich durchweg um gering qualifizierte Tätigkeiten handelt. Die Notwendigkeit der Professionalisierung bis hin zur Semi-Akademisierung wird nur für wenige Tätigkeitsbereiche bejaht. Öffentliche Sozialfürsorge soll subsidiär dort zum Einsatz kommen, wo Familie, soziale Netzwerke und Wohlfahrtsverbände als Leistungserbringer ausfallen. In der traditionellen westdeutschen Industriegesellschaft mit männlichem Hauptenährer und nur geringfügig in das Erwerbssystem eingebundenen Ehefrauen funktionierte das deutsche Sozialmodell relativ gut. Für eine breite Mittelschicht bot es eine gute soziale Absicherung bei wenig Armut. Westeuropäische Gegenmodelle fanden sich sowohl in Großbritannien, wo nach 1945 das Gesundheitssystem verstaatlicht worden war, wie auch in den skandinavischen Kernländern. Schweden wurde zum Vorzeigemodell eines egalitären Wohlfahrtsstaates, der für Konservative und frühe Neoliberale jedoch ein Hassobjekt erster Güte war.[179]

---

[179] Bei Wilhelm Röpke (1958) klingt dies so: *„Unter diesen langsam weiterfressenden Geschwüren unserer westlichen Wirtschaft und Gesellschaft stehen zwei obenan: das anscheinend unaufhaltsame Fortschreiben des Wohlfahrtsstaates und jene Aushöhlung des Geldwertes, die man als schleichende Inflation bezeichnet. Beide hängen aufs engste miteinander zusammen, in ihren Ursachen und ihrer wechselseitigen Förderung."* Der

Anders als im konservativ-korporatistischen Modell organisiert der egalitäre Wohlfahrtsstaat Finanzierung und Leistungserbringung auf einer weitgehend vereinheitlichten Rechtsgrundlage. Dies mit einem Egalisierungsanspruch, der dem auf Statussicherung ausgerichteten konservativen Modell fremd ist. Zudem, das deutsche Modell ist vom Markt her gedacht. Der auf Preissignalen basierende Marktmechanismus wird als das anderen Entscheidungsverfahren grundsätzlich überlegene Modell betrachtet, was in den Schlachtruf mündet: *So viel Markt wie möglich; so viel Staat wie nötig.* „Soziale Marktwirtschaft" als ideologischer Überbau bringt genau dies zum Ausdruck. Das Konzept zielt ordnungspolitisch auf den Vorrang der kapitalistischen Marktwirtschaft. Staatshandeln soll sich auf Zweierlei beschränken: Zum einen die Herstellung der Funktionsbedingungen eines kapitalistischen Systems über die Institutionen des Rechtsstaates, ein bestimmtes Niveau an technischer Infrastruktur und die Gewährleistung einer für die Markt-Bedürfnisse hinreichend gesunden und gut ausgebildeten Bevölkerung. Zum zweiten die Organisierung eines nachgeschalteten sozialen Korrektivs. Wo dem Markt prinzipielle Überlegenheit zugesprochen wird, steht nur die staatliche Leistungsbereitstellung unter Rechtfertigungszwang. Begründet wird staatliches Handeln dann mit dem Vorliegen von Marktversagen, weil auch bei gesellschaftspolitischen Bedarfen das Denken vom Markt her seinen Ausgang nimmt. Gegenläufig dazu ist es im Bezugsrahmen der skandinavischen Modellentwicklung irrelevant, ob Marktversagen vorliegt. Entscheidend ist, ob die Bevölkerung sich im Wege demokratischer Wahlakte dafür ausgesprochen hat, eine Aufgabe von gesamtgesellschaftlicher Bedeutung als öffentlich wahrzunehmende Aufgabe zu betrachten. An die Stelle des Marktes tritt die demokratische Entscheidung. Analoges gilt für das Verhältnis von Familie zu Staat. Auch hier begründet sich staatliches Handeln nicht aus dem Versagen von Familien, sondern aus dem Anspruch, Individuen und damit auch deren

Grund seien die von *„den Sozialdemagogen"* vorgetragenen Versprechungen des Wohlfahrtsstaates. Das entfesselte Gleichheitsstreben mache den *„Raub(en) durch den Stimmzettel" „fast zur Gewohnheit"* und unterhöhle *„die Grundlagen einer freien und ergiebigen Wirtschaft und Gesellschaft"*. Was könne man anderes erwarten, als dass *„die Schweden, einst für ihre Lebenslust bekannt, (...), heute im Paradies des Wohlfahrtsstaates sich durch ungewöhnlich hohe Selbstmordziffern und sonstige Symptome eines erschreckenden Grades an Überdruß, Unbehagen und Langeweile auszeichnen (...)."* Röpke kommt zu dem Schluss: *„Eines von beiden wird (...) weichen müssen: das freie Gesellschafts- und Wirtschaftssystem oder der heutige Wohlfahrtsstaat"* (zitiert nach dem Nachdruck von 2009, S. 114 bis 213). Die Verlagsanstalt des Handwerks als Herausgeber preist das Werk als „Klassiker der Sozialen Marktwirtschaft". Dies sollte zu denken geben, fußt die Argumentationslinie doch auf der Aneinanderreihung von Versatzstücken altkonservativen bis reaktionären Denkens.

Familien in bestimmten Phasen ihres Lebens durch öffentliche Serviceangebote zu unterstützen. Dementsprechend ist es normal und wird nicht als Makel empfunden, wenn Individuen die sozialen Dienstleistungen ihrer Kommune nutzen. Diese sind nicht auf Kontrolle und das Herausfiltern derjenigen, die „versagen" fokussiert, sondern auf praktische Unterstützung in allen Lebensbelangen. Auch wenn die egalitäre Ausrichtung des skandinavischen Modells in der jüngsten Entwicklung Risse erhalten hat, zehren die fünf nordischskandinavischen Länder doch weiter davon, dass die Entwicklung des Wohlfahrtsstaates nicht von einem idealisierten Markt her gedacht ist, sondern die Vision einer Gesellschaft beinhaltet, wo der Staat über die Kommunen Dienstleistungen in gesellschaftlichen Bedarfsfeldern für alle BürgerInnen bereitstellt. Dies unterstützt die volle Erwerbsbeteiligung, damit ökonomische Selbständigkeit von Frauen ebenso wie ihre politische Teilhabe. Die gesellschaftlichen Potentiale werden im Ergebnis breiter genutzt.

Als Schlussfolgerung ergibt sich: Dort, wo skandinavische Kommunen Dienstleistungen erbringen, die in Deutschland jenseits kommunaler Tätigkeit liegen, lassen sich wertvolle Erkenntnisse zur Leistungsfähigkeit unterschiedlicher Systeme gewinnen. Die Vergleichbarkeit ist eingeschränkt. Betroffen von Nichtvergleichbarkeit sind die ambulante Gesundheitsversorgung und Teilsegmente sonstiger sozialer Leistungen. Dort jedoch, wo pflichtige Aufgabenwahrnehmung in Skandinavien freiwilliger Aufgabenwahrnehmung in Deutschland begegnet, können die Ergebnisse hinsichtlich dessen, was mit der unterschiedlichen Ausgestaltung kommunaler Aufgabenwahrnehmung geleistet wird, sehr wohl verglichen werden.

*3.2 Aufgaben und Ausgaben nach der internationalen Klassifikation von Staatsaufgaben (COFOG) – Kommunen im gesamtstaatlichen Kontext*

Wenn wir Antworten auf die Frage suchen, welche Finanzmittel die Staaten in der Abgrenzung von General Government (Gebietskörperschaften und Sozialversicherungen) für öffentliche Aufgaben insgesamt und getrennt nach staatlichen Ebenen ausgeben, stehen unterschiedliche Rechensysteme zur Verfügung. Auf der nationalen Ebene liefert die Finanzstatistik[180] ein umfassendes Bild der finanziellen Auswirkungen aller Staatsaktivitäten. Dies unabhängig davon, ob es sich um staatliche Kernaufgaben handelt oder um wirtschaftliche Aktivitäten, bei denen der Staat auf Feldern, denen er eine

---

[180] Zum Stand der Entwicklung der Finanzstatistik siehe u.a. Rehm 2006.

strategische Bedeutung beimisst, selbst Unternehmen eignet und betreibt. Für einen internationalen Vergleich sind die finanzstatistischen Daten allerdings nur bedingt geeignet, denn sie basieren auf je unterschiedlichen Traditionen der Ausprägung öffentlicher Leistungen und ihrer statistischen Abbildung. Außerdem sind die Buchungsregeln der Finanzstatistik andere als die der Volkswirtschaftlichen Gesamtrechnung (VGR). Dies führt bereits auf nationaler Ebene zu je nach Rechensystem unterschiedlichen Ergebnissen. Beispielsweise bucht die Finanzstatistik nach dem Prinzip der Kassenwirksamkeit, während bei der Volkswirtschaftlichen Gesamtrechnung die Buchung gemäß der ökonomischen Entstehung von Ausgaben und Einnahmen erfolgt.[181] Da sich das Staatshandeln in den ökonomischen Kreislauf einfügt und mit der Systematik der Volkswirtschaftlichen Gesamtrechnung ein international vereinheitlichtes System vorliegt, ist es sinnvoll, mit der ökonomischen Abbildung des Sektors Staat hier anzudocken. Erforderlich ist dazu ein statistisches System, das Staatsaufgaben einheitlich gliedert und mit einem vergleichbaren Ausgabenbegriff arbeitet. Das System zur Klassifizierung von Staatsfunktionen COFOG (=Classification of the Functions of Government) stellt sich dieser Aufgabe. Die COFOG-Klassifikation zielt auf eine verbesserte, weil international abgestimmte Abbildung des Sektors Staat, soweit es sich um Nicht-Marktproduktion handelt. Teilsektoren des Staates sind in Deutschland der Bund, die Bundesländer, die Gemeinden und ihre Zweckverbände sowie die Sozialversicherungen. Hinzu kommen die mit der Wahrnehmung öffentlicher Aufgaben betrauten Einrichtungen des Bundes und der Länder wie etwa die Bundesagentur für Arbeit oder diverse nicht direkt einem Ministerium unterstehende öffentlich-rechtliche Institute. Einrichtungen der öffentlichen Hand mit Erwerbszweck, damit die am Markt operierenden öffentlichen Unternehmen, weist die VGR dagegen dem Privatsektor zu. Bei den Ländern, wo wie in Norwegen am Markt tätige Staatsunternehmen eine bedeutende Rolle spielen, ergibt sich eine Unterschätzung der staatlichen Aktivität.[182]

---

[181] Bei der Erfassung der Ausgaben für eine Investitionsmaßnahme führt dies zu folgender Differenz: Die VGR bucht die Ausgaben nach dem Baufortschritt, die Finanzstatistik so, wie die Rechnungen bezahlt werden. Wird die Maßnahme im Jahr 2011 abgeschlossen, die Rechnung aber erst im Jahr 2012 beglichen, so findet die finanzstatistische Buchung im Jahr 2012, die nach VGR jedoch im Jahr 2011 statt.

[182] Auch innerhalb der westlichen Demokratien gibt es national sehr unterschiedliche Ausprägungen von Staatlichkeit. Die Unterschiede betreffen das Vorhandensein und das Entwicklungsniveau von Wohlfahrtsstaatlichkeit. Während die USA nur Ansätze von Wohlfahrtsstaatlichkeit entwickelt haben, gibt es in den fünf skandinavischen Ländern einen umfassenden Wohlfahrtsstaat. Der zweite Aspekt betrifft die Frage, über welchen Steuerungsmodus staatliche resp. öffentliche Leistungen erbracht werden. Zwar ist staat-

Dies muss bedacht werden. Der große Vorteil des COFOG-System besteht in der Einbindung in das europäische System Volkswirtschaftlicher Gesamtrechnungen (ESVG95) resp. auf OECD-Ebene in das SNA-93-Konzept (Systems of National Accounts) der Vereinten Nationen.[183] Beide Konzepte stimmen überein.[184] Während es sich bei SNA93 jedoch um Empfehlungen handelt, ist ESVG95 verbindlich etabliert. Mit ESVG95 ist die Verwendung europaweit einheitlicher Konzepte, Definitionen und Buchungsvorschriften gewährleistet. Die Konzepte sind mit der Wirtschafts- und Sozialstatistik abgestimmt. Damit wird es möglich, Ergebnisse verschiedener Datenquellen miteinander zu verknüpfen.

Das COFOG-System unterteilt staatliche Aufgaben anhand einer dreistufigen Klassifikation in 10 Aufgabenbereiche. Auf der zweiten Stufe sind 69 Aufgabengruppen und über die dritte Stufe 109 Aufgabenklassen nachgewiesen. Der Detaillierungsgrad nimmt somit von Stufe zu Stufe zu. *Tabelle 11* gibt einen Überblick zu den 10 Aufgabenbereichen, wobei die Aufgabengruppen der zweiten Ebene nur mit Blick auf kommunale Relevanz dargestellt sind.[185] Gesehen werden muss, dass der Detaillierungsgrad der COFOG-Gruppen nicht an den der Finanzstatistik heranreicht. Die Finanzstatistik bleibt damit ein unverzichtbares Informationsinstrument, denn sie liefert zum öffentlichen Sektor Informationen, die die Volkswirtschaftliche Gesamtrechnung trotz verbesserter Abbildung des Staates nicht liefern kann. Den Rahmen

---

liche Steuerung traditionell hierarchisch geprägt. Staatlichkeit mit hierarchischer Steuerung gleichzusetzen, geht jedoch fehl. Die Steuerung kann sowohl in Richtung der Organisierung eines Quasi-Marktes unter Einsatz ökonomischer Entscheidungskriterien wie in Richtung aktiver Einbindung der Adressaten staatlicher Leistungen verschoben sein. Praktisch-empirisch resultieren daraus unterschiedlichste Mischformen. Der dritte Aspekt betrifft die Frage der Abgrenzung des Staates. Bei einer weiten Fassung wird dem Staat alles zugeordnet, was sich in öffentlichem Eigentum befindet und direkter öffentlicher Steuerung unterliegt. Auch am Markt tätige Unternehmen, die ganz oder überwiegend in öffentlichem Besitz sind, zählen dann zum Staat resp. sind Teil des öffentlichen Sektors. Demgegenüber umfasst der Staat im engeren Sinne nur die Gebietskörperschaften und die Einrichtungen und Unternehmen, über die die Gebietskörperschaften die direkte Organisationsgewalt haben. Auch die Sozialversicherungen zählen zum Staat im engeren Sinne, während am Markt tätige Staatsunternehmen außen vor bleiben.

[183] Nach den internationalen Abgrenzungskriterien (ESVG95 und SNA) wird die umfassende Abgrenzung der öffentlichen Finanzwirtschaft mit dem Begriff des öffentlichen Sektors belegt, während der Sektor Staat nur die Wirtschaftseinheiten umfasst, die öffentliche Aufgaben erfüllen.

[184] ESVG95 überträgt das SNA-93-Konzept in den europäischen Raum.

[185] Der Aufgabenbereich Verteidigung etwa ist nirgends als kommunale Aufgabe ausgeprägt; eine Betrachtung der zweiten Klassifikationsebene erübrigt sich folglich.

*Tabelle 11: Erfassung von Staatsaufgaben nach der COFOG-Klassifikation*

| Gliederung staatlicher Aufgaben Hauptabteilungen und wichtige erste Untergruppen[1] ||
|---|---|
| **GR01 Allgemeine Verwaltungsdienste** ||
| **GR02 Verteidigung** ||
| **GR03 Öffentliche Sicherheit und Ordnung** ||
| 03-01: Polizeidienste | 03-03: Gerichte |
| 03-02: Feuerwehr | 03-04: Justizvollzug |
| **GR04 Wirtschaftliche Angelegenheiten** ||
| 04-01: Allgemeine Wirtschaftsanliegen | 04-05: Verkehr |
| 04-02: Land- und Forstwirtschaft, | 04-06: Nachrichtenwesen |
| 04-03: Energie | 04-07: Andere Wirtschaftstätigkeit |
| 04-04: Bergbau, Warenproduktion, Bauwesen | 04-08: Forschung und Entwicklung |
| **GR05 Umweltschutz** ||
| 05-01: Abfallentsorgung | 05-04: Arten- und Landschaftsschutz |
| 05-02: Abwasserbeseitigung | 05-05: Forschung und Entwicklung |
| 05-03: Vermeidung und Beseitigung von Umweltverunreinigungen | 05-06: Sonstiger Umweltschutz |
| **GR06 Wohnungswesen und kommunale Einrichtungen** ||
| 06-01: Wohnungswesen | 06-04: Straßenbeleuchtung |
| 06-02: Raumplanung | 06-05: Forschung und Entwicklung |
| 06-03: Wasserversorgung | 06-06: Sonstiges |
| **GR07 Gesundheit** ||
| 07-01: Medizinische Erzeugnisse, Geräte und Ausstattung | 07-03: Stationäre Versorgung |
| | 07-04: Gesundheitsamt |
| 07-02: Ambulante Versorgung | 07-05: Forschung und Entwicklung |
| **GR08 Freizeit, Kultur und Religion** ||
| 08-01: Freizeit und Sport | 08-04: Religion und andere Gemeinschaftsangelegenheiten |
| 08-02: Kulturelle Dienstleistungen | |
| 08-03: Rundfunk, Verlage | 08-05: Forschung und Entwicklung |
| **GR09 Bildung** ||
| 09-01: Vorschule und Primarbildung | 09-05: Übergeordnete Bereiche |
| 09-02: Sekundarstufe I | 09-06: Hilfsleistungen |
| 09-03: Postsekundar, nicht-tertiär | 09-07: Forschung und Entwicklung |
| 09-04: Tertiäre Bildung | 09-08 Sonstiges |
| **GR10 Sozialschutz** ||
| 10-01: Krankheit u. Erwerbsunfähigkeit | 10-05: Arbeitslosigkeit |
| 10-02: Alterssicherung | 10-06: Wohnungshilfen |
| 10-03: Hinterbliebenenversorgung | 10-07: Sonstige soziale Hilfen |
| 10-04: Familien und Kinder | 10-08: Forschung und Entwicklung |

1) Das Gros der Leistungen gilt als individuell zurechenbar. Bei Bildung fallen darunter die Gruppen 09.1 bis 09.6 (Eurostat COFOG-Manual 2007: 42).
**Quelle:** Eurostat COFOG Manual 2007: 165-198; eigene Darstellung

allerdings, innerhalb dessen bei internationalen Vergleichen die aus der Finanzstatistik stammenden Detailbefunde zu interpretieren sind, setzt COFOG. Dies zumal die COFOG-Daten um mögliche Doppelerfassungen bereinigt sind. Die Finanzströme zwischen den Staatssektoren müssen bei der Berechnung der Ergebnisse für den Sektor Staat insgesamt (General Government) eliminiert werden. Zuweisungen, die Gemeinden zur Finanzierung ihrer Aufgaben von anderen Staatssektoren – in Deutschland kann es sich um Bundesländer, den Bund wie auch um Sozialversicherungen handeln – erhalten, werden bei den Gemeinden als der Ebene, die die Mittel für die Wahrnehmung ihrer Aufgaben tatsächlich ausgibt, erfasst (Eurostat-COFOG-Manual 2007: 28). Derzeit ist das COFOG-System nur für die 10 Obergruppen voll umgesetzt; die Lieferung tiefer gegliederter Daten erfolgt freiwillig.[186] Deutschland und die skandinavischen Länder beliefern Eurostat zwar auch mit Daten zur zweiten Klassifikationsebene, diese werden von Eurostat aber nur lückenhaft publiziert. Da das Statistische Bundesamt keine Statistiken staatlicher Ausgaben nach Sektoren in der COFOG-Gliederung publiziert, sondern nur selektiv Einzeldaten[187] aufführt, sind Daten zur zweiten und dritten Klassifikationsebene für Deutschland im Ergebnis nicht verfügbar. Die statistischen Ämter der nordisch-skandinavischen Länder andererseits publizieren die Daten teilweise (Island) bis zur dritten Klassifikationsebene. Innerskandinavisch liegen damit halbwegs vergleichbare Daten vor. Vorausgesetzt ist, dass die Datengenerierung den methodischen Vorgaben entspricht, was nicht durchgängig der Fall zu sein scheint.[188] Bislang nicht in das Eurostat-System integriert ist die Darstellung des staatlichen Personals in der Zuord-

---

[186] Zur Selbstdarstellung der Situation in den verschiedenen Mitgliedsländern vgl. die Länderbeiträge in Deroose/Kastrop (2008). Die EU-Kommission hat sich zur schleppenden Umsetzung der vereinheitlichten Klassifikation immer wieder kritisch geäußert. Das Projekt komme nur voran, *„when Member States do not object, and large Member States such as Germany, France and the United Kingdom are still working to compile or complete their datasets"*, heißt es im Report on „Quality of Public Finances Issues" vom Mai 2007 (a.a.O.: 28). Als Vorreiter bei der Umsetzung werden die Niederlande und die drei skandinavischen EU-Mitglieder aufgeführt: *„Denmark, the Netherlands, Finland and Sweden provided the most comprehensive sets of information"*, lautet die Feststellung (a.a.O.: 31).

[187] So enthält der Bildungsfinanzbericht des Statistischen Bundesamtes Angaben zu den öffentlichen Bildungsausgaben im Rahmen der Volkswirtschaftlichen Gesamtrechnung.

[188] So ist Island in der Eurostat-Statistik teilweise enthalten. Die Daten weichen jedoch von denen der nationalen Statistik ab. Dänemark und Norwegen wiederum erfassen die Kinderbetreuung komplett unter der Hauptabteilung „Soziales". Nach den COFOG-Regeln müsste dieser Bereich jedoch zwischen Bildung (Kitas für die ab Dreijährigen) und Soziales (Krippenbetreuung) aufgespalten werden.

nung zu den COFOG-Aufgabenbereichen. Die skandinavischen Statistiken leisten dies teilweise (Dänemark, Schweden) bereits, Deutschland aber nicht. *Tabelle 12* stellt dar, welche volkswirtschaftlichen Ressourcen 2008, damit im Jahr vor dem Durchschlagen der weltweiten Wirtschafts- und Finanzkrise, in Deutschland, den skandinavischen EU-Mitgliedsländern und zum Vergleich im EU15-Durchschnitt für die staatliche Aufgabenwahrnehmung insgesamt und die der Kommunen eingesetzt wurden. Wie ersichtlich, setzten die Länder der EU15-Gruppe 3,3 BIP-Prozente mehr als Deutschland für staatliche Aufgaben ein. Umgerechnet entsprach dies einem Betrag von 82,2 Mrd. €. Die nordischen Länder setzten noch einmal deutlich mehr für Zwecke des Gemeinwohls ein als der EU15-Durchschnitt. Hätte der deutsche Staat 2008 auf

*Tabelle 12: Inanspruchnahme volkswirtschaftlicher Ressourcen (% des BIP) für die Aufgaben des Staates insgesamt und der Kommunen 2008 in Deutschland, der EU15 und den skandinavischen EU-Mitgliedern*

| Aufgaben nach COFOG | Deutschland | | Dänemark | | Finnland | | Schweden | | EU15 | |
|---|---|---|---|---|---|---|---|---|---|---|
| | GG | LG | GG | LG | GG | LG | GG | LG | GG | LG |
| 01 Allgemeine Verwaltung | 5,5 | 1,1 | 6,7 | 1,4 | 6,6 | 3,0 | 7,4 | 2,8 | 6,4 | 1,7 |
| 02 Verteidigung | 1,0 | | 1,5 | | 1,5 | | 1,5 | | 1,5 | |
| 03 Öffentliche Ordnung | 1,6 | 0,3 | 1,0 | 0,1 | 1,3 | 0,3 | 1,4 | 0,2 | 1,7 | 0,5 |
| 04 Wirtschaftliche Angelegenheiten | 3,5 | 0,8 | 2,9 | 1,3 | 4,7 | 1,5 | 4,9 | 1,5 | 4,1 | 1,3 |
| 05 Umweltschutz | 0,6 | 0,4 | 0,5 | 0,3 | 0,3 | 0,1 | 0,4 | 0,2 | 0,8 | 0,6 |
| 06 Wohnungswesen | 0,7 | 0,4 | 0,5 | 0,3 | 0,4 | 0,2 | 0,7 | 0,6 | 1,0 | 0,8 |
| 07 Gesundheitswesen | 6,7 | 0,1 | 7,8 | 7,7 | 7,0 | 5,8 | 6,9 | 6,7 | 7,0 | 1,5 |
| 08 Freizeit, Kultur | 0,7 | 0,4 | 1,6 | 0,9 | 1,1 | 0,8 | 1,0 | 0,8 | 1,1 | 0,7 |
| 09 Bildung | 3,9 | 1,2 | 7,0 | 3,5 | 5,9 | 4,0 | 6,8 | 5,3 | 5,2 | 2,1 |
| 10 Soziales | 19,8 | 2,4 | 22,3 | 18,0 | 20,4 | 4,9 | 21,2 | 6,6 | 18,6 | 2,4 |
| **Insgesamt** | **44,0** | **7,3** | **51,7** | **33,5** | **49,3** | **20,5** | **52,2** | **24,7** | **47,3** | **11,5** |

**Legende:** GG = General Government (Gebietskörperschaften und Sozialversicherung insgesamt); LG = Local Government (Kommunalsektor)
**Quelle:** Eurostat, Datensatz „Ausgaben des Staates nach Aufgabenbereich, COFOG99" [gov_a_exp]; Update: 22.02.2011

die eigene Wirtschaftskraft bezogen so viel an Geldmitteln für Staatsaufgaben eingesetzt wie Finnland, dann hätte er 132,1 Mrd. € mehr einsetzen müssen, in Relation zu Schweden gar 204,3 Mrd. € mehr. Nicht nur die Staatsausgabenquote liegt in Deutschland deutlich unter skandinavischen Niveaus; auch der Anteil, den Kommunen daran haben, ist gering. Nur 7,3 Prozent des BIP entfielen 2008 auf die Ausgaben des Kommunalsektors gegenüber 33,5 Prozent in Dänemark und immerhin noch 20,5 Prozent in Finnland. Wertet man die Höhe der Kommunalausgaben bezogen auf das BIP als Indikator für die Bedeutung kommunaler Selbstverwaltung, dann ist es um diese in Deutschland nicht zum Besten bestellt. Im EU15-Durchschnitt liegen die Ausgaben des Kommunalsektors mit 11,5 Prozent des BIP deutlich höher. Bei der Verteilung nach Staatsebenen kommt die föderale Komponente ins Spiel. Der Anteil an den gesamtstaatlichen Ausgaben von nur 16 Prozent, der in Deutschland auf die Kommunen entfällt, ist gleichwohl sehr niedrig. Zwar muss gesehen werden, dass in den Bundesländern zwischen Land und Kommunen unterschiedliche Muster der Aufgabenverteilung existieren. Trotz der Variabilität, die dadurch ins Spiel kommt, haben wir in den skandinavischen Ländern jedoch eine ganz andere Situation. In Dänemark dominiert die lokale Regierungsebene die Staatsausgaben mit einem Anteil von fast zwei Dritteln; in Finnland sind es noch 42 Prozent. Zu berücksichtigen ist, dass hinter bestimmten Ausgaben unterschiedliche Prozesse stehen können. Der Staat kann Ausgaben tätigen für eigene Produktion, kann Leistungen einkaufen, kann Geldtransfers mit und ohne Einflussnahme auf deren Verwendung an Haushalte und Unternehmen weiterreichen. In Deutschland handelt der Staat extrem transferlastig; dies selbst im Vergleich mit den anderen konservativen Sozialstaaten.[189] In den skandinavischen Ländern dagegen gibt es teilweise eine leichte Dominanz der staatlichen Dienstleistungen (incl. Investitionen) und teilweise eine annähernd gleiche Bedeutung.[190]

Betrachten wir näher, in welchen Aufgabenfeldern skandinavische Staatsausgaben wesentlich über dem deutschen Niveau liegen, so ergeben sich vier

---

[189] Während die Ausgaben pro Einwohner im skandinavischen Durchschnitt bei weniger als dem Doppelten des staatlichen Produktionswertes pro Einwohner liegen, erreicht Deutschland das 3,4fache. Nur in Österreich existiert eine vergleichbare Schieflage. Die anderen Vertreter des konservativen Sozialstaatstyps (Belgien, Frankreich, Luxemburg, Niederlande, Schweiz) liegen im Mittelfeld. Eurostat „Staatseinnahmen, -ausgaben und Hauptaggregate" [gov_a_main] mit Update vom 22.10.2012; eigene Auswertung.

[190] Dänemark gehört zur ersten Teilgruppe. Die Ausgaben für Dienstleistungsproduktion und öffentliche Investitionen lagen 2008 um 16 Prozent über den geldlichen Transferausgaben; Finnland und Schweden gehören zur zweiten Teilgruppe. In Schweden gibt es ein ausgewogenes Verhältnis; in Finnland lagen die Transferausgaben 2008 10 Prozent über den Ausgaben für eigene Produktionstätigkeit und öffentliche Investitionen.

Aufgabenbereiche, die zusammen mehr als die Hälfte (Finnland) bis annähernd die ganze Differenz (Dänemark) erklären. Für die Obergruppen 01 = Allgemeine Verwaltungsdienste, 08 = Freizeit, Kultur, 09 = Bildung und 10 = Soziales geben alle skandinavischen Länder mehr aus. Besonders groß ist die Differenz bei Bildung. Deutschland liegt hier um 2,7 BIP-Prozentpunkte unter dem skandinavischen Durchschnitt. Beim Aufgabenfeld Soziales sind es immerhin noch 1,5 und bei den Allgemeinen Verwaltungsdiensten 1,4 BIP-Prozentpunkte, die die skandinavischen Länder durchschnittlich im Jahr 2008 mehr ausgaben. Zwar fällt die Differenz bei den Ausgaben für Freizeit und Kultur mit 0,53 BIP-Prozentpunkten weit geringer aus. Um auf das skandinavische Niveau zu kommen, müsste Deutschland hier seine Ausgaben jedoch um über 75 Prozent steigern und im Bildungsbereich noch um 68 Prozent, während der Steigerungsbedarfs im Sozialbereich „nur" 10,4 Prozent beträgt. Mehr als die skandinavischen Länder gibt Deutschland für Sicherheit und Ordnung sowie für Umwelt und teilweise für das Wohnungswesen aus. Die Tabelle stellt die Entwicklung im Zeitablauf nicht dar. Im Zeitverlauf ergibt sich eine in Skandinavien etwa gleich ausgeprägte Absenkung der Staatsausgabenquote wie in Deutschland. Die Differenzen bei den COFOG-Hauptabteilungen haben sich etwas verändert. So lag die Differenz bei den Allgemeinen Verwaltungsdiensten 1998 um einen Prozentpunkt höher als 2008 und hat sich auch bei Freizeit und Kultur leicht eingeebnet. Bei Soziales besteht Konstanz und bei Bildung ist Deutschland noch weiter zurückgefallen. Deutlich unterschiedlich haben sich die Gesundheitsausgaben entwickelt. In Deutschland handelt es sich primär um die Ausgaben der gesetzlichen Krankenkassen und in Skandinavien um die Ausgaben der Gebietskörperschaften für den öffentlichen Gesundheitsdienst. Ihr BIP-Anteil lag in Deutschland 1998 bei 6,1 und stieg bis 2008 auf 6,7 Prozent. Skandinavien verzeichnet einen stärkeren Anstieg von durchschnittlich 6,1 Prozent (1998) auf 7,2 Prozent (2008). Zu beachten ist, dass abgesehen von Finnland der öffentliche Finanzierungsanteil in den skandinavischen Ländern höher liegt als in Deutschland.[191]

---

[191] Nach den Daten der Eurostat-Gesundheitsstatistik, die die Gesundheitsausgaben breiter fasst als COFOG, belief sich der private Finanzierungsanteil in Dänemark, Island, Norwegen und Schweden im Jahr 2008 auf Werte zwischen 13,5 Prozent (Norwegen) bis 17,6 Prozent (Schweden). In Deutschland und Finnland liegt der Anteil bei über 20 Prozent (DE: 22,6%; FI: 25,8%). Dabei ist zu berücksichtigen, dass die gesamten Gesundheitsausgaben bezogen auf das BIP in Finnland deutlich niedriger sind als in Deutschland (DE: 10,3%; FI: 8%). Quelle: Eurostat Datensatz „Gesundheitsausgaben nach Kostenträgern" [hlth_sha_hf]; Update vom 01.02.2011.

Die beiden Nicht-EU-Mitgliedsländer Norwegen und Island fehlen in Tabelle 12. Bei beiden Ländern gibt es Verzerrungsmomente, die die Aussagekraft der Staatsausgabenquote beeinträchtigen.

- Die Norwegische Staatsausgabenquote fällt sehr unterschiedlich aus, je nachdem, ob der Verzerrungseffekt, der sich aus dem stark schwankenden und extrem hohen Außenbeitrag (Exporte minus Importe) ergibt, herausgerechnet wird oder nicht.[192] Während die Staatsausgaben pro Einwohner von 2004 bis 2008 um 25 Prozent stiegen, sank die Staatsausgabenquote um 5 Prozentpunkte auf 40,5 Prozent (2008). Die Staatseinnahmenquote ging dieser Entwicklung weder voraus noch folgte sie ihr, sondern stieg von 56,6 Prozent (2004) auf 59,3 Prozent (2008).[193] Ein beachtlicher Teil der Staatseinnahmen stammt aus Öl- und Gasgeschäften. Diese Gewinne fließen ganz überwiegend aber nicht in die laufende Staatsfinanzierung, sondern in den Aufbau eines Staatsfonds, der der langfristigen Finanzierung des Wohlfahrtsstaates dient.

- Bei Island gibt es anders gelagerte Verzerrungen. Die Staatsausgabenquote stieg von 41,3 Prozent (1998) auf 45,6 Prozent (2003), ging zurück auf 42,3 Prozent (2007) und machte im Krisenjahr 2008 dann einen gewaltigen Sprung auf 57,8 Prozent, um im Folgejahr auf 50,9 Prozent abzufallen. Die Volatilität, die sich hier zeigt, spiegelt nicht die tatsächliche Ausgabenentwicklung des Staates, sondern resultiert aus der zunächst spekulativen Aufblähung des BIP mit dann krisenhafter Entladung.

Island und Norwegen haben gemeinsam, dass die Rolle der Kommunen als Dienstleister bescheidener ist als bei den anderen skandinavischen Ländern. In der Spitze erreichten die Kommunalausgaben in Norwegen um die 18 Prozent des BIP. Die Rezentralisierung bei Gesundheitsdiensten verschob Anteile an den Zentralstaat. Im Krisenjahr 2009 gaben die Kommunen 15,3 Prozent des BIP für ihre Aufgabenwahrnehmung aus und die Staatsausgabenquote betrug insgesamt 46,3 Prozent. In Island liegt die kommunale Ausgabenquote bei nur 13 Prozent.

---

[192] 2008 etwa belief sich der Außenbeitrag auf 19,4 Prozent des BIP (Angabe nach: Royal Ministry of Finance: The National Budget 2010. A Summary, Oslo, S. 4). Die OECD nimmt teilweise eine Bereinigung vor, Eurostat nicht. Für die Internationale Bildungsberichterstattung kann dies trotz gemeinsamer Datenbasis von UNESCO, OECD und Eurostat gravierende Folgen haben. Für das Jahr 2008 etwa gibt die OECD (2011c: Indicator B4.1) die gesamten öffentlichen Bildungsausgaben mit 9,04 Prozent des BIP an, Eurostat aber mit nur 6,51 Prozent des BIP.

[193] Quelle: Eurostat, Datensatz „Staatseinnahmen, -ausgaben und Hauptaggregate" [gov_a_main] mit Update vom 22.10.2012.

Bei der Analyse kommunaler Dienstleistungen muss im Blick bleiben, wie sich gesamtstaatliches und kommunales Ausgabenniveau zueinander verhalten. Dies im Besonderen bei den Dienstleistungsbereichen, die in den Folgekapiteln näher beleuchtet werden. *Tabelle 13* stellt die Struktur zu den beiden Zeitpunkten 1998 und 2008 dar. Folgende Befunde sind hervorzuheben:

- Der Kommunalisierungsgrad von Ausgaben ist in Dänemark am höchsten. Schweden und Finnland folgen. In Island und Norwegen werden die Staatsaufgaben dagegen überwiegend zentralstaatlich wahrgenommen. Die Bedeutung des Kommunalsektors ist in Norwegen annähernd nur halb so groß wie in Dänemark und doppelt so groß wie in Deutschland. Letzteres relativiert sich jedoch mit Blick auf die Differenz der Staatsform (Einheitsstaat in Norwegen und föderaler Bundesstaat in Deutschland).

- In der Dekade von 1998 bis 2008 hat das Ausgabengewicht des Kommunalsektors in den meisten Ländern zugenommen. Prozesse der Dezentralisierung finden hier ihren Niederschlag. Die Ausgabenverschiebung Richtung Kommunen fällt in Deutschland gering aus (von 15,4% auf 16,1%), in Dänemark und Finnland dagegen groß (Dänemark: 56,5% auf 64,8%; Finnland: 35,3% auf 41,6%). Sowohl in Norwegen wie auch in Island gab es gegenläufige Prozesse der Rezentralisierung.

- Die Kommunalanteile nach den COFOG-Hauptabteilungen weisen kein einheitliches Muster auf. Auch innerskandinavisch sind die Unterschiede groß. Gemeinsam ist allen Ländern, dass die Staatsausgaben für Freizeit und Kultur überwiegend kommunale Ausgaben sind. In Schweden und Finnland ist dies besonders ausgeprägt. In den anderen Ländern wurden 2008 zwischen gut 56 Prozent (Dänemark) und knapp 68 Prozent (Island) der Ausgaben von den Kommunen getragen. Dies liegt auf deutschem Niveau. Bei den anderen Hauptabteilungen bestehen partielle Übereinstimmungen. So ist der Kommunalanteil bei den allgemeinen Verwaltungsdiensten in Deutschland, Dänemark und Island ungefähr gleich hoch und beim Wohnungswesen treffen sich Deutschland und Finnland tendenziell mit Anteilen zwischen 50 Prozent (FI) und 57 Prozent (DE).

Trotz der großen Unterschiede lassen sich innerhalb der Hauptgruppen Aufgabenbereiche identifizieren, die in vergleichbarem Umfang kommunalisiert sind. Bei Bildung fällt der Vorschulbereich darunter, bei Sozialem die ganze Kinder- und Jugendpolitik, bei Umwelt das Abfall- wie Abwassermanagement und bei den Wirtschaftlichen Angelegenheiten die Bereiche Verkehr und Energie.

*Tabelle 13: Anteil des Kommunalsektors an den gesamten Staatsausgaben nach COFOG-Hauptabteilungen 1998 und 2008*

| | DE | | DK | | FI | | IS | | NO | | SE | |
|---|---|---|---|---|---|---|---|---|---|---|---|---|
| | 1998 | 2008 | 1998 | 2008 | 1998 | 2008 | 1998 | 2008 | 1998 | 2008 | 1998 | 2008 |
| **Insgesamt** | 15,4 | 16,1 | 56,5 | 64,8 | 35,3 | 41,6 | 28,9 | 24,2 | 37,5 | 33,4 | 42,7 | 47,3 |
| 01 Allgemeine Verwaltung | 16,4 | 20,0 | 14,0 | 20,9 | 30,8 | 45,5 | 23,1 | 25,4 | 31,4 | 38,6 | 32,4 | 37,8 |
| 02 Verteidigung | 0,0 | 0,0 | 0,0 | 0,0 | 0,0 | 0,0 | 0,0 | 0,0 | 0,0 | 0,0 | 0,0 | 0,0 |
| 03 Öffentliche Ordnung | 17,6 | 18,8 | 10,0 | 10,0 | 21,4 | 23,1 | 19,9 | 9,2 | 18,2 | 11,1 | 21,4 | 14,3 |
| 04 Wirtschaftliche Angelegenheiten | 22,5 | 22,9 | 36,1 | 44,8 | 22,2 | 31,9 | 22,6 | 8,3 | 15,5 | 24,3 | 28,9 | 30,6 |
| 05 Umweltschutz | 85,7 | 66,7 | 50,0 | 60,0 | 33,3 | 33,3 | 64,8 | 47,8 | 80,0 | 83,3 | 100 | 50,0 |
| 06 Wohnungswesen | 55,6 | 57,1 | 28,6 | 60,0 | 40,0 | 50,0 | 85,3 | 82,4 | 85,7 | 100 | 41,2 | 85,7 |
| 07 Gesundheitswesen | 1,6 | 1,5 | 96,9 | 98,7 | 84,5 | 82,9 | 1,1 | 0,5 | 74,0 | 27,9 | 96,8 | 97,1 |
| 08 Freizeit, Kultur | 71,4 | 57,1 | 56,3 | 56,3 | 69,2 | 72,7 | 57,5 | 67,8 | 66,7 | 63,6 | 83,3 | 80,0 |
| 09 Bildung | 27,9 | 30,8 | 55,6 | 50,0 | 67,7 | 67,8 | 60,9 | 59,3 | 65,7 | 66,0 | 69,9 | 77,9 |
| 10 Soziales | 9,7 | 12,1 | 72,7 | 80,7 | 19,6 | 24,0 | 20,5 | 24,3 | 19,4 | 22,6 | 28,7 | 31,1 |

**Quellen:** Eurostat, Datensatz „Ausgaben des Staates nach Aufgabenbereich, COFOG99" [gov_a_exp]; Update vom 22.02.2011 und Iceland Statistics, National Accounts (Tabelle mit Code THJO); eigene Berechnung

Die Entwicklung, die die kommunalen Ausgaben bezogen auf das BIP im Längsschnitt genommen haben, kann nur mit Blick auf die wahrgenommenen Aufgaben beurteilt werden. In Schweden gab es in der ersten Hälfte der 90er Jahre Kommunalisierungen bei Bildung und Altenpflege. 1998 unterschied sich der Ausgabenanteil der Kommunen an den gesamtstaatlichen Bildungsausgaben mit knapp 70 Prozent nicht gravierend von den Werten der anderen skandinavischen Länder; diese bewegten sich zwischen 55,6 Prozent in Dänemark und 67,7 Prozent in Finnland (vgl. Tab. 13). Bis 2008 freilich hat sich die innerskandinavische Diskrepanz verdoppelt, denn während die Anteile in Finnland, Island und Norwegen stabil blieben, stiegen sie in Schweden auf fast 78 Prozent und sanken in Dänemark auf 50 Prozent. Auch das Aufgabenspektrum der deutschen Kommunen erfuhr seit Mitte der 90er Jahre eine Ausweitung. An erster Stelle zu nennen ist der Ausbau von Kindertagesstätten zunächst für die über Dreijährigen und jetzt für die unter Dreijährigen; dann die Übernahme von Aufgaben im Zusammenhang mit den Hartz-Reformen

Kommunalsektor 171

und der Grundsicherung für Ältere. Angemessene Finanzierung vorausgesetzt, wäre zu erwarten, dass parallel zur Aufgabenerweiterung auch die Ausgaben bezogen auf das BIP gewachsen sind. Zumindest müssten sie im Gleichschritt mit der BIP gewachsen sein. Tatsächlich jedoch liegt der Anteil mit 7,2 Prozent im Durchschnitt der Jahre 2005 bis 2008 um einen halben BIP-Prozentpunkt unter dem Durchschnitt der Jahre 1995 bis 1999. Dies entspricht dem Gegenwert von über 12 Mrd. €, die die Kommunen bei konstanter Quote heute mehr ausgeben würden. Theoretisch ist denkbar, dass sich bestimmte kommunale Aufgaben überlebt haben, so dass die neuen Aufgaben an ihre Stelle treten konnten. Auch an die Hebung von Effizienzreserven kann gedacht werden. Da sich die Ausgaben des deutschen Kommunalsektors im breiten europäischen Vergleich jedoch im hinteren Bereich bewegen (Platz 21 unter 29 Ländern im Jahr 2008), erscheint dies wenig plausibel. Dies umso mehr, wenn wir uns die illustre Ländergruppe vergegenwärtigen, wo die Kommunalausgaben bezogen auf das BIP noch geringer sind als in Deutschland. Abgesehen von Belgien finden wir hier mit Portugal, Spanien, Griechenland, der Slowakei und einigen Kleinststaaten (Luxemburg, Malta und Zypern) nur Länder, die als Referenz kaum taugen.

*Abbildung 3: Kommunale Ausgaben (% des BIP) im deutsch-skandinavischen Vergleich: 1995 bis 2010*

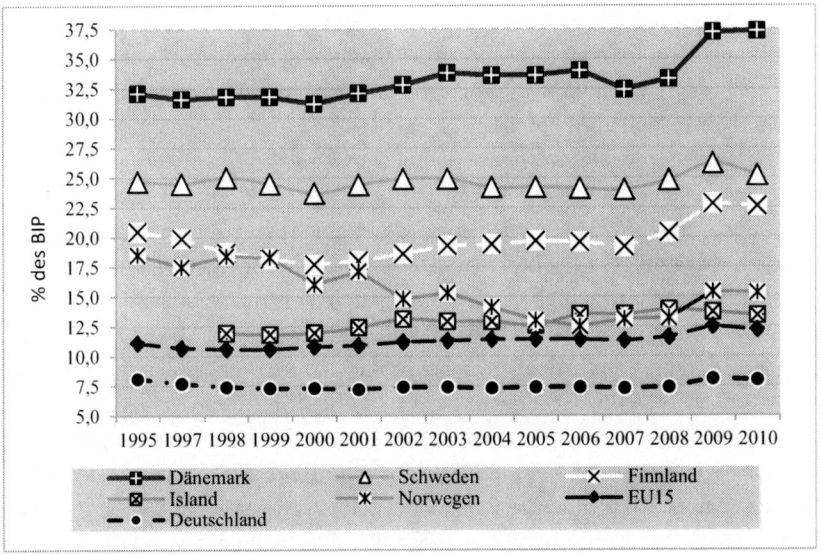

**Erläuterung:** Gesamtausgaben der Gemeinden (COFOG99) in % des BIP
**Quelle:** Eurostat, Datensatz mit Code Gov_a_exp; Update vom 20.07.2012

*Abbildung 3* zeigt die Entwicklung über 15 Jahre. Sie weist bei Deutschland ein bereits Mitte der 90er Jahre niedriges Niveau auf; dies auch im EU15-Vergleich. Selbst im Krisenjahr 2009 wurde lediglich das Niveau von 1995 wiedererreicht (8,1%). Den Gegenpol bildet Dänemark. Das Ausgangsniveau war 1995 auch für skandinavische Verhältnisse sehr hoch (32,1%). Trotzdem stieg der BIP-Anteil tendenziell weiter an: Der Einbruch der privaten Wirtschaftstätigkeit 2009 bewirkte einen regelrechten Sprung nach oben (von 33,3% auf 37,2%). In Schweden sind die Anteile im Zeitablauf relativ stabil geblieben, in Finnland gestiegen. Lag die Ausgabenquote finnischer Kommunen im Jahr 2000 noch um 6 BIP-Prozentpunkte unter denen von Schweden, sind es jetzt (2010) nur noch 2,6 BIP-Prozentpunkte.

Das Bruttoinlandsprodukt misst in Preisen bewertet das Volumen der Wirtschaftstätigkeit, wobei die Nicht-Markt-Leistungen des Staates mit ihren Produktionskosten in die Rechnung eingehen. Als Wohlstandsindikator taugt das Bruttoinlandsprodukt nicht. Um zum Wohlstand Aussagen zu machen, muss man die Verteilung ebenso betrachten wie die Quellen, aus denen sich das Wirtschaftswachstum speist. Basiert das Wachstumsmodell etwa auf der Zerstörung von Naturkapital oder liegt ein finanziarisiertes Wachstumsmodell vor, wie es sich nach 1990 im Rahmen einer neoliberalen Wirtschafts- und Finanzpolitik in den baltischen Republiken, aber auch in Irland und innerhalb der skandinavischen Gruppe in Island entwickelte? In beiden Fällen sind die schönen Wachstumszahlen eitel Schein. Das finanziarisierte Modell hängt am Tropf externer Kapitalzuflüsse. Trüben sich die Renditeerwartungen ein, wird dem Modell das Fundament entzogen; Kapital wandert ab. Der Prozess kann dazu führen, dass langjähriges BIP-Wachstum wie eine Seifenblase in sich zusammenfällt. In Lettland ist dies der Fall. Vor der Krise gab es Wachstumsraten im zweistelligen Bereich (2005 bis 2007), dann (2008 bis 2009) einen Absturz des realen BIP pro Kopf von gut 20 Prozent. 2010 fand sich das reale BIP wieder dort, wo es nach dem Zusammenbruch des Sowjetimperiums 1990 schon war. Die isländische Situation ist anders. Das Vorkrisenwachstumsmodell war zum kleineren Teil finanziarisiert. Der starke öffentliche Sektor erweist sich als stabilisierender Faktor. Daran haben auch die Gemeinden Anteil, denn in isländischen Kronen stiegen ihre Personalausgaben zu laufenden Preisen von 83,2 Mrd. ISK (2008) über 89,4 Mrd. (2009) auf 91,1 Mrd. (2010). Auch der Anteil dieser Personalausgaben am BIP hat sich erhöht von 5,63 auf 5,92 Prozent. Real, d.h. zu konstanten Preisen des Jahres 2010, sind die Personalausgaben zwar rückläufig, liegen aber immer noch über dem Niveau von 2005. Profitiert haben davon Frauen mehr als Männer, denn der öffentliche Sektor ist eine Frauendomäne. Die Frauenarbeitslosigkeit stieg in der Konsequenz weniger stark als die der Männer mit auch der Folge, dass die Zahl alleinstehender Männer, die kommunale Sozialhilfe beziehen, annähernd doppelt so stark stieg wie die der Frauen (Frauen: +45,2%; Männer: +87,5%).[194] So ist die Krise zwar dramatisch, wird aber sozial relativ gut abgepuffert. Die isländische Anti-Krisen-Politik ist nicht als pro-zyklische Sparpolitik kombiniert mit einer Verschleuderung des öffentlichen Vermögens angelegt, wie in den baltischen und den südeuropäischen Krisenländern. Die Stabilisierung der Binnenökonomie über auch den vergleichsweise effizienten öffentlichen Sektor erklärt, warum mit einem Minus von 8,1 Prozent das reale BIP pro Kopf 2009 und 2010 nur halb so hoch einbrach wie in den baltischen Republiken (-16,2% im Durchschnitt) und auch geringer als in Irland (-12,2%).[195]

Die BIP-Anteile, die für die Ausgaben des Staates und seiner Einzelsektoren, wie hier der Kommunen, eingesetzt werden, stecken nur den Rahmen ab. Aussagekräftiger als BIP-Anteile sind aus der Perspektive der Bürger und Bürgerinnen die Ausgaben, die für verschiedene Aufgabenfelder eingesetzt werden. Zum Abschluss der vergleichenden Überblicksbetrachtung gesamtstaatlicher und kommunaler Ausgabenpolitik wollen wir deshalb auch noch die kommunalen Gesamtausgaben je Einwohner (€) über den längeren Zeitraum von Anfang der 90er Jahre bis 2010 betrachten. Die Daten von *Abbildung 4* entstammen der Finanzstatistik, was bei den Jahren, wo Daten nach beiden Abgrenzungen vorliegen, leichte Unterschiede bedingt. Sie bewegen sich ganz überwiegend im Promillebereich, tangieren also die Aussage nicht. Wir sehen ein etwas anderes Muster als bei der Entwicklung der BIP-Anteile in der COFOG-Abgrenzung (siehe Abb. 3). Die Zunahme der Pro-Kopf-Ausgaben fällt in Dänemark weit stärker aus als die Entwicklung beim BIP-Anteil erwarten ließ. Innerhalb der skandinavischen Familie ist Dänemark damit ein Fall für sich. Die Pro-Kopf-Ausgaben erhöhten sich von 1991 bis 2010 annähernd stetig und lagen 2010 um das 2,4fache über dem Ausgangsniveau. In den anderen skandinavischen Ländern gab es Anfang der 90er Jahre krisenbedingte Rückgänge. Der 1993 einsetzende Wiederanstieg blieb dann aber hinter der dänischen Dynamik zurück (FI: +132%; NO: +123%; SE: +77%). Die deutsche Entwicklung ist nicht nur auf niedrigerem Niveau angesiedelt, sondern hinsichtlich der absoluten Zunahme um 62 Prozent von 1.462 € (1991) auf 2.365 € (2010) auch bescheiden. Dies relativiert sich mit Blick auf die sehr

---

[194] Iceland Statistics, Datensatz „Households receiving municipal income support by age and region" (Code: HEIO91); Update von Mai 2011.
[195] Eurostat, Datensatz „Bruttoinlandprodukt pro Kopf – Jährliche Daten" [nama_aux_gph]; Update vom 13.07.2012.

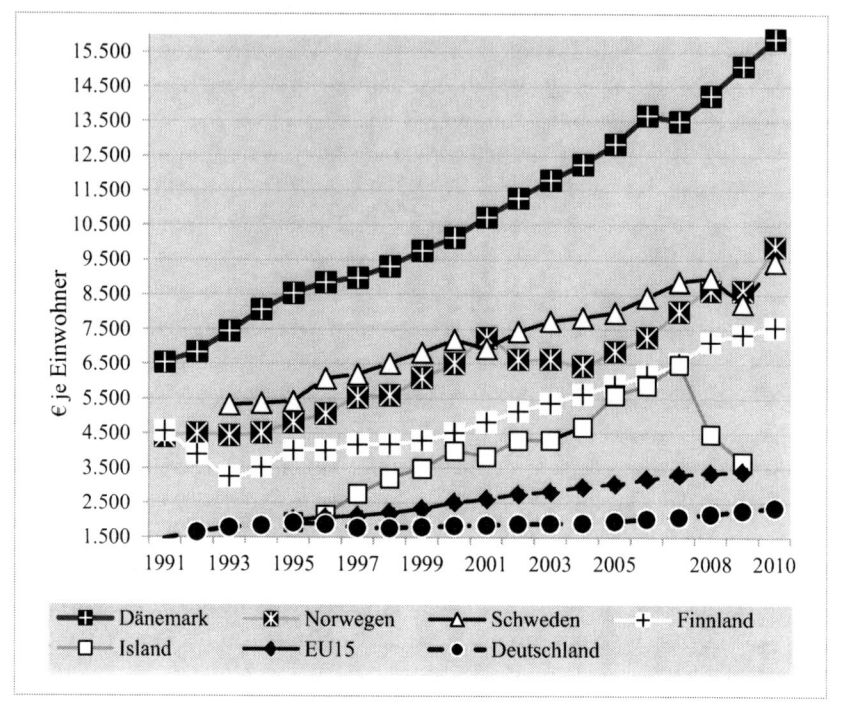

Abbildung 4: *Entwicklung der kommunalen Ausgaben je Einwohner (€) 1991 bis 2010: Deutschland im Vergleich zu den skandinavischen Ländern und der EU15*

**Erläuterung:** Die Umrechnung in € wird von Eurostat nicht anhand eines einzigen Stichtages, sondern für jedes Jahr getrennt vorgenommen.
**Quelle:** Eurostat, Datensatz: „Staatseinnahmen, -ausgaben und Hauptaggregate" [gov_a_main]; hier: Sektor „Gemeinden"; Update vom 23.04.2011; eigene Darstellung

unterschiedlichen Anteile der gesamtstaatlichen Ausgaben, die in den Vergleichsländern von den Kommunen getätigt werden (vgl. Tab. 13). Entfiele in Deutschland der gleiche Anteil staatlicher Ausgaben wie in Dänemark, Finnland, Norwegen oder Schweden auf die Kommunen, würden die Pro-Kopf-Ausgaben logischerweise in dem Umfang steigen, wie die Kommunalquote höher ist. Zugleich ergäben sich in den skandinavischen Ländern geringere Ausgaben je Einwohner, wenn die ermittelten Euro-Beträge gewichtet würden mit den Differenzen beim Brutto-Inlandsprodukt je Einwohner. Bei Vornahme solcher Fiktivrechnungen relativieren sich die Differenzen. Gleichwohl zeigt sich zweierlei: Erstens lägen die deutschen Ausgaben auch dann weit unter den skandinavischen Ausgabenniveaus. Zweitens ist die Diskrepanz im Zeitablauf größer geworden. Bereinigt um die Strukturkomponente lagen die dänischen Pro-Kopf-Ausgaben 2008 um 6.579 € und die von Finnland immer noch um 3.445 € über dem deutschen Niveau. Bei zusätzlicher Gewichtung mit der unterschiedlichen Wirtschaftskraft sinken die dänischen Pro-Kopf-Mehrausgaben auf rd. 4.600 € und die von Finnland auf knapp 3.000 €. Selbst bezogen auf Island besteht bei Bereinigung um die Struktur- und Wirtschaftskraftkomponente noch eine Diskrepanz von rd. 1.000 €. Zu berücksichtigen ist hier, dass der isländische Absturz bei den in € dargestellten Pro-Kopf-Ausgaben dem massiven Außenwertverlust der isländischen Krone geschuldet ist. Mit dem Umrechnungskurs ISK zu € des Jahres 2007 lagen die Pro-Kopf-Ausgaben des Jahres 2007 bei 6.497 €, mit dem Umrechnungskurs von 2010 nur bei 3.630 €. Der isländische Kurvenverlauf in Abbildung 4 ist so stark von der Außenwertentwicklung der Isländischen Krone beeinflusst, dass die Daten nicht belastbar sind.

### 3.3 Höhe und Struktur der Ausgaben im Vergleich: Länderprofile

Oben wurde dargelegt, dass sich die Aufgabenstruktur des deutschen Kommunalsektors in Teilbereichen mit der der skandinavischen Länder deckt, es aber auch Bereiche gibt, die in Deutschland weniger stark öffentlich geprägt sind resp. wo Aufgaben von anderen staatlichen Ebenen wahrgenommen werden. Betrachten wir nun die kommunalen Ausgabenprofile in knappen Einzelporträts unabhängig von der Frage der Finanzierung. Die Begriffe COFOG-Abteilung und COFOG-Gruppe verwende ich dabei synonym. Inhaltliche Details sind nicht das Thema; dies bleibt den Ausführungen in Teil B vorbehalten.

#### 3.3.1 Ausgabenprofile der skandinavischen Vergleichsländer

##### 3.3.1.1 Dänemark

Dänemark entspricht am striktesten dem Bild eines kommunalen Wohlfahrtsstaates, denn das Gros der öffentlichen Leistungserbringung erfolgt über die Kommunen. Das kommunale Gewicht an der gesamtstaatlichen Leistungserbringung nahm von 1998 bis 2008 (vgl. Tab. 13) um knapp 15 Prozent zu. In der COFOG-Abgrenzung stiegen in diesem Zeitraum die kommunalen Ausgaben um 53 Prozent und bis 2010 sogar um 70 Prozent (vgl. Tab. 14). Dänische Kommunen praktizierten in der Wirtschafts- und Finanzkrise anders als die schwedischen Kommunen (vgl. unten) eine antizyklische Finanzpolitik. Von 2008 bis 2011 stiegen die Gesamtausgaben von 78.237 Mio. € auf

89.614 Mio. €, damit also um knapp 15 Prozent. Auf Einwohner umgerechnet liegt die Zuwachsrate immer noch im zweistelligen Bereich (+13%). Es gibt kein Aufgabenfeld, wo nicht zumindest ein nominales Ausgabenwachstum zu registrieren ist. Die Bannbreite bewegt sich im Zeitraum von 1998 bis 2010 zwischen knapp 19 Prozent bei der COFOG-Gruppe „Wohnungswesen und kommunale Einrichtungen" und einer annähernden Verdoppelung bei Gesundheit. Kräftig gestiegen (+70%) sind auch die Pro-Kopf-Ausgaben für Soziales. Zwischen den Hauptaufgaben hat sich die Struktur nur wenig verschoben. Soziales ist der dominierende Ausgabenblock mit einem Anteil von um die 55 Prozent (2011: 55,9%) gefolgt von Gesundheit mit einem binnen der zurückliegenden Dekade um rd. 3 Prozentpunkte gestiegenen Gewicht. Gegenläufig ging der Anteil von Bildung um 2 Prozentpunkte zurück. Die auf allgemeine Verwaltungsdienste und Öffentliche Ordnung entfallenden Anteile blieben stabil bei 4 und 0,3 Prozent. Im Vergleich gering und real zurückgegangen sind die Ausgaben für Umweltschutzbelange; 1998 wurden dafür noch 0,9 Prozent der Gesamtausgaben eingesetzt, 2010 aber nur noch 0,7 Prozent verglichen mit gut 5 Prozent in Deutschland. Umweltschutz ist ein Bereich, der zwar auch in deutschen Kommunen relativ an Gewicht verlor. Gleichwohl lagen die Ausgaben pro Einwohner im Jahr 2010 mit 124 € deutlich über dem dänischen Niveau (107 €). Sehr schwankend sind die Ausgaben für das Wohnungswesen und kommunale Einrichtungen. Die Pro-Kopf-Ausgaben lagen 1998 bei 52,60 € und eine Dekade später (2008) bei 144,10 €, um bis 2010 wieder auf 62,40 € zurückzugehen. In den Schwankungen drücken sich nicht zuletzt diskontinuierliche Investitionsausgaben aus. Hinzu kommt, dass Einrichtungen, z.B. Seniorenheime, teilweise gute Gewinne erwirtschaften. Die deutschen Ausgaben bewegen sich auf einem höheren Niveau bei nur geringen Schwankungen. Freizeit, Sport und Kultur sind in Deutschland durchweg und in den skandinavischen Ländern überwiegend freiwillige Aufgaben. „Nur" ein Ausgabenanteil von 2,3 Prozent entfällt darauf in Dänemark. In Deutschland ist der Anteil mehr als doppelt so hoch (2006-2010: 6,8%). Absolut geben dänische Kommunen gleichwohl mehr als doppelt so viel aus (DE: 165 € je EW; DK: 371 € je EW; vgl. Tab. 14 und Tab. 19). Sie realisieren damit ein Ausgabenniveau, das dem der schwedischen Kommunen von 1998 entspricht. Während die Freizeit-, Sport- und Kulturausgaben in Schweden um ein Fünftel zurückgefahren wurden, wurden sie in Dänemark wie auch in Finnland um zwei Fünftel gesteigert. Zusammenfassend ergibt sich: Das Profil der dänischen Kommunen ist durch ein sehr hohes Ausgabenniveau bei starker Konzentration auf 4 der 10 COFOG-Hauptabteilungen geprägt; auf Soziales, Gesundheit, Bildung und Kultur entfallen 90 Prozent der Ausgaben.

*Tabelle 14: Kommunalausgaben (€) je Einwohner in Dänemark nach COFOG-Hauptabteilungen 1998 bis 2010*

| COFOG-Abteilung | 1998 | | 2002 | | 2009 | | 2010 | | 1998 bis 2010 |
|---|---|---|---|---|---|---|---|---|---|
| | abs. | % | abs. | % | abs. | % | abs. | % | % |
| Gesamtausgaben | 9.333 | 100 | 11.303 | 100 | 15.129 | 100 | 15.873 | 100 | 70,1 |
| 01 Allgemeine Verwaltung | 382 | 4,1 | 434 | 3,8 | 638 | 4,2 | 628 | 4,0 | 64,5 |
| 03 Öffentliche Ordnung | 27 | 0,3 | 39 | 0,3 | 41 | 0,3 | 43 | 0,3 | 60,9 |
| 04 Wirtschaftliche Angelegenheiten | 388 | 4,2 | 466 | 4,1 | 570 | 3,8 | 658 | 4,1 | 69,4 |
| 05 Umweltschutz | 86 | 0,9 | 104 | 0,9 | 109 | 0,7 | 107 | 0,7 | 23,6 |
| 06 Wohnungswesen + Kommunale Einrichtungen | 53 | 0,6 | 86 | 0,8 | 103 | 0,7 | 62 | 0,4 | 18,6 |
| 07 Gesundheit | 1.817 | 19,5 | 2.367 | 20,9 | 3.500 | 23,1 | 3.547 | 22,3 | 95,2 |
| 08 Freizeit, Sport, Kultur | 262 | 2,8 | 312 | 2,8 | 376 | 2,5 | 371 | 2,3 | 41,3 |
| 09 Bildung | 1.163 | 12,5 | 1.531 | 13,5 | 1.642 | 10,9 | 1.694 | 10,7 | 45,7 |
| 10 Soziale Sicherheit | 5.151 | 55,2 | 5.966 | 52,8 | 8.143 | 53,8 | 8.756 | 55,2 | 70,0 |

**Erläuterung:** Die Umrechnung in Pro-Kopf-Ausgaben erfolgte nach den Einwohnerzahlen vom 01.01. des entsprechenden Jahres. Die letzte Spalte gibt der Veränderung von 1998 bis 2010 an.
**Quelle:** Eurostat, Datensatz „Ausgaben des Staates nach Aufgabenbereich (COFOG)" [gov_a_exp];Update vom 20.07.2012; eigene Berechnung

### 3.3.1.2 Finnland

In Finnland ist die Konzentration auf die COFOG-Abteilungen Soziales, Gesundheit, Bildung und Kultur nicht so ausgeprägt wie in Dänemark. Zwischen 76 und 77 Prozent der Ausgaben pro Einwohner entfielen darauf im Zeitraum von 1998 bis 2010. In Absolutbeträgen gibt der finnische Kommunalsektor für diese vier Oberfunktionen pro Einwohner ungefähr genauso viel aus wie der dänische Kommunalsektor allein für Gesundheit, Freizeit/Kultur und Bildung. 1998 waren dies 3.243 € und 2010 5.820 € (vgl. Tab. 15). Nominal wuchsen die Ausgaben dabei stärker als in Dänemark (1998-2010: +80,3%; vgl. Tab. 15, letzte Sp.). Dies relativiert sich mit Blick darauf, dass der kommunale Anteil an den gesamtstaatlichen Aufgaben in Finnland stärker

Tabelle 15: Kommunalausgaben (€) je Einwohner in Finnland
nach COFOG-Abteilungen 1998 bis 2010

| COFOG-Abteilung | 1998 | | 2002 | | 2006 | | 2009 | | 2010 | | 1998 bis 2010 |
|---|---|---|---|---|---|---|---|---|---|---|---|
| | abs. | % | abs. | % | abs. | % | abs. | % | abs. | % | % |
| Gesamtausgaben | 4.202 | 100 | 5.152 | 100 | 6.189 | 100 | 7.373 | 100 | 7.578 | 100 | 80,3 |
| 01 Allgemeine Verwaltung | 533 | 12,7 | 645 | 12,5 | 850 | 13,7 | 1.075 | 14,6 | 1.098 | 14,5 | 106,2 |
| 03 Öffentliche Ordnung | 67 | 1,6 | 69 | 1,3 | 80 | 1,3 | 90 | 1,2 | 95 | 1,2 | 41,1 |
| 04 Wirtschaftl. Angelegenheiten | 273 | 6,5 | 371 | 7,2 | 395 | 6,4 | 459 | 6,2 | 467 | 6,2 | 71,2 |
| dar. Verkehr | k.A. | k.A. | 244 | 4,7 | 269 | 4,3 | 353 | 4,8 | 351 | 4,6 | 44,0 |
| 05 Umweltschutz | 31 | 0,7 | 36 | 0,7 | 45 | 0,7 | 46 | 0,6 | 28 | 0,4 | -11,0 |
| 06 Wohnungswesen + Kommunale Einrichtungen | 55 | 1,3 | 62 | 1,2 | 43 | 0,7 | 91 | 1,2 | 71 | 0,9 | 27,8 |
| 07 Gesundheit | 1.101 | 26,2 | 1.404 | 27,2 | 1.800 | 29,1 | 2.155 | 29,2 | 2.227 | 29,4 | 102,2 |
| 08 Freizeit, Sport, Kultur | 205 | 4,9 | 232 | 4,5 | 252 | 4,1 | 287 | 3,9 | 298 | 3,9 | 45,4 |
| 082 Kulturdienste | k.A. | k.A. | 97 | 1,9 | 106 | 1,7 | 120 | 1,6 | 126 | 1,7 | 28,9 |
| 09 Bildung | 944 | 22,5 | 1.130 | 21,9 | 1.274 | 20,6 | 1.376 | 18,7 | 1.415 | 18,7 | 49,9 |
| dar. Vor- und Primarschule | k.A. | k.A. | 385 | 7,5 | 370 | 6,0 | 415 | 5,6 | 437 | 5,8 | 13,5 |
| 10 Soziale Sicherheit | 993 | 23,6 | 1.203 | 23,3 | 1.450 | 23,4 | 1.794 | 24,3 | 1.880 | 24,8 | 89,4 |
| 10-40 Familie + Kinder | k.A. | k.A. | 488 | 9,5 | 544 | 8,8 | 646 | 8,8 | 658 | 8,7 | 34,9 |

**Lesehilfe**: Die Ausgaben je EW stiegen von 4.202 € (1998) auf 7.578 € (2010), was einer Zunahme um 80,3 Prozent entspricht. Von den Ausgaben entfielen 2010 18,7 Prozent auf Bildung; 1998 lag dieser Anteil noch bei 22,5 Prozent.
**Erläuterung und Quelle**: siehe Tab. 14

wuchs als in Dänemark, wo er schon 1998 viel höher lag als heute in Finnland. Von dem starken Zuwachs haben nicht alle Aufgabenbereiche profitiert. Den geringsten Zuwachs verzeichnet der Bereich „Wohnungswesen und Kommunale Einrichtungen" (+28,7%), den höchsten die „Allgemeine Verwaltung", deren Ausgaben sich von 2.742 Mio. € auf 5.877 Mio. € mehr als verdoppelt haben. Auf Einwohner bezogen resultiert noch eine gute Verdoppelung, gefolgt von überproportionalen Zuwächsen bei Gesundheit (+102%) und bei Soziales (+89,4%). Die lokalen Umweltschutzausgaben spielen in Finnland eine noch geringere Rolle als in Dänemark. Bis 2009 gab es ein bescheidenes Wachstum, dann aber einen Einbruch. Heute erreichen sie nur knapp 40 Prozent des deutschen Niveaus. Auch für Wohnungswesen und kommunale Einrichtungen geben deutsche Kommunen deutlich mehr Geld aus. Die Entwicklung im Zeitverlauf ist durch große Schwankungen geprägt. Von 1998 bis 2005 wurden die Ausgaben für die Oberfunktion 06 trendmäßig so gesenkt, dass sie 2005 um 30 Prozent unter dem Niveau des Jahres 1998 lagen. Dann kehrte sich der Trend um. Im Ergebnis liegen die Ausgaben 2009 um 139 Prozent über denen des Jahres 2005, sanken 2010 aber wieder. Umgekehrt fällt der Vergleich mit Deutschland bei den Wirtschaftsangelegenheiten aus. Die Pro-Kopf-Ausgaben liegen hier in Finnland im Schnitt (1998-2010) um ein Drittel höher; Tendenz steigend. 1998 betrug der Abstand 25 Prozent, 2010 41 Prozent. Die Struktur der Ausgaben unterscheidet sich hinsichtlich des Gewichts der Allgemeinen Verwaltung deutlich von Dänemark. 2009 gaben finnische Kommunen fast 15 Prozent ihrer Gesamtausgaben für allgemeine Verwaltung aus gegenüber nur 4 Prozent in Dänemark. Absolut werden damit ähnliche Beträge erreicht wie in Norwegen (vgl. Tab. 17). Die Pro-Kopf-Mehrausgaben gegenüber Dänemark lagen 2009 bei über 400 € und gegenüber Deutschland bei 650 €. Bei alldem weisen die Veränderungen in der Struktur Parallelen zu Dänemark auf. Das Gewicht der Gesundheits- und Sozialausgaben ist wie in Dänemark um rd. 4 Prozentpunkte (1998-2010: +4,4 Prozentpunkte) gestiegen und gegenläufig das von Bildung und Kultur zurückgegangen.

### 3.3.1.3 Island

Die Isländische Krone (ISK) büßte zwischen 2005 und 2010 rund die Hälfte ihres Außenwertes ein. Nicht zuletzt dank umfassender Kapitalkontrollen – sie sollen Ende 2013 auslaufen – gelang dann eine Stabilisierung (1 ISK = rd. 0,0063 €). Nun sind die von Gemeinden erbrachten Dienstleistungen rein binnenmarktbezogen. Relevant ist folglich die Entwicklung des Binnenwertes der Währung, weniger die Entwicklung des Außenwertes. Da die amtliche isländische Statistik Daten zu den staatlichen Ausgaben nach Funktion in tiefer Gliederung zu laufenden wie konstanten Preisen publiziert, wird hier auf diese Datenbasis zurückgegriffen. In ISK zu laufenden Preisen stiegen die kommunalen Ausgaben um mehr als das Zweieinhalbfache von 70.193,6 Mio. ISK (1998) auf 205.511,4 Mio. ISK (2010). Zu konstanten Preisen des Jahres 2010, damit real, betrug der Anstieg nur noch ein Drittel.[196] Weit über-

---

[196] Quelle: Iceland Statistics, Datensatz „Local government total expenditure in details by function 1998-2010" (Code THJ0534; Zugriff: 10.10.2011).

proportionale reale Ausgabenzuwächse gab es in den COFOG-Bereichen GR04-73 Tourismus (+65,4%), GR05-40 Naturschutz (+714%), GR06-40 Straßenbeleuchtung (+95%), GR07-40 amtliche Gesundheitsdienste (+196,6%) sowie durchgängig in den Hauptgruppen Freizeit, Sport, Kultur (+77,8%) und im Sozialbereich (+98,15%). Von 2008 auf 2010 nahmen die letztgenannten Hauptgruppen jedoch eine konträre Entwicklung. Die realen Ausgaben für Freizeit, Sport und Kultur sanken um 11,8 Prozent, während die Sozialausgaben um 11 Prozent erhöht wurden. Der Sozialbereich war neben der lokalen Arbeitsmarktpolitik das einzige Politikfeld, wo 2009/2010 trotz Sparpolitik reale Ausgabenzuwächse organisiert wurden. Sie betrafen annähernd alle Teilgruppen der Abteilung „Soziales". Besonders gefordert waren die Gemeinden im Bereich der Wohnungsunterstützung. Die diesbezüglichen Ausgaben stiegen von 2.900,9 Mio. ISK (2007) auf 4.533,8 Mio. ISK (2010). Dies spiegelt wider, dass die Gemeinden bemüht sind, die krisengeschüttelte Bevölkerung mit Sozialprogrammen zu unterstützen. BürgerInnen, die ihre Häuser aufgeben mussten, da sie die häufig in ausländischer Währung aufgenommenen Kredite nicht mehr bedienen konnten, erhalten beispielsweise Wohngeld.

*Tabelle 16* enthält die nominalen Pro-Kopf-Ausgaben der isländischen Gemeinden bezogen auf den Euro-Umtauschkurs vom 28. September 2011. Gegenüber der Eurostat-Statistik, die für jedes Jahr die jeweiligen Austauschrelationen heranzieht, hat dies den Vorteil, dass die Ausgabenentwicklung wiedergegeben wird und nicht das Schwanken des Außenwertes der Währung. Ersichtlich wird, dass es bei allen Gruppen in der Dekade von 1998 bis 2008 unterschiedlich ausgeprägte nominale Zuwächse gab. Sie erfolgten überwiegend stetig. Im Krisenausbruchjahr 2008, als die Ökonomie in die Rezession rutschte, war das Ausgabeverhalten der Gemeinden antizyklisch mit einem nominalen Zuwachs von 13,5 Prozent. 2009 wurde auf einen Sparkurs umgeschaltet mit einem moderaten Ausgabenrückgang von 2,2 Prozent. Pro Einwohner gaben die Gemeinden dabei mit gut 4 Tsd. € immer noch deutlich mehr aus als 2007. Real dagegen liegen die Ausgaben nur knapp über dem Niveau von 2005. Ausgabenschwerpunkte sind Bildung und Soziales. Für die Elementar- wie die Primarbildung gaben die Gemeinden 2010 höhere Mittel aus als 2008 und die Sozialausgaben erreichten pro Kopf im Jahr 2009 751 € und im Jahr 2010 808 €. Das entspricht mehr als dem 3,5fachen des Betrages von 1998. Bei Wahl konstanter Preise verbleibt bei den sozialen Ausgaben ein deutlicher Zuwachs. Bildung dagegen präsentiert sich uneinheitlich. Abgeschirmt von Kürzungen wird der Primarbildungsbereich; die Ausgaben pro Einwohner lagen hier 2009/2010 über dem Niveau von 2007.

Tabelle 16: *Kommunalausgaben (€) je Einwohner in Island nach COFOG-Abteilungen 1998 bis 2010*

| COFOG-Abteilung | 1998 | 2002 | 2006 | 2007 | 2008 | 2009 | 2010 | 1998-2010 (%) |
|---|---|---|---|---|---|---|---|---|
| Gesamtausgaben | 1.625 | 2.350 | 3.310 | 3.634 | 4.124 | 4.033 | 4.081 | 151 |
| 01 Allgemeine Verwaltung | 207 | 262 | 338 | 401 | 488 | 452 | 479 | 131 |
| 03 Öffentliche Ordnung | 40 | 30 | 30 | 35 | 42 | 41 | 41 | 2 |
| 04 Wirtschaftliche Angelegenheiten | 205 | 222 | 387 | 430 | 479 | 354 | 294 | 43 |
| 04-51 Straßenverkehr | 175 | 198 | 362 | 404 | 448 | 268 | 246 | 41 |
| 04-73 Tourismus | 3 | 4 | 6 | 6 | 7 | 7 | 9 | 213 |
| 05 Umweltschutz | 62 | 70 | 80 | 81 | 96 | 94 | 91 | 47 |
| 06 Wohnungswesen + kommunale Einrichtungen | 39 | 119 | 150 | 98 | 124 | 106 | 94 | 140 |
| 06-20 Stadtentwicklung | 25 | 98 | 122 | 58 | 80 | 64 | 50 | 100 |
| 07 Gesundheit | 20 | 18 | 25 | 29 | 29 | 24 | 28 | 41 |
| 08 Freizeit, Sport, Kultur | 225 | 352 | 572 | 684 | 759 | 723 | 759 | 237 |
| 08-10 Freizeit und Sport | 139 | 225 | 388 | 488 | 515 | 497 | 529 | 280 |
| 08-20 Kulturdienste | 86 | 127 | 185 | 196 | 244 | 227 | 230 | 168 |
| 09 Bildung | 612 | 901 | 1.230 | 1.310 | 1.465 | 1.488 | 1.487 | 143 |
| 09-11 Elementarbildung | 106 | 117 | 184 | 213 | 253 | 265 | 256 | 142 |
| 09-12 Primarbildung | 335 | 512 | 670 | 708 | 782 | 789 | 792 | 137 |
| 09-60 Unterstützungsdienste | 3 | 10 | 18 | 21 | 27 | 31 | 39 | 1.129 |
| 10 Soziales | 215 | 376 | 498 | 566 | 642 | 751 | 808 | 275 |
| 10-40 Familie + Kinder | 86 | 189 | 283 | 305 | 318 | 352 | 376 | 337 |

**Erläuterung**: Nominale Ausgaben. Die Umrechnung auf Einwohner erfolgte anhand der Einwohnerzahlen vom 01.01. des entsprechenden Jahres. Für die Umrechnung auf € wurde das Kursverhältnis vom 27.02.2011 resp. 28.09.2011 herangezogen (1 ISK jeweils = 0,0063 €). Die letzte Spalte gibt die Veränderung von 1998 bis 2010 an.
**Quelle**: Statistics Iceland, National Accounts (Code: THJO53). Zugriff: 11.10.2011; eigene Berechnung

Bei der Struktur der Ausgaben dominieren fünf COFOG-Obergruppen. Die Abteilungen 01 Allgemeine Verwaltungsdienste (11,7%), 08 Freizeit, Sport und Kultur (18,6%); 09 Bildung (36,5%) und 10 Soziales (19,8%) repräsentieren zusammen 86,6 Prozent (2009: 85%) der Gesamtausgaben. Die Gewichte der einzelnen Ausgabenbereiche haben sich im Zeitverlauf etwas verschoben; teilweise langfristig, teilweise krisenbedingt. So reduzierten sich die Ausgabengewichte der allgemeinen Verwaltung, des Umweltschutzes und des Bereichs der öffentlichen Sicherheit um jeweils rd. 1,5 Prozentpunkte. Gegenläufig stieg die Bedeutung von Freizeit, Sport und Kultur sukzessive um über 4,5 Prozentpunkte. Mit seinen hohen öffentlichen Ausgaben für Freizeit, Sport und Kultur ragt Island international hervor. Nominal steigerten die Kommunen ihre diesbezüglichen Ausgaben von 9.724,2 Mio. ISK (1998) auf 38.210,7 Mio. ISK (2010). In Preisen von 2010 und pro Einwohner betrugen die Ausgaben der COFOG-Obergruppe 08 nach heutigen Euro-Kursen im Jahr 1998 307 € und im Jahr 2010 529 €; ein realer Zuwachs von gut 70 Prozent.

Dem krisenbedingten Anteilsanstieg der Ausgaben für Soziales um 4 Prozentpunkte von 2008 auf 2010 steht gegenüber, dass die Ausgaben für Straßenverkehr überproportional sanken. 2008 wurden 10,9 Prozent der Gesamtausgaben für gemeindlichen Straßenverkehr eingesetzt, 2010 waren es nur noch 6 Prozent. Die Befunde sprechen dafür, dass es den isländischen Gemeinden in der Krise gelang, Finanzmittel zügig in die Bereiche (Soziales, Wohnungswesen) umzulenken, die für die krisengeplagte Bevölkerung unter den gegebenen Bedingungen prioritär sind. Überhaupt ist festzustellen, dass sich Island schnell aus der Krise herauskämpft. Der Verzicht auf die in anderen Ländern praktizierten massiven Kürzungsprogramme öffentlicher Leistungen wirkt stabilisierend.

### 3.3.1.4 Norwegen

Die kommunalen Ausgaben stiegen pro Einwohner im Beobachtungszeitraum von 1998 bis 2010 um 76 Prozent. Dies liegt zwischen den Zuwächsen in Dänemark und Finnland. Verdreifacht von 275 €/EW auf jetzt über 900 €/EW haben sich die Ausgaben für wirtschaftliche Angelegenheiten (COFOG-GR 04). Auf sie entfallen nun 9 Prozent der Gesamtausgaben gegenüber rd. 5 Prozent Ende der 90er Jahre. Diese Entwicklung kontrastiert deutlich mit der in den anderen skandinavischen Ländern. Dort stiegen diese Ausgaben weit weniger. Im Ergebnis blieben die Anteile an den Gesamtausgaben in Dänemark und Finnland stabil (DK: rd. 4%; FI: rd. 6%); in Schweden stieg der Anteil moderat von 5,3 auf 6,1 Prozent. Ebenfalls weit überdurchschnittliche Zuwächse verbuchte der Bereich Soziales (+153%) sowie die COFOG-Obergruppen 06 (Wohnungswesen und Kommunale Einrichtungen) und 08 (Freizeit, Sport und Kultur) mit jeweils rd. 125 Prozent. Einbrüche gab es bei

Gesundheit. Hier fielen die Ausgaben um ein Viertel, was aber der Rezentralisierung des Krankenhaussektors geschuldet ist. Umweltschutz hat in den kommunalen Haushalten absolut und relativ eine vielfach so hohe Bedeutung wie in den anderen skandinavischen Ländern. Zwar fiel der Zuwachs unterdurchschnittlich aus, womit auch der Anteil an den Gesamtausgaben sank. Trotzdem stiegen die Ausgaben pro Einwohner von 249 € (1998) auf gut 370 € (2010) und liegen damit dreieinhalbfach über dem dänischen und noch dreifach über dem deutschen Niveau. Der Haushaltsanteil erreicht rd. 3,8 Prozent gegenüber weniger als einem Prozent in den anderen skandinavischen Ländern. Bei Einbezug der Untergruppen ragen Verkehr (+185%), Erholung und Sport (+177%) und die Ausgaben für Familie und Kinder (+200%) besonders hervor. 12 Prozent ihrer Ausgaben verwandte die lokale Regierungsebene im Jahr 2010 auf Kinder und Familien (1998: 7,2%).

Der Beobachtungszeitraum unterteilt sich klar in *zwei Phasen* mit dem Jahr 2005 als Zäsur. In den sechs Jahren von 1998 bis 2004 stiegen die Ausgaben nur um 15 Prozent, in den sechs Jahren von 2004 bis 2010 um rd. 50 Prozent. Geänderte Aufgabenstrukturen bedingen zwar eine gewisse Überzeichnung. Bei Berücksichtigung des Struktureffekts kann jedoch immer noch gesagt werden, dass die Ausgaben ab 2004 ungefähr doppelt so stark stiegen wie in der Phase zuvor. *Tabelle 17* dokumentiert die Entwicklung ab 2004. Die Daten entstammen der amtlichen norwegischen Statistik mit stichtagsbezogener Umrechnung auf €. Die von Eurostat Ende Februar 2012 publizierten Daten fallen aufgrund einer anderen Umrechnung etwas niedriger aus. Im Jahr 2004 gaben die Kommunen pro Einwohner 6.830,60 € und im Jahr 2010 10.167,60 € aus (vgl. Tab. 17). Real, d.h. nach Abzug der allgemeinen Preissteigerungsrate (13,3%), verblieb ein Zuwachs von einem guten Drittel.[197] Das kräftige Wachstum findet eine Ursache in dem Wechsel zu einer Mitte-Links-Regierung Ende 2005. Unter noch konservativer Ägide gab es von 2004 auf 2005 nur ein Ausgabenwachstum von 2,4 Prozent.[198] Von 2005 auf 2006 stiegen die Ausgaben um 7,5 Prozent und von 2006 auf 2007 um annähernd 10 Prozent. Die Zentralregierung stützte das Wachstum. Sie erhöhte die Zuweisungen in Politikfeldern von strategischer Bedeutung wie der Kinderbetreuung, dem ÖPNV und den kulturellen Dienstleistungen. In diesen Bereichen wurden weit überproportionale Zuwächse realisiert. Die Ausgaben für Kinder und Familie verdoppelten sich von 2004 auf 2010 annähernd. Im

---

[197] Quelle: Eurostat, „HVPI (2005=100) – Jährliche Daten (Durchschnittsindex und Veränderungsrate)" [prc_hicp_aind]; Update vom 16.05.2011.

[198] Über den Gesamtzeitraum von 1998 bis 2005 erreichte das jahresdurchschnittliche Nominalwachstum 2,5 Prozent.

Kapitel fünf (Teil B) wird detailliert auf die Leistungsseite dieser Ausgabensteigerung eingegangen.[199] Trotz der neuen Schwerpunktsetzungen zeigt sich die *Ausgabenstruktur weitgehend stabil*. Über 50 Prozent der Ausgaben entfallen zu annähernd gleichen Teilen auf Bildung und Soziales. Der Anteil der Sozialausgaben nahm von 2005 bis 2010 um rd. 2 Prozentpunkte zu auf 26,8 Prozent, der von Bildung im Gegenzug etwas ab. Der drittgrößte Block ist Gesundheit mit einem Anteil von 13 bis 14 Prozent; vor der Übernahme der Kliniken durch die Zentralregierung erreichten die Gesundheitsausgaben in der Spitze fast ein Drittel der Gesamtausgaben. Ebenfalls bedeutsam sind die Allgemeinen Verwaltungsdienste mit knapp 10 Prozent und die wirtschaftlichen Angelegenheiten, deren Gewicht um mehr als 3 Prozentpunkte anstieg. Hinter Letzterem steht ein Bedeutungszuwachs der kommunalen Verkehrspolitik. Allein von 2009 auf 2010 stiegen die kommunalen Verkehrsausgaben um rd. 16 Prozent. Hintergrund ist die Übertragung von bislang zentralstaatlichen Aufgaben auf die Landkreise. Dass sich Norwegen bei den Umweltschutzausgaben deutlich von den anderen skandinavischen Ländern unterscheidet, wurde bereits angesprochen. Das Gewicht der Umweltschutzausgaben liegt seit 2005 recht stabil bei 3,6 bis 3,8 Prozent. Auch bei den Ausgaben für Freizeit, Sport und Kultur hebt sich Norwegen von anderen skandinavischen Ländern ab. Dies gemeinsam mit Island bei allerdings anderer Prioritätensetzung. In Island stiegen die Ausgaben für Freizeit und Sport weit überdurchschnittlich, in Norwegen die für Kultur. Die nominalen Pro-Kopf-Ausgaben für Bibliotheken, Museen, Theatern usw. stiegen von etwas über 80 € (2004) auf fast 160 € (2010). Das Ausgabenprofil der norwegischen Kommunen ist im Ergebnis breiter basiert als in den anderen skandinavischen Ländern. Umgerechnet rd. 8 von 10 € werden für 5 COFOG-Hauptabteilungen (Gesundheit, Bildung, Soziales, Wirtschaftliche Angelegenheiten und Freizeit/ Sport/Kultur) eingesetzt. In Finnland und Schweden haben 4 Oberfunktionen das gleiche Gewicht, in Dänemark 3 Oberfunktionen (Gesundheit, Bildung, Soziales) ein noch stärkeres Gewicht.

---

[199] Norwegen erfasst auch die Elementarbildung unter Soziales (vgl. in Tabelle 17 unter 10.4: Familie und Kinder).

*Tabelle 17: Kommunalausgaben (€) je Einwohner in Norwegen nach COFOG-Abteilungen 2004 bis 2010*

| COFOG-Abteilung | 2004 | 2005 | 2006 | 2007 | 2008 | 2009 | 2010 | 2004-2010 (%) |
|---|---|---|---|---|---|---|---|---|
| Gesamtausgaben | 6.831 | 6.996 | 7.518 | 8.267 | 9.131 | 9.654 | 10.168 | 48,9 |
| 01 Allgemeine Verwaltung | 740 | 721 | 786 | 940 | 1.117 | 1.020 | 1.004 | 35,7 |
| 03 Öffentliche Ordnung | 77 | 76 | 86 | 90 | 95 | 99 | 101 | 31,2 |
| 04 Wirtschaftliche Angelegenheiten | 420 | 449 | 482 | 540 | 639 | 667 | 917 | 118,3 |
| 04-50 Verkehr | 327 | 346 | 368 | 400 | 453 | 492 | 790 | 141,6 |
| 05 Umweltschutz | 250 | 254 | 267 | 288 | 318 | 363 | 372 | 48,8 |
| 06 Wohnungswesen + Kommunale Einrichtungen | 328 | 294 | 326 | 350 | 394 | 411 | 439 | 33,8 |
| 06-30 Wasserversorgung | 116 | 120 | 134 | 133 | 150 | 160 | 170 | 46,6 |
| 07 Gesundheit | 1.108 | 1.091 | 1.140 | 1.208 | 1.260 | 1.325 | 1.380 | 24,5 |
| 07-30 Kliniken | 839 | 811 | 852 | 908 | 936 | 980 | 1.015 | 21,0 |
| 07-40 Gesundheitsamt | 58 | 61 | 62 | 67 | 73 | 78 | 81 | 39,7 |
| 08 Freizeit, Sport, Kultur | 362 | 359 | 377 | 450 | 504 | 578 | 576 | 59,1 |
| 08-20 Kulturdienste | 83 | 83 | 85 | 94 | 99 | 157 | 159 | 91,6 |
| 09 Bildung | 1.939 | 2.008 | 2.122 | 2.254 | 2.390 | 2.574 | 2.652 | 36,8 |
| 09-10 Vor- und Primarschule (ohne Kitas) | 1.229 | 1.260 | 1.321 | 1.392 | 1.463 | 1.568 | 1.629 | 32,5 |
| 10 Soziale Sicherheit | 1.608 | 1.744 | 1.933 | 2.147 | 2.414 | 2.616 | 2.726 | 69,5 |
| 10-40 Familien u. Kinder | 650 | 721 | 846 | 973 | 1.112 | 1.205 | 1.251 | 92,5 |

**Erläuterung**: Die Umrechnung auf Einwohner erfolgte anhand der Einwohnerzahlen vom 01.01. des entsprechenden Jahres. Für die Umrechnung auf € wurde das Kursverhältnis vom 27.02.2011 herangezogen (1 NOK = 0,1289 €).
**Quelle**: Statistics Norway, National Accounts Tab. 9: http://www.ssb.no/english/subjects/12/01/offinnut_en/tab-2011-06-03-09-en.html (Zugriff: 11.06.2011); eigene Berechnung.

### 3.3.1.5 Schweden

Unter den skandinavischen Ländern realisierte Schweden in der betrachteten Zeitspanne von 1998 bis 2010 pro Einwohner das geringste Ausgabenplus. Die nominalen Pro-Kopf-Ausgaben stiegen annähernd nur halb so stark wie in Finnland und um rd. 40 Prozent weniger als in Dänemark und Norwegen. Dies, obwohl das Gewicht der Kommunen bei der Ausgabenwahrnehmung leicht gewachsen ist, während es in Norwegen zurückging (vgl. Tab. 13).

Im Beobachtungszeitraum markiert die Regierungsübernahme durch eine Mitte-Rechts-Koalition im Jahr 2006 einen Einschnitt. Von 1998 bis 2006 entwickelten sich die Pro-Kopf-Ausgaben oberhalb der Preissteigerungsrate; das nominale Plus bei den Gesamtausgaben betrug knapp 30 Prozent. Bis 2009 stagnierten die realen Ausgaben, steigerten sich 2010 aber wieder deutlich. Nach den Daten der amtlichen Finanzstatistik, die sich auf die Kernaktivitäten ohne kommunale Wirtschaftstätigkeit beziehen, gab es bis 2009 eine relativ stetige Entwicklung mit Zuwächsen per annum zwischen 2 und 3 Prozent. Insgesamt erhöhten sich die Ausgaben pro EW von 69,4 Tsd. SEK (2006) auf 77 Tsd. SEK (2009), damit also um 11 Prozent. Auf € umgerechnet entspricht dies einer Zunahme um ca. Tsd. €. Nach dem von Eurostat gewählten Umrechnungskurs lag das Ausgabenniveau im Jahr 2009 bei 8,3 Tsd. € und 2010 bei 9,4 Tsd. €.

In der aktuellen Krise hat Schweden anders als die anderen skandinavischen Länder und anders auch als Deutschland keine antizyklische Finanzpolitik praktiziert. Nach den Eurostat-Daten wurden die Ausgaben 2009 sogar abgesenkt, was sich aber nicht mit den Daten der schwedischen Statistik deckt.[200]

Die Veränderungsraten weisen im Detail eine höhere Spannweite auf als in Dänemark oder Finnland. Weit überproportional gewachsen sind die Ausgaben für Wirtschaftliche Angelegenheiten, Umweltschutz, Gesundheit und Bildung (vgl. Tab. 18). Hier gab es in der Dekade von 1998 bis 2008/2009 reale Zuwächse. Real geschrumpft sind die Pro-Kopf-Ausgaben der COFOG-Abteilungen „Allgemeine Verwaltung", „Öffentliche Ordnung" und „Freizeit, Sport und Kultur". Die Struktur der Ausgaben hat sich in der Folge etwas verschoben. Für Allgemeine Verwaltungsdienste wurden 1998 13 Prozent der Gesamtausgaben eingesetzt, 2010 waren es 2 Prozentpunkte weniger. In € pro Einwohner gerechnet liegt dies auf der Höhe von Norwegen, aber um gut 40 Prozent über den Pro-Kopf-Ausgaben von Dänemark. Relativ stabil blieb der Anteil von Öffentlicher Sicherheit und Ordnung mit rd. einem Prozent der Gesamtausgaben. Leichte Verschiebungen gab es zwischen den COFOG-Gruppen Soziales und Bildung zugunsten von Bildung. Die Ausgaben für Umweltschutz sind zwar prozentual weit überdurchschnittlich gewachsen, in Absolutbeträgen (2010: 79 € pro EW) aber eher niedrig.

In der innerskandinavischen Differenz bei den allgemeinen Verwaltungsausgaben drücken sich mehrere oben angesprochene Faktoren aus. Beispiels-

---

[200] Nach den Daten der amtlichen Finanzstatistik errechnet sich von 2008 auf 2009 ein Plus bei den Pro-Kopf-Ausgaben von 2,2 Prozent. Quelle: Statistisk arsbok för Sverige 2011: 401ff. (Tab. 16.25 u. 16.28); eigene Berechnung.

weise die Unterschiede in der Besiedlungsstruktur (vgl. Tab. 1) und die unterschiedlich straffe Durchstrukturierung des Kommunalsektors. Dort, wo sich die Strukturen decken, fallen auch die Differenzen gering aus. So liegen nicht nur die Gesundheitssysteme von Schweden und Finnland relativ nahe beieinander (vgl. Heintze 2007c), auch die Pro-Kopf-Ausgaben für Gesundheit unterscheiden sich vergleichsweise wenig. Aktuell (2010) belaufen sie sich in Finnland auf 2,2 Tsd. €/EW und in Schweden auf 2,6 Tsd. €/EW.

*Tabelle 18: Kommunalausgaben (€) je Einwohner in Schweden nach COFOG-Abteilungen 1998 bis 2010*

| COFOG-Abteilung | 1998 | | 2002 | | 2006 | | 2008 | | 2010 | | Veränderung 1998-2010 |
|---|---|---|---|---|---|---|---|---|---|---|---|
| | abs. | % | abs. | % | abs. | % | abs. | % | abs. | % | % |
| Gesamtausgaben | 6.521 | 100 | 7.457 | 100 | 8.461 | 100 | 9.018 | 100 | 9.403 | 100 | 44,2 |
| 01 Allgemeine Verwaltung | 852 | 13,1 | 885 | 11,9 | 987 | 11,7 | 1.054 | 11,7 | 1.037 | 11,0 | 21,7 |
| 03 Öffentliche Ordnung | 65 | 1,0 | 84 | 1,1 | 78 | 0,9 | 76 | 0,8 | 75 | 0,8 | 16,7 |
| 04 Wirtschaftliche Angelegenheiten | 346 | 5,3 | 396 | 5,3 | 481 | 5,7 | 530 | 5,9 | 568 | 6,0 | 64,1 |
| 05 Umweltschutz | 41 | 0,6 | 59 | 0,8 | 73 | 0,9 | 77 | 0,9 | 79 | 0,8 | 93,4 |
| 06 Wohnungswesen + Kommunale Einrichtungen | 188 | 2,9 | 214 | 2,9 | 213 | 2,5 | 240 | 2,7 | 242 | 2,6 | 28,9 |
| 07 Gesundheit | 1.550 | 23,8 | 1.991 | 26,7 | 2.272 | 26,9 | 2.422 | 26,9 | 2.573 | 27,4 | 66,0 |
| 07-4 Gesundheitsamt | k.A. | k.A. | 52,1 | 0,7 | 48,8 | 0,6 | 60 | 0,7 | 65 | 0,7 | |
| 08 Freizeit, Sport, Kultur | 375 | 5,8 | 251 | 3,4 | 301 | 3,6 | 321 | 3,6 | 353 | 3,8 | -5,9 |
| 08-20 Kulturdienste | | | 126,9 | 1,7 | 152,7 | 1,8 | 147 | 1,6 | 154 | 1,6 | |
| 09 Bildung | 1.303 | 20,0 | 1.603 | 21,5 | 1.836 | 21,7 | 1.928 | 21,4 | 2.002 | 21,3 | 53,7 |
| 10 Soziale Sicherheit | 1.799 | 27,6 | 1.972 | 26,4 | 2.217 | 26,2 | 2.366 | 26,2 | 2.471 | 26,3 | 37,3 |
| 10-40 Familie und Kinder | k.A. | k.A. | 286,8 | 3,8 | 297,5 | 3,5 | 310 | 3,4 | 325 | 3,5 | |

**Erläuterung und Quelle:** Siehe Tab. 14

Das Ausgabenprofil von Schweden ist durch eine gewachsene Konzentration der Ausgaben im Bereich der drei COFOG-Hauptabteilungen Soziales, Gesundheit und Bildung geprägt. 1998 entfielen auf diese drei Bereiche 71 Prozent der Gesamtausgaben; seit 2002 sind es drei Viertel. Nimmt man die Wirtschaftlichen Angelegenheiten dazu, entfallen 81 Prozent (2010) der Ausgaben auf diese vier Gruppen (vgl. Tab. 18).

Im Bereich „Freizeit, Sport und Kultur" haben die schwedischen Gemeinden – dies gegenläufig zur Entwicklung in den anderen nordischen Ländern – ihre Ausgaben nicht nur real, sondern auch nominal reduziert. Mit im Jahr 2010 nur noch 353 € pro Einwohner (3,8% der Gesamtausgaben gegenüber 5,8% im Jahr 1998) hat sich die innerskandinavische Position von Schweden regelrecht umgekehrt. 1998 realisierte der schwedische Kommunalsektor die höchsten Pro-Kopf-Ausgaben, 2009/2010 befand er sich auf der zweitletzten Position. Dänemark gab pro Einwohner 1998 112,70 € weniger aus, 2009 aber 77,80 € mehr. Finnland gab 1998 170 €, im Jahr 2010 aber nur noch 54,60 € weniger aus. Auch die Differenz zu Deutschland verminderte sich. 1998 lagen die schwedischen Pro-Kopf-Ausgaben gut dreimal so hoch (DE: 119 €; SE: 375 €; vgl. Tab. 18 und Tab. 19), 2010 nur noch gut doppelt so hoch. Beim Nachvollzug der zeitlichen Entwicklung zeigt sich, dass die Ausgabenkürzungen bei der COFOG-Abteilung 08 im ersten Teil der hier betrachteten Zeitperiode erfolgt sind. Von 1998 bis 2003 wurden die Pro-Kopf-Ausgaben um fast ein Drittel reduziert; in der Folgeperiode (2004-2009) stiegen sie um annähernd 40 Prozent.

### 3.3.2 Ausgabenprofil von Deutschland

Die obigen Kurzporträts haben deutlich gemacht, dass bei allen Gemeinsamkeiten jedes skandinavische Land doch auch sein eigenes Profil hat. Das deutsche Profil und die Entwicklung seit Ende der 90er Jahre sind durch eine wachsende Konzentration der Ausgaben bei Bildung und Sozialem geprägt. 1998 entfielen knapp 44 Prozent der Gesamtausgaben auf diese beiden Bereiche; 2010 waren es rd. 47 Prozent. Absolut beliefen sich die Pro-Kopf-Ausgaben für Bildung und Soziales 1998 auf 780 € und 2010 auf 1.138 €. Nominal ist dies ein Zuwachs von 46 Prozent, während die Gesamtausgaben nur um 36 Prozent wuchsen. Die Ausgaben für „Allgemeine Verwaltung" und „Wirtschaftliche Angelegenheiten" sind gleichfalls Felder von Gewicht (vgl. Tab. 19). Alle vier Schwergewichte zusammen bringen es auf einen Anteil von gut 72 Prozent im Jahr 1998 und von heute gut 78 Prozent.

Ein Vergleich mit den skandinavischen Ländern kann wegen der systemischen Unterschiede, die bei Gesundheit und Bildung bestehen, nicht bei den Gesamtausgaben ansetzen. Zwar gibt es bei Gesundheit wie Bildung Teilbereiche mit vergleichbarer Aufgabenstellung, COFOG-Daten mit der erforderlichen Gliederungstiefe liegen dazu aber nur für die skandinavischen Länder

Tabelle 19: *Kommunalausgaben (€) je Einwohner in Deutschland nach COFOG-Hauptabteilungen 1998 bis 2010*

| COFOG-Abteilung | 1998 | | 2002 | | 2006 | | 2008 | | 2010 | | Veränderung 1998-2010 |
|---|---|---|---|---|---|---|---|---|---|---|---|
| | abs. | % | abs. | % | abs. | % | abs. | % | abs. | % | % |
| **Gesamtausgaben** | 1.782 | 100 | 1.915 | 100 | 2.084 | 100 | 2.333 | 100 | 2.428 | 100 | 36,2 |
| 01 Allgemeine Verwaltung | 276 | 15,5 | 328 | 17,1 | 354 | 17,0 | 424 | 18,2 | 436 | 17,9 | 58,1 |
| 03 Öffentliche Ordnung | 74 | 4,2 | 64 | 3,3 | 67 | 3,2 | 75 | 3,2 | 77 | 3,2 | 4,1 |
| 04 Wirtschaftliche Angelegenheiten | 222 | 12,4 | 279 | 14,6 | 287 | 13,8 | 317 | 13,6 | 331 | 13,6 | 49,1 |
| 05 Umweltschutz | 146 | 8,2 | 117 | 6,1 | 112 | 5,4 | 116 | 5,0 | 124 | 5,1 | -14,8 |
| 06 Wohnungswesen + Kommunale Einrichtungen | 117 | 6,5 | 113 | 5,9 | 112 | 5,4 | 112 | 4,8 | 113 | 4,7 | -3,2 |
| 07 Gesundheit | 37 | 2,1 | 50 | 2,6 | 46 | 2,2 | 42 | 1,8 | 44 | 1,8 | 17,4 |
| 08 Freizeit, Sport, Kultur | 130 | 7,3 | 147 | 7,7 | 141 | 6,8 | 159 | 6,8 | 165 | 6,8 | 26,7 |
| 09 Bildung | 292 | 16,4 | 279 | 14,6 | 299 | 14,3 | 336 | 14,4 | 352 | 14,5 | 20,7 |
| 10 Soziale Sicherheit | 489 | 27,4 | 538 | 28,1 | 666 | 32,0 | 752 | 32,2 | 786 | 32,4 | 60,8 |

**Erläuterung** und **Quelle**: Siehe Tab. 14; eigene Berechnung

vor. Lässt man die großen Ausgabenblöcke Bildung und Gesundheit außen vor, verbleiben Ausgabenblöcke, bei denen ein hohes Maß an Vergleichbarkeit gegeben ist. Die Distanz bei den Pro-Kopf-Ausgaben reduziert sich, bleibt aber beachtlich. Mit Blick auf das in den skandinavischen Ländern höhere BIP je Einwohner relativiert sich der Abstand (vgl. Tab. 1) zwar noch einmal. Aktuell (2010/2011) gegenüber Norwegen um rd. die Hälfte, gegenüber Dänemark und Schweden um rd. ein Viertel und gegenüber Finnland noch um rd. 10 Prozent. Wichtig dabei: Der relative Abstand wuchs. In der ersten Hälfte der betrachteten Periode (1998 bis 2003) gilt dies für den Vergleich mit 4 der 5 skandinavischen Länder. So erreichten die deutschen Pro-Kopf-Ausgaben in den 7 verbleibenden COFOG-Abteilungen 1998 22,8 Prozent des dänischen und 67 Prozent des finnischen Niveaus. Norwegen und Schweden lagen dazwischen. Bis 2003 vergrößerte sich die Distanz zu Dänemark leicht, die zu Finnland wuchs um gut 8, die zu Island um rd. 9 und die zu Norwegen um rd. 13 Prozentpunkte, während die Relation zu Schweden konstant bei knapp 40 Prozent verblieb. Innerskandinavisch kam es in dieser Phase zu einer Annäherung. In der Phase nach 2003 brach dies auf. Nun verminderte Deutschland seinen Abstand zu Schweden leicht, während der Abstand zu Dänemark, Finnland und Norwegen weiter anstieg.

Mit Stand von 2010 erreicht Deutschland bei den 7 COFOG-Abteilungen ohne Bildung und Gesundheit ein Fünftel des dänischen, ein Drittel des norwegischen und gut die Hälfte des finnischen Niveaus. In absoluten Zahlen: Gegenüber Dänemark und Finnland erhöhte sich die Differenz von 4.900 € (DK) resp. 704 € (FI) im Jahr 1998 kontinuierlich auf 8.600 € (DK) resp. 1.905 € (FI) im Jahr 2010. Gleiches gilt der Tendenz nach für Norwegen; nach den Eurostat-Daten stieg die Differenz von 1.083 € auf 3.976 €. Gegenüber Schweden ist die Differenz nur bis zum Jahr 2007 durchgängig gestiegen (von 2.216 € auf 2.820 €), dann aber zurückgegangen. Abgesehen von Island liefern die sozialen Leistungen die Haupterklärung; so liegen die Pro-Kopf-Ausgaben für Soziales (ohne Gesundheit) in Dänemark weit über den Gesamtausgaben deutscher Kommunen, in Schweden und Norwegen etwa auf der Höhe der deutschen Gesamtausgaben und in Finnland beim Vielfachen der deutschen Sozialausgaben.

In den COFOG-Abteilungen mit mittleren und geringen Ausgabenanteilen sind die Befunde uneinheitlich. Für die Allgemeine Verwaltung, für Wirtschaftliche Angelegenheiten und für die Abteilung „Freizeit, Sport und Kultur" gibt Deutschland erheblich weniger aus als skandinavische Länder. Dies durchgängig mit abgesehen von Schweden (Freizeit, Sport, Kultur) zugleich wachsendem Abstand. Für Öffentliche Ordnung geben umgekehrt deutsche Kommunen mehr Geld aus. Umweltbelange und die Abteilung Wohnungswesen/Kommunale Einrichtungen präsentieren sich uneinheitlich. Bei Umwelt liegen die Pro-Kopf-Ausgaben der deutschen Kommunen höher als in Dänemark, Finnland und Schweden, aber niedriger als in Norwegen. Für die Abteilung 06 (Wohnungswesen und kommunale Einrichtungen) wurden Ende der 90er Jahre pro Einwohner in Deutschland mehr als doppelt so hohe Mittel verausgabt wie in Dänemark und Finnland. Zu Dänemark wuchs der Abstand, zu Finnland wurde er geringer. Es bleibt festzuhalten: In drei COFOG-Abteilungen (03 = Öffentliche Ordnung, 05 = Umweltschutz, 06 = Wohnungswesen, kommunale Einrichtungen) liegen die Pro-Kopf-Ausgaben überwiegend über denen der skandinavischen Länder.

### 3.3.3 Das Wesentliche

Die obige Darstellung rückte die Ausgaben pro Einwohner in den Mittelpunkt, um so die Effekte unterschiedlicher Bevölkerungsentwicklung zu neutralisieren. Ohne eine solche Eichung würde die Differenz zu den skandinavischen Ländern überzeichnet, weil die Bevölkerung dort im betrachteten Zeitraum zwischen 3,5 Prozent (Finnland) und 17,3 Prozent (Island) wuchs, während sie in Deutschland leicht abnahm. Rückt man die Länderbefunde in einen Vergleich, kristallisiert sich Folgendes als wesentlich heraus:

- Die kommunalen Pro-Kopf-Ausgaben liegen in den skandinavischen Ländern erheblich über dem deutschen Niveau. Auch wenn fiktiv gleich hohe Anteile der Kommunen an den gesamtstaatlichen Ausgaben angenommen werden, verbleibt eine erhebliche, je nach Referenzland unterschiedlich große Diskrepanz. Zu einem ähnlich gelagerten Befund kommt man, wenn die beiden COFOG-Abteilungen, die nur hinsichtlich einiger Einzelfunktionen vergleichbar sind (07 = Gesundheit und 09 = Bildung), außer Betracht bleiben. Sieht man vom isländischen Sonderfall ab, kommt Deutschland dann auf weniger als die Hälfte des skandinavischen Ausgabenniveaus; bei Bereinigung um die Unterschiede in der Wirtschaftskraft (BIP je EW) werden 60 bis 70 Prozent der skandinavischen Niveaus erreicht. In Relation zu Schweden blieb der Abstand seit Ende der 90er Jahre weitgehend konstant; zu den anderen skandinavischen Ländern vergrößerte er sich. Island fügt sich in dieses Bild nur bis zum Jahr 2007. Nach dem damaligen Wechselkurs lagen die Pro-Kopf-Ausgaben (6.576 €) fast dreifach über dem deutschen Niveau, obwohl der Kommunalanteil an den staatlichen Gesamtausgaben nur um rd. die Hälfte über dem von Deutschland liegt. Zieht man jedoch, wie in Tabelle 16 erfolgt, den Wechselkurs von 2011 heran, so schrumpft dies auf ein Plus von 70 Prozent. Der Fast-Staatskollaps erzwang Ausgabenkürzungen. Sie wurden aber nicht im Sozialbereich vorgenommen, sondern bei Wirtschaftlichen Angelegenheiten, beim Straßenverkehr und auch beim Umweltschutz. Die kommunalen Ausgaben für Soziales stiegen im Ergebnis nominal (2007 bis 2009) um fast 38 Prozent und in konstanten Preisen noch um rd. 13 Prozent.

- Jedes der betrachteten Länder weist ein eigenes Ausgabenprofil auf. Auch die skandinavischen Länder lassen sich nicht über einen Leisten scheren, sondern unterscheiden sich. Gleichzeitig jedoch gibt es Gemeinsamkeiten, die sie als Gruppe hervortreten lassen. Abgesehen von Island entfallen zwischen zwei Dritteln (Norwegen) und fast 90 Prozent (Dänemark) der Ausgaben auf die drei Bereiche Gesundheit, Bildung und Soziales. Wirtschaftliche Angelegenheiten (GR 04), Allgemeine Verwaltung (GR 01) und der Bereich Freizeit, Sport und Kultur (GR 08) erreichen dagegen sehr unterschiedliche Gewichte. 2010 gaben die Kommunen in Finnland fast 15 Prozent ihrer Gesamtausgaben für Allgemeine Verwaltung aus gegenüber nur 4 Prozent in Dänemark. Die COFOG-Gruppen 04 und 08 sind in Island und Norwegen absolut und relativ am stärksten ausgeprägt; umgekehrt ist dort der Gesundheitsbereich weniger stark kommunalisiert als in den anderen skandinavischen Ländern. In Island wiederum ist das Gewicht der kommunalen Sozialausgaben in der Krise zwar deutlich angestiegen, verbleibt aber auf einem vergleichsweise niedrigen Niveau.[201] Zusammengenommen entfallen auf die 5 COFOG-Abteilungen in Island rd. 70 Prozent der Ausgaben, in den anderen skandinavischen Ländern aber deutlich über 80 Prozent, in Dänemark sogar fast 95 Prozent. Deutschland liegt mit einem Anteil von unter 70 Prozent nahe an Island, dies aber bei deutlich verschiedener Ausgabenstruktur. Stärker ausgeprägt als im skandinavischen Raum sind in Deutschland die Ausgaben für Öffentliche Sicherheit und Ordnung wie auch – abgesehen von Norwegen – für Umweltschutz. Auch beim Wohnungswesen hat Deutschland teilweise die Nase vorn. *Abbildung 5* illustriert die Kernprofile anhand der COFOG-Hauptgruppen. Teilweise wurden sie zu größeren Gruppen zusammengefasst. Wie ersichtlich, neigt sich Dänemark stark in Richtung der unter Soziales erfassten Ausgaben und Island umgekehrt in Richtung „Bildung, Freizeit, Kultur". Deutschland ragt bei Verwaltung und Ordnung hervor, Schweden und Finnland bei Gesundheit und Umweltschutz. Das norwegische Profil ist durch einen vergleichsweise geringen Konzentrationsgrad geprägt mit – analog zu Island – einer Neigung in Richtung „Bildung, Freizeit, Kultur".

---

[201] Im internationalen Vergleich hat Island eine unterdurchschnittliche Sozialleistungsquote. Dies gründet nicht in niedrigen sozialen Leistungen. Die sozialen Leistungen sind relativ sogar höher als in Deutschland. Beispiel Alterssicherung. Die Alterssicherung beruht auf einem Zwei-Säulen-System aus steuerfinanzierter staatlicher Grundrente und einem obligatorischen Pensionsfondssystem, das überwiegend von Arbeitgeberbeiträgen (AN: 40%; AG: 60%) finanziert wird. Das Niveau der Altersgrundsicherung liegt über der deutschen Grundsicherung. 2006 etwa lag die volle staatliche Grundrente für einen Alleinstehenden bei monatlich 274.476 ISK (rd. 2.985 €). Quelle: Deutsche Rentenversicherung o.J.: 5, 10.

*Abbildung 5: Ausgabenstruktur in den Vergleichsländern im Jahr 2010: Kernprofile im Vergleich*

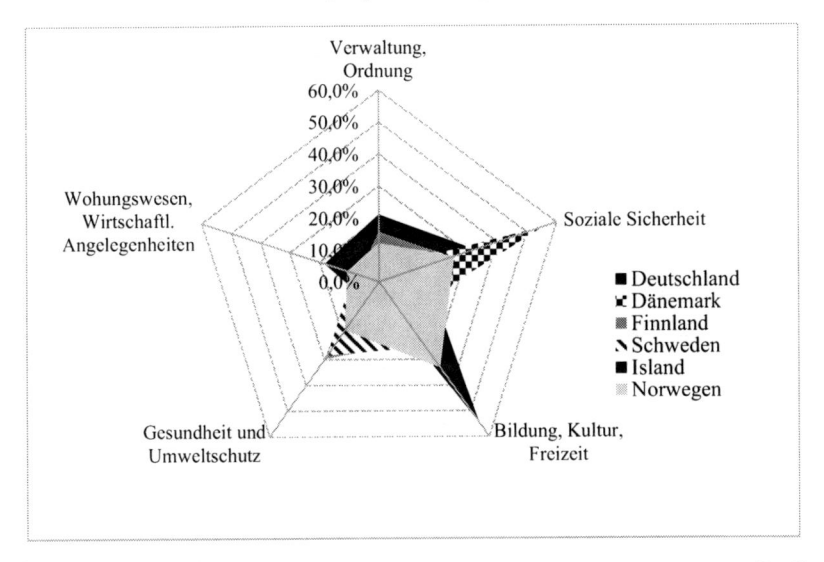

**Erläuterung und Quelle:** Bei allen 6 Vergleichsländern wurden die Eurostat-Daten (Quelle: vgl. Tab. 14) herangezogen. Bei Norwegen und Island führt dies zu minimalen Abweichungen gegenüber der nationalen Statistik (Tab. 16 und 17)

- In der zurückliegenden Dekade ergaben sich Verschiebungen. In Deutschland konzentrieren sich die Ausgaben genauso wie in den skandinavischen Ländern der Tendenz nach zunehmend dort, wo schon bislang die Schwerpunkte lagen. Norwegen schert hier aus; der Konzentrationsgrad ging leicht zurück. In Finnland nahm er etwas zu. Auf die 4 Ausgabenbereiche mit dem stärksten Gewicht (Allgemeine Verwaltung, Gesundheit, Bildung und Soziales) entfielen Ende der 90er Jahre 85 Prozent der Gesamtausgaben, seit 2006 sind es knapp 2 Prozentpunkte mehr. Noch stärker wuchs die Konzentration in Schweden. Das schwedische Ausgabenprofil fokussiert auf die Bereiche Soziales, Gesundheit, Bildung und Wirtschaftliche Angelegenheiten. 1998 entfielen auf diese 4 Bereiche gut drei Viertel der Gesamtausgaben; 2009/2010 gut vier Fünftel. In einzelnen Bereichen gibt es innerskandinavisch gegenläufige Entwicklungen. Während etwa die Freizeit-, Sport- und Kulturausgaben in Schweden 2009 um ein Fünftel niedriger lagen als 1998, wurden sie in Dänemark wie auch in Finnland um zwei Fünftel gesteigert. Die Gewichts-Verschiebungen resultieren aus unterschiedlichen Pro-Kopf-Wachstumsraten bei den einzelnen COFOG-Gruppen. *Tabelle 20* stellt die prozentualen Veränderungen zwischen den beiden

Zeitpunkten 1998 und 2010 (ohne Island) dar. Gesehen werden muss, dass es in Dänemark und Finnland in den Einzelabteilungen relativ kontinuierliche Entwicklungen gab. Für Norwegen gilt das Gleiche, wenn von den Bereichen Gesundheit und Verkehr abgesehen wird. Bei Gesundheit gab es eine Zentralisierung des Krankenhauswesens, beim Verkehr umgekehrt eine teilweise Kommunalisierung. Diskontinuierlich verlief dagegen die schwedische Entwicklung. Neben Bereichen mit relativ stetigem Wachstum (Wirtschaftliche Angelegenheiten, Gesundheit, Soziales) stehen Bereiche, die im Zeitverlauf durch größere Schwankungen geprägt sind. So gingen die Ausgaben für Freizeit, Sport und Kultur bis 2001 auf zwei Drittel des nominalen Niveaus von 1998 zurück, stiegen dann bis auf 85 Prozent des Ausgangsniveaus an, um ab 2008 erneut abgesenkt zu werden.

*Tabelle 20: Wachstum der Kommunalausgaben (€) je Einwohner nach COFOG-Hauptabteilungen 1998 bis 2010 im deutsch-skandinavischen Vergleich (%)*

| COFOG-Abteilung | DE | DK | FI | NO | SE |
|---|---|---|---|---|---|
| Gesamtausgaben | 36,2 | 70,1 | 75,5 | 76,3 | 44,2 |
| 01 Allgemeine Verwaltung | 58,1 | 64,5 | 101,7 | 103,5 | 21,7 |
| 03 Öffentliche Ordnung | 4,1 | 60,9 | 34,8 | 115,3 | 16,7 |
| 04 Wirtschaftliche Angelegenheiten | 49,1 | 69,4 | 68,7 | 232,5 | 64,1 |
| 05 Umweltschutz | -14,8 | 23,6 | 48,0 | 51,7 | 93,4 |
| 06 Wohnungswesen u. Kommunale Einrichtungen | -3,2 | 18,6 | 65,0 | 124,5 | 28,9 |
| 07 Gesundheit | 17,4 | 95,2 | 95,2 | -24,0 | 66,0 |
| 08 Freizeit, Kultur, Sport | 26,7 | 41,3 | 39,6 | 125,4 | -5,9 |
| 09 Bildung | 20,7 | 45,7 | 45,7 | 92,3 | 53,7 |
| 10 Soziale Sicherheit | 60,8 | 70,0 | 81,3 | 153,2 | 37,3 |

**Erläuterung und Lesehilfe:** Dargestellt ist das nominale Ausgabenwachstum im Zeitraum von 1998 bis 2010. Nominal stiegen die Ausgaben in Deutschland um 36 Prozent. Der Bereich 09 (Soziale Sicherheit) verbuchte ein weit überdurchschnittliches Wachstum, während die Umweltschutzausgaben um rd. 15 Prozent sanken.
**Quelle:** Eurostat, Datensatz „Ausgaben des Staates nach Aufgabenbereich (COFOG)" [gov_a_exp]; Update vom 20.07.2012; eigene Berechnung

## 3.4 Finanzierung der kommunalen Leistungserbringung

**Vorbemerkung zum Zusammenhang von Finanzkrise und Sparpolitik**

Die im Jahr 2008 ausgebrochene Finanz- und Wirtschaftskrise setzt sich aktuell (2012) als Staatsfinanzkrise fort. Die Situation in den Hauptkrisenländern – in Europa stehen Griechenland, Irland, Spanien und Portugal im Brennpunkt des Geschehens – ist sehr unterschiedlich. Die Bruttostaatsverschuldung, die gerne als Hauptproblem angesehen wird, ist dabei nur ein Aspekt neben anderen. In Japan ist die Bruttostaatsverschuldung höher als in jedem europäischen Land, ohne dass Japan bereits vor der Zahlungsunfähigkeit stünde. In den USA wiederum sind der Privatsektor und der Staatssektor gleichermaßen überschuldet, ohne dass die marktbestimmenden Rating-Agenturen – sie haben ihren Sitz sämtlich in den USA – die Bonität der USA massiv in Zweifel gezogen hätten. Bei europäischen Ländern praktizieren sie dies auch dort, wo die Bruttostaatsverschuldung wie in Spanien niedriger ist als in den USA. All diese Befunde verweisen darauf, dass die Krise tieferliegende Ursachen hat als das, was den öffentlichen Diskurs bestimmt.

Die Finanz- und Wirtschaftskrise ist für uns insoweit von Interesse als mit Island 2008 auch ein skandinavisches Land nahe am Staatsbankrott stand. Hintergrund ist in Island – oben wurde dies angesprochen – die schiefgelaufene Privatisierung des Bankensektors. Finanz-Wikinger hatten die privatisierten und dann kaum regulierten Institute genutzt, um ein überdimensioniertes Finanzrad zu drehen. Einige Akteure wurden dabei sehr reich. Als das aufgeblähte Bankensystem 2008 zusammenbrach und die drei größten Banken unter staatliche Kontrolle kamen, schoss die Brutto-Staatsverschuldung von 28,5 Prozent des BIP (2007) auf 87,9 Prozent (2009) in die Höhe. Die Wirtschaft schlitterte in eine tiefe Rezession und die wirtschaftliche Krise weitete sich zur gesellschaftlich-politischen Krise. Der Umgang mit der Krise ist in den allermeisten Ländern durch ein Muster geprägt, bei dem die Krisenlasten einseitig den sozial Schwachen aufgebürdet werden.[202] Dies unabhängig von der politischen Couleur der Regierenden (vgl. Heise/Lierse 2011). Island zeigt, dass es erfolgreiche Alternativen gibt. Man kann sein Heil im Kahlschlag öffentlicher Dienste suchen. In Großbritannien geht eine Mitte-Rechts-Regierung diesen Weg; in Griechenland, Portugal und Spanien waren es zunächst sozialistisch geführte Regierungen, die diesen Weg einschlugen. Mit Druck

---

[202] Zu den Kürzungsmaßnahmen der osteuropäischen Ländern, wo z.B. in Lettland die Gehälter der Staatsbeamten um bis zu 30 Prozent gekürzt wurden, vgl. Hubert Beyerle: Osteuropa spart sich schlank und krank, in: FTD vom 02.11.2009 (http://www.ftd.de/politik/europa/:krisenbewaeltigung-osteuropa-spart-sich-schlank-und-krank/50031753.html; Zugriff: 02.11.2009).

nicht zuletzt auch der deutschen Bundesregierung setzten die rechtsgeneigten Nachfolgeregierungen dies verschärft fort. Gegen die vorherrschende Austeritätspolitik kann aber auch eine Strategie verfolgt werden, die das öffentliche Dienstleistungsangebot nur soweit zurückfährt, wie es noch vertretbar ist, um eine ordentliche Qualität zu sichern. Es spricht viel dafür, dass diese Strategie mittel- und langfristig zu besseren Ergebnissen führt als die Kahlschlagstrategien anderer Länder.

### 3.4.1 Kommunale Finanzausstattung und Finanzierungsstrukturen im Überblick

#### 3.4.1.1 Skandinavien: Kommunalsteuer als Rückgrat der Gemeindefinanzierung

Skandinavische Länder teilen die Gemeinsamkeit einer aufkommensstarken, prozentual auf das Einkommen erhobenen Kommunalsteuer. Sie ist als persönliche Einkommensteuer ausgeprägt, die gleichermaßen auf Löhne und Gehälter wie auch auf die Gewinne der Unternehmen, die sich im Besitz des Steuerpflichtigen befinden, und auf Zinseinkommen angewandt wird. Die Kommunalsteuer ist Teil der gesamtstaatlichen Einkommensteuer. Diese setzt sich aus verschiedenen Steuersätzen zusammen, die aufeinander aufbauen, bis der Spitzensteuersatz erreicht ist. Gemeinden, Landkreise und der Zentralstaat haben je eigene Steuersätze. Die Steuereinnahmen werden entlang dieser Sätze auf Zentralstaat, Kreise und Gemeinden aufgeteilt, wobei die kommunale Ebene vor geht. Ein Steuerpflichtiger mit geringem Einkommen zahlt möglicherweise nur die kommunale Einkommensteuer.

Die kommunale Einkommensteuer ist das Rückgrat der Gemeindefinanzierung. Es gibt weitere, in die kommunale Ertragshoheit fallende Steuern, wie etwa die Grund- oder Bodenwertsteuer. Am kommunalen Steueraufkommen stellen sie jedoch nur Anteile von weniger als 15 Prozent. Unterschiedliche Regelungen bestehen bei der Körperschaftsteuer. In Finnland ist sie als Gemeinschaftssteuer ausgeprägt; ein gewisser Anteil des Aufkommens fließt an die Gemeinden.

Die zweite zentrale Säule der Gemeindefinanzierung sind die Finanzzuweisungen der Zentralregierung. Sie dienen der Mitfinanzierung kommunaler Aufgaben, dem Ausgleich struktureller Lasten und der Nivellierung kommunaler Finanzkraft. Die Bedeutung staatlicher Transfers ist in Dänemark und Norwegen sehr hoch, in Island und Schweden eher gering. Bei Investitionen kommt als ebenfalls bedeutsames Finanzierungsinstrument die Aufnahme von Fremdkapital (Darlehen, Anleihen) hinzu.

## Dänemark

*Einnahmenentwicklung und Finanzierungsstruktur*

Es gehört zu den dänischen Besonderheiten, dass die Kommunen nicht nur die primären Träger sozialer Dienste, sondern darüber hinaus auch für geldliche Transfers und die aktive Arbeitsmarktpolitik zuständig sind. Über 80 Prozent der Sozialausgaben gegenüber nur rd. 25 Prozent im Schnitt der anderen skandinavischen Länder werden von den Kommunen getätigt (vgl. Tab. 13). Kostenträger sind sie jedoch in einem weit geringeren Umfang. Der Kommunalsektor tätigt über 60 Prozent der Staatsausgaben, finanziert aber nur rd. 30 Prozent über originäre Einnahmen.[203] Zuweisungen des Zentralstaates, in geringerem Umfang auch der Sozialversicherung spielen damit eine große Rolle. Von allen staatlichen Einnahmen der laufenden Rechnung bezog der Kommunalsektor 2010 nach vorläufigen Daten einen Anteil von gut zwei Dritteln (66,9%). Eine Dekade zuvor hatte der Anteil 10 Prozentpunkte niedriger gelegen. Allerdings relativiert sich der Befund mit Blick auf die lange Frist, denn vor 30 Jahren wurden bereits ähnlich hohe Anteile erreicht (1980: 66,4%; 1981: 66,8%).[204]

Bei den originären Einnahmen dominieren die Steuereinnahmen. Im Zentrum steht die Kommunalsteuer. Aus ihr stammen rd. 90 Prozent der Steuereinnahmen. Die anderen Steuern (Bodenwertsteuer, vor allem) tragen nur ein Zehntel des Steueraufkommens.

Eine wesentliche Veränderung erfuhr die Finanzierungsstruktur durch die Schaffung von 5 Regionen im Zuge der Kommunalreform von 2007. Bislang von den Counties wahrgenommene Aufgaben wanderten zu den Regionen. Während jedoch die Counties, so wie heute auch noch in Schweden, über originäre Steuereinnahmen verfügten, gilt dies für die Regionen nicht mehr. Faktisch brachte die Kommunalreform damit nicht nur eine gewisse Zentralisierung bei den übergeordneten Aufgaben, sondern auch eine Schwächung der originären kommunalen Finanzkraft. Es wuchs die Abhängigkeit von zentralstaatlichen Zuweisungen. Welchen Umfang die Verschiebungen erreichen, wird mit Blick auf die Einnahmenentwicklung vor und nach der Kommunalreform deutlich. Vor der Kommunalreform waren die originären County-Einnahmen kräftig gestiegen, und zwar von 34,2 Mrd. DKK (rd. 4,59 Mrd. €) im Jahr 1990 über 65,2 Mrd. DKK (2000) auf 83,3 Mrd. DKK im Jahr 2006

---

[203] Stat. JB 2010: 407, Abb. 11 und Stat. JB 2011, o.S., Abb. 11.

[204] Quelle: Statistics Denmark, Datensatz „Expenditure and revenue of general government by sector, type of transaction and time" (Code: OFF3); eigene Berechnung.

(rd. 11,18 Mrd. €).[205] Schwankte ihr Anteil an den kommunalen Steuer- und Gebühreneinnahmen in den 90er Jahren um die 28 Prozent herum, erfolgte nach der Jahrhundertwende ein Anstieg auf etwas über 30 Prozent. Pro Einwohner wurde 2006 in den Gemeinden ein Aufkommen von 35,14 Tsd. DKK (rd. 4,7 Tsd. €) und in den Counties von 15,34 Tsd. DKK (rd. 2,1 Tsd. €) realisiert. Denkbar wäre gewesen, dass im Gegenzug zum Wegfall der Countysteuer die Gemeindesteuer so aufgestockt wird, dass darüber die Umlage, mit der die Gemeinden nun an der Finanzierung der Regionen beteiligt sind, gedeckt wird. Dies jedoch ist ausgeblieben. Die Entwicklung der gemeindlichen Steuereinnahmen nahm seit der Kommunalreform keinen anderen Verlauf als davor. Von Mitte der 90er Jahre bis 2005/2006 lagen die Wachstumsraten der gemeindlichen Steuereinnahmen bei jährlich knapp 3 bis rd. 5 Prozent. Kurzfristig unterbrochen durch die Finanzkrise, die 2009 einen Einnahmerückgang bewirkte, setzte sich dies danach fort. Die Gemeindeeinnahmen aus Steuern und Gebühren lagen 2010 um 17,4 Prozent über dem Niveau von 2006. Pro Kopf erreichten sie im Jahr 2010 40,49 Tsd. DKK (rd. 5.434 €).

Wie oben angesprochen, haben die Regionen ihren Aufgabenschwerpunkt im Bereich der Gesundheitsversorgung. Nominal haben sich hier die Ausgaben von 1998 bis 2009/2010 fast verdoppelt (vgl. Tab. 14 und Tab. 20). Verschiedene übergeordnete Aufgaben wie etwa der öffentliche Verkehr kommen hinzu. 2009 entfielen fast 90 Prozent der Gesamtausgaben (Ausgaben der laufenden Rechnung und Kapitalausgaben) von 116,48 Mrd. DKK auf den Gesundheitsbereich und rd. 10 Prozent auf die anderen Aufgabenfelder. Die Finanzierung der regionalen Nettokosten von 101,1 Mrd. DKK erfolgt zu gut 98 Prozent (99,3 Mrd. DKK) aus öffentlichen Quellen. Es ist dem Wegfall der Countyeinnahmen geschuldet, dass dies nun ganz überwiegend Mittel der Zentralregierung sind. Bei der eher finanzstarken Region Hovedstaden decken sie 77,8 Prozent der Nettoausgaben, bei der weniger finanzstarken Region Nordjylland 79,8 Prozent. Im Schnitt erreicht der Deckungsgrad durch Zuweisungen der Zentralregierung (Grants from the State) rd. 78 Prozent (2009: 78.952 Mio. DKK). Die Gemeindeumlage[206] trägt mit durchschnittlich knapp 18 Prozent zur Finanzierung bei (2009: 17.969 Mio. DKK).[207]

---

[205] Quelle: Statistics Denmark, Datensatz „Taxation total, divided into rates and dues by type and time" (CODE SKAT; Zugriff: 28.09.2011); eigene Berechnungen.
[206] In Deutschland entspricht dem die Kreisumlage, die von kreisangehörigen Gemeinden zur Finanzierung des Landkreises abgeführt werden muss.
[207] Quelle: Stat. JB 2011, Tab. 377 (o.S.).

Die Finanzkraft der Gemeinden ist unterschiedlich ausgeprägt. Wie auch in Deutschland existiert ein kommunaler Finanzausgleich, bei dem sich vertikale und horizontale Ausgleichsmechanismen überlagern. Einzelne eher kleine Gemeinden in der Region Hovedstaden sind in der Rolle von Nettozahlern; sie erzielen Überschüsse. Andere Gemeinden haben dafür einen hohen Bedarf an staatlichen Finanzzuweisungen. Die finanzschwächeren Gemeinden konzentrieren sich in Nord-Dänemark. Allerdings sind auch im Süden ausgeprägte Unterschiede zu beobachten. Es gibt Gemeinden, bei denen die Zuweisungen weniger als 10 Prozent der Nettoausgaben decken (z.b. Frederiksberg oder Roskilde) und solche, bei denen (Beispiel: Bornholm) mehr als ein Drittel der Nettoausgaben (laufend und investiv) aus Zuweisungen bestritten werden.[208]

Wichtig für die Funktionstüchtigkeit des horizontalen Finanzausgleichs ist die weitgehende Egalität der Gemeindesteuersätze. Die allermeisten Gemeinden haben Steuersätze nahe am Durchschnitt. Anreize zur Wohnsitzverlagerung aus Steuergründen existieren daher kaum. Ausschläge nach unten und oben finden sich in kleinen Gemeinden. Aktuell (2011) erzielt die Gemeinde mit dem niedrigsten Satz (Rudersdal: 22,8%) hohe Überschüsse und die Gemeinde mit dem höchsten Steuersatz (Landeland: 27,8%) ist umgekehrt stark zuweisungsabhängig.[209]

Dänemark hat kein Problem mit der Einhaltung der EU-Stabilitätskriterien. Seit Jahrzehnten wird in den skandinavischen Ländern eine antizyklische Finanzpolitik praktiziert. Sie funktioniert. Auch in der aktuellen Finanzkrise hat Dänemark (Eurostatdaten vom 27.11.2012) den 3-Prozent-Referenzwert des Maastricht-Vertrages in keinem Jahr gerissen. Entscheidend war, dass 2008 ein Haushaltsüberschuss von 3,2 Prozent erzielt worden ist. Dies wirkte als Puffer, so dass das Minus 2009 mit 2,7 Prozent unterhalb der 3-Prozent-Linie verblieb und zwischenzeitlich auf 1,8 Prozent (2011) gesenkt werden konnte. Auch der gesamtstaatliche Brutto-Schuldenstand liegt mit 46,8 Prozent des BIP (2011) deutlich unter dem EU-Referenzwert von maximal 60 Prozent des BIP; der Nettoschuldenstand beträgt (2012) weniger als 10 Prozent. In Deutschland dagegen erreicht die Bruttostaatsverschuldung über 80 Prozent und die Nettostaatsverschuldung als Saldo aus Verbindlichkeiten und Geldvermögen lag 2011 mit 52 Prozent des BIP um 48 BIP-Prozentpunkte über der dänischen Nettostaatsverschuldung von nur 3,5 Prozent. Die dänischen Kommunen allerdings weisen mit 7,2 Prozent des BIP (2010) eine

---

[208] Siehe Stat. JB 2011, Tab. 379 (o.S.).

[209] Daten nach: Statistics Denmark, Datensatz „Local government personal taxation by tax rate, region and time", 2007 bis 2011 (Code PSKAT 08).

höhere Bruttoverschuldung aus als die deutschen Gemeinden (2010: 5,2%).[210] Dabei ist zu sehen, dass der Anteil der kommunalen Ausgaben bezogen auf das BIP viereinhalbfach so hoch ist wie in Deutschland (vgl. Tab. 12). Relativ betrachtet ist die Verschuldung der dänischen Kommunen also geringer als die der deutschen Kommunen. Auf der anderen Seite jedoch hat die finanzielle Leistungsfähigkeit der Kommunen abgenommen. Dies zeigt die Entwicklung des Überschusses bei der laufenden Rechnung, der nicht gemäß dem Finanzierungsbedarf wuchs. Folge: Während der Kommunalsektor in den 90er Jahren in geringerem Umfang neue Verbindlichkeiten einging als andererseits das kommunale Finanzvermögen wuchs, kehrte sich dies ab dem Jahr 2002 um. Besonders stark wuchs die Nettoverschuldung im Jahr 2009 (pro Einwohner: +2.277,3 DKK resp. rd. 306 €).

*Ausblick: Was bringt der Regierungswechsel vom Herbst 2011*

Bis zur Kommunalreform glich die dänische Finanzierungsstruktur der von Norwegen und Schweden (vgl. unten). Das Gros der laufenden Ausgaben wurde durch eigene Einnahmen der Gemeinden und Counties gedeckt. Die Kommunalreform brachte für die kommunale Aufgabenwahrnehmung eine verstärkte Abhängigkeit von Zuweisungen des Zentralstaates. Dies trifft die neu geschaffenen Regionen direkt und die Gemeinden indirekt. Da die Regionen Aufgaben von gesamtstaatlicher Bedeutung wahrnehmen, lässt sich die Verschiebung zum Zentralstaat sachlich gut rechtfertigen. Allerdings stehen die neuen Finanzierungsregeln auch in einem Zusammenhang mit dem Versuch der bis Herbst 2011 von den Liberalen geführten Mitte-Rechts-Regierung, die Gemeinden in einen Sparkurs zu zwingen. Fast zehn Jahre amtierte die von der dänischen Volkspartei gestützte Minderheitsregierung, ohne dass es ihr gelang, die finanzpolitischen Voraussetzungen für das Abspecken des Wohlfahrtsstaates zu schaffen. Höchst unpopulär war bei der Dänischen Volkspartei (DF) unter Pia Kjærsgaard nämlich die von den Liberalen gewünschte Senkung des Spitzensteuersatzes. Lange hatten die Rechtspopulisten den Steuersenkungsplänen daher auch widerstanden. Mit der Steuerreform 2010 wurden jedoch Einschnitte vorgenommen, die auf der kommunalen Ebene nicht ohne Kürzungsprogramme aufgefangen werden können. Bis 2009 lag der maximale Steuersatz bei 63 Prozent und der Spitzensteuersatz bei der Einkommensteuer betrug 59 Prozent.[211] Innerhalb von EU und OECD

---

[210] Quelle: Eurostat, Datensatz „Defizit/Überschuss, Schuldenstand des Staates und damit zusammenhängende Daten" [gov_dd_edpt1]; Update vom 17.05.2011.

[211] Die 63 Prozent beinhalteten neben der Einkommensteuer die Arbeitsmarktabgabe.

war dies der höchste Spitzensteuersatz. Lässt man Sonderregelungen für Einkommensmillionäre wie den in Frankreich 2012 beschlossenen Satz von 75 Prozent für Einkommen ab einer Mio. € außen vor, hat seither nun Schweden den höchsten Spitzensteuersatz. Die wesentlichen Änderungen durch die *Steuerreform 2010* bestehen in Folgendem:[212]

- Der Spitzensteuersatz sinkt von 59 Prozent auf 51,5 Prozent, der maximale Steuersatz von 63 Prozent auf 56,1 Prozent. Es gibt nur noch zwei reguläre Steuersätze. Jahreseinkommen bis ca. 55.000 € werden mit dem Steuersatz von 41 Prozent belegt; darüber greift der Steuersatz von 51,5 Prozent. Für Menschen mit geringen Einkommen bestehen Sonderregelungen.

- Die Steuersenkung bewirkt ein Absinken der Abgabenquote um 1,5 BIP-Prozentpunkte von 48,2 Prozent des BIP (2009) auf 46,7 Prozent (2011). Das Aufkommen aus allein der Einkommensteuer soll dabei von 21,3 Prozent auf 20,3 Prozent (2011) fallen.

- Die Reform sieht eine Gegenfinanzierung durch den Wegfall von Steuervergünstigungen, eine erhöhte Unternehmensbesteuerung und die Erhöhung indirekter Steuern vor. Diese Gegenfinanzierung wurde aber nicht zeitgleich mit der Steuersenkung in Kraft gesetzt; sie kommt sukzessive ab 2013 bis 2019 zum Tragen.

- Die Erhöhung indirekter Steuern betrifft Abgaben, von denen man sich eine ökologische und gesundheitliche Lenkungswirkung erhofft. Das „Energie- und Gesundheitspaket" der Steuerreform sieht neue wie auch höhere Steuern auf Energie, Abfall, Zucker, Fett (ungesättigte Fettsäuren) etc. vor. Im Jahr 2013 soll darauf ein Drittel der Gegenfinanzierung entfallen.

Prognostiziert im Zusammenhang mit der Steuerreform wurde ein Anstieg des gesamtstaatlichen Finanzierungssaldos von etwas unter 3 Prozent im Jahr 2009 auf Werte von über 4 Prozent in den Folgejahren. Um bis 2016 wieder eine schwarze Null zu erreichen, wurde im Frühjahr 2010 ein Fiscal Consolidation Agreement (Stand 5/2010) getroffen. Es beziffert den Konsolidierungsbedarf auf rd. 3,2 Mrd. € (24 Mrd. DKK). Dieses Volumen soll überwiegend erbracht werden durch die Einnahmeverbesserungen, die zur Gegenfinanzierung der Steuerreform ab 2013 vorgesehen sind sowie durch Kürzungen bei sozialen Leistungen (Arbeitslosengeld, Kindergeld u.a.).

Die Steuerreform mit ihrer Begünstigung oberer Einkommensschichten wurde von Kommunen und linker Opposition heftig als unsozial und als Gefahr für den Wohlfahrtsstaat kritisiert. Dies nicht ohne Berechtigung. Konnten

---

[212] Quelle: The Danish Ministry of Taxation (2009).

die Kommunen 2009 noch antizyklisch voll auf Expansion schalten, mussten sie 2010 den Spardruck teilweise in Ausgabenkürzungen umsetzen. Allerdings stiegen die nominalen Gesamtausgaben des Kommunalsektors gleichwohl um 4,9 Prozent und die Sozialausgaben sogar um 7,5 Prozent (vgl. Tab. 14). 2011 allerdings trat eine reale Stagnation ein. Die Gesamtausgaben stiegen nominal nur noch um 2 Prozent (Sozialausgaben: + 3,4%).

Schon die Kommunalwahl von 2009 hatte einen Swing Richtung Mitte-Links erbracht (siehe oben unter 2.3.1 und Tab. 4). Die Parlamentswahl vom 15. September 2011 entzog der Mitte-Rechts-Regierung unter Rasmussen nun die parlamentarische Basis. Bei einer Wahlbeteiligung von 87,7 Prozent erreichte das Mitte-Links-Lager aus Sozialdemokraten, Volkssozialisten, Sozialliberalen und der Linken Einheitsliste mit 50,3 Prozent der abgegebenen Stimmen einen knappen Mandatsvorsprung von 89 Mandaten gegenüber 86 Mandaten, die auf die anderen Parteien entfielen.[213] Anfang Oktober 2011 konstituierte sich eine Minderheitsregierung aus Sozialdemokraten, Sozialliberalen und Volkssozialisten. Sie wird von der Sozialdemokratin Helle Thorning-Schmidt geführt und im Parlament von der Linken Einheitsliste gestützt. Es steht zu erwarten, dass Maßnahmen ergriffen werden, um die erfolgte Schwächung der Kommunalfinanzierung zumindest etwas zu korrigieren.

*Finnland*

Die Steuereinnahmen der finnischen Gemeinden sind auf das BIP bezogen in der zurückliegenden Dekade etwas zurückgegangen. 2008 wurde mit 9,5 Prozent der gleiche Anteil erreicht wie in Island. Dabei jedoch tragen die finnischen Gemeinden gut 40 Prozent der Staatsausgaben, die isländischen nur rd. ein Viertel (vgl. Tab. 13). Die Finanzierungsstruktur ist durch eine relativ große Bedeutung von Steuereinnahmen und einen im skandinavischen Vergleich hohen Anteil von Betriebseinnahmen (Gebühren, Entgelte, Markterlöse) geprägt. 2011 wird mit Einnahmen von insgesamt 40,6 Mrd. € gerechnet. 46 Prozent davon (18,6 Mrd. €)[214] stammen aus Steuereinnahmen, 26 Pro-

---

[213] Zur Verortung der Parteien siehe Kapitel 2.3. Die Daten zu den Ergebnissen der Parlamentswahl sind vorläufig (http://dst.dk/valg/Valg1204271/valgopgmid/valgopgHL.htm; Zugriff: 01.10.2011).

[214] Nach dem vorläufigen Rechnungsergebnis belief sich das Aufkommen auf höhere 19,2 Mrd. €; ein Plus gegenüber 2010 von 3,4 Prozent (Quelle: Pressemitteilung „Tax ratio 43,4 percent in 2011" des statistischen Zentralamtes (Statistics Finland) vom 17.07.2012, Anhangtabelle 1: „Taxes by sector and tax category, 2010-2011").

zent aus Betriebseinnahmen und 19 Prozent aus staatlichen Zuweisungen.[215] Das originäre Steueraufkommen fußt zu rd. 95 Prozent auf der Kommunalsteuer. Die Sätze liegen unter dem dänischen wie schwedischen Niveau. 2009 betrug der Steuersatz im Mittel 18,6 Prozent bei einer Spannweite zwischen 16,6 und 21 Prozent (Kolehmainen o.J.). Teilweise besteht ein Steuerverbund. So bei der Körperschaftsteuer; sie wird zwischen Zentralstaat und Gemeinden aufgeteilt.[216] Die Gemeinden erhalten einen Anteil von 22,03 Prozent (Finnish Ministry of Finance 2005: 21).

Im Zeitraum von 1992 bis 2009 hat sich das Aufkommen aus der originären kommunalen Einkommensteuer plus des Anteils an der Körperschaftsteuer von 8.288 Mio. € auf 16.599 Mio. € verdoppelt. Die kommunalen Steuereinnahmen erreichen (incl. Kommunalanteil an der Körperschaftsteuer) mittlerweile ein knappes Viertel der gesamtstaatlichen Steuereinnahmen (2009: 23,8%). *Tabelle 21* gibt für den Zeitraum ab 2004 einen Überblick. Es zeigt sich ein moderates Wachstum der Kommunalsteuer sowie eine gestiegene Bedeutung der Grundsteuer. Das Aufkommen aus der Grundsteuer lag 2010 um rd. 71 Prozent über dem des Jahres 2004. Unter den kleinen Gemeindesteuern hat nur noch die Hundesteuer eine gewisse, allerdings stark zurückgegangene Bedeutung. Von 2004 bis 2009 erhöhten sich die Steuereinnahmen um knapp 27,8 Prozent gegenüber 21,5 Prozent in Deutschland.

Es ist eines der skandinavischen Alleinstellungsmerkmale – bis zum Ausbruch der Finanzkrise galt dies auch für Island –, dass das Geld- resp. Finanzvermögen des öffentlichen Gesamthaushaltes höher ist als seine Verbindlichkeiten. Kommunen als Teilsektor freilich haben meist höhere Verbindlichkeiten als finanzielle Rücklagen. Der finnische Kommunalsektor bildet eine Ausnahme. Im Jahr 2000 wies er einen negativen Nettoschuldenstand resp. ein Nettogeldvermögen von 5,5 Mrd. € auf. Während der Finanzkrise stiegen die Verbindlichkeiten allerdings deutlich an, so dass das Nettogeldvermögen auf 1,2 Mrd. € im Jahr 2010 sank (vgl. Tab. 21). Die Entwicklung seither verlief positiv. Insbesondere gilt dies für die ersten beiden Quartale von 2011. Bei gleichbleibendem Schuldenstand stieg das Geldvermögen so an, dass sich die Nettoposition auf 2,1 Mrd. € verbesserte.

---

[215] Quelle: Verband der Städte, Gemeinden und Regionen: www.localfinland.fi.

[216] Der „Tax Accounting Act" bildet die gesetzliche Grundlage. Danach geht ein kleiner Anteil (weniger als 2%) zudem an die Evangelisch-lutherische und die orthodoxe Kirche.

Tabelle 21: Die Entwicklung des kommunalen Steueraufkommens und der kommunalen Verschuldung in Finnland 2004 bis 2010

| | 2004 | 2005 | 2006 | 2007 | 2008 | 2009 | 2010 | Veränderung (%) |
|---|---|---|---|---|---|---|---|---|
| **Steuereinnahmen (Mio. €)** | | | | | | | | |
| Kommunalsteuer (incl. Körperschaftsteueranteil) | 13.023 | 13.655 | 14.545 | 15.800 | 16.560 | 16.599 | 17.346 | 33,2 |
| dar. Natürliche Personen | 11.992 | 12.497 | 13.216 | 14.216 | 15.134 | 15.100 | 15.636 | 30,4 |
| dar. Körperschaften | 1.030 | 1.158 | 1.329 | 1.584 | 1.211 | 1.397 | 1.516 | 47,2 |
| Grundsteuer | 684 | 725 | 785 | 850 | 914 | 974 | 1.169 | 70,9 |
| Hundesteuer | 4 | 4 | 4 | 3 | 3 | 2 | 2 | -50,0 |
| Steuereinnahmen konsolidiert insgesamt | 13.756 | 14.307 | 15.275 | 16.455 | 17.481 | 17.576 | 18.518 | 34,8 |
| **Steuereinnahmen pro Einwohner (€)** | | | | | | | | |
| Insgesamt (konsolidiert) | 2.635 | 2.732 | 2.906 | 3.118 | 3.298 | 3.300 | 3.464 | 31,4 |
| Kommunalsteuer | 2.297 | 2.386 | 2.515 | 2.694 | 2.855 | 2.835 | | 23,4 |
| Grundsteuer | 131 | 138 | 149 | 161 | 172 | 183 | | 39,5 |
| **Schuldenstand (Mrd. €)** | | | | | | | | |
| Geldvermögen | 18,3 | 18,7 | 20,1 | 20,9 | 20,9 | 20,7 | 22,1 | 13,1 |
| Verbindlichkeiten | 14,5 | 15,3 | 16,2 | 17,4 | 18,3 | 19,6 | 21,0 | 35,2 |
| Netto-Geldvermögen | 3,8 | 3,4 | 3,8 | 3,5 | 2,6 | 1,1 | 1,2 | -71,1 |

**Erläuterung**: Das von der Steuerbehörde angegebene kommunale Gesamtsteueraufkommen ist aufgrund von Verrechnungen nicht immer identisch mit der Summe der Einzelsteuern. Die Steuerdaten für 2010 sind vorläufig.
**Quellen**: Steuereinnahmen: Finnish Tax Administration (Vero SKATT), Brief Statistics fortlaufend bis 2012 (jeweils S. 9 bis S. 15); Finnish Ministry of Finance (2005: 15); Statistics Finland, National Accounts, Taxes (Update vom 21.07.2011)
Geldvermögen und Verbindlichkeiten: http://www.stat.fi/til/jyrt/2011/02/jyrt_2011_02_20 11-09-30_tau_001_en.html (Zugriff: 05.20.2011)

An der trotz Krise vergleichsweise guten Finanzlage hat die Zentralregierung Anteil. Während die dänische Mitte-Rechts-Regierung mitten in der Krise Steuersenkungen vornahm, spannte die finnische Regierung im Frühjahr 2009 für ihre Kommunen einen auf drei Jahre angelegten *Rettungsschirm* auf. Ziel war es, ein hohes Niveau an öffentlichen Diensten und Investitionen beizubehalten. Der „Rettungsschirm" beinhaltet folgende Elemente:[217]

---

[217] Darstellung nach der Pressemitteilung des Finanzministeriums vom 25.03.2009.

- **Befristete Veränderung der Steuerverteilung**: Der Kommunalanteil an der Körperschaftsteuer wird für die Dauer von 3 Jahren (2009 bis 2011) von 22,03 Prozent auf 32,03 Prozent angehoben. Die kommunalen Zusatzeinnahmen werden für 2009 mit 390 Mio. €, für 2010 mit 355 Mio. € und für 2011 mit 380 Mio. € angesetzt. Die Lücke, die dadurch im Budget der Zentralregierung entsteht, wird durch erhöhte Kreditaufnahmen geschlossen.

- **Entlastung von Sozialbeiträgen**: Temporär übernimmt die Zentralregierung die Sozialbeiträge. Der Entlastungseffekt wird von 2010 an auf 248 Mio. € geschätzt.

- **Anhebung der Mindest- wie Höchstsätze bei der Grundsteuer**: Durch diese Maßnahme können die Gemeinden ihre Eigeneinnahmen steigern. Sollten alle Gemeindevertretungen die neuen Obergrenzen ausschöpfen, würden sie Mehreinnahmen von insgesamt rd. 900 Mio. € erzielen.

Auf die Einwohnerzahl von Deutschland übertragen, repräsentiert das Kommunalpaket einen Gegenwert von über 20 Mrd. €. Die Budget-Planung der Regierung sah vor, dass in der Folge die Zentralregierung von 2009 bis 2012 ein Finanzierungsdefizit oberhalb der EU-Linie von 3 Prozent übernimmt, während das Finanzierungsdefizit des öffentlichen Gesamthaushaltes planmäßig nur im Jahr 2010 knapp oberhalb der 3-Prozent-Linie liegen sollte. Für den Ausgleich sollten neben wenigen Ausgabenkürzungen vorrangig Einnahmeverbesserungen (Anhebung der Mehrwertsteuer von 22 auf 23 Prozent zum 30.06.2010, gewisse Steuerverbreiterungen und Erhöhungen bei Verbrauchsteuern) sorgen. Bei den Planungen für das Budget von 2010 wurde der Garantiebetrag für die Kommunen dann noch einmal aufgestockt. In der Pressemitteilung vom 14. September 2009 zum Staatsbudget von 2010 heißt es dazu: *„There is a risk of a severe deficit between municipal revenues and estimated expenses unless the state and municipalities take measures to balance the situation. The Government will participate in repairing the deficit by granting a total of some EUR 720 million in 2009 and 2010."* Tatsächlich verlief die Entwicklung dann weit positiver als geplant; in keinem Jahr wurde das 3-Prozent-Kriterium überschritten; 2011 lag der gesamtstaatliche Finanzierungssaldo nur noch bei minus 0,5 Prozent.

Das Finanzministerium ist mit der Wirkung des Rettungsschirms auf die Kommunen zufrieden. Das Investitionsniveau der Kommunen sei hoch; die Ausgaben für den Kommunalservice seien gesteigert worden.[218] Wie aus Tabelle 21 ersichtlich, sind die kommunalen Steuereinnahmen von 2009 auf

---

[218] Finanzministerium, Economic Bulletin 23.06.2010.

2010 um gut 10 Prozent gestiegen. Für das Jahr 2011 erwartet das Finanzministerium allerdings eine Stagnation. Teilweise resultieren sie aus zwischenzeitlich erfolgten Absenkungen bei der Bemessungsgrundlage der Einkommensteuer. Den Gemeinden entstehen dadurch Einnahmeverluste von geschätzten 129 Mio. €. Sie sollen durch erhöhte staatliche Zuweisungen – diese steigen im Jahr 2011 auf 10,1 Mrd. € – ausgeglichen werden (Finanzministerium Nov. 2010: 17, 25).

*Island*

Die Finanzlage von Island im Allgemeinen und der Gemeinden im Speziellen entspricht der Schwere der Finanz- und Wirtschaftskrise, die das Land durchläuft. Vor der Krise gab es Vollbeschäftigung; nun liegt die Arbeitslosenquote nach internationaler Definition bei 7,1 Prozent (2011) und nach nationaler Definition bei 6 Prozent.[219] Dies ist gemessen an den teilweise mehr als doppelt so hohen Quoten, die die anderen Krisenländer aufweisen (Irland: 14,4%; Spanien: 21,7%; Griechenland: 17,7%; Portugal 12,9%) und gemessen am EU27-Durchschnitt von 9,7 Prozent[220] kein ungünstiger Wert, zumal gegenläufig zu den anderen Krisenländern die Beschäftigungsquote bereits wieder gestiegen und die Arbeitslosenzahl zurückgegangen ist. Absolut und gemessen an der Vorkrisensituation stellt sich die Lage jedoch anders dar. Der Arbeitslosenbeitrag musste von 0,65 Prozent auf 2,21 Prozent mehr als verdreifacht und die Mittel für den Lohn-Garantie-Fonds verdoppelt werden. Es spricht für die isländische Politik, dass sie sich für diesen Weg und gegen die Alternative massiver Kürzungen der Arbeitslosenunterstützung entschieden hat. Auch die personale Einkommensteuer wurde angehoben von 35,72 Prozent (2008) auf 37,20 Prozent (2009). Damit allerdings liegt der Steuersatz immer noch unter dem Niveau des Jahres 2001 von 38,76 Prozent. Neu eingeführt wurde eine temporäre Sonderabgabe von 8 Prozent auf Einkommen von

---

[219] In den Jahren vor der Krise gab es weniger als 6.000 Arbeitslose; die Quote schwankte um die 3 Prozent herum. 2009 wurden im 2. Quartal 16.700 Arbeitslose gezählt. Die Arbeitslosenquote hatte sich verdreifacht (9,1%). Im Jahr 2010 ging sie auf 8,7 Prozent zurück, wobei Männer mit 9,4 Prozent stärker betroffen sind als Frauen (8%). Im September 2012 wurden noch 10,9 Tsd. Arbeitslose gezählt. Quellen: Statistics Iceland, Labour market statistics, 2nd quarter 2010 und Labour Force Survey, Sept. 2012.

[220] Die geringste Arbeitslosenquote (Bevölkerung im Alter von 15 bis 64 Jahren) gab es 2010/2011 in Norwegen (3,6%/3,3%), gefolgt von Österreich und den Niederlanden mit Werten von etwas über 4 Prozent. Quelle: Eurostat, „Arbeitslosenquoten, Jahresdurchschnitte, nach Geschlecht und Altersgruppe (%)" [une_rt_a]; Update vom 01.10.2012.

monatlich über 700.000 ISK (nach dem Umrechnungskurs vom 28.09.2011 rd. 4.400 €). Wie auch in den anderen skandinavischen Ländern teilt sich die Einkommensteuer in einen zentralstaatlichen und einen kommunalen Teil. 2009 lag der zentralstaatliche Satz bei 24,1 Prozent und der kommunale Satz bei durchschnittlich 13,1 Prozent. Im skandinavischen Kontext ist dies der niedrigste Satz. Die Spannweite beträgt 11,24 Prozent bis 13,28 Prozent.[221] Allerdings entfallen von den staatlichen Ausgaben auch nur ein Viertel (2008) auf die Gemeinden. In den anderen nordischen Ländern liegen die Anteile weit höher (vgl. Tab. 13). Neben der Kommunalsteuer spielen öffentlichen Zuweisungen (Regierung und Fonds), die Grundsteuer und Einnahmen (Gebühren, Entgelte und Markterlöse) aus dem Verkauf von Gütern und Diensten eine wichtige Rolle. 2010 wurden 11,4 Prozent der Einnahmen aus dem Verkauf von Gütern und Diensten erzielt.

Wie stark die Einnahmen aufgrund der Krise real eingebrochen sind, macht *Tabelle 22* deutlich. Die Daten sind anders als die zur Ausgabenentwicklung in Tabelle 16 inflationsbereinigt (konstante Preise von 2010); die Umrechnung erfolgte zum Kurs vom 28.09.2011. Betrachtet man den Vorkrisenzeitraum, so stiegen die Pro-Kopf-Steuer-Einnahmen der Kommunen von 2.116,10 € im Jahr 1998 auf 3.524,80 € im Jahr 2007 um zwei Drittel und die Gesamteinnahmen sogar um 70 Prozent von 2.872,70 € im Jahr 1998 auf 4.904,60 € im Jahr 2007. Das kräftige reale Plus kam zustande, obwohl die isländische Regierung in dieser Phase die Steuersätze abgesenkt hatte. Nicht nur die Regierung, sondern auch viele Isländer hegten die Illusion, man könne mit niedrigen Steuersätzen einen skandinavischen Typ von Wohlfahrtsstaat finanzieren. Dazu müsse man die Insel nur zu einer Drehscheibe des Finanzmarktkapitalismus machen. Für unseren Zusammenhang bedeutsam ist, dass die realen Pro-Kopf-Einnahmen der Gemeinden im Jahr 2010 trotz der Krise um ein Drittel über dem Niveau von 1998 liegen. Die Steuereinnahmen sind seit 2007 um ein gutes Fünftel gesunken, liegen aber gleichfalls um fast 30 Prozent über denen des Jahres 1998. Stabilisierend wirkte in der Krise das Aufkommen aus der Grundsteuer. Es ist zwar gleichfalls gesunken, lag 2010 aber über dem Vorkrisenniveau. Auch die staatlichen Zuweisungen erweisen sich als Stabilitätsanker.

---

[221] Die Angaben zu den aktuellen Entwicklungen stammen vom isländischen Finanzministerium Quelle: http://eng.fjarmalaraduneyti.is/customs-and-taxes/principaltaxrates/nr/11977 (Zugriff: 05.10.2011; zuletzt: 12.08.2012).

*Tabelle 22: Einnahmen der isländischen Gemeinden 1998 bis 2010:
Anteile und € pro Einwohner*

| | 1998 | 2002 | 2004 | 2007 | 2008 | 2009 | 2010 | Veränderung (%) |
|---|---|---|---|---|---|---|---|---|
| **Anteile wichtiger Einnahmearten an den Gesamteinnahmen (%)** | | | | | | | | |
| Steuern insgesamt | 73,7 | 74,2 | 73,6 | 71,9 | 72,7 | 73,2 | 71,7 | -2,7 |
| Kommunalsteuer | 57,5 | 60,6 | 58,7 | 52,9 | 54,8 | 56,9 | 55,9 | -2,8 |
| Grundsteuer | 12,2 | 10,5 | 10,7 | 11,1 | 13,3 | 14,5 | 14,8 | 21,3 |
| Verbrauchsteuern | 3,6 | 2,9 | 4,1 | 7,8 | 4,6 | 1,8 | 1,4 | -60,2 |
| Zuweisungen | 8,2 | 9,0 | 9,2 | 9,4 | 9,7 | 9,9 | 11,1 | 35,2 |
| laufend | 6,3 | 8,0 | 8,0 | 8,1 | 8,1 | 8,3 | 10,0 | 59,4 |
| investiv | 2,0 | 1,0 | 1,2 | 1,3 | 1,6 | 1,6 | 1,1 | -42,1 |
| Sonstige Einnahmen[1] | 18,1 | 16,9 | 17,2 | 18,7 | 17,6 | 16,9 | 17,2 | -4,9 |
| Gebühren, Entgelte | 13,3 | 10,3 | 10,8 | 9,4 | 9,9 | 11,2 | 11,4 | -14,5 |
| **Einnahmen pro EW zu konstanten Preisen des Jahres 2010 (€)[2]** | | | | | | | | |
| Steuereinnahmen | 2.116,1 | 2.472,0 | 2.749,5 | 3.524,8 | 3.247,3 | 2.918,6 | 2.739,7 | 29,5 |
| Kommunalsteuer | 1.652,1 | 2.019,3 | 2.194,7 | 2.594,5 | 2.446,3 | 2.266,8 | 2.136,8 | 29,3 |
| Grundsteuer | 349,4 | 350,2 | 399,9 | 544,5 | 595,1 | 578,9 | 564,0 | 61,4 |
| Verbrauchsteuern | 103,9 | 96,2 | 151,5 | 384,6 | 205,5 | 72,8 | 55,2 | -46,9 |
| Laufende Zuweisungen | 180,3 | 264,9 | 298,2 | 399,0 | 363,5 | 331,6 | 382,6 | 112,2 |
| Investive Zuweisungen | 56,0 | 33,6 | 45,8 | 61,8 | 70,2 | 62,6 | 43,1 | -22,9 |
| Sonstige Einnahmen[1] | 520,3 | 562,7 | 644,5 | 919,0 | 784,5 | 674,1 | 658,5 | 26,5 |
| Gebühren, Entgelte | 382,4 | 342,7 | 403,0 | 458,4 | 443,2 | 447,3 | 435,1 | 13,8 |
| Einnahmen insgesamt | 2.872,7 | 3.333,2 | 3.738,0 | 4.904,6 | 4.465,5 | 3.986,9 | 3.823,9 | 33,1 |
| Nachrichtlich: Nettofinanzvermögen | -1.317 | -478 | -806 | -361 | -1.233 | -1.693 | -1.875 | -42,4 |

1) Darunter fallen Zinsen, Dividenden, Veräußerungserlöse und die Einnahmen aus dem Verkauf von Gütern und Diensten. Der Anteil, der auf den Verkauf von Gütern und Diensten fällt (Gebühren, Entgelte, Markterlöse) ist in der Zeile darunter angegeben.
2) Die Umrechnung auf € erfolgte anhand der Kurses vom 28.09.2011
Quelle: Statistics Iceland, Tabelle „Local government total revenue 1998-2010", Code: THJ053

Die links-grüne Regierung erhöhte die laufenden Zuweisungen pro Einwohner 2010 gegenüber 2009 um 51 €. Die investiven Zuweisungen sanken im Gegenzug allerdings um 20 €. Auch die Entwicklung beim Nettofinanzvermögen je

Einwohner relativiert sich, wenn ein längerer Zeitraum in den Blick genommen wird. Zwar gab es seit 2007 eine dramatische Verschlechterung. Absolut und gegenüber 1998 sind die Zahlen aber weniger alarmierend. Die Nettoverschuldung pro Einwohner erhöhte sich um 42 Prozent.

Angegeben ist in Tabelle 22 auch die *Finanzierungsstruktur* und ihre Entwicklung. Ende der 90er Jahre und Anfang des neuen Jahrhunderts finanzierten die Gemeinden ihre laufenden Ausgaben zu knapp drei Vierteln aus eigenen Steuereinnahmen. Die Kommunalsteuer trug zu den Gesamteinnahmen fast 60 Prozent bei. Auf staatliche Zuweisungen entfiel ein Anteil von um die 9 Prozent und auf die sonstigen Einnahmen (Gebühren, Markterlöse, Zins- und Dividendeneinnahmen) zwischen 17 und 18 Prozent. Diese Grobstruktur hat sich nur wenig verändert. Etwas gesunken ist der Steuerfinanzierungsanteil, im Gegenzug gestiegen die Bedeutung von Zuweisungen. Bedeutsamer als die Verschiebungen zwischen den Hauptfinanzierungsarten sind die internen Verschiebungen. Bei den Steuereinnahmen hat die Grundsteuer an Bedeutung gewonnen. Die Verbrauchsteuern dagegen wurden in den letzten Jahren regelrecht marginalisiert; 2007 trugen sie fast 8 Prozent zur kommunalen Finanzausstattung bei, 2010 nur noch 1,4 Prozent.

*Norwegen*

*Einnahmenentwicklung und Finanzierungsstruktur*

Während die Zentralregierungsebene ihre Steuerquote seit Mitte der 90er Jahre um über 4 Prozentpunkte bezogen auf das BIP gesteigert hat, ging die lokale Quote von 8,2 Prozent (1995) auf 5,8 Prozent (2008) zurück.[222] Innerskandinavisch ist dies die geringste Quote. Besonders stark hat die Bedeutung der Finanzierung über kommunale Steuern bei den Counties abgenommen. Dies auch noch in den letzten Jahren. 2007 stammten die Finanzierungsmittel der Gemeinden zu 43,6 Prozent und die der Counties zu gut 40 Prozent aus kommunalen Steuern. Bis 2010 ging der Anteil bei den Gemeinden moderat, bei den Counties aber so weit zurück, dass nach den vorläufigen Daten für 2010 nur noch ein Drittel der für laufende Ausgaben einsetzbaren Finanzmittel aus Steuern stammt. *Tabelle 23* liefert einen Überblick zur Entwicklung der Finanzen im Kommunalsektor insgesamt (siehe unter C), in den Gemeinden (Teil A) und den Counties (Teil B). Die unter C aufgeführten Daten zu den Einnahmen des Kommunalsektors insgesamt sind bereinigt um die innerkommunalen Finanzbeziehungen. Kommunale Zweckverbände und

---

[222] Quelle: Eurostat „Main national accounts tax aggregates" [gov_a_tax_ag]; Update vom 29.02.2012.

die sonstigen Ausgründungen sind mit enthalten. Aus der Tabelle ergeben sich für den Beobachtungszeitraum 2007 bis 2010 folgende wesentliche Befunde:

- **Gemeinden (Teil A)**: Die laufenden Einnahmen und Ausgaben sowie die investiven Ausgaben stiegen um jeweils ein knappes Viertel. Der Zuwachs bei der Kommunalsteuer blieb deutlich zurück; sie wuchs nur um ein knappes Fünftel. Überdurchschnittlich wuchs die Grundsteuer, die allerdings nur 2,4 Prozent zu den laufenden Einnahmen beiträgt. Dies nicht wegen erhöhter Steuersätze. Der durchschnittliche Steuersatz ist in den letzten Jahren gesunken. Was wuchs war die Zahl der Gemeinden, die eine Grundsteuer erheben (2007: 272; 2010: 309).[223] Die wachsende Abhängigkeit von staatlichen Zuweisungen zeigt sich in dem starken Wachstum der Zuweisungen. Norwegens Bevölkerung wächst. Umgerechnet auf Einwohner fallen die Wachstumsraten daher leicht geringer aus. 2007 standen den Gemeinden pro Einwohner Finanzmittel von rd. 6,3 Tsd. € (49,8 Tsd. NOK) und 2010 von 7,8 Tsd. € (61,1 Tsd. NOK) zur Verfügung. Mit dem operativen Überschuss konnte jeweils nur ein Teil der investiven Ausgaben gedeckt werden. Von 2006 bis 2010 sind die Brutto-Investitionsausgaben von 24,8 Mrd. NOK auf 37,1 Mrd. NOK gestiegen. Auf Einwohner bezogen wurden 2010 rd. 1.000 € (7.834 NOK) eingesetzt. Im Ergebnis liegt der Schuldenstand pro Einwohner nun bei umgerechnet über 4.000 € (32,6 Tsd. NOK).

- **Counties (Teil B)**: Bei den Counties sind die Daten ab 2010 mit denen der Vorjahre nur eingeschränkt vergleichbar. Der starke Anstieg, den es 2010 bei den laufenden Einnahmen, dem Nettoüberschuss und den vor allem investiven Ausgaben gab, resultiert aus der Kommunalisierung von Aufgaben. Seit dem 1. Januar 2010 haben die Counties von der Zentralregierung Aufgaben der regionalen Verkehrspolitik übernommen. Dies bedingt höhere Investitionsausgaben. Im Gegenzug stiegen die Zuweisungen der Zentralregierung und die Kreditfinanzierungsrate sank. 2009 lag sie bei 75 Prozent, 2010 aber nur noch bei 42 Prozent (bezogen auf die Bruttoinvestitionen). Während sich das unterdurchschnittliche Wachstum der Steuereinnahmen in einen schon länger bestehenden Trend fügt, hängt der Zuwachs bei Gebühren und Entgelten zu Teilen auch mit der Übernahme von verkehrspolitischen Aufgaben zusammen. Dort, wo die Straßenzuständigkeit von der Zentralregierung an einen Landkreis überging, fließen Gebühren (z.B. Straßenbenutzungsgebühren) oder Strafgelder (etwa für zu schnelles Fahren) nun dem Countyhaushalt zu.

---

[223] Quelle: Statistics Norway, Tabelle „Property tax, extent, use and revenues. Numbers, per cent, per thousand, NOK, NOK 1 000": http://www.ssb.no/eiendomsskatt_en/tab-20 11-06-27-01-en.htm (Zugriff: 05.10.2011).

Tabelle 23: *Finanzen des norwegischen Kommunalsektors 2007 bis 2010*

| | 2007 | 2008 | 2009 | 2010 | Veränderung (%) |
|---|---|---|---|---|---|
| **A. Gemeinden** | | | | | |
| **1. Haushaltsbilanz (Mio. NOK)** | | | | | |
| Laufende Einnahmen | 241.798 | 262.462 | 287.034 | 300.627 | 24,3 |
| Laufende Ausgaben | 238.054 | 261.469 | 283.692 | 297.365 | 24,9 |
| Operativer Überschuss (netto) | 5.527 | -76 | 7.857 | 6.356 | |
| Investive Ausgaben | 29.992 | 34.125 | 37.247 | 37.069 | 23,6 |
| **2. Wichtige Einnahmearten (Mio. NOK)** | | | | | |
| Kommunalsteuer | 99.890 | 105.762 | 111.770 | 119.128 | 19,3 |
| Grundsteuer | 5.571 | 6.119 | 6.494 | 7.107 | 27,6 |
| Staatliche Zuweisungen | 43.452 | 46.663 | 55.171 | 57.460 | 32,2 |
| Sonstige Zuweisungen | 18.021 | 21.267 | 23.423 | 24.561 | 36,3 |
| Betriebseinnahmen | 32.645 | 34.734 | 36.883 | 38.644 | 18,4 |
| **3. Einnahmen, Ausgaben und Schulden pro EW (€ zum Kurs vom 28.09.2011)** | | | | | |
| Laufende Einnahmen | 6.340,6 | 6.968,4 | 7.529,0 | 7.786,0 | 22,8 |
| Laufende Ausgaben | 6.242,3 | 6.942,1 | 7.441,2 | 7.701,6 | 23,4 |
| Investitionsausgaben pro EW | 786,6 | 906,1 | 977,2 | 998,3 | 26,9 |
| Netto-Schuldenstand pro EW | 2.926,8 | 3.426,6 | 3.776,9 | 4.149,6 | 41,8 |
| **B. Counties (seit 2010 erweitertes Aufgabenspektrum)** | | | | | |
| **1. Haushaltsbilanz (Mio. NOK)** | | | | | |
| Laufende Einnahmen | 41.557 | 44.514 | 49.405 | 58.322 | 40,3 |
| Laufende Ausgaben | 40.918 | 44.634 | 48.253 | 54.389 | 32,9 |
| Operativer Überschuss (netto) | 1.636 | 1.258 | 2.184 | 5.033 | |
| Investive Ausgaben | 5.026 | 5.496 | 6.698 | 11.272 | 124,3 |
| **2. Wichtige Einnahmearten (Mio. NOK)** | | | | | |
| Kommunale Steuern | 16.628 | 17.485 | 17.783 | 19.109 | 14,9 |
| Staatliche Zuweisungen | 14.136 | 15.359 | 17.786 | 25.094 | 77,5 |
| Sonstige Zuweisungen | 2.635 | 2.843 | 3.537 | 3.474 | 31,8 |
| Betriebseinnahmen | 1.960 | 2.105 | 2.297 | 2.871 | 46,5 |
| **C. Einnahmen des Kommunalsektors insgesamt (incl. Zweckverbände; Mio. NOK)** | | | | | |
| Einnahmen insgesamt | k.A. | 310.222 | 337.201 | 358.500 | 15,6 |
| Kommunalsteuer | k.A. | 121.501 | 128.004 | 136.700 | 12,5 |
| Grundsteuer | k.A. | 14.925 | 11.985 | 11.400 | -23,6 |
| Verbrauchsteuern | k.A. | 8.417 | 8.554 | 8.700 | 3,4 |
| Betriebseinnahmen | k.A. | 39.319 | 41.949 | 44.000 | 11,9 |
| Zuweisungen, Finanzausgleich | k.A. | 126.059 | 146.710 | 157.700 | 25,1 |

**Quellen**: Siehe im Anhang die Übersichtstabelle A3

Kredite resp. Darlehen[224] sind für die Finanzierung einer qualitativ hoch stehenden öffentlichen Infrastruktur unerlässlich. Für den Erhalt und Ausbau öffentlichen Vermögens zu wenig zu tun, weil dazu Kreditaufnahmen erforderlich wären, findet keine sachliche Rechtfertigung. Was bei privaten Unternehmen für selbstverständlich erachtet wird, nämlich dass Investitionen auch über Fremdmittel finanziert werden, ist bei öffentlichen Investitionen nicht weniger legitim. Es ist sinnvoll, die laufende Ersparnis einer Volkswirtschaft sowohl dem privaten wie dem öffentlichen Sektor für investive Zwecke zur Verfügung zu stellen. Anders als es die fragwürdige Tugend der Schuldenfreiheit suggeriert, sind Schuldenstände für einen öffentlichen Haushalt so lange kein Problem, wie die Kredite erstens werthaltig sind, weil ihnen ein realer Vermögenszuwachs entspricht, und ihre Bedienung zweitens die Leistungsfähigkeit des öffentlichen Schuldners nicht übersteigt. Dieser Zusammenhang gilt in besonderem Maße für die Kommunen, denn sie tätigen das Gros der öffentlichen Investitionen. Vor dem Hintergrund der Renaissance des altväterlichen Ideals einer möglichst geringen öffentlichen Schuld verdient es Beachtung, dass Norwegen seinen Bruttoschuldenstand im Zeitraum von 2000 bis 2011 so steuerte, dass sich die Quote im Schnitt bei rd. 46 Prozent des BIP bewegte. Gleichzeitig gab es Haushaltsüberschüsse von p.a. gut 13 Prozent des BIP und das Nettofinanzvermögen des Staates stieg von 67 Prozent (2000) auf 161 Prozent des BIP im Jahr 2011 (OECD 2012a: Annex-Table 33). Diese Politik mag erstaunen. Ein weitgehender Abbau der öffentlichen Verbindlichkeiten wären möglich gewesen. Der Verzicht darauf verdeutlicht, dass Staatsschulden von Null in Norwegen nicht als finanzpolitisch sinnvolles Ziel erachtet werden.

Primär finanzieren die norwegischen Kommunen ihre Investitionen über Kommunalkredite und Darlehen Dritter; in geringerem Umfang kommt auch die Ausgabe von Kommunalanleihen zum Einsatz. Eine Schlüsselrolle spielt das Institut „Kommunalbanken Norge". Es existiert bereits seit 1926. 1999 wurde es restrukturiert als ein gemeinsam von Zentralregierung und Gemeinden getragenes Finanzinstitut. Mittlerweile ist es vollständig im Besitz der Zentralregierung. Die Hauptaufgabe von „Kommunalbanken" besteht in der Finanzierung kommunaler Investitionstätigkeit. Vor der Finanzkrise wurden etwa 40 Prozent der Investitionen von Gemeinden und Landkreisen durch

---

[224] Die Begriffe „Kredit" und „Darlehen" stehen praktisch synonym. Es gibt gewisse Unterschiede. So ist der Begriff „Kredit" weiter gefasst. Es fallen darunter auch Geldaufnahmen mit sehr kurzer Laufzeit (sogenannte „Kassenkredite"). Von Darlehen wird dagegen nur gesprochen, wenn der Kredit eine längere Laufzeit hat.

günstige Kommunalbanken-Darlehen finanziert.[225] In den Jahren 2009 und 2010 stieg die Bedeutung des Institutes. Dies einmal wegen der Finanzkrise und dann wegen stark gestiegener Umweltschutzinvestitionen. Kommunalbanken hat ein Programm für grüne Investitionen aufgelegt. Aktuell befindet sich die kommunale Investitionstätigkeit auf einem historischen Höchststand (2009: 37,3 Mrd. NOK; 2010: 37,1 Mrd. NOK). Die Investitionen des Jahres 2009 wurden zu 63,8 Prozent über Darlehen finanziert und die des Jahres 2010 zu annähernd 72 Prozent. Mit Stand von 2010 ist Kommunalbanken bei den Gemeinden mit 141 Mrd. NOK, bei den Counties mit 21 Mrd. NOK und bei interkommunalen Körperschaften mit 22 Mrd. NOK engagiert; der Finanzierungsanteil stieg auf fast 50 Prozent (2009: 46,7%; 2010: 48,7%). 425 der 430 Gemeinden haben bei Kommunalbanken Darlehen resp. Kredite aufgenommen (Kommunalbanken 2011: 6). Die in die Investitionsfinanzierung eingebrachten kommunalen Eigenmittel stammen aus den Überschüssen der laufenden Rechnung. 2009 und 2010 erzielten die Gemeinden jeweils einen Überschuss von etwas über 3 Mrd. NOK, wenn die Bruttoausgaben einschließlich kalkulatorischer Kosten die Bezugsgröße sind. Ohne Abschreibungen lag der Überschuss (net operating surplus) 2009 bei 7,9 Mrd. NOK und 2010 bei 6,4 Mrd. NOK (vgl. Tab. 23). Dieser Nettoüberschuss von umgerechnet auf € im Jahr 2010 ca. 0,82 Mrd. € ist in ähnlicher Weise wie bei der kameralistischen Rechnungslegung die „freie Spitze" ein Indikator für die finanzielle Leistungsfähigkeit einer Gemeinde. Wird eine „freie Spitze" oder ein Nettoüberschuss erwirtschaftet, so gibt es frei disponible Mittel, die für unterschiedliche Zwecke eingesetzt werden können.

*Ausblick*

Die Finanzen der norwegischen Gemeinden entwickelten sich in den letzten Jahren unterdurchschnittlich. Der Schuldenstand pro Einwohner stieg deutlich (vgl. Tab. 23). Für 2011 wird aufgrund guter Wachstumszahlen nun aber wieder mit einem kräftigen Zuwachs bei den Steuereinnahmen gerechnet.

Die Abhängigkeit von staatlichen Zuweisungen bleibt hoch. Bei den Budgetplanungen für 2012 setzt die Regierung nach eigenem Bekunden deshalb einen Schwerpunkt bei der Verbesserung der gemeindlichen Einnahmesituation. Der Kommunalsektor (Gemeinden und Landkreise) wird mit einem realen Zuwachs von 5. Mrd. NOK bedient. Nach einer Pressemitteilung der für „Local Government and Regional Development" zuständigen Ministerin Liv

---

[225] Siehe die Angaben in den Geschäftsberichten. Im Jahr 2008 etwa wurden Darlehen mit einem Volumen von 13,7 Mrd. NOK begeben (Kommunalbanken 2009: 12).

Signe Navarsete vom 6. Oktober 2011[226] sollen davon 3,75 Mrd. NOK nicht zweckgebunden ausfallen. Als Begründung wird auf die wachsende Bevölkerung verwiesen. *„The budget proposals will help enable a continuation of good municipal services in 2012. More people will be employed by local authorities next year, because we have more children who need day nursery places and good schools and we have more elderly people who need care."* Weiter heißt es in der Pressemitteilung: *„A strong, healthy municipal economy is a precondition for good welfare services throughout the country. Many European countries have already warned of large cuts in public budgets. I am glad that we in Norway can continue to concentrate on good welfare services."*

Die zweckgebundenen Mittel betreffen Initiativen in den Bereichen Kinderwohlfahrt, Schulen, Gesundheit, Pflege und öffentlicher Verkehr. So sollen die Gemeinden vermehrt Investitionen in Schwimmhallen und regionale Straßen tätigen. Im Pflegebereich wird die Schaffung von 1.500 neuen Plätzen in Pflegeheimen und Pflegewohnungen bezuschusst. Weitere Zuschüsse erhalten Gemeinden für Tagespflegeeinrichtungen, die sich um Demenzkranke kümmern.

## *Schweden*

In Schweden sind die öffentlichen Aufgaben in geringerem Umfang kommunalisiert als in Dänemark. Der Kommunalisierungsgrad liegt bei nicht ganz 50 Prozent verglichen mit über 60 Prozent in Dänemark (vgl. Tab. 13). Gleichzeitig jedoch verfügt der Kommunalsektor über die im innerskandinavischen Vergleich nach Island stärkste originäre Steuerbasis. Die Abhängigkeit von zentralstaatlichen Zuweisungen und Kostenerstattungen ist daher geringer als in Dänemark oder Norwegen. Die gesamten Pro-Kopf-Ausgaben des Kommunalsektors stiegen von 5,4 Tsd. € im Jahr 1995 auf 9,4 Tsd. € im Jahr 2010 (vgl. Abb. 4). Eingegrenzt auf die gemeindlichen Kernausgaben wurden 2010 pro Einwohner 50 Tsd. SEK (rd. 5,7 Tsd. €) eingesetzt. Finanziert werden die Ausgaben zu gut zwei Dritteln aus Steuereinnahmen (incl. steuerähnlicher Einnahmen) und zu rd. 15 Prozent aus Mitteln der Zentralregierung (Zuweisungen und Finanzausgleichsmittel). In der zurückliegenden Dekade ist die Steuerdeckungsquote von 65 Prozent (1998) auf Werte von über 70 Prozent im Zeitraum von 2002 bis 2008 angestiegen, dann aber wieder zurückgegangen. An den Gesamteinnahmen stellen Steuern einen Anteil von deutlich über

---

[226] The National Budget 2012, Press release, 06.10.2011: http://www.regjeringen.no/en/dep/krd/press/press-releases/2011/nok-five-billion-more-to-local-authoriti.html?id=657120 (Zugriff: 07.10.2011).

60 Prozent (2009: 64,6%; 2010: 63%). Ende der 90er Jahre waren es knapp 60 Prozent

Die Kommunal- resp. Lokalsteuer setzt sich wie in Norwegen und bis 2006 auch in Dänemark aus einer Gemeinde- und einer Landkreissteuer zusammen. Aktuell (2011) beträgt der Gesamtsteuersatz 31,55 Prozent. Der Durchschnittssatz bei den Gemeinden beträgt 20,73 Prozent und bei den Counties resp. Landkreisen 10,82 Prozent. Die Spannweite bei der gesamten Kommunalsteuer liegt zwischen 28,89 Prozent (Vellinge) und 34,09 Prozent (Dals-Ed). In den meisten Kommunen sind die Steuersätze in der zurückliegenden Dekade etwas angestiegen. So lag die Spanne 2001 um etwa einen Prozentpunkt niedriger zwischen 27,15 Prozent (Danderyd) und 33,17 Prozent (Gullspång).[227] In der langen Frist betrachtet, liegt der lokale Gesamtsteuersatz heute etwa auf dem doppelten Niveau von Anfang der 60er Jahre. Die Durchschnittssätze betrugen 1962/63 etwas über 15 Prozent und stiegen dann auf einen Maximalwert von 31,66 im Jahr 1997. Auf diesem Niveau ist seither eine Stabilisierung eingetreten.[228]

Wie in allen Vergleichsländern existiert ein Finanzausgleichssystem. Es besteht aus zwei Ausgleichsmechanismen. Ein Mechanismus betrifft die Einkommensnivellierung. Finanzschwache Gemeinden erhalten Finanzzuweisungen, deren Höhe so bemessen ist, dass ihre Steuereinnahmen auf 95 Prozent des landesweiten Durchschnitts aufgestockt werden. Der Ausgleichsmechanismus wird seit 2005 überwiegend von der Zentralregierung getragen. Daneben leisten auch sehr wohlhabende Gemeinden Beiträge.[229] Ein zweiter Mechanismus gewährt Ausgleich für strukturelle Mehrkosten. Liegt eine Gemeinde z.B. beim Anteil Älterer deutlich über dem Landesdurchschnitt, so resultieren daraus erhöhte Kosten für die Betreuung und Alltagsunterstützung der älteren Generation. Dies berechtigt die Gemeinde, einen Ausgleich zu erhalten. Gleiches gilt, wenn die Bevölkerung einer Gemeinde schrumpft. Hier entstehen Anpassungskosten. Neben diesen beiden Ausgleichsmechanismen gibt es verschiedene Arten von Zuweisungen. Das Volumen des Finanzausgleichs ist beachtlich. 2008 belief es sich auf 62,5 Mrd. SEK (rd. 6,8 Mrd. €). Da allgemeine Zuweisungen jedoch eine weit geringere Rolle spielen als in Dänemark oder Norwegen, stellen die staatlichen Transfers an den Gesamteinnahmen gleichwohl nur einen Anteil von 14 Prozent (vgl. Tab. 24).

---

[227] Quelle: Statistics Sweden, Tabelle „Local tax rate in per cent, total by region".

[228] Quelle für die Entwicklung der Steuersätze in der langen Frist: Statistics Sweden, Tabelle „Mean tax rates 1930-2008, whole of Sweden" Zugriff: 29.02.2008.

[229] Im Jahr 2008 hatten 11 Gemeinden und ein Landkreis Ausgleichsbeiträge zu zahlen (Ministry of Finance et al. 2008: 11).

Die Vermögenslage der schwedischen Kommunen ist relativ stabil. Das Pro-Kopf-Finanzvermögen hat sich von Ende der 90er Jahre bis 2010 nominal verdoppelt von umgerechnet 1,2 Tsd. € (1999) auf 2,3 Tsd. € (2010). Im Gegenzug sind jedoch auch die langfristigen Verbindlichkeiten gestiegen; sie belaufen sich nunmehr pro Einwohner auf 1,5 Tsd. € gegenüber 1,2 Tsd. € im Jahr 1999. Besonders stark ist das Volumen der Pensionsrückstellungen angestiegen. Pro EW hat es sich vervielfacht von 786 SEK (rd. 88,90 €) im Jahr 1998 auf 2.040 SEK (rd. 230,70 €) im Jahr 2010.

Es gibt in Schweden einige Besonderheiten. Erwähnenswert ist, dass anders als in den anderen skandinavischen Ländern und anders auch als in Deutschland die Grundsteuer nicht den Gemeinden zugeordnet ist. Die originären Steuereinnahmen der schwedischen Gemeinden und Counties basieren annähernd ausschließlich auf der kommunalen Einkommensteuer.

### 3.4.1.2 Deutschland: Strukturell unterfinanziert

*Einnahmearten und Finanzierungsstruktur*

Normativer Ausgangspunkt der Kommunalfinanzierung sind die finanzverfassungsrechtlichen Garantien des Art. 28 II GG. Sie konstituieren die kommunale Finanzhoheit bezogen auf Einnahmen, Ausgaben und die Aufstellung sowie den Vollzug kommunaler Haushalte. Um sowohl die pflichtigen wie die freiwilligen Aufgaben gut wahrnehmen zu können, benötigen Gemeinden und Landkreise ausreichende finanzielle Mittel. Die derzeitige Finanzausstattung gewährleistet dies nicht. Es muss dabei als für Deutschland typisch angesehen werden, dass sich die Politik bislang als nicht willens erweisen hat, für eine Struktur der Kommunalfinanzierung zu sorgen, die auf Basis der wirtschaftsstrukturellen Gegebenheiten einer Dienstleistungsgesellschaft eine sowohl stetige wie auskömmliche Finanzierung gewährleistet. Aus einer Fülle von restriktiven Eingriffen auf der einen Seite und punktuellen Reparaturen auf der anderen Seite hat sich zwischen den staatlichen Ebenen eine Verflechtung von Einnahmequellen herausgebildet, die nicht wirklich leistungsfähig, dafür aber hoch-kompliziert ist. Entlang einzelner Einnahmearten stellt sich die Struktur im Groben wie folgt dar:[230]

---

[230] Die Darstellung stützt sich auf die vom Deutschen Städtetag herausgegebenen Gemeindefinanzberichte sowie die vom Statistischen Bundesamt herausgegebenen Rechnungsergebnisse kommunaler Haushalte. Vgl. im Literaturverzeichnis unter Primärquellen.

- **Steuern**: Sie stellen mehr als ein Drittel der Einnahmen. Die aufkommensstärksten Steuern sind die Gewerbesteuer (2010: 25 Mrd. € netto) und der kommunale Einkommensteueranteil (2010: 23,9 Mrd. €). Anteilig stehen diese beiden Steuern für mehr als drei Viertel der Gesamtsteuereinnahmen resp. für 29 Prozent der Gesamteinnahmen. Weiter von Bedeutung sind die Grundsteuer und der kommunale Umsatzsteueranteil. Bei der Gewerbe- und der Grundsteuer liegt die Ertragshoheit bei den Gemeinden. Bei der Einkommen-, der Umsatz- und auch der Abgeltungsteuer handelt es sich um Gemeinschaftssteuern. Am Aufkommen dieser Steuern partizipieren die Kommunen mit Anteilen zwischen 2,2 Prozent (Umsatzsteuer) bis 15 Prozent (Einkommensteuer). Bei allen aufkommensstarken Steuern liegt die Gesetzgebungshoheit beim Bund. In die Landeskompetenz fallen nur die örtlichen Verbrauchs-, Verkehrs- und Aufwandsteuern. Sofern die Kommunalabgabengesetze der Bundesländer keine Restriktionen beinhalten, gilt diesbezüglich das kommunale Steuerfindungsrecht. In der Lücke, die die Bundesgesetzgebung lässt, haben die Gemeinden bei der Erhebung kleiner Gemeindesteuern dann weitgehende Freiheiten. Obwohl kleine Gemeindesteuern wie die Hundesteuer, die Getränkesteuer, die Jagdsteuer oder die Zweitwohnungssteuer zur Gemeindefinanzierung keinen substanziellen Beitrag leisten, kommt in ihnen doch ein wichtiges Moment von kommunaler Selbstverwaltung zum Ausdruck.

- **Steuerverbund, Finanzausgleich und sonstige Finanzzuweisungen von Bund und Ländern**: An den Steuereinnahmen der Länder sind die Gemeinden zwingend zu beteiligen (Art. 106 VII GG). Dies erfolgt über kommunale Finanzausgleichsgesetze. Nach einem bestimmten Schlüssel erhalten Gemeinden allgemeine Zuweisungen (sogenannte Schlüsselzuweisungen).[231] Damit soll erreicht werden, dass alle Gemeinden über eine finanzielle Mindestausstattung verfügen. Daneben gibt es sonstige allgemeine Zuweisungen, Bedarfszuweisungen und zweckgebundene Zuweisungen (laufende und investive) für pflichtige Aufgaben. Für Auftragsangelegenheiten erhalten Kommunen Kostenersatz. Der Grundsatz (Art.

---

[231] Der sogenannte Steuerverbund setzt sich aus einem obligatorischen (Einkommen-, Körperschaft- und Umsatzsteuer) und einem fakultativen Teil (Mittel des Länderfinanzausgleichs, Gewerbesteuerumlage, Grunderwerbsteuer, Landessteuern) zusammen. Während Nordrhein-Westfalen bis 2010 als einziges Bundesland nur das verfassungsrechtliche Minimum bediente, setzen sich in Baden-Württemberg die Verbundgrundlagen aus allen steuerlichen Einnahmequellen des Landes zusammen. Je nach Bundesland gibt es also sehr unterschiedliche Regelungen, wobei die Gegebenheiten in West- und Ostdeutschland noch einmal unterschiedlich sind. Siehe dazu Gemeindefinanzbericht 2010, Länderreports ab S. 52 und Übersicht 19 (S. 54) sowie Übersicht 20 (S. 67).

104 a GG), dass jede Ebene gesondert die Ausgaben zu tragen hat, die sich aus der Wahrnehmung ihrer Aufgaben ergeben, wird in der Praxis vielfach durchbrochen. In den 90er Jahren stammten in den alten Ländern gut ein Viertel der Einnahmen aus staatlichen Zuweisungen. In den neuen Ländern waren es aufgrund der dort sehr geringen eigenen Steuerkraft bis zu 60 Prozent. Heute hängen die ostdeutschen Gemeinden etwas weniger stark am Zuweisungstropf als vor 10, 15 Jahren. Dafür jedoch hat die Abhängigkeit in den alten Ländern zugenommen. An den Gesamteinnahmen der Kommunen stellten die laufenden Zuweisungen 2009 einen Anteil von 32 Prozent (54,71 Mrd. €). Hinzu kamen die Investitionszuweisungen in Höhe von 8,48 Mrd. €. Zusammen stammen rd. 37 Prozent der Einnahmen aus Zuweisungen von Bund und Ländern.

- **Gebühren und Beiträge**: In der öffentlichen Diskussion führten Gebühren (öffentlich rechtliche Gebühren oder privatrechtliche Entgelte)[232] lange ein Schattendasein. Dies hat sich seit den 80er Jahren sukzessive geändert. Zunächst wurden Gebühren zu einem wichtigen Finanzierungsinstrument. Ihr Anteil an den Gesamteinnahmen der Gemeinden stieg auf Werte von über 20 Prozent in der ersten Hälfte der 90er Jahre. Verknüpft war diese Entwicklung mit einer vermehrten Nutzung von Gebühren als Instrumente ökologischer Lenkung. So im Abfallbereich. Dort hatte es in der Vergangenheit degressive Gebührensätze mit ökologisch kontraproduktiver Wirkung gegeben. Der Übergang zu linearen, teilweise auch progressiven Gebühren verfolgte das Ziel, Anreize zur Abfallvermeidung zu setzen. Zwischenzeitlich ist die Bedeutung öffentlich-rechtlicher Gebühren wieder zurückgegangen. Gebührenrechnende Einrichtungen (Abfallbeseitigung, Straßenreinigung, Wasserver- und Abwasserentsorgung, Friedhofswesen u.a.) wurden outgesourct, teilweise auch privatisiert. Dies hat Auswirkungen auf die Finanzierungsstruktur. Schon 1998 erreichten Gebühren in den alten Ländern nur noch einen Anteil von 12,9 Prozent und in den neuen Ländern sogar nur von 8,5 Prozent. Heute (2009/2010) liegt der Anteil bei gut 9 Prozent (alte Länder: 9,7%; neue Länder: 7%). Von den Gebühren (incl. der privatrechtlichen Entgelte) zu unterscheiden sind die Beiträge.

---

[232] Gebühren werden als Verwaltungsgebühren (für die Kfz-Zulassung wird eine öffentlich-rechtliche Verwaltungsgebühr erhoben), als Benutzungsgebühren (Straßenreinigung, Abfallentsorgung) oder als privatrechtliche Leistungsentgelte (Eintrittskarte für das städtische Freibad, Theaterkarte für das Stadttheater) erhoben. Die Unterscheidung zwischen öffentlich-rechtlichen Gebühren und privatrechtlichen Entgelten ist rechtserheblich und bedingt auch unterschiedliche Freiheitsgrade bei der Ausgestaltung der Einnahmearten. In der finanzpolitischen Betrachtung ist die Unterscheidung dagegen unerheblich.

Sie stellen die Gegenleistung für die Herstellung öffentlicher Anlagen (Erschließungsbeiträge nach § 127 BauGB) und deren Ausbau sowie die Herstellung und Erweiterung leitungsgebundener Einrichtungen dar.[233]

- **Sonstige Einnahmen**: 17 bis 18 Prozent der Einnahmen fallen in die Sammelrubrik der sonstigen Einnahmen. Sonstige Einnahmen können sich aus den Erlösen speisen, die mit Privatisierungen und Vermögensveräußerungen erzielt werden. Diese Einnahmen freilich fallen nur einmal an. Anders sieht es aus bei Einnahmen, die die Gemeinden aus eigener Wirtschaftstätigkeit oder dem Halten von Unternehmensbeteiligungen erzielen. Aus erwerbswirtschaftlicher Tätigkeit können Gemeinden dauerhaft Gewinne erzielen. Auch Mieteinnahmen und Zinsen fallen unter die Sonstigen Einnahmen.

Für einige Jahre im Zeitraum von 1992 bis 2010 ist in *Abbildung 6* die Aufteilung der Einnahmen auf die Haupteinnahmearten dargestellt. Die Einnahmen des Vermögenshaushaltes sind dabei nicht weiter aufgeschlüsselt. Unter anderem enthalten sie die Länderzuweisungen für Investitionen, Veräußerungserlöse und Einnahmen aus Beitragszahlungen. Wie ersichtlich, lagen die Einnahmen des Vermögenshaushalts 2002 auf dem nominal gleichen Niveau wie 10 Jahre zuvor. Real erfolgte ein Rückgang. Trotz fortgesetzter Veräußerung kommunalen Vermögens konnten die Gemeinden die Investitionskraft, die sie Anfang der 90er Jahre hatten, nicht zurückgewinnen. Auf die reale Schrumpfung folgte die nominale, was sich nach dem Auslaufen der in der Krise 2009 aufgelegten Konjunkturpakete verschärft fortsetzen dürfte, zumal die Einnahmen des Vermögenshaushaltes im Jahr 2010 trotz des Geldzuflusses aus dem Konjunkturpaket um nominal 2 Mrd. € unterhalb des Niveaus von 1992 lagen (1992: 19,9 Mrd. €; 2010: 17,9 Mrd. €). Auch die Entwicklung der laufenden Zahlungen von Bund und Ländern stagniert.

Deutsche Kommunen haben bei der Einnahmengestaltung gewisse Spielräume. So bei den Realsteuerhebesätzen von Gewerbe- und Grundsteuer, im Bereich der örtlichen Verbrauch- und Aufwandsteuern, in der Gebühren- und Entgeltpolitik wie auch auf dem Felde der wirtschaftlichen Betätigung. Je nach Bundesland sind die Spielräume allerdings unterschiedlich groß. Rechtsgeneigte Landesregierungen tendieren zu restriktiven Regelungen. Dort, wo Gemeinden bei den kleinen Gemeindesteuern – von der Hundesteuer bis zur

---

[233] Gemeinden und Landkreise können zur Deckung ihres Aufwandes für die Herstellung, Anschaffung, Erweiterung, Verbesserung, Erneuerung ihrer öffentlichen Einrichtungen (Straßen, Kanalnetz...) Beiträge von den Grundstückseigentümern erheben. Diese Einnahmen fließen in den Vermögenshaushalt.

Zweitwohnungssteuer – weitgehende Freiheiten haben, können sie daraus zwar keine großen Einnahmen erzielen. Aber das, was an Mehreinnahmen möglich ist, kann helfen, Maßnahmen und Einrichtungen im Bereich freiwilliger Aufgaben zu sichern, die sonst vor dem Aus stünden. Gerade wegen der vielerorts düsteren Finanzlage sind somit auch die Instrumente unverzichtbar, über die sich im Einzelnen jeweils nur kleine Finanzierungsbeiträge erwirtschaften lassen. Gleiches gilt für die wirtschaftliche Betätigung. Wo Städte alleine oder gemeinsam mit anderen Städten Stadtwerke unterhalten, können sie die dabei erzielten Gewinne einsetzen, um Unterdeckungen beim öffentlichen Nahverkehr oder im Bereich von Schwimmbädern zumindest teilweise auszugleichen.

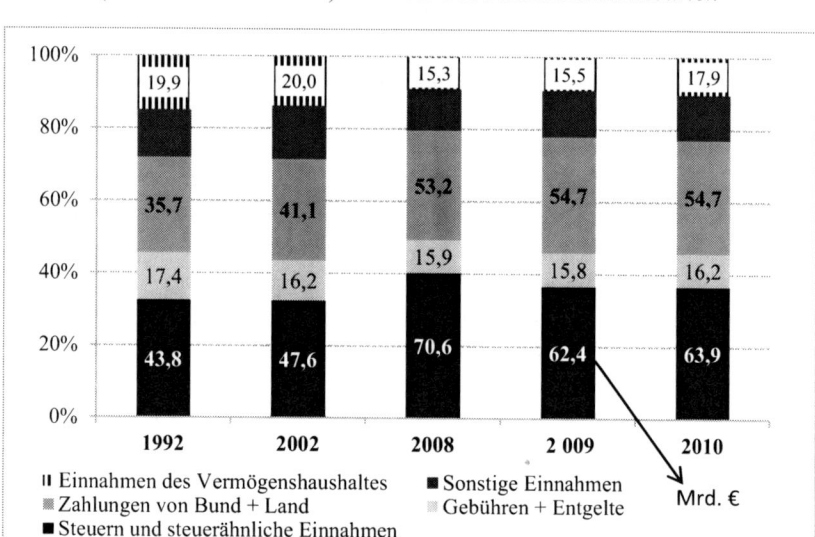

*Abbildung 6: Einnahmen der Gemeinden in Deutschland (alte und neue Länder) 1992 bis 2010 nach Einnahmearten*

| Jahr | Einnahmen des Vermögenshaushaltes | Zahlungen von Bund + Land | Sonstige Einnahmen | Gebühren + Entgelte | Steuern und steuerähnliche Einnahmen |
|---|---|---|---|---|---|
| 1992 | 19,9 | 35,7 | | 17,4 | 43,8 |
| 2002 | 20,0 | 41,1 | | 16,2 | 47,6 |
| 2008 | 15,3 | 53,2 | | 15,9 | 70,6 |
| 2009 | 15,5 | 54,7 | | 15,8 | 62,4 |
| 2010 | 17,9 | 54,7 | | 16,2 | 63,9 |

(Angaben in Mrd. €)

**Erläuterung:** Die Daten von 1992 enthalten auch Krankenhäuser und Hochschulkliniken mit kaufmännischem Rechnungswesen und Zusatzversorgungskassen (seit 1997 ausgegliedert). Bis 2008 konsolidierte Rechenergebnisse (ohne Zweckverbände); danach Jahresergebnisse der Vierteljahresstatistik;
**Quellen:** Statistisches Bundesamt, Finanzen und Steuern. Rechnungsergebnisse des öffentlichen Gesamthaushalts 2008, Fachserie 14, Reihe 3.1., Wiesbaden 2011 (Tab. 1); Gemeindefinanzberichte 2010 (79; Tab. 1a) und 2011 (82, Tab. 1a)

## Strukturelle Unterfinanzierung

Schon seit Anfang der 90er Jahre stehen die kommunalen Haushalte unter erheblichem Finanzierungsdruck. Der Finanzierungssaldo ist seit 1992 überwiegend negativ. Nach Defiziten von jeweils um die 10 Mrd. DM in den Jahren 1992 bis 1994 war 1995 eines der Rekorddefizitjahre mit einem Gesamtdefizit von -14 Mrd. DM (ABL: -12,14; NBL: -1,84 Mrd. DM). Auch in den Jahren 1996 und 1997 wurden weitere Defizite angehäuft. Zwar gab es Jahre mit einem positiven Finanzierungssaldo. Die Entspannung war jeweils aber nur von kurzer Dauer und zudem auf Westdeutschland beschränkt. So wurden 1998 und 1999 in den alten Ländern Überschüsse erzielt (1998: 5,58 Mrd. DM; 1999: 4,94 Mrd. DM). Auf sie folgten nach der Jahrhundertwende fünf Defizitjahre (2001: -4,1 Mrd. €; 2002: -3,7 Mrd. €; 2003: -8,4 Mrd. €; 2004: -3,9 Mrd. €; 2005: -2,2 Mrd. €), ehe der konjunkturelle Aufschwung vor dem Ausbruch der Finanzkrise wieder für etwas Entspannung sorgte. Ab 2009 sind die Kommunalfinanzen dann erneut kräftig ins Minus gerutscht. 2009 und 2010 betrug die Unterdeckung bundesweit 7,17 Mrd. € resp. 7,72 Mrd. € (Gemeindefinanzbericht 2011: 11). Der Gesamtsaldo ist negativ. In der zurückliegenden Dekade (2000 bis 2010) beläuft er sich auf ein Minus von 16 Mrd. €.

Seit Jahren weist der Deutsche Städtetag darauf hin, dass eine wachsende Zahl von Gemeinden von der Substanz lebt und sich nur noch mit Kassenkrediten über Wasser hält.[234] 2010 erreichten die kurzfristigen Kassenkredite mit 40,5 Mrd. € das doppelte Volumen des Jahres 2004 und lagen fast sechsfach über dem Niveau des Jahres 2000.[235] War es in den 90er Jahren noch so, dass die strukturelle Unterfinanzierung vorrangig ein Problem der ostdeutschen Städte war, während die Kommunen in den alten Ländern noch halbwegs in der Lage waren, ihren Aufgaben nachzukommen, hat sich die strukturelle Unterfinanzierung mittlerweile auf größere Teile auch westdeutscher Städte und Gemeinden ausgeweitet. Dies bei gleichzeitigem Auseinandertriften. Besonders prekär ist die Finanzlage der Kommunen in Nordrhein-Westfalen (siehe Eicker-Wolf/Truger 2010). 2010 konnten von 430 Gemeinden und Gemeindeverbänden nur 8 einen echten Haushaltsausgleich erzielen. 245 Gemeinden vermieden durch Eigenkapitalverzehr die Aufstellung einer Haushaltssicherung. Die restlichen Kommunen befanden sich in der Haushaltssicherung resp. der Zwangsverwaltung des Nothaushaltsrechts (§ 82 GO NW). In 35 Fällen war die Überschuldung bereits eingetreten.[236]

---

[234] Vgl. etwa Deutscher Städtetag, Mitteilungen 2/11: 1.

[235] Bundesministerium der Finanzen 2011: 42, Abb. 3.

[236] Angaben nach Junkernheinrich et al. 2011: 2.

Die Negativentwicklung die Kommunalfinanzen fiel nicht vom Himmel, sondern hat sich über 20 Jahre Schritt für Schritt aufgebaut. Es besteht ein deutlicher Zusammenhang mit der Steuersenkungspolitik des Bundes. Mehrfach musste die kommunale Ebene Einnahmeverluste aufgrund von Steuerrechtsänderungen verkraften. Da den Kommunen gleichzeitig neue Aufgaben übertragen wurden, ohne gemäß dem Grundsatz der Konnexität („Wer bestellt, bezahlt") für einen angemessenen finanziellen Ausgleich zu sorgen[237] und als Ergebnis wachsender sozialer Verwerfungen auch die Belastung durch Sozialausgaben wuchs, gerieten sie in eine Zangenbewegung aus wachsendem Ausgabenbedarf bei relativ schrumpfenden Einnahmen. Die Krise der Kommunalfinanzen ist Resultat dieser Zangenbewegung. Immer weitere Gemeinden gerieten in eine Negativspirale. Konjunkturelle Faktoren spielen bei all dem nur eine geringe Rolle. Über die letzten 20 Jahre betrachtet wirkten sie mal leicht entspannend und dann wieder verschärfend.

Es gehört zum neoliberalen Argumentationsrepertoire, die öffentliche Verschuldung als Ergebnis zu hoher Ausgaben darzustellen. Gerne wird dabei ausgeblendet, dass die Dysbalance von Einnahmen- und Ausgabenentwicklung durch die neoliberale Politik der systematische Schwächung der Einnahmenbasis des Staates gezielt herbeigeführt wurde. Wie wir oben (vgl. Abb. 3) gesehen haben, liegen die Ausgaben der Gemeinden in Deutschland nicht nur weit unter den skandinavischen Niveaus; ihr Wachstum blieb anders als im skandinavischen Durchschnitt auch hinter dem BIP-Wachstum zurück, so dass der Ausgabenanteil am BIP heute unter dem Niveau von Mitte der 90er Jahre liegt. Wesentlich für die kommunale Finanzkrise sind ergo nicht übermäßige Ausgaben. Der Kern der kommunalen Finanzkrise besteht in zu geringen Einnahmen aufgrund einer schon lange nicht mehr zeitgemäßen Finanzierungsstruktur gekoppelt mit Einnahmeverlusten aufgrund von Steuersenkungen. Die Unternehmensbesteuerung wurde radikal zurückgeführt, die

---

[237] Im Verhältnis von Land zu Kommunen können Aufgaben nur übertragen werden, wenn es einen finanziellen Ausgleich gibt; im Verhältnis von Bund zu Kommunen gilt seit der Förderalismusreform von 2006 ein Übertragungsverbot (Art. 84 I, Satz 7 GG). Das Übertragungsverbot ist ebenso wirklichkeitsfremd wie das gleichfalls im Rahmen der Föderalismusreform ins Grundgesetz aufgenommene Kooperationsverbot zwischen Bund und Ländern bei der Bildungs- und Kulturpolitik. Davon unabhängig besteht das Problem beim Konnexitätsprinzip weniger im Fehlen finanzieller Ausgleiche als in der gängigen Praxis, Ausgleiche so zu gestalten, dass sie dem tatsächlichen Ausgabebedarf nicht entsprechen. Die Verankerung des Konnexitätsprinzips im Grundgesetz, wie es etwa die Bundestagsfraktion Die Linke in einem Antrag vom 6. Juli 2011 fordert (BT-Drs. 17/6491), könnte den Kommunen bei der Vertretung ihrer Anliegen helfen.

Gewerbekapitalsteuer ganz abgeschafft,[238] die Vermögensteuer wird nicht mehr erhoben und der Spitzensteuersatz sank von 56 Prozent auf regulär 42 Prozent (45% bei Einkommen ab 250.000 €) plus Solidaritätszuschlag.

Die Steuersenkungspolitik[239] schlug sowohl direkt wie indirekt über den Steuerverbund massiv auf die Einkommenslage der Kommunen durch. Nach den von Rot-Grün vorgenommenen Steuersenkungen erreichten die Einnahmen der Kommunen mit 142 Mrd. € im Jahr 2001 noch nicht einmal das Niveau von 1995 (145 Mrd. €). Real erfolgte also ein Rückgang. Zwar stiegen die Einnahmen in den folgenden Jahren auf ein Volumen von rd. 170 Mrd. €. Nur in den Aufschwungjahren von 2006 bis 2008 konnten jedoch Finanzierungsüberschüsse erzielt werden. Seit 2009 setzt sich die Strukturkrise fort. Dies umso mehr, als die Koalition aus CDU/CSU und FDP ihre Regierungstätigkeit 2009/2010 mit neuen Steuersenkungen startete.[240]

Gemeinden, die nicht in der Lage sind, laufende Ausgaben mit laufenden Einnahmen zu bestreiten, müssen entstandene Finanzierungsdefizite durch Konsolidierungsprogramme binnen weniger Jahre ausgleichen. Im Rahmen derartiger Konsolidierungsprogramme haben die West-Kommunen ihre Ausgaben relativ zurückgefahren. So war das Ausgabenwachstum im Zeitraum 1995 bis 1998 negativ. Die Gesamtausgaben sanken von 236 Mrd. DM (1995) auf 225 Mrd. DM (1998) und damit nominal um fast 5 Prozent. Hinter diesem Rückgang standen zwei Hauptstrategien. Erstens wurde die Wachstumsdynamik im Bereich der großen Ausgabenblöcke Personal und soziale Leistungen gekappt. Kommunen haben Personal abgebaut und bei den Sozialleistungen einen Strategiewechsel (Doppelstrategie von restriktiverer Leistungsgewährung und aktiver Betreuungs- wie Beschäftigungspolitik) eingeleitet.

---

[238] Die Gewerbekapitalsteuer wurde mit Wirkung zum 1. Januar 1998 abgeschafft. Aus Sicht der Gewerbesteuergegner (FDP und Teile der CDU/CSU vor allem) sollte dies der erste Schritt zur Abschaffung der Steuer sein.

[239] Nach den Angaben im Memorandum 2003 der Arbeitsgruppe „Alternative Wirtschaftspolitik" (S. 104) hätten die öffentlichen Haushalte in den Jahren 2001 und 2002 78 Mrd. € mehr eingenommen, wenn Rot-Grün zuvor nicht massiv die Steuern für Unternehmen und obere Einkommensschichten gesenkt hätte.

[240] Zum Beginn des Jahres 2010 traten Steuersenkungen im Umfang von 22 Mrd. € in Kraft. Sie setzen sich zusammen aus den steuerlichen Komponenten der in der Krise von der Großen Koalition aufgelegten Konjunkturprogramme (14 Mrd. €). Hinzu kommen die schwarz-gelben Steuersenkungen aus dem sogenannten „Wachstumsbeschleunigungsgesetz" im Volumen von 8 Mrd. €. Die neuerlichen Steuersenkungen setzen die Politik der Begünstigung von Unternehmen und oberen Einkommensschichten fort (Ermäßigungen bei der den Ländern zufließenden Erbschafts- und Schenkungssteuer, Ermäßigungen bei der Körperschaftsteuer, Reduktion der Umsatzsteuer für das Hotelgewerbe). Näheres siehe bei Arbeitsgruppe Alternative Wirtschaftspolitik (2011: 115ff.).

Aus Haushältersicht war der Strategiewechsel relativ erfolgreich. Die Ausgaben für Personal blieben im Zeitraum 1995 bis 1998 stabil bei 61 Mrd. DM; die Ausgaben für soziale Leistungen konnten um mehr als 10 Prozent gesenkt werden, und zwar von 50,5 Mrd. DM (1995) auf 44,8 Mrd. DM (1998). Den Hauptbeitrag zur Konsolidierung leistete jedoch zweitens eine massive Investitionszurückhaltung. Die Ausgaben für Sachinvestitionen wurden um ein Viertel abgebaut: Sie sanken von 46,5 Mrd. DM (1992) auf 34,8 Mrd. DM (1998). Diese Entwicklung hat sich fortgesetzt. Auf Gesamtdeutschland bezogen lagen die Sachinvestitionen in der ersten Hälfte der 90er Jahre bei jährlich über 30 Mrd. €. In der zweiten Hälfte der 90er Jahre rutschten sie auf Werte knapp unterhalb von 25 Mrd. €. Die Einnahmeverluste aufgrund der Steuersenkungspolitik der rot-grünen Bundesregierung drückten die Sachinvestitionen nach der Jahrhundertwende unter die Marke von 20 Mrd. €.[241] Gemessen am Bruttoinlandsprodukt ging die kommunale Investitionsquote stetig weiter in den Keller. Statt kommunales Vermögen in seiner Substanz zu erhalten und auszubauen, fielen die kommunalen Sachinvestitionen vielerorts auf ein Niveau unterhalb der Abschreibungen. Die in der ersten Phase der Finanzkrise nach 2009 aufgelegten Konjunkturprogramme haben nur einen kleinen Teil dieses Investitionsstaus behoben.

Bei dieser Entwicklung muss gesehen werden, dass in den zurückliegenden 20 Jahren in teilweise großem Stil kommunales Vermögen veräußert wurde. Dies in Ost- wie Westdeutschland. Westdeutsche Kommunen gingen ab Mitte der 90er Jahre verstärkt zur Vermögensaktivierung über. Im Einzelfall waren Vermögensveräußerungen sachlich begründbar. Aufs Ganze gesehen jedoch wurde kommunales Vermögen verschleudert, um damit kurzfristig Haushaltslöcher zu stopfen. 1997 waren es 10,5 Mrd. DM, 1998 13,1 Mrd. DM usw. Eine nachhaltige Gesundung der Finanzen wurde nicht erreicht. Mit Strategien des Outsourcings wiederum wurden soziale Kosten externalisiert und Raum geschaffen für Lohndumping. In ihrer Not ließen sich nicht wenige Städte zu hoch-riskanten Finanzgeschäften verleiten. Eine zeitweise bestandene Lücke im US-amerikanischen Steuerrecht wurde genutzt, um aus Geschäften mit der Veräußerung und Rückanmietung kommunaler Infrastruktur (sogenannte Cross-Border-Leasing-Geschäfte) kurzfristig etwas für den kommunalen Haushalt herauszuschlagen.[242] Dazu traten Finanz-

---

[241] Gemeindefinanzberichte; siehe vor allem Gemeindefinanzbericht 2011: 19, Übersicht 11.

[242] Nach Angaben des DGB Sachsen haben bundesweit ca. 150 Kommunen derartige Verträge mit US-amerikanischen Investoren abgeschlossen. In Sachsen bürdete sich die Stadt Leipzig besonders hohe Risiken auf. Infrastrukturanlagen (Messe, Wasserwerke, Städtisches Klinikum, Anlagen der Verkehrsbetriebe) mit einem Transaktionsvolumen von 2.831,9 Mio. USD wurden formal veräußert und dann zurückgemietet mit Vertrags-

wetten. Mit Swap-Geschäften, bei denen teils auf steigende und teils auf sinkende Zinsen gewettet wurde, versuchten sich Kämmerer Luft zu verschaffen. In den ersten Jahren ging dies teilweise gut. In der Finanzkrise jedoch wurde die Rechnung serviert. Viele Geschäfte platzten oder wurden rückabgewickelt. Statt der gehofften Gewinne traten herbe Verluste ein. Aus dem skandinavischen Raum sind der Verfasserin keine derartigen Finanzgeschäfte bekannt. Aus Sicht der Finanzbrache und ihrer Helfershelfer in den Kanzleien, die an dem Abschluss derartiger Geschäfte hohe Summen verdient haben, gab es in Dänemark, Norwegen oder Schweden für ihre Art von Finanzprodukten keinen Markt.

Wenden wir den Blick auf die gesamtstaatliche Ebene, so verdeutlicht auch die Entwicklung des Nettofinanzvermögens die gewachsene Diskrepanz zwischen solider Staatsfinanzierung in den skandinavischen Ländern und chronischer Unterfinanzierung in Deutschland. Während in Deutschland eine wachsende Vermögensumverteilung vom Staat zum Privatsektor dafür sorgte, dass einerseits private Haushalte ihr Nettogeldvermögen im Zeitraum 1995 bis 2011 von 78 Prozent des BIP auf 122 Prozent des BIP steigern konnten, andererseits jedoch beim Staat der Nettoschuldenstand von 30 auf 52 Prozent des BIP wuchs, gibt es in den skandinavischen Ländern entweder keine oder eine geringere Auseinanderentwicklung. In Norwegen ist der Staat weitaus reicher, als es die privaten Haushalte sind. In Schweden sind Privathaushalte reicher, aber auch der Staat verfügt über ein Nettogeldvermögen von rd. 21 Prozent des BIP. In Finnland wiederum steht der deutschen Scherenbewegung ein Prozess der Angleichung gegenüber: 1995 hatte der Staat ein Nettogeldvermögen von bescheidenen 7,3 Prozent des BIP gegenüber 37,4 Prozent, die auf private Haushalte und Organisationen ohne Erwerbszweck entfielen; 2011 erreichten Staat und Privathaushalte das gleiche Niveau von je etwas über 50 Prozent des BIP.[243] Das Diktum von der öffentlichen Armut, der enormer privater Reichtum gegenüber steht, trifft auf Deutschland, nicht aber auf Skandinavien zu. Deshalb auch erfüllt das Instrument *Schuldenbremse* in Deutschland eine andere Funktion als dies in den skandinavischen Ländern bei Übernahme des Instruments der Fall wäre. Als die Große Koali-

---

dauern von teilweise Jahrzehnten (Quelle: DGB Bezirk Sachsen, WIPO Newsletter Nr. 1 v. 05.03.2009, Übersichtstabelle auf S. 3). Einige dieser Geschäfte wurden zwischenzeitlich rückabgewickelt. Bei anderen Geschäften stehen Rechtsverfahren im Raum. Beim Rechtsstreit mit der Schweizer UBS geht es um 370 Mio. Schweizer Franken (siehe dazu den Bericht „Besäße die UBS einen Funken Anstand ..." von Dominik Steiner in: WOZ Nr. 16 v. 21.4.2011, S. 7).

[243] Quelle: OECD 2012, Statistical Annex, Table 33 und Eurostat „Finanzielle Vermögensbilanz" [nasa_f_bs]; Update vom 28.09.2012.

tion (2005-2009) eine dem Leitbild der schwäbischen Hausfrau nachgebildete Schuldenbremse in das GG aufnahm, blieben makroökonomische Zusammenhänge, ebenso die Interdependenzen von privatem und öffentlichem Sektor hinsichtlich der Struktur von Verbindlichkeiten und Forderungen bewusst ausgeblendet. Suggeriert wurde, dass ein Zuviel an staatlichen Wohltaten vorliegt, was durch „Sparen" zurechtgestutzt werden muss.[244] Wie oben dargelegt, hat Deutschland aber kein Problem überdehnter Staatsausgaben, sondern ein strukturelles Unterfinanzierungsproblem. Da die Unterfinanzierung bewusst nicht angegangen wird, erlangte mit der Schuldenbremse eine gegen den Wohlfahrtsstaat gerichtete finanzpolitische Doktrin Verfassungsrang. Der Fiskalpakt, der die Länder der europäischen Gemeinschaft zu Haushaltsdisziplin anhalten soll, sieht nun die Vergemeinschaftung dieses Instrumentes vor. Die Wirkungen werden unterschiedlich sein. In den skandinavischen Ländern wird sich wenig ändern, weil dort seit Mitte der 90er Jahre Haushaltsüberschüsse die Regel waren; in Deutschland dagegen entsteht ein Finanzierungsloch von jährlich mehreren BIP-Prozentpunkten.[245] Eine Schießung über Steuererhöhungen wäre nötig, ist politisch aber nicht in Sicht. Konsequenz: Der Druck in Richtung Rückbau des Staates mit weiteren Kürzungen in allen staatlichen Bereichen incl. weiterer Privatisierungen bleibt bestehen. Es droht eine Entwicklung, die den Fehlentwicklungen, die in die derzeitige Krise geführt haben, genau nicht Einhalt gebietet, sondern im Gegenteil den neoliberalen Vorstellungen eines schwachen, im Bereich der öffentlichen Dienste nur noch sehr eingegrenzt handlungsfähigen Staates entspricht. Die deutsche Schuldenbremse beinhaltet, dass den Bundesländern ab dem Jahr 2020 die Aufnahme neuer Kredite untersagt ist. Ein weiterer Verfall der öffentlichen Infrastruktur steht ebenso zu befürchten wie die Zunahme ineffizienter Umwegfinanzierungen über sogenannte Public-Private-Partnerships (PPP). Auch Kommunen dürften in eine vermehrte Nutzung von PPPs gedrängt werden. Kredite nimmt dann der private Investor auf, der sich dies von der öffentlichen Hand gut bezahlen lässt; schließlich sind PPPs für ihn ein Geschäftsmodell, das garantierte Gewinne abwerfen soll. Verglichen mit der Direktfinanzierung, die man dem unterfinanzierten Staat aus der Hand schlägt, bietet dies für die Allgemeinheit keine Vorteile.[246]

---

[244] Zu den Argumenten, die ökonomisch gegen die Schuldenbremse ins Feld geführt werden können, siehe u.a. Truger (2010).

[245] Im Zeitraum von 2000 bis 2010 wurde von den gesamtstaatlichen Ausgaben ein Anteil im Umfang von knapp 2,9 BIP-Prozentpunkten über Kreditmittel finanziert (OECD 2012: Annex-Table 27).

[246] So das Ergebnis eines Berichts von 2011 für das britische Unterhaus, bei dem die zahlreichen im Vereinigten Königreich realisierten PPPs ausgewertet wurden. Die Schluss-

*Ausblick:*
*Perspektiven nach den gescheiterten Gemeindefinanzreformen*

Seit Jahren führen die Kommunen Klage über die missliche Finanzlage.[247] Mehr als punktuelle Entlastungen wurden nicht erreicht. Man kann darüber streiten, ob die kommunal Verantwortlichen ihre Anlagen so vertreten, wie es dem Ernst der Lage entspricht. Fakt ist: Bislang sind alle Bemühungen, die Gemeindefinanzen substanziell zu stärken, indem ein tragfähiges Fundament der Gemeindefinanzierung geschaffen wird, gescheitert.

Es gab *zwei Anläufe für eine grundlegende Gemeindefinanzreform*. Der erste Anlauf fiel in die Regierungszeit von Rot-Grün. 2001 forderten die Kommunalen Spitzenverbände die Bundesregierung eindringlich auf, eine Gemeindefinanzreform zu erarbeiten (Präsidium des Deutschen Städtetages, 19.09.2001). Tatsächlich wurde 2002 eine Kommission eingesetzt, die im Folgejahr jedoch scheiterte. Angesichts der Ausgangslage konnte dies niemanden überraschen. Ziel der rot-grünen Bundesregierung war es nämlich nicht, die kommunale Einnahmesituation zu verbessern. Dagegen stand schon die Vorgabe der Aufkommensneutralität. Der Bundesregierung ging es primär darum, die finanziellen Auswirkungen ihrer Arbeitsmarktreformen auf die Kommunalfinanzen zu regeln. Dies erfolgte. Bei den Themen jedoch, an denen die Sicherung einer nachhaltigen Kommunalfinanzierung hängt, gab es Stillstand. Während die kommunale Seite eine Revitalisierung der Gewerbesteuer verlangte, versuchten Kreise aus CDU/CSU und FPD die von Seiten gewichtiger Wirtschaftsverbände betriebene Abschaffung der Gewerbesteuer durchzusetzen. Der BDI hatte im Juni 2001 ein Konzept vorgelegt, wonach die derzeit allein auf den Unternehmensgewinn erhobene Gewerbesteuer (rd. 52 Mrd. DM im Jahr 2001) durch einen Zuschlag zur Einkommens- und Körperschaftsteuer ersetzt werden sollte. An die Stelle einer originären kommunalen Steuer sollten reine Zuschlagsregelungen bei Gemeinschaftssteuern treten. Der BDI-Vorschlag – er wurde später zum Konzept von BDI/VCI wie auch der FDP – verfolgte das Interesse einer weiteren Steuersenkung für die

---

folgerung des Berichts lautet: *„The use of PFI has the effect of increasing the cost of finance for public investments relative to what would be available to the government if it borrowed on its own account."* Nicht nur werde es für den Staat unterm Strich teurer, die Umwegfinanzierung erweise sich auch als *„extremely inefficient"* und bringe nicht nachweisbar Gewinne an Zeit und Flexibilität. Der Bericht steht auf der Webseite des britischen Unterhauses: www.parliament.uk unter: http://www.publications.parliament.uk/pa/cm201012/cmselect/cmtreasy/1146/114602.htm (Zugriff: 31.07.2012).

[247] Die Überschriften zu den jährlich vom Deutschen Städtetag herausgegebenen Gemeindefinanzberichte sind Ausdruck dieser Klagen. Vgl. dazu im Literaturverzeichnis.

eigene Klientel.[248] Das vorgeschlagene Anknüpfen an die Einkommen- und Körperschaftsteuer barg für die Kommunen das Risiko einer endgültigen Beseitigung der stabilisierenden Wirkungen, die die bestehende Gewerbesteuer trotz aller Mängel immer noch bietet. Das BDI-Konzept hätte die Gemeinden den außerordentlich großen körperschaftsteuerlichen Gestaltungsmöglichkeiten ausgesetzt. Zwar ist die Gewerbesteuer konjunkturanfällig. Die Konjunkturanfälligkeit ist bei einer ertragsabhängigen Steuer aber zwangsläufig und zu einem relevanten Teil von der Politik selbst herbeigeführt worden. Die Strategie war, zunächst die nicht von konjunkturellen Schwankungen abhängige Gewerbekapitalsteuer abzuschaffen, um in einem zweiten Schritt mit dem Argument der großen Konjunkturanfälligkeit die Gewerbesteuer ganz abschaffen zu können. Das BDI/VCI-Konzept hätte kaum zu gegenüber dem Status quo verminderten Aufkommensschwankungen geführt. Dass die Entwicklung bei der veranlagten Einkommensteuer und der Körperschaftsteuer durch eher noch größere Schwankungen geprägt sein kann, hatte die Aufkommensentwicklung des Jahres 2001 eindrucksvoll bestätigt. In den ersten 8 Monaten war bei der Körperschaftsteuer die absurde Situation eines negativen Aufkommens entstanden. Statt Steuern zu zahlen, erhielten die Unternehmen Teile der in der Vergangenheit gezahlten Steuern wieder zurück. Statt in die Abschaffung der Gewerbesteuer einzuwilligen, verlangten die Kommunen ihre Stärkung durch Verbreiterung der Bemessungsgrundlagen und Ausweitung des Kreises der Steuerpflichtigen (Einbezug der Freiberufler). Weder die eine noch die andere Seite konnte sich durchsetzen. Zwar hatten die Gemeinden eine weitere strukturelle Verschlechterung ihrer originären Einnahmesituation abgewehrt, aber eben auch keine tragfähige Neustruktur erreicht. Schlimmer noch: Sowohl unter der Großen Koalition (2005 bis 2009) wie heute unter der Mitte-Rechts-Regierung aus CDU/CSU und FDP wurde eine Steuerpolitik praktiziert, die trotz der Anhebung des Mehrwertsteuersatzes von 16 auf 19 Prozent im Saldo zu einer weiteren Schwächung der Einnahmebasis des Staates führte, was auf die Kommunen durchschlägt.

Der zweite Anlauf zu einer grundlegenden Gemeindefinanzreform wurde 2010 unternommen. Erneut verwiesen die kommunalen Spitzenverbände eindringlich auf die Notwendigkeit, die kommunale Handlungsfähigkeit wieder herzustellen. „*Die Vitalität der kommunalen Selbstverwaltung und die Hand-*

---

[248] Bei Kapitalgesellschaften wäre die nominale Steuerbelastung von im Jahr 2001 gut 38 Prozent (KSt + GewSt) auf 37,3 Prozent abgesenkt worden. Einzelunternehmer und Personengesellschaften sollten nur noch Einkommensteuer bezahlen; die bisherige Anrechnung der Gewerbesteuer auf die Einkommensteuer wäre entfallen.

*lungsfähigkeit der Städte sind (...) dramatisch gefährdet"*, heißt es in der Berliner Resolution des Deutschen Städtetages vom 18. November 2010. Einer immer größeren Zahl von Städten gelinge es trotz größter Konsolidierungsanstrengungen nicht, ihre Haushalte auszugleichen; dringend notwendige Investitionen in die öffentliche Infrastruktur blieben auf der Strecke. Die von der schwarz-gelben Bundesregierung eingesetzte Gemeindefinanzkommission nahm am 4. März 2010 ihre Arbeit auf. Es gab mehrere Arbeitsgruppen, wobei sich bei der Arbeitsgruppe „Kommunalsteuern" die Gefechtslage von vor 10 Jahren wiederholte. Die Bundesregierung vertrat ein sogenanntes „Prüfmodell". Es basiert auf dem alten BDI/VCI-Konzept. Die Gewerbesteuer sollte abgeschafft und durch einen mit Hebesatz versehenen Anteil an der Einkommen- und Körperschaftsteuer sowie einen höheren Anteil am Umsatzsteueraufkommen ersetzt werden. Die Kommunen umgekehrt strebten nach einer Revitalisierung der Gewerbesteuer durch die Einbeziehung der Freien Berufe und die Stärkung ertragsunabhängiger Elemente.[249] Das „Prüfmodell" der Bundesregierung hätte neuerliche Steuerausfälle bewirkt und war schon deshalb für die Gemeinden gänzlich inakzeptabel.[250] Da es die Zusage gab, die Gewerbesteuer gegen den Willen der Kommunen nicht abzuschaffen, blieb es bei den durchgeführten Prüfungen und dem festgestellten Dissens.[251]

Die finanzielle Notlage der Kommunen lässt sich nur durch eine grundlegende Neugestaltung der kommunalen Einnahmequellen lösen. Beide Anläufe zu einer Gemeindefinanzreform sind an dieser Aufgabe gescheitert. Bei der ersten wie auch der zweiten Gemeindefinanzkommission war das Scheitern bereits im Arbeitsauftrag der Kommission angelegt. Aufkommensneutralität war die Vorgabe. Damit aber ging es gar nicht um die Stärkung der kommunalen Steuerbasis, sondern um einen neuerlichen Versuch der Abschaffung der Gewerbesteuer mit der Maßgabe aufkommensneutraler Gestaltung für die Gemeinden. Das avisierte Prüfmodell hätte annähernde Aufkommensneutralität gebracht, war aber so konzipiert, dass die gesamtstaatliche Steuerbasis weiter geschwächt worden wäre. Da dies mittelbar auf die Kommunen durch-

---

[249] Sie wurden dabei unterstützt von linken Ökonomen, die für die Weiterentwicklung resp. Ersetzung der Gewerbesteuer durch eine „Gemeindewirtschaftsteuer" eintreten (vgl. Arbeitsgruppe Alternative Wirtschaftspolitik 2011: 148).

[250] Die durchgeführten Berechnungen ergaben, dass das Prüfmodell gesamtstaatlich zu jährlichen Steuerausfällen in Höhe von 5,35 bis 6,1 Mrd. € führen würde (Zwischenbericht der AG Kommunalsteuern, zit. nach Gemeindefinanzbericht 2010: 30, Übersicht 16).

[251] Siehe den auf der Webseite des Finanzministeriums veröffentlichten Abschlussbericht und das Schreiben des parlamentarischen Staatssekretärs an den Vorsitzenden des Finanzausschusses des Deutschen Bundestages vom 25. Mai 2011.

schlägt, hätte die „Reform" nicht nur keine Verbesserungen gebracht, sondern einer weiteren Verschlechterung Vorschub geleistet. Auch die Konsolidierungshilfen und Entschuldungsfonds, die es mittlerweile in einigen Bundesländern gibt („Kommunaler Rettungsschirm" von Hessen z.B.), sind nur Notmaßnahmen für überschuldete Kommunen. Eine echte Stärkung der kommunalen Finanzausstattung ist damit nicht verbunden.[252]

Die Quintessenz lautet: Eine tragfähige Neugestaltung der Kommunalsteuern hat nur dann eine Chance, wenn nicht Aufkommensneutralität die Prämisse ist, sondern es Ziel ist, die Steuerbasis mit Blick auf den Finanzbedarf gleichermaßen zu stärken wie zu verstetigen. Dies war nicht gewollt und passt auch nicht zur neoliberalen Strategie des Staatsabbaus. Die strukturelle Unterfinanzierung der Kommunen fungiert hier ja als Hebel, um den Rückzug der Kommunen aus öffentlicher Aufgabenwahrnehmung und der Pflege öffentlichen Vermögens zu erzwingen.

Auch die Bundesregierung, zumindest der Bundesfinanzminister Schäuble weiß freilich, dass ein kritischer Punkt erreicht ist. Wird die finanzielle Handlungsfähigkeit der Kommunen weiter ausgehöhlt, kann dies negativ zurückschlagen. An einer Stelle ist der Bund den Kommunen daher entgegengekommen. Es geht um die Finanzierung der Ausgaben für die Grundsicherung im Alter. Zugesagt wurde, dass der Bund diesen Ausgabenblick von gut 4 Mrd. € zukünftig komplett übernimmt. Die Umsetzung der Zusage wurde im September 2011 durch die Vorlage eines Gesetzentwurfes auf den Weg gebracht.[253] Insoweit erbrachte die Kommissionsarbeit für die Kommunen doch noch ein positives Ergebnis.

### 3.4.2 Finanzausstattung und kommunale Selbstverwaltung im deutsch-skandinavischen Vergleich

#### Die wesentlichsten Befunde

Zum Recht auf die Regelung aller Angelegenheiten der örtlichen Gemeinschaft gehört auch das Recht auf eine angemessene Finanzausstattung. Hinsichtlich der Steuereinnahmen könnte im internationalen Vergleich hochentwickelter Länder erwartet werden, dass diese dort besonders hoch sind, wo

---

[252] Siehe im Einzelnen Gemeindefinanzbericht 2011: 40, Übersicht 14.

[253] Ende September 2011 wurde diesbezüglich ein Gesetzentwurf vorgelegt (BT-Drs. 17/7141). 2012 will der Bund seinen Finanzierungsanteil zunächst erhöhen und die Ausgaben ab 2014 komplett übernehmen. Durch die Neureglung kommen auf den Bund im Jahr 2012 Mehrkosten von 1,2 Milliarden Euro zu. Im Jahr 2013 steigt diese Summe auf 2,6 Milliarden Euro, 2014 auf 4 Milliarden Euro und 2015 auf 4,3 Milliarden Euro.

gemeindliche Selbstverwaltung existiert. Die Empirie bestätigt diese Vermutung nur teilweise. Die gemeindliche Steuerkraft bezogen auf das BIP ist in den skandinavischen Ländern erwartungsgemäß hoch. 2010 rangierten Schweden, Dänemark, Finnland und Island im europäischen Vergleich an der Spitze mit Steuereinnahmen bezogen auf das BIP zwischen 15,8 Prozent (SE) und 9 Prozent (IS). Norwegen lag mit 5,8 Prozent immerhin noch deutlich über dem EU27-Durchschnitt von 3,9, während die Steuereinnahmen deutscher Kommunen mit 2,9 Prozent des BIP noch nicht einmal die Hälfte des italienischen Niveaus (6,1 Prozent) erreichten.[254] Die Verschiebungen der zurückliegenden Dekade folgen keinem übergreifenden Trend. Im skandinavischen Durchschnitt blieb die Quote seit Mitte der 90er Jahre weitgehend konstant (1995: 10,9%; 2010: 10,7%). In den Einzelländern dagegen sind gegenläufige Entwicklungen zu konstatieren. Einer weitgehenden Konstanz in Finnland steht ein stetiger Anstieg in Island gegenüber. In Schweden lag die Quote im Zeitraum von 2005 bis 2010 um 0,8 Prozentpunkte über dem Niveau von 1995 bis 2000; in Dänemark gab es über den Gesamtzeitraum betrachtet einen Rückgang um 2,9 Prozentpunkte. Dies ist der Neustrukturierung des Kommunalsektors und seiner Aufgaben im Zuge der Kommunalreform von 2007 geschuldet. Davor gab es einen leichten Anstieg.

Die Finanzierungsstruktur des deutschen Kommunalsektors weist mit den skandinavischen Ländern im Groben Einiges an Gemeinsamkeiten auf bei allerdings deutlichen Unterschieden im Detail:

- **Grobstruktur der Einnahmen**: Die Einnahmen setzen sich zu zwei Dritteln und mehr aus originären Steuereinnahmen und staatlichen Transfereinnahmen (Zuweisungen, Zuschüsse, Kostenerstattungen) zusammen. Die relative Bedeutung dieser Haupteinnahmeblöcke ist jedoch verschieden. Dies nicht nur zwischen Deutschland und den skandinavischen Ländern, sondern auch innerskandinavisch. Steuern tragen in Deutschland in ungefähr gleichem Maße wie in Dänemark und Norwegen zu den Gesamteinnahmen bei (vgl. die Übersicht von Tab. 24); in Island und Schweden liegt der Anteil wesentlich höher. Im Gegenzug spielen staatliche Transfers eine unterschiedlich große Rolle. In Dänemark steuern sie zu den Gesamteinnahmen fast 60 Prozent bei, was aus der besonderen Finanzierungsstruktur der Regionen herrührt. In Finnland, Island und Schweden haben staatliche Transfers eine halb so große Bedeutung wie in Deutschland. Die Diskrepanz zu Dänemark und Norwegen ist noch größer. Sieht man von

---

[254] Angaben nach Eurostat „Main national accounts tax aggregates" [gov_a_tax_ag] mit Update vom 29.02.2012.

Finnland und Schweden ab, so tragen Gebühren, Entgelte und Markterlöse weniger als 20 Prozent der Einnahmen. In Finnland ist es ein gutes Viertel.

- **Steuern auf Einkommen und Gewinne**: Gravierende Unterschiede bestehen beim kommunalen Steuersystem. In den skandinavischen Ländern konzentrieren sich die Steuereinnahmen bei der kommunalen Einkommensteuer, während in Deutschland die Gewerbesteuer zwar die wichtigste originäre Steuer ist, aber kein vergleichbares Gewicht erreicht, zumal die Gemeinden einen Teil des Aufkommens (rd. 17%) als Gewerbesteuerumlage an Bund und Länder abführen müssen. Mit Blick allerdings auf das, was bei der Gewerbesteuer und den einkommensbezogenen Gemeinschaftssteuern, bei denen die Gemeinden einen bestimmten Anteil des Aufkommens erhalten (Einkommensteuer und Abgeltungsteuer), Steuergegenstand ist, relativieren sich diese Unterschiede. In den skandinavischen Ländern ist in der kommunalen Einkommensteuer nach einem einheitlichen System das zusammengefasst, was sich in Deutschland kompliziert auf mehrere Steuerquellen verteilt.

- **Vermögensbesteuerung**: Im internationalen Vergleich hält sich der deutsche Staat bei der Besteuerung von Vermögen sehr zurück. Dabei sprechen ökonomische und gesellschaftliche Gründe für Vermögensteuern (vgl. Schratzenstaller 2011).[255] Auch die Möglichkeiten, die sich kommunal bei der Grundsteuer eröffnen, sind in Deutschland bei weitem nicht ausgeschöpft. Die Steuererhebung basiert auf völlig veralteten Einheitswerten, die weit unterhalb der Substanzwerte liegen. Dies ist seit Jahrzehnten bekannt, ohne dass die Politik Neigung zeigt, den Mangel zu beseitigen. Den Permanent-Steuersenkern käme es nämlich sehr gelegen, wenn sich der Wegfall der Grundsteuer einfach dadurch organisieren ließe, dass von einer Aktualisierung der Vermögenswerte weiter abgesehen wird. Vor diesem Hintergrund ist interessant, dass die Grundsteuer im skandinavischen Raum seit einigen Jahren an Bedeutung gewinnt. Das Aufkommen legte in Finnland seit 2004 im Jahresdurchschnitt um mehr als 8 Prozent, in Norwegen um gut 9 Prozent und in Island um annähernd 12 Prozent zu gegenüber weniger als 2 Prozent (1,8%) in Deutschland. Zwar ist der Anteil an den kommunalen Gesamteinnahmen in Deutschland höher, aber die Pro-

---

[255] Verwiesen sei auch auf ein im Auftrag der Grünen errechnetes Modell des DIW, bei dem Millionäre über 10 Jahre lang je 1,5 Prozent ihres Vermögens abführen müssten. Schon dieser geringe Steuersatz würde zu einem Aufkommen von 100 Mrd. € führen. Zu diesem Modell und Alternativen dauerhafter Mehrbesteuerung von Vermögen siehe das Interview der Frankfurter Rundschau mit dem Vorstandsvorsitzenden des DIW, Gert G. Wagner, in: Frankfurter Rundschau Nr. 240 v. 15./16.10.2011, S. 17.

Kopf-Einnahmen sind niedriger. In Deutschland lagen sie 2009 lediglich bei 117,50 €, in Finnland und Norwegen bei über 180 € (FI: 183 €, NO: 189 €) und in Island gar bei 564 €. Die Entwicklung zeigt, welches ungehobene Potential es gibt.

- **Konnexitätsprinzip**: Als Spielregel für die Finanzbeziehungen zwischen Zentralregierung und Kommunen gilt das sogenannte Konnexitätsprinzip (kurz: „Wer bestellt, bezahlt"). Gemäß diesem Prinzip erhalten die Gemeinden für Aufgaben von gesamtstaatlicher Bedeutung Finanzzuweisungen und dort, wo ihnen neue Aufgaben zugewiesen werden, haben sie Anspruch auf Ersetzung der entstehenden Kosten. Dem Grunde nach wird das Konnexitätsprinzip akzeptiert. In der Praxis allerdings stehen Länder mit klammen Haushalten in der Gefahr, sich an Kommunen schadlos zu halten. In diesem Fall werden politische Ziele formuliert und teilweise auch formal Aufgaben übertragen, ohne für einen angemessenen finanziellen Ausgleich zu sorgen. Es liegt in der Natur der Sache, dass die Frage der „Angemessenheit" offen ist für politischen Streit. Unter Rahmenbedingungen, bei denen gleichermaßen Landes- wie Kommunalhaushalte unterfinanziert sind wie in Deutschland, drohen Regelungen zu Lasten der Qualität der Aufgabenwahrnehmung und/oder zu Lasten der Arbeitsbedingungen derjenigen, die mit der Ausführung befasst sind.

- **Finanzausgleichssystem**: In allen Vergleichsländern existiert ein Finanzausgleichssystem, das zu einer Nivellierung von Unterschieden in der Steuerkraft beiträgt und bei strukturschwachen Gemeinden für eine finanzielle Mindestausstattung sorgt.

Zieht man ein Resümee, so besteht der zentrale Unterschied nicht in dem weit höheren Niveau von Finanzausstattung, über das die skandinavischen Kommunen schon traditionell verfügen. Zu einem gewissen Teil nämlich reflektiert das höhere Einnahmenniveau den höheren Anteil der Kommunen an der staatlichen Aufgabenerfüllung. Die Unterschiede in der Struktur der Steuereinnahmen sind bedeutsam, relativieren sich aber, wenn man Gewerbesteuer und die kommunalen Anteile an der Einkommen- wie Abgeltungsteuer zusammendenkt. Wo es in den skandinavischen Ländern eine einzige kommunale Einkommensteuer gibt, die an Arbeitnehmereinkünfte genauso anknüpft wie an unternehmerische Gewinneinnahmen, Kapitaleinkünfte und das Einkommen von Selbständigen, partizipieren deutsche Kommunen an diesen Einkunftsarten kompliziert über mehrere Steuern.

Zentral ist, dass in den skandinavischen Kommunen die Einnahmenentwicklung nicht durchgängig, wohl aber der Tendenz nach, dem Ausgabenbedarf folgt, während es in Deutschland genau umgekehrt ist. „Man kann nur das ausgeben, was man einnimmt" lautet die hausmütterliche Begründung, wobei ausgeblendet bleibt, dass die deutsche Finanz- und Steuerpolitik der zurückliegenden 20 Jahre per Saldo systematisch für eine Verschlechterung der Einnahmen aus Steuern und Sozialbeiträgen relativ zum BIP gesorgt hat.

*Tabelle 24: Kommunale Finanzierungsstruktur: Anteile (%) wesentlicher Einnahmearten an den Gesamteinnahmen[1) im Vergleich 2010*

|  | DE | DK | FI | IS | NO | SE |
|---|---|---|---|---|---|---|
| **Steuereinnahmen insgesamt** | 36,6 | 35,4 | 46,0 | 71,7 | 38,0 | 63,0 |
| DE: Gewerbesteuer (netto)[2); SKAN: Körperschaftsteuer | 15,4 | k.A. | 3,6 | k.A. | k.A. | k.A. |
| DE: Einkommensteueranteil[2); SKAN: Kommunalsteuer | 13,2 | 31,6 | 39,0 | 55,9 | k.A. | k.A. |
| Grundsteuer[2) | 5,7 | k.A. | 2,5 | 14,8 | 3,2 | k.A. |
| Kleine Gemeindesteuern[2) | 0,4 | k.A. | k.A. | 1,4 | 2,4 | k.A. |
| **Transfereinnahmen**[3) | 37,0 | 59,6 | 19,0 | 11,1 | 44,0 | 14,0 |
| Laufende | 31,4 | k.A. | k.A. | 10,0 | k.A. | k.A. |
| Investive | 5,6 | k.A. | k.A. | 1,1 | k.A. | k.A. |
| **Andere Einnahmen**[4) | 26,4 | 5,0 | 31,0 | 17,2 | 17,8 | 23,0 |
| Gebühren, Entgelte, Markterlöse (Betriebseinnahmen) | 15,8 | k.A. | 26,0 | 11,4 | 12,3 | 21,0 |
| Kreditaufnahmen (netto) | k.A. | k.A. | 5,0 | k.A. | k.A. | k.A. |

**1)** Bereinigte Gesamteinnahmen (laufende Rechnung und Kapitalrechnung) nach vorläufigen Daten. In Finnland incl. der Einnahmen aus Kreditaufnahmen.
**2)** Angegeben sind die Anteile an den Gesamteinnahmen.
**3)** Zuweisungen, Zuschüsse und Kostenerstattungen der übergeordneten staatlichen Ebenen (Bund und Länder resp. Zentralregierungen) sowie der Sozialversicherung bei Dänemark.
**4)** Erfasst sind die Gewinneinnahmen, Betriebseinnahmen und Einnahmen aus Vermögensveräußerungen. Bei DE incl. der Beitragseinnahmen des Vermögenshaushaltes.
**Quellen:** Bei Dänemark Angaben aus dem Statistischen Jahrbuch 2011, Tab. 388 (eigene Berechnung); bei den anderen Ländern vgl. die Tabellen 21 bis 23 und die Abb. 6

Zwischen Hausmüttern resp. Hausvätern und dem Staat gibt es jedoch einen fundamentalen Unterschied. Erstere haben wenig Handlungsoptionen. Sie müssen ihre Ausgaben den Einnahmen anpassen. Der Staat dagegen hat einnahme- wie ausgabeseitig zahlreiche Handlungsoptionen, wobei das eine wie das andere finanziell, ökonomisch und gesellschaftlich Auswirkungen hat. Mit ihrer auf das Ziel reduzierter öffentlicher Leistungserbringung gerichteten Einnahmepolitik haben Bund und Länder die Kommunen in eine Politik permanenter Leistungskürzungen gezwungen, die sich u.a. darin zeigen, dass trotz gewachsener Aufgaben die Ausgaben relativ zum BIP gesunken sind (vgl. Abb. 3). Auf die nicht auskömmliche Finanzausstattung reagieren die Kommunen mit einer Mischung aus verschiedenen Strategien. Die Stichworte lauten: Investitionszurückhaltung; Einbußen bei der Qualität der Dienstleistungserbringung; Personalabbau; Ausgliederung von Aufgaben, um mittelbar über Lohndumping Kostenvorteile zu erzielen. Mit der Analyse von einem dieser Aspekte schließt Teil A. Skizziert wird im nachfolgenden Kapitel 4 die Rolle der Kommunen als Arbeitgeber zwischen der Aufrechterhaltung eines hohen Beschäftigungsstandes mit auch ordentlichen Arbeitsbedingungen und der Realisierung von Strategien fortgesetzten Personalabbaus mit Verlagerung der entsprechenden Aufgaben an externe Dienstleister und ehrenamtlich Tätige.

# 4. Kommunen als Arbeitgeber

„The City of Helsinki is Finland's biggest employer. The City of Helsinki has approximately 40,000 employees. It is the task of the City to safeguard its residents well-being and provide services for them (...). These services are provided by the City's employees representing 800 different tasks (...). With the City of Helsinki, you know you are working for the common good: both your own and that of the entire community. You will be able to build your career, acquire the necessary experience and also get further training (...). The City can offer a great variety of jobs. The City, and its employees, are in charge of large branches providing education and social services, health care and day care. City employees also take care of the residents: water and energy supplies, public transport, and public works as well as cultural, sports and library services. The City-owned companies produce electricity, water, school and hospital meals and take care of wastewater management and the tidiness of our environment. (...) If you want to work for the City, visit the City of Helsinki website. You can browse the list of vacancies and complete an electronic application form. You can also apply for positions by conventional mail application." *(Quelle: Webseite der City of Helsinki; Zugriff: 12.10.2010).*

## 4.1 Konträre Entwicklungslinien

Ende der 70er Jahre unterschied sich die Bedeutung des Staates, damit auch der Kommunen als Arbeitgeber in Deutschland nicht gravierend von den skandinavischen Ländern. Mit einem Anteil von rd. 20 Prozent lag die Staatsbeschäftigung 1980 (vgl. Heintze 2007b) lediglich graduell unter den skandinavischen Niveaus (Norwegen: 22,3%; Finnland: rd. 25%). Vorausgegangen war eine Phase konvergenter Entwicklung. In allen Vergleichsländern wurde der Wohlfahrtsstaat in den 60er und 70er Jahren stark ausgebaut. Die Entwicklung danach verlief nicht nur anders; sie verlief konträr. In den skandinavischen Ländern wurde das gesamtwirtschaftliche Beschäftigungswachstum auch noch in den 80er Jahren überwiegend von der quantitativen Expansion des öffentlichen Dienstes, insbesondere der kommunalen Dienste, getragen. Ende der 80er, Anfang der 90er Jahre endete diese Phase. Schweden, Norwegen und Finnland wurden von einer schweren Bankenkrise erschüttert. Der gesamte skandinavische Raum geriet in eine Rezession. Besonders schwer traf es Finnland, weil hier verschärfend der Zusammenbruch des

Sowjet-Imperiums hinzukam. Das Land hatte intensive Exportbeziehungen mit der alten Sowjetunion unterhalten. Als diese implodierte, brach ein Großteil der Exporte schlagartig weg.

Der Wirtschaftseinbruch von Anfang der 90er Jahre brachte das skandinavische Wohlfahrtsmodell in eine ernsthafte Krise. Das bisherige, stark auf quantitatives Jobwachstum angelegte Wachstumsmodell war an seine Grenze gelangt. Die Konsequenzen, die gezogen wurden, beinhalten Gemeinsamkeiten, differieren aber im Detail. Alle skandinavischen Länder setzen bei wohlfahrtsstaatlichen Leistungen nun verstärkt auf Effizienz und qualitatives Wachstum. Inwieweit der öffentliche Sektor dabei weiterhin mit Träger von Beschäftigungswachstum sein soll, wird unterschiedlich beurteilt. Die politische Linke setzt auf eine beschäftigungsorientierte Finanzpolitik, die politische Rechte eher nicht. Auf die letzten 10 bis 15 Jahre betrachtet, bilden Schweden und Norwegen die beiden Außenposten. Norwegen setzt weiterhin auf ein stark vom öffentlichen Sektor getragenes Beschäftigungswachstum, an dem Gebietskörperschaften und die öffentliche Wirtschaft[256] gleichermaßen beteiligt sind. Von 2005 bis 2011 stieg die Beschäftigtenzahl bei Gemeinden und Landkreisen Jahr für Jahr um insgesamt 12,4 Prozent; die der rechnerischen Vollzeitkräfte sogar um knapp 16 Prozent. 506,6 Tsd. abhängig Beschäftigte haben zwischenzeitlich einen kommunalen Arbeitgeber.[257] In Schweden geht die Strategie gegenläufig dahin, dass das absolute Stellenniveau des öffentlichen Sektors quasi eingefroren wird, so dass das Beschäftigungswachstum ausschließlich auf dem Privatsektor ruht.[258] Im Ergebnis wird der

---

[256] Während die wirtschaftliche Tätigkeit des Staates in Dänemark wie auch in Island abgebaut wurde und in Schweden wie Finnland annähernd stabil blieb, erfolgte in Norwegen eine Ausweitung. Auch die Zahl öffentlicher Unternehmen und die von ihnen erwirtschafteten Gewinne hat zugenommen: *„There were about 3.300 public non-financial corporations at the end of 2008. (...) Since 2003, the number of publicly-owned enterprises has almost doubled. (...) Public non-financial corporations achieved some NOK 470 billion in profit before tax in 2008. (...) The corresponding figures for 2007 were NOK 354 billion (...)"* (Finanzministerium, Press Release, 16 June 2010: http://www.ssb.no/english/subjects/12/01/offregn_en/; Zugriff: 14.07.2010; zuletzt: 11.08.2012).

[257] Statistics Norway, PM „507 000 employed in municipalities. Activities in the municipalities 4th quarter 2011. Preliminary figures".

[258] Bei der Bewertung muss berücksichtigt werden, dass im Zuge der schweren Wirtschaftskrise von Anfang der 90er Jahre – zwei Großbanken (Nordbanken und Gota) wurden verstaatlicht – der öffentliche Sektor kurzfristig so stark anschwoll, dass er mehr als 4 von 10 Arbeitnehmern beschäftigte. Bis 1998 wurde dies korrigiert. Die Beschäftigtenzahl ging gegenüber 1992 um 17 Prozent zurück. In der Folgedekade (1998 bis 2008) gab es dann wieder ein leichtes Plus. Das Personal der lutherischen Kirche, die bis zum Jahr 2000 Staatskirche war, wurde dabei herausgerechnet.

öffentliche Sektor leicht zurückgebaut, wobei sich der Rückbau auf die Zentralregierung konzentriert; die kommunale Beschäftigung ist auf die letzten 15 Jahre gesehen weitgehend stabil geblieben und lag im Jahr 2010 um 3 Prozent über dem Niveau des Jahres 2000.[259] Dänemark und Finnland liegen mit ihren Strategien zwischen den skizzierten Polen. Sie weisen dem öffentlichen Sektor eine gewisse, aber nachrangige Bedeutung bei der Schaffung neuer Arbeitsplätze zu. In der aktuellen Krise freilich ging die Funktion der Schaffung von Arbeitsplätzen in beiden Ländern zumindest temporär an den öffentlichen Sektor über. So lag die Zahl vollzeitäquivalenter Arbeitsplätze, die der Privatsektor bietet, im Jahr 2011 in Dänemark um 9,7 Prozent unter dem Niveau des Vorkrisenjahres 2008 (2008: 1.462,5 Tsd.; 2011: 1.320,9 Tsd.). Gegenläufig dazu stieg die Beschäftigung im öffentlichen Sektor. Gemeinden und Counties zusammen boten 2011 582,2 Tsd. vollzeitäquivalente Arbeitsplätze gegenüber 572,7 im Jahr 2008 (+ 1,7%).[260]

Die deutsche Strategie unterschiedet sich grundlegend. Auf allen Ebenen (Bund, Länder, Kommunen) und in allen Bundesländern wurde massiv Personal abgebaut. Und zwar weitgehend unabhängig von der politischen Couleur der Entscheidungsträger.[261] Die Kluft zu den skandinavischen Ländern – Schweden einbezogen – hat sich in der Folge nicht eingeebnet, sondern vergrößert. Durchgesetzt hat sich eine Sichtweise – dies bis in die Reihen der politischen Linken hinein (linke Flügel von SPD und Grünen, Linkspartei) –, wonach der

[259] Im Jahr 2000 beschäftigte der Kommunalsektor 975,4 Tsd. Mitarbeiter, im Jahr 2010 waren es 1.003,9 Tsd.

[260] Quelle: Statistics Denmark „Full-time employees (Kvartal) by sector, industry (DB07 19-grouping) mit Code [LBESK1]"; eigene Auswertung.

[261] Auch die Partei Die Linke fügt sich insoweit in diesen parteiübergreifenden Quasi-Konsens, als sie in der Rolle der Regierungspartei (Mecklenburg-Vorpommern 1998-2006, Brandenburg seit 2009, Berlin 2001-2011) die auf Personalabbau gerichtete SPD-Linie mitgetragen hat. Während der Zeit linker Regierungsbeteiligung wurde die Landesbeschäftigung in Mecklenburg-Vorpommern von rd. 30 Beschäftigten auf 1.000 Einwohner auf rd. 24 abgebaut. In der zweiten Regierungsphase (2002-2006) sanken dabei die rechnerischen Vollzeitkräfte (VZÄ auf 1.000 EW) von 25,8 auf 22,5. Als großen Erfolg versuchte die Linkspartei in Berlin das Projekt eines öffentlich geförderten Beschäftigungssektors zu verkaufen. Während Personal im öffentlichen Dienst abgebaut wurde, entstand flankierend und den Abbau erleichternd ein solches Konstrukt. Als Alternative zum Wiederaufbau des massiv abgemagerten öffentlichen Dienstes taugte das Projekt – es basiert auf einer fragilen Finanzierung aus verschiedenen Töpfen – von Anfang an nicht; nach dem Wechsel zu einer Großen Koalition aufgrund der Abgeordnetenhauswahlen vom September 2011 dürfte es wieder abgewickelt werden. Datenquelle: Personalstandstatistik fortlaufend, eigene Berechnungen anhand der Bevölkerungszahlen vom 01.01. des jeweiligen Jahres.

öffentliche Sektor seit den 80er Jahren angeblich in allen hochentwickelten Ländern abgebaut wurde. Die dabei bemühten Deutungsmuster können umschrieben werden mit Stichworten wie: Globalisierung, neoliberale Hegemonie, Ende resp. Unfinanzierbarkeit des keynesianischen Typs von Wohlfahrtsstaat. Die Wirklichkeit freilich ist vielschichtiger. Bei den skandinavischen Ländern kann aufs Ganze gesehen von einem Staatsrückzug nicht gesprochen werden. Jedenfalls nicht im Vergleich zu den 70er und 80er Jahren. Abgesehen von Norwegen haben zwar auch diese Länder durch die Privatisierung öffentlicher Unternehmen deutlich Beschäftigung abgebaut. Parallel und gegenläufig dazu wurde durch den Ausbau sozialer, kultureller und ökologischer Bedarfsfelder das Arbeitsplatzangebot der Kommunen jedoch so stark ausgeweitet, dass die Arbeitsplatzverluste aufgrund von Privatisierungen zu einem guten Teil kompensiert, teilweise überkompensiert wurden. Dass die pauschale Staatsrückzugsthese in den skandinavischen Ländern wie auch in einigen anderen Ländern (Frankreich, Belgien) empirisch keine Bestätigung findet, zeigt, dass wir es hier mit einer selektiven, stark interessengeleiteten Sichtweise zu tun haben. Sie zielt darauf ab, den in Deutschland in großem Umfang praktizierten Staatsabbau als alternativlos darzustellen.

Auf die finnische wie norwegische Entwicklung seit Anfang der 70er Jahre, damit also in der längeren Frist, sei näher eingegangen. In Finnland beschäftigte die lokale Ebene 1970 mit etwas unter 200 Tsd. Personen nicht wesentlich mehr Personal als die Zentralregierungsebene (176 Tsd. Mitarbeiter). Die Rolle öffentlicher Arbeitgeber nahm in den 70er und 80er Jahren stark zu. 1980 gab es lokal 317 Tsd. und zentral 199 Tsd. Beschäftigte.[262] Eine Dekade später (1990) bestanden im öffentlichen Sektor insgesamt 708 Tsd. Beschäftigungsverhältnisse; ein Plus gegenüber 1980 von mehr als einem Drittel. Es folgte die angesprochene krisenbedingte Zäsur. Die Zahl öffentlich Beschäftigter ging bis 1996 auf 614 Tsd. zurück, erholte sich in der folgenden Dekade aber wieder. 2009 kamen in den Gebietskörperschaften (ohne Unternehmen) auf 1.000 Einwohner 123,3 öffentlich Beschäftigte gegenüber 105,4 im Jahr 1985 und 122,6 im Jahr 1995. Gesamtstaatlich liegt das öffentliche Beschäftigungsniveau heute also wesentlich über dem von Mitte der 80er Jahre und leicht über dem von Mitte der 90er Jahre. Die Entwicklung in den Kommunen erklärt diesen Befund. Ihr Beschäftigungsniveau liegt aktuell (Labour Force Survey von September 2011) nicht nur über dem von Mitte der 90er Jahre,

---

[262] Angabe nach Rautiee (2011): Folie zur Personalentwicklung im öffentlichen Sektor seit 1800, in: Local Finish Government, Powerpoint Präsentation (Hg. Verband der lokalen und regionalen Autoritäten). Die weiteren Daten entstammen der amtlichen Statistik (Labour Force Survey; fortlaufend).

Kommunen als Arbeitgeber 241

als es (1995) 90,8 Beschäftigte auf 1.000 Einwohner gab, sondern annähernd wieder bei dem Höchststand von Anfang der 90er Jahre. Auf 1.000 Einwohner gerechnet, hatten damals 96,4 ArbeitnehmerInnen einen kommunalen Arbeitgeber; im August 2011 waren es 95,1. Oben wurde angesprochen, dass Finnland erst ab den 60er Jahren einen skandinavischen Typ von Wohlfahrtsstaat aufgebaut hat. Bei der Personalentwicklung zeigt sich dies darin, dass die relative Bedeutung der Kommunen als öffentliche Arbeitgeber in den skandinavischen Kernländern schon in den 70er Jahren viel stärker ausgeprägt war. In Norwegen gab es 1970 bei der Zentralregierung 110,6 Tsd. Beschäftigte, bei den Kommunen aber 167,6 Tsd. Dieses Verteilungsmuster von 40 zu 60 verschob sich bis 1980 noch weiter zu den Kommunen, die 1980 einen Personalstand aufwiesen von 418,6 Tsd. gegenüber 149,7 Tsd. bei der Zentralregierung. In der folgenden Dekade stieg der Anteil kommunal Beschäftigter auf über 77 Prozent, sank nach der Übernahme der Krankenhäuser durch die Zentralregierung im Jahr 2002 dann aber auf 64 Prozent. Norwegen setzte in den zurückliegenden Dekaden auf ein primär vom öffentlichen Sektor getragenes Beschäftigungswachstum; Gleiches gilt in der langen Frist tendenziell auch für Dänemark (Lykketoft 2009: 4). Ohne Staatsunternehmen (zur Konstruktion des öffentlichen Sektors vgl. Abb. 2) stieg die Beschäftigung von 568,3 Tsd. im Jahr 1990 auf 808,5 Tsd. im 2. Quartal von 2011. Diesem Zuwachs von 42,3 Prozent steht bei den Erwerbstätigen insgesamt ein Zuwachs von „nur" 27,5 Prozent (1990: 2.058,8 Tsd.; 2. Quartal 2011: 2.624,4 Tsd.) gegenüber. Das Beschäftigungsgewicht des norwegischen Staatssektors ist in der Folge nicht geschrumpft wie in Schweden, sondern gewachsen. Insbesondere die Kommunen haben nach der Abgabe des Kliniksektors an die Zentralregierung ihr Personal in den Bereichen Bildung, Gesundheit, Pflege und Kultur ausgeweitet. Von den Erwerbstätigen hat heute jeder Fünfte bei der Kommune oder einem kommunalen Zweckverband seinen Arbeitsplatz; 1970 war es nur jeder zehnte. Die Dichteziffer auf 1.000 Einwohner erreicht dabei (2010) den Wert von 106,3 (Vollzeit- und Teilzeitbeschäftigte) resp. von 79,8, wenn rechnerische Vollzeitkräfte betrachtet werden.[263]

---

[263] Beim Staat selbst liegt die Dichteziffer bei rd. 164, wenn die Erwerbstätigenrechnung (Beschäftigte und Selbständige nach Wirtschaftszweigen) herangezogen wird. Die registerbasierte Verdienst- und Tätigkeitsstatistik liefert einen etwas höheren Wert. Danach hatten 2010 von insgesamt 2.508 Tsd. abhängig Beschäftigten 825 Tsd. einen öffentlichen Arbeitgeber, was einer Dichteziffer auf 1.000 Einwohner von 169,8 entspricht. Quelle: Statistics Norway, registerbasierte Verdienst- und Tätigkeitsstatistiken. Hier: http://www.ssb.no/yrkeaku_en/tab-2011-02-22-08-en.html (Zugriff: 16.10.2011).

Den skandinavischen Mustern steht in Deutschland eine Entwicklung gegenüber, bei der Arbeitsplatzverluste aufgrund der Privatisierung öffentlicher Unternehmen nicht durch die Ausweitung öffentlicher Dienstleistungen im Bildungsbereich sowie bei sozialen Aufgaben zumindest teilweise aufgefangen werden. Ganz im Gegenteil. Statt öffentliche Aufgabenfelder bedarfsgerecht auszubauen, erfolgten Aufgabenprivatisierungen. Über 2 Mio. Arbeitsplätze wurden im öffentlichen Dienst seit Anfang der 90er Jahre abgebaut; ein Rückgang von einem guten Drittel. An diesem Abbau waren die Kommunen überproportional beteiligt. Von 1991 bis 2010 belief sich ihr Personalabbau auf fast 37 Prozent von 2.051,4 Tsd. (1991) auf 1.291,8 Tsd. (2010). Da sich gleichzeitig die Teilzeitquote annähernd verdoppelt hat (1991: 20,5%; 2009; 38,3%) liegt der tatsächliche Abbau von kommunaler Beschäftigung noch deutlich höher, als es die Kopfzahlen zum Ausdruck bringen.

Oben habe ich einen Überblick geliefert über kommunale Aufgaben, Ausgaben und ihre Finanzierung. Es kennzeichnet die jüngere deutsche Entwicklung, dass die Beschäftigung von Personal nur noch unter Kostengesichtspunkten betrachtet wird. Motto: Je geringer die Personalausgabenquote umso besser. Entwickelt wurden Maßstäbe, die dem Ideal des Skelett-Staates nacheifern, ohne die Entwicklung in den Ländern, die nachweislich über einen sehr leistungsstarken und effizienten öffentlichen Sektor verfügen, überhaupt zur Kenntnis zu nehmen.[264] Im europäischen wie auch im OECD-Kontext gehört Deutschland in der Folge schon seit Jahren bei den Personalausgaben des Staates (ohne staatliche Unternehmen) zur Schlusslichtgruppe. Gaben Bund, Länder, Gemeinden und Sozialversicherungen für das bei ihnen beschäftigte Personal im Jahr 1995 noch 8,7 Prozent des BIP aus, waren es 2010 nur noch 7,3 Prozent. 1995 rangierte Deutschland unter 30 europäischen Ländern bereits weit hinten auf Platz 26, jetzt belegt es den letzten Platz. Die Gruppe mit besonders kleinem öffentlichen Sektor (ohne Unternehmen) und Personalausgaben von weniger als 10 Prozent des BIP setzt sich zusammen aus den deutschsprachigen Ländern, Tschechien, Bulgarien, Rumänien und der Slowakei. Am anderen Ende befindet sich nicht etwa Griechenland, wie die Berichterstattung zur Finanzkrise nahelegt,[265] sondern die skandinavischen

---

[264] An den bereinigten Gesamtausgaben der Kommunen hatten Personalausgaben schon Ende der 90er Jahre einen Anteil von nur noch um die 27 Prozent. Die Ideologie des Gewährleistungsstaates, der möglichst wenig selbst leistet, bewirkte eine noch weitere Reduktion auf im Jahr 2010 knapp 25 Prozent. In den skandinavischen Ländern liegt die Personalausgabenquote doppelt so hoch.

[265] Die griechische Krise wird in Deutschland so rezipiert, als ob die Größe des öffentlichen Sektors eine der entscheidenden Krisenursachen sei. Dass der öffentliche Sektor in den skandinavischen Ländern viel größer ist, bleibt ausgeblendet. Griechenland hat

Länder, Zypern, Malta und Frankreich. Sie gaben 2010 zwischen 13,3 Prozent (Frankreich) und 19,1 Prozent (Dänemark) für das eigene Personal aus. Unter den skandinavischen Ländern weist nur Schweden einen nennenswerten Rückgang der Personalausgabenquote bezogen auf das BIP aus von 16,3 Prozent (1995) auf 14,8 Prozent (2010). In Dänemark und Island erfolgte ein Anstieg; in Finnland und Norwegen besteht weitgehende Konstanz.[266] Für die bedarfsgerechte Entwicklung öffentlich bereitgestellter Dienstleistungen ist wesentlich, dass das Wachstum die Personalausgaben Schritt hält mit dem BIP-Wachstum. In der EU erfüllen Dänemark und Finnland diese Bedingung am besten, Deutschland umgekehrt verletzt sie stärker als jedes andere Hochlohnland. Eine wachsende Schere gegenüber dem EU15-Durchschnitt und allen skandinavischen Ländern ist die Folge. Schon im Jahr 1995 gaben dänische Kommunen für Arbeitnehmerentgelte 6,2-mal und finnische Kommunen noch viermal so viel aus wie deutsche Kommunen (DE: 523,20 €/EW; DK: 3.226,80 €/EW; FI: 2.107 €/EW). Bis 2010 stieg die Diskrepanz in Relation zu Dänemark auf das 9,7fache und in Relation zu Finnland auf das 5,9fache.[267]

Es kann als für Deutschland typisch angesehen werden, dass bislang von einer auf die Stärkung des öffentlichen Dienstes gerichteten Gegenbewegung nichts zu sehen ist. Zwar stieg die Beschäftigung von 2009 auf 2010 leicht an. Eine Trendwende kündigt sich hier aber nicht an. Bei den Kommunen ist das Personal nur nach Köpfen, nicht aber nach rechnerischen Vollzeitkräften gestiegen. Die rechnerischen Vollzeitkräfte betrugen im Jahr 2002 noch 1.301,3 Tsd. und gingen von 1.086,8 (2009) auf 1.084,1 (2010) erneut zurück. Vor allem aber: Die Personalplanungen von Bund, Ländern und Gemeinden sind auf einen weiteren Personalabbau gerichtet. Rücken wir Deutschland anhand der Dichteziffern pro 1.000 Einwohner in den skandinavischen Kontext, so beschäftigen im Schnitt der skandinavischen Ländern schon

(2010) gut doppelt so viele Einwohner wie Dänemark (Dänemark: 5,3 Mio.; Griechenland: 11,3 Mio.), aber 20 Prozent weniger öffentlich Beschäftigte. Das Problem mit dem öffentlichen Sektor von Griechenland ist nicht seine Größe, sondern seine Struktur und Klientelversorgungsfunktion, damit Ineffizienz. Symptomatisch für die griechischen Zustände ist, dass es einer Zählung bedurfte, um die Zahl griechischer Staatsbediensteter (768 Tsd., zit. nach DIE WELT online vom 30.07.2010) überhaupt zu ermitteln. Demgegenüber sind die 966,3 Tsd. (2010) öffentlich Beschäftigten von Dänemark hinsichtlich Alter, Geschlecht, Beruf, Tätigkeit, Arbeitszeit, Arbeitsort, Gehalt, Fehlzeiten usw. über Register erfasst, die weit in die Vergangenheit zurückreichen. Die Anlage der skandinavischen Statistik als Registerstatistik erweist sich als Markenzeichen effizienter Staatlichkeit.

[266] Quelle: Eurostat, Datensatz „Staatseinnahmen, -ausgaben und Hauptaggregate" [gov_a_main], Update vom 29.02.2012.

[267] Quelle: Eurostat, a.a.O.

allein die Kommunen annähernd doppelt so viel Personal wie in Deutschland der gesamte öffentliche Dienst, wobei der Abstand im Jahr 2010 größer war als vor 10 Jahren.

Bei der Analyse der Beschäftigungsentwicklung im internationalen Vergleich muss berücksichtigt werden, dass die Ergebnisse je nach Abgrenzung des öffentlichen Sektors differieren. Hier sei noch einmal verwiesen auf die Abbildung 2. Die Volkswirtschaftliche Gesamtrechnung grenzt den Staat auf General Government ein (Gebietskörperschaften und Sozialversicherung).[268] Im Marktwettbewerb stehende öffentliche Unternehmen (State Enterprises, vgl. rechter Teil der Abbildung) werden nach diesem Ansatz dem Privatsektor zugeschlagen. Bei Einrichtungen des Privatrechts, die vollständig in öffentlichem Besitz sind und damit auch öffentlicher Organisationsgewalt unterliegen, hängt es an der Leistungsfähigkeit der nationalen Statistik, ob diese Einrichtungen eingefangen werden. Die deutsche Personalstandstatistik beinhaltete das Personal von outgesourcten Einrichtungen und von kommunalen Unternehmen, die nicht im Marktwettbewerb stehen (Unternehmen in den Bereichen Abfall, Abwasser, Wasser), bis 2010 nur teilweise. Mit der Personalstandstatistik vom 30. Juni 2011 wurde die Konzeption so verändert, dass internationale Vergleiche nun zu belastbareren Ergebnissen führen. Die bislang übliche Unterscheidung zwischen unmittelbarem und mittelbarem öffentlichen Dienst wurde aufgegeben. Unterschieden werden nun vier staatliche Ebenen (Bundesbereich, Landesbereich, kommunaler Bereich und Sozialversicherung). Auf jeder staatlichen Ebene wird neben dem Personal der Kernverwaltung auch das in Einrichtungen mit privater Rechtsform ausgelagerte Personal erfasst. Die skandinavischen Statistiken erfassen die öffentlich Beschäftigten einmal nach dem General-Government-Ansatz resp. der COFOG-Gliederung und dann erweitert im Rahmen der registerbasierten Verdienst- und Qualifikationsstatistiken. Letztere unterscheiden den öffentlichen vom privaten Sektor, wobei unter öffentlichem Sektor auch die ausgegliederten Einrichtungen und zum Teil auch die eigenen Unternehmen erfasst sind. Die statistische Schwachstelle ist also der Bereich der öffentlichen Unternehmen, die im Marktwettbewerb stehen. Ihre Erfassung ist unvollständig und uneinheitlich.

Die Frage der Abgrenzung hat für den innerskandinavischen Vergleich hohe Relevanz. Bei enger Abgrenzung hat Dänemark den größten öffentlichen Sektor. Bezieht man jedoch die öffentliche Wirtschaft mit ein, rückt Nor-

---

[268] Europäisches System Volkswirtschaftlicher Gesamtrechnungen – ESVG95. Das COFOG-System bildet in der Volkswirtschaftlichen Gesamtrechnung den Staat ab. Vgl. oben.

wegen nach vorn. Finnland wiederum liegt nach der engen Abgrenzung deutlich hinter Dänemark, was sich aber ändert, wenn staatliche Unternehmen einbezogen werden, denn diese haben in Finnland eine größere Bedeutung als in Dänemark. Für den deutsch-skandinavischen Vergleich dagegen hat es keine Auswirkungen, welches Abgrenzungskonzept herangezogen wird. Deutschland liegt im Niveau so weit unter den skandinavischen Ländern, dass kleinere Verschiebungen, wie sie sich aus der Konzeptänderung bei der Personalstandstatistik ergeben, daran nichts ändern.

*Abbildung 7* stellt die Entwicklung in unseren Vergleichsländern über einen Zeitraum von annähernd 20 Jahren komprimiert dar.[269] Die oberste Linie der Abbildung zeigt für Dänemark die Entwicklung der Dichteziffern, wie sie sich aus dem Lohn- und Gehaltsregister ergibt. Die Linie darunter bildet für Norwegen die Entwicklung nach dem General-Government-Konzept ab, das die am Markt tätigen öffentlichen Unternehmen nicht einschließt. Bei Deutschland ist der öffentliche Dienst insgesamt sowie die Beschäftigung bei Kommunen (incl. kommunaler Zweckverbände) dargestellt.[270] Wie ersichtlich, unterscheidet sich die beschäftigungspolitische Bedeutung der Kommunen in den vier untersuchten skandinavischen Ländern nicht gravierend voneinander. Auch ist sie heute nicht geringer als in den 90er Jahren. Demgegenüber spielen öffentliche Arbeitgeber in Deutschland gemessen an den skandinavischen Ländern eine sehr geringe und über die letzten 20 Jahre noch geringer gewordene Rolle.

Relativ den kleinsten öffentlichen Sektor hat im skandinavischen Raum Finnland. Der deutsch-finnische Vergleich ergibt folgenden Befund: Anfang der 90er Jahre hatten öffentliche Arbeitgeber in Deutschland eine etwas geringere Bedeutung als in Finnland allein die kommunalen Arbeitgeber. Auf 1.000 Einwohner belief sich die Differenz auf knapp 12 Beschäftigte. Diese Differenz ist stetig gestiegen und lag im Jahr 2010 bei 37 Beschäftigten. Da das Statistische Bundesamt die rechnerischen Vollzeitkräfte des öffentlichen Dienstes erst seit einigen Jahren ausweist, zeigt die Abbildung den Entwicklungsverlauf nach Köpfen. Bei Betrachtung rechnerischer Vollzeitkräfte

---

[269] Ohne Island. Zu Island liegen in vergleichbarer Abgrenzung nur die Beschäftigtenzahlen öffentlicher Dienstleister vor. Deren Beschäftigtenzahl lag 1991 gleichauf mit Finnland bei 29,6 Prozent der Erwerbstätigen, stieg dann aber stärker als in Finnland auf 35,8 Prozent im Jahr 2008 (Finnland: 32%). Eigene Berechnung anhand der gemeinsamen Datenbasis nordischer Länder zu den Erwerbstätigen in 8 Wirtschaftszweigen gemäß NACE-Klassifikation (http://www.nordstat.org/; Zugriff am 16.07.2010).

[270] Bei Einbezug aller öffentlichen Arbeitgeber gemäß dem weitesten Konzept der Personalstandstatistik steigt die Dichteziffer auf 69,5 im Jahr 2011 (Kommunalbereich: 25,8). Dies entspricht 40 Prozent des dänischen Niveaus.

würde sich die Differenz noch ausweiten, da Teilzeitbeschäftigung in den skandinavischen Ländern weniger stark gestiegen ist als in Deutschland.

*Abbildung 7: Entwicklung der Beschäftigtenzahlen des öffentlichen Sektors 1991 bis 2011 im deutsch-skandinavischen Vergleich: Beschäftigte auf 1.000 Einwohner*

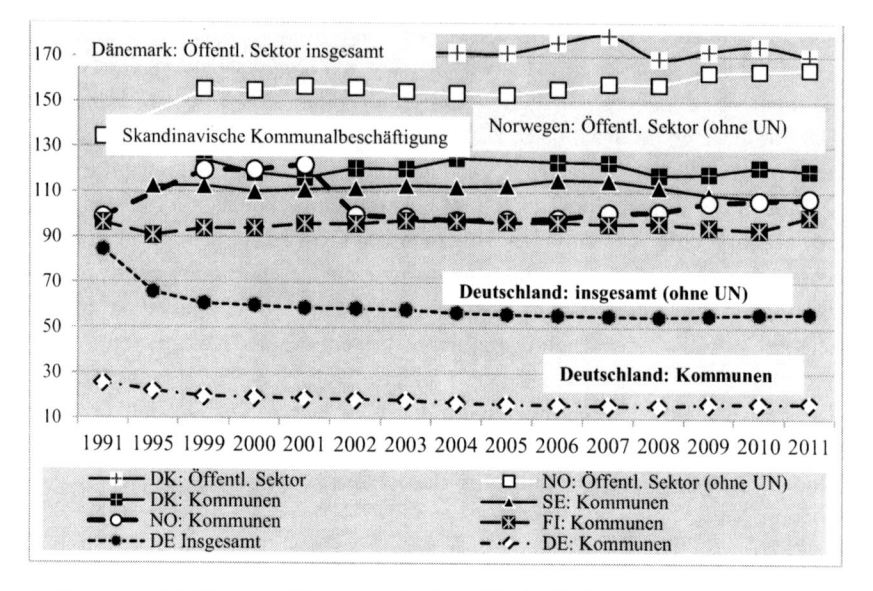

**Erläuterung:** Bei Dänemark (Kommunen) gab es 2006/2007 einen Bruch in der Reihe aufgrund von Kommunalreform und methodischer Änderungen, in Norwegen 2002 aufgrund der Krankenhausübernahme durch die Zentralregierung. UN = Unternehmen
**Quellen:** Eigene Datenauswertungen anhand der National Accounts sowie der in besonderer Tiefengliederung vorliegenden Qualifikations- und Verdienststatistiken des öffentlichen Sektors. Siehe im Anhang die Übersichtstabelle A3

## 4.2 Prekarisierung und Staatsschrumpfung in Deutschland contra Staat als Modellarbeitgeber

In der Einleitung habe ich argumentiert, dass das in Deutschland besonders starke Wachstum von Niedriglohnbeschäftigung und prekärer Beschäftigungsbedingungen nicht primär Ergebnis einer unzureichenden Arbeitsmarktregulierung ist, sondern – umgekehrt – die erfolgte Deregulierung des Arbeitsmarktes das Mittel der Wahl war, um einen marktförmigen Pfad in die Dienstleistungsgesellschaft voll zur Entfaltung zu bringen. Dieser marktförmige Pfad, so die These, bedingt jedoch eine geringere Beschäftigungswirksamkeit bei gleichzeitig polarisierten Arbeitsbedingungen. Die demokratische Kontrolle und das Qualitätsniveau leidet. Empirische Unterstützung findet die These zunächst durch den Befund, dass der primär auf kommunalem Beschäftigungswachstum begründete skandinavische Alternativweg höhere Beschäftigungsquoten bedingt. Dies schon nach Köpfen, mehr aber noch bei Betrachtung rechnerischer Vollzeitäquivalente. Hinter dem vermeintlichen deutschen Jobwunder steht eben kein echtes Beschäftigungswachstum, sondern die Aufteilung von Vollzeitstellen in Teilzeitstellen.[271]

Wie jedoch ist es um die Arbeitsbedingungen bestellt? Kann empirisch belegt werden, dass es für die Beschäftigten in gesellschaftlichen Bedarfsfeldern einen Unterschied macht, ob Kommunen ihre Arbeitgeber sind oder ob sie gleiche Tätigkeiten bei gewinnorientierten Privatunternehmen, im Dritten Sektor oder als Selbständige im kommunalen Auftrag erbringen? Eine detaillierte Analyse dieser Frage kann hier nicht geleistet werden. Einige Aspekte will ich auf der Makroebene herausgreifen und sodann das Fallbeispiel „Pflege" heranziehen.

### 4.2.1 Befunde zu Arbeitsbedingungen und Arbeitszufriedenheit

Gemäß meiner These steht Mehreres zu erwarten. *Erstens*, dass die Löhne in sozialen Bedarfsfeldern in Deutschland generell niedriger sind als in den skandinavischen Ländern. *Zweitens*, dass es noch einmal eine Abstufung gibt zwischen privaten und öffentlichen (kommunalen) Arbeitgebern. Dies möglicherweise nicht durchgängig, aber doch der Tendenz nach. Da in Deutschland bei wichtigen gesellschaftlichen Bedarfsfeldern der Betreuung, Pflege, Fürsorge und auch im kulturellen Bereich private Arbeitgeber dominieren, dürfte das Lohngefüge eher von ihnen als von kommunalen Arbeitgebern geprägt sein. Es kommt hinzu, dass das Abdrängen in Solo-Scheinselbständigkeiten eine Methode ist, um das Lohndumping noch einmal zu verschärfen. Eine hohe Quote von Selbständigen ist gerade kein Ausweis für einen hohen Ent-

---

[271] Erstens ist die Teilzeitquote in Deutschland besonders stark gestiegen. Nach Brenke (2011: 4) wurde der Beschäftigungsaufbau der letzten Dekade *„allein durch eine deutliche Ausweitung der Teilzeitarbeit erzielt – die Zahl der Teilzeitbeschäftigten legte um reichlich drei Millionen auf mehr als zehn Millionen zu. Die Zahl der Vollzeitbeschäftigten nahm dagegen in diesem Zeitraum um 700.000 ab."* Zwar ist die Teilzeitquote gesamtwirtschaftlich betrachtet auch in den skandinavischen Ländern gestiegen, aber nur rd. halb so stark; in Island ist sie in dem Maße gesunken wie Vollzeitarbeit umgekehrt stieg (vgl. Benke 2011: 5, Tab. 1). Zweitens ist Teilzeit nicht gleich Teilzeit. In Deutschland hat die kurze Teilzeit (weniger als 20 Std. wöchentlich) erheblich an Terrain gewonnen, in den skandinavischen Ländern umgekehrt die lange Teilzeit.

wicklungsstand. Ganz im Gegenteil gehen hohe Selbständigenanteile mit hoher Ungleichheit und einer laxen Steuermoral Hand in Hand, wie sich in Griechenland und anderen süd- und osteuropäischen Ländern eindrucksvoll zeigt. *Drittens* steht zu erwarten, dass die Arbeitsbedingungen insgesamt bei öffentlichen Arbeitgebern besser sind als bei privaten Arbeitgebern. Bei dem dritten Punkt kommt zum Tragen, wer als Rollenmodell für wen fungiert. In den skandinavischen Ländern gibt es in Dänemark, Norwegen und Island explizit weiterhin den Anspruch, „*role model*" für den Privatsektor zu sein. Für Finnland und Schweden trifft dies weniger zu. „Rollenmodell" bezieht sich auf die Sicherheit von Arbeitsplätzen und den Ausschluss prekärer Beschäftigung, die Gewährung von Aufstiegschancen, den Zugang zu Weiterbildung, die Vereinbarkeit von Familie und Beruf, die Minimierung von Geschlechterdifferenzen und die Integration benachteiligter Gruppen (Behinderte, Bevölkerung mit Migrationshintergrund). Mit Blick auf diese Aspekte fungierte in Deutschland der öffentliche Dienst einmal als Modellarbeitgeber. Dies ist Vergangenheit. Gleichwohl zeigen Ellguth/Kohaut 2011, dass es sich beim Staat immer noch etwas besser arbeiten lässt als bei privaten Arbeitgebern. Leicht die Nase vorn hat der öffentliche Dienst bei der Weiterbildung und der Integration von eher benachteiligten Gruppen. Atypische Beschäftigungsverhältnisse spielen im öffentlichen Dienst eine etwas geringere Rolle als in der Privatwirtschaft. So gibt es relativ weniger Leiharbeiter und der Verbreitungsgrad von Minijobs ist geringer, der von befristeten Beschäftigungsverhältnissen allerdings höher. Die Arbeitsplatzsicherheit ist im öffentlichen Dienst generell immer noch relativ hoch, wird jedoch erkauft mit einem Verdienstrückstand gegenüber der Privatwirtschaft und auch bei der Geschlechtergleichstellung nivellieren sich die Unterschiede, wenn berücksichtigt wird, dass unter den Beschäftigten des öffentlichen Dienstes Frauen einen höheren Anteil stellen als unter den Beschäftigten des privaten Sektors.

Der Blick auf die Entwicklung bei Löhnen und Gehältern als wesentlichem Element von Arbeitszufriedenheit soll eingeleitet werden mit Befunden aus dem jüngsten Eurobarometer (Oktober 2011). Gegenstand der im Frühsommer 2011 EU-weit durchgeführten Befragung war das soziale Klima der jeweiligen Länder. Wie auch in den Vorjahren schneiden die skandinavischen Mitgliedsländer besonders gut ab. Bei der Bewertung der persönlichen Arbeitsplatzsituation liegen sie vorn mit Werten von 5,7 (Schweden), 5,6 (Finnland) und 5,1 (Dänemark). Mit deutlichem Abstand folgen Luxemburg, Belgien und die Niederlande. Deutschland kommt auf den Wert 3,2 (European Commission 2011: 25). Diese Rangfolge deckt sich der Tendenz nach mit früheren Studien zur Qualität angebotener Arbeit. Hier rangieren die skandinavischen Länder im Spitzenfeld mit auch Verbesserungen seit dem Jahr 2000, während Deutschland unterhalb des EU-15-Durchschnitts liegt und seit dem Jahr 2000 zurückgefallen ist.[272] Zwar beurteilt die deutsche Bevölkerung die allgemeine Arbeitsmarktlage heute besser als vor einigen Jahren, aber bei der Zufriedenheit mit der eigenen Situation existiert gegenüber der Bevölkerung in den skandinavischen EU-Ländern eine große Differenz. Auf die Frage, wie die persönliche berufliche Situation beurteilt wird, antworteten beim Eurobarometer vom Frühjahr 2011 im Norden 43 Prozent (Finnland) bis 46 Prozent (Schweden) mit „sehr gut" gegenüber 17 Prozent in Deutschland. Die Gesamtzufriedenheit liegt in Deutschland bei 64 Prozent gegenüber 73 Prozent in Finnland, 78 Prozent in Dänemark und 81 Prozent in Schweden (European Commission 2011: 13, Anhang).

Die Verdienstsituation abhängig Beschäftigter ist in Deutschland schon seit den 90er Jahren durch das Ausbleiben von Reallohnsteigerungen geprägt. Das wachsende Segment nicht tarifgebundener Bereiche schneidet besonders schlecht ab. Auch die tariflich gebundenen Bereiche erzielten aber bestenfalls magere reale Zuwächse. Von 2005 bis 2010 erhöhten sich die Tarifverdienste in exportstarken Branchen wie dem Maschinenbau oder der Chemieindustrie noch am stärksten (plus 14% und mehr), während der Zuwachs bei Bund, Ländern und Gemeinden mit 10,6 Prozent zwar den anderer Dienstleistungsbereiche übertraf, gleichwohl aber nur wenig über der Preissteigerungsrate von 8,2 Prozent lag.[273] Erweitern wir den Betrachtungszeitraum auf die Zeitspanne von 2000 bis 2009, so liefern die Daten aus dem Tarifarchiv der Hans-Böckler-Stiftung[274] folgenden Befund: In der Gesamtwirtschaft stiegen die Tariflöhne im Jahresdurchschnitt um nominal 2,25 Prozent; im Bereich der Gebietskörperschaften und Sozialversicherung, also dem, was die VGR als Staat definiert, lag der Jahresdurchschnitt mit 2,07 Prozent um einiges niedriger. Noch niedriger fiel der nominale Jahreszuwachs bei privaten Dienstleistungen und bei Organisationen ohne Erwerbszweck („Dritter Sektor") aus. Dort wurden 1,96 Prozent erzielt. Zumindest für diesen Beobachtungszeitraum bestätigt sich also die oben formulierte Erwartung.

Im Vergleich zur deutschen Reallohnstagnation kennzeichnen deutliche Reallohnzuwächse die Arbeitsmarktsituation im skandinavischen Raum. Dies

---

[272] Untersuchung des Verbunds europäischer Wirtschaftsforschungsinstitute (ELNEP) aus dem Jahr 2008, zitiert nach Böcklerimpuls 8/2008, S. 2 („Mehr Jobs in Europa – aber kaum bessere").

[273] In einigen Dienstleistungsbereichen (Einzelhandel u.a.) glichen die Abschlüsse noch nicht einmal den Preissteigerungseffekt aus. Angaben nach Datenreport 2011 (117).

[274] Kalenderjährliche Erhöhung des tariflichen Monatsentgelts (Daten für Gesamtdeutschland). Quelle: WSI Tarifarchiv.

gilt für alle Branchen und den privaten wie den öffentlichen Sektor. Für Dänemark habe ich untersucht, wie sich in einigen stark von kommunalen Arbeitgebern bestimmten Branchen die Löhne seit 2005 nach kommunalen und privaten Arbeitgebern entwickelt haben. *Abbildung 8* enthält das Ergebnis bis zum 1. Quartal 2011. Es zeigt sich zweierlei: Erstens stiegen im Privat- wie Kommunalsektor die Löhne in allen erfassten Branchen stärker als der Preisindex (die Säule ganz rechts stellt die Entwicklung beim Preisindex dar). Zweitens stiegen die Löhne im Kommunalsektor insgesamt sowie in den Einzelbranchen stärker als im Privatsektor. Die Differenz ist bei Reinigungsdiensten sowie bei Freizeit und Kultur am größten. Im Privatsektor gab es für abhängig Beschäftigte in der Kultur- und Freizeitwirtschaft bis 2010 ein reales Plus von 6,8 Prozent, im Kommunalsektor aber von 14,2 Prozent. Über alle Bereiche hinweg wurde im Kommunalsektor ein reales Plus von 11,1 Prozent erzielt gegenüber einem realen Plus von nur 2,4 Prozent in Deutschland. Die zu Norwegen vorliegenden Daten weisen in die gleiche Richtung. Verfügbar und ausgewertet habe ich die Daten für den Zeitraum 2003 bis 2008.[275] Sie beziehen sich auf die Entwicklung der Monatsgehälter von Vollzeitbeschäftigten nach Beschäftigungsbereichen und Geschlecht. Im genannten Zeitraum stiegen die Monatsgehälter nominal über alle Beschäftigungsbereiche um 25,9 Prozent, im Kommunalsektor aber überdurchschnittlich um 29,4 Prozent. Die in privaten Dienstleistungsbereichen erzielten Zuwächse fielen geringer aus (Bildung: +23,5%; private Gesundheits- und Sozialdienste: +22,9%). Auch der Geschlechter-Gap bei den Verdiensten ist im öffentlichen Sektor geringer. 2008 verdienten Frauen bei der Zentralregierung im Schnitt 8,7 Prozent weniger als Männer und bei Kommunen 7,9 Prozent. Im privaten Bildungsbereich betrug das Verdienstgefälle dagegen 13,1 Prozent und bei privaten Sozial- und Gesundheitsdiensten sogar 15,5 Prozent.

Diese Entwicklung steht der von Deutschland diametral entgegen. Große Bereiche sozialer Dienstleistungen wurden auch deshalb in den Privatsektor abgedrängt, weil sich hier Lohndumping leichter umsetzen lässt als im öffentlichen Dienst. Auf der einen Seite sorgen im Privatsektor fragmentierte Strukturen für Prozesse der Entsolidarisierung mit geringer Tarifbindung und für Grauzonen, die statistisch nicht erfasst werden, da es sich um Arbeitgeber mit weniger als 10 Beschäftigten handelt.[276] Auf der anderen Seite wird im Bereich der kirchlichen Träger an der Ideologie des sogenannten Dritten Weges festgehalten, die unter den gegebenen Refinanzierungsbedingungen die Funktion hat, den bei Caritas und Diakonie Beschäftigten grundlegende Arbeit-

---

[275] Quelle: Statistics Norway, Wage statistics (http://www.ssb.no/lonnansatt_en/).

[276] Die branchenbezogene Lohnstrukturerhebung von Eurostat zieht hier die Grenze. Arbeitgeber mit weniger Beschäftigten werden nicht erfasst.

nehmerrechte vorzuenthalten, um so das kirchliche Arbeitsrecht als Wettbewerbsstrategie nutzen zu können.[277] Beides hat Rückwirkungen auf Kommunen als Arbeitgeber, die nun ihrerseits Personalkostensenkung über die Schaffung von zwei Klassen von Beschäftigten betreiben: Die Festangestellten erhalten ordentliche Gehälter; diejenigen dagegen, die nur befristet oder über Honorar- resp. Werkverträge in die Leistungserbringung eingebunden sind, tragen individuell die sozialen Kosten der nicht auskömmlichen Finanzierung des Gemeinwesens. Die deutschen Kommunen entziehen sich so ein gutes Stück weit der sozialen Verantwortung, die die Arbeitgeberrolle mit beinhaltet und nehmen gleichzeitig in Kauf, dass auch die Dienstleistungsqualität leidet. Eine weitere Polarisierung zwischen regulärer und prekärer Beschäftigung ist die Folge. Mit geringen Qualifikationen der prekär Beschäftigten hat dies wenig zu tun. So finden wir in der Kultur überwiegend Akademiker. Nach der NACE-Klassifikation der Wirtschaftszweige zählen die kulturellen Dienstleistungen zum Wirtschaftszweig „Freizeit, Sport, Kultur." Arbeitgeber ist in Dänemark zur Hälfte der Staat. Die dort besseren Entlohnungsbedingungen haben aufgrund des hohen Gewichts, das öffentliche Arbeitgeber einbringen, Durchschlagskraft auf den gesamten Wirtschaftszweig. Dies spiegelt sich im Einkommensniveau wie auch der Verteilung. Zwar werden in Deutschland fest angestellte Musikschullehrer, Orchestermusiker, Archivare, Bibliothekare, Schauspieler, Tänzer usw. ordentlich bezahlt, aber ihre Zahl schrumpft, während der Freiberufler, die von Honorar- und Werkverträgen leben müssen, steigt. In ihrer großen Mehrheit fristen diese Freiberufler ein materiell kärgliches Leben. Bei einer Anhörung im Bundestag Ende Juni 2012 wurde von der Vertreterin der Künstlersozialkasse (KSK) dargelegt, dass das durchschnittliche Jahreseinkommen der über die KSK Versicherten bei Frauen 12 Tsd. € und bei Männern knapp 16 Tsd. € beträgt.[278] Geringes Durchschnittseinkommen und ein enormer Verdienstrückstand der Frauen von 32 Prozent kommen hier also zusammen. Bei den abhängig Beschäftigten ist das Durchschnittseinkommen höher, der Verdienstrückstand der Frauen aber vergleichbar hoch. 2010 lagen die Brutto-Stundenlöhne der im genannten Wirtschaftszweig beschäftigten Frauen um 31,5 Prozent unter dem der Männer. Auch in den skandinavischen Ländern gibt es zwischen den Geschlechtern keine Einkommensgleichheit, aber bei höheren

---

[277] So das Fazit einer Studie der Hans-Böckler-Stiftung. Zitiert nach dem Bericht von Daniel Baumann „Mit Gottes Dank. Eine Studie weist dem Diakonischen Hilfswerk Lohndrückerei nach", in: Frankfurter Rundschau Nr. 160 v. 12.07.2012, S. 15.

[278] Quelle: hib – Heute im Bundestag Nr. 323 vom 28. Juni 2012 (Ausschuss für Kultur und Medien).

Durchschnittsgehältern bewegt sich der Verdienstrückstand auf einem viel niedrigeren Niveau zwischen 9,2 Prozent (SE) und 11,7 Prozent (FI).[279]

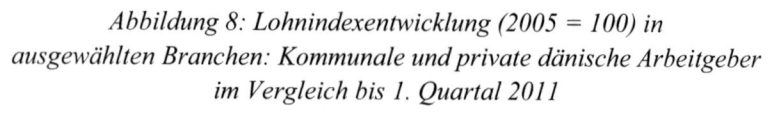

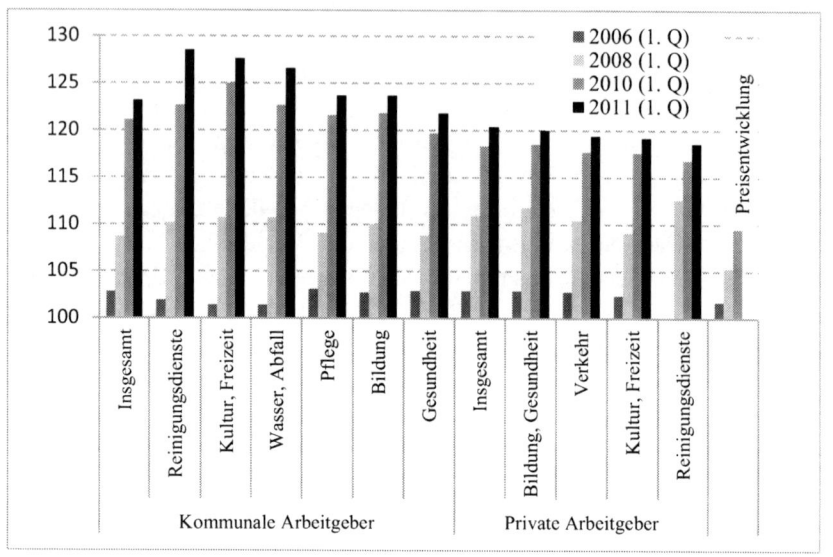

*Abbildung 8: Lohnindexentwicklung (2005 = 100) in ausgewählten Branchen: Kommunale und private dänische Arbeitgeber im Vergleich bis 1. Quartal 2011*

**Erläuterung**: Die dänische Lohn- und Gehaltsstatistik erfasst die Branchen Bildung, Gesundheit, Pflege – in diesen Branchen spielen private Arbeitgeber nur eine geringe Rolle – bei den Kommunen separat, während sie beim Privatsektor zusammengefasst werden.
**Quellen**: Statistics Denmark, Lohn- und Gehaltsstatistik (Indices of average earnings in the public sector, local government (1. qtr 2005 = 100) by industry (DB07) and time;) Indices of average earnings in the private sector (1. kvartal 2005 = 100). Die Datensätze finden sich unter den Codes ILON 2 (Privatsektor) und ILON 5 (Kommunen)

Die Befunde verweisen uns auf das „Gesetz" der kritischen Masse. In Dänemark, ebenso in Norwegen, Schweden und Island bringt es der öffentliche Sektor auf eine kritische Masse, die es erlaubt, als Rollenmodell zu fungieren. Dies ist in Finnland, wo nach der engen Staatsabgrenzung rd. ein Viertel der abhängig Beschäftigten einen öffentlichen Arbeitgeber hat, in geringerem Maße der Fall. Daten zur sektoralen Lohn- und Gehaltsentwicklung nach Branchen liegen der Verfasserin für Finnland nicht vor. Die Daten

---

[279] Eurostat, Datensatz „Geschlechtspezifisches Verdienstgefälle, ohne Anpassungen in % – NACE Rev.2" (Methodik: Lohnstrukturerhebung) [earn_gr_gpgr2]; Update vom 29.05.2012.

zur Entwicklung nach Sektoren deuten jedoch auf eine zwischen Dienstleistungen und Industrie ausgewogene Entwicklung. In der zurückliegenden Dekade (2000 = 100) gab es den mit Abstand höchsten Einkommenszuwachs bei der Zentralregierung, wo im 3. Quartal 2011 der Indexwert 158,6 erreicht wurde, verglichen mit 149,9 über alle Beschäftigungssektoren hinweg. Der Privatsektor (gewerblich) und der Kommunalsektor liegen dicht beieinander. In den Kommunen stiegen die Gehälter nominal im Schnitt um 49,3 Prozent und bei privat-gewerblichen Arbeitgebern um 49,4 Prozent. Der Bereich der Sonstigen Arbeitgeber – hierunter fallen kirchliche Arbeitgeber, freigemeinnützige Organisationen usw. (sogenannter Dritter Sektor) – erzielte den geringsten Zuwachs (+47%). Da die Zuwächse deutlich über der Preissteigerungsrate liegen – der Jahresdurchschnittsindex erhöhte sich von 2001 bis 2010 um 14,9 Prozentpunkte – wurden ordentliche Reallohnsteigerungen realisiert.[280]

Nun sagen Veränderungsraten nichts über das absolute Gehaltsniveau in den verschiedenen Bereichen. Auch für skandinavische Länder könnte zutreffen, dass ein höheres Maß an Arbeitsplatzsicherheit mit einem Verdienstrückstand erkauft wird. Für die Beschäftigten in den Kommunen von Dänemark und Norwegen trifft dies nach den vorliegenden Daten nicht zu.[281] In Finnland sieht es anders aus, wobei sich Zentral- und Lokalregierungsebene deutlich unterscheiden. Am höchsten sind in Finnland die Durchschnittsverdienste bei der Zentralregierung. Männer verdienten dort im 3. Quartal 2011 monatlich im Schnitt 3.762 € und Frauen 3.190 €. Es folgt der privat-gewerbliche Sektor mit Durchschnittsgehältern von 3.459 € bei Männern und 2.929 € bei Frauen. In den Kommunen liegen die Monatsgehälter auf einem niedrigeren Niveau (Männer; 3.223 €; Frauen: 2.716 €) und bei den sonstigen Arbeitgebern leicht höher. Allerdings liegt dort das Frau-Mann-Verdienstgefälle um

---

[280] Die Daten zur Lohn- und Gehaltsentwicklung stammen aus der finnischen Lohn- und Gehaltsstatistik (Statistics Finland > Wage and Salary Statistics > Tables > Appendix Table 11. Index of wage and salary earnings 2000=100 by sector and base of payment) mit Stand vom Oktober 2011. Quelle zum Preissteigerungsindex: Eurostat, HVPI – Jährliche Daten (Durchschnittsindex und Veränderungsrate) [prc_hicp_aind]; Update vom 14.10.2011.

[281] In Norwegen lag 2008 das Verdienstniveau der Zentralregierung leicht über dem und das des Kommunalsektors deutlich unter dem der Gesamtwirtschaft. Bei Vornahme einer Branchenbetrachtung ergibt sich jedoch ein anderes Bild. Im privaten Bildungssektor liegen die Durchschnittsverdienste um monatlich über 100 € niedriger als im öffentlichen Schulwesen. Private Gesundheits- und Sozialdienste wiederum zahlten 2008 monatlich umgerechnet im Schnitt gut 160 € weniger als bei Gemeinden und Counties über alle Bereiche hinweg gezahlt wurde.

ein Viertel über dem kommunalen Niveau, so dass Frauen bei kommunalen Arbeitgebern im Schnitt besser verdienen als bei den sonstigen Arbeitgebern. Die finnischen Befunde sind bezogen auf unsere These als neutral zu werten. Es überrascht vor dem geschilderten Hintergrund wenig, dass in Deutschland nicht nur die Reallöhne insgesamt zurückhängen, sondern zugleich ein ausgeprägtes Gefälle zwischen Verarbeitendem Gewerbe und Dienstleistungssektor vorliegt. 2010 etwa lagen die Arbeitskosten im privaten Dienstleistungssektor bei 26,70 € und damit um 19 Prozent unter denen des Verarbeitenden Gewerbes (32,90 €). Diese Differenz lag in Belgien, Frankreich, den Niederlanden und Schweden bei unter 4,5 Prozent; in Dänemark lagen die Arbeitskosten im privaten Dienstleistungssektor mit 38,70 € sogar um 7 Prozent über denen des Verarbeitenden Gewerbes. In Deutschland immerhin weist der öffentliche Sektor mit 13 Prozent einen um 6 Prozentpunkte geringeren Abstand zum Verarbeitenden Gewerbe auf als der private Dienstleistungssektor.[282] Da das beschäftigungspolitische Gewicht des öffentlichen Sektors jedoch nicht halb so groß ist wie in den skandinavischen Ländern, gehen davon kaum ausgleichende Effekte aus. Für Personal geben die skandinavischen Kommunen bezogen auf das BIP im Minimum dreifach so viel aus (Island) wie die deutschen Kommunen; Dänemark sogar fast siebenmal so viel (vgl. Tab. 25). Im europäischen Vergleich rangiert Deutschland mit kümmerlichen 2 Prozent – 1995 waren es noch 2,2 Prozent – unter den Schlusslichtern, während die skandinavischen Länder nicht nur an der Spitze liegen, sondern sich auch dadurch auszeichnen, dass die BIP-Anteile im Schnitt stabil blieben (1995: 9,7%; 2010: 9,8%).[283] Mit Dienstleistungsbeschäftigung per se hat es ergo nichts zu tun, dass dienstleistende Tätigkeiten in Deutschland vielfach schlecht bezahlt und sozial unzureichend abgesichert sind. Es handelt sich um ein deutsches Problem, das zu einem nicht geringen Teil aus der Entscheidung gegen einen staatsförmigen Weg der Entfaltung öffentlicher Dienstleistungen herrührt. Die im Einführungskapitel formulierten Thesen finden sich bestätigt, wobei die Pflegebranche, auf die nachfolgend näher eingegangen wird, exemplarisch für die unterschiedlichen Dienstleistungspfade steht.

---

[282] Quelle: IMK-Report Nr. 68, Dez. 2011, vgl. Tabelle 1 (S. 10).
[283] Eurostat, Datensatz „Government revenue, expenditure and main aggregates" [gov_a_main], dar.: Local Government, Compensation of employees, payable; Update vom 29.02.2012.

### 4.2.2 Fallbeispiel Pflegebranche

Pflegerische Tätigkeiten sind im gesellschaftlichen Interesse. In den skandinavischen Ländern werden sie dementsprechend ganz überwiegend öffentlich erbracht. Arbeitgeber für pflegerische Fach-, Assistenz- und Hilfskräfte sind primär die Kommunen. Es gibt ein wachsendes privates Segment. Bislang aber ist es eher klein. Von einer durchgängigen Privatisierung kann keine Rede sein. Dies gilt für die Akutpflege in Krankenhäusern genauso wie für die häusliche und institutionelle Langfristpflege einschließlich sozialer Betreuung und Alltagsunterstützung. Nachfolgend konzentriere ich mich auf die Langfristpflege und Betreuung älterer Menschen.

#### 4.2.2.1 Kommunales Quasi-Monopol in Skandinavien contra weitgehende Kommerzialisierung in Deutschland

In Deutschland stieg bei häuslicher resp. ambulanter Pflege im Zeitraum von 1999 bis 2009 der auf privat-gewerbliche Träger entfallende Versorgungsanteil um ein Drittel. 1999 entfielen auf die Gewerblichen 35,6 Prozent der Leistungsempfänger, 2009 waren es 47 Prozent.[284] Die Ausbreitung gewerblicher Träger ging zu Lasten des kirchlichen und frei-gemeinnützigen Segments. Öffentliche Träger verharren in einer marginalen Rolle von weniger als 2 Prozent. Im institutionellen Bereich, also bei Heimen, stellten kommunale und sonstige öffentliche Träger 1999 noch einen Anteil von 11 Prozent, 2009 aber nur noch von 6,5 Prozent. Während die Bettenzahl im kommerziellen Bereich um 125 Prozent anstieg, ging sie bei kommunalen Trägern um fast 10 Prozent zurück. Auch hier gelang es den gewerblichen Anbietern, sich vom Versorgungskuchen[285] ein wachsendes Segment zu sichern. 1999 lag ihr Anteil bei einem knappen Viertel, jetzt (2009) bei 36 Prozent.

In den skandinavischen Ländern laufen, anders als in Deutschland, alle Fäden bei den Kommunen zusammen. Wie wir in Kapitel 6 noch genauer sehen werden, sind sie Steuerungsinstanz, Financier und zum überwiegenden Teil auch Leistungserbringer. Leistungsseitig gab es in der Vergangenheit teil-

---

[284] Die nachfolgenden Daten stammen ganz überwiegend aus einer Expertise, die die Verfasserin 2011 im Auftrag der Friedrich-Ebert-Stiftung erstellt hat. Kurzfassung siehe Heintze 2012.

[285] Es liegt eine Vermarktlichung, aber kein Markt im strengen Sinne vor. Die zuständigen Kassen praktizieren bei der Feststellung von Pflegebedürftigkeit (somatisch verengter Pflegebegriff) eine eng bürokratische Regulierung, die Heimaufsicht wiederum agiert ebenfalls primär als bürokratische Instanz; sie interessiert sich weniger für die Pflegequalität, als für die Lückenlosigkeit bei den schriftlichen Dokumentationen.

weise ein kommunales Monopol. Dies wurde weitgehend aufgegeben. Heute existieren freie Wahlsysteme, die es den BürgerInnen ermöglichen, zwischen verschiedenen Formen der Leistungserbringung zu wählen. Mit Stand von 2009 entfielen in Dänemark bei der häuslichen Pflege und sozialen Betreuung (Personal Care) 4,5 Prozent der Versorgung und bei der Haushaltshilfe (Practical Help) ein knappes Viertel auf private Anbieter (freigemeinnützig oder gewerblich). Bei den Heimen existiert noch annähernd ein kommunales Monopol; der Privatanteil erreichte 2010 nur rd. ein Prozent.

Die in Dänemark noch geringen Privatanteile haben damit zu tun, dass lange am kommunalen Monopol festgehalten wurde. Ein freies Wahlsystem gibt es erst seit 2002. In Schweden dagegen wurde die Versorgung älterer Menschen mit Leistungen der Pflege, sozialen Betreuung und Alltagsunterstützung bereits Anfang der 90er Jahre für private Anbieter geöffnet. Unterschieden wird nun zwischen einem kommunalen und einem privaten Leistungsarrangement. Unter *„Privates Arrangement"* firmiert die professionelle Pflege durch private Dienstleister sowie die informelle Pflege durch Familienangehörige. *„Kommunales Arrangement"* schließt ein, dass ein Hilfsempfänger die Leistungen einer Nachbargemeinde in Anspruch nimmt; das freie Wahlrecht beinhaltet auch diese Option. Bis heute hat die Marktöffnung privaten Dienstleistern nicht den Bedeutungszuwachs beschert, den die seit 2006 amtierende Mitte-Rechts-Regierung gerne sehen würde. Am 1. Oktober 2009 hielten die Kommunen bei der häuslichen Pflege (incl. soziale Betreuung und Alltagsunterstützung) einen Versorgungsanteil von 86,2 Prozent und an betreuten Wohnformen einen Anteil von 83,5 Prozent.[286]

Während in Deutschland kommunale Anbieter schon in der Vergangenheit nur eine bescheidene Rolle spielten und sich in der zurückliegenden Dekade immer weiter aus der Leistungserbringung zurückzogen, existiert in skandinavischen Länder also ein annäherndes kommunales Monopol fort. Es hat Löcher erhalten. Diese sind bislang aber nicht so gewachsen, dass das System gekippt wäre. Dies zeigt auch die Entwicklung in Finnland und Norwegen. In Norwegen etwa weist die Bettenstatistik den Privatanteil seit 2001 aus. Ein Anteilsgewinn privater Träger erfolgte nicht. Im Jahr 2001 lag der Privatanteil an den Betten für Ältere und Behinderte bei 10,7 Prozent; am 31.12.2010

---

[286] Dabei gibt es regional eine große Streuung. Während in der Region Stockholm private Arrangements (private Dienste oder Familienpflege) sowohl bei der häuslichen Pflege wie bei betreuten Wohnformen Anteile von etwas über 40 Prozent erreichen, haben sie in einem Drittel der schwedischen Regionen mit Anteilen von maximal 2 Prozent nur eine randständige Bedeutung. Quelle: Servigens officiella statistik (2010): Äldre och personer med funktionsnedsättning – regiform m.m. för Vissa insatser är 2009, Socialstyrelsen, März 2010, Tabelle 1 und 2 (S. 24-37).

bei 10,8 Prozent.[287] In Finnland haben private Anbieter traditionell eine stärkere Stellung als in den anderen nordischen Ländern. Von einem landesweiten Privatisierungstrend kann aber auch hier keine Rede sein. Bei Pflegeheimen ist der Kommunalanteil in den letzten Jahren etwas zurückgegangen. Zum 31.12.2008 wohnten 87 Prozent der Heimbewohner in kommunalen Heimen, zum 31.12.2009 waren es mit 86,6 Prozent leicht weniger. Gleichzeitig jedoch ist der Kommunalanteil bei dem stark wachsenden Marktsegment der betreuten Wohnanlagen mit 24-Stunden-Service von 43,7 Prozent auf 47,2 Prozent gestiegen. Während die Zahl der Bewohner in privaten Anlagen nur um 5,3 Prozent wuchs, verzeichneten kommunale Anlagen einen Zuwachs von 21,3 Prozent. Der Befund verdeutlicht, dass aus der Entwicklung von Einzelsegmenten anders als in Deutschland, wo der ambulante und der stationäre Bereich gleichermaßen auf dem Pfad einer immer weitergreifenden Kommerzialisierung unterwegs sind, im Falle der skandinavischen Länder keine generalisierenden Schlussfolgerungen getroffen werden können.

*4.2.2.2 Auswirkungen auf Löhne und Arbeitsbedingungen*

Das deutsche Pflegesystem ist nicht service-, sondern familienbasiert mit einer öffentlichen Finanzierung, die trotz des verglichen mit den skandinavischen Ländern weit schneller gestiegenen Anteils der Generation 65+ an der Gesamtbevölkerung bei nur rd. 0,9 Prozent des BIP stabil gehalten wird; in den skandinavischen Ländern liegen die Anteile vielfach so hoch (Näheres siehe bei Heintze 2012). Ähnliche Systeme wie in Deutschland bestehen in den anderen deutschsprachigen Ländern sowie in Süd- und Osteuropa. Die Pflege und Betreuung älterer Menschen wird in familienbasierten Systemen als eine vorrangig von Familienangehörigen zu erbringende Leistung betrachtet. Sowohl der Professionalisierungsgrad wie auch die beschäftigungspolitische Bedeutung der Branche ist in der Konsequenz weit geringer als in den skandinavischen Ländern, wo die Aufgabe primär dem Staat zugewiesen wird.[288] Der demografische Wandel führt im Zusammenhang mit Einstel-

---

[287] Statistics Norway, Tabelle „Institutions for the aged and disabled. 1996-2010", Update vom 12.07.2011.

[288] In den skandinavischen Ländern favorisiert die Bevölkerung zu rd. 80 Prozent formelle Pflege über Gemeinschaftsdienste gegenüber nicht ganz 40 Prozent in Deutschland. Quellen: European Foundation for the Improvement of Living and Working Conditions 2004, zitiert nach Local Authorities (2006: 41) und OASIS-Projekt (Old Age and Autonomie: The Role of Service Systems and Intergenerational Family Solidarity), zitiert nach Deutsches Zentrum für Altersfragen, Informationsdienst Altersfragen, Heft 4/2003 (Juli/August), S. 2ff.

lungsänderungen jedoch auch in Deutschland dazu, dass die Bedeutung der Familienpflege abnimmt.[289] Die Pflegebranche ist also eine wachsende Branche. Ohne die in Kliniken beschäftigten Pflegekräfte hatten Ende 2009 890,3 Tsd. Erwerbstätige – die meisten davon Frauen – einen Arbeitsplatz im ambulanten oder stationären Pflegedienst; 1999 waren es erst 624,7 Tsd. In Dichteziffern ausgedrückt kamen 2009 auf 1.000 Einwohner im Alter ab 65 Jahren in Deutschland 53,2 Beschäftigte resp. 37,6 rechnerische Vollzeitkräfte (VZÄ). In den skandinavischen Ländern werden dreifach so hohe Zahlen erreicht. In Dänemark beschäftigten allein die Kommunen (kommunaler Altenservice) 144,2 Kräfte resp. 119,5 VZÄ auf 1.000 Einwohner ab 65 Jahren, in Norwegen liegt die Personaldichte noch höher (vgl. Heintze 2012: 42, Tab. 5).

Wie ist es um die Zufriedenheit der Pflegekräfte in den ganz überwiegend öffentlich organisierten skandinavischen Systemen im Vergleich zum dominant privat organisierten deutschen System bestellt und was kann zu den jeweiligen Entlohnungsbedingungen gesagt werden? Beginnen wir mit der „Nurses Early Exit Study" (NEXT).[290] Sie ergab für Deutschland ein vergleichsweise geringes Maß an Zufriedenheit der Befragten mit ihren Arbeitsbedingungen und in der Konsequenz eine relativ hohe Ausstiegsbereitschaft. Auch das Image des Pflegeberufs und die beruflichen Perspektiven wurden

---

[289] In hochentwickelten Ländern ist die klassische Familienpflege „als Auslaufmodell" (Trilling/Klie 2003: 119) anzusehen. Zwar ist die deutsche Politik eifrig bemüht, die Erbringung von Pflegeleistungen weiterhin primär bei den Familien und zunehmend auch bei ehrenamtlich Tätigen abzuladen. Die Zunahme professioneller Leistungserbringung ist aber kaum aufzuhalten. Schubkraft erhält der Erosions-Prozess durch die Alterung der Bevölkerung, die Zunahme kinderloser Single-Haushalte, das wachsende Problem von Demenzkranken und auch durch die aus Umfragen ersichtliche Abnahme der ideologischen Bindekraft familiarisierter Pflege. Windmann (2011: 128) zitiert zu Letzterem eine von der AOK beauftragte Studie der Universität Hamburg. Danach sahen 1997 noch 58,8 Prozent der deutschen Bevölkerung in der Pflege von Angehörigen eine moralische Verpflichtung; 2009 waren es nur noch 45 Prozent.

[290] Die NEXT-Studie wurde mit Förderung der Europäischen Kommission in 11 europäischen Ländern durchgeführt. Seitens der skandinavischen Länder waren Finnland, Norwegen und Schweden einbezogen, nicht aber Island und Dänemark. Die kontinentaleuropäischen Alt-EU-Länder sind repräsentiert durch Deutschland, Frankreich, die Niederlande und Belgien. NEXT basiert auf Befragungen und Organisationsanalysen. Im Zeitraum von Herbst 2002 bis Herbst 2004 erfolgten zunächst Basis- und dann Folgebefragungen. Bei der Erstbefragung wurden 77.681 Pflegekräfte aus unterschiedlichen Einsatzfeldern kontaktiert. Die Rücklaufquote belief sich auf 51 Prozent. 585 Institutionen wurden untersucht, darunter 185 Pflegeheime, 76 ambulante Pflegedienste und 177 Gesundheitszentren.

von den Befragten eher negativ eingeschätzt. Hervorzuheben sind folgende Ergebnisse:[291]

- **Generelle Arbeitszufriedenheit**: Hier schneidet Deutschland mit 46 Prozent Zufriedenheit zwar besser ab als süd- und osteuropäische Länder, aber weit schlechter als die skandinavischen Länder, Belgien und die Niederlande. In Norwegen ist die Arbeitszufriedenheit mit 85 Prozent am höchsten, gefolgt von den Niederlanden (80%) und Belgien (75%). In Finnland sind immerhin noch 64 Prozent mit den Arbeitsbedingungen zufrieden.

- **Berufsbedingte Erkrankungen**: Die Pflegetätigkeit ist dort, wo es an entsprechenden Hilfen fehlt (zu wenig Personal, keine oder unzureichende Hebevorrichtungen), mit einer überproportionalen Erkrankungsrate des Stütz- und Bewegungsapparates verbunden. Hier schneidet Deutschland besonders schlecht ab. Fast 40 Prozent leiden aufgrund ärztlicher Diagnose an diesbezüglichen Erkrankungen. In skandinavischen Ländern sieht es mit Werten unter 25 Prozent deutlich besser aus.

- **Image des Pflegeberufs**: Deutsche Pflegebeschäftigte bewerten das Image ihres Berufs mehrheitlich negativ. 51 Prozent halten es für schlecht bis sehr schlecht; nur rd. 15 Prozent für gut bis sehr gut. Die Bewertung in den einbezogenen skandinavischen Ländern ist deutlich positiver. In Finnland sehen 19 Prozent ein negatives Image ihres Berufs, rd. 35 Prozent ein gutes bis sehr gutes.

- **Beurteilung der Perspektiven**: Unter dem Gesichtspunkt des vorhandenen Fachkräftemangels, der in den kommenden Jahren noch eine Zuspitzung erfahren dürfte, ist besonders relevant, wie die zukünftigen Perspektiven eingeschätzt werden. In Deutschland wurden sie im Erhebungszeitraum der Studie düster eingeschätzt. Rund 30 Prozent erwarten, dass sich die schon jetzt geringe Attraktivität „sehr verschlechtern" wird und ein weiteres Drittel geht davon aus, dass eine leichte Verschlechterung eintritt. Allerdings schauen auch die finnischen Pflegekräfte eher besorgt in die Zukunft. Zwar erwarten weniger als 20 Prozent größere Verschlechterungen, aber gut 40 Prozent befürchten leichte Verschlechterungen.

Das Problem in Deutschland besteht nicht darin, dass Arbeitsbedingungen generell unbefriedigend sind; es gibt Pflegeheime mit sehr guten und solche mit sehr schlechten Arbeitsbedingungen. Das Problem ist: Gute Heime sind nicht die Regel und die Spannweite ist groß. Bei NEXT wurde die Arbeitszufriedenheit in 23 deutschen Pflegeheimen erhoben. Die Spannweite lag zwi-

---

[291] Zu den Quellen siehe bei Heintze (2012: 42).

schen 20 Prozent und 80 Prozent Zufriedenheit. Ein Viertel der Pflegeheime brachte es auf ein Drittel Mitarbeiterzufriedenheit und weniger, ein Viertel am anderen Ende auf Zufriedenheitswerte von über 60 Prozent.

Die Ergebnisse von NEXT finden Bestätigung durch gleichgerichtete Befunde aus jüngeren Erhebungen. Eine an dem Frageraster von NEXT ausgerichtete Meinungsumfrage des Deutschen Berufsverbandes für Pflegeberufe (DBfK) unter 3.048 Pflegekräften, die im Zeitraum vom 2. Oktober 2008 bis 28. Februar 2009 durchgeführt wurde, lieferte ein düsteres Bild. Danach würden im stationären Bereich annähernd zwei Drittel (65%) der UmfrageteilnehmerInnen ihre Angehörigen oder Freunde nicht im eigenen Arbeitsbereich versorgen lassen; bei ambulanten Diensten ist es immerhin noch rd. ein Drittel (DBfK 2009: 10). Bemängelt wird eine völlig unzureichende Personalausstattung (81,8% sehen bei Heimen keine angemessene Personalausstattung) mit der Folge, dass nur eine Minderheit (Heime: 12,8%; ambulante Pflegedienste: 17%) der Auffassung ist, die Pflegequalität habe sich in den letzten Jahren verbessert. Ein großer Prozentsatz, im Heimbereich die Mehrheit, sieht Verschlechterungen (DBfK 2009: 9). Nun kann man argumentieren, dass eine Verbandsumfrage vorrangig diejenigen anlockt, die mit ihren Arbeitsbedingungen besonders unzufrieden sind. Auch wenn man einen gewissen negativen Bias in Rechnung stellt, bleiben die Befunde alarmierend, zumal sich an der Meinungsumfrage vorrangig diejenigen beteiligt haben dürften, denen noch an der Zukunft ihres Berufes gelegen ist. Diejenigen, die bereits resigniert und innerlich gekündigt haben, dürften sich nur unterproportional zu einer Teilnahme aufgerafft haben. Insoweit sind die Ergebnisse der DBfK-Meinungsumfrage ernst zu nehmen. Dies umso mehr, als andere Untersuchungen letztlich in die gleiche Richtung weisen. Bei Pflegenden von Demenzkranken (Schmidt et al. 2011) zeigten sich z.B. – bei ebenfalls großen Unterschieden zwischen den Einrichtungen – 42 Prozent der Pflegenden unzufrieden mit den Gegebenheiten und eine Sonderauswertung des DGB-Index ‚Gute Arbeit' unter Kranken- und Altenpflegern im Auftrag der Vereinigten Dienstleistungsgewerkschaft Ver.di ergab eine Unzufriedenheit mit den Arbeits- und Entlohnungsbedingungen, die das bei NEXT ermittelte Niveau noch leicht übertrifft: 46 Prozent der Beschäftigten in der Krankenpflege und 52 Prozent der Beschäftigten in der Altenpflege äußerten sich unzufrieden.[292] Eine jüngere Studie, die auf einer vom Wirtschafts- und Sozialwissenschaftlichen

---

[292] Zitiert nach Pressemitteilung „Sonderauswertung des DGB-Index' ‚Gute Arbeit' – Umfrage: Kranken- und Altenpfleger beklagen schlechte Arbeitsbedingungen", http://presse.verdi.de/aktuelle-themen/pflegedienste (Zugriff: 06.05.2010).

Institut (WSI) der Hans-Böckler-Stiftung durchgeführten Online-Befragung bei 3.550 Beschäftigten in der Kranken- und Altenpflege basiert, ergab zwar, dass die Beschäftigten in Pflegeberufen mit ihrer Arbeit selbst zufrieden sind, sie aber als sehr stressig und unangemessen bezahlt empfinden.[293]

Bei den ganz überwiegend Frauen, die in pflegerischen Berufen beschäftigt sind, liegt eine hohe Identifikation mit den Inhalten ihrer Tätigkeit vor. Insoweit sind die Einkommenserwartungen weniger hoch als bei Berufen gleicher Qualifikation, die nicht als Berufung, sondern als Job empfunden werden. Selbst die eher bescheidenen Einkommenserwartungen werden freilich enttäuscht. Pflegefachkräfte verdienen in Deutschland nicht nur deutlich weniger als Facharbeiter, sondern sind auch schlechter gestellt als viele Arbeiter, die im Industriebereich bei vermutlich nicht höherer physischer und geringerer psychischer Belastung lediglich einfache Tätigkeiten ausüben. Eine sachliche Begründung, warum die Betreuung und Pflege von alten Menschen weniger wertvoll ist als z.B. das Zusammenschrauben von Autoteilen oder das Bedienen von Druckmaschinen, lässt sich nicht finden, wohl aber eine gesellschafts- und eine machtpolitische. Die gesellschaftspolitische Begründung ergibt sich aus dem Festhalten an einer frauenunfreundlichen Ausrichtung des deutschen Sozialstaates mit zugleich ausgeprägt industriegesellschaftlicher Schieflage. Die Möglichkeiten, die Artikel 3 II GG dadurch bietet, dass hier dem Staat die Aufgabe übertragen wurde, *„die tatsächliche Durchsetzung der Gleichberechtigung von Frauen und Männern"* zu fördern und *„auf die Beseitigung bestehender Nachteile"* hinzuwirken, werden bislang nicht genutzt. Die machtpolitische Begründung ergibt sich aus dem in den skandinavischen Ländern sehr hohen und in Deutschland sehr geringen gewerkschaftlichen Organisationsgrad von Pflegekräften, was wiederum zurückverweist auf den unterschiedlichen Professionalisierungsgrad und die konträren Trägerstrukturen: dort die Dominanz tariflich gebundener kommunaler Arbeitgeber, hier eine fragmentierte Struktur privater Anbieter, die nur teilweise tariflich gebunden sind. Ein wachsendes Segment der privaten Anbieter verfolgt in Deutschland explizit gewerbliche Interessen. Auch bei den kirchlichen Trägern wächst die Zahl derjenigen, die wie ein normales Wirtschaftsunternehmen agieren. Gleichwohl verteidigen die Kirchen ihre religiös begründeten Privilegien, indem sie am kirchlichen Sonderarbeitsrecht festhalten. Grundrechte (Streik-

---

[293] Zitiert nach PM der Hans-Böckler-Stiftung vom 24.07.2012: http://www.boeckler.de/pdf/pm_ta_2012_07_24.pdf. Für genauere Informationen siehe: R. Bispinck, H. Dribbusch, F. Öz, E. Stoll, Einkommens- und Arbeitsbedingungen in Pflegeberufen. Eine Analyse auf Basis der WSI-Lohnspiegel-Datenbank, Arbeitspapier 07/2012, Düsseldorf, Juli 2012. Download: http://www.lohnspiegel.de/dateien/pflegeberufe.

recht, Recht auf Bildung eines Betriebsrates usw.) werden den MitarbeiterInnen in der Konsequenz vorenthalten. Inwieweit dies verfassungsrechtlich weiter haltbar ist, ist offen. Eine Entscheidung des Bundesverfassungsgerichts, mit der entweder bestätigt wird, dass Grundrechte – hier Art. 9 III GG – Vorrang vor Korporationsrechten haben oder umgekehrt Grundrechte als nachrangig eingestuft werden, steht aus. Zwar wies das Bundesarbeitsgericht im November 2012 kirchliche Klagen gegen Ver.di und den Marburger Bund zurück und bestätigte damit Urteile der Landesarbeitsgerichte von Hamm und Hamburg, die kirchliche Unterlassungsklagen gegen die Bestreikung ihrer Einrichtungen abgewiesen hatten. Zugleich jedoch wurde auch der kirchliche Sonderweg anerkannt, womit das Streikrecht nur eingeschränkt gilt.

Die deutsche Pflegebranche ist beschäftigungspolitisch in doppelter Weise negativ geprägt. Zum einen dominieren atypische Beschäftigungsverhältnisse, unter denen wiederum der Anteil prekärer Beschäftigung hoch und tendenziell wachsend ist. Zum anderen sind selbst bei Vollzeitbeschäftigten die Verdienste so niedrig, dass ein relevanter Prozentsatz der Beschäftigten kein existenzsicherndes Einkommen bezieht. Diejenigen, die nur in Teilzeit beschäftigt sind – und das ist die große Mehrheit – dürften mit ihren kleinen Einkommen nur dort gut über die Runden kommen, wo sie sich auf einen besser verdienenden Lebenspartner stützen können. Bei der angesprochenen Sonderauswertung des DGB-Index ‚Gute Arbeit' bildeten die schlechte Bezahlung, die belastende Arbeitsintensität und die zu geringen Aufstiegsmöglichkeiten die Hauptkritikpunkte. 40 Prozent der in der Krankenpflege Beschäftigten bezogen Bruttoeinkommen von unter 2.000 €; im ambulanten und stationären Altenpflegebereich waren es sogar 72 Prozent der AltenpflegerInnen, die weniger als 2.000 € brutto monatlich erhielten. 48 Prozent der AltenpflegerInnen sind trotz Vollzeitarbeit zu Löhnen von brutto weniger als 1.500 € beschäftigt. Die im Juli 2012 publizierten Ergebnisse ergaben bei vollzeitbeschäftigten Pflegekräften ein durchschnittliches Bruttoeinkommen von 2.360 € (http://www.lohnspiegel.de/dateien/pflegeberufe).

Das Abdrängen der Pflegebranche in den Niedriglohnbereich folgt einer zwingenden Logik. Die Steuerung des pflegerischen Dienstleistungsangebotes zielt nämlich nicht auf gute Zugänglichkeit und Qualität gemäß dem gesellschaftlichen Bedarf, sondern auf die Geringhaltung öffentlicher Ausgaben. Ein auf körperliche Defizite eingeengter Pflegebegriff hat dabei die Funktion, den Anteil der nach Gesetz Pflegebedürftigen klein zu halten, und die Ausbremsung fachlich gebotener Höherstufung der Ausbildung von Pflegefachkräften soll vorsorgen, dass Ansprüche auf bessere Bezahlung gar nicht erst entstehen. Dass bei informeller Pflege durch Angehörige keine Lohnersatzzahlung erfolgt wie der Tendenz nach in den skandinavischen Ländern,[294] sondern nur eine als Pflegegeld bezeichnete Anerkennungsprämie gezahlt wird, läuft zugleich darauf hinaus, dass Angehörigen die Rolle eines billigen Pflegedienstes zugewiesen wird. Überwiegend sind es dabei die Frauen, die die Kosten privat zu tragen haben, die die Politik der Gemeinschaft der Steuerresp. Beitragszahler erspart. Durchschnittlich 15 unbezahlte Wochenstunden verbringen in Deutschland Frauen ab 18 Jahren mit der Pflege ihrer älteren oder behinderten Familienangehörigen gegenüber lediglich 5 Stunden im skandinavischen Durchschnitt.[295] Die Arbeitsmarktreformen der AGENDA-10-Politik taten ein Übriges. Sie trafen auf eine Branche, die angesichts geringer Beitragssätze und zunehmend privat-gewerblicher Strukturen gar nicht über die notwendigen Ressourcen verfügte, um gegenzuhalten. Im öffentlichen Sektor ist Lohndumping aufgrund einer vergleichsweise hohen Tarifbindung schwer möglich. Bei kommunalen Arbeitgebern erhielten vollzeitbeschäftigte Pflegehelfer im Jahr 2011 mtl. (brutto) zwischen 1.753 € und 1.996 € und examinierte Kräfte 2.050 € bis 2.352 €. Die kommunal gezahlten Gehälter bewegen sich damit oberhalb der Niedriglohnschwelle. In der Vergangenheit hatten sich die freigemeinnützigen Träger an den Tarifen des öffentlichen Dienstes orientiert. Unter dem verschärften Kostendruck kam aber eine Entwicklung in Gang, bei der das Lohndumping auch bei kirchlichen Trägern immer mehr um sich griff. Kurz gesagt also, es ist die Logik des *„divide et impera"* (teile und herrsche), die die deutschen Strukturen prägt.

Um den Pflegebereich nicht weiter abdriften zu lassen, wurde 2010 ein Mindestlohn eingeführt. Er beträgt seit dem 1. August 2010 im Westen (einschließlich Berlin) 8,50 € und im Osten 7,50 € pro Stunde.[296] Eigentlich sollten mit dem Mindestlohn die Pflegehelfer vor weiterem Lohndumping geschützt werden. Es deutet sich jedoch an, dass dies nur bedingt gelingt. Ein relevanter Teil der Arbeitgeber scheint sich nicht an die Mindestlohnbestim-

---

[294] Näheres siehe bei Heintze 2012 (23).

[295] Angabe nach OECD, Indikator LMF2.5.D (Datenquelle: Second European Quality of Life Survey, 2007).

[296] Der Mindestlohn gilt nur für die Pflegekräfte, die überwiegend Grundpflegeleistungen nach SGB XI erbringen, nicht aber für Hauswirtschaftskräfte und Demenzbetreuer. Ausgeschlossen vom persönlichen Geltungsbereich sind auch Praktikantinnen und Praktikanten, deren Tätigkeit im untrennbaren Zusammenhang mit einem berufsvorbereitenden, beruflichen oder schulischen Lehrgang stehen. Ab 2012 sollen die Mindestlöhne schrittweise ansteigen, wobei die weitere Entwicklung unklar ist. Die Mindestlohnverordnung läuft nur bis zum 31. Dezember 2014.

mungen zu halten.[297] Überraschen kann dies kaum, denn durch die Einführung eines Mindestlohns hat sich an den Strukturen und der Finanzausstattung ja gar nichts geändert.[298] Insoweit sind Ausweichstrategien zu erwarten. Von der Situation in Deutschland heben sich die Verdienste der im Pflegebereich der skandinavischen Länder Beschäftigten positiv ab. Aus der Auswertung der kommunalen Verdienststatistiken von Dänemark ergibt sich, dass das Niveau durchgängig höher ist und die zurückliegende Dekade einen nominalen Gehaltszuwachs erbrachte, der weit über der Preissteigerungsrate liegt. Auf € umgerechnet liegen die Stundenlöhne im Schnitt (Medianwert) bei gut 25 € im häuslichen und gut 28 € im institutionellen Bereich. Examinierte deutsche Altenpfleger und Altenpflegerinnen erfüllen nicht die qualifikatorischen Voraussetzungen, um im skandinavischen Raum als „nurses" zu arbeiten. Wer sich in Dänemark bewirbt, kann als Sozialassistent eingestellt werden. Bei einer Wochenarbeitszeit von regulär 37 Stunden zahlten kommunale Heime im Jahr 2011 mtl. brutto rd. 2.600 € plus Schichtzulagen.[299] In Norwegen bewegen sich die Gehälter auf einem höheren Niveau. Dies relativiert sich aber mit Blick auf das ebenfalls höhere Bruttoinlandsprodukt pro Kopf und das auch höhere Durchschnittseinkommen. Pflegeassistenten verdienten 2010 im Sozialservice der Kommunen umgerechnet etwas über 4 Tsd. € mtl.; Pflegefachkräfte 10 bis 15 Prozent mehr und „Home-Helper" etwas weniger (rd. 3.559 € mtl.).[300] Von 2009 auf 2010 wurden Lohnsteige-

---

[297] Umfragen des Lohnspiegels Pflege deuten in diese Richtung: http://www.konflikt feld-pflege.de/dateien/text/recht/lohnspiegel2011.html; (Zugriff: 13.09.2011).

[298] Die öffentliche Hand (Soziale Pflegeversicherung und Kommunen) gibt in Deutschland für die Pflege, soziale Betreuung und Alltagsunterstützung derjenigen, die nach den engen deutschen Kriterien als pflegebedürftig anerkannt sind, nur knapp 0,9 Prozent des BIP aus. Dabei, die Pflegeversicherung ist keine Altenpflegeversicherung; Ältere stellen mit (2009) gut 83 Prozent lediglich die größte Nutzergruppe. In den servicebasierten Ländern liegen die vergleichbaren Ausgaben zwischen 1,7/1,8 Prozent des BIP in Frankreich und Finnland bis 3,5/3,6 Prozent des BIP in den Niederlanden und Schweden. In Europa investieren nur die süd- und osteuropäischen Länder (Spanien, Portugal, Polen, Slowakei) noch geringere öffentliche Mittel als Deutschland. Die Ausgaben pro ab 65-Jährigem sind in den skandinavischen Ländern vielfach so hoch wie in Deutschland. Näheres siehe Heintze 2012.

[299] So die Anzeigen etwa bei Jobhunter.de (18.09.2011). Vorgeschaltet sind Starterpakete. Sie beinhalten einen 26-wöchigen Dänischsprachkurs inkl. kostenloser Unterkunft und Verpflegung plus 80,- € Taschengeld pro Tag.

[300] Quelle: Statistics Norway, Tabelle „Average monthly earnings for full-time employees municipalities and county municipalities, per 1 December 2009 and 2010, by industry. NOK1 and percentage change" (http://www.ssb.no/lonnkomm_en/tab-2011-03-16-03-en.html).

rungen von nominal über 5 Prozent realisiert. Finnland hat innerskandinavisch das niedrigste Einkommensniveau, hebt sich dabei aber immer noch positiv von Deutschland ab. Bei den Pflegekräften lag der Median (öffentlicher Sektor) 2010 bei mtl. 2.772 € brutto. Landesweit existiert ein Mindestlohn; am 1. Januar 2010 betrug er 2.100,39 €.

### 4.3 Das Wesentliche

Auf 1.000 Einwohner bezogen haben in den skandinavischen Ländern im Schnitt rd. zweieinhalbfach so viele Erwerbstätige einen öffentlichen Arbeitgeber wie in Deutschland. Der Abstand vergrößerte sich in der zurückliegenden Dekade, da Beschäftigungsrückgänge aufgrund von Unternehmensprivatisierungen mehr oder weniger stark kompensiert wurden durch Zuwächse in gesellschaftlichen Bedarfsfeldern (Betreuung und Fürsorge von Jung bis Alt, Bildung, Kultur). Dies führte bei Kommunen partiell zu einer Stärkung ihrer Rolle als Arbeitgeber, da sie in hohem Maße involviert sind in die Erbringung dieser Dienstleistungen. In Dänemark stieg so die kommunale Beschäftigung von 637,8 Tsd. im Jahr 1997 auf 739,6 Tsd. im Jahr 2010 und in Finnland noch von 475 Tsd. auf 499 Tsd.[301] Auch in Schweden liegt die Kommunalbeschäftigung in absoluten Zahlen im Jahr 2010 mit 1.003,9 Tsd. über dem Niveau von Ende der 90er Jahre (1997: 981,2 Tsd.).

Kompensationseffekte durch den Ausbau sozialer und gesellschaftsnaher Dienstleistungen gab es in Deutschland nicht. Ganz im Gegenteil haben Kommunen gleichzeitig Unternehmen privatisiert und sich aus der Leistungserbringung in sozialen Bedarfsfeldern zurückgezogen. Dies teilweise im Wege der Privatisierung von z.B. kommunalen Kliniken oder im Wege des Outsourcings. Folge ist ein dramatischer Beschäftigungseinbruch. Seit 1991 baute der Kommunalsektor seinen Stellenbestand von 2.051 Tsd. auf 1.298,7 Tsd. um fast zwei Fünftel ab.

Die *Übersichtstabelle 25* liefert Daten zur Entwicklung während der letzten 10 Jahre. In Dänemark gab es bei den Dichteziffern eine durchgängige Zunahme, während Schweden und Finnland durch unterschiedliche Phasen geprägt sind. Der relative Rückgang der schwedischen Dichteziffer in der Phase nach 2005 dürfte mit den seit 2006 rechtsgeneigten politischen Mehrheitsverhältnissen zusammenhängen. Bei Norwegen ist zu berücksichtigen,

---

[301] Nach 2010 gab es in Finnland einen deutlichen Beschäftigtenzuwachs bis auf 536 Tsd. im Januar 2012. Gegenläufig dazu baute die Zentralregierung Personal ab. Quelle: Statistics Finland, Labour force survey 2012, January (http://www.stat.fi/til/tyti/2012/01/tyti_ 2012_01_2012-02-21_tau_009_en.html; Zugriff: 04.03.2012; zuletzt: 12.08.2012).

dass der Einbruch nach dem Jahr 2000 dem Übergang der Kliniken an die Zentralregierung geschuldet ist. Ohne diesen Bruch hätte es eine durchgängige Zunahme gegeben. Nicht nur die Personaldichte ist in deutschen Kommunen mickrig. Spiegelbildlich setzt sich dies fort bei den Personalausgaben in Prozent des BIP wie auch absolut in € pro Einwohner. Obwohl Deutschland auf eine lange Tradition kommunaler Selbstverwaltung zurückblickt und diesbezüglich ein Selbstbild pflegt, das sich im europäischen Spitzenfeld sieht, sprechen die Daten beim für die Aufgabenerfüllung eingesetzten Personal eine andere Sprache. Unter 30 europäischen Ländern belegte Deutschland im Jahr 2010 bei den Personalausgaben in Prozent des BIP nur Platz 23. Die relativ zur wirtschaftlichen Leistungsfähigkeit höchsten Personalausgaben finden sich in den skandinavischen Ländern sowie den Niederlanden. Bei Betrachtung der Euro-Beträge erreicht Deutschland zwar eine mittlere Position. Dies aber nur, weil sämtliche hinter Deutschland platzierten Länder nicht zum Kreis der europäischen Hochlohnländer gehören. Unter den Hochlohnländern liegt Deutschland auf dem letzten Platz. An der Spitze finden sich Dänemark, Norwegen, Schweden, Finnland und die Niederlande. Es folgen Island, Großbritannien, Luxemburg und die Schweiz. Am Beispiel der Pflegebranche wurde gezeigt, dass die Verankerung der Leistungserbringung im öffentlichen Bereich bei den skandinavischen Ländern die Haupterklärung für die vergleichsweise guten Arbeits- und Entlohnungsbedingungen liefert. Bei Deutschland erklärt umgekehrt die Kombination aus öffentlicher Unterfinanzierung und weitgehender Kommerzialisierung auf Basis einer fragmentierten, primär privaten Trägerstruktur, warum die Arbeits- und Entlohnungsbedingungen in der Breite unzulänglich sind. Mir liegt fern, einer monokausalen Erklärung das Wort zu reden. Es gibt immer ein Geflecht von Einflussfaktoren, der unterschiedliche Dienstleistungspfad macht aber im Kern den Unterschied. Dabei, es gibt Heime, die gute Arbeitsbedingungen bieten und in skandinavischen Ländern umgekehrt kommunale Heime, für die dies nicht zutrifft. Das ist nicht der Punkt. Der Punkt ist, dass in Deutschland Heime mit guten Arbeitsbedingungen nicht der Regelfall sind, in Skandinavien aber schon. Die Polarisierung, die wir in Deutschland sehen, ist typisch für ein System, bei dem die öffentliche Finanzierung unzulänglich ist und die Leistungserbringung über Träger erfolgt, die untereinander in einem kommerziellen Preis-Wettbewerb stehen. In Deutschland folgt auf die Familie als traditionelle Pflegeinstanz der Markt und nicht der Staat in Gestalt der Kommunen wie in Skandinavien. Diese Ausrichtung auf den Markt in einem zentralen gesellschaftlichen Bedarfsfeld ist als wesentlich für die Abdrängung der Pflege in den Niedriglohnsektor anzusehen.

*Tabelle 25: Kommunen als Arbeitgeber im deutsch-skandinavischen Vergleich 2000, 2005, 2010: Beschäftigungsdichte und Personalausgaben*

|  | DE | DK | FI | IS | NO | SE |
|---|---|---|---|---|---|---|
| **Beschäftigungsdichte auf 1.000 EW (VZ+TZ)** | | | | | | |
| Jahr 2000 | 19,1 | 118,3 | 94,0 | k.A. | 119,7 | 110,1 |
| Jahr 2005 (DK 2004) | 16,3 | 124,9 | 96,6 | k.A. | 97,8 | 112,9 |
| Jahr 2010 | 15,9[1] | 121,0 | 93,2 | k.A. | 106,3 | 107,5 |
| **Personalausgaben (% des BIP)[2]** | | | | | | |
| Jahr 2000 | 2,0 | 12,3 | 9,4 | 5,4 | 8,9 | 11,6 |
| Jahr 2005 | 1,9 | 12,8 | 10,0 | 5,9 | 7,0 | 11,9 |
| Jahr 2010 | 2,0 | 13,7 | 10,6 | 5,9 | 7,8 | 11,2 |
| **Personalausgaben (€ je EW)** | | | | | | |
| Jahr 2000 | 494,7 | 3.999,1 | 2.395,2 | 1.818,7 | 3.612,6 | 3.513,5 |
| Jahr 2005 | 518,2 | 4.881,0 | 3.013,7 | 2.594,0 | 3.698,1 | 3.946,6 |
| Jahr 2010 | 597,1 | 5.785,3 | 3.551,9 | 1.755,4 | 4.992,4 | 4.153,4 |

1) Bei Einbezug kommunaler Unternehmen und ausgegliederter Bereiche in privater Rechtsform liegt die Dichteziffer bei 21,4.
2) Auf Basis der Abbildung des Staates in der VGR gemäß der COFOG-Gliederung von Staatsaufgaben.
**Quellen**: Beschäftigungsdichte (vgl. Abbildung 7); Personalausgaben: Eurostat „Government revenue, expenditure and main aggregates" [gov_a_main]; Tabelle „Compensation of employees, payable" mit Update vom 29.02.2012

# Teil B

# Kommunaler Wohlfahrtsstaat aus der Nahperspektive

## Ausgewählte Dienstleistungsbereiche im Vergleich

# Vorbemerkung

Aufbauend auf dem Überblick von Teil A werden im Teil B einzelne Dienstleistungsbereiche einer näheren Betrachtung unterzogen. Dies mit Schwerpunktsetzung bei sozialen und kulturellen Dienstleistungen. Intensiv in den Blick genommen wird (Kapitel 5) die Kinder- und Jugendpolitik mit besonderem Fokus auf der Kinderbetreuungsinfrastruktur. Der Ausbau der Kinderbetreuung – sie ist im Schnittfeld von Bildungs- und Sozialpolitik angesiedelt – stellt die Städte und Gemeinden in Deutschland vor große Herausforderungen; ein näherer Blick auf Skandinavien kann hier lehrreich sein. Als ein in Deutschland kommunal noch wenig erschlossenes Politikfeld werden Dienste für Senioren behandelt (Kapitel 6). Hier haben skandinavische Länder Deutschland viel voraus. Im kulturellen Bereich, weniger bei Basisleistungen, wohl aber bei Museen und Stadttheatern, ist Deutschland traditionell stark. Diese Tradition steht aufgrund der finanziellen Enge in den städtischen Haushalten jedoch massiv unter Druck.

Dem Bereich der klassischen Daseinsvorsorge (Energieversorgung, Öffentlicher Personennahverkehr, sozialer Wohnungsbau u.a.) widmet sich Kapitel 8. Es kann nur ein kursorischer Überblick geliefert werden. Unter anderem wird die mögliche Rolle, die kommunale Stadtwerke im Rahmen der klimagerechten Umstellung der Energieversorgung einnehmen könnten, skizziert und es wird auch auf Herausforderungen, die die Versorgung ärmerer Bevölkerungsteile mit preiswertem Wohnraum aufwirft, eingegangen.

# 5. Fürsorge, Erziehung und frühe Bildung: Kommunal organisierte Leistungen für Kinder und Jugendliche

*5.1 Grundsätzliches zur Einführung*

Der Fürsorge- resp. Care-Bereich weist zwischen Deutschland und den skandinavischen Ländern bei Grundphilosophien, Strukturen, Qualitäten und dem, was an öffentlichen Ressourcen eingesetzt wird, gravierende Unterschiede auf. Die deutsche Grundphilosophie, wie sie in Westdeutschland ausgeprägt und nach dem Untergang der DDR im Kern auf die neuen Bundesländer übertragen wurde, ist familienbasiert und gesellschaftspolitisch weniger dem Solidaritätsprinzip als dem Subsidiaritätsprinzip verpflichtet. Während beim Solidaritätsprinzip das wechselseitige Einstehen aller Gesellschaftsmitglieder füreinander über den Staat – er ist die für gesellschaftliche Institutionenbildung zuständige Instanz – organisiert wird, geht es beim Subsidiaritätsprinzip darum, die Rolle des Staates möglichst gering zu halten. Der subsidiäre Sozialstaat begrenzt sein Engagement auf sozial Schwache und ist Ausfallbürge dort, wo Familie nicht so funktioniert, wie es dem Idealbild konservativer Familienpolitiker entspricht. Nach konservativer Vorstellung ist zwar Bildung eine Staatsaufgabe, Fürsorge, Pflege und Betreuung, damit all das, was der Begriff Care umfasst, wird aber als Aufgabe primär der Familie angesehen.[302] In der Praxis läuft dieser Ansatz darauf hinaus, die entsprechenden Aufgaben einseitig bei den Frauen abzuladen und die Professionalisierung der zugehörenden Tätigkeiten nach Kräften zu behindern. Solange Frauen bei Bildung mit den Männern nicht gleichgezogen hatten, funktionierte die Zuweisung. Frauen, die gleich gut, teilweise besser ausgebildet sind als Männer, streben

---

[302] Unterstützung findet diese Auffassung im Grundgesetz durch Artikel 6. Er erklärt in Abs. 2 die Pflege und Erziehung der Kinder zum natürlichen Recht der Eltern und einer *„zuvörderst ihnen obliegende Pflicht, über deren Betätigung die staatliche Gemeinschaft wacht."* Diese altkonservative Bestimmung steht jedoch nicht mehr für sich allein, sondern ist abzuwägen gegen Artikel 3, der vom Staat eine aktive Gleichstellungspolitik verlangt. *„Männer und Frauen sind gleichberechtigt. Der Staat fördert die tatsächliche Durchsetzung der Gleichberechtigung von Frauen und Männern und wirkt auf die Beseitigung bestehender Nachteile hin"*, heißt es in Artikel 3 II GG.

jedoch zunehmend nach vollwertiger Integration in das Erwerbssystem. Wird dieser Wunsch von der Politik nicht aktiv unterstützt, geht die Geburtenrate auf so kritische Werte zurück, dass der familienbasierte Sozialstaat erst recht unter Druck gerät: Im oberen Bereich der Alterspyramide steigt die Quote Älterer übermäßig schnell an; im unteren Bereich schrumpft die Zahl derjenigen, die für die familiarisierte Pflege und soziale Betreuung der Älteren zur Verfügung steht. Deutschland befindet sich in dieser Falle. Der Anteil Älterer nahm von 1994 bis 2011 um rd. ein Drittel auf 20,6 Prozent zu. Unter den skandinavischen Ländern gab es größere Zunahmen nur in Finnland (+ 26%), während Norwegen sogar einen Rückgang verzeichnete (der Anteil der über 65-Jährigen sank von 16,1% auf 15,1%). Im Vergleich mit Dänemark wird die unterschiedliche Dynamik gut greifbar: Der Anteil der ab 65-Jährigen lag in Dänemark 1997 wenig unter dem von Deutschland (DK: 15%; DE: 15,8%). Bis 2011 erfolgte in Deutschland eine Steigerung um 31 Prozent, in Dänemark aber nur um 11 Prozent. Folge: Die Differenz zwischen den beiden Ländern stieg von 0,8 Prozentpunkten (1998) auf 3,8 Prozentpunkte (2009).[303]

Mit dem demografischen Wandel steigt der Bedarf an Pflege. Hochentwickelte Industrieländer, die Pflege entlang des Lebenslaufs von Menschen nicht als professionelle, primär öffentlich zu organisierende Aufgabe, sondern als Familienaufgabe betrachten, bezahlen dafür mit einer besonders niedrigen Geburtenrate.[304] 1980 lag die BRD-Geburtenrate mit etwas unter 1,6 Lebendgeburten pro Frau auf dem Niveau von Dänemark. Die Geburtenraten von Finnland, den Niederlanden, Norwegen, Österreich und Schweden bewegten sich wenig darüber (zwischen rd. 1,6 und rd. 1,7). Weit höhere Geburtenraten gab es in den südeuropäischen Ländern wie auch in Frankreich. Ab Mitte der 80er Jahre kehrten sich die Entwicklungsmuster so um, dass sich über eine Art Scherenbewegung Ländergruppen mit je ähnlichen Geburtenraten herauskristallisierten. Deutschland wie auch Österreich ordnet sich nun in den Kreis der süd- wie osteuropäischen Länder ein, deren Geburtenraten von Werten über 2 auf Werte bis zu unter 1,3 regelrecht abgestürzt sind. In Südeuropa wie auch in Deutschland und Österreich wurden in der jüngsten Dekade (2000-2010) nur Durchschnittswerte zwischen 1,3 bis gut 1,4 erreicht. Gegenläufig zum Geburtenabsturz in Süd- wie Osteuropa und dem Verharren auf niedrigem Niveau im deutschsprachigen Raum gelang den skandinavischen Ländern ein bemerkenswerter Wiederanstieg. Im Ergebnis

---

[303] Eurostat: Datensatz „Bevölkerung am 1. Januar nach Altersgruppe und Geschlecht [demo_pjangroup]"; Update vom 04.04.2012.

[304] Anzahl lebend geborener Kinder pro Frau im gebärfähigen Alter (Gesamtfruchtbarkeitsrate).

erreichen alle nordischen Länder im Durchschnitt der Jahre 2000 bis 2010 Werte von über 1,7 (DK: 1,81; FI: 1,8; SE: 1,78; NO: 1,87; IS: 2,07).[305] Bei der Frage nach den Ursachen der konträren Entwicklung kristallisieren sich zwei miteinander zusammenhängende Faktoren heraus. Die europäischen Länder mit Geburtenraten von unter 1,5 verfügen über keine gut ausgebaute öffentliche Infrastruktur der Pflege und Betreuung von jungen wie alten Menschen. Damit bleibt auch das dazu gehörende frauennahe Arbeitsplatzangebot unterentwickelt, was sich in einer niedrigen vollzeitäquivalenten Frauen-Erwerbsintegration niederschlägt.[306] Umgekehrt geht der Wiederanstieg der Geburtenrate in den skandinavischen Ländern mit dem Ausbau der öffentlichen Care-Ökonomie, der Professionalisierung pflegerischer Berufe und der Steigerung der Erwerbsbeteiligung von Frauen einher.

Wohl hat Westdeutschland sein Familienernährermodell modernisiert. Die Modernisierung verbleibt aber halbherzig. Ein grundlegender Widerspruch tritt zutage. Obwohl traditionelle Familienmodelle und geschlechtliche Rollenzuschreibungen in der Bevölkerung nur noch geringen Zuspruch finden, bestehen die darauf begründeten ökonomischen und gesellschaftlichen Strukturen fort. Es gibt eine gespaltene Agenda, bei der Modernisierung nur so weit betrieben wird, wie es sich nicht vermeiden lässt und zur Zementierung der bestehenden Verhältnisse, nicht aber zu ihrer Transformation beiträgt. Das Festhalten am Ehegatten-Splitting ist hier ebenso einzuordnen wie die Geringhaltung des formalen Qualifikationsniveaus bei frauenaffinen erzieherischen und pflegerischen Berufen. Während andere Länder, an erster Stelle sind die skandinavischen Länder zu nennen,[307] 1) die Institutionen abgebaut haben, die einer annähernd gleichwertigen Erwerbsbeteiligung von Frauen und Männern entgegenstehen und 2) durch eine umfassende öffentliche Infrastruktur der Pflege und Betreuung für Jung wie Alt nicht nur die Vereinbarkeit von Familie und Beruf aktiv fördern, sondern auch für hochwertige Arbeitsplätze in diesen Bedarfsfeldern sorgen, kommt der Aufbau einer derartigen Infrastruktur in Deutschland nur schleppend voran. Bei der Kinderbetreuung gab

---

[305] Quelle: Eurostat, Fruchtbarkeitsziffern [demo_find], Daten zur „Gesamtfruchtbarkeitsrate"; Update vom 03.07.2012.

[306] Die vollzeitäquivalente Beschäftigung von Frauen lag 2007 in den skandinavischen EU-Mitgliedsländern zwischen 61,9 Prozent (Schweden) und 63,9 Prozent (Finnland), in Deutschland dagegen bei nur 48,2 Prozent (Händel/Troost 2010: 17, Tab. B). Hintergrund: Nicht die Vollzeitbeschäftigungsverhältnisse sind gewachsen, sondern Jobs mit kurzer Teilzeit, wobei das Wachstum von Minijobs besonders ausgeprägt war. Zur Falle „Minijobs" siehe das Schwerpunktheft der WSI-Mitteilungen von 1/2012.

[307] Zu Schweden im Vergleich mit Deutschland, Frankreich und Großbritannien siehe Rüling/Kassner (2007).

es in Westdeutschland jahrzehntelange ideologische Abwehrkämpfe. Nun, nachdem akzeptiert ist, dass ein partnerschaftliches Miteinander von familiärer und öffentlich verantworteter Erziehung und Betreuung für Gesellschaft und Individuen gleichermaßen vorteilhaft ist, gibt es eine Politik des Sowohl-als-auch. Einerseits greift ab 2013 ein Rechtsanspruch auf Betreuung für Kinder ab dem 1. Lebensjahr. Andererseits jedoch hakt es mit der Umsetzung, weil nicht ausreichend Ressourcen bereitstehen. Statt die Mittel bedarfsgerecht aufzustocken, hat die schwarz-gelbe Bundesregierung ein Betreuungsgeld für die Eltern, die das Betreuungsangebot nicht nachfragen, beschlossen. Auf Ebene der Kommunen führt die Mittelknappheit dazu, dass Billiglösungen zulasten der Qualität gesucht werden oder Strategien gefahren werden, bei denen der Ausbau der frühkindlichen Betreuung durch Rückbaumaßnahmen bei der Hortbetreuung und der sonstigen Jugendhilfe finanziert wird.

In den skandinavischen Ländern sind die öffentlichen Care-Leistungen der Tendenz nach lebenszeitumspannend angelegt. Bei Kindern und Jugendlichen erstrecken sie sich über die Ausbildung hinaus bis zur Einmündung ins Erwerbssystem; bei den Älteren setzen sie ab Mitte 60 mit Maßnahmen der Alltagsunterstützung ein. Eine solche Lebenslaufperspektive ist in Deutschland bislang nicht auszumachen. Immerhin, seitens der Wissenschaft wird sie eingefordert. Das Gleichstellungsgutachten (2011: 16) etwa mahnt eine Politik an, die den Gleichstellungsauftrag der Verfassung ernst nimmt, indem sie in der Lebenslaufperspektive „*Unterstützung an Knotenpunkten im Leben*" anbietet und dafür Sorge trägt, dass Phasen von Erwerbsarbeit, Sorgearbeit und Bildung in den Lebensverlauf so eingebettet werden können, dass Erwerbsunterbrechungen keine „Narben" im Lebenslauf hinterlassen. Genau diese „Narben" entstehen aber. Höchst widersprüchliche Anreizstrukturen haben daran gewichtig Anteil. Einerseits wird eine Konservierungsstrategie betrieben durch das Festhalten am Ehegatten-Splitting, die steuerliche Privilegierung von Minijobs und diverse andere, auf die Konservierung traditioneller Geschlechterrollen hin angelegte Politiken;[308] andererseits wird mit dem Elterngeld und dem Ausbau der Kinderbetreuungsinfrastruktur eine Modernisierungsstrategie verfolgt, die es Frauen wie Männern erleichtern soll, Beruf und Kinder zu verbinden. Die mangelnde Effektivität der deutschen Familienpolitik resultiert aus ihrer widersprüchlichen Anlage bei gleichzeitiger Präferierung indirekt wirkender steuerlicher und geldlicher Instru-

---

[308] Dazu, wie über das Steuerrecht traditionelle Geschlechterrollen zementiert werden siehe: Sacksofsky, Ute (2010): Einfluss des Steuerrechts auf die Berufstätigkeit von Müttern, in: Hohmann-Dennhardt, Christine/Körner, Marita/Zimmer, Reingard (Hg.) (2010): Geschlechtergerechtigkeit, Baden-Baden, zitiert nach: Böcklerimpuls 15/2010, S. 7.

mente. Auch die skandinavische Politik ist nicht widerspruchsfrei, insgesamt aber kohärenter und damit effektiver.[309] Es wurde nicht ein Bereich zulasten anderer ausgebaut, denn die Lebenswirklichkeit von Eltern verlangt nach Betreuungsmöglichkeiten für Kinder und Jugendliche vor dem Schuleintritt und während der Schulphase. Aktuell freilich stehen in Deutschland nur die unter Dreijährigen im Fokus. Die Herausforderung, auch die schulische Betreuung so auszubauen, dass Mütter mit schulpflichtigen Kindern wirksam entlastet werden, bleibt ausgeblendet.[310] Demgegenüber würde es die Anlage von sozialfürsorglicher Politik als Lebenslaufpolitik erlauben, die in Deutschland je isoliert bearbeiteten Themen zusammenzubinden.

### 5.2 Öffentliche Kinder- und Jugendhilfe (ohne Kitas)

#### 5.2.1 Skandinavien – ressourcen- und lebenslauforientiert

Ob Menschen die Motivation und die Fähigkeiten entwickeln, nicht nur ihren Wissenshorizont, sondern auch ihr Urteilsvermögen und ihre Persönlichkeit ständig weiter zu entwickeln, entscheidet sich in einem Prozess, der bereits vor der Geburt seinen Anfang nimmt und an unterschiedlichen Orten unterstützende oder auch abwürgende Impulse empfängt. Eine am Lebenslauf von Individuen orientierte Wohlfahrtspolitik trägt dem Rechnung. *Zwei Philosophien* stehen sich gegenüber: 1) „Unterstützung für alle angehenden Eltern" versus 2) „Spezifisches Hilfesystem für Familien in Problemlagen." Die universalistische Ausrichtung der nordischen Wohlfahrtspolitik neigt sich in Richtung der ersten Variante, der auf sozial Schwache konzentrierte deutsche Sozialstaat favorisiert die zweite Variante. Es ist naheliegend, dass die erste Variante einen höheren Ressourceneinsatz verlangt. Dies kann aber dadurch

---

[309] So führt die OECD die in Deutschland relativ hohe Kinderarmut auf den wenig zielgerichteten Einsatz öffentlicher Mittel zurück. Etwa 40 Prozent der öffentlichen Mittel würden direkt an die Eltern gezahlt, während es in Dänemark oder Schweden nur 20 Prozent seien. In diesen Ländern würden die Finanzmittel effektiver in Bildung und Betreuungsangebote investiert. Zitiert nach Pressemitteilung „OECD-Kinderbericht: Doing better for children: Deutschland gibt viel Geld für Kinder aus, erzielt in vielen Bereichen aber nur unterdurchschnittliche Ergebnisse", vom 1. September 2009.

[310] Eichhorst et al. 2011 betonen den großen Nachholbedarf bei der schulischen Ganztagsbetreuung, wo Deutschland innereuropäisch im Rückstand ist. Würden die Kapazitäten ausgebaut, könnten nach ihren Berechnungen bis zu 462 Tsd. Mütter in ein Beschäftigungsverhältnis gebracht werden, was einem Mehr von 374 Tsd. vollzeitäquivalenten Arbeitsplätzen entspräche (Eichhorst et al. 2011: 70, Tab. 39, Szenario 2).

gerechtfertigt sein, dass Problemfamilien auch tatsächlich erreicht werden und andere Familien durch professionellen Rat gleichfalls profitieren.

Neben der Ressourcenorientierung kann die Lebenslauforientierung als zweites zentrales Strukturmerkmal skandinavischer Wohlfahrtspolitik angesehen werden. Die skandinavischen Gesetze zu den sozialen Dienstleistungen der Kommunen sind entsprechend angelegt; sie sehen eine durchgängig am Lebenslauf der Individuen orientierte öffentlich verantwortete Wohlfahrtspolitik vor. Bei Kindern und Jugendlichen baut sich der Wohlfahrtsstaat ab Geburt groß auf mit einem Leistungsumfang, der bei Dienstleistungen, nicht aber bei Geldleistungen weit über dem deutschen Niveau liegt. Bei Menschen im erwerbsfähigen Alter verbleibt ein Sockel. Bei Älteren dann baut sich der Wohlfahrtsstaat erneut groß auf (Heintze 2007c: 103f.; Heintze 2009: 273, Abb. 2). Frühkindliche Bildung und Erziehung ist in diesem System mit Gesundheits- und Familienfürsorge verknüpft. Es ist Standard, dass Eltern nach der Geburt ihrer Kinder Besuch von Familienhebammen erhalten. Dieser universalistische Ansatz vermeidet diskriminierende Wirkungen und bietet eine vergleichsweise hohe Gewähr dafür, dass Problemfamilien nicht auf der Strecke bleiben.

Nachfolgend will ich mich konzentrieren auf die Hilfeleistungen für Kinder und Jugendliche. In Deutschland ist die Politik primär auf Familie als Institution bezogen. Die Debatte geht dann darum, wie diese Institution abgegrenzt wird, ob auch eine alleinstehende Mutter mit Kind eine Familie bildet, ob zwei zusammenlebende Homosexuelle als Familie anzusehen sind usw. Die skandinavische Politik ist weniger von der Familie, als von den Individuen aus gedacht. Die Individuen sind zunächst Kleinkinder, dann Kinder, dann Jugendliche, dann junge Erwachsene und danach vielfach auch Eltern, die Familien bilden. Die Unterschiede in der Denkrichtung haben Auswirkungen. Das Denken von den Familien her impliziert, dass Leistungen, die an Familien gerichtet sind, automatisch auch bei den dort lebenden Kindern ankommen. Das Denken von den Individuen her kennt diese Gleichsetzung nicht, sondern differenziert zwischen Eltern und Kindern.

Eltern erfahren in Skandinavien niedrigschwellig breite Unterstützung in der Wahrnehmung ihrer Elternrolle. Leistungen sind jedoch auch von Kindern und Jugendlichen aus gedacht, deren Persönlichkeitsentwicklung unterstützt und geschützt werden soll. Die Intervention des Staates bei der Wahrnehmung dieser Funktionen reicht von Beratungsleistungen über Erziehungshilfen bis zur Herausnahme von Kindern und Jugendlichen aus ihren Familien mit Unterbringung in betreuten Wohnformen, Heimen oder Pflegefamilien. Angesprochen ist ein breites Spektrum von Leistungen. Ich kann hier nur einen Ausschnitt ansprechen. Es zeigt sich, dass die Basistrends in Deutschland und den skandinavischen Ländern nicht weit auseinander liegen. Hier wie dort gibt es eine wachsende Individualisierung in den Lebensläufen. Die klassische Kleinfamilie aus verheirateten Paaren mit ein bis drei Kindern ist hier wie dort auf dem Rückzug, in Skandinavien allerdings mehr als in Deutschland. Es wächst die Gruppe der alleinerziehenden Mütter und Väter. Und es wächst auch der Anteil von Kindern, deren Eltern nicht verheiratet sind.[311] Mit diesen Veränderungen einher geht ein wachsender Bedarf an Unterstützungsleistungen. Innerskandinavisch besteht dabei tendenziell eine gleichgerichtete Entwicklung. Allerdings gibt es Unterschiede im Detail. Zur Entwicklung in Dänemark, Finnland und Norwegen sei Einiges an Daten präsentiert.

### 5.2.1.1 Dänemark: Kinder- und Jugendschutz mit vielschichtigem Panorama

Wie in allen Vergleichsländern – Deutschland (vgl. unter 5.2.2) fügt sich in dieses Bild ein – erhalten in Dänemark heute mehr Kinder und Jugendliche Leistungen der kommunalen Jugendhilfe als in den 80er und 90er Jahren. Besonders weit ausgebaut wurden die Kinderbetreuungsangebote; sie werden unter 5.3 gesondert behandelt. Bei den Hilfeangeboten stellen präventive Maßnahmen ein wachsendes Segment. Ende 2006 waren 13,2 Tsd. resp. 10 von 1.000 Kindern der Altersgruppe von 1 bis 20 Jahren einbezogen; Ende 2009 Kinder waren es mit 14,7 Tsd. 11,4 Prozent mehr. Innerhalb der präventiven Maßnahmen gibt es Umschichtungen. Zulasten anderer Segmente stiegen die Maßnahmen, bei denen Kindern und Jugendlichen eine permanente Kontaktperson zur Seite gestellt wird, von einem Anteil unter 30 Prozent auf fast 40 Prozent Ende 2009.[312]

Während bei den Hilfemaßnahmen, die unterhalb der Schwelle bleiben, Kinder und Jugendliche in Pflegefamilien oder gesonderten Wohnformen unterzubringen, ein nach oben gerichteter Trend zu erkennen ist, gilt dies nicht bei den Fallzahlen zum „outplacement" von Kindern und Jugendlichen aus ihren Familien. Die Absolutzahlen derjenigen, die zum Ende eines Jahres

---

[311] Im Jahr 2011 lag der Anteil außerehelicher Geburten im skandinavischen Durchschnitt bei über 50 Prozent gegenüber einem guten Drittel in Deutschland. Vor zwanzig Jahren waren es im Norden schon 44 Prozent gewesen gegenüber 15 Prozent in Deutschland. Quelle: Eurostat, Fruchtbarkeitsziffern [demo_find]; Update vom 03.07.2012.

[312] Statistics Denmark, Datensatz „Children and young persons with preventive measures per 31st December by sex, region, age, measure and time" (Code BIS01).

– aus welchen Gründen auch immer – nicht bei ihren Eltern wohnten, stiegen in den 80er Jahren von unter 14 Tsd. auf fast 16 Tsd. (1986), gingen dann bis auf 11,5 Tsd. im Jahr 1997 zurück, um sodann wieder anzusteigen. Ende 2009 waren 14,6 Tsd. Kinder, Jugendliche und junge Erwachsende betroffen.[313]

*Abbildung 9: Kinder, Jugendliche und junge Erwachsene in Heimen, betreuten Wohnanlagen und bei Pflegeeltern nach Altersgruppe 1982 bis 2009*

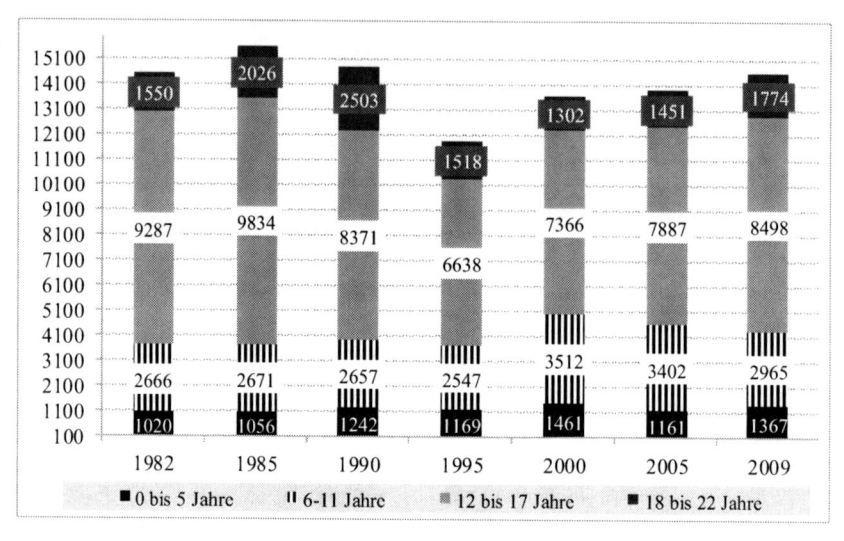

| Jahr | 0 bis 5 Jahre | 6-11 Jahre | 12 bis 17 Jahre | 18 bis 22 Jahre |
|---|---|---|---|---|
| 1982 | 1020 | 2666 | 9287 | 1550 |
| 1985 | 1056 | 2671 | 9834 | 2026 |
| 1990 | 1242 | 2657 | 8371 | 2503 |
| 1995 | 1169 | 2547 | 6638 | 1518 |
| 2000 | 1461 | 3512 | 7366 | 1302 |
| 2005 | 1161 | 3402 | 7887 | 1451 |
| 2009 | 1367 | 2965 | 8498 | 1774 |

**Erläuterung:** Registerdaten zum Stichtag 31.12. d.J.
**Quelle:** Statistics Denmark, Datensatz „Children and young persons placed outside of own home 31st December by region, age and time" (Code: BIS2); eigene Auswertung

*Abbildung 9* stellt die Entwicklung nach Altersgruppen dar. Die größte Besetzungsstärke gibt es bei Jugendlichen zwischen 12 und 17 Jahren; sie stellen weit mehr als die Hälfte der gesondert untergebrachten Kinder und Jugendlichen. Allerdings ist der auf diese Altersgruppe entfallende Anteil von durchschnittlich 62,4 Prozent in den 80er Jahren auf durchschnittlich 56,3 Prozent in der Zeitspanne ab dem Jahr 2000 gesunken. Gegenläufig hat sich die Quote bei Kleinkindern erhöht von durchschnittlich 7,2 Prozent in den 80er Jahren auf über 9 Prozent in den 90er Jahren und danach. Auf die Alterskohorte von

---

[313] Rund drei von vier Fällen gesonderter Unterbringung von Kindern und Jugendlichen erfolgen dabei freiwillig, etwa auf Wunsch des Jugendlichen.

0 bis 22 Jahren bezogen schwankt die Quote um ein Prozent herum. Dies liegt unter dem finnischen, aber über dem norwegischen Niveau (siehe unten). Bei der Art der Unterbringung existiert eine Zweiteilung. Etwas über 40 Prozent sind bei Pflegefamilien untergebracht. Bei der kommunalen Unterbringung ist die Bedeutung von Heimen rückläufig; sie erreichen noch einen Anteil von um die 15 Prozent. Dagegen wächst die Bedeutung anderer betreuter Wohnformen wie der von sozialpädagogischen Gemeinschaften. Zunehmend auch sind Jugendliche in eigenen Wohnungen untergebracht.[314] Ihnen wird dann ein Betreuer zur Seite gestellt.

*Tabelle 26* stellt anhand der gemeindlichen Rechnungsergebnisse die laufenden Ausgaben der kommunalen Kinder- und Jugendpolitik dar. Wie ersichtlich, beliefen sich die Gesamtausgaben einschließlich des Teils der Kinderbetreuung, der unter Soziales fällt,[315] im Jahr 2007 auf 4,9 Mrd. € und im Jahr 2010 auf 5,7 Mrd. €; ein Plus von gut 16 Prozent. Die Personalausgaben stellen mit 4,6 Mrd. € gut 80 Prozent der laufenden Ausgaben. Ohne die Kinderbetreuung stiegen die Ausgaben um fast 22 Prozent von 2,17 Mrd. € auf 2,65 Mrd. €. Der Bereich der Kinderbetreuung ist weit dominierend und absorbiert mehr als die Hälfte der Ausgaben. Zugleich scheint hier (Details vgl. unter 5.3) eine gewisse Sättigung erreicht zu sein. Dementsprechend ist der Zuwachs unterdurchschnittlich. Überdurchschnittlich wachsend sind die Bereiche „Präventionsmaßnahmen" und „Unterbringung in Heimen und betreuten Wohnformen". Pro Kopf der Altersgruppe bis 20 Jahren gaben die Gemeinden für diese Bereiche im Jahr 2010 gut 1.000 € aus; 2007 waren es erst gut 800 € gewesen. Zusammen mit den anderen Maßnahmen gaben sie 2010 für laufende Aufwendungen pro Kind und Jugendlichem insgesamt 4,2 Tsd. € aus; ohne Kinderbetreuung waren es noch knapp 2 Tsd. €. Die Pro-Kopf-Personalausgaben für die Generation bis 20 Jahren stiegen um 12 Prozent von 3 Tsd. € (2007) auf 3,4 Tsd. € (2010). In die Tabelle nicht aufgenommen wurden die Ausgaben pro Einwohner. Sie erhöhten sich im Beobachtungszeitraum um rd. 100 € (2007: 902 €; 2010: 1.031 €). Träger der Kinder- und Jugendpolitik und ihrer Einrichtungen sind ganz überwiegend die Gemeinden selbst. Daher die hohen Personalausgaben. Es wachsen jedoch auch die privaten Einrichtungen, die Zuschüsse erhalten. Noch aller-

---

[314] Bei den Jugendlichen im Alter von 16 bis 22 Jahren stieg die Zahl um 27 Prozent von 628 (2007) auf 796 (2010). Quelle: Datensatz „Children and young persons placed outside of own home (31st December) by sex, place of accommodation, age and time" (Code BU02B).

[315] Nicht einbezogen sind Ausgaben für Horte, für nachschulische Betreuungsangebote und für die Bildungsbegleitung von Schülern.

dings bewegt sich dies auf einem geringen Niveau. An den Gesamtausgaben (ohne Kinderbetreuung) erreichen die Zuschüsse für private Einrichtungen (Jugendclubs etc.) erst einen Anteil von 3 Prozent.

Tabelle 26: *Laufende Ausgaben der dänischen Gemeinden für Kinder- und Jugendarbeit 2007 bis 2010*

|  | 2007 | 2008 | 2009 | 2010 | Veränderung 2007-2010 (%) |
|---|---|---|---|---|---|
| **Ausgaben (Mio. €)** | | | | | |
| Jugendverwaltung | 239,4 | 262,1 | 281,2 | 296,0 | 23,6 |
| Kinderbetreuungseinrichtungen | 2.739,2 | 2.837,7 | 3.023,5 | 3.062,1 | 11,8 |
| Jugendzentren, Clubs, offene Angebote | 360,3 | 347,6 | 375,6 | 379,1 | 5,2 |
| Präventionsmaßnahmen | 428,3 | 469,9 | 526,7 | 546,1 | 27,5 |
| 24-Stunden-Einrichtungen | 439,8 | 485,9 | 529,3 | 519,3 | 18,1 |
| Unterbringung in Heimen und betreuten Wohnformen | 653,2 | 728,6 | 800,6 | 824,0 | 26,1 |
| Zuschüsse an private Clubs etc. | 51,0 | 58,0 | 67,2 | 81,5 | 59,9 |
| **Ausgaben insgesamt** | 4.911,2 | 5.189,8 | 5.604,1 | 5.708,0 | 16,2 |
| Personalausgaben | 4.063,8 | 4.198,2 | 4.511,9 | 4.637,7 | 14,1 |
| **Ausgaben pro Einwohner 1-20 Jahre (€)** | | | | | |
| Jugendverwaltung | 179,7 | 195,4 | 208,2 | 218,2 | 21,4 |
| Kinderbetreuungseinrichtungen | 2.056,3 | 2.115,4 | 2.238,8 | 2.257,4 | 9,8 |
| Jugendzentren, Clubs, offene Angebote | 270,5 | 259,1 | 278,1 | 279,4 | 3,3 |
| Präventionsmaßnahmen | 321,5 | 350,3 | 390,0 | 402,6 | 25,2 |
| 24-Stunden-Einrichtungen | 330,2 | 362,2 | 391,9 | 382,9 | 16,0 |
| Unterbringung in Heimen und betreuten Wohnformen | 490,4 | 543,1 | 592,8 | 607,4 | 23,9 |
| Zuschüsse an private Clubs etc. | 38,3 | 43,2 | 49,7 | 60,1 | 57,0 |
| **Ausgaben insgesamt** | 3.686,8 | 3.868,8 | 4.149,6 | 4.207,9 | 14,1 |
| Personalausgaben | 3.050,6 | 3.129,6 | 3.340,9 | 3.418,9 | 12,1 |
| Einrichtungen und Hilfemaßnahmen (ohne Kinderbetreuung) | 1.630,5 | 1.753,4 | 1.910,8 | 1.950,5 | 19,6 |

**Erläuterung**: Die Daten stammen aus den Rechnungsergebnissen der Gemeinden (ohne investive Ausgaben). Die Umrechnung wurde anhand des Wechselkurses vom 29.09.2010 (identisch mit Kursverhältnis vom 27.02.2011) vorgenommen. 1 € = 0,13421 DKK
**Quelle**: Statistics Denmark, Datensatz „Accounts of municipalities (1.000 kr.) by region, kind, dranst, function and time" (Code: REG31); Update von Anfang 2012

## 5.2.1.2 Finnland: Verdoppelung der Herausnahme von Kindern und Jugendlichen aus ihren Familien seit 1991

Ein nicht unerheblicher Teil finnischer Kinder und Jugendlicher erhält ambulant unterschiedliche Arten von Hilfestellung. Ende 2009 waren es in der Altersgruppe bis 17 Jahren 70.753 Leistungsempfänger entsprechend 6,5 Prozent (2008: 67.347).[316] Die Zahl der Kinder, die aus ihren Familien herausgenommen werden, wächst der Tendenz nach ebenfalls. Anfang der 90er Jahre lebten jeweils um die 9.000 Kinder und Jugendliche außerhalb ihrer Familien. Diese Zahl verdoppelte sich bis 2008 annähernd. Im Jahr 2009 gab es bei weiter steigenden Noteinsätzen eine leichte Abnahme auf 16.830 Fälle (2008: 16.886); zum 31.12.2010 wurde jedoch ein neuerlicher Anstieg um 1,4 Prozent auf 17.064 Fälle registriert. Eingegrenzt auf die Altersgruppe bis 17 Jahre waren zum 31.12.2009 13.680 und zum 31.12.2010 14.199 Kinder und Jugendliche in staatlicher resp. kommunaler Obhut. Dies ist mehr als ein Prozent dieser Altersgruppe. Jungen sind häufiger betroffen als Mädchen[317] und die Quote liegt in städtischen Räumen weit höher als auf dem Land. Von 2009 auf 2010 stieg die Quote in urbanen städtischen Zentren von 1,4 auf 1,5 Prozent und ging auf dem Land von 0,8 auf 0,6 Prozent zurück. Die institutionelle Versorgung über Heime und betreute Wohnungen überwiegt die Unterbringung in Pflegefamilien. Aktuell (2009 und 2010) stellen Pflegefamilien einen Anteil von einem Drittel.

Nicht nur die Fallzahlen, auch der zeitliche Umfang der Care-Leistungserbringung ist mit gewissen Schwankungen seit den 80er Jahren ständig gewachsen. In Helsinki belief er sich im Jahr 1980 auf 2,173 Mio. Tage und 2007 auf 3,065 Mio. Tage.[318] Gleichzeitig hat auch die Bedeutung privatprofessioneller Pflegeleistungserbringung zugenommen. In Helsinki stiegen die Anzahl privater Träger sowie die bei ihnen verfügbaren Plätze von 1980 auf 2007 um jeweils rd. zwei Drittel. Die genaue Analyse der privaten Leistungserbringung zeigt jedoch, dass das private Segment zwar zeitweise gewachsen, dann aber wieder zurückgegangen ist. So gab es im Jahr 1980

---

[316] Quelle: Statistics Finnland, Liitetaulukko 1. Kodin ulkopuolelle sijoitetut lapset ja nuoret viimeisimmän sijoitustiedon Liitetaulukko, fortlaufend bis zum Zeitraum 2008-2010 (Placements outside the home – year's last placement decision, 2008-2010).

[317] Dies ist eine neue Entwicklung. In den 90er Jahre deckten sich die Quoten. In der ersten Hälfte waren jeweils 0,7 Prozent der Altersgruppe von 0 bis 17 Jahren gesondert untergebracht. Seit 2007 liegt die Quote bei den Jungen höher als bei den Mädchen. 2010 waren es bei den Jungen 1,4 und bei den Mädchen 1,2 Prozent. Quelle: Statistics Finland, Tabelle „0-17-year-olds placed outside the home, 1991-2010".

[318] Quelle: Stat. Jahrbuch der Stadt Helsinki 2008: 15.

36 Anbieter mit 1.081 Plätzen. Die Zahl stieg bis zum Jahr 2000 auf 52 Anbieter mit 1.348 Plätzen und sank dann wieder auf 39 Anbieter mit nur 1.044 Plätzen. Das private Segment wird von freigemeinnützigen Trägern und Elternkooperativen dominiert.

### 5.2.1.3 Norwegen:
### Mehr Hilfeempfänger bei verbessertem Personalschlüssel

Die Kinderbetreuung ist eine Aufgabe der Gemeinden, der Kinderwohlfahrtsdienst fällt jedoch in die Zuständigkeit der Landkreise. Statistisch werden unter „Child Welfare" 28 verschiedene Maßnahmen erfasst, die sich in zwei Hauptgruppen unterteilen lassen: 1) Maßnahmen der Vollpflege durch u.a. Herausnahme von Kindern und Jugendlichen aus ihren Familien und Unterbringung in Pflegeheimen, Pflegewohnungen oder Pflegefamilien; 2) Maßnahmen der ambulanten Beratung und sozialpädagogischen Assistenz. Relativ auf die Einwohnerzahl bezogen erhalten in Norwegen weniger Kinder Hilfeleistungen des Kinderwohlfahrtsdienstes als in Finnland. Bezogen auf alle Maßnahmen erhalten aktuell etwa 4,5 Prozent der Kinder bis 17 Jahren Hilfeleistungen gegenüber 6,5 Prozent in Finnland.[319] 2010 waren von 1.000 Kindern und Jugendlichen im Alter bis 0 bis 19 Jahren 2,7 in Pflegefamilien und ein weiteres Kind in einem Heim untergebracht. Auch in Norwegen ist die Anzahl der Kinder und Jugendlichen, die staatliche Hilfe erhalten, stark gestiegen. Im Jahr 1987 erhielten über das Jahr betrachtet 14.044 Kinder Hilfestellungen. Zwanzig Jahre später (2007) waren es 42.626 und 2010 gar 49.781. In den 15 Jahren von 1995 bis 2010 stieg die Zahl der Kinder- und Jugendlichen im Alter von 0 bis 17 Jahren um 10,6 Prozent, die Zahl der Hilfeempfänger gleichen Alters aber um rd. 77 Prozent.

Unterteilt nach den Hauptmaßnahmegruppen zeigt sich eine Verschiebung in Richtung von Leistungen der Beratung und sozialpädagogischen Assistenz. Darauf entfielen 1987 weniger als zwei Drittel der Leistungen und jetzt gut vier Fünftel. Das Inkrafttreten des Kinderschutzgesetzes im Jahr 1993 brachte hier keine Veränderung, denn der Trend Richtung Stärkung ambulanter Hilfeleistungen bestand bereits in den 80er Jahren. Er hat sich nach 1993 nur fortgesetzt. Was deutlich wird, ist etwas anderes: Während sich die Zahl der Hilfeempfänger kontinuierlich gesteigert hat, gibt es bei der Vollpflege einen

---

[319] Zum 1. Januar 2010 gab es in Finnland zwar mehr Einwohner als in Norwegen (FI: 5,35 Mio.; NO: 4,86 Mio.). Gleichzeitig jedoch lag in Norwegen die Zahl der Kinder und Jugendlichen zwischen 1 und 17 Jahren etwas höher (FI: 1.027,9 Tsd.; NO: 1.047,1 Tsd.). Quelle: Eurostat „Population on 1 January by age and sex [demo_pjan]"; Update vom 16.02.2012; eigene Berechnung.

diskontinuierlichen Verlauf. Ein starker Anstieg ist während der Zeit der nordischen Bankenkrise Anfang der 90er Jahre zu registrieren. Allein von 1991 auf 1992 gab es ein Plus von 18 Prozent und danach bis 1997 einen Rückgang um fast ein Drittel.[320] So wurde 2010 mit 8.073 Vollpflegefällen zwar der höchste Wert seit 1993 erreicht; 1992 lag die Zahl jedoch noch höher.

*Abbildung 10: Kinder und Jugendliche als Empfänger von Hilfemaßnahmen nach Lebensalter in Norwegen 2010 (31.12.2010)*

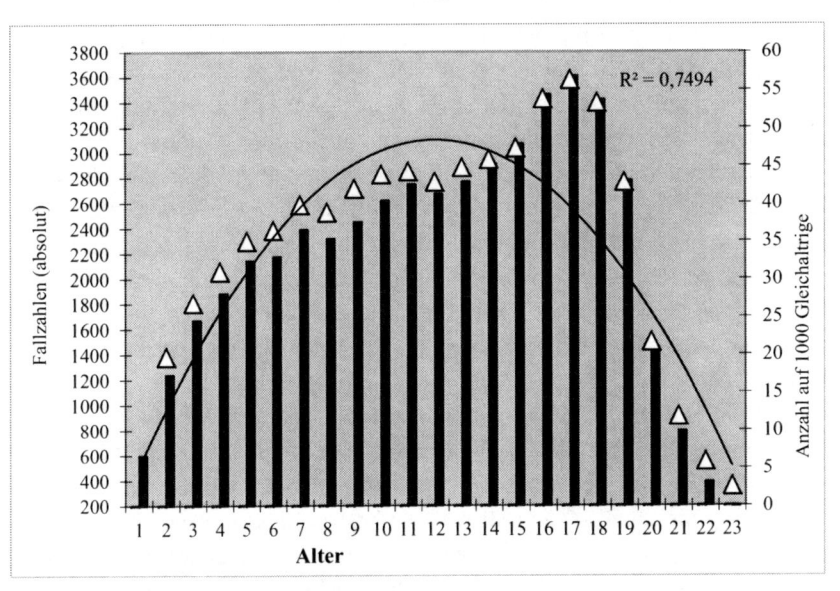

**Erläuterung:** Die schwarzen Säulen geben die absoluten Fallzahlen (Jahresdurchschnitte) an, wobei das Alter 1 für die unter Einjährigen steht. Die weißen Dreiecke geben die Anzahl pro 1.000 Gleichaltriger an. Wie ersichtlich, liegen die Absolutzahlen bei kleinen Kindern niedriger als bei älteren Kindern. Die Dichteziffer auf 1.000 Gleichaltrige bleibt aber relativ stabil. Einen Schub nach oben gibt es in der Pubertät bei den 16- bis 18-Jährigen. Bei jungen Erwachsenen sind es dann nur noch Einzelfälle.
**Lesehilfe:** Am 31.12.2010 waren von den Jugendlichen, die sich in ihrem 17. Lebensjahr befanden, 3.608 Empfänger von Hilfemaßnahmen (schwarze Säule über 17). Von 1.000 Jugendlichen gleichen Alters bezogen 56,3 Hilfemaßnahmen (weißes Dreieck).
**Quelle:** Statistics Norway, Child Welfare 2010, Tabelle 3 „Children with measures from the Child Welfare Services during the year, and per 31 December and new cases of children with measures. Figures by sex and age"; eigene Darstellung

---

[320] Statistics Norway, Child Welfare, Tabelle 2 „Children with measures from the Child Welfare Services during the year, per 31 December and new cases of children with measures, by type of measure, region and county. 1987-2010", eigene Auswertung.

Gemäß dem Gesetz über „Child welfare services" (1993) endet der Kinderschutz mit 18 Jahren. Tatsächlich jedoch befinden sich auch junge Erwachsene in Hilfemaßnahmen. Ende 2010 entfielen von insgesamt 49.781 LeistungsempfängerInnen 46.917 auf Kinder und Jugendliche bis 18 Jahren. Die *Abbildung 10* verdeutlicht die Verteilung nach dem Alter. Erfasst sind die Leistungsempfänger bis unter 23 Jahren, damit also bis zum 22 Lebensjahr. Die Fallzahlen steigen in der Kindheit stark an und dann erneut in der Pubertät. Jugendliche zwischen 14 und 19 Jahren stellen gut 35 Prozent der Hilfeempfänger. Die Entwicklung nach Lebensalter folgt näherungsweise einem polynomischen Kurvenverlauf; dies ist als Trend in die Abbildung eingefügt.

Wie angesprochen, gibt es einen Trend weg von passiven Pflegemaßnahmen und hin zu Maßnahmen der sozialpädagogischen Hilfestellung. Mit dieser Gewichtsverlagerung einher geht eine zunehmende Professionalisierung und staatlich-kommunale Verantwortung. *Abbildung 11* zeigt die Entwicklung bei den im Kinder- und Jugendwohlfahrtsdienst eingesetzten Mannjahren resp. Jahresarbeitsvolumina. „Mannjahre" sind eine Rechengröße für das benötigte Jahresstundenvolumen; der Stellenbedarf ergibt sich zuzüglich der Ausfälle aufgrund von Urlaub, Fehlzeiten, Weiterbildung. Im Jahr 2010 wurde ein Jahresstundenvolumen von 3.525,7 Mannjahren eingesetzt. Tatsächlich beschäftigt waren 4.878 rechnerische Vollzeitkräfte, davon gut 60 Prozent im öffentlichen Dienst. Der Beobachtungszeitraum von Abbildung 11 startet im Jahr der Verabschiedung des „Kinderwohlfahrtsgesetzes". Seither haben die Counties den Kinderwohlfahrtsdienst personell so verstärkt und gleichzeitig die Qualifikationsstruktur verbessert, dass mit einem verbesserten Personalschlüssel gearbeitet werden kann. 1993 kamen auf 1.000 Kinder unter 18 Jahren 2,2 Mannjahre, im Jahr 2000 waren es 2,4 und jetzt (2010) ist ein Wert von 3,2 erreicht. Die Qualifikationsstruktur hat sich in Richtung Fachkräfte verschoben. 1993 entfiel auf ungelernte Kräfte noch ein Anteil von über 8 Prozent, 2010 sind es nur noch 2,4 Prozent. Der Anteil der Sozialarbeiter – in der Abbildung der auf die Ungelernten folgende Säulenabschnitt – blieb bei ca. einem Drittel relativ konstant. Stark gewachsen von 28,4 auf 47 Prozent ist der Kinderpflegeranteil. Anders als bei Kindertagesstätten spielen im Bereich der Kinderwohlfahrtsdienste auch männliche Beschäftigte eine wichtige Rolle. 2010 entfiel auf sie ein Anteil von 43 Prozent.

*Abbildung 11: Norwegische Kinderwohlfahrtsdienste 1993 bis 2010: Eingesetztes Personal nach Mannjahren und Qualifikation*

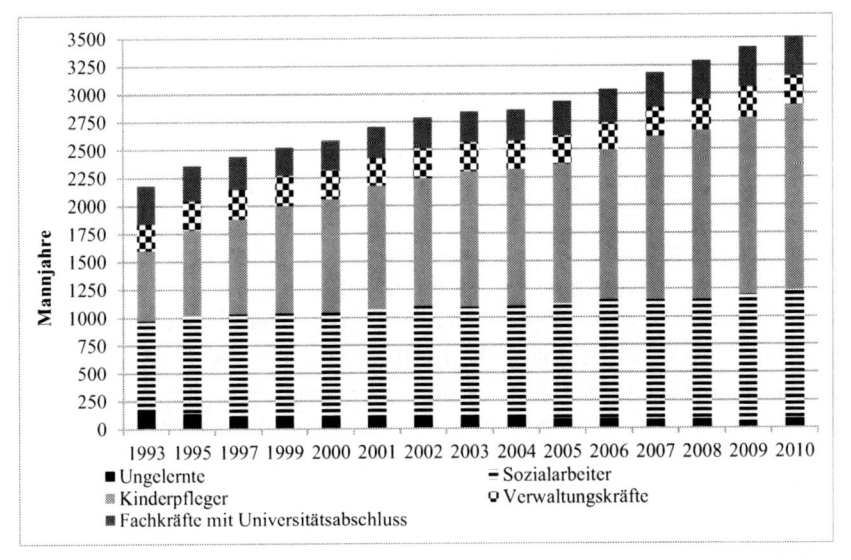

**Erläuterung:** Mannjahre = Jahresstundenvolumen einer in Vollzeit beschäftigten Kraft ohne Berücksichtigung von Urlaub, Krankheit, Elternzeit, Weiterbildung
**Quelle:** Statistics Norway, Child Welfare 2010, Tabelle 18 „Man-years in the child welfare Services per 31 December, by county. 1993-2010" ( http://www.ssb.no/barneverng_en/tab-2011-06-27-18-en.html; Zugriff: 04.03.2012); eigene Auswertung

### 5.2.2 Deutschland – zersplitterte Strukturen

Jugendämter haben den Auftrag „*junge Menschen in ihrer individuellen und sozialen Entwicklung [zu] fördern und dazu be[zu]tragen, Benachteiligungen zu vermeiden oder abzubauen, Eltern und andere Erziehungsberechtigte bei der Erziehung [zu] unterstützen s[owie] Kinder und Jugendliche vor Gefahren für ihr Wohl zu schützen"* (§ 1 SGB III).

In Deutschland wird zwischen der freien und der öffentlichen Jugendhilfe unterschieden. Träger der öffentlichen Jugendhilfe und Instanz der Letztverantwortung für das staatliche Wächteramt sind die Jugendämter. Deren Auftrag (siehe Zitat) unterscheidet sich nicht wesentlich von dem der Dienststellen, die in den nordischen Ländern für die Kinderwohlfahrt zuständig sind. Was sich unterscheidet, ist das institutionelle Gefüge, die Grundhaltung und die Art der Aufgabenwahrnehmung. Im Norden gibt es ein relativ hohes Maß an Integration. Dies ist Voraussetzung dafür, dass Maßnahmen in Ausrichtung auf die Knotenpunkte im Lebenslauf ineinandergreifen und aufeinander aufbauen können. Die Lebenslauforientierung ist bereits in den einschlägigen Gesetzen vorgeprägt.[321] Gegenläufig dazu gibt es in Deutschland eine Vielzahl von unterschiedlichen gesetzlichen Grundlagen.[322] Sie folgen eher abstrakten Ordnungsprinzipien, als dass sie integrative Ansätze böten, die sich an der Lebenswirklichkeit der Menschen orientieren. So haben auch Gesundheitsämter Anteil am Kinder- und Jugendschutz. Da hier die Rechtssetzung aber bei den Bundesländern liegt, hängt es am jeweiligen Landesgesetzgeber und an den örtlichen Gegebenheiten, ob zwischen Jugendamt und Gesundheitsamt Kooperationen zustande kommen oder nicht.[323] Die Hürden für Kooperation sind hoch, da auch bei der Gesundheitsförderung von Kindern und Jugendlichen unterschiedliche Systeme aufeinandertreffen. Einerseits das beitragsfinanzierte Gesundheitssystem mit Kassen als Kostenträgern und privaten Praxen als Leistungserbringern; andererseits die über öffentliche Haushalte finanzierten Gesundheitsämter. Im konservativen deutschen Sozialstaat zerschellen neue Bedarfe immer wieder an Strukturen, die nach unterschiedlichen Prinzipien arbeiten und finanziert sind. Zwar sind Lösungen auch in diesen Strukturen möglich, aber die Umsetzung erweist sich als extrem schwierig: Es gibt zu viele Schnittstellen und eine zugleich unterentwickelte Kooperationskultur. Die Kinderschutzgesetze der Länder und das Bundeskinderschutzgesetz schreiben eine stärkere Vernetzung zwischen den verschiedenen Akteuren – von kommunalen Dienststellen, Kindergärten und Schulen bis zu Ärzten und Hebammen – zwar fest, schaffen dafür aber nur eingeschränkt die nötigen Grundlagen. Behandelnde Ärzte etwa dürfen nun Auffälligkeiten dem Jugendamt melden; sie müssen es aber nicht. Unter diesen Gegebenheiten bleibt in der Regel alles wie gehabt, denn Voraussetzung ist ein hohes Maß an aktiver Kooperation über die Systemgrenzen hinweg und daran fehlt es.

---

[321] Idealtypisch gibt es folgende Grundstruktur: Das Gesetz über die Sozialen Dienste der Kommunen spannt den Rahmen vom Kleinkind bis zum Greis. Spezialgesetze zum Kinderwohlfahrtsdienst, zum Altenservice usw. integrieren in diesen Rahmen einmal Detailregelungen für die jeweilige Gruppe und dann die Verknüpfung mit Regelungsbereichen, die nicht in die kommunale Zuständigkeit fallen.

[322] Wesentliche Rechtsgrundlage ist dabei das Kinder- und Jugendhilfegesetz (KHG) im Achten Buch Sozialgesetzbuch (SGB VIII).

[323] Im Rahmen einer Bestandsaufnahme, die das Deutsche Institut für Urbanistik 2008 im Auftrag des 2007 eingerichteten Nationalen Zentrums für Frühe Hilfen durchgeführt hat, ergab sich, dass die Gesundheitsämter von den Jugendämtern bislang kaum als relevante Partner wahrgenommen werden, obwohl sie übergreifende gemeinsame Aufgaben teilen. Umgekehrt sehen die Gesundheitsämter die Jugendämter als prioritäre Kooperationspartner. Siehe dazu die Materialien zu Frühen Hilfen 2 (Teiluntersuchung 1), S. 21, Tab. 02.

### 5.2.2.1 „Kinderland Deutschland" – Schwache öffentliche Institutionen als Kernproblem

Kinder haben Rechte. Sie haben Beteiligungsrechte und ein Recht auf gewaltfreie Erziehung. *„Körperliche Bestrafungen, seelische Verletzungen, psychische Beeinträchtigungen und andere entwürdigende Maßnahmen sind unzulässig"* (§ 1631 II BGB). Es ist die Aufgabe von Eltern und staatlicher Gemeinschaft, dafür zu sorgen, dass die Kinderrechte in der Verfassungswirklichkeit Geltung erlangen. Verglichen mit den skandinavischen Ländern liegen die Hürden für staatliches Eingreifen in Deutschland deutlich höher. Nur dort, wo stichhaltige Anhaltspunkte einer massiven Kindeswohlgefährdung vorliegen, darf in die elterliche Sorge eingegriffen werden. Dies aber nur über familiengerichtliche Maßnahmen. Unterhalb dieser Schwelle können erzieherische Hilfen zur Abwendung der Gefährdung eingesetzt werden. Dort, wo Eltern Erziehungsmethoden praktizieren, die nicht geeignet sind, das Kind in angemessener Weise zu fördern, findet kein Eingriff statt, weil es Grundprinzip ist, so wenig wie möglich einzugreifen.

Wie verbreitet sind in Deutschland Kindesmisshandlungen und Fälle schwerwiegender Kinderverwahrlosung? Dies ist unklar, denn zu Ausmaß und Häufigkeit von Vernachlässigungen existieren keine belastbaren Daten.[324] Nur die Spitze des Eisberges wird greifbar. Wichtige Kanäle sind der Kinderarzt, die Polizei, aufmerksame Nachbarn oder ein Hilferuf des Kindes selbst. Aufrüttelnd wirkten in den letzten Jahren eine Reihe spektakulärer Fälle, bei denen Kinder nicht nur dauerhaft zu Schaden, sondern unter elenden Bedingungen zu Tode kamen. Die Namen Kevin, Jessica, Lea-Sophie, Chantal und Kieron-Marcel[325] sind je für sich Symbole für das Versagen von Kinderschutz. Der Gesetzgeber hat insoweit reagiert, als die zuständigen Ämter nun früher einschreiten können, es verpflichtende Untersuchungen gibt und Ärzte bei Verdacht auf Kindeswohlgefährdung von ihrer Schweigepflicht entbunden sind. Die rechtlichen Möglichkeiten wurden also verbessert. Dies jedoch, ohne einen wirklichen Paradigmenwechsel vorzunehmen. Kinderschutz soll

---

[324] Das Fehlen tragfähiger Daten wird schon länger moniert (SVR Gesundheit 2009: 229). Lediglich zu den polizeilich erfassten Fällen liegen Daten vor sowie zu den durchgeführten Maßnahmen. Ansonsten gibt es Schätzungen, die sich in einer Spannweite von 50.000-500.000 betroffenen Kindern bewegen (a.a.O.: 230).

[325] Im Juni 2012 verdurstete der zweijährige Kieron-Marcel elendig in der Leipziger Wohnung seiner drogenabhängigen und zudem auch noch schwangeren Mutter, die Tage zuvor ein Mix aus Heroin und Kokain hinweggerafft hatte. Quelle: Berichterstattung in der Leipziger Volkszeitung (zuletzt vom 31.07.2012).

möglichst wenig kosten. Die Grundphilosophie sowohl bei der Bundesregierung wie auch bei den Ländern neigt sich daher in Richtung Kontrolle und Selektion. Statt die Jugend- und Gesundheitsämter so zu stärken, dass sie ihren gesetzlichen Schutz- und Hilfeauftrag wirksam wahrnehmen können, wurden ihnen Kontrollaufgaben übertragen, deren Nutzen zweifelhaft ist. Früherkennungsuntersuchungen[326] sind nun Pflicht. Eltern, die dieser Pflicht nicht nachkommen, werden schriftlich ermahnt. Das Einladungs- und Mahnwesen liegt beim Jugendamt. Schon der Sachverständigenrat zur Begutachtung der Entwicklung im Gesundheitswesen hatte 2009 in seinem Sondergutachten zu „Koordination und Integration – Gesundheitsversorgung in einer Gesellschaft des längeren Lebens" gewarnt:

„Die alleinige Fokussierung auf eine Steigerung der Teilnahmeraten durch ein verbindliches Einladewesen vernachlässigt die Notwendigkeiten von Verbesserungen der Qualität bei der Durchführung der Untersuchungen und die Förderung der Kooperation zwischen Gesundheitshilfe und Kinder- und Jugendhilfe. Überwachung und Sanktionierung verbindlicher bzw. verpflichtender Früherkennungsuntersuchungen für Kinder können das Gesundheitswesen zudem mit dysfunktionalen Kontrollaufgaben befrachten und den paradoxen Effekt einer Überforderung des Kinderschutzsystems durch nicht ernsthafte Fälle bewirken, was in der Folge den tatsächlichen Schutz gefährdeter Kinder verringern kann. Die Früherkennungsuntersuchungen sind in ihrer momentanen Fassung kein zielgerichtetes Instrument im Hinblick auf das Erkennen von gewichtigen Anhaltspunkten für eine Kindesmisshandlung oder -vernachlässigung. Insgesamt ist es fraglich, ob mit Einführung eines verbindlichen Einladungswesens der Zugang zu belasteten Familien tatsächlich verbessert wird oder nicht sogar verschlechtert. Aufgrund der Hinweise darauf, dass die Sensitivität der Untersuchungen in ihrer bisherigen Form im Hinblick auf mögliche Anzeichen von Vernachlässigung oder Misshandlung, wie etwa Entwicklungsrückstände, Verhaltensauffälligkeiten oder Bindungsstörungen, eher gering eingeschätzt

---

[326] Neugeborene und Babys werden hinsichtlich verschiedener Merkmale untersucht. Bis zum sechsten Lebensjahr gibt es sieben weitere Früherkennungsuntersuchungen (U3 bis U9). Aus der Kindergesundheitsstudie KiGGS – sie wurde im Zeitraum 2003-2005 bei Einbezug von 17.641 Jungen und Mädchen im Alter von 0 bis 17 Jahren an 167 Orten durchgeführt – ist bekannt, dass Kinder aus sozial benachteiligten Familien wie auch aus Familien mit Migrationshintergrund nicht nur schlechtere gesundheitliche Werte aufweisen, sondern auch ein höheres Risiko, dass die Fehlentwicklungen nicht rechtzeitig erkannt werden. Die Nichtinanspruchnahme der von den Krankenkassen finanzierten Früherkennungsuntersuchungen liegt bei Unterschichtskindern durchschnittlich gut 2,5fach und bei Migrantenkindern sogar 4,7fach höher als bei Mittelschichtskindern. Über 40 Beiträge dokumentieren im Bundesgesundheitsblatt Bd. 50, H. 5/6 (Mai/Juni 2007) die KiGGs-Ergebnisse. Siehe auch bei Heintze (2007e) die Übersichtstabelle 2.

wird, stellt sich die Frage nach Qualitätsverbesserung und Qualitätssicherung." (a.a.O.: 56)

Tendenziell setzt sich im Kinder- und Jugendschutz der gleiche Fehler fort, den auch die „Hartz"-Gesetzgebung prägt. Wo Fördern und Fordern draufsteht, führt eine eher auf Kontrolle, auf Defizitbekämpfung und die Dingfestmachung von Schuldigen gerichtete deutsche Leitkultur dazu, dass in der Praxis die fordernde Seite ein Übergewicht erhält, womit bei den Adressaten genau die Ausweichreaktionen provoziert werden, die die Kontrolle dann ins Leere laufen lassen.

Wie angesprochen, gehört zur Neuausrichtung des Kinderschutzes, dass Netzwerke entstehen sollen, bei denen unterschiedliche Akteure zusammenwirken. Ein gewiss sinnvoller Gedanke. Allerdings macht es einen gravierenden Unterschied, ob im Netz die Akteure mit Generalverantwortung, also die Jugend- und Gesundheitshilfe, so ausgestattet ist, dass sie über ausreichend Handlungsoptionen verfügt oder ob dem Netz eher die Funktion zugedacht ist, Unzulänglichkeiten bei der sachlichen und personellen Ausstattung der kommunalen Ämter zu kompensieren. Geht es also vorrangig um Kostensenkung oder um Qualitäts- und Wirksamkeitsverbesserung? In Deutschland ist Ersteres der Fall. Einerseits versucht fast jedes Bundesland, sich als kinderfreundliches Land darzustellen; andererseits zeigt der Blick hinter die Kulissen, dass dabei kaum Geld in die Hand genommen wird, um die Institutionen Jugendamt und Gesundheitsamt zu stärken. Die Mittel, die zusätzlich bereitgestellt werden, sind meist zeitlich limitiert oder dienen nur dem Aufbau von Informationsplattformen.

Die Landkarte zeigt, dass jedes Bundesland in irgendeiner Form aktiv ist. Beispiel Baden-Württemberg. Im Jahr 2005 startete dort das Programm *„Kinderland Baden-Württemberg"*. Neben dem Ausbau kleinkindlicher Betreuung ist zweiter Eckpfeiler ein breit gefächertes Kinderschutzkonzept. Das Programm trage dazu bei, allen Kindern gute Startbedingungen zu ermöglichen, betont die Landesregierung.[327] Der konzeptionelle Ansatz bei „Kinderland Baden-Württemberg" zielt auf das Zusammenwirken aller gesellschaftlichen Kräfte – von Eltern, Schulen und Betreuungseinrichtungen über Kirchen, freie Träger, Vereine und Stadtverwaltungen bis zur privaten Wirt-

---

[327] So die Kinderbeauftragte der Landesregierung, Sozialministerin Dr. Monika Stolz, bei einer Zwischenbilanz am 12. August 2010 in Stuttgart. Die Zwischenbilanz basiert auf der 2010 vom Statistischen Landesamt vorgelegten Studie „Trends und Fakten – Kinderland Baden-Württemberg" (http://www.baden-wuerttemberg.de/de/Meldungen/235234.html; Zugriff: 12.10.2010; zuletzt: 12.08.2012).

schaft. Ein Projekt dabei war die frühzeitige Unterstützung sozial benachteiligter Familien. Das Modellprojekt entstand in einer gemeinsamen Initiative mit Bayern, Rheinland-Pfalz und Thüringen. Ziel war es, Angebote von Jugend- und Gesundheitshilfe im Frühbereich systematisch miteinander zu koordinieren, um so passgenaue und lückenlose Angebote für die frühe Kindheit vorzuhalten. Das Projekt wurde modellhaft im Rahmen des Bundesprogramms *„Guter Start ins Kinderleben"* an insgesamt acht Standorten (Erlangen, Gera, Kyffhäuserkreis, Ludwigshafen, Ostalbkreis, Pforzheim, Traunstein, Trier) in den vier Bundesländern durchgeführt.[328]

Auch in anderen Bundesländern gab und gibt es Vernetzungsprojekte; in Sachsen etwa das Landesmodellprojekt *„Netzwerke des Kinderschutzes"*. Dabei sollen Eltern in der Wahrnehmung ihrer Erziehungsverantwortung durch Förderung der Bindungsfähigkeit und des Bindungsaufbaus zwischen Eltern und Kind, durch Stärkung der elterlichen Erziehungskompetenzen und durch Stabilisierung der Lebensumstände unterstützt werden. Das Programm startete Anfang 2008 mit Standorten u.a. in Leipzig, Dresden, Plauen und Grimma. Vorbild ist der aus dem angelsächsischen Raum stammenden „Nurse-Family-Partnership"-Ansatz. Er zielt auf Schwangere, die vorab als Risikofälle identifiziert wurden. Sie sollen ab der 16. bis 28. Schwangerschaftswoche bis zum 2. Geburtstag des Kindes durch Nurses betreut werden. Zielgruppe sind Frauen mit Risiken wie Minderjährigkeit, fehlender Schulabschluss, Gewalt- und Missbrauchserfahrungen, Sucht- oder psychische Probleme (Zielgruppendefinition). In Leipzig wird die Hebammenbegleitung erprobt. Es wurde ein Netzwerk aus vielen Partnern gebildet; die Koordinierung und Steuerung obliegt dem Jugendamt.[329]

Der in Deutschland unter dem Dach der Frühen Hilfen erprobte Einsatz von aufsuchenden Familienhebammen, wird in den skandinavischen Ländern schon lange praktiziert. Es ist dort Standard, dass Eltern vor der Geburt in Schwangerschaftsbegleitprogramme integriert sind und nach der Geburt von „Nurses" aufgesucht werden. Diese machen sich ein Bild von der Entwicklung des Kindes und stehen den Eltern mit Rat zur Seite. Während die skandinavische Praxis jedoch alle Eltern einbezieht, handelt es sich in Deutschland um einen auf Risikofamilien beschränkten Ansatz. Aufgrund langjähriger Erfahrungen im skandinavischen und angelsächsischen Raum ist fachlich

---

[328] Das Bundesprogramm ist unter dem Dach „Frühe Hilfen" angesiedelt. Kurzbeschreibungen zu den Modellprojekten nach Bundesländern finden sich in Nationales Zentrum Frühe Hilfen (2008: 14ff.).

[329] Information nach Dr. Siegfried Haller (Jugendamtsleiter), Vortrag „Leipziger Netzwerk für Kinderschutz" am 23.01.2008. Zu den Ergebnissen liegen der Verfasserin keine Erkenntnisse vor.

gesichert, dass der Einsatz von aufsuchenden Familienhebammen nach der Geburt ein wirksames Instrument ist. Nachhaltige Ergebnisse setzen jedoch voraus, dass Kinder aus problematischen Verhältnissen nach Ablauf des Nurse-Einsatzes Kindertagesstätten besuchen, wo sie weitere Anregungen für die eigene Entwicklung erhalten. So kann die Förderung altersgerecht voranschreiten. Auch in Deutschland hat sich gezeigt, dass der Einsatz von Familienhebammen sinnvoll ist. Grundsätzlich bestand daher Einigkeit, dass das Instrument in das Bundeskinderschutzgesetz aufgenommen wird. Gleichwohl, es gab um die Finanzierung ein monatelanges Gezerre zwischen Bund und Ländern. Im Dezember 2011 verständigten sich Bundesregierung und Bundesrat schließlich im Rahmen eines Vermittlungsverfahrens auf einen Kompromiss. Er beinhaltet, dass der Bund sein finanzielles Engagement im Bereich „Frühe Hilfen" und der psychosozialen Unterstützung von Familien mit kleinen Kindern über die Modellprojektphase hinaus – sie endet 2015 – dauerhaft fortführt. Die Mittel werden so erhöht, dass der Bund mit zunächst p.a. 45 Mio. € und ab 2014 51 Mio. € gut die Hälfte der Mehrkosten trägt, die aus dem nun am 1. Januar 2012 in Kraft getretenen Bundeskinderschutzgesetz erwachsen.[330]

Beim Bundeskinderschutzgesetz gelang es, ein erfolgreiches Modellprojekt auf Dauer zu stellen. Dies ist ansonsten eher die Ausnahme. Die Kinder- und Jugendpolitik wie auch die Familienpolitik wurde in den letzten Jahren nicht mit tragfähigen Strukturen versehen, sondern ersatzweise geflutet mit einer Vielzahl von Programmen und Einzelprojekten. Da sollen Eltern bei gewaltfreier Erziehung unterstützt werden, gibt es Projekte zur Förderung und Evaluation frühpräventiver Hilfen, werden Programme zur Sprachförderung ins Leben gerufen usw. Diese Maßnahmen wären zu begrüßen, wenn es einen funktionierenden institutionellen Unterbau gäbe, einmal von Kinderschutz und Jugendhilfe, dann aber auch von institutioneller Betreuung (kleine Kinder, ältere Kinder, Jugendliche). Tatsächlich jedoch (vgl. unter 5.3) kommt schon der Krippenausbau nur schleppend voran und der Jugendhilfeunterbau droht aufgrund von Sparmaßnahmen immer fragiler zu werden. Angesichts dieser Sachlage können ein paar öffentlichkeitswirksame Projekte das, was unten wegbricht, weder retten noch ersetzen. Auch neue Ufer sind so schwerlich zu erreichen. Das Problem wird schon seit längerem fachlich thematisiert. Bei einer öffentlichen Anhörung im Oktober 2010 zum „13. Kinder- und Jugendbericht der Bundesregierung" (BT-Drs. 16/12860) unter dem Titel „Mehr Chancen für gesundes Aufwachsen – Gesundheitsbezogene Prävention

---

[330] Angaben nach PM Nr. 123/2011 des Bundesfamilienministeriums (BMFSFJ) vom 13.12.2011.

und Gesundheitsförderung in der Kinder- und Jugendhilfe" etwa diagnostizierte der Vorsitzende der Berichtskommission, Professor Heiner Keupp, deutliche Strukturdefizite im Bereich der Gesundheitsförderung und Prävention. Statt nachhaltiger und integrierter Strukturen dominiere ein kurzatmiger Projektismus. *„Wir brauchen nachhaltige Strategien"*, forderte er und plädierte für ein Ende der *„Projektismuslandschaft"*. Änderungsbedarf sieht er auch bei den gesetzlichen Grundlagen. Die vier verschiedenen Sozialgesetzgebungen, in denen sich die entsprechenden Regelungen finden, führten zu einer unübersichtlichen Komplexität mit Reibungsverlusten an den Schnittstellen bis hin zu „schwarzen Löchern". Die heutigen Leistungen müssten in einem einzigen Gesetz zusammengeführt werden.[331] Weder das eine noch das andere ist in Sicht. Während sich vor Ort die Familien- und Jugendhilfe in vielen Kommunen mit Kürzungen der für den Einzelfall einsetzbaren Mittel konfrontiert sieht, kommen von der Bundesebene neue Kurzfristprogramme. Anfang 2012 etwa startete das Projekt „Elternbegleitung plus". Hier können sich Gemeinden resp. Vereine bewerben, um beim Bundesprogramm *„Elternchance ist Kinderchance – Elternbegleitung der Bildungsverläufe der Kinder"*, einer von 100 Modellstandorten des Bausteins „Elternbegleitung Plus" zu werden. 10.000 € erhält jeder Modellstandort jährlich bis Ende 2014. Bundesweit 4.000 Elternbegleiter sollen als *„qualifizierte Fachkräfte der Familienbildung, die Familien jenseits des Kita- und Schulalltags für Bildungsbelange sensibilisieren"* zum Einsatz kommen.[332] Das klingt gut, steht aber im krassen Widerspruch zur Dotierung. Mit 10.000 € pro Standort und Jahr lässt sich vor Ort noch nicht einmal eine halbe Stelle finanzieren. Und das dann auch nur befristet bis 2014. Ergo, die Politik betreibt Schaumschlägerei und offenbart damit, dass sie an Qualität und guten Ergebnissen nicht wirklich interessiert ist.

Der kurzatmige Projektismus ist nicht die einzige Ausweichstrategie, mit der an die Stelle der Schaffung eines leistungsfähigen institutionellen Unterbaus eine Flucht in die Verwischung von Verantwortlichkeiten tritt. Nicht durch-

---

[331] Im Ausschuss stimmten dem auch die anderen Sachverständigen (u.a. Prof. Jörg Fegert, Kinder- und Jugendpsychiater von der Universität Ulm; Norbert Müller-Fehling, Geschäftsführer des Bundesverbandes für körper- und mehrfachbehinderte Menschen; Professor Raimund Geene von der Hochschule Magdeburg-Stendal, Professor Birgit Babitsch von der Charité Berlin und Fabienne Becker-Stoll vom Staatsinstitut für Frühpädagogik) zu. Zitiert nach Bundestages-Newsletter hib (Heute im Bundestag) Nr. 337 v. 25.10.2010: „Experten: Hilfen für Kinder und Jugendliche müssen zusammengefasst werden."

[332] PM Nr. 28/2012 vom 07.03.2012, Kristina Schröder: „Wir helfen Eltern, den Bildungs- und Lebensweg ihrer Kinder zu unterstützen."

gängig, aber doch in vielen Städten haben sich Jugendämter aus der Leistungserbringung zurückgezogen. Statt selbst zu leisten, verstehen sie sich nur noch als Steuerungsinstanz. Diese Steuerungsinstanz hat es dann in Berlin und in anderen Großstädten mit Hunderten von Vereinen, Einzelpersonen und Sozialunternehmen zu tun, die im Auftrag der Stadt Kinderschutz- und Jugendhilfemaßnahmen durchführen. Da Hunderte von Dienstleistern gar nicht zu steuern sind, bleibt der Kinder- und Jugendschutz unter seinen Möglichkeiten. Dies umso mehr, als eine wachsende Zahl dieser Dienstleister ökonomische Interessen verfolgt – Kinder- und Jugendschutz ist für sie ein beliebig auswechselbares ökonomisches Geschäftsfeld. Tragische Verläufe wie der des elfjährigen Mädchens Chantal in Hamburg sind in diesem System bürokratisch durchorganisierter Verantwortungslosigkeit schon mit angelegt. Die elfjährige Chantal starb Anfang 2012 bei ihren drogenabhängigen und mit Methadon substituierten Pflegeeltern an einer Überdosis Methadon. In der überregionalen Presseberichterstattung wurde meist der Eindruck erweckt, das Jugendamt selbst habe die drogenabhängige Pflegefamilie ausgewählt und betreut.[333] Lediglich aus einigen Hintergrundberichten (Frankfurter Rundschau und DIE ZEIT) konnte entnommen werden, dass das Jugendamt zwar die Letztverantwortung trägt, selbst aber gar nicht tätig war. Im Einsatz war ein privater Verein. Obwohl die Verhältnisse in der Wohnung der Pflegeeltern desaströs waren und es schriftliche Hilferufe des Kindes gegeben hatte, lieferte der Verein schönfärberische Berichte an das Jugendamt. Dieses wiederum nahm nur die schriftlichen Berichte zur Kenntnis. Erst nach dem Tod des Mädchens erfolgte ein Blick auf die tatsächlichen Zustände. Nun musste die Leiterin des Jugendamtes gehen, was aber an den Ursachen wenig ändert. Ein Problem ist die Philosophie der milieunahen Unterbringung. Danach ist es für ein Kind aus einem Unterschichtmilieu am besten, wenn es zu Pflegeeltern kommt, die ebenfalls einem Unterschichtenmilieu angehören. Im Fall von Chantal wurde diese Ideologie erweitert in Richtung „Drogenmilieu", denn auch die leiblichen Eltern hatten Suchtprobleme. DIE ZEIT sprach dies in ihrer Berichterstattung *„Irgendjemand ließ Chantal sterben. Wie die Ideologie der Jugendhilfe ein Pflegekind in Hamburg im Stich ließ"*[334] an, brachte die Sache aber auch anderweitig auf den Punkt:

> „Chantal ist aber nicht nur das Opfer eines einzelnen überforderten Sozialarbeiters geworden. Sie hat bezahlt für (...) Ideologien, die die eigenartige,

---

[333] Siehe etwa die Süddeutsche Zeitung vom 30.01.2012 (Methadon-Tod der elfjährigen Chantal – Hamburg überprüft Pflegeeltern) oder SPIEGEL-Online am 01.02.2012 („Fall Chantal: Das Versagen der Ämter" von Birger Menke).

[334] DIE ZEIT Nr. 6 v. 02.02.2012.

den öffentlichen Blicken weitgehend entzogene Welt der Jugendhilfe prägen. (...) Der unbewegliche Staat ist demnach nicht in der Lage, gut und vor allem zu vernünftigen Preisen für bedürftige Kinder zu sorgen. Private Träger können das viel besser! Auf dieser Grundlage wird seit 15 Jahren in der Jugendhilfe ‚outgesourct' – auch in Hamburg-Wilhelmsburg, auch im Fall Chantal. So entstand ein beispielloses Verantwortungswirrwarr zwischen dem örtlichen Jugendamt und dem Verband Sozialtherapeutischer Einrichtungen (VSE), der die unfähige Pflegefamilie – ja was eigentlich? Ausgesucht hat? Ein bisschen ausgesucht hat? Nur vorgeschlagen hat? Mit ihr gearbeitet hat? Und wie eigentlich ‚gearbeitet', bei dem Ergebnis? Verband und Bezirksamt schieben einander die Schuld zu und haben vielleicht nicht einmal unrecht: Geteilte Zuständigkeit macht jeden etwas weniger zuständig. Wahnwitzigerweise sparen die Verschlankungsideologie und der Wettbewerb zwischen privaten ‚Leistungsbringern' den Behörden nicht einmal Geld. Zwischen 2001 und 2011 stiegen die Kosten für ‚Hilfen zur Erziehung' in Hamburg von 130 auf 240 Millionen jährlich (...)."

In welchem Umfang sich die Jugendämter aus der Eigenleistung zurückgezogen haben, wird anhand des Verlaufs der Personalausgaben deutlich. *Abbildung 12* zeigt, wie sich in der längeren Frist von rd. 20 Jahren zum einen die Ausgaben für Einrichtungen der Jugendhilfe (reinen Ausgaben = Bruttoausgaben abzüglich einrichtungsbezogener Einnahmen) und im Vergleich dazu die Personalausgaben der Jugendverwaltung entwickelt haben. Herausgenommen aus den Einrichtungen wurden die Kindertageseinrichtungen. Wie ersichtlich, gab es ohne Kitas bei den Einrichtungen – sie befinden sich zu etwa drei Fünfteln in privater Trägerschaft – nur ein bescheidenes Ausgabenwachstum von 1,1 Mrd. € im Jahr 1991 auf 1,6 Mrd. € im Jahr 2010. Die obere Kurve ginge weit stärker nach oben, wenn die Kinderbetreuung mit einbezogen würde und steil nach oben bei Einbezug der Hilfemaßnahmen; in beiden Bereichen gab es ein starkes Wachstum (vgl. Tab. 26). Während die nominalen Ausgaben für die Jugendhilfeeinrichtungen um die Hälfte höher liegen als 1991, gingen die Personalausgaben um 45 Prozent zurück. Dass dahinter keine kontinuierliche Entwicklung steht, zeigt die Unterteilung in zwei Zeitspannen. Real gewachsen sind die einrichtungsbezogenen Ausgaben nur in der Zeitspanne bis zum Jahr 2000. Von 2000 bis 2010 gab es nur noch ein Nominalwachstum von 6,4 Prozent. Preisbereinigt ist dies ein Minuswachstum. Wird berücksichtigt, dass auch die Zahl der Kinder und Jugendlichen abgenommen hat, gleicht sich dies bedingt aus. Die Zahl der Kinder von 1 bis 18 Jahren ging vom Jahr 2000 bis zum Jahr 2010 in Deutschland um 13 Prozent zurück gegenüber 5 Prozent in Finnland; in Norwegen ist die Zahl um gut 6 Prozent gestiegen. Dramatisch ist der Einbruch bei den Personalausgaben im Zeitraum ab 2000. Von 1991 bis 2000 stiegen die Personalausgaben um mehr als ein Viertel; dann gingen sie bis 2010 um mehr als die Hälfte zurück, wobei sich dieser Einbruch wiederum auf die letzten Jahre (2008 bis 2010) konzentriert.

*Abbildung 12: Entwicklung der Ausgaben für Jugendhilfeeinrichtungen (ohne Kindertagesstätten) und das Personal der Jugendhilfeverwaltung in Deutschland 1991 bis 2010*

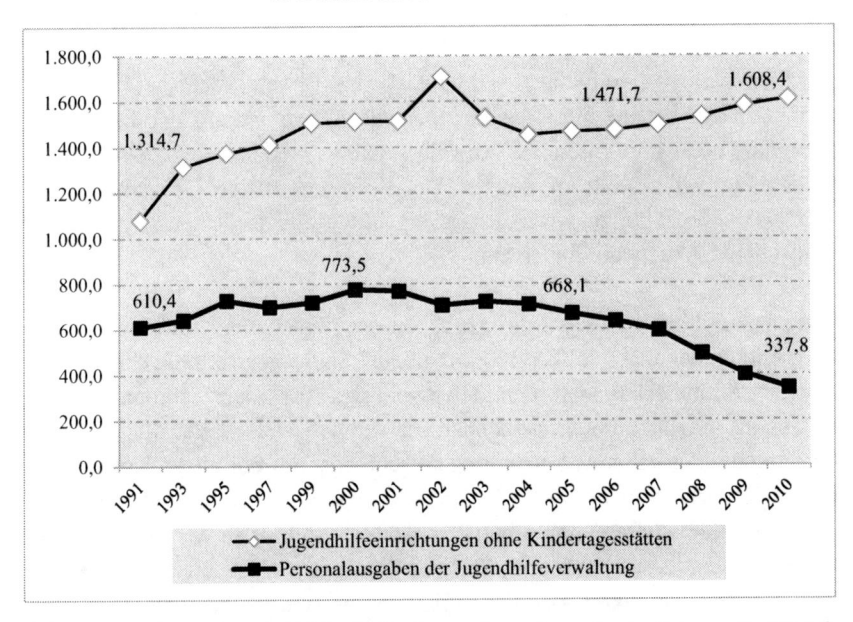

**Erläuterung:** Angegeben sind nicht die Bruttoausgaben; sie werden im Rahmen der Umstellung auf ein doppisches Rechnungswesen neuerdings Auszahlungen genannt. Angegeben sind die sogenannten reinen Ausgaben (Bruttoausgaben abzüglich der Einnahmen, die die Einrichtungen aus Gebühren etc. erwirtschaften).
**Quelle:** Statistisches Bundesamt (2012): Statistiken er Kinder- und Jugendhilfe, Ausgaben und Einnahmen 2010, Tabelle ZR2.1 und ZR2.2; eigene Auswertung

Die Zersplitterung von Verantwortlichkeiten, die sich aus der Umwandlung des Jugendhilfebereich in eine „Jugendhilfeindustrie" ergibt, bei der viele Jugendämter unter Minimierung ihres fest angestellten Personals nur noch die Steuerungsfunktion wahrzunehmen versuchen, existiert in skandinavischen Ländern nicht. Dass gegenläufig zu Deutschland das bei Kommunen beschäftigte Personal angewachsen ist (vgl. Abb. 7 für alle Vergleichsländer und Abb. 10 für die norwegische Jugendhilfe) verdeutlicht dies. Skandinavische Kommunen praktizieren auch Outsourcing. Dies aber so, dass ihre Eigenleistung dominant bleibt.

Die deutsche Fehlentwicklung findet nicht flächendeckend statt. Es gibt gut aufgestellte Jugendämter, die sich nicht dem Leitbild des Gewährleistungsstaates ausgeliefert haben und daher noch selbst als Dienstleister tätig sind. Die Stadt Gelsenkirchen liefert ein Beispiel. Sie hat eine Familienförderung entwickelt, die analog der skandinavischen Praxis zumindest ansatzweise einer universalistischen Philosophie folgt. Grundgedanke: Wenn alle das gleiche Recht auf Beratung, Betreuung, und Fürsorge haben und diese partnerschaftlich organisiert wird, kann Vertrauen wachsen und die Inanspruchnahme der Leistungen für diejenigen, die Bedarf haben, selbstverständlich werden, weil ihnen nicht gleich das Etikett „Versager" verpasst wird. In Deutschland führt die ideologische Überfrachtung der Elternrolle dazu, dass bedürftige Eltern auf Abwehr schalten, weil sie Angst haben, dann an den Pranger gestellt zu werden. Die Erfahrungen von Gelsenkirchen[335] sind als Indiz dafür zu werten, dass ein universalistischer Ansatz auch in Deutschland Akzeptanz finden kann.

Festzuhalten bleibt: Obwohl die Aufgaben der Jugendämter stark gewachsen sind, fand in der Jugendhilfeverwaltung keine Stellenausweitung, sondern ein massiver Stellenabbau statt. Um gleichwohl den Aufgaben – zumindest nach Aktenlage – nachkommen zu können, haben sich viele Städte für das Outsourcing der Aufgabenwahrnehmung entschieden. Sie hoffen, so Kosten senken zu können, weil Löhne und Arbeitsbedingungen bei den externen Vereinen und Sozialunternehmen meist schlechter sind als in der tarifgebundenen Kommunalverwaltung. Der Preis in der kurzen Frist, nicht die Qualität und die Nachhaltigkeit bei den Ergebnissen, wird zum entscheidenden Datum. Bei neuen Aufgaben wiederum schaffen die Entscheidungsträger gleichfalls überwiegend keine nachhaltig finanzierten Strukturen. Ersatzweise gibt es Aktionismus mit kurzatmigen Projekten, deren Effektivität fragwürdig ist. Unter diesen – politisch so gewollten – institutionellen und personellen Bedingungen hängt es letztlich von der Gemeinde ab, wo ein Kind zur Welt kommt und aufwächst, ob im Bedarfsfalle die Eltern und das Kind selbst wirksame Hilfe erhalten oder nicht.

---

[335] In Gelsenkirchen wird seit 2005 eine Familienförderung umgesetzt, die sich an alle Eltern richtet und Begrüßungshausbesuche zur Kindesgeburt ebenso beinhaltet wie (seit 2006) ein Elternschulangebot. Die Akzeptanzquote der Eltern liegt bei über 80 Prozent. Über den Ansatz berichteten Holle Weiß und Ina Woelk beim Kongress „Bildung in der Stadt", den der Deutsche Städtetag am 22./23.11.2007 in Aachen abhielt. Für nähere Informationen siehe http://www.staedtetag.de/ > Suche „Bildung in der Stadt" > Vorträge (letzter Zugriff: 12.08.2012).

### 5.2.2.2 Kinder- und Jugendhilfe – Leistungsumfang nach Bereichen

Die deutsche Statistik zur Jugendhilfe und Jugendarbeit besteht aus unterschiedlichen Segmenten. Die meisten Segmente erscheinen jährlich.[336] Einige Statistiken erscheinen aber auch nur im Vier-Jahres-Turnus. So die Statistik zu den „Einrichtungen (ohne Tageseinrichtungen für Kinder) und tätigen Personen". Die letzte Veröffentlichung datiert hier vom 27. Januar 2012 mit Daten bis 2010. Auch die Statistik zu den Maßnahmen der Jugendarbeit erscheint nur vierjährig. Die letzte Veröffentlichung mit Daten bis 2008 erfolgte 2009. Nachfolgend seien unter Aussparung der Kinderbetreuungseinrichtungen (incl. Tagespflege) einige zentrale Leistungs- und Falldaten zusammengetragen. Bei der Betrachtung der Ausgabenentwicklung wird die Kinderbetreuung dann einbezogen.

*Hilfen zur Erziehung als Rückgrat*

Rund 519.000 erzieherische Hilfen durch das Jugendamt oder eine Erziehungsberatungsstelle gab es im Jahr 2010. Statistisch erhielten damit 3,3 Prozent der Kinder und Jugendlichen im Alter von 1 bis 20 Jahren eine erzieherische Hilfe. Kinder bis 13 Jahre stellten mit 71 Prozent die größte Gruppe. Unter den Hilfen überwiegt mit zwei Dritteln die Erziehungsberatung. Auch an der familienergänzenden Hilfe in Form einer Tagesgruppenerziehung waren Kinder anteilsmäßig mit über 90 Prozent am häufigsten beteiligt, ebenso an Maßnahmen der sozialpädagogischen Familienhilfe. Unter den Kindern und Jugendlichen, die 2010 neu in Pflegefamilien untergebracht wurden, stellen die unter Dreijährigen ein Drittel.

Obwohl damit eine Konzentration der Maßnahmen bei Kindern festzustellen ist, zeigt sich doch auch eine Spitze bei Jugendlichen in der Pubertät. Bei Maßnahmen der Erziehung in Heimen und sonstigen betreuten Wohnformen (§ 34 SGB VIII) stellten zum 31.12.2010 die 12- bis 15-Jährigen einen Anteil von fast 37 Prozent. Demgegenüber entfielen nur 26 Prozent auf die 1- bis 12-Jährigen. Von 2008 bis 2010 stiegen bei der Heimunterbringung die Fallzahlen (Stichtag: 31.12.) um 7,7 Prozent auf 63,2 Tsd. Kinder und Jugendliche. Weit überdurchschnittliche Zunahmen von mehr als 10 Prozent gab es in den Altersgruppen von 6 bis 14 Jahren. Um über 20 Prozent stiegen binnen 2 Jahren die Fallzahlen bei Kindern und Jugendlichen mit Migrationshinter-

---

[336] So die Einnahmen- und Ausgabenstatistik, die Statistik zu den Erzieherischen Hilfen, Eingliederungshilfen und der Heimerziehung, die Kita-Statistik und die Statistik zu den Pflegschaften, zu Sorgerechtsentzug etc.

grund. Sie stellen mittlerweile ein Viertel der in Sonderwohnformen betreuten Kinder und Jugendlichen.[337]

*Inobhutnahme und Sorgerechtsentzug steigen*

Die schärfte Intervention besteht darin, ein Kind aus seiner Familie herauszunehmen. Meist handelt es sich um eine akute Notmaßnahme. Das Kind oder der Jugendliche kommt dann vorübergehend in eine geeignete Einrichtung. Die Inobhutnahme kann aufgrund von Fremdhinweisen oder auf eigenen Wunsch des Minderjährigen erfolgen. Im Jahr 2010 haben die Jugendämter in Deutschland 36.300 Kinder und Jugendliche in Obhut genommen. Das waren rund 2.600 (+8%) mehr als 2009 und 42 Prozent mehr als im Jahr 2005.[338]

An die Inobhutnahme schließen sich häufig Hilfen zur Erziehung an. Dies kann in der eigenen Familie wie auch außerhalb der eigenen Familie in Pflegefamilien oder in einem Heim erfolgen. Verknüpft mit Letzterem ist häufig ein zumindest teilweiser Sorgerechtsentzug. Entsprechende Anträge haben die Jugendämter in den letzten Jahren vermehrt gestellt und die Familiengerichte entsprachen den Anträgen auch häufiger als in der Vergangenheit. Bis etwa zum Jahr 2004 gab es jährlich knapp 9 Tsd. Gerichtsanrufungen resp. 5 bis 6 Anrufungen auf 10.000 Kinder- und Jugendliche. Seit 2004 gehen die Zahlen nach oben. Mit 16.252 Gerichtsanrufungen (12 auf 10.000) wurde im Jahr 2010 ein Rekord erreicht. Bei 12.771 Fällen erkannte das Familiengericht auf vollständigen oder teilweisen Sorgerechtsentzug.[339]

*Anzahl der Plätze in Einrichtungen ist gestiegen*

Die Gesamtzahl der Einrichtungen der Kinder- und Jugendhilfe (ohne Einrichtungen der Kindertagesbetreuung) lag zum Jahresende 2010 bei 29.200, was gegenüber der letzten Erhebung (2006) ein Plus von 5 Prozent bedeutet. Bei öffentlichen und freien Trägerschaften gab es gegenläufige Entwicklungen: einen Rückgang um 1,8 Prozent bei öffentlichen Trägerschaften und eine Zunahme um 4,6 Prozent bei freien Trägerschaften. 76 Prozent aller Jugend-

---

[337] Angaben nach Destatis (2011): Statistik der Kinder- und Jugendhilfe Teil I, Erzieherische Hilfe, Eingliederungshilfe für seelisch behinderte junge Menschen, Hilfe für junge Volljährige; Tabelle „ZR: Heimerziehung" (Erschienen am 19.12.2011).

[338] Quelle: Destatis, PM Nr.265 vom 13.07.2011.

[339] Destatis (2011): Statistiken der Kinder- und Jugendhilfe. Pflegschaften, Vormundschaften, Beistandschaften, Pflegeerlaubnis, Sorgerechtsentzug, Sorgeerklärungen 2010.

hilfeeinrichtungen werden von kirchlichen Trägern und sonstigen Trägern der freien Wohlfahrtspflege betrieben. Zu den Einrichtungen der Kinder- und Jugendhilfe zählen unter anderem Einrichtungen für Heimerziehung, Jugendarbeit, Frühförderung sowie Jugendzentren, Familienferienstätten und Erziehungs-, Jugend- und Familienberatungsstellen.

Die Einrichtungen der Kinder- und Jugendhilfe sind ein wichtiger Arbeitgeber. Ohne das in der Hauswirtschaft und Technik beschäftigte Personal gab es 2010 195,2 Tsd. Beschäftigte. Fast 50.000 Personen sind in der Heimerziehung tätig und mehr als 20.000 in der offenen Jugendarbeit. Nach Köpfen stieg die Beschäftigtenzahl um 15 Prozent. Daten zur Entwicklung bei den rechnerischen Vollzeitkräften liegen nicht vor.

*Jugendarbeit im Rückwärtsgang*

Gegenläufig zum starken Fallzahlenanstieg bei den gesetzlichen Jugendhilfemaßnahmen, sind bei der Jugendarbeit Einschnitte zu registrieren. 1996 gab es 130 Tsd. Maßnahmen, 2008 aber nur noch 89 Tsd. Die Zahl der Teilnehmenden sank bei der Kinder- und Jugenderholung von 2,53 Mio. im Jahr 1996 über 2,45 Mio. im Jahr 2000 auf noch 1,57 Mio. im Jahr 2008. In absoluten Zahlen bedeutet dies einen Rückgang um 38 Prozent. Ähnlich hoch (-34%) ist der Einbruch bei der internationalen Jugendarbeit, während die außerschulische Jugendarbeit weniger Federn lassen musste. Der Einbruch fiel über alle drei Maßnahmenbereiche hinweg bei den freien Trägern doppelt so stark aus (-33%) wie bei den öffentlichen Trägern (-14%); auf Letztere entfällt allerdings nur ein Viertel der Teilnehmenden. *Abbildung 13* gibt die Entwicklung über 12 Jahre wieder. Um den demografischen Struktureffekt zu neutralisieren, sind nicht die Absolutzahlen der Teilnehmenden an den drei Maßnahmenarten Kinder- und Jugenderholung, außerschulische Jugendbildung und Internationale Jugendarbeit angegeben, sondern die Dichteziffer auf 1.000 Jugendliche unter 20 Jahren. Dies mindert das Ausmaß der Einbrüche, ändert am Trend aber nichts. Deutlich sichtbar wird, dass bei allen drei Aufgabenfeldern nach dem Jahr 2000 ein Rückgang zu verzeichnen ist. Bei der Kinder- und Jugenderholung lag die Dichteziffer im Jahr 2000 noch bei rd. 141, sank bis 2004 aber auf knapp 117 und bis 2008 auf nur noch knapp 99. Um 30 Prozent sind die relativen Teilnehmerzahlen binnen acht Jahren gesunken. Mit einem gesunkenen Bedarf lässt sich dies nicht erklären. Im Gegenteil. Die Arbeitsmarktreformen hatten auch den Effekt, dass die Zahl armer Kinder in die Höhe ging. Der soziale Bedarf ist gestiegen, nicht gesunken. Der Einbruch bei der internationalen Jugendarbeit entspricht dem bei der Kinder- und Jugenderholung. Geringer ausgeprägt ist demgegenüber der Rückgang bei der außerschulischen Jugendbildung. Bis zum Jahr 2000 gab es hier eine Zunahme, dann eine Abnahme und nach 2004 wieder eine Zunahme. Die Durchführung von Maßnahmen der Jugendarbeit liegt weitgehend bei freien Trägern. In die Abbildung aufgenommen sind – siehe die Säulen rechts – die Zahlen zur Entwicklung bei öffentlichen, überwiegend kommunalen Träger. Abgesehen von der außerschulischen Jugendbildung, die verstärkt wurde, finden wir hier die gleiche Tendenz wie bei den Trägern insgesamt.

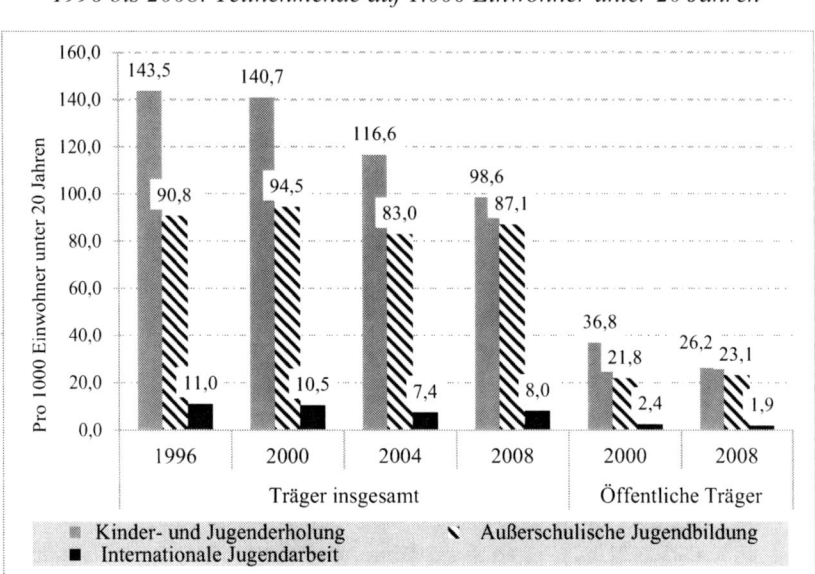

*Abbildung 13: Entwicklung der Jugendarbeit (öffentliche und freie Träger) 1996 bis 2008: Teilnehmende auf 1.000 Einwohner unter 20 Jahren*

| | Träger insgesamt | | | | Öffentliche Träger | |
|---|---|---|---|---|---|---|
| | 1996 | 2000 | 2004 | 2008 | 2000 | 2008 |
| Kinder- und Jugenderholung | 143,5 | 140,7 | 116,6 | 98,6 | 36,8 | 26,2 |
| Außerschulische Jugendbildung | 90,8 | 94,5 | 83,0 | 87,1 | 21,8 | 23,1 |
| Internationale Jugendarbeit | 11,0 | 10,5 | 7,4 | 8,0 | 2,4 | 1,9 |

**Quelle**: Statistisches Bundesamt (2009b): Tabelle ZR1, eigene Auswertung

## 5.2.3 Vergleich von Deutschland mit Dänemark anhand der Jugendhilfeausgaben

Bei den gesellschaftlichen Basistrends sind zwischen allen Vergleichsländern Gemeinsamkeiten festzustellen. Es gibt einen zunehmenden Bedarf an Hilfemaßnahmen, wobei alle Länder den Versuch unternehmen, die präventive Komponente zu stärken, um teure Unterbringungen in Heimen und betreuten Wohnformen zu vermeiden. Trotz aller Anstrengungen gelingt dies nur partiell. Bei Dänemark zeigt sich in der langen Frist, dass die Zahlen zeitweise zurückgehen, dann aber wieder ansteigen. Auf die jeweilige Altersgruppe bezogen, gibt es in Deutschland einen geringeren Anteil von Kindern und Jugendlichen, die außerhalb ihrer Familie leben, als in Dänemark. Allerdings sind die deutschen Zahlen nur bedingt belastbar. Es gibt keine Gesamtstatistik der Kinder und Jugendlichen, die außerhalb ihrer Familien wohnen. Zu Heimen und betreuten Wohnformen gibt es Daten, nicht aber zu Pflegefamilien und anderen Unterbringungsformen. Demgegenüber existiert in Dänemark eine Registerstatistik, die auch Internatsunterbringungen mit einschließt. Diese Erfassungsunterschiede mindern die Vergleichbarkeit, ändern aber nichts an dem Befund, dass die Zahlen in Deutschland tendenziell steigen.

Wie haben sich nun die Jugendhilfeausgaben in Deutschland entwickelt? Angesichts der starken Zunahmen bei den Fallzahlen der Hilfe zur Erziehung für Einzelne und Gruppen außerhalb von Einrichtungen wie auch der Unterbringung in betreuten Wohnformen ist kaum verwunderlich, dass auch die Ausgaben stark gestiegen sind. Bund, Länder und Gemeinden zusammen gaben 2010 brutto rd. 29 Mrd. € und nach Abzug der Einnahmen noch 26,3 Mrd. € für Leistungen und Aufgaben der Kinder- und Jugendhilfe (incl. Familienhilfe) aus. Gut ein Viertel der Bruttoausgaben (26%) – insgesamt mehr als 7,5 Mrd. € – wendeten die öffentlichen Träger für Hilfen zur Erziehung auf. Davon entfielen etwa 4,1 Mrd. € auf die Unterbringung junger Menschen außerhalb des Elternhauses in Vollzeitpflege, Heimerziehung oder in anderen betreuten Wohnformen. Auch die Ausgaben für sozialpädagogische Familienhilfe sind gestiegen und erreichen jetzt 729 Mio. €. Stark am Ausgabenwachstum beteiligt ist der Ausbau der Kindertagesbetreuung. Bei den Bruttoausgaben für Einrichtungen entfallen 60 Prozent auf Kindertageseinrichtungen und die Tagespflege.

Weit unterdurchschnittlich gewachsen sind die Ausgaben für Jugendarbeit. Die maßnahmenbezogenen Ausgaben von Bund, Ländern und Kommunen stiegen netto von 395 Mio. (1998) auf 530 Mio. (2009) und wurden 2010 auf 529 Mio. € eingekürzt. Wie dargestellt, konnten unter diesen Finanzierungsbedingungen reale Kürzungen im Leistungsumfang (vgl. Abb. 13) nicht vermieden werden. Die Ausgaben für Einrichtungen der Jugendarbeit wie Jugendclubs, Jugendzentren, Jugendherbergen stiegen im Beobachtungszeitraum bescheiden um 19 Prozent von 825,4 Mio. € (1998) auf 981,4 Mio. € (2010). Preisbereinigt liegt hier eine Stagnation vor. Brutto wurden für die Jugendarbeit 2010 insgesamt 1,6 Mrd. € eingesetzt. Die Ausgaben für vorläufige Schutzmaßnahmen, zu denen insbesondere die Inobhutnahme bei Gefährdung des Kindeswohls gehört, stiegen überdurchschnittlich von rd. 145 Mio. € im Jahr 2009 auf rd. 165 Mio. € im Jahr 2010 (+13,5%).

*Tabelle 27* gibt im ersten Abschnitt einen Überblick zur Entwicklung der reinen Ausgaben nach Hilfemaßnahmen und Einrichtungen, um danach die Ausgaben für Einrichtungen (ohne Kinderbetreuung) nach Bereichen aufzuschlüsseln. Aus dem dritten Tabellenabschnitt kann entnommen werden, wie sich einschließlich der Kinderbetreuung die Ausgaben bezogen auf Einwohner im Alter bis unter 20 Jahren entwickelt haben. Wie ersichtlich, erfolgte der größte Ausgabenzuwachs bei den Hilfen für Individuen und Gruppen (+84%). Auf Einwohner im Kinder- und Jugendalter bezogen, haben sich die Hilfeausgaben verdoppelt und erreichen jetzt 656 €. Fast 60 Prozent davon entfallen auf „Hilfe zur Erziehung". Die Jugendsozialarbeit stellt zwar nur einen geringen Anteil von 3 Prozent, wuchs aber überdurchschnittlich. Das größte Wachstum verzeichnet unter den Hilfeausgaben die Förderung von Kindern in Tageseinrichtungen (+189,7%). Die Ausgaben für Einrichtungen wuchsen trotz des Ausbaus der Kinderbetreuung unterdurchschnittlich. Pro Kind und Jugendlichem unter 20 Jahren wurden 1998 570 € und 2010 mit 1.023 € doppelt so viel verausgabt. Der Zuwachs ist dem Ausbau bei den Tageseinrichtungen für Kinder geschuldet. 1998 entfielen gut 70 Prozent der einrichtungsbezogenen Ausgaben auf diesen Bereich; 2010 waren es 78 Prozent. Die Anfang 2012 publizierte Statistik über Ausgaben und Einnahmen der Kinder- und Jugendhilfe differenziert lediglich zwischen öffentlichen und freien Trägern. Welche Ausgaben von den Gemeinden getätigt wurden (Ausgaben der Jugendämter und sonstige Ausgaben bei kreisangehörigen Gemeinden) lässt sich nicht entnehmen. Auch wird dort, wo öffentliche Trägerschaften vorliegen, nur noch zwischen laufenden und investiven Ausgaben unterschieden. Die Personalausgaben verschwinden in der Sammelrubrik „Personalausgaben, sonstige laufende Ausgaben". Dies ist gegenüber früheren Statistiken als Informationsverlust zu werten. Greifen wir auf die Daten für 2008 zurück, wo noch eine andere Darstellung praktiziert wurde, erhalten wir folgendes Bild. Von den Bruttoausgaben für Hilfemaßnahmen und Einrichtungen in Höhe von 24,6 Mrd. € entfielen 85,4 Prozent auf Jugendämter und kreisangehörige Gemeinden. Die Personalausgabenquote betrug im Schnitt 28 Prozent (6,9 Mrd. €). In diesem vergleichsweise geringen Wert drückt sich aus, dass die Leistungserbringung in hohem Maße outgesourct ist. An der Finanzierung der Kinder- und Jugendhilfe sind auch Länder und Bund beteiligt. Die Länder beteiligten sich 2008 mit rd. 10 Prozent an der Finanzierung öffentlicher Träger und mit 19 Prozent an den Zuschüssen für freie Träger. Der Bund finanzierte nur ein Prozent der Ausgaben.

*Tabelle 27: Entwicklung der reinen Ausgaben der Kinder- und Jugendhilfe in Deutschland 1998 bis 2010 nach Bereichen*

| | 1998 | 2002 | 2006 | 2010 | Veränderung 1998 bis 2010 (%) |
|---|---|---|---|---|---|
| Ausgaben der Kinder- und Jugendhilfe insgesamt (Mio. €) | 15.705,4 | 17.999,2 | 18.752,6 | 26.276,8 | 67,3 |
| Hilfemaßnahmen (Einzelne u. Gruppen) | 5.591,2 | 6.417,8 | 7.638,0 | 10.263,5 | 83,6 |
| Einrichtungen (incl. Kitas) | 10.114,2 | 11.581,4 | 11.114,6 | 16.013,2 | 58,3 |
| **Ausgaben für Einrichtungen (ohne Kinderbetreuung) Mio. €** | | | | | |
| Einrichtungen der Jugendarbeit | 825,4 | 948,7 | 894,4 | 981,4 | 18,9 |
| Jugendsozialarbeit | 54,1 | 80,4 | 67,8 | 65,3 | 20,6 |
| Beratungsstellen | 231,3 | 282,5 | 265,5 | 282,2 | 22,0 |
| Einrichtungen für Erziehungshilfe (incl. Inobhutnahme) | 225,1 | 278,4 | 164,5 | 175,8 | -21,9 |
| Sonstiges (incl. Einrichtungen der Mitarbeiterfortbildung) | 100,3 | 117,7 | 79,5 | 103,7 | 3,3 |
| **Ausgaben insgesamt** | 1.436,2 | 1.707,6 | 1.471,7 | 1.608,4 | 12,0 |
| **Ausgaben für Hilfen und Einrichtungen pro EW von 1 bis 20 Jahren (€)** | | | | | |
| Hilfeausgaben | 315,2 | 367,0 | 456,3 | 655,9 | 108,1 |
| Jugendarbeit | 22,3 | 25,2 | 26,8 | 33,8 | 51,9 |
| Jugendsozialarbeit | 8,0 | 8,9 | 9,7 | 20,4 | 155,4 |
| Förderung von Kindern in Tageseinrichtungen | 46,7 | 33,4 | 85,8 | 135,2 | 189,7 |
| Hilfe zur Erziehung | 193,7 | 238,5 | 260,8 | 370,4 | 91,3 |
| Einrichtungen | 570,2 | 662,3 | 664,0 | 1.023,3 | 79,5 |
| Jugendarbeit | 46,5 | 54,3 | 53,4 | 62,7 | 34,8 |
| Jugendsozialarbeit | 15,8 | 19,3 | 15,5 | 11,3 | -28,5 |
| Erziehungshilfe | 13,0 | 16,2 | 15,9 | 11,2 | -13,8 |
| Tageseinrichtungen für Kinder | 449,3 | 524,3 | 538,1 | 898,9 | 100,1 |
| Personalausgaben der Jugendhilfeverwaltung | 39,9 | 40,3 | 38,0 | 21,6 | -45,9 |
| **Ausgaben insgesamt** | 885,4 | 1.029,3 | 1.120,3 | 1.679,1 | 89,6 |
| Ausgaben ohne Kitas | 436,1 | 505,0 | 582,2 | 780,2 | 78,9 |

Quelle: Statistisches Bundesamt (2012a): Tabelle ZR1 und ZR2; eigene Auswertung

Die Zahlen zur Ausgabenentwicklung muten auf den ersten Blick beachtlich an. Im Vergleich allerdings zu den skandinavischen Ländern, hier repräsentiert durch Dänemark, relativiert sich dies. Wegen der anderen Art der Gliederung von Aufgaben und damit auch der ihnen zugewiesenen Ausgaben sowie der in Skandinavien überwiegend kommunalen Trägerschaften im Unterschied zur Dominanz freier resp. privater Trägerschaften in Deutschland, sind direkte Vergleiche schwierig. Auch die statistisch erhobenen Merkmale decken sich nur teilweise. Gleiches gilt für den zugrunde liegende Ausgabenbegriff. Deshalb wird davon abgesehen, die Daten in einer Tabelle zusammen zu führen. Bei Betrachtung der Ausgaben, die im Jahr 2010 pro Einwohner bis 20 Jahre getätigt wurden, erscheinen folgende Befunde belastbar:[340]

- **Gesamtausgaben (incl. Kitas)**: Bund, Länder und Gemeinden gaben pro Kopf der Generation 1-20 Jahre knapp 1.680 € aus. Rund 85 Prozent davon dürften auf die Kommunen entfallen sein. In Dänemark gaben die Kommunen 4.200 € aus. Somit erreichen die deutschen Jugendhilfeausgaben knapp 40 Prozent des dänischen Niveaus. Werden nur die kommunalen Ausgaben berücksichtigt, ist es noch etwas weniger.

- **Gesamtausgaben (ohne Kitas)**: Ohne die Kindertagesstätten wurden in Deutschland pro Kopf der Generation 1-20 Jahre noch 780 € und in Dänemark rd. 1.900 € verausgabt. Die deutschen Ausgaben erreichen hier ebenfalls um die 40 Prozent des dänischen Niveaus.

- **Kindertagesstätten (Kitas)**: Auf sie entfällt in Deutschland wie in Dänemark der größte Teil der Ausgaben. In Deutschland waren es rd. 900 €. Rechnet man die Förderung von Kindern in Tageseinrichtungen hinzu, steigt der Betrag auf 1.034 € verglichen mit 2.257 € in Dänemark. Erneut liegen die dänischen Ausgaben um mehr als das Doppelte höher.

- **Hilfen zur Erziehung, präventive Arbeit, Jugendsozialarbeit etc.**: Dieser Bereich ist schwer vergleichbar. Was in Deutschland unter „Hilfen zur Erziehung" und „Einrichtungen der Erziehungshilfe" erfasst ist, wird in Dänemark unter präventive Maßnahmen und diversen Arten von Einrichtungen gefasst. Die Abgrenzungen unterscheiden sich. Grob kann gleichwohl gesagt werden, dass in Deutschland die Ausgaben pro Einwohner im jugendlichen Alter etwa 430 € betragen. Hierin sind dann auch die Personalausgaben der Jugendhilfeverwaltung mit erfasst, die sich natürlich nicht nur auf diesen Bereich beziehen. In Dänemark betragen die Ausgaben für Prävention, Vollpflege, Jugendtageszentren und betreute Wohnformen zu-

---

[340] Zu berücksichtigen ist, dass die Ausgaben bei Deutschland investive Ausgaben beinhalten, bei Dänemark aber nicht; andererseits sind die von Einrichtungen erwirtschafteten Einnahmen bei Deutschland abgezogen, bei Dänemark aber nicht. Auch mindert sich die deutsch-dänische Differenz leicht, wenn eine Gewichtung mit dem in Dänemark höheren BIP je Einwohner vorgenommen wird.

sammen knapp 1,4 Tsd. €. Auch hier also erreichen die deutschen Ausgaben nur rd. 46 Prozent des dänischen Niveaus.

- **Jugendarbeit**: Die offene Jugendarbeit fällt nicht unter die kommunalen Pflichtaufgaben. Eine unter Spardiktat stehende Gemeinde kann demnach Jugendhäuser schließen und Maßnahmen der offenen Jugendarbeit reduzieren, um Geld einzusparen. Ein andere Strategie besteht darin, die Zuschüsse für Vereine so weit zu kürzen, dass kaum noch professionelle Kräfte beschäftigt werden können. Vor dem Hintergrund dieser Sparbemühungen ist die Entwicklung bei den Maßnahmen und Einrichtungen der offenen Jugendarbeit zu sehen. In Deutschland sind die Ausgaben unterdurchschnittlich gewachsen, aber sie sind gewachsen. In Dänemark ist im Zeitraum ab 2007 ein realer Rückgang zu verzeichnen; die nominalen Pro-Kopf-Ausgaben stiegen kaum (vgl. Tab. 26). Angesichts des hohen Ausgangsniveaus erreichen die deutschen Ausgaben gleichwohl nur rd. 35 Prozent des dänischen Niveaus; gewichtet mit der unterschiedlichen Wirtschaftskraft wären es leicht über 40 Prozent.

- **Personalausgaben**: Der größte Unterschied zwischen Deutschland und Dänemark besteht nicht nur darin, dass in Deutschland schon traditionell private Trägerschaften (freie, insbesondere kirchliche Wohlfahrtspflege und zunehmend auch privat-gewerbliche Anbieter) eine viel größere Bedeutung haben. Wie im Kapitel 4 dargelegt, ging die Schere beim von Städten, Gemeinden und Landkreisen beschäftigten Personal in der jüngeren Vergangenheit immer weiter auseinander (siehe Abb. 7). Die neoliberale Ideologie des Gewährleistungsstaates prägt das Handeln der Entscheidungsträger schon länger, ist mittlerweile aber auch bei der Jugendhilfestatistik insoweit angekommen, als nur noch die Personalausgaben der Jugendhilfeverwaltung, nicht aber die bei kommunalen Trägerschaften anfallenden Personalausgaben überhaupt erfasst werden. Bei der Jugendverwaltung selbst gingen die Personalausgaben in den letzten Jahren dramatisch in den Keller (siehe Abb. 12). Von 2007 auf 2010 sanken die Ausgaben pro Einwohner der Generation bis 20 Jahren um 40 Prozent von 36 € auf 22 €. Demgegenüber stiegen sie in Dänemark um 18 Prozent von 79 € auf 93 €. 2008 waren in Deutschland 32 Prozent der Bruttoausgaben kommunaler Kinder- und Jugendhilfepolitik Personalausgaben. Dieser Anteil dürfte auf vielleicht noch ein Viertel gesunken sein, weil zunehmend Leistungen eingekauft werden. In Dänemark blieb die Personalausgabenquote demgegenüber stabil. Im Beobachtungszeitraum (Phase seit der Kommunalreform von 2007) schwankte sie zwischen knapp 81 und knapp 83 Prozent. Nominal stiegen die Personalausgaben um 14 Prozent. 2010 wurden allein für die Löhne der kommunalen MitarbeiterInnen, die in den Bereichen „Preventive arrangements for children and young people" und „24-hour care centers for children and young people" im Einsatz waren, pro Einwohner bis 20 Jahre 441 € ausgegeben. Das ist mehr als in Deutschland für Maßnahmen der Hilfe zur Erziehung, der Jugendarbeit und der Jugendsozialarbeit zusammen eingesetzt wurden (425 €).

Wählen wir als Bezugsgruppe die Einwohner insgesamt, so lagen die dänischen Pro-Kopf-Ausgaben 2010 incl. der institutionellen Kinderbetreuung bei 1.031 € und ohne Kinderbetreuung rd. 550 € niedriger. In Deutschland wurden pro Kopf von Bund, Ländern und Gemeinden insgesamt 321 € eingesetzt. Zwischen den Bundesländern gab es dabei erhebliche Unterschiede.[341] In den Stadtstaaten liegen die reinen Ausgaben pro Einwohner (incl. Kitas) dicht beieinander (jeweils rd. 440 €). Von den Flächenländern weist Hessen (369 €) die höchsten und Schleswig-Holstein (239 €) die geringsten Ausgaben auf.

Wie fügen sich die anderen skandinavischen Länder ins Bild. Grundsätzlich kann gesagt werden, dass die norwegischen Kommunen die höchsten Pro-Kopf-Ausgaben tätigen, gefolgt von Dänemark und Finnland. Schweden ist abgefallen; Island folgt mit einigem Abstand. Im Kapitel 3.3 (Teil A) wurden Länderprofile skizziert. Dies anhand der kommunalen Ausgaben in € pro Einwohner, die nach der COFOG-Gliederung von Staatsaufgaben auf einzelne Abteilungen entfallen. Nicht alle Länder liefern an Eurostat auch die Daten zu den COFOG-Unterabteilungen. Eine Unterabteilung von Soziales betrifft die Ausgaben für Familie und Kinder. Siehe zu Finnland, Island, Norwegen und Schweden die Tabellen 15 bis 18. Die darin enthaltenen kommunalen Pro-Kopf-Ausgaben sind mit den Daten der deutschen Jugendhilfestatistik aber nicht vergleichbar. Bei COFOG werden – dies wurde oben erläutert – die Betreuungseinrichtungen für Kinder ab 3 Jahren zur Abteilung Bildung gerechnet, während die Ausgaben für jüngere Kinder (Krippenplätze, Tagespflege) unter Soziales verbucht werden. Abweichend davon erfasst die deutsche Statistik den Gesamtbereich der Kinderbetreuung doppelt: einmal unter Bildung und dann auch unter Soziales.[342] Berücksichtigt man dies sowie den

---

[341] Destatis (2012a): Tabelle LT 3 „Ausgaben (Auszahlungen) und Einnahmen (Einzahlungen) für die Jugendhilfe 2010, insgesamt nach Ländern".

[342] Diese Doppelzählung und ein bunter Strauß von problematischen Steuersubventionen machen die deutsche Familienpolitik teuer und ineffektiv: *„187 Milliarden Euro gibt der deutsche Staat jedes Jahr für Familien aus"*, schreiben etwa Elisabeth Niejahr und Marc

Umstand, dass ca. 85 Prozent der Jugendhilfeausgaben auf Kommunen entfallen, dürften die kommunalen Pro-Kopf-Ausgaben für Familie und Kinder gemäß der COFOG-Gliederung im Jahr 2010 kaum über 200 € betragen haben. In Norwegen betrugen die Ausgaben pro Einwohner im Jahr 2010 1.251 €, in Dänemark um die 900 €, in Finnland 658 € und in Island rd. 376 €. Schweden gab nach den Eurostat-Daten pro Einwohner im Jahr 2009 nur knapp 290 € aus (vgl. Tab. 18). Nach den Daten der amtlichen schwedischen Statistik beliefen sich die Nettoausgaben (incl. der vermögenswirksamen Ausgaben) der schwedischen Gemeinden dagegen auf 357 € für Kinder und Familien und auf 639 € für Kinderbetreuung. Eine beachtliche Diskrepanz, die hier nur festgesellt und nicht erklärt werden kann.

### 5.3 Kindertageseinrichtungen

„Member States should remove disincentives to female labour force participation and strive,(...) to provide childcare by 2010 to at least 90% of children between 3 years old and the mandatory school age and at least 33% of children under 3 years of age." (Zielfestlegung der europäischen Gemeinschaft, beschlossen auf dem Barcelona-Gipfel von 2002)

*Vorbemerkung zur Datenlage*

Gleichermaßen in Deutschland wie den skandinavischen Ländern gehört es zu den kommunalen Pflichtaufgaben, Eltern bei der Erziehung ihrer Kinder durch Angebote professioneller Kinderbetreuung zu unterstützen. Da zugleich die europäische Gemeinschaft Ausbauziele unter sowohl Bildungsgesichtspunkten (Lissabon-Prozess) wie auch unter dem Gesichtspunkt der Beseitigung von Hemmnissen vollwertiger Arbeitsmarktpartizipation von Frauen (Barcelona-Prozess, vgl. obiges Zitat) beschlossen hat, sind die Mitgliedsstaaten gehalten, Erhebungen so vorzunehmen, dass hinsichtlich wesentlicher Merkmale Vergleichbarkeit gegeben ist. Anders als in Bereichen, die keinem europäischen Prozess der Erreichung von Mindestzielen unterliegen, wie dies bei der gerade behandelten Kinder- und Jugendpolitik der Fall ist, stellt die institutionelle Kinderbetreuung damit ein Politikfeld dar, wo die Abgrenzung zentraler Merkmale harmonisiert ist. Dies gewährleistet ein Mindestmaß an Vergleichbarkeit.[343] Andererseits, die Barcelona-Ziele sollen im Rahmen natio-

---

Brost in „Vater, Mutter, Geld. Die staatliche Familienpolitik kostet viel und hilft dafür wenig" (in: DIE ZEIT Nr. 12 v. 15.03.2012, S. 25).

[343] Harmonisiert ist z.B. die Altersgruppenabgrenzung, denn die professionelle Betreuung von Kindern ab dem 3. Lebensjahr bis zum Schuleintritt zählt international zum

naler Entwicklungspfade erreicht werden. Da sich die national unterschiedlichen Pfade in Unterschieden bei den statistischen Erhebungskonzepten widerspiegeln, kann volle Vergleichbarkeit nicht erwartet werden. Erfassungsunterschiede bleiben bestehen. Man mag dies bedauern. Andererseits jedoch liefern die Unterschiede wertvolle Zusatzinformationen zum politischen Herangehen, zur Reichweite und Betreuungsintensität der Einrichtungen und auch dazu, wo und wie Länder Prioritäten setzen. Schon die Reichweite differiert. Dies auch innerskandinavisch mit entsprechenden Unterschieden in der statistischen Erfassung. In Dänemark umfasst das Childcare-Angebot die Altersspanne von 0 bis 18 Jahren, in Schweden nur von 1 bis 12 Jahren. Kommunale Pflicht ist es, auf die einzelnen Altersgruppen bezogen genügend Plätze vorzuhalten. Im vorschulischen Bereich geht es dabei um Ganztagsangebote, im schulischen Bereich um Betreuung in den Tagesrandlagen vor und nach dem schulischen Unterricht sowie am Wochenende. Auch in Deutschland ist die Kinderbetreuung nicht auf den vorschulischen Bereich begrenzt. Schulbegleitend gibt es Hortbetreuungen. Sie existieren aber nicht flächendeckend und erreichen Kinder nur bis zum 10. Lebensjahr; die Statistik ist entsprechend abgegrenzt.

Zwei weitere wesentliche Unterschiede – sie spiegeln sich gleichfalls in der statistischen Erfassung – sind darin zu sehen, dass in den skandinavischen Ländern die Bedürfnisse der Eltern hinsichtlich des zeitlichen Umfangs der Betreuung sowie die Planung und Sicherstellung der von der frühpädagogischen Forschung empfohlenen Qualitäten einen weit höheren Stellenwert haben als in Deutschland. Dementsprechend wird die zeitliche Inanspruchnahme für jede Altersgruppe stundenscharf und das pädagogische Fachpersonal nach Ausbildungsniveau sehr genau erfasst. Für die kommunale Planung des Angebotes und die zentralstaatliche Planung der Bereitstellung von Ausbildungskapazitäten sind dies unverzichtbare Eckdaten. Kommunen können so langfristig planen und nachweisen, dass den Elternwünschen entsprochen und qualitative Standards tatsächlich erreicht werden. Die deutsche Kita-Planung orientiert sich mehr an der formalen Erfüllung der quantitativen Ausbauziele als daran, die Elternwünsche hinsichtlich von Öffnungszeiten zu erfüllen und die Ausbildungs- und Personalplanung so vorzunehmen, dass die fachwissenschaftlich empfohlenen Personalschlüssel erfüllt werden.

Zum deutschen Entwicklungsrückstand passt, dass erst seit 2006 (Stichtag im März) Daten erhoben werden, die hinsichtlich verschiedener Merkmale

Elementarbildungsbereich (ISCED 0), während die Betreuung von Kleinkindern als Care-Aufgabe betrachtet wird. Näheres siehe bei Heintze 2010a (53f.; 164ff.). Beim zeitlichen Umfang der Betreuung wird zwischen weniger als 30 Std. in der Woche (Halbtagsbetreuung) und mehr als 30 Std. in der Woche (Ganztagsbetreuung) unterschieden usw.

aussagekräftig und aufgrund der Einführung des Jährlichkeitsprinzips auch vergleichsweise aktuell sind. Davor wurden Daten nur alle 4 Jahre in einer Weise erhoben, die den europäischen Anforderungen nicht genügte. Die jetzige Statistik besteht aus zwei Teilen, einer Statistik der Kindestageseinrichtungen und einer Statistik der Kindertagespflege. Ziel der beiden Erhebungen ist es, einen Gesamtüberblick zur Inanspruchnahme von Angeboten der Kinderbetreuung, dem in den Einrichtungen sowie in der Tagespflege beschäftigten Personal und dem öffentlichen Mitteleinsatz zu gewinnen. Weiterhin unbefriedigend erfasst ist die Trägerstruktur. Die Daten zu betreuten Kindern, dem Betreuungsumfang und dem dabei eingesetzten Personal entlang der Zuordnung zu öffentlichen, freigemeinnützigen und privat-gewerblichen Trägern sind lückenhaft.

Die nachfolgende Darstellung orientiert sich bei den Einzeldarstellungen an den nationalen Statistiken und verdichtet dies bei der Darstellung von Gemeinsamkeiten und Unterschieden entlang von Indikatoren, die in vergleichbarer Weise abgegrenzt sind. Bei Kindern unter 3 Jahren, die eine Kindertagesstätte besuchen, wird von Krippenkindern gesprochen, bei Kindern ab 3 Jahren bis zum Schuleintritt von Kindergartenkindern, bei älteren Kindern von Hortkindern. Dies unabhängig davon, ob sich die Einrichtung, die sie besuchen, speziell an ihre Altersgruppe richtet oder altersübergreifend ausgelegt ist. Dabei allerdings ist zu berücksichtigen, dass die nationalen Begrifflichkeiten differieren. In Norwegen etwa wird der aus dem Deutschen übernommene Begriff „Kindergarten" übergreifend eingesetzt.

*5.3.1 Skandinavischer Geleitzug*

Alle fünf nordisch-skandinavischen Länder verfügen über ein flächendeckendes Netz von Kindertagesstätten für alle Altersgruppen ab zumindest dem 1. Lebensjahr (Schweden) und sonst dem 6. Monat. Der Ausbau der frühkindlichen Bildung, Erziehung und Betreuung erfolgte ab den 80er Jahren. Sukzessive wurden in der ersten Hälfte der 90er Jahre dann Rechtsansprüche auf eine qualitätsgesicherte Ganztagsbetreuung ab Geburt oder dem ersten Lebensjahr begründet. Bei der formellen Integration der Kindestagesstätten in das Bildungssystem war Island Vorreiter. Es unternahm diesen Schritt für die Ein- bis Fünfjährigen bereits mit dem Vorschulgesetz von 1994; Schweden folgte im Jahr 1996. Seit Ende der 90er Jahre greifen Bildungs-Curricula (Finnland 1996 und 2003; Schweden 1998, Norwegen 1996 und 2005, Island 1999, Dänemark 2004). Sie haben einen zwar unterschiedlichen, tendenziell aber steigenden Verbindlichkeitsgrad. Island weist den primär von Kommunen betriebenen sogenannten Spielschulen z.B. die Aufgabe zu, den Entwicklungsstand jedes Kindes jährlich mit den Eltern genau zu besprechen. Sofern Entwicklungsdefizite festgestellt werden, greifen spezielle Förderangebote. In Dänemark wiederum sind seit 2006 Kinder-Assessments vorgeschrieben, bei denen die Umwelt des Kindes aus der Kindperspektive erfasst werden soll.

Die tragende Philosophie sowie die wesentlichen Merkmalsausprägungen weisen ein hohes Maß an Übereinstimmung auf. Dies gilt für Folgendes:

- **Grundphilosophie:** Ganzheitliche Erziehung, bei der die Fürsorge, das Wohlfühlen des Kindes in der Einrichtung, die erzieherische Begleitung sowie das spielerische Lernen betont werden.

- **Elementarbildung:** Schwerpunkte bei Sprache, sozialem Lernen und der Persönlichkeitsentwicklung; Ablehnung früher Verschulung, dafür Gestaltung von Lernräumen, die Neugierde wecken.

- **Kooperation** von Kinderpflege, öffentlicher Kinderbetreuung, Vorschulen, Schulen und Freizeiteinrichtungen ist wichtig. Die Einebnung der beruflichen Qualifikationsniveaus schafft dafür eine Basis.

- **Bedarfsgerechte Angebote:** Es gibt kein starres Zeitkorsett, sondern die Angebotsentwicklung folgt dem elterlichen Bedarf. Daher existieren auch Kitas mit 24-Stunden-Betrieb.

- **Täglicher Elternkontakt** durch u.a. regelmäßige Gespräche über die Entwicklung des eigenen Kindes.

- **Hohe Professionalisierung und Einbindung in Forschung:** Schweden war Pionier beim Aufbau frühpädagogischer Forschung.

Unterschiede bestehen beim Leistungsanteil kommunaler Einrichtungen. In Norwegen gibt es traditionell eine gemischte Trägerstruktur, wohingegen in den anderen Ländern kommunale Träger lange ein Monopol hatten. Nach der Zulassung privater Anbieter stieg deren Bedeutung in Schweden relativ stark bei regional allerdings großen Unterschieden. In den anderen Ländern konnte der Privatsektor nur bescheidene Anteilsgewinne realisieren.

Wie aus *Abbildung 14* ersichtlich, ist Finnland um die Jahrtausendwende aus dem skandinavischen Geleitzug ausgeschert. Von 1998 bis 2004 stagnierten die Betreuungsquoten bei den unter Dreijährigen mit anschließend moderatem Zuwachs. Ein Erklärungsfaktor könnte die Einführung eines Betreuungsgeldes sein. Studien zeigen, dass die Inanspruchnahme von Kita-Plätzen durch derartige Anreize insbesondere bei den Kindern abgebremst wird, die vom Besuch einer Kindertagesstätte am stärksten profitieren würden: bei

Kindern aus sozial benachteiligtem Milieu oder mit einem bestimmten Migrationshintergrund.[344]

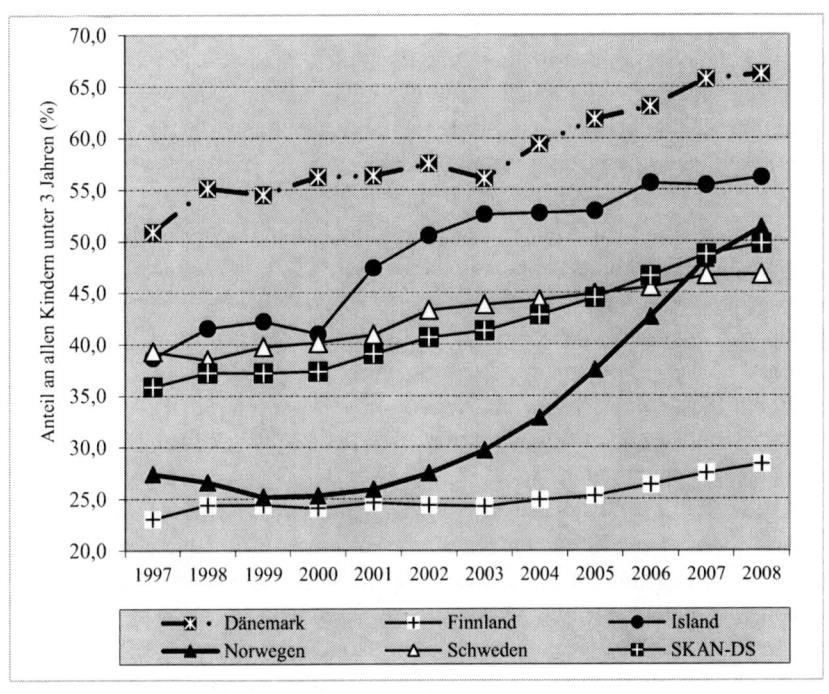

*Abbildung 14: Entwicklung der Betreuungsquoten von Kindern unter 3 Jahren in skandinavischen Ländern 1997 bis 2008*

**Erläuterung**: Dargestellt ist der gemittelte Durchschnitt aus den Betreuungsquoten von Kindern unter 1, 2 und 3 Jahren.
**Quelle**: NOSOSCO, Table CHIL03: „Children in day-care by reporting country, age, type and time"; eigene Auswertung und Darstellung

Für die Profilierung skandinavischer Kindertagesstätten gilt, dass diese als soziale Einrichtungen, bei denen Pflege, Gesundheitsfürsorge, Bildung und Erziehung mit Einbindung der Eltern ineinandergreifen, ausgeprägt sind. Der Übergang in die Grundschulen erfolgt gleitend über Vorschulklassen; sodann haben schulbegleitende Betreuungsangebote ein hohes Gewicht. Die nachfol-

---

[344] So etwa das Ergebnis einer Untersuchung des in Thüringen eingeführten Betreuungsgeldes, die im März 2012 vom Bonner Institut zur Zukunft der Arbeit (IZA) veröffentlicht wurde (Taxing Childcare: Effects on Family Labor Supply and Children, IZA Discussion Paper No. 6440; http://ftp.iza.org/dp6440.pdf; letzter Zugriff: 14.08.2012).

genden Länderporträts umreißen bei Dänemark und Schweden den Gesamtbereich der Kinderbetreuung, beschränken sich sonst aber auf den vorschulischen Bereich.

### 5.3.1.1 Dänemark

Die Historie der Entwicklung des Kindergartenwesens reicht in Dänemark bis in die 20er Jahre des 19 Jahrhunderts zurück. Sie hat damit Wurzeln, die älter sind als die von Fröbel[345] ausgegangene Kindergartenbewegung. Die ersten Vorschuleinrichtungen wurden auf privater Basis für die Kinder von Eltern, die beide berufstätig waren, gegründet. Nach 1850 entstand ein dichteres Netz solcher meist halbtags geöffneten Einrichtungen. Zielgruppe waren nicht Arbeiterfamilien, sondern bessergestellte Kreise. Dementsprechend verfolgten die Einrichtungen bereits pädagogische Ziele und dienten nicht nur der Kinderverwahrung. Der Staat stieg 1919 in die finanzielle Förderung der privaten Kindertagesstätten ein. Im Gegenzug wurden den Einrichtungen bestimmte soziale Ziele auferlegt. Die Sozialreform von 1933 erweiterte diese staatliche Förderung. Bis zu 50 Prozent ihrer Betriebsausgaben konnten die privaten Kindertagesstätten nun durch öffentliche Mittel decken, wenn sie damit sozialen Vorgaben entsprachen. Da Teile der Privateinrichtungen Kinder aus benachteiligten Familien ausgrenzten, gab es ab Ende der 40er Jahre Anläufe, auch diese Einrichtungen in den sozialen Auftrag einzubinden. Dies gelang nicht oder nur unzureichend. Mitte der 60er Jahre wurde daraufhin der Grundstein gelegt für die Organisierung kommunaler Dienste, die allen BürgerInnen unabhängig von ihrem sozioökonomischen Status offen stehen. 1964 erhielten die lokalen Behörden formell einen entsprechenden Auftrag,

---

[345] *Friedrich Wilhelm Fröbel (1782-1852)* stammte aus Thüringen. Die von ihm begründete Kindergartenbewegung vertrat einen integrativ-ganzheitlichen Ansatz. Bildung war gedacht als Persönlichkeitsbildung. Sie zielte auf den Reifungsprozess des ganzen Individuums mit all seinen Potentialen. Aufgabe der Kindergärten sollte es sein, *„Kinder des vorschulfähigen Alters nicht nur in Aufsicht zu nehmen, sondern ihnen eine ihrem ganzen Wesen entsprechende Betätigung zu geben; ihren Körper zu kräftigen, ihre Sinne zu üben und den erwachsenen Geist zu beschäftigen (...)"* (Fröbel 1843). „Personen, namentlich junge Leute beiderlei Geschlechts", die *„den Müttern gute Gehilfinnen in der Pflege der Kleinen, den Familien bessere Wärterinnen und Erzieherinnen (...)"* sind, sollten in den Kindergärten beschäftigt sein. Diese wiederum sollten auch eine Art Forschungs- und Entwicklungsauftrag haben, indem sie *„Spiele und Spielweisen zu verallgemeinern"* suchen und die Erkenntnisse *„durch Veröffentlichungen in den Zeitungen den Eltern"* weitergeben (zitiert nach der Online-Publikation von Winfried Müller: Friedrich Wilhelm Fröbel – Christ und Pädagoge: http://www.religio.de/froebel/biograd/frwm.html; letzter Zugriff: 12.08.2012).

was mit dem Social Assistance Act von 1976 dann Gesetzeskraft erlangte. Von nun an waren die Gemeinden verpflichtet, Kindertagesstätten gemäß den Bedürfnissen der Familien vorzuhalten. Diese Verpflichtung mündete Mitte der 90er Jahre in einen Rechtsanspruch für alle Kinder. Die Historie zeigt: Das kommunale Quasi-Monopol bei der Leistungserbringung entwickelte sich über eine bestimmte politische Entscheidungskaskade. Der kommunale Wohlfahrtsstaat nahm die Aufgabe erst in die eigene Hand, als sich gezeigt hatte, dass das Modell „Bindung öffentlicher Subventionierung von Privateinrichtungen an die Erfüllung sozialer Vorgaben" nicht gut funktionierte. Die Politik hat sich den unbefriedigenden Ergebnissen gestellt. Sie fand den Mut zu der Entscheidung, die Ziele kommunaler Kinderbetreuung mit eigenen Einrichtungen zu verfolgen, um so nicht länger von der Kooperation privater Träger abhängig zu sein.

Die dänischen Kinderbetreuungseinrichtungen erhielten vergleichsweise spät neben einem Auftrag von Fürsorge und Betreuung auch einen Bildungsauftrag. Dänemark tat sich mit diesem Thema schwer, weil befürchtet wurde, einer nicht gewollten Verschulung Vorschub zu leisten. Seit dem 1. August 2004 gilt ein Bildungscurriculum. Es findet Anwendung in allen Kindertagesstätten. Diese sind verpflichtet, die individuellen Fortschritte des Krippen- wie Kindergartenkindes in 6 Hauptthemenfeldern zu dokumentieren. Die Themenfelder betreffen die Persönlichkeitsentwicklung, soziale Kompetenzen, Sprachentwicklung, Körper und Bewegung, Naturverständnis und Werte.

Die dänische Kinder- und Jugendbetreuung wendet sich an Kinder von 0 bis 18 Jahren, wobei der Rechtsanspruch ab dem 26. Monat gilt. Von den knapp 1,3 Mio. Einwohnern in dieser Alterskohorte werden um die 650.000 von Betreuungsangeboten erreicht. Bezogen auf die Generation bis 18 Jahre resultieren Quoten von über 50 Prozent (2004: 650.136 entsprechend 51,7%; 2009: 652.247 entsprechend 50,7%; 2010: 656.554 entsprechend 50,9%).[346] Für das Jahr 2009 liefert *Tabelle 28* Daten zu den betreuten Kindern und Jugendlichen in verschiedenen Altersgruppen und den sich daraus ergebenden Anteilen an der gleichaltrigen Bevölkerung. Jedes zweite Kind unter 2 Jahren besucht eine Kindertagesstätte oder wird in Tagespflege durch „Childminder" betreut; bei den Zweijährigen steigt die Quote auf über 90 Prozent. Selbst von den Schulkindern nutzt mehr als ein Drittel Platzangebote in Schulhorten oder Clubs. Dieser sehr hohe Ausbaustand lässt kaum weitere Steigerungen zu. Zu erwarten ist eine Konsolidierung auf dem erreichten Niveau.

---

[346] Bei diesen Quoten muss berücksichtigt werden, dass es Kinder und Jugendliche gibt, die Doppelnutzer sind, also z.B. einen Schulhort besuchen und zugleich Mitglied in einem Jugendclub sind. Es liegt daher eine Überzeichnung vor, deren Ausmaß aber unklar ist.

Der Vorschulbereich und die schulbegleitende Betreuung ist theoretisch in folgender Weise strukturiert:[347]

- Crèche, day-care und nurseries: ab dem 6. Monat
- Integrierte Einrichtungen: ab dem 1. Lebensjahr
- Kindergärten: ab dem 2. Lebensjahr
- Vorschulklassen: Fünf- und Sechsjährige
- „School-care schemes" ab Einschulung bis zum Ende der Schulzeit, ergänzt um Club- und Freizeitangebote.

In der Praxis wird dieses Schema nicht voll eingehalten. Ein Trend geht in Richtung von integriert altersübergreifenden Einrichtungen schon ab dem 6. Monat. Allein von 2007 bis 2009 stieg bei den Krippen-Kindern von 0 bis 2 Jahren der Anteil derjenigen, die in solchen Einrichtungen betreut werden, von 34,6 auf 40,3 Prozent, wobei der Anteilsgewinn bei den unter Zweijährigen zulasten von Tagespflegeangeboten besonders ausgeprägt ist. Bei den Drei- bis Fünfjährigen stieg der Anteil im gleichen Zeitraum von 45,3 auf 51,5 Prozent. Bei den 6- bis 18-Jährigen wiederum ist eine Stärkung der schulbezogenen Angebote zu registrieren. 2009 erreichten diese Angebote 67,5 Prozent der Schulkinder. Die hier erkennbaren Trends haben sich 2010 fortgesetzt. Der Anteil von unter Dreijährigen, die formal betreut werden, stieg im Jahr 2010 nach einem leichten Rückgang wieder auf 66,4 Prozent (2009: 65%). Davon konnte auch die Tagespflege profitieren, dies aber unterdurchschnittlich. Weiter im Trend liegen altersintegrierte Einrichtungen. Die Zahl der dort betreuten Kleinstkinder unter einem Jahr stieg von 2009 auf 2010 um fast 27 Prozent.[348]

Elternwünsche haben in Dänemark ein hohes Gewicht. Die Kommunen sind gehalten, den zeitlichen Wünschen so weit wie möglich zu entsprechen. Es gibt deshalb rund um die Uhr geöffnete Einrichtungen, wo Kinder von Eltern mit Schichtarbeit Betreuung einschließlich Übernachtung erfahren. Auch können sich Eltern für Einrichtungen in Nachbargemeinden entscheiden, wenn es dort spezielle Angebote gibt. Engpässe kann es bei Kleinkindern unter 1 Jahr geben. Damit der Rechtsanspruch auf einen Krippenplatz ab dem

---

[347] Der „Day-Care Facilities Act" regelt die den Vorschulklassen vorgelagerte Betreuung. Die schulbegleitenden Betreuungsangebote fallen dagegen unter die Schulgesetzgebung (Danish Act on Primary and Secondary Education, General Education Act, Continuation School Act) mit Zuständigkeit beim Bildungsministerium.

[348] Quelle: Statistics Denmark, Datensatz „Clients in child care by region, ownership, measure, age and time" (Code PAS11); eigene Berechnung.

6. Monat nicht ins Leere läuft, müssen einerseits die Eltern Bewerbungsfristen einhalten und andererseits hat die Gemeinde nach der 26. Woche längstens 4 Wochen zusätzlich Zeit, um ein Angebot zu organisieren. Gelingt dies nicht, muss sie den Eltern die Aufwendungen erstatten, die durch eine private Kinderbetreuung oder die Nutzung von Angeboten in anderen Gemeinden entstehen können.

Träger von Kindertagesstätten sind zu über 80 Prozent kommunale Einrichtungen. Neben den Kommunen gibt es unabhängige und private Träger. Anders als die Statistik der anderen skandinavischen Länder ordnet die dänische Statistik unabhängige Träger nicht dem Privatsektor zu, sondern wertet sie als eigene Kategorie. Unabhängige Einrichtungen befinden sich in der Regel im Eigentum resp. der Organisationsgewalt von Privatpersonen oder Kooperativen (Elternkooperativen, Stiftungen etc.). Diese erbringen ihre Leistungen – dies ist in Schweden oder Finnland nicht anders – in enger Abstimmung mit dem örtlichen Jugendamt, dessen Aufsicht sie unterliegen und von wo sie die finanziellen Zuwendungen erhalten. Bei den als privat ausgewiesenen Einrichtungen fehlt diese enge Anbindung. Meist dürfte es sich um gewerbliche Anbieter handeln, die ein Betreuungsangebot offerieren, bei dessen Preisgestaltung sie weitgehend freie Hand haben. Um den Eltern Wahlfreiheit zukommen zu lassen, sind die Gemeinden verpflichtet, auch die Plätze der privat eingeschriebenen Kinder zu bezuschussen. Trotz der Ermöglichung von Wettbewerb zeigt sich der Kommunalsektor recht stabil. Tabelle 28 stellt für die verschiedenen Leistungsbereiche die Anteile dar, die im Zeitraum seit der Kommunalreform von 2007 auf die unterschiedlichen Trägergruppen entfallen. Privat-gewerbliche Träger erreichten 2007 1,4 Prozent der Kinder von 0 bis 18 Jahren und 2010 1,7 Prozent. Gegenläufig zu Schweden konnten sie bislang in den dänischen Großstädten kaum Fuß fassen. Unabhängige Träger spielen hier zwar eine größere Rolle als in Mittel- und Kleinstädten; privat-gewerbliche Träger jedoch erreichen über alle Altersgruppen hinweg weniger als ein Prozent der Kinder. In der Gesamtschau konnten die kommunalen Einrichtungen in den letzten Jahren sogar wieder etwas Terrain zurückgewinnen. Die Zahl der in kommunalen Einrichtungen betreuten Kinder erhöhte sich von 523.093 (2007) auf 542.733 (2010) und der Anteil an allen betreuten Kindern und Jugendlichen stieg von rd. 82 auf rd. 83 Prozent (vgl. Tab. 28). Dies vorrangig zulasten unabhängiger Träger.

Tabelle 28: Institutionelle Betreuung von Kindern und Jugendlichen in Dänemark 2007 bis 2010 nach Betreuungsarten und Trägerstruktur

|  | 2007 | 2008 | 2009 | 2010 | Veränderung (%) |
|---|---|---|---|---|---|
| Bevölkerung 0-5 Jahre: Tsd. | 390,6 | 390,3 | 392,4 | 391,6 | 0,3 |
| Bevölkerung 0-18 Jahre: Tsd. | 1.276,7 | 1.280,8 | 1.284,8 | 1.283,7 | 0,5 |
| dar. Nutzer von Betreuungseinrichtungen (incl. Freizeitzentren und Clubs) | 638,3 | 642,9 | 652,2 | 656,6 | 2,9 |
| Betreuungsquote 0-18 Jahre: % | 50,0 | 50,2 | 50,8 | 51,2 |  |
| **Kinder und Jugendliche nach Betreuungsbereichen (Tsd.)** | | | | | |
| Kindertageseinrichtungen (Krippen, Kindergärten, altersintegrierte Einrichtungen) | 322,1 | 326,4 | 321,9 | 324,4 | 0,7 |
| Altersintegrierte Einrichtungen | 144,0 | 159,6 | 163,5 | 170,2 | 18,2 |
| Schulbezogene Betreuung (Horte etc.) | 222,4 | 227,8 | 236,3 | 238,4 | 7,2 |
| Freizeitzentren, Kinder- + Jugendclubs | 93,8 | 88,7 | 94,1 | 93,8 |  |
| **Trägerstruktur (%)** | | | | | |
| **Insgesamt** | | | | | |
| Kommunen | 81,9 | 82,6 | 82,8 | 82,7 |  |
| Unabhängig (Dritter Sektor) | 16,6 | 16,1 | 15,8 | 15,7 |  |
| Privat-gewerblich | 1,4 | 1,3 | 1,4 | 1,7 |  |
| **Kindertageseinrichtungen** | | | | | |
| Kommunen | 79,8 | 80,5 | 80,8 | 80,6 |  |
| Unabhängig (Dritter Sektor) | 18,0 | 17,2 | 16,7 | 16,3 |  |
| Privat-gewerblich | 2,2 | 2,2 | 2,4 | 3,0 |  |
| **Schulbezogene Betreuung (Horte etc.)** | | | | | |
| Kommunen | 87,7 | 87,4 | 87,4 | 87,2 |  |
| Unabhängig (Dritter Sektor) | 12,3 | 12,6 | 12,6 | 12,8 |  |
| **Freizeitzentren, Kinder- und Jugendclubs** | | | | | |
| Kommunen | 75,6 | 77,8 | 78,4 | 78,1 |  |
| Unabhängig (Dritter Sektor) | 22,3 | 20,9 | 20,3 | 20,7 |  |
| Privat-gewerblich | 2,1 | 1,4 | 1,3 | 1,3 |  |

Quellen: Statistics Denmark, Datensatz „Child care by region, kind, type of ownership, type of care and time" mit Update von Ende 2011. Bevölkerungsdaten: Eurostat [demo_pjan]

Wie der *Tabelle 29* für 2009 (vgl. S. 321) zu entnehmen ist, erreichen kommunale Einrichtungen gut 88 Prozent der Krippenkinder und ca. 78 Prozent der Kindergartenkinder. Bei den Kindern zwischen 6 und 18 Jahren beträgt der Kommunalanteil fast 84 Prozent. Hier kommt zum Tragen, dass vor- und nachschulische Betreuungsangebote in einem hohen Umfang angebunden sind an die jeweiligen Schulen und dass auch Clubeinrichtungen meist von Kommunen direkt betrieben werden. Für die Eltern hat dies mehrere Vorteile. Erstens weiß die Schule um den speziellen Bedarf eines Jugendlichen, so dass bei den schulbezogenen Angeboten eine passgenaue Förderung erfolgen kann. Dies entlastet die Eltern doppelt, weil neben der Betreuung auch Nachhilfebedarf abgedeckt wird. Zweitens erfolgen Betreuung und Förderung zu finanziell günstigen Konditionen. Bei den schulbezogenen Angeboten beteiligen sich die Eltern mit maximal 30 Prozent, bei den Jugendclubs mit maximal 20 Prozent an den Kosten, die der Gemeinde entstehen. Da die Qualität der Einrichtungen hoch ist, gibt es auch für die, die es sich leisten könnten, kaum Gründe sich in Richtung privat-gewerblicher Anbieter zu orientieren.

*Geringe regionale Unterschiede*

Ein Markenzeichen der skandinavischen Länder besteht darin, dass auch unter den veränderten Gegebenheiten einer individualisierten Gesellschaft ein hohes Maß an Egalität bewahrt wird. Das gesellschaftliche Bedarfsfeld der Kinderbetreuung fügt sich in dieses Bild. Gemessen an Deutschland sind die interregionalen und interkommunalen Differenzen gering. Bei Kindern von 0 bis 2 Jahren weichen die Betreuungs- resp. Kita-Besuchsquoten z.B. um +/- weniger als 10 Prozent vom Landesdurchschnitt ab. In den Auswahlstädten von Tabelle 29 bewegen sie sich im Bereich von 8 Prozent. Vergleichbar geringe Differenzen gibt es in Deutschland nur in Sachsen-Anhalt. In den anderen östlichen Bundesländern liegen die Abweichungen im Bereich zwischen 14 und 20 Prozent und in den westdeutschen Bundesländern überschreiten die höchsten Kleinkindbetreuungsquoten die geringsten gar um das Vielfache. In Deutschland zeigen sich Abhängigkeiten von der Gemeindegröße, ihrer wirtschaftlichen Struktur und politischen Prägung. Ein Muster geht dahin, dass in Großstädten ein vielfach so hoher Anteil von Kleinkindern eine öffentlich geförderte Betreuung erfährt wie in Mittelstädten, Kleinstädten und ländlich geprägten Landkreisen. Auch ist der Ausbaustand der Kleinkindbetreuung in urbanen Dienstleistungsregionen besser als in (alt-) industriell geprägten Regionen und in Städten mit rot-grünen Ratsmehrheiten noch einmal besser als dort, wo Mitte-Rechts den Ton angibt.[349] In Dänemark

---

[349] Dazu zwei Beispiele aus Niedersachsen und Schleswig-Holstein. Im konservativ geprägten LK Cloppenburg (Niedersachsen) befanden sich im März 2010 kümmerliche 6,9 Prozent der Kinder unter 3 Jahren in öffentlich geförderter Kindertagesbetreuung. In der Universitätsstadt Göttingen (Niedersachsen) lag die Quote mit 26,2 Prozent 3,8fach

dagegen erlaubt weder die Gemeindegröße noch die Wirtschaftsstruktur oder die politische Ausrichtung der Gemeindevertretung Rückschlüsse auf das Kita-Platzangebot und seine Inanspruchnahme. Am ehesten noch variiert die Trägerstruktur entlang solcher Merkmale. Welche Zusammenhänge vermutlich existieren, deutet sich an, wenn Städte unterschiedlicher Größe, Lage und politischer Ausrichtung verglichen werden. Für einen solchen beschränkten Vergleich habe ich 10 Städte ausgewählt. Vertreten sind vier Großstädte (Kopenhagen, Aahus, Aalborg, Odense), vier Mittelstädte (Frederiksberg, Viborg, Kolding, Svendborg) und zwei Kleinstädte (Nyborg, Dragor). Aus der Halbinsel Fünen, die administrativ seit 2007 zur Region Süddänemark zählt, sind je eine Groß-, Mittel- und Kleinstadt mit unterschiedlicher politischer Ausrichtung vertreten. In der Region von Zentraldänemark liegen die mittelgroße Stadt Viborg und die Großstadt Aarhus. Die Hauptstadtregion beinhaltet die politisch links ausgerichtete Gemeinde Kopenhagen wie auch Frederiksberg, wo das gehobene Bürgertum wohnt und Konservative den Ton angeben. Landesweit dominiert (2009/2010) auf der lokalen Ebene die politische Linke, d.h. Sozialdemokraten, Sozialisten und die Vertreter der linken Einheitsliste halten mehr Mandate (Wahlen von 2009) als die VertreterInnen der Mitte-Rechts-Parteien (vgl. Tab. 4). Alle vier Großstädte sind als linksgeneigt zu bewerten, wobei die eher linke Vorherrschaft überwiegend (Kopenhagen, Aarhus, Aarborg) schon länger besteht. In Kolding, Frederiksberg, Viborg und Dragor gibt es Mitte-Rechts-Mehrheiten. In Frederiksberg und Dragor besteht diese Vorherrschaft schon länger, in Kolding resultiert sie aus dem Absturz der Sozialdemokraten bei der letzten Wahl. Dies führte zum Verlust des langjährig von einem Sozialdemokraten eingenommenen Bürgermeisteramtes. In Svendborg hat sich umgekehrt die rechte Mehrheit von 2005 in eine politisch nicht klar zuzuordnende Situation verändert. Damit stehen linksgeneigten Mehrheiten in den vier Großstädten Mitte-Rechts-Mehrheiten in drei Mittelstädten sowie eine nicht klare Situation in Svendborg gegenüber. Die beiden Kleinstädte weisen einmal eine linke (Nyborg) und dann eine rechte Mehrheit (Dragor) auf. Hinsichtlich des Frauenanteils in der Gemeindevertretung bietet sich ein buntes Bild zwischen nur 28 Prozent in der Kleinstadt Nyborg und jeweils über 45 Prozent in den liberal-konservativ dominierten Mittelstädten Viborg und Frederiksberg sowie den politisch links dominierten Großstädten Kopenhagen und Aalborg. Ein eindeutiger Zusammenhang zwischen politischen Merkmalen und der Bedeutung kommunaler

so hoch. Ein ähnliches Bild bietet in Schleswig-Holstein das ländlich-konservative Dithmarschen (8,3%) im Vergleich zur Landeshauptstadt Kiel (23,1%). Quelle: Statistische Ämter des Bundes und der Länder 2011.

*Tabelle 29: Betreute Kinder nach Alter, Anteilen an der jeweiligen Bevölkerung und Verteilung auf Träger in Dänemark 2009*

| Dänemark insgesamt | Kinder nach Alter | | | | | | |
|---|---|---|---|---|---|---|---|
| | 0-1 | 2 | 0-2 | 3 | 4 | 5 | 6-18 |
| Betreute Kinder insgesamt (in Tsd.) | 67,6 | 60,3 | 127,8 | 64,1 | 63,9 | 62,8 | 333,6 |
| dar. Kinder in altersübergreifenden Einrichtungen (%) | 37,2 | 43,7 | 40,3 | 55,5 | 53,9 | 45,0 | 66,5 |
| Anteil an den Kindern der jeweiligen Altersgruppe (%) | 51,9 | 91,2 | 65,1 | 98,2 | 97,7 | 96,0 | 37,4 |
| Anteil in kommunalen Einrichtungen (%) | 89,9 | 86,8 | 88,4 | 77,6 | 77,1 | 78,5 | 83,6 |
| Anteil bei unabhängigen Trägern (%) | 8,5 | 11,3 | 9,8 | 19,3 | 20,0 | 19,0 | 15,9 |

| Betreuungsquoten (%) und Anteil (%) der Kinder in kommunalen Einrichtungen[1]: 10 Auswahlstädte | | | | | | |
|---|---|---|---|---|---|---|
| Städte (EW 01.01.2009): Region | 0-2 | dar. komm. | 0-5 | dar. komm. | 0-18 | dar. komm. |
| Kopenhagen (518.574): HS | 59,9 | 73,0 | 75,9 | 63,9 | 61,6 | 58,7 |
| Aarhus (302.618): Zentral | 66,3 | 92,0 | 81,6 | 89,4 | 57,1 | 90,7 |
| Aalborg (196.292): Nord | 67,9 | 97,6 | 82,8 | 92,6 | 52,1 | 91,6 |
| Odense (187.929): Süd | 66,3 | 92,7 | 79,5 | 88,0 | 49,3 | 87,1 |
| Fredriksberg (95.029): HS | 67,7 | 55,3 | 83,6 | 49,3 | 69,8 | 62,7 |
| Viborg (92.823): Zentral | 66,4 | 88,4 | 81,1 | 84,4 | 51,9 | 85,4 |
| Kolding (88.519): Süd | 66,0 | 98,4 | 81,6 | 89,4 | 44,2 | 89,0 |
| Svendborg (59.185): Süd | 66,5 | 90,0 | 82,3 | 81,3 | 42,0 | 80,4 |
| Nyborg (31.714): Süd | 65,3 | 100 | 81,6 | 93,4 | 43,6 | 87,3 |
| Dragor (13.411): HS | 70,2 | 99,7 | 84,9 | 95,2 | 69,4 | 98,3 |

**Lesehilfe**: Odense hatte am 01.01.2009 187,9 Tsd. Einwohner. Von den Kindern unter 3 Jahren hatten 66,3 Prozent einen Platz in einer Kindertagesbetreuung. 92,7 Prozent dieser Kinder hatten Plätze in kommunalen Einrichtungen.
HS = Hauptstadtregion; Zentral = Zentraldänemark, Nord = Norddänemark; Süd = Süddänemark; kom = kommunal
1) Erfasst sind alle Typen von Care-Einrichtungen von den Tagesstätten, Kindergärten und integrierten Einrichtungen über die Spieleinrichtungen bis zu den Schuleinrichtungen
**Quellen:** Denmark Statistics, Tabellen des Codebereichs PAS1 bis PAS3 (Childcareregister) und der Bevölkerungsstatistik; eigene Auswertung

Trägerschaft ist, wie die *Tabellen 29 und 30* zeigen, nicht zu erkennen. Überdurchschnittliche Kommunalanteile bei der Trägerschaft von Maßnahmen und Einrichtungen gibt es in linksgeneigten Städten (Aarhus, Aalborg, Odense) ebenso wie in rechtsgeneigten Städten (Dragor). Lediglich bei Berücksichtigung

Kapitel 5

*Tabelle 30: Betreuung von Kindern zwischen 0 und 18 Jahren 2007 und 2009 in Dänemark insgesamt und in 10 ausgewählten Städten mit unterschiedlicher politischer Ausrichtung*

|  | Politische Merkmale in Gemeinderäten 2009 (%) | | Betreute Kinder (0-18 Jahre): Kommunalanteil (%) | | VZÄ-Personal auf 100 EW (0-18 Jahre) | | VZÄ-Fachpersonal auf 100 betreute Kinder (0-18 Jahre) | |
|---|---|---|---|---|---|---|---|---|
|  | Politische Mehrheit | Frauen-anteil | 2007 | 2009 | 2007 | 2009 | 2007 | 2009 |
| Insgesamt |  |  | 81,9 | 82,8 | 7,8 | 8,0 | 15,0 | 15,8 |
| Kopenhagen (518.574 EW) | Links | 65,5 | 49,0 | 56,2 | 58,7 | 12,8 | 13,1 | 19,3 | 19,3 |
| Aahus (302.618 EW) | Links | 66,7 | 36,7 | 90,8 | 90,7 | 9,1 | 9,6 | 16,2 | 16,2 |
| Aalborg (196.292 EW) | Links | 48,0 | 45,2 | 90,9 | 91,6 | 8,2 | 8,4 | 16,0 | 15,5 |
| Odense (187.929 EW) | Links | 58,6 | 31,0 | 84,6 | 87,1 | 6,8 | 7,0 | 14,2 | 14,2 |
| Fredriksberg (95.029 EW) | Rechts | 56,0 | 48,0 | 63,4 | 62,7 | 11,1 | 11,1 | 16,3 | 15,2 |
| Viborg (92.823 EW) | Rechts | 51,6 | 45,2 | 80,0 | 85,9 | 7,3 | 7,2 | 14,1 | 13,9 |
| Kolding (88.519 EW) | Rechts | 64,5 | 32,3 | 87,5 | 89,0 | 7,6 | 8,3 | 17,1 | 18,5 |
| Svendborg (59.185 EW) | Patt | 31,0 | 82,6 | 80,4 | 7,0 | 7,3 | 16,5 | 16,8 |
| Nyborg (31.714 EW) | Links | 60,0 | 28,0 | 86,2 | 87,3 | 6,4 | 6,6 | 15,0 | 14,9 |
| Dragor (13.411 EW) | Rechts | 46,7 + | 40,0 | 98,3 | 98,3 | 10,3 | 8,7 | 16,5 | 12,3 |

**Lesehilfe am Beispiel von Kopenhagen:** In Kopenhagen entfallen 2009 65,5 Prozent der Mandate auf Parteien der politischen Linken (Sozialdemokraten, Sozialisten und linke Einheitsliste); der Frauenanteil im Parlament liegt bei 49 Prozent. Von den im Jahr 2007 institutionell betreuten Einwohnern unter 19 Jahren hatten 56,2 Prozent einen Platz in einer kommunalen Einrichtung. Dieser Anteil stieg bis 2009 auf 58,7 Prozent. Auf 100 Einwohner unter 19 Jahren gab es 2009 gut 13 rechnerische Vollzeitstellen in Kindertagesstätten, Jugendclubs etc. Bezogen auf 100 betreute Kinder dieser Altersgruppe waren 19,3 VZÄ-Fachkräfte beschäftigt. Das Fachpersonal schließt das Management und Sozialassistenten ein.
**Quellen:** Vgl. Tabelle 29

langjähriger Vorherrschaften kann eine gewisse Tendenz festgestellt werden, dass in linksgeneigten Städten gleicher Größenordnung stärker auf kommunale Eigenleistung gesetzt wird als in Städten mit langjährig dominant rechtsgeneigter Mehrheit. Auch der Fachpersonalschlüssel dürfte eher von sachlichen als von politischen Kriterien bestimmt sein. Gleiches gilt für Personalgruppen, die in Tabelle 30 nicht aufgenommen wurden. So wurden 2009 im Landesdurchschnitt auf 100 Kinder unter 19 Jahren 0,6 rechnerische Vollzeitkräfte an Küchenpersonal beschäftigt; 2007 waren es 0,5 VZÄ. In Kopenhagen liegt die Dichteziffer dreifach über dem Landesdurchschnitt, was als Indiz für wenig Outsourcing gewertet werden kann. Dragor steht am anderen Ende mit einer Dichteziffer von nur 0,17. Die Befunde können dahingehend interpretiert werden, dass Kinderbetreuung in Dänemark ein politisch wenig umkämpfter kommunaler Servicebereich ist.

*5.3.1.2 Finnland*

Die vorschulische Bildung startete aus einem gleichstellungs- und familienpolitischen Motiv heraus. 1973 wurde ein Kindertagesbetreuungsgesetz verabschiedet, das die Kommunen verpflichtete, Kinderbetreuungseinrichtungen nach dem Bedarf der Eltern einzurichten. Ähnlich den anderen skandinavischen Ländern erfolgte Mitte der 90er Jahre, damit just in den Jahren, die von deutschen Ökonomen gerne als Zeit sozialpolitischer Kürzungsmaßnahmen wahrgenommen werden, der entscheidende Sprung nach vorn. 1994 erhielten alle Kinder von 0 bis 7 Jahren unabhängig von der Erwerbs- oder Nicht-Erwerbstätigkeit der Eltern ein subjektives Recht auf öffentliche/öffentlich geförderte Betreuung (Matthies 2004: 37). Seit dem Jahr 2000 sind die Vorschuleinrichtungen durch ein Lerncurriculum in das Schulsystem (ISCED 0) eingebunden. Das Sozial- und Gesundheitsministerium sowie das Bildungsministerium haben gemeinsam große Anstrengungen unternommen, um alle relevanten Akteure von den Eltern bis zu den Kommunalpolitikern zu Mitgestaltern in diesem Veränderungsprozess zu machen. Im Vordergrund steht die Wertschätzung der Individualität jedes Kindes und die Einbindung der Eltern. Wichtige Lernfelder sind Spracherziehung, mathematisches und technisches Verständnis, Ethik und Philosophie, Natur- und Gesundheitserziehung, Körper und Motorik, soziale Interaktion, Kunst und Kultur. Für das Monitoring wurde eine vereinheitlichte Datenbasis geschaffen.

*Tabelle 31* gibt die Entwicklung bei der Kinderbetreuung wieder. Die Vorschulen sind nachrichtlich mit erfasst. Wie ersichtlich, nahm die Besetzungsstärke der Altersgruppe von 1 bis 6 Jahre von 2000 bis 2006 ab, um danach wieder etwas anzusteigen. Im Jahr 2010 gab es in diesem Alter am 1. Januar 4,4 Prozent weniger Kinder als am 01.01.2000, aber 4 Prozent mehr Kinder in formeller Betreuung. Oben wurde bereits angesprochen, dass die Inanspruchnahme von Kinderbetreuungsangeboten durch Krippenkinder (< 3 Jahre) in

*Tabelle 31: Kindertageseinrichtungen und Familienpflege in Finnland 2000 bis 2010: Inanspruchnahme und Kommunalanteil*

|  | 2000 | 2004 | 2006 | 2007 | 2008 | 2009 | 2010 | Veränderung 2000-2010 (%) |
|---|---|---|---|---|---|---|---|---|
| Bevölkerung 1-6 Jahre (Tsd.) | 370,3 | 343,4 | 342,5 | 343,0 | 345,9 | 349,4 | 353,9 | -4,4 |
| Betreute Kinder (Tsd.) | 214,5 | 200,5 | 205,7 | 212,7 | 219,2 | 218,0 | 223,4 | 4,1 |
| dar. Kommunale Träger (Tsd.) | 200,5 | 185,7 | 189,3 | 195,3 | 201,6 | 200,7 | 205,0 | 2,3 |
| Kitas | 131,9 | 128,0 | 135,7 | 142,6 | 150,2 | 154,1 | 160,9 | 22,0 |
| Family Day-care | 68,6 | 57,7 | 53,7 | 52,7 | 51,3 | 46,6 | 44,2 | -35,7 |
| Kommunaler Anteil (%) | 93,4 | 92,6 | 92,0 | 91,8 | 91,9 | 92,1 | 91,8 |  |
| dar. Family Day-care (%) | 34,2 | 31,1 | 28,4 | 27,0 | 25,5 | 23,2 | 21,5 |  |
| Betreuungsanteil an d. Altersgruppe (%) | 57,9 | 58,4 | 60,1 | 62,0 | 63,4 | 62,4 | 63,1 |  |
| Nachrichtlich: incl. Vorschulen (%) | 73,8 | 74,9 | 76,8 | 78,5 | 79,6 | 78,8 | 79,7 |  |

**Erläuterung:** Die kommunalen Daten stammen vom 31.01. des jeweiligen Jahres, die der privaten Träger vom 31.12. Die Quoten zum Anteil betreuter Kinder an der Altersgruppe von 1-6 Jahre beziehen sich auf die Bevölkerung gleichen Alters zum 01.01. d.J. gemäß Zeile 1.
**Quellen:** National Institute für Health and Welfare (2011c): Tabelle 21, S. 84; Bevölkerungsdaten von Eurostat [demo_pjan]

Finnland deutlich unter dem Niveau der anderen nordischen Länder liegt. Auch bei den Kindern ab 3 Jahren liegt die Inanspruchnahme niedriger. Die unterschiedliche Entwicklung wird deutlich, wenn die Betreuungsquoten nach Altersgruppen differenziert mit denen der anderen skandinavischen Länder verglichen werden. Während wir in Dänemark, Island und Norwegen bei allen Altersgruppen Zuwächse sehen, sind die Entwicklungen in Finnland uneinheitlich. Bei den unter Einjährigen ging die Quote von 1,8 Prozent (1998) auf 1,2 Prozent (2008) zurück, bei Ein- wie Zweijährigen stieg sie moderat von 27,6 auf 31,6 resp. von 39,8 auf 52,2 Prozent. In Norwegen dagegen stieg im gleichen Zeitraum die Quote der unter Einjährigen, die ein Betreuungsangebot nutzen, von 2,5 auf 4,5 Prozent, die der Einjährigen von 26,2 auf 65,8 Prozent und die der Zweijährigen von 51,6 auf 83,6 Prozent und in Island – von einem höheren Niveau ausgehend – bei den unter Einjährigen von 6,4 auf 7,2 Prozent und bei den Zweijährigen von 77,3 auf 93,8 Prozent. Im Statistischen Jahrbuch 2011, dem die Daten von Tabelle 31 entstammen, wird nur die Gesamtgruppe von 1 bis 6 Jahre dargestellt. Hier gibt es mit Schwankungen einen leichten Anstieg auf aktuell Betreuungsquoten zwischen 62 und 63 Prozent; einschließlich der Vorschulen werden 80 Prozent erreicht. Eindeutig ist der Trend Richtung Kindertagesstätten. Bei den kommunal betreuten Kindern lag der Anteil von „Family day-care"[350] im Jahr 1990 noch bei 45 Prozent und ist seither stetig zurückgegangen, im Beobachtungszeitraum von 34 Prozent (2000) auf 21,5 Prozent (2010). Erst ab dem Jahr 1997 werden auch private Anbieter statistisch erfasst. Der Privatanteil ist zwar gewachsen, innerskandinavisch mit nur rd. 8 Prozent aber der niedrigste. Dies spricht für eine hohe Zufriedenheit der Eltern mit dem kommunalen Angebot.

*5.3.1.3 Island*

Rechtsgrundlage für die Kinderbetreuung in Spielschulen (leikskóli) ist das Vorschulgesetz von 1994. Damit wurden Kindertagesstätten (1-5 Jahre) in das Bildungssystem integriert. Seit 1999 existiert ein nationales Curriculum. Es hat Empfehlungscharakter. Vorschulen erfüllen einen umfassenden Erziehungs- und Bildungsauftrag. Dazu gehört, dass der Entwicklungsstand jedes Kindes jährlich mit den Eltern genau besprochen wird. Kinder, bei denen Entwicklungsprobleme festgestellt werden, haben das Recht auf spezielle Förderung (Vorschulgesetz, Artikel 15). Ein psychologischer Service steht dafür bereit.

Wie aus *Tabelle 32* ersichtlich, hat sich die Inanspruchnahme von Kindertagesstätten nach 2000 sehr dynamisch entwickelt. Von den unter Dreijährigen besuchen heute (2008-2010) rd. 44 Prozent eine Kindertagesstätte und von den Drei- bis Fünfjährigen gut 96 Prozent. 1998 beliefen sich die entsprechenden Quoten erst auf 26,1 und 87,2 Prozent. Im Zusammenhang mit der schweren Wirtschafts- und Finanzkrise kam es nach 2008 zu einem leichten Rückgang der Betreuungsquote bei allerdings weiter ansteigenden absoluten Zahlen. Auch der Betreuungsumfang ging leicht zurück. Unverändert freilich dominiert die Ganztagsbetreuung; 86,6 Prozent der Kita-Kleinkinder werden täglich 7 und mehr Stunden betreut (vgl. Tab. 32). Bei den Drei- bis Fünfjährigen liegt der Anteil bei 90,3 Prozent. Der Trend in Richtung eines täglichen Betreuungsumfangs von 9 Stunden und mehr hat sich in den Krisenjahren jedoch nicht fortgesetzt. Von 1998 bis 2008 war bei den Kin-

---

[350] Die Familientageszentren integrieren verschiedene Leistungen von der frühen Bildung und Betreuung bis zur Gesundheitsfürsorge.

dern von 0 bis 5 Jahren der Anteil langer Betreuungszeiten von 18,2 Prozent auf 38,4 Prozent angestiegen (Kleinkinder: 15,9% auf 34,2%). 2009 ging er auf 30 Prozent (Kleinkinder: 26,5%) zurück, wobei er im kommunalen Bereich allerdings weiterhin bei einem knappen Drittel liegt.

*Tabelle 32: Ausbau der Vorschulbildung in Kindertagesstätten (ohne Tagespflege) in Island 1998 bis 2010*

|  | 1998 | 2000 | 2002 | 2004 | 2006 | 2008 | 2010 |
|---|---|---|---|---|---|---|---|
| Bevölkerung 0-2 Jahre: Tsd. | 12.781 | 12.655 | 12.682 | 12.406 | 12.844 | 13.474 | 14.382 |
| Bevölkerung 0-5 Jahre: Tsd. | 26.278 | 25.788 | 25.627 | 25.178 | 25.403 | 26.229 | 27.639 |
| Kita-Kinder 0-2 Jahre: Tsd. | 3.336 | 2.779 | 4.509 | 4.874 | 5.422 | 5.950 | 6.233 |
| Kita-Kinder 0-5 Jahre: Tsd. | 15.105 | 14.574 | 16.283 | 16.755 | 17.216 | 18.278 | 18.961 |
| Kinder 0-2 Jahre, die 7 und mehr Std. tgl. betreut werden (%) | 43,1 | 51,8 | 66,5 | 75,7 | 81,6 | 85,6 | 86,6 |
| **Besuchsquoten von Kitas/Vorschuleinrichtungen (%)[1]** | | | | | | | |
| Kinder < 3 Jahre | 26,1 | 22,0 | 35,6 | 39,3 | 42,2 | 44,2 | 43,3 |
| Kinder 3-5 Jahre | 87,2 | 89,8 | 90,9 | 93,0 | 93,9 | 96,7 | 96,0 |
| Kinder 0-5 Jahre | 57,5 | 56,5 | 63,5 | 66,5 | 67,8 | 69,7 | 68,6 |
| **Kinder in kommunalen Kitas (%)[2]** | | | | | | | |
| Kinder 0-5 Jahre | 93,8 | 94,0 | 92,0 | 91,1 | 89,4 | 87,1 | 85,8 |

1) Kinder der jeweiligen Altersgruppe, die eine Kindertagesstätte besuchen.
2) In der Differenz zu 100 sind neben privaten Trägern auch öffentliche Träger (Krankenhäuser vor allem) enthalten.
**Quelle:** Iceland Statistics, Datensatz des Codebereichs SKO01 (u.a. Children in pre-primary institutions by age of children and daily attendance) mit Update vom 29.04.2011

Einrichtungen, die den Qualitätskriterien von Vorschuleinrichtungen entsprechen, erreichen heute fast 70 Prozent der Kinder der Altersjahrgänge von 0 bis 5 Jahren. Sie sind ganztags geöffnet (von 7 resp. 8 Uhr morgens bis nach 18 Uhr abends). Der Personalschlüssel und die Qualifikation des Personals wurde kontinuierlich verbessert. Von den insgesamt Beschäftigten verfügten 1998 28 Prozent über eine tertiäre Ausbildung; 2009 waren es 45 Prozent. Die Zahl von Unqualifizierten mit geringer Schulbildung (Sekundarstufe I) ist zwar absolut leicht gestiegen, ihr Beschäftigtenanteil sank jedoch von 42 Prozent (1998) über 36 Prozent (2006) auf 30 Prozent (2009). Die allermeisten Kitas resp. Vorschulen sind in öffentlicher Hand. Sie werden von den Gemeinden betrieben; ein kleiner Teil auch von anderen öffentlichen Trägern (z.B. Betriebskindergärten in öffentlicher Trägerschaft). Wie auch in Schweden ist der Privatsektor gewachsen. Auf Träger bezogen lag der Anteil sonstiger Träger (private Träger und nicht-kommunale öffentliche Träger) 1998 bei 10,4 Prozent und erreicht jetzt (2010) 14,1 Prozent. Die Anzahl kommunaler Einrichtungen hat sich seit 2001 nicht wesentlich verändert. Es gab einen Anstieg in 2009 und dann wieder einen Rückgang auf das Niveau von 2008. Die Anteilsabnahme resultiert aus einem unterproportionalen Wachstum in der Hauptstadtregion (ohne Reykjavik) und in der Region Südwest. In der Region Südwest sank der Kommunalanteil von 90 Prozent (1998) auf zwei Drittel (2010). Andererseits existieren in 5 der 9 Regionen (so in West, Westfjords; Nordwest, East und South) auch im Jahr 2010 nur kommunale Einrichtungen. Anders als in Schweden oder Norwegen gibt es in Island nur einen geringen Unterschied zwischen dem Privatanteil bezogen auf die Einrichtungen und dem Privatanteil bezogen auf die in den Einrichtungen betreuten Kinder. Der Kommunalanteil bezogen auf die betreuten Kinder entspricht landesweit mit gewissen Schwankungen dem Anteil der Einrichtungen. In der Hauptstadt sowie der Hauptstadtregion liegt er höher (2009: 83,6%; 2010: 83,0).[351]

*Abbildung 15* stellt für den öffentlichen und privaten Sektor die vollzeitäquivalente Personalentwicklung nach pädagogischem Fachpersonal und sonstigem Personal für den Zeitraum 1998 bis 2010 dar. Die Zahl der in Kitas insgesamt Beschäftigten stieg von 3.714 (1998) auf 5.639 (2009), ging 2010 aber auf 5.488 zurück. Konträr zu Deutschland war dies kein Wachstum von Teilzeitbeschäftigung. Deren Bedeutung war schon 1998 niedrig und ist weiter zurückgegangen. Im Ergebnis ist die Zahl der Vollzeitäquivalente nahe an die Kopfzahl herangerückt (1998: 2.780 VZÄ; 2010: 4.770 VZÄ). Der Personalschlüssel (rechnerische Vollzeitkräfte auf rechnerische Kind-Äquivalente im Alter von 0 bis 5 Jahren) verbesserte sich bei Betrachtung des Gesamtpersonalstandes von 1 zu 5,1 (1998) auf 1 zu 4,7 (2009) und bei Betrachtung nur des pädagogischen Personals von 1 zu 5,7 (1998) auf 1 zu 5,1 (2009). Rechnerische Kind-Äquivalente (CCE) sind eine Planungsgröße zur Bestimmung des Personalbedarfs. Ein ganztägig betreutes Kleinkind unter 2 Jahren wird mit 2, ein zweijähriges Kind mit 1,6 CCE gewichtet. 2010 schlägt sich der Kürzungszwang aufgrund der Finanzkrise in einer leichten Verschlechterung der Angebotsstruktur nieder. Das vollzeitäquivalent beschäftigte pädagogische Fachpersonal sank von 4.432 (2009) auf 4.371 (2010), wo-

---

[351] Quelle: Iceland Statistics (Datensatz mit Code SKO012).

mit 2010 4,34 Kinder auf eine rechnerische pädagogische Vollzeitkraft kamen gegenüber 4,22 im Jahr 2009. Der Personalabbau konzentriert sich auf die kommunalen Einrichtungen, wo es bislang einen besseren Personalschlüssel gab als bei sonstigen Trägern; es erfolgte eine Angleichung. Auch verminderte Öffnungszeiten spielen eine Rolle.

*Abbildung 15: Personalentwicklung (Vollzeitäquivalente) in isländischen Kindertagesstätten 1998 bis 2010: Kommunale und private Einrichtungen*

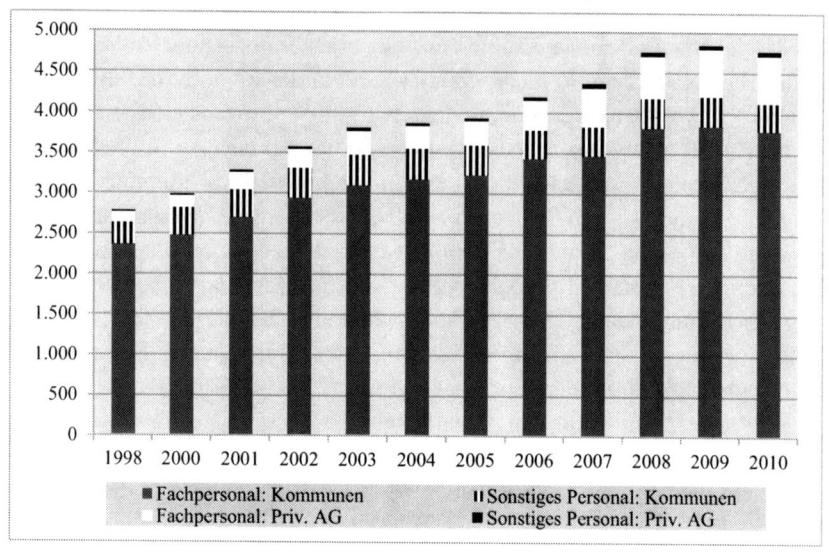

Priv. AG = Private Arbeitgeber; Sonstiges Personal beinhaltet vorrangig Küchen- und Hauswartsdienste
**Quelle:** Iceland Statistics, Datensatz „Personnel full-time equivalents in pre-primary institutions by occupation and education" (Code: SKO013)

Neben den ins Bildungssystem integrierten Kindertagesstätten gibt es private Tagespflegeangebote. Mit allerdings Schwankungen ist die Bedeutung dieser Betreuungsform rückläufig. Im Jahr 2000 entschieden sich 10,4 Prozent der Eltern mit Kindern von 0 bis unter 6 Jahren für Tageseltern, 2009 waren es nur noch 5,9 Prozent. 2010 ist der Anteil jedoch wieder auf 6,4 Prozent gestiegen. Tagespflege wird nur noch bei unter einjährigen und einjährigen Kindern genutzt. Rund 30 Prozent der einjährigen Kinder werden von Tageseltern betreut.[352] In Tabelle 32 steigt die Betreuungsquote bei den Kindern

---

[352] Statistics Iceland, Tabelle „Children in daycare in private homes by age of children and region 1998-2010".

unter 3 Jahren auf rd. 58 Prozent (2010), wenn die Tagespflege mitgezählt wird.

### 5.3.1.4 Norwegen

Verglichen mit Dänemark und Schweden hinkte Norwegen beim Ausbau frühkindlicher Bildung und Erziehung noch vor einer Dekade deutlich hinterher. Anfang der 90er Jahre etwa erreichte die Betreuungsquote der Ein- bis Zweijährigen kaum mehr als ein Drittel des schwedischen Niveaus. Von unter 10 Prozent stieg sie bis 1997 zwar auf rd. 40 Prozent. Es folgte aber eine Phase der Stagnation und Rückentwicklung. Bei der Gesamtgruppe der unter Dreijährigen lag die Betreuungsquote im Jahr 2002 bei 27,5 Prozent; ein Niveau, das bereits im Jahr 1997 erreicht worden war. Ab 2001/2002 jedoch, damit noch unter konservativer Ägide, begab sich Norwegen auf die Überholspur. Eines der Ziele der Mitte-Links-Regierung, die seit Ende 2005 die zentralstaatliche Politik gestaltet, bestand darin, zu Schweden und Dänemark aufzuschließen. Quantitativ gelang dies. Die außerhäusliche Kinderbetreuung, zumal die der unter Dreijährigen vollzog eine rasante Aufwärtsentwicklung (vgl. Abb. 14). Schon 2007 lag die Betreuungsquote der ab Einjährigen mit 60,4 Prozent über der schwedischen von damals 49,3 Prozent.[353] Im Jahr 2009 gab es 96.611 Krippenkinder unter 3 Jahren. Gegenüber dem Jahr 2002 ist dies fast eine Verdopplung. Die Betreuungsquote stieg von 25,3 Prozent (2000) auf 53,6 Prozent (2009) und erreicht aktuell (2011) 55,4 Prozent. *Tabelle 33* gibt zur Betreuung der bis Fünfjährigen einen Überblick zur Entwicklung im Zeitraum von 2000 bis 2011. Die Daten für 2011 stammen vom März 2012; sie sind vorläufig. Die Alterskohorte der Kinder bis 5 Jahre schrumpfte bis 2006 leicht und wuchs dann wieder so an, dass die Zahl der Kinder im entsprechenden Alter im Jahr 2011 nur um 1,4 Prozent über dem Niveau von 2000 lag. Gegenläufig dazu ist die Zahl der Kinder, die „Kindergartens" besuchen, wie es in Norwegen heißt, durchgängig gestiegen von 189,8 Tsd. (2000) auf jetzt 282,3 Tsd. Kinder. Die Quote derjenigen Kinder des entsprechenden Alters, die „Kindergartens" besuchen (ohne Tagespflege), stieg von 62 Prozent auf fast 90 Prozent. Um 47 Prozent wuchs die Besuchsquote[354] damit im Beobachtungszeitraum. Neun von zehn Kindern im Krippen- und Kindergartenalter erfahren damit tagsüber institutionelle Betreuung.

---

[353] Nordic Statistical Yearbook 2007: 105, Abb. 24 und 2008: 59.

[354] Da sich die Daten nur auf „Kindergartens", damit auf den Besuch von Einrichtungen beziehen, wird von Besuchsquote gesprochen.

*Tabelle 33: Ausbau der Kindertagesbetreuung in Norwegen 2000 bis 2011*

| | 2000 | 2004 | 2006 | 2008 | 2009 | 2010 | 2011 | Veränderung (%) |
|---|---|---|---|---|---|---|---|---|
| Bevölkerung 0-5 Jahre: Tsd. (1.1.) | 363,5 | 350,6 | 347,8 | 351,2 | 357,5 | 363,6 | 368,6 | 1,4 |
| Betreute Kinder 0-5 Jahre: Tsd. | 189,8 | 213,1 | 234,9 | 261,9 | 270,2 | 277,1 | 282,3 | 48,7 |
| Besuchsquote (%) | 52,2 | 60,8 | 67,5 | 74,6 | 75,6 | 76,2 | 76,6 | 46,7 |
| Besuchsquote 1-5 Jahre: (%) | 62,0 | 72,2 | 80,4 | 87,1 | 88,5 | 89,3 | 89,7 | 44,7 |
| Lange Besuchszeiten (> 33 Std) | 39,3 | 53,2 | 66,5 | 77,5 | 80,2 | k.A. | 93,1 | |
| Zahl der Kindergärten | 5.833 | 6.035 | 6.436 | 6.705 | 6.675 | 6.579 | 6.469 | 10,9 |
| dar. öffentl. (%) | 51,2 | 47,3 | 45,1 | 46,0 | 46,4 | 46,3 | 46,4 | |
| Beschäftigte (VZ + TZ): in Tsd. | 52,7 | 60,5 | 69,7 | 81,5 | 84,9 | 87,4 | 88,8 | 68,5 |
| dar. Vorschullehrer | 16,5 | 20,3 | 22,9 | 26,3 | 27,1 | 32,0 | | |
| Mannjahre | 40,0 | 46,5 | 54,9 | 65,2 | 68,1 | k.A. | 71,6 | 79,0 |
| Dichteziffer Beschäftigte auf 1.000 Kinder bis 5 Jahren | 145,0 | 172,6 | 200,4 | 232,1 | 237,5 | 240,4 | 240,9 | 66,2 |
| Beschäftigte (Mannjahre) auf 10 Kita-Kinder | 2,1 | 2,2 | 2,3 | 2,5 | 2,5 | k.A. | 2,5 | 19,0 |
| Vorschullehrer auf 10 Kita-Kinder | 0,87 | 0,95 | 0,97 | 1,01 | 1,00 | 1,0 | 1,0 | 14,9 |

Quelle: Statistics Norway, Kindergartenstatistik: http://www.ssb.no/barnehager_en/, fortlaufend bis 2011 (Zugriff: 04.03.2012 und 15.03.2012) und Bevölkerungsstatistik

Nicht nur die Besuchsquote ist äußerst dynamisch gewachsen. Gleiches gilt für die zeitliche Inanspruchnahme. Im Jahr 2000 wurden weniger als 40 Prozent der Kinder ganztags betreut mit Besuchszeiten von mehr als 33 Stunden in der Woche. Bis 2009 hat sich dieser Anteil mehr als verdoppelt. Auch bei Kleinkindern ist Ganztagsbetreuung die Regel. Analog zu Island (vgl. oben) haben lange Besuchszeiten stark zugenommen. Die statistische Erfassung hat darauf reagiert, indem nunmehr die zeitliche Inanspruchnahme differenziert ausgewiesen wird. 2011 spielten kurze Besuchszeiten gar keine Rolle mehr. Nur knapp 2 Prozent der Kinder besuchen Kindergartens für weniger als 25 Stunden in der Woche, nur knapp 10 Prozent für 25 bis 40 Stunden; die Regel sind heute Besuchszeiten von 41 Stunden und mehr. Hier fließt ein, dass es einen wachsenden Anteil von Kindergartens gibt, die rund um die Uhr geöffnet sind. Die vorschulische Bildung liegt in Norwegen traditionell weniger stark in öffentlicher Hand als in den anderen skandinavischen Ländern. Das Übergewicht privater Träger hat sich in der Ausbauphase zunächst verstärkt, denn bis 2006 wurde der Ausbau primär über private Träger realisiert. Von 51,2 Prozent sank der Anteil der kommunal resp. öffentlich betriebenen Kitas auf 45,1 Prozent im Jahr 2006. Der Regierungswechsel zu Mitte-Links im Jahr 2005 dürfte einen Anteil daran haben, dass der Kommunalanteil seither wieder anstieg. 2011 befanden sich 46,4 Prozent der Kindergartens in kommunaler Trägerschaft. Von den 282 Tsd. Kindern mit Plätzen in Kindergartens besuchten 53 Prozent einen dieser kommunalen Kindergärten.

Weit überproportional (plus 68,5%) wurden Personalaufstockungen vorgenommen; die Zahl der VorschullehrerInnen resp. der akademischen Fachkräfte verdoppelte sich von 2000 bis 2010. Mit der wachsenden Professionalisierung sank der Anteil von Teilzeitstellen zugunsten von Vollzeitbeschäftigung. Dies ergibt sich aus der Umrechnung der Beschäftigtenzahlen in Mannjahre.[355] Den 52,7 Tsd. Beschäftigten des Jahres 2000 entsprachen 40 Tsd. Mannjahre; den 88,8 Tsd. des Jahres 2011 78,5 Tsd. Mannjahre (vgl. Tab. 33; Zeilen 8 und 10). In der Konsequenz werden heute Betreuungsrelationen realisiert, die hohen Qualitätsstandards genügen (vgl. die unteren beiden Zeile der Tabelle). Dies deckt sich mit der Absicht, die Profilierung der Kindergärten zu Bildungsstätten voranzutreiben.[356] Der enorme Aufschwung, den die „Kindergartens" in den letzten Jahren genommen haben, ist ein Faktor hinter dem starken Wachstum der kommunalen vollzeitäquivalenten Beschäftigung um rd. 16 Prozent im Zeitraum von 2005 bis 2011. In den Gemeinden stieg die Beschäftigtenzahl allein von 2010 auf 2011 um 7,5 Tsd. Personen. Zwei Drittel der zusätzlichen Kräfte werden im Bereich von sozialen und Gesundheitsdiensten eingesetzt.

In Norwegen erhalten, so wie in Deutschland von der schwarz-gelben Bundesregierung ab 2013 beschlossen, die Eltern, die bei ihren Kleinkindern (< 3 Jahre) von den Angeboten an staatlicher oder staatlich geförderter Betreuung in Kindergartens keinen Gebrauch machen, ein Betreuungsgeld („Cash-for-Care"). Die dynamische Entwicklung der Nutzung institutioneller

---

[355] Gegenüber der Umrechnung von Beschäftigtenzahlen in vollzeitäquivalente Beschäftigung sind hier zusätzlich Zeiten von Urlaub und Krankheit in Abzug gebracht.

[356] Seit 2006 sind Kindertagesstätten Teil des Bildungssystems in der Zuständigkeit des Bildungs- und Forschungsministeriums.

Betreuung hinsichtlich Besuchsquoten wie auch des zeitlichen Umfangs der Nutzung sprechen nicht dafür, dass das Betreuungsgeld bremsend wirkt. Tatsächlich jedoch entfaltet es eine sozial selektive Wirkung. Bei einem relevanten Anteil von Eltern mit Merkmalen wie: arbeitslos, geringes Einkommen, geringe Bildung, Mutter stammt aus einem nicht-westlichen Kulturkreis, bietet das Betreuungsgeld einen Anreiz, einen Krippenplatz nicht nachzufragen. Aufgrund der sozial selektiven Wirkung gibt es Überlegungen, das Betreuungsgeld wieder abzuschaffen. Um eine Basis zu legen für Entscheidungen zur weiteren Entwicklung der Kinderbetreuung fanden in den letzten Jahren eine Reihe von Befragungen zu den Elternpräferenzen statt. Befragt wurden einmal 1.318 Eltern mit Kindern im Alter von 1 und 2 Jahren, dann 3.481 Eltern mit Kindern im Alter von 1 bis 5 Jahren. Aus den Befragungen ergibt sich, dass eine überwältigende Mehrheit der Eltern schon bei ein- und zweijährigen Kindern den Kindergarten als primär zuständig dafür betrachtet, die Kinderbetreuung während des Tages zu übernehmen. Bei einjährigen Kindern wird dieses Modell von zwei Dritteln favorisiert, bei zweijährigen von 91 Prozent und bei fünfjährigen von 98 Prozent.[357] Die Präferierung von „Kindergartens" wächst mit dem Bildungsstand und der Vollerwerbstätigkeit der Mutter. Nicht Erwerbstätige und Eltern, bei denen die Mutter aus Afrika, Asien oder Südamerika stammt, präferieren institutionelle Kinderbetreuung vor allem bei kleinen Kindern weit weniger als der Durchschnitt. Gleichwohl sind es bei Eltern mit Kleinkindern dort, wo ein Elternteil aus Afrika, Asien oder Südamerika kommt, noch 62 Prozent, die der institutionellen Betreuung den Vorzug geben.

Zu der Befragungsserie gehörte im August 2010 auch eine Befragung, mit der ermittelt werden sollte, in welchem Umfang heutige NutzerInnen der „Cash-for-Care-Leistung" einen Krippenplatz nachfragen würden, wenn die Bargeldleistung – sie beläuft sich auf über 400 € mtl. – auslaufen würde. Ergebnis: 41 Prozent gaben an, dann einen Krippenplatz nachzufragen, 25 Prozent sind unentschieden und 34 Prozent würden ihre Kinder weiter informell betreuen.[358] Bei der Gliederung nach Merkmalen hinsichtlich Familienstand, Anzahl der Kinder, Bildung, Beschäftigung und Herkunft zeigte sich, dass folgende Merkmale überproportionale Wechseltendenzen bedingen: Eltern haben nur ein oder zwei Kinder; sie verfügen über einen hohen formalen

---

[357] Die Befragungsergebnisse finden sich bei Statistics Norway in 6 Tabellen unter: http://www.ssb.no/kontantstotte_en/ (Zugriff: 15.03.2012).

[358] „Labour force participation and use of cash-for-care. Autumn 2010". Befragt wurden nur 280 Personen. Ergebnisse in: Statistics Norway, Tab. 5: „Children aged 1-2. Proportion of children in different groups whose parents want a place in kindergarten, if the cash-for-care will be discontinued. Per cent".

Bildungsstand; beide Elternteile arbeiten Vollzeit; die Mutter ist gebürtige Norwegerin; es liegt Schichtarbeit vor. Eltern mit mindestens drei Kindern, mit geringer bis mittlerer Bildung, mit nicht-erwerbstätiger Mutter und Eltern, wo die Mutter aus Afrika, Asien oder Südamerika stammt, würden sich unterdurchschnittlich in Richtung Krippennutzung umorientieren. Auch regional wurden Unterschiede festgestellt. So zeigte sich eine überproportionale Bereitschaft, auf die Krippennutzung umzusteigen, in Kleinstädten mit unter 10.000 Einwohnern und in den Großstädten Trondheim, Stavanger und Bergen. In Oslo bekundeten dagegen nur 20 Prozent der Betreuungsgeldnutzer Wechselbereitschaft. Die Befragung deutet an, dass die Nachfrage nach Krippenplätzen durch einen Wegfall des Betreuungsgeldes einen weiteren Stimulus erhalten würde.

Trotz der enormen räumlichen Ausdehnung, die Norwegen kennzeichnet, gibt es bei quantitativen wie qualitativen Indikatoren anders als in Deutschland nur graduelle Differenzen und kein Gefälle. Anders allerdings als in Dänemark ist es von Einfluss, ob die politische Ausrichtung im Landkreis (County) eher links- oder eher rechtsgeneigt ist. Die Analyse nach Counties ergibt für Ende 2011 im Vergleich zu Ende 2009 folgende Befunde:[359]

- **Kita-Besuchsquoten der bis Fünfjährigen**: Sie sind durchgängig gestiegen, liegen in den politisch linksgeneigten Counties, die sich im Norden und in Zentralnorwegen konzentrieren, jedoch über dem Landesdurchschnitt und in den rechtsgeneigten Counties unter dem Landesdurchschnitt. 2009 bewegten sie sich zwischen 93 Prozent (Nord-Trøndelag) und 83,4 Prozent (Oslo), 2011 liegt erneut Nord-Trøndelag mit 94,1 Prozent an der Spitze und Oslo bildet des Schlusslicht (84,8%).

- **Kita-Besuchszeiten**: Beim zeitlichen Umfang des Kita-Besuchs besteht kein Zusammenhang mit der politischen Ausrichtung des Landkreises. 2009 lag der Anteil der Kinder, die mindestens 33 Stunden in der Woche betreut werden in 14 von 19 Counties zwischen 75 und 85 Prozent. Den höchsten Anteil (88,1%) realisierte Akershus, den niedrigsten (67,5%) Vest-Agder. Für 2011 wurde erstmals die lange Besuchszeit von mehr als 40 Stunden wöchentlich ausgewiesen. Mit 98 Prozent liegt hier Oslo, gefolgt von Akershus, an der Spitze. In Oppland hat lange Ganztagsbetreuung (Anteil: 68%) die geringste Bedeutung.

- **Trägerstruktur**: Bei der Trägerstruktur gibt es große Differenzen. Sie sortieren sich eindeutig nach Geographie und politischer Dominanz. In

---

[359] Angaben nach: http://www.ssb.no/barnehager_en/ (Zugriff 14.03.2012).

linksgeneigten Counties präferieren Eltern kommunale Kitas. In der Spitze besuchten hier (Sogn og Fjordane) 2011 drei von vier Kindern eine kommunale Einrichtung. In weiteren drei Counties sind es zwischen knapp zwei Dritteln und über 70 Prozent. Auch Oslo – zugleich Stadt und County – liegt im oberen Bereich (62,7 Prozent). Die geringste Bedeutung haben kommunale Einrichtungen in Aust-Agder, Østfold und Hordaland. Dort besuchen jeweils zwischen 39 und 40 Prozent der Kinder eine kommunale Einrichtung.

- **Vorschullehreranteil unter den Kita-Beschäftigten**: In 14 der 20 Counties liegt der Anteil zwischen 30 und 28 Prozent. Auf gut 40 Prozent bringt es dagegen Sør-Trøndelag, während Oslo und Akershus mit 27,3 Prozent die Schlusslichter bilden.

- **Männliche Kita-Beschäftigte**: Der Männer-Anteil konnte in den letzten Jahren etwas gesteigert werden. Am höchsten liegt er mit 15 Prozent in Oslo. In den meisten Counties werden Anteile um die 10 Prozent erreicht. Schlusslicht mit nur 5,8 Prozent ist Møre og Romsdal, was aber noch über dem Anteil von durchschnittlich nur 5 Prozent in Island liegt (Island Statistics 2011: 363).

*5.3.1.5 Schweden*

Die schwedische Kinderbetreuungskultur entwickelte sich vor dem Hintergrund einer Politik, die auf Vollbeschäftigung und Integration aller Bürgerinnen und Bürger in den Arbeitsmarkt beruht. Seit den 70er Jahren steht die Unterstützung berufstätiger Eltern im Mittelpunkt. Der Staat schuf dafür die notwendigen Rahmenbedingungen. Dies nicht nur unter öffentlicher Verantwortung, sondern mit dem Staat in Gestalt der Kommunen als hauptsächlichem Dienstleister (vgl. Jönsson 2002). Lange war Schweden Vorreiter. Dies in einer gewissen Konkurrenzsituation zu Dänemark, wo die Care-Komponente stärker gewichtet wird. Zwischenzeitlich wurde Schweden jedoch von Norwegen überflügelt (vgl. obige Darstellung und Abb. 14 für den frühkindlichen Bereich).

Nach Korpi (2007) kann die historische Entwicklung wie folgt umrissen werden:

- Ende des 19. Jahrhunderts: Philosophie und Leitlinien des deutschen Pädagogen Fröbel (1782-1852) werden übernommen. 1904 öffnet der erste kommunale „Fröbel-Kindergarten". Fröbel gilt als Vater der schwedischen Elementarbildung.

- Wachstum und Zusammenführung verschiedener Wurzeln (Tageszentren, Krippen und Spielschulen) bis Anfang der 50er Jahre. 50/60er Jahre: Stagnation und Rückschritt.

- 70er Jahre: Neuer Aufbruch. Familien- und gleichstellungspolitische Ziele treiben den Ausbau der Kinderbetreuung voran. Phase der gründlichen Planung.

- Ab Ende der 70er Jahre: Akademisierung der Fürsorge-, Pflege- und Erziehungsberufe beginnt. Seit 1977 spezielle Hochschulausbildung für Hort-Pädagogik.

- Erste Hälfte der 90er Jahre: Rechtsansprüche auf qualitätsgesicherte Ganztagsbetreuung für Kinder ab einem Jahr. Beginn der Integration von Kitas in das Schulsystem. Unterschieden wird nun zwischen Vorschulen und Familientagespflegezentren.

- 1991 bis 2008: Kampf rechter und linker Regierungen um die Zukunft der Kinderbetreuung. Kommunales Trägermonopol und Qualitätsgarantien als Kernfragen. Ergebnis: Gleichstellung privater Träger, aber Kommunen behalten die Steuerungshoheit.

- 2001-2003: Maximale Elternbeiträge und freies Vorschuljahr werden eingeführt. 2004: Vorschulgesetz sieht Wiederherstellung guter Qualitätsstandards vor (10 Prozent mehr Personal). Die Elternbeiträgen werden begrenzt (für Kinder bis 5 Jahre: max. 3 Prozent vom Einkommen oder 195 USD mtl.).

Es gibt also eine wechselvolle Geschichte, deren letztes Kapitel noch lange nicht geschrieben ist. Seit der ersten Hälfte der 90er Jahre hat jedes Kind im Alter von 1 bis 12 Jahren einen Rechtsanspruch auf öffentliche Betreuung und schulische Erziehung. Die statistische Erhebung erfasst für jede dieser Altersgruppen, in welchem Umfang kommunale Angebote bei Einrichtungen der Gemeinden selbst oder bei privaten Trägern, die der kommunalen Steuerung unterliegen, genutzt werden. In der zurückliegenden Dekade sind die Gesamtbetreuungsquoten zwar nicht so dynamisch gewachsen wie in Dänemark, Island und Norwegen. Gleichwohl gab es deutliche Steigerungen. Im Zeitraum von 1998 bis 2008 bei den Einjährigen von 41,8 Prozent auf 48,9 Prozent, bei den Zweijährigen von 73,5 Prozent auf 91,3 Prozent und bei den Dreijährigen von 77 Prozent auf 94,8 Prozent. Im Herbst 2010 besuchten fast 86 Prozent der Ein- bis Fünfjährigen eine Vorschuleinrichtung oder ein Familien-Tagespflege-Zentrum. In Norwegen, das noch 2006 hinter Schweden zurücklag, betrug die Quote zum gleichen Zeitpunkt 89,3 Prozent.

Mit der Stärkung des Gewichts von Bildung und Erziehung gegenüber reiner Fürsorge konzentriert sich die Leistungserbringung immer mehr bei den Vorschuleinrichtungen. Die Nutzerquoten der nicht als Bildungsstätten qualifizieren „Family day-care Homes" sind kontinuierlich zurückgegangen. Hier liegt eine Parallele zu Finnland vor (vgl. oben). So stieg die Gesamtzahl betreuter Kinder und Jugendlicher (1 bis 12 Jahre) von 489.529 (2004) auf 554.876 (2008). Der Anteil, der dabei auf „Family day-care Homes" entfiel, sank jedoch von 7,4 auf 4,5 Prozent. Auch die Trägerstruktur ist in Bewegung. Immer noch sind über 80 Prozent der Kinder bei kommunalen Einrichtungen eingeschrieben. Aber dieser Anteil ging stetig zurück, seit die Versorgung für private Anbieter geöffnet wurde. Traditionell spielten bei den privaten Einrichtungen Elternkooperativen eine große Rolle. Ihre Bedeutung schrumpfte. Stetig gewachsen ist das Segment der gewerblichen Anbieter. Von 5,4 Prozent (2004) über 7,5 Prozent (2008) auf 8,5 Prozent (2010) stieg der Anteil dort eingeschriebener Kinder (Skolwerket 2012: 9). Das privat-gewerbliche Segment nähert sich damit der 10-Prozent-Marke. *Tabelle 34* liefert für die Jahre 2008 und 2010 einen Überblick. Deutlich wird, dass die Absolutzahlen eingeschriebener Kinder in allen Altersgruppen weiter gestiegen sind. Dies gilt auch für die Betreuung von Schulkindern. Von den Vier- und Fünfjährigen nimmt nur ein kleiner Prozentsatz keine öffentlich verantwortete Vorschulaktivität in Anspruch. Von den Schulkindern zwischen 6 und 12 Jahren wird noch jedes zweite Kind über Schulhorte oder Freizeitzentren betreut. Die Absolutzahl lag 2008 bei 349,3 Tsd. und 2010 bei 381,3 Tsd., was zu einem Anstieg der Besuchsquote um 3 Prozentpunkte auf jetzt fast 55 Prozent führte.

Dass der kommunale Betreuungsanteil seit Mitte der 90er Jahre mehr oder weniger stetig gesunken ist, beruht nicht auf abnehmenden Zahlen von Kindern, die kommunale Einrichtungen besuchen, sondern einem überproportionalen Wachstum bei den privaten Anbietern. In allen Altersgruppen gab es im Oktober 2010 bei kommunalen Einrichtungen mehr eingeschriebene Kinder und Jugendliche als 2008. Siehe dazu in der Tabelle jeweils die Zeile unter „Betreute Kinder insgesamt".

In Übereinstimmung mit den anderen skandinavischen Ländern sind die interkommunalen Differenzen bei den Betreuungsquoten vergleichsweise gering. Die Tabelle dokumentiert dies für unterschiedliche Gemeindetypen. Die Schwedische Vereinigung von Gemeinden und Regionen unterscheidet 9 Gemeindetypen. Für 8 davon sind die Betreuungsquoten dargestellt. Es gibt zwischen den Gemeindetypen Differenzen. Sie erreichen jedoch nur bei den Schulkindern von 6 bis 12 Jahren ein größeres Ausmaß zwischen 43 Prozent in ländlichen Gemeinden und 61 Prozent in den Vorortgemeinden größerer

Tabelle 34: *Eckdaten der Vorschulbildung/Kindertagesbetreuung in Schweden 2008 und 2010: Inanspruchnahme nach Alters- und Gemeindegruppen*

| Kinder nach Alter in den Jahren 2008 und 2010 | | | | | | | |
|---|---|---|---|---|---|---|---|
| | 1 | 2 | 3 | 4 | 5 | 1-5 | 6-12 |
| Jahr 2008 (15. Oktober 2008) | | | | | | | |
| Betreute Kinder insgesamt (in Tsd.) | 53,3 | 98,9 | 99,2 | 101,9 | 100,8 | 454,1 | 349,3 |
| dar. Kommunale Einrichtungen | 43,8 | 81,2 | 81,2 | 83,5 | 82,8 | 372,6 | 317,3 |
| Kommunalanteil an den betreuten Kindern (%)[1] | 82,2 | 82,1 | 81,9 | 82,0 | 82,2 | 82,0 | 90,8 |
| Besuchsquote (%)[2] | 48,9 | 91,3 | 94,8 | 97,4 | 97,9 | 85,8 | 51,7 |
| Jahr 2010 (15. Oktober 2010) | | | | | | | |
| Betreute Kinder insgesamt (in Tsd.) | 55,8 | 101,9 | 106,2 | 107,5 | 104,2 | 475,6 | 381,3 |
| dar. Kommunale Einrichtungen | 44,9 | 82,4 | 85,4 | 86,7 | 84,5 | 383,9 | 341,9 |
| Kommunalanteil an den betreuten Kindern (%) | 80,5 | 80,8 | 80,4 | 80,7 | 81,1 | 80,7 | 89,7 |
| Besuchsquote (%) | 49,3 | 91,4 | 96,1 | 97,7 | 98,3 | 86,3 | 54,7 |
| Besuchsquoten nach Gemeindetyp[3] (%) | | | | | | | |
| Gemeinden insgesamt | 49 | 91 | 96 | 98 | 98 | 86 | 55 |
| Großstädte | 47 | 91 | 96 | 97 | 98 | 84 | 56 |
| Vorortgemeinden | 49 | 93 | 96 | 97 | 97 | 87 | 61 |
| Größere Städte | 50 | 92 | 97 | 98 | 99 | 87 | 55 |
| Gemeinden mit geringer Siedlungsdichte | 49 | 89 | 95 | 97 | 98 | 86 | 43 |
| Industriestädte | 47 | 88 | 94 | 97 | 98 | 85 | 49 |
| > 25.000 EW | 51 | 90 | 96 | 98 | 99 | 87 | 54 |
| 12.500-25.000 EW | 50 | 90 | 96 | 98 | 100 | 87 | 48 |
| < 12.500 EW | 50 | 86 | 95 | 97 | 98 | 86 | 47 |

1) Da die schwedische Statistik nichtkommunale öffentliche Einrichtungen ebenfalls dem Privatbereich zuweist, entspricht die Differenz zu 100 nur näherungsweise dem Privatanteil.
2) Anteil an der Bevölkerung gleichen Alters. Angegeben sind die offiziellen Quoten. Bei Zugrundelegung der Eurostat-Daten vom 01.01. d.J. ergeben sich etwas höhere Quoten.
3) Großstädte = Städte mit mehr als 200.000 EW (3); größere Städte = Städte mit 50.000 bis < 200.000 EW (27); Gemeinden mit geringer Siedlungsdichte = weniger als 7 EW pro qkm (Skolwerket 2010a: 291).
**Quellen:** The Swedish National Agency for Education's (Skolverket), Pre-school activities and school-age child care – Children and groups, Year 2008; Tabellen 1 bis 4 und Dies. (2012): Barn folkbokförda i riket den 15 oktober 2010 (http://www.skolverket.se > Statistics); eigene Auswertung

Städte. Bei den Vorschulkindern im Alter von 1 bis 5 Jahren sind die Unterschiede gering. Sie belaufen sich je nach Altersgruppe auf 2 bis 5 Prozentpunkte. Analog zu anderen skandinavischen Ländern und gegenläufig zu Deutschland liegen die Besuchsquoten in Kleinstädten nicht niedriger als in Großstädten. Größere Differenzen bestehen allerdings bei der Personalausstattung. Diese ist insgesamt gut, aber es ist eine gewisse Verschlechterung eingetreten. Im Jahr 1990 kamen im Vorschulbereich auf eine rechnerische Vollzeitkraft 4,4 Kinder, im Jahr 2000 5,4 Kinder und im Jahr 2010 ebenfalls 5,4 Kinder. Von 1998 auf 2006 war der Personalschlüssel in quantitativer Hinsicht verbessert worden (1998: 5,5; 2006: 5,1). Dies konnte nicht gehalten werden.[360] Auch bei der Qualifikationsstruktur gibt es Einbußen. 1999 waren 52,3 der im Vorschulbereich Beschäftigten Vorschullehrer und nur 2,3 Prozent gering qualifiziert; 2008 lag der Anteil gering Qualifizierter doppelt so hoch (4,8%) und der Anteil von Kräften mit in der Regel akademischer Ausbildung in frühkindlicher Pädagogik ist auf 48,6 Prozent zurückgegangen. Differenziert nach Trägern zeigt sich, dass die Absenkung der Qualifikationsstruktur mit der gewachsenen privaten Leistungserbringung zusammenhängt. Bei Einrichtungen in kommunalem Eigentum lag der Lehreranteil 1999 bei über 50 Prozent und liegt 2008 im Landesdurchschnitt weiterhin bei über 50 Prozent mit allerdings einer lokal großen Spannweite zwischen 24 Prozent und 83 Prozent. Bei privaten Trägern erfolgte landesweit eine Absenkung von 48,7 Prozent (1999) auf 37,2 Prozent (2008). Gleichzeitig haben bei privaten Trägern über 10 Prozent der Beschäftigten keine Ausbildung; bei kommunalen Trägern sind dies nur 3,6 Prozent. Die Privatisierung erweist sich somit als eine Strategie der Absenkung qualifikatorischer Standards.[361]

Der Betreuungsbereich hat beschäftigungspolitisch eine erhebliche Bedeutung. 2008 waren 126,7 Tsd. Erwerbstätige in diesem Bereich tätig. 107.970 Beschäftigte hatten dabei einen kommunalen Arbeitgeber. Die meisten davon (76.311) arbeiteten im Vorschulbereich (Skolwerket 2010a: 31). Einzelne Beschäftigungsgruppen sind dabei noch nicht mitgezählt. So etwa die Supervisoren (10,4 Tsd., davon 7,1 Tsd. mit kommunalem Arbeitgeber). Auf Vollzeitkräfte umgerechnet stieg die Beschäftigung im kommunalen Bereich von 51 Tsd. im Jahr 1999 auf 67,7 Tsd. im Jahr 2008 (Skolwerket 2010a: 35). Bei

---

[360] Die Familientagespflege-Zentren arbeiten mit einem besseren Personalschlüssel von 5:1. Auf der anderen Seite steht, dass im Vorschulbereich mittlerweile jede zweite Fachkraft über eine Qualifikation in frühkindlicher Pädagogik verfügt (Skolwerket 2012: 10; Tab. 1.1). In den Familientagespflege-Zentren ist die Qualifikation der Fachkräfte geringer.

[361] Siehe bei Skolwerket (2010a) die Tabellen 2B und 2C (S. 35f.).

privaten Anbietern kommen noch 14,4 Tsd. rechnerische Vollzeitkräfte hinzu. Relativ zu Norwegen allerdings fällt Schweden deutlich zurück. Es gibt in Schweden 80 Prozent mehr Kinder unter 6 Jahren, aber weniger als ein Drittel mehr Beschäftigte. In Norwegen gab es 2011 71,6 Tsd. vollzeitäquivalent Beschäftigte allein in den Kindergartens. Gegenläufig auch zu den anderen skandinavischen Ländern dominiert in Schweden die Teilzeitarbeit; ein Trend Richtung Vollzeitarbeit wie in Norwegen ist nicht zu erkennen. Dies dürfte mit ein Grund dafür sein, dass es bei der Steigerung des Anteils männlicher Beschäftigter seit den 80er Jahren keine Fortschritte gibt. Männer stellen im Vorschulbereich nur (2009) 7 Prozent der Beschäftigten, bei den Beschäftigten, die direkt mit Kindern arbeiten, sogar nur 3,1 Prozent. Bei Schulhorten und Freizeitzentren erreicht der Anteil mit etwa 20 Prozent das halbe dänische Niveau. Dies alles sind Indizien dafür, dass die Arbeitsbedingungen in Dänemark und Norwegen besser sein dürften als in Schweden.

Der Betrieb von Vorschuleinrichtungen und die schulbegleitenden Angebote gehören für die schwedischen Kommunen zu den prioritäre Aufgaben mit finanziell erheblichem Gewicht, zumal die Elternbeiträge im internationalen Vergleich eine der geringsten sind. Im Haushaltsjahr 2009 wurden für die Betreuung von Kindern insgesamt 65,3 Mrd. SEK eingesetzt (rd. 7 Mrd. €). Davon entfielen über drei Viertel (50,6 Mrd. SEK resp. rd. 5,49 Mrd. €) auf Vorschuleinrichtungen und Schulhorte sowie noch 2,3 Mrd. SEK (0,25 Mrd. €) auf die Familienpflegezentren. 11,9 Mrd. SEK (rd. 1,29 Mrd. €) wurden für Jugendfreizeitangebote eingesetzt (Skolwerket 2010b: 76). Von 2009 auf 2010 stiegen die Ausgaben für Vorschulen und Schulhorte um 5,5 Prozent auf jetzt 53,4 Mrd. SEK resp. rd. 5,78 Mrd. € (Skolwerket 2012: 76). Pro Vorschulkind (ohne Vorschulklassen) wurden im Jahr 2010 117,5 Tsd. SEK (rd. 12,7 Tsd. €) aufgewandt. 76 Prozent der kommunalen Ausgaben sind Personalausgaben; in Dänemark sind es über 80 Prozent.

### 5.3.2 Deutschland: Ost-West-Spaltung und qualitative Defizite

„Der Ausbau der Kindertagesbetreuung soll weiter beschleunigt werden. Darin sind sich Bund, Länder und Kommunen einig. Das Kinderförderungsgesetz (KiföG), das am 16. Dezember 2008 in Kraft trat, ist ein wichtiger Schritt auf diesem Weg. Das KiföG setzt Meilensteine für mehr Vereinbarkeit von Familie und Beruf, für mehr Bildung für alle Kinder und für bessere Zukunftsperspektiven in Deutschland. Bis zum Jahr 2013 soll es bundesweit im Durchschnitt für jedes dritte Kind unter drei Jahren einen Betreuungsplatz geben – rund ein Drittel der neuen Plätze werden in der Kindertagespflege geschaffen. Im gleichen Jahr wird jedes Kind mit Vollendung des ersten Lebensjahres einen Rechtsanspruch auf Förderung in einer Kindertageseinrichtung oder in der Tagespflege haben." *(Bundesfamilienministerium, Webseite, Zugriff: 05.06.2009)*

### 5.3.2.1 Nachzügler Westdeutschland

In der Wahrnehmung der deutschen Bevölkerung ist die Vereinbarkeit von Familie und Beruf in Deutschland schlechter gelöst als in anderen Ländern. Beim Familienmonitor 2009[362] waren zwei Drittel der Eltern mit Kindern unter 18 Jahren sowie 57 Prozent aller Befragten dieser Auffassung. Nur ein Fünftel der Befragten bejahte die Frage guter Vereinbarkeit. Jeweils über 70 Prozent der jungen Eltern sahen es als zentral für die Vereinbarkeit an, dass es in den Städten und Gemeinden genügend Plätze in Kindertagesstätten und eine verstärkte Ganztagsbetreuung in Kindergärten wie Schulen gibt.[363]

Kinderbetreuung erfuhr in der alten Bundesrepublik über Jahrzehnte keine Weiterentwicklung. So wie schon in den 50er Jahren war die Betreuung auf Kinder zwischen 3 und 6 Jahren beschränkt, die dann auch nur vormittags einen Kindergarten besuchten. Die Einführung eines Rechtsanspruches für Kinder ab dem vollendeten 3 Lebensjahr in der zweiten Hälfte der 90er Jahre änderte daran nichts Grundlegendes. Die Kita-Besuchsquoten stiegen bei den über Dreijährigen mit dem Wirksamwerden des Rechtsanspruchs zwar rasch an, der zeitliche Umfang blieb jedoch wie gehabt niedrig[364] und auch die formale Betreuung der unter Dreijährigen verharrte angesichts einer nur dürftigen Infrastruktur auf niedrigem Niveau. In dieser doppelten Beschränkung drückt sich ein wesentliches Merkmal konservativ-familienbasierter Wohlfahrtsregime aus. Während die frauenfreundlichen skandinavischen Wohlfahrtsstaaten die Erwerbsbeteiligung von Frauen schon lange aktiv unterstützen, indem die Besteuerung wie die soziale Absicherung individuell erfolgt und der Staat die Aufgabe der Kinderbetreuung partnerschaftlich mitträgt,

---

[362] Repräsentative Umfrage des Allensbach-Instituts bei der Bevölkerung ab 16 Jahren. Zitiert nach: Köcher, Renate (Institut für Demoskopie Allensbach) 2009: Familienmonitor 2009, Folienpräsentation vom 14. Juli 2009.

[363] Die Frage lautete: „Zur Vereinbarkeit von Familie und Beruf: Wie ist Ihr Eindruck? Lassen sich in Deutschland alles in allem Familie und Beruf gut miteinander vereinbaren oder ist das schlechter gelöst als in anderen Ländern." Quelle: a.a.O., Folien 12 und 13.

[364] Im Ergebnis besuchten deutschlandweit noch im Jahr 2006 nur 27 Prozent der Kinder im Alter von 3 Jahren bis zum Schuleintritt ganztags (30 Std. und mehr in der Woche) einen Kindergarten gegenüber 40 Prozent in der EU25, 56 Prozent in Finnland, 58 Prozent in Schweden und 66 Prozent in Dänemark (EU-Commission 2008: 4f., Tab. 1).

hält Deutschland im Steuerrecht (Ehegatten-Splitting) wie auch im Sozialversicherungs- und Sozialhilferecht (Bedarfsgemeinschaften bei ALG II) an einer Philosophie fest, die von dem Ideal der männlichen Haupternährerehe abgeleitet ist. Dazu gehört, dass in der alten Bundesrepublik bis noch vor wenigen Jahren zumindest implizit der Mutter- und Tochtermythos hochgehalten wurde, wonach die informelle und unentgeltliche Erbringung von Leistungen zunächst der Kinder- und dann der Elternpflege Teil der natürlicherweise von Frauen zu erbringenden Aufgaben ist.[365] Kinderbetreuung als Profession mit wissenschaftlichem Fundament kam in anderen Ländern zur Entfaltung, vorneweg den skandinavischen, nicht aber in Westdeutschland. Fehlende Gleichstellung der Geschlechter und fehlende Professionalisierung der Kinderbetreuung sind insoweit zwei Seiten einer Medaille.

Es bedurfte starker Anstöße, ehe in den zurückliegenden 15 Jahren Schritt für Schritt Prozesse der nachholenden Modernisierung in Gang kamen. Eigentlich hätte man sich das in östlichen Bundesländern erreichte hohe quantitative Ausbauniveau zum Vorbild nehmen können. Bei der Kinderbetreuung nämlich war die untergegangene DDR mit ihrer flächendeckenden öffentlichen Kita-Infrastruktur das modernere Deutschland. Dies jedoch hätte das Eingeständnis impliziert, dass die DDR nicht nur eine Diktatur war, sondern auch Dinge bot, an die man positiv hätte anknüpfen können. Das praktizierte Schwarz-Weiß-Denken schloss einen solch differenzierten Blick aus. Um ideologische Vorurteile nicht hinterfragen zu müssen, wurde auch kaum zur Kenntnis genommen, dass in einigen gleichfalls dem konservativen Sozialstaatstyp zuzuordnenden Ländern wie Frankreich und Belgien die öffentliche Hand bei der Kinderbetreuung schon länger eine weit stärkere Rolle spielt als in Deutschland.[366] Andere Länder interessierten erst, als die in Deutschland besonders niedrige Geburtenrate Ängste wachrief, Deutschland drohe zu einem Altenheim zu werden und die Deutschen könnten aussterben. Gleichermaßen hielt und hält der Blick nach Frankreich wie zu den skandinavischen Ländern für entsprechend besorgte deutsche Konservative die unangenehme Erkennt-

---

[365] Ein Blick auf die Rechtsgeschichte der alten Bundesrepublik ist an dieser Stelle erhellend. Trotz der verfassungsrechtlichen Gleichstellung der Geschlechter in Artikel 3 GG gelang es einer reaktionären Politik über Jahrzehnte, im Ehe- und Familienrecht offen verfassungswidrige Bestimmungen beizubehalten. Noch bis Mitte der 70er Jahre bestimmte § 1356 BGB, dass Frauen nur insoweit erwerbstätig sein durften, als *„dies mit ihren Pflichten in Ehe und Familie vereinbar ist."* Erst 1977 fiel diese Einschränkung; der Geist dahinter wurde jedoch bis heute nicht wirklich überwunden.

[366] 2003 lagen die öffentlichen Ausgaben für Childcare und vorschulische Bildung in diesen Nachbarländern bezogen auf das BIP doppelt (Belgien) bis dreifach so hoch wie in Deutschland. Vgl. European Commission (2008: 8, Abb. 4).

nis parat, dass in hochentwickelten Gesellschaften, konträr zu traditionellen, die Geburtenrate dort dramatisch absinkt, wo der Staat keine gut zugängliche und qualitativ hochstehende Kinderbetreuungsinfrastruktur vorhält, um Eltern bei der Kindererziehung wirksam zu unterstützten. In den hochentwickelten westlichen Gesellschaften haben junge Frauen heute die besseren Schul- und Ausbildungsabschlüsse als junge Männer. Auf die Rolle als Hausfrau und Mutter mit nur nebenberuflicher Erwerbstätigkeit, wenn die Kinder das Kindergartenalter erreicht haben, wollen sie sich in der breiten Mehrheit nicht mehr einlassen, sondern verfolgen einen Lebensentwurf, der es ihnen erlaubt, das Erlernte in beruflicher Tätigkeit zur Entfaltung zu bringen. Damit streben sie nach ökonomischer Selbständigkeit, so wie es für in der DDR sozialisierte Frauen selbstverständlich ist. Dieses Gleichstellungsbegehren setzt konservativ-familienbasierte Gesellschaften unter Anpassungsstress. Wo sie sich nicht von den Institutionen trennen, die die gleichberechtigte Erwerbspartizipation von Frauen behindern – in Deutschland reicht dies vom Ehegatten-Splitting bis zur unbefriedigenden Kinderbetreuungsinfrastruktur –, besteht die Quittung im Zusammentreffen von niedriger Mütter-Erwerbsbeteiligung und niedriger Geburtenrate.[367] Hochqualifizierte Frauen bleiben dabei überproportional häufig kinderlos. Ein weiterer Weckruf erfolgte über die Bildungsdebatte. Lange wähnte sich Deutschland unter den Ländern mit besonders gutem Bildungssystem. Die Ergebnissen der PISA-Vergleichsstudien wiesen jedoch aus, dass die Leistungen 15-jähriger SchülerInnen in zentralen Kompetenzfeldern (Lesen, Mathematik, Naturwissenschaften) nur Mittelmaß sind und zugleich von Chancengleichheit keine Rede sein kann, weil Deutschland zu der Ländergruppe gehört, bei der der Bildungserfolg besonders stark von der sozialen Herkunft abhängt. Da sozial benachteiligte Kinder vom Krippen- und Kindergartenbesuch in besonderer Weise profitieren, ist ein Zusammenhang zwischen fehlender Chancengleichheit und dem unzureichenden Entwicklungsniveau einer kompensatorisch wirkenden Infrastruktur der professionellen frühkindlichen Bildung, Erziehung und Betreuung kaum zu übersehen. Das Bildungsargument beflügelte die Profilierung von Kindertagesstätten zu Einrichtungen elementarer Bildung. Nach der Neufassung des

---

[367] Siehe Kapitel 2, Fußnote 94. Unter 30 europäischen Ländern finden sich 9 Länder, bei denen die Geburtenrate im Zeitraum von 2000 bis 2010 durchgängig über dem Wert von 1,7 Lebendgeburten pro Frau lag gegenüber im Schnitt nur 1,36 Geburten in Deutschland (Quelle: Eurostat, demo_find_Fruchtbarkeitsziffern, Update vom 03.07.2012; eigene Berechnung). Alle diese Länder zeichnen sich durch eine verglichen mit Deutschland besser entwickelte öffentliche Infrastruktur der Kinder- wie Altenbetreuung aus. In den 5 skandinavischen Ländern wie auch in Frankreich ist zugleich auch die vollzeitäquivalente Frauenerwerbstätigkeit höher.

Kinder- und Jugendhilfegesetzes 2004 und 2005 mit Übernahme in das SGB VIII (§ 22 III) haben Kindertagesstätten nun einen Förderungsauftrag, der Erziehung, Bildung und Betreuung umfasst. Die Elementarbildung des Kindes und seine Entwicklung zu einer eigenverantwortlichen und gemeinschaftsfähigen Persönlichkeit sollen gleichermaßen gefördert werden. Die konservative Blockierung eines Ausbaus frühkindlicher Care-Angebote ließ sich argumentativ kaum mehr vertreten, wiesen doch gleichermaßen familien-, bevölkerungs-, gleichstellungs- wie bildungspolitische Argumente in die Richtung eines Ausbaus der frühkindlichen Kinderbetreuung.[368] Dafür, dass dies in einem verbindlichen Rahmen erfolgt, gab der europäische Integrationsprozess mit seinen Zielfestlegungen dann die entscheidenden Anstöße. Für mindestens ein Drittel der unter Dreijährigen sollten bis zum Jahr 2010 qualifizierte Betreuungsplätze vorgehalten werden. Mit Stand von 2006/2007 unterschied die EU-Kommission bei der Zielerreichung vier Ländergruppen. Eine erste Gruppe aus fünf Ländern (Dänemark, Schweden, die Niederlande, Belgien und Spanien) übertraf das Mindestversorgungsziel bereits und eine zweite Gruppe (u.a. Portugal, Vereinigtes Königreich, Frankreich, Luxemburg und Slowenien) lag kurz vor der Ziellinie. Deutschland gehörte zur Mittelgruppe, die noch rd. die Hälfte des Weges vor sich hatte. Schlusslichter waren 8 Mitgliedsländer aus vor allem Osteuropa (Ungarn, Polen, Slowakei, Litauen, Tschechische Republik) sowie Österreich, das einen geringen Versorgungsgrad analog zu Westdeutschland aufwies (EU-Commission 2008: 6).

Die *Abbildung 16* stellt für das Jahr 2008 dar, welche Betreuungsquoten in europäischen Ländern bei den unter Dreijährigen erzielt werden, wenn aus Betreuungsquote und wochendurchschnittlichem Betreuungsumfang eine vollzeitäquivalente Betreuungsquote errechnet wird. Die Daten stammen aus der Family Database der OECD. Danach erzielt Dänemark mit 74,4 Prozent die bei weitem höchste Quote, gefolgt von Island (65,2), Norwegen (55,1) und Schweden (51,1). Mehrere Länder (Belgien, Frankreich, Slowenien, Luxemburg, Portugal und Zypern) bringen es noch auf über 35 Prozent. Mit nur 13,6 Prozent erreicht Deutschland von diesem Niveau noch nicht einmal die Hälfte. Eine in Westdeutschland sehr geringe formelle Betreuungsquote von Kleinkindern bei ebenfalls geringem zeitlichem Betreuungsumfang drücken nach unten. Ohne die Hebewirkung der ostdeutschen Länder würde Deutschland noch schlechter abschneiden, bleibt aber auch so eines der Schlusslichter.

---

[368] Empfehlungen der OECD fügten sich hier ein. Wiederholt attestierte die OECD Westdeutschland bei der außerhäuslichen Betreuung der unter Dreijährigen einen erheblichen Entwicklungsrückstand. Siehe etwa den Bericht „Starting Strong" (2006).

*Abbildung 16: Vollzeitäquivalente Betreuungsquoten der unter Dreijährigen: Deutschland und skandinavische Länder im europäischen Vergleich 2008*

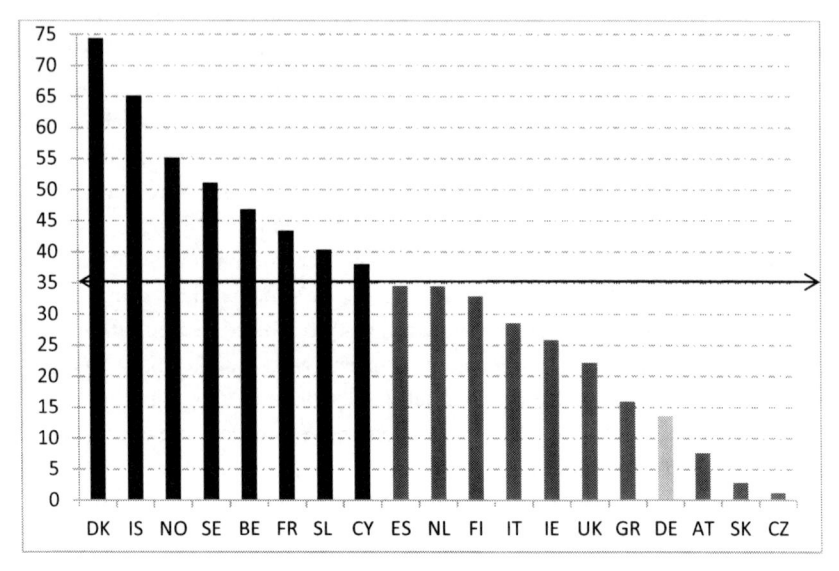

**Quelle**: OECD, Family Database, Indikator PF3.2.B (Full-time equivalent participation rates for children under 3 years); Zugriff: 17.03.2012

### 5.3.2.2 Ausbau der frühkindlichen Betreuung: Die Realisierung des Rechtsanspruchs ab 2013 erscheint fraglich

Treiber beim quantitativen Kita-Ausbau in den westlichen Bundesländern war weniger das ostdeutsche Vorbild als die EU in Verbindung mit deutschen Fachexperten und zuständigen Ministerinnen. Im Rahmen des Barcelona-Prozesses haben sich die EU-Mitgliedsländer 2002 darauf verständigt, für mindestens ein Drittel der unter Dreijährigen bis 2010 qualifizierte Betreuungsplätze vorzuhalten. Bei der Umsetzung dieses Zieles rangiert Westdeutschland bis heute unter den Schlusslichtern. Noch 2006 lag der Anteil von Kindern unter 3 Jahren, die außerhäuslich betreut werden, in den westlichen Bundesländern (ohne Berlin) mit durchschnittlich 8 Prozent um mehr als drei Viertel unter der Barcelona-Zielmarke. Ostdeutschland erreichte demgegenüber mit im Durchschnitt 39,7 Prozent die europäische Zielmarke. Der gesamtdeutsche Durchschnitt stieg dadurch auf 13,6 Prozent. Im April 2007 endlich verständigten sich Bund, Länder und Kommunen auf einem sogenannten Krippengipfel darauf, bis 2013 eine Versorgungsquote für unter Dreijährige von mindestens 35 Prozent anzusteuern, wobei ein Teil der neu zu schaffenden Plätze über Tageseltern bereitgestellt werden soll. Faktisch wurde damit anerkannt, dass Deutschland beim Krippenausbau international einen erheblichen Entwicklungsrückstand aufweist. Das Ausbauziel erfährt rechtliche Untermauerung durch die gleichzeitige Schaffung eines Rechtsanspruchs auf einen Betreuungsplatz für Kinder ab dem 1. Lebensjahr.[369] Mit dem „Gesetz zur Förderung von Kindern unter drei Jahren in Tageseinrichtungen und in der Kindertagespflege" (Kinderförderungsgesetz – KiföG) vom 10. Dezember 2008 – es trat zum 1. Januar 2009 in Kraft – erlangte das Vorhaben Gesetzeskraft. Die Finanzierung des Ausbaus regelt das Kinderbetreuungsfinanzierungsgesetz. Danach werden für den Ausbau 12 Mrd. € benötigt, wovon der Bund mit 4 Mrd. € ein Drittel trägt.

Der laufende Ausbau der Kinderbetreuung konzentriert sich also auf die Schaffung von Plätzen für Kinder unter 3 Jahren. Am 1. März 2009 wurden bundesweit rund 417.000 Kinder unter 3 Jahren in einer Kindertageseinrichtung oder in öffentlich geförderter Kindertagespflege betreut. Zwar sinkt die Zahl der unter Dreijährigen von 2.104.600 im Jahr 2006 auf voraussichtlich 1.977.000 im Jahr 2013. Die Realisierung der 35-Prozent-Quote bedingt jedoch eine Platzsteigerung auf 692.000 Plätze im Jahr 2013.[370] Mindestens 69.000 Plätze hätten im Jahresdurchschnitt seither geschaffen werden müssen. Dies wegen der in den ostdeutschen Bundesländern bereits gute Betreuungsquoten vorrangig in den westdeutschen Bundesländern. Gar nicht berücksichtigt ist bei dieser Rechnung, dass die Nachfrage, die ab 2013 aufgrund des Rechtsanspruchs befriedigt werden muss, vermutlich deutlich über der 35-Prozent-Quote liegen dürfte und Eltern vielfach nicht nur einen Halbtagsplatz, sondern einen Ganztagsplatz wünschen.

Nötig gewesen wären also erhebliche Anstrengungen. Der tatsächliche Ausbau wird dem nicht gerecht. Betreut in Kindertageseinrichtungen oder in der Kindertagespflege wurden am 1. März 2011 erst 25,4 Prozent und am 1. März 2012 27,6 Prozent der Kinder unter 3 Jahren. Wegen des geringen Ausbautempos fehlen auch ein Jahr vor dem Inkrafttreten des Rechtsanspruchs noch 220.000 Plätze. In Westdeutschland erreicht 2012 nur Hamburg eine Betreuungsquote von über 30 Prozent (35,8%). Nur hier und in Rheinland-Pfalz (Betreuungsquote: 27%) ist der Krippenausbau annähernd auf das Ausbauziel hin synchronisiert. In den anderen westdeutschen Bundesländern gab

---

[369] Bei Kindern vor Vollendung des ersten Lebensjahres gelten Ansprüche in Abhängigkeit vom Bedarf entweder des Kindes oder seiner Erziehungsberechtigten (KiföG § 24 I; BGBl. I Nr. 574: 2404).

[370] „Tagesbetreuung für Kinder unter 3 Jahren: bis 2013 noch 275 000 Plätze zu schaffen": Pressemitteilung Nr. 442 des Statistischen Bundesamtes vom 20.11.2009 (https://www.destatis.de/DE/Startseite.html > Presse&Service > Pressemitteilungen <Datum>; letzter Zugriff: 12.08.2012).

es trotz eines noch erheblichen Nachholbedarfs von 2010 auf 2012 nur magere Zuwächse. Nordrhein-Westfalen trägt weiterhin die rote Laterne mit der bundesweit geringsten Betreuungsquote von 18,1 Prozent.[371] Vor dem Hintergrund der Darlegungen in Kapitel 3.4 zur Finanzlage der Kommunen kann dies kaum überraschen. Die nordrhein-westfälischen Kommunen sind derart unterfinanziert, dass sie den Krippenausbau aus eigener Kraft nicht stemmen können. Aus Angst, mit den laufenden Betriebskosten überfordert zu sein, wird nur zögernd in die Schaffung weiterer Plätze investiert.

*Unzureichende Finanzierung*

Als eine Schlüsselfrage erweist sich also die Finanzierung. Zwar sind die Bruttoausgaben und die reinen Ausgaben (Bruttoausgaben abzüglich Einnahmen) seit Ende der 90er Jahre erheblich gestiegen. Im Jahr 2000 gab die öffentliche Hand brutto 9,36 Mrd. € und netto 8,07 Mrd. € für Kindertagesstätten (incl. Horte) aus, 2010 waren es 15,72 Mrd. € resp. 14,07 Mrd. €. Dies erscheint viel, bleibt jedoch deutlich unter der OECD-Empfehlung, mindestens ein Prozent des Bruttoinlandsproduktes für die Betreuung in Kindertagesstätten einzusetzen. Im Jahr 2010 wären dies 24,9 Mrd. € gewesen. Zudem, es wurden nicht durchweg Steigerungen realisiert. Von 2005 auf 2006 fielen die Bruttoausgaben von 11,1 auf 10,4 Mrd. € zurück. Mit den in den Folgejahren realisierten Steigerungen verbleibt Deutschland weit unter den Ausgaben der skandinavischen Länder. Nach der Family Database der OECD (Indikator PF3.1a) setzte Deutschland aus öffentlichen Haushalten 2007 für vorschulische Bildung und Betreuung lediglich 0,39 Prozent des BIP ein gegenüber 1,32 Prozent in Dänemark, 1,1 Prozent in Schweden und um die ein Prozent in den anderen skandinavischen Ländern. Der EU27-Durchschnitt lag bei 0,6 Prozent. Zwischenzeitlich wurde der Anteil zwar auf rd. 0,55 Prozent des BIP gesteigert, dabei ist aber zu berücksichtigen, dass im Rahmen des Ausbaus temporär Zusatzmittel für bauliche Investitionen eine große Rolle spielen. 2,15 Mrd. € stellt der Bund den Kommunen bis zum Jahr 2013 zur Förderung dieser Investitionen zur Verfügung.[372] An den laufenden Betriebskosten beteiligt er sich, indem ab 2009 jährlich 770 Mio. € durch die Übertragung eines kleinen Teils der Umsatzsteuer an die Länder finanziert werden.

---

[371] Angaben nach den Destatis-Pressemitteilungen Nr. 409 vom 08.11.2011 und Nr. 382 vom 06.11.2012 (incl. Begleitmaterial).
[372] Dafür hat der Bund Ende 2007 ein Sondervermögen „Kinderbetreuungsausbau" gebildet. Destatis, Bildungsfinanzbericht (2009: 43).

Mittlerweile gibt es kein Verdrücken mehr: Die bei der Ausbauentscheidung kalkulierten Mittel reichen nicht aus. 2010 sandten die Kommunalen Spitzenverbände einen entsprechenden Alarmruf nach Berlin. In den westdeutschen Bundesländern sei das Ausbauziel wegen einbrechender Finanzen nicht zu erreichen, der Rechtsanspruch solle erst später in Kraft treten.[373] Die zuständige Ministerin (Schröder) hielt dagegen: „Kita-Ausbauziel ist realistisch". Ein Bedarf für finanzielle Nachbesserungen des Bundes bestehe nicht. Lediglich für die Verbesserung der Arbeit in Schwerpunkt-Kitas wollte der Bund in den nächsten 4 Jahren insgesamt rund 400 Mio. € einsetzen.[374] Auch das Bundesfamilienministerium musste freilich einräumen, dass der von den Eltern nachgefragte Bedarf über der angenommenen Quote von 35 Prozent liegt.[375] Der Mitte Mai 2011 vom Bundeskabinett verabschiedete Zweite Zwischenbericht zur Evaluation des Kinderförderungsgesetzes (KiföG) nennt nun eine Bedarfsquote von 39 Prozent. Von einer Aufstockung der Finanzmittel wurde gleichwohl abgesehen.

Mit dem derzeitigen Ausbautempo und den von Bund, Ländern und Kommunen eingeplanten Finanzmitteln ist vorprogrammiert, dass 2013 weder quantitativ und erst recht nicht qualitativ ein Angebot verfügbar sein wird, das den Wünschen der Eltern und den Bedürfnissen der Kinder entspricht. Der Bundesfamilienministerin ist dies bewusst. Bei der Vorstellung des Evaluationsberichtes mahnte sie *„mehr Dynamik beim Ausbau"* an. Den schwarzen Peter wies sie jedoch den Ländern zu, denn abgesehen vom Saarland hätten diese *„bislang (...) ausschließlich Bundesmittel abgerufen"*, nicht aber eigene Mittel eingestellt.[376] Die Städte und Gemeinden andererseits sehen sich mit der Finanzierung überfordert. Der Rechtsanspruch auf Betreuung, der allen Eltern, die dies wünschen, einen Platz garantiert, sei *„eine Herkulesaufgabe, die ohne deutlich größere finanzielle Anstrengungen der Länder bis*

---

[373] Gleichgerichtet äußerten sich die Regionalgliederungen. „Rechtsanspruch auf Krippenplatz nicht realisierbar", titelte etwa der Gemeindetag von Baden-Württemberg in einer Pressemitteilung vom 08.02.2010. Er verlangte die Verschiebung des Rechtsanspruchs.

[374] *„Die Kita legt den Grundstein dafür, dass Kinder später in der Schule und in der Ausbildung erfolgreich sind. Deshalb werden wir mit einer bundesweiten Initiative dafür sorgen, die Sprach- und Integrationsförderung durch qualifiziertes, zusätzliches Personal in den Kitas zu verbessern"*, so Kristina Schröder. Gedacht ist an Kitas in sozialen Brennpunkten (Pressemitteilung Nr. 46/2010 v. 21.07.2010).

[375] Siehe dazu auch die Unterrichtungen der Bundesregierung für die Jahre 2008 und 2009 (BT-Drs. 16/12268, BT-Drs. 17/2621).

[376] Zitiert nach Pressemitteilung Nr. 34/2011 des BMFSFJ vom 18.05.2011: *„Wir können es uns nicht leisten, bei der Kinderbetreuung zu sparen"* (Kristina Schröder). Näheres siehe unter: http://www.fruehe-chancen.de und http://www.bmfsfj.de.

*2013 nicht umzusetzen sein dürfte.*"[377] Dies zumal der Bedarf in größeren Städten teilweise bei über 50 Prozent liege. Auch dürfe bei dieser *„Mammutaufgabe"* die Qualität nicht auf der Strecke bleiben, da Kinderbetreuungseinrichtungen ein wichtiger Bildungsstandort für die frühkindliche Entwicklung seien, so Gerd Landsberg, Hauptgeschäftsführer des Deutschen Städte- und Gemeindebundes. Dabei, das drohende Desaster wurde bewusst in Kauf genommen; schon 2009, spätestens jedoch 2010 war es mit Händen greifbar. Der Notwendigkeit, weitere Finanzmittel bereitzustellen, die Ausbildung von ErzieherInnen zu forcieren und den Beruf attraktiver zu machen, hat sich die Politik jedoch verweigert. Wenn nun die Kommunen als Notbremse die Aussetzung des Rechtsanspruchs ins Spiel bringen,[378] so nicht, weil das Ziel zu ambitioniert, sondern weil der politische Umsetzungswillen zu schwach ist. Der Ausbau ist nicht ausfinanziert und die Kommunen können die Lücke durch Aufstockung ihres Finanzierungsanteils kaum schließen. Im quasi letzten Moment hat der Bund mittlerweile (Oktober 2012) zwar das Sondervermögen „Kinderbetreuungsausbau" um 580,5 Millionen € aufgestockt, um die gemeinsame Finanzierung der Betriebs- und Investitionskosten von 30.000 zusätzlichen Plätzen zu ermöglichen,[379] in der Realität kam jedoch längst ein Prozess in Gang, der Qualität opfert, um Quantität formal zu erfüllen. Kinderbetreuung, wie auch die Kinder- und Jugendhilfe insgesamt, ist eine im wesentlichen kommunale Aufgabe. Die Ausgaben werden von den Kommunen getätigt und zu rd. 60 Prozent auch finanziert. Im Jahr 2006 waren dies 6,6 Mrd. € und im Jahr 2008 nach dem vorläufigen Rechnungsergebnis 7,1 Mrd. €.[380] Wenn dauerhaft erheblich höhere Mittel benötigt werden, muss die Finanzkraft der Kommunen entsprechend gestärkt werden. Dies unterblieb. Selbst die Haushalte von im innerdeutschen Vergleich reichen Städten sind so eng auf Kante genäht, dass Pläne für einen bedarfsgerechten, qualitativ hochstehenden Ausbau auf der Strecke bleiben. Frankfurt am Main nahm in der Folge das Ziel einer Betreuungsquote von 50 Prozent wieder auf nicht

---

[377] Stephan Articus, Hauptgeschäftsführer des Deutschen Städtetages bei der Vorstellung des Evaluationsberichtes am Mittwoch, den 18.05.2011 (vgl. BMFSFJ, PM Nr. 34/2011).

[378] So 2011 erneut in der Pressemitteilung „Deutscher Städtetag: Eltern brauchen Klarheit, ob Rechtsanspruch auf Betreuung im Jahr 2013 gefährdet ist" vom 27.10.2011.

[379] Quelle: hib – Heute im Bundestag Nr. 455 (Neues aus Ausschüssen und aktuelle parlamentarische Initiativen) vom 18. Oktober 2012.

[380] Diese Daten entsprechen dem Eigenfinanzierungsanteil. Sie dürfen nicht verwechselt werden mit den Daten, die die Kommunalen Spitzenverbände publizieren. Nach Deutscher Städte- und Gemeindebund 2010 (S. 8) betrugen die kommunalen Ausgaben für Kindertagesstätten (schließt auch Horte für ältere Kinder ein) 2007 11,9 Mrd. €.

bedarfsgerechte 40 Prozent zurück.[381] Andere westdeutsche Städte formulieren gleich gar keine ambitionierten Ziele, sondern sind bestrebt, den Krippenausbau auf die möglichst billige Tour durch eine maximale Einbindung von Tagespflege zu finanzieren.

### 5.3.2.3 Großes regionales Gefälle

Bei den Besuchsquoten von Kindern ab dem dritten Lebensjahr bis zum Schuleintritt gibt es nur geringe regionale Unterschiede. Das europäische Ziel einer Mindestbesuchsquote von 95 Prozent wird in diesem Bereich erreicht. Bei den unter Dreijährigen dagegen konnte die Betreuungsquote zwar gesamtdeutsch auf jetzt 27,6 Prozent gesteigert werden, wenn die Besuchsquoten von Kindertagesstätten und die Erbringung von Leistungen durch Tageseltern zusammengenommen werden. Dies ist jedoch deutlich von dem Drittel entfernt, das im Rahmen des Barcelona-Prozesses schon bis zum Jahr 2010 hätte erreicht werden sollen. Zudem, es besteht eine erhebliche regionale Spaltung. Eltern, die für ihr Kind einen Kita-Platz suchen, sehen sich je nach Wohnort mit sehr unterschiedlichen Gegebenheiten konfrontiert. *Abbildung 17* rückt die in den Ländern im März 2011 realisierten Betreuungsquoten bei den Zweijährigen und den Kindern unter 3 Jahren in den skandinavischen Zusammenhang. Drei Gruppen treten zutage. Eine von Dänemark, Island und Norwegen angeführte Gruppe (siehe in der Abbildung die Säulen ganz rechts) realisiert bei den Zweijährigen Betreuungsgruppen von mindestens 75 bis über 90 Prozent und bei den unter Dreijährigen Quoten von mindestens 40 bis über 50 Prozent. Zu dieser Gruppe gehören aus Deutschland alle ostdeutschen Bundesländer einschließlich Berlin. Die zweite Gruppe hat einen Mittelstatus. Hier finden sich mit Rheinland-Pfalz und Hamburg die beiden westdeutschen Bundesländer, bei denen der Ausbau tendenziell zielgerecht voranschreitet. Die dritte Gruppe enthält die acht restlichen westdeutschen Länder. Bei ihnen ist eine fristgerechte Zielerreichung nicht zu erwarten, denn von den Kindern unter 3 Jahren erhielten im Frühjahr 2011 nur zwischen 15,9 Prozent (Nordrhein-Westfalen) und 21,6 Prozent (Hessen) eine außerhäusliche Betreuung und Frühförderung. Am besten schneiden in Gruppe drei noch Baden-Württemberg und Hessen ab. Die Betreuungsquote bei zweijährigen Kindern liegt hier bei über 40 Prozent.

---

[381] „Kein Kuschelkurs. Schwarz-Grün spart: Weniger Geld für Kitas, Schulen, Grün" von Klaus-Jürgen Göpfert und Felix Helbig in: Frankfurter Rundschau Nr. 35 v. 10.02.2012, S. D2 und „Kein Platz an der Sonne" von Sabine Hamacher, in: Frankfurter Rundschau Nr. 47 v. 24.02.2012, S. D2.

*Abbildung 17: Betreuungsquoten (%) Ein- und Zweijähriger: Deutsche Bundesländer im Vergleich mit Skandinavien*

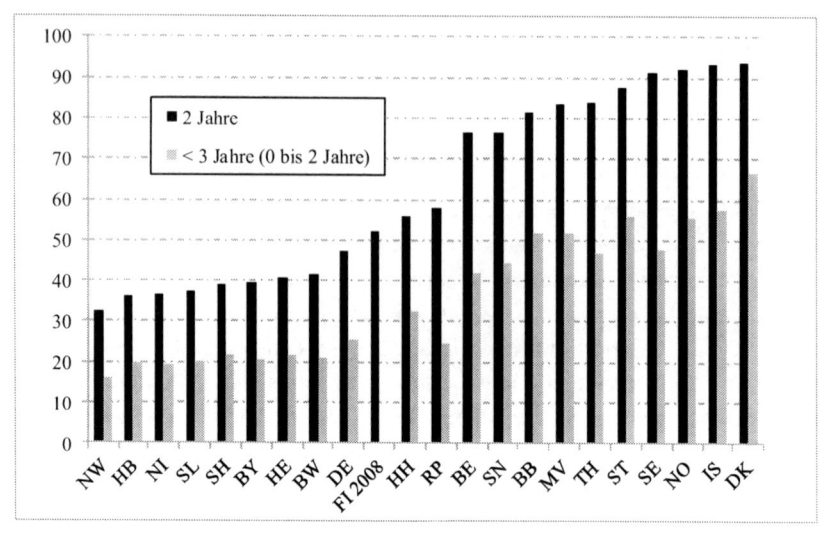

**Erläuterung:** Die Daten beziehen sich bei Deutschland und Norwegen auf 2011, bei Dänemark, Island und Schweden auf 2010 und bei Finnland auf 2008. Angegeben sind die Anteile an der jeweiligen Altersgruppe.
**Quellen:** Bei den skandinavischen Ländern vgl. Quellenangabe unter den Tabellen 28 bis 34; Deutschland: Destatis, PM Nr. 409 vom 08.11.2011

Abgesehen von Island spielen Angebote der Kindertagespflege in Privathaushalten im skandinavischen Raum keine Rolle. Demgegenüber setzt Deutschland beim Ausbau der Betreuungsinfrastruktur auch auf diese Betreuungsform. Die Nutzung öffentlich geförderter Kindertagespflege differiert zwischen den Bundesländern sehr stark. Bundesweit besuchten 2010 85,1 Prozent der betreuten Kinder unter 3 Jahren eine Kindertagesstätte und 14,9 Prozent wurden von Tagesmüttern und Tagesvätern betreut. Nicht von ungefähr spielt die Kindertagespflege in Westdeutschland mit einem Anteil von 18 Prozent eine weit größere Rolle als in Ostdeutschland, wo der Anteil durchschnittlich nur 10,5 Prozent beträgt (Stat. Ämter des Bundes und der Länder 2011: 7, Tab. 3). Tendenziell gilt: Wo ein hoher Ausbaustand der Kinderbetreuungsinfrastruktur erreicht ist, spielt die Kindertagespflege eine geringere Rolle als dort, wo noch erheblicher Nachholbedarf besteht. Dementsprechend erreicht die Kindertagespflege in Sachsen-Anhalt (2010: 1,2%), aber auch in Thüringen (2010: 3,6%) nur einen geringen Anteil und liegt auch in Berlin, Rheinland-Pfalz und dem Saarland unter 10 Prozent, während umgekehrt in den Nachzüglerländern Niedersachsen und Nordrhein-Westfalen jedes vierte Kind unter 3 Jahren von einer Tagesmutter oder einem Tagesvater betreut wird. In Schleswig-Holstein liegt der Anteil sogar bei 35,7 Prozent. Allerdings ist das Muster nicht durchgängig, da z.b. auch in Mecklenburg-Vorpommern annähernd jedes vierte Krippenkind in der Tagespflege betreut wird und in Bayern wie auch in Baden-Württemberg Kindertagespflege weit weniger verbreitet ist als in Schleswig-Holstein, obwohl die Betreuungsquoten ein vergleichbares Niveau haben. Zum Tragen kommt bei diesen Unterschieden, welche öffentlichen Ausgaben pro Kind getätigt werden. In Schleswig-Holstein liegen sie sehr niedrig. Pro Kind unter 6 Jahren wurden 2007 nur 1.952 € investiert gegenüber 2.341 € resp. 2.103 € in Baden-Württemberg und Bayern. In Mecklenburg-Vorpommern wiederum liegt die Betreuungsquote zwar rd. 2,5-mal so hoch wie in Rheinland-Pfalz; trotzdem werden pro Kind unter 6 Jahren geringere öffentliche Mittel eingesetzt.[382]

Kindertagespflege bezieht ihre Stärke und Attraktivität aus der Ähnlichkeit mit der familiären Betreuung sowie der Möglichkeit, individuelle Absprachen zu treffen hinsichtlich etwa besonderer Zeiten. Insoweit ergänzt sie das Angebot von Kindertagesstätten. Andererseits jedoch ist die Kindertagespflege für manche Bundesländer auch ein Weg, um mit möglichst geringen öffentlichen Mitteln einer hohen Nachfrage zu entsprechen resp. das Angebot unter Geringhaltung von baulichen Investitionen so auszuweiten, dass dem ab dem Kindergartenjahr 2013/2014 wirksamen Rechtsanspruch formal entsprochen werden kann. Eltern, die einen Krippenplatz favorisieren, werden in der Folge nicht selten auf die Tagespflege verwiesen. Im Einzelfall mag diese gleichwertig sein, grundsätzlich aber bildet die Kindertagespflege keine vollwertige Alternative. Fast 60 Prozent der Tagespflegepersonen verfügen über keine oder nur eine geringfügige Qualifikation.[383] Zugleich ist Lohndumping hier sehr verbreitet, womit sich diese Betreuungsform als ein vorrangig billiges, hinsichtlich der Qualität aber wenig gesichertes Angebot erweist. Zwar schnitt die Tagespflege gegenüber institutionellen Angeboten bei der Nationalen Untersuchung zu Bildung, Betreuung und Erziehung in der frühen Kindheit (NUBBEK-Studie) nicht schlechter ab (siehe Tietze et al. 2012); einbezogen waren aber nur Tagespflegeeltern mit höherer pädagogischer Qualifikation. Als repräsentativ können die Befunde daher nicht gelten und werden von den Autoren entsprechend zurückhaltend interpretiert.

---

[382] Angaben nach dem Ländermonitor 2010 der Bertelsmann-Stiftung.
[383] Angabe nach einem Vortrag von Prof. Rauschenbach: Bildung in Deutschland 2008. Teil C: Frühkindliche Bildung, Betreuung und Erziehung (Folie Nr. 18): http://www.bildungsbericht.de/ftbb08/FI_Rauschenbach.pdf (Zugriff: 22.03.2012).

Seitens der frühpädagogischen Forschung liegen wissenschaftlich fundierte Erkenntnisse zu der Frage vor, welche Qualitäten hinsichtlich der baulichen Gegebenheiten, der Ausstattung, des Personalschlüssels, der Qualifikation der Kita-Beschäftigten und des Qualitätsmanagements in den Einrichtungen resp. bei der Leistungserbringung erfüllt sein sollten, damit von einer qualitativ hochstehenden Dienstleistungsqualität gesprochen werden kann. Ich will mich auf Daten zu den personalbezogenen Strukturqualitäten beschränken. Sie sind essentiell. Dort nämlich, wo unzureichend qualifiziertes Personal zu viele Kinder zu betreuen hat und für Vor- und Nachbereitung wenig Zeit bleibt, kann keine gute Dienstleistungsqualität erwartet werden. Auch ein häufiger Wechsel der Betreuungskraft ist problematisch, da insbesondere kleine Kinder feste Bezugspersonen benötigen. Hinzu kommt: Kinder sollten mit verschiedenen Rollenmodellen Bekanntschaft machen. Es sollte daher in ausreichender Zahl auch männliche Erzieher geben. Auf einige der angesprochenen Kriterien sei kurz eingegangen.

*Personalschlüssel und Betreuungsrelation*

„So zeichnen sich einige Bundesländer zwar durch hohe Teilhabequoten und auch bedarfsgerechte Betreuungszeiten aus, aber gleichzeitig sind die Personalschlüssel in den KiTas zu weiten Teilen so weit von den fachlichen Empfehlungen entfernt, dass durchaus Zweifel angebracht sind, ob in diesen KiTas tatsächlich von einer Realisierung des Bildungsauftrags bzw. förderlichen Entwicklungs- und Bildungsbedingungen für Kinder gesprochen werden kann." *(Bertelsmann Stiftung 2011c: 7)*

Der (Fach-)Personalschlüssel[384] ist das wichtigste Kriterium für die Qualität von Kindertageseinrichtungen. Nur wenn genügend ErzieherInnen im Einsatz sind, können anspruchsvolle Programme absolviert und Kinder individuell betreut, gefördert und gebildet werden. Da das in Kitas beschäftigte Fachpersonal nicht nur direkt mit Kindern arbeitet, sondern auch mit Vor- und Nachbereitung, mit Elterngesprächen und Weiterbildung befasst ist, fällt die tatsächliche Betreuungsrelation schlechter aus als es der standardisierte Personalschlüssel ausdrückt. Im Falle von Norwegen hatten wir gesehen, um wie

---

[384] Zwischen allgemeinem Personalschlüssel und einem Fachpersonalschlüssel im Sinne einer Fachkraft-Kind-Relation muss unterschieden werden. Der allgemeine Personalschlüssel bezieht das Personal insgesamt auf die zu betreuenden Kinder, die Fachkraft-Kind-Relation bringt zum Ausdruck, wie viele Kinder eine pädagogische Fachkraft im Schnitt betreut.

viel höher der tatsächliche Einsatz vollzeitäquivalenter Kräfte verglichen mit den rechnerischen Mannjahren ist. Als Kriterien für einen guten Personalschlüssel gilt eine Relation von 1 zu 4 bei Kindern unter 3 Jahren und von 1 zu 7 bei Kindergartenkindern. Dies wird in skandinavischen Ländern weitgehend erfüllt. In Deutschland empfiehlt u.a. die Bertelsmann Stiftung entsprechende Personalschlüssel (1:4 und 1:7,5). Angenommen wird, dass 25 Prozent der Arbeitszeit auf mittelbare pädagogische Tätigkeiten und Ausfallzeiten entfallen, so dass 75 Prozent für direkte pädagogische Interaktionen verfügbar sind. Aus dem jährlich erscheinenden Ländermonitor der Stiftung ergibt sich, dass die empfohlenen Personalschlüssel in keinem Bundesland realisiert sind. Die Studie aus 2011 (Bertelsmann Stiftung 2011a) ergab, dass die Defizite in Ostdeutschland besonders groß sind. Von den Kindern ab 3 Jahren bis zum Schuleintritt werden über 60 Prozent mit einem Personalschlüssel von durchschnittlich 1 zu 12,4 betreut. In Westdeutschland ist der Personalschlüssel deutlich besser (1:9,2).[385]

Die Daten der OECD-Family-Database liefern ein gleichgerichtetes Bild. 2009 realisierten Dänemark, Island und Neuseeland die besten Personalschlüssel. In Dänemark kamen bei der frühkindlichen Bildung 6,9 Kinder auf einen Pädagogen und 5,3 Kinder auf einen Kinderpfleger. In Island lag die Pädagogen-Relation bei 1 zu 7,3. Mit einer Relation von 1 zu 13,9 schneidet Deutschland weit schlechter ab. Auch sind die deutschen Daten nicht nach Pädagogen und Kinderpflegern aufgeschlüsselt.[386]

*Qualifikation des pädagogischen Personals*

Die Qualifikation des Personals ist ein entscheidender Faktor. Im Einsatz sollten überwiegend qualifizierte Fachkräfte sein. Hinkt Ostdeutschland beim Personalschlüssel hinterher, ist es bei der beruflichen Qualifikation umgekehrt. Fast 90 Prozent der pädagogischen Kita-Fachkräfte sind ausgebildete Erzieherinnen gegenüber weniger als 70 Prozent in den westlichen Ländern. Annähernd 20 Prozent der pädagogischen Fachkräfte haben in Westdeutsch-

---

[385] Bei Kindergartengruppen realisieren Bremen, Rheinland-Pfalz und Baden-Württemberg die besten Betreuungsrelationen mit Personalschlüsseln zwischen 8 und 9. Alle östlichen Bundesländer haben deutlich schlechtere Personalschlüssel. In Sachsen-Anhalt liegt er bei 1 zu 11,6, in Brandenburg bei 1 zu 12,1, in Thüringen und Sachsen bei 1 zu 12,6. Schlusslicht ist Mecklenburg-Vorpommern mit 1 zu 13,4.
[386] OECD-Indikator PF4.2.A („Child-to-staff ratios in formal day-care services, average for 0-3 years olds").

land nur eine zweijährige Ausbildung als Kinderpflegerin oder Sozialassistentin absolviert (Bertelsmann Stiftung 2010).

Für das, was von Kita-Fachkräften heute an erzieherischer Kompetenz, an Kompetenz in frühkindlicher Bildung, an Sprachkompetenz usw. erwartet wird, reicht allerdings die Breitbandausbildung an den Fachschulen für ErzieherInnen längst nicht mehr aus. Die fachlichen Empfehlungen gehen dahin, mit etwa einem Drittel wissenschaftlich geschultes Personal zum Einsatz zu bringen. Notwendig dafür ist eine Akademisierung des ErzieherInnenberufs, der sich die deutsche Politik aber hartnäckig verweigert.[387] Statt die fachlich gebotene Höherqualifizierung voranzutreiben, hat die Geringhaltung der Kosten Priorität. Dass die anspruchsvollen Bildungspläne der Kultusministerien damit Makulatur bleiben, wird in Kauf genommen. Nur 3,5 Prozent des pädagogischen Fachpersonals verfügt über einen Hochschulabschluss. In den skandinavischen Ländern liegt der Anteil zehnmal so hoch.

*Beschäftigungsverhältnisse*

Besonders negativ zu beurteilen sind die in Deutschland existierenden Beschäftigungsverhältnisse. Analysen (Ländermonitor Frühkindliche Bildungssysteme der Bertelsmann Stiftung und Rechlin-Fuchs im Auftrag der Max-Traeger-Stiftung der GEW) zeigen, dass sich die Situation nicht verbessert, sondern verschlechtert hat. Zunehmend mehr Kita-Beschäftigte arbeiten in Teilzeit und mit befristeten Arbeitsverträgen. Vor zehn Jahren dominierte die Vollzeitarbeit, jetzt sind es weniger als 40 Prozent, wobei der Vollzeitanteil in Ostdeutschland sogar nur bei 25 Prozent liegt. Der im Gegenzug hohe Teilzeitanteil bedingt geringe Einkünfte, was den Beruf unattraktiv macht just in einer Phase, wo es darum geht, Fachkräfte zu gewinnen. 2008 erzielten vollbeschäftigte ErzieherInnen nur ein Nettoeinkommen von 1.387 € und vollbeschäftigte KinderpflegerInnen nur ein Nettoeinkommen von 1.219 € (Rechlin-Fuchs 2010: 41, Tab. 6.14). Der Erzieherberuf ist im konservativen deutschen Sozialstaat ein Beruf mit eingebautem Verarmungsrisiko. Gute Be-

---

[387] Bei den Pflegefachkräften gibt es eine analoge Situation. Die in Deutschland niedrigen qualifikatorischen Anforderungen will die EU-Kommission nunmehr über den Binnenmarkthebel in Bewegung bringen. Ende 2011 legte sie den Vorschlag für eine entsprechende Richtlinie vor. Der Richtlinienvorschlag vom 19.12.2011 (KOM (2011) 883: 11) beinhaltet, dass die drei EU-Mitgliedsländer (von 27), die die Zulassungsvoraussetzung für eine pflegerische Fachausbildung noch nicht von einer zehnjährigen allgemeinen Schulausbildung auf zwölf Jahre heraufgesetzt haben, diese Anhebung nun vornehmen müssen.

treuungsqualitäten sind auf dieser Basis schwer zu realisieren; die hohe Teilzeitquote und die häufig nur befristeten Arbeitsverträge vertragen sich nicht mit dem Ziel, zwischen Betreuern und Kindern stabile und kontinuierliche Beziehungsstrukturen zu schaffen. Die schlechte Bezahlung führt zusätzlich zur Demotivation. Weder erfüllen die deutschen Verhältnisse Mindestanforderungen an gute Arbeit noch lassen sie sich mit Anforderungen für eine gute fachliche Praxis vereinbaren.

Der Krippenausbaus erfordert eine kräftige Ausweitung der Beschäftigung von ErzieherInnen, von KinderpflegerInnen und von halb- bis vollakademischem pädagogischem Fachpersonal. Da lange vor dem Krippengipfel des Jahres 2007 absehbar war, dass Deutschland seinen Entwicklungsrückstand abbauen muss, bestand ausreichend Zeit, die Ausbildungskapazitäten an Fachschulen aufzustocken, an Hochschulen endlich grundständige Studiengänge einzurichten und den Erzieherberuf auch durch eine Verbesserung der Arbeitsbedingungen so attraktiv zu machen, dass sich junge Menschen in ausreichendem Maße für die entsprechenden Ausbildungs- und Studiengänge entscheiden. Nichts davon ist erfolgt. Der Fachkräftemangel, über den mit Stand von Anfang 2012 nun vielfach geklagt wird,[388] ist hausgemacht. Jörg Dräger, Vorstandsmitglied der Bertelsmann Stiftung, ist beizupflichten, wenn er bei der Vorstellung des Ländermonitors 2012 forderte, dass mehr pädagogische Fachkräfte in Vollzeit arbeiten und bei Teilzeitbeschäftigten die Stundenzahl erhöht werden sollte. Dies, um dem akuten Fachkräftemangel zu begegnen und auch, weil Kinder feste Bezugspersonen benötigen. Kitas, die hauptsächlich Teilzeitkräfte beschäftigen, können dieses zentrale Qualitätsmerkmal nicht einlösen.[389]

In den Bundesländern gibt es unterschiedliche landesrechtliche Regelungen zur Kita-Personalausstattung. Teilweise existieren Landesempfehlungen, teilweise obliegt die Regelung den Kommunen oder den Trägern selbst. Im Ergebnis differieren die Gegebenheiten nicht nur zwischen den Bundesländern, sondern auch innerhalb eines Bundeslandes. *Tabelle 35* enthält Daten zum Personalschlüssel, zu den Ausgaben und zur Bedeutung öffentlicher Träger

---

[388] Das Deutsche Jugendinstitut in München beklagt das Fehlen von 25.000 ErzieherInnenstellen (Frankfurter Rundschau Nr. 51 v. 29.02.2012, S. 23) und Katja Irle schildert, wie die Länder ihre Versäumnisse zu kompensieren suchen („Die Große Jagd nach Onkel Malte. Die Bundesländer werben einander die Erzieher ab", in: Frankfurter Rundschau v. 10.02.2012, S. 23).

[389] Zitiert nach PM der Bertelsmann-Stiftung vom 19.07.2012 „Bertelsmann Ländermonitor 2012: Bedarf an pädagogischen Fachkräften in Kitas steigt weiter. Aber: Die meisten Erzieherinnen arbeiten in Teilzeit".

*Tabelle 35: Kindertagesbetreuung in Deutschland 2007 und 2011
nach Bundesländern (ohne Berlin):
Kita-Personalschlüssel bei Kleinkindern (0 bis 2 Jahre),
Ausgaben für Tageseinrichtungen und Anteil kommunaler Träger*

| | Personal-schlüssel | | Ausgaben 2010 | | Anteil kommunaler Träger[1] |
|---|---|---|---|---|---|
| | 2007 | 2011 | Abs. (Mio. €) | Anteil an den Ausgaben für Jugendhilfe-einrichtungen | 2007 |
| Baden-Württemberg | 4,2 | 3,5 | 2.053,1 | 81,5 | 42,6 |
| Bayern | 4,4 | 4,0 | 2.432,0 | 88,2 | 30,6 |
| Brandenburg | 6,9 | 6,2 | 654,6 | 93,0 | 61,6 |
| Bremen | 3,3 | 3,3 | 137,9 | 88,2 | 22,6 |
| Hamburg | 5,3 | 5,1 | 474,9 | 88,1 | 5,2 |
| Hessen | 4,2 | 3,9 | 1.382,7 | 89,7 | 44,9 |
| Mecklenburg-Vorpommern | 5,5 | 5,2 | 274,1 | 86,2 | 28,8 |
| Niedersachsen | 4,7 | 4,1 | 1.386,8 | 88,8 | 33,2 |
| Nordrhein-Westfalen | 4,2 | 3,6 | 3.385,1 | 89,8 | 26,2 |
| Rheinland-Pfalz | 3,7 | 3,4 | 906,5 | 93,0 | 46,1 |
| Saarland | 3,5 | 3,2 | 183,9 | 93,0 | 26,7 |
| Sachsen | 6,2 | 6,0 | 1.092,9 | 92,0 | 49,2 |
| Sachsen-Anhalt | 6,3 | 6,1 | 493,5 | 90,9 | 62,9 |
| Schleswig-Holstein | 4,3 | 3,7 | 387,9 | 87,2 | 23,9 |
| Thüringen | 6,2 | 4,9 | 470,2 | 88,5 | 38,7 |
| Deutschland | 5,7 | 4,7 | 15.720,1 | 88,1 | k.A. |

1) Die Daten stammen aus dem Ländermonitor der Bertelsmann Stiftung. Angegeben ist der Anteil öffentlicher Träger an den im jeweiligen Bundesland insgesamt existierenden Einrichtungen. Näherungsweise entspricht dies dem kommunalen Anteil.
**Erläuterung:** Berlin ist nicht einbezogen, da es keine sinnvoll interpretierbaren Daten gibt. So weist Destatis bei Berlin keinen Personalschlüssel aus, da die Betreuung der Kinder dort fast ausschließlich in Kindertageseinrichtungen ohne feste Gruppenstruktur stattfindet.
**Quellen:** Betreuungsquote und Personalschlüssel: Destatis, Pressemitteilung Nr. 409 vom 08.11.2011 und Pressemitteilung Nr. 090 vom 13.03.2012.

nach Bundesländern. Gemäß den Berechnungen des Statistischen Bundesamtes trat bei den Personalschlüsseln im Zeitraum von 2007 bis 2011 eine Verbesserung ein.[390] Zum Stichtag 1. März 2007 kamen bei Gruppen mit Kindern im Alter von 2 bis 7 Jahren rechnerisch eine Vollzeitkraft auf 9,1 ganztags betreute Kinder, zum Stichtag 1. März 2011 hatte sich der Personalschlüssel bundesdurchschnittlich auf 1 zu 8,4 verbessert (Destatis 2011a: 8). Dies allerdings bei erheblichen Länderdifferenzen zwischen 1 zu 7,1 in Rheinland-Pfalz und 1 zu 12,6 in Mecklenburg-Vorpommern. Alle westlichen Bundesländer liegen unter 1 zu 10 und alle östlichen Bundesländern über 1 zu 10. Auch bei Kindern unter 3 Jahren trat eine Verbesserung ein. 2007 kamen rechnerisch im Durchschnitt 5,7 Kleinkinder auf einen Betreuer, 2010 waren es fünf. Bis März 2011 hat sich der Personalschlüssel nochmals leicht verbessert. Die günstigsten Betreuer-Kind-Verhältnisse weisen das Saarland (1:3,2), Bremen (1:3,3) und Rheinland-Pfalz (1:3,4) auf. Annähernd doppelt so hoch sind die Personalschlüssel in den ostdeutschen Bundesländern Sachsen (1:6,0), Sachsen-Anhalt (1:6,1) und Brandenburg (1:6,2); siehe hier in Tabelle 35 die Spalten zwei und drei. Bei Gruppen mit Kindern im Alter von 2 bis 7 Jahren (ohne Schulkinder) lag das Personal-Kind-Verhältnis zum Stichtag 1. März 2011 bundesweit höher, und zwar bei 1 zu 8,4.

Die Tabellen 26 und 27 enthielten bereits Daten zu den Kita-Ausgaben pro Einwohner im Alter von 1 bis 20 Jahren einmal der dänischen Kommunen (Tab. 26) und dann der öffentlichen Hand in Deutschland (Tab. 27). 2010 beliefen sich die diesbezüglichen Ausgaben in Deutschland (incl. Schulhorte) auf knapp 900 € und in Dänemark (nur laufende Ausgaben vorschulischer Einrichtungen) auf 16,8 Tsd. DKK resp. rd. 2.257 €. In Tabelle 35 finden wir nun zu den Bundesländern die dort im Jahr 2010 für Kindertageseinrichtungen jedweder Trägerschaft öffentlich getätigten Ausgaben. Sie bewegen sich zwischen 138 Mio. € in Bremen und 3,38 Mrd. € in Nordrhein-Westfalen. Rücken wir die Daten in einen Vergleich mit Dänemark und Schweden, erreichen die in Deutschland öffentlich getätigten Ausgaben bei den ostdeutschen Bundesländern maximal um die 60 Prozent und bei den westdeutschen Bundesländern um die 40 Prozent und weniger der skandinavischen Niveaus. Beispiel Niedersachsen. Das Land hat rd. 12 Prozent mehr Einwohner im Alter von 0 bis 18 Jahren als Dänemark, gab 2010 aber nur rd. 40 Prozent so

---

[390] Die Personalschlüsselberechnung von destatis basiert auf einer standardisierten Berechnung von Vollzeitäquivalentem bei den betreuten Kindern und Vollzeitäquivalenten bei den in der Einrichtung tätigen Personen (Fachpersonal und anderes Personal) bei den verschiedenen Gruppenarten (Destatis 2011: 6). Wegen des Einbezug auch der Nicht-Fachkräfte fallen die Werte besser aus als bei der Bertelsmann Stiftung (Ländermonitor).

viel für Kindertageseinrichtungen und Horte aus wie die dänischen Kommunen allein für Vorschuleinrichtungen. Schweden hat (2010) rd. viermal so viele Einwohner bis 18 Jahre wie Schleswig-Holstein, gibt für Kindertageseinrichtungen aber fünfzehnmal so viel an öffentlichen Mitteln aus. In Ostdeutschland finden sich die höchsten Kita-Besuchsquoten in Sachsen-Anhalt. Quantitativ bewegt sich das Bundesland (vgl. Abb. 17) im skandinavischen Kontext. Das öffentliche Ausgabenniveau jedoch fällt ab. So hat Schweden siebenmal so viele Einwohner unter 19 Jahren, tätigt aber 11,7 mal so hohe Ausgaben. Am größten, wegen der unterschiedlichen Wirtschaftskraft jedoch überzeichnet, sind die Differenzen zu Norwegen. Für „Kindergartens", damit für nur den vorschulischen Bereich, gaben die norwegischen Kommunen 2010 brutto 38,6 Mrd. NOK aus. Umgerechnet auf Euro entsprechen dem rd. 4,9 Mrd. €. Beziehen wir diese auf die Einwohner von 0 bis 6 Jahren, gab Norwegen pro Einwohner dieser Altersgruppe brutto rd. 10,7 Tsd. € (wirtschaftskraftgewichtet: rd. 5 Tsd. €) aus gegenüber 3,1 Tsd. € in Deutschland; die Ausgaben für Horte sind dabei in Abzug gebracht.

Die Ausgabendifferenzen fußen sowohl auf den unterschiedlich hohen Betreuungsquoten wie auch auf den unterschiedlichen Rahmenbedingungen bei Qualifikation, Entlohnung und Arbeitsbedingungen. Keine Erklärungskraft entfaltet dagegen die Frage der Kostenfreiheit von Kindertageseinrichtungen. Kostenfrei sind in den skandinavischen Ländern nur die Vorschulklassen, die in dem der Einschulung vorausgehenden Jahr besucht werden können. In gewisser Hinsicht ist damit das letzte Kindergartenjahr kostenfrei. Ansonsten jedoch fallen für die Eltern Gebühren an, die sich mit einer gewissen Ausnahme bei Schweden nicht wesentlich von denen in Deutschland unterscheiden. Die Einzelvergleiche zeigen, dass die Differenz bei den BIP-Anteilen, die aus öffentlichen Quellen eingesetzt werden, die Unterschiede bei der Finanzausstattung näherungsweise gut wiedergeben. Zu berücksichtigen ist, dass die deutschen Kommunen ihre Ausgaben für Einrichtungen der Jugendhilfe in wachsendem Maße bei den Kindertageseinrichtungen konzentrieren. In fünf Bundesländern stellen sie bereits einen Anteil von über 90 Prozent. Für andere Arten von Einrichtungen stehen in der Konsequenz immer weniger Mittel bereit. Lediglich in den Jugendamtsbezirken von Baden-Württemberg konnte 2010 noch knapp ein Fünftel der Mittel anderweitig eingesetzt werden.

Obwohl Kindertagesstätten mittlerweile eher dem Bildungs- als dem Sozialbereich zugerechnet werden, dominiert die den Sozialbereich prägende freigemeinnützige, häufig kirchliche Trägerschaft. Die für das örtliche Angebot verantwortlichen Gemeinden sind nur zu ca. einem Drittel Träger der entsprechenden Einrichtungen. Der Privat-Anteil (Kirchen, freigemeinnützige Träger und zunehmend auch gewerbliche Einrichtungen)[391] stieg von 52,6 Prozent (1994) auf 64,2 Prozent (2007). 2010 gab es eine stärker kommunal getragene Betreuungsinfrastruktur nur noch in Sachsen-Anhalt, Brandenburg sowie in einzelnen westdeutschen Jugendamtsbezirken in etwa Rheinland-Pfalz oder Hessen (DJI 2011: 51). Zwar sind die freien Träger hinsichtlich Steuerung und Finanzverantwortung in die Planung der Jugendämter eingebunden. Das Prinzip: Wer bezahlt, bestimmt, ist jedoch nicht umgesetzt. Die Organisations- und Personalverantwortung liegt bei den Trägern. Bei kirchlichen Trägern mit der Folge, dass bei der Personalauswahl nicht die fachliche Kompetenz, sondern das religiöse Bekenntnis im Vordergrund steht. Der Betrieb von Kitas erfüllt für die Kirchen Missionierungszwecke. Kirchliche und andere private Träger erhalten aus dem Kommunalhaushalt Zuschüsse, die an bestimmte Personalschlüssel, nicht aber an Diskriminierungsverbote gebunden sind. Die Kommune ihrerseits erhält Landeszuweisungen. Grob kann zur Finanzierungsstruktur der Kindertagesstätten in freier Trägerschaft gesagt werden, dass rd. zwei Drittel der Ausgaben öffentliche Ausgaben sind. Sie werden von den Kommunen getätigt und von Bund/Ländern und Kommunen finanziert. Ein Drittel wird über Elternbeiträge und Eigenmittel des Trägers aufgebracht. Die Eigenmittel kirchlicher Einrichtungen dürften maximal 10 bis 15 Prozent der Gesamtausgaben erreichen. Betrachtet man die Bedeutung von Kindergartenbeiträgen, so können drei Ländergruppen unterschieden werden. In Berlin, Nordrhein-Westfalen, Rheinland-Pfalz, Hamburg und Bremen trugen Eltern 2005 zwischen 11 und knapp 16 Prozent der Gesamtkosten; im Saarland, in Thüringen, Sachsen, Baden-Württemberg, Brandenburg, Bayern und Hessen zwischen 16 und unter 21 Prozent. Für die restlichen 4 Bundesländer (Sachsen-Anhalt, Mecklenburg-Vorpommern, Niedersachsen und Schleswig-Holstein) sind Finanzierungsanteile von 22 bis 27,4 Prozent (Schleswig-Holstein) dokumentiert.[392]

Zum Stichtag 1. März 2010 liegen seitens der Statistischen Ämter des Bundes und der Länder Daten zum Kita-Besuch und zur Nutzung von Tagespflege-

---

[391] Zu den in diese Richtung weisenden Entwicklungen siehe den Privatisierungsreport 7 der GEW (2008).

[392] Bundesministerium für Bildung und Forschung, Antwortschreiben von Thomas Rachel, Parlamentarischer Staatssekretär an den Bundestagspräsidenten vom 23. Dezember 2008 auf eine Kleine Anfrage der Abgeordneten Krista Sager, Kai Gehring u.a. und der Fraktion Bündnis90/Die Grünen „Finanzrelevante Vereinbarungen zwischen Bund und Ländern beim Bildungsgipfel in Dresden." BT-Drs. 16/11349: 4.

angeboten für alle Landkreise und kreisfreien Städte vor.[393] Diese feingliedrige Analyse offenbart ein Gefälle, das das zwischen den Bundesländern weit übertrifft. Einige markante Befunde seien angeführt:

- Die Betreuungsquote von Kindern unter 3 Jahren weist eine Spannweite zwischen 6,9 Prozent (LK Cloppenburg) und 62,3 Prozent (Jerichower Land; Sachsen-Anhalt) auf. 10 Prozent der Jugendamtsbezirke realisieren Quoten von 50 Prozent und mehr; 30 Prozent bringen es noch nicht einmal auf 15 Prozent. Das Gros der Landkreise (41,5%) bietet für zwischen 15 und weniger als 25 Prozent der Kleinkinder Betreuungsplätze. Die Betreuungswüsten konzentrieren sich auf Niedersachsen, Nordrhein-Westfalen und Bayern. In Niedersachsen gibt es gleich drei Kreise (Cloppenburg, Aurich und Leer), die in den Ausbau der Kleinkindbetreuung noch gar nicht eingestiegen sind. Hier liegen die Betreuungsquoten bei unter 8 Prozent.

- In den ostdeutschen Landkreisen und kreisfreien Städten nehmen Eltern Angebote zur Kindertagesbetreuung weit früher in Anspruch als in Westdeutschland. Bei den einjährigen Kindern lag die Betreuungsquote in drei Vierteln der ostdeutschen Kreise (64 von insgesamt 86) bei mindestens 50 Prozent und bei knapp zwei Dritteln der westdeutschen Kreise (in 212 von insgesamt 325 Kreisen) bei unter 15 Prozent. Die höchsten Betreuungsquoten Einjähriger gab es in Sachsen-Anhalt in den Landkreisen Jerichower-Land (80,6%), Wittenberg (78,8%) und dem Salzlandkreis (78,4%). Hier wirkt sich aus, dass Kinder in Sachsen-Anhalt schon vor Vollendung des ersten Lebensjahres einen Rechtsanspruch auf Kindertagesbetreuung haben. In den westdeutschen Bundesländern finden sich bei einjährigen Kindern die höchsten Betreuungsquoten in den Städten Heidelberg (40,6%) und Hamburg (32,6%).

- Bei Kindern im Alter von 2 Jahren erreicht die Betreuungsquote in allen ostdeutschen Landkreisen und kreisfreien Städten Werte von über 50 Prozent. In Westdeutschland war dies zum Stichtag bei weniger als 10 Prozent der Fall (32 der insgesamt 325 Kreise). Die höchste Betreuungsquote in einem ostdeutschen Kreis wies die Stadt Brandenburg an der Havel mit 96,9 Prozent auf, in Westdeutschland der Landkreis Südwestpfalz (Rheinland-Pfalz) mit 75,9 Prozent.

---

[393] Zu den wesentlichen Befunden siehe auch: Destatis: „KITA Betreuungsquote 2010", Pressemitteilung Nr. 018 vom 17.01.2011.

- Der Anteil von Kindern unter 3 Jahren, die ganztags betreut werden (mehr als 7 Stunden), weist ebenfalls eine extreme Spannweite auf zwischen Werten von teilweise unter ein Prozent in Westdeutschland und Werten von über 40 bis 50 Prozent in Ostdeutschland.[394] Besonders ausgeprägt ist dabei das interkommunale Gefälle in Westdeutschland. Setzt man die Länderbrille auf, reicht die Spannweite von 4,7 Prozent in Niedersachsen bis 9,9 Prozent im Saarland. Innerhalb der Länder ist das Gefälle aber weit größer. In Niedersachsen etwa bewegt sich die Ganztagsquote zwischen 14,9 Prozent in der Stadt Wolfsburg und Werten von unter einem Prozent in den Landkreisen Wittmund, Vechta und Oldenburg. Daraus den Schluss zu ziehen, Ganztagsbetreuung sei in kreisfreien Städten generell stärker verbreitet als in Landkreisen, ginge aber fehl. Im Saarland hat die Stadt Wedel die geringste (7,2%) und der LK Saarpfalz die höchste Quote (14,1%). In Thüringen wiederum liegen die Anteile von Ganztagsbetreuung in 4 der 6 kreisfreien Städte wie auch in 6 der 17 Landkreise bei über 40 Prozent. Gleichermaßen entfällt die geringste Quote (LK Eichsfeld: 29,2%) wie die bundesweit höchste Quote (Weimarer Land: 50,6) auf einen Landkreis.

Bei der Bewertung des regionalen Gefälles lohnt ein Blick zurück auf die DDR. Zum Ende der DDR (1989) lag die Versorgungsquote der Kinder unter 3 Jahren in den östlichen Bundesländern bei im Durchschnitt 56,4 Prozent mit einer geringen regionalen Streuung zwischen 52 Prozent und 60 Prozent (DJI 2008: 19). So geringe regionale Streuungen prägen heute noch die skandinavische Betreuungslandschaft, während sich in Ostdeutschland nach der Wende eine nicht geringe Kluft zwischen 37,7 Prozent in Sachsen und 55,2 Prozent in Sachsen-Anhalt herausgebildet hat.

### 5.3.3 Gemeinsamkeiten und Unterschiede: Deutschland und Skandinavien im Vergleich

Der (west)deutsche Sozialstaat kann nicht als frauenfreundlich beschrieben werden. Er ist im Gegenteil immer noch stark auf die Reproduktion einer Machtdysbalance zwischen den Geschlechtern ausgerichtet. Das Beschäftigungssegment der sozialen Dienste ordnet sich hier ein. Quantitativ und qualitativ bewegen sich die über Kommunen verantworteten sozialen Dienste im Verhältnis zu den frauenfreundlichen skandinavischen Wohlfahrtsstaaten auf einem geringen Entwicklungsniveau. Der Bereich professioneller Betreuung

---

[394] Angaben nach Statistische Ämter des Bundes und der Länder 2011, Tab. 1 im Anhang, S. 26ff.

von Kindern und Jugendlichen spiegelt dies ebenso wider wie die auf Senioren bezogenen Dienste. Entwicklungshemmend wirkt in beiden Bereichen, dass das institutionelle Gefüge weiterhin von konservativ-familienbasierten Leitvorstellungen geprägt ist, obwohl sich die gesellschaftlichen Leitbilder davon schon länger gelöst haben. Ergebnis sind eklatante Widersprüche:

- Einerseits hat sich die Vorstellung durchgesetzt, dass Familie dort ist, wo es Kinder gibt. Andererseits wird gleichwohl am Ehegatten-Splitting festgehalten, damit an einer steuerlichen Regelung, die auf dem Ideal der Versorgerehe mit zuverdienender Ehefrau gründet.

- Einerseits wird die Eigenverantwortung des Individuums betont. Andererseits jedoch sind die Institutionen unterentwickelt, die Individuen dabei unterstützen können, sich zu selbständig handelnden Persönlichkeiten zu entwickeln. Die Nachrangigkeit des Individuums gegenüber den Instituten Ehe und Familie besteht fort. Selbst dort, wo Familienmitglieder seit Jahrzehnten keinerlei Kontakt mehr zueinander pflegen, bleiben sie im System wechselseitiger Unterhaltspflichten gefangen.

- Einerseits werden Kinder, wie von der UN gefordert, als Persönlichkeiten mit eigenständigen Rechten angesehen. Andererseits wurden Kinderrechte immer noch nicht ins Grundgesetz aufgenommen und es wird weiterhin weniger von den Kindern, als von den Eltern her gedacht.

- Einerseits werden Kindertagesstätten als Bildungseinrichtungen betrachtet und die entsprechenden Ausgaben im Nationalen Bildungsbudget den Bildungsausgaben zugerechnet. Andererseits ist die personelle Ausstattung hinsichtlich Professionalisierung, Bezahlung und der Bedeutung von Vollzeitarbeit nicht so, dass der Bildungs- und Erziehungsauftrag gut erfüllt werden kann und die Trägerstruktur untergräbt den für das Bildungssystem wesentlichen Vorrang religiöser Neutralität.

- Einerseits wird eine vollwertige Erwerbsintegration von Frauen gefordert, da man in einer demografisch schrumpfenden Gesellschaft auf dieses Potential gar nicht mehr verzichten könne. Andererseits wird an Rahmenbedingungen und Anreizsystemen festgehalten, die das offiziell proklamierte Ziel nicht unterstützen, sondern einer vollwertige Erwerbsintegration von Frauen hinderlich sind.

- Einerseits wurden Arbeitszeiten verlängert und flexibilisiert, andererseits die Öffnungszeiten der Kindertagesstätten dem kaum angepasst. Kindertagesstätten mit 24-Stunden- und Wochenend-Betrieb sind in Deutschland eine Rarität.

Bislang gibt es bei der herrschenden Politik wenig Neigung, die Institutionen an die gesellschaftlich dominanten Leitvorstellungen anzupassen. Erfolgte Modernisierungen bleiben halbherzig. Immerhin ist nun auch in Westdeutschland akzeptiert, dass es für Kinder eine Bereicherung sein kann, wenn sie schon im frühen Alter eine Kindertagesstätte besuchen und wenn dieser Besuch auch nicht nur halb-, sondern ganztags erfolgt. Den Eltern wird damit der Erziehungsauftrag nicht entzogen, sondern es wird zwischen Eltern und Kitas eine Erziehungspartnerschaft begründet, die zum Nutzen aller wirken kann, wenn auf Qualität gesetzt wird. Dem laufenden Kita-Ausbau kann mit unterschiedlichen Lesarten begegnet werden. Auf der einen Seite ist richtig: Deutschland hat Fortschritte gemacht. Von 2006 bis 2011 stieg die Betreuungsquote der unter Dreijährigen gesamtdeutsch um 11,8 Prozentpunkte (von 13,6% auf 25,4%). Dies ist ein Erfolg. Ein Erfolg jedoch, der sich im internationalen Vergleich bescheiden ausnimmt, weil andere Länder mit mehr Entschiedenheit schneller und besser vorangekommen sind. Ein Erfolg auch mit erheblicher Schlagseite. Der Krippenausbau erfolgt nicht qualitätsgestützt. Jedenfalls nicht in der Breite. Dementsprechend kommt die NUBBEK-Studie zu dem Ergebnis, dass die Qualität im Schnitt nur mittelmäßig ist. Weniger als 10 Prozent der außerfamiliären Betreuungssettings erreichen eine gute pädagogische Qualität.

Vergleichend ist festzuhalten: Es gibt bei der institutioneller Kinderbetreuung zwischen Deutschland und den skandinavischen Ländern Gemeinsames und Trennendes. Gemeinsam ist allen Vergleichsländern, dass Kindertagesstätten im Schnittfeld zwischen Sozial- und Bildungspolitik angesiedelt sind. Gute Praxis schafft es, eine Trias aus Erziehung, Bildung und Betreuung herzustellen. Zunehmend mehr Kommunen sehen sich dabei aufgefordert, Kindertagesstätten als Orte der Bildung ernst zu nehmen. Kommunen in den skandinavischen Ländern wie auch in Deutschland sind bestrebt, lokale Bildungslandschaften unter Einbindung verschiedenster Institutionen von den Kitas über die allgemeinbildenden Schulen bis zu Musikschulen, Volkshochschulen und Bibliotheken zu gestalten. Bei den gesellschaftlichen Grundtrends finden wir also ein großes Maß an Gemeinsamkeit. Sie endet, wenn beleuchtet wird, wie die politische Bearbeitung stattfindet. Hier gibt es einige fundamentale Unterschiede, aus denen sich das erklärt, was wir empirisch zu den Reichweiten der Angebote, ihrer Intensität und den öffentlich bereitgestellten finanziellen und personellen Ressourcen feststellen konnten. In den skandinavischen Ländern steht die Festlegung der anzustrebenden Strukturqualitäten und die Bedarfsermittlung am Anfang. Für die Strukturqualitäten sind wissenschaftliche Empfehlungen maßgebend, der Bedarf resultiert aus der

Nachfrage von Eltern und Kindern. Auf dieser Basis ergibt sich, wie viele Plätze in verschiedenen Typen von Einrichtungen benötigt werden, was an Ausstattung erforderlich ist, wie viele Fachkräfte jedes Jahr auf den verschiedenen Niveaus neu mit ihrer Ausbildung beginnen müssen usw. Die Ermittlung des konkreten Finanzbedarfs baut darauf auf, ebenso die Einnahmenplanung. In Deutschland bestimmt ein gegenteiliges Vorgehen die politische Praxis. Die Finanzmittelbereitstellung resultiert nicht aus der konkreten Bedarfsplanung in der Verknüpfung mit fachwissenschaftlich begründeten Strukturqualitäten, sondern es wird seitens der Finanzminister und Stadtkämmerer ein Finanzrahmen vorgegeben, dem sich die Bedarfsplanung unterordnen muss. Der Bedarf hat der Kassenlage zu folgen, während in Skandinavien umgekehrt die Einnahmeplanung auf dem ermittelten Bedarf aufbaut. Das deutsche Vorgehen erklärt, warum in Zuständigkeit der Bildungs- und Sozialressorts Pläne verabschiedet und verkündet werden, was eine Kita alles leisten soll, ohne dass in Zuständigkeit der Finanzressorts die dazu benötigten Ressourcen auch tatsächlich geplant und bereitgestellt werden. Niemand darf sich wundern, wenn diese Art von Politik selbst dafür sorgt, dass ihre fachlichen Ankündigungen und Pläne Makulatur bleiben. Ersatzweise gibt es Projektaktionismus. Damit wird öffentlich etwas vorgetäuscht, was mit der Realität in der Breite nichts zu tun hat. Nachhaltige Ergebnisse lassen sich so nicht erzielen.

Auf die Kinder- und Jugendpolitik bin ich detailliert bis hin zu regionalen Vergleichen eingegangen, weil hier ein gut vergleichbares kommunales Aufgabenfeld vorliegt. In Skandinavien wie Deutschland handelt es sich um pflichtige, mit individuellen Rechtsansprüchen bewehrte Aufgaben. In dem Maße wie breite Mehrheiten auch in Westdeutschland zu akzeptieren lernten, dass die außerhäusliche Kleinkindbetreuung für Kinder und Eltern eine gute Sache sein kann, sofern es nicht um Verwahrung, sondern um die Realisierung eines Dreigestirns aus Erziehung, Pflege und Elementarbildung geht, wurden die konzeptionellen Vorstellungen immer anspruchsvoller. In der Theorie näherte sich Deutschland dem an, was in skandinavischen Ländern schon länger vertreten wird und die Praxis prägt. Bei der Umsetzung jedoch trennen sich die Wege. Wie sich die Reichweite der Angebote bei einerseits den Kinder unter 3 Jahren und dann den Kindern und Jugendlichen ab Schuleintritt gestaltet, wie die finanzielle und personelle Ausstattung ist, welche Rolle kommunale Trägerschaft spielt und inwieweit das Verfassungsziel der Gleichwertigkeit von Lebensverhältnissen die Gestaltung der Verhältnisse vor Ort prägt, lässt sich über die konträre Herangehensweise erklären. Resümieren wir die empirischen Befunde.

## Reichweite und zeitlicher Betreuungsumfang

Die Inanspruchnahme von Kindertagesbetreuung erreicht bei den ab Dreijährigen bis zum Schuleintritt durchweg Werte über 90 Prozent (vgl. Tab. 36). Bei den unter Dreijährigen liegt Deutschland mit einer bundesweiten Betreuungsquote von 27,6 Prozent (2012) zwar noch weit unter dem skandinavischen Durchschnitt, der etwa doppelt so hoch ist. Werden jedoch Bundesländer betrachtet, reihen sich die ostdeutschen Länder in den skandinavischen Kontext ein (vgl. Abb. 17). Die westdeutschen Bundesländer machen bei dieser Betrachtung noch keine gute Figur. Aber es gibt Fortschritte.

Größer als bei den Betreuungsquoten sind die Differenzen beim zeitlichen Umfang der Betreuung. Erneut liegen die Werte ostdeutscher Bundesländer teilweise auf skandinavischen Niveaus. In den westdeutschen Ländern dominiert gegenläufig die Halbtagsbetreuung. Ganztagsbetreuung spielt selbst bei den über dreijährigen Kindern noch keine große Rolle. Nicht nur gegenüber den skandinavischen Ländern, sondern auch im breiten internationalen Vergleich liegt Deutschland zurück (siehe die Abb. 16). Einrichtungen mit 24-Stunden-Betrieb, wie sie in allen skandinavischen Ländern längst etabliert sind, muss man mit der Lupe suchen. Eltern im Schichtbetrieb und mit unregelmäßigen Arbeitszeiten werden mit ihren besonderen Bedürfnissen alleine gelassen.

Der aktuelle Fokus ist in Deutschland einseitig auf Kleinkinder gerichtet. Mit Blick auf den Rechtsanspruch, der ab dem Kindergartenjahr 2013/2014 wirksam wird, ist dies verständlich. Im Windschatten davon bleibt freilich ausgeblendet, dass es auch mit der Betreuung von Schulkindern in den Tagesrandzonen nicht zum Besten steht. Bei den skandinavischen Ländern hatten wir gesehen, dass bei Schulkindern ebenfalls hohe Betreuungsquoten erreicht werden. In Dänemark (vgl. Tab. 29) sind annähernd 4 von 10 Kindern und Jugendlichen im Alter von 6 bis 18 Jahren in verschiedene Angebote (Schulhorte, Jugendclubs usw.) einbezogen. In Schweden werden mehr als 50 Prozent der Kindern im Alter von 6 bis 12 Jahren von schulbegleitenden Betreuungsmaßnahmen erreicht (vgl. Tab. 34). Nach den von der OECD in der Family Database erfassten Daten schneidet Deutschland bei älteren Kindern besonders schlecht ab, während Dänemark an der Spitze liegt. Im Zeitraum von 2006 bis 2009 hatte in Dänemark mehr als jedes zweite Schulkind im Alter von 10 Jahren einen Betreuungsplatz, in Schweden waren es 2008 noch gut 25 von 100 (25,8%), in Deutschland aber lediglich knapp 5 Prozent.[395]

---

[395] OECD, Indikator PF4.3.A „Percentage of children aged 5 to 11 enrolled in Out-of-School-Hours care services by single years of age, 2008".

Mehr noch als bei Kleinkindern tut sich somit bei Schulkindern ein starkes Betreuungsgefälle auf, ohne dass dies öffentlich wahrgenommen wird.

*Qualitätsniveau*

Gemeinsamkeiten bestehen hinsichtlich der Profilierung von Kitas als Bildungsstätten. In Schweden und Island ist dies weit vorangeschritten, in Dänemark ebenso wie in Deutschland neueren Datums, wobei Dänemark mittlerweile verbindliche Standards definiert hat und die Einhaltung überprüft[396] – Deutschland ist davon noch ein gutes Stück entfernt. Bildungspläne zu Papier zu bringen, ist das Eine; sie in der Praxis wirkmächtig werden zu lassen, das Andere. Ins Blickfeld kommen hier die Strukturqualitäten. Nur eine Minderheit der Einrichtungen verfügt in Deutschland über eine Personalausstattung, die wissenschaftlichen Empfehlungen standhält. Insbesondere die ostdeutschen Bundesländer arbeiten mit Personalschlüsseln und Gruppengrößen, die fachlich schwer vertretbar sind. Skandinavische Kindertagesstätten sind demgegenüber in der Breite auf einem hohen bis gehobenen Qualitätsniveau angesiedelt; sie sind auf der Highroad unterwegs. In Deutschland dagegen erfolgt der Krippenausbau auf einem Qualitätsniveau, dass *„praktisch ausschließlich im niedrigen bis mittleren Bereich"* angesiedelt ist.[397] Zwar hat sich der Personalschlüssel bei Kindern unter 3 Jahren auf bundesdurchschnittlich 4,7 bei einer Spannweite zwischen 3,3 in Bremen und 6,2 in Brandenburg verbessert (vgl. Tab. 35). Bei der Interpretation muss aber beachtet werden, dass hier die Arbeitszeit einer rechnerischen Vollzeitkraft ins Verhältnis gesetzt wird zu Kindern mit Vollzeitbetreuungsumfang. Zeiten für Vorbereitung, Team-

---

[396] Der Prozess startete am 1. August 2004 und ist stufenförmig angelegt. Große Bedeutung hat die Gestaltung einer für Kinder hinsichtlich sowohl ihrer Persönlichkeitsentwicklung wie Gesundheit optimalen Umgebung. Dazu sind alle drei Jahre Assessments („Child environment impact assessments") durchzuführen. Das Sozialministerium (2010) erläutert: *„The assessment must consider three mandatory areas of the day-care facility: The physical child environment, the aesthetical child environment, the mental child environment. A comprehensive description of these areas in the child environment impact assessment must help focus attention on a good and healthy environment for children in day-care facilities throughout Denmark."* Die Vorstellung geht dahin, dass die Entwicklung des Kindes zentral abhängt von den Umgebungsbedingungen. Deshalb wird hier angesetzt.

[397] So die Klage deutscher Kinderärzte auf ihrer Jahrestagung im September 2011 in Bielefeld. Nötig sei ein Personalschlüssel von 1:3 bei ein- bis zweijährigen Kindern und von 1:4 bei zwei- bis dreijährigen Kindern. Zitiert nach *„Pädiater warnen vor schlechten Krippen"*, von Brigitte von Lehn in: Frankfurter Rundschau Nr. 227 v. 29.09.2011, S. 23.

sitzungen, Elterngespräche, Urlaub, Krankheit, Weiterbildung gehen ab. Eine Relation von 1 zu 4,7 bedeutet daher für die Praxis, dass in der Regel eine Betreuungskraft für sechs und mehr Kinder im Einsatz ist. Um zu erreichen, dass für eine Gruppe mit 12 unter dreijährigen Kindern in der Regel drei BetreuerInnen tatsächlich im Einsatz sind, muss der Personalschlüssel besser sein als 1 zu 4. In den skandinavischen Ländern ist die Relation von vollzeitäquivalentem Personal zu eingeschriebenen Kindern durchweg besser als in Deutschland. Bei Kindern unter 3 Jahren wird mit Personalschlüsseln von unter 1 zu 4 gearbeitet. Bei Kindern bis zu 5 Jahren liegen die Werte zwischen 1 zu 5,4 in Schweden und etwas unter oder über 1 zu 4 in Island, Finnland und Norwegen.

Zur deutschen Entscheidung für die Lowroad gehört, dass unterhalb der Leitungsebene einer Einrichtung selten wissenschaftlich ausgebildetes Personal beschäftigt wird und die Beschäftigten überwiegend in Teilzeit arbeiten, was den Aufbau stabiler Beziehungsmuster erschwert. Anders als in Deutschland hat in den skandinavischen Ländern mindestens ein Drittel der Fachkräfte eine Hochschulausbildung. Neben den Gemeinsamkeiten gibt es innerskandinavisch auch Differenzen. So bei der Teilzeitarbeit. In Schweden spielt sie eine große Rolle; in den anderen Ländern wurde sie zugunsten von Vollzeitarbeit zurückgedrängt. Auch beim Anteil männlicher Fachkräfte gehen die Entwicklungen auseinander. In schwedischen Kommunen liegt der Männeranteil genauso niedrig wie in Deutschland, in Island ist er wenig besser. Lediglich Dänemark und Norwegen verzeichnen Fortschritte; die Männeranteile liegen dort bei über 10 Prozent.

*Öffentliche Ausgaben*

Nach internationalen Empfehlungen (OECD, UNESCO, EU-Kinderbetreuungsnetzwerk) sollten die öffentlichen Ausgaben für Kindertageseinrichtungen (vorschulische Einrichtungen) nicht weniger als ein Prozent des Bruttoinlandsproduktes betragen. Ein Teil des Budget sei für die bauliche und konzeptionelle Weiterentwicklung der Infrastruktur, für Forschung sowie für interne und externe Beratung und Weiterentwicklung zu verwenden. Nur bei Erfüllung dieser finanzpolitischen Vorgabe können nach Auffassung des EU-Kinderbetreuungsnetzwerkes auch die Qualitätsziele erreicht werden. Deutschland erfüllt die finanzpolitische Vorgabe nur zu etwa 50 Prozent, während sie von Dänemark, Norwegen und Schweden gut, von Finnland und Island näherungsweise erfüllt wird. Nun kann argumentiert werden, dass BIP-Anteile nur beschränkt aussagekräftig sind, da die Zahl kleiner Kinder in Deutschland stark rückläufig ist, während skandinavische Länder geringere Rückgänge, teilweise (Island, Schweden) sogar Zuwächse zu verzeichnen haben. Das Argument hat insoweit Berechtigung, als entscheidend das ist, was die öffentliche Hand tatsächlich pro Kind eines bestimmten Alters einsetzt, um eine gute Betreuungsinfrastruktur aufzubauen und zu unterhalten. Allerdings führen die Pro-Kopf-Betrachtungen zu keiner Änderung in der Grundaussage. Dazu hatte ich eine Reihe von Beispielen geliefert. Greifen wir dies mit einem zusätzlichen Beispiel hier noch einmal auf. Für die Betreuung von Kindern bis 6 Jahren offerieren dänische Kommunen vier verschiedene Angebotstypen.[398] Die laufenden Ausgaben der Gemeinden für diese Betreuungsformen betrugen im Rechnungsjahr 2010 22,8 Mrd. DKK. Rechnerisch gaben die Gemeinden für jeden Einwohner im Alter von 0 bis 6 Jahren 50 Tsd. DKK aus. Ausgaben der Kapitalrechnung sind darin noch nicht enthalten. Umgerechnet auf € entspricht dies ca. 6,7 Tsd. € pro Einwohner (0-6 Jahre) allein für den laufenden Betrieb. In Deutschland betrugen die Ausgaben incl. Kapitalrechnung 2,9 Tsd. € (brutto. 3,1 Tsd. €). Nun umfasst die Kinderbetreuung in Dänemark Schulkinder genauso wie Vorschulkinder – jeder zweite Einwohner im Alter bis 18 Jahren hat einen Platz in irgendeiner Einrichtung. Beziehen wir die Ausgaben für die vorschulischen Betreuungseinrichtungen und die schulbegleitenden Einrichtungen auf die Bevölkerung bis 20 Jahren, so betrugen die Pro-Kopf-Ausgaben 2010 in Dänemark rd. 2,4 Tsd. €, in Deutschland dagegen nur 922 €. Neben Kindertagesstätten und Schulhorten sind dabei die Einrichtungen der Jugendarbeit mit erfasst. Bei Betrachtung also der vorschulischen und der schulbegleitenden Betreuung einschließlich der Einrichtungen offener Jugendarbeit geben die dänischen Kommunen für jeden Einwohner bis 20 Jahre 2,6fach so viel aus wie die deutschen Gemeinden (incl. Land und Bund). Betrachtet man nur den vorschulischen Bereich sinkt die Differenz auf das 2,3fache. Setzt man alternativ die BIP-Anteile ins Verhältnis, kommt man auf ca. das 2,4fache, das Dänemark im Jahr 2010 mehr für die Kinderbetreuung ausgab als Deutschland. Dieser und andere Vergleiche zeigen, dass die BIP-Anteile eine zwar grobe, gleichwohl aber geeignete Messlatte sind.

Die ermittelten Geldbeträge sind wegen unterschiedlicher Abgrenzungen freilich sowohl innerskandinavisch wie zwischen Deutschland und den Vergleichsländern nicht voll vergleichbar. Belastbar ist folgende Aussage: Die öffentlichen Ausgaben für vorschulische Einrichtungen der Bildung und Betreuung erreichen in Deutschland nur 40 bis 50 Prozent der skandinavischen Niveaus. Werden die schulbegleitenden Angebote von den Schulhorten bis zu Jugendfreizeiteinrichtungen mit einbezogen, sinkt der Anteil auf unter 40 Pro-

---

[398] Day care, Crèche, Kindergarden, Day-care centers for children in the ages 0-6.

zent, weil Deutschland in diesem Bereich noch mehr zurückhängt als beim vorschulischen Bereich.

*Regionale Versorgung*

In den skandinavischen Ländern bestehen weder bei der Versorgung (betreute Kinder nach Altersgruppen, zeitlicher Umfang der Betreuung), noch beim Personalschlüssel oder dem Ausbildungsniveau des pädagogischen Personals große regionale Unterschiede. Am geringsten sind die Unterschiede bei den Besuchsquoten und der zeitlichen Inanspruchnahme. Größere Unterschiede gibt es allerdings in Schweden beim Personaleinsatz. Sowohl beim Personalschlüssel wie auch bei der Qualifikationsstruktur besteht eine größere Spannweite und ein Trade-off dahingehend, dass Gemeinden mit überdurchschnittlich gutem Personalschlüssel häufig weniger gut qualifiziertes Personal einsetzen als Gemeinden mit nur durchschnittlichem Personalschlüssel. In Finnland besucht ein geringerer Prozentsatz der Vorschulkinder Kindertagesstätten als in den anderen skandinavischen Ländern. Allerdings ist die Qualität des Angebots gut; 62.500 Beschäftigte gab es 2008 im Bereich der Kinderbetreuung.

Angesichts der streckenweise sehr dünnen Besiedelung spricht es für die Leistungsfähigkeit der skandinavischen Wohlfahrtsstaaten, dass die kommunale Kinderbetreuungsinfrastruktur keine schwarzen Löcher, sondern überall eine zumindest ordentliche Qualität aufweist. Dahinter steht eine langfristig am Bedarf ausgerichtete Planung und eine strikte Steuerung. Die skandinavischen Gegebenheiten zeigen: Einheitlichkeit der Lebensverhältnisse muss nicht Fiktion bleiben. Frauen im gebärfähigen Alter, die sich mit einem Kinderwunsch tragen, können sicher sein, dass sie nach der Elternzeit, während der sie ein staatliches Elterngeld beziehen, wohnortunabhängig überall eine sehr gute bis zumindest befriedigende Infrastruktur der öffentlichen Kinderbetreuung und Vorschulbildung vorfinden. Einschränkungen ihrer Erwerbsoptionen wie sie in Westdeutschland vielfach noch bestehen, gibt es wenig. Dies erleichtert die Entscheidung für ein Kind und entlastet die Eltern.

Von der grundgesetzlich geforderten Gleichwertigkeit (Artikel 72 II GG) resp. Einheitlichkeit (Artikel 106 III GG) der Lebensverhältnisse kann in Deutschland keine Rede sein. Die Diskrepanzen im Angebot und auch bei den Strukturqualitäten sind zu ausgeprägt. Besonders gilt dies für die Versorgung kleiner Kinder und der Nutzung von Ganztagsbetreuung bei Kindern ab 3 Jahren in den alten Bundesländern. Hier gibt es interkommunal noch größere Diskrepanzen als zwischen allen 16 Bundesländern. In Bayern, Baden-Württemberg, Niedersachsen und Schleswig-Holstein etwa liegen bei der Ganztagsbetreuung die höchsten Inanspruchnahmen mehr als das Fünfzehnfache über den geringsten Inanspruchnahmen. In den ostdeutschen Bundesländern sind die Diskrepanzen geringer. Vor dem Hintergrund des Umstandes, dass vor dem Beitritt zur Bundesrepublik Deutschland (1989) nur geringe Diskrepanzen bestanden, ist jedoch eine seither starke Auseinanderentwicklung zu konstatieren. Zwar ist zu erwarten, dass das heute noch große regionale Gefälle in dem Maße abnimmt, wie der Rechtsanspruch auf einen Betreuungsplatz ab dem ersten Lebensjahr bundesweit realisiert ist. Bei qualitativen Indikatoren könnte sich gegenläufig dazu jedoch ein wachsendes Gefälle auftun, weil die Unterfinanzierung der Kommunen Billiglösungen begünstigt, bei denen qualitative Standards auf der Strecke bleiben.

*Trägerstruktur*

In allen skandinavischen Ländern wird die Mehrzahl der Kinder in öffentlichen Einrichtungen betreut. Dies gilt knapp für Norwegen, während in den vier anderen Ländern jeweils mehr als 80 Prozent der Kinder Einrichtungen besuchen, die von Kommunen betrieben werden. Vor 10 Jahren lag der Kommunalanteil allerdings höher. Immerhin, es gab keine Einbrüche. Der stetige Anteilsverlust basiert nicht auf Platzabbauten in kommunalen Einrichtungen oder einem sinkendem Zuspruch in der Bevölkerung. Hintergrund ist, dass von den Zuwächsen an zu betreuenden Kindern überproportionale Anteile an den Privatsektor gingen.

Die deutsche Trägerstruktur ist durch eine Vorrangstellung freier Träger geprägt. Dies sind kirchliche Träger, Vereine und Wohlfahrtsverbände. Zwei von drei Einrichtungen liegen in privater Trägerschaft. In Westdeutschland ist diese Struktur Ausfluss des aus der katholischen Sozialehre herrührenden Subsidiaritätsprinzips; die Wandlung von Kindertagesstätten zu Einrichtungen frühkindlicher Bildung hat daran nichts geändert. In der DDR gab es ähnlich wie in den skandinavischen Ländern eine fast ausschließliche Leistungserbringung durch öffentliche Einrichtungen. Diese wurden nach der Vereinigung teils abgewickelt, teils zurückgedrängt. Besonders radikal ging der Privatisierungsprozess in Mecklenburg-Vorpommern vonstatten. Dort liegt der Öffentlichkeitsanteil heute unter dem Bundesdurchschnitt (2007: 28,3%). In Thüringen (2007: 38,7%) wiederum gibt es anteilig weniger öffentliche Einrichtungen als in Baden-Württemberg, Hessen und Rheinland-Pfalz. Die höchsten Anteile bestehen noch in Brandenburg und Sachsen-Anhalt, die geringsten (< 10 Prozent) in Hamburg und Berlin.

*Tabelle 36: Kindertagesbetreuung im deutsch-skandinavischen Vergleich 2010/2011[1]: Ausgewählte Merkmale*

|  | DE | DK | IS | NO | SE |
|---|---|---|---|---|---|
| 0-2 Jahre: Betreuungsquote (%) | 25,4 | 65,2 | 58[2] | 55,1 | 47,3 |
| dar. in Ganztagsbetreuung (7+ Std./tgl.): % | 11,6 | k.A. | 86,5 | 88,7 | k.A. |
| 3-5 Jahre: Betreuungsquote (%) | 92,7 | 97,3 | 95,9 | 98,7 | 99,1 |
| dar. in Ganztagsbetreuung (7+ Std./tgl.): % | 32,3 | k.A. | 90,0 | 91,6 | k.A. |
| Kommunalanteil: Anteil von Kindern (0-5 Jahre), die in kommunalen Einrichtungen betreut werden (%)[3] | rd. 33 | 81 | 86 | 53 | 81 |
| Akademikeranteil unter den Erziehern (%) | 3,5 | > 40 | 36 | 37 | > 40 |
| Anteil männlicher Erzieher (%) | 2,7 | > 10 | 4,2 | 9,9 | 3,1 |
| Ausgaben für vorschulische Betreuungseinrichtungen pro EW (0-6 Jahre): Tsd. €[4] | 3,1 | rd. 6,7 | k.A. | rd. 10,7 | rd. 7,6 |

**Erläuterung**: In Dänemark und Schweden dominiert die Ganztagsbetreuung. Allerdings enthalten die ausgewerteten Statistiken keine altersbezogene Aufschlüsselung des Betreuungsumfangs. 2008 lag der durchschnittliche Betreuungsumfang im u3-Bereich (Kinder 0-2 Jahre) bei 34 Std. in Dänemark und bei 33 Std. in Schweden.
1) Letztverfügbares Jahr
2) Incl. Tagespflege in Privatwohnungen.
3) Die Angaben zu Deutschland beziehen sich nicht auf die belegten Plätze, sondern auf die Einrichtungen. Quelle: Familienministerium [http://www.fruehe-chancen.de/]; Zugriff: 26.03.2012
4) Bei DE, NO und SE Bruttoausgaben (incl. investiver Ausgaben), bei DK nur laufende Ausgaben der Einrichtungen (ohne Verwaltung).
**Quellen**: Vgl. Tabellen 28 bis 35; DE-Ganztagsbetreuung: Statistische Ämter des Bundes und der Länder 2011 (S. 14 und 20); Anteil männliche Erzieher in DE nach BMFSFJ, PM Nr. 81/2011 v. 13.10.2011

*Tabelle 36* enthält Vergleichsdaten zu einigen ausgewählten Merkmalen. Finnland fehlt, da der Verfasserin hier nur Daten für die Gesamtgruppe der unter sechsjährigen Kinder, nicht jedoch getrennt nach Altersgruppen vorliegen. Deutlich wird, dass die größten Diskrepanzen nicht bei den Betreuungsquoten liegen. Sehr viel weiter von skandinavischen Niveaus entfernt ist Deutschland bei der Bedeutung von Ganztagsbetreuung, dem Anteil akademisch geschulten Personals und der Bedeutung kommunaler Dienstleistungserbringung. Wie bereits angesprochen, sind die Ausgaben wegen unterschiedlicher Abgrenzungen mit Vorsicht zu interpretieren. Die von Dänemark sind unterzeichnet, da weder Verwaltungs- noch Kapitalkosten enthalten sind, die von Norwegen überzeichnet, weil das Pro-Kopf-Einkommen viel höher liegt als in den Vergleichsländern. Als Fazit bleibt, dass die deutschen Bruttoausgaben pro Einwohner im Alter von 0 bis 6 Jahren etwa 40 bis 50 Prozent dessen erreichen, was die skandinavischen Gemeinden für Kindertagesstätten resp. Vorschuleinrichtungen einsetzen.

Macht es einen Unterschied,, ob eine Gemeinde oder Region eher links- oder eher rechtsgeneigt regiert wird? Bei Dänemark und Norwegen bin ich dieser Frage nachgegangen. Die Befunde sind nicht eindeutig. In Norwegen finden wir in linksgeneigten Regionen höhere Kita-Besuchsquoten bei gleichzeitig längerer zeitlicher Nutzung als in politisch rechtsgeneigten Regionen. Auch die Infrastruktur ist in politisch linksgeneigten Regionen stärker kommunal geprägt als in rechtsgeneigten Regionen; dort dominieren freigemeinnützige Träger. In Dänemark allerdings sind klare Abhängigkeiten der Angebotsstruktur von der politischen Ausrichtung nicht erkennbar. Da Dänemark seine Ausbauphase weitgehend abgeschlossen hat, während Norwegen ein vergleichbares Niveau erst in den letzten Jahren erreichte, ist denkbar, dass sich Abhängigkeiten von den politischen Mehrheiten primär in der Ausbauphase zeigen, mit dem Erreichen eines guten Ausbauniveaus aber zurücktreten.

# 6. Dienstleistungen für Senioren

„Wir brauchen ein neues Gesellschaftsmodell wie in Skandinavien. Pflege gehört dort zum Gemeinwesen, man setzt auf kommunale Infrastruktur und gesellschaftliches Engagement. Es gibt Nachbarschaftskonzepte und Altentagesstätten mit Öffnungszeiten, die den Arbeitszeiten entsprechen. Da existiert ein ganz anderer Zusammenhalt." (*Jürgen Gohde, Vorsitzender des Kuratoriums Deutscher Altenhilfe, zitiert nach Windmann (2011: 129)*)

Für Deutschland stellt der demografische Wandel eine besondere Herausforderung dar. Die Geburtenrate ist niedrig und der Anteil von Menschen im Rentenalter europaweit der höchste. So nahm in Dänemark der Bevölkerungsanteil der ab 65-Jährigen von 1992 bis 2011 moderat von 15,6 auf 16,8 Prozent und in Schweden von 17,7 auf 18,5 Prozent zu, in Deutschland dagegen von 15,0 auf 20,6 Prozent. Die Auseinanderentwicklung wird in den kommenden 20 Jahren zunehmen, da es bei der Geburtenrate bislang keine Trendwende gibt und ein Ausgleich über Migrationsprozesse auch eher unwahrscheinlich ist. Folge: Das Demografieproblem stellt sich stärker als im skandinavischen Raum. Zugleich ist Deutschland für diese Herausforderung schlechter gerüstet. In den Vergleichsländern spielt das kommunal organisierte System von im weitesten Sinne geriatrischen Diensten, in dessen Zentrum kommunale Leistungen der Pflege, Betreuung und Alltagsunterstützung älterer Menschen stehen, eine wesentliche Rolle. Es sichert die bedarfsgesteuerte Versorgung über ein professionelles System der integrierten Leistungserbringung, das im Segment Prävention und Pflege Arbeitsplätze für Erwerbstätige mit höheren Qualifikationen und im Segment Alltagsunterstützung Arbeitsplätze für eher gering bis mittel Qualifizierte bietet.

Dienstleistungen für Ältere sind im Schnittfeld von Gesundheits- und Sozialpolitik angesiedelt. Skandinavische Länder haben den Vorteil, dass beide Politikbereiche im Wesentlichen in kommunaler Zuständigkeit liegen. Demgegenüber spielen Kommunen in Deutschland bei Gesundheitsdienstleistungen im Bereich der Primärversorgung kaum eine Rolle. Das Gesundheitssystem ist als Sozialversicherungssystem organisiert mit auf der einen Seite diversen gesetzlichen und privaten Kassen und auf der anderen Seite überwiegend privater Leistungserbringung. Grundprinzip ist das der Selbstverwaltung. Die Politik bestimmt den gesetzlichen Rahmen, innerhalb dessen sich die verschiedenen Akteure von Kassen, Versorgungswerken, kassenärztlichen Vereinigungen, Kliniken usw. bewegen. Kommunen sind als Eigentümer kommunaler Krankenhäuser und Heime sowie marginal auch als Träger von ambulanten Pflegediensten an der Leistungserbringung beteiligt. Hinzu kommen Dienste der kommunalen Gesundheitsämter bei Prävention und Überwachung.

Die skandinavischen Systeme folgen einer grundlegend anderen Philosophie. Es sind keine Systeme der Selbstverwaltung von Kostenträgern und Leistungserbringern, sondern öffentliche Dienstsysteme, bei denen die Kombination von öffentlicher Finanzierung und Leistungserbringung auf dem Gedanken der Solidarität aller Einwohner und Einwohnerinnen gründet. Im Risikopool des Einstehens füreinander ist die gesamte Bevölkerung zusammengefasst, während es in Deutschland immer nur bestimmte Gruppen sind. Das Subsidiaritätsprinzip und überlebte Relikte berufsständischer Risikoverteilung stehen bis heute gegen das Prinzip institutioneller Solidarität. Das Subsidiaritätsprinzips wird dabei konservativ im Sinne eines Vorrangs der Gruppenverantwortung und der privaten vor der öffentlichen Leistungserbringung gedeutet. Zwar weist das deutsche Gesundheitssystem eine hohe Leistungsdichte auf, universalistisch ist es aber nicht. Siehe den Kasten für einen groben Überblick zu den Systemunterschieden.

In Kapitel 3 habe ich die innerstaatliche Aufgabenverteilung behandelt einschließlich der Änderungen, die in Norwegen im Rahmen der Krankenhausreform (2002) und in Dänemark durch die Bildung von fünf Gesundheitsregionen im Rahmen der Kommunalreform (2007) erfolgt sind. Bei der Gesundheits- und Krankenversorgung weist Deutschland mit Skandinavien nur geringe Schnittmengen auf (vgl. Tab. 10) und soll deshalb hier auch nicht weiter behandelt werden. Weiterspinnen möchte ich stattdessen den Faden der Lebenslauforientierung aus dem vorangegangenen Kapitel. Die Frage der Vereinbarkeit von Familie und Beruf stellt sich nämlich nicht nur bei der Kinderbetreuung, sondern gleichermaßen bei der sozialen Betreuung und Alltagsunterstützung älterer und alter Menschen. Diese Debatte jedoch wird in Deutschland noch kaum geführt. Eine Infrastruktur der sozialen Betreuung von älteren und alten Menschen, die über freiwillig-karitative Angebote hinausgeht, existiert nicht. Altern ist dabei ebenso wie das Erwachsenwerden ein ganz individueller Prozess. Die einen sind bereits mit 60 oder 65 Jahren unterstützungsbedürftig, die anderen kommen noch mit 80 Jahren ganz gut alleine zurecht. So wie die Politik bei jungen Menschen definiert, wann sie volljährig sind, muss sie gleichwohl definieren, ab welchem Lebensalter Menschen als Ältere betrachtet werden. In der Regel orientiert sich diese Definition am regulären Renteneintrittsalter.

## Systemunterschiede der Gesundheits- und Krankenversorgung

Das deutsche Gesundheitssystem gehört zum Typ der Sozialversicherungssysteme. Es herrscht Versicherungspflicht, wobei gesetzliche und private Vollversicherungssysteme gegeneinander stehen und es für bestimmte Gruppen (Beamte, Künstler...) Sondersysteme gibt. Die Finanzierung der gesetzlichen Kassen erfolgte in der Vergangenheit paritätisch über Arbeitnehmer- und Arbeitgeberbeiträge. Dieses Prinzip wurde zugunsten stärkerer Eigenbeteiligung der Versicherten aufgegeben. Durch die Einfrierung der Arbeitgeberbeiträge liegt das Risiko von Beitragssteigerungen zukünftig einseitig bei den Arbeitnehmern. Die Leistungserbringung erfolgt getrennt nach ambulant (private Praxen) und stationär (Kliniken) mit einem nur geringen Maß an Durchlässigkeit für integrierte Versorgungskonzepte. Träger der Kliniken sind Kirchen, Kommunen und Bundesländer sowie gewinnorientierte Konzerne. Das früher bedeutsame öffentliche Segment wird seit den 90er Jahren durch fortlaufende Privatisierungen zurückgedrängt. Die Bundesgesundheitspolitik gestaltet bei all dem den gesetzlichen Rahmen, innerhalb dessen Kassen, kassenärztliche Vereinigung, Krankenhausgesellschaft und andere Akteure ein Regime der Selbstverwaltung ausüben.

Die skandinavischen Gesundheitssysteme unterscheiden sich grundlegend. Es handelt sich nicht um Versicherungssysteme mit Selbstverwaltung von Kassen und Leistungserbringern, sondern um universelle Gesundheitsdienste, die allen Einwohnern unabhängig von ihrem Erwerbsstatus gleichermaßen kostenlos oder gegen geringe Gebühren offen stehen. Die Finanzierung differiert (reine Steuerfinanzierung oder Mischfinanzierung aus Steuern und Sozialbeiträgen). Bei den Sozialbeiträgen zahlen Arbeitgeber mehr als Arbeitnehmer (Überparität). Der Leistungsumfang steht dem von Deutschland nicht nach, ist aber anders ausgerichtet: mehr Prävention, weniger operative Eingriffe. Für Leistungen, die der öffentliche Gesundheitsdienst nicht abdeckt (zahnärztliche Versorgung Erwachsener) existieren Versicherungen. Statt zwischen ambulant und stationär wird zwischen einer primären und einer sekundären Versorgungsebene unterschieden. Nach dem Prinzip des niedrigst effektiven Interventionsniveaus (NEIN-Prinzip) soll dort, wo Pflege prioritär ist, nicht Medizin zum Einsatz kommen und dort, wo Allgemeinmedizin ausreicht, nicht Spezialistenmedizin eingesetzt werden usw. Die primäre Versorgungsebene wird in Finnland, Island und Schweden von kommunalen Gesundheitszentren wahrgenommen. In Dänemark und Norwegen gibt es ein Hausarztsystem, bei dem Primärärzte im Auftrag der Gemeinden tätig sind. Die sekundäre Versorgungsebene besteht aus Krankenhäusern, die tertiäre aus z.B. Patientenhotels für die nach-stationäre Pflege. Freie Arztwahl gibt es nur eingeschränkt. In Dänemark und Norwegen etwa müssen sich die Bürger zwischen der Nutzung des Hausarztsystems und freier Arztwahl mit dann Kostenerstattung entscheiden. Fast alle machen vom Hausarztsystem Gebrauch. In Deutschland wie auch in den skandinavischen Ländern mit hausärztlicher Primärversorgung gibt es kommunale Gesundheitsämter. Sie haben Aufgaben im Bereich der Gesundheitsüberwachung, des Impfschutzes und des Jugendgesundheitsdienstes. Die Übernahme von Leistungen der Regelversorgung ist in Deutschland ausgeschlossen. In Dänemark und Norwegen ist das Aufgabenspektrum breiter. Gesundheitsämter haben dort wichtige Aufgaben im Bereich der Prävention und bei der zahnärztlichen Versorgung von Kindern und Jugendlichen.

Pflege-, Betreuungs- und sonstige Serviceleistungen für Ältere sind in den skandinavischen Ländern eine zentrale Aufgabe der Gemeinden mit einem finanziellen Gewicht, das das der Betreuung von Kindern und Jugendlichen deutlich übertrifft. Nachfolgend seien zunächst die unterschiedlichen Grundausrichtungen mit ihren jeweiligen Leitideen thematisiert, um daran anschließend die dortigen Altenservicesysteme in ihren wesentlichen Elementen vorzustellen. Es schließt sich die Frage an, welche Anregungen dies für kommunale Seniorenpolitik in Deutschland bereithält.

### 6.1 Kommunale Seniorendienste in Skandinavien im Vergleich zu Deutschland: Ein Überblick

#### 6.1.1 Unterschiedliche Grundausrichtungen: Familien- contra servicebasiert

Im Spannungsfeld von Familie, Markt, Staat und sozialen Netzwerken sind theoretisch ganz unterschiedliche Arrangements denkbar, über die Leistungen der Pflege, Betreuung und Alltagsunterstützung älterer Menschen wie auch von Behinderten erbracht werden können. Die Spannweite reicht von familienbasiert-karitativen Ansätzen über Markt-Staat-Mischmodelle bis zur staatlichen Leistungserbringung. Welche Arrangements sich durchsetzen und wie sie sich entwickeln, hängt von vielen Faktoren ab und kann hier nicht näher beleuchtet werden.[399] Ein Faktor ist der Entwicklungsstand einer Gesellschaft. In traditionellen und ökonomisch wenig entwickelten Gesellschaften dürfte familiäre, ergänzt um karitative Leistungserbringung die Regel sein. In ökonomisch hoch entwickelten Gesellschaften wachsen dann aber die Potentiale für die Schaffung einer öffentlich verantworteten Infrastruktur; dementsprechend werden Senioren hier auch weniger davon abhängig sein, dass sich in der näheren oder weiteren Verwandtschaft jemand findet, die pflegend, betreuend und unterstützend zur Stelle ist.

Für die Systematisierung des Status quo sind zwei Fragen zentral: (1) die Frage, ob Pflegeleistungen eher informell oder formell, eher von den eigenen Familienangehörigen oder von professionellen Diensten erbracht werden; (2) die Frage nach der Höhe öffentlicher Finanzierung relativ zu anderen OECD- resp. EU-Ländern und in Bezug auf die eigene Wirtschaftskraft. Wählt man dieses Doppel-Kriterium als Scheidelinie, ergeben sich *zwei Grundtypen*, die sich entlang der wohlfahrtsstaatlichen Grundorientierungen in Subtypen auffächern lassen. Als Grundtypen kristallisieren sich heraus ein primär familienbasiertes System mit geringem bis mittlerem öffentlichen Finanzierungsanteil und ein servicebasiertes System mit mittlerem bis hohem öffentlichem Finanzierungsanteil. Im familienbasierten System hat die informelle Pflege durch Familienangehörige und soziale Netzwerke Vorrang vor der professionellen Pflege; im servicebasierten System ist es umgekehrt (Heintze 2012: 14ff.). Die Politik ist je nach Grundtyp anders ausgerichtet. Der familienbasierte Grundtyp korrespondiert mit einer Politik, die mehr an der Aufrechterhaltung eines möglichst hohen Anteils von Familienpflege und ersatzweise dem Einsatz von Ehrenamtlern als daran interessiert ist, eine qualitativ hochstehende und für alle gut zugängliche Pflegeinfrastruktur zu schaffen. Im servicebasierten System dagegen ist die Politik primär darauf ausgerichtet, das professionelle Pflegesystem zu stützen und weiter zu entwickeln. Freiwilliges Engagement spielt auch hier eine Rolle, aber eher im Sinne von Sahnehäubchen. Deutschland gehört bei dieser Systemunterscheidung zum familienbasierten Grundtyp. Diesem Grundtyp sind auch die anderen deutschsprachigen Länder sowie süd- und osteuropäische Länder zuzuordnen. Die skandinavischen Länder wie auch die Benelux-Länder (Belgien, Niederlande, Luxemburg), Frankreich und Teile der angelsächsischen Länder (Neuseeland etwa) sind demgegenüber serviceorientiert. Die servicebasierten

---

[399] Zu den Details der in Europa und der OECD ausgeprägten Arrangements von Pflege und Unterstützung älterer Personen vgl. Hammer/Österle (2004), Skuban (2004), Beadle-Brown/Kozma (2007), Brandt (2009), Haberkern (2009) und OECD (2011b). Siehe auch das MISSOC-Informationssystem zu den sozialen Sicherungsleistungen.

Länder haben gemeinsam, dass die Last der Pflege älterer Menschen in hohem Maße professionalisiert ist mit öffentlichen Ausgaben für Leistungen der Langfristpflege (incl. sozialer Betreuung und Alltagsunterstützung) zwischen rd. 1,8 Prozent des BIP in Frankreich und Finnland bis über 3 Prozent des BIP in den Niederlanden und Schweden. In den familiarisierten Systeme fehlt eine niedrigschwellig zugängliche öffentliche Infrastruktur der Pflege und sozialen Betreuung. Die politische Steuerung ist auf möglichst hohe Privatisierung der gesellschaftlichen Kosten gerichtet. Dementsprechend erreicht die öffentliche Finanzierung ein niedriges Niveau von deutlich unter einem Prozent des BIP in süd- und osteuropäischen Länder bis zu etwas mehr als einem BIP-Prozentpunkt in Österreich. Deutschland bringt es nur auf ca. 0,9 Prozent des BIP, obwohl darin auch Leistungen für jüngere Menschen eingeschlossen sind[400] und der Anteil der Generation 65+ an der Gesamtbevölkerung im OECD-Raum nach Japan der zweithöchste ist.

Zwischen den familiarisierten Systemen in Süd- und Osteuropa und dem deutschen wie auch dem österreichischen System der Langfristpflege gibt es zwei zentrale Unterschiede. Erstens meint Familie in den südeuropäischen Ländern erweiterte Familie im Sinne von Familienclan (Hammer/Österle 2004: 46), während sich die familiarisierte Pflege in deutschsprachigen Ländern auf die Kernfamilie stützt. Der zweite Unterschied betrifft die öffentliche Regulierung. Diese ist in Süd- und Osteuropa schwach. In Deutschland dagegen besteht bei den professionell erbrachten Pflegeleistungen eine strikte öffentliche Regulierung, die einem eng verrichtungsbezogenen Konzept von Pflege folgt.

Spät erst hat sich die deutsche Politik der Herausforderung gestellt, die Hilfsbedürfnisse älterer Menschen mit gesetzlich verankerten Rechtsansprüchen auf die Gewährung sozialer Leistungen abzusichern. Die Mitte der 90er Jahre als fünfte Säule des Sozialversicherungssystems geschaffene Pflegeversicherung (SGB XI)[401] war ein Fortschritt. Dem gesellschaftlichen Bedarf

---

[400] Die Pflegeversicherung ist keine Altenversicherung. Die Leistungen richten sich altersunabhängig an alle, die pflegebedürftig im Sinne des Gesetzes sind. Allerdings sind 4 von 5 Pflegebedürftigen über 65 Jahre alt. Der Anteil ist in der zurückliegenden Dekade leicht angestiegen. Ende 1999 waren 79,9 Prozent und Ende 2009 83 Prozent der Pflegebedürftigen 65 Jahre und älter.

[401] 1995 trat das Gesetz für die ambulante, 1996 für die stationäre Versorgung in Kraft. Analog der Krankenversicherung existiert ein Doppelsystem aus „Sozialer Pflegeversicherung" und „Privater Pflichtversicherung". 2008 brachte das „Gesetz zur strukturellen Weiterentwicklung der Pflegeversicherung" (Pflege-Weiterentwicklungsgesetz, BGBl. Nr. 20 vom 30.05.2008, S 873) geringe Verbesserungen u.a. durch die Einführung eines Rechtsanspruchs auf Pflegeberatung, minimale Leistungen für Demenzkranke und die Schaffung von Pflegestützpunkten dort, wo sich ein Bundesland dafür entscheidet.

wird sie allerdings nicht gerecht. Zu kritisieren ist zunächst, dass es sich um keine Vollversicherung handelt. Dies ist nicht der einzige Kritikpunkt. Die Pflegeversicherung weist eine Reihe von Konstruktionsmängeln auf. Der Fehler des Krankenversicherungssystems, zwei Parallelsysteme zu betreiben, die nach konträren Logiken arbeiten[402] und zu denen es unterschiedliche Zugangswege gibt, wurde auf die Pflegeversicherung übertragen. Jeder, der gesetzlich krankenversichert ist, sei es als Pflichtmitglied oder freiwillig, ist automatisch in der Sozialen Pflegeversicherung versichert. Jeder privat Krankenversicherte muss eine private Pflegeversicherung abschließen. Auch fußt das System aus Gründen der Geringhaltung öffentlich zu tragender Ausgaben auf einem somatisch verengten Pflegebedürftigkeitsbegriff. Pflegebedürftig und damit anspruchsberechtigt ist, wer körperliche Defizite hat, die einen täglichen Mindestunterstützungsbedarf begründen.[403] Bedarf an sozialer Betreuung spielt im ambulanten Bereich kaum eine Rolle.[404] Zwar steht der eng auf körperliche Defizite bezogene Pflegebegriff schon lange in der Kritik. Dies insbesondere, weil er vorbeigeht an den Bedürfnissen der stark gewachsenen Gruppe leicht bis mittelschwer dementer älterer Menschen, die gar keine körperlichen Defizite aufweisen, aber desorientiert sind. Sie brauchen soziale Betreuung, aber niemanden, der sie wächst, badet usw. Dass es gleichwohl bis heute keine häusliche soziale Betreuung gibt und auch kaum städtische Quartierskonzepte mit Tagespflegezentren, die Vergleichbares leisten, erklärt sich aus der subsidiären Grundphilosophie des familienbasierten deutschen Systems. Ziel ist das Kleinhalten des Kreises derjenigen, die alternativ zur Familienpflege professionelle Dienste in Anspruch nehmen können. Pflege, die auf basale Grundfunktionen zielt, lässt sich als Minutenpflege durchrationalisieren. Bei den pflegerischen, psychologischen und sozialen Unterstüt-

---

[402] Die gesetzlichen Kassen erheben einkommensabhängige Beiträge, die privaten Kassen finanzieren sich über Prämien, die unabhängig von der finanziellen Leistungsfähigkeit des Versicherten erhoben werden. Bei den gesetzlichen Kassen gilt das Umlageverfahren, bei den privaten Kassen das Anwartschaftsdeckungsverfahrens (Bildung von Altersrückstellungen für den zukünftig voraussichtlich entstehenden Pflegebedarf).

[403] Pflegestufe I (Erhebliche Pflegebedürftigkeit) setzt einen täglichen Hilfebedarf von mindestens zwei Verrichtungen aus einem oder mehreren Bereichen der Grundpflege (Körperpflege, Ernährung oder Mobilität) voraus. Zusätzlich muss mehrfach in der Woche Hilfe bei der hauswirtschaftlichen Versorgung benötigt werden. Dies so, dass sich ein wöchentliche Zeitaufwand von im Tagesdurchschnitt mindestens 90 Minuten errechnet. Mehr als die Hälfte davon muss auf die Grundpflege entfallen.

[404] Seit 2008 können Personen mit besonderem Betreuungsbedarf (Pflegestufe 0) zwar Sachleistungen von 100 bis 200 € erhalten, dies bewegt sich jedoch weit unter den Notwendigkeiten.

zungsleistungen, die Menschen mit reduzierter Alltagskompetenz benötigen, ist dies kaum möglich. Problem freilich: Mit der Alterung wie auch der Individualisierung der Gesellschaft wächst einerseits der Kreis von Menschen, für den das deutsche Pflegesystem keine Leistungen vorsieht, die auf rechtlich gesicherter Basis flächendeckend verfügbar sind und andererseits gibt es immer weniger Angehörige, die als informell Pflegende zur Verfügung stehen. Das familiarisierte System stösst zunehmend an seine Grenzen. Vor diesem Hintergrund wird schon lange eine Erweiterung des engen Pflegeverständnisses von SGB XI gefordert. Ein vom Bundesgesundheitsministerium 2006 eingesetzter Beirat hat 2007 einen Vorschlag für einen neuen Pflegebegriff und ein geändertes Begutachtungsinstrument vorgelegt. Die praktische Erprobung wurde im Oktober 2008 erfolgreich abgeschlossen (vgl. Windeler et al. 2009). Als Maßstab der Pflegebedürftigkeit soll danach die Selbständigkeit einer Person fungieren. Pflegebedürftig wären danach Menschen, deren Selbständigkeit bei alltäglichen Aktivitäten, beim Umgang mit Krankheiten oder der Gestaltung wichtiger Lebensbereiche dauerhaft oder vorübergehend beeinträchtigt ist. Obwohl die Erweiterung des Pflegebegriffs breite Zustimmung findet, scheitert die Umsetzung an der fehlenden Bereitschaft der Politik, die Finanzierungsgrundlagen so zu verbessern wie es nötig wäre. Das Jahr 2011 reiht sich hier ein. Vom ehemaligen Gesundheits- und heutigen Wirtschaftsminister Rösler war es zum „Jahr der Pflege" ausgerufen worden. Auf den Weg gebracht hat die schwarz-gelbe Koalition aber lediglich ein Mini-Reförmchen. Der Beitrag zur Pflegeversicherung, der derzeit bei Eltern 1,95 Prozent und bei Kinderlosen 2,2 Prozent des Bruttolohns beträgt, steigt minimal um 0,1 Prozentpunkte. Die rd. 1,1 Mrd. €, die dies für die Pflegekassen bringt, sollen für den Ausbau der Versorgung Demenzkranker verwandt werden, indem Betreuung eine zusätzliche Leistungskategorie wird und das starre Korsett bei der Zeiteinteilung entfällt.[405] Wirkliche Verbesserungen, gar eine Umsetzung des neuen Pflegeverständnisses sowie eine bessere Personalausstattung und attraktivere Arbeitsbedingungen der in der Langfristpflege Beschäftigten sind mit diesen kärglichen Zusatz-Mitteln nicht zu finanzieren.

Die Systeme der skandinavischen Länder, die nachfolgend mit Schwerpunktsetzung bei Dänemark knapp skizziert und in einen Vergleich mit Deutschland gerückt werden, kommen von einer ganz anderen Richtung. Langfristpflege ist dort kein Wurmfortsatz des Krankenversorgungssystems, sondern

---

[405] Pressekonferenz von Bundesgesundheitsminister Bahr am 28.03.2012, Übertragung auf Phoenix.

*Tabelle 37: Deutsches und dänisches Pflegesystem im Vergleich*

| | **Deutschland** | **Dänemark** |
|---|---|---|
| **Grundprinzipien** | ▪ Absicherung im Rahmen der traditionellen Sozialversicherungslogik; keine Vollversicherung<br>▪ Selbstverwaltungssystem von Kassen und Leistungserbringern<br>▪ Betonung des Subsidiaritätsprinzip (Vorrang von Familie und privater Leistungserbringung) | ▪ Staat als Instanz für Finanzierung und Erbringung der Dienste für alle Bürger („universales Einwohnerversorgungsprinzip")<br>▪ Betonung des Solidarmoments (Finanzierung aus allen Einkommen, Bedarfsorientierung)<br>▪ Vorrang der formellen Pflege mit ergänzenden Familienleistungen |
| **Wichtigste gesetzliche Grundlagen** | ▪ SGB XI (Pflegeversicherung)<br>▪ Pflege- und Heimgesetze der Bundesländer | ▪ Gesetz über Soziale Dienste<br>▪ Gesetze über Wohnungen für Ältere und Behinderte |
| **Pflegebegriff und Leistungskatalogs** | Gerichtsfester Pflegebedürftigkeitsbegriff (Ausgabensteuerung); enge Leistungsdefinition | Leistungserbringung nach individuellen Bedarf; Verbindung von Prävention, Alltagsunterstützung und Pflege |
| **Leistungsformen** | Pflegegeld (informelle Pflege) Sach- + Geldleistungen im ambulanten Bereich, pauschale Geldleistung in der stationären Pflege | Überwiegend Sachleistungen, Pflegegeld als Lohnersatzleistung |
| **Anspruchsvoraussetzungen** | Mitgliedschaft in der Pflegeversicherung, 5 Jahre Mindestversicherungszeit, Pflegebedürftigkeit im Sinne des §14 SGB XI | Einwohner der Gemeinde, Leistungsanspruch nach konkreter Einzelentscheidung der Gemeinde |
| **Wahlfreiheit** | Ja | Ja (seit 2002) |
| **Leistungserbringer** | Freigemeinnützige und gewerbliche Anbieter dominieren; Kommunen betreiben nur 1,4% der ambulanten Pflegedienste (2009) und nur 5,4% der Pflegeheime. | Gemeinden finanzieren und erbringen die Altenserviceleistungen (Pflegeleistungen und Alltagsunterstützung). Gemeinnützige oder private Anbieter spielen eine geringe Rolle |
| **Zuständigkeitsprofil** | Fragmentiert | Integriert |
| **Finanzierung der Pflegeleistungen** | Sozialbeiträge (Soziale Pflegeversicherung) Versicherungsprämien (Private Pflegeversicherung) | Steuerfinanzierung |

**Quelle**: Eigene Darstellung nach Heintze 2012: 27

integraler Bestandteil der sozialen Dienste von Kommunen, in die Gesundheitsleistungen integriert sind.[406] *Tabelle 37* stellt am Beispiel von Dänemark die jeweils systemprägenden Merkmale gegenüber.

### 6.1.2 Pflege, Betreuung und Alltagsunterstützung in den skandinavischen Ländern: Kurzporträts

#### 6.1.2.1 Dänemark

„The fundamental principles of Danish home care is that it should be offered on the basis of individual needs and that it is free of charge – except temporary help which has an income dependent user charge. The goal of the help offered is to allow elderly people to stay in their own homes as long as possible and to prevent the individual from further loss of physical and mental health. This means to help people in their own homes even when they need help to clean the house or get out of bed in the morning. All help according to the act on social service has to be seen in relation with the fundamental idea of help to self-help". *(Danish Ministry of Health: http://english.sm.dk/social-issues/Elderly-people/home-care-services/Sider/ Start.aspx; letzter Zugriff: 14.08.2012)*

Ab Ende der 70er Jahre wurde in Dänemark heftig um die Neuausrichtung der Versorgung älterer Menschen gerungen. Für die fachliche Diskussion entscheidend wurde ein Projekt, das in der Gemeinde Skaevinge im Zeitraum von 1984 bis 1888 durchgeführt wurde.[407] Zu Beginn des Projektes hatte die Gemeinde eine der landesweit höchsten Pro-Kopf-Ausgaben für Langzeitpflege. Sie verfolgte vor diesem Hintergrund zwei übergeordnete Ziele:

- Zugänglichkeit der kommunalen Gesundheitsdienste für alle Einwohner unabhängig von ihrer Wohnform.

- Prävention als Priorität, um die individuellen Möglichkeiten zu fördern und die gesundheitsbezogenen Ressourcen zu stärken.

---

[406] Die Darstellung basiert auf offiziellen Dokumenten (vorrangig der Gesundheits- und Sozialministerien), dem MISSOC-Vergleich europäischer Sozialsysteme und den jeweils einschlägigen Gesetzen; in Dänemark etwa dem Consolidated Act No 941 of 1 October 2009 on Social Service Benefits (om social service) und dem Consolidated Act No. 1204 of 10 December 2009 on Social Housing (om almene boliger). Die empirischen Daten entstammen der amtlichen Statistik. In den skandinavischen Ländern handelt es sich um eine Registerstatistik. Zu Deutschland siehe Destatis, Pflegestatistik.

[407] Ländliche Gemeinde mit damals ca. 5.000 Einwohnern und einem Altenpflegeheim für ca. 54 Bewohnern. Die Darstellung stützt sich auf Stuart/Weinrich (2001b, Kapitel 4.4) und Wagner (1994, 2001).

Um die Ziele zu erreichen, führte die Gemeinde die bisher unabhängig voneinander arbeitenden Dienste in multiprofessionellen Teams zusammen und wandelte das bestehende Altenpflegeheim in ein Gesundheitszentrum mit Einbindung privater Mietwohnungen um. Ausgehend von dem neuen Gesundheitszentrum wurde mit dem vorhandenen Personal ein 24-Stunden-Pflegedienst aufgebaut, der nun für die gesamte Gemeinde zuständig war. Diese Neuausrichtung erwies sich als zukunftsträchtig. Die ehemaligen Bewohner des Altenpflegeheims gewannen einen höheren Grad an Autonomie und Selbstbestimmung. Die Fachkräfte gewannen Spielräume, flexibel auf veränderte Bedarfe zu reagieren. Statt nebeneinander zu arbeiten, lernten sie, sich im Team abzustimmen. Das Verständnis für die unterschiedlichen Sichtweisen der eingebundenen Professionen wuchs. Zudem erhöhte sich die Transparenz, weil es nun für unterschiedliche Leistungen eine von den Teams gemeinsam getragene Verantwortung gab (Wagner 1994 und 2001).

In der Folgezeit wurde dieser konzeptionelle Ansatz von den meisten dänischen Gemeinden mit jeweils gewissen Abweichungen übernommen. Die Bedeutung *häuslicher Pflege und Betreuung* wuchs, die Bedeutung klassischer Pflegeheime sank. Meist arbeiten die multiprofessionellen Teams in der Anbindung an ein Gesundheitszentrum oder an ein Tagespflegezentrum. Integriert werden von dort aus Leistungsangebote wie Home Help (soziale Betreuung und Alltagsunterstützung), Home Nursing (Pflege im engeren Sinne), Ergo- und Physiotherapie. Das Leistungsangebot steht allen Einwohnern der Gemeinde im Bedarfsfall offen. Zur Klärung des Bedarfsfalls gibt es Assessments. Die NutzerInnen wiederum haben in vielen Gemeinden die Möglichkeit, das Leistungsangebot der Gesundheitszentren über gewählte VertreterInnen aktiv mitzugestalten.

Ebenfalls Mitte der 80er Jahre hatte eine Studie ergeben, dass die Zahl der Einweisungen in Krankenhäuser und Pflegeheime zurückgeht, wenn präventive Hausbesuche zum Einsatz kommen. Neben der auf häusliche Versorgung konzentrierten Leistungspalette etablierte sich in der Folge der *präventive Hausbesuch* als weitere wichtige Säule des dänischen Systems. Er wurde zu einer Regelleistung, ohne dass der Gesetzgeber Vorgaben zur Ausgestaltung machte. Vor Ort entwickelte sich so eine breite Vielfalt an unterschiedlichen Angeboten (Hendriksen/Vass 2005). 2002 nahm der Gesetzgeber deshalb eine Vereinheitlichung vor. Jede Gemeinde hat nun die rechtliche Verpflichtung, jedem Einwohner, jeder Einwohnerin, der oder die ohne fremde Hilfe alleine lebt und das 75. Lebensjahr erreicht hat, jährlich mindestens zwei präventive Hausbesuche anzubieten. Die BürgerInnen können dazu Ja oder Nein sagen.

In den präventiven Hausbesuchen realisiert sich ein Grundprinzip des kommunalen skandinavischen Wohlfahrtsmodells: Niemand soll vergessen werden oder verloren gehen. Das flächendeckende Sich-Kümmern um alle älteren Senioren kontrastiert mit einem gerne bemühten Topos. Wir sind ein kleines Land; hier kennt jeder jeden, heißt es. Die rechtlich verpflichtenden präventiven Hausbesuche dementieren diese Selbstbeschreibung. Auch in einem kleinen Land kann sich Politik nicht auf die Selbstregulation sozialer Netzwerke verlassen. Ein großes Problem bei vielen älteren Menschen ist ihre Einsamkeit. Vor auch diesem Hintergrund ist es der Zweck der präventiven Hausbesuche *„to enable both the elderly citizen and the municipality to make use of those offers available that can help the elderly sustain physical and social skills and prevent loneliness, loss of feeling of security etc."* (Ministry of Heath 2010).

Wo steht Dänemark aktuell mit seinem Pflegesystem und seiner Seniorenpolitik? Das dänische Pflegesystem unterscheidet zwischen Leistungen der medizinischen Pflege, der persönlichen Betreuung und der praktischen Alltagsunterstützung. Die letzten beiden Kategorien werden unter Home-Help-Leistungen zusammengefasst. Wie bei den Leistungen der primären und sekundären Gesundheitsversorgung gilt das Egalitäts- und das Residenzprinzip. *„This means that all residents of Denmark have access to various services (…). Basically, permanent personal care and practical help is free, but some user fees are charged for temporary help except for Citizens with the lowest incomes."* (Ministry of Social Affairs/Ministry of Interior Affairs and Health 2006: 42). Im Zentrum der häuslichen Pflege stehen dabei nicht medizinisch definierte Pflegeleistungen,[408] sondern Leistungen der sozialen Betreuung und Alltagsunterstützung (Home-Help-Leistungen). Grundlage der Leistungsgewährung sind Assessments. Sie dienen der individuellen Bedarfsermittlung und münden in einen garantierten, klar definierten und für die Betroffenen weitgehend kostenlosen Leistungsanspruch.

Während in Deutschland von den im Jahr 2009 16.901,7 Tsd. Einwohnern im Alter ab 65 Jahren nur 1.198,4 Tsd., damit also rd. 7 Prozent professionelle Pflegeleistungen erhielten,[409] wobei stationäre Leistungen überwogen, ist in Dänemark aufgrund der gänzlich anderen Philosophie ein vielfach so hoher Bevölkerungsanteil in das Unterstützungssystem einbezogen. Die Quote der älteren Menschen, die Home-Help-Leistungen erhalten, schwankte in den letz-

---

[408] Medizinisch definierte pflegerische Leistungen wie die Gabe von Medikamenten und die laufende Beobachtung des Gesundheitszustandes fallen unter Home Nursing.

[409] Gesundheitsberichterstattung des Bundes: http://gbe-bund.de/ (Zugriff: 05.07.2011).

ten Jahren zwischen 28 und 30 Prozent. Im Jahr 2010 gab es (1.1.) 902,9 Tsd. Einwohner ab 65 Jahren. Davon erhielten 260 Tsd. (knapp 29%) Home-Help-Leistungen. 36 Tsd. Ältere wohnten in betreuten Wohnanlagen, 8,3 Tsd. in Pflegeheimen und weitere 32,9 Tsd. in Seniorenwohnanlagen. Auch geringe Leistungspakete von weniger als 2 Wochenstunden sind möglich. Von ambulant und stationär zu reden wie in Deutschland ergäbe hier keinen Sinn. Zunehmend überlappen sich häusliche und institutionelle Pflege, da die Home-Help-Leistungspakete unabhängig davon gewährt werden, wo jemand wohnt.

Die präventiven Hausbesuche als weitere wichtige Säule des Systems zeigen sich hinsichtlich ihrer Inanspruchnahme stabil. Die Zahl der jährlich von den Gemeinden durchgeführten Besuche hat sich nach der gesetzlichen Vereinheitlichung weder erhöht noch reduziert. 1999 wurden 123,5 Tsd. präventive Hausbesuche durchgeführt, 2009 waren es 125,9 Tsd. Auf die Generation 75+ bezogen entspricht dem ein rechnerisches Drittel.[410]

Bis 2002 bestand ein kommunales Pflege-Monopol. Die Mitte-Rechts-Regierung, die von 2001 bis 2011 die Zentralregierung stellte, führte ein freies Wahlsystem analog den in Schweden bereits seit Anfang der 90er Jahre bestehenden Regeln ein. Ältere Menschen können sich nun frei entscheiden, ob sie die Pflegeleistungen ihrer Gemeinde, die einer Nachbargemeinde oder die eines privaten Anbieters in Anspruch nehmen. Die Steuerungsfunktion freilich verbleibt bei der Gemeinde. Begründet wurde die Aufgabe des kommunalen Anbieter-Monopols erstens mit den dann größeren Wahlmöglichkeiten der älteren Menschen. Argumentiert wurde zweitens mit der dann klareren Aufgabentrennung im Sinne einer Trennung von Leistungsverantwortung und Finanzverantwortung. Als Drittes hinzu trat die Hoffnung auf Kostensenkungen, wenn Kommunen das Instrument der Auftragsvergabe entsprechend nutzen. Die empirischen Daten zeigen, dass von der Wechselmöglichkeit je nach Leistungsart sehr unterschiedlich Gebrauch gemacht wird. Im institutionellen Bereich und bei Leistungen des Home Nursing besteht das kommunale Monopol annähernd fort. Auch bei häuslichen Pflege- und Betreuungsleistungen (Personal Care) entfällt bislang nur ein geringes Versorgungsvolumen auf private Anbieter (2010: 5,6%). Bei praktischen Unterstützungsleistungen allerdings (Haushaltshilfe) kommen stärker private Anbieter zum Zuge. Ein Viertel der Haushaltshilfe-Leistungen wurden 2010 von privaten Dienstleistern erbracht.

---

[410] Statistics Denmark, Datensätze mit den Codes FORHJBE1 (bis 2007) und AED10 (ab 2008); eigene Berechnung.

Im dänischen System wird *Qualitätssicherung* groß geschrieben. Die Gemeindevertretungen müssen Qualitätsstandards festlegen und publizieren. Sie stehen dafür ein, dass diese Standards bei den eigenen Einrichtungen und auch bei den privaten Anbietern eingehalten werden. Dafür muss mindestens einmal jährlich eine Qualitätsprüfung stattfinden, deren Ergebnisse öffentlich zugänglich sind. Die jüngste Weiterentwicklung betrifft den Zugang zu seniorengerechten Wohnformen vom klassischen Alten- und Pflegeheim bis zu Formen des betreuten Wohnens in Einzelappartements (Pflegewohnungen) oder in Wohngruppen. Da die Nachfrage tendenziell größer ist als das Angebot, gilt seit dem 01.01.2009 eine *garantierte Wartezeit* von maximal zwei Monaten für einen Platz.[411]

Die dänische Seniorenpolitik ist mit einem beachtlichen Beschäftigungsvolumen verbunden. Für Menschen mit unterschiedlicher Qualifikation von gering- bis hochqualifiziert bieten sich hier Beschäftigungsmöglichkeiten. 2009 waren im kommunalen Altenservice 126.251 Erwerbstätige beschäftigt, 10,7 Prozent mehr als im Jahr 2000. Rechnerisch entsprachen dem 104.586 Vollzeitstellen, 10,8 Prozent mehr als im Jahr 2000. Die Stellen bei privaten Anbietern sind darin nicht enthalten. Für einen Vergleich mit Deutschland bietet sich die Relation von vollzeitäquivalent Beschäftigten auf 1.000 Einwohner der Generation 65+ an. Diese Dichteziffer lag 2009 in Deutschland bei rd. 37,6 gegenüber 119,5 in Dänemark.[412] Da die dänischen Zahlen nur kommunal Beschäftigte erfassen und die deutschen Zahlen auch die Beschäftigten einbeziehen, die Pflegeleistungen bei unter 65-Jährigen erbringen, während umgekehrt Beschäftigte in Seniorenbegegnungsstätten fehlen, ist die Vergleichbarkeit eingeschränkt. Belastbar ist gleichwohl die Aussage, dass in Dänemark mindestens dreifach so viel Personal für Seniorendienstleistungen eingesetzt wird wie in Deutschland. Im Kapitel 4 (vgl. unter 4.2.2.2) wurde dargelegt, dass dies zu ordentlichen Entlohnungsbedingungen erfolgt. Tendenziell gibt es diese in Deutschland dort, wo die Tarife analog dem öffentlichen Dienst gezahlt werden. Darunter fällt aber nur eine Minderheit derjenigen, die im Altenservice beschäftigt sind. Lohndumping ist im deutschen Pflegesystem ein weit verbreitetes Phänomen. Der seit 2010 gültige Mindestlohn (Westdeutschland: 8,50 €/St.; Ostdeutschland: 7,50 €/Std.) ändert

---

[411] http://english.sm.dk/social-issues/Elderly-people/home-care-services/Sider/Start.aspx > Residential accommodation; Zugriff: 22.07.2010.
[412] Nach den Schätzungen des Statistischen Bundesamtes gab es 2009 176,86 Tsd. vollzeitäquivalent Beschäftigte in ambulanten Pflegediensten und 452,71 Vollzeitäquivalente in Heimen. Destatis (2011), Pflegestatistik (2009: 9, 14, 22).

daran nichts Grundlegendes. Da die Einführung des Mindestlohnes nicht mit einer Verbesserung der Refinanzierungsbedingungen verknüpft wurde, muss in größerem Stil mit Ausweichreaktionen gerechnet werden.

### 6.1.2.2 Finnland

In seinen Grundzügen entspricht das finnische System dem der anderen nordisch-skandinavischen Länder. Die Gemeinden sind für Gesundheitsdienstleistungen wie für permanente Pflegeleistungen zuständig. Sie können diese Leistungen selbst erbringen (incl. der Kooperation mit anderen Gemeinden) oder einkaufen. Dies gleichermaßen bei privaten wie anderen öffentlichen Anbietern. Als Alternative dazu gibt es die Möglichkeit der Ausgabe von Gutscheinen, die Pflegebedürftige dann bei einem privaten Anbieter einlösen können. Abweichend von Dänemark, Island und Schweden, wo Geldleistungen nur eine geringe Rolle spielen, unterhält Finnland neben dem dominierenden Sachleistungssystem auch ein Geldleistungssystem. Das finnische Pflegegeld hat freilich eine andere Funktion als das deutsche Pflegegeld, denn es dient nicht der Abgeltung informeller Pflegeleistungen, sondern der Bezuschussung der erhöhten finanziellen Belastung, die mit dem Eintritt von Pflegebedürftigkeit verbunden ist. Findet informelle Pflege statt, erhalten die Pflegepersonen Leistungen, die von den Gemeinden festgelegt werden, mindestens aber 336,41 € mtl. betragen. Die informell Pflegenden, die mit der Gemeinde einen Kontrakt abschließen, der ihre Leistungen und die Geldleistung, die sie dafür beziehen, festlegt, erhalten drei freie Tage im Monat. An diesen Tagen wird dann eine Ersatzpflege gestellt.

Anders auch als in Dänemark gilt nicht das Prinzip der Kostenfreiheit. Private Zuzahlungen spielen bei der Finanzierung deshalb eine größere Rolle. Bei der langfristigen institutionellen Pflege (ab 3 Monaten) etwa sind einkommensbezogene Gebühren zu entrichten. Sie dürfen eine bestimmte Höhe nicht überschreiten. Rund 20 Prozent der Bruttoausgaben werden über Gebühren gedeckt. Bei der Bewertung ist zu berücksichtigen, dass Finnland – in Teil A wurde dies näher behandelt – erst ab den 60er Jahren ein nordisches resp. skandinavisches Wohlfahrtsmodell entwickelt hat. Die diesbezüglichen politischen Entscheidungen führten auch zur Ausprägung eines öffentlich finanzierten Altenpflegesystems. Noch im Jahr 1980 wurden für Sachleistungen pro Einwohner nur 8,10 € für Behinderte und 34,74 € für ältere Menschen ausgegeben. Bis 1990 vervielfachten sich die nominalen Pro-Kopf-Ausgaben bei Behinderten auf 76,23 € und bei der Pflege älterer Menschen auf 134,38 €. Trotz der schweren Krise von Anfang der 90er Jahre, als mit dem Zusammenbruch der UDSSR die alten Exportbeziehungen wegbrachen, wurden die Altenpflegeausgaben bis Mitte der 90er Jahre noch einmal um ein gutes Fünftel gesteigert und haben sich auch seither dynamisch entwickelt. Pro Einwohner erfolgte bei den Sachausgaben eine Verdreifachung im Zeitraum von 1990 bis 2009. Auf nur die Generation 65+ bezogen, kam noch eine Steigerung von gut 1.000 € (brutto) auf jetzt rd. 2.300 € (brutto) zustande. Behinderte sind in diese Rechnung nicht einbezogen. Zum Vergleich: In Deutschland beliefen sich die öffentlichen Ausgaben pro Einwohner ab 65 Jahren 2009 nur auf 1.154 €. Darin eingeschlossen sind Leistungen für Behinderte und für unter 65-Jährige, nicht jedoch die Ausgaben der Kommunen.[413] Im Jahr 2008 beliefen sich die außerhalb des Pflegeversicherungssystems laufenden kommunalen Ausgaben pro Einwohner im Alter von 65+ netto auf rd. 100 €. Berücksichtigt man diese Faktoren, kann grob gesagt werden, dass die öffentliche Hand in Deutschland für die Pflege und Betreuung der älteren Generation (65+) nur etwa halb so viel ausgibt wie Finnland.

Das Finnische System ist hinsichtlich der Aspekte *„Orientierung am individuellen Bedarf"*, *„Lebenslauforientierung"* und *„Qualitätssteuerung"* weniger entwickelt als die Altenservicesysteme der skandinavischen Kernländer und Islands. Es gibt Anstrengungen, den Entwicklungsrückstand durch eine Qualitätsoffensive,[414] eine stärkere Ausrichtung auf die häusliche Unterstützung und die Konzentration auf den individuellen Bedarf abzubauen. Im Frühjahr 2011 wurde ein Gesetzentwurf vorgelegt, der dem den Weg bahnen sollte. Der auf die Parlamentswahl vom 17. März 2011 folgende Regierungswechsel (vgl. S. 109) erzwang eine Überarbeitung. Am 8. November 2012 endlich brachte die aus sechs Parteien bestehende Koalitionsregierung nun einen Gesetzentwurf mit gleichgelagerter Zielsetzung ein. In Kraft treten sollen die Neuregelungen im Juli 2013. Wesentliche Bausteine der Reform sind:[415]

---

[413] Deutschland: Bundesgesundheitsministerium 2011 (Die Finanzentwicklung der sozialen Pflegeversicherung) und Destatis, Fachserie 14, Reihe 3.3 (Ausgabe 2010); Finnland: THL 2011b; eigene Berechnung anhand der Bevölkerungszahlen von Eurostat (01.01. d.J.) insgesamt und nach Altersgruppen.

[414] Etwa im Rahmen des KASTE-Programms 2008-2011 (National Framework for High-Quality Services for Older People).

[415] Quellen: The Finnish Ministry of Social Affairs and Health „A law to ensure the right of older persons to care according to their needs", Pressemitteilung Nr. 68/2011 vom 09.03.2011 und National Institute for Health and Welfare „Act on Care Services for the Elderly to ensure a high standard of quality nationwide", Pressemitteilung Nr. 190/2012 vom 08.11.2012.

- Statt standardisierter Dienste wie in der Vergangenheit, soll der individuelle Bedarf des älteren Menschen mit klarem Vorrang der häuslichen Pflege in den Mittelpunkt gerückt werden. Ältere erhalten das Recht auf unverzügliche Erstellung eines Bedarfsplans. Darauf aufbauend erfolgt eine konkrete Leistungsplanung. Für beides zusammen wird eine Bearbeitungsfrist von längstens drei Monaten festgelegt.

- Die Individualisierung schließt ein, dass bestehende Optionen mit dem älteren Menschen erörtert und seine Meinung festgehalten wird. Zur Leistungssicherung und besseren Koordination der verschiedenen Serviceleistungen sind Kommunen verpflichtet, dem älteren Menschen eine Assistenzkraft zu Seite zu stellen.

- Die Kommunen werden zu einer Altenhilfeplanung angehalten, die im Wege detaillierter Planung auf den sozialen Bedarf der älteren Generation abgestimmt ist. Institutionelle Pflege soll auf medizinisch begründete Fälle begrenzt werden. In jeder Wahlperiode ist eine Altenhilfeplanung zu erstellen. Die Angemessenheit der Bedarfsermittlungen und die Qualität der Dienste unterliegt jährlicher Evaluation.

- Für die Planung und Leistungserbringung müssen die Gemeinden ausreichende personelle Ressourcen vorhalten. Festlegungen zum Personalschlüssel (Anzahl und Qualifikation) kann die Regierung durch Verordnung treffen.

- Die Rechte von Seniorenbeiräten werden gestärkt. Gemeinden müssen solche Räte einrichten und sie bei allen kommunalen Entscheidungsbildungsprozessen, die Ältere betreffen, konsultieren.

Bislang war das finnische System stark auf die Generation 75+ ausgerichtet. Ein knappes Drittel dieser Generation steht im Leistungsbezug. 2010 bezogen 11,9 Prozent permanente Leistungen der häuslichen Pflege und 20,4 Prozent praktische häusliche Unterstützung. 5,6 Prozent erhielten eine 24-Stunden-Betreuung (Generation 65+: 6,5% und 2,9%). Institutionell (Heime und betreute Wohnanlagen) wurden weitere 4,5 Prozent versorgt. Diese formellen Quoten von Pflege und Unterstützung machen ca. das Doppelte des deutschen Niveaus aus, bleiben aber hinter dem der anderen nordischen Länder zurück. Das im Altenpflegebereich beschäftigte Personal erfuhr im Zeitraum von 2000 bis 2008 eine starke Ausweitung von 54,9 Tsd. auf 81,3 Tsd. Beschäftigte. Gut verdoppelt hat sich dabei die Zahl der Beschäftigten bei privaten Arbeitgebern, während die Beschäftigtenzahl bei kommunalen Arbeitgebern nur um rd. 25 Prozent wuchs.[416] Die Pflegereform weist den Kommunen neue Aufgaben zu. Auf die Personalentwicklung bleibt dies nicht ohne Auswirkungen.

### 6.1.2.3 Island

Die isländische Bevölkerung ist vergleichsweise jung.[417] Umso bemerkenswerter ist, wie gut der Kleinstaat auf die Anforderungen einer alternden Gesellschaft vorbereitet ist. Mit den anderen skandinavischen Ländern teilt Island die fundamentalen Grundsätze des Altenpflege- und Altenhilfesystems. So gilt der Grundsatz von „help to self-help" und der Zugang zu den verschiedenen Leistungen erfolgt über ein Assessment, das den individuellen Unterstützungsbedarf ermittelt. In vier wesentlichen Punkten unterscheidet sich das isländische System jedoch von dem der anderen skandinavischen Länder. *Erstens* teilen sich Kommunen, die zuständigen Ministerien (Sozial- und Gesundheitsministerium) und ein Nationaler Beirat für die Angelegenheiten Älterer die Aufgabenwahrnehmung. *Zweitens* besteht eine Mischfinanzierung aus öffentlichen Fonds, Eigenmitteln der Kommunen und einkommensabhängigen Gebühren; Kostenfreiheit der pflegerischen Leistungen wie in Dänemark, Norwegen und Schweden besteht nicht. *Drittens* ist häusliche Rundum-Betreuung im isländischen System nicht vorgesehen; wer eine 24-Stunden-Betreuung benötigt, muss sein häusliches Umfeld gegen ein betreutes Apartment oder ein Zimmer im Pflegeheim eintauschen. *Viertens* verfügt Island mit dem Gesetz betreffs der Angelegenheiten älterer Menschen von 1999 i.d.F. von 2010 (Lög um málefni aldraðra) über ein Regelwerk, das alle häuslichen und institutionellen Aspekte des Pflege-, Hilfs- und Unterstützungsbedarfs älterer Menschen umfasst. In das Gesetz integriert und miteinander verzahnt sind die Bereiche Geriatrie, soziale Dienstleistungen der Kommunen, Mitfinanzierungs- und Steuerungsaufgaben der Regierung, die Aufgaben von speziellen Fonds und Beiräten sowie die Mitbestimmungsrechte

---

[416] Bei den privaten Anbietern dominieren Non-profit-Organisationen. Alle Daten nach: National Institute für Health and Welfare (2011c: 94ff., 165, 177; Tab. 30-35, 90, 98).

[417] Von 1999 bis 2009 verblieb der Anteil der ab 65-Jährigen stabil bei 11,6 Prozent. Die schwere Finanz- und Wirtschaftskrise führte 2010 zu einem Bevölkerungsrückgang bei den mittleren Alterskohorten von 24 bis 46 Jahren, der sich aktuell aber bereits wieder umzudrehen beginnt. Ergebnis: Während die Bevölkerung vor der Krise um über 2 Prozent jährlich wuchs, schrumpfte sie von 2009 auf 2010 um ein halbes Prozent. Damit stieg der Anteil der älteren Bevölkerung auf 12,3 Prozent (01.01.2011). Dies freilich liegt gut 40 Prozent unter dem deutschen Niveau. Eigene Berechnung anhand der Daten aus dem Bevölkerungsregister (Code MAN00101).

von Leistungsempfängern wie Beschäftigten. Unter kommunalem Blickwinkel sind folgende Bestimmungen des Gesetzes – Artikel 2 definiert Ältere als diejenigen, die das 67. Lebensjahr erreicht haben – von besonderer Bedeutung:[418]

- **Offene geriatrische Leistungen**: Unter den Bereich der offenen geriatrischen Leistungen fallen die „Home-Care-Leistungen", die „Home-Help-Leistungen", der Betrieb von Seniorenzentren und Tagespflegezentren für Ältere sowie die Vorhaltung einer Infrastruktur aus Apartments des betreuten Wohnens. Die Bewohner dieser Apartments erhalten Serviceleistungen in ihren Apartments, sind aber auch berechtigt, die Dienstleistungen von Tagespflegezentren in Anspruch zu nehmen. Die Tagespflegezentren können in kommunaler oder privater Trägerschaft sein, wobei das Sozialministerium für die Genehmigung zuständig ist. Für pflegebedürftige Ältere halten sie die Leistungen vor, die diese benötigen, um in ihrem häuslichen Umfeld verbleiben zu können. Das Gesetz beschreibt das Leistungsspektrum wie folgt: *„Day-care centres for the elderly shall provide nursing services and be fitted with facilities for exercise and medical services. Transportation services shall be provides to and from the home of the individual, as well as health assessments, exercise, recreation, social support, education, counselling and assistance in the activities of daily life."* Die kommunalen Seniorenzentren unterscheiden sich von den Tagespflegezentren dadurch, dass sie keinen Pflege- und Betreuungsauftrag, wohl aber einen Auftrag bezogen auf die Förderung und Überwachung der Gesundheit älterer Menschen haben.

- **Finanzierung der Infrastruktur für Ältere:** Die Finanzierung weicht deutlich von der in den anderen nordischen Ländern ab. Während die Finanzierung sonst primär über die kommunalen Budgets läuft, spielen in Island Zahlungen aus dem Staatshaushalt und öffentliche Fonds eine große Rolle. Der „Senior Citizens Construction Fund" trägt wesentlich die Kosten von Bau und Unterhaltung der Einrichtungen (Seniorentageszentren, Alten- und Pflegeheimen, Apartments des betreuten Wohnens), die sich in öffentlichem Besitz befinden. Der Funds residiert beim Sozialministerium. Finanziert wird er über eine allgemeine Steuer[419] und verwaltet von einem natio-

---

[418] Die Sozialgesetzgebung von Island ist auf der Webseite des Wohlfahrtsministers verfügbar: Siehe: http://eng.velferdarraduneyti.is/acts-of-Parliament/nr/3709 (Zugriff: 27.07.2011; zuletzt: 13.08.2012).

[419] 2010 bestand ein einheitlicher Steuerbetrag von 8.400 ISK. 2011 entspricht dies rd. 53 €.

nalen Beirat für die Angelegenheiten Älterer. Die Kommunen müssen die Baukosten kofinanzieren mit einem Minimalbetrag von 15 Prozent.[420]

- **Finanzierung der Dienstleistungen**: Für die Dienstleistungen, die Ältere in Tagespflegeeinrichtungen und betreuten Wohnformen erhalten, müssen sie Teile ihrer Rente einsetzen.[421] Wenn diese Mittel nicht ausreichen, stehen öffentliche Ersatzfinanzierungen bereit. Ältere, die häusliche Leistungen erhalten, müssen dafür gewisse Gebühren entrichten. Es gibt folgende Regel: Die medizinischen Pflegeleistungen werden aus dem Staatshaushalt finanziert, die sozialen Pflegeleistungen trägt die Gemeinde. Gemäß des Gesetzes über die kommunalen sozialen Dienstleistungen kann der Gemeinderat dabei festlegen, ob und in welchem Umfang die Nutzer zur Mitfinanzierung herangezogen werden. Von der Mitfinanzierung auszunehmen sind diejenigen, die über keine weiteren Einkünfte als ihre Rente verfügen.

Der kommunale „Home-Help-Service" ist nicht speziell auf Ältere ausgerichtet, sondern bedient auch Menschen mit Behinderungen oder krankheitsbedingten Einschränkungen. Drei Viertel der Leistungsempfänger sind jedoch ältere Bürger. Etwa ein Viertel dieser älteren Einwohner erhält Leistungen. Interessant ist, dass die Beinahe-„Staatspleite" nach dem Kollaps des Bankensektors 2008 kaum zu Leistungskürzungen geführt hat. Gegenüber 2007 stieg die Zahl der Haushalte Älterer (65+), die Leistungen empfangen, bis 2011 sogar um 12,6 Prozent auf nun 8.386. Landesweit liegt die Versorgungsquote damit bei 20,9 Prozent (2007: 20,4%) und erreicht in der Hauptstadt Reykjavik 24,8 Prozent (2007: 24,2%). Der zeitliche Umfang der pro Seniorenhaushalt jährlich erbrachten Leistungen ging allerdings von 124 Stunden (2007) auf 116 Stunden (2009) zurück.

### 6.1.2.4 Norwegen

Norwegen hat wie Schweden und Dänemark ein universalistisches System, das allen Einwohnern gleichermaßen zur Verfügung steht. Der Anteil an formaler Pflege ist hoch und wird überwiegend von kommunalen Einrichtungen auf der Basis der Gesetze über kommunale Gesundheitsdienste und über

---

[420] Für die Darlehensaufnahme kann dabei auf den „Housing Financing Fund" zurückgegriffen werden. Er ist Teil der Wohnungsbaugesetzgebung (Housing Act No. 44/1998 i.d.F. von No. 66/2010). Darlehen für Pflegeheime sind darin in Artikel 30 geregelt.
[421] 2011 zahlen Nutzer von Tagespflegezentren täglich 875 ISK (rd. 5,50 €). Bei Pflegeheimen beläuft sich der maximale Monatssatz auf 289.230 ISK (rd. 1.800 €).

Soziale Dienste (Municipal Health Services Act – lov om helsetjenesten i kommunene – vom 19. November 1982 und Social Services Act – lov om sosiale tjenester – vom 13. Dezember 1991) erbracht. Wie auch in Dänemark gilt der Grundsatz: Reguläre Pflegeleistungen sind kostenlos, für besondere Leistungen können die Gemeinden Gebühren erheben.

Eine Legaldefinition von dem, was permanente Pflegeleistungen (longterm care) ausmachen, existiert nicht. Analog den anderen skandinavischen Ländern richten sich die Dienstleistungen nach dem individuellen Bedarf, der über Assessments ermittelt wird. Die Palette reicht von praktischer Hilfe in Alltagsdingen, Pflege im erweiterten wie eng medizinischen Sinne über institutionelle Tages- und Nachtpflege bis zur Bereitstellung unterstützender Techniken. Die Gemeinden haben bei der Gestaltung weitgehende Freiheiten. Umgekehrt hat auch der Pflegebedürftige weitgehende Rechte. Bei existierender Pflegebedürftigkeit kann er oder sie auf einem häuslichen 24-Stunden-Service bestehen. Ein absolutes Kriterium, welches Maß an Beeinträchtigung vorliegen muss, damit ein Anspruch auf Leistungen besteht, existiert nicht. Entscheidend ist, dass die Gemeinden die gesetzlichen Ziele im Blick haben und der Hilfebedarf nicht nur vorübergehender Natur ist.

Analog den anderen skandinavischen Ländern dominiert das Sachleistungsprinzip. Auf einer ähnlichen Grundlage wie in Finnland gibt es daneben jedoch auch verschiedene Geldleistungen.[422] Werden Pflegebedürftige mit gemeindlichem Einverständnis von ihren Angehörigen oder Freunden betreut, kann ein „Attendance benefit" von monatlich 13.356 NOK (rd. 1.700 €) ausgezahlt werden. Bei besonderen Belastungen ist ein Zuschlag möglich. Im Kern liegt hier eine Lohnersatzleistung vor; die korrespondierende finnische Leistung ist dagegen nur eine Anerkennungsprämie, die etwas besser dotiert ist als das deutsche Pflegegeld.

Sach- und Geldleistungen können kombiniert werden. Die Entscheidung darüber liegt bei der Gemeinde. Sie trägt die Verantwortung für gute Pflege. Die von der Gemeinde gestellten Pflege- und Assistenzleistungen sind kostenlos. Bei anderen Diensten dagegen kann die Gemeinde Gebühren erheben. Auch langfristige häusliche Pflegeleistungen sind nicht unentgeltlich. Ab einer bestimmten Einkommenshöhe müssen Kosten anteilig übernommen werden. 2009 entstanden für die langfristige Pflege Kosten von 75 Mrd. NOK (rd. 9 Mrd. €). Knapp 7 Prozent davon (5 Mrd. NOK) wurden über private Zuzahlungen gedeckt. Im internationalen Kontext ist dies ein geringer Anteil.

---

[422] Angaben für 2011 nach MISSOC; Update vom Januar 2011.

Ältere sind in Norwegen definiert als Generation 67+. Wie auch in Schweden existiert dabei kein speziell auf Ältere ausgerichtetes System. sondern jeder, der Bedarf hat, ist anspruchsberechtigt. Im Jahr 2010 gab es 625 Tsd. Einwohner im Alter ab 67 Jahren und 174,7 Tsd. Empfänger und Empfängerinnen von häuslichen Leistungen (Home-Help und Home-Nursing). Unter den Leistungsempfängern waren 108,2 Tsd. Ältere. Dies entspricht einem Anteil an den Älteren von 17,3 Prozent. Der Anteil wächst mit dem Alter. Von den Menschen im Alter von 90+ erhalten 52 Prozent häusliche Leistungen. Hinzu kommt der institutionelle Leistungsbezug (Plätze in Heimen und betreuten Wohnformen). Er liegt doppelt so hoch wie in Dänemark und auch höher als in Finnland und Schweden. 2010 wohnten von den ab 67-Jährigen 10,3 Prozent in besonderen Wohnformen; Mitte der 90er Jahre waren es 10,8 Prozent gewesen.

Die kommunalen Pflege- und Betreuungsdienste bieten eine Vielzahl von Arbeitsplätzen. Auf Basis rechnerischer Vollzeitkräfte gab es 2011 128,9 Tsd. Arbeitsplätze; ein Plus gegenüber 2004 von rd. 20 Prozent.[423] Die Pflegefachkräfte stellen mit einem Anteil von rd. 69 Prozent die größte Beschäftigungsgruppe. Nach den Angaben in der amtlichen norwegischen Statistik kamen bereits im Jahr 1994 auf 1.000 Einwohner ab 67 Jahren 110 vollzeitäquivalent Beschäftigte. Seither ist diese Dichteziffer annähernd kontinuierlich um insgesamt 80 Prozent gestiegen und erreicht heute den erstaunlichen Wert von 198. Die starke Steigerung erklärt sich nicht aus gestiegenen NutzerInnenquoten bei den Generationen 67+. Eine Erklärung liegt im seit Mitte der 90er Jahre sukzessiv verbesserten Personalschlüssel. 1994 kamen im Heimbereich auf einen Bewohner 0,36 rechnerische Vollzeitkräfte, 1998 waren es 0,42 und im Jahr 2002 schließlich 0,46. 2003 gelang eine weitere Verbesserung auf 0,52 und 2007 auf 0,58. Dieses Niveau wird seither gehalten.

*6.1.2.5 Schweden*

Schweden hat ebenso wie Norwegen kein speziell auf Ältere ausgerichtetes Pflege- und Unterstützungssystem ausgeprägt. Wer Bedarf an Pflege und Unterstützung hat, ist dazu berechtigt. Dies kann auf Basis des Gesetzes über

---

[423] Statistics Norway, „Man-years and absence within the nursing and care services 1994-2010"; Daten mit Aktualität vom Juni 2011 (http://www.ssb.no/english/subjects/ 03/02/pleie_en/tab-2011-07-08-09-en.html) und „Contracted man-years and contracted man-years adjusted for sick-leave and maternity-leave in nursing and care services. 2004-2011" (Statistics Norway > Activities in the municipalities (register-based), 4th quarter 2011, Table 2; Update vom Juli 2012).

Soziale Dienste (Social Services Act – Socialtjänstlagen) oder auch auf Basis des Gesetzes über Gesundheitsdienste erfolgen, wenn die medizinische Pflege im Vordergrund steht. Vorrang hat die häusliche Pflege einschließlich praktischer Unterstützungsleistungen. Institutionelle Pflege ist für diejenigen gedacht, die rund um die Uhr betreut werden müssen, wie Menschen mit schwerer Demenz. Wie in allen nordischen Ländern durchläuft, wer Pflege und Unterstützung beantragt, ein Assesssment, bei dem ein gemeindlicher Pflegemanager oder eine gemeindliche Pflegemanagerin ermittelt, in welchem Umfang körperliche und kognitive Einschränkungen vorliegen. Ein standardisiertes Verfahren existiert dafür nicht.[424] Die Gemeinde entscheidet, anhand welcher Kriterien sie den Unterstützungsbedarf ermittelt. Gegen die Bedarfsfeststellung des Pflegemanagers kann Einspruch erhoben werden. Die Einzelleistungen, die bei Anerkennung des Bedarfs bezogen werden, entsprechen denen in den anderen skandinavischen Ländern, d.h. es gibt Leistungen der medizinischen Pflege, der sonstigen Pflege und sozialen Betreuung, der Alltagsunterstützung durch Hauswirtschaftsleistungen sowie Essens- und Fahrdienste. Auch existiert ein Rechtsanspruch auf Kostenübernahme, wenn ein altengerechter Wohnungsumbau nötig wird.

Die operative Verantwortung für die Erbringung und Finanzierung der Leistungen liegt bei den Kommunen. Diese haben verschiedene Handlungsoptionen. Sie können die Dienste über eigene Einrichtungen erbringen; sie können Dienste gemeinsam mit anderen Gemeinden betreiben; sie können die Leistungserbringung auf Non-Profit-Organisationen übertragen oder Kontrakte mit privat-gewerblichen Anbietern eingehen. In größeren Städten kann dies auch alles nebeneinander bestehen, so dass die NutzerInnen freie Wahlmöglichkeiten haben. Eingeschränkt sind die Möglichkeiten der Gemeinden, die NutzerInnen an den Kosten zu beteiligen. 2009 lag die maximale monatliche Kostenbeteiligung für allgemeine Care-Leistungen bei 1.712 SEK, was etwa dem Betrag von 192 € entsprach. Bei medizinischen Pflegeleistungen nach dem Gesetz über Gesundheitsdienste lag die maximale jährliche Kostenbeteiligung bei 900 SEK (rd. 101 €). Grundsatz ist, dass die Kostenbeteiligung so bemessen sein muss, dass den Älteren noch ein genügend hoher Betrag von ihren Rentenbezügen für Wohnen und Verpflegung verbleibt. Mindestens mtl. 4.832 SEK (rd. 542 €) mussten 2009 für den täglichen Bedarf verbleiben.

---

[424] Nach dem Kenntnisstand der Verfasserin gilt dies auch für die anderen skandinavischen Länder. Die Gemeinden sind hinsichtlich der Wahl des Verfahrens frei. Gesetzlich besteht nur eine Dokumentationspflicht, so dass die Entscheidungsgründe nachvollzogen werden können.

In den 90er Jahren durchlief die schwedische Gesundheits- und Pflegepolitik eine kritische Phase.[425] Vorher großzügig gewährte häusliche Hilfen wurden aus Kostengründen zurückgefahren, so dass es zumindest temporär mit Schwerpunkt in der zweiten Hälfte der 90er Jahre[426] eine gewisse Verschiebung in Richtung informeller Pflegearrangements gab. Die restriktive Bewilligungspraxis – sie wurde später wieder gelockert[427] – hat das vorher hohe Vertrauen in die Qualität und Verlässlichkeit der kommunalen Sozialdienste beschädigt. Einerseits gibt Schweden einen sehr hohen Anteil an öffentlichen Mitteln für die Pflege und Unterstützung älterer Menschen aus; 2008 waren es nach OECD 2011b 3,6 Prozent des BIP gegenüber nur 0,9 Prozent in Deutschland. Andererseits wurden früher als in den anderen skandinavischen Ländern marktförmige Instrumente in den Pflegesektor eingebracht. So erfolgte die Aufgabe des kommunalen Monopols bereits Anfang der 90er Jahre und die seit 2006 amtierende Mitte-Rechts-Regierung ist bemüht, die Bedeutung privater Anbieter zu stärken. Im Januar 2009 trat ein Gesetz in Kraft, das deren Marktzutritt über ein Gutscheinsystem erleichtert.[428] Üblicherweise werden Pflege- und Hauswirtschaftsleistungen als Sachleistungen erbracht. Nun soll die Wahlmöglichkeit des Anbieters für die Pflegebedürftigen dadurch erleichtert werden, dass sie private Anbieter über Gutscheine, die die Gemeinden ausgeben, bezahlen können. Begründet wird die Veränderung mit der Ver-

---

[425] Dies findet seinen Niederschlag auch in einem Trendbruch bei der Entwicklung der Rate chronisch kranker Menschen (disability rate) im Alter zwischen 65 und 84 Jahren. Die Quote war von 12,4 Prozent (1980) auf den OECD-weit besten Wert von 4 Prozent im Jahr 1996 zurückgegangen und stieg bis 2004 wieder auf 7,1 Prozent (OECD 2007b: 42). Im internationalen Vergleich ist dies zwar immer noch ein sehr guter Wert. Die Entwicklung macht jedoch deutlich, was einerseits gesunde Lebensbedingungen bewirken können resp. mit welcher Verschlechterung des Gesundheitszustandes einer älter werdenden Bevölkerung gerechnet werden muss, wenn sich die Arbeits- und Lebensbedingungen verschlechtert haben.

[426] Ministry of Health and Social Affairs, 7. Juli 2009 mit Update vom 15.09.2010; http://www.sweden.gov.se/ (Zugriff: 20.08.2011).

[427] 2006 lag die Quote der Home-Help-Empfänger unter den ab 80-Jährigen mit knapp 21 Prozent nahe an der des Jahres 1993 (23%). Quelle: Socialstyrelsen (2008: 6).

[428] Wesentlicher Hintergrund: Obwohl der Pflegemarkt bereits in der ersten Hälfte der 90er Jahre für private Anbieter geöffnet wurde, lag der Kommunalanteil (ambulante wie stationäre Leistungen) 2009 immer noch bei über 80 Prozent. Beispielsweise erhielten von den ab 65-Jährigen am 1. Oktober 2009 205.797 Personen dauerhaft häusliche Hilfen (=11,9% der entsprechenden Altersgruppe). Für 28.465 dieser Personen (=13,8%) waren Familienangehörige oder private Dienstleister zuständig. Private Dienstleister konzentrieren sich in wenigen Regionen (u.a. in Stockholm).

besserung der Konsumentenwahl und der Hoffnung auf ein Mehr an Kosteneffizienz. Da Schweden auf annähernd 20 Jahre Erfahrung mit Marktinstrumenten bei sozialen Diensten zurückblickt, stellt sich die Frage, in welchem Umfang Gemeinden Leistungen heute noch selbst erbringen. Ich habe dazu die Daten für alle 290 Gemeinden ausgewertet. Generell ist festzustellen, dass der Einkauf von Leistungen an Gewicht gewonnen hat. Dies aber nicht in dem Maße wie von den Anhängern der Philosophie des Gewährleistungsstaates erhofft. In 2010 liegt in 201 der 290 Gemeinden der Anteil eingekaufter Leistungen immer noch bei weniger als 10 Prozent. Im Jahr 2005 traf dies für 222 Gemeinden zu. Der Anteil von Gemeinden, die Leistungen ganz überwiegend selbst erbringen, sank also von 76,6 auf 69,3 Prozent, während umgekehrt der Anteil von Gemeinden, die mehr als 30 Prozent ihrer Betreuungsleistungen einkaufen, von 4,5 auf 7,2 Prozent wuchs. Die Befunde zeigen, dass der Leistungsstaat immer noch klar dominiert. Es gibt unter den 290 Gemeinden nur 7, die mehr Leistungen einkaufen als sie selbst erstellen. Tendenziell spielt die Vermarktlichung in kleineren Gemeinden eine geringere Rolle als in Mittelstädten oder größeren Städten und vermutlich ist auch die politische Ausrichtung von Einfluss. Auf den Gesamtwert der kommunalen Leistungen bezogen, erreichte der Fremdbezug 1998 einen Anteil von 12 und 2010 von 16 Prozent. Dass sich die kommunale Eigenleistung bislang vergleichsweise gut behauptet, resultiert aus gegenläufigen Entwicklungen. Im Zeitraum von 2005 bis 2010 gibt es neben Gemeinden, die heute anteilig mehr extern einkaufen als vor fünf Jahren, eben auch Gemeinden, die wieder verstärkt zur Eigenleistung übergegangen sind. 84 Gemeinden kauften 2010 weniger extern ein als noch 2005, 41 Gemeinden haben das Niveau gehalten und 165 Gemeinden den Fremdbezug umgekehrt gesteigert. *Abbildung 18* unterteilt die Gemeinden für die Zeitpunkte 2005 und 2010 in vier Gruppen mit je unterschiedlicher Bedeutung des Fremdbezugs von Leistungen.

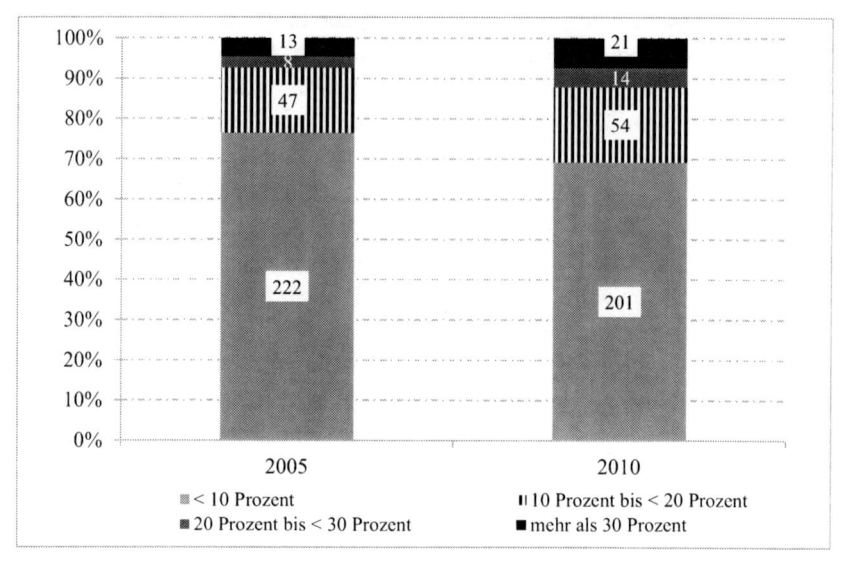

*Abbildung 18: Pflege und Betreuung von Älteren und Behinderten in Schweden: Anteile eingekaufter Leistungen 2005 und 2010 in den 290 Gemeinden*

| | 2005 | 2010 |
|---|---|---|
| mehr als 30 Prozent | 13 | 21 |
| 20 Prozent bis < 30 Prozent | 8 | 14 |
| 10 Prozent bis < 20 Prozent | 47 | 54 |
| < 10 Prozent | 222 | 201 |

**Erläuterung**: Es gibt 290 Gemeinden (vgl. Tab. 1). Von diesen 290 Gemeinden kauften im Jahr 2005 47 Gemeinden und im Jahr 2010 54 Gemeinden (straffierte Fläche) zwischen 10 und weniger als 20 Prozent ihrer Leistungen extern ein. Die Daten für 2010 sind vorläufig; sie stammen vom 30. Juni 2011.
**Quelle**: Statistics Sweden, Datensatz „Purchase of services in municipalities as share of the total costs for operations by region and field of operation. Year by region, activity and period" (Stand: Anfang 2012); eigene Auswertung

## 6.2 Quo vadis?
### Anregungen für eine kommunale Seniorenpolitik in Deutschland

In den skandinavischen Ländern favorisiert die Bevölkerung zu rd. 80 Prozent formelle Pflege über kommunale Gemeinschaftsdienste gegenüber nicht ganz 40 Prozent in Deutschland.[429] Die große Bedeutung, die Familienpflege durch Angehörige im deutschen System hat, wird gern mit diesen Präferenzen erklärt. Dies aber ist nur die halbe Wahrheit, denn Präferenzen bestehen nicht unabhängig von den Rahmenbedingungen und dem, wie die Realität der Pflege wahrgenommen wird. Insoweit drückt sich in den Präferenzen auch einerseits Vertrauen und andererseits fehlendes Vertrauen in die vorhandene Infrastruktur aus.

---

[429] Zu den Quellen siehe Fußnote 288 auf S. 257.

Preisverdächtig und von der Bevölkerung geschätzt ist das deutsche Pflegesystem jedenfalls nicht. Auch zehn Jahre nach Einführung einer Pflege-Teilversicherung bestimmen unzureichende Leistungen, ein veraltetes Pflegeverständnis, Qualitätsmängel und fehlende Transparenz die Realität der Pflege in Deutschland. Nicht nur die harten Fakten sind ernüchternd, auch die Zufriedenheit der Bevölkerung sowie der Beschäftigten lässt zu wünschen übrig. Die Zweifel an der preislichen Erschwinglichkeit wie auch der Pflegequalität sind ähnlich ausgeprägt, wie man dies sonst nur in süd- und osteuropäischen Ländern antrifft (Dittmann 2008). Kaum besser ist es um die Zufriedenheit der Beschäftigten bestellt, wie in Kapitel 4 dargelegt wurde (siehe unter 4.2.2). Gesehen anhand der Daten aus der „Nurses Early Exit Study" (NEXT) und anderer Erhebungen hatten wir, dass das deutsche Problem eines der Polarisierung von Arbeitsbedingungen ist. Da derartige Polarisierungen typisch sind für die Lowroad, steht der Versorgungsbereich der Langfristpflege paradigmatisch für die in der Einleitung ausgebreiteten Befunde verfestigter Niedriglohnbeschäftigung vor allem in den Dienstleistungsbereichen, die von frauenaffinen Tätigkeitsmustern geprägt sind. Der Mangel an pflegerischen Fachkräften, der immer wieder Anlass zur öffentlichen Klage bietet, ist – hier besteht eine Parallele zum Bereich der ErzieherInnen – hausgemacht. Es werden zu wenige Pflegefachkräfte ausgebildet und gleichzeitig verlassen mehr Pflegefachkräfte Deutschland als umgekehrt Fachkräfte aus Ländern wie Polen, Rumänien usw. zuwandern. Dies spricht nicht für den deutschen Pflegestandort.

Die Defizite sind seit Jahren bekannt, zukunftsweisende Antworten gleichwohl ausgeblieben. Die Politik verschließt in Vogel-Strauß-Manier die Augen vor dem, was nötig wäre und möglich ist, um auf einen im internationalen Vergleich akzeptablen Standard zu kommen. Das Problem beginnt beim Pflegeverständnis. Die Selbständigkeit des älteren Menschen in den Mittelpunkt zu rücken, ist in skandinavischen Ländern Standard, harrt in Deutschland aber der Umsetzung. Würde der Pflegebegriff so verändert, wie es Sachverständige vorschlagen, würde sich der Kreis der Leistungsberechtigten stark ausweiten. Derzeit sind es bei Demenzkranken fast ausschließlich die Angehörigen, die die Kosten tragen.[430] Ein erweiterter Pflegebegriff liefe auf

---

[430] Eine gemeinsame Studie des Helmholtz Zentrums München und des Universitätsklinikums Erlangen zeigt, dass Pflege durch Angehörige achtzig Prozent der gesellschaftlichen Versorgungskosten von zu Hause lebenden Demenzkranken deckt. Die von den Angehörigen erbrachten Leistungen wurden dabei zu marktüblichen Stundensätzen berechnet. Zitiert nach der PM des Helmholtz Zentrums München vom 23.08.2011. Original-Publikation: Schwarzkopf, L. et al., Costs of Care for Dementia Patients in

eine teilweise Vergesellschaftung heute familiarisierter Kosten hinaus. Die Politik scheut die finanzpolitischen Konsequenzen und will auch bei der professionellen Versorgung nicht abrücken vom Kurs der Privatisierung und Kommerzialisierung. Deshalb begnügt sie sich seit Jahren mit kosmetischen Maßnahmen, die zu keinen substanziellen Verbesserungen führen.

Mit gewissen Abstrichen bei Finnland liefern die skandinavischen Länder ein Exempel dafür, wie in kommunaler Zuständigkeit eine Infrastruktur integrierter Dienste für ältere und alte Menschen so geschaffen werden kann, dass diese die Betreuung und Unterstützung erfahren, die sie individuell benötigen, um möglichst lange in ihrer vertrauten Umgebung wohnen zu bleiben. Auch das deutsche Pflegeversicherungsrecht gibt der ambulanten Versorgung Vorrang vor der stationären Versorgung. Dies realisiert sich aber nur ungenügend. Da die ambulante Versorgung häusliche soziale Betreuung praktisch nicht vorsieht und andere Angebote (sozialräumliche Versorgung über Quartierskonzepte) gleichfalls rar sind, kommen Menschen ins Pflegeheim, bei denen es nicht nötig wäre und die dies auch nicht wirklich wollen. Überschätzt wird dagegen die Bedeutung der Frage „Steuern oder Sozialbeiträge". Die Niederlande haben ein servicebasiertes System, das viel gemeinsam hat mit den skandinavischen Systemen, finanzieren es aber über Sozialbeiträge. Österreich umgekehrt hat ein familiarisiertes System wie Deutschland, finanziert es aber über Steuern.

Der große Vorteil der skandinavischen Ländern besteht darin, dass ein qualitativ hochstehendes und in sich kohärentes System kommunaler Sozialdienste geschaffen wurde, in das Gesundheitsdienste integriert sind. Auch wenn es kein kommunales Anbietermonopol mehr gibt und Gemeinden gewisse Anteile des Leistungsvolumens nicht mehr selbst erbringen, sondern extern einkaufen, läuft doch weiterhin alles bei den Kommunen zusammen. Hier auch ist der Ort, wo die Bürger und Bürgerinnen sowohl politisch wie auch als Nachfrager von Leistungen direkt Einfluss nehmen können. Für die Bildung von Vertrauen in die Qualität und Verlässlichkeit der kommunalen Dienste ist dies sehr wichtig. Ob es um einen Krippenplatz für den Nachwuchs geht oder die in die Jahre gekommenen Eltern wöchentlich für ein paar Stunden Unterstützung benötigen, die eine wie die andere Leistung liegt in kommunaler Zuständigkeit. Es gibt damit einen Adressaten, der für ein hohes Niveau an Leistungsintegration und Qualität die Letztverantwortung trägt und zudem verpflichtet ist, alle Daten öffentlich zu machen. Demgegen-

Community Setting: An Analysis for Mild and Moderate Disease Stage, Value in Health (2011): doi:10.1016/j.jval.2011.04.005.

über gibt es in Deutschland eine sich wechselseitig behindernde Vielfalt von Teilsystemen mit unterschiedlichen Verantwortlichkeiten, unterschiedlichen Finanzierungsgrundlagen, unterschiedlichen Zugangswegen und fehlender Transparenz. Vielfalt ist im kulturellen Bereich ein Segen, nicht aber bei sozialen Diensten. Hier steht die Fragmentierung, mit der wir es in Deutschland zu tun haben, für Inkohärenz und einen Mangel gleichermaßen an Effektivität wie an Nachhaltigkeit.

Was folgt? Kann aus den skandinavischen Erfahrungen für die Weiterentwicklung von Leistungen der Langfristpflege, Betreuung und Alltagsunterstützung in Deutschland überhaupt etwas gelernt werden, ohne gleich das ganze deutsche System in Frage zu stellen? Ich vertrete die Auffassung, dass die skandinavischen Erfahrungen sowohl für die Debatte um die Neuausrichtung der Pflegeversicherung wie auch für die Neubestimmung der kommunalen Rolle einiges an Anregungen bereithalten. Wählen wir als Referenzfall Dänemark. Das dänische System beinhaltet Ideen und Elemente, die in Deutschland auf der kommunalen Ebene aufgegriffen werden können – vom in der Praxis realisierten Vorrang der häuslichen Versorgung bis zu den präventiven Hausbesuchen. Voraussetzung ist allerdings, dass Städte und Gemeinden Seniorenpolitik als ein wichtiges Politikfeld begreifen, wo es nicht nur um die Ausübung des Baurechts, die Bündelung von Informationen und darum geht, für einen Seniorenbeirat etwas administrative Unterstützung zu leisten. Kommunen müssen sich als diejenigen begreifen, die auf der lokalen Ebene federführend und steuernd tätig sind. Einige gesetzliche Anknüpfungspunkte gibt es dafür. So ist es Länderzuständigkeit, wohnortnahe und regional flächendeckende Versorgungsstrukturen zu schaffen. Diesbezüglich haben sie die Planungskompetenz für Pflegeeinrichtungen (Pflegeheime, Betreute Wohnanlagen etc.) meist den Kommunen als örtlichen Planungsträgern übertragen. Die Länder legen einen Rahmen fest, den die Gemeinden bei ihrer örtlichen Planung dann zu berücksichtigen haben. Auch zur Erstellung von Altenhilfeplänen sind sie gesetzlich verpflichtet. Die Planungskompetenz und die Verpflichtung zur Erstellung von Altenhilfeplänen kann genutzt werden, um einer tragfähigen kommunalen Infrastruktur den Weg zu ebnen.

Erfolg dürften bei einem solchen Weg freilich vorrangig die Städte haben, die als Träger von Pflegediensten und Heimen über eigenes Know-how verfügen. Dies ist die Minderheit. Parallel zum Älterwerden der Gesellschaft haben Städte und Gemeinden ihr seniorenpolitisches Engagement nicht etwa ausgeweitet, sondern als Teil von Privatisierungspolitik im Gegenteil reduziert. 1999 befanden sich 11 Prozent der Pflegeplätze in öffentlicher, in der

Regel kommunaler Trägerschaft, 2009 nur noch 6,5 Prozent.[431] Ausgebreitet haben sich gewinnorientierte Träger; ihr Anteil wuchs in der Dekade von 1999 bis 2009 bei ambulanten Diensten von 36 Prozent auf 47 Prozent und im Heimbereich von einem knappen Viertel auf 36 Prozent. Die wachsende Kommerzialisierung ist politisch gewollt, weil sich bei kommerziellen Trägern Lohndumping leichter realisieren lässt als bei öffentlichen und bei gemeinnützigen Trägern. Einer für alle gut zugänglichen Infrastruktur, die für die Beschäftigten gute Arbeit beinhaltet, steht diese Entwicklung aber entgegen. Nötig ist deshalb eine Rückbesinnung auf ein wieder stärkeres Engagement der Kommunen als Träger von Diensten und Einrichtungen, deren Kosten teilweise über Leistungen aus der Pflegeversicherung gedeckt sind.

Neben dieser Rückbesinnung stellen sich Herausforderungen bei der seniorengerechten Gestaltung sozialräumlicher Stadtentwicklung. Hier einige Stichworte:

- Seniorenbüros als Anlaufstellen für ältere Menschen mit Beratungs- und Hilfebedarf

- Soziale Betreuungsinfrastruktur zur Sicherung eines möglichst langen Verbleibs im häuslichen Umfeld

- Realisierung von Quartierskonzepten, in die neben Leistungen verschiedener Pflegedienste auch Leistungen der Prävention eingebunden sind

- Aufbau kommunaler Dienste mit 24-Stunden-Service als Alternative zur stationären Heimunterbringung

Es gibt auf der kommunalen Ebene vereinzelt Ansätze, die in diese Richtung weisen. Als beispielgebend profilieren sich die beiden NW-Städte Dortmund Gelsenkirchen. Was Dortmund und Gelsenkirchen anders machen als das Gros der Kommunen, sei kurz skizziert.

*Dortmund – Seniorenbüros in gemeinsamer Trägerschaft von Stadt und Wohlfahrtsverbänden*

Den gesetzlichen Auftrag, Altenhilfepläne zu erstellen, erledigen die meisten Städte so, dass Maßnahmen, die mit zusätzlichen Kosten und Personaleinsatz verbunden sind, schon rein vorsorglich ausgespart bleiben. Man macht eine

---

[431] Zum Stichtag Ende 2009 gab es unter insgesamt 12.026 ambulanten Pflegediensten nur 164 in kommunaler Trägerschaft und unter 11.634 Pflegeheimen nur noch 552 in kommunaler Trägerschaft (Destatis 2011d: 11, 18).

Bestandsaufnahme und setzt im Übrigen auf bürgerschaftliches Engagement resp. auf das Ehrenamt.[432] Auf bürgerschaftlichem Engagement lässt sich aber keine verlässliche Infrastruktur gründen. Bei Strukturen, die ausschließlich bis weitestgehend vom Ehrenamt getragen werden, ist mit großen Spannweiten sowohl bei der Verfügbarkeit von Hilfeangeboten wie auch bei deren Qualität zu rechnen. Soziale Spaltungen werden so eher begünstigt als wirksam gemindert. In peripheren Gebieten ist zugleich einzukalkulieren, dass Trittbrettfahrer auf den Plan treten, die das karitative Engagement zur Verbreitung extremistischer Ideologien nutzen, In gewissen Gebieten von Mecklenburg-Vorpommern und Sachsen etwa nutzen rechtsextremistische Gruppierungen schon heute sozial-karitative Tätigkeiten, um in staatlichen Rückzugsgebieten Terraingewinne zu realisieren.

Auch im skandinavischen Raum ist bürgerschaftliches Engagement sehr verbreitet; mehr sogar als in Deutschland (Erlinghagen 2006: 134ff.). Das Ehrenamt ersetzt dort aber nicht das Hauptamt, sondern ergänzt es. Dies gilt für das liberal-konservative Konzept der „Big Society" gerade nicht. Hier tritt bürgerschaftliches Engagement an die Stelle staatlicher resp. kommunaler Strukturen. „Big Society" ist deshalb auch nur eine beschönigende Umschreibung für den Rückzug des Staates aus sozialer Verantwortung, ergo für den Rückfall in Strukturen der privaten Wohltätigkeit, wie es sie vor der Entwicklung des modernen Wohlfahrtsstaates gegeben hatte.

Als im kommunalen Entscheidungsbereich gangbarer Mittelweg bietet sich an, feste Strukturen zu schaffen, in die dann bürgerschaftliches Engagement integriert wird. Diesen Ansatz verfolgt Dortmund. Es gibt (Stand von Anfang 2012) 12 Seniorenbüros, die von Stadt und Wohlfahrtsverbänden gemeinsam betrieben werden. 24 hauptamtliche Kräfte sind dort beschäftigt, 12 stellt die Stadt, 12 stellen die Wohlfahrtsverbände. Damit existiert ein Fundament, von dem aus hauptamtliche Beratungs- und Unterstützungsarbeit geleistet sowie ehrenamtliche Kräfte angeleitet und eingebunden werden können.

Die Dortmunder Seniorenpolitik hat zu einigen greifbaren Verbesserungen geführt. So bei der nicht gelösten Schnittstellenproblematik zwischen Krankenhausaufenthalt und ambulanter Versorgung. In Deutschland wurden in den letzten Jahren die Liegezeiten in Krankenhäusern stetig verkürzt, ohne die nachstationären Versorgungslücken zu schließen, die dadurch aufgerissen

---

[432] Dies parteiübergreifend. So machte sich die ehemalige Gesundheitsministerin Ulla Schmidt für mehr Ehrenamt in der Pflege stark. Ohne mehr Ehrenamtliche seien die Herausforderungen nicht zu bewältigen, erklärte sie 2009 (zitiert nach Frankfurter Rundschau v. 18.09.2009).

wurden. Gute Ansätze gibt es, wie etwa Patientenhotels in Finnland. Sie scheitern hierzulange jedoch an der Kostenfrage. Dass ältere Menschen nach einem Klinikaufenthalt nicht zureichend versorgt sind, gehört zu den Erfahrungen der Dortmunder Seniorenarbeit. Seit dem 1. Juli 2011 gibt es in einem Krankenhaus (im Knappschaftskrankenhaus Dortmund-Brackel) nun Sprechstunden des dortigen Seniorenbüros; ein Pflegeberater aus den Pflegestützpunkten der Pflegekassen ist eingebunden.[433] Das Problem der nachstationären Versorgungslücken kann so zwar nicht gelöst, aber vielleicht etwas gelindert werden.

*Gelsenkirchen – Seniorennetzwerk unter städtischer Federführung*

Gelsenkirchen orientiert sich bei seiner Seniorenpolitik an Dortmund. Was in Dortmund über eine gemeinsame Trägerschaft von Stadt und Wohlfahrtsverbänden an Strukturen unterhalten wird, will die Stadt Gelsenkirchen über das Seniorennetz Gelsenkirchen zuwege bringen. Nun gibt es allenthalben Netzwerke. Das Problem ist, sie sind unverbindlich. Man trifft sich auf Einladung der Stadt zum Informationsaustausch. Gelegentlich mag dies in ein gemeinsames Projekt münden, was dann aber stark an Einzelpersonen hängt. Nötig ist also der qualitative Sprung von der Unverbindlichkeit in die Verbindlichkeit einer festen Struktur mit klaren Verantwortlichkeiten. Unter den gegebenen Rahmenbedingungen einer hochgradig fragmentierten Wettbewerbsstruktur ist dies schwierig. Die gesetzlichen Regelungen stützen den Wettbewerb, nicht die Kooperation. Absehbar werden daher nur wenige Gemeinden willens und in der Lage sein, etwas Tragfähiges auf die Beine zu stellen. Es bedarf also einer auch übergeordnet anderen Politik.

In Gelsenkirchen immerhin ist es gelungen, ein *„Seniorennetz Gelsenkirchen"* zu begründen, in dem Stadtverwaltung und Einrichtungen der Stadt (Städtische Senioren- und Pflegeheime) mit Wohlfahrtsverbänden und privaten Unternehmen der Seniorenwirtschaft unter städtischer Federführung zusammenarbeiten. 21 Kooperationspartner fanden sich zusammen. Die Kooperationsvereinbarung wurde im Dezember 2011 abgeschlossen und gilt ab Anfang 2012. Übergeordnetes Ziel ist es, Angebote so zu verzahnen, dass *„ältere Menschen in Gelsenkirchen möglichst selbständig und möglichst selbstbestimmt leben können"*. Dazu betreibt das Seniorennetz Gelsenkirchen Infocenter im Stadtgebiet, *„die nach gemeinsam entwickelten Standards arbei-*

---

[433] Näheres zur Dortmunder Seniorenpolitik und den einzelnen Angeboten findet sich auf der Webseite der Stadt: http://www.dortmund.de/de/index.html > Familie und Soziales > Seniorenportal.

*ten. Es sind vier Infocenter vorgesehen, die sozialräumlich arbeiten (...). Die Infocenter vernetzen weitere Einrichtungen und bürgerschaftlich Aktive, die zum guten Altern beitragen können. Sie organisieren Stadtteilnetzwerke, sie fördern und begleiten die Außenstellen mit ihren Beratungs- und Hilfeangeboten für Ältere im Wohnumfeld, sie entwickeln Strategien der Früherkennung von Hilfebedürftigkeit und Isolation."* Die Pflegestützpunkte[434] sollen in den Betrieb der Infocenter eingebunden werden. Für den Betrieb der Infocenter sind sechs Stellen vorgesehen. Die Stadt beteiligt sich an den Kosten für die Errichtung und den Betrieb der Infocenter.

Ein wichtiger Baustein der Seniorenpolitik von Gelsenkirchen sind seit Anfang 2009 die Nachbarschaftsstifter. Es handelt sich um ehrenamtlich tätige Personen, die mit Unterstützung durch das Netzwerk bei der familien- und seniorenfreundlichen Gestaltung ihres jeweiligen Quartiers eine Lotsenfunktion übernehmen. Sie geben einfache Hilfestellungen, nehmen Anregungen und Beschwerden entgegen und reichen sie weiter.[435] Von der skandinavischen Praxis ist dies weit entfernt, unter den gegebenen Bedingungen in Deutschland jedoch ein kleiner Fortschritt.

---

[434] Das Gesetz zur strukturellen Weiterentwicklung der Pflegeversicherung (Pflege-Weiterentwicklungsgesetz, BGBl. Nr. 20 vom 30.05.2008, S. 873) schuf einen Rechtsanspruchs auf Pflegeberatung und eröffnete den Ländern die Möglichkeit, nach Landesrecht Pflegestützpunkte zu schaffen (§ 92c SGB XI). Sachsen hat sich explizit gegen Pflegestützpunkte entschieden; in anderen Bundesländern erfolgte die Umsetzung meist nur schleppend. 60 Millionen € waren 2008 bereitgestellt worden, um mit einem Zuschuss von max. 50.000 € je Stützpunkt bis zum 30.06.2011 an die 1.200 Stützpunkte zu schaffen. Nur rd. 310 Stützpunkte kamen zustande; davon 135 allein in Rheinland-Pfalz.

[435] Wichtige Dokumente wie die Kooperationsvereinbarung und weitere Informationen sind auf der Webseite der Stadt Gelsenkirchen verfügbar. Siehe: http://www.gelsenkirchen.de/>Rathaus>Älter werden in Gelsenkirchen (Zugriff: 13.03.2012).

# 7. Deutsche Kulturnation vor dem Kulturinfarkt?

## Infrastrukturen von Kunst und Kultur im Überblick

„Ehrlich gesagt, habe ich vor zwanzig Jahren nicht damit gerechnet, dass die öffentliche Kulturfinanzierung einmal so unter Druck geraten könnte. Insbesondere, wenn man sich vergegenwärtigt, dass bei der Betrachtung der Gesamtausgaben die Ausgaben für Kultur eher gering sind. Da fragt man sich schon, was so manchen Kämmerer oder Oberbürgermeister umtreibt, wenn er den Theatern und Orchestern sowie ihrem Bühnenverein ein Krisenmanagement ohnegleichen zumutet. Es gab zwar auch in der Vergangenheit Finanzdebatten, aber nicht einen solchen Legitimationsdruck wie heute." (…) „von 45.000 Arbeitsplätzen, die wir mal hatten in den öffentlich getragenen Theatern, (fielen, CH) 6.500 weg, was zwar Geld sparte aber bitter für die Betroffenen war. Zudem wurden viele Haustarifverträge abgeschlossen, bei denen die Beschäftigten einen spürbaren Verzicht auf Teile ihrer Vergütung geleistet haben. Aber letztlich ist es uns doch gelungen, die einmalige Theater- und Orchesterlandschaft Deutschlands zu erhalten und insofern hat es sich gelohnt, den Kampf aufzunehmen. Heute müssen wir der Politik deutlich signalisieren: Das Ende der Fahnenstange ist erreicht." (*Rolf Bolwin, Geschäftsführer des Deutschen Bühnenvereins (Bundesverband der Theater und Orchester) im Gespräch mit. Gabriele Schulz, Stellvertretende Geschäftsführerin des Deutschen Kulturrates, in: Politik & Kultur 2/12: http://www.buehnenverein.de/ >Publikationen und Statistiken; Zugriff: 04.04.2012)*

Kunst und Kultur fungieren im Nährboden gesellschaftlicher Entwicklung wie eine Art Humus, der das Wertegerüst und die ethisch-moralischen Standards prägt. Auf der individuellen Ebene dienen künstlerische Betätigungen der Entfaltung der Persönlichkeit, indem diese angeregt wird, sich auf verschiedene Weise – malend, musizierend, mit Worten usw. – auszudrücken. Auf der kollektiven Ebene dienen sie der Kommunikation und dem sozialen Miteinander. Während die gesprochene und die geschriebene Sprache zwischen Menschen verschiedener Nationalität vielfach eine Hürde errichtet, sind die nicht wortgebundenen Kunstformen universell verständlich. Alle kulturellen Ausdrucksformen bewegen sich im Spannungsfeld zwischen Tradition und Innovation. Einerseits gilt es, Traditionen weiterzureichen und zu pflegen. Andererseits droht Erstarrung, wenn die Traditionen nicht immer wieder aufgebrochen und mit neuen Elementen angereichert werden. Auch in anderer Hinsicht bestehen Spannungsfelder. Künste können eine Waffe sein und waren dies historisch immer wieder. Einerseits vermögen sie einen emanzipatorischen Anspruch auszudrücken und stiften Unruhe; andererseits haben die jeweils Herrschenden Kunst stets auch dazu benutzt, ihrem Herrschaftsanspruch Ausdruck zu verleihen. Die im Grundgesetz (Artikel 6) festgeschriebene *Freiheit der Kunst* zielt gegen derartige Indienstnahmen. Frei ist die Kunst aber nur, wenn sich KünstlerInnen nicht prostituieren müssen, um ihre Existenz zu sichern.

Eine reiche Gesellschaft, die nicht die Rahmenbedingungen vorhält, die nötig sind, damit sich die Künste von der Bildenden Kunst über Literatur und Musik bis zum Tanz frei entfalten können, ist eine kulturell arme Gesellschaft. Unterentwickelt sind in einer solchen Gesellschaft nicht die Funktionen der Erbauung, der Ablenkung, der Affirmation. Diese Funktionen können privat in Familien oder über den Markt erfüllt werden. Von Kreativwirtschaft reden diejenigen, die Markt, Rendite und Massenauflagen im Blick haben. Ich verwende diesen Begriff mit Bedacht nicht, denn es geht in diesem Buch um öffentlich über die Gemeinden wahrgenommene Aufgaben. Die Funktionen, die der Kunst über die bloße Unterhaltung hinaus für die gesellschaftliche Entwicklung zukommen, können nicht dem Marktmechanismus überlassen werden. Wo aber staatlich ein gutes Fundament an künstlerischer Bildung gelegt wird, da profitieren letztlich auch die entsprechenden Märkte.

In Wort, Bild und Ton waren Künstler und Künstlerinnen immer Seismographen für sich anbahnende gesellschaftliche Veränderungen und ein Forum der Reflektion über das, was war, was ist, was vielleicht sein wird. Sie dienen der Selbstvergewisserung und leisten Beiträge zur ästhetischen wie moralischen Erziehung. Dazu jedoch bedarf es nachhaltiger Finanzierung. In einer demokratischen Gesellschaft ist die Finanzierung der kulturellen Infrastruktur und die Förderung freier künstlerischer Betätigung zu allererst Aufgabe des Staates. Seine Körperschaften müssen für eine auskömmliche öffentliche Grundfinanzierung sorgen. Kunstmäzene können eine ergänzende Funktion einnehmen. Diese ist immer elitär; sie entstammt der vordemokratischen Periode. Dem demokratischen Gemeinwesen gerät es daher zur Bankrotterklärung, wenn es das Fundament der Kunstfinanzierung nicht selbst sichert.

## 7.1 Öffentliche Kulturausgaben

Bei den sozialen Diensten, die in den zurückliegenden beiden Kapiteln behandelt wurden, erreicht Deutschland weniger als das halbe skandinavische Niveau. Besonders groß ist der Rückstand bei der Betreuung schulpflichtiger Kinder und bei den Seniorendiensten. Wie steht es verglichen damit um die öffentliche und die öffentlich geförderte Kultur, und welchen Anteil haben daran die kommunalen Kulturausgaben? In den Kapiteln 3.2 und 3.3 wurde die Struktur der Staatsausgaben nach der COFOG-Klassifikation untersucht. Kultur bildet dort zusammen mit Freizeit, Sport und Religion die Abteilung 08. Bezogen auf die gesamte Abteilung ist der Befund ähnlich wie bei den sozialen Diensten: Deutschland erreicht gesamtstaatlich wie auch kommunal nur rd. die Hälfte des skandinavischen Niveaus (% des BIP). Zur Unterabteilung der „Kulturellen Dienste" gemäß COFOG-Abgrenzung liegen über Eurostat allerdings nur eingeschränkt vergleichbare Daten vor. In die Darstellung der Länderprofile (Kapitel 3.3) ist dies eingegangen; auf die Tabellen 14 bis 19 sei verwiesen. Nur für Finnland, Island, Norwegen und Schweden liegen Vergleichsdaten vor, nicht aber für Dänemark und Deutschland. Danach leistet sich Island die bei weitem höchsten Ausgaben, wobei die Euro-Beträge wegen der Währungsturbulenzen allerdings auch stark von der Wahl des Umrechnungskurses (Isländische Krone zu Euro) abhängen. Die nachfolgende Darstellung basiert auf den Daten der nationalen Finanzstatistik, die mit teilweise anderen Abgrenzungen arbeitet als die COFOG-Statistik. Im Einzelnen führt dies zu Abweichungen gegenüber den Ergebnisse der Kapitel 3.2 und 3.3. Am Grundbefund ändern die Abweichungen aber nichts.

Bei der Betrachtung kultureller Dienste müssen langwirkende Traditionslinien ins Bild gerückt werden. Deutschland versteht sich als Kulturstaat. In der Bezeichnung „Kultusministerium" für das Ministerium, das auf Länderebene für Bildung, Kultur und Künste zuständig ist, drückt sich dieses Selbstverständnis aus. Es ist dem Verständnis als Kulturnation geschuldet, dass die öffentliche Verantwortung für die Pflege der Kultur in all ihrer Vielfalt von der sogenannten Hochkultur der Opern-, Ballett- und Schauspielhäuser bis zur Heimatpflege in Deutschland traditionell weit stärker ausgeprägt ist als in den angelsächsischen Ländern. Theater, Orchester und Museen sind dort Teil von Kulturwirtschaft. Ihre Finanzierung ist zu einem nur geringen Teil öffentlich gesichert. Entscheidend sind neben dem Markterfolg die Erträge privater Stiftungen und sonstiges Mäzenatentum. Wenn mittlerweile auch in Deutschland der Begriff Kulturwirtschaft als neuer Überbegriff gewählt wird, so muss klar sein, dass damit sprachlich vorweggenommen wird, was sich dann auch real in der schleichenden Übernahme marktwirtschaftlicher Formen, Instrumente und Finanzierungswege niederschlägt. Mit Blick auf die Tradition einer Kulturnation, die in der Musik, in der Literatur und auch in der bildenden Kunst große Namen hervorgebracht hat, und mit Blick auch auf die föderale Struktur mit ihrer Vielzahl an kulturellen Einrichtungen wäre zu erwarten, dass Deutschland bei den öffentlichen Kulturausgaben vor den skandinavischen Ländern liegt. Die empirischen Befunde freilich sind ambivalent. Grundsätzlich gilt: Bei Kultur haben skandinavische Länder anders als bei sozialen Diensten und anders auch als bei Bildung nicht durchgängig die Nase vorn. Folgende Zweiteilung ist zu erkennen: Skandinavische Länder geben weit mehr für öffentliche Bibliotheken und die künstlerische Bildung der jungen Generation aus als Deutschland. Daniel Barenboim, dem Generalmusikdirektor der Staatsoper Berlin, ist insoweit zuzustimmen, wenn er beklagt, dass *„nicht genug in kulturelle Ausbildung investiert wird"*.[436] Bei Sprech- und Musiktheatern sowie bei Konzerthäusern, teilweise auch bei Museen sind die Befunde dagegen nicht eindeutig. Qualitativ belegt Deutschland hier immer noch einen Spitzenplatz, an den die nordischen Länder nur teilweise heranreichen. Noch behauptet sich eine äußerst vielfältige Infrastruktur von Theatern, Orchestern, Museen und anderen Einrichtungen aufgrund der Widerständigkeit und Leidensfähigkeit derjenigen, die für diese Einrichtungen arbeiten und sie unterstützen gegen eine kurzsichtige Politik. *„Eigentlich könnte alles ganz wunderbar sein"*, schrieb der Kulturjournalist Krug im August 2005 in einem Beitrag für Das Parlament mit Blick auf eine Landschaft von damals noch 151 öffentlichen Theatern.[437] Die reichhaltige deutsche Theater- und auch Museumslandschaft kostet aber Geld. Es geht um einige Milliarden €, letztlich um weniger als ein Prozent des Bruttoinlandsprodukts. Die öffentliche Hand könnte sich dies unschwer leisten, wenn die Politik wollte. Dieser Wille aber ist schon seit Jahren nur noch eingeschränkt vorhanden. Bislang ist das große Sterben ausgeblieben, aber die Arbeitsbedingungen des männlichen wie weiblichen Nachwuchses an Schauspielern, Sängern und Musikern fallen zunehmend in die Kategorie „gesundheitsgefährdend". In den Museen sieht es kaum besser aus. Wissenschaftler werden zu Hungerlöhnen beschäftigt und die Etats für Neuanschaffungen sind so abgemagert, dass öffentliche Häuser keinen Manövrierspielraum mehr haben, um z.B. bei Auktionen mitzuhalten.

---

[436] Zitiert nach Frankfurter Rundschau v. 02.04.2012, S. 2.

[437] Hartmut Krug: Überlebenskunst der Theater. Die Bühnenlandschaft steht vor dramatischen Veränderungen, in: Das Parlament, 22/29, August 2005, S. 14.

Dem Tod auf Raten wollen die Kulturinfarkt-Autoren Haselbach, Klein, Knüsel und Opitz[438] nun mit einem großen Kehraus begegnen. Die Hälfte der Theater, Museen, Bibliotheken und Konzerthäuser soll abgewickelt, die frei werdenden Mittel dorthin umgelenkt werden, wo der Markt Nachfrage generiert. Diese Nachfrage jedoch, und darüber schweigen sich die Autoren aus, hängt nicht zuletzt von der kulturellen Bildung ab, die Menschen zuteil wird, Um sie steht es besonders schlecht. Von blühenden Landschaften konnte bei Musikschulen und bei öffentlichen Bibliotheken schon vor der großen Spardebatte keine Rede sein. Noch ist „Kulturinfakt" nur die Provokation einiger Autoren, die das Diktat der leeren Kassen nutzen wollen, um die Durchökonomisierung der kulturellen Infrastruktur in eine neue Phase zu treiben. Aus der Provokation könnte jedoch ein Prolog werden, der Prolog zu einer Phase der Kulturpolitik, die ihre Mission in der Zerstörung sieht.

In Kapitel 3 haben wir gesehen, dass Kultur in allen Vergleichsländern eine überwiegend kommunale Aufgabe ist. Die COFOG-Gliederung der Staatsaufgaben fasst Freizeit, Sport und Kultur zusammen. Danach entfallen in Deutschland rd. 57 Prozent der Ausgaben auf den Kommunalsektor. In Dänemark ist der Anteil ähnlich hoch, in Island erreicht er zwei Drittel, in Finnland knapp drei Viertel und in Schweden laufen 80 Prozent der Ausgaben für die COFOG-Abteilung 08 über den Kommunalsektor. Nachfolgend wird der Bereich von Freizeit und Sport weitgehend ausgeblendet. Ich konzentriere mich auf die Kulturausgaben im engeren Sinne, also auf die Ausgaben für öffentliche Kultureinrichtungen (Bibliotheken, Museen, Sprech- und Musiktheater, Konzerthallen, Musikschulen) und die Förderung von kulturellen Aktivitäten bei freien Trägern, im Rahmen der Heimatpflege usw. In zweijährigem Turnus (zuletzt: Dezember 2012) legen die Statistischen Ämter des Bundes und der Länder in Zusammenarbeit mit der Kultusministerkonferenz, der Beauftragten der Bundesregierung für Kultur und Medien und dem Deutschen Städtetag einen umfassenden Bericht über die öffentliche Kulturfinanzierung vor. Dem Kulturbereich werden dabei die Aufgabenbereiche Theater, Musikpflege, wissenschaftliche und nichtwissenschaftliche Bibliotheken und Museen, Denkmalschutz, auswärtige Kulturpolitik und sonstige Kulturpflege, Kunsthochschulen sowie die Verwaltung für kulturelle Angelegenheiten zugeordnet. Diese Definition orientiert sich an den Abgrenzungen der Europäischen Union.

---

[438] Das Buch erschien im Frühjahr 2012 im Münchner Knaus-Verlag und hat eine Flut von Stellungnahmen ausgelöst. Zitiert nach Interview der Frankfurter Rundschau mit Stephan Opitz, Referatsleiter im Bildungsministerium von Schleswig-Holstein und einer der Kulturinfarkt-Autoren (Frankfurter Rundschau Nr. 66 v. 17./18.03.2012, S. 31).

Von 1995 bis 2009 stiegen die gesamtstaatlichen Kulturausgaben nominal um 22 Prozent von 7,47 Mrd. € auf 9,13 Mrd. €. Die Gemeinden tragen davon mehr als zwei Fünftel. Im Jahr 2009 erreichte ihr Budget 4,05 Mrd. € (44,4%) und das der Länder (einschließlich Stadtstaaten) 3,85 Mrd. € (42,2%). In Relation zum Bruttoinlandsprodukt (BIP) sind die Kulturausgaben dabei gesunken. Im Jahr 1995 erreichten sie gut 0,4 Prozent, 2007 aber nur noch knapp 0,35 Prozent des BIP. Zwar gaben Bund, Länder und Gemeinden im Jahr 2009 wieder mehr für Kultur aus; der BIP-Anteil stieg auf 0,38 Prozent. Hierin jedoch wirken sich Einmaleffekte aufgrund des in der Krise aufgelegten Konjunkturpakets II aus. Es stand auch für Kultureinrichtungen zur Verfügung (vgl. Kulturfinanzbericht 2012: 25). Für 2010 und 2011 liegen noch keine kommunalen Rechnungsergebnisse vor. Die vorläufigen Ist-Zahlen für Bund und Länder (2010: 5,15 Mrd. €; 2011: 5,11 Mrd. €) lassen jedoch einen neuerlichen realen Rückgang erwarten. *Tabelle 38* gibt einen regionalisierten Überblick zur Entwicklung im Zeitraum 1995 bis 2009. Bis zum Jahr 2005 erfolgte eine Absenkung der Grundmittel[439] mit anschließendem Neuanstieg. Die Tabelle zeigt, dass es regional bei dem, was letztlich entscheidend ist, nämlich den Ausgaben pro Einwohner, große Unterschiede gibt. Dies gleichermaßen bei der Höhe wie der Entwicklungstendenz, wenn das Jahr 1995 als Basis fungiert (1995 = 100). Schlusslichter sind Schleswig-Holstein und Niedersachsen. Niedrige Ausgaben und reale Rückgänge kommen hier zusammen. Dabei gilt: Nur in einer Minderheit von Bundesländern liegen die Pro-Kopf-Ausgaben heute über dem Niveau von Mitte der 90er Jahre. Unter den Flächenländern weist Sachsen im Jahr 2009 mit 169 €/EW, wovon 76 € auf die Gemeinden entfallen, die höchsten Ausgaben auf. Das ostdeutsche Bundesland hebt sich positiv von den anderen Flächenländern ab. Wesentlichen Anteil daran hat das Sächsische Kulturraumgesetz (SächsKRG). Es unterteilt das Land in Kulturräume und legt den Kommunen die Pflicht zur Kulturpflege auf; dafür erhalten sie Landeszuweisungen. Die Kürzungspolitik der derzeitigen CDU-FDP-Regierung unterminiert diesen Erfolg jedoch. Anhand der zuletzt stagnierenden Ausgaben deutet sich dies bereits an. Trotzdem, Kahlschläge wie in Mecklenburg-Vorpommern, wo die Ausgaben pro Einwohner heute um rd. ein Drittel unter dem Niveau des Jahres 2000 liegen, werden vermieden.

---

[439] In der Finanzstatistik wird zwischen unmittelbaren Ausgaben, Bruttoausgaben, Nettoausgaben und Grundmitteln unterschieden. Nettoausgaben sind die Ausgaben nach Bereinigung um den innerstaatlichen Zahlungsverkehr. Durch Abzug der von Museen, Theatern etc. erwirtschafteten Einnahmen erhält man die Grundmittel.

*Tabelle 38: Kulturausgaben von Ländern und Gemeinden in Deutschland (Grundmittel): Ausgaben und Indexentwicklung*

| | 2000 | 2005 | 2006 | 2007 | 2009 | Index (1995 = 100) |
|---|---|---|---|---|---|---|
| Bundesländer (Mio. €)[1] | 7.195,7 | 6.984,9 | 7.102,3 | 7.393,7 | 7.902,6 | |
| **Ausgaben pro Einwohner (€) in den Flächenländern** | | | | | | |
| Baden-Württemberg | 82,9 | 83,7 | 84,5 | 86,7 | 97,3 | 137,1 |
| dar. Gemeinden | 46,6 | 48,2 | 48,4 | 50,0 | 58,8 | 157,3 |
| Bayern | 86,7 | 79,0 | 81,0 | 83,2 | 95,5 | 129,5 |
| dar. Gemeinden | 45,6 | 41,6 | 43,3 | 43,3 | 49,0 | 131,5 |
| Brandenburg | 83,2 | 74,4 | 74,9 | 77,5 | 87,2 | 103,7 |
| dar. Gemeinden | 45,6 | 41,4 | 41,7 | 41,7 | 49,4 | 110,8 |
| Hessen | 69,1 | 84,7 | 84,0 | 87,8 | 97,0 | 158,2 |
| dar. Gemeinden | 46,4 | 51,8 | 52,2 | 55,4 | 62,7 | 158,8 |
| Mecklenburg-Vorpommern | 131,0 | 85,9 | 87,1 | 87,6 | 89,0 | 77,8 |
| dar. Gemeinden | 52,9 | 44,9 | 49,0 | 47,1 | 45,8 | 85,6 |
| Niedersachsen | 60,7 | 58,0 | 57,8 | 58,1 | 61,5 | 111,2 |
| dar. Gemeinden | 31,5 | 30,6 | 30,1 | 30,5 | 32,2 | 111,7 |
| Nordrhein-Westfalen | 71,3 | 74,8 | 78,2 | 79,6 | 81,6 | 136,7 |
| dar. Gemeinden | 56,7 | 61,2 | 62,5 | 62,7 | 62,3 | 126,6 |
| Rheinland-Pfalz | 54,0 | 54,7 | 54,8 | 57,8 | 60,6 | 130,4 |
| dar. Gemeinden | 29,8 | 29,8 | 29,6 | 31,7 | 31,1 | 111,3 |
| Saarland | 64,9 | 50,1 | 55,4 | 63,2 | 73,7 | 124,2 |
| dar. Gemeinden | 26,0 | 14,2 | 17,1 | 24,8 | 28,2 | 141,0 |
| Sachsen | 158,6 | 155,4 | 165,2 | 170,8 | 169,1 | 119,2 |
| dar. Gemeinden | 67,5 | 68,4 | 72,0 | 74,2 | 76,1 | 118,1 |
| Sachsen-Anhalt | 102,7 | 104,8 | 101,3 | 107,5 | 116,5 | 100,0 |
| dar. Gemeinden | 58,5 | 59,4 | 55,3 | 53,9 | 64,0 | 92,1 |
| Schleswig-Holstein | 97,2 | 91,9 | 87,8 | 92,0 | 61,7 | 106,1 |
| dar. Gemeinden | 31,0 | 27,1 | 29,4 | 27,4 | 31,5 | 115,5 |
| Thüringen | 110,5 | 100,7 | 102,8 | 106,5 | 124,1 | 99,0 |
| dar. Gemeinden | 46,9 | 44,3 | 44,9 | 47,3 | 64,2 | 132,0 |
| **Ausgaben pro Einwohner (€) in den Stadtstaaten** | | | | | | |
| Berlin | 193,8 | 146,9 | 146,1 | 155,4 | 175,9 | 87,6 |
| Bremen | 125,4 | 147,1 | 139,1 | 136,6 | 147,4 | 130,8 |
| Hamburg | 120,0 | 143,9 | 135,7 | 191,9 | 169,3 | 144,3 |

1) Flächenländer und Staatstaaten (incl. Gemeinden und Gemeindeverbände)
**Quelle:** Stat. Ämter des Bundes und der Länder, Kulturfinanzberichte 2010 und 2012; eigene Berechnung

Die durchschnittlichen Ausgabenerhöhungen der Gemeinden reichen kaum zum Ausgleich des Preissteigerungseffektes. Regional ist das Bild differenziert. Reale Steigerungen sehen wir in Hamburg, Hessen und Baden-Württemberg, tendenzielle Stagnation in Nordrhein-Westfalen, Sachsen und Bremen. Andere Bundesländer verzeichnen reale Kürzungen. Besonders ausgeprägte Kürzungen von zwischen 10 Prozent und weit mehr als 30 Prozent gab es in Berlin, Mecklenburg-Vorpommern sowie in Schleswig-Holstein. Im Ranking liegen die Stadtstaaten Hamburg und Berlin vorn. Die großen Flächenländer belegen mittlere Plätze mit Ausgaben (Land und Gemeinden) von etwas unter 100 €/EW. Schlusslichter sind Rheinland-Pfalz, Niedersachen, Schleswig-Holstein und das Saarland. In diesen Ländern gaben die Gemeinden pro Einwohner 2009 weniger als 35 € aus.

In den Pro-Kopf-Ausgaben der Flächenländer spiegelt sich neben der Finanzkraft auch die Siedlungsstruktur. Ländliche Gebiete verzeichnen in Deutschland sehr niedrige Kulturausgaben. Dies nicht nur, weil Theater, Museen und andere Kultureinrichtungen nun einmal in den größeren Städten und vor allem den Großstädten konzentriert sind. Entscheidend ist, dass es in Deutschland, anders als in den skandinavischen Ländern, keine flächendeckende Grundversorgung mit öffentlichen Bibliotheken und Musikschulen gibt. Darauf werde ich zurückkommen. Die Konzentration der Kulturausgaben auf die Großstädte ist deshalb weit ausgeprägter. Auf Städte mit über 200.000 Einwohnern (ohne Stadtstaaten) entfielen im Jahr 2007 etwa 45 Prozent der laufenden Kulturausgaben der Gemeinden. Die Stadt Frankfurt gab mit 222 € je Einwohner/-in am meisten für den laufenden Kulturbetrieb aus, gefolgt von Leipzig mit 187 € und Düsseldorf mit 144 €.[440]

Bei der Mittelverteilung dominieren die Sparten Theater und Musik mit über einem guten Drittel (2009: 35,4%). Zusammen mit den Museen (2009: 18%) binden sie mehr als die Hälfte der Kulturausgaben. Die Kommunen tragen mehr als die Hälfte dieser Ausgaben. Ebenfalls primär kommunal verankert ist das Bibliothekswesen mit einem allerdings nur bescheidenen Anteil von rd. 15 Prozent der gesamten öffentlichen Kulturausgaben.

---

[440] Angaben zu den Kulturausgaben je Einwohner in ausgewählten Städten wurden erstmals mit dem Kulturfinanzbericht 2003 publiziert. Von allen Landeshauptstädten tätigte Magdeburg (126,60 €) damals die höchsten laufenden Ausgaben, gefolgt von Stuttgart (124,50 €) und Erfurt (121,70 €). Bei den Großstädten über 500.000 Einwohner lag Frankfurt mit 207 € an laufenden Ausgaben je Einwohner an der Spitze. Innerhalb der Städtegruppe von 200.000 bis unter 500.000 Einwohner befanden sich unter den Spitzenreitern die Städte Leipzig (178,80 €), Mannheim (135,50 €) und Karlsruhe (120,40 €). Destatis, Pressemitteilung Nr. 201 vom 05.05.2004 „2003: Kulturausgaben der öffentlichen Hand bei 8,2 Milliarden €."

Die skandinavischen Länder geben pro Einwohner mehr für Kultur aus als Deutschland. So liegen in Schweden die Kulturausgaben von Gemeinden und Counties netto etwa um ein Drittel über dem, was in Deutschland Bund, Länder und Gemeinden gemeinsam ausgeben. 2007 gab der schwedische Kommunalsektor netto 11,8 Mrd. SEK und 2010 12,65 Mrd. SEK für Kultur aus.[441] Auf die Einwohnerzahl zum 01.01. des jeweiligen Jahres umgerechnet waren dies 1.295 SEK (rd. 141 €) im Jahr 2007 und 1.355 SEK (rd. 147 €) im Jahr 2010. Davon entfielen drei Viertel auf die Gemeinden. Den relativ größten Anteil an den kommunalen Kulturausgaben, zu denen auch die Erwachsenenbildung gerechnet wird, stellen die Bibliotheken mit einem Anteil von rd. 30 Prozent resp. rd. 45 € je Einwohner. Auf die öffentlichen Musikschulen entfällt ein Anteil von 15 Prozent. Reale Ausgabensteigerungen gab es in den zurückliegenden Jahren nur bei der Kulturförderung der Counties. Ansonsten deckten die Ausgabensteigerungen nur den Effekt aus Bevölkerungswachstum (+ 2,5%) und Preissteigerung. Bei der Erwachsenenbildung gab es einen realen Rückgang. Diese Entwicklung steht für Stagnation mit auch gewissen Umschichtungen von der Institutionenfinanzierung zur Förderung von Initiativen.

Bei der Beurteilung muss gesehen werden, dass die Finanzierung der Kulturausgaben im engeren Sinne (ohne Sport und Freizeit) in ähnlicher Weise strukturiert ist wie in Deutschland. Mit Stand von 2008 trug der Zentralstaat 47 Prozent und der Kommunalsektor 53 Prozent (Gemeinden: 43%; Counties: 10%). Zunehmend gilt die Grundregel, dass jede Ebene für ihre eigenen Institutionen selbst finanziell verantwortlich ist. Dies beinhaltet einen gewissen Bruch mit der langjährigen Praxis zentralstaatlicher Mitfinanzierung der lokalen Institutionen. In der Folge erhöht sich die Abhängigkeit des lokalen Kulturangebots von der kommunalen Finanzkraft. Finanziell schwächer gestellte Gemeinden sind zu Kooperationen gezwungen, um gewisse Standards zu sichern. Die 1974 formulierten grundlegenden Prinzipien der schwedischen Kulturpolitik[442] werden nur noch eingeschränkt erfüllt.

---

[441] Angaben nach Statistisk årsbok för Sverige (2012: 474, Tab. 23.6 und 23.7); eigene Umrechnung auf Einwohner. Das statistische Jahrbuch von Schweden gibt die Nettokosten an. Es ist anzunehmen, dass darin kalkulatorische Kosten mit erfasst sind, die in der deutschen Statistik fehlen. Dies führt zu einer leichten Überzeichnung der Differenz.

[442] Als grundlegendes Prinzip wurde festgelegt: „*The goal of Swedish cultural policy is to increase access for all who live in Sweden to culture, both via contact with culture of high quality and through creative activity of their own. Financial support for artists and cultural institutions is a key element of this policy, for which the Swedish state, regions and municipalities share responsibility*" (zit. nach Swedish Arts Council 2009). Wesentliche Aufgaben bei der Dokumentation. Koordinierung und Steuerung der Kulturpolitik leistet der 1974 gegründete Schwedische Kulturrat (http://www.kulturradet.se/).

*Tabelle 39: Kulturausgaben der dänischen Gemeinden 2007 bis 2011: Ausgaben pro Einwohner (€)*

|  | 2007 | 2008 | 2009 | 2010 | 2011 | Veränderung (%) |
|---|---|---|---|---|---|---|
| Sport und Erholung | 75,0 | 85,1 | 82,9 | 66,5 | 62,2 | -17,1 |
| Bibliotheken (incl. Archive) | 65,9 | 64,5 | 66,8 | 66,2 | 67,6 | 2,5 |
| Museen | 10,6 | 12,4 | 13,3 | 14,1 | 13,7 | 28,9 |
| Theater und Konzerte | 18,8 | 19,8 | 22,2 | 22,2 | 22,7 | 20,8 |
| Musikbereich | 14,2 | 14,6 | 16,4 | 15,9 | 15,9 | 12,6 |
| Theater etc. | 4,6 | 5,2 | 5,8 | 6,2 | 6,7 | 46,0 |
| Sonstiges Aktivitäten (Volkshochschulen u.a.) | 46,9 | 47,7 | 47,0 | 48,1 | 47,2 | 0,5 |
| **Kulturausgaben insgesamt** | 217,3 | 229,5 | 232,1 | 217,0 | 213,3 | -1,8 |
| **Ohne Sport und Erholung** | 161,0 | 164,2 | 171,4 | 172,7 | 173,8 | 7,9 |
| nachrichtlich: Öffentliche Ausgaben insgesamt | 472,6 | 492,0 | 501,9 | 488,0 | 485,3 | 2,7 |

**Erläuterung**: Die Daten weichen von den Rechnungsergebnissen der Gemeinden etwas ab. Die Umrechnung erfolgte zum Kurs von 1 DKK = 0,13421 €. Dieser Kurs bestand zu verschiedenen Zeitpunkten (u.a. am 29.09.2010, am 23.12.2010 und am 27.02.2011).
**Quelle**: Statistics Denmark, Datensatz „Public funding for cultural purposes by financing type, financing, source, cultural domains and time" (Code: BEVIL02); Zugriff: 28.03.2012; eigene Berechnung

Die Entwicklung in Dänemark gestaltet sich anders. Hier brachte die Kommunalreform von 2007 eine gewisse Zentralisierung der Kulturfinanzierung. Die Counties entfallen nun als Financier; dafür tragen sowohl die Gemeinden als auch der Zentralstaat je einen höheren Anteil. Ich komme darauf noch zurück. *Tabelle 39* zeigt, dass die gemeindlichen Kulturausgaben seit 2007 bei Einschluss des Bereichs „Sport und Erholung" real gesunken sind. Nominal wurde 2010 mit 8,8 Mrd. DKK etwa so viel ausgegeben wie auch 2007. Kürzungen gab es bei Sport und Erholung. Lässt man diesen Bereich außen vor, so lagen die Gemeindeausgaben pro Einwohner im Jahr 2007 auf dem Niveau von Land und Kommunen in Sachsen. Dies ist zwar ein beachtliches Niveau, aber keines, das große Sprünge erlaubt. Gleichwohl, die dänischen Kulturausgaben liegen über denen von Schweden. Auffällig an der Entwicklung während der letzten fünf Jahre sind die weit überproportionalen Steigerungen bei Museen und Theatern. Nominal steigerten die Gemeinden ihre Ausgaben für „Performing Arts" von 187,3 Mio. DKK (2007) auf 279,1 Mio. DKK (2011). Auf Einwohner umgerechnet werden nun rd. 23 € für den kommunalen Musik- und Theaterbetrieb eingesetzt.

Im Jahr 1998 erschien eine internationale Vergleichsstudie des Arts Council of England zu den Kulturausgaben in neun OECD-Ländern.[443] Aus dem skandinavischen Raum war nur Finnland vertreten. Es profilierte sich als das Land mit den Mitte der 90er Jahre höchsten öffentlichen Ausgaben pro Einwohner (91 US-Dollar), während die USA die geringsten Ausgaben (6 US-Dollar) aufwiesen. Deutschland schnitt mit 85 US-Dollar pro EW gut ab.[444] Die Daten von *Tabelle 40* lassen es plausibel erscheinen, dass Finnland diesen ersten Platz behaupten konnte. Pro Einwohner gaben die finnischen Gemeinden 2009 131 € aus. Dies liegt um ein Viertel unter dem dänischen und um rd. 10 Prozent unter dem schwedischen Niveau. Allerdings trägt der schwedische Kommunalsektor auch einen etwas höheren Anteil an den gesamtstaatlichen Kulturausgaben. Finnland fügt sich somit gut in die nordische Ländergruppe. Die finnischen Gemeinden liegen bei den Ausgaben für Bibliotheken zwischen Dänemark und Schweden, geben jedoch für Museen und Theater relativ mehr Geld aus.

In der regionalen Betrachtung zeigt sich, dass die 10 größten Städte von Helsinki mit 583,4 Tsd. Einwohnern über Espoo mit 244,3 Tsd. Einwohnern bis zu Kouvola mit noch 88,2 Tsd. Einwohnern im Jahr 2009 zusammen 346,1 Mio. € für Stätten der Kultur und die Kulturförderung ausgaben. Dies sind 49 Prozent der gemeindlichen Kulturausgaben. Die Konzentration auf größere Städte ist damit weit weniger ausgeprägt als in Deutschland, denn in den 10 größten finnischen Städten wohnten 2010 mit 1,97 Mio. Einwohnern immerhin 37 Prozent der Gesamtbevölkerung. Der Grund für den vergleichsweise geringen Konzentrationsgrad ist in der relativ egalitären Verteilung der Finanzmittel bei Einrichtungen der kulturellen Bildung zu sehen. Im Landesdurchschnitt wurden 2009 für Bibliotheken 55 € pro Einwohner ausgegeben; in den 10 größten Städten waren es nur 4 € mehr. Bei Museen und Spielstätten aller Art sind die Differenzen dagegen groß. Dies auch unter den 10 größten Städten. Jede Stadt setzt eigene Schwerpunkte. So liegt bei den Museen Tampere vorn mit 49 €/EW, bei den Theatern Oulu mit 52 €/EW und bei Musik Lahti mit 54 €/EW. Die Rolle des Kulturbanausen kommt Vantaa zu. Vantaa ist mit fast 200.000 Einwohnern die viertgrößte finnische Stadt, gibt (siehe in Tab. 40 die letzte Spalte) für Theater, Museen und Musik jedoch weniger als 10 €/EW aus und liegt mit Gesamtausgaben von nur 107 €/EW

---

[443] Großbritannien, Australien, Kanada, Finnland, Frankreich, Deutschland, Irland, Niederlande und USA.

[444] Zitiert nach Wissenschaftliche Dienste des Deutschen Bundestages, Ausarbeitung „Die Förderung von Kunst und Kultur. Grundlagen und Formen der Kulturförderung und -finanzierung und Berücksichtigung des internationalen Kontextes" (Bearbeiter: Otto Singer), Abschluss 1. September 2003, S. 31.

weit abgeschlagen auf dem letzten Platz. Es gibt kleine Gemeinden, die geben pro Einwohner allein für ihre kommunale Bibliothek mehr aus als Vantaa für Kultur insgesamt. Utsjoki zum Beispiel. Utsjoki ist eine kleine Gemeinde in Lappland mit im Jahr 2010 1.302 Einwohnern. Die Gemeinde unterhält eine eigene Gemeindebibliothek mit 2,8 rechnerischen Vollzeitkräften. 172 Tsd. € gab die Gemeinde im Jahr 2010 für ihre Bibliothek aus; 132 €/EW.

*Tabelle 40: Kulturausgaben (netto) der finnischen Gemeinden 2009: Ausgaben pro Einwohner (€) insgesamt und in vier Großstädten*

|  | Finnland insgesamt | | | Die vier größten Städte | | | |
|---|---|---|---|---|---|---|---|
|  | Mio. € | € pro EW | DS 10 größte Städte | Helsinki (583.350) | Espoo (244.330) | Tampere (211.507) | Vantaa (197.636) |
| Bibliotheken (incl. Archive) | 292,2 | 55 | 59 | 59 | 68 | 59 | 49 |
| Museen | 96,2 | 18 | 29 | 22 | 42 | 49 | 8 |
| Theater, Tanz | 67,0 | 13 | 20 | 14 | 9 | 26 | 1 |
| Musik | 65,2 | 12 | 24 | 22 | 18 | 33 | 4 |
| Künstlerische Elementarbildung | 61,1 | 11 | k.A. | k.A. | 18 | 4 | 16 |
| Sonstiges (u.a. Kulturförderung) | 117,7 | 22 | 37 | 53 | 42 | 45 | 30 |
| Kulturausgaben insgesamt | 699,5 | 131 | 176 | 171 | 197 | 216 | 107 |

**Erläuterung:** Bei den Auswahlstädten findet sich in Klammern die Einwohnerzahl von 2010. Zu den 10 größten Städten gehörten zudem: Turku, Oulu, Jyväskylä, Lahti, Kuopio und Kouvola.
**Quelle:** Statistics Finnland, „Kymmenen asukasluvultaan suurimman kunnan nettokustannukset tehtävittäin kulttuurialalla 2009" (Nettokosten der Kulturausgaben in den 10 größten Gemeinden 2009)

*7.2 Musikschulen, Bibliotheken, Museen und Theater im vergleichenden Überblick*

*7.2.1 Musikschulen*

Die Unterhaltung einer guten Infrastruktur musikalischer Bildung gehört zur öffentlichen Daseinsvorsorge. Dementsprechend fordert die Europäische Musikschul-Union EMU in ihrer 1999 verabschiedeten Weimarer Deklaration, *„Musikschulen als Bestandteil der kulturellen Grundversorgung aller Bürger und damit als eine unverzichtbare öffentliche Aufgabe"* anzuerkennen und dem bei der Finanzierung Rechnung zu tragen. Privates Sponsoring sei willkommen, tauge aber nicht als Planungsgrundlage. Nur verlässliche öffentliche Finanzierung setze Musikschulen instand, ihren Bildungsauftrag zu erfüllen. Dabei dürften Gebühren keine Barriere sein.

In Deutschland könnte zusätzlich die Bewahrung und Fortführung eines reichen musikalischen Erbes ein Ansporn sein, bei der Sicherung musikalischer Grundbildung ganz vorne zu marschieren. Gemessen an der Einwohnerzahl nämlich hat Deutschland weit überproportional viele Musiker und Musikerinnen von internationalem Rang hervorgebracht; in den Repertoires von Konzertsälen und Opernhäusern weltweit sind Komponisten deutscher Herkunft gut vertreten. Der Stand des deutschen Musikschulwesens freilich erweckt nicht den Eindruck, dass die politisch Verantwortlichen dies als Verpflichtung begreifen. In den Schulen fällt der Musikunterricht aufgrund von Lehrermangel häufig aus und die öffentlichen Musikschulen sind weder personell noch finanziell so ausgestattet, dass sie die kulturelle Grundversorgung auf dem Gebiet der Musik gut wahrnehmen können. Konsequenz: Es werden mehr Musikschulen geschlossen als neu eröffnet. Gefährdete kommunale Jugendmusikschulen können vereinzelt dadurch gerettet werden, dass sie von Vereinen übernommen werden, die mit Einsatz von viel Ehrenamt die Fortexistenz sichern.[445] Im konkreten Einzelfall ist dies löblich, stellt dem Kulturstandort Deutschland aber ein Armutszeugnis aus. Die Polarisierung bei der Versorgung mit öffentlichen Gütern wird so nicht eingedämmt, sondern im Gegenteil weiter vorangetrieben; ebenso die Prekarisierung der Arbeitsverhältnissen an den verbliebenen Musikschulen.

Im europäischen Vergleich belegt Deutschland bei den Anteilen der jungen Generation, die eine Musikschule besuchen, mit 4 Prozent einen mittleren Platz. An der Spitze liegen Liechtenstein, Island, Schweden und die Schweiz mit Anteilen von über 10 Prozent; die Schlusslichter unter den Ländern, zu denen überhaupt Daten vorliegen,[446] bilden Irland und Spanien. Ins eher untere Drittel fällt Deutschland beim Blick auf die Ausgaben pro Kopf, die Beschäftigungsbedingungen der Lehrkräfte und die Finanzierungsstruktur. Bei einem

---

[445] Als erfolgreiches Beispiel für eine derartige Privatisierung erwähnt Fatoyinho (2011: 23) das Beispiel der Gründung des Vereins Femic („Für eine Musikschule in Cuxhaven"). Auf Grundlage eines Vertrages mit der Stadt übernahm Femic 2005 die vorher kommunale Musikschule. Der Weiterbetrieb erfolgt mit einem stark eingeschmolzenen Budget.

[446] Datenquelle: Europäische Musikschul-Union. Nicht vertreten sind Länder wie Griechenland, Portugal, Rumänien, Bulgarien und einige Kleinstaaten. Diese Länder verfügen über einzelne wichtige Komponisten, insgesamt aber über keine bedeutsame musikalische Tradition und auch keinen Ehrgeiz, daran etwas zu ändern.

von den Grünen im Bundestag veranstalteten Fachgespräch verdeutlichte Agnes Krumwiede, die kulturpolitische Sprecherin der Grünen, die prekäre Situation, in der sich die meisten Lehrkräfte befinden. In Berlin hätten 90 Prozent der Lehrkräfte nur Honorarverträge mit schlechter sozialer Absicherung. Die desolate Situation vieler Musikschulen äußert sich auch in langen Wartelisten. Mit 100.000 gab bei der erwähnten Anhörung Christian Höppner, Generalsekretär des Deutschen Musikrates, die Zahl der Wartenden an.[447] Die langen Wartelisten sind insoweit bemerkenswert, als Teilnehmergebühren fast 50 Prozent der Kosten decken; nur in Irland und Italien werden noch höhere Gebühren erhoben. Dies ist ein deutliches Indiz, dass der Anteil junger Menschen, die über den Besuch einer Musikschule eine musikalische Grundbildung erwerben, erheblich steigerungsfähig ist.

Grundsätzlich besteht der Anspruch, eine hohe Dichte an Musikschulen vorzuhalten und sie als Teil der kommunalen Bildungslandschaft mit Kooperationen zu Kindertagesstätten und Schulen auszubauen. Einheitliche Lehrpläne unterstreichen dieses Ziel. Seine Realisierung gelingt unter den derzeitigen Bedingungen aber nur in Ansätzen. Zwar ist der Besatz mit Musikschulen immer noch ordentlich. Am 1. Januar 2011 zählte der Verband Deutscher Musikschulen deutschlandweit 919 Musikschulen. Knapp zwei Drittel davon befanden sich in kommunaler Trägerschaft, ein Drittel in der Trägerschaft von Vereinen. Zehn Jahre zuvor freilich lag die Zahl noch bei 980 Musikschulen.[448]

---

[447] Quelle: Protokoll zum Fachgespräch „Musikschulen nachhaltig stärken – Situation der Lehrkräfte verbessern" der Bundestagsfraktion Bündnis90/Die Grünen am 27.02.2012. Als Experten nahmen teil: Stefan Gretsch (Ver.di), Christian Höppner (Generalsekretär des Deutschen Musikrates), Michael Moch (Vorsitzender des Verbandes Deutscher Privat-Musikschulen), Beate Müller-Gemmeke (MdB, Grüne), Prof. Ulrich Rademacher (stellvertretender Vorsitzender des Verbandes deutscher Musikschulen und Direktor der Westfälischen Schule für Musik der Stadt Münster). Selbst in einer so traditionsreichen Musikstadt wie Leipzig besteht eine lange Warteliste. Nach einem Bericht in der Leipziger Volkszeitung vom 19./20.05.2012 (S. 18) sind es 1.200 Jugendlichen, die im Frühjahr 2012 auf eine Warteliste verbannt wurden.

[448] Die 70er und 80er Jahre waren Jahre des Aufbaus. Die Zahl der Musikschulen stieg stetig. Nach der Wiedervereinigung gab es 1995 mit 1.006 Musikschulen die höchste Dichte. Es folgte ein Rückbau um fast 100 Musikschulen mit dann wieder leichtem Anstieg im Jahr 2010. Quelle: Verband Deutscher Musikschulen (http://www.musikschulen.de/index.html > Zahlen und Fakten; Zugriff: 09.04.2012, zuletzt 12.08.2012). Rückentwicklungen gab es u.a. in Baden-Württemberg. In Westdeutschland bestand hier traditionell die höchste Musikschuldichte. Während sich das Land in den 80er Jahren jedoch zu 20 Prozent an den Kosten beteiligte, trägt es jetzt nur noch 10 Prozent. Da auch in den Gemeinden der Rotstift regiert, wurden etliche Musikschulen geschlossen (http://www.musikschulen-bw.de/musikschulen.html; Zugriff: 09.04.2012).

Als Hauptproblem erweist sich die unzureichende Finanzausstattung der Gemeinden. Um die eigene Musikschule weiter am Laufen zu halten, sehen Gemeinden häufig davon ab, Lehrkräfte fest anzustellen. Sie arbeiten stattdessen mit schlecht bezahlten und sozial kaum abgesicherten Honorarkräften. Auch versuchen sie, die Gebühren so festzusetzen, dass annähernd die Hälfte der Nettoausgaben durch Gebühren erwirtschaftet wird; Tendenz steigend (2006: 46%; 2010: 47%). Die Folge sind hohe Zutrittsbarrieren für Kinder aus einkommensschwachen Familien. Projekte wie „Jedem Kind ein Instrument"[449] klingen gut, ändern am Grundproblem aber wenig. Es geht bei der musikalischen Grundbildung nicht darum, aus einem konkreten Anlass heraus – hier: der Bewerbung als europäische Kulturhauptstadt – für wenige Jahre an regulären Schulen und an Musikschulen als Orten der außerschulischen Jugendbildung etwas auf die Beine zu stellen, sondern es geht um Nachhaltigkeit. Die Schaffung und Unterhaltung tragfähiger Strukturen ist etwas grundlegend anderes als die Durchführung befristeter Projekte.

Wie sich die deutsche Musikschullandschaft im Vergleich mit den skandinavischen Ländern darstellt, zeigt *Tabelle 41* anhand der Besuchszahlen und einiger Daten zur Ressourcenausstattung. Beim Anteil der jungen Generation (bis 25 Jahre), die eine Musikschule besuchen, bildet Finnland noch hinter Deutschland das Schlusslicht. Nur 3,6 Prozent der jungen Menschen besuchen dort eine Musikschule. In Island und Schweden sind die Besuchsquoten dreimal so hoch; Norwegen liegt mit etwas unter sieben Prozent immerhin im Mittelfeld. Mit Blick auf die anspruchsvolle finnische Musikschulgesetzgebung erstaunt die vergleichsweise geringe Besuchsquote. Ein möglicher Erklärungsfaktor liegt in der geringen Musikschuldichte. Während es im flächenmäßig etwas kleineren Norwegen (vgl. Tab. 1, S. 103) analog der Gemeindezahl über 400 Musikschulen gibt, sind es in Finnland nur ein Viertel mehr als im flächenmäßig nur ein Drittel so großen Island (Stand Dezember 2011: NO 414; FI 100; IS 78). Die abschreckende Wirkung langer Anfahrts-

---

[449] 2007 riefen das Land Nordrhein-Westfalen, die Kulturstiftung des Bundes und die Zukunftsstiftung Bildung unter Beteiligung der Kommunen und privater Förderer das Projekt als ein musikpädagogisches Angebot für das Ruhrgebiet im Rahmen der Kulturhauptstadt 2010 ins Leben. Es soll Grundschülern und Grundschülerinnen den Zugang zum Instrumentalunterricht erleichtern. Das auf den Zeitraum 2007 bis 2010 angelegte Projekt war mit 50 Mio. € dotiert. Das Land stellte 15,4 Mio. €, die Kulturstiftung des Bundes 10 Mio. €, private Förderer (Federführung: Zukunftsstiftung Bildung) weitere 10 Mio. €. Die Kommunen schließlich beteiligten sich mit 2,5 Mio. €. Quelle: http://www.kulturstiftung-des-bundes.de/main.jsp?applicationID=203&languageID=1&articleID=3044 (Zugriff: 05.02.2009).

wege zeigt sich in Dänemark. In Dänemark ist jede Gemeinde gesetzlich verpflichtet, eine Musikschule zu betreiben. Die Lehrkräfte sind denen an regulären Schulen gleichgestellt, was dem deutschen Problem der Prekarisierung von Beschäftigungsverhältnissen einen Riegel vorschiebt. Da die Kommunalreform von 2007 die Zahl der Gemeinden jedoch radikal auf 98 reduziert hat (vgl. die Ausführungen im Kapitel 2.2), gibt es jetzt auch nicht mehr die vielen kleinen Musikschulen wie früher. Das hat einerseits die Professionalität gesteigert, andererseits jedoch ein Problem teilweise langer Anfahrtswege geschaffen. Vor der Kommunalreform besuchten 7,3 Prozent der jungen Generation eine kommunale Musikschule, 2010 waren es nur noch 5,6 Prozent.

*Tabelle 41: Musikschulen im Ländervergleich 2006 und 2010: Besuchsquoten der Generation bis 25 Jahre, Lehrerzahl, Ausgaben und Finanzierung*

| | Besucher 0-25 Jahre | | Musikschullehrer | Ausgaben und Finanzierung | | | |
|---|---|---|---|---|---|---|---|
| | (Tsd.) | Anteil an der Bevölkerung (%) | | Tsd. € | Anteil Kommunen (%) | Teilnehmergebühren (%) | Ausgaben pro EW (€) |
| (1) | (2) | (3) | (4) | (5) | (6) | (7) | (8) |
| **Musikschulen 2006** | | | | | | | |
| Deutschland | 834,5 | 3,7 | 34.878 | 788.387 | 52 | 46 | 9,6 |
| Dänemark | 132,0 | 7,3 | 4.289 | 61.830 | 55 | 25 | 11,4 |
| Finnland | 58,0 | 3,6 | 3.500 | 94.000 | 39 | 17 | 17,9 |
| Island | k.A. | k.A. | 700 | 38.000 | 83 | 17 | 126,7 |
| Norwegen[1] | 100,0 | 6,5 | 5.141 | 61.366 | k.A. | 17 | 13,2 |
| Schweden | 363,0 | 13,0 | k.A. | 192.000 | 85 | 15 | 21,2 |
| **Musikschulen 2010** | | | | | | | |
| Deutschland | 916,1 | 4,3 | 37.000 | 844.185 | 51 | 47 | 10,3 |
| Dänemark | 105,0 | 5,6 | 4.289 | 75.334 | 65 | 23 | 13,6 |
| Finnland | 58,0 | 3,6 | 3.600 | 110.000 | 31 | 20 | 20,6 |
| Island | 15,1 | 12,8 | 892 | 27.157 | 80 | 20 | 85,5 |
| Norwegen | 109,4 | 6,8 | 6.031 | 175.000 | k.A. | 17 | 36,0 |
| Schweden | 348,0 | 12,0 | 5.000 | 220.000 | 85 | 15 | 23,6 |

1) Die EMU-Publikationen weisen bei Norwegen den Bevölkerungsanteil der bis 25-Jährigen, die eine Musikschule besuchen, irrtümlich mit 2 Prozent aus. 2 Prozent ist der Anteil bezogen auf die Gesamtbevölkerung.
**Quelle:** EMU 2011, Tabellen 1, 10 und 12; teilweise eigene Berechnung anhand der Bevölkerungszahlen vom 01.01. d.J.

Die für viele Kinder längeren Anfahrtswege dürften nicht der einzige Grund sein. Auch ist zu registrieren, dass die zwischenzeitlich abgewählte Mitte-Rechts-Regierung den zentralstaatlichen Finanzierungsverpflichtungen nicht nachkam. Statt wie vorgesehen 25 Prozent zu übernehmen, waren es in den letzten Jahren nur 14 bis 15 Prozent. Obwohl der kommunale Finanzierungsanteil in der Konsequenz um 10 Prozentpunkte auf 65 Prozent anstieg, müssen die SchülerInnen mit im Jahr 2010 23 Prozent (2006: 25%) einen für nordische Verhältnisse hohen Eigenanteil übernehmen. In Norwegen sind die gesetzlichen Bestimmungen denen von Dänemark ähnlich, der Zentralstaat engagiert sich jedoch finanziell weit stärker und achtet dabei auch auf die Verknüpfung der Musikschulen mit den Regelschulen. Die unter der derzeitigen Mitte-Links-Regierung besonders gute Finanzausstattung findet ihren Niederschlag in einem starken Anstieg der Zahl von Musikschullehrern von 5.141 (2006) auf 6.035 (2010).

Schweden hebt sich insoweit von den anderen Ländern ab als kein nationales Musikschulgesetz existiert. Musikschulen sind eine rein kommunale Angelegenheit. Hier besteht eine Parallele zu Deutschland, wo es zwar Landesgesetze gibt, aber keine Verpflichtung für Gemeinden, Musikschulen zu betreiben. Inhaltlich geht die Entwicklung analog zu Norwegen dahin, Musikschulen mit weiteren Kunstsparten anzureichern und mit den Regelschulen zu verknüpfen. Es entstehen außerschulische Jugendbildungseinrichtungen mit einem breit gefächerten künstlerischen Angebot. Schweden hat innerskandinavisch[450] die niedrigsten Teilnahmegebühren, gefolgt von Norwegen. Mit 15 Prozent erreichen sie nur ein Drittel des deutschen Niveaus. Dies wie auch die breite inhaltliche Aufstellung dürfte ein Grund für die hohe Besuchsquote sein.

Im Reigen der nordischen Länder tut sich Island noch einmal besonders hervor. Der Kleinstaat hat sich in den letzten Jahrzehnten kulturell stark entwickelt. Dies in jeder Hinsicht, ergo auch bei Musik. Das Fundament für die hohe künstlerische Produktivität besteht in einem dichten Besatz mit öffentlichen und öffentlich geförderten Institutionen. Vor der Finanzkrise wies Island den weltweit dichtesten Besatz mit Musikschulen auf. Die Krise führte zu Einschnitten bei der finanziellen Ausstattung von im Durchschnitt 9 Prozent mit einer interkommunalen Spannweite zwischen Null Kürzung bis zu gut 20 Prozent Kürzung. Trotz dieser Kürzungen erreichten die Ausgaben pro Einwohner im Jahr 2010 mit 85,50 € immer noch gut das Achtfache des deutschen Betrages und mehr als das Doppelte dessen, was Norwegen ausgibt (vgl.

---

[450] Im europäischen Vergleich schneiden Belgien, Luxemburg und die baltischen Länder Estland und Lettland am besten ab. Dort ist der Musikschulbesuch annähernd kostenlos; Gebühren decken weniger als 5 Prozent der Kosten (EMU 2011: 41, Tab. 12).

Tab. 41, letzte Spalte). Zwar ist der durch Gebühren zu deckende Finanzierungsanteil von 17 Prozent (2006) auf 20 Prozent (2010) angehoben worden. Aber dies erscheint als eine noch vertretbare Höhe. Knapp 13 Prozent der jungen Generation bis 25 Jahren besucht eine Musikschule. Deren Zahl scheint nach einem kurzen Einbruch im Jahr 2011 wieder angewachsen zu sein. Auf der Webseite des Ministeriums für Bildung, Kultur und Wissenschaft waren 2010 etwas weniger als 80 Schulen verzeichnet, aktuell dagegen 89 (April 2012). Rund 70 Prozent der Einrichtungen (61) sind kommunale Einrichtungen. Private Musikschulen finden sich fast ausschließlich in der Hauptstadt. Auch in Island sind die Musikschullehrer den anderen Lehrkräften gleichgestellt, prekäre Arbeitsbedingungen dürften deshalb wenig verbreitet sein.

Von einem sehr hohen Niveau kommend, haben sich die Musikschulen in der Krise also gut behauptet. Statt zu resignieren, gingen sie in die Offensive. So mit einem Nationalen Musikschulenfestival und internationalen Aktivitäten. Rückenwind dürfte die Musikschulbewegung dadurch erhalten haben, dass die Regierung trotz Finanzkrise bereit und fähig war, in der Hauptstadt ein gescheitertes privates Investorenprojekt für eine Philharmonie der Spitzenklasse zu vollenden. Das von Landsbanki 2005 am Osthafen von Reykjavik begonnene Projekt (Konzertsaal, Messezentrum, Apartments, Hotel, Restaurants) ging 2008 mit der Pleite der Investoren und der Verstaatlichung von Landsbanki als Rohbau in staatlichen Besitz über. Es drohte eine Bauruine als Sinnbild des Größenwahns isländischer Finanzmarktkapitalisten zu werden, könnte nun aber Kulturzentrum für alle Isländer sein. Das Harpa Opern- und Kongresszentrum wurde am 4. Mai 2011 mit Beethovens 9. Symphonie eröffnet. Den Konzertsaal mit seinen 1.800 Plätzen auszulasten, dürfte nicht leicht fallen. Die öffentliche Hand gleichwohl stellt sich dem Wagnis; die Betreibergesellschaft Austurhöfn-TR gehört zu 54 Prozent der isländischen Regierung und zu 46 Prozent der Stadt Reykjavík. Der Fall zeigt, was ein Staat leisten kann, wenn er sich nicht wie der Stadtstaat Hamburg mit seiner Elbphilharmonie (geplante Fertigstellung: 2010; tatsächliche Fertigstellung: unklar) in die Abhängigkeit privater Investoren (konkret: des Baukonzerns Hochtief) begibt.

### 7.2.2 Öffentliche Bibliotheken zwischen qualitativer Bedarfssteuerung und dem Wildwuchs der Freiwilligkeit

„Die Öffentliche Bibliothek, der lokale Zugang zum Wissen, liefert eine Grundvoraussetzung für lebenslanges Lernen, unabhängige Entscheidungsfindung und kulturelle Entwicklung des einzelnen und der gesellschaftlichen Gruppen. (...) Die Dienstleistungen der Öffentlichen Bibliothek basieren auf der Gleichheit des Zugangs für alle, unabhängig von Alter, Rasse, Geschlecht, Religion, Nationalität, Sprache oder sozialem Status. Spezielle Dienstleistungen und Materialien müssen angeboten werden für die Benutzer, die, aus welchen Gründen auch immer, nicht die regulären Dienstleistungen und Materialien benutzen können; z.b. sprachliche Minderheiten, Behinderte und Personen, die sich im Krankenhaus oder im Gefängnis befinden. Die Öffentliche Bibliothek soll grundsätzlich gebührenfrei nutzbar sein. Die Öffentliche Bibliothek untersteht der Verantwortung von lokalen und nationalen Behörden. Sie muß durch eine spezifische Gesetzgebung unterstützt und von nationalen und lokalen Regierungen finanziert werden. Sie muß ein essentieller Bestandteil jeder Langzeitstrategie für Kultur, Informationsversorgung, Leseförderung und Bildung sein. " *(aus: Öffentliche Bibliothek, Manifest der UNESCO 1994)*

Die UNESCO-Ziele von Mitte der 90er Jahre können in den skandinavischen Ländern als weitgehend umgesetzt erachtet werden. Erste Gesetzgebungen datieren bereits aus den 20er und 30er Jahren (Dänemark 1920; Finnland 1928; Norwegen 1935). Sukzessive entwickelte sich das öffentliche Bibliothekswesen über staatliche Bibliotheken und die an Schulen und Universitäten bestehenden Bibliotheken hinaus zu einer flächendeckenden Infrastruktur. Sie ist heute in Finnland am besten verankert.

#### 7.2.2.1 Rechtliche Rahmenbedingungen

Das UNESCO-Manifest von 1994 forderte: *„Die Öffentliche Bibliothek untersteht der Verantwortung von lokalen und nationalen Behörden. Sie muss durch eine spezifische Gesetzgebung unterstützt und von nationalen und lokalen Regierungen finanziert werden. Sie muss ein essentieller Bestandteil jeder Langzeitstrategie für Kultur, Informationsversorgung, Leseförderung und Bildung sein."* Die skandinavischen Bibliotheksgesetze, die im Zeitraum von 1996 (Schweden) bis 2000 (Dänemark)[451] in Weiterentwicklung älterer Ge-

---

[451] Die schwedische Gesetzgebung über Bibliotheksdienste (Swedish Code of Statutes – SFS 1996:1596) kam 1996 zustande und gilt seit dem 01.01.1997. In Norwegen gilt das Gesetz Nr. 108 vom 20. Dezember 1985 i.d.F. vom 10. Januar 1997, in Island der Library

setzgebung verabschiedet wurden, tragen der UNESCO-Forderung Rechnung. In den Grundsätze decken sie sich. Folgende Punkte sind wesentlich:[452]

- **Kommunale Pflichtaufgabe:** Der Betrieb von Bibliotheken stellt eine kommunale Pflichtaufgabe dar. Jede Gemeinde, ebenso die Counties sollen resp. müssen Bibliotheken unterhalten. Kooperation der Gemeinden untereinander ist erwünscht. Gegenüber den Gemeindebibliotheken nehmen die County-Bibliotheken eine herausgehobene Rolle ein. Sie unterhalten einen erweiterten Service und sind gehalten, die Entwicklung des gemeindlichen Bibliothekswesens zu unterstützen: *„The municipal council is obliged, possibly in cooperation with other municipal councils, to run a public library with departments for children and adults."* (Dänisches Gesetz, § 3; Norwegisches Gesetz, § 2)

- **Breite Zielbestimmung:** Als Ziel öffentlicher Bibliotheken wird bestimmt, allen BürgerInnen gleiche Möglichkeiten zu eröffnen *„for personal cultivation, for literary and cultural pursuits, for continuous develpoment of knowledge, personal skills and civic skills, for internationalisation, and for lifelong learning."* (Library Act of Finnland, § 2)

- **Zugang und Dienste für alle:** Um das Prinzip des Zugangs für alle zu realisieren, sind die Öffnungszeiten an die Nutzerbedürfnisse anzupassen und für diejenigen, die öffentliche Bibliotheken nicht persönlich aufsuchen können, mobile Dienste vorzusehen: *„The municipal council must (...) 1) establish library service for those children and adults who are unable to visit the library in person, 2) adapt the libraries' opening hours according to the users' needs (...)"* (Dänisches Gesetz, § 3.1). Auch existieren Vor-

---

Act vom 16. Mai 1997, in Finnland der Library Act 904/1998 v. 4. Dezember 1998 und in Dänemark das Bibliotheksgesetz vom 17. Mai 2000 (Gesetz Nr. 340).

[452] Trotz der Übereinstimmung in den Kernpunkten bestehen Unterschiede. Dänemark und Finnland verfolgen die höchsten Standards. In Dänemark regelt das Gesetz vom 17. Mai 2000 zusammen mit der Verordnung vom 24. Oktober 2000 das gesamte öffentliche Bibliothekswesen von den lokalen über die regionalen bis zu den in der Regierungszuständigkeit liegenden Bibliotheken. Gegenüber dem Vorläufergesetz v. 22. Dezember 1993 beinhaltet es eine Weitung der Aufgabenfelder und eine striktere Durchregulierung. Das finnische Bibliotheksgesetz (i.d.F. von 2009) ist weniger umfänglich angelegt. Es setzt mit nur 12 Paragraphen (das dänische Gesetz besteht aus 38 Paragraphen) einen Rechtsrahmen für das kommunale Bibliothekswesen, der im Verordnungswege (Library decree 1078/1998 i.d.F. v. 17. Dezember 2009) näher spezifiziert wird (für einen Überblick siehe Ministry of Education and Culture 2011). Das Isländische Bibliotheksgesetz (Library Act vom 16. Mai 1997) regelt neben den Bibliotheken der Gebietskörperschaften auch das Bibliothekswesen von Kliniken, Altenheimen und Gefängnissen.

schriften für mehrsprachige Angebote in Gemeinden mit mehrsprachiger Bevölkerung.

- **Kooperation untereinander und mit den Schulbibliotheken:** Die gemeindlichen oder städtischen Bibliotheken sind zur Kooperation untereinander und mit den Schulbibliotheken verpflichtet. Dies schließt die Verwendung gleicher technischer Systeme ein: *„The municipality's public libraries must cooperate with the municipal school libraries. Identical cataloguing systems etc. must be used (...)"* (Dänisches Gesetz, § 7)

- **Gebührenfreiheit:** Das Lesen und Ausleihen von Büchern, Zeitschriften etc. ist grundsätzlich gebührenfrei. Für die Anfertigung von Kopien, Verspätungen bei der Buchrückgabe etc. können Gebühren erhoben werden.

- **Personal:** Für die Bibliotheksleitung wird in allen skandinavischen Ländern eine in der Regel akademische Ausbildung vorausgesetzt (Dänisches Bibliotheksgesetz, § 3.3). Das Finnische Bibliotheksdekret 1078/998 v. 18.12.1998 schreibt in der ab 1. Januar 2010 gültigen Fassung (1157/2009) vor, dass mindestens 70 Prozent des Bibliothekspersonals über einen Hochschulabschluss (mindestens 45%) oder eine qualifizierte Fachschulbildung verfügen müssen (§ 4).

- **Finanzierung:** Bei der Finanzierung bestehen Unterschiede. Grundsätzlich sind die Kommunen Kostenträger. Sie müssen die laufende Finanzierung aus ihren eigenen Steuereinnahmen bestreiten. Für spezielle Aufgaben existiert in unterschiedlichem Umfang ein Anspruch auf zentralstaatliche Zuwendungen. In Dänemark etwa gewährt die Regierung Zuschüsse für konzeptionelle Weiterentwicklungen (§ 18) und trägt die Kosten von Bibliotheken, denen der Status einer „County-Bibliothek" mit erweitertem Aufgabenspektrum zuerkannt wurde (§ 12). In Finnland stellt sich die Finanzierung etwas anders dar. Nach dem Gesetz zur Finanzierung von Bildung und Kultur (1705/2009) in Verbindung mit der zugehörenden Verordnung (Decree 1766/2009) werden hier auch die laufenden Betriebskosten bezuschusst (§ 9 I). Ebenso können Gemeinden Zuschüsse für Renovierungs- und Erweiterungsmaßnahmen erhalten.[453]

- **Evaluation und laufende Weiterentwicklung:** Bibliotheken sind verpflichtet, ihren Bestand an Büchern, Zeitschriften und Medien laufend zu erneuern. Evaluationen werden entweder selbst durchgeführt oder liegen in

---

[453] Darunter fallen auch die Kosten für die Anschaffung eines Bibliotheksbusses oder Bibliotheksschiffes (§ 9 II). Nicht von ungefähr sitzt das bei der Herstellung von Bibliotheksbussen weltweit führende Unternehmen in Finnland.

der Zuständigkeit nationaler Direktorate. In Island etwa gibt es ein gestuftes System. Vor Ort existieren Bibliotheksbeiräte und auf der nationalen Ebene ein für jeweils drei Jahre berufenes „Advisory Committee on Public Libraries" (Artikel 13). Die einzelnen Bibliotheken sind zur Erstellung von Jahresberichten verpflichtet. Nationale Entwicklungspläne kommen hinzu.[454]

Nicht nur in den skandinavischen Ländern, sondern mittlerweile auch in der Mehrheit der EU-Mitgliedsländer sind die Aufgaben öffentlicher Bibliotheken gesetzlich geregelt und in längerfristige Entwicklungspläne eingebunden. Demgegenüber existiert in Deutschland für das kommunale Bibliothekswesen bis heute kein klarer rechtlicher Rahmen mit auch gesicherter Finanzierung. Die Wahrnehmung der Aufgabe erfolgt nach kommunaler Kassenlage. Zwar empfahl die Enquete-Kommission des Deutschen Bundestages „Kultur in Deutschland" den Ländern im Dezember 2007, Aufgaben und Finanzierung der Bibliotheken als Pflichtaufgabe in Bibliotheksgesetzen zu regeln.[455] Diese Empfehlung hatte bislang aber keine Chance auf Umsetzung. Drei Bundesländer haben mit Stand von 2011 Bibliotheksgesetze erlassen. Die Gesetze betonen den Bildungsauftrag öffentlicher Bibliotheken, sehen aber von der Schaffung verlässlicher Rahmenbedingungen ab. Keines der beschlossenen Gesetze kann als vorwärtsweisend angesehen werden; es wird nur der Status quo anerkannt und festgehalten.[456] Die Oppositionsfraktionen haben ambitioniertere Gesetzentwürfe eingebracht,[457] Durchbrüche in Rich-

---

[454] In Finnland handelt es sich um Fünf-Jahres-Programme. Der aktuelle finnische Entwicklungsplan reicht bis zum Jahr 2015 (vgl. Ministry of Education and Culture 2009).

[455] Enquete-Kommission „Kultur in Deutschland", BT-Drs. 16/7000: 129-132.

[456] Den Anfang machte das Thüringer Bibliotheksgesetz (ThürBibRG) vom 16. Juli 2008. Es definiert weder Standards noch Entwicklungsziele. Es folgte – verabschiedet am 17. Juni 2010 – das Bibliotheksgesetz von Sachsen-Anhalt. Auch dieses Gesetz hat keinen Steuerungs- und Gestaltungsanspruch. Bei dem danach in Hessen verabschiedeten Gesetz (HessBiblG. vom 20.09.2010) verhält es sich nicht anders. Auch dieses Gesetz geht nicht über den Status quo hinaus.

[457] So hat Die Linke in Mecklenburg-Vorpommern am 08.10.2008 einen Gesetzentwurf für ein Bibliotheksgesetz eingebracht (5. WP, LT-Drs. 5/1882), das (§ 11) ein gewisses finanzielles Engagement des Landes (weniger als 1 Mio. € p.a.) vorsieht, um der stetigen Rückentwicklung des öffentlichen Bibliothekswesens entgegenzuwirken. In Schleswig-Holstein legte die Partei der dänischen Minderheit (SSW) am 24.06.2010 den „Entwurf eines Gesetzes für die Bibliotheken in Schleswig-Holstein (BiblG) und zur Änderung des Landespressegesetzes" vor (17. WP, LT-Drs. 17/683). Dieser Gesetzentwurf orientiert sich an den in Dänemark bestehenden Regelungen. Er geht den Schritt zur Pflichtaufgabe (§ 6). In Sachsen brachte die Fraktion Bündnis90/Die Grünen 2011 den Entwurf

tung Pflichtaufgabe und qualitätsgesteuerter Aufgabenerfüllung sind bislang aber nirgends gelungen. Als Achillesferse erweist sich die Finanzierung. Bei einer kommunalen Pflichtaufgabe muss die Finanzierung geklärt werden. Da die zuständigen Länder daran kein Interesse haben, bleibt es bei einer freiwilligen Selbstverwaltungsaufgabe, die je nach Kassenlage wahrgenommen wird.

### 7.2.2.2 Ausbaustand und Ressourceneinsatz im Vergleich

Das kommunal betriebene öffentliche Bibliothekswesen befindet sich in den nordischen Ländern auf einem im internationalen Vergleich sehr hohen Ausbaustand. Im Vergleich der EU-27-Länder liegen Dänemark, Finnland und Schweden bei den Bibliotheks-Nutzerzahlen an der Spitze, während sich Deutschland im unteren Drittel findet.[458] Dies ist die eine Seite. Die andere Seite ist, dass die Gemeinde- und Stadtbibliotheken des skandinavischen Raums ihren Zenit bereits überschritten haben. In den 80er und 90er Jahren gab es eine sehr dynamische Aufwärtsentwicklung. Sie ist in eine Seitwärtsbewegung übergegangen. Das elektronische Zeitalter ist dafür ein Grund. Zwar sterben Printmedien vom Buch bis zur Tageszeitung nicht aus, aber die technischen und gesellschaftlichen Veränderungen machen sich in einem veränderten Nachfrage- und Nutzerverhalten bemerkbar. Bei den Ausleihungen gewinnen elektronische Medien an Gewicht und das Nutzerverhalten differenziert sich aus. Auf der einen Seite wird mehr in Gruppen gelesen. Auf der anderen Seite entdecken Leser öffentliche Bibliotheken als Refugien, in die sie sich aus der Allseits-erreichbar-Gesellschaft für einige Stunden zurückziehen können. Die öffentlichen Bibliotheken sind bemüht, sich als Kompetenzzentren lebenslangen Lernens zu profilieren und auf die Änderung von gesellschaftlichen Rahmenbedingungen wie auch der individuellen Bedürfnisse immer wieder neu einzustellen. Das ist gegenüber früher, wo es fast nur um das Ausleihen von Büchern ging, eine veränderte Rolle, die auch die Intensivierung der Kooperation mit anderen Kulturträgern einschließt.

Die Entwicklung der letzten Jahre ist in Skandinavien als Konsolidierung auf hohem Niveau zu interpretieren. Zwar konnten die hohen Besuchsquoten, die es noch um das Jahr 2000 herum gab, nicht gehalten werden, aber ver-

„Gesetz zur Förderung der Bibliotheken als Bildungs- und Kultureinrichtungen im Freistaat Sachsen" (5. WP, LT-Drs. 5/6104) ein.

[458] Nach einer im Frühjahr 2007 durchgeführten Erhebung (Eurobarometer Spezial 278) haben im EU-27-Durchschnitt 35 Prozent der Bevölkerung in den zurückliegenden 12 Monaten mindestens einmal eine Bibliothek besucht. In Deutschland waren es 28 Prozent, in Finnland dagegen 72 Prozent, in Schweden 70 und in Dänemark 68 Prozent (Eurostat, Pressemitteilung Nr. 146/2007 v. 29.10.2007 und European Commission 2007c).

glichen mit Deutschland liegen alle Kennzahlen auf einem vielfach so hohen Niveau. Dies gilt im Besonderen für Dänemark und Finnland. Diese beiden Länder verfügen über das am besten ausgebaute und kommunal verankerte System. Auch Schweden hat ein hoch entwickeltes System, reicht hinsichtlich der flächendeckend egalitären Versorgung aber nicht an Finnland heran. Es gibt Lücken bei der Versorgung und auch bei der Umsetzung der gesetzlichen Verpflichtung, einen Bibliotheksentwicklungsplan vorzulegen.[459] Vor allem aber hat eine starke Ökonomisierung Platz gegriffen. Um die Kosteneffizienz zu steigern, erfolgten Änderungen in der Struktur des Bibliothekswesens. Während in Norwegen und Dänemark Schulbibliotheken und öffentliche Bibliotheken zwar kooperieren, aber institutionell getrennt sind, setzt Schweden auf Integration. 2008 wurden 4 von 10 Gemeindebibliotheken zusammen mit Schulbibliotheken betrieben. Der gemeinsame Betrieb bedeutet, dass Schulen und öffentliche Bibliotheken sich gewisse Ressourcen (z.B. bestimmte Medienbestände) teilen müssen. Ein ungefähr gleiches, tendenziell aber leicht rückläufiges Leistungsniveau wird zu relativ geringeren Kosten bereitgestellt. Das Ausgabenwachstum konnte so begrenzt werden. Während in Finnland die Ausgaben für die nicht-wissenschaftlichen kommunalen Bibliotheken von 1999 bis 2009 mehr als verdoppelt wurden (1999: 113,2 Mio. €; 2009: 297,9 Mio. €), sind die Ausgaben in Schweden real nur mäßig gestiegen. Im Jahr 2000 beliefen sich die laufenden Nettoausgaben auf 2.988 Mio. SEK (rd. 324,5 Mio. €) und im Jahr 2010 auf 3.615,2 Mio. SEK (rd. 392,6 Mio. €). Rechnet man Investitionen dazu, sind es umgerechnet rd. 416 Mio. €, die die schwedischen Kommunen 2010 für ihr Bibliothekswesen ausgaben. Die Steigerung um gut ein Fünftel bedeutet preisbereinigt einen Zuwachs von rd. 5 Prozent. Die Personalausgaben stiegen (+28%) zwar überdurchschnittlich, der Gesamtpersonalbestand nahm jedoch von 6.194 Kräften (2000) auf noch 5.680 Kräfte im Jahr 2009 ab. Der Abbau betrifft nicht die ganz überwiegend weiblichen Bibliothekare; der Bestand an Bibliothekarsstellen stieg von 2.720 auf 2.960. Der Personalabbau betrifft das sonstige Personal, was auf Outsourcing-Prozesse hinweist.

Verglichen mit Deutschland hoch, innerskandinavisch aber am schwächsten entwickelt ist das kommunale Bibliothekswesen in Norwegen. Zum 31. Dezember 2009 gab es 784 Gemeindebibliotheken und 18 County-Bibliotheken.

---

[459] Seit 2005 sind Gemeinden gesetzlich verpflichtet, einen Bibliotheksentwicklungsplan zu erstellen. Bis 2008 kamen dem 59 Prozent der Gemeinden nach. Angabe nach „The Swedish Art Council" (http://www.kulturradet.se/sv/ > English > Statistics >; letzter Zugriff: 11.04.2012).

Die Ausleihung von Büchern und sonstigen Medien belief sich auf 25,77 Mio. Statistisch waren dies 5,4 Ausleihungen pro Einwohner (1998: 4,3). Zum Vergleich: In den öffentlichen Bibliotheken von Finnland wurden 2009 98,83 Mio. Bücher und sonstige Medien ausgeliehen; pro Einwohner waren dies 18,6 Ausleihungen (1998: 19,5). In den norwegischen Gemeindebibliotheken waren Ende 2009 2.543 Menschen beschäftigt. Auf 10.000 Einwohner (ohne Counties) kamen 5,3 Beschäftigte; auf Mannjahre umgerechnet entsprachen dem 4 Mannjahre.[460]

Die Situation in Island ist nicht eindeutig. Zwar wird die Buchproduktion genau erfasst.[461] Aktuelle Bibliotheksdaten sind aber nur für die Nationale Bibliothek und die Universitätsbibliotheken verfügbar (Statistics Iceland 2011: 408). Die Statistik der öffentlichen Bibliotheken reicht nur bis zum Jahr 2001. Nach den vorliegenden Daten nahm die Zahl der öffentlichen Bibliotheken in den 90er Jahren ab (1994: 119; 2001: 56); die Nutzerzahlen stiegen aber. Statistisch kamen auf jeden Einwohner im Jahr 1991 6,3, im Jahr 1998 8,1 und im Jahr 2001 8,6 Ausleihungen. Damit liegt Island hinter Finnland und Dänemark an dritter Stelle. Dass in den letzten Jahren keine statistischen Erhebungen stattfanden resp. nicht auf English publiziert wurden, ist nicht als Hinweis auf einen Niedergang des öffentlichen Bibliothekswesens zu interpretieren. Dagegen steht schon, dass die Zahl der öffentlichen Bibliotheken wieder gestiegen ist auf jetzt 77 plus 8 Schulbibliotheken.[462] Zur Stadtbibliothek von Reykjavik siehe den Kasten.

---

[460] Eigene Berechnung anhand der Daten aus: Statistical Yearbook of Norway 2011, Table 236 „Public and school libraries and county libraries. 2009".

[461] 2011 war Island Gast bei der Frankfurter Buchmesse. Erstmals registrierte dabei eine breitere Öffentlichkeit, was dieser Kleinstaat literarisch auf die Beine stellt. Die Nachricht, dass in kaum einem anderen Land auf die Einwohnerzahl bezogen mehr Bücher veröffentlicht werden als in Island, schaffte es sogar in die Tagesnachrichten. Nach Statistics Iceland kommen auf 1.000 Einwohner jährlich rd. 5 Buchtitel gegenüber nur 2 bis 2,5 in den anderen nordischen Ländern. Auch bei dem erstmals 1986 von der Schwedischen Akademie für Literatur ausgelobten nordischen Literaturpreis schneidet Island gut ab. Bereits dreimal (1992: Thor Vilhjálmsson; 2004: Guðbergur Bergsson; 2012: Einar Már Guðmundsson) ging der Preis an Island. Die Preisverleihung von 2012 fand am 11. April 2012 in Stockholm statt (Stadt Reykjavik, PM vom 19.03.2012).

[462] Die Webseite des Bildungsministeriums enthält unter Institutionen eine Liste.

> **Städtischen Bibliothek von Reykjavik
> (Borgarbókasafn Reykjavíkur) – ein Porträt**
>
> Die Stadtbibliothek ist eine der ältesten kulturellen Institutionen der isländischen Hauptstadt. Bereits im Jahr 1919 wurde der Grundstein gelegt mit Öffnung für das Publikum am 19. April 1923. Die Finanzierung erfolgte aus dem Verkauf von Fischkesseln an Frankreich. Die Regierung hatte den Verkauf an die Bedingung geknüpft, dass mit den Erlösen eine öffentliche Bibliothek errichtet wird.
>
> Sukzessive erweiterte die Bibliothek ihr Dienstleistungsangebot. 1969 wurde ein mobiler Service eingerichtet, 1973 folgte eine Musikbibliothek und 1974 eine Abteilung für Blinde. Die Blindenabteilung wurde später ausgegliedert und als Isländische Bibliothek für Blinde zu einer Einrichtung der Zentralregierung.
>
> Zur jüngsten Entwicklung (ab 2008) gehört ein Geschichten-Bus, der regelmäßig Kindertagesstätten, Schulen und Jugendzentren aufsucht.
>
> Aktuell (2012) verfügt die Bibliothek über 7 Standorte und den Bibliotheksbus. Sie beschäftigt (2009) 108 Mitarbeiter (Vollzeitäquivalente: 81). Auf 10.000 Einwohner kommen damit 9 Bibliotheksbeschäftigte. Zum Vergleich: In Leipzig sind es 2,5.
>
> Die Hauptbibliothek und die Filialen sind täglich geöffnet mit am Wochenende reduzierten Zeiten (sonntags in der Regel für 4 Stunden).
>
> Für Kinder und Jugendliche ist die Benutzung kostenlos. Erwachsene bezahlen für eine Jahreskarte aktuell 1.600 ISK (rd. 10 €)
>
> **Quelle:** http://www.borgarbokasafn.is/desktopdefault.aspx/tabid-3184/; (Zugriff: 29.05.2011 und erneut am 12.04.2012)

In *Tabelle 42* sind für Deutschland, Dänemark und Finnland einige Eckdaten zusammengestellt. Dies für die Jahre 2009 und 2010 sowie bei Finnland ergänzend für 2000 und 2005. Die Daten unterstreichen, dass das dänische und finnische Bibliothekswesen auf einem ganz anderen Entwicklungsniveau angesiedelt ist als das deutsche. 2010 haben in Deutschland 7,98 Mio. Menschen öffentliche Bibliotheken durch Ausleihung von Büchern oder Medien aktiv genutzt, in Finnland waren es 2,1 Mio. Dabei hat Deutschland fünfzehnmal so viele Einwohner wie Finnland. Umgerechnet auf die Bevölkerung gab es in Finnland 39 Prozent aktive Nutzer gegenüber 31 Prozent in Dänemark und 9,8 Prozent in Deutschland. Die Diskrepanz bei den Bibliotheksbesuchen ist noch ausgeprägter. In Deutschland besuchten im Jahr 2010 an jedem Werktag gut 400.000 Menschen eine öffentliche Bibliothek; in Finnland waren es rd. 170.000. Auf Einwohner umgerechnet besuchte 2010 in Finnland jeder Einwohner vom Baby bis zum Greis statistisch 10-mal eine öffentliche Bibliothek, in Dänemark noch 6,5-mal gegenüber nur 1,5-mal in Deutschland. Mit Blick auf die Entwicklung während der zurückliegenden Dekade hat die Begeisterung der Finnen für ihre Gemeindebibliotheken freilich nachgelassen, denn im Jahr 2000 besuchte statistisch jeder Einwohner noch 12,4-mal eine öffentliche Bibliothek.

*Tabelle 42: Eckdaten zu öffentlichen Bibliotheken:
Deutschland im Vergleich mit Dänemark und Finnland*

|  | Deutschland | | Dänemark | | Finnland | | | |
| --- | --- | --- | --- | --- | --- | --- | --- | --- |
|  | 2009 | 2010 | 2009 | 2010 | 2000 | 2005 | 2009 | 2010 |
| Aktive Nutzer in Relation zur Bevölkerung (%) | 9,7 | 9,8 | 32,0 | 31,2 | 47,0 | 44,5 | 40,1 | 39,0 |
| Besuche pro EW | 1,5 | 1,5 | 6,5 | 6,5 | 12,4 | 11,9 | 10,2 | 9,8 |
| Ausgaben pro EW (€) | 10,7 | 10,9 | 63,6 | 64,2 | 42,1 | 48,5 | 55,9 | 56,9 |
| dar. Personal (€) | k.A. | k.A. | 43,8 | 43,8 | 22,6 | 27,2 | 30,4 | 30,7 |
| VZÄ-Beschäftigte auf 10.000 EW | 1,4 | 1,4 | 8,3 | 8,1 | 8,1 | 8,0 | 7,9 | 7,8 |

**Erläuterung**: Ohne wissenschaftliche Bibliotheken. Die Umrechnung auf Einwohner erfolgte anhand der Bevölkerungszahlen zum 01.01. d.J.
**Quellen**: Deutschland: Deutsche Bibliotheksstatistik 2010 und 2011: http://www.bibliotheksportal.de/ > Bibliotheken > Bibliotheken in Deutschland > Daten und Fakten; Zugriff: 11.04.2012; Dänemark: Statistics Denmark, Statistiken mit den Codes BS1, BIB2 und Rechnungsergebnisse der Kommunen; Finnland: Finnische Bibliotheksstatistik, Jahresberichte 2000, 2005, 2009 und 2010

Auf die Gründe für das in Deutschland dürftige Entwicklungsniveau bin ich bereits eingegangen. Es fehlt ein vorwärtsweisender rechtlicher Rahmen, der Entwicklungsperspektiven eröffnet und die Finanzierung nachhaltig sichert. Solange der Betrieb von öffentlichen Bibliotheken keine kommunale Pflichtaufgabe ist, für deren Wahrnehmung Mindeststandards gelten (Fachpersonalschlüssel, Öffnungszeiten usw.), wird sich an der Situation wenig ändern. Ohne ein solches Fundament hängt es an der Finanzkraft der einzelnen Gemeinde, ob es überhaupt eine professionell betriebene Bibliothek gibt und wenn ja, wie leistungsstark diese ist. Bislang haben die politisch Verantwortlichen keinen Ehrgeiz, eine öffentliche Infrastruktur zu entwickeln, die einer

Gesellschaft des lebenslangen Lernens Rechnung trägt. Dies gilt für alle Bundesländer. *Abbildung 19* zeigt für das Jahr 2009, dass sowohl die Ausgaben pro Einwohner als auch die vollzeitäquivalenten Beschäftigtenzahlen (Deutschland: Stellen) je 10.000 Einwohner auch in den Bundesländern weit unter den Niveaus der drei skandinavischen Vergleichsländer liegen. Selbst eine reiche Stadt wie Hamburg (HH) bringt es bei den Ausgaben pro Einwohner (16,70 €) nur auf knapp 40 Prozent des schwedischen Niveaus. Dabei ist die Situation in Hamburg und auch in Bremen (HB) noch vergleichsweise gut. Die Pro-Kopf-Ausgaben liegen hier um mehr als 50 Prozent über dem Bundesdurchschnitt. Relativ düster sieht es im Saarland aus. In diesem Bundesland wie auch in Hessen, Rheinland-Pfalz, in Südniedersachsen und Teilen von Nordrhein-Westfalen, Bayern und Baden-Württemberg existiert bis heute nur in den größeren Städten und Teilen der Mittelstädte ein professionell betriebenes öffentliches Bibliothekswesen. In Kleinstädten und auf dem Lande ist die Situation unterschiedlich. Die öffentlich finanzierten Bibliotheken befinden sich dort häufig in der Trägerschaft von Kirchen und Vereinen. Mit geringen Kosten versuchen diese Träger eine Grundversorgung zu bieten. Hauptamtlich beschäftigte Bibliothekare gibt es in der Regel nicht; stattdessen nebenamtlich und ehrenamtlich Tätige.[463] Um Vergleichbarkeit herzustellen, sind in die *Abbildung 19* gemäß der deutschen Bibliotheksstatistik auch die kirchlichen und freigemeinnützigen Träger öffentlicher Bibliotheken einbezogen.

Während gewisse Landstriche in Westdeutschland (ländliche Gebiete, Kleinstädte) nie den Schritt zu einem professionell betriebenen öffentlichen Bibliothekswesen vollzogen haben, ist die Situation in Ostdeutschland noch einmal eine andere. In der DDR gab es einen gegenüber Westdeutschland besseren Ausbaustand. Durch massiven Rückbau[464] wurden diese Strukturen auf das

---

[463] In Hessen hatten 2009 nur 9 der 324 nicht von Kommunen betriebenen Bibliotheken eine hauptamtliche Leitung, in Bayern gar wurden 1.039 Bibliotheken in katholischer Trägerschaft gezählt, die ohne angestelltes Personal allein von 10.708 Ehrenamtlichen betrieben wurden. Über alle Bundesländer hinweg kamen auf eine vollzeitäquivalente Kraft 4,4 ehrenamtlich Tätige. Die höchste Relation von Ehrenamtlichen zu Fachkräften wies Rheinland-Pfalz mit 12:1 aus. Quelle: Eigene Berechnung anhand der Daten der Deutschen Bibliotheksstatistik 2009 (Öffentliche Bibliotheken – Gesamtstatistik. Berichtsjahr 2009, Stand: 23.08.2010). Zur Verteilung der ohne Fachkräfte nur ehrenamtlich geführten öffentlichen Bibliotheken über das Bundesgebiet siehe die Deutschlandkarte in: Deutscher Bibliotheksverband (2011: 5).

[464] Beispiel Mecklenburg-Vorpommern. Das hauptamtliche Personal der Bibliotheken in kommunaler Trägerschaft wurde dort im Zeitraum von 1998 bis 2006 um ein Fünftel abgebaut (von 366 auf 297). Quelle: Gesetzentwurf der Fraktion Die Linke (LT-Drs. 5/1882 v. 08.10.2008, S. 1).

Niveau der westdeutschen Bundesländer heruntergekürzt. Folge: Anders als bei Kindertagesstätten heben sich die ostdeutschen Bundesländer (vgl. Abb. 19) bei Bibliotheken nicht positiv von den Altbundesländern ab.

*Abbildung 19: Ausgaben und rechnerische Vollzeitkräfte pro Einwohner an öffentlichen Bibliotheken 2009: Deutsche Bundesländer im Vergleich mit Finnland, Dänemark und Schweden*

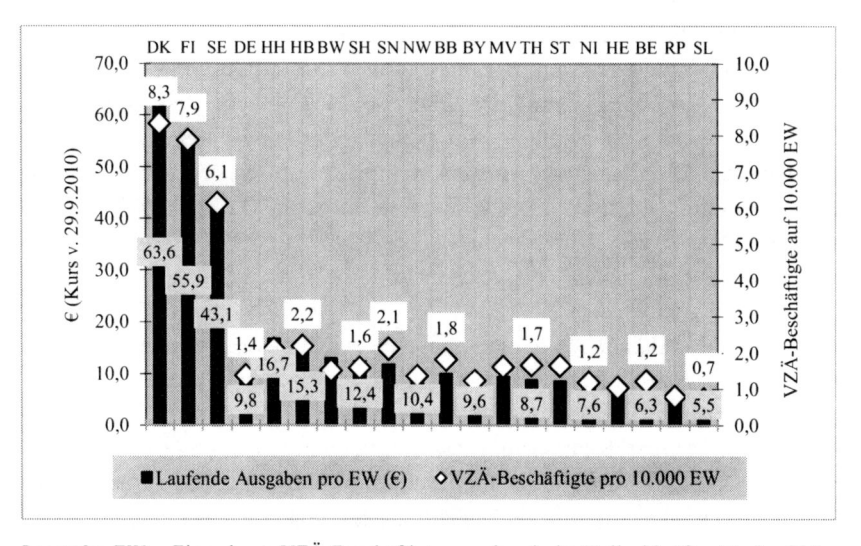

**Legende:** EW = Einwohner; VZÄ-Beschäftigte = rechnerische Vollzeitkräfte; Länderabkürzungen vgl. das Abkürzungsverzeichnis
**Lesehilfe:** Die schwarzen Säulen geben die laufenden Ausgaben pro Einwohner an. Die weißen Rauten die vollzeitäquivalent Beschäftigten pro 10.000 Einwohner. Beispielsweise betrugen in Schweden die laufenden Nettoausgaben pro Einwohner zum Kurs vom 29.09.2010 43 € und die Bibliotheken beschäftigten (Fach- und anderes Personal) auf 10.000 Einwohner 6,1 rechnerische Vollzeitkräfte. In Deutschland hatte Hamburg die höchsten Pro-Kopf-Ausgaben (16,70 €) und das Saarland die geringsten (5,50 €). Einbezogen in den Vergleich wurden in Deutschland auch die Bibliotheken in kirchlicher oder Vereinsträgerschaft.
**Quellen:** Dänemark und Schweden: Statistische Jahrbücher (SE, Stat. JB. 2012: 477, Tab. 23.10); Finnland: Ministry of Education: Statistics on libraries 2009 (http://tilastot.kirja stot.fi; Zugriff: 29.09.2010); Deutschland: Deutsche Bibliotheksstatistik (DBS): Öffentliche Bibliotheken – Gesamtstatistik. Berichtsjahr 2009 (Stand: 23.08.2010); eigene Auswertung anhand der Bevölkerungsdaten vom 01.01.2009

Statt die Professionalisierung voranzutreiben und für flächendeckende Mindeststandards zu sorgen, wird der dürftige Bestand tendenziell weiter ausgehöhlt. Die Entwicklung bei den hauptamtlich betriebenen Bibliotheken macht dies deutlich. 2007 gab es unter 10.365 Bibliotheken noch 3.516 (33%) mit hauptamtlicher Leitung. 2010 liegt nicht nur die Zahl der Bibliotheken niedriger (9.896); auch die der Bibliotheken mit hauptamtlicher Leitung ist auf 3.440 zurückgegangen. Für 2009 berichtete der Deutsche Bibliotheksverband von Kürzungen in allen Bundesländern. In Nordrhein-Westfalen waren 46 Prozent der Verbandsmitglieder von Kürzungen betroffen. Zu den Kürzungen gehört, dass Stellen nicht wieder besetzt oder dauerhaft gestrichen werden. In Städten über 100.000 Einwohner traf dies 60 Prozent der Bibliotheken. 2010 waren noch rd. ein Drittel der Bibliotheken Kürzungen ausgesetzt. Sie treffen die Medienetats und führen zu Stellenstreichungen oder Wiederbesetzungssperren (Bibliotheksverband 2011: 4). Angesichts fortgesetzter Kürzungen steht nicht zu erwarten, dass Deutschland seinen Entwicklungsrückstand abbaut. Eher könnte die Kluft zu den skandinavischen Ländern noch größer werden, denn die finanzielle Austrocknung trifft auf eine schon zuvor unzureichende Grundausstattung. Zwar hat sich die Situation im Jahr 2010, wie der Bibliotheksverband in seinem Lagebericht 2011 (S. 4) feststellt, nicht weiter verschlechtert, aber eben auch nicht verbessert.

Im Einleitungsteil habe ich einiges an Daten zur Zunahme sozialer Ungleichheit auch im Bereich der nordisch-skandinavischen Länder ausgebreitet. Zugleich hatten wir gesehen, dass die Entwicklung anders als in Deutschland nicht durchgängig in Richtung einer wachsenden Polarisierung weist. Je nach Wahl des Indikators differieren die Ergebnisse. Dies führte uns zu der These, dass nicht nur die öffentlichen Sozialtransfers, sondern vor allem auch der öffentliche Sektor mit seinen vorrangig kommunal erbrachten Dienstleistungen und dem hohen Niveau an Arbeitsplätzen, das er bietet, die Ungleichheitsentwicklung dämpft – ein Faktor, der in Deutschland aufgrund des geringen Niveaus öffentlich erbrachter Dienste wenig zum Tragen kommt. Nicht nur die in den Kapiteln fünf und sechs behandelten sozialen Dienste sind hierbei relevant. Auch die Grundversorgung mit kulturellen Gütern spielt eine Rolle. Die bibliothekarische Grundversorgung ist ein Baustein.

In Deutschland hängt es vom Wohnort ab, ob eine öffentliche Bibliothek, deren Bestände kontinuierlich gepflegt werden und deren Dienste von Fachpersonal erbracht werden, überhaupt existiert. Großstädte und größere Städte unterhalten Städtische Bibliotheken, mittelgroße Städte im Regelfall. In Kleinstädten und kleinen Gemeinden dagegen existiert vielfach nur eine ehrenamtlich betriebene Bibliothek oder auch gar keine. Schnell ist das Argument bei der Stelle, dass es nun einmal gar nicht möglich sei, eine flächendeckende Versorgung sicherzustellen. Finnland liefert den Gegenbeweis. Als Ergebnis gemeinsamen Handelns von Zentralregierung und Gemeinden gelingt es, eine flächendeckend gute Versorgung zu realisieren. Warum sollte in Deutschland unmöglich sein, was in Finnland gelingt, wo doch die siedlungsstrukturellen Bedingungen in Finnland so viel ungünstiger sind? Flächenmäßig ist Finnland annähernd so groß wie Deutschland (vgl. Tab. 1), dabei aber viel dünner besiedelt. Die Bevölkerung konzentriert sich im Süden, während weite Landstriche in Zentralfinnland und im Norden nicht nur dünn besiedelt, sondern zugleich von Seen durchtrennt sind.

*Tabelle 43* weist aus, dass es bei den Ausleiherquoten und den Bibliotheksbesuchen pro Einwohner gleichwohl *kein Stadt-Land-Gefälle* gibt. Im Gegenteil. Im Jahr 2000 lag der Anteil derjenigen Einwohner, die öffentliche Bibliotheken durch Ausleihungen aktiv genutzt haben in ländlichen Gemeinden bei 43,7 Prozent und damit um 4,4 Prozentpunkte unter dem Bevölkerungsanteil, den die größeren Städte (ab 50.000 EW) erreicht haben. Bis zum Jahr 2010 haben sich diese Quoten bei knapp unter 40 Prozent egalisiert, weil die Abnahme der Ausleiherquote in größeren Gemeinden stärker ausfiel als in Kleinstgemeinden. Auch bei den Bibliotheksbesuchen pro Einwohner liegen Kleinstgemeinden heute annähernd gleichauf mit größeren Städten. Dieser Erfolg hat seinen Preis. So lagen die Ausgaben pro Einwohner im Jahr 2010 in kleinen Gemeinden mit im Schnitt 62 € um fast 10 € über denen mittelgroßer Städte (10.000 bis unter 50.000 EW). Im Jahr 2000 wiesen noch die größeren Städte die höchsten Pro-Kopf-Ausgaben auf.

Auch der Personalschlüssel ist mittlerweile in den kleinen Gemeinden besser als in den größeren Städten. In Anpassung an die strukturellen Änderungen bei der Nutzung des bibliothekarischen Angebots wurde der Personalschlüssel etwas abgesenkt. Die Absenkung konzentriert sich jedoch auf größere Städte und Mittelstädte. Dies ist logisch, denn dort bestehen die größten Spielräume. Im Jahr 2000 etwa hatte die Stadtbibliothek von Helsinki 498 Stellen, 2010 aber nur noch 460 Stellen. Es ist anzunehmen, dass diese Reduktion keinen Verlust an Dienstleistungsqualität mit sich brachte, sondern Ergebnis von Rationalisierungen, besserer Organisation usw. ist. Bei kleinen Gemeinden gibt es entsprechende Spielräume kaum. Beispiel: Gemeinde Luhanka in Zentral-Finnland. Obwohl die Bevölkerung im Beobachtungszeitraum von 956 Einwohner auf 834 Einwohner geschrumpft ist, blieb die Bibliothek mit 1,2 Stellen erhalten. Die Kosten pro Einwohner sind entsprechend stark auf jetzt (2010) 96 € je Einwohner gestiegen.

*Tabelle 43: Kennzahlen öffentlicher Bibliotheken in Finnland
in den Jahren 2000 und 2010 nach Gemeindegröße*

| | Gemeinden nach Einwohner-Größenklassen | | | | | | | |
|---|---|---|---|---|---|---|---|---|
| | 2000 | | | | 2010 | | | |
| | ab 50.000 | 10.000 bis < 50.000 | 4.000 bis < 10.000 | < 4.000 | ab 50.000 | 10.000 bis < 50.000 | 4.000 bis < 10.000 | < 4.000 |
| Anzahl der Gemeinden mit eigener Bibliothek | 14 | 93 | 142 | 187 | 20 | 84 | 100 | 105 |
| Ausleiherquote (% der Bevölkerung) | 48,1 | 47,9 | 45,8 | 43,7 | 39,4 | 38,9 | 39,3 | 39,6 |
| Besuche pro EW | 13,1 | 12,4 | 11,8 | 10,8 | 10,5 | 9,3 | 9,1 | 9,9 |
| Ausleihungen pro EW | 20,4 | 21,0 | 18,4 | 16,0 | 18,8 | 17,9 | 16,7 | 15,5 |
| Ausgaben pro EW insgesamt | 44,8 | 40,7 | 39,6 | 43,7 | 59,7 | 53,0 | 56,5 | 62,2 |
| Personalausgaben je EW | 23,9 | 21,9 | 21,6 | 23,4 | 32,7 | 28,4 | 29,4 | 31,4 |
| Fachpersonal (VZÄ) auf 1.000 EW | 0,86 | 0,79 | 0,76 | 0,76 | 0,67 | 0,65 | 0,69 | 0,75 |

**Erläuterung**: Im Jahr 2000 gab es 452 Gemeinden. 14 davon hatten mindestens 50.000 Einwohner und 93 10.000 bis unter 50.000 Einwohner. Bis zum Jahr 2010 ist die Zahl der Gemeinden stark zurückgegangen auf noch 342. 20 Städte hatten nun mindestens 50.000 Einwohner. Bei Gemeinden unter 4.000 Einwohnern gibt es auch Kleinstgemeinden mit weniger als 1.000 Einwohnern. Luhanka in Zentral-Finnland z.B. hatte 2010 nur 834 Einwohner. 313 davon waren als aktive Leser registriert. Die Bibliothek hatte 1,2 rechnerische Vollzeitkräfte (Personalkosten: 48 Tsd. €).
**Quellen**: Bibliotheksberichte von 2000 und 2010; eigene Auswertung

Fazit: Finnland geht mit seiner Versorgungsstruktur weit über das hinaus, was international als Standard für eine gute Grundversorgung angesehen wird. Die Unterhaltung von öffentlichen Bibliotheken in Gemeinden mit weniger als 4.000, teilweise sogar mit weniger als 1.000 Einwohnern zählt nicht zur Grundversorgung. Als Standard gilt, dass in Gemeinden ab 5.000 Einwohner mindestens eine bibliothekarische Vollzeitstelle vorgehalten wird, so dass eine hauptamtlich geführte Gemeindebibliothek möglich ist. Davon aber ist Deutschland Lichtjahre entfernt. In Finnland andererseits findet man in Gemeinden mit 5 Tsd. bis 6 Tsd. Einwohnern eine Spannweite von im Minimum gut 3 bis 6 Stellen. Auch die gemeindescharfe Analyse ergibt also, dass überall für eine zumindest befriedigende Versorgung gesorgt ist.

### 7.2.3 Museen und Theater – unverzichtbare Elemente städtischer Urbanität

Zur deutschen Kulturpolitik gehört, dass sie die kulturelle Bildung vernachlässigt – die obigen Fakten zur fehlenden flächendeckenden Versorgung mit Musikschulen und öffentlichen Bibliotheken dokumentieren dies – gleichzeitig jedoch eine hochwertige Theater-, Konzert- und Museumslandschaft unterhält. Die nachfolgende Darstellung kann der Qualität dieser Infrastruktur nicht nachspüren. Es muss bei einem groben Überblick bleiben. Er orientiert sich an der Datenverfügbarkeit. Diese ist hinsichtlich der Vergleichbarkeit unbefriedigend. Zu Museen immerhin können belastbare Vergleichszahlen präsentiert werden. Bei Theatern ist dies schwieriger. So basiert die schwedische Statistik auf Befragungen, die nach Geschlecht, Herkunft, Familien- und Bildungsstand ermitteln, wie häufig ab 16-Jährige nach eigenem Bekunden im zurückliegenden Jahr einen bestimmten Typ von kultureller Veranstaltung besucht haben. Finnland erfasst bei Theatern nicht genau die Besuchszahlen, sondern die Anzahl verkaufter Tickets usw. Auch wird nicht immer zwischen öffentlichen und privaten Einrichtungen unterschieden, sondern zwischen staatlichen Einrichtungen, staatlich anerkannten resp. subventionierten und staatlich nicht subventionierten Einrichtungen.

Ich starte mit dem Bereich der Museen, um danach bei Theatern auch etwas auf unterschiedliche Traditionen und die Verbindung von Theater und Stadt einzugehen.

### 7.2.3.1 Museen als Kulturstätten wachsender Beliebtheit

Kommunen sind in relevantem Umfang Träger resp. Eigentümer von Museen. In Deutschland gab es im Jahr 2010 6.281 registrierte Museen, wozu auch zoologische und botanische Gärten zählen. 3.449 Museen waren in öffentlicher (54,9%), 2.618 Museen in privater Trägerschaft meist von Vereinen oder Stiftungen (41,7%) und der Rest in gemischter Trägerschaft. Das Verteilungsmuster von öffentlich zu privat schwankt zwischen den Bundesländern. In den meisten Bundesländern dominieren die öffentlichen Museen. In den Stadtstaaten Hamburg und Bremen sowie den Flächenländern Niedersachsen und Schleswig-Holstein ist es anders (Institut für Museumsforschung 2011: 32;

Tab. 13). 2.535 Museen sind unter „lokale Gebietskörperschaften" registriert. Da sich nicht alle angeschriebenen Museen an den jährlichen Erhebungen des Instituts für Museumsforschung beteiligen und gewisse Museen wegen temporärer Schließung keine Besucher aufweisen, liegt die Erfassungsrate niedriger. In die Museumsstatistiken der letzten Jahre eingegangen sind jeweils etwas über 2.000 kommunale Museen (2009: 2.008; 2010: 2.006). Dies entspricht einem Anteil von rd. 42 Prozent an den Museen, die in der Museumsstatistik berücksichtigt sind (2009: 4.790; 2010: 4.823). Einschließlich der staatlichen Museen und der Museen in anderer öffentlich-rechtlicher Trägerschaft liegt der Öffentlichkeitsanteil bei um die 60 Prozent. In den skandinavischen Ländern liegt er höher. Der der Kommunen fügt sich jedoch gut ein. So befanden sich 2008 40 Prozent der schwedischen Museen im Besitz der Gemeinden und weitere 56 Prozent im Besitz von überwiegend öffentlich-rechtlichen Stiftungen. In Dänemark wiederum differenziert die Statistik nicht nach Eigentümern, sondern nach Finanzierungsformen. Der Anteil staatlich finanzierter Museen lag von Ende der 90er Jahre bis 2009 bei 63 bis 65 Prozent, sank im Jahr 2010 aber auf etwas unter 60 Prozent. Überwiegend dürfte es sich um kommunale Museen handeln, die staatliche Zuschüsse erhalten. Besonders hoch ist die Bedeutung der Gemeinden als Eigentümer von Museen in Finnland. 1999 eigneten die Gemeinden 184 Museen, 2010 waren es mit 214 deutlich mehr. Der Anteil an den professionell geführten Museen[465] stieg von 62,6 Prozent auf 64,8 Prozent. Gleichzeitig sank jedoch die Bedeutung zentralstaatlicher Trägerschaften. Bis 2005/2006 ging der Anteil öffentlicher Museen leicht zurück, stieg dann aber wieder und liegt heute mit 76 Prozent auf dem Niveau von Ende der 90er Jahre.

Die Museen blicken auf eine insgesamt dynamische Dekade zurück. In allen Vergleichsländern sind die Besuchszahlen[466] über die letzten 15 Jahre betrachtet zumindest der Grundtendenz nach gestiegen. In Deutschland von 91,1 Mio. (1995) auf 109,2 Mio. (2010) und in Dänemark von 10,1 Mio. (1995) auf 11,6 Mio. (2010). Für das Wachstum der Besucherzahlen gibt es verschiedene Gründe. Gewisse Museen sind per se Publikumsmagneten, andere müssen immer wieder interessante Sonderausstellungen präsentieren. Auch die Erweiterung oder die erweiterte Präsentation von Sammlungen, der Austausch mit anderen Museen und Veranstaltungen aller Art können Wege

---

[465] Die finnische Statistik unterscheidet zwischen professionell und nicht-professionell geführten Museen. Statistics Finnland, Päätoimisesti hoidetut museot 1999-2010 (Professionell geführte Museen 1999 bis 2010); die Daten für 2010 sind vorläufig.

[466] Erfasst werden genau genommen nicht Besucher, sondern Besuche.

sein, Publikum anzulocken. Dann gibt es Events von überregionaler Bedeutung. In Deutschland etwa kam im Jahr 2010 zum Tragen, dass die Rolle als „Europäische Kulturhauptstadt" den Museen im Ruhrgebiet mit ihren viel beachteten Sonderausstellungen einige Hunderttausend Besucher zuführte. Den größten Aufschwung erlebte das Museumswesen im Beobachtungszeitraum in Island. Dort haben sich die Besuchszahlen von 829,2 Tsd. (1995) auf 1,6 Mio. (2010) verdoppelt. Die Finanzkrise brachte keinen Einbruch. Im Gegenteil. Die Besucherzahlen stiegen seit dem Fast-Kollaps 2008 bis 2010 von 1.417,9 Tsd. auf 1.617,6 Tsd. resp. von 1.237,5 auf 1.407,2, wenn zoologische und botanische Gärten sowie Aquarien außen vor bleiben. Bei regionaler Betrachtung differenziert sich dieses Bild. Allerdings gibt es mit der Region West nur eine Region, wo die Besucherzahlen eingebrochen sind. Seit dem Beginn der Krise kamen 11 Museen hinzu; gleichzeitig fielen in der Region West zwei Museen weg, was den Einbruch bei den Besucherzahlen erklärt. Von den 11 neuen Museen befindet sich nur eines in der Hauptstadtregion. 10 neue Museen sind über die anderen Regionen verstreut (Westfjords: +2; Northwest: +3, Northeast: +3; East: +2). Während bei den Einwohnern die Konzentration auf die Hauptstadtregion auf rd. 60 Prozent angewachsen ist, ging sie bei den Museumsbesuchen von 71 Prozent (1995) auf etwas unter 60 Prozent im Zeitraum ab dem Jahr 2000 zurück. Anteilsgewinne gab es in den Regionen Nordosten und Süden. 1995 entfielen auf die Region Süden nur 5 Prozent aller Museumsbesuche, seit dem Jahr 2000 sind es 10 bis 14 Prozent. Vor dem Hintergrund des ökonomischen Absturzes, der sich 2008 Bahn brach, ist die Entwicklung erstaunlich und mit dem gängigen Hinweis auf die langen dunklen Winternächte kaum zu erklären. Zum Tragen kommt hier auch ein anderes Krisenbewältigungsmodell als das, das in den südeuropäischen Krisenländern den Erfolg bringen soll.[467] Zwar gibt es Mittelkürzungen. Der Kulturbereich war vor der Krise jedoch so üppig ausgestattet, dass das Ausgabenniveau immer noch weit über dem von Deutschland liegt. Bezogen auf das Bruttoinlandsprodukt gaben die Gemeinden im Jahr 2010 0,75 Prozent

---

[467] Zur Entwicklung etwa in Italien gehört, dass es dort zwar relativ viel mehr Kulturschätze gibt als in Island, sich die Pflege aber auf einem denkbar schlechten Niveau befindet. Der italienische Staat erweist sich als unfähig, die staatlichen Museen einigermaßen in Schuss zu halten und bei dem, was regionale Zuständigkeit ist, sieht es teilweise noch düsterer aus. In der aktuellen Krise hat sich die Entwicklung so zugespitzt, dass unabhängige Museen auch vor dem Sakrileg, Alarmrufe dadurch auszusenden, dass sie Kunstwerke öffentlich verbrennen, nicht mehr zurückschrecken. So das Museum Casaria Contemporary Art (CAM) Nähe Neapel, das im April 2012 mit der öffentlichen Verbrennung seiner Kunstwerke anfing. Berichte erschienen am 19.04.2012 in verschiedenen Tageszeitungen, u.a. in der Leipziger Volkszeitung, S. 10.

für kulturelle Dienstleistungen (ohne Freizeit und Sport) aus. Auf Einwohner umgerechnet waren dies noch rd. 230 € (Umrechnungskurs vom 28.09.2011). Dieses hohe kulturelle Engagement speist sich gewiss auch aus der Erwartung, für Touristen aus aller Welt noch attraktiver zu werden. Einiges spricht dafür, dass diese Erwartung nicht unbegründet ist.

Uneinheitlich präsentiert sich Schweden. Bei der Eurobarometererhebung vom Frühjahr 2007 lag Schweden hinter Dänemark sowohl beim Besuch von Museen und Galerien wie auch beim Besuch historischer Kulturstätten auf Platz zwei. 62 Prozent der Befragten (Dänemark: 65%) gaben an, im letzten Jahr mindestens einmal ein Museum besucht zu haben. Allerdings sind die Besuchszahlen seit einigen Jahren rückläufig. Sie stiegen von 1995 bis 2005 um rd. 4 Millionen von 16,2 Mio. auf 20,2 Mio. und gingen danach auf etwa 18 Mio. zurück.

In Relation zur Einwohnerzahl (Museumsbesuche auf je 10 EW) besteht zwischen den Vergleichsländern ein deutliches Gefälle. Am geringsten sind die Besuchszahlen in Finnland. Hier kommen statistisch über das Jahr hinweg auf 10 Einwohner rd. 9 Museumsbesuche. Es folgt Deutschland mit 12 bis 13 Museumsbesuchen auf je 10 Einwohner. Dänemark, Norwegen und Schweden unterscheiden sich im Niveau wenig. Sie liegen bei 20 bis 22 Besuchen auf 10 Einwohner. Island übertrumpft alle. In den 90er Jahren gab es um die 30 Besuche auf 10 Einwohner, 2010 aber 50,9. Bei Ausgliederung von Zoos, Botanischen Gärten und Aquarien verbleiben noch 44,3 Besuche pro 10 Einwohner. Welchen Anteil daran ausländische Touristen haben, ist unklar; dazu existieren wie auch in den Vergleichsländern keine Daten. *Tabelle 44* rückt Deutschland für den Beobachtungszeitraum von einer guten Dekade in einen Vergleich mit Dänemark und Island. Die Tabelle enthält für Island auch das Vorkrisenjahr 2007, um so das ungebremste Wachstum festzuhalten. Die Verteilung der Museumsbesucher auf die verschiedenen Museumsarten[468] zeigt, dass Museen der Gruppe *„Heimat, Kultur- und Sozialgeschichte"* den größten Zuspruch finden. Zwischen rd. 50 bis fast 60 Prozent der Besuchszahlen entfallen auf diese Gruppe. Mit ihr habe ich aus Gründen der Vergleichbarkeit 4 Museumsarten, die in der deutschen Statistik, nicht aber in den Statistiken der skandinavischen Länder, je separat erfasst werden, zu einer Gruppe zusammengefasst. In Deutschland erfreuen sich Volks- und Heimatkundemuseen sowie Burgen und Schlösser großer Beliebtheit. Burgen und Schlösser gibt es in den skandinavischen Ländern viel weniger; sie werden

---

[468] Die UNESCO hat eine Kategorisierung von Museen vorgelegt, an die sich die Mitgliedsländer aber nur bedingt halten.

schon deshalb nicht separat erfasst. Die Bedeutung von Kunstmuseen auf der einen Seite und Museen der Naturkunde und Technik differiert. In Deutschland ist die Bedeutung von Naturkunde- und Technikmuseen größer als die von Kunstmuseen; in den skandinavischen Ländern ist es umgekehrt.

*Tabelle 44: Museen und ihre Nutzung im Zeitraum 1999 bis 2010: Deutschland im Vergleich mit Dänemark und Island*

|  | DE | | DK | | IS | | |
|---|---|---|---|---|---|---|---|
|  | 1999 | 2010 | 1999 | 2010 | 1999 | 2007 | 2010 |
| Anzahl | 4.570 | 4.823 | 276 | 261 | 93 | 124 | 134 |
| Museumsbesucher insgesamt (Tsd.) | 96.190 | 109.196 | 10.199 | 11.638 | 825 | 1.381 | 1.618 |
| Besuche auf 10 Einwohner | | | | | | | |
| Insgesamt | 11,7 | 13,3 | 19,2 | 21,0 | 29,9 | 44,9 | 50,9 |
| Heimat, Kultur- und Sozialgeschichte* | 6,6 | 7,0 | 13,0 | 12,2 | 9,6 | 23,2 | 24,8 |
| Kunst | 1,9 | 2,4 | 5,3 | 5,5 | 9,5 | 11,3 | 14,4 |
| Natur und Technik | 2,4 | 3,1 | 0,5 | 0,5 | 2,1 | 4,2 | 5,1 |

**Erläuterung:** Grundlage der Daten sind die Institutionen, die sich an den jeweiligen nationalen Erhebungen, in Deutschland durch das Institut für Museumsforschung, beteiligt haben. Da keine hundertprozentigen Rückläufe erfolgen, gibt es Lücken. Diese können zwischen den Jahren schwanken.
* Bei Deutschland einschließlich Burgen- und Schlösser; die Zuordnung ist in den Vergleichsländern unklar
**Quellen:** Deutschland: Institut für Museumsforschung (2000, 2011); Dänemark: Statistics Denmark, Datensätze mit Code MUS; Island: Statistics Iceland, Datensatz „Visitors to museums and related activities by kind and region 1995 bis 2010"

Der Besuch privater Museen ist in der Regel kostenpflichtig. Bei den öffentlichen Museen ist der Eintritt in Deutschland bei 35 Prozent der Museen kostenlos (Institut für Museumsforschung 2011: 36, Tab. 17); in Norwegen ungefähr bei jedem zweiten.[469] In ihrer Mehrheit also erheben auch die öffentlichen Museen Eintrittsgelder. Von einem eher geringen Niveau entwickelten sich diese seit den 90er Jahren zu einer wichtigen Einnahmequelle. In den letzten Jahren freilich gab es eine Gegenbewegung, z.B. durch die Einrichtung von freien Museumstagen.

---

[469] In den Jahren 2005 bis 2010 schwankte der Anteil bezahlender Besucher zwischen 48 und 53 Prozent. Statistics Norway, Bericht „Norwegian museums and collections, 2010".

„Es gibt unmoralische Phantasien von Menschen, die darüber nachdenken, wie viel Museum man mit einer bestimmten Zahl von Beschäftigten am Laufen hält. Richtig wäre doch zu fragen: Wie viele Mitarbeiter braucht es, um diesen weltweit einzigartigen Bestand entsprechend zu erhalten. (...)"
*(Martin Roth, Generaldirektor der Kunstsammlungen Dresden im Interview mit der Leipziger Volkszeitung, in: LVZ 13.01.2010, S. 10. Martin Roth ist zwischenzeitlich Leiter des Londoner Victoria-Albert-Museums.)*

Die vom ehemaligen Generaldirektor der Kunstsammlungen Dresden aufgestellte Forderung, den Personalbestand an den Aufgaben auszurichten, die die öffentlichen Museen wahrzunehmen haben, wird von der deutschen Politik sträflich vernachlässigt. Ins Bild passt, dass sich auch die statistische Erfassung von Finanz- und Personaldaten – dies stellt sich in den skandinavischen Ländern anders dar – in neuerer Zeit als desolat erweist. Personaldaten werden seit 2002, Haushaltsdaten sogar seit 1992 nicht mehr erfasst (Institut für Museumsforschung 2011: 69f.). Bis 1992 hat das Statistische Amt der Stadt Stuttgart im Auftrag des Deutschen Städtetages die Daten für Gemeinden ab 20.000 Einwohner im Vierjahresturnus erhoben, seither nicht mehr. Eine Nachfolgelösung existiert nicht. Für das Jahr 2002, damit 10 Jahre nach der letzten Erhebung, wurden letztmalig Personaldaten erhoben. Danach lag der Anteil hauptamtlich resp. professionell geführter Museen im Jahr 2002 bei 46,4 Prozent; 61,7 Prozent der Museen verfügten über fest angestelltes Personal. Am höchsten (über 90 Prozent) lag der Anteil professioneller Führung bei den Museen in der Trägerschaft von Bund und Ländern, am geringsten bei Museen, die von Vereinen oder Privatpersonen unterhalten werden. Drei Viertel dieser Museen wurden ehrenamtlich geführt (Institut für Museumsforschung 2003: 49ff.). Kommunale Museen liegen in der Mitte; 1.070 Museen in der Trägerschaft lokaler Gebietskörperschaften verfügten über eine hauptamtliche und 164 Museen über eine nebenamtliche Leitung. Das Personal der öffentlichen und privaten Museen belief sich auf 10.920 Vollzeit- und 6.692 Teilzeitbeschäftigte (a.a.O.: 54, Tab. 29). Wie sich diese Beschäftigten auf die verschiedenen Träger verteilen, ist unklar.

Es kann als gesichert angesehen werden, dass die öffentlichen Museen der skandinavischen Länder relativ mehr Personal beschäftigen als die öffentlichen Museen in Deutschland. Anders als bei sozialen Diensten handelt es sich aber um keinen dynamisch wachsenden Beschäftigungsbereich. Es sind auch Einbrüche zu verzeichnen. So wurde in Schweden während der letzten Jahre an den öffentlichen resp. öffentlich subventionierten Museen erheblich Personal abgebaut. Im Jahr 2007 gab es insgesamt 3.327 Stellen, 2009 aber nur noch 2.957 Stellen; ein Rückgang um 11 Prozent. Der Stellenabbau konzentriert sich auf die regionalen und lokalen Museen. Um 15 Prozent wurden die Stellen dort abgebaut (von 1.655 auf noch 1.404). Nur in wenigen Regionen (z.B. Jönköpping) gibt es gegenläufig zum allgemeinen Trend zusätzliche Stellen. Der Rückgang bei den Besucherzahlen und der Rückgang bei der personellen Ausstattung greifen also ineinander. Ganz anders in Dänemark. Zwar liegen mir keine Beschäftigtendaten vor, dafür aber die Rechnungsergebnisse der Gemeinden zu den Personalausgaben der kommunalen Museen. Diese sind von 183,9 Mio. DKK (rd. 24,68 Mio. €) im Jahr 2007 auf 214,9 Mio. DKK (rd. 28,85 Mio. €) im Jahr 2010, damit also um 16,9 Prozent binnen drei Jahren gestiegen. Diese Ausgabensteigerung spricht klar für eine Personalaufstockung.

Für Norwegen habe ich die Entwicklung über die längere Frist von 1994 bis 2009 analysiert. Da bei den Museen nicht nach Trägern, sondern nach Regionen resp. Counties unterschieden wird, ist unklar, ob es sich bei den einbezogenen Museen durchweg um öffentliche Museen handelt und welche im Eigentum von Gemeinden und Counties sind. In *Tabelle 45* sind für eine Auswahl von Jahren wichtige Ergebnisse zusammengestellt. Die Entwicklung über 15 Jahre zeigt, dass sich unterschiedliche Phasen abgewechselt haben: eine Phase der Stagnation in der zweiten Hälfte der 90er Jahre und ab 2001/2002 ein neuerlicher Aufschwung. Dies spiegelt sich in allen Indikatoren. Die Besuchszahlen sind über den Gesamtzeitraum betrachtet deutlich gestiegen, allerdings mit Schwankungen. In der zweiten Hälfte der 90er Jahre bis Anfang des neuen Jahrtausends gab es Einbrüche und dann einen kräftigen Anstieg. 2010 wurden mit 10,55 Mio. über 2 Mio. Besucher mehr erfasst als im Jahr 2002. Das Jahr 2010 ist in der Tabelle allerdings nicht enthalten, da detaillierte Daten noch nicht publiziert sind. Auf die Einwohnerzahl bezogen liegen die Besuchszahlen ungefähr gleichauf mit denen von Dänemark. Große Bedeutung haben in Norwegen Museen der Sozialgeschichte. Sie bilden eine eigene Kategorie, auf die mehr als die Hälfte aller Museumsbesuche entfallen. Das Interesse an Kunstmuseen hat sich im Beobachtungszeitraum wenig geändert; auf 10 Einwohner kommen 2,5 bis 3 Besuche. Gestiegen ist die Bedeutung von Naturkundemuseen. Diese haben zu den Kunstmuseen annähernd aufgeschlossen.

Der Museumsbetrieb wird in erheblichem Umfang mit öffentlichen Mitteln finanziert. 2009 stellten öffentliche Mittel mit gut 71 Prozent den gleichen Anteil an den Museumseinnahmen wie bereits 1994. Der Absolutbetrag hat sich dabei mehr als verdoppelt (1994: 138 Mio. €; 2009; 316 Mio. €). Das Personal in Mannjahren ausgedrückt, ging in den schwachen Museumsjahren zurück, ist nach der Jahrtausendwende aber wieder angestiegen auf rechnerische Vollzeitkräfte (incl. Volontäre) von 3.841. Bemerkenswert ist, dass Schweden nach dem Personalabbau der letzten Jahre heute weniger Museumsbeschäftigte aufweist als Norwegen; dabei hat Schweden fast doppelt so viele Einwohner. Zwar ist der Bezug auf Einwohner anders als bei Bildung und sozialen Diensten nicht sehr aussagekräftig, weil es bei Museen vorrangig um die wissenschaftliche Dokumentation, die Pflege, den Erhalt und die Erweiterung von Sammlungen geht, die über Dauer- und Sonderausstellungen dann der Öffentlichkeit zugänglich gemacht werden. Der Umfang des in Schweden vorgenommenen Personalabbaus wirft gleichwohl die Frage auf, ob der Personalabbau nicht auch zu Einbußen bei der Qualität der Museumsarbeit und bei der Sicherung guter Arbeitsbedingungen führt.

*Tabelle 45: Museumsentwicklung in Norwegen 1994 bis 2009: Besucher nach Museumsarten, öffentliche Finanzierungsmittel und Beschäftigte*

|  | 1994 | 1998 | 2002 | 2006 | 2008 | 2009 |
|---|---|---|---|---|---|---|
| Besuche: Tsd. | 8.663,7 | 8.753,1 | 8.336,2 | 9.330,6 | 10.196,0 | 10.183,8 |
| **Besuche auf 10 Einwohner** | | | | | | |
| Insgesamt | 20,0 | 19,8 | 18,4 | 20,1 | 21,5 | 21,2 |
| Sozialgeschichte[1] | 12,4 | 13,0 | 12,2 | 13,2 | 13,4 | 13,0 |
| Sozial- und Naturgeschichte | 3,1 | 2,2 | 1,9 | 1,8 | 2,8 | 2,9 |
| Kunst | 2,9 | 2,5 | 2,5 | 3,0 | 2,8 | 2,7 |
| Naturkunde | 1,6 | 2,2 | 1,8 | 2,1 | 2,6 | 2,6 |
| **Öffentliche Finanzierung** | | | | | | |
| Öffentl. Finanzierungsmittel Mio. €[2] | 138 | 109 | 170 | 235 | 280 | 316 |
| Anteil an den Einnahmen (%) | 71,5 | 66,2 | 67,8 | 66,8 | 68,9 | 71,4 |
| **Personal** | | | | | | |
| Beschäftigte (VZ+TZ) | 5.560 | 5.302 | k.A. | k.A. | k.A. | k.A. |
| Mannjahre[3] | 3.378,2 | 2.879,0 | 3.125,9 | 3.578,6 | 3.842,0 | 3.840,8 |

1) Ab 2007 incl. der neu aufgenommenen Mischkategorie „Kunst und Sozialgeschichte"
2) Zum Umrechnungskurs vom 29.09.2010
3) Bis 1998 sind Volontäre in den Mannjahren nicht enthalten, ab 2002 dann allerdings.
**Quellen:** Statistische Jahrbücher von 1996 (Tab. 228), 2000 (Tab. 314); 2004 (Tab. 281), 2008 (Tab. 245), 2010 (Tab. 243) und 2011 (Tab. 242); eigene Auswertung. Bezug auf die Bevölkerung vom 01.01. d.J.

### 7.2.3.2 Theater und ihr Bezug zur Stadt

„Deutschland soll stolz sein auf diese Tradition. Man hat ein System entwickelt, wo jedes Theater seine Identität hat, seinen Bezug zur Stadt." *(Peter Leonard, aus den USA stammender Intendant des Volkstheaters Rostock)*[470]

„Mein Eindruck ist, dass die Leute hier eine ganz andere Verbindung zum Opernhaus in ihrer Stadt haben (...) In Amerika ist der Markt so klein, da ist kaum Spielraum. Die Häuser müssen einfach Karten verkaufen und ihre Sponsoren halten. Also bleiben sie beim Altbewährten." *(Paul Appleby, Tenor aus den USA mit Engagement an der Oper Frankfurt a.M. im Gespräch mit der Frankfurter Rundschau Nr. 115 v. 18.05.2012, S. 32)*

Deutschland hat Theatergeschichte geschrieben und schreibt daran weiter. Es war unter den Pionieren bei der Gründung öffentlicher Theater und Opernhäuser, hat das „Regietheater"[471] erfunden und ist weiterhin international präsent mit hervorragenden Inszenierungen und auch mit experimentellen Entwürfen. Künstlerisch also lebt das Theater. Auch die Verbindung zur Stadt ist, wenn schon nicht überall, an vielen Orten lebendig. Köln liefert ein Beispiel; im Guten wie im Schlechten. Die bauliche Instandhaltung der Bühnen am Offenbachplatz wurde über Jahre vernachlässigt. Es gab in der Ära von Jürgen Flimm (1979-1985) eine Glanzzeit. Dann ging es sukzessive bergab, baulich und künstlerisch. Im Jahr 2010 schließlich stand schon die Abrissbirne bereit, um das Schauspiel abzureißen und einen verkleinerten Neubau an seine Stelle zu setzen. Hier allerdings gelang nun die Wende. Zum einen wandte sich eine Bürgerinitiative mit einem Bürgerbegehren erfolgreich gegen den Neubau; der Stadtrat anerkannte das Bürgerbegehren als zulässig und

---

[470] Zitiert nach: Wolfgang Schreiber: Oper im Narbengeländer. Gera, Halle, Weimar, Chemnitz, Rostock – die Musiktheater im Osten Deutschlands ächzen und blühen, in: Süddeutsche Zeitung Nr. 25 v. 01.02.2011, S. 11.

[471] Das Regietheater wurde am Meininger Theater (Thüringen) ab 1866 erfunden und dann international exportiert (Erck 2006: 30ff.). Regietheater bedeutet, dass es neben dem Autor sekundäre Künstler gibt, den Regisseur, den Bühnenbildner, den Dramaturgen. Nicht mehr der Autor studiert mit Schauspielern und Sängern sein Stück ein, sondern die „Sekundärkünstler" gestalten ein Stück oder machen aus Textmaterialien etwa einer Elfriede Jelinek überhaupt erst ein Stück. Die Erfindung des Regietheaters war bahnbrechend und prägt heute das Regieverständnis auf allen Bühnen Europas. Wenn neuerdings ein Paradigmenwechsel vom Dramatischen zum Epischen an manchen Bühnen Einzug hält, statt Dramen also Romane (am Centraltheater von Leipzig in der Saison 2011/12 etwa der Roman „Der Trinker" von Hans Fallada), zur Aufführung kommen, so ist diese Entwicklung überhaupt nur denkbar vor dem Hintergrund eines Verständnisses von Theater als Regietheater.

nahm seine Neubauentscheidung Mitte April 2010 zurück.[472] Zum anderen nutzte Karin Beier, seit Sommer 2007 neue Intendantin, die Katastrophe des Stadtarchiveinsturzes vom März 2010,[473] um anhand von Texten der österreichischen Schriftstellerin und Nobelpreisträgerin Elfriede Jelinek die Stadt in eine Verhandlung ihrer eigenen Korruptions-Angelegenheiten zu zwingen. Das Stück „Ein Sturz" wurde ein Riesenerfolg; bei den Kritikern und beim Publikum. Zweifach, 2010 und 2011, wurde das *Schauspiel Köln* von der renommierten Fachzeitschrift „Theater heute" zum Theater des Jahres gekürt. Die ganze Kölner Kulturszene hat von diesem Wiederaufstieg profitiert.[474] Auch auf ihre Oper könnte die Stadt stolz sein, denn dank dem Intendanten Uwe Eric Laufenberg gehört das Haus heute zum Kreis der deutschlandweit besten Bühnen. Dieses Niveau freilich hat seinen Preis und den will resp. kann die finanziell erschöpfte Stadt nicht bezahlen; es geht um 2 Mio. €. Der Konflikt darüber ist im Laufe des Jahres 2012 so eskaliert, dass dem streitbaren Intendanten im Juni fristlos gekündigt wurde. Das rot-grün regierte Köln stand vor einem Scherbenhaufen. Da auch Karin Beier die Stadt wieder verlässt, droht der selbstverschuldete Abstieg auf Provinzniveau. Dabei, das Engagement von Laufenberg war gerade mit dem Anspruch begründet worden, *„wieder ein künstlerisch tonangebendes, über das Rheinland hinausstrahlendes Musiktheater aufbauen zu wollen."* Nachdem dies gelang, wird dem Erfolg durch

---

[472] Zur Chronologie und dem Stand der Sanierung siehe: http://sanierung.buehnen koeln.de/aktuell.html (Zugriff: 13.08.2012)

[473] Am 3. März 2009 ereignete sich die seit dem Zweiten Weltkrieg größte Katastrophe der Stadtgeschichte. Bei Bauarbeiten zu einer neuen U-Bahnlinie stürzte das Historische Stadtarchiv in den Abgrund. Zwei Menschen kamen zu Tode und es entstand ein unermesslicher kultureller Verlust (SPIEGEL Online, 03.03.2009). Das Kölner Stadtarchiv nämlich beherbergte gewaltige Kulturschätze nicht nur zur mehr als 1000-jährigen Geschichte der Stadt, sondern auch zur Kirchengeschichte und zur Geschichte der Hanse, die den Zweiten Weltkrieg ohne Verlust überstanden hatten. Die Ergebnisse der nachfolgenden Ermittlungen können als Lehrstück gescheiterter Privatisierungen gelesen werden. Der Rat der Stadt hatte entschieden, die neue U-Bahnstrecke in privater Regie bauen zu lassen incl. privatem Bau-Controlling. Befreit von den Zwängen staatlicher Verwaltung sollte alles schneller gehen und günstiger werden. Nun stellte sich heraus, dass aus Kostengründen Sicherheitsvorkehrungen missachtet worden waren. Trotzdem liefen die Kosten bereits vor der Katastrophe aus dem Ruder. Darstellung nach: Eva-Maria Thom, Das Kölner Lehrstück, in: DIE ZEIT Nr. 10 v. 03.03.2011.

[474] Dass Köln heute wieder mit Schauspiel positiv assoziiert ist, hat auch der Freien Theaterszene neues Publikum zugeführt. So erklärte deren Sprecher (Dietmar Kobboldt): *„Als Karin Beier startete, waren auf einen Schlag auch unsere freien Theater besser besucht. Plötzlich hatte der Begriff ‚Theater' wieder einen guten Leumund"* (zit. nach Martin Oehlen: Ein Theater, das von seiner Stadt handelt, in: Frankfurter Rundschau Nr. 276 v. 26.10.2010, S. 30).

eine kleinkrämerische Rotstiftpolitik das Fundament entzogen. Zwar hat die Ratsmehrheit im August 2012 mit der bisherigen Chefdramaturgin Birgit Meyer eine Nachfolgerin gekürt, die das Haus kennt und sich um die Oper auch bereits einige Meriten verdient hat,[475] ohne eine solide Finanzierung wird sich jedoch das derzeit gute Niveau auch unter der neuen Intendanz kaum halten lassen.

Einerseits und ganz grundsätzlich lehrt das Beispiel, dass es bei Stadttheatern ein Auf und ein Ab gibt. Häuser, deren Glanz verblichen ist, können wieder eine wichtige Rolle für ihre Stadt gewinnen, wenn bürgerschaftliches Engagement und Mut für einen Neuanfang zusammen kommen. Die öffentlichen Häuser und die Freie Theaterszene sind dabei auch nicht als Widerpart zu sehen, sondern können sich wechselseitig befruchten. Zum anderen jedoch lehrt das Beispiel, dass der neue Glanz schnell zerrinnen kann, wenn er von den finanziellen Rahmenbedingungen nicht ausreichend gestützt wird. Zusammengenommen spiegeln sich in Köln wie in einem Brennglas die kaum lösbaren Widersprüche, die aus einer Kulturpolitik resultieren, die von den Städtischen Bühnen einerseits hohe Qualität erwartet, gleichzeitig aber nicht willens ist, die Finanzierung nachhaltig so zu gestalten, dass die Häuser Luft zum Atmen haben.

In noch 65 anderen Städten sind es die öffentlichen Theater, also Stadttheater, Staatstheater und Landesbühnen, die die deutsche Bühnen-Szenerie prägen. Häufig werden Theater als Mehrspartenhäuser geführt mit Oper, Tanz, Schauspiel, Musical und Konzert[476] unter einen Dach. Lediglich in Städten mit über 500.000 Einwohnern gibt es eigene Opernhäuser, Schauspielhäuser usw. Um die öffentlichen Theater herum existiert eine teilweise höchst kreative Freie Szene.[477] Sie liefert wichtige Impulse und bietet Nachwuchstalenten eine Chance, sich zu entwickeln. Ohne öffentliche Zuschüsse könnte auch sie kaum überleben. Zwischen den öffentlichen Häusern und der Freien Szene gibt es mehr oder weniger vertrackte Beziehungen. Im besten Fall handelt es sich um kommunizierende Röhren. Seit in den Städten aber der Rotstift regiert, werden erbitterte Verteilungskämpfe ausgefochten. Im Zweifel stehen der Stadt dabei die eigenen Häuser näher als Künstlergruppen und Einrich-

---

[475] Siehe den Bericht in der Frankfurter Rundschau Nr. 183 v. 08.08.2012, S. 25.

[476] Für den statistischen Vergleich resultieren daraus Probleme. In Deutschland nämlich wird zwischen dem an Theatern integrierten Musikbetrieb und den selbständigen Kulturorchestern unterschieden. In den skandinavischen Ländern wird der Musikbetrieb separat erfasst und breiter abgegrenzt.

[477] Sie besteht aus Zusammenschlüssen freischaffender KünstlerInnen, die über kein eigenes Haus verfügen, sowie aus unabhängigen Theatern. Davon zu unterscheiden sind Theater, die einen rein kommerziellen Zweck verfolgen.

tungen, für deren Wohl und Wehe die Stadtpolitik nicht direkt verantwortlich ist. Tendenziell wird die Freie Szene daher heute knapper gehalten als früher.

Lassen wir die Entwicklung der deutschen Theaterlandschaft im Zeitraum von Ende der 90er Jahre bis 2009/2010 Revue passieren.[478] Die Stadttheater und auch etliche Landesbühnen haben Zuschauer verloren, ohne dass dies durch private Häuser kompensiert worden wäre. Im Gegenteil. Bei den privaten Häusern brachen die Zuschauerzahlen um mehr als ein Drittel ein. In der Spielzeit 1998/99 gab es noch 11 Mio., in der Spielzeit 2009/2010 aber nur noch 7,1 Mio. Zuschauer. Demgegenüber erfolgte bei öffentlichen Häusern nur ein moderater Rückgang um 8 Prozent von 20,5 auf 18,8 Mio. Zuschauer Bei der Bewertung muss gesehen werden, dass auch die Zahl der Theater um 8 Prozent abnahm. Ende der 90er Jahre gab es 152 öffentliche Theater, in der Spielzeit 2009/2010 aber nur noch 140 Theater. Zwar bewegt sich die Zahl jährlicher Veranstaltungen auf einem gegenüber den 90er Jahren kaum geänderten Niveau von 64 bis 66 Tsd. Veranstaltungen. Aber die Auslastung ist gesunken. Zudem, es macht einen Unterschied, ob eine Stadt über ein eigenes, mit der Stadt verbundenes Ensemble verfügt, oder nur noch über eine Spielstätte, wo es Gastauftritte gibt. Zur Tradition des deutschen Theaters gehört der Repertoirebetrieb. Stadttheater erarbeiten mit ihrem Ensemble für die jeweils nächste Spielzeit ein bestimmtes Repertoire mit einer Reihe von Neuinszenierungen. Sie machen dies nicht losgelöst von der örtlichen Kulturpolitik, sondern stellen ihre Überlegungen im Kulturausschuss zur Diskussion. Johan Simons, der aus den Niederlanden stammende Intendant der Münchner Kammerspiele, beschreibt diese Verbindung von Kunst und Politik in einem Beitrag für die Süddeutsche Zeitung (*„Plädoyer gegen das Zimmerwarme"*, SZ 11.04.2012, S. 13) als eine Art Garantie gegen kulturelle Kahlschläge, wie sie ab 2013 die Niederlande treffen werden. Dort habe sich die Politik der direkten Verantwortung für das öffentliche Theaterwesen durch die Gründung von Stiftungen entledigt. Den zeitweisen Gewinn an Freiheit von der Politik bezahlen die Häuser jetzt damit, dass man sie am langen Arm verhungern lässt. Insoweit, so Simon, gelte: *„Die Politik ist eine bessere Herberge für die Kunst als die Marktwirtschaft."*

Betrachtet man einzelne Sparten, so fand der größte Einbruch bei Operette und Musical, also bei der eher leichten Kost, statt. Hier gab es einen stetigen Besucherrückgang um in der Summe 40 Prozent (1998/99: 3,1 Mio.; 2003/04: 2,5 Mio.; 2009/10: 1,8 Mio.). Demgegenüber liegen die Rückgänge bei Oper, Tanz und Schauspiel unter 10 Prozent. Ein Problem der Oper und auch von

---

[478] Angaben nach Destatis, Statistische Jahrbücher, fortlaufend.

Konzerthäusern ist darin zu sehen, dass die Bindung der jungen Generation schlecht gelingt. Dies verweist zurück auf die beschriebenen Defizite bei der musikalischen Grundbildung. Die bessere Versorgung mit Musikschulen in skandinavischen Ländern trägt dort auch insoweit Früchte, als die Heranführung junger Menschen an den Konzert- und Opernbetrieb besser zu gelingen scheint. Nicht alle Bereiche sind von sinkenden Zuschauerzahlen betroffen. Das Kinder- und Jugendtheater verzeichnet einen Zuwachs gegenüber 2003/ 04 von gut 16 Prozent auf jetzt knapp 2,8 Mio. Nach Zuschauer-Anteilen betrachtet, dominieren Oper und Tanz mit einem Anteil von rd. 31 Prozent, gefolgt vom Schauspiel mit 28 Prozent. Diese Anteile sind weitgehend stabil geblieben.

Die öffentlichen Theater finanzieren die bauliche Unterhaltung voll und den laufenden Betrieb überwiegend aus öffentlichen Zuweisungen. Dies ist in Deutschland nicht anders als in den skandinavischen Ländern. In Deutschland kommen rd. 80 Prozent der Gesamteinnahmen (1998/2009: 80,1%; 2009/2010: 79,6%) aus den öffentlichen Haushalten. Kultur ist Ländersache. Dem entspricht, dass die Theaterfinanzierung ungefähr hälftig von Ländern und Kommunen getragen wird; der Bund steuert nur einen minimalen Anteil bei. Im Rechnungsjahr 2008 erreichten die öffentlichen Finanzierungsmittel (incl. EU-Projektfördermittel) 2.134,6 Mio. € und 2009 2.168,5 Mio. €. Die Gemeinden und Gemeindeverbände trugen davon gut 51 Prozent (2008: 1.102,2 Mio. €; 2009: 1.111,2 Mio. €). In der Öffentlichkeit wird vielfach kritisch registriert, dass jeder Theaterbesuch rechnerisch mit mehr als 100 € öffentlich „subventioniert" werde. Das ist eine höchst anfechtbare Darstellung, setzt sie doch die öffenlichen Ausgaben für den Betrieb des Theaters gleich mit den öffentlichen Ausgaben pro Besucher. Die Leistungen eines Theaters erschöpfen sich jedoch nicht in den Theateraufführungen. Der Gegenwert eines guten Theaters geht weit darüber hinaus. Er besteht in einem Gewinn an Urbanität für die Stadt. Es gibt keinen Theatereinheitsbrei, wie er bei einem stärker marktförmig organisierten Theaterwesen zu erwarten wäre, sondern Theater mit unverwechselbarem Profil. Dies hat seinen Preis. Er ist auch nicht übermäßig hoch. Auf Einwohner umgerechnet, wurden 2009 gesamtstaatlich gerade einmal 26 € ausgegeben. In Dänemark waren es 249 DKK resp. rd. 33 €, wovon die Gemeinden nur einen kleinen Teil tragen (vgl. Tab. 39); bei Konzerten ist es umgekehrt.[479]

---

[479] Angaben für Dänemark: Statistical Yearbook 2011, Tabelle 105; Angabe für Deutschland aus der Theaterstatistik 2009/2010 des Deutschen Bühnenvereins, S. 261f.

Der nähere Vergleich mit Dänemark ist aufschlussreich. So sind in Deutschland die öffentlichen Ausgaben für Theater und Musik pro Einwohner seit Mitte der 90er Jahre preisbereinigt deutlich zurückgegangen.[480] Auch in den letzten Jahren gab es nur ein geringes reales Wachstum. Im Jahr 2007 wurden im Bundesdurchschnitt 37,30 € eingesetzt; 19,94 € brachten Gemeinden und Gemeindeverbände auf. Im Jahr 2009 waren es 39,50 € (Theater: 26,30 €; Konzerte: 13,20 €). Gegenüber dem Jahr 2006 wurde ein Plus von nominal 9,7 und preisbereinigt noch von 2,6 Prozent realisiert. In Dänemark dagegen stiegen die öffentlichen Ausgaben pro Einwohner im genannten Zeitraum 2006 bis 2009 um 47,3 Prozent (preisbereinigt: 38,7%). Der Zuwachs fiel im dynamisch wachsenden Musikbereich doppelt so stark aus wie bei den hinsichtlich der Zuschauerzahlen stagnierenden Theatern. Nimmt man bei Deutschland die öffentlichen Subventionen für Privattheater (2008: 3,99 €/EW; 2009: 4,06 €/EW) hinzu, ist folgende Aussage belastbar: Im Jahr 2009 wurden in Dänemark aus öffentlichen Haushalten (Gemeinden und Zentralregierung) etwa ein Viertel mehr für den Theater- und Musikbetrieb eingesetzt als in Deutschland. Betrachten wir nur die Theater, verbleibt ein Plus von rd. 10 Prozent (DE: 30,33 €; DK: rd. 33,38 €). Gemessen an der Wirtschaftskraft lässt sich dies als Gleichstand interpretieren. *Tabelle 46* gibt zur Entwicklung der öffentlichen Finanzierung in Dänemark seit 2006 (Jahr vor der Kommunalreform) bis 2009 einen Überblick. Die angegebenen Veränderungen (letzte Spalte) sind anhand der exakten, nicht der gerundeten Daten errechnet. Ersichtlich wird, dass sich die angesprochene beachtliche Steigerung des Zuschusses pro Einwohner höchst ungleich auf die staatlichen Ebenen verteilt. Wegen des Wegfalls der Counties haben sich die Gemeindeausgaben mehr als verdoppelt (+127%). Allerdings müssen die Gemeinden die vorher von den Landkreisen (Counties) getragenen Ausgaben nicht voll schultern. Die Zentralregierung übernimmt einen Teil. Im Ergebnis erfolgte eine gewisse Zentralisierung der Finanzverantwortung. Schon 2006 lag der Finanzierungsanteil der Lokalregierungsebene mit 43,5 Prozent um einige Prozentpunkte unter dem deutschen Niveau (Theater: 35%; Musik: 60%); 2009 liegt er mit insgesamt rd. 39 Prozent (Theater: 17,7%; Musik: 70,1%) weit niedriger. Allerdings deutet sich an, dass Gemeinden sukzessive höhere Finanzierungsanteile übernehmen als im Startjahr der Kommunalreform. Gleichwohl, in Dänemark sind Theater weit weniger eine städtische Aufgabe als in Deutschland.

---

[480] Von 1995 bis 2005 gab es eine Steigerung von lediglich 5,6 Prozent. 1995 lagen die Pro-EW-Ausgaben bei 33,70 € und 2005 bei 35,60 € (Kulturfinanzbericht 2010, Tab. 3.2-1).

*Tabelle 46: Öffentliche Finanzierung des Theater- und Musikbetriebs
in Dänemark vor und seit der Kommunalreform*

| | 2006 | | | 2007 | | 2009 | | Veränderung (%) |
|---|---|---|---|---|---|---|---|---|
| | I | Theater | Musik | I | Theater | I | Theater | Musik | I |
| **Öffentliche Ausgaben (Mio. €)** | | | | | | | | | |
| Insgesamt | 206 | 135 | 71 | 269 | 159 | 308 | 184 | 124 | 49,6 |
| Zentralregierung | 116 | 88 | 28 | 167 | 132 | 189 | 152 | 37 | 62,4 |
| Lokalregierungen | 90 | 47 | 43 | 102 | 26 | 119 | 32 | 87 | 33,2 |
| Gemeinden | 52 | 17 | 34 | 102 | 26 | 119 | 32 | 87 | 130,6 |
| Counties | 38 | 29 | 8 | 0 | 0 | 0 | 0 | 0 | -100,0 |
| **€ pro Einwohner (Kurs: 29.09.2010)** | | | | | | | | | |
| Insgesamt | 37,9 | 24,8 | 13,1 | 49,4 | 29,1 | 55,9 | 33,4 | 22,5 | 47,3 |
| Zentralregierung | 21,4 | 16,1 | 5,2 | 30,6 | 24,3 | 34,2 | 27,5 | 6,7 | 60,0 |
| Lokalregierungen | 16,5 | 8,6 | 7,9 | 18,7 | 4,9 | 21,7 | 5,9 | 15,8 | 31,2 |
| Gemeinden | 9,5 | 3,2 | 6,3 | 18,7 | 4,9 | 21,7 | 5,9 | 15,8 | 127,1 |
| Counties | 7,0 | 5,4 | 1,6 | 0,0 | 0,0 | 0,0 | 0,0 | 0,0 | -100,0 |
| **Nachrichtlich:** Anteil Lokalregierung (%) | 43,5 | 34,8 | 60,1 | 37,9 | 16,7 | 38,8 | 17,7 | 70,1 | -10,9 |

**Legende:** I = Insgesamt
**Quellen:** Statistics Denmark, Statistical Yearbook 2008 (Tab. 114), Statistical Yearbook 2009 (Tab. 112), Statistical Yearbook 2010 (Tab. 106), Statistical Yearbook 2011 (Tab. 105); eigene Auswertung anhand der Bevölkerungsdaten zum 01.01. d.J.

Bei der Beurteilung ist Zweierlei zu berücksichtigen. Erstens gehen in Dänemark relativ zur Einwohnerzahl mehr Menschen ins Theater als in Deutschland. Dies insgesamt wie auch bei Eingrenzung auf öffentliche resp. öffentlich finanzierte Theater. Die höchsten Zuschauerzahlen erreichten öffentliche Häuser in der ersten Hälfte der 80er Jahre mit Spitzenwerten bis zu 4,6 Besuchen auf 10 Einwohner in der Theatersaison 1984/85. Es ging dann bergab und auch wieder bergauf. In den letzten Jahren jedoch lagen die Zahlen nur noch bei etwas über 3 (2008/09: 3,4; 2009/10: 3,2; 2010/11: 3,0) resp. bei um die 4 (2008/09: 4,2; 2009/10: 4,1), wenn alle öffentlich subventionierten Veranstaltungen einbezogen werden. Den Rückgängen liegen langfristige Verschiebungen zwischen den Traditionshäusern und kleinen lokalen Bühnen zugrunde.[481] Unabhängig von der Datenbasis liegen die Besucherzahlen also höher als in Deutschland, wo es in der Saison 2009/10 auf je 10 Einwohner statistisch 3,17 Theaterbesucher, davon 2,3 Besucher an öffentlichen Theatern gab. Konsequenz: Obwohl Dänemark pro Einwohner mehr an öffentlichen Mitteln ausgibt, liegt der „Subventionsbetrag" pro Besucher niedriger. In Deutschland lag der Betriebszuschuss pro Besucher 2009 im Mittel bei 109,50 € mit einer Spannweite von 69 € in Städten unter 50.000 Einwohner bis zu 136 € in Städten zwischen 500.000 und weniger als eine Million Einwohner. In Dänemark sind es je nach Datenbasis bis zu 25 Prozent weniger. Zweitens jedoch muss auch die Verteilung auf verschiedene Sparten berücksichtigt werden. In Deutschland spielen Opernaufführungen eine viel größere Rolle als in Dänemark, was auch damit zusammenhängen dürfte, dass sich die großen dänischen Komponisten – Carl Nielsen und Vagn Holmboe sind als erstes zu nennen – nicht vorrangig als Opernkomponisten hervorgetan haben; Gleiches gilt für die international bekannten nordischen Komponisten insgesamt.[482] Umgekehrt haben deutschsprachige Komponisten des 18., des 19. und auch des 20. Jahrhunderts eine Vielzahl von Opern hinterlassen, die weltweit einen Gutteil des Opernrepertoires ausmachen. Opernaufführungen jedoch sind teurer als Darbietungen des Sprechtheaters, auf die in Dänemark

---

[481] Seit den 80er Jahren büßen die Stadttheater der größeren dänischen Städte Zuschauer ein. So zählten die Theater von Aarhus und Aalborg in den 80er Jahren durchschnittlich jeweils über 100 Tsd. Besucher pro Saison. In den 90er Jahren sank die Zahl auf unter 100 Tsd. und nach der Jahrtausendwende weiter auf unter 90 Tsd. Das Theater von Odense konnte seine Besuchszahlen in den 90er Jahren zwar auf über 90 Tsd. steigern, erreichte in der Theatersaison 2010/2011 aber auch nur noch 79 Tsd. Besucher. In den großen staatlichen Häusern ist der Rückgang noch einschneidender. Einen Teil der bei den Traditionshäusern weggebrochenen Zuschauerzahlen konnten die lokalen Stadttheater, die in den 90er Jahren verstärkt entstanden, an sich ziehen. Sie erreichten im Durchschnitt der 90er Jahre 232 Tsd., im Folgejahrzehnt 298 Tsd. und in der Saison 2010/2011 308 Tsd. Zuschauer. Stark gewachsen sind daneben auch die unabhängigen Theater. In der Gesamtbetrachtung gleicht das Wachstum bei den unabhängigen Theatern den Rückgang der Zuschauerzahlen bei den öffentlichen Häusern annähernd aus. Angaben nach Statistics Denmark, Datensätze mit den Codes Teat 1 bis 4.

[482] Die international einem breiteren Publikum bekannten Komponisten schufen große Orchesterwerke, Sinfonien, Kammermusiken, Klavierwerke und auch Liederzyklen, aber nur wenige Opern. Der Däne Carl Nielsen (1865-1931) verfasste mit „Saul und David" (Uraufführung 1902) und „Maskerade" (Uraufführung 1906) nur zwei Opern, Edvard Grieg (1843-1907) schrieb zwar Bühnenmusiken, hinterließ aber nur das Opernfragment Olav Trygvason. Unter den schwedischen Komponisten genießt Kurt Atterberg internationalen Rang. Seine neun Sinfonien kommen zwar vermehrt zur Aufführung, seine fünf Opern gerieten aber in Vergessenheit. Auch vom großen finnischen Komponisten Jean Sibelius (1865-1957) gibt es nur eine Oper (Die Jungfrau im Turme).

41 Prozent der Besucherzahlen entfallen gegenüber 28 Prozent in Deutschland. Bei Opern agieren zusätzlich zu den Sängern und Sängerinnen auf der Bühne Musiker im Orchestergraben. Der Aufwand ist entsprechend groß. Die geringsten Kosten verursachen Kinder- und Jugendtheater. Auch diese Sparte jedoch spielt in Dänemark (19% der Besucher gegenüber 14,8% in Deutschland) eine größere Rolle als in Deutschland. Unterm Strich also ist es eine Frage der Betrachtung, ob die öffentliche Hand in Deutschland oder in Dänemark mehr für die Finanzierung der Theater ausgibt. Auf Einwohner bezogen gibt Dänemark mehr aus, auf Besucher bezogen Deutschland. Letzteres wiederum erklärt sich zumindest teilweise aus der höheren Bedeutung kostspieliger Produktionsformen (Opernaufführungen); ein höherer Auslastungsgrad kommt hinzu.

Neben Dänemark will ich die beiden skandinavischen Republiken Finnland und Island ins Bild holen. Finnland bietet sich an, weil es bei der schon mehrfach zitierten Eurobarometer-Erhebung vom Frühjahr 2007 bei Theaterbesuchen mit an der Spitze lag und in jüngerer Zeit mit innovativen Theaterproduktionen international Beachtung findet. Im nordischen Raum zeichnet sich Finnland dadurch aus, dass die Oper, ergo das Musiktheater, in Blüte steht. Das Bemühen um eine eigene skandinavische Opernlinie wird von hieraus angeführt. Finnland ist, was zeitgenössische Opernkompositionen[483] angeht, in Europa zu einer der wichtigen Opernnationen aufgestiegen. Im europäischen Vergleich fanden hier in den letzten 20 Jahren besonders viele Opernuraufführungen statt. Island habe ich für eine nähere Betrachtung ausgewählt, weil sich die äußerst dynamische Kulturentwicklung der letzten Jahre nicht auf Museen und Musikschulen beschränkt, sondern auch Theater einschließt. Kann man bei Museen noch mutmaßen, dass sich der Aufschwung zu einem Gutteil aus dem Tourismus speist, versagt diese Erklärung bei den Sprechtheatern, da die isländische Sprache – Gleiches gilt für das Finnische – für die meisten Touristen eine hohe Hürde beinhaltet.

In beiden nordischen Ländern hat sich das Theaterwesen, anders als in den skandinavischen Kernländern, erst gegen Ende des 19. Jahrhunderts zu institutionalisieren begonnen. In Finnland wurde im Jahr 1872 in Pori das Finnische Nationaltheater begründet. In Island entstand neben dem Nationaltheater Ende des 19. Jahrhunderts auch das Stadttheater von Reykjavik. Es zählt zu den ältesten und wichtigsten kulturellen Institutionen des Landes. Bis 1989

---

[483] An Komponistennamen sind zu nennen: Joonas Kokkonen, Aulis Sallinen, Erik Bergman, Kaija Saariaho und Einojuhani Rautavaara. Rautavaara (Jg. 1928) ist darunter quasi der Altmeister. Er hat mehr als ein Duzend Opern verfasst.

war es in einem kleinen Holzhaus beheimatet, das kaum technische Möglichkeiten eröffnete. Danach konnte es ein modernes Theatergebäude beziehen. Die isländische Theatergeschichte ist statistisch gut greifbar. Das Statistische Zentralamt veröffentlicht Theaterstatistiken, die bis in die Theatersaison 1930/31 zurückreichen. Bis noch in die 60 Jahre hinein gab es auf städtischer Seite nur das Stadttheater von Reykjavik. In der Saison 1930/31 wurden dort 52 Aufführungen mit 13.982 Besuchern gezählt. Sowohl die Zahl der Aufführungen wie auch die Besucherzahl ist seither weitgehend stetig gestiegen. In der Saison vor dem Umzug in ein neues Domizil gab es 56.432 Besucher und in der Saison nach dem Umzug (1990/91) 81.027 Besucher; ein Plus von 44 Prozent. Neben dem Stadttheater von Reykjavik entstanden ab den 70er Jahren weitere Stadttheater. So das Theater von Akureyri und das Theater von Hafnarfjörður. Auch auf nationaler Ebene gab es Verstärkung durch die Isländische Oper und die Isländische Tanz-Kompanie. Unter allen öffentlichen Theatern hat das Stadttheater von Reykjavik jedoch seine führende Rolle behauptet. Ein Drittel bis über 40 Prozent aller Theateraufführungen (ohne Konzerte) finden hier statt und der Anteil an den Theaterbesuchern liegt bei 40 bis 50 Prozent. In der Saison 2009/2010 entfielen 50 Prozent der Theaterbesuche auf das Stadttheater von Reykjavik, 30 Prozent auf das Nationaltheater und die restlichen 20 Prozent auf die verschiedenen anderen Theater.

Zur aktuellen Situation: Das Stadttheater von Reykjavik hat 200 Mitarbeiter[484] und bringt jährlich bis zu 13 neue Produktionen heraus. Die Finanzierung liegt überwiegend bei der Stadt. Seitdem sich isländische Kulturschaffende in der Politik versuchen – im Kapitel 2.3 wurde diese Entwicklung beleuchtet – ist die Verbindung zwischen Theater und Stadtpolitik besonders eng. Jüngstes Beispiel ist die Farce Hótel Volkswagen des Komikers Jón Gnarr; Premiere war am 9, März 2012.[485] Die Produktion ist insoweit bemerkenswert, als der Autor seit dem Sieg seiner Komik-Partei („Die beste Partei") bei

---

[484] Zum Vergleich: Die Städte Leipzig und Dortmund hatten im Jahr 2009 5-mal bis 5,5-mal so viele Einwohner wie Reykjavik (Reykjavik: 119 Tsd. EW; Leipzig: 518,9 Tsd. EW; Dortmund: 581,3 Tsd. EW). Das Schauspiel Leipzig ist dem von Reykjavik vergleichbar, denn es ist ein reines Stadttheater. Die Sparten „Oper und Ballett", „Operette und Musical", „Kinder- und Jugendtheater" sowie Philharmonie haben je eigene Häuser. 2008 gab es am Schauspiel Leipzig ausweislich des Stellenplanes (Haushaltsplan 2010: 13) 186 besetzte Stellen und am Theater der Jungen Welt weitere 47,1 besetzte Stellen. Das Stadttheater von Dortmund andererseits ist ein Fünf-Sparten-Haus (Oper, Schauspiel, Kinder- und Jugendtheater, Ballett und Philharmonie) mit 6 Spielstätten. Es beschäftigt rd. 500 Mitarbeiter, womit es zu den größten deutschen Stadttheatern zählt (Quelle: http://www.theaterdo.de/; Zugriff: 22.04.2012).

[485] http://www.borgarleikhus.is/english/repertoire-11-12.

der letzten Stadtratswahl zugleich das Amt des Bürgermeister bekleidet. Für das Stadttheater von Reykjavik spielen auch Kooperationen mit unabhängigen Theatergruppen eine wichtige Rolle. International zahlt sich dies aus. So ging der Spezialpreis der Europäischen Kommission[486] für „Neue Realitäten im Theater" im Jahr 2010 an die 2001 gegründete isländische Company des Vesturport Theatre um den Regisseur und Schauspieler Gísli Örn Gardarsson.[487] Wichtige Produktionen dieser Theater-Company (u.a. Woyzeck von Georg Büchner) sind in Kooperation mit dem Stadttheater von Reykjavik realisiert worden. Ein Jahr später übrigens (2011) ging der Hauptpreis an den deutschen Regisseur Peter Stein für seinen Beitrag zur Entwicklung des europäischen Theaters. Peter Stein hatte 1970 in Berlin die Schaubühne gegründet und von dort aus mit einer Gruppe herausragender Schauspieler wie Bruno Ganz, Edith Clever und anderen die deutsche Theaterlandschaft revolutioniert.

In *Tabelle 47* sind zu Deutschland im Vergleich mit Finnland und Island einige wichtige Daten zusammen gestellt. In der Rangfolge steht Island bei den Theaterbesuchen vorn. Aktuell gehen auf die Einwohnerzahl bezogen viermal so viele Menschen in ein öffentliches Theater wie in Deutschland und auch mehr als in Finnland. Bei Finnland ist zu berücksichtigen, dass die Theaterstatistik erst ab 2004 neben den öffentlichen Häusern auch die öffentlich geförderten Häuser umfasst, was Zeitvergleiche erschwert. Während in Finnland wie auch in Deutschland die relativen Besuchszahlen (Besucher auf 10 EW) über die letzten 20 Jahre betrachtet tendenziell zurückgingen, sehen wir in Island Wellenbewegungen. Finnland erreichte (öffentliche Theater) die höchsten relativen Besuchszahlen in der ersten Hälfte der 90er Jahre mit (Durchschnitt der Jahre 1991 bis 1995) 4,44 Theaterbesuchen auf 10 Einwohner. Es folgte ein tendenzieller Rückgang. In den Jahren 2006 bis 2010 lag der Wert dann nur noch bei 4,1.

---

[486] Der Europäische Theaterpreis wird seit 1987 vergeben. Er wurde von der Europäischen Kommission unter Jacques Delors eingerichtet. Gewürdigt werden damit einzelne Theaterpersönlichkeiten wie auch ganze Häuser oder Kompanien. Deutsche Regisseure, Dramaturgen und Choreographen wurden mehrfach bedacht. So Heiner Müller, Pina Bausch, Peter Zadek, Thomas Ostermeier, Sasha Waltz und Peter Stein. Informationen zur Geschichte des Preises und den Preisträgern siehe unter: http://www.premio-europa.org/.
[487] Den Preis teilt sich das isländische Theater mit dem Slowaken Viliam Docolomansky, der Britin Katie Mitchell, dem aus Russland stammenden Andrey Moguchiy, dem Finnen Kristian Smeds sowie dem portugiesischen Teatro Meridional.

*Tabelle 47: Theater im Zeitraum 1998/99 bis 2009/2010 anhand ausgewählter Kennzahlen: Deutschland im Vergleich mit Finnland und Island*

| | Deutschland | | | Finnland[1] | | Island | |
|---|---|---|---|---|---|---|---|
| | 1998/99 | 2003/04 | 2009/10 | 1999 | 2010 | 2002/03 | 2009/10 |
| Anzahl (öffentl.) | 152 | 149 | 140 | 49 | 48 | | |
| Veranstaltungen (Tsd.) | 64,0 | 64,0 | 64,9 | 11,7 | 11,3 | 0,8 | 1,2 |
| **Besucher an öffentlichen und privaten Theatern (Tsd.)** | | | | | | | |
| Besucher insgesamt | 31.600 | 30.800 | 25.911 | | 3.280 | 303 | 380 |
| dar. öffentl. Häuser | 20.500 | 19.000 | 18.825 | 2.164 | 2.207 | 167,8 | 305,5 |
| Öffentlicher Anteil (%) | 64,9 | 61,7 | 72,7 | | 67,3 | 55,5 | 80,4 |
| **Besucher pro 10 Einwohner[2]** | | | | | | | |
| Insgesamt | 3,85 | 3,73 | 3,17 | | (6,16) | 10,49 | 11,97 |
| An öffentlichen Theatern | 2,50 | 2,30 | 2,30 | 4,19 | 4,12 | 5,82 | 9,62 |
| Oper und Tanz | 0,78 | 0,70 | 0,71 | | | 0,59 | 0,47 |
| Operette und Musical | 0,38 | 0,32 | 0,32 | | | 1,73 | 2,13 |
| Schauspiel | 0,71 | 0,69 | 0,65 | | | 4,14 | 6,82 |
| Kindertheater | 0,30 | 0,29 | 0,34 | | | (1,20) | (1,36) |
| **Öffentliche Zuweisung zu den Betriebskosten (€); Kurs vom 20.09.2010** | | | | | | | |
| Anteil an den Gesamteinnahmen (%) | | | | | 79,6 | 68,9 | 65,4 |
| € pro Einwohner | | | | | 26,3 | 20,4 | 31,2 |
| € pro Besucher | 87 | 96 | 109,5 | | | 29,1 | 25,6 |
| **Beschäftigte an öffentlichen Theatern[3]** | | | | | | | |
| Insgesamt | | | 38.831 | 2.682 | 2.964 | 506 | 914 |
| dar. künstl. Personal | | | 17.891 | | | 220 | 525 |
| Pro 10.000 EW | | | 4,7 | 5,2 | 5,5 | 17,5 | 28,8 |

1) Ohne Konzerte. Die unter dem Jahr 2010 erfassten „Besucher insgesamt" beziehen sich auf öffentliche und öffentlich subventionierte Häuser im Jahr 2009
2) Oper und Operette werden in Island zusammengefasst. Kinder- und Jugendtheater sind nicht einbezogen, die Besucher pro 10 Einwohner deshalb in Klammern gesetzt. Konzerte werden in Finnland und Island separat erfasst. In Deutschland laufen sie bei Theatern mit, sofern ein theaterintegrierter Konzertbetrieb vorliegt. Außen vor sind selbständige Konzerthäuser.
3) Bei Deutschland und Island Zahl der insgesamt an Theatern Beschäftigten incl. temporär Beschäftigter; bei Finnland rechnerische Vollzeitkräfte.
**Quellen: Deutschland:** Theaterstatistik 2009/2010 des Deutschen Bühnenvereins, S. 257ff. **Finnland:** Statistics Finland, Vos-puheteatterit 1991-2010 und nordische Vergleichsstatistik CULT. **Island:** Statistics Iceland: Tabellen „Productions of public Theatres and Association of Independent Theatres 2002-2010"; „Theatre receipts and expenditure 1996-2009" und „Theatre employees 1996-2009", „Theatre productions, performances and spectators by art form productions 1930-2010"; eigene Auswertung

In Island gab es über die letzten 20 Jahre betrachtet einen Tiefpunkt in der Saison 2002/2003. Davor wurden in der Phase von 1997/98 bis 2000/01 sehr hohe Besuchszahlen erreicht und jetzt wieder seit 2009/10. Die Verteilung nach Sparten konzentriert sich noch stärker als in Dänemark auf das Schauspiel. Hier weist Island aktuell pro 10 Einwohner zehnmal so viele Besucher auf wie Deutschland. Zwei von drei, in einzelnen Jahren sogar drei von vier Theaterbesuchen entfallen auf das Schauspiel. Opern spielen bislang eine geringe Rolle. Aber dies ändert sich. Zwar hat der erste international bedeutsame isländische Komponist und Musikpioniers Jón Leifs (1899-1968) mit dem Musikdrama „Baldur" nur eine Oper hinterlassen, die auch erst posthum im Jahr 2000 zur Uraufführung gelangte, aber aus dem breiten musikalischen Fundament, das sich Island mit seinen rd. 80 Musikschulen und 1.000 Chören leistet, sind schon eine ganze Reihe talentierter Musiker und Komponisten beiderlei Geschlechts erwachsen. In zunehmendem Maße entsteht so auch Opernliteratur[488] und gelangt zur Aufführung.

Die öffentlichen Zuweisungen erreichen in Island einen geringeren Anteil an den Gesamteinnahmen als in Deutschland, auf Einwohner gerechnet sind die Ausgaben mit 31 € gegen 26 € jedoch höher. Umgerechnet auf die Besucher ändert sich das Bild noch einmal, denn der Zuschussbedarf ist in Island weit geringer als in Deutschland. Geringer auch als in Dänemark.

Bei den Angaben zum Personal muss berücksichtigt werden, dass es sich in Finnland um volle Stellen handelt, bei Deutschland und Island dagegen um die Beschäftigtenzahlen insgesamt. Relativ zur Anzahl an Veranstaltungen beschäftigen deutsche Theater mehr Personal als die beiden Vergleichsländer. Ein Grund ist in der anderen Repertoire-Struktur zu sehen. Wie angesprochen, gehören zum deutschen Theater relativ aufwändige Produktionen. Dies zu ändern, würde einen Bruch mit der eigenen Tradition bedingen. Das Repertoire wäre nicht mehr frei wählbar, sondern würde zu einer abhängigen Größe des verfügbaren Personalkörpers.

Im innerskandinavischen Vergleich bietet Schweden das schwächste Bild. Zwar ist die Zahl öffentlicher und öffentlich subventionierter Theater von 90 im Jahr 1995 auf 133 im Jahr 2008 stark angestiegen, die Zuschauerzahlen haben sich (relativ zur Bevölkerung) aber wenig verändert. Die Schwelle von

---

[488] Als führende Köpfe unter den zeitgenössischen Musiktheater-Komponisten gelten: Atli Heimir Sveinsson, Thorkell Sigurbjörnsson, Karólína Eiríksdóttir und Haflidi Hallgrimsson. Hallgrimsson wurde vom Theater Lübeck für das Jahr 2004 mit einer Uraufführung in deutscher Sprache beauftragt. Die Oper „Die Wält der Zwischenfälle" basiert auf skurrilen Texten des russischen Schriftstellers Daniil Charms. Inhaltlich setzt sie sich mit politischer Willkür und der Zerstörung menschlicher Beziehungen auseinander.

4 Theaterbesuchen auf 10 Einwohner wurde nie erreicht; die Werte bewegen sich zwischen 3,34 (1995) und 3,88 (2005) in einem engen Korridor.[489] Norwegen umgekehrt konnte sich seit den 90er Jahren steigern. Die Zuschauerzahlen stiegen von 1,3 auf 1,9 Mio. und relativ gibt es heute nahe an die vier Theaterbesuche auf 10 Einwohner gegenüber knapp drei Mitte der 90er Jahre. Die öffentliche Hand trägt, so wie auch in Deutschland, rd. vier Fünftel der Betriebskosten.

## 7.3 Das Wesentliche

„Denmark, which features in the top three countries ranked by participation rates for reading a book, visiting a historical monument, going to the cinema, visiting a museum, going to a public library, attending a concert and going to see a ballet, dance or opera." *(Eurobarometer 278 (2007), S. 15)*

Es muss nachdenklich stimmen, dass bei der Eurobarometer-Befragung vom Frühjahr 2007 Deutschland nach Österreich das EU-Mitgliedsland war mit dem geringsten Bevölkerungsanteil, der angab, Kultur sei für ihn wichtig (Eurobarometer 278: 10). Bei keiner kulturellen Aktivität schaffte es Deutschland unter die drei Länder mit den höchsten Partizipationsraten in der Bevölkerung. Demgegenüber (vgl. das Zitat) finden wir Dänemark nur bei Theaterbesuchen nicht unter den ersten Drei. Auch Schweden und mit gewissen Abstrichen Finnland schneiden gut ab. Island und Norwegen blieben als Nicht-EU-Mitgliedsländer außen vor, würden aber eine gute Figur gemacht haben. Nun handelt es sich bei den Eurobarometerdaten um Selbstauskünfte, nicht um nachprüfbare Fakten. Über Selbstauskünfte geben Menschen jedoch kund, welche Haltungen und Einstellungen ihr Handeln prägen und wie sie sich und ihr Tun sehen.

Aus unserer Analyse ist als wichtiger Befund festzuhalten, dass die skandinavischen Länder nicht nur in die soziale, sondern auch in die kulturelle Infrastruktur mehr investieren als Deutschland. Weniger als 0,4 Prozent des BIP geben die deutschen Gebietskörperschaften für Kultur aus. Darin eingeschlossen sind die Ausgaben des Bundes für die auswärtige Kulturpolitik und die Ausgaben der Länder für die Kunsthochschulen – Letztere werden in Skandinavien der COFOG-Gliederung entsprechend unter Bildung erfasst. Vor allem die Ausgaben für die kulturelle Infrastruktur im engeren Sinne,

---

[489] Die Daten für 1995 beziehen sich auf die Saison 1994/95 usw. Datenquelle: Nordic Statistical Database, Datensatz mit Code „CULT15" („Theatres by reporting country, activity attendance and time"); eigene Berechnung anhand der Bevölkerungszahlen vom 01.01. d.J.

also für Bibliotheken, Musikschulen, Volkshochschulen, Museen, Theater und Orchester, sind im Norden höher. Auf die Wirtschaftsleistung bezogen tätigt Island die höchsten Ausgaben. Für Kulturdienste, damit ohne die teilweise auch unter Kultur gefassten Ausgaben für Sport und Erholung, werden rd. 1,3 Prozent des BIP (2008/2009) eingesetzt. Es folgen Dänemark und Finnland mit knapp 0,7 Prozent. Schweden und Norwegen liegen etwas zurück (SE: 0,6% des BIP; NO: 0,5% des BIP). Während allerdings die schwedischen Ausgaben relativ zum BIP konstant blieben, hat Norwegen seine gesamtstaatlichen Ausgaben für kulturelle Dienste binnen 10 Jahren absolut verdoppelt und dabei auch den BIP-Anteil gesteigert.

Kulturpolitik ist in allen Vergleichsländern eine primär kommunale Aufgabe. Kommunen tragen den höchsten Finanzierungsanteil. Je nach Bereich sind die Befunde jedoch unterschiedlich. Im deutschen Föderalismus differiert der Kommunalisierungsgrad zwischen den Bundesländern stark. 2009 lag er im Durchschnitt der Flächenländer bei 58,7 Prozent mit einer Spannweite von 38,3 Prozent im Saarland bis 76,3 Prozent in Nordrhein-Westfalen (Kulturfinanzbericht 2012: Tab. 3.3-2). Auch die Pro-Kopf-Ausgaben weisen ein großes Gefälle auf. Die höchsten Ausgaben realisiert der Stadtstaat Hamburg; mit den Planzahlen des Jahres 2010 kommt er gleichwohl noch nicht einmal auf die in Island allein vom Kommunalsektor getätigten Ausgaben (vgl. die Tabellen 16 und 38). Von den Flächenländern bewegen sich nur Sachsen und Sachsen-Anhalt im skandinavischen Rahmen. Interkommunal gibt es ein noch größeres Gefälle. Dies auch zwischen Städten gleicher Größenkategorie. Demgegenüber ist in den skandinavischen Vergleichsländern ein Mitteleinsatz zu beobachten, der regional weniger stark auseinanderdriftet.

Aus der differenzierten Betrachtung von Strukturen und Entwicklungen bei den näher betrachteten Bereichen (Bibliotheken, Musikschulen, Museen, Theater) ergab sich für Deutschland eine problematische Dysbalance. Bei der kulturellen Grundbildung reicht die in Deutschland ausgeprägte kommunale Infrastruktur um Längen nicht an die skandinavischen Länder heran. Der Abstand ist bei Musikschulen, noch mehr aber bei nicht-wissenschaftlichen Bibliotheken ähnlich groß wie in Teilbereichen der sozialen Dienste (schulbegleitende Betreuung, Seniorendienste). Zwar verfügt Deutschland über eine weltweit hoch geschätzte musikalische Tradition, gleichzeitig aber über eine Politik, die nicht willens ist, für eine flächendeckende Infrastruktur der musikalischen Grundbildung zu sorgen. Trotz langer Wartelisten nimmt die Zahl öffentlicher Musikschulen nicht zu, sondern ab. Die existierenden Schulen sind, von einigen Ausnahmen abgesehen, weder personell noch finanziell so ausgestattet, dass sie die regionale Grundversorgung gut wahrnehmen könnten. Mit einem Anteil von im Jahr 2010 4,3 Prozent der Bevölkerung bis 25 Jahre erreicht Deutschland bei der Nutzung von Musikschulen im europäischen Vergleich zwar einen mittleren Wert. Im skandinavischen Durchschnitt liegt die Quote jedoch bei 8,2 Prozent, wobei Island und Schweden führend sind (IS: 12,8%; SE: 12%). Die öffentliche Unterfinanzierung der Musikschulen – zu zwei Dritteln befinden sie sich in kommunaler Trägerschaft – bedingt Finanzierungsanteile der Teilnehmer, die in Europa zu den höchsten zählen. Im Jahr 2010 wurden 47 Prozent der laufenden Ausgaben durch Teilnehmergebühren finanziert gegenüber 19 Prozent im skandinavischen Durchschnitt. Dies ist nicht die einzige Negativfolge der chronischen Unterfinanzierung. Hinzu kommt die Prekarisierung von Arbeitsverhältnissen und die Fehlleitung des Arbeitseinsatzes. In den skandinavischen Ländern sind MusikschullehrerInnen den regulären Lehrkräften an allgemeinbildenden Schulen gleichgestellt. In Deutschland hat eine Praxis Raum gegriffen, bei der zunehmend mit schlecht bezahlten Honorarkräften gearbeitet und Arbeitskapazitäten in nicht geringem Umfang für die Einwerbung von Fremdmitteln statt für die musikalische Bildung eingesetzt werden (müssen). Nur 10,30 €/EW gab Deutschland 2010 für den Musikschulbetrieb aus gegenüber rd. 36 €/EW im skandinavischen Durchschnitt.

Um die öffentlichen Bibliotheken ist es nicht besser bestellt. In allen skandinavischen Ländern gehört der Betrieb einer professionell geführten Gemeindebibliothek zu den kommunalen Pflichtaufgaben. Nicht so in Deutschland. Die gesetzliche Regulierung ist schwach. Beginnend mit Thüringen (2008) haben sich mittlerweile zwar einige Bundesländer Bibliotheksgesetze gegeben; die erlassenen Gesetze eröffnen aber kaum vorwärtsweisende Entwicklungsperspektiven, sondern sind vorrangig auf den Status quo hin orientiert. Mit diesem Status quo freilich werden in keinem Bundesland die Ziele, die die UNESCO Mitte der 90er Jahre für die lokale Grundversorgung mit öffentlichen Bibliotheken formuliert hat, erfüllt. Als Standard für eine gute Grundversorgung gilt, dass Städte ab 5.000 Einwohner über eine hauptamtlich geführte Stadtbibliothek mit auch einem bibliothekarischen Entwicklungsplan verfügen. Im Jahr 2012 ist Deutschland davon weiter entfernt als Mitte der 90er Jahre. Gemeinden mit 5.000 bis unter 10.000 Einwohnern unterhalten, falls überhaupt, Gemeindebibliotheken häufig nur mit einer nebenamtlichen oder gar nur ehrenamtlichen Leitung. Professionell geführte Stadtbibliotheken sind – von gewissen Ausnahmen abgesehen – auf Mittel- und Großstädte beschränkt. Gerade dort jedoch wurde in den letzten Jahren der Rotstift besonders intensiv eingesetzt getreu dem Motto: Kürzen kann man dort am besten, wo es noch Substanz gibt, die man wegkürzen kann. Selbst eine reiche Stadt wie Hamburg bringt es bei den Ausgaben pro Einwohner

(2009: 16,70 €) nur auf knapp 40 Prozent des schwedischen und rd. 30 Prozent des finnischen Ausgabenniveaus. Dabei ist die Situation in den Stadtstaaten Hamburg wie auch in Bremen noch vergleichsweise gut. Die Pro-Kopf-Ausgaben liegen hier um mehr als 50 Prozent über dem Bundesdurchschnitt.

Das Fehlen einer flächendeckenden bibliothekarischen Grundversorgung wirft kritische Fragen auch mit Blick auf die UN-Konvention über die Rechte des Kindes vom 20. November 1989 auf. Die von Deutschland 1992 ratifizierte Konvention beinhaltet (Artikel 31 u.a.) das Recht des Kindes auf volle Beteiligung am kulturellen und künstlerischen Leben. Dies gelte es zu achten und zu fördern. Tatsächlich jedoch hängt es in Deutschland vom Wohnort ab, ob Kinder Zugang zu musikschulischen Angeboten finden und eine öffentliche Bibliothek, deren Bestände kontinuierlich gepflegt werden, dazu einlädt, sich mit Büchern und anderen Medien zu beschäftigen. Damit aber wird auch die grundgesetzlich geforderten Gleichwertigkeit (Artikel 72 II GG) resp. Einheitlichkeit (Artikel 106 III GG) der Lebensverhältnisse in der Verfassungswirklichkeit nicht erreicht. Daraus den Schluss zu ziehen, dies sei sowieso ein utopisches Ziel, ginge freilich fehl. Maßstäbe für die Gestaltung und qualitätsgesteuerte Weiterentwicklung des kommunalen Bibliothekswesens setzt Finnland. Dies betrifft alle Aspekte von der Steuerung, der laufenden konzeptionellen Weiterentwicklung über die Personalausstattung bis zur Sicherung der Finanzierung. Finnland beweist, dass in einem großen, dünn besiedelten Land eine flächendeckende Grundversorgung erreichbar ist, wenn es politisch gewollt wird. Der Zusammenhang mit den hervorragenden PISA-Ergebnissen von Finnland bei der Lese-Kompetenz 15-Jähriger ist offensichtlich. Die gemeindescharfe Analyse der finnischen Bibliotheksstatistiken des Zeitraums von 2000 bis 2010 ergab, dass annähernd alle Gemeinden versorgt sind; auch die sehr dünn besiedelten Landstriche in Zentral- und Nordfinnland wurden nicht abgehängt. Konsequenz: Weder bei den Ausleiherquoten noch bei den Bibliotheksbesuchen pro Einwohner besteht ein Stadt-Land-Gefälle. Im Zeitraum von 2000 bis 2010 ist im Gegenteil eine Egalisierung dadurch eingetreten, dass Umfang und Intensität der Nutzung öffentlicher Bibliotheken durch die Bevölkerung etwas abgenommen haben, der Rückgang in größeren Städten aber stärker ausfiel als auf dem flachen Lande. Im Jahr 2010 erreichten in der Folge Städte mit über 50.000 Einwohnern eine Ausleihquote (aktive Ausleiher in % der Bevölkerung) von 39 Prozent, kleine Gemeinden mit weniger als 4.000 Einwohnern jedoch von knapp 40 Prozent. In den größeren Städten besuchte jeder Einwohner statistisch 9,3-mal die Städtische Bibliothek, in den Kleinst-Gemeinden 9,9-mal. Dieser Erfolg hat seinen Preis. Kleinstgemeinden mit eigener Bibliothek geben jährlich pro Einwohner teilweise mehr als 100 € aus. Gegenläufig zu Deutschland sind die Pro-Kopf-Ausgaben gerade nicht in den Großstädten am höchsten, sondern in den ländlichen Gebieten. Dort auch ist der Personalschlüssel am besten. Dies ist nur logisch, denn um auch in einer abgelegenen, einwohnermäßig tendenziell schrumpfenden Gemeinde mit 2.000 oder 3.000 Einwohnern noch eine kleine öffentliche Bibliothek professionell betreiben zu können, ist ein Mindesteinsatz von Fachkräften erforderlich. Auf 1.000 Einwohner bezogen liegt dieser dann schnell bei einer Vollzeitkraft und mehr, während in größeren Städten auch geringere Personalschlüssel ausreichen, um ein gutes Angebot vorzuhalten.

Bei der Betrachtung von Museen und Theatern wandelt sich das Bild. Eine generelle Aussage dahingehend, dass Kommunen und die öffentliche Hand insgesamt in Deutschland mehr oder weniger an Ressourcen für die Pflege ihrer Museen und die Aufrechterhaltung einer künstlerisch hochwertigen Theaterlandschaft einsetzen als skandinavische Länder, kann nicht formuliert werden. Allerdings vollzieht sich in Deutschland ein schleichender Aushöhlungsprozess. Noch ist er auf die Peripherie begrenzt, bedroht zunehmend aber auch wichtige Häuser in ihrer Arbeitsfähigkeit. Im Besonderen trifft es Theater und Konzerthäuser, denn hier liegen anders als bei Museen keine werthaltigen Sammlungen vor, die es irgendwie zu pflegen gilt. Theater sind so etwas wie der Stachel im Fleisch einer Gesellschaft. Damit die Bevölkerung deren Arbeit zu würdigen versteht, benötigt sie ein gewisses Maß an künstlerischer und ästhetischer Bildung. In Deutschland jedoch vernachlässigt der Staat die künstlerische und ästhetische Grundbildung der Bevölkerung. Ökonomisch erscheint dies als Luxus. Wer als Jugendlicher jedoch nicht mit Opern, anspruchsvollen Dramen, Sinfonien usw. in Kontakt gebracht wird, dürfte kaum zum regelmäßigen Theater- und/oder Konzertbesucher heranreifen. So schließt sich der Kreis, wobei es sich um einen langsam verlaufenden schleichenden Prozess handelt. Noch erfreut sich Deutschland einer vielfältigen Struktur von Museen und hält seine herausragende Theatertradition halbwegs am Leben.

In allen Vergleichsländern blicken die Museen auf eine insgesamt dynamische Dekade zurück. Die Besuchszahlen sind über die letzten 15 Jahre betrachtet tendenziell gestiegen. In Deutschland von 91,1 Mio. (1995) auf 109,2 Mio. (2010) und in Dänemark von 10,1 Mio. (1995) auf 11,6 Mio. (2010). Den größten Aufschwung erlebte das Museumswesen in Island. Dort haben sich die Besuchszahlen von 829,2 Tsd. (1995) auf 1,6 Mio. (2010) verdoppelt. Auf 10 Einwohner gerechnet, kamen 1999 knapp 30 und 2010 knapp 51 Museumsbesuche. Dänemark, Norwegen und Schweden liegen mit Besuchszahlen zwischen 20 (Schweden) und 22 (Norwegen) auf etwa dem gleichen

Niveau. Deutschland folgt mit jetzt 13 Besuchen auf 10 Einwohner. Am geringsten sind die Besuchszahlen in Finnland. Hier kommen statistisch 9 Museumsbesuche auf 10 Einwohner.

Anders als bei den Museen, wo es zwar Verschiebungen beim Publikumszuspruch zwischen den verschiedenen Museumsarten gibt, insgesamt aber eine Aufwärtsentwicklung zu registrieren ist, fällt der Befund beim Theaterwesen uneinheitlich aus. Traditionell verfügen die nordischen Länder nicht über ein so vielfältiges und qualitativ hochstehendes Theaterangebot wie Deutschland. In Island und Finnland hat sich das Theaterwesen überhaupt erst im 19 Jahrhundert zu entwickeln begonnen. Gerade in diesen beiden Länder jedoch nahm das Theater und auch der Musikbetrieb in den letzten Jahrzehnten einen enormen Aufschwung. Dies quantitativ und qualitativ. Quantitativ erreicht Finnland bei öffentlichen Theatern (ohne Konzerte) etwas über vier Besuche auf 10 Einwohner gegenüber 2,5 bis 2,3 Besuchen in Deutschland (Zeitraum 1998/99 bis 2009/2010). In Island kamen in den letzten Jahren fast 10 Besuche auf 10 Einwohner. Sie konzentrieren sich beim Schauspiel. Der Opernbetrieb spielt in Island noch eine geringe, in Finnland dagegen schon eine beachtliche Rolle. Auch Norwegen verzeichnet einen Aufschwung. Relativ gibt es heute nahe an die vier Theaterbesuche auf 10 Einwohner gegenüber knapp drei Mitte der 90er Jahre.

Die Finanzierungsstruktur der öffentlichen und öffentlich subventionierten Theater weist Parallelen zu Deutschland auf. In Deutschland decken öffentliche Finanzzuweisungen knapp 80 Prozent der Betriebsausgaben. In Norwegen sind es ebenfalls rd. 80 Prozent; in Island geringere zwei Drittel. Die Verteilung der Finanzverantwortung zwischen der kommunalen und der übergeordneten staatlichen Ebene variiert. In Dänemark liegt die Finanzverantwortung für den Musikbetrieb primär bei den Gemeinden und für Theater umgekehrt primär bei der Zentralregierung. Auf Einwohner bezogen geben die skandinavischen Länder mehr für den Theater- und Musikbetrieb aus als Deutschland. In Dänemark etwa liegen die Ausgaben um ein Viertel höher, in Island um ein knappes Fünftel. Auch in Finnland sind die Pro-Kopf-Ausgaben höher. Die Gemeinden alleine tätigen dabei Nettoausgaben, die etwas geringer sind als in Deutschland die der Gebietskörperschaften insgesamt. Auf Zuschauer bezogen kehrt sich dies aber um. Der Subventionsbedarf pro Theaterbesuch ist in Deutschland deutlich höher als in Dänemark, Island oder Finnland. Die in den skandinavischen Ländern relativ höheren Zuschauerzahlen sind der Hauptgrund. Von Bedeutung sind jedoch auch die Unterschiede in der Repertoirestruktur. Zur deutschen Theatertradition gehört nicht nur, dass die vergleichsweise kostenintensive Opernsparte eine viel größere Bedeutung hat als im skandinavischen Raum, dessen herausragende Komponisten – ganz im Gegensatz zu den deutschsprachigen Komponisten – nun einmal wenig Opernliteratur hinterlassen haben, was sich bei zeitgenössischen Komponisten und Komponistinnen allerdings zu ändern beginnt. Es kommt hinzu, dass es in Deutschland eine Tradition monumentaler Theater-Produktionen gibt. All das kostet und benötigt auch ein Mehr an Personal auf der Bühne, im Orchestergraben und hinter den Kulissen. Im Ergebnis beschäftigen die deutschen Theater auf die Zahl der Veranstaltungen bezogen mehr Personal als die skandinavischen Häuser. Auf Einwohner bezogen sieht es freilich anders aus. Auf 10.000 Einwohner kamen in Deutschland in der Saison 2009/2010 weniger als 5 Beschäftigte, in Finnland 5,5 vollzeitäquivalent Beschäftigte und in Island fast 29 Beschäftigte, was allerdings temporäre Kräfte einschloss.

Wiegt man quantitative und qualitative Aspekte gegeneinander, so haben die deutschen Theater immer noch die Nase vorn. Nur im kulturellen Bereich gibt es somit ein Segment – eben die primär von öffentlichen Häusern geprägte Theaterlandschaft – wo sich Deutschland in der Relation zu den nordischen Ländern nicht in der Rolle eines Landes mit mehr oder weniger ausgeprägten Entwicklungsrückständen befindet. Diese Stellung freilich wird von einer ignoranten Politik leichtfertig aufs Spiel gesetzt, wobei die Theater in den strukturschwachen Gebieten – Mecklenburg-Vorpommern sticht im Osten, Teile von Nordrhein-Westfalen im Westen negativ hervor – besonders gefährdet sind. Verschiedene Szenarien deuten sich an. Die Schließung eines Hauses ist dabei eher der Endpunkt. Davor stehen Fusionen, die Aufgabe einzelner Spielstätten, der Verzicht auf aufwändige Produktionen und andere Kostensenkungsmaßnahmen. Betriebswirtschaftlich macht manches Sinn. Ob es künstlerisch funktioniert, ist eine ganz andere Frage. Theater stellen eine Art lebender Organismus dar. Man kann ihn nicht einfach zerschneiden, fusionieren usw. Der Betriebswirtschaft fehlt dafür das Verständnis. Auch ohne das große Theatersterben kann es künstlerisch zu Verarmungen kommen. Etwa weil ein gewachsenes Ensemble zerrissen wird oder weil das Repertoire nicht mehr in künstlerischer Freiheit gestaltet werden kann, sondern zur abhängigen Größe eines geschrumpften Budgets wird. Es versteht sich dabei von selbst, dass das Niveau eines Theaters nicht nur am Gelde hängt. Aber ohne eine auskömmliche Finanzausstattung und ein Interesse der Politik an der Entwicklung seines städtischen Theaters geht es eben nicht.

# 8. Kommunalwirtschaft: Ein grober Blick

Die Frage, welchen Staat und wie viel Staat wir brauchen, wird „auf absehbare Zeit eine bedeutende, wenn nicht gar die zentrale Bruchlinie unserer Gesellschaft markieren. Dabei muss der Wandel vom Prinzip des Shareholder Value zu dem des Citizen Value vor allem auf kommunaler Ebene sicht- und spürbar werden. Wenn zwei Drittel der Bürgerinnen und Bürger Strom, Wasser und Gas von kommunalen Unternehmen wünschen und die Vorteile der Kommunal- gegenüber der Privatwirtschaft im Bereich der Daseinsvorsorge immer deutlicher zutage treten, verlangt die Frage, wie weit der Arm des Staates reichen kann (...) neue Antworten. Kurzum: die Frage, was des Marktes und was des Staates ist (...) muss auch in Bergkamen, Leichlingen und Wolfhagen beantwortet werden." *(Engartner 2010: 16)*

Das deutsche Grundgesetz verzichtet auf die Fixierung einer bestimmten Wirtschaftsverfassung. Nach 30 Jahren Deregulierungs- und Privatisierungspolitik ist es wichtig, dies in Erinnerung zu rufen. Gerade weil sich Bund und Länder weitgehend aus eigener wirtschaftlicher Betätigung zurückgezogen haben, erhält die kommunale Wirtschaftstätigkeit ein umso höheres Gewicht. Die Selbstverwaltungsgarantie schützt auch die wirtschaftliche Betätigung der Gemeinden, zumal diese historisch zum Kernbereich der Selbstverwaltung gehört.

Die Kommunalwirtschaft ist wie die gesamte öffentliche Wirtschaft seit Mitte der 80er Jahre erheblich unter Druck geraten. Dies ist nicht nur der Öffnung von Märkten im Zuge der Liberalisierungspolitik sowie dem Zwang, durch die Veräußerung von kommunalem Tafelsilber kurzfristig die Haushaltslage zu entspannen, geschuldet. Viele kommunale Unternehmen waren zum Beginn der Privatisierungswelle unternehmerisch eher schlecht geführt. Dazu kam und kommt eine vielfach restriktive Landesgesetzgebung. Die Gemeindeordnungen der Länder binden die wirtschaftliche Betätigung von Kommunen an eine Reihe von Bedingungen (angemessenes Verhältnis zur wirtschaftlichen Leistungsfähigkeit, öffentlicher Zweck, teilweise Subsidiarität gegenüber der Leistungserbringung durch den Privatsektor). Diese Bedingungen, insbesondere die teils weichen, teils aber auch harten Vorrangregelungen für private Unternehmen, laufen auf eine strukturelle Benachteiligung kommunaler Unternehmen hinaus. Dass vorrangig rechtsgeneigte Landesregierungen aus ideologischen Gründen am Privatvorrang festhalten, macht deutlich: Es geht weniger um Wettbewerb als um die Durchsetzung des ordo- wie neoliberalen Grundsatzes: privat kommt vor öffentlich. Weitgehend weggefallen sind dagegen einschränkende Regelungen zur Rechtsformwahl. Dies freilich auch mit dem Kalkül, dass die vermehrte Nutzung privater Rechtsformen – von der GmbH bis zur privaten Stiftung – eine Voraussetzung ist, um nach erfolgter rechtlicher Privatisierung die materielle, damit finale Privatisierung umso leichter vollziehen zu können. Wenn nachfolgend von Privatisierung die Rede ist, so im Sinne dieses finalen Aktes der teilweisen oder kompletten Veräußerung von Unternehmen. Wer alleiniger Eigentümer einer Gesellschaft ist, bestimmt das Management, die Organisation, die Rechtsform. Nicht die Rechtsform ist ergo für die Beurteilung „privat oder öffentlich" entscheidend, sondern die Eigentumsverhältnisse sind es.

Traditionell dominierten in Deutschland die Rechtsformen Regiebetrieb und Eigenbetrieb. Regiebetriebe sind rechtlich, organisatorisch, personell, haushalts- und rechnungstechnisch unselbständige wirtschaftliche Unternehmen der Gemeinde. Eigenbetriebe haben ein weit höheres Maß an Selbständigkeit. Zwar verfügen sie über keine eigene Rechtspersönlichkeit, können in organisatorischer und finanzwirtschaftlicher Hinsicht über die Eigenbetriebssatzung jedoch mit so viel Kompetenzen ausgestattet werden, dass sie weitgehend selbständig agieren können. Die Anstalten des öffentlichen Rechts (AöR) verfügen im Unterschied zum Eigenbetrieb auch über eine eigene Rechtspersönlichkeit. Sie sind erste Wahl, wenn ein öffentliches Unternehmen nach einer Rechtsform sucht, die den Unternehmensformen des Privatrechts hinsichtlich der Möglichkeit, unternehmerisch flexibel zu agieren, nicht nachsteht. Im Zuge der Durchsetzung neoliberalen Gedankenguts fanden zunehmend Verlagerungen ins Privatrecht statt. In einem gewissen Umfang konnten sich jedoch auch kommunale Eigenbetriebe halten und in bestimmten Bereichen – etwa bei Sparkassen oder bei größeren Kliniken – bestehen Anstalten des öffentlichen Rechts fort resp. man entschied sich bewusst, ein kommunales Krankenhaus nicht in eine GmbH, sondern in eine Anstalt des öffentlichen Rechts zu verwandeln. Aus der rechtlichen Brille betrachtet, ist damit kommunal zu unterscheiden zwischen **(1)** Einrichtungen der Kernverwaltung, die als Regiebetriebe bestimmte wirtschaftliche Aufgaben übernehmen, z.B. die Abfallentsorgung; **(2)** Eigenbetrieben, die in gewissem Umfang verselbständigt sind, ohne jedoch über eine eigene Rechtspersönlichkeit zu verfügen und **(3)** den Eigengesellschaften, die in Rechtsformen des Privatrechts (GmbH, vor allem) oder des öffentlichen Rechts (AöR) über eine eigene Rechtspersönlichkeit verfügen.

Wo steht die kommunale Wirtschaft nach der Liberalisierung der Märkte von Energie und Öffentlichem Verkehr und damit der Auflösung ehemaliger kommunaler Gebietsmonopole heute? Beim Blick auf Europa zeigt sich, dass Deutschland immer noch zu den Ländern mit einer relativ starken Kommunalwirtschaft zählt (vgl. Bauby/Similie 2010: 55). Nach den Angaben bei Mapping befinden sich die meisten Stadtwerke mehrheitlich im kommunalen Eigentum. Allerdings sind nur noch 45 Prozent rein kommunale Unternehmen. Bei 40 Prozent der Unternehmen halten Kommunen Mehrheits- oder auch nur noch Minderheitsanteile; bei weiteren 16 Prozent liegt eine Öffentlich-Private-Partnerschaft vor (Bauby/Similie 2010: 151). Relativ am besten konnten sich die kommunal verankerten Sparkassen behaupten. 2010 gab es 429 Sparkassen mit einer Bilanzsumme von 1.084 Mrd. € und 218.988 Mitarbeitern.[490] Sie hatten anders als die mit ihnen verbandelten Landesbanken nicht im Finanzkasino ein großes Rad zu drehen versucht und sind deshalb von der Finanz- und Bankenkrise selbst wenig betroffen.

Die nachfolgende Darstellung kann nur einen groben Überblick zu einem sehr weitläufigen Feld liefern. Integrieren will ich einen kleinen Exkurs zum Krankenhausbereich. Dieser gehört zwar nicht eigentlich zur Kommunalwirtschaft, ist in Deutschland nach der Abschaffung des Selbstkostendeckungsprinzips mit anschließender Privatisierungswelle jedoch in eine Zwitterstellung zwischen gemeinwohlorientierter Gesundheitsversorgung und renditeorientierter Gesundheitswirtschaft gelangt. Lange ging die Privatisierung von Städtischen Kliniken und Landeskliniken ohne großes Aufmucken in der Bevölkerung über die Bühne. Dies hat sich geändert. Was bei den Stadtwerken begann, nämlich dass BürgerInnen mit Bürgerbegehren gegen Veräußerungsbeschlüsse ihrer Kommunalvertretung angehen, setzt sich mittlerweile bei kommunalen Wohnungsbaugesellschaften und kommunalen Kliniken fort. In der Bevölkerung scheint ein Gefühl gewachsen zu sein, dass die Privatisierung zu weit getrieben wurde.

An den Anfang gestellt seien einige Bemerkungen zur Datenlage. Diese ist unbefriedigend. Gesamtstatistiken zu den öffentlichen Unternehmen in der Unterteilung nach staatlicher Ebene (Zentralregierung, Gemeinden, Counties) existieren nur für Norwegen und Schweden. In Deutschland ist man auf Verbandsdaten und Branchenstrukturerhebungen angewiesen, wobei Letztere die erfassten Unternehmen nur ausnahmsweise entlang der Eigentumsstruktur gliedern. Übergreifende amtliche Statistiken gibt es nicht. Das Statistische Bundesamt ist lediglich bemüht, die Ausgliederung öffentlicher Einrichtungen und Unternehmen aus der Kernverwaltung statistisch einzufangen, um so

---

[490] Deutscher Sparkassen- und Giroverband, Sparkassenfinanzgruppe in Zahlen 2010 (Stand: 31.12.2010).

Zeitreihenvergleiche möglich zu machen. Insgesamt ist festzustellen: Die Ergebnisse sind inkonsistent; Vergleichbarkeit mit den Abgrenzungen, die in skandinavischen Ländern vorgenommen werden, ist nicht gegeben. So unterscheidet das Statistische Bundesamt zwischen öffentlichen Unternehmen und privatisierten öffentlichen Unternehmen. Dies ohne die Unterteilung in den eigenen Erhebungen zu den Strukturen in relevanten Dienstleistungsbereichen (Verkehr, Immobilienwirtschaft usw.) voll zur Anwendung zu bringen. Nicht die Definition öffentlicher Unternehmen ist dabei das Problem. Öffentliche Unternehmen werden definiert als öffentliche Fonds, Einrichtungen und Unternehmen, die aus der *„Auslagerung von Aufgaben aus den Kernhaushalten der Gebietskörperschaften (Bund, Länder, Gemeinden/Gemeindeverbände), durch Neugründungen oder durch Beteiligungserwerb entstehen."* Während ursprünglich vor allem Aufgaben in den Bereichen Ver- und Entsorgung sowie Verkehr aus den Kernhaushalten ausgelagert worden seien, finde man öffentliche Unternehmen heute in fast allen Wirtschaftsbereichen. Die Rechtsform sei nicht entscheidend, auch nicht, ob das Rechnungswesen kaufmännisch oder kameral ist. Entscheidend sei nur, dass Bund, Länder oder Gemeinden/Gemeindeverbände mit mehr als 50 Prozent des Nennkapitals oder des Stimmrechts – unmittelbar oder mittelbar – beteiligt sind. Diese Definition von „öffentlich" entspricht der, die in allen skandinavischen Ländern zur Anwendung kommt. Danach ist entscheidend, dass eine eigene Rechtspersönlichkeit existiert und sich das Unternehmen mehrheitlich im öffentlichen Besitz befindet. Die Verwirrung entsteht hinsichtlich der Kategorie „privatisierte öffentliche Unternehmen". Damit sind nämlich nicht, wie man denken könnte, zwischenzeitlich privatisierte ehemalige öffentliche Unternehmen angesprochen, sondern Unternehmen, *„die zu mehr als 50% im Besitz der öffentlichen Hand sind (zum Beispiel Eigenbetriebe der Abfallentsorgung und des Gewässerschutzes). Sie werden in den Umweltökonomischen Gesamtrechnungen (UGR) wie in den Volkswirtschaftlichen Gesamtrechnungen als Teil der Unternehmen und nicht des Staatssektors betrachtet"* (Statistisches Jahrbuch 2011 für die Bundesrepublik Deutschland: 302). Der Zusatz „privatisiert" ist hier missverständlich, da die angesprochenen öffentlichen Unternehmen sehr wohl zum öffentlichen Sektor zählen, nicht aber zum Staat in der Abgrenzung von „General Government". Die Volkswirtschaftliche Gesamtrechnung denkt vom Markt her und integriert den Staat (General Government) im Sinne von „Nicht-Markt-Produktion". Auf die diesbezüglichen Ausführungen unter 3.2 sei verwiesen ebenso auf die Abbildung 2, die am Beispiel von Norwegen darstellt, wie sich dort der öffentliche Sektor aufteilt auf Staat im engeren Sinne (Nicht-Marktproduktion) und staatliche Unternehmen.

Die statistischen Klimmzüge reflektieren, dass in Deutschland gleichermaßen die Politik wie auch die amtliche Statistik Wirtschaft im Kern mit Privatwirtschaft gleichsetzen. Öffentliche Unternehmen, die normal am Wettbewerb teilnehmen, stellen dann eine Art Verunreinigung des ordnungspolitischen Ideals rein privater Marktwirtschaft mit staatlicher Rahmensetzung dar. In den skandinavischen Ländern ist die statistische Erfassung besser. Es gibt dort ein vergleichsweise unverkrampftes Verhältnis zur unternehmerischen Rolle von Gebietskörperschaften. Voll überzeugend sind aber auch die skandinavischen Statistiken nicht. Zudem liegen die Daten nur teilweise auf Englisch vor. Auch deshalb ist eine Gesamtdarstellung der Kommunalwirtschaft in den sechs Vergleichsländern nicht möglich.

Norwegen und Schweden verfügen über die beste Datenlage. Dies ist logisch, denn in diesen beiden Ländern gibt es innerskandinavisch noch den größten öffentlichen Unternehmenssektor, gefolgt von Island und Finnland.[491] Die geringste Bedeutung haben öffentliche Unternehmen („public corporations") in Dänemark. Während in Schweden rd. 7 Prozent der abhängig Beschäftigten bei einem Unternehmen beschäftigt sind, das sich mehrheitlich in öffentlichem Besitz befindet, sind es in Dänemark nur rd. 3 Prozent. Bei der Bewertung dieses Befundes ist Folgendes zu berücksichtigen: In Dänemark liegt ein Teil der öffentlichen Leistungserbringung, die in Schweden oder Norwegen von öffentlichen Unternehmen wahrgenommen wird, bei den Gebietskörperschaften direkt. Im europäischen Vergleich hat Dänemark deshalb noch vor Norwegen den größten Staatssektor gemäß der engen Abgrenzung von General Government. Bei weiter Abgrenzung dagegen rückt Norwegen an die Spitze. Dies lehrt, dass die Betrachtungsebene „General Government" anfällig ist für Fehlschlüsse. Nur die umfassende Betrachtung des öffentlichen Sektors mit Einbezug aller Unternehmen, die sich mehrheitlich in öffentlichem Eigentum befinden, bewahrt uns vor falschen Schlussfolgerungen.

---

[491] Zu Finnland liegen auf Englisch allerdings nur die Beteiligungsberichte zu den Staatsunternehmen vor, nicht aber Daten zu den Kommunen. Aus den Beteiligungsberichten der Zentralregierung ist zu entnehmen, dass in strategisch wichtigen Bereichen an Staatsunternehmen festgehalten wird (z.B. Energie, Post, Staatsbahn).

### 8.1 Exkurs: Bei der Privatisierung öffentlicher Krankenhäuser ist Deutschland Europameister

„Besonders auffällig war, dass nach der Privatisierung die Rund-um-die-Uhr-Versorgung der Patienten immer schlechter geworden ist. Schuld ist im Wesentlichen der Mangel an Pflegepersonal. Die ganze ärztliche Kunst nutzt nichts, wenn es zu wenige Pfleger gibt, die die Anordnungen umsetzen. Da bleibt der Patient auf der Strecke." *(Chirurg Eike-Peter Schäfer im Interview mit der Frankfurter Rundschau Nr. 170 v. 25./26. Juni 2009, S. D2)*

„Seit sie (Rhön AG, CH) Ende 2011 der Stadt Wiesbaden 49 Prozent der Anteile an der Klinik abgekauft hat, geht es bergab. Starker Druck auf das Personal beeinträchtigt die Hygiene im Klinikalltag. Viel deutet darauf hin, dass die Zahl mit Krankenhauskeimen infizierter Patienten steigt. (...) Statt wie früher in acht müssen sie (die Reinigungskräfte, CH) jetzt in vier Stunden eine Krankenstation säubern." *(Bodo Kaffenberger, Sprecher des Bündnisses „Gemeingut in BürgerInnenhand" im Interview mit der Jungen Welt Nr. 283 v. 05. Dezember 2012, S. 8)*

Der Betrieb von Krankenhäusern gehört traditionell nicht zur Kommunalwirtschaft. Dies aus guten Gründen. Die Behandlung von Patienten in Allgemeinen Krankenhäusern, Universitätskliniken und Rehabilitationseinrichtungen ist eine öffentliche Versorgungsaufgabe und kein Feld, dass sich für gewinnorientierte Geschäftsmodelle eignet. Nur in Nischen sind Privatkliniken vertretbar. Wer seine Brust vergrößern, sich künstlich befruchten oder nach den Regeln der chinesischen Medizin behandeln lassen will, hat einen persönlichen Bedarf, der nur im Ausnahmefall von der Solidargemeinschaft aller Steuerzahler resp. Versicherten getragen werden sollte. Lange bewegten sich privat-gewinnorientierte Kliniken daher auch in Deutschland eher in Nischen. Das große Feld der Allgemeinversorgung wurde von Häusern in öffentlicher und kirchlicher Trägerschaft abgedeckt. So ist dies heute noch in den skandinavischen Ländern mit allerdings dem Unterschied, dass kirchliche Trägerschaften keine Rolle spielen. In Dänemark liegt die Trägerschaft bei den neu geschaffenen Regionen, in Norwegen bei staatlichen Gesundheitskonzernen (Geschäftsbereich des Gesundheitsministeriums), in Finnland und Schweden überwiegend bei den Lokalregierungen[492] und in Island[493] primär beim Zen-

---

[492] Beispiel Schweden: Es gibt sechzig Krankenhäuser mit fachärztlicher Behandlung und durchgehend geöffneter Notaufnahme. Acht dieser Krankenhäuser sind Regionalkrankenhäuser, die eine hochspezialisierte medizinische Versorgung bieten. An die Regionalkrankenhäuser ist auch der Großteil von Forschung und Lehre angebunden. Da viele Landkreise (Counties) kleine Versorgungsgebiete haben, wurden für die besonders spezialisierte medizinische Versorgung sechs Regionen gegründet. Die Koordination liegt

tralstaat. Die vergleichsweise wenigen Privatkliniken, die es gibt, sind klein und eng spezialisiert.

Im skandinavischen Raum bilden die dortigen Gesundheitssysteme eine wirksame Sperre gegen Klinikveräußerungen. Es handelt sich nicht um selbstverwaltete Sozialversicherungssysteme wie in Deutschland, sondern um öffentliche Gesundheitsdienste, die allen Einwohnern zugänglich sind. In Dänemark, Finnland und Schweden muss dafür keine Versicherung abgeschlossen werden; in Island und Norwegen gibt es eine staatliche Einheitsversicherung. Auf die knappe Darstellung in Kapitel 6 (Kasten) sei verwiesen. Private Akteure haben in diesem Rahmen drei Möglichkeiten, sich zu etablieren. *Erste Möglichkeit*: Sie gründen eine Privatklinik für z.B. plastische Chirurgie, Akupunktur oder künstliche Befruchtung. Die dort angebotenen Leistungen müssen dann anders als die Leistungen an den normalen (öffentlichen) Kliniken privat bezahlt werden. *Zweite Möglichkeit*: Die Lokalregierung überträgt die Betriebsführung einer bestimmten Einrichtung, z.B. eines Gesundheitszentrums, einem privaten Betreiber. In diesem Fall entsteht zwischen dem privaten Betreiber und der Lokalregierung eine Beziehung von Auftraggeber zu Auftragnehmer. *Dritte Möglichkeit*: Um eine öffentliche Klinik herum entsteht eine Privatklinik mit bestimmten Dienstleistungen, die von der öffentlichen Klinik in Ergänzung des eigenen Dienstleistungsangebotes eingekauft werden. Nach dem Kenntnisstand der Verfasserin haben die genannten Möglichkeiten in Schweden die größte Verbreitung. Dort gibt es Counties, die als Eigentümer von Krankenhäusern bestimmte Leistungen von Privatkliniken zukaufen und es gibt auch eine geringe Anzahl von Gesundheitszentren, die sich in privater Trägerschaft befinden. Abgesehen von den Privatkliniken, die in Nischen Spezialleistungen anbieten, behalten die Kommunen, ihre Verbände oder im Falle von Norwegen das Gesundheitsministe-

---

beim Nationalen Ausschuss für Medizinische Versorgung (Rikssjukvårdsnämnden) innerhalb des Schwedischen Zentralamts für Gesundheits- und Sozialwesen.

[493] In Island gab es nach dem Systemwechsel zu einem öffentlichen Gesundheitsdienst zunächst den Versuch, Gesundheitszentren und Krankenhäuser in dezentraler Zuständigkeit zu betreiben. Angesichts der Siedlungsstruktur des Landes erwies sich dies als nicht tragfähig. Es gibt vielfältig versprengte Siedlungen, wo die Voraussetzungen für ein dezentrales Management fehlen. Auf die Dezentralisierung folgte daher eine Rezentralisierung. Besonders einschneidend war 1989 die Verstaatlichung der Krankenversicherungen. Gegründet wurde eine übergreifende staatliche Sozialversicherung, wie sie ähnlich auch in Norwegen existiert. Im Verhältnis zu den lokalen Behörden stärkte der Staat gleichfalls seinen Einfluss. So übernahm er 1999 das größte Krankenhaus (Reykjavik Hospital) in eigene Regie und hat später die Fusion mit einem anderen Haus zum staatlichen Universitätsklinikum „*Landspitali University Hospital*" durchgesetzt (Näheres siehe bei Heintze 2007c: 85ff.).

rium aber das Heft des Handelns in der Hand. Sie sind die Kostenträger und auch direkt verantwortlich für Qualität und Patientensicherheit.

Die Situation in Deutschland ist vollkommen anders. Die Privatisierung beschränkt sich nicht auf den Einkauf bislang selbst erbrachter Leistungen und das Outsourcing einzelner Funktionsteile (Wäscherei, Reinigungsdienste, Küche), sondern beinhaltet die materielle Privatisierung ganzer Häuser oder großer Teile davon. In keinem anderen europäischen Land gab es in den letzten 20 Jahren so viele Teil- und Komplettveräußerungen öffentlicher Kliniken wie in Deutschland (Schulten/Böhlke 2010: 29). Deutschland gebührt damit das wenig schmückende Etikett eines Europameisters im Privatisieren von Krankenhausleistungen. Kommerzielle Ausrichtungen sind in Skandinavien auf wenige Privatkliniken mit ihren spezialisierten Nischen-Angeboten beschränkt. In Deutschland dagegen riskiert der Staat, dass er an seinem Sicherstellungsauftrag scheitert, In einem kaum vertretbaren Umfang hat er es zugelassen, dass kommerzielle Interessen in die Krankenhausversorgung Einzug hielten. Es gibt vier große private Krankenhausketten: die Rhön-Klinikum AG, die zum Fresenius Konzern gehörenden Helios-Kliniken, die Asklepios Kliniken GmbH und die der Versicherungswirtschaft gehörende Sana Kliniken AG. Die drei Erstgenannten sind in Europa die größten Krankenhaus-Konzerne, wobei Fresenius Medical Care erst in seiner jüngeren Geschichte in den Betrieb von Kliniken einstieg. Die Familie Fresenius startete mit Pharmazie (Hirsch Apotheke in Frankfurt). Später kamen Medizinprodukte dazu; Schwerpunkt: Dialyse-Geräte. Hier ist Fresenius mit einem weltweiten Umsatzanteil von 33 Prozent (2011) Weltmarktführer (Geschäftsbericht 2011: 47). Der Betrieb von Kliniken über die Helios-Krankenhauskette hat für Fresenius unverkennbar auch die Funktion der Sicherung von Vertriebswegen für seine Medizinprodukte. Nun greift der Konzern nach der Rhön AG.[494] Die Entwicklung bestätigt die Regel, dass kapitalistischer Wettbewerb zur Konzentration von Marktmacht führt. Dies gilt im besonderen Maße dort, wo öffentliche Dienste resp. die nach deutschem Verständnis öffentliche Daseinsvorsorge den Marktkräften ausgesetzt wird. Stromversorgung, Krankenhausversorgung, Postdienste – die Bereiche der klassischen Daseinsvorsorge – beinhal-

---

[494] Im April 2012 informierte der Konzern die Öffentlichkeit von der Absicht, den Krankenhausbetreiber Rhön-Klinikum für rd. 3,1 Mrd. € zu kaufen und mit dem eigenen Klinikunternehmen Helios zusammenzuführen. Dadurch entstünde Deutschlands größter privater Klinikkonzern. Der Übernahmeversuch scheiterte fürs Erste, da es Fresenius bis zum Stichtag Ende Juni 2012 nicht gelang, sich 90 Prozent der Aktien zu sichern. Vgl. die laufende Berichterstattung der Frankfurter Rundschau (u.a. Nr. 154 v. 05.07.2012, D3).

ten eine Tendenz zum Gebietsmonopol. Wird es nicht demokratisch gestaltet, damit öffentlich verantwortet, bilden sich private Oligopolstrukturen heraus. In der ersten Hälfte der 90er Jahre war noch annähernd jedes zweite Krankenhaus in öffentlicher Trägerschaft; meist in der Trägerschaft von Kommunen (Stadt oder Landkreis), in geringerem Umfang auch der Bundesländer. Im Jahr 2010 bot sich ein völlig anderes Bild. Von 2.064 Krankenhäusern waren nur noch 630 (30,5%) in öffentlicher Trägerschaft (Kommunen oder Bundesländer). Freigemeinnützige, in der Regel kirchliche Häuser konnten ihren Anteil ungefähr stabil halten; sie dominieren noch knapp mit einem Anteil von 36,6 Prozent (755). Die privat-gewinnorientierten Krankenhäuser, die Anfang der 90er Jahre nur in Nischen existierten, haben hinsichtlich ihrer Zahl nun die öffentlichen mit einem Anteil von einem Drittel (679) überflügelt. Zwar ist ihr Anteil am Leistungsvolumen nur knapp halb so hoch, trotzdem scheint das Überschreiten eines kritischen Schwellenwertes nicht mehr fern. Dabei sind die erfolgten Privatisierungen kein Ruhmesblatt. Private Krankenhäuser erzielen ihre Gewinne nicht primär durch ein besseres Management, sondern auf dem Rücken der Beschäftigten nach folgender Grundregel: Je höher die hierarchische Stellung, umso weniger ist zu befürchten. An erster Stelle zahlen das Funktionspersonal (Küchenpersonal, Reinigungskräfte usw.), dann die Pflegekräfte und dann die Assistenzärzte den Privatisierungspreis durch eine Verschlechterung ihrer Arbeitsbedingungen.[495] Auch Patienten zahlen, weil Gewinnorientierung bedeutet, dass ihre Behandlung unter dem Gewichtspunkt der Gewinnoptimierung erfolgt. Trotz der gemachten Negativerfahrungen setzt sich der Privatisierungszug fort. Einmal, weil durch die Unterfinanzierung der Kommunen der Druck aufrechterhalten wird; dann, weil sich kommunale Entscheidungsträger durch Investitionsversprechen ködern lassen. Allein von 2009 auf 2010 ging die Zahl öffentlicher Krankenhäuser um weitere 18 zurück und die der freigemeinnützigen um 14, während

---

[495] Nach Privatisierungen geht die Zahl regulär Beschäftigter meist deutlich nach unten. Vorrangig betroffen sind Pflegekräfte und anderes Personal. Standardmäßig werden Reinigungs- und Laborleistungen outgesourct mit dann schlechterer Bezahlung. Übernimmt ein Privater in einer Region mehrere Kliniken, ist es nur eine Frage der Zeit, bis er die eine oder andere schließt, sofern der Kaufvertrag dies zulässt. Beispiel Asklepios. Der Konzern hatte 2006 die drei Krankenhäuser des Schwalm-Eder-Kreises mit regulär über 900 Mitarbeitern für einen Euro übernommen. Statt Geld zu zahlen, erhielt er für seine geplanten Investitionen eine Sanierungsbeihilfe des Kreises im zweistelligen Millionenbereich. Rasch wurde Personal abgebaut. Schon im Mai 2010 gab es nur noch 650 regulär Beschäftigte und im September 2010 wurde das Ende des Homberger Krankenhauses angekündigt (Katja Schmidt: Ein Deal, bei der der Käufer Geld erhielt, in: Frankfurter Rundschau Nr. 216 v. 17.09.2010, S. D2f.).

die privaten Krankenhäuser um 12 wuchsen. Bei den öffentlichen wie bei den freigemeinnützigen Krankenhäuser sanken auch die Belegungs- resp. Berechnungstage, während sie bei den privaten Krankenhäusern stiegen.[496]

Es war nicht die europäische, sondern allein die nationale deutsche Politik, die dafür gesorgt hat, dass ein Krankenhausmarkt entstand, auf dem sich die großen Privatkonzerne und andere private Akteure etliches an Rosinen herauspicken konnten bis hin zu einem Universitätsklinikum (Marburg-Gießen).[497] Der Prozess kam Mitte der 90er Jahre ans Laufen. Zunächst fiel das Selbstkostendeckungsprinzips (1993) und gleichzeitig wurde die Möglichkeit eröffnet, Gewinne zu erwirtschaften. Etwas später folgte die Umstellung der Abrechnung auf Fallpauschalen.[498] Die Krankenhäuser knüpften daran die Hoffnung, aus den kurzfristigen Kostendämpfungsaktivitäten, die sich über mehr als 10 Jahre hinzogen, herauszukommen. Die Kassen wiederum hofften auf die Hebung von Wirtschaftlichkeitsreserven und ein transparenteres System. Beide Hoffnungen waren mehr oder weniger auf Sand gebaut. Mittlerweile kann als gesichert gelten: Auch das neue Entgeltsystem ist betrugsanfällig.

---

[496] Deutsche Krankenhausgesellschaft, Eckdaten der Krankenhausstatistik 2009/2010.

[497] Das Land Hessen hat das Universitätsklinikum Gießen-Marburg 2005 zunächst in eine Anstalt des öffentlichen Rechts und dann in das „Universitätsklinikum Gießen und Marburg GmbH" (UKGM) überführt. Die GmbH wurde 2006 von der rechtsgeneigten Landesregierung aus CDU und FDP zu 95 Prozent an die Rhön AG verkauft. Zunächst bejubelte die Landesregierung die Privatisierung als „Leuchtturmprojekt" (Ex-Ministerpräsident Roland Koch). Zunehmend wuchsen jedoch die Probleme, wurde Geschäftsführer auf Geschäftsführer verschlissen. In der Berichterstattung der Frankfurter Rundschau waren die Klinikprobleme in den Jahren 2010, 2011 Dauerthema. Mittlerweile stufen – von der Landesregierung abgesehen – auch diejenigen, die den Übergang an einen privaten Eigentümer mit Blick auf die zugesagten Investitionen zunächst wohlwollend begleitet haben, die Privatisierung als gescheitert ein. So forderten die Klinikdirektoren die Landesregierung im März 2012 auf, ein Ende der Privatisierung zu prüfen, weil sich ein offener, letztlich nicht lösbarer Interessenkonflikt zwischen den Renditeerwartungen der Rhön-Klinikum AG und dem Bestreben der hier tätigen Mediziner und Pflegenden an einer qualitätsorientierten Hochleistungsmedizin eingestellt habe („Klinikdirektoren in Marburg und Gießen: Ende der Privatisierung prüfen", Ärzteblatt vom 30. März 2012, http://www.aerzteblatt.de/nachrichten/). Auch Prof. Matthias Rothmund, Dekan des Fachbereichs Medizin an der Marburger Philipps-Universität, wertete die Privatisierung im Interview mit der Oberhessischen Presse, (20.04.2012) als „Fehler".

[498] Das Selbstkostendeckungsprinzip fiel mit der Gesundheitsstrukturreform von 1993. Interimsmäßig kam es danach zu Budgetierungen. Zunächst freiwillig und seit 2004 verpflichtend, wurde dann die Abrechnung von Pflegesätze auf Fallpauschalen umgestellt. Nach Angaben der Deutschen Krankenhausgesellschaft rechneten Ende 2004 1.600 Krankenhäuser der Akutversorgung (heute: Allgemeinversorgung) nach dem neuen Entgeltsystem ab.

Die Kassen monieren, dass ein Großteil der Krankenhausrechnungen fehlerhaft überhöht ist.[499] Aktuell (2012) gibt es deshalb aus dem politischen Raum Vorstöße, Falschabrechnungen zukünftig als Straftatbestand zu ahnden.

Das Regime der Fallpauschalen hat an den systemischen Fehlern des deutschen Gesundheitssystems nichts geändert, sondern nur alte Fehlanreize durch neue ersetzt.[500] Fallpauschalen führen zu einer auf Gewinnerzielung gerichteten Ökonomisierung, die auf Krankheit, nicht auf Gesundheit zielt. An die Stelle der medizinisch sinnvollen und für den Patienten besonders schonenden Behandlung tritt gehäuft die Behandlung, bei der die höchste Fallpauschale herausspringt. Statt eine dienende Rolle einzunehmen, diktiert zunehmend die Betriebswirtschaft das ärztliche und pflegerische Handeln. Beispiel „Liegezeitverkürzung". Die durchschnittliche Krankenhausverweildauer sank von 11,4 Tagen (1995) auf 7,9 Tage (2010). Dies wird als Erfolg gefeiert, ist es aber nur bedingt. Da die für einen bestimmten Eingriff gezahlte Fallpauschale unabhängig von der Krankenhausverweildauer ist, besteht ein Anreiz, Patienten nach einer Operation so schnell wie möglich zu entlassen, ohne immer zu klären, ob die Nachversorgung zufriedenstellend, ja überhaupt geregelt ist. Zwischen Krankenhaus und dem häuslichen Umfeld vieler Patienten wurde eine Lücke der nachstationären Versorgung aufgerissen. Statt sie zu schließen, werden Verantwortlichkeiten hin und her geschoben.[501] Patientenhotels, die etwa in Finnland die nachstationäre Pflege übernehmen,

---

[499] Obwohl der Nachweis schwierig ist und innerhalb eines engen Zeitfensters vorgenommen werden muss, werden in großem Umfang Falschabrechnungen festgestellt. In Thüringen ergab die Überprüfung von 51.000 Krankenhausrechnungen des Jahres 2006, dass 20.400 Rechnungen überhöht waren. Eine Quote von nur 60 Prozent korrekter Rechnungen zeigt, dass im Fallpauschalen-System etwas gründlich schiefläuft. Durch die überhöhten Krankenhausrechnungen ist den Versicherten in Thüringen nach Angaben der Technikerkrankenkasse ein Schaden von über 22 Mio. € entstanden (Quelle: Pressemitteilung der Technikerkrankenkasse vom 13.04.2007: http://www.tk.de/> Presse > Pressemitteilungen > Archiv).

[500] Das deutsche Gesundheitssystem ist so durch sich widersprechende Prinzipien geprägt, dass die in den Bundesgesetzen niedergelegten qualitativen Ziele in der Praxis häufig keine Realisierungschance haben. Dies kann in verschiedener Weise theoretisch erklärt werden. Eine systemtheoretische Erklärung findet sich bei Heintze 2002 (180ff.).

[501] Dies zeigt eine Stellungnahme der verschiedenen chirurgischen Gesellschaften und Berufsverbände von Anfang Juni 2007 zu „Schnittstelle zwischen stationärer und ambulanter Krankenbehandlung". Die Stellungnahme behandelt Streitpunkte bei der Frage, inwieweit Fallpauschalen die Kosten für Nachbehandlungen nach dem stationären Krankenhausaufenthalt einschließen oder nicht. Appelliert wird an eine „kollegiale und geregelte Zusammenarbeit der ambulanten und stationären Versorgungsebene". Quelle: http://www.dgch.de/ > Archiv.

gibt es in Deutschland bestenfalls vereinzelt. Zudem schafft der Rückgang der Krankenhausverweildauer freie Kapazitäten, die nun für teilweise unnötige Behandlungen eingesetzt werden (können). Konsequenterweise stiegen die Krankenhausoperationen nach der Einführung von Fallpauschalen von 12,13 Mio. (2005) auf 14,94 Mio. (2010).[502] Ein nicht geringer Teil dieser Operationen ist unnötig, weil Behandlungsalternativen mit langfristig für die Patienten besseren Ergebnissen zur Verfügung stehen, so nicht Behandlungen durch bessere Prävention überhaupt vermeidbar wären. Beispiel: In den skandinavischen Ländern spielt Prävention bei der Pflege und Alltagsunterstützung älterer Menschen eine große Rolle. Dies geht so weit, dass Gemeinden in Schweden älteren Menschen zum Selbstkostenpreis oder gar kostenlos praktische Hilfen beim Fensterputzen, der Frühjahrsreinigung usw zukommen lassen. Nachweislich senkt dies das bei älteren Menschen erhöhte Unfall- und Verletzungsrisiko, womit teure Operationen mit anschließender Rehabilitation vermieden werden. Die Gemeinden als Kostenträger sowohl der vergleichsweise billigen präventiven Maßnahmen wie der teuren Unfallbehandlung haben ergo einen starken finanziellen Anreiz, die präventive Pflege und Betreuung älterer Menschen auszubauen.[503] Das deutsche System wirkt in die gegenteilige Richtung. Die Verkürzung der Verweildauer basiert auf einer Art von Produktivitätssteigerung, die sich gegen das medizinisch und pflegerisch Sinnvolle richtet. Der ökonomistisch verengte Blick blendet dies aus.

Privat-renditeorientierte Akteure haben schnell erkannt, welche Chancen die Änderungen im Entgeltsystem für sie bieten und haben sie mit Hilfe einer wenig am Gemeinwohl interessierten Politik auch genutzt. Vordergründig ging es der Politik um die Sicherung der Beitragsstabilität, um Effizienzsteigerung und die Hebung von Wirtschaftlichkeitsreserven. Weder die Zahlen noch die Berichte vom Schauplatz „Krankenhaus" in den verschiedenen Medien sprechen für Fortschritte. Das Problem unnötiger Untersuchungen und operativer Eingriffe wurde nicht eingedämmt, sondern verschärft. Bei gleichem Beschwerdebild wird in Deutschland doppelt so häufig operiert wie in Schweden. Vorteile für die Patienten sind nicht belegt. Die Fehlsteuerung der komplexen Klinikabläufe zeigt sich auch bei der Krankenhaushygiene.

---

[502] Zahlen nach Destatis, zit. nach Leipziger Volkszeitung vom 04.05.2012, S. 2.

[503] Ein 2006 in Kraft getretenes Gesetz ermächtigt die Kommunen, solche Dienste auch den älteren Menschen zu offerieren, die kein Assessment durchlaufen haben und nicht pflegebedürftig sind. Die Gemeinden können für die Leistungen im Rahmen ihrer Selbstkosten Gebühren nehmen. Nach Information des Sozialministeriums gibt es jedoch viele Gemeinden, die Dienste kostenlos oder zu sehr geringen Gebühren anbieten (Ministry of Health and Social Affairs, 7. Juli 2009 mit Update vom 15.09.2010; http://www.sweden.gov.se/sb/ > policy areas > social services: Zugriff: 20.08.2011).

Diese reicht nicht annähernd an skandinavische Standards heran. Multiresistente Keime – meist handelt es sich um Erreger, etwa Wundkeime, gegen die Antibiotika nicht mehr helfen – konnten sich zu einem ernsthaften Problem auswachsen.[504] Über 10.000 bis 50.000 Menschen sterben jährlich deutschlandweit nicht an den Krankheiten, aufgrund derer sie im Krankenhaus sind, sondern an Infektionen, die sie sich erst in der Klinik eingefangen haben.[505] Seit Jahren ist das Problem bekannt, die Politik hat sich typischerweise gleichwohl lange auf die Selbstverwaltung von Krankenhäusern und Kassen verlassen, ehe sie 2011 endlich gesetzgeberisch tätig wurde.[506] Dabei sind hohe Klinikdurchseuchungen mit multiresistenten Keimen vermeidbar. Dies belegen die Erfahrungen aus den Niederlanden wie auch den skandinavischen Ländern. Dort liegt der Prozentsatz bei unter 5 Prozent gegenüber mehr als 20 Prozent in Deutschland. Dänemark, ebenso die Niederlande erreichen sogar weniger als ein Prozent. Die Erfolgsfaktoren sind komplex. Sie reichen von der Vermeidung unnötigen Antibiotikaeinsatzes (kein Einsatz in der Tiermast; Minimierung der Verabreichung beim Menschen) bis zu speziellen Hygienestrategien in Krankenhäusern, die freilich zur Makulatur werden, wenn das Fachpersonal fehlt und die Arbeitsverdichtung zu hoch ist. Auch das Outsourcing von Funktionsleistungen (Wäschedienst, Reinigung usw.) spielt eine Rolle, denn wenn diese Leistungen von fest angestellten eigenen

---

[504] Aus Studien der Paul-Ehrlich-Gesellschaft ergibt sich: Allein von 1998 bis 2004 nahm die Multi-Resistenz von Bakterienstämmen von rd. 15 Prozent auf über 20 Prozent zu (Robert Koch Institut 2007).

[505] Nach Stockinger, Günther gibt es 40.000 bis 50.000 Todesfälle (Ders.: Medizin – Stumpfe Wunderwaffen, in: DER SPIEGEL Nr. 9 v. 26.02.2007, S. 162-164). Das Bundesgesundheitsministerium geht von bis zu 15.000 Todesfällen aus. Jährlich erkranken in Deutschland nach den BGM-Erkenntnissen 400.000-600.000 Patienten an Krankenhausinfektionen. Ein Drittel dieser Fälle wird als vermeidbar eingeschätzt. http://www.bmg.bund.de/praevention/krankenhausinfektionen/fragen-und-antworten.html (Zugriff: 03.05.2012).

[506] Das „Gesetz zur Änderung des Infektionsschutzgesetzes und weiterer Gesetze" – es passierte am 8. Juli 2011 den Bundesrat – verpflichtet die Bundesländer, bis zum 31. März 2012 Verordnungen zur Infektionshygiene und zur Prävention von resistenten Krankheitserregern in medizinischen Einrichtungen zu erlassen. Zu treffen sind u.a. Regelungen über das Vorhandensein von Hygienefachpersonal. Am Robert Koch Institut wird eine „Kommission Antiinfektiva, Resistenz und Therapie" (Kommission ART) eingerichtet, die Empfehlungen zur Krankenhaushygiene erstellt. Diese Empfehlungen sollen verbindlich werden. Auch wird eine Dokumentationspflicht über den Antibiotikaeinsatz in Krankenhäusern eingeführt. Quelle: Pressemitteilung „Gesetz zur Änderung des Infektionsschutzgesetzes und weiterer Gesetze passiert Bundesrat" des BGM vom 8. Juli 2011.

Kräften ausgeführt werden, ist das Risiko der Einschleppung von Keimen viel geringer, als wenn die Leistungen von Fremdfirmen erbracht werden. In vielfacher Hinsicht also erweist sich die Privatisierungs- und Vermarktlichungsstrategie als Problemverstärker, nicht als Problemlöser. Dies kann kaum erstaunen, denn die Agenda hinter dem Paradigmenwechsel zielt nicht auf eine qualitativ hochstehende und wirtschaftlich effiziente Patientenversorgung, sondern unterwirft die Pateientenversorgung einem ganz anderen Projekt. Bei dem verdeckten Projekt geht es darum, die Krankenhausversorgung in einen Krankenhausmarkt zu verwandeln, von dem sich private Konzerne zum Nutzen ihrer Aktionäre einen lukrativen Teil abschneiden können. Deshalb die Ermöglichung von Gewinnen und die Etablierung eines Entgeltsystems, das Anreize setzt, bei unterschiedlichen Behandlungsmöglichkeiten diejenige zu präferieren, die betriebswirtschaftlich den höchsten Ertrag bringt. Deshalb auch die jahrelange Investitionszurückhaltung der Bundesländer. Auf Basis der Krankenhausplanung sind sie für die Investitionsfinanzierung zwar zuständig, kommen dieser Verpflichtung aber schon länger nicht mehr richtig nach.[507] Die Investitionszurückhaltung ist Teil staatlicher Kürzungspolitik. Erzwungen werden soll ein schleichender Systemwechsel in Richtung einer monistischen Finanzierung, bei der die Krankenhäuser ihre Investitionen aus Überschüssen selbst erwirtschaften. Zugleich wirkt der Rückzug als Privatisierungshebel. Wenn notwendige Investitionen jahrelang unterbleiben, weil die eigentlich zuständige Landesregierung nicht ausreichend Investitionsmittel einplant und die Stadt oder der Landkreis als Träger finanziell überfordert sind, erscheint der private Investor mit seiner Kapitalkraft als Retter. Er verspricht die schnelle Auflösung des Investitionsstaus und hält das in der Regel auch ein. Gerne verdrängen die kommunalen Entscheidungsträger dann, dass die vorgeschossenen Investitionsmittel plus die Gewinnausschüttungen für die Aktionäre und die überhöhten Gehälter für Geschäftsführer und sonstige Führungskräfte letztlich von den Häusern selbst erwirtschaftet werden müssen. Mit allen Folgen für die normal Beschäftigten und das „Patientengut", das nun nicht nach medizinischem und pflegerischem Bedarf, sondern nach wirtschaftlicher Rentabilität behandelt wird. Aus Krankenhäusern werden Krankenfabriken.

Zugute kam den privaten Playern, dass viele kommunale Häuser beim Beginn der Privatisierungswelle über nur schwach ausgeprägte Management-

---

[507] Die Deutsche Krankenhausgesellschaft rechnete 2007 vor, dass die Investitionsfinanzierung der Länder um 44,3 Prozent unter dem Niveau von 1991 liege, womit ein Investitionsstau von 50 Mrd. Euro aufgelaufen sei. Die jährliche Lücke betrage 4 Mrd. Euro. Vgl. die PM „Jedes Jahr fehlen 4 Milliarden Euro in Krankenhäusern" der Deutschen Krankenhausgesellschaft vom 08.04.2007 mit Anlage.

strukturen verfügten. Hier haben Lernprozesse stattgefunden, so dass ein kommunales Haus, dass in Schwierigkeiten ist, heute auf Know-how von erfolgreich umstrukturierten Häusern zurückgreifen kann. Wo es in der Stadt den politischen Willen gibt, das eigene Krankenhaus in der kommunalen Familie zu halten, gibt es ergo auch einen Weg. Immerhin, bei der Bevölkerung vollzieht sich ein Wandel. Einschlägige Negativerfahrungen fungierten als Weckruf und auch ein Teil der Ärzteschaft scheint erkannt zu haben, dass es ein Deal zulasten einer flächendeckend guten Krankenhausversorgung ist, wenn Krankenhäuser der Allgemeinversorgung an renditeorientierte Klinikbetreiber veräußert werden. Die politischen Fronten freilich sind nicht ganz eindeutig. Generell sind es vor allem CDU/CSU und FDP, die kein Interesse haben, den Privatisierungszug anzuhalten. Vor Ort ist es jedoch teilweise auch die SPD, die den Verkauf mit durchdrückt. So 2011/2012 in Wiesbaden. Die dortige SPD-CDU-Koalition hat sich der Aufgabe verweigert, das eigene Haus zu sanieren. Stattdessen wurde die Verantwortung in die Hände der Rhön-AG gegeben. Am 16. Juni 2011 brachte die Stadtverordnetenversammlung die Teilveräußerung der Horst-Schmidt-Kliniken auf den Weg und beschloss dann am 9. Februar 2012, 49 Prozent an die Rhön AG zu veräußern. Die Durchführung eines Bürgerbegehren wurde aus formalen Gründen gerichtlich untersagt mit dem Argument der „Verfristung"; es hätte direkt nach der Beschlussfassung vom Juni 2011 eingeleitet werden müssen, befanden die Richter. Obwohl die Stadt formal noch die Mehrheit an der Gesellschaft behält, erhielt die Rhön AG 55 Prozent der Stimmen in der Gesellschafter-Versammlung, damit also das Sagen. Zudem gibt es für die Stadt die Option, weitere Anteile an die Rhön AG zu veräußern.[508]

Was in Wiesbaden aus formalen Gründen scheiterte, gelang Ende 2009 im schwarz-regierten Kreis Rottal-In. Der Kreistagsbeschluss, drei Kreiskrankenhäuser an die Rhön-AG zu veräußern, wurde durch einen Bürgerentscheid, der kaum klarer hätte ausfallen können, gekippt. 54 Prozent der Wahlberechtigten beteiligten sich und stimmten mit fast 90 Prozent gegen den Verkauf. In Dresden wiederum wurde Bürgergegenwehr schon gegen den Übergang ins Privatrecht organisiert. Es ging bei den Krankenhäusern Dresden-Friedrichstadt und Dresden-Neustadt nämlich zunächst nur um die Änderung der Rechtsform. Notwendige Strukturreformen könnten in der Rechtsform des kommunalen Eigenbetriebs schwer umgesetzt werden, lautete die Begründung der Befürworter (CDU, FDP und Grüne). Da mit dem Wechsel ins Privatrecht allerdings häufig das Terrain bestellt wird, auf dem dann die Einleitung einer materiellen Veräußerung erfolgt, ging es dem Dresdner Anti-Privatisie-

---

[508] Information nach: Ver.di, Infodienst Krankenhäuser Nr. 56, März 2012, S. 51.

rungsbündnis aus SPD, Linken und Betriebsräten darum, schon die Rechtsformänderung zu verhindern. Dies gelang. Im Februar 2012 fand ein Bürgerentscheid statt. Das erforderliche Quorum (ein Viertel der Stimmberechtigten) wurde klar erreicht. Bei einer Wahlbeteiligung von über 37 Prozent stimmten 84,23 Prozent für den Vorschlag von SPD und Linkspartei, der beinhaltet, dass die beiden städtischen Krankenhäuser Eigenbetriebe der Landeshauptstadt bleiben. Nur 15,77 Prozent votierten dagegen.[509]

Fazit also, der Privatisierungszug ist nicht gestoppt, aber in der Bevölkerung ist die Erkenntnis gereift, dass Klinikprivatisierungen der falsche Weg sind. Ergo gibt es mehr Gegenwehr und diese kann Erfolg haben. Mit einzelnen Abwehrerfolgen ist es aber nicht getan. Die Kommunen müssen bei ihrer Krankenhauspolitik umdenken. Die Gestaltungsfunktion anzunehmen und dabei auch die verstärkte Zusammenarbeit mit anderen kommunalen Häusern zu suchen, mag kurzfristig der beschwerlichere Wege sein. In der mittleren bis längeren Frist allerdings zahlt es sich aus.

## 8.2 Kommunalwirtschaftliche Entwicklungen – Befunde zu Norwegen und Schweden im Überblick

In den skandinavischen Ländern spielten staatliche Unternehmen und die öffentliche Wirtschaft noch Mitte der 90er Jahre eine erhebliche Rolle. Es bestand eine gemischte Wirtschaft in dem Sinne, dass in Schweden der Staat zeitweise Arbeitgeber von fast jedem zweiten abhängig Beschäftigten war. In Island war die Situation ähnlich.[510] Die erfolgten Privatisierungen sind also auch vor dem Hintergrund einer tendenziellen staatlichen Überdehnung zu sehen. Zwischenzeitlich wurden zahlreiche Unternehmen privatisiert. Von

---

[509] Nach Berichte in: Sächsische Zeitung online, 1. Februar 2012; Ver.di Info-Dienst Krankenhäuser Nr. 56 vom März 2012, S. 53. Siehe auch die Bürgerbegehren-Webseite: http://www.aus-verantwortung-ja.de/aktuell.

[510] Die große Privatisierungswelle lief Anfang der 90er Jahre an. Zunächst betraf sie den Verkauf von Firmen und Patenten aus dem Bereich des vorher staatlichen Alkohol- und Tabakmonopols sowie den Verkauf von Schiffslinien, Reiseunternehmen, Unternehmen der Fischwirtschaft, der pharmazeutischen Industrie und des Einzelhandels. Die zweite Privatisierungsphase startete, nachdem am 28. Mai 1999 die neu gebildete Koalitionsregierung aus rechter Unabhängigkeitspartei und liberaler Fortschrittspartei die Privatisierung auch des Bankensektors zu einem Schwerpunkt ihrer Arbeit erkoren hatte: *„The Icelandic government has published its plans to fully privatize the two currently state owned commercial banks, the Búnaðarbanki Íslands hf. and the Landsbanki Íslands hf. and to prepare the selling of government shares in the Icelandic telephone company, Landssími Íslands hf."* (PM vom 30. Oktober 2001).

Island abgesehen, blieben strategisch wichtige Unternehmen freilich ganz oder überwiegend in Staatsbesitz. Beispiel Schweden. Im Besitz der Zentralregierung befanden sich 2010 noch 612 Unternehmen mit 134.260 MitarbeiterInnen. Sie verfügten über ein Eigenkapital von umgerechnet fast 37 Mrd. € und erwirtschafteten einen Gewinn von 71.293 Mio. SEK (rd. 7.742 Mio. €). Die meisten Staatsbeschäftigten gibt es im Verkehrssektor (55.015), gefolgt von Unternehmen im Bereich der Vermögensverwaltung und Immobilienwirtschaft mit 32.490 Mitarbeitern. An dritter Stelle folgen Unternehmen von Handel, Gastronomie und Hotellerie mit 17.800 MitarbeiterInnen. Nach ökonomischem Gewicht ist die Rangfolge anders. Unternehmen der Energie- und Wasserversorgung haben zwar nur noch 8.117 Mitarbeiter, stehen aber für den höchsten Gewinn (25,7 Mio. SEK), gefolgt von Unternehmen der Verkehrs- und Kommunikationswirtschaft (17,89 Mio. SEK).[511]

In Finnland sehen wir ein ähnliches Muster. Nach dem letzten Beteiligungsbericht (Ownership Steering 2011) befanden sich zum 31.12.2010 bei Einbezug der Tochterunternehmen noch über 20 größere Unternehmen (Unternehmen mit je mehr als 1.000 Beschäftigten) mehrheitlich im Besitz der Zentralregierung. Die Bannbreite reicht vom Energieunternehmen Fortum mit 10.585 Beschäftigten über die Fluglinie Finnair (7.578 Beschäftigte) bis zur staatlichen Produktion alkoholischer Getränke und dem Verkauf in Spezialläden (1.122 und 2.606 Beschäftigte). Als Besonderheit kann angesehen werden, dass aller EU-Liberalisierung zum Trotz die Post weiterhin ein reines Staatsunternehmen mit gut 29 Tsd. Beschäftigten ist.[512] Für die Gewährleistung einer flächendeckend guten Versorgung mit Postdiensten ist dies wichtig. In Schweden andererseits wurden beim traditionellen staatlichen Postunternehmen Posten AB nach der 1993 erfolgten Marktöffnung fast die Hälfte der Arbeitsplätze abgebaut; private Anbieter konnten sich im regulierten Bereich bis 2005 acht Prozent Marktanteil sichern. Wie auch in Deutschland wurden

---

[511] Statistics Sweden, Tab. „Enterprises owned by central government 2010 – some economic facts" (http://www.scb.se/Pages/TableAndChart___220674.aspx; Zugriff: 16.04.2012; zuletzt: 12.08.2012).

[512] Der Fall liefert ein Exempel dafür, dass es unter bestimmten Bedingungen möglich ist, in einem öffentlichen Versorgungsbereich eine Marktöffnung vorzunehmen, die so gestaltet ist, dass das öffentliche Monopol faktisch fortexistiert. Der Postmarkt wurde in Finnland 1994 liberalisiert. Gleichzeitig jedoch wurde eine Lenkungsabgabe eingeführt. Ein Unternehmen, das die Versorgung des flachen Landes mit Postdienstleistungen einer definierten Qualität nicht vorsieht, muss eine Abgabe von bis zu 20 Prozent des Umsatzes zahlen. Ergebnis: Bislang hatte kein privates Unternehmen Interesse, in den liberalisierten Postmarkt einzusteigen. Die dort für Private erzielbare Rendite wird als nicht lukrativ erachtet. Der liberalisierte Postmarkt verbleibt in öffentlicher Hand.

rasant Vollzeitstellen in Teilzeitstellen umgewandelt. Die Nutzung von Lohndumping als Geschäftsmodell, wie in Deutschland möglich und praktiziert,[513] ist jedoch nicht zugelassen; die Löhne der privaten Dienstleister liegen auf dem gleichen Niveau, das Posten AB auch zahlt (Büttner 2007: 39). Von hoher Symbolkraft wäre in Schweden die Privatisierung des Energieriesen Vattenfall. Seitens der rechtsgeneigten Minderheitsregierung gibt es gelegentlich Vorstöße in Richtung einer Teilprivatisierung des Konzerns. Parlamentsmehrheiten kamen dafür bislang nicht zustande. Die Regierung hat Privatisierungen auf der Tagesordnung, kommt damit in der Praxis aber nicht so voran, wie sie es sich vorgenommen hat.

Während in Schweden die Zentralregierung das Ziel verfolgt, die wirtschaftliche Betätigung staatlicher Einheiten weiter zurückzudrängen, ist dies in Norwegen für die dort linksgeneigte Regierung unter Jens Stoltenberg kein Thema. Obwohl einwohnermäßig deutlich kleiner als Schweden, hat Norwegen mehr öffentliche Unternehmen. Im Jahr 2010 besaß die Zentralregierung 688 Unternehmen mit zusammen rd. 81 Tsd. Beschäftigten. Nach Wirtschaftszweigen operierten 17,9 Prozent im Informations- und Kommunikationssektor, 17,7 Prozent im Bereich Immobilien, 14,5 Prozent in Bereichen von Wissenschaft und Technik sowie 13,4 Prozent im Bereich der Gewinnung und Vermarktung von fossilen Rohstoffen. Die meisten Gewinne fallen im letztgenannten Segment, also im Zusammenhang mit Erdöl und Erdgas an.

Hintergrund für das Festhalten an einer „*Mixed Economy*" ist nicht, dass das Land wegen seines Reichtums an fossilen Energieträgern Privatisierungserlöse nicht nötig hat. Anders herum: Der Staat wäre gar nicht so reich und es gäbe keinen aus den Gewinnen des Öl- und Gasgeschäftes gespeisten Staatlichen Pensionsfonds mit einem Vermögen von über 350 Mrd. €, wenn der Staat nicht die Kontrolle über diese Ressourcen behalten hätte. Nur so bleiben die Gewinne im Land und kommen der Allgemeinheit zugute. Im gesamten Energiesektor hat der Staat die strategische Schlüsselrolle inne. Er ist gleichermaßen als Eigentümer – Petoro AS managed die im Staatseigentum befindlichen Ölfelder und Gassco AS den Gastransport –, Unternehmer, Regulierer und Fiskus tätig. Die unternehmerischen Interessen wurden bislang von Statoil (Staatsöl) wahrgenommen. Mit Wirkung zum 1. Oktober 2007 ver-

---

[513] Das Beschäftigungssegment der neuen Anbieter von Postdienstleistungen ist in Deutschland aufgrund gleichermaßen geringer Tarifbindung wie auch geringer staatlicher Marktregulierung durch nicht-existenzsichernde Niedrigstlöhne geprägt. Die Geschäftsmodelle der Newcomer gründen auf Ausbeutung; das 19. Jahrhundert lässt grüßen. Angaben nach dem Vortrag von Claus Zanker (Input Consulting GmbH, Stuttgart) auf der 2. UNI Post Global Union Weltkonferenz am 27./28.04.2007 in Athen.

einigte sich Statoil mit der Öl- und Gassparte von Norsk Hydro. Die neue Gesellschaft StatoilHydro ASA ist nun der weltweit größte Offshore-Konzern und rangiert unter den größten internationalen Ölmultis. Der norwegische Staat hält 67 Prozent der Unternehmensanteile (Stand: 31.12.2010).[514]
Da die norwegischen Staatsunternehmen hoch-profitabel und unternehmerisch gut geführt sind, konnte sich der marktliberale Glaubenssatz, wonach der Staat per se ein schlechter Unternehmer sei, in Norwegen nicht durchsetzen. Im Gegenteil. Dort, wo der Kommunalsektor finanziell oder unternehmerisch überfordert ist, folgt weniger der Ruf nach privaten Investoren als nach dem Zentralstaat. Auf zwei Beispiele mit unterschiedlichen Hintergründen wurde oben eingegangen: Die Übernahme der bis 2001 im Eigentum der Regionen befindlichen Krankenhäuser und die Übernahme der Kommunalen Kreditbank „Kommunalbanken". Dies markiert einen grundlegenden Unterschied zu Deutschland, wo die Argumente vom besseren Management, den angeblich niedrigeren Gebühren, der höheren Flexibilität und Kundenfreundlichkeit privater Unternehmen lange verfangen und der Privatisierung mit den Weg gebahnt haben. Auch die Unterschiede bei der Bewertung hoher Eigenkapitalrenditen öffentlicher Unternehmen spielen eine Rolle. Anders als bei Teilen der politischen Linken in Deutschland ist es im skandinavischen Raum nämlich akzeptiert, dass die am Markt tätigen öffentlichen Unternehmen eine gute Eigenkapitalrendite erwirtschaften (sollten).

Vor allem in Schweden hat auf der kommunalen Ebene das Outsourcing von Leistungen deutlich zugenommen – bei den Dienstleistungen für Senioren bin ich darauf näher eingegangen –, die Kommunalwirtschaft selbst konnte sich freilich gut behaupten. Zwar gab es, wie die Befunde aus dem PIQUE-Projekt zeigen, sowohl in der Elektrizitätsbranche wie auch bei ÖPNV-Leistungen ein nicht geringes Maß an Privatisierungen. Einiges deutet jedoch darauf hin, dass das Gros dieser Privatisierungen im Zeitraum von Mitte der 80er bis Mitte der 90er Jahre erfolgte. *Tabelle 48* gibt für die 15 Jahre danach (1995 bis 2010) einen Überblick zu den Unternehmen im Eigentum der Gemeinden; Daten zu den Counties liegen der Verfasserin nicht vor. Für die Ebene der Gemeinden gilt: Bis zum Jahr 2000 ging die Beschäftigtenzahl zurück; danach stieg sie wieder an. Über alle Geschäftsfelder hinweg waren im Jahr 2010 in den gemeindlichen Unternehmen 6 Prozent mehr MitarbeiterInnen beschäftigt als im Jahr 1995. Auch die Anzahl der Unternehmen ist ge-

---

[514] Für nähere Informationen siehe die am 12.04.2012 vom „The Ministry of Petroleum and Energy" zusammen mit dem „Norwegian Petroleum Directorate" herausgegebene Publikation „Facts 2012 – The Norwegian petroleum sector" (S. 15ff.).

*Tabelle 48: Entwicklung kommunaler Unternehmen in Schweden 1995 bis 2010 nach Zahl, Beschäftigung und Branche*

|  | 1995 | | 2000 | | 2005 | | 2010 | | Veränderung |
| --- | --- | --- | --- | --- | --- | --- | --- | --- | --- |
|  | Zahl | Beschäftigte | Zahl | Beschäftigte | Zahl | Beschäftigte | Zahl | Beschäftigte | Beschäftigte (%) |
| Immobilienwirtschaft | 767 | 16.767 | 720 | 15.642 | 796 | 16.530 | 852 | 16.853 | 0,5 |
| Energie- und Wasserversorgung | 242 | 11.348 | 311 | 11.149 | 318 | 10.601 | 404 | 15.497 | 36,6 |
| Transport und Kommunikation | 121 | 7.068 | 114 | 7.135 | 134 | 8.280 | 150 | 7.445 | 5,3 |
| Diverse Geschäftsfelder (Hotels, Restaurants, Personale Dienste…) | 320 | 8.269 | 286 | 8.999 | 285 | 10.124 | 216 | 6.260 | -24,3 |
| Insgesamt | 1.450 | 43.452 | 1.431 | 42.925 | 1.533 | 45.535 | 1.622 | 46.055 | 6,0 |

**Erläuterung:** Ohne die im Besitz von Counties befindlichen Unternehmen
**Quelle:** Statistics Sweden, Municipality-owned enterprises and economic facts by industrial activity, period 1994-2010 (http://www.scb.se/Pages/TableAndChart____220670.aspx)

wachsen. Nach Wirtschaftszweigen ist der Bereich „Energie, Wasserversorgung" expandiert. Die Mitarbeiterzahl stieg hier um über ein Drittel. Auch „Verkehr" erzielt einen leichten Zuwachs und die Betätigung in der Immobilienwirtschaft blieb konstant. Umgekehrt sind Gemeinden in sonstigen Geschäftsfeldern, die von Hotellerie und Gastronomie bis zu personalen Diensten alles Mögliche beinhalten, heute weniger stark engagiert als Mitte der 90er Jahre. Die Beschäftigtenzahl ging in diesem Sammelbereich um ein Viertel zurück. Offensichtlich erfolgte eine Konzentration der unternehmerischen Tätigkeit in den klassischen Bereichen der Kommunalwirtschaft. Hier auch werden die höchsten Umsätze erzielt und Gewinne eingefahren. Im Bereich „Energie und Wasser" wurden 2010 Umsätze in Höhe von 91.358 Mio. SEK (rd. 8.921,5 Mio. €) und Gewinne in Höhe von 1.034 Mio. SEK (rd. 112,3 Mio. €) erzielt. Im Bereich der gemeindlichen Immobilienwirtschaft fielen die Umsätze etwas niedriger, die Gewinne aber höher aus (9.593 Mio. SEK). Über alle Geschäftsfelder hinweg lag der Umsatz bei 184.056 Mio. SEK (19.888,5 Mio. €), der Nettogewinn bei umgerechnet rd. 1,21 Mrd. € und die Eigenkapitalrendite bei etwas unter 10 Prozent.[515]

---

[515] Quelle: Statistics Sweden: Enterprises owned by municipalities 2010 – some economic facts, 2011.

„Both the central and the local government have a significant ownership interest in Norwegian business and industry. The public companies vary with regard to economic activity and employment. The level of ownership varies from holdings in large listed corporations to small fully-owned enterprises. The corporations are involved in activities such as mining and quarrying, energy supply, transport, real estate operations and rehabilitation. Mining and quarrying is the dominating business area and includes the State's Direct Finance Investment (SDFI) and Statoil ASA among others. Corporations in the transportation and storage industry are the largest employers. These industries include Posten Norge AS and Norges Statsbaner AS." *(Statistics Norway, Public non-financial enterprises, structural business statistics, 2010)*

Ende 2010 gab es in Norwegen rd. 3.200 öffentliche Unternehmen; 78 Prozent davon waren ganz oder teilweise im Eigentum der Lokalregierungen. Die wirtschaftlichen Aktivitäten der norwegischen Kommunen folgen den gleichen Schwerpunktsetzungen wie die der schwedischen Gemeinden. Die meisten Kommunalunternehmen gibt es im Immobiliensektor (19,8%), gefolgt vom Energiesektor (15,1%).[516] Die reine Unternehmenszahl (vgl. Tab. 49) ist allerdings nicht aussagekräftig, da es in der jüngeren Vergangenheit erhebliche Umstrukturierungen gab. Unternehmen wurden verkauft, gekauft, mit anderen verschmolzen und umgekehrt. Entscheidender sind ökonomische Kennzahlen und die Entwicklung der Beschäftigung. Von 2002 bis 2008/2009 erfolgte ein dynamisches Beschäftigungswachstum. Von 2009 bis 2010 ging die Beschäftigtenzahl bei den Kommunalunternehmen freilich zurück, während sie bei den Unternehmen des Zentralstaates um 1.300 anstieg. *Tabelle 49* stellt einige ökonomische Kennzahlen zusammen. Wie ersichtlich, lag die Beschäftigtenzahl im Jahr 2010 mit 54,7 Tsd. um gut 40 Prozent über der des Jahres 2002. Die Personalausgaben stiegen doppelt und die Betriebseinnahmen mehr als dreifach so stark. Die Gewinne der öffentlichen Wirtschaft konzentrieren sich zu 90 Prozent beim Zentralstaat, wobei die Energiekonzerne das meiste abwerfen. Auch bei den Kommunalunternehmen stammt das Gros der Gewinne aus dem Energiesektor. Nach Steuern haben sich die kommunalen Gewinneinnahmen im Zeitraum von 2002 bis 2010 verdreifacht. 2010 lag der Gewinn vor Steuern bei umgerechnet ca. 4,36 Mrd. €; netto verblieben davon rd. 2,59 Mrd. €. Die oben angesprochene gute Profitabilität gilt somit der Tendenz nach auch für die wirtschaftliche Betätigung der Kommunen. Berücksichtigt werden muss: Es handelt sich um Durchschnittszahlen mit großen Diskrepanzen zwischen den Geschäftsfeldern.

---

[516] Die Darstellung basiert auf Daten der amtlichen Statistik über folgenden Pfad: Statistics Norway > Datacollection > advanced search > „local government owned enterprises".

Auch regional sind die Diskrepanzen groß. Fast 10 Prozent der kommunalen Unternehmen sind im Landkreis „Nordland" ansässig. Dies hat damit zu tun, dass es in diesem nördlichen Landkreis besonders viele einzelne Gemeinden gibt. Es folgen die Counties „Møre og Romsdal" in Mittelnorwegen und „Hordaland" südlich davon mit Bergen als größter Einzelgemeinde.

*Tabelle 49: Kommunale Unternehmen in Norwegen 2002 bis 2010 nach ausgewählten ökonomischen Kennzahlen*

|  | 2002 | 2005 | 2007 | 2008 | 2009 | 2010 | Veränderung (%) |
|---|---|---|---|---|---|---|---|
| Anzahl | 1.168 | 2.266 | 2.542 | 2.461 | 2.754 | 2.834 | 142,6 |
| Beschäftigte (Tsd.) | 38,7 | 47,9 | 54,6 | 56,0 | 56,8 | 54,7 | 41,5 |
| Personalausgaben (Mrd. NOK) | 11,0 | 15,5 | 18,9 | 20,6 | 21,4 | 20,2 | 82,6 |
| Betriebseinnahmen (Mrd. NOK) | 63,4 | 88,0 | 114,1 | 133,5 | 132,2 | 153,6 | 142,3 |
| Gewinn vor Steuern | 9,7 | 17,8 | 25,7 | 26,9 | 25,9 | 33,9 | 248,0 |
| Nettogewinn (Mrd. NOK) | 6,8 | 12,9 | 20,3 | 17,9 | 17,1 | 20,6 | 202,7 |
| Kapitalrendite (%) | k.A. | 6,1 | 8,4 | 8,6 | 7,1 | 7,5 | 22,9 |
| Eigenkapitalrendite (%) | k.A. | 6,3 | 11,1 | 9,0 | 8,7 | 10,5 | 67,0 |

**Erläuterung:** Die Zahlen für 2009 und 2010 sind vorläufig
**Quelle**: Statistics Norway, Datacollection > advanced search > „Local government owned enterprises", Tabelle 10 „Local government owned enterprises. Income statement. Selected accounting figures. NOK million and per cent. 2002-2007" und Tabelle 1 „Local government owned enterprises. Selected key figures. 2005 bis 2010"

Als zentraler Befund ist festzuhalten: Die öffentliche Hand ist in den skandinavischen Ländern in unterschiedlichem Umfang unternehmerisch aktiv. In Island wurde ab Beginn der 90er Jahre am radikalsten privatisiert. Diese Strategie führte jedoch in den Fast-Kollaps und wurde im Rahmen der Krisenbewältigung wieder zurückgedreht. Wenn wir von Island absehen, so sind Dänemark auf der einen und Norwegen auf der anderen Seite die beiden Außenposten. In Norwegen besteht eine gemischte Ökonomie fort; in Dänemark wurde der Staatseinfluss auf Kernbereiche reduziert. Dies markiert einen gravierenden Unterschied mit auch der Folge, dass Statistiken, die sich auf Staat im engeren Sinne (General Government) beziehen, die Größe des öffentlichen Sektors von Norwegen systematisch unterzeichnen.

Rücken wir die für Dänemark, Finnland, Norwegen und Schweden vorliegenden Befunde in einen Vergleich mit Deutschland, deuten sich *drei wesentliche Unterschiede* an:

*Erstens:* In den genannten skandinavischen Ländern ist der Staat in Schlüsselbereichen wie der Energieversorgung, dem Verkehrswesen (Schienenverkehr, Flugverkehr), dem Bank- und Kreditwesen, der Immobilienwirtschaft und auch den Bereichen von Kommunikation und Post weiterhin mit eigenen Unternehmen engagiert. Bislang verschonte die Privatisierung diesen Kernbestand. Demgegenüber haben sich in Deutschland Bund und Bundesländer auch von Unternehmen mit strategischer Bedeutung etwa im Bereich der Landesentwicklung zurückgezogen oder halten nur noch Minderheitsanteile. Zwischen den Bundesländern gibt es dabei deutliche Unterschiede, die hier aber nicht Thema sind. So besitzt Baden-Württemberg (Land und Kommunen)[517] mit EnBW einen der vier großen Stromproduzenten. Für den Bund freilich gilt, dass er in den meisten strategischen Bereichen mehr oder weniger nackt dasteht. An den Unternehmen, die aus der staatlichen Post hervorgegangen sind, hält er etwa nur noch Minderheitsanteile.[518] Als international bedeutsames Bundesunternehmen verbleibt die DBAG, die mit ihren Tochterunternehmen in allen möglichen Ländern präsent ist. Die materielle Privatisierung der DBAG war von der Großen Koalition (2005-2009) unter dem von der SPD gestellten Verkehrsminister Tiefensee zwar in Vorbereitung, musste wegen der Finanzkrise und zunehmender öffentlicher Gegen-

---

[517] Der Erwerb (Kaufpreis: 4,7 Mrd. €) erfolgte durch die schwarz-gelbe Vorgängerregierung der jetzigen Koalition aus Grünen und SPD. Mit Blick auf die Historie ist es quasi ein Rückkauf. EnBW (Energie Baden-Württemberg AG) ging am 01.01.1997 aus der Fusion von Badenwerk AG und der kommunalen Energieversorgung Schwaben AG (EVS) hervor. Während die kommunale Seite über den Zweckverband Oberschwäbische Elektrizitätswerke (OEW) und weitere Akteure ihren Aktienanteil hielt, verkaufte das Land seinen Anteil Anfang 2000 an den französischen Staatskonzern Électricité de France (EdF). Hauptaktionäre der EnBW waren danach bis zum 18. Februar 2011 mit jeweils 45,01 Prozent die EdF sowie die Oberschwäbischen Elektrizitätswerke (OEW). Ein Konsortialvertrag zwischen den beiden Haupteigentümern übertrug die unternehmerische Führung an die EdF mit allerdings der Einschränkung, dass kein Partner mehr Anteile als der andere besitzen dürfe und wichtige Entscheidungen Einvernehmen voraussetzen. Seit dem zum 18. Februar 2011 vollzogenen Rückkauf besitzt das Land Baden-Württemberg über seine 100-Prozent-Tochter NECKARPRI GmbH nunmehr den Aktienanteil der EdF. EnBW (gut 20 Tsd. Beschäftigte) ist damit wieder ein deutsches öffentliches Unternehmen.

[518] Der Anteil, den der Bund an der Telekom AG direkt und indirekt über die staatliche KfW-Bank hält, betrug am 31.12.2009 nur noch 31,7 Prozent; bei der Deutschen Post AG wurde der Anteil auf 30,46 Prozent abgesenkt (BMF, Beteiligungsbericht 2009).

wehr jedoch abgeblasen werden. Gegenwärtig zumindest ist sie kein Thema mehr.

*Zweitens:* Der Anzahl nach sind in Deutschland rd. 90 Prozent der öffentlichen Unternehmen auf kommunaler Ebene angesiedelt. Zwar dürfte der kommunale Anteil bezogen auf Beschäftigung und ökonomische Werthaltigkeit deutlich geringer sein, die vorliegenden, leider sehr lückenhaften Daten sprechen gleichwohl dafür, dass öffentliche Wirtschaft in Deutschland im Kern Kommunalwirtschaft bedeutet.[519] Dies gilt für die skandinavischen Länder so nicht. Die öffentliche Wirtschaft ruht auf zwei Säulen: dem Engagement des Zentralstaates und dem der Kommunen. Die Zentralregierungen bleiben engagiert bei Unternehmen, die von nationaler Bedeutung sind resp. von strategischer Bedeutung für die Entwicklung bestimmter Politikfelder (Energiepolitik, Verkehrspolitik). Entsprechend engagieren sich die Kommunen mit Blick auf die lokale und regionale Strukturentwicklung. In welchem Umfang dabei die politische Färbung eine Rolle spielt, ist unklar. Daten, die diesbezüglich Rückschlüsse erlauben, liegen nicht vor.

*Drittens:* In den skandinavischen Ländern sind die Schwerpunkte auf der zentralstaatlichen und der kommunalen Ebene weitgehend gleich gelagert. Die unternehmerischen Aktivitäten konzentrieren sich jeweils zu einem Gutteil in den Bereichen Energie und Wasser, Verkehr und Kommunikation sowie der Immobilienwirtschaft. Auf der zentralstaatlichen Ebene wird dies ergänzt durch Engagements in Bereichen, die aus entweder Traditionen (z.B. staatliches Alkoholmonopol) oder neuen Entwicklungen (Kommunikationssektor) erwachsen sind. Auch auf der kommunale Ebene gibt es lokale Spezifikas. Sie haben wie auch auf zentralstaatlicher Ebene eine ergänzende Funktion. In den Schwerpunktbereichen bestehen komplementäre Beziehungen. Beispiel Verkehr: Auf der zentralstaatlichen Ebene wird dem Schienenfern- und dem Flugverkehr eine strategische Bedeutung beigemessen. Auf der regionalen und lokalen Ebene nimmt diese Rolle der Öffentliche Personennahverkehr ein. Beispiel Energie. Auf der zentralstaatlichen Ebene eignet der Staat die Stromnetze und es gibt wenigstens einen Energiekonzern von transnationalem Gewicht, der sich ganz oder überwiegend in Staatsbesitz befindet (DK: Dong; FI: Fortum, SE: Vattenfall; NO: StatoilHydro, Statkraft). Auf der kommunalen Ebene schließen sich diverse öffentliche Energieversorger an, die für den jeweiligen lokalen bis regionalen Markt arbeiten.

---

[519] Hier besteht eine Parallele zur öffentlichen Investitionstätigkeit. Auch diese wird primär von den Kommunen getragen. Die zunehmend chronische kommunale Finanzschwäche bewirkt allerdings, dass es in praktisch allen Infrastrukturbereichen seit Jahren einen erheblicher Rückstau gibt. Er beläuft sich nach Selbsteinschätzung der Kommunen allein bei Schulen und Verkehr auf über 50 Mrd. € (Frankfurter Rundschau Nr. 82 v. 05./06.04.2012).

## 8.3 Energieversorgung und die möglicher Rolle von Stadtwerken bei der Energiewende

„Deutschland wird zu einer der effizientesten, innovativsten und umweltfreundlichsten Volkswirtschaften der Welt werden. Der Weg dorthin ist mit wirtschaftlichen, infrastrukturellen und technologischen Herausforderungen verbunden. Aber er bietet uns große Chancen – zum Beispiel für das Handwerk, das Baugewerbe, für Energieversorger, die nicht nur Energie anbieten, sondern ihren Kunden auch Dienstleistungen zur Energieeinsparung und zur Nutzung Erneuerbarer Energien offerieren und natürlich für die Unternehmen die Anlagen zum Einsatz Erneuerbarer Energien und zur Verbesserung der Energieeffizienz herstellen. Dort entstehen die Märkte der Zukunft, in denen Deutschland Weltmarktführer ist." *(Bundesumweltministerium 2012 zur proklamierten Energiewende, Fragen und Antworten)*

In Deutschland verdankt die Partei „Die Grünen" ihr Entstehen und ihren Erfolg ganz wesentlich dem jahrzehntelangen konsequenten Widerstand gegen die Atomenergie und dem Eintreten für dezentrale Versorgungsstrukturen auf Basis von möglichst viel erneuerbarer Energie. *„Atomkraft – Nein Danke!"* wirkte zwischen den Parteiflügeln seit der Parteigründung (Januar 1980 in Karlsruhe) als einigendes Band. Das konsequente Festhalten am Ausstiegsziel schuf Glaubwürdigkeit. Eine Zäsur brachte die Erfahrung von Tschernobyl (1987). Damit brach der Rückhalt für die Atomenergie in der Bevölkerung massiv ein und mit der SPD schwenkte eine der zwei Volksparteien auf den Anti-AKW-Kurs um, während CDU/CSU und FDP daran festhielten. Es dauerte mehr als 20 Jahre, ehe auch die im rechten politischen Spektrum angesiedelten Parteien einen Kurswechsel vollzogen. Noch 2010 war die Regierung unter Angela Merkel bemüht, den von der Rot-Grünen-Bundesregierung unter Gerhard Schröder gezimmerten Atom-Kompromiss, der einen langfristig angelegten Ausstieg vorsah, durch Laufzeitverlängerungen wieder aufzuschnüren. Dann kam im März 2011 die Katastrophe von Fukushima. Sie lehrte, dass auch in einem hoch entwickelten Industrieland wie Japan das atomare Restrisiko keine rein theoretische Größe ist, sondern sich ganz real ereignen kann. Im März 2011 führte eine Kaskade von Ereignissen zu einer Kernschmelze, deren Folgen auch ein Jahr später nicht bewältigt sind. Die zuvor als besonders hoch gerühmte Sicherheitsarchitektur war den Ereignissen nicht gewachsen. Die Katastrophe im technologisch so fortschrittlichen Japan brachte die deutsche Anti-AKW-Bewegung schnell wieder auf die Straße und bewirkte bei der deutschen Regierung einen Kurswechsel. Anfang 2011 hatten die Parteien von CDU/CSU und FDP noch an der Nutzung der Kernenergie festgehalten. Argumentiert wurde mit deren angeblicher Brückenfunktion. Da erneuerbare Energien nicht schnell genug bereitstünden, sei die Atomenergie als Brückentechnologie unverzichtbar. Dabei hatte schon die Vergangenheit gezeigt, dass Fortschritte beim Ausbau der erneuerbaren Energien viel schneller möglich sind als von den Vertretern der alten Energiewirtschaft behauptet.[520] Nun wurden die acht ältesten Meiler vom Netz genommen; die verbleibenden neun Kernkraftwerke sollen bis 2022 nach und nach durch den Zuwachs erneuerbarer Energien und neue Kraftwerke, etwa hoch effiziente und flexible Gaskraftwerke, ersetzt werden. Ausgerufen wurde die „*Energiewende*". Als erstes großes Industrieland will Deutschland aus der Kernenergienutzung vollständig aussteigen und eine Wende hin zu erneuerbaren Energien schaffen.

Die Ziele sind gesetzt und zwischen den Parteien mehr oder weniger Konsens:

- Bis 2050 soll der Primärenergieverbrauch um 50 Prozent gesenkt, der Anteil der erneuerbaren Energien am Endenergieverbrauch um 50 Prozent erhöht werden.

- Bei der Stromerzeugung soll der Anteil erneuerbarer Energien von heute 17 Prozent des Stromverbrauchs auf mindestens 35 Prozent im Jahr 2020 steigen. Bis 2030 strebt die Bundesregierung 50 Prozent an, 2040 sollen es 60 Prozent und 2050 dann 80 Prozent sein.

- Der Anteil besonders umweltfreundlicher Kraft-Wärme-Kopplung (KWK) an der Gesamtstromerzeugung soll bis 2020 auf 25 Prozent ansteigen.

Über anderthalb Jahre sind seit der Verkündigung der Energiewende verstrichen, ohne dass eine tragfähige politische Strategie auch nur ansatzweise erkennbar wäre. Die Bundesregierung hat abgesehen von der Abschaltung alter Atommeiler nichts zuwege gebracht, das unterstreichen würde: Wir meinen es ernst. Da ganz unterschiedliche Strategien miteinander konkurrieren, ist dies

---

[520] Die Interessenvertreter der fossilen Energiewirtschaft incl. der ihnen nahestehenden Forschungsinstitute waren in der Vergangenheit bemüht, den erreichbaren Anteil erneuerbarer Energien am Energieverbrauch (Bruttostromverbrauch wie Endenergieverbrauch) möglichst niedrig einzuschätzen. Die Prognosen wurden von der Realität überholt. Wesentlich für den Durchbruch war das Erneuerbare-Energien-Gesetz (EEG) vom März 2000 (Näheres siehe bei Heintze 2002: 70ff.). Ergebnis: Von 2000 bis 2009 stieg der Anteil der erneuerbaren Energien am Endenergieverbrauch um das Zweieinhalbfache von 3,8 Prozent auf 9,8 Prozent. An der Bruttostromerzeugung hat sich der Anteil sogar mehr als verdreifacht (1999: 5,2%; 2009: 16,2%). Datenquelle: Eurostat, Tabellen „Share of renewable energy in gross final energy consumption" [Code: t2020_31]; Update vom 23.04.2012 und „Electricity generated from renewable sources – % of gross electricity consumption" [Code: tsien050]; Update vom 18.04.2012.

kaum verwunderlich. Mautz/Rosenbaum (2012: 86ff.) unterscheiden fünf Umbaumodelle:

- **(1) Das sozial-ökologische Modell**: Hier wird auf dezentraler Basis eine Vollversorgung mit erneuerbaren Energien angestrebt. Getragen werden soll dieses Modell von zivilgesellschaftlichen Organisationen, die sich in Netzwerken organisieren.

- **(2) Das mittelständische Modell**: Hier gehe es um die Etablierung eines neuen, von kleinen und mittleren Privatunternehmen getragenen Produktionsmodells.

- **(3) Das kommunalwirtschaftliche Modell**: Eine wachsende Gruppe von kommunalen Energieversorgern, die nicht mit Großkonzernen über Unternehmensbeteiligungen verflochten sind, setzt gleichermaßen auf den Ausbau von hoch-effizienten Kraft-Wärme-Kopplungsanlagen wie auch den Ausbau erneuerbarer Energien. Ihnen kommt entgegen, dass die kommunale Versorgungswirtschaft noch einen Großteil der Verteilnetze betreibt und bereits ein breites Spektrum von Energiedienstleistungen anbietet.

- **(4) Das transkontinental-großindustrielle Modell**: Die Autoren fassen darunter Projekte für große Solarkraftwerke in etwa Nordafrika. Beim „Wüstenstromprojekt" ist allerdings nicht der Vollumstieg auf erneuerbare Energien das Ziel. Auch die Steigerung der Energieeffizienz spielt keine Rolle. Es geht den beteiligten Großunternehmen um einen „*Bestandteil in einem Unternehmenskonzept, das nach wie vor von Kohle- und Kernkrafttechnologien geprägt ist*" (Mautz/Rosenbaum 2012: 90).

- **(5) Das großkapitalistische Modell**: Es wird von Unternehmen wie E.on und RWE verfochten. Sie haben ihre Wertschöpfungskette stark internationalisiert. Jahrelang verschleppten sie die Entwicklung energieeffizienter Technologien und blockierten den Ausbau erneuerbarer Energien nach Kräften. Nun wollen sie sich mit Ausbauplänen für großvolumige Offshore-Windkraftprojekte einen möglichst großen Marktanteil sichern.

Bei der Energiewende geht es keineswegs nur um Klimaschutz. Dagegen steht schon, dass der $CO_2$-Einspareffekt, der durch energieeffiziente Technologien gewonnen wird, durch Steigerungen des Verbrauchs immer wieder aufgefressen wird (Rebound-Effekt).[521] Es geht bei der Etablierung neuer

---

[521] So nutzt es unterm Strich nichts, dass z.B. Kühlschränke heute weit weniger Strom verbrauchen als ältere Geräte, denn der zunehmende Einsatz von Fertiggerichten führt dazu, dass in einer wachsenden Zahl von Haushalten zusätzlich zum Kühlschrank Kühl-

Leittechnologien auch nicht nur darum, dass verschiedene Akteure je ihren Beitrag leisten. Mehr als um Sachfragen, geht es um Machtfragen. Die beiden letztgenannten Modelle repräsentieren dabei Produktionsmodelle, mit denen die Mächtigen des fossilen Energiezeitalters den Versuch unternehmen, ihre Machtposition in das neue Energiezeitalter hinüberzuretten. Das und nicht die Energiewende ist ihr primäres Ziel. In Wirtschaftsminister Rösler (FDP) finden sie einen willigen Helfer. Die Produktionsmodelle (1) bis (5) sind ergo nur teilweise kompatibel, teilweise schließen sie sich aus. Dies zu erörtern, ist nicht mein Thema.[522] Hier interessiert nur das kommunalwirtschaftliche Modell.

„Die Stadtwerke sind mit ihrem dezentralen Geschäftsmodell ein wichtiger Player, um die Energiewende erfolgreich umzusetzen (…) Aktuell werden 97 Prozent der erneuerbaren Energien auf der Verteilnetzebene eingespeist. Damit ist diese Netzebene ein entscheidender Schlüssel für den Umbau der Energielandschaft. Diese Erkenntnis scheint sich aber bei Bundesregierung und Bundesnetzagentur noch nicht durchgesetzt zu haben. (…) Als wichtigen Schritt beim Ausbau der dezentralen Versorgung sieht Reck (Hauptgeschäftsführer des VKU, CH) die Bundesregierung beim Entwurf der Novelle des Kraft-Wärme-Kopplungsgesetzes (KWK-G) auf dem richtigen Weg. (…) Nachbesserungsbedarf sieht er jedoch bei der Höhe der Vergütungssätze von Strom und Wärme, die in KWK-Anlagen produziert werden, die um mindestens 0,5 Cent pro Kilowattstunde erhöht werden müssten, um wirksame Impulse zum KWK-Ausbau zu setzen. Die Stadtwerke wollen deutlich mehr investieren als bisher. Derzeit stimmt der wirtschaftspolitische Rahmen aber noch nicht." (aus: *„Energiegipfel: Die Wende geht nicht ohne Stadtwerke", Pressemitteilung Nr. 43/12 vom 02.05.2012 des Verbandes kommunaler Unternehmen*)

Aus der kommunalen Perspektive eröffnet die proklamierte Energiewende die Chance, Fortschritte beim Klimaschutz zu verknüpfen mit Strategien nachhaltiger Stadtentwicklung und der Stärkung regionaler Wertschöpfungs-

---

truhen im Einsatz sind, deren Stromverbrauch die Stromeinsparung beim Kühlschrank wieder auffrisst. Einen guten Überblick zum gerne ausgeblendeten Rebound-Dilemma gibt Alexandra Endres in einem Beitrag für DIE ZEIT. Siehe Dies.: Rebound-Effekt. Das unterschätzte Paradoxon der Klimapolitik, in: DIE ZEIT v. 18.04.2012 (http://www.zeit.de/wirtschaft/2012-04/rebound-effekt-energieeffizienz/komplettansicht; Zugriff: 30.04.2012).

[522] Zum großkapitalistischen Modell passt, dass E.ON Mitte Mai 2012 (SZ 18.05.2012, S. 21) mit der Nachricht aufwartete, sein Gasnetz (12.000 km) nach Australien verkaufen zu wollen. Wenn dieses Geschäft wie geplant über die Bühne geht, wird demnächst die australische Investment-Bank Macquarie einer der wichtigsten Akteure auf dem deutschen Energiemarkt sein. Engagiertes Mitwirken an der Energiewende dürfte für die Investmentbanker kaum von Interesse sein.

kreisläufe. Kooperationen in Richtung der Modelle (1) und (2) sind denkbar, weil den Stadtwerken gemessen an den großen Konzernen ein Glaubwürdigkeitsvorsprung zugutekommt. Eine Reihe von Stadtwerken hatte bereits in den 80er Jahren Impulse aus der Umweltbewegung aufgegriffen und sich als Vorreiter bei der Nutzung erneuerbarer Energien sowie bei der gemeinsamen Erzeugung von Strom und Wärme über besonders umweltfreundliche Kraft-Wärme-Kopplungsanlagen (KWK)[523] betätigt. Am Ausbau dieser Technologie haben die großen Stromkonzerne eher kein Interesse. Für die Stadtwerke andererseits eröffnen sich hier Kooperationsmöglichkeiten, etwa mit der Wohnungswirtschaft. KWK-Anlagen können das Effizienzsteigerungspotential, das die gleichzeitige Erzeugung von Strom und Wärme bietet, nämlich nur dort voll ausspielen, wo neben dem Stromabsatz auch der Wärmeabsatz gesichert ist. Die Versorgung ganzer Wohnsiedlungen mit Strom sowie Heizwärme und Warmwasser über dezentral betriebene Blockheizkraftwerke[524] ist ein Ansatz. Gegenüber der klassischen Fernwärme haben solche Nahwärmeversorgungskonzepte den Vorteil, dass beim Transport keine oder nur wenig Wärme verloren geht.

Das kommunalwirtschaftlich basierte Produktionsmodell steht in scharfem Gegensatz zu den Modellen (4) und (5). Die Energiewende stockt auch deshalb, weil die Lobbyisten großindustrieller und großkapitalistischer Interessen zur schwarz-gelben Bundesregierung unter Angela Merkel einen besonders engen Draht unterhalten. Nicht nur die Bundesregierung, sondern auch die Länderregierungen müssen sich jedoch entscheiden, was ihnen wichtiger ist: Erfolg bei der Energiewende oder Erfolg bei der Sicherung großkapitalistischer Interessen. Von der derzeitigen Bundesregierung ist eher nicht zu erwarten, dass sie die selbst proklamierte Energiewende mit Tatkraft voranbringt. Dies umso weniger, als ein Gelingen der Energiewende ein weit stärkeres staatliches Engagement bedingt als es sich mit den ideologischen Positionen von FDP und Teilen der Union verträgt. Nach dem Prinzip von „Wasch mir den Pelz, aber mach mich nicht naß" wird es mit der Energiewende jedenfalls nichts werden.

---

[523] Ein grundlegendes Problem der Stromerzeugung besteht darin, dass viel Energie verloren geht. Von der in herkömmlichen Kraftwerken eingesetzten Primärenergie in Form von Kohle, Gas, Öl oder auch Abfall kommen nur 35 bis 40 Prozent an der Steckdose an. Den Rest geben diese Kraftwerke in Form von Wärme, die bei der Erzeugung von Elektrizität entsteht, ungenutzt an die Umgebung ab. Das Prinzip der Kraft-Wärme-Kopplung (KWK) setzt hier an, indem Strom- und Wärmeerzeugung verkoppelt werden. Dadurch kann die eingesetzte Energie zu 90 Prozent und mehr verwertet werden.

[524] Die meisten Blockheizkraftwerke werden mit Erdgas betrieben. Es können aber auch andere Energieträger eingesetzt werden.

Wie sind nun die Bedingungen auf Seiten der Stadtwerke? Von Vorteil ist deren regionale Verankerung. Ein bedarfsgerechter Ausbau der Verteilnetze für Strom, Gas und Wärme kann am besten in regionaler Planung bewerkstelligt werden. Dies entspricht auch dem Bedürfnis vieler Menschen nach Überschaubarkeit und der Sicherung demokratischer Einflussmöglichkeiten vor Ort. Bei einem im kommunalen Eigentum befindlichen Unternehmen sind hier bessere Möglichkeiten gegeben als bei einem Unternehmen, wo die Vor-Ort-Handelnden nur Befehlsempfänger von dem kommunalen Einfluss entzogener Unternehmen sind. Dies auch ist einer der Gründe, warum die Veräußerung von Stadtwerken mittlerweile von der Bevölkerung nicht mehr widerstandslos hingenommen wird. Nach Jahren der Privatisierung gibt es einen gewissen Gegentrend. Geplante Privatisierungen wurden durch Bürgerentscheide ganz oder teilweise gestoppt,[525] einige Privatisierungen wieder rückgängig gemacht. Eine Rückbesinnung auf die Vorteile der Kommunalwirtschaft scheint Platz zu greifen. Rückenwind erhalten die Rekommunalisierungsbefürworter von Befragungsergebnissen. Sie zeigen eine klare Präferenz der BürgerInnen für kommunale Unternehmen. Von ihnen erwarten sie weit eher Gemeinwohlorientierung, Förderung der Region, Sicherheit, langfristiges Wirtschaften und ein besseres Preis-Leistungs-Verhältnis als von privaten Unternehmen.[526] Mit dieser Rückendeckung sind Stadtwerke dabei, ihre Defensivrolle abzustreifen und selbstbewusster aufzutreten.[527]

---

[525] Beispiel Leipzig: Am 27. Januar 2008 beteiligten sich 41 Prozent der Wahlberechtigten bei einem Bürgerentscheid zur Zukunft der Kommunalwirtschaft. Die Politik hatte eine Teilprivatisierung der Stadtwerke auf den Weg gebracht. Der Bürgerentscheid erreichte mit 87,4 Prozent, dass der Plan gestoppt wurde. Die 148.767 BürgerInnen, die mit Ja votierten, sprachen sich dafür aus, dass Krankenhaus, Stadtreinigung, Stadtwerke, Wasserversorgung, Wohnungsgesellschaft und Öffentlicher Personennahverkehr weiterhin in kommunalem Besitz bleiben. Allerdings ist der Stadtrat nur temporär an den Entscheid gebunden. Statt die Stadtwerke direkt zu privatisieren, geht die Strategie nun dahin, die Stadtwerke über die Veräußerung ihrer profitablen Töchter zu schwächen. Im Sinne eines ersten Schrittes wurde im Januar 2012 die Stadtwerke-Tochter IT-Dienstleister Perdata komplett an Arvato System (gehört zum Bertelsmann-Konzern) veräußert. Das Unternehmen hat 180 Mitarbeiter und fuhr 2010 einen Gewinn von 2,8 Mio. € ein (LVZ v. 26.01.2012, S. 1). Der Beschluss zur Einleitung des Bieterverfahrens hatte nur einen Verkauf von 49,9 Prozent vorgesehen. Dass potentielle Bewerber nur an einer Komplettübernahme interessiert sind, dürfte der Mannschaft des Oberbürgermeisters Jung (SPD) klar gewesen sein. Insoweit wurde mit falschen Karten gespielt.
[526] Bei einer im Jahr 2008 durchgeführten Befragung erklärten jeweils weniger oder maximal 10 Prozent der Befragten, dass sie eher von einem privaten als einem öffentlichen Unternehmen Gemeinwohlorientierung, Förderung der Region, Sicherheit und umwelt-

Obwohl also viele Argumente für das kommunalwirtschaftliche Modell sprechen, wird es nach Einschätzung von Mautz/Rosenbaum (2012) gegenwärtig erst von einer Minderheit von Stadtwerken getragen. Bei Stadtwerken, an denen private Energiekonzerne größere Anteile halten,[528] steht eher nicht zu erwarten, dass sie sich einklinken. Bei den anderen werden sich Klärungsprozesse ergeben.

Damit das kommunalwirtschaftliche Modell zum Tragen kommt, müssen eine Reihe von Bedingungen erfüllt sein. Als wesentlich erscheinen mir:

- Es bedarf einer kritischen Masse von Stadtwerken, die das Modell tragen und in den jeweiligen Städten und Gemeinden eines gefestigten politischen Willens. Zwar gibt es mit Stand 2010/2011 rd. 1.400 kommunalwirtschaftliche Unternehmen mit 240.000 Beschäftigten. Das tatsächliche Potential reduziert sich aber auf die deutlich kleinere Gruppe der voll oder überwiegend kommunalen Unternehmen. Dazu existieren keine Statistiken, sondern nur Schätzungen. Im Jahr 2007 etwa waren 1.500 bis 1.800 der rund 13.000 Städte und Gemeinden Eigentümer oder Miteigentümer des kommunalen Strom- oder Gasnetzes und der Verband der deutschen Elektrizitätswirtschaft zählte auf dem Strommarkt 25 größere sowie 700

---

bewusstes Verhalten erwarten. Umgekehrt erwarten dies bei öffentlichen Unternehmen zwischen 47 Prozent (umweltbewusstes Verhalten) und 64 Prozent. Quelle: Repräsentative Befragung von dimag im September 2008 (Auftraggeber: VKU).

[527] So auch im Deutschen Bundestag im Januar 2011 (24.01.2011) bei der Behandlung von Anträgen der SPD-Fraktion (BT-Drs. 17/3649) und der Fraktion Die Linke (BT-Drs. 17/3671) sowie der Behandlung eines Gesetzentwurfs der Fraktion Bündnis 90/Die Grünen (BT-Drs. 17/3182). Nach dem Willen von SPD und Grünen sollen Kommunen in Zukunft die Energienetze leichter wieder in eigener Regie betreiben können. Die Linksfraktion fordert die Übertragung der Netze in öffentlichen Besitz. Bei der Anhörung betonte Ingo Lehmann, Bürgermeister der Stadt Landsberg am Lech (28.500 Einwohner), die zunächst den Vertrieb von Strom und seit dem 1. Januar 2011 das Stromnetz in eigene Regie übernommen hat: Gemeinden seien *„per Gesetz, historisch bedingt und aus eigenem Interesse bestrebt, Einrichtungen zum Wohl des Bürgers und nicht primär aus eigenem wirtschaftlichen Interesse zu schaffen und zu unterhalten"*. Die Übernahme von Netzen und Vertrieb in kommunale Hände schaffe und sichere gute Arbeitsplätze vor Ort. So sei die Zahl der Beschäftigten der Stadtwerke Landsberg von 63 auf 84 gestiegen. Aufgrund der Dezentralität würden mehr Aufträge vor Ort an lokale Betriebe vergeben. Die Gewinne könnten dazu verwendet werden, Defizite anderer Einrichtungen der öffentlichen Daseinsvorsorge wie Schwimmbad und Parkgaragen abzumildern.

[528] Die Gebietsmonopolisten E.On und RWE halten an über 200 Energieversorgungsunternehmen Beteiligungen und sichern so auf der Verteilebene ihre Absatzmärkte.

mittlere und kleinere Stadtwerke, von denen aber weniger als 70 Prozent voll im kommunalen Eigentum waren.[529]

- Der in Gang gekommene Prozess der Rekommunalisierung muss sich fortsetzen. Zwar sind nach Angaben des VKU seit 2007 40 Stadtwerke neu gegründet und rd. 100 Netzkonzessionen von kommunalwirtschaftlichen Unternehmen übernommen worden,[530] aber der entscheidende Gradmesser steht erst noch bevor. In diesem und den nächsten Jahren laufen eine Vielzahl von Konzessionsverträgen der Kommunen mit den Betreibern der Verteilnetze aus. Hier eröffnet sich die Möglichkeit, die Netze wieder in eigene Regie zu übernehmen. Kommunen, die die Chancen des kommunalwirtschaftlichen Modells für ihre Stadtentwicklung nutzen wollen, sind jetzt gefordert, die Voraussetzungen zu schaffen.

- Die Prozess benötigt übergeordneten Rückenwind. Das bedeutet Zweierlei. *Erstens* muss das Kraft-Wärme-Kopplungsgesetz dahingehend novelliert werden, dass die Wirtschaftlichkeit neuer KWK-Anlagen gesichert ist. Dies leistet die am 19. Juli 2012 in Kraft getretene KWK-Gesetzesnovelle nur bedingt. Das Gesetz bringt Fortschritte. Vorrangig verbessert es die Förderung von in Ein- und Mehrfamilienhäusern einsetzbaren Mini- und Mikro-Anlagen, erspart sich aber klare Signale für Großprojekte, in die über den Ausbau von Netzen und Speichern erneuerbare Energien integrierbar sind.[531] *Zweitens* bedarf es der Unterstützung durch die jeweilige Landesregierung, indem gemeindewirtschaftsrechtliche Fesselungen aufgehoben und eine wohlwollende, zumindest aber neutrale Kommunalaufsicht praktiziert wird. Diesen positiven Rückenwind gibt es vorrangig dort, wo von der SPD oder (Baden-Württemberg) von den Grünen geführte Landesregierungen existieren sowie bei der kommunalpolitischen Fraktion

---

[529] Angaben nach Frankfurter Allgemeine Zeitung vom 23.08.2007.

[530] Quelle: Angabe des VKU im Ausschuss für Wirtschaft und Technologie des Deutschen Bundestages anlässlich der Anhörung am 24.01.2011 zu „Kommunen wollen Energieversorgung in eigene Hände nehmen." (hib – Heute im Bundestag Nr. 27 vom 24. Januar 2011, Neues aus Ausschüssen und aktuelle parlamentarische Initiativen).

[531] Die Erhöhung der Fördersätze um 0,3 Cent pro Kilowattstunde für alle Anlagenklassen und um 0,6 Cent für Anlagen im Anwendungsbereich des Treibhausgas-Emissionshandelsgesetzes ist als Fortschritt zu werten. Die Begrenzung der Förderung von Wärmeverteilnetzen auf 10 Mio. € pro Projekt (§ 7a II) dürfte dem Ausbau in der Breite dagegen hinderlich sein. Zu den Gesetzesdetails siehe Kraft-Wärme-Kopplungsgesetz vom 19. März 2002 (BGBl. I S. 1092), zuletzt geändert durch Gesetz vom 12. Juli 2012 (BGBl. I S. 1494).

der Union. Im Bundestag finden die kommunalen Unternehmen primär Unterstützung bei SPD, Grünen und den Linken.[532]

- Stadtwerke dürfen sich nicht nur auf die Verteilebene konzentrieren, sondern müssen den Ausbau eigener Kraftwerkskapazitäten vorantreiben. Das kommunalwirtschaftliche Modell benötigt auf der überregionalen und nationalen Ebene zumindest eines Players, der einen relevanten Anteil an den Stromerzeugungskapazitäten hält. Der Nur-Netzbetrieb ist ökonomisch riskant, da die Bundesnetzagentur hier den Hebel ansetzt. Ergebnis: Die Gewinne aus Netzdurchleitungsgebühren sinken, die aus dem Kraftwerksbetrieb werden geschont. Wenn aber Gewinne primär über die Stromerzeugung in eigenen Kraftwerken entstehen und auf der Verteilebene austrocknen, lässt sich das Modell mit Präsens nur auf der Verteilebene, ergänzt um örtliche KWK-Kapazitäten, kaum realisieren. Ausreichend Gewinne zu erzielen ist für die deutschen Stadtwerke essentiell. Hier kommt der Zusammenhang mit der Finanzierung des Öffentlichen Personennahverkehrs (ÖPNV) ins Spiel. Ein gutes öffentliches Nahverkehrsangebot lässt sich nicht kostendeckend betreiben. Eine der Finanzierungssäulen sind die Gewinne, die die Energiesparte der Stadtwerke abwirft. Für einen Teil der Stadträte rechtfertigen sich eigene Stadtwerke nicht zuletzt über die ÖPNV-Finanzierung im steuerlichen Querverbund.[533]

Obwohl zentrale Leitungsnetze und überörtliche Stromerzeugungskapazitäten bei einer dezentralisierten Energieversorgung nicht mehr die Bedeutung haben wie im fossilen Energiezeitalter, werden sie doch nicht überflüssig. Möglicherweise erhalten sie andere Funktionen, etwa die Funktion eines Speichermedium für diskontinuierlich anfallenden Strom aus erneuerbaren Energien. Unterdeckungen am einen Ort werden dann ausgeglichen durch Überdeckungen an einem anderen Ort, was aber einen durchgängigen Netzfluss voraussetzt. Es ist ein Schwachpunkt, dass die deutschen Stadtwerke überwiegend nur Verteilunternehmen sind. An den Stromerzeugungskapazi-

---

[532] Diese Parteien brachten 2010 parlamentarische Initiativen mit ähnlicher Stoßrichtung ein. Die Fraktion Bündnis 90/Die Grünen einen Gesetzentwurf (BT-Drs. 17/3182) und die Fraktion Die Linke (17/3671) sowie die SPD-Fraktion einen Antrag. Der Antrag der SPD (BT-Drs. 17/3649) datiert vom 10.11.2010 und trägt die Überschrift: „Die Energieversorgung in kommunaler Hand".

[533] Beim steuerlichen Querverbund werden die Gewinne der Energiesparte mit den Verlusten der Nahverkehrssparte verrechnet. Fällt der Querverbund weg, fehlen die eingesparten Steuern bei der Finanzierung des ÖPNV.

täten hielten sie 2010 einen mageren Anteil von knapp 10 Prozent.[534] Die kommunalen Unternehmen benötigen also ein Mehr an Eigenkapazitäten. Daran arbeiten sie. So gibt es mit der Thüga zwischenzeitlichen einen kommunal verankerten und bundesweit agierenden Akteur.[535] Die Thüga AG hielt als 100-prozentige E.on-Tochter mehr als 90 Minderheitsbeteiligungen an kommunalen Energieversorgern. Sie wurde mit Wirkung zum 1. Dezember 2009 für rd. 2,9 Mrd. € erworben.[536] Durch Überkreuzbeteiligungen ist die Thüga Holding GmbH & Co. KGaA nun ein ganz überwiegend kommunales Unternehmen, das an der Thüga-Gruppe über die Thüga Beteiligungs-GmbH sämtliche Anteile hält. Hauptanteilseigner der Holding ist mit 38,4 Prozent die Stadtwerkegruppe KOM9;[537] je 20,5 Prozent halten die Stadtwerke Hannover AG, die Mainova AG (Frankfurt) und die N-ERGIE Aktiengesellschaft (Nürnberg). Einen ersten wichtigen Erfolg konnte der Kommunalkonzern im Herbst 2011 vermelden. Danach erwirbt das Tochterunternehmen „Thüga Erneuerbare Energien" einen Waldwindpark in Biebersdorf mit 14 Anlagen und 28 MW Leistung. Die Windenergieanlage versorgt 15.600 Haushalte mit Ökostrom und spart dadurch ca. 50.000 Tonnen $CO_2$-Emissionen ein (Pressemitteilung Thüga vom 06.10.2011). Im Februar 2012 wiederum wurde die Gründung der Thüga Energieeffizienz GmbH bekannt gegeben. Sie soll speziell die kommunalen Energie- und Wasserversorger, die sich in der Thüga-Gruppe zusammenschlossen haben, im Bereich von Energieeffizienzdienstleistungen beraten. Der Präsident des Verbandes kommunaler Unternehmen und Oberbürgermeister von Hannover, Stefan Weil, erwartet, dass es den Stadtwerken mit der eingeschlagenen Strategie gelingt, den kommunalen Strommarktanteil in Richtung von 20 Prozent zu verdoppeln.[538] Verbleibt EnBW in öffentlicher Hand, könnte auf Seiten öffentlicher Unternehmen die

---

[534] Die vier Gebietsmonopolen (RWE, E.on, Vattenfall und EnBW) besitzen ca. 90 Prozent der nationalen Energieerzeugungskapazitäten (80% direkt, 10% indirekt über Stadtwerkebeteiligungen) incl. der Hochspannungsnetze.

[535] Die Angaben entstammen den Webseiten von kom9 und Thüga: http://www.kom9.de/ und ww.thuega.de (Zugriff: 12.05.2012).

[536] Die Thüga-Beteiligungen an der GASAG Berliner Gaswerke AG (37%), an der HEAG Südhessische Energie AG (40%), an den Stadtwerken Duisburg (20%) sowie an den Stadtwerken Karlsruhe (10%) blieben außen vor. Sie wurden an die E.on Ruhrgas übertragen, damit sie später separat verkauft werden können.

[537] In der KOM9 haben sich mehr als 45 kommunale Versorgungsunternehmen aus ganz Deutschland – von Singen am Bodensee bis Sylt – zusammengeschlossen.

[538] Zitiert nach „Stadtwerke nutzen Atomausstieg. Verbandschef Weil kündigt Milliarden-Investitionen in die Stromproduktion an", in: Frankfurter Rundschau Nr. 107 v. 09.05. 2011, S. 12.

kritische Masse zusammen kommen, ohne die es mit der Energiewende vermutlich nichts wird.

Vielfach ist bei der „Energiewende" von einem deutschen Sonderweg die Rede. Dies stimmt mit Blick auf den Kreis der großen Industrieländer, die sich in der G8-Runde treffen sowie mit Blick auf die großen Industrie- und Schwellenländer der G20-Runde. Falls die Energiewende in Deutschland gut vorankommt, wird das deutsche Vorbild zur Lokomotive; wenn sie scheitert, werden es viele andere gleich gar nicht versuchen. Weiten wir den Blick freilich auf kleinere und mittelgroße Länder mit guter industrieller Basis, so verliert der deutsche Wendeversuch seinen Sonderstatus. Ganz wesentlich geht es bei der Energiewende um den Aufbau einer ökologisch nachhaltigen Energieversorgung, die den Anforderungen des Klimawandels Rechnung trägt. Dies wirft die Frage auf, wie sich Deutschland und die skandinavischen Länder diesbezüglich positionieren. Bei den bislang betrachteten Politikfeldern hatten die skandinavischen Länder fast durchweg die Nase vorn. Lediglich bei den Stadttheatern sieht es anders aus, was sich aber zu ändern droht, da nicht wenige Stadtverantwortliche die Mittelkürzungen so weit getrieben haben, dass eine Verarmung der deutschen Theaterlandschaft vorprogrammiert scheint. Bei der Umweltpolitik insgesamt und der Energiepolitik im Speziellen liegen die Dinge komplizierter. Im Kapitel 3 hatten wir gesehen, dass die öffentlichen Umweltschutzausgaben bezogen auf das BIP in Deutschland höher sind als in den skandinavischen Ländern (siehe Tab. 12 und Tab. 13). Die ökologische Bilanz fällt je nach Indikatorwahl unterschiedlich aus. Beim ökologischen Fußabdruck, der die Biokapazität in Hektar pro Einwohner ins Verhältnis setzt zum Biomasseverbrauch, schneidet Deutschland besser ab als Dänemark. Von Nachhaltigkeit kann aber auch in Deutschland keine Rede sein, denn einem Verbrauch von 4,57 Hektar pro Kopf steht eine Kapazität von lediglich 1,95 Hektar gegenüber. Gemäß der Umweltschutzorganisation WWF, die den Indikator publiziert, bewegen sich in der EU27 nur Finnland, Schweden und Lettland innerhalb ihrer Kapazitätsgrenzen (WWF 2007: 6). Grenzen wir die Betrachtung auf die Klima- und Energiepolitik ein, schneiden die skandinavischen Länder – Finnland bildet eine gewisse Ausnahme[539] – relativ gut ab. Die Umweltschutzorganisation German-

---

[539] Bei Finnland kommt zweierlei zusammen: Es gibt keine ambitionierten Klimaschutz-Ziele und selbst deren Erreichung hängt am Hoffen auf die Kernenergie. 2009 sollte Olkiluoto3 mit einer Leistung von 1.600 MW ans Netz gehen. Der Anteil der Kernenergie an der Primärenergie wäre damit auf ein knappes Viertel gestiegen gegenüber 16,7 Prozent im Jahr 2002. Allerdings verzögerte sich die Inbetriebnahme aufgrund zahlreicher Pannen. Finnland konzentriert sich auf die Ausformung und Umsetzung einer bis ins

watch veröffentlicht jährlich im Dezember einen Klimaschutzindex. Die ersten drei Rangpositionen lässt sie frei, da weltweit kein Land die Kriterien guter Klimapolitik wirklich erfüllt. Beim Klimaschutzindex 2013 schnitt Dänemark am besten ab (Platz 4), gefolgt von Schweden, das 2012 noch vorne gelegen hatte. Deutschland rutschte um 2 Rangplätze ab (jetzt Platz 8 hinter der Schweiz). Die Platzierungen hängen stark von aktuellen Entwicklungen ab, was die Aussagekraft tangiert. Dänemark liefert dafür ein gutes Exempel. Im Jahr 2009 rangierte es im Spitzenfeld auf Rang 10 und 2010 immerhin noch auf Rang 17. 2011 stürzte es um 16 Rangpositionen auf einen Platz noch hinter Finnland (FI: 31; DK 33), um bis 2013 auf den Spitzenplatz vorzurücken. Als Ursache des Absturzes im Jahr 2011 erweist sich allein die schlechte Konferenzführung beim Kopenhagener Klimagipfel im Dezember 2009 (Germanwatch 2011: 5). Losgelöst von den fundamentalen Daten nehmen also Einzelereignisse großen Einfluss auf die Verteilung der Rangpositionen.

Halten wir uns an die harten Energiedaten, so ändert sich das Bild noch einmal. Bei der Nutzung erneuerbarer Energien liegen skandinavische Länder weit vorn. Norwegen belegt in Europa die Spitzenposition mit einem Anteil erneuerbarer Energien am Endenergieverbrauch von 64,9 Prozent im Jahr 2009, gefolgt von Schweden mit 47,3 Prozent. Drittplatziert ist Lettland (34,3%), gefolgt von Finnland (30,3%). Zu Island enthält die Eurostat-Statistik keine Angaben. Aus älteren Eurostat-Statistiken zum Anteil erneuerbarer Energien am inländischen Bruttoenergieverbrauch ergibt sich freilich, dass der Anteil der Erneuerbaren über dem norwegischen Niveau liegt.[540] Dänemark belegt mit einem Anteil von 19,9 Prozent Platz 9[541] und Deutschland rangiert im Mittelfeld (Platz 16; Anteil: 9,8%).

---

Jahr 2080 vorgreifenden Anpassungsstrategie für verschiedene Bereiche (Finland's National Strategy for Adaptation, 2005). Innerhalb der EU gehört es zu den Ländern im Bremserhäuschen.

[540] Die Statistik zum Anteil erneuerbarer Energien am inländischen Bruttoenergieverbrauch wurde nur bis 2006 geführt. An ihre Stelle trat der Bezug auf den Bruttoendenergieverbrauch. Am inländischen Bruttoenergieverbrauch hielten erneuerbare Energien im Jahr 2006 in Island einen Anteil von 75 Prozent gegenüber 47 Prozent in Norwegen. Quelle: Eurostat, Tabelle mit Code tsdcc110 (Update vom 09.01.2009).

[541] Zu den Vorzeigekommunen gehört die Insel Samso mit ihren nur rd. 4.000 Einwohnern. Die Insel ist die weltweit erste $CO_2$-freie Kommune. Die Insulaner haben es geschafft, ihre Strom- und Wärmeversorgung vollständig auf erneuerbare Energien umzustellen. Dies über einen bunten Mix aus Windkraft, strohbefeuerten Fernwärmewerken und Solarkollektoren auf den Dächern. Der Erfolg basiert auf dem Zusammenwirken der Bürgerschaft insgesamt. Siehe dazu Gunnar Hermann: Samsos Saga, in: Süddeutsche Zeitung Nr. 88 v. 15.04.2011, S. 20.

*Tabelle 50* enthält unter (3) diese Daten sowie die Entwicklung des KWK-Anteils an der Bruttoelektrizitätserzeugung unter (1) und den Anteil der Erneuerbaren an der Elektrizitätserzeugung unter (2). In Island und Norwegen wird praktisch der gesamte Strom aus erneuerbaren Energien gewonnen; ein Teil der norwegischen Stromerzeugung geht in den Export. Dieses gute Abschneiden resultiert aus der hohen Bedeutung von Wasserkraft. Zunehmend allerdings kommen auch andere erneuerbare Energien zum Einsatz. Geothermie (Erdwärme) ist ein Stichwort.[542] Wie oben dargelegt, stehen Kommunen bereit, um in den Ausbau von KWK-Anlagen zu investieren. Bei der Nutzung dieser effektivsten Form der Energieumwandlung war Dänemark Pionier und ist auch heute noch mit einem Anteil von 49 Prozent führend. In der EU27 folgen Finnland und Lettland. Deutschland liegt mit 13 Prozent etwas über dem europäischen Durchschnitt von im Jahr 2010 knapp 12 Prozent. Wie aus Tabelle 50 (siehe unter 1) zu entnehmen ist, erreichte Dänemark bis Ende der 90er Jahre einen sehr hohen KWK-Ausbaustand von über 60 Prozent, fiel dann aber auf 40,7 Prozent im Jahr 2006 zurück. Dies hängt mit dem Wechsel zu einer rechtsgeneigten Regierung im Jahr 2001 zusammen. Auch die Windenergienutzung, bei der sich Dänemark eine führende Stellung erarbeitet hatte, geriet mangels politischer Unterstützung nach der Jahrhundertwende ins Hintertreffen. In ihrer zweiten Amtsperiode (ab 2005) vollzog die Mitte-Rechts-Regierung dann aber einen Kurswechsel in Richtung eines größeren klimapolitischen Engagements. Die Versäumnisse der Jahre zuvor ließen sich so schnell aber nicht beheben. Erreicht wurde lediglich, dass die Nutzung von Kraft-Wärme-Kopplung bei Strom 2010 wieder das Niveau von 2002 erreichte.

In der Gesamtbetrachtung (Strom und Wärme) schneiden Dänemark und Finnland EU-weit am besten ab; anders als Lettland erreichen sie auch im Wärmemarkt Anteile von 30 bis 40 Prozent. Hinsichtlich der Erfolgsfaktoren erweisen sie sich freilich als Antipoden. Die hohe Bedeutung von Kraft-Wärme-Kopplung in Finnland resultiert aus günstigen ökonomischen Rahmenbedingungen vom geringen Erdgasanteil über den hohen Strombedarf der Papierindustrie bis zur Bereitschaft der Industrie, lange Amortisationszeiten zu

---

[542] Island ist hier weltweit führend (2005: 6.113 Watt/EW). In Norwegen spielte Geothermie noch in den 90er Jahren keine Rolle. Die installierte Leistung an thermischer Energie belief sich im Jahr 2000 auf 6 MWt resp. 1,3 Watt/EW. Binnen 5 Jahren stieg die installierte Leistung um das 75fache auf 450 MWt resp. 98 Watt/EW. Zum Vergleich: In Deutschland erfolgte in diesem Zeitraum nur eine Steigerung von 4,81 Watt/EW auf 6,1 Watt/EW. Zu den Daten siehe Heintze 2006a und die dort angegebene Literatur. Überblicke und Informationen nach Ländern finden sich unter: http://www.geothermie.de/europaundweltweit/europa_und_weltweit.htm (letzter Zugriff: 12.08.2012).

*Tabelle 50: Bedeutung erneuerbarer Energien und von Kraft-Wärme-Kopplung im deutsch-skandinavischen Vergleich*

| | 1994 | 1998 | 2002 | 2004 | 2006 | 2008 | 2009 | 2010 | Veränderung (%) |
|---|---|---|---|---|---|---|---|---|---|
| **(1) Kraft-Wärme-Kopplung: Prozent der Bruttoelektrizitätserzeugung** | | | | | | | | | |
| Deutschland | 9,0 | 7,5 | 9,8 | 9,3 | 12,5 | 12,5 | 13,0 | 13,2 | 46,7 |
| Dänemark | 54,5 | 62,3 | 49,1 | 50,0 | 40,7 | 46,1 | 45,3 | 49,2 | -9,7 |
| Finnland | 30,9 | 35,8 | 38,0 | 34,0 | 34,9 | 35,6 | 35,8 | 36,2 | 17,2 |
| Island | | | | | 14,4 | | | | |
| Norwegen | | | | | 0,1 | 0,1 | 0,1 | 0,2 | |
| Schweden | 6,4 | 6,0 | 6,8 | 8,1 | 8,0 | 9,6 | 10,5 | 12,5 | 95,3 |
| EU-27 | | | | 10,5 | 10,9 | 11,0 | 11,4 | 11,7 | |
| **(2) Erneuerbare Energien: Prozent der Elektrizitätserzeugung** | | | | | | | | | |
| Deutschland | 4,7 | 4,5 | 7,5 | 9,2 | 11,4 | 14,6 | 16,2 | | 244,7 |
| Dänemark | 5,6 | 10,8 | 18,4 | 25,5 | 24,0 | 26,7 | 27,4 | | 389,1 |
| Finnland | 24,8 | 30,7 | 23,7 | 28,2 | 23,9 | 30,8 | 25,8 | | 3,9 |
| Island | 99,9 | 99,9 | 99,0 | 100,0 | 99,9 | | | | |
| Norwegen | 98,9 | 95,9 | 107,2 | 89,6 | 98,3 | 109,4 | 103,0 | | 4,1 |
| Schweden | 42,7 | 52,7 | 46,8 | 45,6 | 47,6 | 55,0 | 56,4 | | 32,0 |
| EU-27 | 13,3 | 13,4 | 12,7 | 13,6 | 14,2 | 16,4 | 18,2 | | 36,9 |
| **(3) Erneuerbare Energien: Prozent des Bruttoendenergieverbrauchs** | | | | | | | | | |
| Deutschland | | | | | 7,1 | 9,3 | 9,8 | | |
| Dänemark | | | | | 16,5 | 18,7 | 19,9 | | |
| Finnland | | | | | 29,2 | 30,6 | 30,3 | | |
| Norwegen | | | | | 60,4 | 61,9 | 64,9 | | |
| Schweden | | | | | 42,4 | 44,9 | 47,3 | | |
| EU-27 | | | | | 9,0 | 10,5 | 11,7 | | |

**Erläuterung:** Bei den KWK-Daten stammt die Angabe zu Island aus einer älteren Eurostat-Statistik (Update vom 16.06.2008)
**Quelle:** Eurostat, Tabelle „Combined heat and power generation – % of gross electricity generation" (Code: tsdcc350) mit Update vom 24.04.2012; Tabelle „Elektrizitätserzeugung aus erneuerbaren Energiequellen" (Code: nrg_ind_333a) mit Update vom 24.01.2012 und Tabelle „Share of renewable energy in gross final energy consumption" (Code: t2020_31) mit Update vom 24.04.2012

akzeptieren. Der dänische Erfolg andererseits basiert auf systematischer staatlicher Planung und Umsetzung. Systematische politische Planung bedeutete, dass seit den 80er Jahren Nahwärmenetze konsequent ausgebaut wurden. Das Wärmeplangesetz von 1990 sah auf dieser Basis vor, dass bis 1998 alle Heizkraftwerke über ein MW auf KWK umzurüsten sind. Die 62 Prozent KWK-

Anteil, die 1998 erreicht wurden, sind das Ergebnis. Die Wirtschaftlichkeit der teils in kommunaler Regie, teils anderweitig errichteten Anlagen wurde durch hohe Steuern auf Heizöl begünstigt und auch die Verbraucher erhielten für die Umstellung auf Fernwärme Zuschüsse. Unter den KWK-Anlagen sticht das vom Staatskonzern DONG errichtete und betriebene Kraftwerk Avedöre bei Kopenhagen als eines der weltweit modernsten besonders hervor. Es kann mit Öl, Gas, Kohle, Pellets und Stroh beheizt werden und hat einen Wirkungsgrad von rd. 93 Prozent. Das dänische Beispiel lehrt, dass systematische politische Planung in relativ kurzer Zeit zu beachtlichen Ergebnissen führen kann, wenn verschiedene Instrumente klug verknüpft werden. Demnach könnte auch das deutsche 25-Prozent-Ziel bis 2020 gut erreicht, ja übertroffen werden, wenn die Rahmenbedingungen entsprechend gestaltet würden.

Die amtliche deutsche Statistik nimmt bei den Unternehmen der Energieversorgung (Strom, Gas, Wärme und Kälte) wie auch bei denen der Wasserversorgung keine Unterteilung nach der Eigentümerstruktur vor. Aus Destatis 2011h (Produzierendes Gewerbe) ist lediglich zu entnehmen, dass es 2009 1.672 Unternehmen der Energieversorgung gab. Sie wiesen einen Umsatz von 380,6 Mrd. € aus und hatten 224,1 Tsd. Beschäftigte. Wie bereits thematisiert, erreichen die deutschen Stadtwerke derzeit an der Elektrizitätserzeugung nur einen Anteil von rd. 10 Prozent. Betrachten wir zum Vergleich die Daten zur Eigentümerstruktur der norwegischen Stromunternehmen. Im Jahr 2006[543] – neuere Daten liegen mir nicht vor – gab es 345 in der Strombranche tätige Unternehmen. 84 davon waren reine Handelsunternehmen, 47 reine Verteilunternehmen und weitere 47 reine Stromerzeuger. Die verbleibenden 167 Unternehmen hatten mehrere Standbeine. Die Eigentümerstruktur ist öffentlich dominiert. 267 Unternehmen resp. 77,4 Prozent waren 2006 ganz oder teilweise im kommunalen Eigentum (Gemeinden und Counties). Gemischte Eigentumsstrukturen haben zugenommen, allerdings gab es 143 Unternehmen, die vollständig im Besitz von Gemeinden und 12 weitere, die vollständig im Besitz von Counties waren. 45 Prozent der in der Elektrizitätswirtschaft tätigen Unternehmen standen damit ganz im kommunalen Eigentum. Hinzu gesellten sich 28 Unternehmen, an denen die Zentralregierung beteiligt war; 9 davon waren 2006 vollständig in ihrem Besitz. Der private Sektor hielt an 159 Unternehmen Beteiligungen; 83 Unternehmen (24%) waren reine Privatunternehmen. Mit Blick auf die obige Darstellung der Entwicklung zentraler Indikatoren der norwegischen Kommunalwirtschaft (vgl.

---

[543] Quelle: Norwegian Water Resources and Energy Directorate; August 2007: http://www.regjeringen.no/en/dep/oed/Subject/Energy-in-Norway/Owners-and-organisation-in-the-power-sec.html?id=444386 (Zugriffe: 11/2007 und 30.04.2012).

Tab. 49) ist nicht davon auszugehen, dass das kommunale Gewicht zwischenzeitlich abgenommen hat. Auch bezogen auf die Stromerzeugung dominiert der öffentliche Sektor; hier allerdings mit stärkerem Gewicht des Zentralstaates. Marktführer ist das Staatsunternehmen „Statkraft Energi AS/Statkraft SF" mit einem Marktanteil von gut 30 Prozent. Größere kommunale Unternehmen sind die Elektrizitätswerke von Nord-Trøndelag und Trondheim. Sie erreichen Marktanteile von jeweils an die 3 Prozent.

Die norwegische Entwicklung macht deutlich: Zwischen Liberalisierung und Privatisierung besteht kein zwingendes Junktim. Norwegen war in Europa das erste Land, das seinen Strommarkt (1991) vollständig liberalisierte. Zu einer Privatisierungswelle wie in Deutschland führte dies nicht. Es gibt private Mitspieler; sowohl auf der nationalen wie auch auf der regionalen und lokalen Ebene bleibt der Energiemarkt jedoch von öffentlichen Unternehmen bestimmt.

## 8.4 Öffentlicher Personennahverkehr als Rückgrat eines umweltgerechten Stadtverkehrs

„Es gibt nicht nur in Leipzig, sondern bundesweit zu wenig Geld im System des öffentlichen Personennahverkehrs. Es gibt Untersuchungen, nach denen bundesweit ein Nachholbedarf von 2,3 Milliarden € vorhanden ist. Jährlich benötigen die Unternehmen Investitionen von rd. 320 Millionen €, um ihre Infrastruktur leistungsfähig zu erhalten, so das Ergebnis einer gemeinsamen Studie von Städtetag, Bundesländern und unserem Verband VDV. Das fehlende Geld merken wir auch in Leipzig. (...) Gleichzeitig stellen wir fest, dass es uns nicht gelingen wird, sinkende Mittel der öffentlichen Hand komplett mit Preiserhöhungen zu kompensieren. Deshalb müssen innovative Finanzierungsmöglichkeiten gefunden werden. (...) Modelle – die in Frankreich Nahverkehrsabgabe heißen – müssen entwickelt werden. In London und Stockholm wird über eine Maut ein Teil des Nahverkehrs finanziert." *(Ulf Middelberg, Geschäftsführer der Leipziger Verkehrsbetriebe im Gespräch mit der Leipziger Volkszeitung, 17./18. März 2012, S. 19)*

Unter der Überschrift „Grüne Ökonomie" nimmt neben der oben behandelten Energiewende auch die Verkehrswende einen prominenten Platz ein. Es waren erneut die Grünen, die dafür schon in den 80er Jahren, als der individuelle Motorisierungstrend noch ungebrochen war, an verschiedenen Fronten gestritten haben. Auf kommunaler Ebene an den Fronten „autoarme Stadtentwicklung" und „Umweltverbund". „Autoarme Stadtentwicklung" zielt auf eine Stadt der kurzen Wege mit auch Wohnsiedlungen, deren Bewohner ihre Mobilitätsbedürfnisse ohne eigenes Auto befriedigen. Mit Umweltverbund ist gemeint, dass der in besonderem Maße klimaschädliche motorisierte Individualverkehr zugunsten eines Verbundes aus vermehrter Nutzung der eigenen Füße, intensiverer Fahrradnutzung und Umstiegen vom Auto auf den Öffentlichen Personennahverkehr (ÖPNV) zurückgedrängt wird. Wie Menschen ihre Wege zur Arbeitsstelle, zum Einkaufen und zu diversen sonstigen Zwecken zurücklegen, drückt der sogenannte Modal Split aus.[544] Es geht im Rahmen der Verkehrswende also darum, beim Modal Split Anteilsverschiebungen zugunsten einer umweltfreundlichen Verkehrsmittelwahl zu erwirken.

Betrachtet man die Entwicklung in der längeren Frist, so wurden in Westdeutschland Mitte der 70er Jahre im Nahverkehr noch ein Drittel der Wege zu Fuß zurückgelegt, Ende der 90er Jahre aber nur noch ein gutes Fünftel. Selbst für Wege von zwei, drei Kilometern griffen immer mehr Menschen auf das eigene Kraftfahrzeug zurück. Dies mit negativen Folgen sowohl für das Klima wie auch die eigene Gesundheit. Wenn Menschen sich zu wenig bewegen, hat dies bekanntermaßen negative Konsequenzen für das Herz-Kreislauf-System, das Bewegungssystem und das Körpergewicht.

Zwar ist die lange positive Grundeinstellung zum Wachstum des motorisierten Individualverkehrs (MIV) ab den 80er Jahren einer zunehmend kritischen Bewertung gewichen. Anhand eigener Erfahrungen reifte die Erkenntnis, dass die massenhafte Nutzung des Autos mit unerbittlicher Logik in einen Zustand führt, wo die individuelle Totalmobilisierung im kollektiven Stillstand endet. Auch die ökologischen Folgekosten und die Einbußen an Lebensqualität, die vermeidbare Schadstoffemissionen, Lärm und verstopfte Straßen mit sich bringen, drangen ins Bewusstsein. Es gab technische Verbesserungen. Trotz der realisierten Minderungen beim Spritverbrauch weist das Auto aber weiterhin einen doppelt bis dreifach so hohen Energieverbrauch auf wie die Verkehrsmittel des ÖPNV.[545] Einerseits haben Fußgängerzonen dafür gesorgt, dass der Kraftfahrzeugverkehr aus einzelnen Straßenzügen herausgehalten wird; in den Stadtkernen gibt es dadurch einen Rückgewinn an Urbanität. Andererseits stieg der motorisierte Verkehr in der Gesamtbilanz von Nah- und Fernverkehr in den meisten Ländern weiter an und mit ihm die Verkehrsleistungen des MIV.

---

[544] Der Modal Split bringt zum Ausdruck, welche Anteile die verschiedenen Verkehrsmittel am Gesamtverkehrsaufkommen haben. Grundlage für die Berechnung sind Haushaltsbefragungen.

[545] Hier zeigt sich der oben angesprochene Rebound-Effekt. Einerseits verbraucht das einzelne Auto heute deutlich weniger Sprit als vor 10, 20 Jahren. Die Effizienzsteigerung wird in relevantem Umfang aber dadurch zunichte gemacht, dass viele Haushalte nicht nur einen Zweit-, sondern auch einen Drittwagen haben, dass spritfressende Geländewagen in gewissen Kreisen nach wie vor im Trend liegen und dass das Auto bepackt wird mit energieintensiven Zusatzausstattungen (Klimaanlagen etc.).

An den beförderten Personen hatten Personenkraftwagen in Deutschland Anfang der 90er Jahre einen Anteil von 85 Prozent.[546] Mit leichten Schwankungen ist dies so geblieben (2008: 85,1 Prozent). Die skandinavischen Befunde differieren. In Finnland wuchs die Vormachtstellung des Pkw auf annähernd das deutsche Niveau (2008: 84,5%), in Island und Norwegen verharrt sie auf einem noch höheren Niveau (NO: 1992: 87,2%; 2008: 87,6%). Leichte Rückgänge erzielten dagegen Dänemark und Schweden. Dänemark wies 1992 einen Anteil von 82,9 Prozent, 2008 aber nur noch von 79,4 Prozent auf. Unter den hoch entwickelten europäischen Ländern finden sich Anteile unter 80 Prozent sonst nur noch in Belgien und Österreich. Dänemark und Schweden verdanken den leichten Rückgang beim MIV überproportionalen Zuwächsen beim Eisenbahnverkehr. Dessen Anteil stieg in Schweden von 5,9 Prozent (1992) auf 9,3 Prozent (2008); in Dänemark erreicht er 9,4 Prozent. Zwar erfolgte auch in Deutschland ein Anstieg auf 8,6 Prozent. Dieser Anstieg ging jedoch nicht zulasten des Pkw-Verkehrs, sondern des Busverkehrs. In Dänemark erhielt der Bahnverkehr ab Mitte der 90er Jahre neuen Schwung. Die Verkehrsleistung stieg bis 2010 um knapp 37 Prozent.[547] Gestützt wird die Entwicklung durch sehr hohe Autozulassungssteuern. Sie dämpfen die Lust auf den Besitz eines eigenes Autos. Auf 1.000 Einwohner kamen im Jahr 2008 nur 377 Pkw gegenüber 502 Pkw in Deutschland, jeweils 461 Pkw in Finnland und Norwegen sowie 464 Pkw in Schweden.[548]

Leider liegen zum Stadtverkehr und seiner Entwicklung amtlicherseits keine europäischen Vergleichsstatistiken vor. Die Fortschritte, die in Richtung einer weniger autolastigen Mobilität erreicht wurden oder auch nicht, sind daher mit Zahlen schwer abzugreifen. Gewisse Fortschritte sind für Schweden belegt. Wie schon angesprochen, verzeichnete der Eisenbahnverkehr in der jüngsten Zeit einen kräftigen Aufschwung. Die Verkehrsleistung stieg von 8.658 Mio. Personen-km im Jahr 2006 auf 11.340 Mio. Personen-km im Jahr 2009; ein Zuwachs um 31 Prozent. Auch der schienengebundene ÖPNV konnte zulegen. Bei den Straßenbahnen um 26,3 Prozent im Zeitraum von 2002 bis 2009. 2002 lag die Verkehrsleistung bei 415 Mio. und 2009 bei 524 Mio. Personen-km. Die U-Bahn hat zwar ein stärkeres Gewicht, verzeichnete

---

[546] Quelle: Eurostat, Datensatz „Personenbeförderung nach Verkehrszweig" [tran_hv_ps mod]; Update vom 06.03.2012.

[547] Von 4.821 Mio. Personen-km auf 6.587 Mio. Personen-km. Quelle: Statistics Demark, Tabelle „Passenger transport performance by means of transport and time" (Code: PKM1).

[548] Quelle: Statistical Yearbook of Norway 2011: 345, Tab. 421. Auch in Dänemark sind die Autohalterzahlen freilich im Anstieg begriffen; im Jahr 2011 kamen 389 Pkw auf 1.000 Einwohner (Quelle: Statistics Denmark).

aber ein geringeres Wachstum von noch 8,7 Prozent (2002: 1.578 Mio. Personen-km; 2009: 1.715 Mio. Personen-km). Insgesamt also wuchs die Verkehrsleistung beim schienengebundenen ÖPNV um 15,8 Prozent.[549] Dabei blieben die durchschnittlichen Wegstrecken konstant; 4 Kilometer werden im Schnitt mit der Tram und 6 km mit der U-Bahn zurückgelegt. Was dies für den Anteil des ÖPNV am Modal Split bedeutet, bleibt offen. Plausibel erscheint, dass auch der ÖPNV beitrug zum Rückgang des Pkw am motorisierten Gesamtverkehrsaufkommen. Weder in Norwegen, noch in Finnland gibt es eine vergleichbare Entwicklung. Wohl ist der Bahnverkehr in Norwegen nach Rückgängen in den 80er Jahren wieder gewachsen. Im Jahr 1990 gab es 115 Mio. und im Jahr 2009 175 Mio. Fahrgäste. Auch die Verkehrsleistung wuchs von 2.567 Mio. Personen-km (1985) auf 3.601 Mio. Personen-km (2009), wovon drei Viertel auf die Staatsbahn entfallen.[550] Im internationalen Vergleich wie auch im Vergleich mit Schweden markiert dies aber ein niedriges Niveau. Busverkehr und Personentransport mit Schiffen dazu genommen, zählte der öffentliche Verkehr im Jahr 2011 404,88 Mio. Fahrgäste, was wenig ist. Zur Verdeutlichung: Im öffentlichen Nahverkehr gibt es in Deutschland rd. 26-mal so viele Fahrgäste bei einer Einwohnerzahl, die knapp 17-mal so hoch ist.

Im Umweltverbund sind Fahrrad und ÖPNV komplementär zu sehen. Die Fortbewegung via Rad ist besonders umweltfreundlich. In den letzten Jahren erlebte das Fahrrad eine regelrechte Renaissance. Einmal für Freizeitzwecke, dann aber auch als Alternative zum Auto. Letzteres weniger auf dem Lande als in den Städten, die über gleichermaßen gut ausgebaute wie durchgängige Radwegenetze verfügen. Einige deutsche Städte erzielen hier gute Ergebnisse, keine größere deutsche Stadt kommt jedoch an die dänischen Städte Skanderborg, Aarhus, Odense und die Hauptstadt Kopenhagen heran. Kopenhagen gilt als Vorbild. In dem Bericht *„Radfahren. Mach's wie Kopenhagen"* von Matthias Breitinger (Zeit-Online vom 16.02.2012) lesen wir, dass 55 Prozent der Kopenhagener mit dem Rad zur Schule oder zur Arbeit fahren. Dies nicht aus Umweltgründen, sondern weil es einfach und schnell ist. Dafür tut die Stadtverwaltung einiges. Bei Hauptverkehrsstraßen etwa sind Radwege mit Bordsteinkanten klar von den Autospuren getrennt und die Geschwindigkeit wird für den Autoverkehr so reduziert, dass der Geschwindigkeitsvorsprung

---

[549] Statistics Sweden, Statistical Yearbook 2009: 232, Tab. 230 und Statistical Yearbook 2011: 246, Tab. 10.24.
[550] Statistics Norway, Statistical Yearbook 2011: 341, Tab. 413.

schwindet.[551] Neben dem gut ausgebauten Fahrradnetz liefert damit auch die Verkehrssteuerung Impulse, um Autofahrer zum Umstieg auf das Velo zu bewegen (a.a.O.). 40 Prozent der Fahrten innerhalb Kopenhagens werden bereits mit dem Rad zurückgelegt; 50 Prozent möchte die Stadt erreichen. In Stuttgart sind es nur 7 Prozent,[552] Für den Erhalt des Radwegenetzes gibt Kopenhagen jährlich rd. 10 Mio. € aus; Stuttgart umgekehrt investiert nur rd. eine Million. Nun gilt es zu berücksichtigen, dass die Topographie von Stuttgart weit weniger zum Fahrradfahren einlädt als die von Kopenhagen. Der Vergleich ist insoweit etwas unfair. Trotzdem, auch weniger hügelige deutsche Städte, etwa im niedersächsischen Flachland, bringen es nur auf Anteile des Fahrradverkehrs am Modal Split von um die 20 Prozent. Bundesweit liegt der Radanteil am Gesamtverkehr bei 9 Prozent gegenüber 18 Prozent in Dänemark. Weltmeister im Fahrradfahren sind aufs ganze Land gesehen freilich nicht die Dänen, sondern immer noch die Niederländer; 27 Prozent aller Wege werden dort mit dem Fahrrad zurückgelegt.[553]

Die städtische Verkehrspolitik erweist sich als ein Handlungsfeld, das bei geschickter Wahl der Instrumente Möglichkeiten bietet, den Verkehr stadtverträglich zu lenken und auf die Verkehrsmittelwahl im Sinne der Stärkung des Umweltverbundes Einfluss zu nehmen. Die wichtigste Baustelle für ein umweltfreundliches und stadtverträgliches Verkehrssystem ist dabei der ÖPNV. Die Verkehrsmittel S-Bahn, U-Bahn, Straßenbahn und Bus sind hier zuzuordnen. Ohne gut ausgebauten ÖPNV würden nicht nur Metropolen, sondern auch Großstädte und viele größere Städte im Stau und in Abgasen ersticken. Zwar ist die große ÖPNV-Renaissance ausgeblieben, aber nach Jahren des Niedergangs brachten die zurückliegenden beiden Dekaden eine gewisse, regional sehr unterschiedlich ausgeprägte Rückbesinnung auf die Vorteile des öffentlichen Nahverkehrs. Zu Schweden habe ich oben einige Daten aufgeführt. In Deutschland setzte ab Ende der 80er, Anfang der 90er Jahre eine Trendwende ein. In den alten Ländern stiegen die Fahrgastzahlen um über 20 Prozent, während sie in den neuen Ländern im Rahmen des An-

---

[551] In fünf Straßen mit viel Radverkehr wurden nach Auskunft des Verkehrsamtschefs Tørsløv die Ampelschaltungen dahingehend verändert, dass die langsameren Verkehrsteilnehmer eine grüne Welle bekommen, während die schnelleren Autofahrer öfter vor einer roten Ampel stehen.
[552] Angabe nach dem Bericht des SWR-Fernsehens „Fahrradfreundlichkeit: Stuttgart gegen Kopenhagen" am Donnerstag, 26.04.2012, 22.00 Uhr.
[553] Quelle: Bundesverkehrsministerium (http://www.nationaler-radverkehrsplan.de > Neuigkeiten; Zugriff: 13.05.2012).

gleichungsprozesses teilweise drastisch einbrachen.[554] Aktuell (2010) nutzen täglich 28,9 Mio. Fahrgäste den öffentlichen Nahverkehr. Die Verkehrsleistung, die daraus resultiert, beläuft sich auf täglich 247,8 Mio. Personen-km.[555] Der partielle Aufwärtstrend resultiert vorwiegend aus einem für die Kunden vielerorts deutlich verbessertem Angebot und Service sowie der Einführung neuer Angebotsformen und Betriebskonzepte. Zu nennen sind Stadtbussysteme in Klein- und Mittelstädten. Dort hat der ÖPNV traditionell einen schweren Stand, weil sich dichte Taktfrequenzen erst ab einem Fahrgastpotential wirtschaftlich darstellen lassen, das es in Kleinstädten kaum gibt. Wenn es in der Konsequenz abends und am Wochenende kein Angebot und wochentags nur einen Stundentakt gibt, dann reduziert sich die ÖPNV-Nutzung sukzessive auf die Personenkreise, die kein eigenes Auto resp. keinen Führerschein haben. Solche Städte aber sind für den ÖPNV verloren, weil ein unattraktives Angebot erst recht nur die Zwangskunden erreicht. Die Folge ist eine Abwärtsspirale. Stadtbusverkehre haben das Blatt vielfach gewendet. Mit Angeboten auch in den Tagesrandlagen und noch akzeptablen Takten wurden Verbesserungen erreicht, die die Fahrgastzahlen ansteigen ließen.[556]

Im internationalen Vergleich erzielt das Nahverkehrsangebot der deutschen Städte relativ gute Bewertungen. Vergleichsuntersuchungen beziehen sich zwar meist nur auf Großstädte. Zumindest aber dort gilt der Befund. Im Jahr 2009 wurde im Auftrag der Europäischen Kommission eine Meinungsbefragung zur Lebensqualität in 75 europäischen Städten durchgeführt, die die Zufriedenheit mit den öffentlichen Verkehrsmitteln mit abdeckte.[557] Aus den skandinavischen EU-Ländern waren neben den Hauptstädten Aalborg (DK), Malmö (SE) und Oulu (FI) einbezogen; aus Deutschland die Städte Berlin, Dortmund, Essen, Hamburg, Leipzig, Rostock und München. Die Studie ergab ein erhebliches Nord-Süd-Gefälle. In den mediterranen Ländern fielen,

---

[554] Der Anteil des öffentlichen Verkehrs (ohne Flugverkehr) an den im Personenverkehr insgesamt erbrachten Verkehrsleistungen sank in Westdeutschland über einen Zeitraum von 30 Jahren kontinuierlich von 34,2 Prozent (1960) auf 15,1 Prozent (1990). In der ersten Hälfte der 90er Jahre konnte dieser Abwärtstrend gestoppt und ein leichter Wiederanstieg auf 16,4 Prozent (1996) erreicht werden (Verkehr in Zahlen 2000, Tabelle S. 218f.; dabei Herausrechnung des Luftverkehrs).

[555] Quelle: Verband Deutscher Verkehrsunternehmen (http://www.vdv.de/> Daten und Fakten).

[556] Heintze et al. 1999 präsentieren ein konkretes Beispiel.

[557] In jeder Stadt wurden 500 nach dem Zufallsprinzip ausgewählte Personen ab einem Alter von 15 Jahren befragt. Dadurch ergab sich ein repräsentativer Bevölkerungsquerschnitt. Verantwortlich für die Durchführung war: The Gallup Organization Hungary.

von einigen Ausnahmen wie etwa Barcelona abgesehen, dürftige Angebote mit geringer Zufriedenheit und geringer Nutzung zusammen. Wie fügen sich die sieben deutschen und die sechs skandinavischen Großstädte in den Vergleich? Dazu folgende Befunde:[558]

- **Zufriedenheit:** Die höchste Zufriedenheit zeigten die Einwohner von Helsinki (93 Prozent Zufriedenheit). An zweiter Stelle rangierte Wien, gefolgt von Straßburg. Die niedrigste Zufriedenheit wies Palermo auf (12%). Die einbezogenen deutschen und skandinavischen Städte bewegen sich überwiegend im oberen und mittleren Bereich. Stockholm, Hamburg, Rostock und München liegen dicht beieinander; sie belegen die Plätze 5 bis 8. Unterdurchschnittlich schneidet aus Deutschland nur Essen ab. Hier waren noch 65 Prozent mit dem Nahverkehrsangebot sehr oder überwiegend zufrieden. Aus dem skandinavischen Raum brachte es die finnische Stadt Oulu gleichfalls auf nur 65 Prozent Zufriedenheit.

- **Häufigkeit der Nutzung:** Bei der Nutzung erreichen die einbezogenen deutschen Städte nur mittlere bis unterdurchschnittliche Werte. Unter den 20 Städten mit den höchsten Nutzerquoten findet sich keine deutsche Stadt, aus dem skandinavischen Raum dagegen Helsinki und Stockholm. Innerdeutsch ist München Spitzenreiter. 29 Prozent nutzen den ÖPNV täglich gegenüber 43 Prozent in Helsinki. Erstaunlich niedrig sind die Nutzerzahlen in den Ruhrgebietsstädten. In Essen und Dortmund liegt der Anteil täglicher Nutzer mit 21 bis 22 Prozent gleichauf mit dem Anteil derjenigen, die das Angebot nie nutzen. Auch in der sächsischen Großstadt Leipzig ist die Nutzerhäufigkeit unterdurchschnittlich (24% tägliche Nutzung, 21% einmal die Woche, 12% nie). Die Ergebnisse der einbezogenen skandinavischen Städte streuen stark. Sowohl Aalborg (Dänemark) als auch Oulu (Finnland) rangieren unter den Schlusslichtern.

- **Verkehrsmittelwahl beim Weg zur Arbeit oder Ausbildungsstätte:** In Südeuropa ist es die Regel, mit dem eigenen Kraftfahrzeug (Moped oder Auto) zur Arbeit zu fahren. Auch in deutschen Städten ist auf dem Weg zur Arbeit ein hoher MIV-Anteil zu beobachten. Am häufigsten wird der MIV in Dortmund genutzt (62 Prozent); mit öffentlichen Verkehrsmitteln fahren nur 29 Prozent, die Nutzung eigener Füße und des Fahrrads liegt bei nur acht Prozent. In Essen ist der MIV-Anteil mit 58 Prozent ebenfalls hoch. Der Anteil des ÖPNV liegt bei 27 Prozent, der Fahrrad/zu Fuß-Anteil beträgt 12 Prozent. Ein deutlich ausgewogeneres Bild bieten die skandinavischen Vergleichsstädte. In Kopenhagen (DK), Malmö (SE) und

---

[558] Quelle: Europäische Kommission, Generaldirektion Regionalpolitik (2010: 60ff.)

Oulu (FI) gaben relative Mehrheiten von über 40 bis an die 50 Prozent an, entweder zu Fuß oder mit dem Fahrrad zur Arbeit zu gehen. Unter den 25 Städten mit geringstem MIV-Anteil fand sich aus Deutschland nur Berlin, während von den sechs skandinavischen Städten alle drei Hauptstädte sowie Malmö hier zu finden sind. Unter den 75 Vergleichsstädten weist Paris beim Berufsverkehr den geringsten MIV-Anteil (13%) auf; es folgen Stockholm mit 15 und Kopenhagen mit 18 Prozent. Helsinki bringt es auf 26 und Berlin auf 33 Prozent.

Als Fazit ergibt sich, dass die skandinavischen Großstädte besser abschneiden als die deutschen Großstädte. Mit gewissen Abstrichen bei den Ruhrgebietsstädten liefert Deutschland gleichwohl im Ganzen ein erfreuliches Bild. Die Zufriedenheit ist überdurchschnittlich, bei den Nutzerzahlen allerdings besteht Verbesserungsbedarf. Die Gründe für schwache ÖPNV-Nutzerzahlen sind vielfältig. Martin Randelhoff (2011)[559] sieht bei den Ruhrgebietsstädten einen Zusammenhang mit der in der Vergangenheit stark autozentrierten Stadtplanung. Die Ausrichtung auf das Leitbild der autogerechten Stadt räche sich jetzt. In Oulu, der nördlichsten Großstadt der EU, sind die Gründe anders gelagert. Die Stadt besitzt ein sehr gut ausgebautes Fahrradwegenetz, auf dem die ganze Stadt abgefahren werden kann. Auch der ÖPNV wird von den meisten Einwohnern genutzt, von vielen aber nur sporadisch. Im Ergebnis dominiert der Umweltverbund und nicht der MIV. Beim Berufsverkehr liegt Oulu hinsichtlich der Nutzung von Auto oder Moped mit 45 Prozent auf dem Niveau von Leipzig, Rostock und Aalborg.

Die Befunde für deutsche und skandinavische Großstädte verweisen auf ein leistungsfähiges ÖPNV-System, das bei den BürgerInnen auch Akzeptanz findet. Anders als bei deutschen Krankenhäusern – darauf wurde oben eingegangen – und anders auch als bei der öffentlichen Wohnungswirtschaft gelang es beim ÖPNV, die Leistungserbringung in der öffentlichen Hand zu halten. In besonderem Maße gilt dies für den schienengebundenen Verkehr. Hier sind, wie *Tabelle 51* ausweist, die weitaus meisten Unternehmen überwiegend bis ganz im öffentlichen Eigentum und auf diese öffentlichen Unternehmen entfallen mehr als 90 Prozent der Leistungen. Im Busverkehr dominieren mit über 60 Prozent zwar private Unternehmen. Sie erbringen in größeren Städten aber eher nur ergänzende Leistungen. Auch beim Busverkehr entfallen deshalb 80 Prozent der Fahrgäste und fast drei Viertel der

---

[559] Martin Randelhoff hat am 16.09.2011 online eine Datenanalyse publiziert. Siehe unter: http://www.zukunft-mobilitaet.net/ > Analyse > Öffentlicher-Verkehr in Europa Städtevergleich/ (Zugriff: 15.05.2012; zuletzt: 12.08.2012).

*Tabelle 51: Stellung öffentlicher Unternehmen im Marktsegment des Personenverkehrs mit Bussen und Bahnen in Deutschland 2011*

|  | Unternehmen | Fahrgäste | Beförderungsleistung |
|---|---|---|---|
|  | Anzahl | 1.000 | 1.000 Personen-km |
| **Unternehmen insgesamt** | | | |
| Liniennahverkehr insgesamt | 915 | 10.811.246 | 102.191.927 |
| Eisenbahn | 57 | 2.386.330 | 49.453.053 |
| Straßenbahn | 60 | 3.731.453 | 16.464.990 |
| Omnibus | 861 | 5.332.365 | 36.273.884 |
| **Öffentliche Unternehmen (Anteile in %)** | | | |
| Liniennahverkehr | 36,6 | 89,0 | 85,6 |
| Eisenbahn | 56,1 | 93,9 | 90,0 |
| Straßenbahn | 96,7 | 99,3 | 99,3 |
| Omnibus | 35,2 | 81,0 | 73,4 |

**Erläuterung:** Unter den 915 Unternehmen befinden sich 515 Privatunternehmen und 65 gemischtwirtschaftliche Unternehmen. Auf die gemischtwirtschaftlichen Unternehmen entfielen 528.796 Tsd. Fahrgäste und 5.144.031 Tsd. Personenkilometer
**Quelle:** Destatis 2012b (4, Tab. 1); eigene Berechnung

Verkehrsleistungen auf die öffentlichen, in der Regel kommunalen Verkehrsunternehmen.[560] Die hier vertretene Auffassung geht dahin, dass das im internationalen Vergleich gute deutsche ÖPNV-Angebot auch damit zu tun hat, dass sich beim ÖPNV die Philosophie des Gewährleistungsstaates, der nicht selbst leistet, sondern nur gewährleistet, nicht durchgesetzt hat. Dadurch werden Schnittstellenprobleme klein gehalten und es gelingt, integrierte Leistungen, bei denen der schienengebundene Nahverkehr gut mit dem Busverkehr verzahnt ist, zu entwickeln. Der Erhalt kommunaler Verkehrsunternehmen zahlt sich für die BürgerInnen aus. Jedoch nicht nur für sie. Auch die Beschäftigten profitieren. Die Arbeitsbelastung der Bus- und Straßenbahnfahrer ist als Folge des höheren Wettbewerbsdruckes, der aus der Marktliberalisierung erwächst, zwar generell gestiegen. Eine aktuelle Studie der Hans-Böckler-Stiftung zeigt jedoch, dass Löhne und Sozialstandards bei den öffentlichen Unternehmen im Vergleich zu privaten Nahverkehrsunternehmen weiterhin

---

[560] Die mir vorliegenden Einzelbefunde deuten an, dass in Dänemark und Finnland ein vergleichbares Muster besteht (Beispiel Helsinki: die Straßenbahn wird vom städtischen Verkehrsunternehmen betrieben, die Leistungen des ergänzenden Busverkehrs wurden an ein Privatunternehmen vergeben).

relativ gut sind.[561] Der Erhalt kommunaler Verkehrsunternehmen ist ergo sowohl mit Blick auf die Qualität der ÖPNV-Leistungen wie auch mit Blick auf die Arbeitsbedingungen der Beschäftigten auf der Positivseite zu verbuchen. Die meisten Städte mit eigenem Verkehrsunternehmen nutzen die Möglichkeit der Direktvergabe des ÖPNV-Linienverkehrs. Von interessierter Seite wird diesbezüglich zwar gerne der Eindruck erweckt, Leistungen müssten aufgrund der EU-Beihilfevorschriften zwingend europaweit ausgeschrieben werden. Dies trifft nicht zu. Das EU-Recht geht von dem Referenzfall aus, dass Leistungen ohne staatliche Zuschüsse erbracht werden. Beim ÖPNV ist das die seltene Ausnahme. Es gibt zwei Möglichkeiten, wie sich die öffentliche Hand an den Kosten beteiligen kann. Die erste Möglichkeit besteht darin, die Leistungen auszuschreiben. Hier gilt dann das EU-Vergaberecht, wonach das wirtschaftlichste Angebot den Zuschlag erhält; mithin das Angebot, bei dem der städtische Zuschussbedarf bezogen auf die von der Stadt definierten Leistungen am geringsten ausfällt. Alternativ zum Vergabeverfahren besteht die Möglichkeit der Direktvergabe. Maßgebend dafür ist die EU VO 1370; sie erlaubt die Direktvergabe.[562] Existiert ein rein kommunales Verkehrsunternehmen, so kann dieses mit der Erbringung der Leistungen direkt beauftragt werden.[563] Es handelt sich dann um Eigenleistungen des ÖPNV-Aufgabenträgers (Kommune oder kommunaler Zweckverband), die dieser über ein in seinem Besitz, damit seiner Organisationsgewalt befindliches Unternehmen direkt ausführt. Im einen Fall (Vergabe durch Ausschreibung) wird eine gemeinwirtschaftliche Leistung bezuschusst, im anderen Fall (Direktvergabe) liegt eine eigenwirtschaftliche, aber nicht kostendeckende Leistung vor. Die Kostenunterdeckung muss die Kommune ausgleichen.

---

[561] Resch, Hubert (2012): Arbeitsverdichtung im Fahrdienst als Folge der Restrukturierung im ÖPNV, Arbeitspapier der Hans-Böckler-Stiftung, zitiert nach Böcklerimpuls 4/2012 v. 29.02.2012, S. 7.

[562] Der Europäische Gerichtshof hat auch die Zulässigkeit der sogenannten Inhouse-Vergabe mit Urteil vom 10.11.2005 bestätigt. Jede einzelne Behörde oder ein Zusammenschluss mehrerer Behörden kann ohne Ausschreibung selbst ÖPNV-Leistungen anbieten, wenn das Unternehmen, das die Leistungen erbringt, voll in öffentlichem Besitz ist und von der Gemeinde wie eine eigene Dienststelle kontrolliert werden kann.

[563] Die Mitte-Rechts-Regierung unter Angela Merkel plant allerdings eine Novelle des Personenbeförderungsrechts, die mehr oder weniger von einem freien Markt ausgeht. Hier wäre dann zu Lasten integrierter Leistungserbringung Rosinenpickerei möglich. An den Kommunen vorbei könnten die zuständigen Landesbehörden für einzelne Linien eine Ausschreibung verlangen, obwohl die Kommune über ein eigenes Verkehrsunternehmen verfügt. Die derzeitigen (2012) Mehrheitsverhältnisse im Bundesrat lassen jedoch nicht erwarten, dass die Pläne Gesetz werden.

An dieser Stelle ein Wort zu Schweden. Bei der Liberalisierung des ÖPNV-Marktes marschierten nämlich nicht nur die angelsächsischen Länder, sondern auch Schweden vorneweg. Schon 1985 erhielten die schwedischen Gemeinden das Recht, Beförderungsleistungen an Privatunternehmen zu vergeben (Hamark et al. 2006: 5). Materielle Privatisierungen kamen dann zwar in geringerem Umfang zustande als im angelsächsischen Raum. Trotzdem zeigen die Ergebnisse des PIQUE-Projektes, dass die Effekte auf Beschäftigung wie Arbeitsbedingungen negativ waren. So wurden überdurchschnittlich viele Arbeitsplätze abgebaut und auch die Arbeitsbedingungen haben sich tendenziell verschlechtert. Inwieweit der ÖPNV-Markt heute insgesamt überwiegend in privater Hand ist, kann nicht eindeutig gesagt werden. Nach Hamark et al. (2006: 6) dominieren weiterhin öffentliche, nach dem PIQUE Summary Report (2009: 12, Tab. 3.2) private Unternehmen. Die Daten von Tabelle 48 (S. 486) andererseits zeigen, dass die Zahl von im Gemeindebesitz befindlicher Unternehmen, die im Verkehrs- und Kommunikationsbereich tätig sind, im Jahr 2010 höher liegt als eine Dekade zuvor; ebenso die Zahl der Beschäftigten.

Wohin bewegt sich der öffentliche Nahverkehr in Deutschland? Auch diese Frage lässt sich nicht eindeutig beantworten. Dass die ÖPNV-Nutzung Potential nach oben hat, zeigt die Nutzerzahlentwicklung nach Altersgruppen. Jüngere Jahrgänge nutzen Bahnen und Busse tendenziell häufiger als ältere Jahrgänge. Der Besitz von Führerschein und eigenem Auto hat für die junge Generation eine geringere Wertigkeit als für die Generation 45+. Dies zeigt eine Mobilitäts-Studie von Infas.[564] In den größeren Kernstädten zeigen sich danach bei der jüngeren Generation deutliche Rückgänge bei der täglichen Autonutzung und ein Anstieg bei der Nutzung öffentlicher Verkehrsmittel. Konkret: Der auf den öffentlichen Verkehr entfallende Nutzeranteil stieg bei der Generation der 18- bis 24-Jährigen im Zeitraum von 2002 bis 2008 von 12 auf 15 Prozent, während er bei der Generation der 45- bis 59-Jährigen bei niedrigen 6 Prozent verharrt.

Ob die Änderung bei den Präferenzen für eine Absenkung des MIV-Anteils am Modal Split sorgt oder nicht, wird sich anhand der politischen Bereitschaft, das Angebot attraktiver zu gestalten mit klaren Vorrangregelungen für den Umweltverbund, entscheiden. Derzeit sind die Weichen nicht in Richtung

---

[564] Institut für angewandte Sozialforschung (infas): Vortrag von Follmer, Robert zu „Trends im Verkehrsmarkt. Detailergebnisse der Studie ‚Mobilität in Deutschland'" auf dem 4. VDV-Marketing-Kongress in Erfurt am 15. und 16. April 2010 (www.mobilitaet-in-deutschland.de; letzter Zugriff: 13.08.2012).

ÖPNV-Aufwind gestellt. Das einleitende Zitat des Geschäftsführers der Leipziger Verkehrsbetriebe spricht es an: Der ÖPNV ist unterfinanziert mit der Folge eines erheblichen Investitionsrückstaus.[565] Mit Pressemitteilung Nr. 15 vom 27. April 2012 fordert der Verband Deutscher Verkehrsunternehmen (VDV) deshalb von der Politik gar ein „*Rettungsgesetz(es) für die ÖPNV-Infrastruktur*". Nach den Vorstellungen des VDV müsste ein solches Gesetz auf fünf Jahre angelegt und so dimensioniert sein, dass der aufgelaufene Investitionsstau von nach VDV-Schätzung zwischenzeitlich rd. 3 Mrd. € abgetragen werden kann. Nicht nur bei den Investitionen in die Infrastruktur hakt es, auch die Finanzierung der laufenden Betriebsunterdeckung ist nicht gesichert. Die ungesicherte Finanzierung hängt wie ein Damoklesschwert über der weiteren ÖPNV-Entwicklung. Verbesserungen beim Angebot sind so nicht zu erreichen.

Um dies zu verstehen, ist ein kurzer Blick auf das Finanzierungssystem nötig. Das deutsche System der ÖPNV-Finanzierung fußt auf zahlreichen Finanzierungsquellen. Eine Statistik, die die Finanzierungsströme konsistent abbildet, existiert nicht. Bormann/Bracher et al. (2010: 9) haben den Versuch unternommen, für das Jahr 2008 die verschiedenen Finanzierungstöpfe zu quantifizieren. Danach wurde die Wertschöpfung von ca. 25 Mrd. € zu 36 Prozent aus der Erwirtschaftung von Einnahmen (Tariferlöse, Einnahmen aus Werbung und Pacht) gedeckt. Aus dem oben angesprochenen steuerlichen Querverbund kam ein Deckungsbeitrag von rd. 11 Prozent. Die verbleibenden ca. 53 Prozent wurden über verschiedene Finanzierungswege gedeckt. Von erheblicher Relevanz sind dabei die sogenannten Regionalisierungsmittel. Im Zuge der Bahnreform von 1993/96 wurde die Verantwortung für den Schienenpersonennahverkehr (SPNV) vom Bund auf die Bundesländer übertragen. Die Bereitstellung der Mittel wird durch das Regionalisierungsgesetz[566] und das Entflechtungsgesetz (früher: Gemeindeverkehrsfinanzierungsgesetz) geregelt. Für die übertragene Aufgabe erhalten die Länder einen Anteil aus dem Mineralölsteueraufkommen des Bundes als sogenannte Regionalisierungs-

---

[565] Dies gilt, und zwar seit Jahren, auch für den Bahnverkehr. Nach den jüngsten Daten – sie beziehen sich auf 2010 – liegt wie auch in der Vergangenheit die Schweiz vorn mit Investitionen pro EW von 308 € (2008: 284 €/EW), gefolgt von Österreich mit 230 € (2008: 205 €/EW). Deutschland rangiert unter den Schlusslichtern mit lediglich 53 € je Einwohner (2008: 47 €). Schweden immerhin investierte 2010 dreimal so viel (2008: 104 €/EW; 2010: 164 €/EW). Quelle: Allianz pro Schiene: http://www.allianz-pro-schiene.de/ > Suchbegriff „Investitionen"; letzter Zugriff: 14.08.2012.

[566] Das Gesetz zur Regionalisierung des öffentlichen Personennahverkehrs (Regionalisierungsgesetz) vom 27. Dezember 1993 (BGBl. I: S. 2378, 2395) trat zum 1. Januar 1996 in Kraft.

mittel. Konkret liegt die Verantwortung für die Finanzierung und Organisierung des Nahverkehrs nun einerseits bei den Landesregierungen und andererseits bei den kommunalen Gebietskörperschaften. Letztere sind in der Region meist als Verkehrsverbünde resp. Zweckverbände organisiert. In Niedersachsen zum Beispiel bestehen mit der Region Hannover und dem Zweckverband Großraum Braunschweig neben der Landesnahverkehrsgesellschaft zwei große kommunale SPNV-Aufgabenträger. Eine Parallele zu den skandinavischen Ländern besteht insoweit als es auch dort einen Trend gibt, verschiedene Gesellschaften und Einzelzuständigkeiten in übergreifenden Gesellschaften zusammenzuführen, So arbeitet im Großraum Helsinki seit dem 1. Januar 2010 ein kommunaler Zweckverband, in den die Mitgliedsstädte (Helsinki, Espoo, Vantaa, Kauniainen, Kerava and Kirkkonummi) verschiedene Gesellschaften eingebracht haben. Im Großraum Kopenhagen wiederum sind 45 Gemeinden an „Movias area" beteiligt. Die Kostenunterdeckung der lokalen Busbetriebe läuft darüber, während die Finanzzuständigkeit für die schienengebundenen Leistungen (Regionalzüge und S-Bahnen) bei der dänischen Staatsbahn liegt. In Deutschland kaufen die Aufgabenträger Verkehrsleistungen entweder via Ausschreibung ein oder wählen die Direktvergabe. Regionalisierungsmittel, die die Länder nicht selbst einsetzen, reichen sie an die kommunalen Aufgabenträger weiter. Da die Regionalisierungsmittel primär dem SPNV zufließen, müssen die Gemeinden den lokalen Nahverkehr (Straßenbahnen, Busse) anderweitig finanzieren, u.a. durch Ausgleichsmittel für Schülerverkehr und die Verrechnung der Stadtwerkegewinne mit den Verlusten des Verkehrsbetriebs.

Der so über viele Einzeltöpfe finanzierte öffentliche Nahverkehr steckt aus mehreren Gründen in der Unterfinanzierungsfalle. *Erstens* sind die Regionalisierungsmittel – im Jahr 2010 beliefen sie sich auf 6.876,8 Mio. €[567] – nicht ausreichend dynamisiert. Die jährliche Steigerung liegt mit 1,5 Prozent unter der Preissteigerungsrate, so dass der reale Gegenwert sinkt. Im Jahr 2014 sollen sich die Mittel auf ca. 7,3 Mrd. € belaufen und ab 2015 einer Überprüfung unterzogen werden. Dies böte die Chance, eine Indexierung vorzunehmen, die über einen Inflationsausgleich hinaus sicherstellt, dass ein reales Plus für Angebotsverbesserungen und Reallohnsteigerungen bei den SPNV-Beschäftigten verwandt werden kann. *Zweitens* reichen nicht alle Bundesländer die verfügbaren Regionalisierungsmittel fair an die kommunalen Aufgabenträger weiter, sondern nutzen sie zur eigenen Haushaltsentlastung.

---

[567] Quelle: BT-Drs. Nr. 17/5459 v. 12.04.2011 (Verwendung der Regionalisierungsmittel durch die Bundesländer, Antwort der Bundesregierung auf eine Kleine Anfrage der Fraktion Die Linke).

*Drittens* fielen das Entflechtungs- und das Gemeindefinanzierungsgesetz als Finanzierungsquelle weg, ohne dass ein Ersatz geschaffen wurde. *Viertens* wird auch bei anderen Töpfen (Ausgleichszahlungen für den Schülerverkehr etwa) der Rotstift angesetzt. *Fünftens* schließlich führt die kommunale Finanzschwäche dazu, dass die Kommunen relativ sinkende Zuweisungsmittel nicht durch eigene Haushaltsmittel ausgleichen können. Der Möglichkeit, über Fahrpreisanhebungen die Kostenunterdeckung zu senken, sind ebenfalls enge Grenzen gesetzt. Im europäischen Vergleich liegt Deutschland bei den Fahrpreisen schon jetzt bestenfalls im Mittelfeld (Bormann/Bracher et al. 2010: 10, Abb. 7). Den Nahverkehr auf Schiene und Straße für die Nutzer zu verteuern, ist deshalb kaum der Weg, über den Autofahrer zum Umstieg motiviert werden können.

Fazit: Mehrere Finanzierungssäulen schwächeln und das Gemeindeverkehrsfinanzierungsgesetz lief gänzlich aus. Offensichtlich gibt es bei der Politik die Erwartung, durch einen nochmals erhöhten Wettbewerbsdruck lasse sich via vor allem Lohndumping mit real weniger Geld mehr ÖPNV organisieren. Dies aber ist eine Illusion.[568] Der ÖPNV benötigt mehr Steuergeld und eine breitere Finanzierungsbasis aus auch neuen Einnahmequellen.

Für einzelne Großstädte könnte der Finanzierungsengpass durch eine *City-Maut* gelöst werden. Die Skandinavier waren mit die ersten, die auf diesem Felde Erfahrungen gesammelt haben. Im Zeitraum von Mitte der 80er bis Anfang der 90er haben mehrere norwegische Städte (Bergen 1986, Oslo 1990, Trondheim 1991) in Innenstadtbereichen Straßenbenutzungsgebühren eingeführt. Die Zurückdrängung des MIV spielte dabei keine Rolle. Es ging um die Gewinnung von Finanzierungsmitteln für Investitionsprojekte wie z.B. den Bau von Umgehungsstraßen oder die Anlegung von Busspuren. Die Akzeptanz in der Bevölkerung war vor der Realisierung eher niedrig, stieg dann aber (Kloas/Voigt 2007: 133f.). Die mit der Gebührenerhebung verbundenen Finanzierungsziele konnten erreicht werden. In Trondheim wurde die Gebühr 2005 deshalb auch wieder abgeschafft, lief in Bergen und Oslo aber zumindest bis 2011. Anders als in den norwegischen Städten verknüpft die 2003 in London eingeführte City-Maut verkehrslenkende Ziele mit Finanzie-

---

[568] Die Pflege derartiger Illusionen hat freilich System. Auch den Radverkehr will das Bundesverkehrsministerium dadurch fördern, dass es Mittel kürzt statt erhöht. Konkret: Der Nationale Radverkehrsplan 2020 fixiert als Ziel eine Steigerung des Radverkehrsanteils am Gesamtverkehr von 11 auf 16 Prozent. Gleichzeitig jedoch plant das Ministerium die Halbierung der Radfördermittel von 100 auf 50 Mio. €. Zitiert nach Bericht von Katja Tichomirowa „Mehr Radwege für weniger Geld" in: Frankfurter Rundschau Nr. 128 v. 04.06.2012, S. 5.

rungszielen. Der Labour-Linke Ken Livingstone hatte die Congestion Charge (Verstopfungsgebühr) zum wichtigsten Thema des Bürgermeisterwahlkampfes von 2000 gemacht und nach seiner Wahl für eine systematische Umsetzung gesorgt. Die City-Maut wurde verkehrs- und sozialpolitisch ein Erfolg. Die Verstopfung der Innenstadt ging deutlich zurück; der Verkehrsfluss verbesserte sich. Da das Mittelaufkommen in den öffentlichen Verkehr fließt, konnten die ÖPNV-Infrastruktur verbessert und die Tarife sozialer gestaltet werden. Bei der Wahl von 2004 wurde Livingstone mit der Ankündigung, das gebührenpflichtige Gebiet zu verdoppeln und die Gebührensätze anzuheben, im Amt bestätigt. Auch diese Ankündigungen wurden umgesetzt.

Drei Jahre nach der City-Maut-Einführung in London folgte in Stockholm ein Großexperiment mit einer „Trängselskatt" („Drängelsteuer"). Die Testphase dauerte vom 03.01.2006 bis zum 31.07.2006. Danach durften die Bürger abstimmen, ob die Steuer dauerhaft eingeführt wird oder nicht. Interessanterweise bröckelte die zunächst breite Front der Ablehner während der Testphase zunehmend, so dass sich nach dem Test 53 Prozent der HauptstädterInnen für die dauerhafte Einführung aussprachen. Selbst unter den Firmen wurde eine Einstellungsänderung festgestellt: Die Quote der Gegner sank von 65 auf 45 Prozent; die der Befürworter erhöhte sich von 20 auf 35 Prozent (Evaluationsbericht 2006: 131). Den Stimmungsumschwung haben die real erfahrenen Ergebnisse gebracht. Die mit der Drängelsteuer verfolgten Ziele wurden nicht nur erreicht, sondern übertroffen. Konkret angepeilt war die Reduktion des Verkehrsvolumens um 10 bis 15 Prozent; erzielt wurden Reduktionsraten von 20 Prozent und mehr. Kräftig gesunken (minus 30 bis minus 50 Prozent) sind die Stauzeiten. Damit wurde der Verkehr flüssiger, die Fahrzeiten in der Innenstadt kürzer. Sowohl für die BewohnerInnen als auch die Geschäftsleute sind dies Pluspunkte. Alle kommen schneller voran; die einen mit dem verbesserten ÖPNV, die anderen mit Taxis oder Lieferwagen. Bei der Frage nach dem Verbleib des reduzierten Verkehrsvolumens ergab die Evaluation, dass Vermeidungs- und Verlagerungseffekt zusammentrafen. So stieg das Transportvolumen des ÖPNV „nur" um 6,5 Prozent, wovon 1,5 Prozentpunkte den gestiegenen Benzinpreisen zugerechnet werden. Auch die Luftqualität hat sich verbessert: 13 Prozent weniger Feinstaub und 14 Prozent weniger Kohlenwasserstoffverbindungen sind gewichtige Umweltargumente. Ein höheres Maß an Verkehrssicherheit kommt hinzu. Eine Schätzung zu den Unfällen mit Personenschäden ergab eine Reduktion von mindestens 9 bis maximal 18 Prozent (a.a.O.: 15). Insgesamt kamen die Gutachter zu dem Ergebnis, dass der monetär bewertete gesellschaftliche Nutzen die Kosten um jährlich 595 Mio. SEK (rd. 64 Mio. €) übersteigt (a.a.O.: 128).

In Stockholm also hat der Erfolg die Skeptiker überzeugt.[569] In Deutschland allerdings besteht noch nicht einmal der Mut, einen Test zu wagen. Dabei belegen (Kloas/Voigt 2007) die in Europa und außerhalb (Singapur, Melbourne) gemachten Erfahrungen Folgendes:

- Die Systeme funktionieren technisch zuverlässig.

- Die Ziele hinsichtlich einer Reduktion des motorisierten Verkehrsaufkommens und der Minderung von Schadstoffemissionen werden erreicht.

- Nach Vorlaufkosten zum Start, lassen sich aus dem Mautaufkommen Verbesserungen der ÖPNV-Infrastruktur und des betrieblichen Angebotes finanzieren.

- Die Akzeptanz in der Bevölkerung wächst Schritt für Schritt. In keinem Fall unterstützten Mehrheiten die Mauteinführung bereits im Vorfeld. Die Unterstützung kam erst nach der Einführung.

Als Alternative zu einer City-Maut könnte auch eine Nahverkehrsabgabe nach französischem Vorbild den Finanzierungsengpass überwinden helfen. Nachgedacht wurde darüber bereits Ende der 80er/Anfang der 90er Jahre. Das Land Baden-Württemberg hatte unterschiedliche Erhebungsmodelle (Einwohnermodell; Pkw-Haltermodell) entwickelt und geprüft. Trotz positiver Beurteilung der Machbarkeit hinsichtlich rechtlicher und praktischer Fragen, wurden die Arbeiten an einem Gesetzentwurf abgebrochen. 20 Jahre später könnte man darauf zurück kommen. Es sieht aber nicht danach aus, dass Deutschland bereit wäre, aus positiven Erfahrungen anderer Länder zu lernen.

### 8.5 Kommunale Wohnungsunternehmen sind strategische Instrumente der Stadtpolitik

„Als Folge von Veränderungen auf der Angebots- und Nachfrageseite ist der Wohnungsmarkt sehr viel unsozialer geworden. Die wichtigen Sicker- und Filtereffekte bleiben weitgehend aus. Dabei wachsen die Unterschiede der Versorgung zwischen jüngeren, mobilen und älteren, schon versorgten Haushalten. (...) Der Wohnungsmarkt der 90er Jahre wird ein Markt der Ungleichheit, der Verdrängung und der Benachteiligung. Im Ergebnis ent-

---

[569] Zugleich mit dem Ja für die Gedrängelsteuer brachten die Kommunalwahlen von 2006 allerdings die Konservativen an die Macht. Da diese zuvor scharf Front gemacht hatten gegen die Steuer, war zunächst nicht klar, ob sie sich an das Votum halten. Sie taten es mit allerdings geänderter Mittelverwendung. Das Aufkommen aus der Steuer wird nicht nur für den ÖPNV, sondern auch für den Straßenverkehr eingesetzt.

steht für die Haushalte in Großstädten mit durchschnittlichem und unterdurchschnittlichem Einkommen eine Art Wohnungsmarktfalle." *(Bundesministerium für Raumordnung, Bauwesen und Städtebau 1993: 74)*

Vor allem in den Städten, weniger im ländlichen Raum sind bedeutsame Bevölkerungsanteile darauf angewiesen, dass die Politik Zugang zu bezahlbarem Wohnraum sichert. Für Deutschland gilt dies umso mehr, als die Eigentumsquote mit rd. 53 Prozent deutlich unter dem EU27-Durchschnitt von im Jahr 2010 70,7 Prozent liegt.[570] Noch geringer ist die Zahl derjenigen, die nach den Daten des Deutschen Mikrozensus nicht nur Eigentümer einer Wohnung sind, sondern diese auch selbst bewohnen. Die letzten Mikrozensusdaten stammen von 2010. Danach gab es 40,3 Mio. Wohnungen, wovon 37,0 Mio. bewohnt waren. Rund 17 Mio. Wohnungen wurden von ihren Eigentümern selbst bewohnt, die Eigentümerquote nach dem deutschen Mikrozensus erreichte damit nur 45,7 Prozent (2006: 41,6%).[571]

Die „freie" Wohnungsmarkt bietet günstige Wohnungen für die ärmere Bevölkerung nur insoweit, als es ein Überangebot an Wohnungen gibt. Dies war nach der Wende in zahlreichen ostdeutschen Städten aufgrund hoher Wohnungsleerstände so. Auch heute (Mikrozensus 2010) gibt es dort noch eine hohe Leerstandsquote von 11,5 Prozent, wobei zu berücksichtigen ist, dass sich ein Teil dieser Wohnungen in einem nicht bewohnbaren Zustand befindet. Angesichts der hohen Leerstände kann es nicht verwundern, dass bei der oben zitierten EU-Erhebung von 2009 zur Lebensqualität in 75 europäischen Städten die in Leipzig Befragten der Aussage *„Es ist leicht, eine gute Wohnung zu einem vernünftigen Preis zu finden"* zu 71 Prozent ganz oder eher zustimmten. Leipzig schnitt damit am besten ab. Auf den nächsten Plätzen

---

[570] Innerhalb der Europäischen Gemeinschaft variieren die Bevölkerungsanteile, die zur Miete wohnen, sehr stark. Besonders hoch sind die Eigentumsquoten in den drei baltischen Ländern, den südeuropäischen sowie einigen osteuropäischen Ländern. Dort wohnen nach den aktuellsten Daten (Quelle: SILC) bis zu 97 Prozent (Rumänien) in irgendeiner Art von eigenem Haus oder eigener Wohnung. Die geringsten Eigentumsquoten weisen die deutschsprachigen Länder aus. In der Schweiz bewohnten 2010 nur 44 Prozent ein Eigenheim; in Deutschland 53,2 Prozent. Untern den skandinavischen Ländern erreichen Norwegen und Island die höchsten Eigentumsquoten (IS: 81,3%; NO: 82,9%), gefolgt von Finnland (74,3%). Schweden liegt im EU-Mittel, Dänemark etwas darunter (66,6%). Eurostat, Datensatz „Verteilung der Bevölkerung nach Wohnbesitzverhältnissen, Haushaltstyp und Einkommensgruppe" (SILC-Daten mit Code [ilc_lvho02]; Update vom 15.05.2012).

[571] Destatis, Pressemitteilung Nr. 93 „Wohnen 2010: mehr Wohnungen, mehr Wohneigentum" vom 15.03.2012 und https://www.destatis.de/ > Zahlen und Fakten > /Wirtschaftsbereiche > Bauen > Tabellen > Wohnungsbestand.

folgten Aalborg (DK), Braga (PT) und Oulu (FI). In Paris, Rom, München und Amsterdam waren es am anderen Ende mehr als 85 Prozent, die der Aussage ganz oder eher nicht zustimmten (Europäische Kommission 2010: 17). Der Blick auf München macht das Problem deutlich: 2011 betrug die Nettokaltmiete bei Neuvermietungen in der Innenstadt im Durchschnitt 14 €/qm und außerhalb der Innenstadt mussten in guten Lagen 12 bis 14 € gezahlt werden.[572] Eine gute Wohnung mit rd. 60 qm Wohnfläche gibt es ergo kaum für unter 1.000 € mtl. (incl. Nebenkosten). Dies kann sich der ärmere Teil der Bevölkerung aber nicht leisten. Eine im Jahr 2010 durchgeführte Bürgerbefragung ergab, dass knapp 20 Prozent der Haushalte überhaupt nur ein Pro-Kopf-Einkommen von bis zu 1.000 € mtl. erreichen.

Traditionell gibt es in den deutschen Städten eine vergleichsweise geringe sozialräumliche Polarisierung. Die gesellschaftlichen Folgekosten, die aus Ghettobildungen und Verslumungen an den Stadträndern erwachsen (vgl. Häußermann 2000, 2001), fallen daher geringer aus als in Ländern, wo die Politik der sozialräumlichen Segregation nicht entgegentritt. Unverkennbar nimmt aber auch in Deutschland das Problem zu. Erkannt wurde dies bereits Anfang der 90er Jahre, wie das einleitende Zitat verdeutlicht. Gleichwohl kannte außerhalb von Wissenschaft und Fachpolitik noch vor wenigen Jahren kaum jemand den aus der Soziologie stammenden Begriff der „Gentrifizierung". Heute ist die Verdrängung angestammter Mieter aus attraktiven Innenstadtbereichen, die mit dem Begriff bezeichnet wird, Thema nicht nur auf Fachtagungen, sondern auch auf Mieterversammlungen in den betroffenen Stadtteilen.

Wie jeder Markt besteht der Wohnungsmarkt aus Teilmärkten, in denen sich unterschiedliche Gruppen von Anbietern und Nachfragern begegnen. Der deutsche Wohnungsmarkt ist durch *drei Anbieterfraktionen* geprägt. Neben privaten Wohnungseigentümern und privaten Unternehmen spielen traditionell auch öffentlich-rechtliche Wohnungsunternehmen und Wohnungsgenossenschaften eine bedeutsame Rolle.[573] Analog dem Drei-Säulen-Modell aus öffentlich-rechtlichen Sparkassen, Genossenschaftsbanken und Privatbanken, das die Organisierung der deutschen Bankenlandschaft prägt, hat dieses Drei-Säulen-Modell lange sichergestellt, dass Wohnungssuchende mit unterschied-

---

[572] Die Angaben entstammen dem Vortrag von Stephan Reiß-Schmidt, Hauptabteilungsleiter des Stadtplanungsamtes der Landeshauptstadt auf der Fachtagung „Gentrifizierung – sozialverträgliche Stadtteilentwicklung" am 17.11.2011 in Frankfurt/M.

[573] Der Bundesverband deutscher Wohnungs- und Immobilienunternehmen (GdW) organisiert dabei Unternehmen aller drei Anbieterfraktionen.

lichen Interessenlagen passende Angebote fanden. Ein sowohl von öffentlich-rechtlichen Körperschaften wie auch von öffentlich geförderten Privatunternehmen bedientes Segment stellt dabei der soziale Wohnungsbau dar. Mit ihm wird anerkannt, dass kein reines Privatgut vorliegt. Es geht um ein menschliches Grundbedürfnis und zugleich auch um die Gestaltung des Stadtraumes mit Blick auf die Bedürfnisse unterschiedlicher Bevölkerungsgruppen. Kommunale Wohnungsunternehmen haben dabei sowohl sozial wie stadtplanerisch eine wichtige Steuerungsfunktion. Sie sind Partner der Stadtplanung. Für Nachfragergruppen mit geringem Einkommen (Geringverdiener, prekär Beschäftigte, Studenten, Rentner) sichern sie die Bezahlbarkeit von Wohnraum[574] und verhindern, dass diese Gruppen immer mehr an den Rand gedrängt werden. In den Ballungsräumen und größeren Städten jedoch schreitet die Verdrängung voran. Der Wohnungsmarkt wird unsozialer. Erkannt ist die wachsende soziale Schieflage schon lange. Gegengesteuert wurde nicht. Mancher deutsche Politiker scheint zu glauben, das Problem löse sich aufgrund sinkender Bevölkerungszahlen von selbst. Diese Erwartung jedoch verkennt, dass der Wohnflächenbedarf pro Einwohner stärker steigt als die Bevölkerung schrumpft, falls sie überhaupt nennenswert schrumpft.[575] Zudem verlangt der sich ändernde Altersaufbau nach neuen Wohnkonzepten. Auch der Rückschluss, dass Länder mit hoher Eigentümerquote bessergestellt sind, die in Deutschland geringe Eigentümerquote also das Problem ist, wird anhand der Daten zur finanziellen Belastung, die den Haushalten aus den gesamten Wohnkosten erwächst, klar widerlegt. Länder mit hohen Eigentümerquoten weisen tendenziell höhere Anteile von Haushalten auf, deren Budget durch die Kosten des Wohnens stark belastet ist, als Länder mit geringeren Eigentümerquoten. Aktuell (2010) ist in Spanien gut die Hälfte der Haushalte stark belastet, in Rumänien sind es 40 Prozent und in Griechenland noch ein

---

[574] Beispiel Augsburg. Die kommunale Wohnungsgesellschaft WBG Augsburg bewirtschaftet rd. 10.000 Wohnungen. Im Dezember 2010 lagen die Mietpreise nur bei einem Zehntel dieser Wohnungen oberhalb von 6 €/qm; in der Stadt insgesamt musste dagegen für fast 80 Prozent der Wohnungen mehr als 6 €/qm gezahlt werden. Quelle: Vortrag des Geschäftsführers der WBG Augsburg, Edgar Mathe, auf dem GdW-Kongress am 29./30.06.2011.

[575] Aktuell verzeichnet Deutschland einen positiven Wanderungssaldo. Hält der Trend an, dürfte die Einwohnerzahl weit weniger sinken als prognostiziert. Die Einwohnerzahl je Wohnung ist dabei rückläufig. Beispiel Leipzig. 1991 wohnten durchschnittlich 1,9 Personen in einer Wohnung, 2009 aber nur noch 1,6. Die durchschnittliche Wohnfläche stieg von 32,4 qm auf 40,7 qm (Statistisches Jahrbuch von Leipzig 2010: 95, Tab. 601).

Drittel.[576] Hier wirkt sich aus, dass während des Immobilienbooms der Vorkrisenzeit Kredite aufgenommen wurden, deren Bedienung zwischenzeitlich nicht mehr oder nur noch unter größten Schwierigkeiten möglich ist. Die Neueigentümer hatten mit festen und steigenden Realeinkommen gerechnet; jetzt sehen sie sich mit sinkenden Realeinkommen und hoher Arbeitslosigkeit konfrontiert. Aus dem Kreis der skandinavischen Länder ist Island betroffen. Vor der Krise (2007) waren weniger als 10 Prozent der Haushalte mit Wohnungskosten finanziell stark belastet, 2010 31 Prozent. Demgegenüber nehmen sich die deutschen Zahlen moderat aus. Ebenso wie auch in Finnland sind rd. 18 Prozent der Haushalte stark belastet. In den anderen Vergleichsländern sind es weniger als 10 Prozent (DK: 7,4; NO: 5,1; SE: 7,1). Dies liegt auf dem Niveau der Schweiz, die im internationalen Vergleich die geringste Eigentümerquote aufweist.

Im neoliberalen Zeitalter hat sich in vielen Köpfen die Vorstellung festgesetzt, dass der Staat auf Märkten nicht mit eigenen Unternehmen präsent sein sollte. Die Politik möge die Rahmenbedingungen gestalten und mit geldlichen Transfers hier und dort ein paar Anreize setzen, erforderlichenfalls auch den Bedürftigen unter die Arme greifen, mehr aber auch nicht. Im Falle der Wohnungswirtschaft zielt das Stichwort „Rahmenbedingungen" zum einen auf die Schaffung der infrastrukturellen Voraussetzungen für Bautätigkeit und zum anderen auf die gesetzliche Regelung der Rechtsbeziehungen zwischen Vermieter und Mieter, Verkäufer und Käufer. Während das Mietrecht in der Bundeskompetenz liegt, ist es vor Ort die Aufgabe der städtischen Planung, aus irgendeiner Fläche überhaupt erst baureifes Land zu machen. Wohnhäuser werden schließlich nicht irgendwo in die Landschaft gestellt. Es bedarf des Anschlusses an die Wasserver- und die Abwasserentsorgung, der Erschließung mit Verkehrswegen usw. Nach den ordo- wie neoliberalen Vorstellungen zur Funktionsweise von Märkten kommt ein „unfreies" Element in den „freien"[577] Markt, wenn Städte nicht nur das Bau-, Planungs- und Ordnungsrecht ausüben, sondern auch noch Eigentümerin von Wohnungs(bau)gesellschaften sind. Verkannt wird dabei, dass die in der Vergangenheit relativ

---

[576] Quelle: Eurostat, Datensatz „Finanzielle Belastung durch gesamte Wohnkosten" [ilc_mded04] (Quelle: SILC); Update vom 15.05.2012.

[577] Dass die renditeorientierte Wohnungswirtschaft mit dem Begriff „Freiheit" (freie Wohnungsunternehmen, freier Wohnungsmarkt, usw.) belegt wird, verdeutlicht, mit welcher Art von interessengeleitetem Freiheitsbegriff hier und auch in anderen Zusammenhängen operiert wird. Im Umkehrschluss folgt daraus nämlich, dass in den von gemeinwohlorientierten Unternehmen (Genossenschaftssektor und öffentlich-rechtlicher Sektor) geprägten Segmenten Unfreiheit herrscht.

ausgewogene Entwicklung auch als Erfolg des Drei-Säulen-Modells zu interpretieren ist. Davon aber hat sich die Politik ein gutes Stück weit verabschiedet. In der Dekade von 1999 bis 2009 wurden in Deutschland über 900.000 Wohnungen aus öffentlichen Beständen verkauft (Claßen/Zander 2010: 380); kleinere Verkaufsfälle bleiben dabei unberücksichtigt. Nordrhein-Westfalen und Berlin[578] fungierten als Zentren mit großen En-bloc-Veräußerungen. Andere Regionen, insbesondere in den südwestlichen Bundesländern, sind in deutlich geringerem Maße betroffen. In dieser Asymmetrie spiegelt sich, dass der Verkauf eigener Wohnungsbestände in klammen Ländern und Kommunen vor allem der kurzfristigen Einnahmenbeschaffung dient, um Haushalte auszugleichen und/oder Entschuldungen vorzunehmen. Der Verkauf konzentriert sich auf Bund und Länder. Von 1999 bis Mitte 2011 verkauften Kommunen ca. 379.300 Wohnungen; dies meist durch Komplettveräußerungen von kommunalen Wohnungsunternehmen und zu einem geringen Teil durch den Verkauf von Wohnungspaketen. Ende 2009 existieren in Deutschland noch ca. 2,8 Mio. kommunale Wohnungen, von denen 2,66 Mio. auf Wohnungsunternehmen mit kommunaler Beteiligung und 0,14 Mio. auf Wohnungen in unmittelbarem Eigentum der Kommunen entfielen.[579]

Der Glaube, man könne die Privatisierung über Verträge so steuern, dass die soziale Funktion, die öffentliche Wohnungsbestände und öffentliche Wohnungsunternehmen erfüllen, nach der Veräußerung erhalten bleibt, erweist sich freilich als Illusion. Dresden liefert ein Lehrstück.

*WOBA-Verkauf in Dresden als Lehrstück*

Der Marktrückzug der Kommunen konzentriert sich auf den Zeitraum von 2002 bis 2006. Es gab dabei einige spektakuläre Fälle wie die Veräußerung der WOBA Dresden GmbH (vgl. Kasten). Der Dresdner Fall ist hinsichtlich mehrerer Aspekte beispielgebend:

- Die Veräußerung erfolgte en bloc an einen Akteur aus dem Bereich des anlagesuchenden Finanzkapitals. Übernommen wurden die rd. 48.000 Wohnungen von der Wohnungsbaugesellschaft Gagfah, die bis zum Jahr 2004 noch im Bundesbesitz war (Bundesversicherungsanstalt), ehe sie an den US-Finanzinvestor Fortress verkauft wurde. Diese Art der Privatisierung

---

[578] Die Stadt Berlin realisierte 2004 die größte Komplett-Veräußerung. Die Wohnungsbaugesellschaft GSW mit 65.700 Wohnungen wurde an Cerberus/Goldman Sachs (90%) und die Contest-Beteiligungs-GmbH (10%) veräußert.

[579] Quelle: Bundesinstitut für Bau-, Stadt- und Raumforschung (BBRS): http://www.bbsr.bund.de/ > Suchbegriff „Kommunale Wohnungen" > Graphiken, Karten, Daten.

ist deutlich zu unterscheiden von Verkäufen, bei denen andere Wohnungsunternehmen, zumal solche aus dem Genossenschaftssektor zum Zuge kommen. Der Dresdner Verkauf fügt sich in die Finanzialisierung der Wohnungsversorgung. Namen wie Cerberus, Apellas oder eben Fortress stehen dafür. Die neuen Akteure zeichnen sich durch geringe Eigenkapitalquoten und durch Bewirtschaftungsstrategien aus, die auf maximale Renditen gerichtet sind (vgl. Holm 2010).

- Das für den Dresdener Stadtrat wesentliche Verkaufsmotiv war die Aussicht, mit dem Erlös die Verbindlichkeiten der Stadt vollkommen ablösen zu können, um sodann als erste schuldenfreie Großstadt Deutschland republikweit zu punkten. Dieses Ziel wurde erreicht, denn mit der Verkaufssumme von gut 1,7 Mrd. € konnte Dresden seine Verbindlichkeiten ablösen. Politisch wie ökonomisch ist die Schuldenfreiheit aber von zweifelhaftem Wert. Erstens ist mit der Schuldentilgung zugleich auch das städtische Anlagevermögen geschrumpft; zweitens hat man sich mit der Komplettveräußerung des eigenen Wohnungsbestandes der Möglichkeit begeben, auf die Marktentwicklung so wie in der Vergangenheit direkt Einfluss nehmen zu können. Auch für das anderweitige Setzen von Akzenten etwa im Rahmen der Bewältigung des demografischen Wandels oder der Energiewende fehlt jetzt ein Gestaltungsinstrument, das direkten Durchgriff ermöglicht.

- Mit dem Verkauf gab die Stadt also ein wirksames wohnungspolitisches Gestaltungsinstrument auf. Das Risiko sozialer Verwerfungen glaubte man, über die mit dem Investor abgeschlossene Sozialcharta ausgeschlossen zu haben. Bei der Beschlussfassung im Rat lobte der Oberbürgermeister den Verkauf als weitsichtige Entscheidung, zumal sich die Stadt im Rahmen einer „Sozialcharta" Einwirkungsrechte gesichert habe, *„wie es sie noch nie vorher bei einem Wohnungsverkauf in Deutschland gegeben hat."* Auf dem Papier macht sich die Sozialcharta gut, denn sie sichert für Ältere und Behinderte ein lebenslanges Wohnungsrecht, verbietet Luxusmodernisierungen, sieht Mieterhöhungsgrenzen vor, gewährt einen über den gesetzlichen Anforderungen liegenden Kündigungsschutz und sichert der Stadt zudem ein Belegungsrecht für 8.000 Wohnungen bis 2026.

- Die seit dem Verkauf eingetretene Entwicklung zeigt freilich, dass die Sozialcharta in der kapitalistischen Realität nicht lange trägt. Schon bald nach der Veräußerung kam die Gagfah einzelnen Verpflichtungen aus der Sozialcharta nicht nach. So wurden die Instandhaltung vernachlässigt und Wohnungen veräußert, ohne die Mieterschutzklauseln der Sozialcharta zu beachten. Die Stadt reichte Schadensersatzklage ein; Gagfah konterte mit einer Gegenklage. Man legte den Streit schließlich bei. Gagfah zahlt in mehreren Jahresraten nun knapp 40 Mio. € an die Stadt und verpflichtet sich zur Erhöhung der Instandhaltung. Ob es dazu in der Praxis kommt, erscheint fraglich. Die Gagfah erwägt, nicht mehr nur einzelne Wohnungen zu verkaufen, sondern den Bestand weitgehend abzustoßen. Hintergrund dürfte sein, dass das Unternehmen liquide Mittel benötigt, die es sich über die Weiterveräußerung beschaffen könnte.

- Fazit: Die Stadt Dresden hat mit der Komplett-Veräußerung ihres Wohnungsbestandes die Mieter von ca. 48.000 Wohnungen zu Spekulationsobjekten von Immobilienkonzernen degradiert. Der Fall belegt, dass zwischen den Renditeinteressen von Immobilienkonzernen, zumal wenn sich diese im Besitz der Finanzindustrie befinden, und dem sozialen Schutzinteresse wenig begüterter Mieter ein nicht auflösbarer Widerspruch existiert. Daran ändert eine Sozialcharta nichts, denn in einer kapitalistischen Marktwirtschaft kann Recht die Funktionen, die aus Eigentum erwachsen, nicht ersetzen. Sollten die Stadtverordneten, die dem Kauf zugestimmt haben, dies geglaubt haben, handelten sie bestenfalls blauäugig.

**Privatisierung kommunaler Wohnungsbaugesellschaften am Beispiel der WOBA Dresden GmbH – eine Chronologie**

**2003:** Die Stadt Dresden gründet die WOBA Dresden GmbH. Der kommunale Wohnungsbestand soll darüber verwaltet und bewirtschaftet werden.

**Frühjahr 2005:** Die Verwaltung der Stadt Dresden spricht sich dafür aus, die WOBA Dresden GmbH und deren Tochtergesellschaften mit einem Bestand von ca. 49.150 Wohnungen komplett zu veräußern. Der Veräußerungserlös soll zur Entschuldung der Stadt verwandt werden.

**14. Juli 2005:** Der Dresdner Stadtrat stimmt dem Privatisierungsvorhaben mehrheitlich zu. Er bestimmt, dass die Rechte von Mietern und Arbeitnehmern in einer Sozialcharta niederzulegen sind. Auf Einwohnerversammlungen sollen dazu Vorschläge erarbeitet werden.

**22. September 2005:** Der Dresdner Stadtrat beschließt die Sozialcharta („Dresdner Sozialcharta") und verpflichtet den Oberbürgermeister darauf, sie zum Bestandteil der Verkaufsverhandlungen zu machen. Das Bieterverfahren wird eingeleitet.

**Oktober 2005 bis Februar 2006:** An dem Bieterverfahren beteiligten sich nach Angaben der Stadt Dresden insgesamt mehr als 30 Interessenten.

**9. März 2006:** Der Dresdner Stadtrat beschließt mit Mehrheit den Verkauf aller Anteile der „WOBA Dresden GmbH" für in der Summe 1,75 Mrd. € an die amerikanische Investmentgesellschaft Fortress Investment Group (Abstimmungsergebnis: 40 dafür, 29 dagegen, 1 Enthaltung). Durch den Verkauf wurde Dresden zur ersten schuldenfreien Großstadt Deutschlands.

**30. März 2006:** Das Regierungspräsidium Dresden billigt den Privatisierungsvertrag.

**5. April 2006:** Der Verkauf wird vollzogen. Mittelbare Muttergesellschaft der WOBA-Gruppe ist seither die börsennotierte Gagfah S.A.

**2007-2010:** Der neue Eigentümer kommt seinen Verpflichtungen gemäß Sozialcharta nur eingeschränkt nach (Vernachlässigung der Instandhaltung u.a.).

**31. März 2011:** Die Stadt Dresden erhebt Schiedsklage gegen WOBA Holding GmbH sowie Klagen beim LG Dresden gegen die Tochtergesellschaften SÜDOST WOBA Dresden GmbH und WOHNBAU Nord-West GmbH. Der Immobilienkonzern Gagfah, zu dem die WOBA-Unternehmen nun zählen, soll zu einer Vertragsstrafe verurteilt werden, da er Verpflichtungen aus der Sozialcharta nicht eingehalten habe.

**13. Juni 2011:** Die verklagten Gesellschaften erheben Gegenklage, um feststellen zu lassen, dass die städtische Klage unbegründet und missbräuchlich ist. Gegen den Finanzbürgermeister reichen sie beim LG Dresden eine Klage auf Schadenersatz ein.

**März 2012:** Gagfah und die Stadt Dresden einigen sich auf einen Vergleich. Danach zahlt die Gagfah knapp 40 Mio. € an die Stadt. Die Sozialcharta wird verlängert und die Aufwendungen für Instandhaltung erhöht.

**4. Mai 2012:** Unter Überschriften wie „*Unruhe in Dresden – Gagfah will 38.000 Wohnungen verkaufen*" (Leipziger Volkszeitung) oder „*Notverkauf in Dresden*" (Frankfurter Rundschau) berichten regionale wie überregionale Zeitungen davon, dass die Gagfah die meisten Wohnungen wieder abstoßen will. Die Käufersuche sei im Gange.

Quellen: Nagler 2007 und laufende Presseberichterstattung (bis 04.05.2012)

Im Dresdner Fall sind die letzten Kapitel noch nicht geschrieben. Schon jetzt aber zeigt er paradigmatisch, dass eine Großstadt, die so handelt wie Dresden, über kurz oder lang Quittungen serviert bekommt, die sie nicht im Kalkül hatte. Dresden bildete eine Zäsur. Waren Verkäufe davor relativ problemlos über die Bühne gegangen, gab es um den WOBA-Verkauf heftige Auseinandersetzungen. Bei den Linken führten sie zum Bruch in der Stadtratsfraktion.[580] Zwar war ein gegen den Verkauf angestrengter Bürgerentscheid nicht von Erfolg gekrönt. Andernorts führte die gewachsene Politisierung des Themas jedoch dazu, dass entsprechende Vorhaben schwerer oder gar nicht mehr durchsetzbar waren. Beispiel Freiburg: Hier konnte der grüne Oberbürgermeister seine Verkaufspläne nicht durchsetzen. Ein dagegen gerichteter Bürgerentscheid war erfolgreich. 70,5 Prozent stimmten gegen den Verkauf (Rips 2007: 11). Auch der Erfolg des Dresdner Bürgerbegehrens gegen die Überführung Städtischer Kliniken in eine private Rechtsform (siehe unter 8.1), ist vor dem Hintergrund der WOBA-Geschichte zu sehen. Ohne die negativen Erfahrungen mit der WOBA-Privatisierung wäre die Rechtsformänderung vermutlich glatt über die Bühne gegangen.

Der Rückzug des Staates aus dem Wohnungsmarkt folgt der Tendenz nach einem bestimmten Muster. Zunächst reduziert die öffentliche Hand ihre Aktivitäten im Bereich von Neubau und der Sanierung/Modernisierung des Bestandes. Dann werden Teile des eigenen Wohnungsbestandes, teilweise auch ganze Gesellschaften samt der von ihnen gehaltenen Bestände veräußert.

---

[580] Ein Teil der PDS-Fraktion lehnte den Verkauf ab und unterstützte das dagegen gerichtete Bürgerbegehren. Eine andere Gruppe um Roland Weckesser und Christine Ostrowski stimmte dem Verkauf dagegen zu. Für den Landtagsabgeordneten Roland Weckesser war entscheidend, dass die Stadt Dresden dadurch schuldenfrei wurde. Weckesser war es in seiner Rolle als finanzpolitischer Sprecher der PDS-Landtagsfraktion gelungen, in relevanten Teilen der Partei die Doktrin durchzusetzen, dass sich die finanzpolitische Seriosität der Linken darin zu beweisen habe, dass sie ihr Politikangebot auf das beschränkt, was sich im je gegebenen Haushaltsrahmen ohne Neuverschuldung allein durch Umschichtungen finanzieren lässt. Selbst der Sprecher für Sozialpolitik der PDS-Landtagsfraktion, Dietmar Pellmann, stimmte in diese Linie ein (*„Ich habe als Sozialpolitiker mit der Position von Ronald Weckesser überhaupt kein Problem. Seine Wortmeldung ist das richtige Signal, dem ich vollinhaltlich zustimme"*; zitiert nach: Pressedienst der PDS-Landtagsfraktion von Sachsen: Nummer 08 vom 25. Februar 2000). Damit aber saß die Partei, zumal die Landtagsfraktion, in der selbstgeschaffenen Haushaltsfalle. Das Prinzip der Schuldenfreiheit hochzuhalten, bedeutete nämlich, dass die Partei die „Entkommunalisierung und Privatisierung sozialer Daseinsvorsorge in Sachsen" einerseits heftig beklagte und andererseits (siehe den WOBA-Verkauf in Dresden) mitbetrieb.

Die Einnahmen aus derartigen Veräußerungsgeschäften dienen primär der Haushaltskonsolidierung. Damit die nun privaten Investoren ihre Renditeerwartungen realisieren können, bleibt es nicht bei der Veräußerung von Wohnungsbeständen. Hinzu tritt der Abbau von Mieterschutzregelungen. Ein Beispiel ist die Abschaffung der Mietpreisbindung in Berlin. Die Lücke, die der Rückzug des Staates aufreißt, wird in einer Anfangsphase durch eine wachsende Rolle gemeinnütziger Bauträger kompensiert. Da deren Engagement jedoch von öffentlicher Förderung abhängig ist und es in der Logik der Privatisierung liegt, auch diese Förderungen zurückzufahren, erfolgt zunehmend ein Übergang zu rein marktwirtschaftlichen Regeln. Hier spätestens jedoch zeigen sich die negativen Folgewirkungen, denn durch den Rückzug der Kommunen aus der Vorhaltung und Pflege eigener Wohnungsbestände kommt es in einem Teil der Bestände zu Luxusmodernisierungen mit anschließender Verdrängung einkommensschwacher Mieter während andere Anlagen verwahrlosen, weil die Neueigentümer ihren Instandhaltungspflichten nur ungenügend nachkommen. Es entsteht eine Dynamik der Verschärfung sozialer Spaltung, die erst am Ende der Kette, dort nämlich, wo die Verdrängung zu einem Massenphänomen wird, wo Obdachlosigkeit wächst und bestimmte Bevölkerungsgruppen (Alleinerziehende, Arbeitslose, ältere Menschen mit geringer Rente, kinderreiche Familien) in relevantem Umfang nicht mehr ausreichend mit Wohnraum versorgt sind, zum politischen Thema wird.

Notwendig ist es also, nicht ordnungspolitisch zu denken, sondern strategisch und prozesspolitisch mit Blick auf die Herausforderungen, vor denen Kommunen stehen. Viele *Kommunen mit eigenen Wohnungsunternehmen* und/oder mit Beteiligungen an solchen scheinen dies verstanden zu haben. Eine vom Bundesinstitut für Bau- Stadt- und Raumforschung zusammen mit dem Bundesministerium für Verkehr, Bau und Stadtentwicklung beim Institut für Stadtforschung in Auftrag gegebene und Ende 2009 durchgeführte Kommunalbefragung[581] erbrachte Ergebnisse, die diesen Schluss zumindest nahelegen. Danach wird die strategische Bedeutung eigener Wohnungsbestände und Wohnungsunternehmen höher gewichtet als der finanzielle Ertrag. Im Einzelnen ergab sich (zit. nach BBSR 2010 und Veser 2011):

- **Strategische Bedeutung ist hoch und gewachsen**: Fast drei von vier Kommunen (71%) bewerten die strategische Bedeutung der kommunalen Wohnungsbestände/-unternehmen mit groß bis sehr groß. Je größer die Gemeinde, umso höher wird die strategische Bedeutung eingeschätzt. Nur

---

[581] Die Befragung fand Ende 2009 statt. Einbezogen waren Gemeinden ab 5.000 EW und alle Landkreise. Die Rücklaufquote betrug insgesamt 44 Prozent, bei Städten ab 200.000 EW 76 Prozent.

6 Prozent sind der Auffassung, die strategische Bedeutung habe sich während der letzten 5 Jahre vermindert. 36 sind im Gegenzug der Auffassung, die strategische Bedeutung sei gewachsen.

- **Klassische Aufgaben kehren zurück, neue kommen dazu**: Als Gründe für die große strategische Bedeutung eigener Wohnungsunternehmen wird angeführt, dass die klassischen Aufgaben der sozialen Wohnungsversorgung wieder an Bedeutung gewonnen hätten. Gleichzeitig seien neue Aufgaben (Stadtumbau, Quartiersentwicklung, energetische Sanierung) hinzugekommen.

- **Zielerreichung ist mit eigenen Unternehmen leichter**: Bei der Wahrnehmung der klassischen und der neuen Aufgaben erfolgt eine enge Kooperation, die auch finanzielle Vorteile hat. So erwirtschaften die meisten kommunalen Wohnungsunternehmen Gewinne. Zu über 60 Prozent verbleiben diese in den Unternehmen und stärken damit deren wirtschaftliche Basis. Die Unternehmen, die Verluste schreiben, finden sich vorrangig in Ostdeutschland.

Der letzte Punkt verdeutlicht, was kommunale Unternehmen ganz zentral von privaten Unternehmen wie der Gagfah unterscheidet. Bei den privatisierten Dresdner Wohnungen wurde in den zurückliegenden Jahren der größte Teil der aus Vermietung und Weiterveräußerung realisierten Gewinne an den US-amerikanischen Mutterkonzern Fortress abgeführt. Investitionen in die Bestände fanden kaum statt. Demgegenüber lässt sich nur ein gutes Drittel der Kommunen, die Wohnungsunternehmen eignen, die von diesen erwirtschafteten Gewinne ganz (3%) oder teilweise (34%) als Dividende auszahlen (Veser 2011: 17). Kommunale Wohnungsbestände und -unternehmen nur unter finanziellen Gesichtspunkten zu sehen, geht also an der Sache vorbei. Wohnungsunternehmen sind Instrumente der Gestaltung von Stadt. Ihr Aufgabenspektrum erschöpft sich nicht in der Wahrnehmung einer sozialen Korrekturfunktion durch günstige Mieten. Sie können auch Partner von Stadtwerken bei der Gestaltung umweltfreundlicher Nahwärmeversorgungskonzepte sein und durch das Investieren in seniorengerechte Quartierskonzepte einen wichtigen Beitrag zur Gestaltung des demografischen Wandels leisten.

Dass in bestimmten Bevölkerungsgruppen die finanzielle Not, die aus dem Fehlen preiswerter Wohnungen erwächst, zugenommen hat, zeigt die Erfassung von Wohnungsdeprivation im Rahmen der europäischen Statistik über Einkommen und Lebensbedingungen (SILC). *Tabelle 52* stellt für die drei Gruppen *„Single-Haushalte, Alleinerziehende mit Kindern und Zwei-Erwachsenen-Haushalte mit drei und mehr Kindern"* dar, welche Betroffenheitsquoten zu den zwei Zeitpunkten 2005 und 2010 ermittelt wurden. Die Daten belegen für Deutschland eine deutliche Zunahme bei allen drei Gruppen. Am schwersten betroffen sind Alleinerziehende. 2005 waren 6,4 Prozent von ihnen betroffen; 2010 8,6 Prozent. Kinderreiche Familien traf es 2005 mit 2,4 Prozent eher wenig. Diese Quote aber hat sich binnen 5 Jahren mehr als verdoppelt. Die Entwicklungen in den nordischen Vergleichsländern heben sich, Island eingeschlossen, von der deutschen Entwicklung positiv ab. Durchgängige Verschlechterungen sind nur in Schweden zu registrieren, fallen aber verglichen mit Deutschland moderat aus. Dänemark zeigt sich auf niedrigem Niveau stabil. Gleiches gilt für Norwegen. Es gibt in diesen beiden Ländern teils Verbesserungen, teils Verschlechterungen. In Finnland dagegen sind die schon 2005 niedrigen Quoten nochmals auf nun Werte von durchgängig unter 2 Prozent gesunken. Worin ist dieser Erfolg begründet? Eine zumindest Teilerklärung dürfte in der Entwicklung des sozialen Wohnungsbaus liegen. In Deutschland entwickeln sich die Sozialwohnungsbestände seit Jahren rückläufig, weil Bindungen auslaufen, ohne dass für ausreichend Ersatz gesorgt wird. Der Bestand an gebundenen Mietwohnungen ist zwischen 2002 und 2008 in nahezu allen Bundesländern gesunken, teilweise um mehr als 50 Prozent.[582] Gleichzeitig nahmen die Förderungen ab. Im Jahr 2003 wurden mit 6.745 Mio. € noch 44.491 Wohnungen, 2006 mit 4.521 Mio. € nur noch 35.307

*Tabelle 52: Quote schwerer wohnungsbezogener Deprivation ausgewählter Haushaltstypen 2005 und 2010*

|  | DE | DK | FI | IS | NO | SE |
|---|---|---|---|---|---|---|
| **2005** | | | | | | |
| Single-Haushalt | 2,3 | 1,5 | 2,4 | 3,2 | 2,7 | 1,7 |
| Alleinerziehende mit Kindern | 6,4 | 3,1 | 2,0 | 3,9 | 5,0 | 1,9 |
| Zwei-Erwachsenen-Haushalte mit 3 und mehr Kindern | 2,4 | 2,8 | 2,1 | 0,9 | 1,9 | 1,8 |
| **2010** | | | | | | |
| Single-Haushalt | 2,9 | 1,5 | 1,9 | 1,6 | 2,3 | 2,1 |
| Alleinerziehende mit Kindern | 8,6 | 2,8 | 1,5 | 8,6 | 3,1 | 2,8 |
| Zwei-Erwachsenen-Haushalte mit 3 und mehr Kindern | 5,1 | 3,0 | 1,4 | 1,0 | 2,4 | 2,2 |

Quelle: Eurostat, Tabelle „Quote schwerer wohnungsbezogener Deprivation nach Haushaltstyp" [ilc_mdho06b] (Quelle: SILC); Update vom 15.05.2012

---

[582] Bundesverband deutscher Wohnungs- und Immobilienunternehmen (GdW), Pressemitteilung vom 11. Mai 2012 (http://web.gdw.de/ > Presse).

Wohnungen öffentlich gefördert.[583] Folge: Von 2,47 Mio. Ende 2002 sank der Bestand an Sozialwohnungen, die der Mietpreisbindung unterliegen, bis Ende 2010 um ein Drittel auf noch 1,66 Mio. Wohnungen.[584] Nach Einschätzung von Franz-Georg Rips, dem Präsidenten des Deutschen Mieterbundes, werden Sozialwohnungen in 15 bis 20 Jahren quantitativ in Deutschland keine Rolle mehr spielen (Rips 2007: 12).

Der Blick auf Europa zeigt, dass es hier auch andere Entwicklungen gibt. Nach dem Sozialbericht 2009 der EU-Kommission (European Commission 2010: 107ff.) hat der soziale Wohnungsbau in den Niederlanden die höchste Bedeutung. 1991 entfielen auf ihn über 40 Prozent und 2005 noch 35 Prozent des Gesamtwohnungsbestandes. Es folgen Schweden, Großbritannien und Österreich mit Anteilen von etwas über 20 Prozent und Dänemark, Tschechien, Frankreich und Finnland mit Anteilen von 17 bis 20 Prozent. Bei den Ländern mit bedeutsamem sozialem Wohnungsbestand (Quote von über 15%) gab es im Zeitraum von 1991 bis 2005 sehr unterschiedliche Entwicklungen. In Tschechien hat sich die Quote halbiert, in den Niederlanden und Großbritannien[585] erfolgte ein moderater, in Dänemark ein geringfügiger Rückgang. Stabil präsentieren sich Frankreich und Österreich. In Schweden ist die Bedeutung des sozialen Wohnungsbaus gegen den EU-weiten Trend leicht gewachsen. Am stärksten zugelegt hat der soziale Wohnungsbau in Finnland. 1991 erreichte Finnland nur rd. 14 und jetzt rd. 18 Prozent. Deutschland fällt demgegenüber deutlich ab. Schon 2005 lag der soziale Wohnungsbestand nur noch knapp über der 5-Prozent-Schwelle und ging in der Bedeutung dann noch weiter zurück. Die steigende Bedeutung, die öffentliche Förderungen und auch der öffentliche Wohnungsbau in Finnland erreicht haben, zeigt sich besonders in den größeren Städten. So wurden in Helsinki jeweils zum 1. Januar 2008 und 2009 etwas über 2.000 Wohnungen fertig gestellt. 2008 lag der staatlich geförderte Anteil bei 17,7 Prozent, 2009 aber bei 33,7 Prozent (abs. 757). Jeweils um die 18 Prozent der Wohnungen wurden von der Kom-

---

[583] Quelle: Destatis.

[584] Daten nach dem Bericht von Stefan Sauer („Die Preise ziehen an") in der Frankfurter Rundschau Nr. 179 v. 03.08.2012, S. 12.

[585] Hinter denen allerdings höchst problematische Privatisierungsprozesse stehen, bei denen zu Preisen weit unter Marktniveau Wohnungsbestände an Großbanken, Versicherungen und Immobiliengesellschaften veräußert wurden. In Großbritannien wurden seit 1980 2,5 Mio. Wohnungen verkauft (Österreichische Gesellschaft für Politikberatung und Politikentwicklung – OGPP, Liberalisierung und Privatisierung öffentlicher Dienstleistungen in der EU – Bereich Wohnen, London, 08.06.2006, S. 3).

mune geschaffen (Helsinki-Facts 2010: 9).[586] Dies setzt sich aktuell fort. 2009 startete die Stadt mit dem Bau von 746 Wohnungen, 200 mehr als im vorangegangenen Jahr (Annual Report 2010: 15). 2011 wurde das Programm auf 1.075 Wohnungen aufgestockt. Der erste Bauabschnitt mit 1.075 Wohneinheiten startete in einem auf den Umweltverbund ausgerichteten Fußgängerbezirk; Pkw-Parkplätze sind hier nicht vorgesehen (Annual Report 2011: 13). Im Ergebnis eignete die Stadt 2011 53.000 Wohnungen, was einem Anteil von rd. 29 Prozent am Mietwohnungsbestand entspricht (a.a.O.: 25).

Da Leipzig hinsichtlich der Einwohnerzahl (Leipzig 2009: 518.862 EW; Helsinki 2010: 588.549 EW) der gleichen Größenkategorie wie Helsinki zuzuordnen ist, bietet sich ein Vergleich an. Der Leipziger Wohnungsmarkt umfasst (2009/2010) 315.397 Wohneinheiten, wobei die Mietquote mit 84 Prozent sehr hoch liegt.[587] Anders als in Dresden existiert mit der Leipziger Wohnungs- und Baugesellschaft mbH (LWB) ein kommunales Unternehmen. 2010 beschäftigte es 504 MitarbeiterInnen und hielt einen Kernbestand von 34.645 Wohnungen. In der Verwaltung der LWB befanden sich 38.714 Wohnungen, davon 38.423 Wohnungen in einem vermietbaren Zustand.[588] Das kommunale Unternehmen hat auf dem Leipziger Wohnungsmarkt Gewicht. Im Jahr 2009 bewohnten 14 Prozent der Leipziger Haushalte eine LWB-Wohnung. Kommune und Genossenschaften zusammen erreichten einen Marktanteil von einem Drittel; 1999 waren es allerdings noch 48 Prozent gewesen (Stat. JB der Stadt Leipzig 2010: 99). In Helsinki gab es 2010 325.818 Wohnungen. Die Eigentümerquote war mit 44,7 Prozent weit höher, die Mietquote entsprechend niedriger als in Leipzig. Im Besitz der kommunalen Wohnungsgesellschaft befand sich mit 53.000 Wohnungen trotzdem ein höherer Anteil von 16,3 Prozent gegenüber lediglich 11 Prozent in Leipzig (Annual Report of 2010: 25).[589] Da sich Neuzugänge und Abgänge durch Verkauf in etwa die Waage halten, ist dieser Bestand seit Jahren unverändert.

---

[586] Auch in Stockholm haben die drei kommunalen Wohnungsbaugesellschaften erheblichen Anteil an den Neubauaktivitäten. Der 5-Jahres-Plan für den Zeitraum 2006 bis 2010 sieht vor, dass 15.000 neue Wohnungen entstehen. 40 Prozent davon sollen kommunal errichtet werden. Tatsächlich wurde mit dem Bau von 6.300 Wohnungen begonnen. Im Geschäftsjahr 2010 sind davon 1.000 fertiggestellt worden (City of Stockholm, Annual Report 2010: 9, 28).

[587] Angaben nach dem Statistischen Jahrbuch der Stadt Leipzig 2010 (Tab. 601ff.; S. 95ff.).

[588] LWB, Geschäftsbericht 2010: 10f.

[589] Die Wohnungs- und Immobilienunternehmen der Stadt Helsinki beschäftigten 2010 941 MitarbeiterInnen.

In welchem Umfang Städte mit eigenen Gesellschaften auf dem Bau- und Wohnungsmarkt präsent sein sollten, kann nicht abstrakt entschieden werden, sondern hängt von den örtlichen Gegebenheiten ab. Der punktuelle Vergleich mit den skandinavischen Ländern liefert Anhaltspunkte dafür, dass es dort Privatisierungen großen Stils wie in Deutschland[590] nicht gab. Der Zahl nach gibt es heute in Schweden (vgl. Tab. 48) und Norwegen mehr kommunale Wohnungsbauunternehmen als Mitte der 90er Jahre. Auch die Zahl der dort Beschäftigten ist gestiegen, was auf eine gewachsene Marktstellung hindeutet. Einzelbefunde zu Finnland weisen in die gleiche Richtung. In Dänemark hat die öffentliche Wohnungswirtschaft eine geringere Bedeutung. Öffentliche Unternehmen halten am Wohnungsbestand nur einen Anteil von etwa 2 Prozent. Das ist deutlich weniger als in Deutschland, wo aktuell noch knapp 7 Prozent des Bestandes auf kommunale Unternehmen (incl. Beteiligungen) entfallen. Zu berücksichtigen ist freilich, dass die skandinavischen Wohnungsbauunternehmen in stärkerem Maße als in Deutschland Bauherrenfunktionen wahrnehmen. Von den kommunal errichteten Wohnungen verbleibt nach Fertigstellung der geringere Teil zwecks Vermietung im kommunalen Portfolio. Ein Blick auf die Eigentümerstruktur beim dänischen Wohnungsbau zeigt dies deutlich, denn obwohl die öffentlichen Unternehmen am Bestand nur einen Anteil von rd. 2 Prozent halten, spielen sie bei der Bautätigkeit eine nicht ganz unbedeutende Rolle. Ein Rückzug aus der Bauherrenrolle ist dabei nicht auszumachen. Zumindest nicht für den Zeitraum von 1997/ 1998 bis 2011, über den mir Daten vorliegen. Es gibt lediglich von Jahr zu Jahr größere Schwankungen. Von den im Zeitraum 1998 bis 2011 fertiggestellten Wohnungen in Mehrfamilienhäusern entfallen 6,9 Prozent (6.523) auf die öffentliche Hand. Überwiegend handelt es sich um kommunal (von Gemeinden, in geringem Umfang auch von Counties) errichtete Wohnungen. Die Zentralregierung spielt nur eine geringe Rolle. Bezogen auf die geschaffene Wohnfläche liegt der öffentliche Anteil im Beobachtungszeitraum mit insgesamt 7,5 Prozent (Kommunen: 7,4%) höher als bei der Zahl der Woh-

---

[590] Zur Entwicklung gehört, dass sich auf der lokalen Ebene auch Beispiele für gegenläufige Entwicklungen finden lassen. In der Metropole Frankfurt/Main etwa eignet die städtische Wohnungs-Holding ABG rd. 50.000 Wohnungen und plant bis 2017 die Neuerrichtung von 4.000 Wohnungen (Bericht „Mieten bei Stadt bezahlbar" in: FR v. 02.02. 2013, S. D3). Die sächsische Kleinstadt Taucha wiederum erwarb um die Jahreswende 2011/2012 über ihre stadteigene Immobilienfirma 103 Wohnungen, womit sich der Bestand an stadteigenen Wohnungen auf 1.172 erhöhte. Bürgermeister Holger Schirmbeck (SPD) begründete den Erwerb mit der sozialen Steuerungsfunktion, die die städtische Immobiliengesellschaft auf dem Mietwohnungsmarkt einnimmt. Zit. nach: „Ein faires Geschäft", in: LVZ v. 17.01.2012, S. 20.

nungen. *Tabelle 53* gibt für einige Jahre einen Überblick. Dabei zeigt sich auch, dass bei den Baugenossenschaften (Non-profit building societies), die traditionell eine große Rolle spielen, nach 2005 temporär ein Rückgang zu beobachten war. Demgegenüber bietet die öffentliche Hand ein stabiles Bild. 2011 hatte sie an den in Mehrfamilienhäusern fertiggestellten Wohnungen sogar einen Anteil von 11 Prozent und an der dabei realisierten Wohnfläche von 13 Prozent.

*Tabelle 53: Neubau von Wohnungen in Mehrfamilienhäusern nach Eigentümerstruktur in Dänemark 1999 bis 2011: Fertigstellungen*

|  | 1999 | 2001 | 2003 | 2005 | 2007 | 2009 | 2010 | 2011 |
|---|---|---|---|---|---|---|---|---|
| **Fertiggestellte Wohnungen** | | | | | | | | |
| Insgesamt (Zahl) | 4.401 | 5.609 | 7.908 | 9.508 | 11.852 | 5.401 | 3.349 | 2.781 |
| dar. Baugenossenschaften | 1.045 | 1.100 | 2.006 | 1.183 | 844 | 450 | 402 | 536 |
| dar. öffentliche Bauträger | 270 | 471 | 508 | 494 | 609 | 340 | 59 | 311 |
| Öffentlicher Anteil (%) | 6,1 | 8,4 | 6,4 | 5,2 | 5,1 | 6,3 | 1,8 | 11,2 |
| **Fertiggestellte Wohnfläche (qm)** | | | | | | | | |
| Insgesamt | 259.882 | 330.471 | 538.235 | 624.078 | 789.659 | 323.821 | 165.667 | 172.958 |
| dar. Baugenossenschaften | 92.028 | 75.537 | 158.101 | 100.052 | 79.337 | 31.109 | 24.340 | 44.059 |
| dar. öffentliche Bauträger | 16.420 | 24.623 | 40.496 | 29.717 | 51.134 | 28.005 | 6.925 | 22.523 |
| Öffentlicher Anteil (%) | 6,3 | 7,5 | 7,5 | 4,8 | 6,5 | 8,6 | 4,2 | 13,0 |

**Quelle:** Statistics Denmark, Datensätze „Residential Construction by condition, use, ownership and time" und „Total Construction by use, condition and time" (Code: BYGV01 und BYGV03); Update: April 2012

Generell kann vermutet werden, dass Baugenossenschaften in ähnlicher Weise wie öffentliche Wohnungsbauunternehmen eher dem Gemeinwohl verpflichtet sind als privaten Gewinninteressen. Dass dies nicht zwingend so ist, lehrt in Kopenhagen der Stadtteil Istedgade. Istedgade war heruntergekommen und dringend sanierungsbedürftig. Eine Sanierung mit Einsatz auch kommunaler Wohnungsbauunternehmen hätte für eine gute Durchmischung unterschiedlicher Wohnformen mit Reservierung von Teilen des Bestandes für den sozialen Wohnungsbau sorgen können. Stattdessen haben Genossenschaften die Sanierung so betrieben, dass für die angestammte Bevölkerung dort kein Platz mehr ist. Wo 1944 der kommunistische Widerstand gegen die NS-Besatzung die Parole ausgab *„Paris und Rom mögen fallen. Aber Stalingrad und Istedgade ergeben sich nie"*, ließ man die Verdrängung sozial schwächerer Mietergruppen durch Gutverdiener und die neue Kreativklasse zu. Istedgade steht damit heute für die krasseste Form von Gentrifizierung in Dänemark.[591]

---

[591] Nach Hannes Gamillscheg *„Drei Nutten und ein Millionär. Die Isedgade ergab sich doch noch: Parallelwelten in Kopenhagen"*, in: Frankfurter Rundschau Nr. 170 v. 24.07.2012, S. 30f.

# 9. Eine Schlussbetrachtung

„Hierzulande gilt (...): Die Männer mögen auf der Familienebene nicht mehr die alleinigen Ernährer sein, auf der gesamtgesellschaftlichen Ebene sind sie es nach wie vor. Aber auch der industrielle Sektor und seine Beschäftigten sind abhängig von den Leistungen der Dienstleistungsökonomie. In diesem Teil der Wirtschaft werden vorliegend Frauen beschäftigt. Jedoch folgt Deutschland hier nicht der Strategie, der es seinen Erfolg in der Industriewirtschaft schuldet, nämlich gute Chancen auf dem Arbeitsmarkt durch hoch qualifizierte betriebsorientierte Ausbildung zu schaffen. (...) Neben der Hightech-Industrie ist eine weitgehend prekäre Dienstleistungswirtschaft entstanden, die sich weder am heimischen Industriemodell noch an den skandinavischen oder angelsächsischen Ländern orientiert. Frauen profitieren in Deutschland nicht von der enormen Wertschöpfung in der Industrie (...). Sie haben nicht, wie in Skandinavien, wo Staaten als Arbeitgeber ein breites öffentlich zugängliches Angebot an Dienstleistungen bereitstellen, an der Umverteilung der Gewinne teil.

Die Geschlechterhierarchie, die auf der Ebene der Familien teilweise entschärft ist, hat sich auf der gesamtwirtschaftlichen Ebene radikalisiert. Die sozialen Kosten der prekären Dienstleistungswirtschaft werden jeden Tag bezahlt. Der Preis ist eine niedrige Geburtenrate, die schon in wenigen Jahren die heute noch erfolgreiche Hightech-Industrie – wie auch die prekäre Dienstleistungswirtschaft radikal in Frage stellen wird." *(aus: „Die Ökonomie der Männer", Gastbeitrag von Christiane Bender, Soziologin an der Helmut Schmidt Universität Hamburg und Hans Graßl, Soziologe an der Universität Siegen, in: Frankfurter Rundschau Nr. 107 v. 08.05.2012, S. 10)*

Der Analyse von Bender und Graßl (siehe das Zitat) stimme ich im Kern zu. Im Kern bedeutet: Die Analyse bedarf der Weiterung. Zwar trifft die fehlgeleitete deutsche Dienstleistungspolitik primär Frauen, weil sie in den prekarisierten Beschäftigungsfeldern dominieren und zugleich die Hauptlast der familiarisierten Pflege- und Betreuungsleistungen tragen. In wachsendem Maße trifft es jedoch auch Männer. Dies schon deshalb, weil die Beschäftigung im Hightech-Industriebereich tendenziell schrumpft, in den öffentlichen Bedarfsfeldern aber steigt. Umgekehrt profitieren in den skandinavischen Ländern von der dort konträren Dienstleistungspolitik auch Männer; Frauen aber mehrfach. In Dänemark etwa ist nicht nur die vollzeitäquivalente Frauenerwerbstätigkeit deutlich höher als in Deutschland. Von den abhängig beschäftigten Frauen hat auch jede zweite Frau einen öffentlichen Arbeitgeber, meist einen kommunalen. Da soziale Dienstleistungen viel stärker ausgeprägt sind als in Deutschland, erfahren Frauen wirksame Unterstützung bei der Vereinbarkeit von Beruf und Familie. Sie erlangen ökonomische Selbständigkeit in der Erwerbsphase und darüber hinaus.

Erweitert werden muss die Analyse auch mit Blick auf die Reichweite, allgemeine Zugänglichkeit und Qualität der Dienste resp. Dienstleistungen. Die deutsche Gesellschaft zahlt einen nicht geringen Preis dafür, dass die öffentliche Dienstleistungsinfrastruktur quantitativ und qualitativ defizitär ist. Wo die Politik, wie praktiziert, an die Stelle öffentlich erbrachter Dienstleistungen „privatisierte öffentliche Dienstleistungen" treten lässt, deren Finanzierung fragil ist und deren Erbringung marktförmig im Rahmen einer vor allem billigen Dienstleistungsökonomie erfolgt, erspart sie einkommensstarken Schichten zwar höhere Steuern und Abgaben, belastet die Gesellschaft aber mit immensen Kosten. Der Rückzug des Staates aus der Eigenerbringung von Leistungen hat ein Niveau erreicht, das an Ausblutung grenzt. Beliebte Sätze wie: „Es muss ja nicht alles der Staat leisten", ignorieren dies auf zynische Weise. Grob gesehen folgt der Rückzug einem bestimmten Muster. Zunächst wird die Einnahmenbasis verknappt, um Druck aufzubauen in Richtung der Ausdünnung von Aufgabenfeldern, der Privatisierung von Aufgabenerledigungen und der Abwehr neuer Aufgaben. Qualitätsstandards werden heruntergefahren und es können gewisse Dienste nur noch unzulänglich oder gar nicht mehr erbracht werden. Dienste, die aus neuen Herausforderungen resultieren, werden nicht zeitnah angegangen, sondern auf die lange Bank geschoben. Statt präventiv und gestaltend zu agieren, wird nachsorgend mit Behelfskonzepten, die nicht wirklich funktionieren, Reparaturarbeit geleistet. Viel ist bei diesem Rückzug von Effizienz die Rede, aber Effizienz und gute Ergebnisse sind nicht wirklich das Ziel. Dagegen steht die gesamte Steuerung. Aufgaben werden nach Kassenlage wahrgenommen. Ginge es um die effiziente Erbringung qualitativ hochstehender Dienste, würden umgekehrt die gesamtstaatlichen Einnahmen so geplant, dass sie dem Bedarf entsprechen. Da dies in den skandinavischen Ländern gut funktioniert, gibt es keinen stichhaltigen Grund, warum es in der ebenfalls reichen Bundesrepublik Deutschland nicht funktionieren sollte.

*Finanzprobleme durch Priorisierung lösen? –
Fortsetzungsgeschichte eines Selbstbetrugs*

Finanzpolitisch steht hinter der Staatsrückzugsstrategie das Ziel einer dauerhaften Absenkung und Geringhaltung nicht einfach nur der Staatsausgabenquote (Anteil staatlicher Ausgaben am BIP), sondern insbesondere des Anteils staatlichen Outputs am BIP. Das Mantra von möglichst wenig staatlicher Eigenproduktion wird ordnungspolitisch strikt befolgt. Die staatliche Eigenleistung betrug im Jahr 2010 14,2 Prozent des BIP gegenüber 27,6 Prozent im skandinavischen Durchschnitt und immerhin noch 20,2 Prozent in der EU15.[592] Innerhalb Europas liegt Deutschland damit beim staatlichen Output nur knapp vor der Schweiz und Luxemburg auf dem drittletzten Platz.

Wie anfällig für Selbstbetrug die deutsche Staatsabbaustrategie ist, sei am Beispiel von Bildung und Ausbildung als staatlicher Kernaufgabe aufgezeigt. Alle Parteien und gleichermaßen Wirtschaftsverbände wie Gewerkschaften betrachten Bildung als prioritäres Aufgabenfeld. Prioritär allerdings nur im Rahmen eines Budgets, dessen Volumen dem Mantra geringen Staatskonsums folgt. Die Botschaft lautet: Hervorragende Bildung lässt sich ohne reale Steigerung der öffentlichen Gesamtausgaben realisieren. Seit Jahren wird sie in unterschiedlichen Varianten vorgetragen. Die FDP-Variante verheißt, dass sich Steuersenkungen mit guter öffentlicher Bildungsfinanzierung vereinbaren lassen. Die Grünen-Variante versucht sich im Spagat: Die unter Rot-Grün vorgenommenen Steuersenkungen sollen nicht rückgängig gemacht werden, lediglich für eine raschere Entschuldung und das Schließen der Lücke, die die Schuldenbremse reißt, ist Ausgleich durch eine Vermögensabgabe angedacht. Folge: Auch die Grünen bauen weiter darauf, Finanzierungsprobleme durch Umschichtungen lösen zu können. Liegt die FDP-Position strikt auf der Entstaatlichungslinie, die die Politik der zurückliegenden Jahrzehnte prägte, unterscheidet sich die grüne Position insoweit, als sie auf eine gewisse Abschwächung der Entstaatlichung zielt. Eine Trendumkehr ist nicht impliziert; es geht um Korrekturen dort, wo durch die Schuldenbremse absehbar neue Löcher gerissen werden.

Schützenhilfe erfahren die Anhänger des Schrumpf-Wohlfahrtsstaates durch das Gros der in ihrer breiten Mehrheit neoliberal sozialisierten deutschen Ökonomen. Mit an der Spitze marschiert bei Bildungsfragen das Institut der deutschen Wirtschaft (IW). Das IW bringt seit 2004 jährlich im Auftrag der Initiative Neue Soziale Marktwirtschaft den Bildungsmonitor heraus. Gemäß Bildungsmonitor 2012 – er wurde im August 2012 publiziert – ver-

---

[592] Quelle: Eurostat, Datensatz „Government revenue, expenditure and main aggregates" [gov_a_main], Daten zu „General Government, output" mit Update vom 06.03.2012.

zeichnen alle Bundesländer so starke Verbesserungen, dass Schleswig-Holstein als letztplatziertes Land Punktwerte zugesprochen erhält, mit denen es im Jahr 2004 auf dem ersten Platz gelandet wäre. Zum „Sieger" gekürt wurde 2012 wie auch in den Vorjahren Sachsen. Sachsen habe „*das leistungsfähigste Bildungssystem aller Bundesländer.*"[593] Der Bildungsmonitor zeichnet ein Bild, wonach die deutsche Bildungsnation kurz vor der Vollendung steht. Alle Bundesländer sind demnach auf dem Weg zu *guter Bildung für alle* einen großen Schritt vorangekommen. Nicht nur die in diesem Buch ausgebreiteten deutsch-skandinavischen Vergleichsdaten bei der Elementarbildung und der schulbegleitenden Betreuung sprechen eine andere Sprache, auch die kurz nach dem Bildungsmonitor im September 2012 veröffentlichte OECD-Studie „Education at a Glance" (vgl. OECD 2012b) kommt bei der Bewertung des deutschen Bildungssystems kaum über ein „befriedigend" hinaus. Konfrontiert man das vom Bildungsmonitor gezeichnete Bild mit der Realität vor Ort, ergeben sich erst recht eklatante Widersprüche. Sachsen als vermeintlicher Primus ist davon nicht ausgenommen. Einer der Gründe, die Sachsen zu seinem Spitzenplatz verhilft, liegt darin, dass das Bundesland seine öffentlichen Ausgaben besonders stark auf „Bildung" konzentriert hat (Platz 2 hinter Thüringen). Das IW unterstellt, dass ein hoher Grad der Konzentration öffentlicher Ausgaben bei „Bildung" eine gute Ressourcenausstattung garantiert. Krisenbefunde vom Lehrermangel bis zu jenseits ihrer Kapazität arbeitenden Hochschulen, denen gleichwohl Stellenkürzungen verordnet werden, dementieren diese Prämisse. Die verordneten Sparzwänge produzieren Missstände und diese wiederum treiben Schüler wie Studierende, Eltern wie Lehrkräfte seit Monaten auf die Barrikaden.[594] Ein Indikatorensystem, das erkennbar unsensibel auf eklatante Defizite bei Kernleistungen selbst dort, wo sie mit Händen greifbar sind, reagiert und dürftige Qualitäten bei der Ausstattung mit Hilfsdiensten erst gar nicht berücksichtigt,[595] diskreditiert sich selbst. Das

---

[593] Zitiert aus: Initiative Neue Soziale Marktwirtschaft/Institut der deutschen Wirtschaft, Pressemitteilung vom 15. August 2012: „*Bildungsmonitor 2012. Sachsen siegt – Berlin gibt die rote Laterne ab*". Zum theoretischen Hintergrund und der Indikatorenkonstruktion siehe Institut der deutschen Wirtschaft (2012).

[594] Zum Schulbeginn 2012/2013 mündeten die Proteste in Streikaktionen. Die Leipziger Volkszeitung vom 8./9. September 2012 (S. 1 u. 4) stellte ihre Berichterstattung unter die Überschrift „*Irgendwann reicht's. Klassen mit 40 Schülern, Nachwuchs-Mangel und mehr Arbeit bringen Lehrer auf die Palme.*"

[595] Ob Schulkantine oder schulpsychologischer Dienst, der Bildungsmonitor blendet Dienste, die für das Lernumfeld von Schule als sozialem Ort wichtig sind, völlig aus. Gerade hier jedoch schneidet Sachsen teilweise besonders schlecht ab. Beispiel Schulpsychologie. Als Mindeststandard gilt eine Relation von einer Vollzeitfachkraft auf

Problem liegt in dem, wie das Institut der deutschen Wirtschaft Handlungsfelder definiert und ihnen Indikatoren zuordnet. Eines von 13 Handlungsfeldern ist mit „*Ausgabenpriorisierung*" überschrieben. In diesem Handlungsfeld gehen nicht die öffentlichen Bildungsausgaben pro Einwohner, pro BildungsteilnehmerIn und gemessen am Bruttoinlandsprodukt in die Bewertung ein. Anhand der Bildungsausgaben pro Grundschüler, Sekundarschüler etc. relativ zu den Gesamtausgaben öffentlicher Haushalte pro Einwohner wird stattdessen gemessen und bewertet, wie stark ein Bundesland sein Budget auf Bildung konzentriert. Fatale Konsequenz: Die Indikatorkonstruktion honoriert eine Politik des Kahlschlags bei sozialen Aufgaben und im Kulturbereich selbst dann noch, wenn die Bildungsausgaben real gar nicht steigen. Sie müssen nur weniger sinken als die anderen öffentlichen Ausgaben.

Finanzierungsprobleme durch klare Prioritätensetzungen lösen zu wollen, klingt verlockend, setzt aber Manövriermasse voraus, die es in den öffentlichen Haushalten, den kommunalen zumal, längst nicht mehr gibt. Wenn zahlreiche öffentliche Belange chronisch unterfinanziert sind, dass unterstellte Umschichtungspotential also fehlt, dann ist die Priorisierungsstrategie unweigerlich zum Scheitern verurteilt. Bildung in eine Finanzierungskonkurrenz mit anderen, gleichfalls unterfinanzierten öffentlichen Bedarfen zu stellen, steigert nur die allgemeine Misere, ohne dass das Bildungskalkül aufgeht. Sehr viel näher an der Realität, die das vermeintliche Bildungsmusterland Sachsen tatsächlich kennzeichnet, ist deshalb der Ende August 2012 aus Protest von seiner langjährigen Funktion als bildungspolitischer Sprecher zurückgetretene CDU-Landtagsabgeordnete Thomas Colditz. Im März 2012 erklärte er in einem ZEIT-Interview: „*Ich glaube nicht, dass es zum Ansehen Sachsens beiträgt, Musterknabe der Haushaltspolitik zu sein, wenn dafür die Bildung vernachlässigt wird. Die Pisa-Erfolge, die Bertelsmann-Studie, all das basiert auf Daten der Vergangenheit. Die Gegenwart ist erschreckend. Damit verbauen wir uns gerade die Zukunft*" (DIE ZEIT Nr. 13 v. 23.03.2012).

Während der Bildungsmonitor Deutschland auf dem richtigen Wege wähnt, offenbart der internationale Vergleich das Scheitern der Priorisierungsstrategie. Sowohl im europäischen wie auch im OECD-Vergleich konnte Deutschland bei den öffentlichen Bildungsausgaben gerade nicht aufholen, sondern ist weiter zurückgefallen. Konkret: Pro Einwohner stiegen die staatlichen Bildungsausgaben von 1995 bis 2010 in Deutschland nominal lediglich von 1.044,30 €/EW auf 1.299,70 €/EW, im EU-15-Durchschnitt dagegen von

maximal 5.000 Schüler und Schülerinnen. Bundesweit jedoch sind es im Schuljahr 2011/2012 über 9.000 SchülerInnen und in Sachsen gar 14.530 SchülerInnen (Angabe nach Sektion Schulpsychologie im Bundesverband Deutscher Psychologen und Psychologinnen, 2012).

1.130 €/EW auf 1.915,60 €/EW und im skandinavischen Durchschnitt (ohne Island) von 1.628,20 €/EW auf 3.018,60 €/EW. Erreichte Deutschland bei den staatlichen Bildungsausgaben im Rahmen der volkswirtschaftlichen Gesamtrechnung Mitte der 90er Jahre gut 92 Prozent des EU-15-Durchschnitts sind es heute (2010) nur noch knapp 68 Prozent. Vom skandinavischen Durchschnitt erreichte Deutschland schon Mitte der 90er Jahre nur 64 Prozent, ist in der Zwischenzeit aber auf 43 Prozent zurückgefallen.[596] Auch das Kalkül, wegen im allgemeinbildenden Schulsystem sinkender SchülerInnenzahlen eine „demografische Rendite" einzufahren, über die sich gleichermaßen der Ausbau der Kinderbetreuung, der Übergang zu Ganztagsschulangeboten, die Kapazitätserweiterung von Hochschulen und anderes mehr quasi von selbst finanziert, geht nicht auf. Bei den €-Kaufkrafteinheiten pro Schüler fiel Deutschland im Primarschul- und Sekundarschulbereich ebenso zurück wie auch im Hochschulbereich. Dem Hoffen auf die demografische Rendite liegen Milchmädchenrechnungen zugrunde, bei denen das Umschichtungspotential über- und der zusätzliche Finanzbedarf unterschätzt wird (vgl. Heintze 2012: 137ff.). Verwundern kann deshalb nicht, dass es selbst bei Aufgaben, deren herausgehobene Bedeutung mit einem individuell einklagbaren Rechtsanspruch versehen ist wie die Bereitstellung von Betreuungsplätzen für U3-Kinder, mit der Umsetzung gewaltig hakt. Der Kripppenausbau ist unterfinanziert und leidet daran, dass absichtsvoll der Erzieherberuf hinsichtlich Attraktivität und Bezahlung auf einem so niedrigen Niveau gehalten wurde und wird, dass nun die benötigten Fachkräfte fehlen, was wiederum eine Begründung dafür liefert, die Qualitätsniveaus nicht anzuheben, was fachlich geboten wäre, sondern abzusenken und zu Dumpinglöhnen Tagespflegepersonen einzusetzen, die dann in nicht geringem Umfang aufstockendes ALG-II benötigen.

*Dritter Sektor als Lückenbüßer und Lohndrücker*

Gerne wird der Staatsrückzug zum Gewinn für die Gesellschaft verklärt, sind es im sozialen Bereich doch kirchliche und frei-gemeinnützige Träger, teilweise auch Genossenschaften, die gemäß dem konservativen Prinzip der staatlichen Subsidiarität („Privat kommt vor Staat") schon traditionell die hauptsächlichen Erbringer sozialer Dienstleistungen waren und nun eben auch die Lücken schließen (sollen), die der Rückzug des Sozialstaates aufreißt. Dreierlei bleibt ausgeblendet.

---

[596] Quelle: Eurostat, Ausgaben des Staates nach Aufgabenbereich (COFOG) [gov_a_exp]; Aufgabenbereich „Bildung"; Update vom 20.07.2012; Umrechnung auf Einwohner anhand der Bevölkerungszahlen zum 01.01. d. J.

*Erstens* geht mit dem Staatsrückzug eine Kommerzialisierung einher, die es privat-gewinnorientierten Akteuren ermöglicht, mit Gesundheit, Sozialem und anderen öffentlichen Aufgaben Gewinne zu erwirtschaften. In der Regel erfolgt dies auf dem Rücken der Beschäftigten wie auch zu Lasten der Menschen, die die Dienstleistungen in Anspruch nehmen. Um im eröffneten Wettbewerb mitzuhalten, bleibt frei-gemeinnützigen Trägern letztlich gar nichts anderes übrig, als ihre ethischen Standards sukzessive in Richtung der Niveaus gewinnorientierter Akteure abzusenken.

*Zweitens*, es ist zwar denkbar, dass die Aufgabenprivatisierung an strenge Qualitätsstandards gebunden wird. Voraussetzung wäre jedoch, dass die Finanzierung nicht nach Kassenlage, sondern nach Bedarf erfolgt, womit freilich die Gründe, weshalb in Deutschland überhaupt zum Instrument der Aufgabenprivatisierung gegriffen wird, wegfielen. Im Kontext des Konzeptes vom Gewährleistungsstaat geht es nicht um Qualität, sondern um Kostensenkung. Kirchliche Träger, sonstige gemeinnützige Träger, gewerbliche Sozialunternehmen und Solo-Selbständige sollen zu pauschalierten Beträgen Leistungen möglichst billig erbringen. Billig bedeutet, zu Tarifen unterhalb dessen, was im öffentlichen Dienst gezahlt würde. Hatten frei-gemeinnützige Träger früher einen Anspruch auf Refinanzierung ihrer Personalkosten gemäß den Tarifen des öffentlichen Dienstes, ist dies entfallen. Nur anfangs, so lange nämlich, wie der eröffnete Kostenwettbewerb nicht voll durchschlägt, kann der Staatsrückzug durch die gewachsene Rolle gemeinnütziger Träger halbwegs kompensiert werden. In dem Maße jedoch, wie nicht nur der öffentliche Dienst als Tarifanker wegfällt, sondern auch zum Tragen kommt, dass in den zunehmend fragmentierten Dienstleisterstrukturen mit ihrem geringen gewerkschaftlichen Organisationsgrad wirksame kollektive Interessenvertretung erschwert ist, übernehmen die Dritte-Sektor-Dienstleister die Rolle der Lohndrücker. Löhne, Arbeitsbedingungen und die Qualität der Dienste geraten in eine Abwärtsspirale, die die soziale Spaltung in den Bereich der sozialen Arbeit hineintreibt. Der Abkoppelungsprozess bleibt dabei nicht ohne negative Rückwirkung auf den öffentlichen Sektor selbst. Schleichend wird auch dessen Tarifgefüge untergraben, weil über den Unterfinanzierungshebel einerseits der Kostendruck aufrechterhalten bleibt und andererseits ein wachsendes Billiglöhnerheer für ein Klima der Angst und Einschüchterung sorgt.

*Drittens* setzen Programme der arbeitsmarktpolitischen Aktivierung dem Prozess der Ungleichheitszunahme nichts Retardierendes entgegen, sondern erweisen sich als funktionales Äquivalent. Dies gilt nicht nur für die auslaufenden Ein-Euro-Arbeitsgelegenheiten, sondern auch für andere Formen von Programmbeschäftigung. Die von der Partei Die LINKE während ihrer Berliner Mit-Regierungszeit betriebene Schaffung eines öffentlich geförderten Beschäftigungssektors (ÖBS) ordnet sich ein. Die Argumente, mit denen von links ein solcher zwischen Markt und Staat angesiedelter Sektor als „Beitrag zur Überwindung von Hartz IV" gepriesen wird, sind blind dafür, dass der Kontext darüber entscheidet, wie ein Instrument wirkt. Im Unterschied zum öffentlichen Dienst mit seinen „gesetzlich festgelegten Aufgabenstellungen und Zuständigkeiten" sei der ÖBS ein „Ort gesellschaftlicher Selbstorganisation", wo sich für Projekte und Initiativen Wege eröffnen, ihre im gesellschaftlichen Interesse liegenden Ideen umzusetzen (Breitenbach/Schubert 2009: 1). Das klingt gut, geht an der deutschen Realität aber in doppelter Hinsicht vorbei. Zunächst gehört es zum Wesensmerkmal kommunaler Selbstverwaltung, dass Projekte und Initiativen jenseits gesetzlich festgelegter Aufgaben zur Umsetzung gebracht werden können. Wo nur noch Gesetze vollzogen werden, existiert keine kommunale Selbstverwaltung mehr. Insoweit wird ein Popanz aufgebaut. Dies ist jedoch nicht das entscheidende Argument. Entscheidend ist, dass ein staatliches Gemeinwesen, das seine Dienste personell soweit ausgedünnt hat, dass selbst die gesetzlich definierten Aufgaben mangels Personal nicht mehr effektiv erbracht werden können, einen öffentlich geförderten Beschäftigungssektor instrumentell dafür nutzen wird, den eigenen Personalmangel zu kompensieren und weiteren Personalabbau zu ermöglichen. Unabhängig davon, ob die Privatisierung einen linken oder einen rechten Anstrich trägt, liegt es in ihrer Logik, die öffentlichen Förderungen sukzessive zurückzufahren, ohne die die gemeinnützigen Akteure des Dritten Sektors ihre Aktivitäten aber gar nicht entfalten können. Wegfallende öffentliche Gelder führen in eine Spirale wachsender Selbstausbeutung und wachsender Abhängigkeit von Spenden. Je mehr Zeit für die Akquise von Geldern und die Dokumentation der Mittelverwendung gegenüber den Geldgebern eingesetzt werden muss, desto weniger Raum bleibt für die eigentliche Arbeit. Die freie Entfaltung von Ideen bleibt Illusion. Wo, wie in den skandinavischen Ländern, ein starker öffentlicher Sektor existiert, könnte ein ÖBS die Funktion einnehmen, die Breitenbach/Schubert ihm zuweisen. Im Kontext der deutschen Verhältnisse dagegen nimmt der ÖBS eher die Funktion eines Leiharbeitsmarktes für den „ausgebluteten" öffentlichen Dienst ein. Damit aber unterscheidet er sich nicht grundlegend von anderen Formen ausgelagerter Programmbeschäftigung. Auch beim Kommunalkombi und der sogenannten Bürgerarbeit geht es nicht um die Schaffung von Arbeitsplätzen und nicht um echte Zusatzaufgaben. Es geht um die Organisierung der Verdrängung regulärer öffentlicher Beschäftigung durch mehr oder weniger prekäre Programmbeschäftigung.[597] Zu Teilen kann man darin eine Strategie

---

[597] Bei einer von der Forschungsgruppe „Der Workfare state" (Fachhochschule Dortmund) mit Förderung durch die Rosa-Luxemburg-Stiftung und Ver.di am Beispiel von

der Verwaltung von Armut sehen. Statt der Verfestigung von Armut Einhalt zu gebieten, werden die Folgen politisch so bearbeitet, dass die Schere zwischen „guter" und „schlechter" Arbeit noch weiter auseinander geht. Bei der in Kapitel 8 zitierten EU-weiten Untersuchung zur Lebensqualität in 75 europäischen Städten des Jahres 2009 bildete sich dieser Zusammenhang deutlich ab. Dort, wo die Bevölkerung Armut als ein großes Problem erachtet, schätzt sie die Chancen, gute Arbeit zu finden, als gering ein; dort wo sie es für leicht erachtet, gute Beschäftigungsmöglichkeiten zu finden, wird auch das Armutsproblem als eher gering erachtet (vgl. Europäische Kommission 2010: 20).

Um nicht missverstanden zu werden: Es geht nicht darum, die Akteure des Dritten Sektors und ehrenamtlich Tätige gering zu schätzen. Im Gegenteil. Vereine, Genossenschaften und überhaupt Organisationen ohne Erwerbszweck, wie es statistisch heißt, können bereichernd wirken. Dies jedoch nicht, wenn sie in die Rolle von Lückenbüßern für einen ausgebluteten öffentlichen Sektor gedrängt werden. Gleiches gilt für ehrenamtlich Tätige. Wer sein Ehrenamt frei wählt, sich gemäß eigener Interessen engagiert, ist in einer völlig anderen Situation und Rolle als derjenige, der sich aus sozialem Druck engagiert oder aufgrund des Leidens an den Folgen defizitärer öffentlicher Dienste, die er oder sie mit dem eigenen Engagement etwas zu lindern hofft. In einem Kontext, wo zahlreiche öffentliche Aufgaben unterfinanziert sind, geraten Ehrenamtliche und die Akteure des Dritten Sektors in die Rolle billiger Ersatztruppen mit der Nebenfunktion, die weitere Untergrabung der öffentlichen Aufgabenwahrnehmung abzustützen. Emanzipatorisch ist dies nicht. Unter der Hand greift die Marktlogik auch bei Humandienstleistungen um sich und die Wahrnehmung von Verantwortung für gute Ergebnisse verflüchtigt sich im nebulösen Raum des konservativen Ideals von der „Great Society".

Dortmund durchgeführten Untersuchung zeigte sich ähnlich wie vormals bereits bei den Ein-Euro-Arbeitsgelegenheiten, dass Stellenbeschreibungen und tatsächliche Verwendung zwei Paar Schuhe sind. Beispiel „Hausmeisterassistenten an Schulen". Nach den Stellenbeschreibungen geht es um Zusatzaufgaben wie die Anlegung von Schulgärten, die Umgestaltung von Kellerräumen usw. Dies freilich ist Programmlyrik. Tatsächlich geht es darum, die BürgerarbeiterInnen weitestgehend für normale Hausmeistertätigkeiten einzusetzen. Ergebnis: Durch Bürgerarbeit kann die Stadt Dortmund rd. 84 Stellen für Hausmeister einsparen. Quelle: Vortrag von Prof. Wolfgang Richter und Irina Vellay auf der Tagung „Bürgerarbeit – Teil der Großen Umverteilung?" am 29. August 2012 in Dortmund (zitiert nach dem Bericht in der Tagungsmappe).

*Ein Fazit*

Dieses Buch arbeitet mit den Methoden des Spiegels und der Gegenfolie. Nicht der Staat insgesamt ist der Untersuchungsgegenstand, sondern der kommunale Bereich als die staatliche Ebene, die den Bürgern und Bürgerinnen am nächsten ist. Kommunen tätigen das Gros der öffentlichen Investitionen und halten die Dienste bereit, die von BürgerInnen jeglichen Alters am direktesten erfahren werden. In Deutschland gibt es eine lange Tradition kommunaler Selbstverwaltung. Der deutschen Entwicklung aus der kommunalen Perspektive den skandinavischen Spiegel vorzuhalten, dient vor diesem Hintergrund der Schärfung des Blicks und dem Deutlichmachen realer Entwicklungsalternativen. Mit einem eher kleinen Fragezeichen bei Island konnte gezeigt werden, dass die fünf behandelten Vergleichsländer für die Bewältigung der in der Einleitung formulierten Herausforderungen deutlich besser gerüstet sind als Deutschland. Ungleichheit hat auch im skandinavischen Raum zugenommen, bleibt aber moderat. Von gewachsener Ungleichheit auf fast allen Ebenen (Vermögen, Einkommen, Arbeitsplatzsicherheit, Bildung, Gesundheit, Versorgung mit öffentlichen Diensten) wie in Deutschland kann – bislang zumindest – keine Rede sein. Damit entfallen die Einrasteffekte, die wir in Deutschland registrieren müssen. Neben einer allgemeinen Analyse der rechtlichen, politischen und ökonomischen Rahmenbedingungen kommunaler Selbstverwaltung in Teil A, wurden im Teil B einzelne Politikbereiche quasi herangezoomt. Diese Gesamtschau aus Distanz wie Nähe erschwert es, mit gängigen Abwehrreflexen zu kontern. Es sind nicht einzelne Bereiche, wo skandinavische Länder über bessere Entwicklungsniveaus verfügen. Es sind im Gegenteil wenige Bereiche, wo sie Nachholbedarf haben. In Deutschland ist es genau umgekehrt. Noch verdeckt die starke deutsche Stellung beim Export von Industriegütern, dass große Teile des Beschäftigungssystems, darunter solche, die öffentlichen Bedarfen entsprechen, als Billigdienstleistungsökonomie betrieben werden. Diese Seite des deutschen Geschäftsmodells ist jedoch nicht nur schlicht unschön. Es wird auf Dauer auch nicht funktionieren, bei Industrieprodukten auf der Highroad und bei Dienstleistungen des gesellschaftlichen Bedarfs auf der Lowroad niedriger Beschäftigungs- wie Dienstleistungsstandards zu marschieren. Die negativen Rückwirkungen wachsen. Die aktuelle Debatte, wie die drohende Altersarmut breiter Bevölkerungskreise eingedämmt werden kann, ist nur ein Aspekt davon.

Die zentrale Botschaft dieses Buches bündelt sich im Titel *„Auf der Straße des Erfolgs"*. Der skandinavische Weg kombiniert hohe Standards bei industriellen Gütern mit hohen Standards bei öffentlichen Gütern. Wenn es richtig ist, dass die gegenwärtige Krise auch einen Wettbewerb um die Zukunftstauglichkeit alternativer Wirtschafts- und Staatsmodelle beinhaltet, so haben skandinavische Länder gute Karten. Privat und öffentlich, Markt und Staat, männliche und weibliche Sichtweisen sind relativ gut ausbalanciert. Damit steht ein großer Fundus an Ressourcen bereit, um neue Herausforderungen zu meistern. Die öffentlichen Dienste als Thema dieses Buches haben in Skandinavien ihren Anker in den Kommunen, weshalb es berechtigt ist, von einer Art kommunalisiertem Wohlfahrtsstaat zu sprechen. Auch ein kommunalisierter Wohlfahrtsstaat bedarf jedoch der übergreifenden Planung und Steuerung. Ergebnis ist ein Ozillieren zwischen Aufgabenverlagerungen nach unten und Prozessen der Rezentralisierung dort, wo die Ergebnisse kommunalisierter Leistungserbringung und Steuerung nicht überzeugen. Bei allen Unterschieden im Detail ist die Stellung der kommunale Ebene stark. Städte und Gemeinden sind der Ort, an dem die sozialen Dienste von der Krippenbetreuung über die Jugendförderung bis zu den Seniorendiensten den Lebenslauf von Menschen begleiten und wo Gesundheitsdienste und flächendeckende Angebote der kulturellen Bildung allen offen stehen. Im vor allem sozialen Bereich wie auch bei Dienstleistungen der kulturellen Bildung bewegt sich Deutschland auf einem Pfad, mit dem quantitativ und qualitativ weniger als das halbe skandinavische Niveau erreicht wird. Über die letzten 10 bis 15 Jahre betrachtet, hat eine strukturell rechtsgeneigte Politik eifrig daran gestrickt, den Abstand weiter wachsen zu lassen. Nicht dort, wo im deutschen Selbstverständnis Nachholbedarf besteht – an erster Stelle zu nennen ist der Ausbau der Kinderbetreuung – ist die Kluft am größten, sondern in Bereichen, die öffentlich kaum thematisiert werden, angefangen bei der bibliothekarischen Versorgung in Klein- und Mittelstädten über die soziale Betreuung älterer Menschen bis zum sozialen Wohnungsbau.

Bei all dem, es gibt auch Bereiche, wo in Deutschland Beispielgebendes geleistet wird. Teile der klassischen Daseinsvorsorge wie etwa die Wasserver- und die Abwasserentsorgung sind zu nennen, ebenso der Öffentliche Personennahverkehr. Auch die Stadttheater bieten ein Niveau und eine künstlerische Vielfalt, auf die man stolz sein kann. Ein hinreichendes Bewusstsein ist dafür nicht vorhanden. Während in den skandinavischen Ländern mit dem öffentlichen Ausbau der kulturellen Bildung ein Fundament gelegt wurde, auf dem verschiedenste Künste zu hoher Blüte kamen, fehlen entsprechende Anstrengungen in Deutschland. Die noch reichhaltige Stadttheaterlandschaft ist ein Erbe der Fürstenkleinstaaterei. Bislang haben die meisten Spielstädten überlebt, aber unter den gegebenen Finanzierungsbedingungen ist es vielerorts nur eine Frage der Zeit, bis die Abrissbirne oder der stille Tod auf Raten das Ende besiegelt. Auch die sonstige kulturelle Landschaft droht finanziell auszutrocknen.

Dieses Buch plädiert nicht dafür, den skandinavischen Weg zu kopieren. Schon die Vorstellung wäre naiv. Plädiert wird für das kritische Hinterfragen der eigenen Prämissen. Auf Basis kritischer Selbstreflektion könnten skandinavische Erfahrungen für Veränderungen am eigenen Entwicklungspfad fruchtbar gemacht werden. Dies nicht nur im sozialen und kulturellen Bereich, sondern auch bei Fragen des ökologischen Stadtumbaus. Den Blick zu öffnen für Alternativen, die sich real als gleichermaßen machbar wie erfolgreich erwiesen haben, ist dafür unerlässlich. Die vorherrschende Entwicklungsrichtung produziert negative Effekte weit über das hinaus, was ich behandeln konnte. Nicht nur in Deutschland, sondern auch in anderen hochentwickelten kapitalistischen Ländern ist ein grundlegender Wandel *„von einer dem Gemeinwohl verpflichteten, möglichst universellen Bereitstellung öffentlicher Güter hin zu einer auf Gewinnmaximierung orientierten Wirtschaftsweise"* im Gange (Brandt/Schulten 2008: 76-85). Ansatzweise gibt es entsprechende Entwicklungen auch im skandinavischen Kontext, etwa im schwedischen Bildungssystem. Das Erfolgsprojekt einer *Schule für alle* wurde durch die Kommunalisierung der Schulpolitik untergraben. Mit dem Lockruf der Wahlfreiheit wurde Privatisierungsprozessen der Weg geebnet. Eine wachsende Abhängigkeit des Schulerfolges von der sozialen Herkunft ist die Quittung. Immerhin, bislang sind derartige Fehlentwicklungen mehr die Ausnahme als die Regel.

Die Aushöhlung des Öffentlichen steht nicht für sich alleine. Sie korrespondiert mit der Transformation der repräsentativen parlamentarischen Demokratie in eine marktkonforme Fassadendemokratie. In der Fassadendemokratie arbeiten alle Institutionen vordergründig korrekt, aber demokratisch entleert. Wenn nicht mehr demokratisch legitimierte Institutionen über die Bereitstellung öffentlicher Dienste entscheiden, weil die Leistungserbringung privatisiert wurde resp. nie in die Hände der Allgemeinheit kam, dann schwindet mit dem sozialen Kapital zugleich das Vertrauen der Bevölkerung in die Demokratie. Pointiert formuliert: Soziale Gesellschaften verursachen soziales Verhalten und „asoziale Gesellschaften verursachen asoziales Verhalten".[598] Wo Ungleichheit und soziale Spaltung weit fortgeschritten sind, wo über öffentliche Güter im kommerzialisierten Wettbewerb und nicht demokratisch legitimiert entschieden wird, da erodiert auch die lokale Demokratie. Dass in zunehmend mehr deutschen Städten nur noch Minderheiten überhaupt zur Wahl gehen, ist – so betrachtet – nur folgerichtig.

---

[598] So die britischen Gesundheitswissenschaftler Richard Wilkinson und Kate Pickett in einem Gastbeitrag für die Frankfurter Rundschau Nr. 185 v. 10.08.2012, S. 10. Siehe auch DIES (2010).

# Literatur

*Sekundärliteratur und internationale Quellen*

Arbeitsgruppe Alternative Wirtschaftspolitik (2003): Memorandum 2003. Krise im Schatten des Krieges – Mehr Steuern für mehr Beschäftigung statt Abbruch des Sozialstaates, Köln

Arbeitsgruppe Alternative Wirtschaftspolitik (2010): Memorandum 2010. Sozialökologische Regulierung statt Sparpolitik und Steuergeschenken, Köln

Arbeitsgruppe Alternative Wirtschaftspolitik (2011): Memorandum 2011. Strategien gegen Schuldenbremse, Exportwahn und Eurochaos, Köln

Bach, Stefan (2010): Staatsverschuldung und gesamtwirtschaftliche Vermögensbilanz: Öffentliche Armut, privater Reichtum, DIW-Wochenbericht, 77(50)

Bauby, Pierre/Similie, Mihaela Maria (2010): Mapping of the Public Services. Public Services in the European Union and in the 27 Member States. Statistics, Organisation and Regulation, Projekt mit Förderung der EU-Kommission, o.O.

Baumol, William J. (1967): ‚Macroeconomics of Unbalanced Growth: The Anatomy of Urban Crisis', in: American Economic Review, 57(3): S. 416-426

Beadle-Brown, Julie/Kozma, Agnes (Hg.) (2007): Deinstitutionalisation and community living – outcomes and costs. Report of a European Studie, Vol. 3: Country Reports, Canterbury (University of Kent)

Becker, Bernd (1989): Öffentliche Verwaltung. Lehrbuch für Wissenschaft und Praxis, München

Bertelsmann Stiftung (2004): Carl Bertelsmann-Preis 2004. Leistungssteigerung und Fortschritt im öffentlichen Bereich – Organisationskultur und Wettbewerb: Arhus County/Arhus Amt (Verfasser: Booz Allen Hamilton): http://www.bertelsmann-stiftung.de/ > Booz Allen Hamilton (letzter Zugriff: 13.08.2012)

Bertelsmann Stiftung (Hg.) (2010): Soziale Gerechtigkeit in der OECD. Wo steht Deutschland? Sustainable Governance Indicators, Gütersloh (Bearbeiter: Empter, Stefan/Schraad-Tischler, Daniel)

Bertelsmann Stiftung (2011a): Qualität frühkindlicher Bildung in Deutschland muss verbessert werden. Große Unterschiede zwischen Ost und West in der Personalausstattung von Kindertageseinrichtungen: http://www.bertelsmann-stiftung.de/cps/rde/xchg/SID-E08BD5E4-1C69F0DF/bst/hs.xsl/nachrichten_99752.htm (Zugriff: 18.01.2011; zuletzt: 13.08.2012)

Bertelsmann Stiftung (2011b): Kinderarmut 2008. SGB-II-Bezug der unter 15-Jährigen in Prozent, Stand: April 2011 (www.wegweiser-kommune.de)

Bertelsmann Stiftung (Hg.) (2011c): Länderreport Frühkindliche Bildungssysteme 2011, Gütersloh (Bearbeiter: Bock-Famulla, Kathrin/Lange, Jens)

Boldersheim, Harald (1993): Die „Free Commune Experiments" in Skandinavien. Ein vergleichender Überblick, in: Banner, Gerhard/Reichard, Christoph (Hg.) (1993): Kommunale Managementkonzepte in Europa, Köln

Bontrup, Heinz-J. (2010): Durch Umverteilung von unten nach oben in die Krise. Expertise im Auftrag der Abteilung Wirtschafts- und Sozialpolitik der Friedrich-Ebert-Stiftung, WISO-Diskurs, Dezember 2010, Bonn

Bormann, René/Bracher, Tilman et al. (2010): Neuordnung der Finanzierung des öffentlichen Personennahverkehrs. Bündelung, Subsidiarität und Anreize für ein zukunftsfähiges Angebot. Studie im Auftrag der Abteilung Wirtschafts- und Sozialpolitik der Friedrich-Ebert-Stiftung, WISO-Diskurs, Nov. 2010, Bonn

Börsch-Supan, Axel (2011): Ökonomische Auswirkungen des demografischen Wandels, in: APuZ Nr. 10-11/2011: S. 19-26

Bosch, Gerhard/Hennicke, Peter/Hilbert, Josef/Kristof, Kora/Scherhorn, Gerhard (Hg.) (2002): Die Zukunft von Dienstleistungen. Ihre Auswirkung auf Arbeit, Umwelt und Lebensqualität, Frankfurt/M.

Bosch, Gerhard/Kalina, Thorsten/Weinkopf, Claudia (2008): Niedriglohnbeschäftigte auf der Verliererstraße, in: WSI-Mitteilungen, 61(8): S. 423-429

Bosch, Gerhard/Lehndorff, Steffen (2005): Introduction: service economies – high road or low road?, in: Bosch, Gerhard/Lehndorff, Steffen (Hg.) (2005): Working in the service sector: a tale from different worlds, London: S. 1-31

Bosch, Gerhard/Wagner, Alexandra (2002): Nachhaltige Dienstleistungspolitik, in: Bosch et al. (2002): S. 482-512

Bosch, Gerhard/Weinkopf, Claudia (2011): Arbeitsverhältnisse im Dienstleistungssektor, in: WSI-Mitteilungen, 64(9): S. 439-445

Bosch, Gerhard/Weinkopf, Claudia/Kalina, Thorsten (2009): Mindestlöhne in Deutschland, Expertise im Auftrag der Friedrich-Ebert-Stiftung, WISO-Diskurs, Dezember 2009, Bonn

Brandt, Martina (2009): Hilfe zwischen Generationen. Ein europäischer Vergleich, Wiesbaden

Brandt, Torsten/Schulten, Thorsten (2007): Liberalisation and Privatisation of Public services and the Impact on Labour relations. PIQUE Research Report: www.pique.at (letzter Zugriff: 13.08.2012)

Brandt, Torsten/Schulten, Thorsten (2008): Auswirkungen von Privatisierung und Liberalisierung auf die Tarifpolitik in Deutschland. Ein vergleichender Überblick, in: Brandt, Torsten/Schulten, Thorsten/Sterkel, Gabriele/Wiedemuth, Jörg (Hg.) (2008): S. 68-91

Brandt, Torsten/Schulten, Thorsten (2009): Die Folgen von Liberalisierung und Privatisierung für Arbeitsbeziehungen, in: Kammer für Arbeiter und Angestellte Wien (Hg.) (2009): S. 35-49

Brandt, Torsten/Schulten, Thorsten/Sterkel, Gabriele/Wiedemuth, Jörg (Hg.) (2008): Europa im Ausverkauf. Liberalisierung und Privatisierung öffentlicher Dienstleistungen und ihre Folgen für die Tarifpolitik, Hamburg

Breitenbach, Elke/Schubert, Katarina (2009): Öffentlich geförderter Beschäftigungssektor – zwischen Markt und Staat. Ein Beitrag zur Überwindung von Hartz IV, in: Rosa-Luxemburg-Stiftung, Standpunkte Nr. 2/2009, Berlin

Brenke, Karl (2011): Anhaltender Strukturwandel zur Teilzeitbeschäftigung, in: DIW-Wochenbericht, 78(42) (Jobwunder durch Teilzeit?), Berlin: S. 3-12

Brödner, Peter/Friedrich, Carl/Heintze, Cornelia/Oehlke, Paul/Peter, Gerd/Zinn, Karl Georg (2009). Das nordische Modell – eine Alternative? Supplement der Zeitschrift Sozialismus Nr. 5/2009

Bruckmeier, Kerstin/Graf, Tobias/Rudolph, Helmut (2007): Erwerbstätige Leistungsbezieher im SGB II: Aufstocker – bedürftig trotz Arbeit (IAB-Kurzbericht Nr. 22/2007), Nürnberg

Budäus, Dietrich (1994): Public Management. Konzepte und Verfahren zur Modernisierung öffentlicher Verwaltungen, Modernisierung des öffentlichen Sektors, Bd. 2, Berlin

Bundesinstitut für Bau-, Stadt- und Raumforschung (BBSR) (Hg.) (2010): Strategien der Kommunen für ihre kommunalen Wohnungsbestände – Ergebnisse einer Kommunalbefragung, in: Forschungen, Heft 145, (Bearbeiter: IfS Institut für Stadtforschung und Strukturpolitik GmbH, Leitung: Jürgen Veser), Berlin

Bundesministerium der Finanzen, Monatsberichte, fortlaufend

Bundesministerium der Finanzen (2011): Gemeindefinanzkommission – Ausgangslage und Ergebnisse, in: Monatsbericht des BMF August 2011, Berlin: S. 39-51

Bundesministerium für Raumordnung, Bauwesen und Städtebau (Hg.) (1993): Zukunft Stadt 2000. Bericht der Kommission Zukunft Stadt 2000, Bonn

Büttner, Rolf (2007): Privatisierung, Liberalisierung und Regulierung des Postsektors. Erfahrungen aus Deutschland und der Europäischen Union, Vortrag bei der UNI-APRO-Konferenz, Hanoi im Dezember 2007 (59 Folien)

Christiansen, Niels Finn et al. (Hg.) (2006): The Nordic Model of Welfare – a Historical Reappraisal, Copenhagen

Claßen, Gudrun/Zander, Christoph (2010): Handel mit Mietwohnungsportfolios in Deutschland. Umfang und Auswirkungen vor dem Hintergrund von Internationalisierung und Professionalisierung, in: Informationen zur Raumentwicklung Nr. 5/6 (Internationale Immobilienmärkte – globale Immobilienwirtschaft): S. 377-390

Coates, David (2000): Models of Capitalism – Growth and Stagnation in the modern Era, Cambridge

Cronauge, Ulrich (2006): Kommunale Unternehmen – Eigenbetriebe, Kapitalgesellschaften, Zweckverbände, 5., überarb. Aufl., Berlin

Decker, Frank/Neu, Viola (Hg.) (2007): Handbuch der deutschen Parteien, Schriftenreihe der Bundeszentrale für politische Bildung, Bd. 640, Bonn

Deroose, Servaas/Kastrop, Christian (2008): The Quality of Public Finances. Findings of Economic Policy Committee-Working-Group (2004-2007), European Commission, Brussels

Deutsche Bank Research (2004): Perspektiven Ostdeutschlands – 15 Jahre danach, Frankfurt/M. (Deutsche Bank Research Nr. 306 v. 10.11.2004)

Deutsche Rentenversicherung (o.J.): Meine Zeit in Island. Arbeit und Rente

Deutscher Städte- und Gemeindebund (DStGB) (2010): Wachstum nur mit starken Städten und Gemeinden. Bilanz 2009 und Ausblick 2010, Berlin u. Burgwedel

Deutsches Jugendinstitut e.V. (DJI) (2008): Zahlenspiegel 2007 – Kinderbetreuung im Spiegel der Statistik, München

Deutsches Jugendinstitut e.V. (DJI) (2011): Betreuungsatlas, München

DGB (2012): Licht und Schatten im Beschäftigungssystem – Entwicklung der Erwerbstätigkeit in den letzten 20 Jahren, in: arbeitsmarktaktuell Nr. 2/Februar 2012

Dingeldey, Irene (2010): Agenda 2010: Dualisierung der Arbeitsmarktpolitik, in: APuZ Nr. 48/2010 v. 29.11.2010: S. 18-25

Dittmann, Jörg (2008): Deutsche zweifeln an der Qualität und Erschwinglichkeit stationärer Pflege. Einstellungen zur Pflege in Deutschland und Europa, in: Informationsdienst Soziale Indikatoren (ISI) Nr. 40 v. Juli 2008: S. 1-6

Dörre, Klaus (2005): Prekarität – eine arbeitspolitische Herausforderung, in: WSI-Mitteilungen, 58(5): S. 250-258

Dörre, Klaus (2006): Prekäre Arbeit und soziale Desintegration, in: APuZ Nr. 40-41/2006: S. 7-14

Düll, Herbert (2006): Arbeitsanreize im Kontext des Steuer-Transfer-Systems: Ein ausgewählter internationaler Vergleich, in: Bundesarbeitsblatt Nr. 4/2006: S. 4-16

Dustmann, Christian/Ludsteck, Johannes/Schönberg, Uta (2007): Revisiting the German Wage Structure, IZA Discussion Paper No. 2685, März 2007

Eichhorst, Werner/Marx, Paul/Tobsch, Verena (2011): Schulergänzende Betreuung für Kinder. Status quo und Beschäftigungswirkung, Expertise für die Geschäftsstelle des Zukunftsrats Familie (IZA Research Report No. 37), Hamburg

Eicker-Wolf, Kai/Thöne, Ulrich (Hg.) (2010): An den Grundpfeilern unserer Zukunft sägen. Bildungsausgaben, Öffentliche Haushalte und Schuldenbremse, Marburg

Eicker-Wolf, Kai/Truger, Achim (2010): Entwicklung und Perspektiven der Kommunalfinanzen in Nordrhein-Westfalen. Eine Studie im Auftrag von Ver.di NRW, Fachbereich Gemeinden, Düsseldorf

Einhorn, Eric S./Logue, John (2003): Modern Welfare States. Scandinavian Politics and Policy in the Global Age, 2. Aufl., London

Ellguth, Peter/Kohaut, Susanne (2011): Der Staat als Arbeitgeber: Wie unterscheiden sich die Arbeitsbedingungen zwischen öffentlichem Sektor und Privatwirtschaft, in: Industrielle Beziehungen, 1-2 (zit. nach Böcklerimpuls Nr. 15 v. 5. Oktober 2011: S. 2)

Engartner, Tim (2010): Comeback der Kommunen, in: Blätter für deutsche und internationale Politik, 55(2): S. 13-16.

Erck, Alfred (2006): Geschichte des Meininger Theaters 1831-2006, Meiningen

Erhard, Ludwig (1957): Wohlstand für alle, Düsseldorf

Erlinghagen, Marcel (2006): Freiwilligenarbeit der älteren Bevölkerung in Europa, in: DIW-Wochenbericht, 73(10) v. 8. März 2006, Berlin: S. 134-137

Esping-Andersen, Gösta (1990): The Three Worlds of Welfare Capitalism, Cambridge: Polity Pr.

Esping-Andersen, Gösta (1999): Social Foundations of Postindustrial Economies, Oxford u. New York

EU-Kinderbetreuungsnetzwerk (Netzwerk Kinderbetreuung und andere Maßnahmen zur Vereinbarkeit von Beruf und Familie für Frauen und Männer der Europäischen Kommission) (1996): Qualitätsziele in Einrichtungen für kleine Kinder. Vorschläge für ein zehnjähriges Aktionsprogramm, o.O.: Selbstverlag

Europäische Charta der kommunalen Selbstverwaltung (1985): http://www.dstgb.de/dstgb/Homepage/ > Suchbegriff „Charta"; letzter Zugriff: 13.08.2012

Europäische Kommission (2009): Eurobarometer-Studie zu Armut und sozialer Ausgrenzung – 2009, Luxemburg

Europäische Kommission, Generaldirektion Regionalpolitik (Hg.) (2010): Meinungsumfrage zur Lebensqualität in europäischen Städten: http://ec.europa.eu/regional_policy/themes/urban/audit/index_de.htm

Europäische Musikschul-Union (EMU) (2007): EMU 2006 – Statistical Information about the European Music School Union, o.O.

Europäische Musikschul-Union (EMU) (2010): Music Schools in Europa, Musikschulen in Europa, Les écoles de musique en Europe, Utrecht

Europäische Musikschul-Union (EMU) (2011): EMU 2010 – Statistical Information about the European Music School Union, Utrecht

European Commission (2007a): Special Eurobarometer 278 – European Cultural Values, Brussels: http://ec.europa.eu/public_opinion/archives/ebs/ebs_278_en.pdf (zit. als Eurobarometer 278)

European Commission (2007b): Special Eurobarometer 279 „Poverty and Exclusion", Brussels (zit. als Eurobarometer 279)

European Commission (2008): Implementation of the Barcelona objectives concerning childcare facilities for pre-school-age children. Report from the Commission to the European Parliament, the Council, the European economic and social Committee and the Committee of the regions, COM(2008) 598, Brussels, SEC(2008) 2524 (dt. Ausgabe: Umsetzung der Barcelona-Ziele auf dem Gebiet der Betreuungseinrichtungen für Kinder im Vorschulalter)

European Commission (2009): Progress towards the Lisbon objectives in education and training: Indicators and benchmarks 2009, Commission Staff Working Document, Brussels 23.11.2009, SEC(2009) 1616 finanl

European Commission (2010): The Social Situation in the European Union 2009, Brussels (zit. als Sozialbericht 2009)

European Commission (2011): Special Eurobarometer 370 – Social Climate Report, Brussels

Eurostat (2007): Manual on sources and methods for the compilation of COFOG Statistics, Luxembourg (zit. als COFOG-Manual)

Fatoyinho, Joy Richard (2011): Kommunale Kulturfinanzierung im Zeichen der Krise, in: APuZ Nr. 7-8/2011 v. 14. Februar 2011: S. 19-25

Fresenius Medical Care (2011): Motivation – Annual Report 2011, Hof an der Saale

Gabriel, Oscar W./Niedermayer, Oskar/Stöss, Richard (Hg.) (2001): Parteiendemokratie in Deutschland, Schriftenreihe der Bundeszentrale für politische Bildung, Bd. 372, Bonn

Galbraith, John Kenneth (1958): The affluent Society, London (dt.: Gesellschaft im Überfluß, München u. Zürich 1959)

Germanwatch (2008): Der Klimaschutz-Index. Ergebnisse 2009, Köln

Germanwatch (2010): Der Klimaschutz-Index. Ergebnisse 2011, Köln

Germanwatch (2011): Der Klimaschutz-Index. Ergebnisse 2012, Köln

Germanwatch (2012): Der Klimaschutz-Index. Ergebnisse 2013, Köln

Gern, Alfons (1994): Deutsches Kommunalrecht, Baden-Baden

GEW (Hg.) (2008): Privatisierungsreport 7: Kindertagesstätten, Frankfurt/M. (Autor: Holland-Letz, Matthias)

Giddens, Anthony (1997): Jenseits von rechts und links, Frankfurt/M.

Giddens, Anthony (1999): Der dritte Weg. Die Erneuerung der sozialen Demokratie, Frankfurt/M.

Giesecke, Johannes/Verwiebe, Roland (2008): Die Lohnentwicklung in Deutschland zwischen 1998 und 2005 – Wachsende Ungleichheit, in: WSI-Mitteilungen, 61(2): S. 85-91

Girvetz, Harry (1968): Welfare State, in: International Encyclopedia of Social Sciences, Vol. 16: S. 512-521

Goebel, Jan/Gornig, Martin/Häußermann, Hartmut (2010): Polarisierung der Einkommen. Die Mittelschicht verliert, DIW-Wochenbericht, 77(24) v. 16. Juni 2010, Berlin

Gottschalk, Peter/Smeeding, Timothy M. (2000): Empirical Evidence on Income Inequality in Industrial Countries, in: Atkinson, Anthony B./Bourguignon, François (Hg.) (2000): Handbook of Income Distribution, Bd. 1, Handbooks in Economics 16, Amsterdam: S. 261-308

Grabka, Markus M./Frick, Joachim R. (2010): Weiterhin hohes Armutsrisiko in Deutschland: Kinder und junge Erwachsene sind besonders betroffen, DIW-Wochenbericht, 77(7) v. 17. Februar 2010, Berlin

Green-Pedersen, Christoffer (1999): Welfare-State Retrenchment in Denmark and the Netherlands 1982-1998. The Role of Party competition and Party Consensus, Konferenzbeitrag, 11. SASE-Konferenz, Madison, 8.-11. Juli 1999

Green-Pedersen, Christoffer (2002): New Public Management Reforms of the Danish and Swedish Welfare State: the Role of Different Social Democratic Responses, in: Governance, 15(2): S. 271-294

Groh-Samberg, Olaf (2007): Armut verfestigt sich in Deutschland, in: DIW-Wochenbericht, 74(12) v. 21. März 2007, Berlin: S. 177-182

Haberkern, Klaus (2009): Pflege in Europa – Familie und Wohlfahrtsstaat, Wiesbaden

Hagen, Christoph/Heinz, Werner (2009): Kommunen und ihr Beratungsbedarf in ausgewählten europäischen Ländern, hg. vom Deutsche Städtetag (DST) und vom Deutschen Institut für Urbanistik (Difu), Berlin

Hamark, Jesper et al. (2006): Liberalisation, privatisation and regulation in the Swedish local public transport sector, Göteborg (Country report im Rahmen des PIQUE-Projektes: www.pique.at > PIQUE)

Hammer, Elisabeth/Österle, August (2004): Zur zukünftigen Pflege und Betreuung älterer Menschen. Rahmenbedingungen, Politikansätze, Entwicklungsperspektiven, Wien

Händel, Thomas/Troost, Axel (Hg.) (2010): Arbeitszeitentwicklung in Europa, Studie von Lehndorff, Steffen/Wagner, Alexandra/Frank, Christine, hg. von Fraktion der Vereinigten Europäischen Linken/Nordisch Grüne Linke (Online-Publikation)

Häußermann, Helmut (2000): Die Krise der „sozialen Stadt", in: APuZ Nr. 10-11/ 2000: S. 13-21

Häußermann, Helmut (2001): Aufwachsen im Ghetto – Folgen sozialräumlicher Differenzierung in den Städten, in: Bruhns, K./Mack, W. (Hg.) (2001): Aufwachsen und Lernen in der Sozialen Stadt, Opladen: S. 37-51

Hein, Eckhard/Menz, Jan-Oliver/Truger, Achim (2006): Warum bleibt Deutschland hinter Schweden und dem Vereinigten Königreich zurück? Makroökonomische Politik erklärt den Unterschied, Reihe: IMK Report Nr. 15/2006, Düsseldorf

Heintze, Cornelia (2002): Die Zukunfts-Blockade. Klimawandel, BSE, Armut, Terrorismus. Warum in der Gesellschaft kollektives Vorsorgelernen misslingt, Berlin

Heintze, Cornelia (2005a): Das skandinavische Erfolgsmodell und sein kulturelles Fundament, in: Arbeit, 14(3): S. 221-242

Heintze, Cornelia (2005b): Wohlfahrtsstaat als Standortvorteil. Deutschlands Reformirrweg im Lichte des skandinavischen Erfolgsmodells, in: Rosa-Luxemburg-Stiftung Leipzig, Texte zur politischen Bildung, Leipzig

Heintze, Cornelia (2006a): Staat als Partner. Deutsche wohlfahrtsstaatliche Perspektiven im Lichte skandinavischer Erfahrungen, in: Beier, Angelika/Eicker-Wolf, Kai et al. (Hg.) (2006): Investieren, sanieren, reformieren? Die Wirtschafts- und Sozialpolitik der schwarz-roten Koalition, Marburg: S. 111-146

Heintze, Cornelia (2006b): Erdwärme im Auftrieb, in: UMWELT-Briefe Nr. 15 v. 26.07.2006: S. 11

Heintze, Cornelia (2007a): Nur ein Trick? – die Bedeutung des Staates als Arbeitgeber für Quantität und Qualität von Beschäftigung im skandinavisch-deutschen Vergleich, in: Intervention, 4(1): S. 40-57

Heintze, Cornelia (2007b): Der Staat als Arbeitgeber im skandinavisch-deutschen Vergleich. Empirische Befunde und theoretische Anmerkungen, in: Berliner Debatte Initial, 18(3): S. 79-94

Heintze, Cornelia (2007c): Bildung und Gesundheit als öffentliche Güter im wohlfahrtsstaatlichen Kontext – ein Vergleich zwischen Deutschland und skandinavischen Ländern hinsichtlich Finanzierung, Wohlfahrtsergebnissen und Beschäftigungsrelevanz, Studie im Auftrag der Hans-Böckler-Stiftung, Abschlussbericht vom 3. August 2007: http://www.boeckler.de/pdf_fof/S-2006-918-4-1.pdf (Zugriff: 22.05.2008; zuletzt: 13.08.2012)

Heintze, Cornelia (2007d): Skandinavischer Wohlfahrtsstaat contra deutscher Sozialstaat. Was macht den Unterschied?, in: Wiss. Arbeitsstelle des Nell-Breuning-Hauses (Hg.) (2007): Euro-Jobber. Suche soziales Europa..., Jahrbuch für Arbeit und Menschenwürde, Bd. 8, Aachen: S. 59-73

Heintze, Cornelia (2007e): Gesundheitsarmut von Kindern und Jugendlichen. Trends und Ansätze der Entwicklung eines wirksamen Child-care-Systems, in: Zahnärztlicher Gesundheitsdienst Nr. 1/2007: S. 4-11

Heintze, Cornelia (2008): Der aufhaltbare Abstieg in die polarisierte Ungleichheitsgesellschaft – Deutschlands magersüchtiger Staat und die skandinavische Alternative, Heft 120 der Pankower Vorträge, Berlin im Juni 2008 (Online-Publikation: http://www.axeltroost.de/ > Suchbegriff „Heintze" (Zugriff: 13.08.2012)

Heintze, Cornelia (2009): Der öffentliche Sektor im skandinavischen Modell, in: WSI-Mitteilungen, 62(5): S. 268-274

Heintze, Cornelia (2010a): Statistische Erfassung der öffentlichen Bildungsfinanzierung: Deutschland im internationalen Vergleich; Studie im Auftrag der Max-Traeger-Stiftung, Leipzig im Februar 2010, 238 S. (Online-Publikation unter: http://www.gew.de/Binaries/Binary62542/Heintze-Studie_akt.pdf)

Heintze, Cornelia (2010b): Bewältigung des demografischen Wandels: Hilfs- und Pflegeleistungen für Ältere. Ein deutsch-skandinavischer Vergleich, in: Soziale Sicherheit, 59(8): S. 263-269

Heintze, Cornelia (2010c): Das skandinavische Vorbild. Zur Rolle des Staates als Arbeitgeber, in: Vorgänge, 49(3): S. 50-61 (Online-Publikation: http://www.nachdenkseiten.de/upload/pdf/101116_skan_beschaeftigungsvorbild_heintze_in_vorgaenge_2010.pdf)

Heintze, Cornelia (2010d): Unterdurchschnittliche Performanz und unterdurchschnittliche öffentliche Bildungsausgaben. Deutschland im OECD-Vergleich, in: Eicker-Wolf, Kai/Thöne, Ulrich (Hg.) (2010): S. 127-158

Heintze, Cornelia (2012): Auf der Highroad – der skandinavische Weg zu einem zeitgemäßen Pflegesystem. Ein Vergleich zwischen fünf nordischen Ländern und Deutschland, Expertise im Auftrag des Forums Politik und Gesellschaft und der Abteilung Wirtschafts- und Sozialpolitik der Friedrich-Ebert-Stiftung, Kurzfassung in: WISO-Diskurs, Juli 2012, Bonn

Heintze, Cornelia/Hoffmann, Carsten/Hoopmann, R. (1999): Optimierung von Stadtbussystemen. Delmenhorst setzt zweite Ausbaustufe des Stadtbussystems um, in: Der Nahverkehr, 17(11): S. 60-64

Heinz, Christine/Hense, Christine/Koch, Susanne/Osiander, Christopher/Sprenger, Christian (2007): Modellversuch Bürgerarbeit. Zwischen Workfare und Sozialem Arbeitsmarkt, IAB-Forschungsbericht, 14/2007, Nürnberg

Heinze, Rolf G. (2003): Der schwere Abschied von Vater Staat. Zur Überwindung der institutionellen Trägheit des deutschen Wohlfahrtsstaates, in: neue praxis: Zeitschrift für Sozialarbeit, Sozialpädagogik und Sozialpolitik Nr. 2/2003: S. 147-161

Heinze, Rolf G./Streek, Wolfgang (2003): Optionen für den Einstieg in den Arbeitsmarkt oder: Ein Lehrstück für einen gescheiterten Politikwechsel, in: Vierteljahreshefte zur Wirtschaftsforschung des DIW, 72(1), Berlin: S. 25-35

Heise, Arne/Lierse, Hanna (2011): Haushaltskonsolidierung und das Europäische Sozialmodell. Auswirkungen der europäischen Sparprogramme auf die Sozialsysteme, FES-Studie, Berlin

Heitmeyer, Wolfgang (Hg.) (2009): Deutsche Zustände. Folge 8, Frankfurt/M.

Held, David (2006): Models of Democracy, 3. Aufl., Stanford University Press

Hendriksen, Carsten/Vass, Mikkel (2005): Preventive home visits to elderly people in Denmark, in: Zeitschrift für Gerontologie und Geriatrie, 38(1): S. I/31-I/33

Hennis, Wilhelm/Keilmannsegg, Peter Graf/Matz, Ulrich (Hg.) (1977): Regierbarkeit, Stuttgart

Hermann, Christoph/Verhoest, Koen (2009): Liberalisierung, Privatisierung und Regulierung, in: Kammer für Arbeiter und Angestellte Wien (Hg.) (2009): S. 1-14

Hofstede, Gerd (2001): Cultures Consequences. Composing Values, Behaviors, Institutions and Organizations across Nations, California

Holm, Andrej (2010): Private heißt rauben. Zur Ökonomie von Wohnungsprivatisierungen, in: Zeitschrift Marxistische Erneuerung Nr. 83, September 2010: S. 46-59

Holst, Elke/Wiemer, Anita (2010): Frauen in Spitzengremien großer Unternehmen massiv unterrepräsentiert, DIW-Wochenbericht, 77(4) v. 27. Januar 2010, Berlin

Holtkamp, Lars/Wiechmann, Elke/Pfetzing, Jan (2010): Zweites Genderranking deutscher Großstädte, Studie im Auftrag der Heinrich Böll Stiftung, April 2010 (zit. als Zweites Genderranking). Download der Online-Publikation (PdF) unter: http://www.boell.de/ > Suchbegriff „Zweites Genderranking" (Zugriff 03.02.2011; zuletzt: 13.08.2012)

Holtmann, Everhard (2001): Parteien und Wählergruppen in der Kommunalpolitik, in: Gabriel, Oscar W./Niedermayer, Oskar/Stöss, Richard (Hg.) (2001): Parteiendemokratie in Deutschland, Schriftenreihe der Bundeszentrale für politische Bildung, Bd. 372, Bonn: S. 406-427

Höreth, Marcus (2007): Zur Zustimmungsbedürftigkeit von Bundesgesetzen: Eine kritische Bilanz nach einem Jahr Föderalismusreform I; ZParl, 38(4): S. 712-733

Horn, Gustav A. (2011): Des Reichtums fette Beute. Wie die Ungleichheit unser Land ruiniert, Frankfurt/M.

Institut der deutschen Wirtschaft (Anger, Christina/Esselmann, Ina/Fischer, Mira/ Plünnecke, Axel) (2012): Bildungsmonitor 2012. Infrastruktur verbessern – Teilhabe sichern – Wachstumskräfte stärken, Forschungsbericht im Auftrag der Initiative Neue Soziale Marktwirtschaft (INSM), Köln

International Labour Office (ILO) (2010): Global Wage Report 2010/11. Wage policies in times of crisis, Geneva

Jahn, Detlef/Kuitto, Kati/Oberst, Christoph (o.J.): Das Parteiensystem Finnlands: http://www.phil.uni-greifswald.de/fileadmin/mediapool/ipk/publikationen/jahn/ jahn-kuitto-oberst_das_parteiensystem_finnlands_manuskriptversion.pdf (Zugriff: 27.03.2011; zuletzt: 13.08.2012)

Jonsson, Gudni (2001): The Icelandic Welfare State in the Twentieth Century, in: Scandinavian Journal of History, 26(3): S. 177-196

Jönsson, Ingrid (2002): Vereinbarkeit von Berufs- und Familienleben in Schweden, in: WSI-Mitteilungen, 55(3): S. 176-183

Junkernheinrich; Martin/Lenk, Thomas et al. (2011): Haushaltsausgleich und Schuldenabbau. Konzept zur Rückgewinnung kommunaler Finanzautonomie im Land Nordrhein-Westfalen, Zusammenfassung eines Gutachtens, o.O.

Kalina, Thorsten/Weinkopf, Claudia (2008): Weitere Zunahme der Niedriglohnbeschäftigung, IAQ-Report Nr. 1/2008 (http://www.iaq.uni-due.de/iaq-report/ 2008/report2008-01.pdf; Zugriff: 22.05.2008; zuletzt: 13.08.2012)

Kalina, Thorsten/Weinkopf, Claudia (2010): Niedriglohnbeschäftigung 2008. Stagnation auf hohem Niveau – Lohnspektrum franst nach unten aus. IAQ-Report, Nr. 6/2010, Duisburg

Kammer für Arbeiter und Angestellte Wien (Hg.) (2009): Zur Zukunft öffentlicher Dienstleistungen. Die Privatisierung öffentlicher Dienstleistungen und deren Auswirkungen auf Qualität, Beschäftigung und Produktivität, FORBA (Forschungs- und Beratungsstelle Arbeitswelt) Nr. 7, Wien (www.pique.at > PIQUE)

Keck, Wolfgang/Saraceno, Chiara (2010): Caring for a Parent while Working for Pay in the German Welfare Regime, in: International Journal of Ageing and Later Life, 5(1): S. 107-138

Keller, Berndt/Seifert, Hartmut (2006): Atypische Beschäftigungsverhältnisse. Flexibilität, soziale Sicherheit und Prekarität, in: WSI Mitteilungen, 59(5): S. 235-240

Keller, Berndt/Seifert, Hartmut (2011): Atypische Beschäftigungsverhältnisse. Stand und Lücken der aktuellen Diskussion, in: WSI-Mitteilungen, 64(3): S. 138-145

Kettner, Anja/Rebien, Martina (2007): Soziale Arbeitsgelegenheiten. Einsatz und Wirkungsweise aus betrieblicher und arbeitsmarktpolitischer Perspektive, IAB-Forschungsbericht Nr. 2, Januar 2007

KGST (Kommunale Gemeinschaftsstelle) (1991): Dezentrale Ressourcenverantwortung – Überlegungen zu einem neuen Steuerungsmodell, Köln (KGSt-Bericht Nr. 12/1991)

KGST (Kommunale Gemeinschaftsstelle) (1992): Wege zum Dienstleistungsunternehmen Kommunalverwaltung, Fallstudie Tilburg, Köln (KGSt-Bericht Nr. 19/1992)

KGST (Kommunale Gemeinschaftsstelle) (1993): Das neue Steuerungsmodell. Begründung, Konturen, Umsetzung, Köln (KGSt-Bericht Nr. 5/1993)

Kielmansegg, Peter Graf (1978): Organisierte Interessen als „Gegenregierungen"?, in: Hennis, Wilhelm/Kielmansegg, Peter Graf/Matz, Ulrich (Hg.) (1978): Regierbarkeit. Studien zu ihrer Problematisierung, Bd. 2, Stuttgart: S. 139-176

Klammer, Ute et al. (2011): Neue Wege – gleiche Chancen. Gutachten der Sachverständigenkommission an das BMFSFJ für den Ersten Gleichstellungsbericht der Bundesregierung, Januar 2011 (zit. als Gleichstellungsgutachten 2011)

Kloas, Jutta/Voigt, Ulrich (2007): Erfolgsfaktoren von City-Maut-Systemen, in DIW-Wochenbericht, 74(9) v. 28.02.2007: S. 133-145

Kommission der Europäischen Gemeinschaften (2008): Bericht der Kommission an das Europäische Parlament, den Rat, den europäischen Wirtschafts- und Sozialausschuss und den Ausschuss der Regionen: Umsetzung der Barcelona-Ziele auf dem Gebiet der Betreuungseinrichtungen für Kinder im Vorschulalter, Brüssel, Kom(2008) 638 (SEK(2008) 2524)

Kommission für Zukunftsfragen der Freistaaten Bayern u. Sachsen (1997): Erwerbstätigkeit und Arbeitslosigkeit in Deutschland. Entwicklung, Ursachen und Maßnahmen, Teil II – Ursachen steigender Arbeitslosigkeit in Deutschland und anderen frühindustrialisierten Ländern, Bonn (Juli 1997)

Kommission für Zukunftsfragen der Freistaaten Bayern u. Sachsen (1997): Erwerbstätigkeit und Arbeitslosigkeit in Deutschland. Entwicklung, Ursachen und Maßnahmen, Teil III – Maßnahmen zur Verbesserung der Beschäftigungslage, Bonn (Nov. 1997)

Kommission für Zukunftsfragen der Freistaaten Bayern u. Sachsen (1998): Erwerbstätigkeit und Arbeitslosigkeit in Deutschland, Anlage Bd. 3 (Zukunft der Arbeit sowie Entkopplung von Erwerbsarbeit und sozialer Sicherung), Bonn

Korpi, Barbara (2007): The Politics of Pre-School, Stockholm

Kristinsson, Gunnar Helgi (2000): From Home Rule to Sovereignty. The Care of Iceland, in: Baldacchino, Goffres/Milne, David (Hg.) (2000): Lessons from the Political Economy of Small Islands. The Resourcefulness of Jurisdiction, London: S. 141-155

Kümmerling, Angelika (2009): Der lange Weg zur Professionalisierung der Altenpflege und seine (nicht?)-intendierten Folgen, in: Lehndorff, Steffen (Hg.) (2009): S. 136-165

Kurth, Bärbel-Maria (2007): Symposium zur Studie zur Gesundheit von Kindern und Jugendlichen in Deutschland – Tagungsbericht, in: Bundesgesundheitsblatt Nr. 10/2007: S. 1050-1058

Lachmuth, Annemarie/Georgii, Harald/Borhanian, Sarab (2006): Föderalismusreform 2006: Grundgesetzänderung – Synopse – Dokumentation (Deutscher Bundestag – Wissenschaftliche Dienste: PD 1/WD 3-313/06), Berlin

Lampert, Heinz/Bossert, Heinrich (2001): Die Wirtschafts- und Sozialordnung der Bundesrepublik Deutschland im Rahmen der Europäischen Union, 14., völlig überarbeitete Aufl., München

Lampert, Thomas/Kroll, Lars Eric/Dunkelberg, Annalena (2007): Soziale Ungleichheit der Lebenserwartung in Deutschland, in: APuZ Nr. 42/2007: S. 11-18

Lange, Jens (2008): Personalschlüssel in Kindertageseinrichtungen, Berechnungsgrundlagen und empirische Ergebnisse eines vielbeachteten Indikators, in: FORUM Jugendhilfe Nr. 3/2008: S. 41-44

Langhoff, Thomas/Krietsch, Ina/Starke, Christian (2010): Der Erwerbseinstieg junger Erwachsener: unsicher, ungleich, ungesund, in: WSI-Mitteilungen, 63(7): S. 343-349

Lehmbruch, Gerhard (1975): Der Januskopf der Ortsparteien. Kommunalpolitik und das lokale Parteiensystem, in: Der Bürger im Staat Nr. 1/1975: S. 3-8

Lehndorff, Steffen (2006): Motor der Entwicklung oder fünftes Rad am Wagen? Soziale Dienstleistungen als gesellschaftliche Investitionen: http://www.memo.uni-bremen.de/docs/m3308.pdf, 2008 (letzter Zugriff: 13.08.2012; ursprünglich erschienen in: Lehndorff, Steffen (Hg.) (2006): Das Politische in der Arbeitspolitik, Berlin)

Lehndorff, Steffen (Hg.) (2009): Abriss, Umbau, Renovierung? Studien zum Wandel des deutschen Kapitalismusmodells, Hamburg

Lehndorff, Steffen/Bosch, Gerhard/Haipeter, Thomas/Latniak, Erich (2009): Vor der Krise und in der Krise. Das deutsche Beschäftigungsmodell – ein Modell für die ganze Welt?, in: Lehndorff, Steffen (2009) (Hg.): S. 20-46

Lindholm, Mikael R. (2008): Das Geheimnis unseres Erfolges, in: Kulturaustausch. Zeitschrift für internationale Perspektiven, 58(1): S. 25-27

Luhmann, Niklaus (1981): Politische Theorie im Wohlfahrtsstaat, München und Wien

Luhmann, Niklaus (1990): Die Wissenschaft der Gesellschaft, Frankfurt/M.

Luhmann, Niklaus (2000): Die Politik der Gesellschaft, Frankfurt/M.

Luhmann, Niklaus/Scharpf, Fritz (1989): Politische Steuerung. Ein Streitgespräch, in: Politische Vierteljahresschrift, Bd. 30: S. 4-21

Lykketoft, Mogens (2009). Das Dänische Modell – eine europäische Erfolgsgeschichte, Friedrich-Ebert-Stiftung (Internationale Politikanalyse), Berlin

Mäder, Ueli/Araznam, Ganga Jey/Schilliger, Sarah (2010): Wie Reiche denken und lenken. Reichtum in der Schweiz: Geschichte, Fakten, Gespräche, 2. Aufl., Zürich

Mair, Peter (1997): Party System Change. Approaches and Interpretations, Oxford

Matthies, Aila-Leena (2004): Wo ein Rad ins andere greift. Wie sich Wirtschaft, Bildung und Familienpolitik in Finnland gegenseitig auf die Sprünge helfen, in: perspektive21 Nr. 24/2004: S. 31-46

Mautz, Rüdiger/Rosenbaum, Wolf (2012): Der deutsche Stromsektor im Spannungsfeld energiewirtschaftlicher Umbaumodelle, in: WSI-Mitteilungen, 2(65): S. 85-93

Merz, Friedrich (2004): Nur wer sich ändert, wird bestehen. Vom Ende der Wohlstandsillusionen – Kursbestimmung für unsere Zukunft, Freiburg/Br.

Mutual Information System on Social Protection in the Member States of the EU (MISSOC) (2011): http://ec.europa.eu/employment_social/missoc/db/public/compareTables.do?lang=en (Stand: Juli 2011)

Nagler, Mike (2007): Ursachen und Auswirkungen von Entstaatlichung öffentlicher Einrichtungen auf die Stadtentwicklung im Kontext einer gesamtgesellschaftspolitischen Entwicklung (am Beispiel der Privatisierung der WOBA Dresden). Magisterarbeit an der HTWK Leipzig

Naschold, Frieder (1993): Modernisierung des Staates. Zur Ordnungs- und Innovationspolitik des öffentlichen Sektors, 2. Aufl., Berlin

Naschold, Frieder (1995): Ergebnissteuerung, Wettbewerb, Qualitätspolitik: Entwicklungspfade des öffentlichen Sektors in Europa, Berlin

Nationales Zentrum Frühe Hilfen (NZFH) (Hg.) (2008): Frühe Hilfen. Modellprojekte in den Ländern, Köln

Nationales Zentrum Frühe Hilfen (NZFH) (Hg.) (2010a): Materialien zu Frühen Hilfen 2 – Bestandsaufnahme (Bearbeiterin: Alexandra Sann), Köln

Nationales Zentrum Frühe Hilfen (NZFH) (Hg.) (2010b): Materialien zu Frühen Hilfen. Expertise Kosten und Nutzen Früher Hilfen (Bearbeiter: Prof. Uta Meier-Gräwe und Inga Wagenknecht), Köln

Niechoj, Torsten/Stein, Ulrike/Stephan, Sabine/Zwiener, Rudolf (2011): Deutsche Arbeitskosten: Eine Quelle der Instabilität im Euroraum. Auswertung der Eurostat-Statistik für 2010, IMK-Report Nr. 68 v. Dez. 2011 (zit. als IMK-Report Nr. 68)

Niedermayer, Oskar (2001): Nach der Vereinigung. Der Trend zum fluiden Fünfparteiensystem, in: Gabriel, Oscar W./Niedermayer, Oskar/Stöss, Richard (Hg.) (2001): Parteiendemokratie in Deutschland, Schriftenreihe der Bundeszentrale für politische Bildung, Bd. 372, Bonn: S. 107-127

Niedermayer, Oskar (2007): Die Entwicklung des bundesdeutschen Parteiensystems, in: Decker, Frank/Neu, Viola (Hg.) (2007): Handbuch der deutschen Parteien, Wiesbaden: S. 114-135

Nilsson, Lars (2009): Local Self-Government in Northern Europe in the 19$^{th}$ and 20$^{th}$ centuries. Conference paper 2009, International Commission for the History of Towns

Nolte, Paul (2006): Riskante Moderne. Die Deutschen und der Kapitalismus, München

Nordic Council of Ministers (Hg.) (2007): Nordic Statistical Yearbook 2007 (Nordisk statistisk ärsbok 2007), Vol. 45, Kopenhagen

Nordic Council of Ministers (Hg.) (2009): Nordic countries in figures 2009, Vol. 47, Kopenhagen

Nordic Council of Ministers (Hg.) (2011): Nordic Statistical Yearbook 2011 (Nordisk Statistisk Ärsbok 2011), Vol. 49, Kopenhagen: www.norden.org > English > Suchbegriff „Statistical Yearbook" (letzter Zugriff: 13.08.2012)

OECD (2006): Starting Strong II – Early Childhood Education and Care, Paris

OECD (2007a): Renten auf einen Blick. Staatliche Politik im OECD-Ländervergleich, dt. Ausgabe 2007, Paris

OECD (2007b): Trends in Severe Disability among Elderly People. Assessing the Evidence in 12 OECD Countries and the Future Implications (Lafortune, Gaétan, Balestat, Gaelle, and the Disability Study Expert Group Members): OECD Health Working papers No. 26, Paris

OECD (2008): Growing Unequal? Income Distribution and Poverty in OECD, Paris

OECD (2011a): Pensions at a Glance 2011: Retirement-income Systems in OECD and G20 Countries, Paris

OECD (2011b): Help Wanted? Providing and Paying for Long-Term Care, Paris: www.oecd.org/health/longtermcare (Zugriff: 03.09.2011)

OECD (2011c): Education at a glance 2011, OECD Indicators 2011, Paris

OECD (2012a): Economic Outlook 91, Paris: Statistical Annex

OECD (2012b): Education at a glance 2012, OECD Indicators 2012, Paris

Offe, Claus (1979): „Unregierbarkeit". Zur Renaissance konservativer Krisentheorien, in: Habermas, Jürgen (Hg.) (1979): Stichworte zur „Geistigen Situation der Zeit", Bd. 1: Nation und Republik, Frankfurt/M.: S. 294-238

Olson, Mancur (1991) Aufstieg und Niedergang von Nationen. Ökonomisches Wachstum, Stagflation und soziale Starrheit, 2. Aufl., Tübingen

Oppacher, Andreas (2010): Deutschland und das Skandinavische Modell, Bonn

Oppen, Maria (1999): BürgerInnen als MitgestalterInnen aus internationaler Perspektive – Das Beteiligungsmodell der Stadt Hämeenlinna, in: Bogumil, J./ Vogel, H.-J. (Hg.): Bürgerschaftliches Engagement in der kommunalen Praxis – Initiatoren, Erfolgsfaktoren und Instrumente, Köln: S. 86-157

PISA (2003). Internationale Schulleistungsstudie PISA. Lernen für die Welt von morgen. Erste Ergebnisse von PISA 2003: http://www.pisa.oecd.org/dataoec d/18/10/34022484.pdf

Pontusson, Jonas (2006): Wohin steuert das soziale Europa?, in: WSI-Mitteilungen, 59(10): S. 532-539 (Beitrag basiert auf dem Buch: Ders. (2005): Inequality and Prosperity. Social Europe vs. Liberal America, Ithaca, NY)

Presse- und Informationsamt der Bundesregierung (Hg.) (2000): Bericht der Wissenschaftlergruppe der Arbeitsgruppe Benchmarking über Möglichkeiten zur Verbesserung der Beschäftigungsmöglichkeiten gering qualifizierter Arbeitnehmer, Berlin (Bearbeiter: Fels, Gerhard/Heinze, Rolf/Pfarr, Heide/Streeck, Wolfgang), zit. als Fels et al. 2000

Priewe, Jan/Rietzler, Katja (2010): Deutschlands nachlassende Investitionsdynamik 1991-2010. Ansatzpunkte für ein neues Wachstumsmodell. Expertise im Auftrag der Abteilung Wirtschafts- und Sozialpolitik der Friedrich-Ebert-Stiftung, WISO-Diskurs, Dezember 2010, Bonn

Privatisation of Public Services and the Impact on Quality, Employment and Productivity (PIQUE) (2009): Summery Report, Wien (www.pique.at > PIQUE); zit. als PIQUE Summery Report

Püttner, Günter (Hg.) (1982): Handbuch der Kommunalen Wissenschaft und Praxis, Bd. 2: Kommunalverfassung, Berlin, Heidelberg und New York

Rechlin-Fuchs, Kirsten (2010): Die berufliche, ökonomische und familiäre Situation von Erzieherinnen und Kinderpflegerinnen. Sonderauswertung des Mikrozensus im Auftrag der Max-Traeger-Stiftung der GEW, Frankfurt/M.

Rehm, Hans (2006): Statistiken der öffentlichen Finanzen aussagekräftiger und aktueller, in: Wirtschaft und Statistik Nr. 3/2006: S. 279-302

Reichenbach, Michael (2009): Investitionsstau und Investitionsbedarf bei den Kommunen, in: WSI-Mitteilungen, 62(5): S. 251-259

Rips, Frank-Georg (2007): Rolle und Aufgaben der Kommunalen Wohnungsunternehmen aus der Sicht des deutschen Mieterbundes, in: Steinert, Jürgen (Hg.) (2007): S. 9-25

Robert Koch Institut (2007): Staphylokokken-Erkrankungen, insbesondere Infektionen durch MRSA – Merkblatt für Ärzte, Stand 9. Februar 2007: http://www.mrsa-net.org/DE/externeTexte/RKI.html (letzter Zugriff: 13.08.2012)

Rodrik, Dani (2011): Das Globalisierungsparadox, München (aus dem Englischen von Karl Heinz Siber)

Röpke, Wilhelm (1958, 2009): Jenseits von Angebot und Nachfrage, Nachdruck der Originalausgabe des Eugen Rentsch Verlages durch die Verlagsanstalt Handwerk, Düsseldorf

Rose, Lawrence E./Stahlberg, Krister (2005): The Nordic Countries: still the promised Land?, in: Denters, Bas/Rose, Lawrence (2005) (Hg): Comparing Local Governance. Trends and Developments, Houndsmills u.a.: S. 83-99

Rubart, Frauke (2004): Auf Stimmenfang im Nordatlantik. Parteiensystem und politische Macht in Island. Jean Monnet Centre for European Studies (CeuS) Working Paper Nr. 3/2004, Bremen

Rüling, Anneli/Kassner, Karsten (2007): Familienpolitik aus der Gleichstellungsperspektive. Ein europäischer Vergleich, hg. von der Friedrich-Ebert-Stiftung, Berlin

Sachverständigenrat zur Begutachtung der Entwicklung im Gesundheitswesen (2009): Koordination und Integration – Gesundheitsversorgung in einer Gesellschaft des längeren Lebens, Sondergutachten (Kurzfassung)

Schäfer, Claus (2009): Aus der Krise in die Krise? WSI-Verteilungsbericht 2009, in: WSI-Mitteilungen, 62(12): S. 683-691

Scharpf, Fritz W. (1974): Politische Durchsetzbarkeit innerer Reformen, Göttingen

Scharpf, Fritz W. (1985): Die Politikverflechtungs-Falle: Europäische Integration und deutscher Föderalismus im Vergleich, in: Politische Vierteljahresschrift 26(4): S. 323-356

Scharpf, Fritz W. (1988): Verhandlungssysteme, Verteilungskonflikte und Pathologien der politischen Steuerung, in: Politische Vierteljahresschrift, Sonderheft 19: S. 61-87

Schmidt, Manfred (2001): Parteien und Staatstätigkeit, in: Gabriel, Oscar W./Niedermayer, Oskar/Stöss, Richard (Hg.) (2001): Parteiendemokratie in Deutschland, Schriftenreihe der Bundeszentrale für politische Bildung, Bd. 372, Bonn: S. 528-550

Schratzenstaller, Margit (2011): Vermögensbesteuerung – Chancen, Risiken und Gestaltungsmöglichkeiten, Studie für die Friedrich-Ebert-Stiftung, Bonn

Schulten, Thorsten/Böhlke, Nils (2010): Auf Kosten der Beschäftigten. Privatisierung von Kliniken, in: Dr. med. Mabuse 186 (Juli/August): S. 28-31

Schulze-Buschoff, Karin/Protsch, Paula (2007): Die soziale Sicherung von a-typisch Beschäftigten im europäischen Vergleich, WSZ-Diskussionspapiere, Juni 2007

Schuppert, Gunnar Folke (Hg.) (2005): Der Gewährleistungsstaat. Ein Leitbild auf dem Prüfstand, Baden-Baden (Schriften zur Governance-Forschung, Bd. 2)

Sinn, Hans-Werner (2006): Gesellschaftsmodelle – Skandinavischer Schwindel; in: DIE Welt v. 8.11.2006, revidierte Fassung: Der skandinavische Trick, ifo Standpunkt Nr. 80/2006 v. 10.11.2006

Skuban, Ralph (2004): Pflegesicherung in Europa. Sozialpolitik im Binnenmarkt, 1. Aufl., Wiesbaden

Sozialdemokratische Partei Deutschlands (Hg.) (2003): Agenda 2010 – Mut zur Veränderung, Berlin

Statistisches Bundesamt/Wissenschaftszentrum Berlin (Hg.) (2011): Datenreport 2011. Ein Sozialbericht für die Bundesrepublik Deutschland, Bd. 1 (zit. als Datenreport 2011), online verfügbar unter: www.destatis.de/publikationen oder www.dpb.de (letzter Zugriff: 13.08.2012)

Steinert, Jürgen (Hg.) (2007): Kommunale Wohnungsunternehmen – Tafelsilber oder Saatkartoffeln. Positionen des Arbeitskreises Stadtentwicklung, Bau und Wohnen der Friedrich-Ebert-Stiftung, Berlin: S. 9-25

Streek, Wolfgang (1997): Der europäische Sozialstaat der Nachkriegszeit ist endgültig passé, Vortrag zum 75. Gründungsjubiläum der Akademie der Arbeit in der Universität Frankfurt a.M., Dokumentation in: Frankfurter Rundschau Nr. 4 v. 6. Januar 1997: S. 10

Streek, Wolfgang (2000): Ist die Einrichtung eines „Niedriglohnsektors" die letzte Beschäftigungschance für gering qualifizierte Arbeitnehmer?, in: Otto Brenner Stiftung (Hg.) (2000): Niedriglohnsektor und Lohnsubventionen im Spiegel des Arbeits- und Sozialrechts, Frankfurt/M.: S. 11-23

Streek, Wolfgang (2004, 2005): Hire and Fire. Ist der amerikanische Arbeitsmarkt ein Vorbild für Deutschland, in: Berliner Republik Nr. 3/2004: S. 56-67 und in: Strasser, Hermann/Nollmann, Gerd (Hg.) (2005): Endstation Amerika? Sozialwissenschaftliche Innen- und Außenansichten, Wiesbaden: S. 103-117

Tietze, Wolfgang/Becker-Stoll, Fabienne/Bensel, Joachim/Eckhardt, Andrea G./Haug-Schnabel, Gabriele/Kalicki, Bernhard/Keller, Heidi/Leyendecker, Birgit (Hg.) (2012): NUBBEK – Nationale Untersuchung zur Bildung, Betreuung und Erziehung in der frühen Kindheit. Fragestellung und Ergebnisse im Überblick, Berlin

Trilling, Angelika/Klie, Thomas (2003): Die Ermittlung von pflegekulturellen Orientierungen und Pflegebereitschaft als Instrument der Altenhilfeplanung, in: Klie, Thomas/Buhl, Anke/Entzian, Hildegard/Schmidt, Roland (Hg.) (2003): Entwicklungslinien im Gesundheits- und Pflegewesen. Die Pflege älterer Menschen aus system- und sektorübergreifender Perspektive, Frankfurt/M.: S. 111-120

Truger, Achim (2010): Steuersenkungen, Schuldenbremse und Konjunkturrisiken, in: Eicker-Wolf, Kai/Thöne, Ulrich (Hg.) (2010): S. 15-43

Tschernoff, Eleonoor (2007): Music Schools in Europa. A European study on the organisation of music schools and the preparation of students for professional music training at higher education level, (hg. vom europäischen Musikschulverband „Association Européenne des Conservatoires" – AEC), o.O.

UNICEF (2012): Measuring Child Poverty. New league tables of child poverty in the world's rich countries, Innocenti Report Card 10, Florence (www.unicef-irc.org)

Vanselow, Achim/Weinkopf, Claudia (2009): Zeitarbeit in anderen Ländern – Lehren für Deutschland?, Expertise für die Hans-Böckler-Stiftung, Juli 2009

Verordnung (EG) Nr. 2223/96 des Rates vom 25. Juni 1995 zum Europäischen System Volkswirtschaftlicher Gesamtrechnungen auf nationaler und regionaler Ebene in der europäischen Gemeinschaft, Anhang B

Veser, Jürgen (2011): Strategien der Kommunen im Umgang mit ihren Wohnungsbeständen, Folien-Vortrag auf dem GdW-Kongress der kommunalen und öffentlichen Wohnungsunternehmen am 29. und 30. Juni 2011 in Berlin

Wade, Robert/Sigurgeirsdóttir, Silla (2011): Die Reykjavik-Gang. Wie Islands Staatskasse verzockt wurde, in: Le Monde diplomatique, Jg. 17, Mai 2011: S. 1 u. S. 20f.

Wiesenthal, Helmut (2003): Beyond Incrementalism. Sozialpolitische Basisinnovationen im Lichte der politiktheoretischen Skepsis, in: Mayntz, Renate/Streeck, Wolfgang (Hg.): Reformierbarkeit der Demokratie. Innovationen und Blockaden, Schriften aus dem Max-Planck-Institut für Gesellschaftsforschung, Bd. 45, Frankfurt/M. u. New York: S. 31-70

Wilkinson, Richard/Pickett, Kate (2010): Gleichheit ist Glück. Warum gerechte Gesellschaften für alle besser sind, Berlin (dt. Ausgabe von: The Spirit Level. Why more equal societies almost always do better, London 2009)

Windeler, Jürgen/Görres, S./Thomas, S./Kimmel, A./Langner, I./Reif, K./Wagner, A. (2009): Abschlussbericht. Endfassung. Maßnahmen zur Schaffung eines neuen Pflegebedürftigkeitsbegriffs und eines neuen bundesweit einheitlichen und reliablen Begutachtungsinstruments zur Feststellung der Pflegebedürftigkeit nach dem SGB XI, Hauptphase 2 (vgl. unter http://bmg.bund.de/ > Publikationen > Windeler; letzter Zugriff: 12.08.2012)

Windmann, Antje (2011): Pflege. Im toten Winkel, in: DER SPIEGEL Nr. 28 v. 11.07.2011: S. 126-129

Wollmann, Helmut (2003): Evaluation and Public Sector Reform in Germany. Leaps and lags, in: Wollmann, Helmut (Hg.) (2003): Evaluation in Public Sector Reform. Concepts and practice in international perspective, Edward Elgar Publishing

WWF (2006): Der Zustand unseres Planeten. WWF Living Planet Report 2006, Frankfurt/M. (Oktober 2006)

WWF (2007): Europa 2007. Gross Domestic Product and Ecological Footprint, Brussels

Zeuner, Bodo/Wischermann, Jörg (1995): Rot-Grün in den Kommunen. Konfliktpotentiale und Reformperspektiven – Ergebnisse einer Befragung von Kommunalpolitikern, Opladen

Zimmermann, Horst (2009): Kommunalfinanzen. Eine Einführung in die finanzwissenschaftliche Analyse der kommunalen Finanzwirtschaft, Berlin

Zöpel, Christoph (2005): Der Sozialstaat – Teil kultureller Identität Europas, in: Friedrich-Ebert-Stiftung (Hg.): Soziale Demokratie in Europa, Bonn: S. 152-158

# Nationale Primärquellen

## (u.a. Gesetze, Parlamentsdrucksachen, Regierungsdokumente, amtliche Statistiken)[599]

### Dänemark

Aalborg kommunes Statistiske Årbog (Staitistisches Jahrbuch von Aalborg): www.aalborgkommune.dk. Only in Danish

Århus kommunes Statistiske Årbog (Statistisches Jahrbuch von Århus): www.aarhus.dk/statistik

Copenhagen: The Statistical Yearbook of the Municipality of Copenhagen: www.sk.kk.dk (publications)

Danish Ministry of Culture, Act No. 340 of 17. May 2000 Act regarding library service

Danish Ministry of the Interior and Health (2005): Report on health and long-term care in Denmark, Kopenhagen

Local Government Denmark (LGDK) (2009): The Danish Local Government System, o.O.

Ministry of the Interior and Health, & Ministry of Social Affairs (2005): Report on health and long-term care in Denmark.

Ministry of Social Affairs/Ministry of Interior Affairs and Health (2006): Denmark – National Report on Strategies for Social Protection and Social Inclusion, September 2006

Ministry of Social Affairs/Ministry of Interior Affairs and Health (o.J.): Gesetz über Soziale Dienste: http://english.sm.dk/Sider/Velkommen.aspx > Legislation > Social Affairs > Consolidation Act on Social Services.

Odense kommunes Statistiske Årbog (Statistisches Jahrbuch von Odense): www.odense.dk

Statistics Denmark (2006): Statistisches Jahrbuch 2006: http://www.dst.dk/en/ > Search „Statistical Yearbook" (Zugriff: 18.07.2012)

Statistics Denmark (2008): Statistical Yearbook 2008: http://www.dst.dk/en/ > Search „Statistical Yearbook" (Zugriff: 18.07.2012)

Statistics Denmark (2009), Statistical Yearbook 2009: http://www.dst.dk/en/ > Search „Statistical Yearbook" (Zugriff: 18.07.2012)

Statistics Denmark (2010): Statistical Yearbook 2010: http://www.dst.dk/en/ > Search „Statistical Yearbook" (Zugriff: 18.07.2012)

---

[599] Ohne die in den Anmerkungen nur einmalig zitierten Quellen.

Statistics Denmark (2011): Statistical Yearbook 2011: http://www.dst.dk/en/ > Search „Statistical Yearbook" (Zugriff: 18.07.2012)

Statistics Denmark: „Accounts of municipalities by region, kind, dranst, function and time" (Code REG31 bis 2006; danach REGK31)

The Danish Government (Hg.) (2010): Denmark 2020: Knowledge – Growth – Prosperity – Welfare, Kopenhagen

The Danish Ministry of Taxation (2009): Danish Tax Reform 2010. Paper to the OECD WP 2 meeting November 2009

ToldSkat: Steuerinformationen für alle, die nach Dänemark umziehen: http://www.erhverv.toldskat.dk/ToldSkat.aspx?oID=134132&vID=127574 (letzter Zugriff: 14.08.2012)

*Deutschland*

Anton, Stefan/Diemert, Dörte (2010): Kommunale Finanzen: Kein Licht am Ende des Tunnels, in: Der Städtetag, 63(5): S. 5-9

Anton, Stefan/Diemert, Dörte (2011): Weniger Defizite – aber die Strukturkrise bleibt, in: Der Städtetag, 64(5): S. 11-88

Bekanntmachung der Neufassung des Gesetzes zur Ausführung des Bundesausbildungsförderungsgesetzes (AGBAföG) v. 22.02.2007, GVBl. Nr. 6/2007: S. 78

Bericht der Bundesregierung über den Stand des Ausbaus für ein bedarfsgerechtes Angebot an Kindertagesbetreuung für Kinder unter drei Jahren 2007, BT-Drs. 16/6100 v. 12.07.2007

Bericht über die Lebenssituation junger Menschen und die Leistungen der Kinder- und Jugendhilfe in Deutschland. Zwölfter Kinder- und Jugendbericht und Stellungnahme der Bundesregierung, BT-Drs. 15/6014 v. 10.10.2005

BT-Drs. 17/3012 v. 23.09.2010: Antwort der Bundesregierung auf die Große Anfrage der Abgeordneten Kathrin Senger-Schäfer, Dr. Martina Bunge, Inge Höger, weiterer Abgeordneter und der Fraktion DIE LINKE (Drs. 17/2219) – Umsetzung des neuen Pflegebegriffs (gemäß dem Bericht des Beirats zur Überprüfung des Pflegebedürftigkeitsbegriffs)

BT-Drs. 17/4133 v. 7.12.2010: Antwort der Bundesregierung auf die Kleine Anfrage der Abgeordneten Beate Müller-Gemmeke, Elisabeth Scharfenberg, Birgit Bender, weiterer Abgeordneter und der Fraktion Bündnis 90/DIE GRÜNEN (Drs. 17/3590) – Arbeitsbedingungen in der Pflegebranche und Kontrolle des Pflegemindestlohns

Bundesgesundheitsministerium (BGM) (2008): Vierter Bericht über die Entwicklung der Pflegeversicherung: http://www.bagso.de/fileadmin/Aktuell/Aus_den_ Ministerien/4-bericht-entwicklung-pflegeversicherung.pdf (Zugriff: 10.08.2011)

Bundesgesundheitsministerium (BGM) (2010a): Aufbau einer modernen Pflegeinfrastruktur in den neuen Bundesländern. Investitionsprogramm nach Art. 52 Pflege-Versicherungsgesetz, Berlin

Bundesgesundheitsministerium (BGM) (2010b): Zahlen und Fakten zur Pflegeversicherung, 5/2010

Bundesministerium der Finanzen (BMF), Referat VIII B1 (Hg.) (2010): Beteiligungsbericht 2009, Bonn

Bundesministerium der Finanzen, Hartmut Kosehyk (Parlamentarischer Staatssekretär) (2011): Schreiben an den Vorsitzenden des Finanzauschusses des Deutschen Bundestages vom 25. Mai 2011 betreffs „Abschlussbericht der Arbeitsgruppe ‚Kommunalsteuern'" mit Anlagen (u.a. Zweiter Ergänzungsbericht vom 7. April 2011)

Bundesministerium für Arbeit und Soziales (BMAS) (2010): Soziale Sicherung im Überblick 2010, Bonn (Januar 2010)

Bundesministerium für Arbeit und Soziales (BMAS) (2011a): Soziale Sicherung im Überblick 2011, Bonn (Januar 2011)

Bundesministerium für Arbeit und Soziales (BMAS) (2011b): Sozialbudget 2010, Bonn (Juni 2011)

Bundesministerium für Familie, Senioren, Frauen und Jugend (2010): Dritter und Vierter Staatenbericht der Bundesrepublik Deutschland zu dem Übereinkommen der Vereinten Nationen über die Rechte des Kindes, Berlin

Bundesministerium für Familie, Senioren, Frauen und Jugend (BMFSFJ) (Hg.) (2002): Familienunterstützende Kinderbetreuungsangebote. Eine Recherche zu alternativen Angebotsformen, München

Deutsche Krankenhausgesellschaft (Hg.): Zahlen, Daten, Fakten, fortlaufend bis 2010, Düsseldorf

Deutscher Bibliotheksverband (2011): Bericht zur Lage der Bibliotheken 2011, Berlin (PDF-Datei über www.bibliotheksverband.de)

Deutscher Bühnenverein (Hg.) (2011): Theaterstatistik 2009/2010

Deutscher Städtetag (1994): Gemeindefinanzbericht 1994 – Talfahrt der städtischen Finanzen, in: Der Städtetag, 47(3)

Deutscher Städtetag (1995): Gemeindefinanzbericht 1995. Städtische Finanzen '95 unter staatlichem Druck, in: Der Städtetag, 48(3)

Deutscher Städtetag (1996): Gemeindefinanzbericht 1996. Städtische Finanzen '96 – in der Sachgasse, in: Der Städtetag, 49(3)

Deutscher Städtetag (1997): Gemeindefinanzbericht 1997. Städtische Finanzen '97 – auf Maastricht-Kurs, in: Der Städtetag, 50(3)

Deutscher Städtetag (1998): Gemeindefinanzbericht 1998. Städtische Finanzen '98 – Im Zeichen des Steuerverfalls, in: Der Städtetag, 51(3)

Deutscher Städtetag (1999): Gemeindefinanzbericht 1999. Städtische Finanzen '99 – Nicht gegen die Städte!, in: Der Städtetag, 52(3)

Deutscher Städtetag (2010a): Gemeindefinanzbericht 2010, in: Der Städtetag, 63(5)

Deutscher Städtetag (2010b): Städte müssen handlungsfähig sein – nachhaltige Entlastungen sind überfällig. Berliner Resolution der deutschen Städte zur kommunalen Finanzlage vom 18. November 2010

Deutscher Städtetag (2011): Gemeindefinanzbericht 2011, in: Der Städtetag, 64(5)

Fraktion Bündnis 90/Die Grünen „Klimaschutz in der Stadt", Antrag vom 06.04.2011, BT-Drs. 17/5368

Fraktion Bündnis 90/Die Grünen „Energieeffizienz und Klimaschutz im Gebäudebereich", BT-Drs. 17/5778

Gesetz für die Erhaltung, die Modernisierung und den Ausbau der Kraft-Wärme-Kopplung (Kraft-Wärme-Kopplungsgesetz) vom 19. März 2002 (BGBl. I: S. 1092), zuletzt geändert durch Artikel 1 des Gesetzes vom 25. Oktober 2008 (BGBl. I: S. 2101)

Gesetz über die Berufe in der Altenpflege (Altenpflegegesetz – AltPflG) sowie zur Änderung des Krankenpflegegesetzes vom 17. November 2000 (BGBl. I: S. 1515)

Gesetz über die Statistik für Bundeszwecke (Bundesstatistikgesetz – BStatG) Bundesstatistikgesetz vom 22. Januar 1987 (BGBl. I: S. 462, (565)), zuletzt geändert durch Artikel 3 des Gesetzes vom 7. September 2007 (BGBl. I: S. 2246)

Gesetz zur Änderung des Gesetzes über die Weiterbildung in den Gesundheitsfachberufen und Altenpflegeberufen im Freistaat Sachsen, GVBl. Nr. 3/2006 v. 15.03.2006

Gesetz zur Änderung des Gesetzes über Kindertageseinrichtungen v. 1.12.2005, GVBl. 10/2005 v. 16.12.2005: S. 309

Gesetz zur Förderung der Bibliotheken als Bildungs- und Kultureinrichtungen im Freistaat Sachsen (Gesetzentwurf der Fraktion GRÜNE im Sächsischen Landtag, SNLT Drs. 5/6104): http://www.gruene-fraktion-sachsen.de/fileadmin/user_upload/eckpunktepapiere/SaechsBiBoG_Eckpunkte_15062011_01.pdf

Gesetz zur Förderung von Kindern unter drei Jahren in Tageseinrichtungen und in Kindertagespflege (KiföG) v. 10. Dezember 2008 (BGBl. I Nr. 574: S. 2403ff.)

Gesetz zur Regionalisierung des öffentlichen Personennahverkehrs (Regionalisierungsgesetz) vom 27. Dezember 1993 (BGBl. I: S. 2378, 2395) i.d.F. v. 1. Januar 2008 (BGBl. I: S. 2871)

Gesetz zur strukturellen Weiterentwicklung der Pflegeversicherung (Pflege-Weiterentwicklungsgesetz), BGBl. Nr. 20 vom 30.05.2008: S. 873

Gesetz zur Zusammenfassung und Modernisierung des niedersächsischen Kommunalverfassungsrechts vom 17. Dezember 2010 (Nds. GVBl. Nr. 31/2010, ausgegeben am 23.12.2010)

Grundgesetz der Bundesrepublik Deutschland vom 23.05.1949 (BGBl. I: S. 1) zuletzt geändert durch Gesetz vom 21.07.2010 (BGBl. I: S. 944) m.W.v. 27.07.2010

Grundsatzprogramm der SPD vom 28. Oktober 2007 (Hamburger Programm)

Hessisches Statistisches Landesamt (2010): Statistische Berichte. Vergleichszahlen zu den Kommunalwahlen am 27. März 2011, Wiesbaden Oktober 2010

Heute im Bundestag, Newsletter fortlaufend, Hrsg. von: Deutscher Bundestag, Parlamentskorrespondenz, PuK 2; Email: vorzimmer.puk2@bundestag.de

Innenministerium des Landes Nordrhein-Westfalen (2009): Kommunalwahlen 2009. Endgültige Ergebnisse in Nordrhein-Westfalen, Heft 3 (Nov.); Düsseldorf

Institut für Museumsforschung (2000): Statistische Gesamterhebung an den Museen der Bundesrepublik Deutschland für das Jahr 1999, Berlin (Heft 53 des Instituts), Berlin

Institut für Museumsforschung (2011): Statistische Gesamterhebung an den Museen der Bundesrepublik Deutschland für das Jahr 2010, Berlin (Heft 65 des Instituts): Publikation als PDF-Datei unter Staatliche Museen zu Berlin: http://www.smb.museum/smb/home/index.php >Sammlungen und Institute > Institut für Museumsforschung > Publikationen

Landtag Mecklenburg-Vorpommern, 5. WP, Gesetzentwurf der Fraktion DIE LINKE „Entwurf eines Bibliotheksgesetzes Mecklenburg-Vorpommern" (LBibG M-V), LT-Drs. 5/1882 v. 8.10.2008

Leitlinien für eine gesunde Ernährung von Kindern und Jugendlichen in Kindertageseinrichtungen und Schulen, Antr LTSN-Drs. 4/7757 v. 24.01.2007

Musikpädagogisches Projekt „Jedem Kind ein Musikinstrument" initiieren!, Antr LTSN-Drs. 4/8495 v. 18.04.2007

Niedersächsisches Landesamt für Statistik (2007): Kommunalwahlen am 10. September 2006 in Niedersachsen, Heft 4 – Endgültige Ergebnisse, Statistische Berichte Niedersachsen B VII 3.4 – j/2006, Hannover

Nordrhein-Westfalen: Gesetz zur Umsetzung der Föderalismusreform auf dem Gebiet des Heimrechts und zur Änderung von Landesrecht vom 18. November 2009, in: GV. NRW. 2008, Nr. 34 v. 9. Dezember 2008: S. 738

Pflegeversicherungsgesetz (Stand 2010), SGB XI (Elftes Buch des Sozialgesetzbuches – Soziale Pflegeversicherung), zuletzt geändert durch Art. 3 G v. 30.07.2009 (BGBl. I: S. 2495)

Sächsischer Landtag (2006): Volkshandbuch (4. Wahlperiode), Stand: 12.06.2006

Sozialgesetzbuch Fünftes Buch (SGB V) – Gesetzliche Krankenversicherung vom 20. Dezember 1988 (BGBl. I: S. 2477, Artikel 1), geändert durch Gesetz vom 22. Dezember 1999 (BGBl. I: S. 2626) und durch Gesetz vom 22.12.2006 (BGBl. I: S. 3439)

Staatsministerium für Wirtschaft und Arbeit (Hg.) (2007): Dienstleistungen in Sachsen, Dresden

Stadt Leipzig (2008): Bibliotheksentwicklungskonzeption, Fortschreibung 2008 bis 2011, Beschluss der 48. Ratsversammlung Nr. RBI-1249/08 vom 09.07.2008, DS-Nr. IV/3342

Stadt Leipzig (2010a): Haushaltssatzung und Haushaltsplan 2010, Leipzig

Stadt Leipzig (2010b): Statistisches Jahrbuch 2010, Leipzig

Statistische Ämter des Bundes und der Länder (2010): Kulturfinanzbericht 2010, Bericht und Tabellenband, Wiesbaden (zit. als Kulturfinanzbericht 2010)

Statistische Ämter des Bundes und der Länder (2012): Kulturfinanzbericht 2012, Bericht und Tabellenband, Wiesbaden (zit. als Kulturfinanzbericht 2012)

Statistische Ämter des Bundes und der Länder (2011): Kindertagesbetreuung regional 2010. Ein Vergleich aller 413 Kreise in Deutschland

Statistisches Amt für Hamburg und Schleswig-Holstein (2008): Gemeindewahl in den kreisfreien Städten und kreisangehörigen Gemeinden in Schleswig-Holstein am 25. Mai 2008. Endgültiges Ergebnis der Sitzverteilung. B VII 3/08, Teil 2 v. 18. September 2008, Hamburg u. Kiel

Statistisches Bundesamt (Destatis) (2004a): Kindertagesbetreuung in Deutschland: Einrichtungen, Plätze, Personal und Kosten 1990-2002 (Presseexemplar)

Statistisches Bundesamt (Destatis) (2004b): Statistiken der Kinder- und Jugendhilfe. Tageseinrichtungen für Kinder am 31.12.2002, Wiesbaden

Statistisches Bundesamt (Destatis) (2005): Finanzen und Steuern: Jahresrechnungsergebnisse kommunaler Haushalte 2003, Fachserie 14, Reihe 3.3, Wiesbaden

Statistisches Bundesamt (Destatis) (2006): Finanzen und Steuern: Jahresrechnungsergebnisse kommunaler Haushalte 2004, Fachserie 14, Reihe 3.3, Wiesbaden

Statistisches Bundesamt (Destatis) (2007): Finanzen und Steuern: Jahresrechnungsergebnisse kommunaler Haushalte 2005, Fachserie 14, Reihe 3.3, Wiesbaden

Statistisches Bundesamt (Destatis) (2008a): Finanzen und Steuern: Jahresrechnungsergebnisse kommunaler Haushalte 2006, Fachserie 14, Reihe 3.3, Wiesbaden

Statistisches Bundesamt (Destatis) (2008b): Rechnungsergebnisse des öffentlichen Gesamthaushalts 2006, Fachserie 14 Reihe 3.1, Wiesbaden

Statistisches Bundesamt (Destatis) (2009a), Finanzen und Steuern. Jahresrechnungsergebnisse kommunaler Haushalte 2007, Fachserie 14, Reihe 3.3, korrigiert am 11. März 2010

Statistisches Bundesamt (Destatis) (2009b):Statistiken der Kinder- und Jugendhilfe. Maßnahmen der Jugendarbeit 2008, Wiesbaden (14.12.2009)

Statistisches Bundesamt (Destatis) (2009c): Statistiken der Kinder- und Jugendhilfe. Kinder in Kindertageseinrichtungen und in öffentlich geförderter Kindertagespflege in Deutschland – Modellrechnungen für das Jahr 2013, Wiesbaden

Statistisches Bundesamt (Destatis) (2009d): Bildungsfinanzbericht 2009 mit Anlagen, Wiesbaden (zit. als Bildungsfinanzbericht 2009)

Statistisches Bundesamt (Destatis) (2010): Finanzen und Steuern: Jahresrechnungsergebnisse kommunaler Haushalte 2008, Fachserie 14, Reihe 3.3, Wiesbaden

Statistisches Bundesamt (Destatis) (2011a): Der Personalschlüssel in Kindertageseinrichtungen. Methodische Grundlagen und aktuelle Ergebnisse 2010, Wiesbaden

Statistisches Bundesamt (Destatis) (2011b), Finanzen und Steuern. Jahresrechnungsergebnisse kommunaler Haushalte 2009, Fachserie 14, Reihe 3.3, Wiesbaden

Statistisches Bundesamt (Destatis) (2011c), Finanzen und Steuern. Rechnungsergebnisse des öffentlichen Gesamthaushalts 2008, Fachserie 14, Reihe 3.1, Wiesbaden

Statistisches Bundesamt (Destatis) (2011d): Pflegestatistik 2009. Pflege im Rahmen der Pflegeversicherung. Deutschlandergebnisse, Wiesbaden

Statistisches Bundesamt (Destatis) (2011e): Pflegestatistik 2009. Pflege im Rahmen der Pflegeversicherung. 2. Bericht: Ländervergleich – Pflegebedürftige, Wiesbaden

Statistisches Bundesamt (Destatis) (2011f): Pflegestatistik 2009. Pflege im Rahmen der Pflegeversicherung. 3. Bericht: Ländervergleich – ambulante Pflegedienste, Wiesbaden

Statistisches Bundesamt (Destatis) (2011g): Pflegestatistik 2009. Pflege im Rahmen der Pflegeversicherung. 4. Bericht: Ländervergleich – Pflegeheime, Wiesbaden

Statistisches Bundesamt (Destatis) (2011h): Produzierendes Gewerbe. Beschäftigung, Umsatz, Investitionen und Kostenstruktur der Unternehmen in der Energieversorgung, Wasserversorgung, Abwasser- und Abfallentsorgung 2009, Fachserie 4 Reihe 6.1, Wiesbaden

Statistisches Bundesamt (Destatis) (2012a): Statistiken der Kinder- und Jugendhilfe, Ausgaben und Einnahmen 2010, Wiesbaden

Statistisches Bundesamt (Destatis) (2012b): Verkehr. Personenverkehr mit Bussen und Bahnen, Fachserie 8, Reihe 3.1, Wiesbaden

Statistisches Bundesamt (Destatis): Personal des öffentlichen Dienstes, Fachserie 14 Finanzen und Steuern. Reihe 6, Jahrgänge 1998-2012, Wiesbaden

Statistisches Landesamt Baden-Württemberg (2010): Trends und Fakten – Kinderland Baden-Württemberg, Stuttgart

Statistisches Landesamt Bremen (2011): Statistisches Jahrbuch 2011, Bremen (Dez. 2011)

Statistisches Landesamt Rheinland-Pfalz (2011): Statistisches Jahrbuch 2010, Mainz

Thüringer Gesetz zum Erlass und zur Änderung bibliotheksrechtlicher Vorschriften (Thüringer Bibliotheksgesetz – ThürBibRG) vom 16. Juli 2008, ausgegeben am 29. Juli 2008

*Finnland*

Association of Finnish Local and Regional Authorities (2011): Finnish Local Government, Powerpoint-Präsentation (54 Folien)

Büro der Finnischen Premierministerin (2010): Finland 2020 – from thought to action. Final report by the Growth Initiative working group, August 2010 (Publikation Nr. 13/2010)

City of Helsinki (2009): Urban Facts: Statistical Yearbook of the City of Helsinki 2009, Helsinki

Finnische Gesetze siehe unter: http://www.finlex.fi/fi/ (letzter Zugriff: 14.08.2012)

Finnish Ministry of Finance (2005): Taxation in Finland 2005, Helsinki (Bearbeiter: Anders Colliander): www.financeministry.fi

Grundgesetz Finnlands (Verfassung vom 11. Juni 1999), Übersetzung des Justizministeriums: http://www.finlex.fi/en/laki/kaannokset/1999/de19990731.pdf (Zugriff: 27.03.2011; zuletzt: 14.08.2012)

Helsinki City (2002): City of Helsinki Annual Report 2001, Helsinki
Helsinki City (2006): City of Helsinki Annual Report 2005, Helsinki
Helsinki City (2007): City of Helsinki Annual Report 2006, Helsinki
Helsinki City (2008): City of Helsinki Annual Report 2007, Helsinki
Helsinki City (2010): City of Helsinki Annual Report 2009, Helsinki
Helsinki City (2011): City of Helsinki Annual Report 2010, Helsinki
Helsinki City (2012): City of Helsinki Annual Report 2011, Helsinki
Kolehmainen, Ari (o.J.): New municipality 2017. Vision of the future of local government (Project Leader, Association of Finnish Local and Regional Authorities); Folienpräsentation
Ministry of Agriculture and Forestry (2005): Finland's National Strategy for Adaptation: PDF-Datei unter: www.mmm.fi/sopeutumisstrategia > English > Suchwort „National Adaptation Strategy" (letzter Zugriff: 14.08.2012)
Ministry of Education and Culture (2009): Finnish Public Library Policy 2015. National strategic areas of focus: http://www.minedu.fi
Ministry of Education and Culture (2011): Quality Recommendation for public libraries (http://www.minedu.fi/OPM/?lang=en > Libraries > Library Policy; letzter Zugriff: 14.10.2012)
Ministry of Education and Culture (2012): The Library Act (904/1998) > Libraries > Legislation (letzter Zugriff: 14.10.2012)
Ministry of Education and Culture (2012): Library decree 1078/1998 i.d.F. v. 17.12.2009 (http://www.minedu.fi/OPM/?lang=en > Libraries > Legislation; letzter Zugriff: 14.10.2012)
Ministry of Finance (2009): Taxation in Finnland 2009, in: Tax Issues 7/2009 (April), o.O.
Ministry of Finance (2010): Budget Review 2011, Helsinki
Ministry of Social Affairs and Health (2004): Early Childhood Education and Care in Finland, Helsinki
Ministry of Social Affairs and Health (2008): National Framework for high Quality Services for older people, Helsinki
National Institute for Health and Welfare (THL) (2010a): Count of Regular Home-Care Clients on 30. November of 2009, Statistical Report 16/2010, Helsinki
National Institute for Health and Welfare (THL) (2010b): Institutional Care and Housing Services in Social Care 2009. Statistical Report 25/2010, Helsinki
National Institute for Health and Welfare (THL) (2011a): Sozialbudget 2009: http://www.thl.fi/en_US/web/en/home
National Institute for Health and Welfare (THL) (2011b): Liitetaulukko 5. Toimeentuloturvan ja palveluiden osuus sosiaalimenoista pääryhmittäin vuosina 1980-2009, Helsinki
National Institute für Health and Welfare (THL) (2011c): Sosiaali- ja terveysalan tilastollinen vuosikirja 2011 (Statistical Yearbook on Social Welfare and Health Care 2011), Helsinki

National Supervisory Authority for Welfare and Health (Valvira) (2011): Working as a registered Nurse in Finland, Guidelines 2/2011, Helsinki

Ownership Steering (2011): 2010 Annual Report of the Ownership Steering Department in the Prime Minister's Office, Helsinki

Stadt Helsinki 2003: Helsinki in Zahlen – Helsinki 2003, Helsinki

Stadt Helsinki 2008: Helsinki in Zahlen – Helsinki 2008, Helsinki

Statistics Finland (o.J.) fortlaufend: http://tilastokeskus.fi/til/index_en.html

The Finnish Local Government Act, 17 March 1995, No. 365, herausgegeben und ins Englische übersetzt von „The Association of Finnish Local and Regional Authorities", Helsinki 2007

## Island

Act on the Affairs of the Elderly, No. 125/1999 i. d. F. von Act No. 153/2010: http://www.government.is/ > Ministry of Welfare > Search "elderly

Gesetze des Wohlfahrtsministeriums: http://eng.velferdarraduneyti.is/acts-of-Parliament/nr/3709 (Zugriff am 27.07.2011)

Hagstofa Islands (2010): Hagtiðindi (Statistical Series) – Municipal social services 2007-2009, 12. Mai 2010

Island: Nationaler Klimareport von 2006 als PDF-Datei unter: http://eng.umhverfisraduneyti.is/

Libraries Act, No. 36, 16 May1997: http://eng.menntamalaraduneyti.is/Acts/nr/2431 (Zugriff: 20.09.2010; zuletzt: 05.02.2013)

Statistics Iceland (2011): Landshagir. Statistical Yearbook of Iceland 2011, Reykjavik

Statistics Iceland, Sozialbudget (Financing of social protection expenditure by functions 2006-2009), Reykjavik

The Central Bank of Iceland (2012): Economy of Iceland, Reykjavik, Oktober 2012: www.sedlabanki.is > English > Publication > Economy of Iceland; letzter Zugriff: 05.02.2013

The Municipalities Social Services Act No. 40/1991 i.d.F. des Gesetzes No. 152/2010: http://eng.velferdarraduneyti.is/media/acrobat-enskar_sidur/The_Municipalities _Social_Services_Act_No_40_1991_with_subsequent_amendments.pdf (Zugriff: 27.07.2011; zuletzt: 05.02.2013)

## Norwegen

Ministry of Finance (o.J.): The National Budget 2010. A Summary, Oslo

Ministry of Finance: The States ownership report 2006 und Folgejahre

Norwegian Ministry of Local Government and Regional Development (2008): Local Government in Norway: www.regjeringen.no/en/dep/krd (Zugriff zuletzt: 05.02.2013)

Norwegian Ministry of Petroleum and Energy/Norwegian Petroleum Directorate (2012): Facts 2012 – The Norwegian petroleum sector: http://npd.no/en/Publications/Facts/Facts-2012/ (Zugriff: 27.04.2012)

Norwegisches Bibliotheksgesetz (Gesetz Nr. 108 vom 20. Dezember 1985 i.d.F. vom 10. Januar 1997): http://archive.ifla.org/V/cdoc/n.(Zugriff: 15.09.2010)

Oslo towards 2025: The 2008 Municipal Masterplan, adopted by the Oslo City Council on 11 June 2008 (Proposition 213), 61 S. (authorisierte Übersetzung durch Maidie, H/Kloster, Alison J./Coulthard u. Peter Thomas)

Statistical Yearbook of Norway fortlaufend (bis 2011): http://www.ssb.no/english/yearbook/stikkad.html

Kommunalbanken Norway (2001): Annual Report 2000, Oslo

Kommunalbanken Norway (2006): Annual Report 2005, Oslo

Kommunalbanken Norway (2009): Annual Report 2008, Oslo

Kommunalbanken Norway (2011): Annual Report 2010, Oslo

Statistics Norway (2009): National Accounts 1970 bis 2008, Official Statistics D 426, Oslo und Konsgvinger

Local Government Act v. 25. No. 107 v. 25. September 1992 i.d.F. vom 7. Januar 2005 (Updated with all amendments enacted up to 7 January 2005): http://www.regjeringen.no/upload/kilde/krd/reg/2003/0008/ddd/pdfv/237921-local_government_act2005.pdf

*Schweden*

Government of Sweden (2009): Economic and Budget Guidelines, PROP.2009/10:1, Stockholm (Verfasserin: Marit Dozzi)

Ministry of Finance/Swedish Association of Local Authorities and Regions (2008): Local government financial equalization. Information about the equalization system for Swedish municipalities and county councils in 2008, Stockholm

Schwedisches Gesetz über Bibliotheksdienste (Swedish Code of Statutes – SFS 1996:1596): http://archive.ifla.org/V/cdoc/swedish.htm (Zugriff: 15.09.2010)

Schwedisches Institut (Hg) (2004): Die politischen Parteien Schwedens, in: Tatsachen über Schweden, o.O.

Serviges officiella statistik (2010): Äldre och personer med funktionsnedsättning – regiform m.m. för Vissa insatser är 2009, Socialstyrelsen, März 2010

Socialstyrelsen (2008): Development in the care for the elderly in Sweden 2007, o.O.

Statistiska Centralbyran (2005): Statistisk Arsbok för Sverige 2006 (Statistical Yearbook of Sweden), Örebron und Stockholm

Statistiska Centralbyran (2008): Statistisk Arsbok för Sverige 2009 (Statistical Yearbook of Sweden), Örebron und Stockholm

Statistiska Centralbyran (2011): Statistisk Arsbok för Sverige 2011 (Statistical Yearbook of Sweden), Örebron und Stockholm

Statistiska Centralbyran (2012): Statistisk Arsbok för Sverige 2012 (Statistical Yearbook of Sweden), Örebron und Stockholm

Stockholmsförsöket (2006): Facts and results from the Stockholm Trial (June 2006), Stockholm (zit. als Evaluationsbericht zur Drängele-Steuer): http://www.stock holmsforsoket.se/ > English > Evaluation Reports (letzter Zugriff: 05.02.2013)

Swedish Association of Local Authorities and Regions (SALAR) (2007): Care of the elderly in Sweden today, 2006, Stockholm (zit. als SALAR 2007)

Swedish National Agency for Education (Skolwerket) (2009): The Swedish National Agency for Education's report no. 316, Municipal adult education – Staff – National level – School years 2008/09, Stockholm

Swedish National Agency for Education (Skolwerket) (2010a): Children, Pupils and Staff. National level. Sweden's Official Statistics on Pre-school Activities, School-age child care and Adult Education, part 2. 2009, Report 331, Stockholm

Swedish National Agency for Education (Skolwerket) (2010b): Facts and figures 2010. Pre-school Activities, School-age child care, schools and Adult Education in Sweden 2010, Summary of Report 349, Stockholm

Swedish National Agency for Education (Skolwerket) (2012): Facts and figures 2011. Pre-school Activities, School-age child care and Adult Education in Sweden, Summary of Report 363, Stockholm (Februar 2012): online verfügbar unter: www.skolverket.se > Statistics > Nationella rapporter och studier

# Anhang

## A1. Verzeichnis der Tabellen und Abbildungen

*a) Tabellen*

| | | |
|---|---|---|
| Tab. 1: | Deutschland und Skandinavien: Basisdaten | 103 |
| Tab. 2: | Finnische Kommunalwahlergebnisse 1968-2008: Stimmenanteile der drei Hauptparteien und der Zweiten-Liga-Parteien | 110 |
| Tab. 3: | Schwedische Kommunalwahlergebnisse 1982-2010: Sitze nach politischer Zuordnung in Gemeinden und Counties | 114 |
| Tab. 4: | Dänische Kommunalwahlergebnisse 1993-2009: Sitze nach politischer Zuordnung in Gemeinden und Counties | 116 |
| Tab. 5: | Norwegische Kommunalwahlergebnisse 1991-2011: Sitze nach politischer Zuordnung in Gemeinden und Counties | 120 |
| Tab. 6: | Politische Mehrheiten in den Kommunalvertretungen westdeutscher Bundesländer: Sitzanteile (%) | 130 |
| Tab. 7: | Politische Mehrheiten in den Kommunalvertretungen ausgewählter ostdeutscher Bundesländer im Zeitraum 1998-2008: Stimmenanteile (%) | 133 |
| Tab. 8: | Gewählte Frauen (2007-2010) in skandinavischen Kommunalvertretungen (Gemeinden und Counties) nach Parteien und politischen Lagern: Frauenanteil (%) | 135 |
| Tab. 9: | Gewählte Frauen (2006-2009) in deutschen Kommunalvertretungen nach Parteien und politischen Lagern (%): Ausgewählte Bundesländer | 138 |
| Tab. 10: | Vergleich der kommunalen Aufgabenstruktur | 154 |
| Tab. 11: | Erfassung von Staatsaufgaben nach der COFOG-Klassifikation | 163 |
| Tab. 12: | Inanspruchnahme volkswirtschaftlicher Ressourcen (% des BIP) für die Aufgaben des Staates insgesamt und der Kommunen 2008 in Deutschland, der EU15 und den skandinavischen EU-Mitgliedern | 165 |
| Tab. 13: | Anteil des Kommunalsektors an den gesamten Staatsausgaben nach COFOG-Hauptabteilungen 1998 und 2008 | 170 |

Tab. 14: Kommunalausgaben (€) je Einwohner in Dänemark nach COFOG-Hauptabteilungen 1998 bis 2010 .................. 177

Tab. 15: Kommunalausgaben (€) je Einwohner in Finnland nach COFOG-Abteilungen 1998 bis 2010 .................. 178

Tab. 16: Kommunalausgaben (€) je Einwohner in Island nach COFOG-Abteilungen 1998 bis 2010 .................. 181

Tab. 17: Kommunalausgaben (€) je Einwohner in Norwegen nach COFOG-Abteilungen 2004 bis 2010 .................. 185

Tab. 18: Kommunalausgaben (€) je Einwohner in Schweden nach COFOG-Abteilungen 1998 bis 2010 .................. 187

Tab. 19: Kommunalausgaben (€) je Einwohner in Deutschland nach COFOG-Hauptabteilungen 1998 bis 2010 .................. 189

Tab. 20: Wachstum der Kommunalausgaben (€) je Einwohner nach COFOG-Hauptabteilungen 1998 bis 2010 im deutsch-skandinavischen Vergleich (%) .................. 194

Tab. 21: Die Entwicklung des kommunalen Steueraufkommens und der kommunalen Verschuldung in Finnland 2004 bis 2010 .................. 204

Tab. 22: Einnahmen der isländischen Gemeinden 1998 bis 2010: Anteile und € pro Einwohner .................. 208

Tab. 23: Finanzen des norwegischen Kommunalsektors 2007 bis 2010 .................. 211

Tab. 24: Kommunale Finanzierungsstruktur: Anteile (%) wesentlicher Einnahmearten an den Gesamteinnahmen im Vergleich 2010 .................. 234

Tab. 25: Kommunen als Arbeitgeber im deutsch-skandinavischen Vergleich 2000, 2005, 2010: Beschäftigungsdichte und Personalausgaben .................. 267

Tab. 26: Laufende Ausgaben der dänischen Gemeinden für Kinder- und Jugendarbeit 2007 bis 2010 .................. 282

Tab. 27: Entwicklung der reinen Ausgaben der Kinder- und Jugendhilfe in Deutschland 1998 bis 2010 nach Bereichen .................. 305

Tab. 28: Institutionelle Betreuung von Kindern und Jugendlichen in Dänemark 2007 bis 2010 nach Betreuungsarten und Trägerstruktur .................. 318

Tab. 29: Betreute Kinder nach Alter, Anteilen an der jeweiligen Bevölkerung und Verteilung auf Träger in Dänemark 2009 .................. 321

Tab. 30: Betreuung von Kindern zwischen 0 und 18 Jahren 2007 und 2009 in Dänemark insgesamt und in 10 ausgewählten Städten mit unterschiedlicher politischer Ausrichtung .................. 322

Tab. 31: Kindertageseinrichtungen und Familienpflege in Finnland 2000 bis 2010: Inanspruchnahme und Kommunalanteil .................. 324

A1. Verzeichnis der Tabellen und Abbildungen 583

Tab. 32: Ausbau der Vorschulbildung in Kindertagesstätten
(ohne Tagespflege) in Island 1998 bis 2010 ........................................ 326

Tab. 33: Ausbau der Kindertagesbetreuung in Norwegen 2000 bis 2011 ......... 330

Tab. 34: Eckdaten der Vorschulbildung/Kindertagesbetreuung in
Schweden 2008 und 2010: Inanspruchnahme nach Alters- und
Gemeindegruppen ............................................................................... 337

Tab. 35: Kindertagesbetreuung in Deutschland 2007 und 2011 nach
Bundesländern (ohne Berlin): Kita-Personalschlüssel bei
Kleinkindern (0 bis 2 Jahre), Ausgaben für Tageseinrichtungen
und Anteil kommunaler Träger ........................................................... 356

Tab. 36: Kindertagesbetreuung im deutsch-skandinavischen Vergleich
2010/2011: Ausgewählte Merkmale .................................................... 371

Tab. 37: Deutsches und dänisches Pflegesystem im Vergleich ....................... 381

Tab. 38: Kulturausgaben von Ländern und Gemeinden in Deutschland
(Grundmittel): Ausgaben und Indexentwicklung ................................ 413

Tab. 39: Kulturausgaben der dänischen Gemeinden 2007 bis 2011:
Ausgaben pro Einwohner (€) ............................................................... 416

Tab. 40: Kulturausgaben (netto) der finnischen Gemeinden 2009:
Ausgaben pro Einwohner (€) insgesamt und in vier Großstädten ...... 418

Tab. 41: Musikschulen im Ländervergleich 2006 und 2010:
Besuchsquoten der Generation bis 25 Jahre, Lehrerzahl,
Ausgaben und Finanzierung ................................................................ 422

Tab. 42: Eckdaten zu öffentlichen Bibliotheken: Deutschland im
Vergleich mit Dänemark und Finnland ............................................... 433

Tab. 43: Kennzahlen öffentlicher Bibliotheken in Finnland in den Jahren
2000 und 2010 nach Gemeindegröße .................................................. 438

Tab. 44: Museen und ihre Nutzung im Zeitraum 1999 bis 2010:
Deutschland im Vergleich mit Dänemark und Island ........................ 443

Tab. 45: Museumsentwicklung in Norwegen 1994 bis 2009:
Besucher nach Museumsarten, öffentliche Finanzierungsmittel
und Beschäftigte .................................................................................. 446

Tab. 46: Öffentliche Finanzierung des Theater- und Musikbetriebs in
Dänemark vor und seit der Kommunalreform .................................... 453

Tab. 47: Theater im Zeitraum 1998/99 bis 2009/2010 anhand
ausgewählter Kennzahlen: Deutschland im Vergleich
mit Finnland und Island ...................................................................... 458

Tab. 48: Entwicklung kommunaler Unternehmen in Schweden 1995 bis
2010 nach Zahl, Beschäftigung und Branche ..................................... 486

Tab. 49: Kommunale Unternehmen in Norwegen 2002 bis 2010 nach
ausgewählten ökonomischen Kennzahlen .......................................... 488

| | | |
|---|---|---|
| Tab. 50: | Bedeutung erneuerbarer Energien und von Kraft-Wärme-Kopplung im deutsch-skandinavischen Vergleich | 504 |
| Tab. 51: | Stellung öffentlicher Unternehmen im Marktsegment des Personenverkehrs mit Bussen und Bahnen in Deutschland 2011 | 514 |
| Tab. 52: | Quote schwerer wohnungsbezogener Deprivation ausgewählter Haushaltstypen 2005 und 2010 | 533 |
| Tab. 53: | Neubau von Wohnungen in Mehrfamilienhäusern nach Eigentümerstruktur in Dänemark 1999 bis 2011: Fertigstellungen | 537 |

## b) Abbildungen

| | | |
|---|---|---|
| Abb. 1: | Regionale Gliederung und Staatsaufbau in Finnland | 94 |
| Abb. 2: | Der Kommunalsektor als Teil des öffentlichen Sektors in skandinavischen Ländern am Beispiel von Norwegen | 96 |
| Abb. 3: | Kommunale Ausgaben (% des BIP) im deutsch-skandinavischen Vergleich: 1995 bis 2010 | 171 |
| Abb. 4: | Entwicklung der kommunalen Ausgaben je Einwohner (€) 1991 bis 2010: Deutschland im Vergleich zu den skandinavischen Ländern und der EU15 | 174 |
| Abb. 5: | Ausgabenstruktur in den Vergleichsländern im Jahr 2010: Kernprofile im Vergleich | 193 |
| Abb. 6: | Einnahmen der Gemeinden in Deutschland (alte und neue Länder) 1992 bis 2010 nach Einnahmearten | 220 |
| Abb. 7: | Entwicklung der Beschäftigtenzahlen des öffentlichen Sektors 1991 bis 2011 im deutsch-skandinavischen Vergleich: Beschäftigte auf 1.000 Einwohner | 246 |
| Abb. 8: | Lohnindexentwicklung (2005 = 100) in ausgewählten Branchen: Kommunale und private dänische Arbeitgeber im Vergleich bis 1. Quartal 2011 | 252 |
| Abb. 9: | Kinder, Jugendliche und junge Erwachsene in Heimen, betreuten Wohnanlagen und bei Pflegeeltern nach Altersgruppe 1982 bis 2009 | 280 |
| Abb. 10: | Kinder und Jugendliche als Empfänger von Hilfemaßnahmen nach Lebensalter in Norwegen 2010 (31.12.2010) | 285 |
| Abb. 11: | Norwegische Kinderwohlfahrtsdienste 1993 bis 2010: Eingesetztes Personal nach Mannjahren und Qualifikation | 287 |
| Abb. 12: | Entwicklung der Ausgaben für Jugendhilfeeinrichtungen (ohne Kindertagesstätten) und das Personal der Jugendhilfeverwaltung in Deutschland 1991 bis 2010 | 297 |

A1. Verzeichnis der Tabellen und Abbildungen 585

Abb. 13: Entwicklung der Jugendarbeit (öffentliche und freie Träger) 1996 bis 2008: Teilnehmende auf 1.000 Einwohner unter 20 Jahren ............................................................................................ 302

Abb. 14: Entwicklung der Betreuungsquoten von Kindern unter 3 Jahren in skandinavischen Ländern 1997 bis 2008 ..................................... 313

Abb. 15: Personalentwicklung (Vollzeitäquivalente) in isländischen Kindertagesstätten 1998 bis 2010: Kommunale und private Einrichtungen ................................................................................. 328

Abb. 16: Vollzeitäquivalente Betreuungsquoten der unter Dreijährigen: Deutschland und skandinavische Länder im europäischen Vergleich 2008 ............................................................................... 344

Abb. 17: Betreuungsquoten (%) Ein- und Zweijähriger: Deutsche Bundesländer im Vergleich mit Skandinavien ................... 350

Abb. 18: Pflege und Betreuung von Älteren und Behinderten in Schweden: Anteile eingekaufter Leistungen 2005 und 2010 in den 290 Gemeinden ............................................................................... 398

Abb. 19: Ausgaben und rechnerische Vollzeitkräfte pro Einwohner an öffentlichen Bibliotheken 2009: Deutsche Bundesländer im Vergleich mit Finnland, Dänemark und Schweden ........................ 435

# A2. Abkürzungen

| | |
|---|---|
| Abb. | Abbildung |
| ABL | Alte Bundesländer |
| abs. | absolut |
| ALG | Arbeitslosengeld |
| ALQ | Arbeitslosenquote |
| Amtsbl. | Amtsblatt |
| APuZ | Zeitschrift „Aus Politik und Zeitgeschichte" |
| Art. | Artikel |
| AT | Österreich |
| Aufl. | Auflage |
| BauGB | Baugesetzbuch |
| BB | Brandenburg |
| BDI | Bundesverband der Deutschen Industrie e.V. |
| BE | Berlin |
| BGB | Bürgerliches Gesetzbuch |
| BGBl. | Bundesgesetzblatt |
| BIP | Bruttoinlandsprodukt |
| BMAS | Bundesministerium für Arbeit und Soziales |
| BMF | Bundesministerium der Finanzen |
| BMFSFJ | Bundesministerium für Familie, Senioren, Frauen und Jugend |
| BRD | Bundesrepublik Deutschland |
| BT-Drs. | Bundestag-Drucksache |
| BVerfGE | Entscheidungen des Bundesverfassungsgerichts |
| BW | Baden-Württemberg |
| BY | Freistaat Bayern |
| bzw. | beziehungsweise |
| CDU | Christlich-demokratische Union Deutschlands |
| CEO | Chief Executive Officer |
| CH | Schweiz |
| COFOG | Classification of Functions of Government |
| CSU | Christlich-soziale Union Deutschlands |
| d.J. | des Jahres |
| DBfK | Deutscher Berufsverband für Pflegeberufe |
| DDR | Deutsche Demokratische Republik |
| DE | Deutschland |
| Destatis | Statistisches Bundesamt von Deutschland |
| Dez. | Dezember |
| DGB | Deutscher Gewerkschaftsbund |

## A2. Abkürzungen

| | |
|---|---|
| DIW | Deutsches Institut für Wirtschaftsforschung |
| DK | Dänemark |
| DKK | Dänische Krone |
| DS | Durchschnitt |
| DVU | Deutsche Volksunion |
| EEG | Erneuerbare-Energien-Gesetz |
| ESVG | Europäisches System der Volkswirtschaftlichen Gesamtrechnung |
| et al. | und andere |
| etc. | et cetera |
| EU | Europäische Union |
| EU15 | Umfasst die EU-Länder Belgien, Dänemark, Deutschland, Finnland, Frankreich, Griechenland, Großbritannien, Irland, Italien, Luxemburg, Niederlande, Österreich, Portugal, Schweden, Spanien |
| EU27 | Alle Mitgliedsländer der EU |
| EW | Einwohner |
| FAG | Finanzausgleich (KFAG = kommunaler Finanzausgleich) |
| FAZ | Frankfurter Allgemeine Zeitung |
| FDP | Freie Demokratische Partei |
| ff. | folgende (Seiten) |
| FI | Finnland |
| fortl. | fortlaufend |
| FTD | Financial Times Deutschland |
| GEW | Gewerkschaft Erziehung und Wissenschaft |
| GewSt | Gewerbesteuer |
| GG | Grundgesetz der Bundesrepublik Deutschland |
| GR | Gruppe |
| Grüne | Bündnis90/Die Grünen |
| GVBl. | Gesetz- und Verordnungsblatt |
| H. | Heft |
| HB | Freie Hansestadt Bremen |
| HDI | Human Development Index |
| HE | Hessen |
| HH | Freie und Hansestadt Hamburg |
| HPVI | Harmonisierter Verbraucherpreisindex |
| i.d.F. v. | In der Fassung vom |
| IAB | Institut für Arbeitsmarkt und Berufsforschung |
| IAQ | Institut Arbeit und Qualifikation der Universität Duisburg-Essen |
| ILO | International Labour Office |
| IMK | Institut für Makroökonomie und Konjunkturforschung |
| ISCED | International Standard Classification of Education (Internationale Standardklassifikation des Bildungswesens) |
| ISK | Isländische Krone |
| IWF | Internationaler Währungsfonds |

| | |
|---|---|
| JB | Jahresbericht/Jahrbuch |
| k.A. | Keine Angabe |
| KGSt | Kommunalstelle für Verwaltungsvereinfachung |
| KiföG | Kinderförderungsgesetz |
| KITA | Kindertagesstätte |
| KOSTRA | Abkürzung für norwegisch „Municipality-State-Reporting" |
| KWK | Kraft-Wärme-Kopplung |
| KSt | Körperschaftsteuer |
| LGDK | Local Government Denmark (Dänische Lokalregierung) |
| LT | Landtag |
| LT-Drs. | Landtags-Drucksache |
| LVZ | Leipziger Volkszeitung |
| max. | maximal |
| MdB | Mitglied des Bundestages |
| MdEP | Mitglied des Europäischen Parlaments |
| MdL | Mitglied des Landtages |
| Mio. | Million |
| MIV | Motorisierter Individualverkehr |
| Mrd. | Milliarde |
| mtl. | monatlich |
| MW | Megawatt (= eine Million Watt) |
| MV | Mecklenburg-Vorpommern |
| NACE | Statistische Systematik der Wirtschaftszweige in der EU (Nomenclature générale des activités économiques dans les Communautés Européennes) |
| NBL | Neue Bundesländer |
| NEXT | Nurses Early Exit Study |
| NI | Niedersachsen |
| NO | Norwegen |
| NOK | Norwegische Krone |
| Nov. | November |
| NPD | Nationaldemokratische Partei Deutschlands |
| NPM | New Public Management |
| NW | Nordrhein-Westfalen |
| o.J. | ohne Jahresangabe |
| o.O. | ohne Ort |
| o.S. | ohne Seitenangabe |
| ÖD | Öffentlicher Dienst |
| OECD | Organisation of Economic Cooperation and Development |
| ÖPNV | Öffentlicher Personennahverkehr |
| PDS | Partei des demokratischen Sozialismus |
| PIQUE | Privatisation of Public Services and the Impact on Quality, Employment and Productivity |

## A2. Abkürzungen

| | |
|---|---|
| PISA | Programme for International Student Assessment (Programm zur internationalen Schülerbewertung) |
| PM | Pressemitteilung, Pressemeldung |
| PPP | Public-Private-Partnership |
| PT | Portugal |
| rd. | rund |
| REP | Republikaner |
| resp. | respektive |
| RP | Rheinland-Pfalz |
| S. | Seite |
| SE | Schweden |
| SEK | Schwedische Krone |
| SFS | Swedish Code of Statutes (schwedische Gesetzgebung über Bibliotheksdienste) |
| SGB | Sozialgesetzbuch |
| SH | Schleswig-Holstein |
| SILC | Statistics on Income and Living Conditions (EU-SILC): Statistik über Einkommen und Lebensbedingungen (Erhebung basiert auf Haushaltsdaten) |
| SKAN | Skandinavien |
| SL | Saarland |
| SN | Freistaat Sachsen |
| SNA | System of National Accounts |
| SOEP | Sozio-ökonomisches Panel |
| SPD | Sozialdemokratische Partei Deutschlands |
| SPNV | Schienenpersonennahverkehr (Teil von ÖPNV) |
| SSW | Südschleswigscher Wählerverband |
| ST | Sachsen-Anhalt |
| Stat. JB | Statistisches Jahrbuch |
| Std. | Stunde |
| SZ | Süddeutsche Zeitung |
| Tab. | Tabelle |
| tgl. | täglich |
| TH | Thüringen |
| THL | Terveyden Ja Hyvinvoinnin Laitos (Nationales Finnisches Institut für Gesundheit und Wohlfahrt) |
| Tsd. | Tausend |
| TZ | Teilzeit |
| UDSSR | Union der Sozialistischen Sowjetrepubliken |
| UN | United Nations (Vereinte Nationen) |
| UNESCO | United Nations Educational, Scientific and Cultural Organisation |
| UNICEF | United Nations Children's Fund |
| USA | United States of America |
| USt | Umsatzsteuer |

| | |
|---|---|
| usw. | und so weiter |
| VCI | Verband der Chemischen Industrie e.V. |
| VDV | Verband Deutscher Verkehrsunternehmen |
| Ver.di | Vereinigte Dienstleistungsgewerkschaft |
| vgl. | vergleiche |
| VGR | Volkswirtschaftliche Gesamtrechnung |
| VKU | Verband kommunaler Unternehmen |
| Vol. | Volume |
| VZ | Vollzeit |
| VZÄ | Vollzeit-Äquivalente |
| WASG | Wählervereinigung Arbeit und Soziale Gerechtigkeit |
| WV | Wählervereinigung |
| zit. | zitiert |

# A3. Übersichtstabelle zu wiederkehrenden und komplexen Datenquellen

*a) Tabellen*

| Tab.-Nr. | Land | Quellen |
|---|---|---|
| | Übergreifend | **Bevölkerungsstatistik**<br>Alle Länder: Eurostat, Datensatz „Absolute und relative Bevölkerungsveränderung" [demo_gind], Update vom 19.07.2011 und [tps00001], Update vom 25.07.2012<br>DE differenziert: Destatis fortlaufend, Bevölkerungsfortschreibung (Fachserie 1, Reihe 1.3)<br>DK differenziert: Statistics Denmark, Datensätze „Population 1st January by sex, age and time" [Code: BEF5] und „Population by region, ancestry, sex, age and time" [Code: FOLK1]<br>FI differenziert: Statistics Finnland, Tabelle „Population according to age, marital status and gender 1990-2010" [vaerak_tau_122_en]<br>IS differenziert: Datensatz „Population by sex and age 1841-2011, 01.01. d.J." [Code: MAN00101 2011] und „Population by sex, municipality and citizenship" [Code: MAN04203]<br>NO differenziert: Statistics Norway, Tabellen „Population, by sex, age, time and contents", fortlaufend<br>SE differenziert: Statistics Sweden, Datensatz „Mean population (by year of birth) by region, age, sex and period" |
| 1 | Alle | **OECD-Daten:**<br>BIP-Wachstum: OECD 2012, OECD Economic Outlook 91 database (Tab. Annex Table 1. Real GDP – Percentage change from previous year)<br>**Eurostat-Daten:**<br>BIP (real) € pro EW: Bruttoinlandprodukt pro Kopf [nama_aux_gph], Update vom 13.07.2012<br>Beschäftigungsquote: Datensatz „Erwerbstätigkeit (hauptsächliche Angabe und Quote) – Jahresdurchschnitte" [lfsi_emp_a], Update vom 18.04.2012<br>Arbeitslosenquote: Datensatz „Arbeitslosenquoten nach Geschlecht, Altersgruppe und Staatsangehörigkeit (%)" [lfsa_urgan], Update vom 02.05.2012<br>Armutsgefährdungsquote: Datensatz „Quote der von Armut bedrohten Personen nach Armutsgefährdungsgrenze, Alter und Geschlecht" (Quelle: SILC) [ilc_li02], Update vom 16.07.2012<br>Armutsgefährdungsquote: Datensatz „Von Armut oder sozialer Ausgrenzung bedrohte Bevölkerung nach Alter und Geschlecht" [stat, ilc_peps01], Update vom 20.5.2011 |

| | | Fortsetzung von Tabelle A3a |
|---|---|---|
| 6 + 9 | BW | Statistisches Landesamt:<br>www.statistik-bw.de/Wahlen/Kommunalwahlen_2009/GLand.asp;<br>www.statistik-bw.de/Wahlen/Kommunalwahlen_2009/Gem.asp<br>www.statistik-bw.de/Wahlen/Kommunalwahlen_2009/KLand.asp<br>http://www.statistik-bw.de/Wahlen/Kommunalwahlen_2009/GTabelle.asp<br>(Zugriff zuletzt: 28.09.2012) |
| 6 + 9 | BY | Bayerisches Landesamt für Statistik:<br>http://www.wahlen.bayern.de/kommunalwahlen/<br>(Zugriff: 27.09.2010; zuletzt: 28.09.2012) |
| 6 + 9 | HE | Hessisches Statistisches Landesamt 2010: Statistische Berichte. Vergleichszahlen zu den Kommunalwahlen am 27. März 2011, Wiesbaden Oktober 2010: http://www.statistik-hessen.de/ > Wahlen > Daten und Veröffentlichungen (Zugriff: 27.09.2012; zuletzt: 28.09.2012) |
| 6 + 9 | NI | Landesbetrieb für Statistik und Kommunikationstechnologie Niedersachsen,<br>Kommunalwahlen von 1981 bis 2001 in Niedersachsen: Kreiswahlen (Tabelle mit Code M5010119: Stimmenanteile)<br>Landesbetrieb für Statistik und Kommunikationstechnologie Niedersachsen; Tabellen mit Code M5010119 (KW)<br>http://www.nls.niedersachsen.de/Tabellen/Wahlen/Kwab1946.html<br>(Zugriff: 27.9.2010; zuletzt: 28.09.2012)<br>Niedersächsisches Landesamt für Statistik (NLS) (2007): 48ff. |
| 6 + 9 | NW | Nordrhein-Westfalen: Landesbetrieb Information und Technik Nordrhein-Westfalen 2011: http://www.it.nrw.de/ > Statistik > Wahlen > Kommunalwahlen (Zugriff: 04.04.2012; zuletzt: 28.09.2012) |
| 6 + 9 | RP | http://www.wahlen.rlp.de/kw/wahlen/statistik/index.html (Zugriff: 27.9.2010) |
| 6 + 9 | SH | Statistisches Amt für Hamburg und Schleswig-Holstein (2008: 6ff.) |
| 7 + 9 | BB | Brandenburg: http://www.wahlen.brandenburg.de/sixcms/detail.php/lbm1.c.297358.de (Zugriff: 27.09.2010; zuletzt: 28.04.2012)<br>Frauenanteil und Ergebnis Gemeinderatswahl aus: Amt für Statistik Berlin-Brandenburg 2008: Statistischer Bericht, Kommunalwahlen im Land Brandenburg am 28.09.2008, Wahlen zu den Gemeindevertretungen (endgültiges Ergebnis), Potsdam; Tabelle S. 162 |
| 7 + 9 | WV | http://www.statistik-mv.de/cms2/STAM_prod/STAM/de/start/_Landeswahlleiter/Landeswahlleiter/veroeffentlichungen/index.jsp (Zugriff zuletzt: 28.09.2012)<br>Sitzverteilung insgesamt und nach Geschlecht: Statistisches Amt Mecklenburg-Vorpommern, Zentraler Beratungs- und Informationsdienst (Frau Margrit Rascher), Lübecker Str. 287, 19059 Schwerin; Tel. (0385) 58856659, Fax (0385) 58856658<br>mailto:statistik.auskunft@statistik-mv.de; (E-Mail vom 2. Mai 2011) |

# A3. Übersichtstabelle zu Datenquellen

| | | Fortsetzung von Tabelle A3a |
|---|---|---|
| 7 + 9 | TH | http://www.tls.thueringen.de/datenbank/TabAnzeige.asp?tabelle=kr000226%7C%7C (Zugriff zuletzt: 28.09.2012) |
| 23 | NO | Statistics Norway: Tabellen „Local government. Revenue and expenditure by type. Preliminary figures; Main figures for operating and capital accounts and financing. Municipalities, audited figures 2007, 2008, 2009 and 2010. NOK million"; „Main figures for operating – and capital accounts and financing. County authorities, audited figures 2007-2010. NOK million" http://www.ssb.no/kommregnko_en/tab-2011-06-15-01-en.html; http://www.ssb.no/kommregnfy_en/tab-2011-06-15-01-en.html (Zugriff zuletzt: 28.09.2012) Erläuterung: „Consolidated county authorities accounts consist of county authority accounts and units with separate accounts and municipal inter-authority" |

*b) Abbildung 7*

| Land | Quelle |
|---|---|
| Alle | Bevölkerung: Eurostatdaten [demo_gind] |
| DE | Destatis: Personalstandstatistik fortlaufend bis 2012 (Fachserie 14, Reihe 6) |
| DK | Statistics Denmark (Datenbank): Passwortgestützte Auswertung der Datensätze mit den Codes LON44 (Kommunale Lohnstatistik: „Earnings for local government employees by components, sex, industry"), RASOFF („Employed salary earners by area of workplace, sex, extent of working") und LBESK1 („Full-time employees (Kvartal) by sector, industry (DB07 19-grouping)") |
| FI | Statistics Finland, Labour Force Survey, fortl. (Datensätze zu: „Employed persons aged 15-74 by employer sector", fortl.) |
| NO | Statistics Norway > Activities in the municipalities (register-based), verschiedene Tabellen und „Employed persons by industry. Employees and self-employed. 1000", fortlaufend bis 2. Quartal 2011 |
| SE | Statistics Sweden, Passwordgestützte Auswertung der Datensätze „Employees in the public sector, thousands by sector and period" und „Full-time equivalents in the public sector, thousands by sector and period", Stand: Juli 2012 |

# A4. Ausgewählte Internetadressen

## Dänemark

Dänischer Gemeindeverband (Kommunernes Landsforning – KL): http://www.kl.dk/English/

Nationales Statistikamt (Statistics Denmark): www.statistikbanken.dk

## Deutschland

Deutscher Städtetag: http://www.staedtetag.de

Deutscher Städte- und Gemeindebund: www.dstgb.de

Deutscher Landkreistag: www.landkreistag.de

Statistisches Bundesamt (destatis): https://www.destatis.de/DE/Startseite.html

## Finnland

Finnischer Verband der lokalen und regionalen Autoritäten (Suomen Kuntaliitto = The Association of Finnish Local and Regional Authorities – AFLRA): http://www.kuntaliitto.fi

KELA (The Social Insurance Institution of Finland): http://www.kela.fi/in/internet/english.nsf/NET/081008142735AS?OpenDocument

National Institute für Health and Welfare (Terveyden Ja Hyvinvoinnin Laitos): www.thl.fi

Nationales Statistikamt (Statistics Finland): www.stat.fi

## Island

Nationales Statistikamt (Statistics Iceland): www.statice.is

## Norwegen

Norwegische Vereinigung der lokalen und regionalen Autoritäten (Kommunenes Sentralforbund Kommunenes Sentralforbund): http://www.ks.no

Nationales Statistikamt (Statistics Norway): www.ssb.no

## Schweden

Schwedischer Verband der Gemeinden und Regionen (Sveriges Kommuner och Landsting – SKL): http://www.skl.se/ > English > municipalities, > county councils

Statistics Sweden: www.scb.se